# イエスの革命と現代の危機

## 反時代的インマヌエル宣言

柴田　秀

南窓社

# まえがき

周知のごとく、現代は人類存亡にかかわる未曽有の普遍的危機の時代である。これをより具体的にいうならば、まず第一に地球環境的・生態系の危機、第二に政治・経済的危機、第三に社会・文化的危機、そして第四に人間存在そのものの危機にほかならない。この最後の第四の人間存在そのものの危機とは、ほかでもないその本来の在り方からあまりに崩落した現代人の極度のエゴイズムであり、これが上述の第一、第二、第三のそれぞれの危機をその根柢から規定するいわばその根源的危機となっているのだ。[1]

したがって、この人間存在そのものの危機を首尾よく超克しえてこそ、初めて他の三つの危機もその根柢からこれを克服し、もってここに真の世界平和と全人類幸福の実現に向けそのたしかな礎を築くことができるのである。そこで本書は、現代人のこの極度のエゴイズムのいわば現象学的分析[2]とその根柢的克服の道に全重心がかけられることとなる。

ところで、翻って思えば、現代世界における人間のこの度しがたいエゴの問題は、そもそも現代の発端としての近代、その近代が孕む三つの大きな特徴、それらの時と共なる頽落にも深くかかわっているといわねばならない。かくして、つぎに問われるべきことは、いうまでもなく、その近代の三大特徴とは、ではそも何か、ということでなければならない。

けだし近代の三大特徴とは、まず第一に神なき人間中心主義および個人主義といわざるをえない。そうして、それは、時と共にさけがたくエゴイズムへと堕してゆき、それを契機としてやがてニヒリズムに陥ってゆく。エゴとは、ひっきょう自分が神に取って代わらんとする欲求であり、かくて遂には神を否定せんとするものにほかならないからである。かくして、そこにさけがたく現われたもの、それがとりもなおさずニーチェのあのニヒリズム哲学といわねばならない。

さて、近代の三大特徴の第二とは、もとより天文学に始まる近代科学の勃興と合理主義の台頭にほかならない。これらに第一の特徴とつぎに述べる第三の特徴、つまりは同じく近代になってほぼ確立される資本主義、そのうちに内在する飽くことのない我欲の追求、その挙句の果てのエゴの強靭化、それらが深く絡みあいつつやがて傲慢不遜な科学万能主義が立ち現われる。

つぎに、近代の第三の特徴とは、ほかでもないすぐうえで触れた資本主義の登場である。この資本主義は、思うに人間の我ないしエゴに深く立脚した経済システムといわねばならない。

以上を約言すると、近代の三大特徴とは、まず第一に神なき人間中心主義と個人主義、そこに端を発するそのさけがたい必然としてのエゴイズム、さらにそれを契機として立ち現われるニヒリズム、第二に、近代科学の勃興と合理主義の台頭、その後出現するそれらのいわば堕落形態としての傲岸不遜な科学万能主義、そうして第三に、周知のごとき資本主義にほかならない。そしてそれら三者の根本に深く巣喰うもの、それが、まさにそれこそが、ほかならぬ人間のエゴなのである。

＊　一九六〇年代以降のフランスの「ポストモダン」の哲学や、それに先立つわが日本の京都学派では、「近代の超克」といった問題がその主要なテーマのひとつとして取りあげられた。しかしながら、そこでは、けだし、その肝心要の「近代」がそも何を意味するものなのか、その点についての明瞭かつ厳密な考察は、必ずしも十分になされていたとはいいがたい。せいぜい筆者が本文であげた三大特徴のうちそのどれか一つか二つをあげ、それを暗黙の前提として「近代」の「超克」を叫んでいたにすぎないといってはいいすぎだろうか。だが、しかし、そのような「近代の超克」ないし「脱近代」は、いまだはなはだ不十分といわざるをえない。

かくして、近代の末端としての現代、そこに不可避的に現われてきた未曽有の深刻な普遍的危機、それを首尾よく超克し、かくて真の世界平和と全人類の幸福を実現するには、いや、少なくともその最初のたしかな礎を築くためには、とりもなおさず上述したごとき近代精神のいわば堕落形態つまりは近代主義、そこに深く巣喰う人間のエゴ、現代に到ってはもはや人間崩落かとも思われるほどの極度のエゴ、これを何としても克服し、愛の主体として人間各自がみずからその真の主体性を確立するのでなくてはならない。けだし、それ以外にもはや道はないといってよいだろう。

そこで、本書が採った方途、それは、とりもなおさずイエスや釈迦、さらには、思うに釈迦のうちにもなお胚胎していたその弱点*を見事に克服しえた大乗仏教、いや、なかでもとりわけイエスにこそ深く学びつつ、これをわがものとすることにほかならない。すなわち、イエスが今から遡ること約二〇〇〇年以前の当時すでに成し就《と》げていた真正の宗教革命・実存革命、つまりは、それまでのユダヤ教とは違って、神を今ここで、いつも到る処で、世界の真只中で真に活き活きと働いているものとして正しくつかみとり、かくてその神の御意《みこころ》に添うてエゴの主体から愛の主体へとみずからを根本的に転換し、かくして新たに真の主体性を確立したそのイエスの宗教革命・実存革命に倣って、われわれ各人が、今やふたたび真の宗教革命・実存革命をみずから実現・成就するべく舵を大きく切り直すという道である。

＊　いったい釈迦には、永遠・無限・絶対者へのたしかな自覚はあったのだろうか。その点、釈迦没後約五〇〇年経って興った在家の仏教改新運動・大乗仏教には、それがたしかにあった。大乗仏教のその自覚は、そもそもその教祖・釈迦から受け継いだものなのだろうか。この点が、何としても明らかでない。少なくとも、浅学菲才な筆者には、釈迦自身にその明確な自覚があったとは思われない[3]。

かくして、いいうることは、イエスの思想と大乗仏教とは、永遠・無限・絶対者への確乎とした自覚と共に、さらにそれが絶対無我無償の愛だということ、それゆえにまたわれわれ人間にもおのずからあるがままなる愛の実践を要求し促してくるということ、そういう点で深く共鳴するということである。けれども、しかし、釈迦にあってはその点が何としても今ひとつ明瞭とはいいがたい。

こんなことを書くと、釈迦を教祖として仰ぐ仏教徒の方々からは、大いなる顰蹙をあるいは買うかもしれない。だが、しかし、これが、浅学非才な筆者の、釈迦に対する嘘偽りのない素直な疑念にほかならない。読者諸賢の忌憚のない御批判を賜われば幸甚である。

さて、以上を前提として本書では、まずその第一章で上述したことについて、とりわけ近代以降のさまざまな哲学思想に沿いつつこれをさらに詳しく論述した。換言すれば、まずそこでは、現代の人類存亡にかかわる未曽有の普遍的危機のただ中にあってなお世界の永久平和や人類全体の幸福実現はいったい可能かどうか、もしそれが可能だとするならばそれはそもいかにしてなのか、と問題提起し、そのうえでそれはひっきょう人間のエゴないし我《が》、あるいは我執を根本的に克服し、愛の主体へと人間各自がいわば実存革命を成し就げること、それが必要不可欠であり、そのためのもっとも重要な導きの糸としてイエスや(大乗)仏教、さらにその教祖・釈迦、いやなかでもとりわけイエス、より具体的にはその宗教革命・実存革命にこそ深く学ぶこと、それが何よりも大切だとした。

ついで第二章では、現代人の、人間としてのいわば崩落ともいいうるほどの極端なエゴイズムについて、その来歴と、さらに現代世界におけるその具体的な内実をできるかぎり明らかにした。

さらに第三章では、現代世界を一変させたとも目されるかのフェミニズム運動、いやそのいわば牽引役としての欧米日型フェミニズム運動、そこに潜む激しい非主体的エゴイズム、およびそのさけがたい結果としての眼に余る悲惨な状況、それを可能なかぎり闡明した。

そのさい、この前半の例証のひとつとして、日本のフェミニズム運動の旗手・上野千鶴子の言葉、つまりフェ

ミニズム運動におけるエゴイズムの高らかな宣言を引用しておいた[4]。それを、念のためここでも掲げておくと、

「…フェミニズムも、時代の産物だった。（中略）自分の欲望にめざめれば、人はエゴイストになる。…歴史上はじめて、エゴイストの男とエゴイストの女とが、対等に対峙しあうようになった。すべてはそこから始まる」。

この上野千鶴子の言葉について、ここでも一言付け加えておきたい。

第一章で、ホッブズやカントを引きつつ明らかにしたように、エゴに立脚するかぎりこの世界にはもはや弱肉強食の争いや戦争しかありえない。したがって、一旦エゴを是認してしまうなら、そこに真の女男平等は成り立ちえない。あるのはただ、男女のあいだの、どちらが勝つか負けるかの熾烈な戦いのみである。いや、それでいいのだ。男に対する喰うか喰われるかの激しい戦い、いやそれに首尾よく勝ち抜いて男のうえに立つ新たなる支配者にならんとすること、まさにそこにこそわれわれの究極の目標はある、と自称フェミニストたちがいうのなら、これを逆にいうならば、男は、女から仕掛けられるその戦争に対し、それから身を守るべく女性差別もまた当然として、これを正当化することも許されえよう。けれども、そんな愚かな解放運動が、そもどこにありうるというべきだろうか。それは、ひっきょう解放運動に名を借りた、そのじつたんなる侵略戦争というほかはない。いったい上野には、その点どこまで理解されているのであろうか。けだし、皆無といっていいだろう。そんな稚拙な人間理解でフェミニズム・女性解放とは、まことに笑止千万・片腹痛いといわざるをえない[5]。

かりにもしそこで女性解放が成り立ちうるとするならば、上述したごとくそれはただ男を制圧・支配することによってのみだろう。ところが、しかし、そこに現われるのは、とりもなおさず新たなる差別社会、つまりは男性差別社会にほかならない。いったいそれが、世のいわゆるフェミニズム運動の究極の目標とでもいうのだろうか。

いずれにせよ、かくして明らかなように、今日の欧米日型フェミニズム運動には、真の哲学ないし深い人間理解がほぼ完全に欠如しているといわざるをえない。したがって、そこには、ただ男への恨み辛《つら》みと恣意・放縦なフリーセックス、つまりは「女性解放」という名の「股開放」ばかりが際立つ結果とならざるをえない。

こうして今日では、右をみても左をみても、男も女も誰も彼も、ただただセックス奴隷と化したあわれな人間ばかりが跳梁する有様である。これをみて自称フェミニストたちは、これこそフリーセックスにより性が大きく解放された何よりの証しだとして自分たちの勝利宣言をし、かくて声高らかに凱歌を歌うであろうか、まことに浅はかというほかはない。いったいそれらセックス奴隷と化した「大人」たちの陰でどれだけ多くの子供たちが、その「大人」たちの無責任な行為に大きく傷つき、かくて自傷や非行に走ったり深く心を病んで、文字通りの生き地獄を味わいつくしていることだろう。これらの事実に対し、子供のことなど眼中にない自称フェミニストたちは、そんなことは「大事の前の小事」、ほんの取るに足らない細事にすぎないとして、あるいはこれを切り捨てでもするであろうか。けだし、これほどのエゴ、果てしなきエゴがいったい他にありうるだろうか。

いずれにせよ、先述したごとく、フェミニズム運動は、たしかに世界を一変させた。しかしながら、それは、はたして良い方向に向かってのものであるのだろうか。よしその面がじっさいにあったとしても――たしかにそれはあるけれど――、しかし、それに勝るとも劣らぬほどに悪い方向への、世情の転換もまたあるといってはあるいはいいすぎとなるであろうか。

ちょうどそれは、パソコンが登場しこの世界に与えた途方もない変化とパラレルに考えることもできるのではあるまいか。パソコンの世界的普及で、社会はたしかに便利になった。眼を見張るほど便利となった。しかしながら、他面でそれは、人間からその本来の在り方、すなわち「考える葦」（パスカル）ないし「ホモ・サピエンス」としての主体性をほぼ完全に奪い去ってしまったのではあるまいか。それとも、これは、時流に乗り切れず時代遅れとなった筆者の、たんなる旧き良き時代への憐れな郷愁とでもいうべきだろうか。

それはともかく筆者には、女男平等はまったくの当然と思いつつも、それを目差すという今日の欧米日型フェミニズム運動には、何としても抑えがたい違和感がある。かの女・かれらの主張で、真の女男平等が実現されるとは、とうてい思われないからである。そこにあるのは、けだしステージを新たにした男と女の醜い対立・抗争のみなのだ。いやそればかりではない。かの女・かれらの運動で、何の罪もない幼い子供や胎児が、これでもかこれでもかと限りなく犠牲になって、それが何ら顧みられることがないからである。が、しかし、この点についてより詳しくは本文第三章を参照されたい。

さて、以上からも明らかなごとく、第二章と第三章では、現代世界における人間の極度の非主体的エゴイズム性、かかるものとしてのその崩落性についてこれをあたうかぎり考究した。

ついで第四章と第五章に入り、イエスと（大乗）仏教、そして釈迦について、その詳細な省察に入った。そのさい第四章では、まずイエスの思想と仏教、とりわけ大乗仏教について、これら両者に共に深く通じていると目されているあの八木神学を批判的に媒介しつつ、それらを厳密に比較・検討した。かくして、そのさい、イエスの思想のいわば中核ともいいうる「（神の）御意《みこころ》のまま」と、他方禅仏教の、同様の中核「あるがまま」と、これら両者の止揚・綜合を試み、さらにそれと共に、イエスの思想は、浄土真宗の開祖・親鸞の思想、とりわけその最晩年の「自然法爾《じねんほうに》」の思想とも深く通底すること、それをも同時に確認した。

ついで第五章に移り、さらに具体的にイエスと釈迦、そして（大乗）仏教の比較・考察に全力を傾けた。そのさい、イエスの数々の言葉の解釈やその生の軌跡から、イエスはその我執を根本的に克服できていた、まさにそれゆえにこそ、その生涯全体を通じて愛に生き抜くことができたのだ、と私見をのべ、ついでその点では釈迦はどうであったか、と問い、釈迦にあっては我執がいまだ完全には超克されていなかった、と推論し、その根拠として、けだし我執克服には何としても必要不可欠な永遠・無限者へのたしかな目覚め、それが、釈迦にあっては必らずしもいまだ十分には実現されていなかった、という点をあげ、その点しかし、釈迦没後約五〇〇年経って興った大乗仏教は、この永遠・無限者をしかと覚知していたことをあげ、かくて大乗仏教はその教祖・釈迦のこの弱点を首尾よく超克できていたと論述し、その例証として、わが日本の親鸞や道元の思想をとりあげ、それらはむしろその教祖・釈迦よりもより優れていたのではないか、という筆者の愚見を披瀝した。

それはともかく、こうした第四章と第五章における詳細かつ厳密な省察を通して、真正の宗教革命、つまりは真に生ける永遠の絶対者にしかと基礎づけられたこの世的相対主義、端的にいって逆説一元論としての真正の宗教と、さらにそれにもとづく実存革命、つまりはエゴの主体から愛の主体への根本的転換、それによる真の主体性の確立、それへの確たる道を探った。

そして、第六章、第七章、第八章では、けだしイエスの思想を約二〇〇〇年の時を隔てて現代世界に甦らせたわれらがインマヌエル哲学について、これをさまざまな側面からできるかぎり詳しく闡明した。

より具体的にいうならば、第六章では、インマヌエル哲学とそのジェンダー論について、いわば全人類史的視点に立ちつつこれを明らかにすると共に、インマヌエル哲学が、階級なき自由と平等、愛に立脚した新たなる世界を到来させるべき真の革命哲学であること、それをも同時に明白ならしめた。

ついで第七章では、インマヌエル哲学について、主としてそれが、マルクスの唯物史観を批判的に包摂するそれじしん一個の歴史哲学でもあることを詳細に論述した。

さらに第八章では、インマヌエル哲学が、イエスの思想の現代的継承でありつつ、かかるものとして新たなる形而上学、すなわちニーチェによって一旦は否定された西洋伝統の旧き形而上学に対し、そこに現われた現代の深きニヒリズムを根柢的に超克せんとする真に新たなる形而上学、つまりは逆説一元論的形而上学であることを明らかにした。さらにここでは、そのインマヌエル哲学が、現代の無宗教的世界（ボンヘッファー）にあって宗教ないし宗教者をどう捉えるか、という点に標的を絞って自己の見解を、「匿名の宗教」ないし「匿名の宗教者」という新たなる概念を導入しそれの答えたとした。

さて、以上を大前提として、「エピローグ」では、新たなる世界と全人類幸福の実現に向けて、そのたしかな道筋を簡潔にまとめた。すなわち、今日のわれわれ各自がイエスや（大乗）仏教、あるいはその教祖・釈迦の思想に深く学びつつ、そのおのが我執を根本的に断ち、かくて愛の真なる主体としてみずからを確立することができるなら、少なくともその方向性に向かって日夜精進・努力することができるなら、しかもそのうえでそれぞれの国において真の民主主義を確立し、かくてそれらにもとづいて「世界連合」、つまりはカントのいうごときいわば「根源悪」（das radikale Böse）としてのエゴにではなく、それとはまったく逆の愛、それにもとづく真の民主主義的「世界連合」を樹立することができるなら、そのばあいには、新たな世界インマヌエルにおいて、あまねき世界平和や全人類幸福の実現もまた、けっしてたんなる甘い夢ではないと結論づけた。

ちなみに、ここで一言つけ加えておくと、最近カントの『永久平和のために』が、わりとよく読まれているという。だが、しかし、カントのごとく人間の我やエゴ、あるいは我執の問題を抜きにして、それが果たして可能といえるだろうか。筆者には、大いに疑いなきをえない。これが、本書執筆にさいしての最初の根本動機のひとつにほかならない。

そこで筆者は、我ないしエゴ、あるいは我執を根本的に克服すること、いやさらに大きく一歩を進めて、より積極的に愛の主体としてみずからを確立すること、そのためにはいったい何が必要か、とみずからに問い、かくして筆者が採った道、それは、ほかでもないあの人類全体の模範、つまりイエスや（大乗）仏教、さらにその教祖・釈迦に深く学びつつ、これらを力のおよぶかぎり全身全霊を傾けて究明することだった。かくして、そこに、まさしくそこにこそ、本書の最大の重心はしかとおかれているといわねばならない。

それはともかく、こうしてもはや一点の曇りなく明らかであるように、本書のサブタイトルは、おのずから「反時代的インマヌエル宣言」とされたのである。そのさい「反時代的（unzeitgemäß）」なる語は、もともとはあの史上最大のニヒリスト・ニーチェに由来するものにほかならない。ニーチェのこの言葉をあえて援用しつつ、筆者は本書で、そのニーチェとはまったく逆のことを宣言したのだ。すなわち、この深き無宗教的ニヒリズムの世界にあって、こともあろうにふたたび新たに宗教、いな真正の宗教、その中心的核となるインマヌエル(「神われらと共に在す」)を宣言し、かくしてわれらがインマヌエル哲学こそ、現代世界の芯、芯中の芯を深く蝕む暗愚なニヒリズム、それを根柢的に超克しうる真に新たなる形而上学、逆説一元論的形而上学であること、それを高らかに謳いあげたのである。

二〇一七年一二月二四日　クリスマス・イヴの日に

市川市中国分の寓居にて

柴　田　秀

註

(1) 現代のこの普遍的危機についてより詳しくは、拙著『現代の危機を超えて——第三の道』(南窓社)の第I章「現代世界における普遍的危機の諸様相」を参照されたい。

(2) ここで「現象学的分析」とは、ほかでもない筆者に固有のそれであって、必ずしもフッサールの現象学を意味するものではさらさらない。この語で筆者がいいたいことは、要するに、現代世界にあまねくみられる諸現象に即しつつまさに即事的(sachlich)にこれを分析するということにほかならない。

(3) この点についてより詳しくは、本書第五章三「釈迦の根本思想とその生」を参照されたい。

(4) 上野千鶴子『ミッドナイト・コール』朝日新聞社、八五頁、傍点は原文。

(5) かつて上野千鶴子の弟子のひとりが、『東大で上野千鶴子にケンカを学ぶ』というタイトルの本を出版した。いったい上野にとってフェミニズム・女性解放運動とは、「ケンカ」、男に対する「ケンカ」とでもいうのであろうか。もしそうだとするならば、上に引用したごとく、上野がフェミニズムの根本にエゴイズムをおくことと、それはたしかに整合性がとれはする。たんなる「オッさん政治」(上野)の裏返しにすぎないからである。が、しかし、そんな解放運動が、本当にその名に値する解放運動といえるだろうか。少なくとも筆者には、大いに疑いなきをえない。いや、あまりにもお粗末といった感は拭えない。

# イエスの革命と現代の危機

——反時代的インマヌエル宣言

最愛の
母と
壮絶に生きる朝美に
衷心より　敬意と懺悔の意をこめて

イエスの革命と現代の危機——反時代的インマヌエル宣言

# プロローグ　反時代的インマヌエル宣言
## ――新たなる形而上学の樹立に向けて――

### 一　反時代的インマヌエル宣言

筆者は、本書を「反時代的インマヌエル宣言」の書としたい。その点についてつぎに説明しておこう。「インマヌエル」とは、イエスに与えられた呼称にほかならず、その意味は「神われらと共に在す」というものである(マタイ一・一八―二三、ルカ二・一―一二)。これを西洋の伝統的キリスト教は、イエスただひとりがインマヌエル、つまりはわれわれと共に在す神、要するにイエスこそわれわれ罪人の救い主なるキリストであると解釈する。

しかしながら、わが生涯の恩師・滝沢克己は、そのようには解釈せず、それとはまったく異なる理解を提示する。すなわちイエスと神・キリストは、明瞭に区別されるべきだなのだ、と。その点をより詳しくいうならば、イエスは、われわれ他の人間と事実的にも本質的にもまったく異なるところのない同じ人間、ただわれわれ他の人間のごとく虚栄や虚飾にまみれつついつもどういうわけか人間以上の存在たらんとするのとは異なって、徹頭徹尾人間の人間としての低処《ひくみ》に立ちつくしつつ、どこまでも父なる神の御意《みこころ》に添うて生き抜いた――その意味でただの人であるのに対し、キリストとは、たんにイエスのもとにあっただけでなく、永劫の過去から永劫の未来にわたって、いつも・どこにでも、われわれすべての人間・いちいちの人間、いや全被造物のもとにあって刻々これに働きかけつつこれを生かしめ在らしめている方なのだ、と。すなわちイエスとキリストとは、絶対に分離することも、ごちゃまぜに混同することも、また上下・先後の順序を絶対に翻すことができないように、一言でいって絶対に不可分・不可同・不可逆的な区別・関係・順序にあって直接一なのである。かかるものとしてイエスは、約二〇〇〇年の昔、あの時・あの処で約三〇年間生き、かつ語り、死んだひとりの人間であったのに対し、キリストはといえば、既述したごとく、そのイエスと共にあっただけでなく、そのイエスが生きていた当時を含めて、いつも到る処で、永遠から永遠にわたって生きかつ働いている方なのだ。

この点で、滝沢哲学は、西洋の伝統的キリスト教と根本的にその考えを異にし、かくてこれを徹底的に批判する。

このように滝沢哲学は、インマヌエルという概念にかれ独自の特別の意味を付与しつつそれをその哲学の根本に据えるので、筆者は、これをあえて滝沢インマヌエル哲学と呼ぶ(1)。

ここで滝沢インマヌエル哲学の核心をごくごく簡単に説明しておくと、それは、一言でいってインマヌエルつまりは神人・神物の根源的・弁証法的な原関係にほかならない。そのさい根源的とは、神とこの世界ないし人との原関係は、後者の成り立ちの根柢にまさにその根源として成立しているということである。さらに弁証法的とは、神とこの世界ないし人とのあいだには、一方は絶対・無限・永遠なるもの、他方は逆に相対・有限・時間的なるものとして、まさに逆説的に、しかもダイナミックに成り立っているということである。かくして要するに、この世界と人の成り立ちの根柢には、人がそれに気づこうと気づくまいと、好むと好まざるとに一切かかわりなく、しかし厳然たる事実として逆接的超越者なる神との逆説的かつ一元的な動力学的構造連関が時々刻々成立しているということにほかならない。

さて、前置きはそれくらいにして、筆者は今日このインマヌエル、すなわちわれらと共に在す神、端的にいってインマヌエルの神、これに目覚めその御意に添うて生きること、自分にできるかぎりそのように生きかつ語り、行動し、死ぬこと、それこそ、現代に生きるわれわれ人間にとって何よりも大切なことと愚考する。

その詳細は、こうである。現代は未曽有の深刻な普遍的危機の時代にほかならない。より詳しくいえば、まず第一に地球環境的・生態系の危機、第二に政治・経済的危機、そして第三に社会的・文化的危機にほかならない。しかもこれら三つの危機の根柢にあってこれらをその底から規定しているもの、それがほかならぬ人間そのものの危機、つまりは極度にエゴイズム化した人間の崩落性にほかならない。かくしてこの現代人の極端なエゴイズム的崩落性を根本的に超克すること、それがすなわち今日の未曽有の普遍的危機克服のために必要不可欠といわねばならない。では、それは、いったいどうしたら可能だろうか。けだしそれは、上述したごとく今ここで、いつも・どこででも生きかつ働いている絶対無我無償の愛なるインマヌエルの神にしかと目覚めつつ、各人みずからがエゴの主体から愛の主体に根本的に転換すること、要するに現代人各自が実存革命・人間革命を実現・成就することである。(2)

したがってインマヌエルの神に目覚めつつ、その御意に添うて生きるよう各自が努めること、それが、それこそが、本文で詳述するごとく、現代のこの未曽有の普遍的危機のただなかにあるわれわれ人間にとり何にもまして緊急かつ最重要課題といわねばならない。これこそ、筆者が今日つとにインマヌエルを宣揚するその真意にほかならない。

ところが、しかし、ここに一つ決定的ともいいうる大きな問題が横たわる。

それは、ほかならぬ現代が反宗教的ニヒリズムの蔓延した時代だということである。今日宗教的なものへの蔑みは実にはなはだしい。とりわけ資本主義的先進国では、その点顕著といわざるをえない。それに加えて、今日宗教はといえば、ＩＳのイスラーム教はもとより、それを非難するキリスト教圏でも、「神」の名において（対テロ）戦争を正当化したり、他宗教を攻撃したり、さらにはさまざまな差別・抑圧・暴力を行使する「宗教」ばかりが跋扈している有り様である。が、そのような「宗教」は、けだし真正の宗教とはとうてい言いがたい。絶対無我無償の愛にして平和の神なるインマヌエルは、そのようなことなどけっして望みはしないし、ましてやそれを命じたり促したりするようなことは毫もありえないからである。

かくして「神」の名において戦争を遂行したり、他の宗教を排撃したり、また差別・抑圧・暴力を行使したりする宗教は、とりもなおさずエセ宗教といわざるをえない。いやもっと正確にいうならば、ニヒリズム的宗教というべきである。なぜならそれらの宗教は、ひっきょうするところ、たんにニヒル（虚無）を「神」に祭り上げているにすぎないからである。こうして今日真正の宗教は、ほぼ完全に影を潜めてしまった。

それはともかく、資本主義先進諸国では、もはや日曜礼拝にいく人も少なくなっている。いやインマヌエルの神は、たんに教会の壁のなかだけでなく、いつも到る処にいて働いている。だからあえて日曜日にわざわざ教会へいって礼拝する必要はない。祈りは、どこででもできるからである。けれども、これらの国々では、キリスト教道徳ないしイエスの教えの核心、核心中の核心ともいうべき愛とか思いやりとかといった行為もその影がすこぶる薄れ、逆にその反対のエゴないし我《が》が到る処にはびこっている。そのかぎり現代は、やはり無宗教ないし反宗教の時代、より適切にいうならば反宗教的ニヒリズムの時代というべきである。

こうして現代人のほとんどは、インマヌエルの神ないしそれにもとづく真正の宗教を見失い、かくて世界や人生の究極の意味や価値・目標・希望、あるいは生きがいをほぼ喪失し、反対に底知れぬ不安や焦燥・倦怠、どこにもやり場のない怒りや不平・不満、怨念・怨嗟、とめどもない絶望に深く深くむしばまれてしまっている。

したがって、このような反宗教的ニヒリズムの現代世界にあってあえて「インマヌエル」、つまりは「神われらと共に在す」、ないし「われらと共に在す神」について語り、これを宣揚せんとすること、それはすこぶる困難であるばかりではなく、またさけがたく反時代的行為とならざるをえない。筆者があえて「反時代的インマヌエル宣言」と主張するゆえんである。かくしてまさにこれこそ、本書執筆の根本動機であり、したがってまた本書の根本テーマといわねばならない。そうしてそれは、けだし現代哲学の根本問題というべきなのである。したがってそれを、本書では、「イエスの革命と現代の危機」と題して力のおよぶかぎり全身全霊を傾けて究明してゆこうと思う。

## 二　新たなる形而上学の樹立に向けて――ハイデガーと西田幾多郎、そして滝沢克己

周知のごとく、ドイツ観念論の観念論とは、ドイツ語ではIdealismusと書く。これを原語に忠実に邦訳すれば、観念論ではなく理念主義というべきものである。それはともかく、このIdealismusは、当然のことながらかのプラトンのIdea（イデア）論が念頭におかれているといってよい。したがってそれは、まず何よりも永遠のイデアを問題にしているといわねばならない。人間を含めたこの世界内部の有限者の有限なイデアではない、それじたいとしての永遠のイデア、それはこの世界とそもどのようにかかわっているのか、ということである。思うにその点は、ドイツ観念論の旗手フィヒテでもシェリングでも、あるいはまたヘーゲルでもすべて同様というべきだろう。それら三者の違いは、上述の両者、すなわち永遠のイデアとこの世界とのかかわりのその捉え方で生起してくるものといわねばならない。

それはともかく、ドイツ観念論に先立つデカルトにあっては、懐疑する意識、つまりは有限な観念、それがまず第一の実在だとされる。すなわち物質以上に実在性が高いとされる。なるほど、その後の神の存在証明により、いわば永遠の神的イデア、かかるものとしての観念の実在も主張はされる。が、しかし、方法的懐疑で最初につかまれるもの、これ以上もう何としても疑いえない実在としてつかまれるもの、それは、ほかでもない有限な意識なのである。

それはさておき、ここで筆者のいいたいことは、いわゆる観念論と唯物論についてのあの通俗的な捉え方、すなわち前者は人間の有限な観念をこそ第一の実在とし、後者は有限な物をこそ第一の実在とする、というあの考え方、それは根本的に誤っているというものである。要するに、唯物論者のなかに往々にしてみられるつぎのよ

うな考え方、つまり意識は一個の物としての脳が生み出す、だから当然唯物論の方が正しい、というあの考え方、それはとうてい正鵠を射ているとはいいがたいということである。そもそも脳と意識の関係は、そんなに簡単なものとはいえないだろう。脳が先か意識が先か、いやそもそもそれら両者はどこでどうかかわっているのか、それは現代の脳科学でもそれほどたやすく答えの出せない問いなのだ。ここであえて筆者の見解を一言いっておくなら、意識は必ずしも脳とのみかかわっているのではない、そうではなくて身体全体と深く関係しているものなのだ。が、しかし、この点については、ここではこれ以上深くは立ち入らない(3)。

＊ところで、日本語で「もののあわれ」といわれるときの「もの」とは、たんに物質だけでなくありとあらゆる存在が含意されているものと思われる。この「もの」の存在様式として四通りのものが考えられえよう。まず第一は、クオークを究極とする物質の存在の在り方であり、第二は、エネルギーないし力としての存在の在り方、第三は時間の存在の在り方、そうして最後に第四は心(意識)の存在の在り方にほかならない。

このように同じく存在者といっても、その存在の在り方は必ずしも一様ではないのである。ところが、ふつうわれわれは、それらはみなこの世に存在するものとして、すべてみな何か同じような在り方をしているものとつい思い込んでしまっているのではあるまいか。このように、われわれの常識は、それじしんがすこぶる曖昧なのである。

ところで、同じ「もの」の存在の在り方にもこのように少なくとも四つの存在様式が区別されうるとするならば、さらにそれに加えて、それら四者をすべて根柢的に支えるいわば場所としての存在がもうひとつあったとしても、それは何ら不可思議なことではないだろう。もしそれが実際に存在するとするならば、それは、あらゆる「もの」を絶対に超えつつこれを根源的に支える究極の場としての絶対無即絶対有といわねばならない。そうしてそれこそ、われわれインマヌエル哲学の神にほかならない。

これを素粒子物理学の言葉を援用すれば、「真空」といってもよい。あらゆる素粒子がすべてそこで刻々生成消滅している「真空」、それこそ西田哲学のいわゆる「絶対無の場所」であり、これをより厳密にいうならばまさに「インマヌエルの原点」にほかならない。

話をもとにもどすと、先述したごとくドイツ観念論の問題とする観念とは、まず第一に永遠の絶対的観念としてのイデアにほかならない。かくしてこの哲学は、かかる永遠の観念がこの有限な世界とそもどうかかわっているのか、それを究明したのである。かくして、マルクス主義者によく見られるつぎのごとき見解も、とうてい正鵠を射ているとはいいがたい。すなわちその主張とは、マルクスの唯物史観はヘーゲル観念論を逆転したものだ、というものである。つまりヘーゲルは観念こそがまず第一の実在で、その観念の自己展開の過程でその自己疎外としてこの世界のもろもろのものが生み出されたと考えるのに対し、逆にマルクスは、物（経済的な生産様式、つまりは生産力と生産関係の関係）こそ第一に重要で、それがいわゆる下部構造となってさまざまな人間の観念形態を規定すると考える、だからこれはヘーゲル観念論のまさにその逆転である、というものだ。ここにはしかし、ヘーゲル哲学への完全な無理解があるといわねばならない。

さて、ではハイデガーはどうであろうか。ハイデガーの形而上学批判は、いったい何を意味しているといえるだろうか。西洋伝統の形而上学を厳しく批判して、それらはみな「存在（Sein）」を「忘却」していたという、そのハイデガーの「存在」とはそも何か。

ところが、じつは、これがけだし明らかでない。その主著『存在と時間』における「存在」は、必ずしも永遠・無限・絶対のものではなく、むしろ有限な「存在」ともうけとめられる。そこでの「存在」は、時間の相のもとにみられているばかりか、また「現存在（Dasein）」の分析を通してその意味が明らかにされうると考えられているからである。

が、しかし、ハイデガーは、当初のこの自分の考えに行きづまり、かくてその主著『存在と時間』は未完のまま刊行される。こうしてその後、「存在」について自分の思索をどこまでも深化・発展させていく。とはいえ、しかし、その後もハイデガーの「存在」の本質は、今ひとつ漠然としていて必ずしも明瞭とはいいがたい。しかしながら、何か永遠的・神的なものに時と共に近づいていったこと、それはたしかであるように思われる。あるいは、中世のスコラ神学者トマス・アクィナスの思想に近づいたのかもしれない。

ところで、そのハイデガーは、晩年その「存在（Sein）」の上にさらににバツ印をつけ「Sein」と表記したりした。けだしこれは、「存在（Sein）」のうちになお潜む、「存在者（Seiendes）」性をさらに打ち消さんとしたのではあるまいか。もしそうだとすると、この「Sein」は、けだし西田哲学の絶対無にすこぶる近いのではなかろうか。

＊ハイデガーの「存在」とトマス・アクィナスの「存在（res）」との近似性については、たとえば稲垣良典氏が、『福音と世界』一九九五年九月号、新教出版社所収、書評、柴田秀著『神概念の革命』六二頁で、かなり詳しく言及している。なお、トマス・アクィナスの「存在（res）」についての詳細な研究としては、山田晶著『トマス・アクィナスの〈レス〉の研究』（創文社）がある。

それはともかく、周知のごとくサルトルは、「実存は本質に先立つ」とした。これは、もとよりプラトン以来の西洋形而上学の伝統、「本質は実存に先立つ」を逆転させたものにほかならない。このサルトルの主張を、ハイデガーは、依然形而上学的思考の枠内にあるとして、これを厳しく批判した。

けれども、しかし、サルトルにとってのこの「本質」とは、もはや永遠絶対者なるイデアとしての本質ではありえない。どこまでも有限者の有限な本質である。そのかぎり、つまり永遠的絶対的なものの存在を否定したかぎりでは、先のサルトルの言葉は、たしかに形而上学の否定といわねばなるまい。その点は、サルトルに先立つニーチェもまったく同様である。いや、その点では、サルトルの方こそが、ニーチェの影響を強く受けたものというべきだろう。

ところで、ハイデガーは、このニーチェもいまだ形而上学的思考の枠内にあるという。これは、いったいどういう意味だろう。けだし、形而上学を否定するという行為そのものが、もとより旧き形而上学を前提しており、そのかぎりまたその枠内にある、ということだろうか。新たなる形而上学的存在論を構築してこそ、旧き形而上学の真の克服・超克だというのだろうか。たしかにそのように思われる。かくしてそれが、まさしくそれこそが、ハイデガーの「存在（Sein）」探求の根本動機といわねばならない。ところが、しかし、その肝心要の「存在」の本質が、ハイデガーにあってはついに最後まで十分明瞭になったとはいいがたい。

先述したごとく、ハイデガーの「存在」探求が西田哲学の絶対無に近づいていたのだとするならば、西田哲学こそ、真に新たなる形而上学だとはいえまいか。わが日本の西田哲学こそ、西洋伝統の旧き形而上学を初めて超克しえた真に新しい形而上学だといってよいのではなかろうか。

ところで、ポスト構造主義の旗手ドゥルーズは、「脱構築（Déconstruction）」なる概念を造語した。これは、ハイデガーの形而上学批判としてのかれの「解体（Destruktion）」の概念にヒントをえて、その否定性の意味を改め、より積極的に「解体・再構築」という意味をこめたものにほかならない。とすると、ドゥルーズもまた、新たなる形而上学の樹立を目差したのだろうか。いずれにせよ、しかし、それが成功しているとはとうていいいがたい。もしそれが成功していたとするならば、現今の世界を覆いつくす深刻なニヒリズムは、その力がもっと弱っていてもいいはずだからである。ここに、ポスト構造主義の致命的限界がある。

ここで筆者の見解をあえて披瀝しておくなら、西田の絶対無の形而上学、その延長線上にこそ、真に新たなる形而上学、西洋伝統の旧き形而上学をしかと超克した真正の形而上学は存在する。そうして、その延長線上にわが生涯の恩師・滝沢克己のインマヌエル哲学、その存在論的形而上学は屹立する。西田哲学のうちになお潜む致命的欠陥、つまりは不可逆概念をしかとつかみとってこれをその哲学の根本、その一つに確乎として据えたからである。

かくして明らかなように、インマヌエル哲学こそ、この世界のニヒリズムをしかと超克しうる真に新たなる形而上学にほかならない。

## 三　東洋思想と西洋思想——西田幾多郎、ハイデガー、滝沢克己、そしてイエス

さて、つぎに、西洋思想と東洋思想と、そのそれぞれの根本的相違についてこれを明らかにしてみたい。西田哲学とは、それら両者の根柢的止揚・綜合を試みたものにほかならないからである。

東洋、とりわけ（大乗）仏教では、この世界の究極は無我ないし空としてつかまれた。そのさい、この無我ないし空は、有というよりもむしろ無といった方がより適切である。が、しかし、これはたんに何もない、というのでは毛頭ない。相対的な有と無を超えた、もしくはそれら両者の究極の根柢にまで降り立った、そこで成り立つ絶対の無にほかならない。それだからこそ、かかる伝統のうえに立つ東洋思想は、いわゆる有の思想というよりもむしろ無の思想といわれ、この無はまた東洋的無ともいわれたりするのであろう。

これに対し、西洋では、はかない移ろいゆくこの世界に対し絶対不変のもの、永遠恒久のもの、そういう意味での究極的実在者、それが形而上学的実体として究明された。かかる究極的実在者は、無というよりもむしろ有といった方がよい、いや、絶対の有というべきだろう。かくして西洋では、無の思想というよりも、むしろ有の思想こそその伝統とされたのである。

それはともかく、東洋的無は、理性的・弁証法的思弁によるよりも、むしろ深い瞑想の極の直覚によりこれがつかまれるのがふつうであった。したがって、東洋では、直観ないし直観的認識が重要視され、かくしてまたそれが発達したともいいうるのである。これをだから、東洋的直観といっても差し支えないだろう。

さらに、西洋では、形而上学的実体ないし実在はたいていロゴス的なもの、理性的なものであり、それゆえにそれは主として理性的な弁証法的思弁によって認識されるのがふつうであった。まさしくここに、西洋では、論理的・理性的思索が大いに発達したゆえんがあろう。西洋で自然科学が逸早く発達したのも、この西洋伝統のロ

ゴス主義・合理主義にその深い根拠があるといわねばならない。

さて、しかし、東洋的無は、これをさらに究明してゆくならばたんに絶対の無、つまり絶対に無いものというのでは毫もない。そうではなくて、絶対に無いと同時に絶対に有るもの、すなわち絶対無即絶対有というべきものである。いいかえれば、有るとか生成するとかといったことが絶対に無い、という意味で絶対の無であり、かつ同時に無いとか、消滅するとかということが絶対に無い、という意味で絶対の有なのである。さらに換言すれば、生成することも消滅することも絶対に無い、と同時に、有るということも無いということも絶対に無く有る。そういう意味での絶対の無即絶対の有というべきもので、かかる意味での絶対無即絶対有、それこそ、東洋的無の究極といわねばならない。それだからこそ、その絶対無即絶対有を映してこの世界には、変幻自在の相対的な無と有が不断に生成消滅するのだというべきである。とまれ、まさにそれゆえにこそ、西田は、かかる東洋的伝統のうえに立ちつつ東洋的無を絶対無と呼び、これを同時に絶対有でもあるとしたのであろう。そうしてそれは、すぐれて東洋的な研ぎ澄まされた直観によってのみつかみとられうるものなのである。

西洋では、形而上学的実体は、どこまでも絶対の有であり、そこに無の入り込む余地はほとんどなかった。少なくとも、西洋形而上学の王道にあってはそうである。たとえば、キェルケゴールにあっても、よしその「永遠的なもの」「無限的なもの」*は、西田哲学的な「場所」に酷似してはいるものの、しかし、やはり西洋的伝統からはずれることなく、そこに無的要素はほとんど感じられない。

＊　ここでいう「永遠的なもの」とか「無限的なもの」とは、キェルケゴールの名著『死に至る病』に出てくる概念にほかならない。
ちなみにこの書で展開されるキェルケゴールの思惟は、東洋の仏教的思惟にすこぶる近い。その意味で、西洋的思惟よりもむしろ東洋的思惟に近かったイエスの思想をたしかに正しく受け継いだものとして、やはりイエスの思想を継承しつつこれを現代に甦らせたわれわれインマヌエル哲学の先駆者のひとりといって何ら差し支えないだろう。

なお、キェルケゴール『死に至る病』についての筆者の解釈についてさらに詳しくは、拙著『新しき世界観——ニヒリズムを超えて』（南窓社）の第Ⅲ部第四章「キェルケゴールにおける自己理解——救いと絶望」を参照されたい。

この西洋伝統の有の思想、そこからさまざまに生み出された形而上学的実体、そこに、まさにそこにこそ、ハイデガーは、西洋人には珍しい激しい違和感を覚えたのだといわねばならない。また、それだからこそ、かれハイデガーは、西洋形而上学の伝統のなかでは「存在（Sein）」が「忘却」されてきた、といったのだろう。その意味で、ハイデガーには、ひょっとして東洋的感覚があったのかもしれない。けだし有の思想を伝統としてきた西洋形而上学への違和感、それにもとづくそれへの厳しい批判からおのずと東洋伝統の無の思想へと接近したのではあるまいか。こうして後期ハイデガーは、その「存在（Sein）」を、あらゆる「存在者（Seiendes）」をそこに成り立たしめる究極のいわば場所としての絶対の有、つまり形而上学的実体に似た絶対の有としてだけでなく、同時にそれは東洋的な絶対の無でもあると、うすうす感じとったのではあるまいか。絶対の有は同時に絶対の無でもなければならない、とかれハイデガーは直覚したのではなかろうか。同時に絶対の無でもあるのではないような、たんなる絶対の有、それは真の絶対有ではない、とハイデガーは直観したのではあるまいか。その点、西洋伝統の形而上学では、そこがいまだ十分正確につかまれてこなかった、とハイデガーはいいたかったのではなかろうか。かくしてそれを、それをこそ、ハイデガーは、西洋形而上学における「存在の忘却」と呼んだのではあるまいか。いいかえるなら、ハイデガーの「存在（Sein）」とは、ひっきょう絶対有即絶対無というべきではないのだろうか。

いや、最初から、「存在」をそこまではっきりと絶対有即絶対無としてつかみとっていたとは思われない。が、時と共にその思索が深まるにつれ、そこへ向けて深化・発展していった、といってはいいすぎだろうか。そのさい、絶対有即絶対無としてのその「存在」を、ハイデガーは、有の思想の伝統のなかにあってこれを表現するのに言葉に窮し、ついに「Sein」といった、一見奇妙で謎めいた一種の記号を使用したのではあるまいか。この「存在（Sein）」はたんなる絶対有ではなく、同時にまた絶対無でもあることを何とか表現せんとして、しかし有の伝統的思想の西洋にあってはそれがどうしても困難で、ついに「Sein」といった暗号めいたものを使用したのではなかろうか。「存在（Sein）」といっただけでは、いまだ「存在者（Seiendes）」の存在者性のにおいが十二分には消し去れないからである。かくして、「Sein」は、西田哲学の「絶対無」にすこぶる近いのではなかろうか。要するに、「Sein」は絶対有に対応しつつ、「Sein」は絶対無に対応するのであって、しかもこれら両者は同時に絶対有即絶対無に対応しつつ、いわば「Sein 即（eo ipso）Sein」といってもよいのではあるまいか。もしそうだとしたら、ハイデガーの試みた、旧き形而上学に代わる新たなる形而上学、それは、西田哲学の絶対無の形而上学に、それとも知らず接近していたことになる。とすると、西田の絶対無ないし絶対矛盾的自己同一の哲学、それこそ、来たるべき新たなる形而上学だといってもあながち不当とはいえないだろう

いずれにせよ、かかるハイデガーの思索は、もはや西洋伝統のロゴス的・理性的思弁の壁を突き破り、それを超出した直覚によってのみこれをはじめてなしうることなのではなかろうか。そこに、まさしくそこに、ハイデガーが時と共にヘルダーリンの詩作（Dichten）、けだし詩的直観に深く共感・共鳴していった、その真の理由があったのではなかろうか。

それはともかく、先述した絶対無即絶対有、というこの絶対の矛盾、西田哲学に即していえば絶対矛盾的自己同一、これこそ、まさに神の本質といわねばならない。神とは、刻々自己自身に絶対に死につつ、同時にまた間髪を容れず刻々自己自身に蘇生する、そういうまさしく絶対矛盾的自己同一者そのものにほかならないのだ。その刻々の絶対の死によってこの世界をそのつど創造しつつ、同時に間髪を容れずその刻々の絶対の蘇生により、この世界をそのつど消滅させているというべきなのだ。神のこの絶対の生即死、その根源的一点、それこそ、この世界の絶対の消滅点即発起点にほかならず、あえていうなら素粒子物理学のいわゆる「真空」、すなわち物質

の究極的極小単位である素粒子が刻々そのうえで生成消滅しているという、いわばその場としての「真空」のまごうかたなき真相といわねばならない。換言すれば、絶対者たる神は、みずからに対立するこの世界を、みずからの絶対の死により自己否定的に創造しつつ、しかも同時に間髪を容れず、そのつどこの世界を、みずからの絶対の蘇生によって自己肯定的に消滅させつつ、この不断の生成消滅を永遠に繰り返しているのだといわねばならない。したがって、この世界の生成即消滅点は、同時にまた神自身の生成即消滅点というべきなのである。いな、神自身が不断に生成即消滅するからこそ、まさにそれゆえにこそ、この世界もまた時々刻々生成即消滅しているのだといわねばならない。

かくして、明らかなように、神とは、前述したごとく絶対無即絶対有なる絶対矛盾的自己同一者にほかならない。まさにそれゆえにこそ、その神自身の根源的本質を映出して、神とその被造物としてのこの世界とは、これもまた同じく絶対矛盾的自己同一なのであり、が、しかし、そこには上下・先後の順序を絶対に翻すことのできないただ一方的・不可逆的な関係が厳在するのだといわねばならない。かくして、これは、ただ神の方からのみ一方的に創み出される、そういうどこまでも不可逆的な絶対矛盾的自己同一というべきなのだ。

その点、西田哲学のいわゆる場所的論理にあっては、この絶対不可逆的順序がいまだ十分にはつかみとられていなかった。かくて、西田哲学の「絶対矛盾的自己同一」は、これをより正確かつ厳密にいうならば、「絶対不可逆的かつ矛盾的な自己同一」ないし、より端的にいって「絶対的逆接」というべきだろう。

したがって、神の根源的本質としての絶対矛盾的自己同一を第一義とするならば、神とこの世界とのあいだで成り立つ不可逆的・一方的な絶対矛盾的自己同一、それはあくまでも第二義のそれといわねばならない。さらに、この第二義の絶対矛盾的自己同一においてそれに正しく目覚めたもの、そこに成り立つ絶対矛盾的自己同一、それは、これを第三義のそれと呼ぶのがふさわしい。

かくて要するに、絶対矛盾的自己同一なる概念を用いるならば、少なくともこの三つの意味が明確に区別される必要がある。これを滝沢インマヌエル哲学に即していうなら、神の根源的本質としての絶対矛盾的自己同一と、これを映しつつこの神により不断に創造される第一義のインマヌエルないし神人・神物の逆接的原関係、そうしてこの第一義の逆接的原関係のうえでこれにしかと目覚めたもの、そこにおいて成り立つ第二義のインマヌエルないし神人の逆接的原関係、これら三者が明析判明に区別されねばならぬのだ。

以上を約言すると、西田哲学を継承しつつ、その根本的欠陥をさらに超克し、不可逆的順序をしかととらえた滝沢インマヌエル哲学、それこそまさに真に新しき形而上学といわねばならない。じっさいこれを立証するかのように後期ハイデガーは、ほぼこのようにいう。

「存在は、あらゆる存在者よりもさらに遠い。しかし、にもかかわらず、…存在は人間にとって、あらゆる存在者よりもさらに近いのである。存在はもっとも近い。しかもその近さは、人間にとってもっとも遠いのである」（M. Heidegger, Über den Humanismus. S. 19–20）。

これは、まさに滝沢インマヌエル哲学の不可分・不可同・不可逆の、そのハイデガー的表現といって何ら差し支えないだろう。ただ滝沢インマヌエル哲学と違って、ハイデガーにあっては、それが厳密な論理的・概念的表現としてではなく、あくまでも感覚的・感性的表現にとどまっている。哲学がどこまでも厳密さを希求するものだとするならば、ここでは明らかに滝沢インマヌエル哲学の方こそが、ハイデガーの大きく一歩先をいっているといわねばなるまい。(4)

＊　それはともかく、ハイデガーにおける「存在（Sein）」の意味は、けだしすこぶる曖昧である。初期の大著『存在と時間』では、既述したごとく「時間」という地平に立ちつつ「存在（Sein）」をみ、かくて「現存在（Dasein）」を分析してゆけばおのずから「存在（Sein）」の意味も解明できる、というその大前提でその思索が開始されている。

ところが、その試みは失敗し、この大著はけっきょく未完に終わった。かくして、その後もハイデガーの「存在」探求は、時と共に深められ発展させられてゆく。そうして、ついに、「時間」の相のもとに「存在」をみるのではなく、逆に「存在」の相のもとに「時間」をみんとする立場に反転する。もっとも、ハイデガー自身は、この「転回（Kehre）」を否定してはいるけれども。いずれにせよ、これこそ後期ハイデガーの基本的立場にほかならない。

しかしながら、この後期ハイデガーにあっても、その「存在」の意味は、やはり不明瞭といわざるをえない。たとえば、ハイデガーは、後期になっても「神」を「存在（Sein）」ではなく「存在者（Seiendes）」のカテゴリーに入れて何ら怪しむところがないからである。いったい、ここには、ハイデガーのいかなる思惟が潜んでいるのであろうか。

けだし、西洋伝統のキリスト教は、明らかに一個有限の時間的存在なるイエスを、同時に永遠無限の救い主キリストと同定する。が、これほど非科学的なことはない。この伝統的キリスト教の非科学性、それへのハイデガーによる暗黙の批判、それが、ここに、「神」つまりは「イエス・キリスト」をも「存在」ではなく「存在者」のうちに配列する、その根拠があるのかもしれない。

もしそれが正しいとするならば、後期ハイデガーの「存在」は、あるいは中世の神秘主義者エックハルトのあの「神性（Gottheit）」、つまり「神（Gott）」の根源としての「神性」にすこぶる似た思考があるのかもしれない。ちなみに、エックハルトは、わが日本の仏教哲学者、たとえば西田幾多郎の高弟のひとり西谷啓治らも、みずからの哲学にすこぶる近いものとしてこれに深い共感の念を寄せている。それはすなわち、エックハルトの思惟は、東洋的無の思想にも深く相通ずるものがあるということにほかならない。

以上の筆者の推論が正しいとするならば、本文でのべた筆者の主張、すなわち後期ハイデガーは東洋的無の思想に時と共に近づいた、というあの主張、その基本的正しさが裏づけられることになる。が、しかし、その「存在」の意味は、後期ハイデガーにあっても依然曖昧であることに何ら変わりはない。

話をもとにもどすと、滝沢インマヌエル哲学は、今から遡ること約二〇〇〇年前のあのイエスの思想に直結するものである。これをいいかえるなら、約二〇〇〇年の時をへだてて現代に、あのイエスの思想が新しき形而上学として復活したのだ。そうして、それこそ、われわれのインマヌエル哲学にほかならない。

## 四　ハイデガーと道元、そして滝沢インマヌエル哲学

これまで述べてきたことを、ここでまた別の観点から考察してみたい。

辻村公一は、かつてハイデガーの『存在と時間』を邦訳するさい、その「存在」を、道元の『正法眼蔵』「有時の巻」の「有」と基本的に同一のものと解釈し、かくて『存在と時間』をあえて『有と時』と邦訳した。けれども、これははたして正しいといえるだろうか。道元の「有時」の「有」は、ハイデガー流にいうなら「存在」ではなく、むしろ「存在者」に近いのではなかろうか。「有るものの有る（Sein des Seiendes）」というときの「有るもの・存在者（Seiendes）」、それが道元の「有」により近いのではあるまいか。したがって、道元は、存在者ないし有るもの、つまりこの世界のありとあらゆるすべてのもの、そのいわば成立条件として「時」ないし時間を考えたのではあるまいか。

これに対し、ハイデガーは、その『存在と時間』では、時間を「存在者・有るもの」の成立条件としてだけでなく、同時にまたその「存在者・有るもの」がただそこでのみ成り立つそのいわば場としての「存在」、それの成立条件としても考えているふしがある。とするなら、これは、道元のかの思惟とは、大きく異なるのではあるまいか。

少なくとも後期のハイデガーにあって「存在」は、けだし「存在者」の成り立つ場、かかるものとして「存在者」にとって内在即超越的なものである。かくして、ここでは、「存在」の成立条件は、とうてい時間とはいえないだろう。時間は、あくまでも「存在者」の成立条件というべきだろう。

ところが、かの書では、ハイデガーはそのタイトルを『存在と時間（Sein und Zeit）』と名づけ、前述したごとく時間の視野のもとに「現存在（Dasein）」の分析を通して「存在」の意味をも明らかならしめんとした。けだし、

それは、ハイデガー自身、「存在」を「存在者」と一応区別しつつも、しかしいまだ明瞭に「存在者」の成り立つ場、つまり内在的超越即超越的内在の場としてしかとつかみきれていなかったということだろう。それだからこそ、かの書『存在と時間』では、時間を「存在者」の成立条件としてだけでなく、また同時に「存在」の成立条件のごとくにもみなしてしまったのだろう。すなわち、ここでハイデガーは、「存在」を「存在者」のいわば成立条件としてこれら両者を明確に区別しながらも、しかしそれでいて、なおその「存在」のいわば成立条件をも時間としてしまったのだろう。少なくとも、その傾向性を脱しきれなかったいうべきだろう。

しかしながら、もし「存在」が「存在者」の成り立つ場だとするならば、その「存在」になおその成立条件が必要というべきだろうか。むしろ「時間」の成立条件も、「存在」というべきなのではあるまいか。かくして、「存在」とは、「存在者」と時間のそれら両者の成立条件というべきではなかろうか。いったい「存在」が、時間的に存在する、などということがありうるだろうか。かくしてハイデガーは、その点かれ自身が暗黙に認めたように、『存在と時間』にあっては「存在」をいまだ十分正確にとらえてはいなかったのだ。何か「存在者」に近いものとして「存在」を把握し、かくて「存在者」を絶対に超えつつこれを底から支えるいわばその土台としてこれを明瞭にとらえるにはいたらなかったのだ。まさにそれだからこそ、「存在」と「時間」とを、いわば同格のごとくにしてしまったのだろう。

いったい時間とは、それじしん「存在」から生起するものというべきなのではあるまいか。「時間がある」というときの「ある（Sein）」を、ハイデガーはそもどのように考えているのだろうか。

たしかに後期ハイデガーは、「存在」は「存在者」と「時間」とそれら両者を超越するものとして、これらを共に生み出すもののごとくいっているふしがある。

いや、初期の『存在と時間』にあっても、「存在」は「存在者」や「時間」に対しやはり超越的なものとしてとらえていたのかもしれない。にもかかわらず、時間を通し「現存在（Dasein）」を分析すれば、その延長線上で、

「存在」の意味も明らかとなる、そう考えたのかもしれない。いわば内在から超越へ、という方向性で、超越的な「存在」もつかみうるものと考えたのかもしれない。『時と永遠』の著者・波多野精一とまったく同じ哲学方法論に立っていたのかもしれない。が、その自分の哲学方法論の誤りにやがて気づいて、かの『存在と時間』は未完に終わったのかもしれない。

　こうして明らかであるように、『存在と時間』にあっては、「存在」と「存在者」とは一見明瞭に区別されつつも、しかし時間との関係では必ずしもそれが明らかとはいいがたい。たとい「存在」は「存在者」を超越するものだとしても、その超越の意味がすこぶる曖昧であるからだ。

　さて、以上のべてきたことに大きな誤りがないとするならば、辻村公一のごとく『存在と時間』の「存在」を、道元の「有時」の「有」と同定して邦訳するのは、けだし大いに問題があるとはいえまいか。道元の「有時」の「有」と、ハイデガー同書の「存在」とは、必ずしも同じとはいえないからである。

　けだし、道元の「有」は、むしろハイデガーの「存在者」に相当するものとはいえないだろうか。それとも道元もまた、ハイデガーに似て「時（間）」の分析を通して「存在（Sein）」ないし仏性としての「有」の意味を明らかにせんとしたのだろうか。いったい道元の「有」は、「仏性」なのだろうか、それとも「存在者」なのだろうか。けだし、それら両者を綜合したものというべきではなかろうか。道元は、「有時」といって、その「有」に「有るもの」と、同時にその成立の場としての「仏性」と、これら両者を同時に表現しているのではなかろうか。かくして道元にあって、それら両者は必ずしも明瞭に区別されてはいないのではあるまいか。

　もしそうだとすると、ここにもまた大きな問題はある。永遠無限の「仏性」が、「有時」として有限な「時」と同列に並べられ考察されていることになるからである。

　いずれにせよ、こうして明らかなように、道元の「有時」の「有」は、ハイデガーのかの書の「存在」とは明確に異なるものといわねばならない。とにもかくにもハイデガーは、「存在」と「存在者」とを明瞭に区別せんとする。そのような思惟が、道元にもあるとはとうてい思われない。ハイデガーの「存在」と「存在者」とにちなんでいえば、「仏性」と「有るもの」とを一点の曇りなく峻別せんとする意図、それが道元にあるとはとうてい思われない。もとより道元にあっても、一方は永遠的なもの、他方は時間的なものとして、それら両者はおのずから区別はされているだろう。しかしながら、そこに、それら両者の区別に、ハイデガーに即していえば「存在」と「存在者」と、それら両者の峻別に、ことさら思索を集中せんとすること、それはほぼ存在しなかったというべきだろう。その点からいっても、『存在と時間』を、道元の言葉を援用して『有と時』と邦訳すること、それは必ずしも適切とは思われない。いや、たんなる訳語の問題ではない。そこにはハイデガーの思惟と道元の思惟と、それら両者のあからさまな混同があるということなのだ。

それはともかく、『存在と時間』でハイデガーは、時間の相のもとに、「現存在（Dasein）」の分析を通して、そこから「存在」の意味を明らかならしめんとした。それは、前述したごとく、ひっきょう内在から超越へ、という思索の方向性にほかならない。それでは、しかし、真正の「存在」、つまりは永遠・無限・絶対の「存在」はしかと正しくつかまれるとは思われない。じっさい、だから初期ハイデガーは、その哲学方法論に途中で挫折したのだというべきだろう。

ところで、初期ハイデガーのこの哲学方法論は、インマヌエル哲学のそれとは、その方向性をまったく逆にするものである。インマヌエル哲学は、「存在」つまりは神と、「存在者」つまりはこの世界と、これら両者の根源的関係、すなわちインマヌエルないし神人・神物の逆接的原関係、それをまず第一に一気につかみとらんとする。かくして、そこから逆照射されてくる光に照らしてこの世界、「存在者」の世界をも明らかならしめんと試みる。

その点はしかし、後期ハイデガーになっても、やはりインマヌエル哲学とは必ずしも同じとはいいがたい。何となれば、後期になって「存在者」に対する「存在」の超越的関係性がいっそう明瞭になったあとでも、それら「存在」と「存在者」との両者の関係、そこに含まれる動力学的構造連関、それはいまだすこぶる不明瞭のままであるからだ。けだしそれは、その哲学方法論がいまだ十分にインマヌエル哲学のそれ、すなわち「存在」（神）と「存在者」（この世界）とが結びつく根源的一点、それをまず一気にしかとつかみとり、そこから逆にこの世界やこの世界に含まれるすべてのもの・いちいちのもの、そのそれぞれの関係を明らかならしめんとする哲学的方法、それへと逆転しておらず、いぜん内在から超越へ、といった一般の宗教哲学にみられるごとき哲学方法論にとどまっている、少なくともその残滓を今なお強く引きずっているからだろう。まさにそれだからこそ、既述したごとく、後期ハイデガーにあっても「存在」と「存在者」とは、滝沢インマヌエル哲学のごとく不可分・不可同・不可逆として論理的・概念的に厳密に言挙げされることなく、それら両者は、いわば「もっとも近いと同時にもっとも遠い」もののごとく、たんに感覚的・感性的にしかこれを表現できなかったのだといわねばならない。(5)

最後にもうひとつ、蛇足ではあるが付け加えておきたいことがある。周知のごとく、ハイデガーは、従来の西洋形而上学に対し、それらはいずれもみな「存在（Sein）」を「忘却」してきたといい、その点を厳しく批判した。ただ、しかし、それは、「存在」を「忘却」してきたというよりも、むしろ「見損なってきた」といった方がいいのではあるまいか。すなわち、「存在」をけっして忘れてきたというのではなく、けだしハイデガーが志向する意味での「存在」はしかとつかみとられてはこなかった、ということではなかろうか。

ところで、その点、キェルケゴールにあってはどうであろうか。キェルケゴールがつかんだ神、そのうちでももっともすぐれたもの、より具体的には『死に至る病』の冒頭でしかと把持されている神、すなわち、関係的・綜合的自己としてのその自己の、他方の「永遠的なもの」「無限的なもの」としての神、それをもハイデガーは、自身の「存在」とはかけ離れたものとみなすのだろうか。思うにその神は、ハイデガーの「存在」以上により正しくその本質を把提しているとはいえないだろうか。

翻って思えば、ハイデガーは、ニーチェやヘーゲルを始め過去の哲学者についてそれらを詳細に論じている。にもかかわらず、ハイデガーは、キェルケゴールについては、これをなぜ真正面から論じようとはしないのだろうか。『存在と時間』にみられるごときハイデガーのいわば関係的自己理解、それはけだし、キェルケゴールのかの書の関係的自己理解、その影響を強く受けているにもかかわらず、だ。

それはともかく、キェルケゴールのその関係的自己の絶対主体としての「神」、それをもまたハイデガーは、他の一般の「神」と同様に自身の「存在者」のカテゴリーに振り分けてしまうのだろうか。思うにハイデガーは、キェルケゴールの神理解、いや先述したごときいわば仏教的な神理解、それを果たしてどれだけ正しく理解しているといえるだろうか。そこでいわれるハイデガーの「存在」、それはそもそも何を意味しているのだろうか。皆目見当がつかないといわざるをえない。インマヌエル哲学は、キェルケゴール、そのなかでもとりわけかの『死に至る病』の神理解・人間理解、そうしてそれら両者の関係、それを自己のたしかな先駆のひとつとみなすからにほかならない。

いずれにせよ、既述したごとき筆者のハイデガー理解、いやハイデガー存在論に対する筆者の推測、それがもし基本的に正しいとするならば、後期ハイデガーは、それとも知らず後期西田哲学に接近していったのであり、それゆえ西田哲学こそ、いやさらにそれを徹底し、その決定的弱点をしかと克服した滝沢インマヌエル哲学、それこそ来たるべき確乎とした新しい形而上学、現代世界を厚く蔽い尽くす未曽有のニヒリズムを真に超克しうる真正の新しき形而上学、まさにそれだといわねばならない。

註

（1）滝沢インマヌエル哲学についての詳細は、拙著『自己と自由――滝沢インマヌエル哲学研究序説』（南窓社）、『滝沢克己の世界・インマヌエル』（春秋社）、および『哲学の再生――インマヌエル哲学とM・ブーバー』（法藏館）を参照されたい。

（2）これらの点について、より詳しくは拙著『現代の危機を超えて――第三の道』（南窓社）を参照されたい。

（3）人間における意識と身体の関係について詳しくは、拙著『新しき世界観――ニヒリズムを超えて』南窓社、の第Ⅲ部第三章「実存的自己確立に向けて」を参照されたい。

（4）なお、筆者の後期ハイデガー批判についてより詳しくは、拙著『現代の危機を超えて』の第Ⅲ章の三の㈡「後期ハイデガー哲学の批判的超克」を参照されたい。

（5）インマヌエル哲学の方法論について詳しくは、拙著『自己と自由――滝沢インマヌエル哲学研究序説』（南窓社）の第Ⅰ章「課題と方法――滝沢インマヌエル哲学における」を参照していただければ幸甚である。

# 第一章　いま、なぜ、イエス・仏教・釈迦、そしてインマヌエル哲学なのか

## ――新たなる真の主体性確立と新しき世界インマヌエルの樹立に向けて――

### 一　カントにおけるエゴないし我の問題

かつて一七世紀イギリスの哲学者ホッブズは、いわゆる自然状態ではこの世界はいわば戦争状態をさけがたいといった。人間には、その本性としてエゴないし我があるからである。だから、その戦争状態を喰い止めるためには、個々人はたがいに社会契約を結び、法によって秩序を作ることが必要だと説いた。

このホッブズの思想は、のちにロックやルソーにも受け継がれていった。そうしてかれらのこの社会契約説がフランス革命に大きな影響を与えたことは有名である。かくしてここに、法にもとづく国民国家が形成されることとなる。そのフランス革命では、周知のごとく「自由・平等・友愛」がそのスローガンとして高々と掲げられるに到った。けれども、しかし、その後ほぼ十年にもおよぶ恐怖政治、いわゆるギロチン政治がつづいてしまった。それはけだし、その建て前としての「自由・平等・友愛」とはとうてい相容れないエゴないし我に、当時の政治リーダーたちが絡みとられてしまったからといっていいだろう。要するに、人間におけるエゴないし我の問題をあまりに軽く考えすぎていたためというべきである。

さてカントは、この社会契約説やフランス革命の影響もあって、みずからも永久平和の実現について考え『永久平和のために』という一著をあらわした。そのさいカントは、「世界国家」ならざる「世界連合」の樹立によ

ってそれが可能だと考えた(1)。

要するに、カントにあっても、人間の本性はエゴないし我であり邪悪であるから、そのまま放っておけば戦争状態はさけられない、だからそれを喰い止め永久平和を実現するには、この人間の本性なるエゴないし我による対立を理性によっていわば調整することが必要なのだ、と考えられた。そのさい国家もまたエゴをその本性とするから、その国家エゴによる対立を調整するための「世界連合」の樹立を説き、それによって永久平和はいつか実現すると考えられた。

いや、それだけでなくカントは、永久平和を守りうるための「保証」として「自然（Natur）の機構」といったことにも言及する。たとえば人間の利己的傾向によってたがいに不利益が生じると、おのずからこれを抑制したり排除したりする方向に向かって人間は知らず識らずのうちに強いられるといったことがそれである。より具体的にいうならば、エゴとエゴのぶつかり合いは「自然」と不安や恐怖を引き起こし、これがたがいのエゴを力ずくで抑えこむための法を産み出すといった具合である。

その点は、第一次大戦後の国際連盟や第二次大戦後の国際連合の誕生を想い浮かべればなるほどとも思われる。けれども、国際連盟も国際連合も、それを誕生させるにはあまりに多い何千万人という犠牲者をそれぞれ産んだ。にもかかわらず、前者は途中で頓挫し、後者も第二次大戦の犠牲者の数に見合うだけの成果をあげているかといえば必ずしもそうとも思われない。今なお大国のエゴにより、しばしば立ちゆかなくなるのが現状である。

もとより、そうはいっても、カントがいうように人間の利己的傾向が、「自然」と理性にかなう方向へとみずからを強制していくということもたしかにありうる。とはいえ、しかし、人間のエゴは、みずからの破滅に向かって突き進んでいくこともまたありうるのである。いや、その方がはるかに多いといった方がいいだろう。先述の例でいえば、ドイツ・ヒトラーがそれであり、イタリア・ムッソリーニ、そしてわが日本の天皇制ファシズムも同様である。

いや、人間の利己的傾向は、たんにみずからの破滅に向かって突き進むことがあるばかりではなく、他者の破滅をも惹起しうるのだ。あのドイツのヒトラー・ナチズムによるユダヤ人大量虐殺（ホロコースト）がそれであり、ソ連スターリンの自国の強制収容所化による自国民大量の粛清がそれであり、またアメリカのオッペンハイマーを始めとする天才的な物理学者たちによる絶対悪に限りなく近い原爆の開発・投下、しかも一度では飽き足らず、あろうことか二度までもなされたその投下がそれといっていい。

が、にもかかわらず、カントは、「自然の機構」は大筋のところ人間理性にかなうように働くと考えている。しかしながら、人間の理性は、今すぐ上でいったヒトラーやスターリン、トルーマンらに代表的されるがごとくエゴ（我意）により最大限利用されたりもするのである。この点の理解、すなわち人間のエゴと理性との関係、その点についての理解が、カントにあってはあまりにも楽観的であるように思われる。

それはともかく、何故カントは、エゴや自然（Natur）、あるいは理性について言葉を多く語るのに、やはり人間の本性と恐らく誰しも認める愛については、これをあまり多く語らないのであろうか。またカントは、エゴを人間の「本性（Natur）」だといって、このエゴのぶつかりあいを調整する「自然（Natur）」と同じ言葉を使うけれども、これはあまりにも不用意な言葉の使用ではあるまいか。とまれ、エゴが人間の「本性」だとするならば、愛はいったいどうなのか、この点についてカントはそもそもどう考えるのか。人間におけるエゴと愛の関係をどうとらえるのか。けだし、この愛を抜きにして永久平和を構想しても、それは恐らく成功しないといわねばならない。

これに対しカントは、この永久平和の構想を保証するものとして先述したごとき「自然の機構」をあげる。が、しかし、これを十二分に徹底して考え抜いているとはとうてい思われない。その点は原爆一つを例にとっても、火を見るよりも明らかである。原爆が現実に二度投下され、その未曽有の破壊力が誰の眼にも明らかになってからはや七〇年もたつというのに、世界におけるその原爆の数をなくすことはおろかほとんど減らすことすらできないままでいるからである。いや、それを実際に投下したアメリカは、今なお公式に謝罪一つしていないのだ。いな、逆にそれを今なお正当化しているのが現状である。一発で一〇万以上の人間を一度に虐殺するというかぎりなく絶対悪に近い原爆投下を、それを行なったアメリカの大統領が七〇年たってやっと被爆地広島一カ所に訪問したというただそれだけで、世界的ビッグニュースになりうる有り様なのである。これでいったいどこに「自然」の力が働いているといえるだろうか。

けだしカントは、「自然」とか人間の「理性」とかをあまりに過大評価しすぎているとはいえまいか。せっかく「自然」という概念を用いるのなら、何故それを底の底まで徹底して考えに考え抜こうとはしないのだろうか。もしそれができていたのなら、おのずからその先にたんに理知的理解を超えて神とか愛とか自由、否、人間存在の根柢に刻々恵まれてくる自由そのもの、カントのいわゆる理性にもとづく自由ではない自由そのもの、筆者の言葉であえていうなら根源的自由といったもの、それらの光が理性主義者カントの眼にもはっきりと見えてきたものと愚考する。

それはともかく、世界連合についてのこのカントの思想は、上述したごとくあの残虐極まりない第一次、第二次世界大戦を経験した人類に大きな示唆を与え、その影響もあってか、第一次世界大戦後は国際連盟、第二次世界大戦後は国際連合が誕生した。だが、しかし、各国家エゴに対する知性や理性による利害調整、それをもとにした永久平和の実現、というカントの考えは、目下のところ国際連合でも成就はしていない。もともと知性や理性による各国家エゴの利害調整だけで「永久平和」が実現可能というのは、けだしカントの幻想といってよい。人間のエゴないし我、カントの言葉でいえば人間の「根源悪（das radikale Böse）」、それによるこの世界におけるさまざまな対立・葛藤は、たんに知性や理性にのみよってすべて調整されるがごとき甘いものではない。その点カントは、思うに人間理解ないしエゴ理解があまりにも浅薄すぎる。

ちなみにカントは、前述したように、エゴを人間の本性（Natur）と考えるけれども、同様に人間の心にほと

ん ど誰にでもある愛については、これを十分に深く考えているとはいいがたい。カントが、宗教には理解が薄い理性主義者ないし経験的合理主義者であったことをかんがみるなら、それは当然といえば当然である。カントは、人間の理性や知性をあまりにもかいかぶりすぎたのだ。もとよりカントは、人間理性の限界をも鋭く見抜いてはいた。が、しかし、少なくとも人間のエゴ、カントのいわゆる「根源悪」との関連でいえば、カントはやはり人間理性をあまりにも信頼しすぎたといわざるをえない。理性には、いうまでもなくエゴないし我をよりいっそう強化する働きもあるのである。その点は、既述したごとくヒトラーやスターリン、トルーマンの例だけでなく『地下生活者の手記』を始めとするドストエフスキーの主要著書作を一瞥すれば一目瞭然である。いや、われわれ自身みずからを少し顧みればそれはおのずから明らかだろう。人間は、その理性によって完全犯罪をもたくらむ存在なのだ。他方でしかし理性は、愛の実践をよりいっそう有効に働かせるべくこれに強く作用することもある。その点の理解が、カントにはあまりにも弱すぎるのではあるまいか。要するに、カントは人間のエゴないし我の問題をあまりにも軽く考えすぎたというべきだろう。

## 二　国際連合と国家エゴの問題

ここで現在の国際連合について触れると、この国際連合にあっても、全人類的課題としての気象変動や感染症、あるいは世界に蔓延する貧困などといった普遍的課題、それらはたんなる国家エゴの調整としてだけではとうていこれを解決することなど不可能だろう。ところが、これらの問題は、おのずから「永久平和」の問題に深くかかわってくる。それらが、国家同士のたがいの激しい争いに発展することも、また大いに考えられるからである。上述したごとき世界規模の諸問題のばあい、それはむしろ各国家のいわば愛にもとづくそれらへのかかわりが必要不可欠というべきだろう。アフリカのリベリアを中心として起こったあの脅威の感染症・エボラ出血熱でも、それに従事した多くの医師などがそれに感染し生命を落としたが、こういった人々のまぎれもなき英雄的な愛の行為、それが、それこそが、からくもこれを喰いとめることができたのである。

他方今日世界に広がる格差・貧困問題でも、それを根本で惹き起こしているのは、改めていうまでもなくグローバル資本主義の当事者たち、かれらの強欲（greed）極まりないエゴないし我がその根本だといわねばならない。少なくとも一九七〇年代終わりにイギリスで始まった新自由主義的グローバリゼーション以降については、たしかにそうだといって間違いない。かくして明らかなように、このエゴないし我の問題を抜きにして、たんに理性や知性によるエゴの利害調整だけで、こういった世界規模の貧困問題はとうてい解決しえない。これをその根源で惹き起こしているグローバル資本主義の当事者たち、かれらのエゴないし我をできるかぎり弱めること、そこに力を注ぐこと、それが何としてもさけられない。そうしてそのためには、そのエゴないし我に対抗するための愛、それが、それこそが、強く働く必要があるだろう。

ではその愛は、いったいいかにしたら強化できるか、それこそがもとより本書の根本テーマといわねばならない。

## 三　カントの「世界国家」とEU・欧州共同体

ところでEU（欧州共同体）の設立は、これもまたカントのあの世界連合構想の影響をあるいはうけていたかもしれない。けれどもEUは、けだしカントの肯定した世界連合、すなわち各国家間のいわば緩やかな連合としての世界連合というよりも、むしろカントが否定した世界国家、各国家統一による世界国家、いやミニ世界国家樹立への道を進まんとした。つまりEU内部で、経済統合による統一通貨ユーロの導入に当たって、さらには財政統合などのいわば政治統合をもその視野に入れた。しかしこの試みは、各国にさけがたく惹起される経済の不均等発展という動かしがたい事実に撞着して、今や大きく揺さぶられている。この点ではたしかに、各国統合としての世界国家ではなく、むしろそれらの緩やかな連合としての世界連合の方がいい、といったカントはまさに炯眼だったといってよい。かくしてＥＵも、ＥＵ域内における人・物・情報の移動の自由や移民・難民問題といった普遍的問題の、各加盟国のゆるやかな連合による調整にだけその働きをかぎるべきだろう。

それはともかく、かりに世界国家ではなく世界連合の方がよりよいとしてみても、しかし既述したように今日の国際連合においてすでに明らかなごとく、知性や理性による国家間エゴの調整だけでいずれ永久平和が訪れる、というカントの考えはやはり甘いといわざるをえない。なぜならカントは、人間のエゴないし我の問題をあまりにも軽く考えすぎているからである。

## 四　マルクスにおけるエゴないし我の問題

マルクスは、けだしイギリスの市民革命やフランス革命における自由、平等、友愛、人権、あるいはまたいわゆる自然法としての抵抗権ないし革命権、といった近代の普遍的価値観の影響をうけ、周知のごとく社会主義思想を樹ち立てた。マルクスは、有史以来の人類の歴史をいわゆる階級闘争の歴史としてとらえ、それはやがて歴史的必然として階級なき平和な社会主義社会、さらにその最終段階としての共産主義社会へ向かうと考えた。

思うにこのマルクスも、ひっきょう人間のエゴないし我の問題に大きく躓いた。人間のエゴや我も、階級なき正しい社会が実現すれば、いやその過程でおのずから解消されていくと夢想した。いやむしろ、こういった方がいい。マルクスは、人間のエゴないし我の問題が階級なき正しい社会を実現するうえでそんなに大きくかかわってくるとは思いもしなかった。その人間理解は、あまりにも楽天的だった。いや、皮相だったといった方がよい。そのあまりの甘さに驚かされる。

いずれにせよ、その後の歴史がこれを明らかに示すように、人間のこのエゴないし我の問題が、社会主義社会実現にさいしその前に大きく立ちはだかった。すなわち、マルクス思想の影響を強くうけつつ次々と誕生した二〇世紀の社会主義諸国の完全なる失敗、それは、そのいわゆる計画経済の失敗に劣らず、けだし何よりもこの人間のエゴないし我の問題をあまりに軽く考えていたところにその根本原因があったといっていいだろう。より具体的にいうならば、被支配階級としてのプロレタリアートを指導するいわゆる前衛党のリーダーたちが、一旦その権力をブルジョアジーから奪いとりこれを掌握するやそのエゴないし我を剥き出しにして、また新たなる特権階級に堕してしまったからといわねばならない。人間のエゴないし我は、マルクスの一番弟子ともいうべきロシアのレーニンに著しく見られるように、人間環境の一つとしての社会を「歴史的必然」としての革命により根本的に正すなら、それでおのずから解消してゆくがごとき甘いものでは毫もありえないのだ。

かくして明らかなごとく、マルクスないしマルクス主義も、カントと同様に人間のエゴないし我の問題に大きく躓いたといっていいだろう。

ところで、マルクス哲学には確たる存在論がない。弁証法的唯物論といっても、それはひっきょう史的唯物論ないし唯物史観へと収斂していくようにいわば一つの歴史哲学にほかならず、その根本となる存在論はほとんどない。たんにフォイエルバッハの唯物論にヘーゲル的な弁証法で味つけをしたというのにすぎない。かかる唯物論は、ひっきょうするところニヒリズムというほかはない。物が存在し成り立つその究極の根柢についてはまったく触れず、つまるところそれは虚無というほかないからである。よし「類的存在（Gattungswesen）」といっても、そのGattung（類）が成り立つ究極の根柢こそ何よりも重要なのだ。それなくば、この「類的存在」としての個々の人間そのものがまったく抽象的となるのをさけがたい。じっさいのところ、人類という類はたんに抽象的にしか存在しないのだ。少なくとも、個々人という個が実在するという意味に比べればはるかに抽象的といわざるをえない。個がある、実在するという意味では、類は存在もしないし実在もしないのである。柄谷行人氏のいうごとく現代がいかにグローバル化し人類も一つに統合されつつあり、かくてかつてよりもその抽象性を脱却しその実在性をいや増しに増しているとはいっても、しかしどこまでいっても人類という類が、個々人の個のごとく具体的に存在し実在することはありえない。

かくしてマルクスにあっては、「類的存在」におけるいわば「類即個」「個即類」の即とはいったいいかなる意味か、それが甚だあいまいといわざるをえない、けだし「類即個」「個即類」とは、神即人の原関係が頑として実在するがゆえにこそ、そこから必然かつ当然に、「先なるもの」と「後なるもの」、「具体的なもの」と「抽象的なもの」、「主体的なもの」と「客体的なもの」、「働きかけるもの」と「働きかけられるもの」、「能動的なもの」と「受動的なもの」といったそれぞれ両《ふた》つの対がこの世界の中に生じきたるのであり、その一つが「類即個」「個即類」にほかならないのだ。

その点フォイエルバッハも、かれのその唯物論をヘーゲル弁証法で変形させたマルクスも、けっきょくのところひとつのニヒリズム、存在論的ニヒリズム、少なくとも存在論的にはニヒリズムというほかはない。

ところでレーニンは、「絶対的物質」といった概念に言及している、が、その意味するところははなはだあいまいである。絶対的な物質とはそも何か。物質、この世界内部の物質はすべてことごとく相対的である。いつか始まりがあり、いつか終わりがある。永遠不変、恒久的な絶対的物質などどこにもありえない。かりに永遠不変の神を絶対的物質というのなら、それはもはや唯物論、少なくとも従来の意味での唯物論ではありえない。

とするなら、レーニンのいう絶対的物質とはそも何か。それは、ひっきょう上述した唯物論の根本的アポリア、つまりは存在論的ニヒリズムという、その哲学の根本にある虚無性を何とか蔽い隠しこれを埋め合わせようとする、たんなる言語操作上のトリックにすぎないというべきだろう。けれども、そのようなトリックなど、現実の世界にあっては何の役にも立ちはしない。そんなトリックは、唯物論の根本的・致命的アポリアとしての存在論的虚無性ないしニヒリズムを根本的に克服する手だてとはとうていなりえない。その点、まったくの無力というほかはない。

この存在論的ニヒリズムを真に正しく克服しないかぎり、マルクス哲学ないしマルクス主義は、その根本的欠陥を正すことはとうてい不可能だろう。より具体的にいうならば、第七章でも明らかにするごとく、その唯物史観も真に正しいものとはなりえない。歴史を動かす原動力が、この唯物史観ではどうみても正しいとはいいがたいからである。その点は、この間の人類の歴史そのものが、それをあますところなく実証しているといって何ら過言ではないだろう。そればかりか、この間の歴史の中で白日のもとにさらけ出された人間のエゴの問題、その重大さ、すなわち真のマルクス主義者にあってすら、このエゴないし権力衝動は猛威をふるい、これを完全に腐敗・堕落させること、かくして一旦は成功したかに見えた革命そのものをその根柢から覆してしまうこと、その点の原因が何ら解明されないまままいつまでも放置されつづけてしまうのだ。

かくては革命思想・マルクス哲学も、現下の中国に顕著に見られるごとく、その名とは裏腹の反革命思想・反革命哲学とならざるをえない。いいかれれば、一般民衆のための革命ではなく、一見そのように装いながら、そのじつこれを逆に抑圧・支配する反革命思想へと転落するのをさけがたい。その点、マルクス主義者の猛省を期待したいところである。

いずれにせよ、ニヒリズムが根本的に克服されないかぎり、人間のエゴないし我の問題もかりそめにも超克することなど不可能なのだ。マルクスないしマルクス主義も、その点けっして例外とはなりえないのである。

## 五　ドストエフスキーとニーチェにおけるエゴないし我の問題

人間のこのエゴないし我の問題をかれらカントやマルクスよりももっと深く、さらに徹底して深く考えたのは、とりもなおさず一九世紀後半に活躍したロシアのドストエフスキーやドイツのニーチェにほかならない。かれらは、人間がエゴや我に立脚して生きるなら、それはたんにこの世界を「戦争状態」にするばかりではなく、人間がよく生きるために必要不可欠な人生の究極的な意味や価値、目標や希望や生きがい、それらをも寸毫の容赦なく奪い去っていくと鋭く洞見した。なぜならドストエフスキーやニーチェは、けだしエゴないし我に生きる人間はさけがたくそれに敵対する神に反逆し、ついにはこれを否定するに到ると考え、とりわけ後者はプラトンの「イデアの世界」やキリスト教の神を含めた、この世界を超える「真なる世界」、プラトン以来西洋哲学史を一貫して貫いてきたいわゆる形而上学的な「真なる世界」、ニーチェの言葉でいうなら「背後世界（Hinterwelt）」をすべて否定したからである。プラトンのイデアの世界の最高のイデアやキリスト教の神とは、とりもなおさずカントのいわゆる「根源悪」としてのエゴないし我の正反対の善であり愛にほかならないからである。その点を別言すると、エゴないし我とは、ひっきょう自分が万能の「神」にまで昇りつめ高まらんとする、人間に何としても抑えがたいその欲求・衝動にほかならず、かくしてそれは、ついには絶対者なる神に取って代わらんとし、これを否定するに到るのだ。これが、まさにこれこそが、よし無意識ではあったとしても、ニーチェのあの有名な「神の死」宣言、そのうちに隠された真実といってよいだろう。

ところで、ドストエフスキーはともかく、ここでニーチェについても、エゴないし我をその哲学の根本に据えた、という筆者の主張は、あるいは奇異に思われるかもしれない。ニーチェ自身は、自分のニヒリズム思想と人間のエゴないし我とをとくに関連づけてはいないからである。けれども筆者の見解では、ニーチェのニヒリズム思想の根柢にも、ひょっとしたらニーチェ自身もそれと気づかぬうちに人間のエゴないし我がたしかにおかれているといわねばならない。その点は、『唯一者とその所有（Der Einzige und sein Eigentum）』を著してエゴイズムを高々と謳いあげつつ華々しく登場した一九世紀初頭の近代ニヒリズムの先駆者M・シュティルナーや、すでにのべたドストエフスキーの、『地下生活者の手記』以降に次々と出版されたその主要諸著作、そこに登場する徹底したニヒリストたち、かれらを想起すればおのずから明らかと思われる。ちなみに、ドストエフスキーのニヒリズム的世界観の端緒となったもの、それはほかでもない上述した『地下生活者の手記』の主人公であり、かれは、あの近代ニヒリズムの先駆者シュティルナーとまったく同様に、人間のエゴないし我意を徹底的に称揚する。そのさいその『地下生活者の手記』の「主人公」の思想を時と共にさらにいちだんと深め強めていったもの、それが、その後のドストエフスキーの諸著作に登場する傲岸なニヒリストたちなのである。

さて、以上をさらに敷衍して明らかにしていこう。シュティルナーの主張するエゴイズムは、ふつうそう思われているがごとき凡庸なそれではない。エゴイズムの徹底である。シュティルナーによれば、けだし神とはまさに究極のエゴイストなのである。何となれば、ただ自分のためにのみこの世界を創り、人間を創り、また自分の欲するままに行動しているのだからである。

だがそれは、まったくの誤解といわねばならない。神はただ自分のためにのみ考え活動しているのではありえない。もとよりシュティルナーが主張するがごとき面、それが神にもまったくないとはいえまい。つまり神もまた自分のためにこの世界や人間を創り、考え、活動しているということだ。だが、しかし、それはたんに自分のためにのみではありえない。神は自分の欲するままにみずから自分に対立するこの世界や人間を創ったというのはたしかにそうだが、しかし同時にそれは、どこまでも自分を空しくしつつこれらを愛さんがためにこそ、いわば絶対不可逆的かつ絶対矛盾的自己同一的つまりは逆接的にこれらを創った、そして今もなお時々刻々創り保持しつづけているというべきなのだ。

その点、シュティルナーは、神のこの真の本質を完全に見失っている。かくて、かれは神を否定し、さらにまた自分を超越するすべてのものを否定し、こうして究極のエゴイスト「唯一者」をこそみずからの理想としつつこう宣言する。

「私の事柄を　無の上に　私はすえた」と。

そうしてこの言葉を、かれの主著『唯一者とその所有』のまさにその冒頭と巻末においたのだ。かかるシュティルナーのエゴイスト・唯一者は、すでにいったようにふつう考えられているがごときただたんに自分をのみ愛し自分をのみ利し、他者に優越せんとするものでは毫もない。例えば、じっさいにも稀に起こりうるごとく、川辺を歩いていて、たまたま溺れ死にかかっている子供を見つけたとき、みずからの死をも顧みずその溺れる子供を救わんとして川に飛び込む行為、いやたといそれで自分もまた溺れて死んだとしても、それもまたエゴイズムの行為なのである。シュティルナーによれば、このときかれは、その子供のためにみずからの死を賭けたのではなく、まさに自分がそれを望んだからこそそういう行動をとったというのである。だから、たいていはそういう人間の行動を他愛というけれど、しかしそれは違うのだ、他愛ではなく、それもまた一つの自己愛、自利なのだ、と。

かくして、かれの主張するエゴイズムは、一見とても理にかなっているようにも思われる。けれども、もしそうだとすると、このエゴイストが、自分の欲するままに殺人を犯したとしたらどうだろう。じっさいシュティルナーは、唯一者には善も悪もないという。したがって唯一者によって形成される社会とは、シュティルナーの主観的意図とは別にひっきょう熾烈な戦場・修羅場というほかはない。いずれにせよここにも、「善悪の彼岸」を説きつつ、キリスト教道徳に代わる・「力への意志」にもとづく新たなる道徳を打ち樹てんと試みた、後述するごときニーチェのあのニヒリズム思想に相通ずるものをしかと見てとることができるであろう。

いずれにせよ、こうして明らかなごとく、シュティルナーのエゴイスト・唯一者にもとづくニヒリズム思想の前では、よし殺人であれ原爆の研究・開発・投下であれ、誰もこれを批判することは毫も許されないということになる。いやいや、それらは大切な社会の秩序を乱すことだ、としてこれを批判しようとしても、かれシュティルナーのエゴイスト・唯一者は社会をも大きく超えた存在なのだ。したがって、社会の秩序の名のもとにかれ唯一者の行為を批判することなどもうとう不可能なのである。いや、われわれの創造主たる神がそれを赦さない、といっても、唯一者の前にそんな神も存在しないのだ。こうして唯一者の行為は、たといそれが殺人であれ原爆の研究・開発・投下であれ、誰もこれを批判することなど毛頭できはしないのだ。

ではこの唯一者に、エゴイズムのもう一つの特徴、他者優越性を付け加えるならば、どうなるだろうか。エゴイズムとは、どこまでも他者に優越しこれを乗り越えてゆかんとする自己中心的・自己愛的な欲求である。かくしてここに立ち現われるのは、ドストエフスキーのあの「非凡人」や「大審問官」の思想、さらにいうならあとで詳述するごときニーチェの「超人」思想にほかならない。

ここでドストエフスキーの「非凡人」の思想とは、その主著の一つである『罪と罰』においてその主人公のニヒリスト・ラスコールニコフによって展開される思想にほかならない。ラスコールニコフによれば、人間には有象無象の「凡人」と、何百年に一人といった具合にごくごくかぎられた形で生まれる「非凡人」と、この二大類型がある。そのさい、この「非凡人」の前には善とか悪とかといった道徳はいっさい消失し、かくてかれはただおのが好むがままに行動できる人間である。この思想をいだきつつ、自分がいったい「凡人」に属する人間か、あるいは逆に「非凡人」に属する人間か、それを確かめんがため、ラスコールニコフは、あるごうつく張りの金貸し老婆殺害を図りそれを敢行する。ところが、その行為のあと思いもかけず自分を襲う耐えがたき良心の苛責と、全人類との断絶感という苦しみに深く苛まれ、ついにかれは自分の心を強く魅きつけてやまない娼婦ソーニャの勧めもあって自首の道を選ぶのである。

しかしながら、このラスコールニコフに十分満足できなかったドストエフスキーは、その後もつぎつぎとよりいっそう強靭なエゴイスト・ニヒリストをこの世に送り込み、最後には「大審問官」にまで到達する。「大審問官」とは、ドフトエフスキーの最後の未完の大著、主著中の主著『カラマーゾフの兄弟』の主人公の一人、徹底したニヒリスト、イヴァン・カラマーゾフによって書かれ、かれの弟、新しきキリスト教の体現者たるアリョーシャ・カラマーゾフに対して語られる、かれイヴァン自身の創作した戯曲の主人公の一人にほかならない。

この戯曲の舞台は中世で、キリスト教の最高位の大審問官が支配する国に、とつぜんキリストが立ち現われる。このキリストを拘束し、みずからの前に連行させた大審問官は、徹底的にこのキリストに抗議する。キリストは、人間をあまりに買いかぶりすぎたがためこれに徹底的に自由を与え授けた。けれども人間は、そんな自由に耐えられるほど力強い存在ではありえない。むしろ進んでみずからの自由を放棄し、誰かに譲り渡してこれに依存して生きたい存在なのだ。だから自分（大審問官）は、ひ弱きこれらの人間たちの自由を一手に引き受け、かれらから自由を奪って、代わりにかれらに「パン」を与えて経済的に安定させてやるのだ。その方が、かれら人間ははるかに幸せなのだ。かくして自分（大審問官）は無辺の孤独に耐えきるのだ、と。この「大審問官」の思想は、のちの二〇世紀に現われたスターリン主義ないしより広くいうならば、社会主義的独裁思想を先取りしたものだとよく評されるものである。いや、今日の政治家のあいだでも、俗にいう「パン（＝食糧）とサーカス（＝娯楽）」説、つまり食糧と娯楽さえ与えておけば大衆は満足する、という説として、広く根強くあるいわば大衆蔑視の支配思想である。いずれにせよ、かくて明らかであるように、大審問官は、一見宗教家の顔を見せながら、じつは徹底したニヒリスト、「超人」的な力にあふれたまぎれもなき虚無主義者であったのである。

この大審問官の主張する人類への「愛」は、あのシュティルナーの究極のエゴイスト・唯一者のあの「愛」に何と酷似していることであろうか。ひ弱き人間たちのため、と称してかれは人間を傲慢にも見下し、ひっきょうただ自分のためにだけ、その「愛」を遂行するのだ。

ところで、この大審問官の激しい抗弁を終始一貫して沈黙しつつ聴いていたかのキリストは、最後に、その血の気の失せた大審問官の唇にそっと接吻してこの劇曲は終わる。

では、このキリストの大審問官への最後の接吻は、いったい何を意味するのだろうか。みずからに徹底して抗弁する大審問官をも、キリストは大きく包みこんでしまうということではないのだろうか。要するに、自己に抗いつつ世界を支配する大審問官をすら、キリストはこれを厳しく罰しつつ、しかしみずからの懐に包みこんでしまうのである。大審問官が厳格に罰せられていることは、かれのその大いなる苦悩をみれば明らかである。かれは、自分のその思想に深く苦しまざるをえぬのだ。これが、キリストによるこの大審問官に対する厳格な罰にほかならない。

それはともかく、思うに大審問官は、キリストないしその父なる神から人間に刻々与えられ課せられてくる自由、筆者の言葉をあえて使えば根源的自由、それを完全に誤認し、誤用してしまったのである。大審問官もまた、つまるところ神キリストから与えられた自由にもとづき、そのうえで、しかし、それを誤って使用し、かくてかれの独裁的な行動に出てしまったのである。だから、ここではキリストが大審問官をも上廻っていることはほぼ明らかだろう。

ところが、この劇曲を創作したのは、徹底的な無神論的ニヒリスト、イヴァン・カラマーゾフなのである。イヴァンは、いったいこの戯曲の最後で、キリストに、かれに抗う大審問官にそっと接吻させて、そも何がいいたかったのであろうか。神キリストに徹底的に反逆するイヴァンもまた、しかしこの神キリストにはやはり勝てない、何か自分のニヒリズム、その究極の理想としての大審問官をもはるかに凌ぐ大きな力を漠然と感じていたということだろうか。

ところで、先に筆者は、大審問官は、その自由、根源的自由を誤認し誤用したといった。その自由は、既述したごとく神キリストから時々刻々与えられ授けられ課せられてくるものなのだ。だから大審問官もまた、神キリストの手の上で語り、行為し、生きているにすぎないというべきである。あの孫悟空がいくら威張って自分の神通力を発揮したにはしても、所詮お釈迦様の掌の上で踊っていたのと同断である。

かくして明らかなごとくイヴァンは、そのニヒリズムを徹底しどこまでも神に反逆せんとしたけれど、しかしそこにはっきりと限界を察知し、かくてけっきょくこれを成し就げることができなかったのである。こうしてかれは、ついには狂気の闇の底へと没落してゆく。

その点、「超人」思想をさらにいちだんと徹底せんとしたニーチェもまた、あとで詳論するように、かれ自身狂気の闇へと没落してゆく。そればかりかかれの「超人」思想・ニヒリズム思想は、のちに二〇世紀に入るや、これも後述するごとく、あの未曽有の人間悪ともいいうるヒトラー率いるナチズムにからめとられていくのである。

ちなみに一言すると、わが日本の大文豪夏目漱石も、その主著の一つで、その主人公に、人生の問題をどこまでも詰きつめてゆくならば、ひっきょうそれは「狂気」か「自殺」か「宗教」か、といったところに収斂していくといわしめている。その点漱石自身は、晩年「則天去私」なる一種の宗教的立場に立つことになる。

それはともかく、ドストエフスキーの生み出した徹底したニヒリストたち、かれらもまた最後に「自殺」か「狂気」に陥っていく。そうしてドストエフスキー自身は、新たなる宗教、いな、あのイエスの宗教に直結する新たなるキリスト教の創出、いや再現にたどりつき、われわれインマヌエル哲学の先駆者の一人となるのである。

いずれにせよ、こうして明らかなようにシュティルナーのエゴイスト・唯一者、それにもとづくニヒリズム、それも最後は失敗に終わること、それは、その後のドストエフスキーやニーチェの思想、ニヒリズム思想を一瞥すればおのずから明らかだろう。

さて話が一見大きく逸れたが、しかし、これもニーチェのニヒリズム思想、「超人」思想理解のためにはどうしても必要不可欠と思われたので、あえてここで挿入しておいた。

そこで、ふたたびニーチェの話にもどることにしたいと思う。

ニーチェは、けだし人間がそのエゴに立脚するとそこにさけがたくニヒリズムの世界が立ち現われると鋭く道破し、それをしかし「超人（Übermensch）」にまで高められた人間、精神的・肉体的にもうこれ以上超えがたい強靱さを兼ね備えたいわば人間を超えた人間、筆者の見解をあえていうなら人間の肉体的な力や強さ、それにさらに精神におけるエゴないし我の強さや力、それをいわば極限にまで高めた人間としての「超人」、それによって克服せんとした。ニーチェは、思うに人間のエゴないし我からさけがたくもたらされるいわゆる「自然状態」としての「戦争状態」、これを否定するというよりも、むしろその「戦争状態」を肯定しそれを勝ち抜いていくもの、それこそが新たに来たるべき「超人」だとしたのであろう。なぜならニーチェのいわゆる超人とは、大多数の「畜群（die Herde）」を踏みしだき、これらをいわば肥としてみずからを、人間を超えたはるか彼方の頂き、絶頂を目差して昇りつめていく存在、いなその頂き・絶頂にまで昇りつめた存在、その極に現われる存在といってよいからである。これを逆にいうならば、いわゆる個性や主体性を欠落させた「畜群」たる大多数の人間は、ニーチェによれば「超人」を生み出すべくそのための肥にみずから積極的にならねばならぬのである。かくしてもう一度繰り返すなら、ニーチェの「超人」とは、有象無象のひ弱き人間たちを打ち砕き、それらをみずからの生の糧として成長していく来たるべき新たな人間にほかならないのだ。かくして「超人」とは、よし究極の意味・価値・目標を喪失したとしても、そのまったき虚無なるこの世界を、しかもたといそれが未来永劫繰り返すとしても（die ewige Wiederkehr der Welt des Nichts）、それを“Ja!”といって肯定できる存在なのである。

以上のべたことから明らかなごとく、かかるニーチェの「超人」思想は、のちに二〇世紀に入るや直接ないし間接にあのドイツ・ナチズム率いるヒトラーに大きな影響を与えることになる。かかる事実も、けだしゆえなきものとはいいがたい。たといニーチェ自身は、よし主観的にはヒトラー・ナチズムのごとき超国家主義はかりにこれを否定したとしてみても、が、しかし、かれのこの「超人」思想のなかには、これをしかと根拠づけるのにすこぶる適した事々が数多く含まれているからである。周知のごとくニーチェは、隣人、とりわけ「小さき者」「弱き者」への愛を説くキリスト教道徳を、「偉大なる者」「力強き者」に対するかれら「小さき者」「弱き者」たちによるルサンチマン（怨念）、それにもとづく「奴隷道徳」だと口を極めて痛罵し、これを打破してかれの根本思想である「力への意志」と、それにもとづく「超人」思想を基礎として、新たなるみずからの道徳を打ち立てんとした。

ニーチェのこの思想をヒトラーナチズムが具体的にどう利用したか、それは必ずしも十分明らかでない。けれども両者のあいだには、たしかにうまく響き合う点が少なからずあることはまぎれもない事実というべきなのである。たとえば、ナチズムのあの優生思想、すぐれて力強いゲルマン民族を生み出すためと称して、「これに劣ったか弱き存在」とみなされた、心に障害を負った人々の二〇万人以上にも及ぶ虐殺、さらにいうならば、強くてすぐれたゲルマン民族の「純血」を生み出さんとして「汚れて劣った」ユダヤ民族を六〇〇万人も大量虐殺したという事実、これは、身心的に弱き有象無象の「畜群」を踏みしだきつつ、身心共に人を抜きん出た「超人」を目差さんとしたニーチェ、いやこういった「畜群」はみずから超人誕生のための肥とならねばならないと主張したニーチェ、その「力への意志」にもとづく超人思想、それとどうみてもすこぶる親和的なのであり、後者が前者の格好の思想的根拠を与えたことはほぼ間違いあるまい。

もとよりニーチェ主義者は、ニーチェとナチズムを結びつけるのは、これを何としてもさけんとする。これを認めれば、ネオ・ナチストを除けばもうどうにもニーチェを庇い切れないからである。だが、しかし、両者のあいだにはじっさいに深く通底するものがあるというべきなのである。たんにニーチェは、ナチズムに無理矢理強引に利用されたというだけでなく、利用されうるだけのものをたしかに、その「超人」思想や「力への意志」思想においてもっているのだ。これは、否定しようのないまごうかたなき事実なのである。ニーチェの「力への意志」にもとづく超人思想からは、当然のことながら、精神的・肉体的に弱い障害者は排除されることになるからである。それは、上述したごときナチズムの優生思想におのずから通じていくものといわねばならないし、またゲルマン民族の「純血」を守るという旗印のもとにユダヤ人を大量虐殺したことにも繋がっていくといっていいからである。

もとよりニーチェ自身は、反ユダヤ主義には反対で、民族や人種による優劣などはいっさい念頭になかったが、しかしかれのかの思想は、ナチズムのあの未曽有の蛮行を哲学的に基礎づけうる、少なくともそれにうまく利用されうる要素をたしかにもっていたといっていいのだ。ニーチェ自身の主観的意図とは別に、かれのニヒリズム哲学は、そういう要素を大きく深く孕んでいたのである。

それはともかく、この「超人」にして初めて、新たにこの世界に究極的な意味や価値・目標、あるいはこれを人間に即していえば、その生の究極の希望や生きがいを獲得できるのである。いやむしろ、こういった方がいい。そういった究極的な意味や価値や目標、あるいは希望や生きがいがこの世界や人間的生にたとい存在しなくても、それでもしかと生きていくことのできる人間、幸せによく生きていくことのできる十分な力にあふれた強き強靱な人間、それが、まさしくそれこそが、ほかならぬ「超人」なのだ、と。

いずれにせよ、その根本思想のひとつである「力への意志（der Wille zur Macht）」にもとづいて、このように力（Macht）や強さを求めみずからを高めていかんとするいわばエリート志向、いなエリート中の最高のエリートを目差さんとするいわば超エリート志向、かかるニーチェの「超人」思想の根本には、まぎれもなく自己中心的・自己愛的もしくは他者優越的なエゴないし我、我にとらわれた我としての我《が》、それがたしかに宿っているというべきである。それゆえニーチェ哲学の中心には、ひょっとしたらニーチェ自身もそれと気づかぬうちにエゴないし我が頑として内蔵され、かくてこれにしかと立脚してしまっているのだといわねばならない。

さて、このニーチェの思想、とりわけその「超人」思想に大きな影響を与えたものとして、われわれはつぎのごとき諸事象をあげることができるであろう。

まず第一に、一九世紀初めに『種の起源』を著して華々しく立ち現れたダーウィンの生物進化論、その影響を強くうけたスペンサーらのいわゆる社会進化論、そうしてそれと密接な関係のある優生思想がそれである。そのさいその背後にはまた、後述するごとき科学万能主義も潜んでいるといってよい。

さて第二に、ニーチェの「超人」思想には、けだし無意識のうちにつぎのような歴史的事実の影響がある。すなわちそれは、近代に至って確立される、これもあとで詳述するいわば弱肉強食の競争原理にもとづく資本主義の影響である。要するに、力あること・強きこと・勝ち残ること、それこそほかならぬ善であり正義であって、それゆえそれを実現した人間の生にこそ真の希望や生きがいはある、したがって、またその生にこそ本当の意味や価値や目標はある、というほかならぬ資本主義社会の影響である。ちなみに資本主義とは、ほかでもない人間にどこまでも根強く根深い我欲に強く訴えかける経済システムである。かくして、資本主義社会のなかで生きていく人間は、さけがたく自己中心的・自己愛的・他者優越的なエゴないし我をどこまでも強化させていくこととなる。かくしてこれもまた、思うにニーチェの思想、とりわけその「超人」思想に知らず識らずのうちに大きな影響を与えているといいうるだろう。

したがって、一見話が大きく脇に逸れるようだが、しかしニーチェの思想をよりよく理解するためには必要不可欠だと思われるので、ここでひとつ資本主義についてこれをもう少し詳しく考察しておきたい。

資本主義とは、これをごくごく簡単に言い表わすなら、けだし私的所有と市場における自由競争を二つの大きな柱としてそのうえに成り立つ善遍的な商品貨幣経済といってよい。そのさい「私的所有（das private Eigentum）」の privat とは、もともとのラテン語の privatio では「簒奪」とか「奪取」とかといった意味である。だから要するに、力ずくで他者から奪いとって得られたもの、そういうものの所有（Eigentum）ということにほかならない。したがってこの「私的所有」とは、これをより厳密にいうならばエゴないし我にもとづく所有、つまりはエゴイズム的所有ということである。その点で個的所有、つまりただ一時的に天から自分に預られたものとしての個的所有と根本的に異なっている。

つぎに、資本主義のもう一つの根本原理である「自由競争」とはそも何か、その「自由」とはいったい何か、その点について考察したい。思うにそれは、ひっきょう自己中心的・自己愛的・他者優越的な我意の自由つまりはエゴイズム的自由にほかならない。ここからさけがたく資本主義的な「自由競争」は、まぎれもなき弱肉強食をその本質とせざるをえなくなる。それればかりではない。この自由競争を通じて各企業は、消費者の我欲・物欲に強く訴えかけ、かくして商品をできるかぎり多く売り、もって最大限の利潤をあげんとする。こうして各企業は、これでもかこれでもかといわんばかりに日々新しい商品を開発し、かくて消費者の我欲・物欲をかぎりなく肥大化させていく。かくして消費者もまた、どこまでもおのが我ないしエゴを強化していくのをさけられない。このように資本主義そのものがいわばエゴないし我の大系であり、かくてその資本主義のなかで強化され肥大化されてきた人間のエゴないし我、さらにその資本主義が暗黙のうちに大前提とする、力あること・強きことこそ善であり正義であり、それゆえにまた人間の希望・生きがいであり、だからまさにそこにこそ人間的生の意味や価値や目標があるという考え方、それが知らず識らずのうちにニーチェの哲学、すなわち「神の死（Gott ist tot.）」宣言とそこからさけがたく惹き起こされる「ニヒリズム（Nihilismus）」、そのニヒリズム克服のための「超人」思想、またその大前提となる「力への意志」思想、それに大きく影響をおよぼしているものと思われる。ここに、まさにここにこそ、けだしニーチェのニヒリズム哲学の背後に潜む隠された真実がある。

それはともかく、ニーチェが「神の死」を宣告するのに先立って、キリスト教の神がいわば緩やかに死んでゆく過程、それについてつぎに少し順を追ってみてみたい。

## 六　近代科学の勃興とその後の科学万能主義、そして「神の死」およびニーチェの哲学

キリスト教の「神の死」に大きくかかわったのは、とりわけ近代科学の勃興といってよいだろう。しかしそれをより穿っていえば、後述するごとく近代科学のなかに人知れず潜んでいた、いや時と共に芽生えてきた、あの近代以降よりいちだんと強化されてくる人間中心的なエゴといってもいいのではなかろうか。じっさいその点は、時代が下るに従ってより明確になっていくように思われる。すなわちそれは、科学をどこまでも進歩させていけば未来はバラ色だ、明るい希望にみちみちている、という一九世紀なって起こってくるあの科学万能主義のうち

にしかとみてとれる。

ちなみにこの一九世紀の科学万能主義の影響は、たとえば無神論的社会主義を唱えたマルクスやその盟友エンゲルスにもはっきりとみてとれる。その点は、かれらがみずからの社会主義を「科学的社会主義」と名づけたり、またエンゲルスが自分の著作のひとつに『空想から科学への社会主義の発展』というタイトルをつけたことからもおのずから明らかといってよい。

それはともかく、この一九世紀の科学万能主義は、二〇世紀に入り第一次・第二次世界大戦で、その科学を使って発明された戦車や大砲、毒ガスや戦闘機・戦艦、さらにはその極限としての原爆を使用することにより、それぞれ数千万人もの人間を大量殺戮するという人類未曽有の悲劇的経験をへて一旦はその力を弱めたが、しかし今日ふたたびより強固となって現われている。その点は、たとえばいわゆる最先端科学技術をどこまでも発展させていけばおのずから未来はバラ色だ、明るい希望にみちみちている、といった現代人のすこぶる楽観的な考え方のうちにしかとみてとれえよう。

この科学万能主義の中核は、けだしどこまでもかぎりない傲慢・傲岸なエゴ、徹頭徹尾人間中心的なエゴといわねばならない。たとえばそれは、つぎのごとき事実のうちにしかとみてとることができるであろう。

第一に、今日では再生医療と生殖補助医療、それに遺伝子操作技術が組み合わされればもはや向うところ敵なしといった事実、つまりデザイナーベービーはおろか「人間」そのものですら人間自身の手で人工的に作ることができる、生態系をも変えることができる、少なくとも技術的にはそれが可能だという事実がそれである。

その点をもう少し詳しくいうと、今日では受精卵にゲノム編集を加えることで、少なくとも技術的にはデザイナーベービーは可能なのである。そればかりではない。ゲノム編集を使えば、今日人間は自分を取り巻く生態系すら変えることもできるのだ。たとえばそれは、マラリアの原因となるマラリア原虫を運ぶ蚊をゲノム編集してこの蚊に寄生したマラリア原虫を取り除き、そのマラリア原虫を除去した蚊をふたたび野に放つと、この蚊の遺伝子が代々伝わってやがて生態系を変える、といった仕方によってである。こういう生態系を変えるといったことすら、今やゲノム編集で可能なのである。まさに空恐ろしいこととはいえないだろうか。さらにまた、今日ではｉＰＳ細胞を使えば人工的に生殖細胞も製造可能であり、こうやって人工的に作られた精子と卵子を体外受精させそれを誰かの母胎に入れれば、少なくとも技術的には「人間」も人為的に作り出すことができるのである。マウスでは、すでにそうやって人工的にマウスの子が作られているのだからである。

人間の場合には、安全性の問題とか倫理・道徳とかといった面がその歯止めとなるとよく喋々されるが、「難病に日々苦しむ人々」や「不妊に激しく悩むカップル」を救うこと、それが大義名分とされるなら、そんなものはどこふく風かとばかりに吹きとばされてゆくことだろう。これまでの再生医療や生殖補助医療、さらに遺伝子操作技術の歴史がそれを如実に物語っているからである。かくしてこの勢いでゆくならば、いつか人間は自分の手で、つまり肥大化した科学技術で自分自身の首を諦めることにもなりかねまい。

いずれにせよ、そういった「天」をも憚らぬところまで、人間は今や傲慢・傲岸になりはててしまっているのである。これは、思うに神に対抗してバベルの塔を建てたという（旧約）聖書・創世記第一一章第一―九節のあの有名な話、その「バベルの塔」の建設になぞらえることもできるのではなかろうか。

第二に、ロボット研究者は、今やロボットに自分でものを考え、学習し、みずからの判断で動く働きを与えること、つまりロボットを生命体に近い存在に進化させせんとすること、それを試みている。より具体的にいうならば、現在すでにＡＩ（人工知能）を利用してロボットに自律的な運動機能を身につけさせたり、自律的に意識や感情をもてるようにしたり、さらには自律的に言語を生み出しこれを発達させ、ロボット相互のあいだでコミュニケーションすることができるようにさせたりと、そんなことがまだ初期段階とはいえ現実となっているのだ。

こういったＡＩロボット研究が軍事に転用されれば、それは当然ロボット兵士の誕生にほかならない。かくして、今日ではＡＩとロボット技術が結合すれば、もう数十年もするうちにいわゆるロボット兵士も製造可能なのである。そのさいロボット兵士とは、人間の手から完全に自律してロボット自身の「判断」で「敵」を攻撃し殺すというものである。けだしロボット兵士は、たしかに人間の兵士よりずっと効率的に「敵」を殺すことができるであろう。なぜならロボット兵士には、人間兵士と違って、自分と同じ人間を殺すというふつう人間に特有の根源的な疚しさや深い心の葛藤はまったくないからである。

しかしながら、人間の心をもたないロボット、つまりは機械ないし物によって殺されるほど、虚しく腹立たしいことはほかにないのではなかろうか。これほど人間を愚弄した話が、いったいどこにありえよう。これほどの非人道的なことが、そもありうるだろうか。しょせん物にすぎないロボットに人間を殺させるほど、非人道的なことがありうるだろうか。

たしかに、今現在すでに、無人戦闘機ドローンにみられるごとき一種のロボット兵器が現に戦場で使用され、少なからずの人間が、これによって傷つけられ殺害されている。けれども、このばあい、その無人戦闘機ドローンを操作しているのはまだまぎれもなき人間であり、たといいくら遠く離れているとはいえその人間の判断で、ほかでもない爆撃・攻撃・殺害が敢行されているのである。もとより、これもすこぶる非人道的ではあるけれど、しかしそこにはまだ人間の判断・行為が現に介在している、そのかぎり、いまだロボット兵士とは根本的にその質を異にするといってよい。その点ロボット兵士となると、もはや完全に人間から自律し、敵への攻撃・殺害も、しょせんは一個の物にすぎないそのロボット兵士の「判断」で、そのロボット兵士の「判断」だけで敢行されるのである。かくして明らかであるように、かかるロボット兵士の製造・使用、いやそのための「研究」ですら、もはや無人戦闘機ドローンや無人潜水艦などといったロボット兵器とは完全に次元を絶した人間の罪業といってよいだろう。

第四章でもまた触れるように、イエスは「(汝の)敵を愛せ!」といって対敵愛を説いたが、このイエスの戒めも、人間の心をもたないロボット兵士が相手では、もはや「馬の耳に念仏」「豚に真珠」というほかはない。

もとより、たとい相手が人間であったとしても、対敵愛というイエスのあの戒めは、じっさい極度に困難ではある、だが、しかし、相手が人間でありさえすれば、まだその可能性がまったくないというわけではもうとうない。現に、かっての敵を赦したり、あるいは戦場で自分の敵とのあいだに友情が芽生えたり、といったことなどは、たしかに数は少ないとはいえ、しかし完全にないわけではないからである。たとえば、これもまた後で言及するごとく、ルワンダ大虐殺の被害者で、からくもその生命をとりとめた人々のなかに、そういう人々はじっさいに存在するのだ。そのさい、自分に危害を加えるものを赦すとか、またそういった人間と友情を結ぶとかといったことは、これもたしかに愛の一形態にほかならず、それゆえ対敵愛であることはいうまでもない。

それはともかく、ロボット兵士が、何かの狂いで「敵」も「味方」も区別できなくなったらどうなるだろう。そのさいロボット兵士は、本来なら「味方」のはずの人間をも攻撃してくるということではなかろうか。これは、まさにＳＦ映画の世界、「ターミネーター」の世界の、ほかならぬその現実化ではなかろうか。いや、そればかりではない。ロボット兵士は、いずれその戦略も人間以上にすぐれたものをたてられるようになるだろう。ＡＩ（人工知能）の世界では、すでにもう人間の医師よりもすぐれた診察ができるようになったり、囲碁や将棋やチェスの世界でも、人間世界のトップを上まわるようになっているのが現実なのだからである。とするならロボット兵士は、いつか自分の「仲間」を募ることにもたくみとなり、かくて自分の「仲間」をふやし、コミュニティーを形成し、こうしてついに人間に反逆し人間に戦争を仕掛け、これにとってかわらんとしてくるということ、それも、これをたんに荒唐無稽な戯言といって一笑にふすことはできないだろう。かくして人間は、いつかロボット兵士によって滅ぼされる日が来ないともかぎらない。こんな悍《おぞま》しいことが、現代ではしかし、けっしてたんなるフィクションの世界のことではなくなろうとしているのである。それともこれは、「悲観論者」筆者のたんなる杞憂にすぎないというべきだろうか。

いずれにせよ、こうして今や、人間のあまりの傲慢・傲岸化したエゴないし我は、当の人間自身をも事実上滅ぼしうるという可能性を、まさにリアルな現実として生み出しつつあるのである。

いやここで一つ筆者の愚見をつけ加えておくと、たんに軍事用のみならず、よし民生用だとしても、いわばセックスロボット（ＡＩラブドール）といったものも今後作られる可能性がある。すなわち、人間以上にセックスの上手いＡＩロボットの誕生である。ＡＩとロボット技術を結合してロボット兵士が実現可能だとするならば、こういったＡＩラブドールもまた作って作れないことはないだろう。そんなことは倫理・道徳に反することだから、そんなものが作られるはずがない、とあるいは反論されるかもしれない。しかしながら、今現在たとえば代理母といったことが公然と行なわれている。貧しい女性が生活費を得るために、みずからの生命の危険を冒してしばしば代理母を志願している。これは、まさに富める者が貧しい女性を性的に搾取して、自分たちの我欲を満たしているのだとはいえまいか。あるいはまた、アメリカでは精子銀行といったものがある。そこで好みの精子を買ってきさえするならば、ＩＱの高さはもとより肌や髪、眼の色、あるいはまた背の高さなども、自分の希望に近い子供を作ることも相当に可能となっている。

いったいこれらのことは、倫理・道徳にまったく反しているとはいえまいか。ところがこれらの行為に対し、それを反道徳的として非難する声はほとんど聞かない。ひっきょう金と利益追求がすべての資本主義のもとにあっては、倫理・道徳などまったく無力といわねばならない。もう一度繰り返すなら、資本主義は利益獲得がその根本動機として動く社会にほかならない。したがって、売れて収益が大きく出るとするならば、上述したごときセックスロボットといったものの研究も、けっしてありえないこととはいい切れない。売れてもうかるとなれば、資本主義のもとでは、たといどんな商品でも「開発」され売り出されるのだというべきである。ちなみに性風俗産業は、年間一〇兆円にもおよぶ巨大産業なのである。

かくして、もしそんなセックスロボットが産み出され販売されたら、しかもコストが一定程度抑えられたら、これはまちがいなく大ヒット商品となるだろう。人間関係がすこぶる苦手で我の強固となった現代人にとり、これは人間相手のセックスよりはるかに快適となりうるからである。人間と違って、自分の都合のよい時に自分に都合のよいことばかりをいったりしてくれたりする可能性がありうるのだからである。しかも今は、武器や爆弾の材料ですらネット通販で購入できる時代なのである。かくて、少なくとも闇市場では、大ヒット間違いないというべきだろう。

仮にもしそうなれば、人間はもはや子供をあまり作ったり産まなくなるかもしれない。子供は、iPS細胞を使って作った生殖細胞を体外受精して人工的に作ればよいのだからである。でも、その受精卵を育てる女性の胎《からだ》は必要である。かくして女性は、たんに子供を作る道具と化すかもしれない。

以上を再論すると、人間は、もはや人間を相手にせずにロボットを相手にセックスする時代が訪れるかもしれないということだ。と、どうなるか。もとより、子供ができなくなるということである。そのさい、先述したようにiPS細胞を使って子供を人工的に作らないとするならば、そのときは、ただ子供が欲しいときにだけ人間同士でセックスすることにほぼかぎられるということだ。こうしてセックスは、ただ子供を作るためだけの手段と化す。こうなれば、現在をはるかにこえた少子化社会の到来は必定だろう。今ですら、資本主義先進国はどこもほぼ例外なく少子化にひどく悩んでいる。けれども、その危機は、現在をはるかに上廻るものとなって立ち現われうるだろう。ここでは、種の保存という生命の本能ともいうべきものが崩壊してしまうからである。

いったいこれは、「ペシミスト」筆者のたんなる妄想・戯言《たわごと》といってすますことができるだろうか。こういった悍いことがじっさいに現実化する可能性、それはまったくないというべきだろうか。少なくとも筆者にはそうは思われない。その可能性は十分にあると思われる。人間の心の闇、つまりエゴは、どこまでもはてしなく深く根強いものだからである。かくして、これもまた、前述した（旧約）聖書の「バベルの塔」になぞらえることができるであろう。

以上のごとくいうと、読者は、筆者が現代科学技術のいわば負の面ばかりをあまりに強調しすぎていると、あるいは思われるかもしれない。現代科学技術には、しかしもっと明るい正の面もたくさんある、というひとも多くいることだろう。じっさいｉＰＳ細胞を使った再生医療で、これまでには考えられなかった難病の治療が可能となったり、生殖補助医療でひどい不妊に苦しむカップルを救ったり、あるいはまた遺伝子操作技術を使って、これまで難病とされてきたもろもろの病気治療の研究が可能になったり、さらにいうならＡＩやロボット技術を駆使すれば、やがて医療や介護などの分野で大いに役に立つといったことなどがそれである。筆者もまた、現代科学技術のそういったいわば正の面をたんに看過しているのではもうとうない。

だが、しかし、現代の科学技術には、その正の面の裏にぴたりと張りついて、前述したごとき負の面、いやもはや人間の業とはとうてい思えぬ恐るべき負の面も歴然と存在するのだということである。

かくして、宇宙物理学で世界的に著名なあのイギリスのホーキング博士は、こんなことをいっているという。そのひとつは、現代の科学技術がこのまま進んでいくなら、やがて未来は途方もなくすばらしい明るい社会が実現するか、あるいはまったくその逆のとんでもなく暗い暗澹たる社会がやってくるというものである。そうしてさらにまた、かれはこうもいっているという。人工知能（ＡＩ）は、これまでの人類の歴史のなかでおそらく最大の発明だけれども、しかし人類最後の発明となるだろうと。この後者は、思うにＡＩがやがて人類を滅ぼすことになる、ということだろう。ここで前者についていうならば、筆者の見解では、現代世界の未来はとてつもなく暗い、なぜといって現代科学技術の中核には、これまでにないほどの人間の傲慢・傲岸なエゴないし我が頑として巣喰っており、これが現代科学技術のいわば裏面を時と共にさらにいっそう激しく晒け出してくると思われるからである。いやそればかりではなく、うえにもいったように、現代の科学技術は人間が本来もっている能力をどこまでも深く侵蝕し、かくて人間をはてしなく劣化させ、こうしてついに、もはや本来の人間とは思われないようにこれをいわば「死滅」させてしまう可能性もありうるからである。ついで、上にあげたホーキング博士の言葉の後者についてもう一度いうならば、これはＡＩのうちに潜む空恐ろしい事実を端的に指摘し強く警告しているのだといわねばならない。すなわちホーキング博士の考えでは、筆者と同様に現代の科学技術万能主義は、ふつうそう思われているように人類に明るい幸せな未来を約束するというよりも、むしろその逆の可能性の方がはるかに高いということである。

こうして明らかなことは、現代の科学技術に対する深い疑念は、ひとり筆者にかぎらないということである。筆者が、何かとくべつに悲観的だというわけではないということなのだ。

それはともかく、ここで最後にもう一度ＡＩ（人工知能）やロボット研究「進歩」の今後の可能性についてさらに一言しておきたい。それには大きく分けて三つあるだろう。まず第一は、ＡＩが人間の能力を超えていく道であり、その「シンギュラリティ（技術的特異点）」はすでに約二五年後の二〇四五年に迫るともいわれている。その先はどうなるか誰にも分らない。悲観的に考えれば、人類にはもはや制御できない世界が立ち現われるともいいうるだろう。たとえば、人間の能力をはるかに超えたＡＩがロボット兵士に応用されれば、その人間の能力をずっと超えたロボット兵士による人類の滅亡ということも、もはやたんに絵空事ではなくなるだろう。

他方、楽観的な見方もある。以下重要なので、朝日新聞二〇一七年一月六日（「ＡＩでヒトは進化するのか」）から引用する。

「シンギュラリティの提唱者である米国の発明家、レイ・カーツワイル氏は二〇〇五年の著書『シンギュラリティは近い』でこんな世界を描く。

分子レベルのロボット（ナノボット）が体内に入り、外部のＡＩなどの『非生物的知能』と脳がつながる。人間の知能は何兆倍にも拡大する――」。

これはまさに、人間ないし脳と機械ないしＡＩの完全な融合である。人間と機械の主客逆転、つまり主体であるはずの人間が客体であるはずの機械に逆に支配され操作されるという主客の逆転ではなく、主客融合、つまり働きかける主体と働きかけられる客体との完全な融合にほかならない。否、これはたんなる融合とはいえないかもしれない。人間と機械が完全に融け合いつつ、同時に機械つまりは「ＡＩなどの『非生物的知能』」によって人間が完全に支配されるのだといった方がいいだろう。

少なくともここでは、もはやこれまでの人間とはまったくにその性格を異にした新たなる「人間」、いわば「超人」、ニーチェの「超人」の現代的未来版といったようなものが立ち現われる。けれどもこの一種の「超人」は、これまでの人間に特有のもの、世界の根本構造や人生の究極の意味・価値・目標、あるいは希望や生きがいといったいわば哲学的問題に、これまでの人間に納得のいく答えを与えてくれるのだろうか。あるいは、たといそんなものが何もなくても、たとい永遠の虚無がこの世界を支配するとしても、しかしそれに断固「Ja!」といいこれを肯定することのできるニーチェのいわゆる「超人」、それに匹敵する精神力、いや精神と肉体の双方の力を兼ね備える存在となることができるだろうか。あるいはここでは、人間の第一義の本質である愛と同様に人間にどこまでも根強く根深いいわば第二義の本質ともいうべきエゴ、ひっきょうそこに根源をもついろいろな争い、その最大のものたる戦争の問題なども首尾よく解決されるというべきだろうか。

しかしながら、かりにもしそれらの事柄が首尾よく無事に解決されたとしても、しかしそこに存在するのはもはや人間ではありえない。少なくとも、従来の意味でいう人間ではもうとうありえない。人間を超えた「超人」である。いったいそれは、はたして人間にとり本当に喜ばしき幸いなことなのだろうか。『サピエンス全史』を著わしたユヴァル・ノア・ハラリは、きたるべき未来の人間を「超ホモ・サピエンス」といっているけれど、このような存在は人間にとっていったい本当に幸いなことなのか、歓迎すべき朗報なのか。

われわれは、その点をよくよく考えてみる必要があるだろう。現代の科学技術の「進歩」の先に、いったいわれわれは本当に幸せを見いだすことができるのか。その点を、今や立ち止って底の底まで徹底して考えに考え抜くことが必要だろう。いずれにせよ、これが前述したＡＩロボット研究「進歩」の第二の可能性にほかならない。

さて、ＡＩとロボット研究「進歩」の今後考えられる第三の道はこうである。少し長いが重要なので、上掲「ＡＩでヒトは進化するのか」から、あえて引用したい。

「米国の発明家、レイ・カーツワイル氏が予測する『脳とＡＩの融合』も国家レベルで研究が進む。インターネットの生みの親、米国防総省の国防高等研究計画局（ＤＡＲＰＡ）は昨日一月、脳に埋め込んでコンピューターとつなげる小型装置を開発すると発表した。（中略）人間はどうなるか。

ＡＩに詳しい東京大学の松尾豊・特任准教授は『現段階では空想的だが、段階的に機械のようになる変化はありうる』とみる。ある人の脳をＡＩなどで完全に再現できれば、その人の意識や記憶をネット上やロボットに移すことが可能になる。人は肉体から切り離され、『バーチャルな存在になる』という。それを実現しようという動きもある。ロシアの起業家ドミトリー・イツコフ氏は、人間の意識をアバター（分身）のロボットに移すプロジェクトを進める。意識を肉体から切り離せば、『永遠』の生命が手に入ると考えるからだ」（朝日新聞同上）。

さて、ここで筆者は思う。こうやって「永遠の生命」が「手に入り」不死を勝ち取ることができたからといって、それが本当にわれわれ人間にとり喜ばしき幸いなのか。いや、そこにはもはや人間は存在しない。人間ならざるエセ人間がいて、その非人間的「人間」の「永遠」不死が実現されるのみである。

これは、ひっきょう人間の、人間自身による自己破壊といってけっして過言ではないだろう。ではそれは、いわゆる創造的破壊といってよいのだろうか。その当否は、判明しがたい。ただしかし、唯一たしかなことは、このまま科学技術が「進歩」してゆくならば、いずれ近い将来に人間、いやホモ・サピエンスとしての人間は確実に消滅する、消え失せるということだ。

もう一度繰り返せば、人間の、人間自身による自己破壊がここに生起するということである。そこに新たに立ち現われる「超」人が、はたして本当に幸せの実現なのか。いやたといそれが、その「超」人にとってたしかに幸福の実現だとしても、それはもはやこのわれわれ生身の人間・実存の幸福ではありえない。よしその「超」人が、人間の「創造的」破壊による新たなる存在だとしても、それが従来の人間にとって本当に創造的なことなのか、喜ばしき幸いなことなのか、少なくとも筆者には大いに疑いなきをえない。

いやもっとはっきりいって、筆者自身は、そんな「超」人になどつゆなりたいとは思わない。自分とはまったく別の存在に変質してたとい「救われ」「幸せになれた」からといって、そんな「救い」や「幸せ」に何の意味もない。筆者自身にとってもっとも関心のあることは、どこまでもこのわたし自身として、この従来からの意味での人間として、現世人類ないしホモ・サピエンスとして救われ幸せになることなのだ。この自分、これまでの人間、ホモ・サピエンスとは根本的に異なる存在に変質し「救われ幸せになれた」からといって、そんな「救い」や「幸せ」に何の意味もない。それは、どこまでもその新たなる存在、「超」人の「救い」であり「幸せ」であるのにすぎず、このわたし、このホモ・サピエンスとしてのわたしの救いや幸せではもはやありえない。もしそれ以外に現世人類としての人間に救いや幸福はありえないのだとするならば、むしろその救いや幸福のない自分自身・人間自身にとどまること、その方がはるかに人間的とはいえまいか。それが、それこそがほかならぬ人間の尊厳ということではなかろうか。人間に何か尊厳がありうるとするならば、まさしくそこにこそ、それはあるのだとはいえまいか。いったい根本的に人間以外の存在に変質してしまい、それがどうしてこの人間にとりありがたいことなのか。少なくとも筆者にはそう思われる。

さて、以上を再論すると、AＩやロボット研究「進歩」の未来は、既述したごとく人間の自己破壊・自己消滅、つまりは自滅へのさけがたい道にほかならない。したがって、たといそれが創造的破壊、新たなる創造のためのただそのための破壊だとしても、それはひっきょう創造的自滅ということである。とするならば、たといみずから自滅して「創造」的に新たなる「超」人に生まれ変わることができたとしても、そこにいったい何の意味があるというのか。そこに現われるのは、あくまでもその新たなる「超」人の世界の問題であって、それはもうこのホモ・サピエンスとしての人間の、ホモ・サピエンスとしての問題解決ではありえない。ホモ・サピエンスとしては、それはあくまでも自壊・自滅というほかならない。したがって、ホモサピエンスには、もはや自壊・自滅しか外に道はないということだ。いやみずから進んで自壊・自滅の道を選びこれを決断するということである。別言すればそれは要するに、ホモ・サピエンスの、ホモ・サピエンスという類としてのまぎれもなき自殺といってもけっして過言ではないだろう。かくして明らかなごとく、ＡＩロボット研究は、このまま「進歩」してゆけば、人間が類としての自滅・自壊・滅亡へと突き進むのをさけがたくするということである。

かくしてここで、既述したあの世界的に著名な宇宙物理学者ホーキングのほぼつぎのような言葉の意味も、またおのずからさらにいっそう明らかとなる。すなわち

「ＡＩは人類にとっての最大の発明であるけれども、しかし人類最後の発明となるだろう」。

よし人類が、みずから作る人間以上の能力をもつロボット兵士によって逆に攻撃され滅ぼされるということがなかったとしても、しかし、ＡＩロボットの際限のない研究そのものが、さけがたく人類を、少なくとも現世人類、ホモ・サピエンスとしての人類を滅亡させるのである。

さて、ここであの朝日新聞の記事をさらにつづけて引用しよう。

「人間の存在を根本から変える世界。カーツワイル氏は著書で問う。『その結果生まれた新しい存在は、わたしそのもののように振る舞うだろうが、そこに問題が生じる。それは本当にわたしなのだろうか』」。

かくて明らかなごとく、われわれ人間にとっての古くて新しい永遠の哲学的問い、すなわち、わたしとはそもそも何者であり誰れなのか、そうしてこの問いと密接に結びついている人生や世界の究極の意味・価値・目標、ある

いは人生の最終的な希望や生きがいに深くかかわる問い、こういった人間が生きていくうえでの根本的問題、それは依然として未解決のまま残される。いや逆に、そこで改めて途方もなく先鋭化されて立ち現れるといった方がよい。

そこに立ち現われる新しき「超」人は、この問いに明確な答えを見い出すことができるのだろうか。だが、しかし、そのばあい「わたし」は、ホモ・サピエンスとしての古き人間と、AIロボットとしての新しき「人間」と、これら両者にまっぷたつに分裂させられてしまっている。この二つに分裂した「わたし」に、それら両者を綜合するような統一した答えが、はたして存在しうるといってよいのだろうか。

いずれにせよ、いったいこれが人間にとって本当に幸せに到る道なのだろうか。そこに大いなる疑問符が付け加えられることは必定だろう。かくしてあの朝日新聞の記事は、つぎのようにして締めくくられる。

「科学技術の勢いは止まらない。超人的な脳は何をもたらすのだろうか」（笹井継夫）。

こういった科学技術の未来がかなりの確度でしかと予想される今日、それがホモ・サピエンスとしてのわれわれ人間にとり本当に明るい未来なのだろうか。「超ホモ・サピエンス」（ユヴァル・ノア・ハラリ）になることが、ホモ・サピエンスとしてのわれわれ人間にとり真に幸福に到る道なのか。それ以外にもはやわれわれホモ・サピエンスとしての人間に残された選ぶべき道は存在しないのか。それらの点について、今や何としてもかたくそこに立ち止り、底の底まで徹底して考えに考え抜くべき時ではなかろうか。それともわれわれは、もはや引き返すことのできない帰還不能地点にまで来てしまっているのだろうか。

しかしながら、たといそうであったとしても、そうしてそれがよし『たった一人の反乱』（丸谷才一）であり無益な「知性の叛逆」（山本義隆氏）であったにせよ、しかし敗北がひっきょう絶対必至の道だと深く覚悟したうえで、なおその「反乱」「叛逆」の側に立ちたいと、筆者は切に願うのである。既述したごとく、もし人間に何か尊厳といったものがありうるとするならば、もはやそこにしかその人間の尊厳を守る道は存在しないと思われるからである。

ところで、ここで話が大きく変わるようだが、しかしこれまで述べてきたことにその補足として大いに役立つと思われることを一言付け加えておきたい。

今うえで筆者は、今日、ＡＩロボット研究の今後の「進歩」に対しあえて異を唱えること、それはひっきょう敗北が絶対必至の道であること、それを深く覚悟したうえでの「反乱」であり「叛逆」だといった。

すると、これは、あの二〇世紀中葉に活躍したフランスのノーベル賞作家Ａ・カミュの主著の一つ『反抗的人間』をあるいは連想させるかもしれない、が、しかし、同じく「反抗」といっても、カミュのそれと筆者のそれとは、明確な根本的相違がある。前者のそれは、神を見失った、それゆえのまったき虚無と不条理の世界に対する抑えがたき憤激にみちた反抗であるのに対し、筆者のそれは、神をしかと覚知しその御意《みこころ》に添うた、まさにそれゆえの反抗であって、それゆえそのベクトルがまさに正反対にほかならないからである。

ちなみに、筆者のばあいそれは、一九六〇年代終りに世界の多くの国々と連動して日本全体を揺るがしたあの学生の反乱・叛逆、いわゆる全共闘運動の精神、すなわち「連帯を求めて孤立を怖れず、力を尽くして倒れることは辞さないが、しかし力尽くさずして倒れることはこれを拒否する」の精神に深く相通ずるものがある。要するにこの反乱・叛逆は、真の連帯を求めつつ全身全霊を傾けた、しかしどこまでもはてしなく孤独な戦いなのである。

それはともかく、このような反乱・叛逆に伴う覚悟は、みずからの死をも含め自分のことより何よりもまず神の御意を第一に優先せんとしたあのイエスの覚悟、すなわち十字架の磔刑死に到るまでどこまでも神の御意に信従せんとしたあのイエスの覚悟、その捨て身の覚悟を範とするものである。

またそれは、古代ユダヤ教徒の精神にもあるいは似通ったところがあるかもしれない。すなわち、一説によると、一世紀の終わりにローマ帝国のすこぶる強力な軍隊に激しく攻撃されたにもかかわらず、それが、かれらユダヤ人にとってほとんど絶対の休息を神から命じられたいわゆる安息日であったがゆえに、その神の御意を第一にして、それが本当に正しかったかどうかは別にして、ろくに反撃の試みもせずむざむざ滅び去ったという古代ユダヤ民族の精神がそれである。

そのさい、たしかにイエスも十字架上で死に絶え、ユダヤ王国も滅亡した。

しかしながら、まさにそれゆえにこそ、つまり、十字架の磔刑死に到るまで徹底的に神の御意に信従したからこそ、イエスの教えは、生前のイエスを救い主なる神の子と信じた弟子や、イエスの周りに集った人々を一旦は絶望の底に突き落としはしたけれど、しかしかれら、とりわけその弟子たちをしてイエスの真の絶対的主体・根源的な原動力なるキリストは、イエスの亡きあとの今もなお自分たちのもとにあって永遠に生きかつ働いている、という大いなる事実にはっしと目覚めさせ、かくてユダヤ教に代わる新たなキリスト教なるものを成立せしめ、それが、なるほどその後長い間大きな誤解は免れなかったとはいえ[2]、世界に強大な影響を与えることができ、さらに一九世紀に入るやキェルケゴールやドストエフスキー、ついで二〇世紀に入るとK・バルトやわが日本の西田幾多郎、そうしてわが師・滝沢克己に到ってふたたび新しく甦えることができたのである。

他方、古代ユダヤ民族もまた、ユダヤ王国滅亡後いわゆるディアスポラとして世界に広く離散し、二〇世紀前半のドイツ・ナチズムによるホロコーストに到るまでとてつもない悲惨と苦難の歴史を繰り返しなめ尽くしたけれど、しかしその反面で、芸術・文学・哲学思想・科学・政治・経済といったほとんどあらゆる分野で歴史に大きく名を残す傑出した数多くの人物たちを輩出することができたのである。

その点、古代ユダヤ民族と違って現代のユダヤ国家イスラエルは、同じ安息日の戒めについて、「神の民」なるイスラエル民族が滅びることは神御自身が望まれるわけがない、といった小理窟をつけた解釈改憲をもってして、たといユダヤ民族にとりきわめて重要なその安息日でもその禁を破って戦うことができる、といったただうわべだけのいわゆる「現実主義」をとることにより、かえってかつてのユダヤ民族の卓越性を失ってしまっているとはいえまいか。

そのようなユダヤ民族の特性の喪失は、上述したドイツ・ナチズムによるホロコーストを経験したユダヤ人たちが、なるほどそれゆえに自分たちだけの国を何とかしてもちたい、という切なる願いを抱いたその心情は誰しもこれを重々理解はできるが、しかし、にもかかわらず、どうみても神の御意に背いているとしか思われないその暴力的なユダヤ国家建設に、もともと大きな無理があったことによるのだとはいえまいか。いずれにせよ、現代のイスラエル・ユダヤ人の神への謀叛は、すこぶる非人道的なそのホロコーストを経験したはずの当のユダヤ人自身が、今度は逆にその後、それまでその地に居住していたパレスチナ人に対して、かつて自分たちが被ったと基本的に同じきわめて非人道的な仕打ち、例えばパレスチナ人への激しい空爆やその居住地ヨルダン川西岸への入植地のとどまるところを知らない拡大を繰り返しているという、その根本的矛盾のうちにもはっきりと見てとることができるであろう。

もともと暴力や戦争を肯定し・命令し・促したりする神など、世界のどこにも存在したりはしないのである。その点は、神の命としてのモーセの十戒のなかの一つ「人を殺すなかれ」でも明らかであるし、またイエスの、神の御意に即した愛の戒しめ、より具体的にいうなら「汝の敵を愛せ」という対敵愛や「左の頬を打たれたら右の頬を向けてあげなさい」といった戒め、あるいはさらにわが東洋仏教のすこぶる重要な不殺生の戒でも、まったく明らかといってよい。

その点の根本的認識に大きな誤りがあること、それはイスラーム教についても同様に妥当するといわねばならない。最初期のイスラーム教が、たとい自分たちの教えを守る自衛のための戦いだったとしても、しかし戦争を、神アッラーの意志に沿うどころか、むしろより積極的に神の命令としての「ジハード（聖戦）」としてしまったこと、そこに今日のあの野蛮極まりない非人道的なＩＳのごときジハード絶対主義の好戦的輩を産み出してしまったのである。ＩＳ誕生の背景には、たしかにこのイスラーム教の誤れる「ジハード」という考えがある。したがって、今日の穏健なイスラーム教徒が、ＩＳは本来のイスラーム教とはまったく違う、イスラーム教は本来平和や寛容を強く説く宗教だといくら言い募っても、ＩＳらイスラーム原理主義のテロに激しく脅える人々への説得力にはどうしても欠けてしまうのである。それゆえ、イスラーム教は、みずからが真に平和と寛容を強く説く宗教だとするならば、たといそれが教祖ムハンマドに由来するものだったとしても、その「ジハード」という教えそのものの根本的批判にまで降り立つ必要があるだろう。

　それはともかく、人間に何よりもまず平和と寛容を命じそれへと刻々促す神の御意に素直に従わんとするならば、われわれはおのずから非武装中立の立場を堅持せねばならないだろう。それは、もとより力の激しくぶつかり合う今日、戦車や戦艦あるいは戦闘機が行きかい飛びかうばかりか、さらにまた原爆の脅威すらも存在する修羅場・戦場にひとり赤子を放り出すようなもので、たしかにごくごく簡単に捻《ひね》りつぶされてしまうがごときことではある。けれども、しかし、それをあえて覚悟するという気概、それがわれわれ人間には何としても必要なのだ。そんなことはすこぶる非現実的なたんなる理想論だ、と一蹴することは、なるほどたやすい。ここではしかし、最後の最後まで神の御意に徹底的に服従しつつ、ついには十字架上で散り果てたあのイエスの生と死を深く深く心に留めるべきだろう。いずれにせよ、「眼には眼を、歯には歯を」、したがってまた当然に力には力を！　原爆には原爆を！　一発には一発を！　一〇〇発には一〇〇発を！　さらにはサイバー攻撃にはサイバー攻撃を！　宇宙軍には宇宙軍を！　といった旧き思惟にとどまっているかぎり軍拡競争に際限はなく、かくてわれわれの「平和」と「繁栄」は、いつも全人類破滅の危機のうえにからくも築かれたまぎれもなき砂上の楼閣にすぎないこと、それをしかと心に銘記するべきである。

　かくして、真に世界の平和と繁栄を心底から願うのなら、あえて非武装中立という「理想」を高く掲げこれを堅持する必要がある。いや、それこそ、たんなる理想であるどころか、全智全能の神の御意に添うた根源的にはもっとも現実的な道なのである。じっさい、なるほど小国とはいえ、いや小国であるにもかかわらず、いつ侵略してくるともかぎらない、あの凶暴きわまりない超大国アメリカのすぐ近くにあって、*その非武装中立をしかと実践しているコスタリカという国も現に存在する。

＊　ここで、アメリカのすこぶる凶暴性について一言しておくと、周知のごときベトナム戦争やアフガン戦争、イラク戦争はいうにおよばず、さらにグレナダ侵攻やパナマ侵攻があげられうる。またキューバ侵攻の試みやその首相カストロの、数十回にもおよぶという暗殺未遂事件もある。それぱかりではない。一九五三年のイラン・モサデク政権の転覆やチリの民主的アジェンデ政権の転覆にも深く関与している。イランについてもう少し詳しくいうと、イランでは、一九五〇年にモサデクが首相に就いてモサデク政権が誕生した。そのモサデク首相は、それまでアメリカとイギリスが牛耳っていたイランの石油を国有化し、これをイランの国民の手にもどした。

これに激怒したアメリカとイギリスは、一九五三年にクーデターを画策し、モサデク政権を倒してパーレビをシャー（国王）に据え、かれらの傀儡政権を樹立した。パーレビは贅沢三昧にあけくれ、国民は飢えと疲弊に苦しんだ。その国民の反撃からおのが権力を守るため、パーレビは恐るべき秘密警察・サバクを作り、拷問と恐怖の圧政を行なった。もとよりアメリカとイギリスは、直接・間接にこれを支援しつづけた。

ところで、パーレビは逸早く西欧化に着手し、シーア派主流の保守的な国民は、これに激怒した。そうして一九七九年、ついにイラン国民はシャー・パーレビを追放し、亡命中だったホメイニ師が帰国して、新たな指導者の地位に就いた。

さて、こうした事実からも明らかなごとく、アメリカは、ふつうそう思われているような真に民主的な国家などではもうとうない。その凶暴極まりないアメリカのすぐ近くにあって、コスタリカは力強く非武装中立を守りつづけているのである。

かくして明らかなように、みずからの破滅をもしかと覚悟したうえでの非武装中立、それほどの国際貢献はほかにない。それこそ、ほかでもない世界平和のための全人類の模範となりうるものだからである。そのさいは、もとよりきわめて巧妙かつ緻密な平和外交や頻繁な民間交流の実現、さらにそればかりではなく、たとえば「日本紛争予防センター」がじっさいに実践しているようなこと、すなわち紛争当事国や敵対し合う国々のあいだにたがいの利益となりうるような共通の事業をいろいろ立ち上げること、そのようなことを通じてたがいの信頼を醸成すること、こうしてイエスのあの対敵愛を現に可能ならしめるためのたしかな土台を築くこと、そういったことが何としても必要だろう。そのようにして非武装中立や非暴力闘争をかたく守り抜くこと、それが、それこそが、真に神の御意に添うた人間ないし人類にとっての真に正しい道だといわねばならない。

それにはしかし、上述したごときあのイエスの捨て身の覚悟、すなわち十字架上の磔刑死に到るまでの、何よりもまず神の御意を第一とするすこぶる大胆かつ強靱な捨て身の覚悟、あるいはまた同じく前述した古代ユダヤ教徒のあの不敵な覚悟、すなわち神の御意として自分たちにとってきわめて重要な安息日にはよし自衛の戦いですらこれを放棄するというその断固とした覚悟、それと基本的に同質の覚悟、つまりは捨て身の覚悟・丸腰の覚悟が必要だろう。

ところで、翻って思えば、第二次世界大戦後、世界全体のうえに威張って君臨してきた超大国アメリカも、昨年二〇一六年一一月の大統領選でのあのトランプ当選にみられるごとく、その勢いにははっきりと翳《かげ》りがみえてきた。いや足元からガタガタと崩れ落ちる鈍いがしかし大きな音が、「聴く耳ある者」(ルカ一四・三五等)には明確に聞こえ出してきた。他方、かつて冷戦時代アメリカと対等に渡り合ったソ連の栄光を今一度と願うプーチン率いるロシアも、国内にまともな産業はほとんど育たず、その足元は、はなはだおぼつかない。さらに、世界の覇者アメリカと対等となり、あわよくばそれに取って代らんとしている中国もまた、共産党独裁と未曽有の経済格差という内部矛盾を抱え、その足元は同様にすこぶる頼りない。

こういった世界情勢を深く心に留めるなら、今日非武装中立も、たんなる空想的な絵空事とはいえないだろう。今こそ、まさしく平和外交の力が真に試されるときとはいえないだろうか。

いずれにせよ、こうして明らかなごとく、今こそエゴの主体から愛の主体への根本的転換、つまりは実存革命・

人間革命を力強く説いたあのイエスや釈迦の大いなる教え、かれらのその教えに深く学びつつ愛の世界革命を目差す必要があるだろう。そしてそのためには、上述したごとき断固とした強靱な捨て身の覚悟が必要なのだ。

それはともかく、そのようないわば丸腰の大胆な覚悟は、現代の激しく暴走する科学技術万能主義にあえて異を唱えこれに反抗・叛逆するさいにも、一見その場面はまったく異にしているようでいて、しかしそのじつ根本的に同質のものとして必要不可欠である。その理由はこうである。現代の科学技術万能主義も、既述したごとくただ砂上の楼閣としてほんの一部の国々ないしその国々内部のごくごく限られた人間にのみ貪られている繁栄と同様に、その未来は必ずしもそれほど明るいとはいいがたい。なぜなら少なからずの専門家がしかと予想しているごとく、現代科学技術の行く末は、このわれわれ現世人類つまりはホモ・サピエンスの繁栄ではなく、その逆のその破滅・滅亡にほかならないからである。要するに、現代の科学技術がこの先いかに「進歩」したとしても、いや逆に「進歩」すればするほどに、もはや現生人類は、少なくとも、そのままの形ではとうてい生き延びられはしないのだ。その点では、前述したごとく力には力を！　武力には武力を！　原爆には原爆を！　さらにまたサイバー攻撃にはサイバー攻撃を！　宇宙軍には宇宙軍を！　あるいはまた競争には競争を！　といった旧《ふる》き思惟をとる政治・経済とまったく同様なのだ。そのような旧き思惟の背後には、その隣り合わせとして必ず全人類の破滅・滅亡がぴたりと張りついているのだからである。

したがって、これら両者は基本的に軌を一にしているといって間違いない。かくしてわれわれは、後者にあってあえて敗北はひっきょう絶対必至の覚悟で、しかしどこまでも反乱・叛逆を敢行すると同様に、前者にあっても、自己の破滅をもしかと覚悟したうえでの、しかしその道で断固生き延びつつ真正の世界平和と全人類幸福の実現にしかと貢献すべく非武装中立とそれに確固として裏づけられた真の民主主義の道、それをかたく進むこと、それが今や何としても必要なのだ。なぜならそれが、それこそが、今日、永遠に生ける絶対無我無償の大いなる神の御意に真に即した生き方といってよいからである。かくしてここに、上述したごときあのイエスや古代ユダヤ教徒、あるいはまた最後の最後までその死い出の旅に到るまで自己の信念にもとづいて徹頭徹尾生き抜いた釈迦のあの覚悟、それと同質のどこまでも堅く強靭な断固たる覚悟、それが、今こそわれわれ人間各自に強く求められているというべきである。そうしてその点は、もう一度繰り返すなら、現代の科学技術万能主義に対し、敗北はひっきょう絶対必至の覚悟であえて異を唱える「たった一人の反乱」「知性の反叛」にあってもまったく同様なのである。

それはともかく、科学万能主義を跪拝するに到って人間は、自然に対する見方をも大きく変えた。それまでは、けだし洋の東西を問わず、人間も自然のなかのごく限られた小さな一部として自分を取り巻く大きな自然と調和して生きていくのが当然だ、と思われていた。たとえば古代ギリシャの「自然＝ピュシス（φύσις）」も、東洋の「自然」と同じ意味をもっていた。その点について一言すると、あの哲学的博識家のハイデガーは、わが日本の西田幾多郎の高弟・西谷啓治に東洋の自然観について詳しく説明をうけたあと、それは古代ギリシャ人の自然観と基本的に同じだ、と答えたという。けだし、それら両者に共通するのは、自然のなかには何か聖なるものが到る処に宿っており、人間はといえばまさにその自然のなかの極小のごく限られた一部なのだ、だから人間がこれを自分の好き勝手にどうこうしてはならないのだ、という認識だろう。

まさしくこの点こそ、近代以降の科学万能主義がそれ以前に対し、その自然観を根本的に異にした点である。近代に始まる科学がやがてその万能主義になるにおよんで人間はしだいにとてつもなく傲慢となり、自然は、人間がこれを支配し利用し「開発」するためのたんなる素材だ、とする見方が一般的となっていったのである。

ここには明らかに、人間の力の遠くおよばない自然の巨大な力への謙虚な畏れのまったき喪失があるばかりか、逆に自然はすべて人間の力で屈服させることのできるもの、というはてしのない傲慢・傲岸が現われている。その典型のひとつが原発であり、原発安全神話の捏造以外の何ものでもないだろう。かくして惹き起こされたのが、ほかでもない旧ソ連のチェルノブイリ原発事故であり、またわが日本の福島で二〇一一年に起った東京電力第一原発事故という大惨事だといわねばならない。

かくして以上をすべて要約すると、近代に始まる科学のなかにすでに潜んでいた、いや時と共に芽生え育ち肥大化してきた人間中心的なエゴ、それが、それこそが、真に生ける永遠の絶対者なる神を否定しはじめ、ついにこれを完全に否定したということである。そうしてその大きな流れのなかにこそ、ニーチェの哲学、「神」に対し「死」を宣告したあのニーチェのニヒリズム哲学、それはしかと位置づけられるべきなのである。

## 七　近代科学とエゴおよび近代の三大特徴

近代科学と人間のエゴとの関係について考えるさい、われわれはどうしても近代を特徴づける三つの大きな事象に思いを馳せる必要がある。けだし近代精神を大きく特徴づけるものとしてまず第一にあげられるのは、とりもなおさず、それまでヨーロッパ世界を精神的に支配してきたほかならぬキリスト教、その中心に位置した神、それに対する疑念から不可避的に生まれた人間中心主義にほかならない。そのさいこのキリスト教ないしその神への疑念には、前述したように近代科学の勃興が深く大きくかかわっている。

つぎに近代精神の大きな特徴の第二は、ほかでもない個人主義の誕生といわねばならない。要するに、人間の個々人を最初にして最後のもの、アルファーにしてオーメガのもの、つまりはもっとも大切なものと考える、それじたいとしては基本的に正しい近代個人主義の確立である。

さて最後に近代を大きく特徴づけるその第三は、いうまでもなく資本主義ないしその精神にほかならない。

そのさいこの第一の神なき人間中心主義と第二のそれじたいとしては基本的に正しい個人主義が結びついて、やがてそれは、自己中心的・自己愛的・他者優越的なエゴイズムの時と共なる強化・強靱化へと発展していく。

神なき人間中心的個人主義は、さけがたく自己中心的・自己愛的、それゆえにまた他者優越的となっていかざるをえないからである。

かくして今日世界を見渡すと、おのずから次のような現象に気がつくことになるだろう。まずわれわれに身近な日本についていうならば、一九七〇年ないし八〇年代ごろから日本人の多くの関心は、すこぶるプライベート化しているということである。すなわち今日日本人は、自分のこと、自分に身近なこと、身の回りのこと、つまりはプライベートなことにしかほとんどその関心が向かないようになっている。これはけだし、近年とみに激しくなった日本人の自己中心化とけっして無縁ではないだろう。いや、むしろ自己中心化のさけがたい必然といった方がよい。まさに「自己中」であるがゆえにこそ、自分と直接かかわりのないもっと広い社会や世界のことにはほとんど関心が向かわず、ただひたすら自分のこと、自分に身近なこと、身の回りのことばかり気にしてしまうのだ。その証しとして、エゴイズムつまりは利己主義ということこれまであった言葉の他に、さらにもっとその度を強めたともいうべき「自己中」なる言葉が自然と生み出され、やがて日常頻繁に使われるようになり、今や完全に日常語と化している。

そうしてその点は、ドイツでもまた似たような現象が起きている。すなわち、これまであったEgoismus（エゴイズム）という言葉の他に、さらに日本語の「自己中（心主義）」とまったく同じ意味のEgozentrismusという言葉が使われるようになっている。

この二つの事実だけからでも、今日世界、とりわけいわゆる先進資本主義諸国の国民は、過去に比べかくだんとそのエゴないし我を強化していること、それはほぼ明らかとはいえまいか。

かつて二〇〇八年にいわゆるリーマンショックを機にして世界金融危機が勃発したさい、その元凶たる新自由主義に対し、強欲（greed）資本主義という言葉が使われたけれども、これもまた現代資本主義の当事者たち、とりわけその最先端で活動しているものたちの過度の我欲を端的に言い表わしているといってよい。

いなこれは、たんに現代の新自由主義にのみかぎって妥当するといったものではない。もともと資本主義の精神そのものが、けだし強欲なのだというべきである。資本主義的「自由」競争とは、剝出しの我欲同士の戦いなのだ。その点は、一九世紀になって始まる欧米列強を中心とした新旧のあの残忍極まる植民地主義ないし帝国主義、それを一瞥すればおのずから明らかといわねばならない。

かくして、資本主義社会に生きる人間は、さけがたくエゴイズム化・自己中化し、おのが我やエゴをどこまでも果てしなく強化していくのだというべきである。

それはともかく、ここでふたたび話を近代の三大特徴にもどすと、その特徴の第三のこの資本主義、それの大きな推進力のひとつ、それはいうまでもなく近代以降興ってきた天文学を始めとするさまざまな科学にほかならない。かくして明らかなごとく資本主義と近代科学は、とうてい切っても切れない深く密接な関係にある。その証左のひとつとして、まさしくこの近代科学を原動力として、一八世紀後半から一九世紀前半、さらには二〇世紀初頭の第一次、第二次産業革命は生まれることができたのである。そうして他方では、思うにこのエゴないし我を根本とする資本主義の影響で、科学もまたさけがたくその中心にエゴないし我をさらにいちだんと深く浸透させていくことになるのである。かくしてここに、あの傲岸不遜な科学万能主義、すこぶる人間中心的・エゴイズム的な科学万能主義へのたしかな道が切り拓かれる。

以上を要約すると、最初近代科学がキリスト教ないしその神を疑い始め、その近代科学に資本主義や、同じく近代に始まる人間中心主義・個人主義ないしさらなるエゴイズム・自己中心主義が加わって、ここにいっそう強く神は否定されていく。既述したごとく、ニーチェのあの「神」の否定も、けだしこの大きな歴史の流れのなかに位置するものといわねばならない。かくして、このニーチェによって、キリスト教の神、いや古代ギリシャのプラトンに始まる形而上学的な「真なる世界」はすべて、この世界の・虚偽なる「背後の世界」としてその「死」が宣告されるのである。

ところで、われわれインマヌエル哲学の見解では、西洋の伝統的キリスト教の「神」は、かならずしも真に正しい永遠に生ける神とはいいがたい。そのかぎりそれが時と共にやがて否定されその死を宣告されるのは、いわば歴史の不可避的必然といってよい。しかしながら、西洋の伝統的キリスト教とはまったく異なるイエスの宗教、イエスの「父なる神」は、かといって本当に存在しないのか、その点はかならずしもそうとはいいきれない。少なくともその点についてわれわれ現代人は、今や改めて底の底まで徹底して考えに考え抜く必要がある。さきにものべた現代のはてしなく暴走する科学万能主義をかんがみるとき、その感はひとしおである。なぜなら、多くの識者が異口同音に指適するように、現代は明らかに大きな部厚い壁に撞着しており、その底にはけだしニーチェの強調したあの「神の死」のニヒリズム、つまりは反宗教的ニヒリズムが深く広く浸透しているといってよいからである。しかも、その根本にはまた、現代世界における人間の極度のエゴイズム化現象がしかと横たわるといわねばならない。が、しかし、現世界における人間のこの極度のエゴイズム化現象については、あとでまた章を改めてできるだけ詳細に論じることにしたいと思う。

## 八　ニーチェのニヒリズムとドストエフスキー・イエス・釈迦・インマヌエル哲学における エゴないし我の根本的克服、そして世界平和および全人類幸福の実現に向けて

さて、ここでもう一度話をニーチェやその亜流にもどして、その哲学思想の限界について、それをかんたんに指摘しつつその根本的克服の道を探りたい。

「神」への「死」の宣告と共に立ち現われる深きニヒリズムに対し、その根本的克服の道としてかの「超人」の到来を理想としたニーチェは、その晩年狂気の底に打ち沈み、かくて精神病院で約十年間過ごしたのちにそこで

没した。カントらと違ってエゴを根本とした「力への意志」、少なくとも人間に即してみるかぎりそのエゴが根本としかいいようのない「力への意志」、その極限に立ち現われる「超人」、その実現を徹底的に説き、かくてそれを理想としたニーチェ、そのニーチェはついにみずから破滅の道へと突き進んだのである。この一事からだけでも、ニーチェのニヒリズム哲学の限界は、おのずから明らかといってよいのではあるまいか。ニーチェの心の病いの原因がそもどこにあったのか、それは必ずしも明らかでない。けれども、しかし、かれのその哲学思想がその精神に深く強く負の影響を与えたであろうこと、それはこれを誰しも素直に認めざるをえないのではあるまいか。

形こそ異なれ、いわゆる超人思想を唱えた哲学思想家は、その後もけっして皆無というわけではありえない。けだし、ニーチェと同じくこの世界をニヒリズムの世界だと深く認識し、かくて自分の生の究極の意味や価値・目標、希望や生きがいは、どこか外から与えられるものではなくて、自分みずから見つけ出し生み出すべきものだ、と強く説いたA・カミュの「反抗的人間（L'Homme révolté）」や、かれカミュと同時代のJ＝P・サルトルの人間観、とりわけ前者は、このニーチェの「超人」思想のいわば亜流といってよいのではなかろうか。とはいえ、しかし、かれ（ら）のこの「人間」は、いまだ生身の人間そのものであって、ニーチェのごとく文字通りの「超」人ではありえない。いやカミュのばあい、その四七歳という若さでの自動車事故による死は、これをあるいは自殺だったのではないかという説もある。ちなみにカミュは、その主著のひとつ『シジフォスの神話（Le Mythe de Sisyphe）』の冒頭で、「自殺」、すなわちこの（人）生が生きるに値するか否かの問題、これこそ哲学最大のテーマだといっている。したがって、もしかりにかれの自動車事故が自殺だったとするならば、かれもまたニーチェと同様に、このニヒリズムの世界を根本的に克服すべきいわば「超人」としての「反抗的人間」、その限界をすでによく心得ていたといってよいのかもしれない。かれはその主著のひとつ上記『反抗的人間』のなかで、「希望をもつな。しかし絶望するな。それこそ反抗的人間である」とほぼそのようなことをいっているが、しかし、そんなことは生身のわれわれ人間にとりとうてい不可能なことといわねばならないからである。かくして明らかなごとくかれカミュの「反抗的人間」も、一見はわれわれと同様生身の人間のようでいて、じつはしかしそれを越えた「超」人なのだ。他方サルトルの人間観は、たしかにより人間的ではあるけれど、しかしかれの哲学の先にニヒリズムの根本的克服の展望はこれをとうてい見通しがたい。なぜなら、その理由はこうである。サルトルによれば、「人間は自由へと宣告されている」、だから自分の（人）生の意味や価値、あるいは目標、希望、生きがいはこれを問いかつ見つけようとするのではなく、むしろ自分が進んでそれらをみずから産み出すべく不断に「投企」し行動していくべきなのだという。だが、しかし、そんなことがはたして本当にわれわれ人間に可能なことといってよいのだろうか。そうではなくて、むしろ人間は、あの主著『夜と霧』で有名なV・E・フランクルもいうようにすでに可能性として与えられている自分の（人）生の意味や価値、目標や希望あるいは生きがいをみずから見つけ出し、かくてそれを充足・充満していくべきなのではあるまいか。それをつかんで初めて自分の（人）生が真に生きるに値するものとなりうるその意味や価値、目標や希望、さらに生きがいは、それがはたしていかなるものなのか、あらかじめ何ら明らかでないままでどうして人間が自分自身の力でこれを産み出し創り出していくことができようか。

かくして明らかなごとく先述のサルトルの思想は、カミュのそれと同じく一見とても積極的かつ創造的なようでいて、そのじつ人間にはとうてい不可能なこと、その意味で、ニーチェの超人思想に相連なるもの、いなニーチェの超人思想のまぎれもなき一つの亜流というべきだろう。かくしてサルトルは、晩年マルクス主義に近づいてゆき、当時勃発した新左翼学生運動をかたく支持するにとどまり、マルクス主義の致命的限界にはついに思い到らなかった。もしかれの哲学思想のなかにニヒリズムの根本的克服の道がほんのかすかにでも示されていたとするならば、マルクス主義へのこのたんなる接近はなかったであろうし、さらにまた今日これほどひどいいわば出口なきニヒリズムが全世界に蔓延することもなかったであろう。それほど当時かれの影響力は大きかったといってよいからである。

それはともかく、一九六〇年代にフランスで起こった構造主義とか、その後のポスト構造主義とかといわれるものも、しょせんニーチェのニヒリズム哲学を越え出るものとはとうてい言いがたい。これらの思想家たちのなかのひとりでポストモダニズムを主張するリオタールは、現代世界におけるいわゆる「大きな物語」に対しこれに「不信」をつきつけ、たとえばマルクス主義のごとき人類の歴史全体を階級闘争の連続とみなす見解や、あるいはまた人類の歴史を不断の進歩の過程ととらえる見解、それらが成り立つ時代はすでに終わったという。これは、けだしポストモダニズム（近代主義以後）という名のモダニズム（近代主義）、つまりは近代の枠内に留まるモダニズムにほかならず、かくてひっきょう生命力の激しい低下としてのニヒリズムそのもの、ニーチェの言葉をあえて援用すれば、「受動的なニヒリズム」といわねばならない。このリオタールにかぎらず、いわゆる構造主義やポスト構造主義は、ニーチェのニヒリズム哲学を意識的・無意的に前提しつつ、本来世界全体の根本構造を問い、かくて全人類の幸福実現に資すること、これを現代に即していうなら現代世界の普遍的危機を根本的に超克せんとする、という哲学の根本動機をみずから放棄し、もってたとえば政治哲学などに自己自身を歪少化したものにほかならない。

さらにまたこれらの「哲学」についてあえて一言するなら、構造主義が起こったかと思えばすぐにまた数一〇年もたたないうちにこれを批判するポスト構造主義が現われるなど、このことじたい、これらが真にその名に値する哲学とはとうていいいがたい。たった数一〇年で消え去る哲学など、しょせん流行品のそれというほかはないからである。

真正の哲学とは、ほんらい百年単位で世界に影響を与えつづけるものでなければならない。古代ギリシャのプラトンやアリストテレスの哲学はもとより、近代に入ってからも一七世紀のデカルトの哲学に始って一八世紀のカントやヘーゲルの哲学、さらに下って一九世紀のキェルケゴールやニーチェの哲学、二〇世紀のハイデガーやわが日本の西田幾多郎の哲学を想起すれば、それはおのずから明らかだろう。

その点を度外視しても、もともとこれらは、その標榜する構造主義・ポスト構造主義というその名に冠したそもそもの「構造」の意味そのものが、それじしんその論者によってそれぞれまちまちで統一された意味がないどころか、必ずしもそこに明確な規定がなされているともいいがたい。その点からいっても、それらは、とうてい真正の哲学の名には値しないというべきだろう。何となれば、哲学とは、ほんらいその思想の深さに加え論理的・概念的な厳密さを求める学であるにもかかわらず、自己の哲学思想の本質を端的に言表しているはずのその名の意味、つまり「構造」の意味がほとんど明らかにされているとはいいがたいからである。かくて要するに、構造主義とかポスト構造主義とかといわれるものは、ひっきょう哲学にはなくてはならぬ存在論の致命的放棄としてのニヒリズム、ニーチェの哲学のごとくニヒリズムを同じニヒリズムで超克せんとしたいわゆる能動的なニヒリズムですらないたんなる受動的なニヒリズム、かかるものとして、ニーチェのニヒリズム哲学の種々に形をかえたその亜流といって何ら差支えないだろう。こんなエセ哲学で、現代世界における緊急・喫緊の最大課題、つまりは今日の未曽有の普遍的危機(3)、すなわち第一に地球環境的・生態系の危機、第二に政治・経済的危機、第三に社会・文化的危機、そうして最後に第四として、それら三つの大きな危機をいずれもその根柢から規定している人間そのものの危機、その第四の人間そのものの危機に深くかかわっているニヒリズム、それを根本的に超克できるとは、とうてい思われない。いや、じっさいにできてはいない。ニヒリズムは、今日時と共にいよいよ深く広く世界の隅々にまでくまなく浸透・浸食していっているからである。

いやこれら構造主義やポスト構造主義は、先述したごとく哲学本来の存在論――ニヒリズム克服のためには何としても必要不可欠な存在論――をみずから放棄することにより、このニヒリズムの根柢的超克をそもそもの始めから断念してしまっているのだというべきだろう。いや、ニヒリズムを肯定するのなら、それはそれでよい。が、しかし、そのばあいには、ニヒリズムの世界にあっても人間が真に潑剌とした心豊かで幸せな生を送れるべく、そのたしかな方途を示すべきだろう。ところが、その明確な答えを何ら所持しない構造主義やポスト構造主義に、日本の哲学界の多くもまた追随しているのが現状である。かくして、現代では哲学はもはや死んでしまった。いや、それがいいすぎならば、哲学は、今日瀕死の状態というべきだろう。

けれども、しかし、わが日本の西田哲学に思いを馳せれば、今もなお哲学は完全には死滅していないというべきである。その後に現われてこの西田哲学を継承し、これとバルト神学とを根柢的に綜合・止揚しつつ、さらにそこにキェルケゴールやドフトエフスキー、さらにはマルクスの視点をも包摂した、わが生涯の恩師・滝沢克己のインマヌエル哲学も、今なおその輝きを現代世界に粲然と発しているといわねばならない。たとい一見忘れ去られているかのように思われても、その力強い輝きは、今日の漆黒の闇の底からふたたびこの世界を明るく照らし出すことになるだろう。

＊　周知のごとく、日本は、明治以降欧米に追いつけ追い越せとばかりにただ闇雲にこれに追随してきた。けれども、この盲従は、今や根本的に改めるべきときではあるまいか。自国の伝統を含めた東洋の知恵にもっと思いを馳せ、そこから深く学ぶ姿勢をもつことが必要ではあるまいか。わが日本にも、本文でものべたごとく西田哲学のごとき世界に広く通用する哲学がしかと存在するばかりか、その西田の愛弟子、わが師・滝沢克己は、これも本文でのべたごとく二〇紀最大の神学者といわれたK・バルトの愛弟子でもあり、かくてそのいわば仏教的・キリスト教的なインマヌエル哲学は、今日欧米でも少なからず注目されているのだからである。その証左として滝沢は、晩年ドイツのいろいろな大学から客員教授として招聘されて教鞭をとり、かくて最晩年にはハイデルベルク大学より名誉神学博士号を授与されている。アメリカでも、ホワイト・ヘッドの流れをくみつつプロセス神学をおこして世界的に著名なあのJ・カブが、西田哲学や滝沢インマヌエル哲学に並々ならぬ関心を寄せている。けだし、氏のプロセス神学と深く共鳴するところがあるからだろう。まさにそれだからこそ、哲学者とは名ばかりのこんな筆者ですら、ハイデルベルク大学のズンダーマイヤー教授が共同ゼミを提案し招いて下さったり、カブ教授もまた、訪問講演者としてわざわざクレアモントに招待して下さったのだろう。

それはともかく、西田や滝沢以外にも、日本には世界的にすぐれた哲学者や神学者あるいは仏教学者が少なからず存在する。おこがましくも筆者が本書で批判させていただいた八木誠一氏も、スイスやドイツの大学で客員教授を務めたあとベルン大学から名誉神学博士号を授与されている。けだし氏は、日本はもとより世界全体でも指折りの組織神学者といってよいだろう。他にも、新約聖書学の田川建三氏や宗教哲学の鈴木亨氏がいる。いずれも、八木誠一氏と同様に、生前わが師・滝沢とたがいに厳しい批判の応酬をかわされた人々である。さらにまた、新約聖書学では荒井献氏や旧約聖書学では関根正雄氏もいた。これらの人々も、日本はもとより世界でもけっしてひけをとらない方々である。

他方仏教では、いうまでもなく（禅）仏教を欧米に大きく広めた西田の盟友・鈴木大拙やその弟子・秋月龍珉、さらに西田の直弟子[4]・西谷啓治や久松真一がいるし、浄土真宗では滝沢の友人・星野元豊や広瀬杲といった方々がいる。

こういう世界にあっても何ら遜色のない方々が、日本にも少なからず存在するのだ。その点、日本人はもっと足元を見つめ直すべきだろう。欧米の知的植民地根性からもういいかげん抜け出すべきときだろう。

最後にもうひとつ付け加えておくと、古くは江戸時代の社会思想家・安藤昌益や同時代の画家・伊藤若冲に始まって大正・昭和期の森田正馬、禅仏教にもとづく日本独自の精神医学を樹立した森田正馬も、日本人は、欧米人が称賛して始めてそれを認める傾向がすこぶる強い。自己の伝統への自信や、自己の同朋への信頼の念が、はたして薄いということだろうか。思うに、もっと主体的に自国の伝統や同朋に親しく向き合いこれを正しく評価すべきではなかろうか。日本にも、世界に誇るべきすぐれたものや人が少なからず存在するのである。もはや西洋にばかり眼を向けている時代ではないだろう。

ところで日本は、今日西洋と東洋のそれら両者を大きく見渡し俯瞰することのできる絶好の地平に立っている。

ほかでもない東洋の一角を占めながら、しかし他方で明治以降西洋の文明・文化を積極的に取り入れ学んできたからである。この日本にとりとりわけ恵まれたすぐれた位置を今日可能なかぎり堅持しつつ、これを大きく強く生かしてゆくべきだろう。そこに、まさにそこにこそ、現代世界の未曽有の普遍的危機克服のたしかな道もおのずから開かれうるものと愚考する。

さて、それはともかく、今日ではほとんどすべての人間が、それと意識してにせよ無意識にせよ、大なり小なりニヒリストというべきである。あの一見宗教の形をとって現われているISの「イスラーム教」も、けだし真の宗教ではもうとうなく、じつはまぎれもなきニヒリズム・虚無主義なのだ。かれらの「イスラーム教」とは、ほかでもないニヒリズム的宗教ないし宗教的ニヒリズムというべきなのだ。人を殺すことや戦争を命ずる「神」など、かりにも真に生ける神とはいいがたく、むしろはっきりいって虚無（ニヒル）なのだ。すなわちかれらISは、虚無を「神」にまで祭り上げているのだといわねばならない。だから、まさにそれだからこそ、かれらのもとにはこのニヒリズムの世界に深く絶望し心に虚無をいだいた若者たちが多数、全世界から吸い寄せられていくのだというべきである。かくて明らかなごとく、ISの説く「イスラーム教」とは、上述したごときニヒリズム的宗教ないし宗教的ニヒリズムというべきなのだ。このように現代では、一見宗教の形をとったものですら、それじしん深くニヒリズムに冒されているのだといわねばならない。それほど現代は、ニヒリズムが世界の隅々にまで深く広く浸透してしまっているのだ。「今後二〇〇年はニヒリズムの時代だ」とニーチェが予言したごとく、現代はまぎれもなくニヒリズムの時代なのである。しかもその度合いは、ニーチェの時代、つまり一九世紀の終わりよりはるかにずっとその激しさを増しているのである。

ところで、かのニーチェにも直接ないし間接に少なからず影響をおよぼしたと思われるドストエフスキーは、しかしこのニーチェのニヒリズムないしその超人思想の限界を、すでにしかと察知していた。けだし、それだからこそかれドストエフスキーは、一方ではニーチェのニヒリズムや超人思想にも深く通じる思想を時と共に展開しつつ、しかし他方ではそれを乗り越えるべく新たなる宗教の道を模索した。そうしてそれは、かれの最晩年の主著『カラマーゾフの兄弟』の主人公アリョーシャやその師ゾシマ長老においてはっきりと結実・具現した。そのドストエフスキーの新たなる宗教とは、思うにあのキリスト教の教祖イエスの宗教にほかならない。それは、西洋の伝統的なキリスト教、少なくともその通俗的な形とは根本的に異なるイエスその人の宗教といってよいのだ。そのドストエフスキーの新しき宗教、それをしかと受け継ぎつつイエスの宗教を、約二〇〇〇年の時を隔てて今日この世界にふたたび甦えらせんとするもの、それが、まさしくそれこそが、わが師・滝沢克己のインマヌエル哲学にほかならない。

　ここで翻って思えば、あのイエスは、この人間のエゴないし我の問題、ニヒリズムの底にも頑として横たわるエゴや我の問題、いやその根本的克服としての愛の問題、それを徹底的に突きつめ、みずからの生全体でこれをしかと解決した。その証しとして、第五章で確認するごとく、イエスは、一見すると自分にはまるでできもしないことをただ他人にだけ説きかつ要求するたんなる厚顔無恥な鉄面皮のようにも見えながら、しかしそのじつその全生涯を貫いて神の御意のままに愛を実践し、かくてニヒリズムをも根本的に克服していた。

　それはともかく、ではわが東洋の仏教の教祖・釈迦は、その点どうであっただろうか。然り釈迦もまた、この我執[5]克服の問題、それゆえ無意識ではあれニヒリズムの問題、それをその思索と生の根本に据えていた。釈迦は、この世界のあらゆる人間苦の根源、そこには他ならぬこの我執が横たわっている、と考えた。我執ないしエゴは、既述したごとく、人間世界を「戦争状態」にしたり、人間がよく生きていくうえで必要不可欠な生の究極の意味・価値・目標、あるいは希望や生きがいをただたんに奪い去ってしまうだけでなく、いやまさにそれだからこそ、ひっきょう人間の苦の根源といってよいのだ。釈迦のいわゆる「生老病死」の苦も、我（われ）にとらわれ執着するからこそ、その苦しみがいも失われ、かくてここにその激しさを果てしなく増していってしまうのである。たといいかなる苦ではあったとしても、それがまぎれもなく苦しみがいのある何か意味をもった苦であるならば、人間はそれにどこまでも耐えていくことができるのである。

かくして明らかなごとく我執の克服、いやより積極的にいって、そのうえに立つ愛の実践、それは人間的生にとっての真の意味・価値・目標、あるいは希望や生きがいの源泉であるゆえに、その愛の実践こそ人間の幸福、苦からの解放を含めた人間の幸福にとっての必要不可欠のものであり、さらにそれだけでなく、既述したごときニヒリズムをも根本的に克服した世界平和にもまたしかと通じる道の根源なのだ。もとより世界平和の実現には、カントがいったように世界連合の樹立といったいわば制度的な問題もたしかに必要ではあるが、しかしそれと同時並行的に、各個人の我執の問題、その根本的克服の問題、より積極的にいって愛の問題、それもまたすこぶる重要だというべきだろう。世界連合は、けだしカントが考えたごとくたんに国家エゴの利害調整の場としてだけでなく、それを構成する国々に対し、そのエゴの抑制へと強く働きかけ、かくてそれぞれの国が愛にもとづく真に民主的な国家へと大きく転換するべくこれを促す場ともなる必要がある。そのさい各国が真に民主的となりうるためには、その国家を構成する国民一人ひとりが、みずからをエゴないし我の主体から愛の主体へと根本的に変革すること、つまりは実存革命・人間革命が必要不可欠といわねばならない。少なくとも、各人がそのエゴないし我をできるかぎり抑えつつ、みずからを愛の主体へと可能なかぎり変革すること、要するに実存革命・人間革命をあたうかぎり目差すこと、それがどうしても欠かせない。そうしてそのためには、イエスや仏教、あるいはその教祖・釈迦に深く学ぶことが必要だろう。いずれにせよ、国民各自の愛の主体としての自己確立、それなしに真の民主主義は実現不可能というべきだろう。エゴないし我の主体としての国民、それに立脚した「民主主義」国家、それはひっきょう民主主義にその名を貸りたそのじつ愚かな民の烏合国家にほかならない。

それはともかく、「近代の超克」は、しばしば口にされることだが、しかしそれは、すでにのべた近代の三つの大きな特徴をいずれも根本的に克服しえてこそ、そこで初めて語ることができるものなのである。かくしてそれ、つまりは「近代の超克」、とりわけ近代に始まる近代精神の頽落形態としてのエゴないし我、それをその根とした近代主義、それの根本的克服とその反対の愛の確立、それにもとづく世界平和と全人類の幸福の実現、そのためのたしかな足がかりを得ること、そのためにあのイエスや仏教、さらにはその教祖・釈迦の思想や生に深く学ぶこと、そうしてそのひとつの成就としてのインマヌエル哲学の闡明・開陳、それが、まさにそれこそが、とりもなおさず拙著執筆の根本動機にほかならない。

それはともかく、二〇一一年の三月一一日に、周知のごとくあの未曾有の東日本大震災とそれに伴う東京電力福島第一原発事故が発生した。こういった大災害にさいし、哲学にはいったい何ができるのか。当時ボランティアの多くの人々を始めとしていろいろな歌手や芸能人、音楽家や芸術家らもまた、被災した人々の心に寄り添うべく現地に多数赴いた。これに対し、哲学にはそも何ができるのか。哲学には何もする術がなく、まったくの無力とでもいうべきなのであろうか。しかしながら、もしそうだとしたら、そんな哲学に、そもそも存在価値があるといえるだろうか。その点について、筆者の見解を、最後にかんたんに述べておきたい。

今回のような途方もない天災や人災に対し、なるほど哲学は、少なくとも直接には何ら対抗手段をもつとはいえないだろう。では、やはりまったくの無力なのか、といったら、必ずしもそうではない。

そのさい哲学にできることはといえば、けだし一〇〇年をも単位とするようなすこぶる長期的視点に立って、その根本原因やそれらが起こる背景を鋭く抉り出し、もってそれらをその根本から取り除き修正すべく、その道を広く一般に呈示することというべきである。これを今回のばあいに即してより具体的にいうならば、上述した近代主義こそ、それら未曽有の天災や人災の根源的病巣であることを明らかにして、この近代主義超克の道を闡明することである。

では、その近代主義とはそも何かといったら、これをもう一度改めて繰り返すなら、まず第一に人間中心的個人主義に始まって、エゴイズム・ニヒリズムに到るものであり、第二にそれじしんとしては合理的な科学革命以後の科学万能主義であり、さらに最後に第三に資本主義にほかならない。そのさい近代主義のこれら三大特徴は、では前述した大災害にどうかかわっているのだろうか。

まず第一にいいうることは、近代以降に始まりつつ人間中心的個人主義からエゴイズム・ニヒリズムへと到る過程でさけがたく生起した現代人の途方もない傲慢・傲岸、それにより、人間の力を圧倒的に超えた大自然、その前では人間などひとたまりもない、ほんのとるにたらない卑小なものである大自然、その大自然に対する真に謙虚な畏れをほとんど完全に喪失し、かくてほぼ完全に油断してしまったことである。

さらに東電の第一原発事故という大人災にかんしては、ただ自分が儲かりさえすればよい、大儲けできればそれでいいという自分中心的な果てしなきエゴイズム、今日の社会の核心に巣喰うこの強欲エゴイズムが深くかかわっている。ここには、もとより近代主義の三大特徴のあのひとつである資本主義、その利益至上主義がおのずから関係している。東電を始めとした電力会社、いな、より一般的にいって今日のほとんどあらゆる企業の利益至上主義、それがここに深くかかわっているといわねばならない。じっさい競争至上主義をスローガンにした現今の新自由主義のもとでは、ほぼ数え切れないほどの食品賞味期限偽装や耐震偽装、いやそれにとどまらず世界の巨大な数々の企業、たとえば日本の東芝や三菱自動車、スズキ自動車、さらには日産やスバル、神戸製鋼あるいはまたドイツのフォルクスワーゲン等ですら長年にわたってすこぶる悪質な不正事件を惹き起こしている。さらにまた、あのパナマ文書やパラダイス文書で白日のもとにさらけ出されたように、いわゆる節税対策の名のもとにグローバル企業や大富豪、さらに政治家や権力者らは、かぎりなく不正に近い租税回避を敢行している。かくして、今日格差・不平等は各国内部はもとより、世界規模でも非対称的に拡大し、今や世界の上位六八人が世界の下から半分の約三六億人の富を独占しているといった有り様である(6)。

それはともかく、資本主義におけるこの競争至上主義ないし利益絶対主義、それ、まさにそれこそが、ほかならぬあの東電による福島第一原発事故という未曽有の危機の根本に横たわること、それは火をみるよりも明らかだろう。そのさいこの企業の競争至上主義・利益絶対主義に暗黙のうちに大きく手を貸しているもの、それがとりもなおさず近代主義のもうひとつの特徴である今日の科学技術万能主義にほかならない。現代のこの科学技術万能主義が今日の資本主義と手をたずさえて、本来なら途方もない危険物なる原発を、いやまったく危険はない、今の科学技術をもってすれば原発などいともかんたんに制御できる、といったまったく根も葉もない虚偽のいわゆる「原発安全神話」を捏造し、一般市民を巧みにだましたのだといわねばならない。

かくして明らかなことは、二度とこのような大災害を惹き起こさないためには、以上のべた近代主義、つまりは近代以降のこれら三つの大きな特徴をいずれもその根本から超克することである。すなわちまず第一に、人間の力をはるかに超えた大自然や、それをその根源から在らしめ生かしめている真に大いなるもの、つまりは絶対・無限・永遠なる大いなるものへの謙虚な畏敬であり、第二に競争至上主義・利益絶対主義をその核心とした資本主義の根本的克服ないし少なくともその大きな軌道修正、そうして第三に、現代の科学技術万能主義の果てしなき暴走を首尾よく喰い止めることにほかならない。

そうしてそれが、まさしくそれこそが、世界平和と全人類の幸福をその内実とした真に新たなる世界の実現にも大きくかかわっていることは改めていうまでもない。かくしてそれこそ、いうまでもなく拙著出版の究極目標にほかならない。拙著の出版に何か意義があるとするならば、まさにこれこそ、その意義といわねばならない。それがどこまで成功しているか、それは読者諸賢の御判断に任せるよりほかはない。

それはさておき、ここで第一章はひとまず終えて、つぎに章を改めて第二章では「現代世界における人間の崩落性」の問題を、そして第三章では「現代欧米日型フェミニズム運動に潜むエゴイズム的非主体性」の問題をできるかぎり詳細に解明し、そのうえでまた章を改めてイエスの思想と仏教、とりわけ大乗仏教を比較・検討し、ついでさらに第五章に進んで、イエスと釈迦の、そのそれぞれの思想と生を比較考察しながら、エゴないし我（執）はいったいいかにしたらこれを根本的に克服することができ、かくして愛を実践する主体としてみずからを確立することができるのか、これを闡明しつつ、それを承けてさらにインマヌエル哲学の根本規定と新たなる世界および全人類の幸福実現に向けた思索に可能なかぎり全身全霊を傾けてゆこうと思う。

註

（1）この「世界国家」とは、カントのばあい世界の諸国家を一つに統一した世界統一国家の意だが、便宜上あえてこれを一言で言い表わして「世界国家」と呼ぶことにする。

さらに「世界連合」とは、カントのばあい諸国家の緩やかな連合体を意味するが、ここではこれを今日の国際連合と区別するために便宜上「世界連合」と呼ぶことにする。

（2）イエス亡きあと創設されたキリスト教が長くイエスの思想を誤解してきた、という点について詳しくは、拙著『ただの人・イエスの思想』（三一書房）を参照していただければさいわいである。

（3）この現代の普遍的危機についてより詳しくは、拙著『現代の危機を超えて――第三の道』（南窓社）を参照されたい。

（4）西田は、生前ずっと京都大学で教鞭をとっていた。滝沢はしかし、九州大学で哲学を学んだ。だから滝沢は西田のいわゆる直弟子ではない。書物などを通じての弟子なのだ。けれども、秋月龍珉によると、氏の師・鈴木大拙の言として、滝沢は西田によって直弟子を含めたすべての弟子のなかでもっとも高く評価されていた。

（5）我執とは、とりもなおさず我に執われることである。したがってそれは、我に執われた我としての我（が）とほぼ同義といって何ら差し支えないだろう。

（6）この点については、NHKテレビ、ドキュメンタリー「マネーワールド」による。なお、別のデータによれば、世界の上位八名が、残りの半分三六億人の所得を占めている。

# 第二章　現代世界における人間の崩落性

## ――極度のエゴイズムと非主体性――

### 一　現代世界における人間の崩落性の系譜

さて、ここでは、現代世界における人間の精神性、とりわけその極度のエゴイズムと非主体性について、まずマルクスのあの「疎外（Entfremdung）」や「物象化（Versachlichung, Verdinglichkeit）」という概念を手掛りとして論を進め、ついでハイデガーの、非本来的な人間分析としてのいわゆる「ダス・マン（das Man）」という概念へとこれを繋げ、さらにこの「ダス・マン」のさらにいっそうの頽落化として現代人を分析し、かくてこれを端的に没個性、非主体的な超ダス・マンないしエゴ・マシーンとして規定したい。

#### (一)　マルクスの「疎外」論・「物象化」論を手掛りとして

周知のようにマルクスは、資本主義社会における人間ないし人間関係の疎外（Entfremdung）や物象化（Versachlichung）現象について、その初期の作品『経済学・哲学草稿』や最晩年の主著『資本論』などで言及している。そのマルクスの疎外論や物象化論に触発されて筆者なりにこれを考究すると、資本主義社会では、マルクスもいうように資本の自律的な自己運動が発生し、これに巻き込まれて人間もまたその本来の在り方から疎外されいわば物象化・モノ化する。いいかえれば、主体性や個性あるいは固有性といった人格性を喪失して非主体的・没個性的ないし抽象的存在となる。

たとえば労働者は、自分の労働力を売る以外には生きていく術がない、それゆえにさけがたく自分の労働力を売ることになるけれど、この売られた労働力で商品が生産され、その商品が売られて利潤がえられると、これがまた新たな資本としてふたたび自分たち労働者の労働力を買うことに向けられてくる、この循環はやがて自律的な自己運動となって立ち現われ、労働者はこの資本の自律的な自己運動に支配され、その一環としてしかみずからを維持できなくなる、そうしてこれは労働者の精神性にも大きく影響をおよぼしていく。

すなわち労働者は、抽象的・一般的な労働力としてしかその存在価値が認められず、かくてその主体性や個性、固有性はこれを剝奪されるのをさけられない。他面からいえば、労働者は資本の自律的な自己運動に呑みこまれて疲れ果て、みずから自由に考え判断するゆとりをなくし、かくて人間に本来自然な主体性や個性を喪失ないし稀薄化し、いわば非人格的なモノのごとくに化してしまう。かくてモノ化した労働者は、没主体的に他に追随する付和雷同性・被流動性を身に付け物事に流されやすくなっていく。さらにまたその主体性や個性の喪失ないし稀薄化は、一個の人格としての自分を喪失ないし稀薄化させ、たとえば「だってひとがそういっている」というときの「ひと」と同じくいわば名前も顔もない、いや性別すらもないまさにのっぺらぼうの非人称的・匿名的存在へと傾いていく。

他方消費者としては、来る日も来る日も新たに開発される商品への誘惑に日夜さらされいやがうえにも物欲・我欲マシーンへと駆りたてられていく。つまり消費者は消費者で、資本にとって商品を売り込むためのたんなる物欲・我欲の当体としてしかみなされず、ただ一方的に資本によって働きかけられるものとなり、かくてここでも人間的な個性や主体性、あるいは固有性は喪失させられていく。少なくとも外から資本によって左右され支配されるものと化す。

このように資本主義社会にあって労働者は、さけがたく非人格的モノ化するのをさけられない。

けれども、それは、たんに労働者にのみかぎらない。資本家は資本家で、やはり資本の自律的な自己運動に巻き込まれ、その一環としてみずからその奴隷と化すのをさけられず、かくてその主体性や個性あるいは固有性といった人格性を喪失し、いわばモノと化すのを免れない。

すなわち資本家の根本衝動は、ほかでもない利潤の最大獲得である。そのために日々新たな商品を開発し、市場を拡大していく。ところが、この運動そのものが一つの自律的な自己運動となって立ち現われ、資本家もまたそこに巻き込まれていくのをさけられないのだ。一見自由に考え判断しつつ利潤を獲得し市場を拡大しているようでいて、しかし、じつはその逆で、資本家もこの資本の自律的自己運動におけるたんなるモノのごとき一環となってしまうのだ。かくて資本家も、自由な個性と主体性をもつ一個の人格としてみずからを維持することができなくなって、いわば没個性・非主体的なモノと化す。こうして市場における熾烈な競争のなかで疲れ果て、けっきょくは労働者と同じく流されやすい付和雷同性を身につけ、同様にしていわば名前も顔も性別すらもない、まさにのっぺらぼうの非人称的・匿名的存在に堕してゆく。

その点は、二〇〇八年のリーマン・ショックに到るまでのあの新自由主義的グローバル・マネーゲームに踊らされた強欲資本家たちを一瞥すれば、おのずから明らかだろう。主観的には自分で自由に考え判断し利潤獲得に向けて走っていたつもりでも、よくよく考えれば新自由主義的グローバル化の激しい流れに呑みこまれ、非人格化したモノ、つまりは強欲マシーンとしてその流れに流されていたこと、それはもはや誰の眼にも明らかだろう。その点はまた、一九九〇年前後のバブル景気に湧き立ち踊らされた多くの日本国民ないし大小の資本家を一瞥しても同様だろう。

いや、現代のグローバル市場にあっては、たんに個々の人間のみならず、複数の人間の集団として、ある意味で個々の人間より、より以上に強固な主体性や個性をもつともいいうる各企業や各国政府ですら、そのグローバル市場のいわば帝国的な自律性・自己運動性に翻弄され、その前にひれ伏すことを余儀なくされている。

――資本主義における疎外化・物象化現象を、筆者は以上ように考える。

かくて明らかであるように、資本主義にあっては人間はさけがたくモノ化する。いいかえれば没個性・非主体性、付和雷同性・被流動性、非人称性、匿名性をその属性とするようになる。

これはまさに、二〇世紀初頭にハイデガーが人間を本来性と非本来性とに峻別し、後者の非本来的人間を分析しつつこれを「ダス・マン（das Man）」と名づけた、そのダス・マン的人間、「頽落した人間」にほかならない。すなわち、人間として本来もつべき人間性としての主体性や個性、人称性や固有名詞性、それらを喪失した人間、ないし稀薄化した人間といってよい。

そういうダス・マン的人間の大量の出現、それがほかならぬオルテガのいわゆる「大衆」といわねばならない。この二〇世紀初頭に現われたダスマン的人間の塊・大衆は、時と共にいよいよその性格の度合いを強め、今日ではそれは極端となり、ハイデガーの「頽落人間」にとどまらぬいわば崩落人間と化している。少なくともそのきらいが十分にある。

たとえば、それぞれ大著が全七巻にもおよぶあの『ハリー・ポッター』の、そのすべての巻の世界的大ベストセラー現象、あるいはまた出版されるごとに大ベストセラーとなるいわゆる「村上春樹現象」、これ、この一見人間の主体的精神性の反映とも思われるこの現象に、筆者はそれとは逆のまさに非主体的な付和雷同性・被流動性の陰をしかとみてとる。

まず『ハリー・ポッター』現象についていうなら、初めの数冊までならまだしも、大著七冊すべてが世界的大ベストセラーというのは、どう考えても納得しがたい。たしかにこの本は、いわばドタバタ喜劇的なおもしろさはある。けれども、しかし、同じく児童書でも、たとえばM・エンデの『モモ』とかあるいはまた『果てしなき物語』のごとき、大人にも大いにためになる深い思想がそこにあるとは思われない。いや、まさにそれだからこそ、『ハリー・ポッター』はそんなに沢山売れたのだ、とあるいはいうべきなのかもしれない。が、しかし、もしそうだとすれば、それは、現代世界にあまねく広がる人間の非精神性という筆者の主張、その正しさを確かに裏づけることとなるだろう。

他方、「村上春樹」現象についてはどうだろう。かつてのように純文学はほとんど売れないというこの御時世に、ほぼかれの本だけがバカ売れするというのも納得しがたい。けだしかれの本は、ところどころ純文学の粉をまぶして一見純文学を装いながら、たんにその衣をまとっただけで、深い思想性はこれをもたない、いわば恋愛小説やミステリー小説のように、ただストーリーのみおもしろいいわゆる大衆小説だからなのではあるまいか。もっとも、少なくとも日本にかぎってみるかぎり、今日ではいわゆる純文学といわれるものも、その大ていは深い思想はこれを含まない、ただたんに物語を紡いだだけの、それゆえ純文学とはほんの名ばかりのたんなるお話し小説ばかりが跋扈している有り様ではある。ところが、それでもあまり売れない御時世なのだ。

それはともかく、そもそも現代世界には、哲学を含めて深い思想というものはもはやほとんど枯渇した。思想的営みにもっとも近いはずの哲学ですら、今やもう瀕死の状態なのである。哲学が長い間もっぱらかかわってきた永遠・無限・絶対的なものへの感覚、それが今日ではほぼ完全に麻痺してしまっているからである。

ところで、話を村上春樹にもどすと、それはいわゆる純文学を装っているだけによけい人気があるのではなかろうか。読者に対し、高尚な純文学を読んでいるといった一種の優越的エリート的満足感を与えるからである。

したがって、これらの本のバカ売れ的現象は、そう思われがちな現代人の深い精神性というよりも、むしろその逆の非精神的な没個性・非主体性・付和雷同性・被流動性の世界的蔓延を証左しているというべきだろう。(1)

それはさておき、現代人の崩落人間化、そのとりわけ匿名性・非人称性にかぎってみるならば、現代ではネットが世界の隅々にまで行き渡り、これがそれらを名実共に可能にしている。かくて、今日では文字通りの匿名的・非人称的ないわばのっぺらぼう的人間が、そこらじゅうに蔓延《はびこ》っている。そればかりかネットの陰に隠れた匿名の、何の根も葉もない他者への無責任極まりない言いたい放題の罵詈雑言、そういった非人称的・非人間的な醜行は、今やまさに眼も当てられない有り様である。その典型としてここで一つ例をあげると、今日では、ネットを利用したいわばリンチも横行している。そのネットリンチとは、何の罪もない人を勝手に罪人と切めつけ、これをネット上などで激しく攻撃するものである。そのターゲットにされた人のなかには、自殺に追いこまれた人もいる。

　こうしたネットリンチが可能となるのも、とりもなおさずネット特有の匿名性にほかなるまい。まさに匿名だからこそ、そんな無責任な行動が平然と行なわれうるのであろう。その点はまた、いわゆるネットいじめも同様である。かくしてここには、明らかに現代人のあまりの非人間性、つまりは人間としての崩落性がしかとみてとることができるといえよう。

　それはともかく、今日人間は、機械によってその本来もっていた能力をどんどん侵食され、その人間としての劣化ははなはだしい。たとえばパソコンやスマホなしで生きられる人間は、今やどれだけいることだろう。この勢いは、今後ますます加速してゆくにちがいない。こうして人間は、やがて機械によって完全に支配されることになる。そうしてこれは、ヘーゲルのあの有名な「主人と奴隷」の関係になぞらえることができるであろう。すなわち、主人はその生活のすべてを奴隷に依存するゆえに、ついには奴隷なしには生きていくことができなくなり、ここに主客が逆転する。つまり主人が奴隷に、奴隷が主人に転倒するというものである。これは、まぎれもなく現代や今後の、人間と機械のその関係といって間違いあるまい。

　人間と機械の今後のもう一つの可能性は、第一章でも指摘したごとくそれら両者の完全な融合にほかならない。これは、あとで詳しくのべる『サピエンス全史』の著者ユヴァル・ノア・ハラリの言葉でいえばまぎれもなく「超ホモ・サピエンス」の道にほかならない。

## 二　ハイデガーの「ダス・マン」論を手掛りとして

いずれにせよ、こうして現代では、今から遡ることほぼ九〇年前にハイデガーが看破した人間の「ダス・マン（das Man）」化がよりいっそう明らかに現われている。ハイデガーは、「死への先駆的覚悟（Vorlaufende Entscheidung zum Tode）」をもたない人間は、本来の自己から「頽落」した人間であり、これを「ダス・マン（das Man）」と名づけた。人間の本来の在り方が死を予め覚悟するところに成り立つか否かは別にして、この「ダス・マン」の諸特徴は、当時の人間のみならず今日の人間を観るばあいでも大いに参考となるものである。それで、これを手掛りにしつつ現代人を考察し分析してみたい。そのさいこの「ダス・マン」的人間の特徴とは、とりもなおさず没個性・非主体性・付和雷同性・被流動性・匿名性・非人称性にほかならない。かくてこれは、本来の人間ならざる「頽落した」人間といわねばならない。けだしこの傾向は、今後さらにいちだんと急激に加速してゆくことだろう。

ところでその背後には、思うにマルクスがいみじくも道破したように、近代に始まる資本主義における人間の「疎外（Entfremdung）」や「物象化（Versachlichung）」があるというべきである。これを筆者流に解釈すると、既述したごとく、資本は時と共に自律的に自己運動するようになり、かくて人間は、その主体であるよりも、かえってむしろその逆にその資本の自律的自己運動の奴隷と化しその本来の在り方から疎外されていわばモノ化するというものである。この点は、二〇〇八年のリーマン・ショックに端を発するニューヨーク・ウォール街での株価大暴落を機に勃発した世界金融危機で一旦は破綻した新自由主義における資本家たち、とりわけ強欲化した金融資本家たちを例にあげれば一目瞭然だろう。かれらは、資本の運動を動かすその主体というよりも、むしろその逆で、明らかにその奴隷であったといってよいからである。

ところで、資本のこの自律的な自己運動のもとでは、けだし資本家だけでなく労働者や一般消費者も時と共にモノ化していく。資本主義のもとにあっては、労働者はみずからを労働力商品として資本家に売り渡さざるをえず、これはすでに人間の労働力商品としてのモノ化にほかならない。要するに、労働者は、資本家による利潤獲得のためのたんなる道具にすぎないのだ。よし労働者であってもとうぜん考えることはする。といっても、それは、賃金をより多く稼ぐためには、あるいは出世するためには自分にいったい何ができるのか、といったことが中心だろう。生きていくためには、いや少しでも快適に生きていくためには、何といってもそれが必要不可欠であるからだ。とりわけすこぶる低賃金で、しかも劣悪な労働環境でしか働かざるをえない労働者にあっては、それはなおさらそうだろう。かくして労働者もまた、資本家と同様に、他にかけがえのない自分独自の個性や、自分の頭でしかと考え判断し責任をもって行動するという主体性、それらは時と共に薄れ去ってゆき、逆に他人や社会や時代の流れに流されて何かに群がりやすい付和雷同性・被流動性、あるいはまた「わたし」とか「あなた」とか「彼」「彼女」といった明確な区別のない「それ」的非人称性、さらにまた名前も顔もない、性別すらもないいわばのっぺらぼう的な匿名性をさけがたく身につけていく。

この傾向は、消費者もまた免れない。ＣＭなどで日夜これでもか、これでもかとばかりに新しい商品の「便利さ」「快適さ」の誘惑をうけ、みずからを物欲・我欲マシーンと化すのをさけがたいからである。今日消費者は、もはや自分の好みや考えで主体的に判断して必要な商品を買っているというよりも、いわゆるマーケティング（市場戦略）の餌食となって自分でも知らぬ間に、さして必要もない商品を買わされているといってもいいのではあるまいか。いわゆるビッグ・データを活用したマーケティングがよりいちだんと巧妙に活発化されていくならば、この傾向はさらにいっそう加速してゆくことだろう。かかる消費者に、しかとした個性や主体性があるといったいいえるだろうか。けだし、否！だろう。そうしてそれは、不可避的に他に流されやすい被流動性や付和雷同性、さらに非人称性や匿名性へとつながっていく。かくしてこれは、まぎれもなく消費者のモノ化以外の何ものでもないだろう。

こうして明らかなごとく、資本主義にあっては、人間はさけがたくその本来の在り方から疎外されモノ化してゆくのを免れない。そうしてこれは、まさにハイデガーのいわゆる「ダス・マン」的人間であり、オルテガの言葉でいえば、そういう「ダス・マン」的人間の大量出現としての「大衆」にほかならない。先述したごとくハイデガーは、当時の人間、とりわけヨーロッパ人、一七世紀に始まる近代以降二五〇年余におよぶ個人主義が徹底されて自己主張が強く、それゆえにむしろ共同体的な東洋人、少なくともわれわれ日本人よりもはるかに「個性」や「主体性」が強靭で、それゆえに「付和雷同性」や「被流動性」あるいは「非人称性」や「匿名性」のよほど少ないヨーロッパ人を前にこれを鋭く観察して、にもかかわらずドイツ語固有の言葉「マン（man）」を見事に活用して造語し、これを人間の「ダス・マン（das Man）」化と看破したのである。そのさい匿名性と非人称性にかぎっていうならば、上述したごとく今日ではネットが世界の隅々にまでゆきわたり、これによって「匿名」的「非人称」的人間は名実共に地球の到る処に蔓延した。

### ㈢ 現代世界における人間の超「ダス・マン」化・崩落化

それはともかく、人間のこのダス・マン化ないしその極致化は、今や「ポケモンGO」にこぞって群がる現代人のいわば総「白痴」化現象、人の生命、いやときには多くの人の生命にかかわる車やバスを運転しているときですらスマホをどうしても手離せず、じっさいに人を引き殺しさえする現代人のいわば総「白痴」化現象、そうでなくても今や片時もスマホを手離せず、自分の危険はもとより他人の迷惑も顧みない歩きスマホはもとより、より悪質な自転車スマホも少なからずいるというこのいわば総「白痴」化現象、あるいはまた、広く政治や経済にはもうほとんど関心を示さず、ただ自分のプライベートな好みのひとつ、たとえばハロウィーンに熱狂的に群がり馬鹿騒ぎする今日の日本の若者や群集、それを一瞥すれば火を見るよりも明らかだろう。ここに、個性と主体性をしかと堅持しつつ自己のたしかな考えをもって他人や社会や時代に流されず、人称的な自分の「名前」をたしかに有する本来の人間、それはもはやほぼ完全に死滅したといってはいいすぎだろうか。まさにこれこそ、筆者が同時代的に観察しまた予見する現代ないし今後の世界における資本主義、それと不可分の科学万能主義のさけがたい必然にほかならない。

ここで、あえて蛇足的に付け加えるならば、今日では政治の世界で何かの政策、たとえば保育園の増加を訴えるときなどにも、こんな風潮があるのではあるまいか。すなわち、他人の思いやりや愛情に訴えても無力であり無駄である、だから、そうではなくて、むしろその政策の経済効果などをもとにした各人の利害得失に訴えるべきだ、そうすれば多くの賛同を得られやすい、といったものである。これは、けだし資本主義的経済至上主義が今日では社会の隅々にまで隈なく行き渡ってしまっているということであり、かくして資本主義的人間、つまりは自己の真の個性や主体性を喪失した、いわば物欲・我欲マシーンに現代人がほぼ完全に変質してしまっているということにほかならず、それゆえ要するに現代人の人間としての崩壊化・崩落化・溶解化現象の何よりの証左といわねばならない。いいかえれば、これは、資本の自律的な自己運動に現代人が完全に巻き込まれそこからもうほとんど抜け出せなくなっているということであり、だから要するに、これはまぎれもなく資本主義的物象化現象の極限といわざるをえない。

約言すれば、おのが我欲にもとづく利害得失でしかほとんど動かなくなった現代人は、もうほぼ崩落人間といってよいのだ。思うに無私の愛こそ人間本来の第一の本質である。けれどもその力がほとんど信じられなくなった現代では、もはや死せる人間・本来の人間としては死に果てた人間しかほとんど存在しなくなったということ、そのことの、それは何よりの証左といっても過言ではないだろう。

さて、以上をまた別の角度から要約すると、ネットの陰に隠れて匿名で何の根も葉もない他者への誹謗中傷を繰り広げたり、嘘八百を書き連ねたりする厚顔無恥な破廉恥漢、同様にして過激な発言を言いたい放題言い放ってしばしば「炎上」するいわゆるネット右翼の連中、さらにはそれに飽き足らず、街頭に出て何の根拠もなしに他民族の人々への憎悪を剝き出しに煽りたてるヘイト・スピーチに群がる連中、これを「表現の自由」の名のもとにいっさい取り締ろうともせず、むしろ逆に自分たちの内心の代弁者としてこれを泳がせている政治家連中、あるいはまた、やはり「表現の自由」の名のもとに宗教差別を公然と露わにしたり、これを「支持」するといって街頭デモをする何百万もの人間たち、これに怒ってテロを敢行する連中——たといそのかれらの不満の根柢に耐えがたい貧困や差別・抑圧があるにせよ——、そうしてこういうテロリストたちを「神」の名において擁護し、さらにそれを促しつつみずからは悪虐の限りを尽くす連中、そのかれらを壊滅させると称して、逃げるにも逃げられない無辜の民、子供や障害者や老人や女性を含む無実の人々のうえに情容赦なく爆弾を落とす権力者たち、「誤爆」と称して無実の人々をいくら殺害しても何ら恥じることのない厚顔無恥な権力者たち、その戦場からからくも逃げてきた罪なき人々を、その遠因をかつての植民地主義ないし帝国主義としておのが民族が作ったにもかかわらず、その責任をいっさい引き受けようとせず、ただひたすら目下の自分たちの不利益ばかりをあげつらいこういった人々を排斥しようという輩たち、さらにまた宗教差別や人種差別、女性蔑視を公然とがなりたてる大統領はもとより、これを熱烈に支持する人々——たといその不平不満や怒り怨念が現今の政治・経済体制にあるとはいえ——こういった人々、これらはもう真の人間とは到底いえないのではなかろうか。むしろ崩壊した人間、崩壊人間といってよいのではあるまいか。

いったいこれらは、約九〇年前にハイデガーが看破した「ダス・マン（das Man）」的人間以上に頽落しているとはいえまいか。「ダス・マン」的人間は、個性も主体性もなく、付和雷同的で「名前」ももたずただ他人や社会や時代に流される人間であったけれども、しかしまだ何となくぼやっとした形で人間としての輪郭は備えていた、ところがその漠然とした輪郭すらも、今日の人間の多くはほとんどあとかたもなくし消し去っているとはいえないだろうか。要するに現代人の多くは、人として当然備えているはずのその本質、つまりは責任性主体とか愛の主体、あるいは熟慮する批判的主体とかといったその本質をほぼ完全に欠落させてしまっているのだ。かくしてかれらは、解体し崩壊した人間になり果ててしまったといってはあるいはいいすぎだろうか。

それはともかく、現代人の極度のエゴイズム化、しかり人間崩壊とも思われる極端なエゴイズム化に話を移すなら、それは、たとえば後に詳述するようにアメリカにおいて今日ひんぱんに行なわれている「リフォーミング」、すなわち子供を完全にモノ扱いして何ら恥じることも怪しむこともない、まさにエゴイズムの極とも思われる現象や、また日本におけるそれと似たような現象、あるいはとりわけ二〇一六年一一月のアメリカ大統領選以降に顕著に現われてきた、先に少し触れた自国第一主義、移民や難民の排斥、イスラーム排斥を強く訴えて多くの熱狂的な支持を得たあのいわゆるトランプ現象や、それに強く触発されたヨーロッパ各国の、トランプと同様の主張を繰り返す（極）右諸政党への大衆の大きな熱狂的支持現象、いわゆるポピュリズムという名の新ファシズム運動の大きなうねりのうちにしかとみてとることができるであろう。

そして、それと似た現象は、わが日本にあっても一見欧米とは異なる形で、しかし、確実に現われている。あの森友学園問題でほぼ明らかになったごとく、戦前・戦中の野蛮極まりないかの天皇制ファシズムをまるで礼讃するかのごとき安倍政権のつぎつぎと繰り出すその強行な新ファシズム政策、その暴走の前に思わずたじろいでなす術もないかのごとくただ茫然自失して、いわば思考停止に陥ってしまっているかのごとき日本の国民・大衆、それがほかならぬそれである。日本国民のこのほぼ完全な思考停止もまた、現代人におけるまぎれもなき崩落人間化現象のひとつといって間違いないのではなかろうか。

さらにまた付け加えれば、今回二〇一七年七月の都議選で、選挙の争点として市場の豊洲移転と築地の活用というまやかしの「アウフヘーベン（Aufheben・止揚）」、つまりは何の根も葉もないたんなるバラ色の夢のばらまきによって豊洲移転派と築地残留派とそれら両方の都民を自分のエゴに取り込まんとする現都知事・小池百合子の大衆迎合ならぬ大衆煽動的な手法、そうしてそれに踊らされる多くの熱狂的な都民の群れ、それもまた、あのヒトラー・ファシズムのそれ、つまりは新たなるファシズム運動といってほぼ間違いないだろう。もっともその小池百合子も、今回の衆議院選挙では、都議選につづいて夢よもう一度とばかりに新党「希望」を立ち上げたが、しかし、その持ち前の傲慢不遜のゆえにいわば策士策に溺れるで、そのドタバタ劇場も茶番に終わり、あっけなく自滅した。

とはいえ、その隙をぬって首相安倍はまた、森友・加計問題で一旦は支持率が急落したにもかかわらず、ふたたび支持率を盛り返し、自民党は「圧勝」した。北朝鮮の「脅威」ばかりを煽っていれば、国民の支持は間違いない、といった有り様である。よし消極的にしろ、この危険極まりない、しかも国政をまさにエゴイズム的に私物化して何ら恥じるところのない安倍自民党政権を支持する日本国民に、いったい真に冷静な熟慮と正しい批判的精神にしかと裏づけられたまことの主体性があるといえるだろうか。ここには、日本国民の、後述するごとき崩落的頽落性がたしかに垣間見えるとはいえまいか。

ところで、かつてアメリカのすぐれて著名なフリー・ジャーナリストI・F・ストーンは、「すべての政府は嘘をつく」といって、事実アメリカ政府の嘘をつぎつぎと暴露した。ところが今や、欧米日の大衆は、政府、いや政治家の嘘にかんたんにのせられだまされている。たとえばアメリカでは、新大統領のトランプが、大手メディアに対し「それはフェイク・ニュース（偽ニュース）だ」というと、それが真実であるにもかかわらず、トランプ支持者はそのトランプの嘘を本当に信じこみ、みごとにそれにだまされている。イギリスでも、EU離脱の国民投票がなされたさい、EU離脱派の政治家が、EUから離脱すればEUに供出している巨額の金がもどってくる、という嘘にイギリス国民はかんたんにだまされた。またヨーロッパ各国では、移民や難民を排斥すれば雇用は守られ経済はよくなる、という右派や極右政党の嘘に多くの国民がだまされている。

かくしてここに、「ポスト・トゥルース（脱真実）」という言葉が欧米のメディアを席巻する有り様である。まさに嘘が真実として大手をふるって横行しているのだ。SNSがそれを助長していることはいうまでもない。いずれにせよ、こうして今日大衆は、稀代の大詐欺師ヒトラーを信じたかつてのドイツ国民と同様に、政府や政治家の嘘を、それとしてしかと見抜く能力をほとんど喪失し、ものごとを深く考え・吟味し・判断するという本来の人間から崩落せんとしている。まさにこれが、これこそが、現代人のあからさまな実相というべきだろう。

以上を、もう一度別の観点からみてみよう。

アメリカのあのトランプは、大統領就任以来つぎつぎと大統領令を発行した。そのひとつに、アフリカ、中東の七カ国の国民のアメリカへの入国禁止というすこぶる人種差別的なものがあった。ところが、しかし、このきわめて人種差別的なこの大統領令を、アメリカ国民のほぼ七割が支持していた。ここにも、今ヨーロッパで、移民・難民の排斥を強く訴える右派ないし極右政党を支持するヨーロッパ人と同様の、アメリカ国民の極度のエゴイズム化がしかとみてとれえよう。テロに深く脅える国民に、その不安に乗じて「テロ対策だ」といえば、今や何でも受け入れられる有り様である。とはいえ、しかし、そこに深いエゴイズムが介在していることも、やはり事実といわねばならない。

いや欧米ばかりではない。わが日本でもまた、「テロ等準備罪」の名のもとに、その言葉とは裏腹の全国民監視法がテロ対策を口実として強行制定された。これに対し四割以上の国民が、この「テロ等準備罪」という名のそのじつ「共謀罪」に対し、これが一般国民にも適用されるのではないか、という至極当然の不安を一方でかかえつつ、しかし他方では、この法案に多くの国民が賛成していたという現実がある。

テロへのあまりの不安の前に、世界中の人々が今やほぼ完全に思考停止に、とりわけ欧米では極度のエゴイズムを伴った思考停止に陥っている。没個性、非主体性、付和雷同性、被流動性、匿名性、非人称性の極に現われたほぼ完全な思考停止と極度のエゴイズム化、それが今や世界全体を席巻しまた蔓延している。

まさしくここに、現代人の、本来の人間としての崩落化ないし崩落寸前化がおのずから窺い知れるのではなかろうか。かくて要するに、これら欧米日の政治家やそれに踊らされる国民大衆に見られるもの、それは、ほかならぬ極度のエゴイズムないしほぼ完全な思考停止であり、それゆえに本来慈愛的で「考える葦」（パスカル）としての人間の崩壊・崩落・溶解といってよいだろう。

ところで、かつてハイデガーがその主著の一つ『存在と時間』（一九二七年刊）で分析し規定した「ダス・マン」的人間・大衆は、そのハイデガーの分析をまるで裏づけるかのように、深刻な経済危機を背景としてドイツやイタリア等であの野蛮極まりないファシズム支持へとまるで雪崩を打つかのごとく流れ込み、ついにみずから破滅の淵へと崩落していった。それと並行するように、今日ではかつての「ダス・マン」的人間のさらなる頽落化としての崩落人間大衆が同じく深刻な経済危機を背景にして、とりわけ欧米でポピュリズム（populism）という名の新ファシズム運動を熱狂的に支持しこれを推進している。

いや、わが日本でも、いまだ欧米のごとく明らかな形をとってはいないとしても、たとえば特定秘密保護法や安保関連法、さらに「共謀罪」法（テロ等準備罪法）の採択強行に端的にみられるごとき目下の安倍政権の新ファシズム運動に、国民大衆はそれとは知らずからめとられつつ無意識のうちにこれを推進している。

こうして明らかなごとく、けだし現代人の崩落化現象は、まさしく資本主義そのものと深く結びついている。すなわち、マルクスの、資本主義社会における人間のいわゆる物象化（Versachlichung）現象・他面の我欲マシーン化現象、ほかならぬそこに端を発するものといわねばならない。

この一点からしても、資本主義は根本的に克服されねばならないだろう。さもなくば、人間は、よしいまだ生きてはいるとしても、しかし事実上もう死滅したといっても過言ではないからである。

これはしかし、まるで自分だけはその崩落を免れているかのごとき筆者の、まさしく傲慢不遜な現代人分析というべきだろうか。

否！　筆者じしんつねにその傾向にあることを強く心にとどめつつ深く深く自戒・内省し、が、しかし、にもかかわらず、あえてこういった警鐘を鳴らさざるをえないのだということである。このままいけば恐らく第一章でのべたごとくＡＩやＡＩロボットによって完全に駆逐されてしまうよりずっと以前に、人間はみずから崩落していってしまうと思われるからである。いやＡＩやＡＩロボットを含む現代の最先端科学技術、その万能視・絶対化、そこにすでに現代人の崩落性、すなわち極度のエゴイズムによって眼のくらんだ途方もない傲岸さが頑として内包されているといわねばならない。

いずれにせよ、二〇世紀最大の哲学者ともいわれるあの有名なハイデガーは、恐らく当時の人間を観察して、これを「頽落した」「ダス・マン」と正しく分析し規定しておきながら、しかし、自分自身その「頽落した」「ダス・マン」的人間・大衆とまったく同様に、フランクフルト大学の学長をしていた当初、あの極悪非道のヒトラー・ナチズムを強く支持してその党員にまでなってしまった。それはけだし、ハイデガーがヒトラー・ナチズムのすこぶる危険な本質をしかと見抜けなかったということであり、そのかぎりでは彼自身の主張する人間のダス・マン化を彼自身がはしなくも体現してしまっていたといってもいいだろう。とまれ、その点は、筆者はもとよりいわゆる知識人を含め誰しもこれを肝に銘ずる必要があるだろう。

ちなみにハイデガーが一時ナチズムの支持者だったことが明るみに出されたとき、ある有名大学の宗教学教授・氣多雅子氏は、純学問上のことと政治的なこととは別問題だ、とほぼこんなことをいってハイデガーを庇っていたが、これはまさに贔屓の引き倒しというべきである。けだし学問は、当然その担い手の行動にあっても厳しくその責めを負わねばならないからである。いや学問は、他の事柄以上にはるかにいっそうそうでなければならないだろう。まさしくそうでないところに、かの昭和戦争時、他の国々と同様に日本の科学者もまたその多くが戦争遂行のための軍事研究や武器開発に積極的に利用され、今もまた安倍政権下でそうされようとしている、その悪しき土壌が生まれてしまうのだ。まさしくここに、学問の最大の危険性がある。俗称「マンハッタン計画[2]」と呼ばれるあの原爆開発にかかわった科学者たちの過ちを、学者・研究者は二度と犯してはならないのである。当時のアメリカ大統領ルーズヴェルトに対し原爆開発を進言した科学者たちの署名に自分も加わり、それを生涯の最大の誤りと深く後悔したアインシュタインの愚を、今日の学者・研究者は、ふたたび繰り返すようなことがあってはならない。過ちを犯したあとでは、たといいくら悔んでもしょせんあとの祭であるからだ。ちなみにヒトラー・ナチズムを「学問」的に支えたドイツの科学者たちは、その多くが戦後何の裁きも受けずにソ連に連行され、そこでふたたび軍事研究に勤しみ優雅な生活を送ったという。けれども、そんな人間として唾棄すべき恥ずべきことは、断じて二度と繰り返すべきではないだろう。いずれにせよ、これらの科学者たちもまた、ハイデガーのいわゆるダス・マンといってよい。ダス・マンときいて、そんなものからは知識人はもとより免れている、と思ったら大間違いなのである。

＊　かつて一九六七、六八年に日本全国をその根柢から揺るがした、とりわけ学生を中心とした若者の反乱、いわゆる全共闘運動のさい、学生たちは、よし自分の専門の学問分野ではいかにすぐれた学者でも、そのおのが社会的責任を何ら自覚していない者たちは、これを「専門バカ」と呼んで激しく批判した。この全共闘学生の造語した「専門バカ」は、それと自覚されてはいなかったにせよ、ここでいうこのハイデガーの「ダス・マン」、とりわけ学者・知識人における「ダス・マン」性を鋭く射抜いていたものといってよいだろう。

ところで、周知のごとく、二〇世紀に入っていわゆる大衆化現象なるものが現われてきた。けれども、二〇世紀には、大衆と知識人との区別がいまだそれなりにはっきりしていた。ところが、その大衆と知識人の区別が時と共にしだいに曖昧模糊となり、やがて知識人そのものも大衆化してゆく。すなわち、知識人そのものに個性や主体性が失われ、自分の専門とすること以外は深く考えることもなく付和雷同的かつ匿名的になっていく。それ、まさにそれこそが、「ポスト・モダン」といわれる現代世界、ないしそこに生きる現代人のまぎれもなきその特徴といわねばならない。そうして、その根柢には、資本主義の爛熟化による物象化現象のよりいっそうの深まり、これを哲学思想的にいうならばニヒリズムのさらなる深化・拡大・頽廃化がしかと横たわるといってよいだろう。

それはともかく、先にあげたハイデガーもまた、だからナチズム支持では、当然その責めと同時にそのニヒリズム哲学の甘さ・危っかしさを厳しく問われ裁かれねばならないだろう。けだしハイデガーのナチズム支持は、当時のかれの哲学に潜む虚無（ニヒル・nihil）が、他方のナチズムの虚無（ニヒル・nihil）と、ハイデガー自身それと気づかぬままにたがいに響き合ってしまったのだというべきだからである。

　それはともかく、自己の哲学とそれにもとづく行動に対する責めという点では、わが日本の西田幾多郎も同様である。「国体」と称して日本の天皇制を「哲学」的に「基礎」づけ、かくて皇軍による明らかなる侵略戦争を粛粛と正当化したその責めは、その哲学の甘さ・危っかしさへの厳しい批判と共に、当然これを引き受けねばならないだろう。

　そしてそれは、西田の弟子、わが師・滝沢克己にあっても同様で、よし若気の至りとはいえ、あるいは「生涯の恩師」西田幾多郎の影響がそれほど大きかったのか、その二〇代の時期の論文のひとつ「誠と取引」[3]で、こともあろうにあの侵略戦争を「聖戦」として称讃してしまったその責めは、これを当然負わねばならない。

　その点、滝沢のもうひとりの「生涯の恩師」K・バルトは、ヒトラー・ナチズムをその最初期からすこぶる危険と察知しこれに強く反対した。したがってバルトは、ヒトラーによりドイツから追放され母国スイスに帰ってナチズムへの反対行動を組織した。[*] これはけだし、バルト神学の方が、当時の西田哲学やハイデガー哲学よりもはるかにずっと優れていたその何よりの証左といってよい。そのさいその核心は、おそらくバルト神学の中心、中心中の中心、つまり不可逆認識にあったといいうるだろう。すなわちそれは、「人から神への道はない。あるのはただ神から人への道のみである」というものであり、要するに、人間が神になることなど絶対に不可能だということである。ところが、当時のナチズムは、その傾向、すなわち自分たちが「神」つまりは絶対者たらんとする衝動、ニーチェのいわゆる「超人」思想、ドストエフスキーのいわゆる「神人」ならざるその逆の「人神」思想、その傾向をたしかに潜めていたのだ。そうしてバルトは、それをしかと察知したのである。

＊　バルトは、親ナチズムのドイツ福音主義教会に反対し、ヒトラー・ナチズムに抵抗するいわゆる告白教会を結成・指導した。その抵抗宣言ともいうべき「バルメン宣言」は、バルト自身がこれを草案した。

ちなみに、滝沢は、その「生涯の恩師」と仰ぐ二人の師、バルトと西田が、形こそ異なれ同じファシズムに対してまったく逆の態度をとったさい、何故か誤って西田の方に従ってしまった。若き滝沢には、西田哲学のなかにもなお潜む決定的弱点「不可逆」を、バルトからしかと学びとったつもりでいて、しかしいまだその理解は十分に徹底されていなかったからだろう(4)。

その点では、バルトの愛弟子、滝沢は、自分の哲学がいまだすこぶる甘かったこと、それを素直に認める必要がある。バルトから不可逆をしかと学び取り大喜びしたはずなのに、しかし、にもかかわらず、その認識が少なからず不正解であったのだ。まさにそれゆえにこそ、ヒトラー・ナチズムと同じくみずからが「神」のごとくならんとした天皇制、いや「現人神《あらひとがき》」なる天皇中心の天皇制、それの致命的誤りを、その師・西田――バルトと違って不可逆をいまだ十分正確につかみ切れていなかった西田――と同様に誤認し、その天皇制を「国体」として称讃してしまったのである。その点では、その哲学の甘さについて滝沢は、よしその論文「誠と取引」は小さなもので、当時の日本社会に与えた影響はさして大きいとはいえなかったにせよ、しかし何としてもその批判は、これを甘じて受けねばならないだろう。滝沢のばあいその点の明確な謝罪は生前なかったものの、少なくとも哲学上では、かの危っかしい傾向性は敗戦と共にしだいに払拭されていった。とはいえ、しかし、本来なら文書でこれをはっきりと謝罪すべきであったであろう。

さて、つぎに、現代人の崩落性について、とりわけその主体性の喪失ないし稀薄化に焦点を合わせつつ、これを過去の主として日本のいろいろな出来事や状況と比較して明らかにしてみたい。

まず第一に、もう大分ずっと前から本、とりわけより堅い哲学思想書はほとんど読まれなくなっている。けれども、過去を振り返るとこれはむしろ例外である。たとえば筆者の学生時代、一九七〇年前後の頃は本はとてもよく売れ読まれた。その証左として、当時刊行されたシリーズ物をここで列挙してみたい。

(1)『世界の名著』（全六六巻）中央公論社、(2)『世界の大思想』（全四五巻）河出書房新社、(3)『人類の知的遺産』（全八〇巻）講談社、(4)『世界文学全集』（全一二五巻）講談社、(5)『日本文学全集』（全一二五巻）講談社、(6)『世界の詩人』（全一二巻）河出書房新社、(7)『日本の詩人』（全一八巻）河出書房新社、(8)『世界の歴史』（全一六巻・別巻一巻）中央公論社、(9)『現代の科学』（第Ⅰ期　全一〇冊）河出書房新社。

たとえば、このように活字が小さく部厚い本のその少なからずが多く版を重ね、かくて庬大な部数が飛ぶように売れ読まれていたのである。

また当時は、哲学書はどの学部に所属するかに関係なく学生なら読んで当り前といった雰囲気がおのずから存在していた。そういう雰囲気のなかで筆者じしん経済学部に属していたにもかかわらず、当時有名だったハイデガーやマルクスの本など意味がほとんど分からぬままに、しかし粘って最後まで読み通し、何とか少しでも理解しようと文字通り悪戦苦闘した。その頃から今日に到るまで筆者の心をつかんでやまないドストエフスキーを読みあさるかたわら、こういった哲学思想書にも果敢に挑んでいた。

こういった傾向は、しかし筆者の学生時代にかぎらず、それを遡る過去にも同様にあったと思われる。たとえば昭和の前半に活躍した近代日本最大の哲学者といわれる西田幾多郎の処女作『善の研究』は、それが出版されるや学生が本屋に列をなして買ったといわれる。

さらに西田に先立つ明治末期から大正初期にかけては、あの有名な「でかんしょ節」が学生を中心として世間で大流行した。哲学者、デカルト・カント・ショーペンハワーを読んで「半年暮らす」といった内容のこの歌が作られ流行ったということは、当時少なくとも学生たちのあいだでは、哲学書が広く親まれていたことを示すものといってよいだろう。

また、哲学書ではないけれど、西田の愛弟子にして筆者の師・若き滝沢克己が山口高商で教員をしていた昭和の初め頃、多くの学生が毎晩のように滝沢のもとを訪れ、夜遅くまで「人生とは何か」「生きるとはどういうことか」「死とは何か」といったいわゆる哲学的問題を情熱的に語り合ったという。当時日本は戦争をしており、若い学生にとり死は身近にあったからである。

このように哲学思想書を中心にして本がよく読まれ、また哲学的な問題が熱く語られたということは、当時の人間がものごとを深く考えていたことを証示するのではあるまいか。そうしてそれは、当時の人間には主体性がしかと保たれていたということではなかろうか。

いずれにせよ、その点今日では、哲学思想書はもとより文学・小説ですらほとんど読まれなくなっている。これは、現代人が、少なくともかつてのようにはものごとを深く考えることをやめたということ、つまりは主体性を喪失ないし稀薄化させていることのその何よりの証左といってよいだろう。

こうして現代人は、おそらくその思考力や判断力、さらには正しい批判的精神力といったものを著しく低下させている。読書とは、けだし他者の世界観や人生観、より広くいってものの見方・考え方を学ぶと共に、それらとの苦闘によって自分自身の世界観・人生観、ものの見方・考え方を打ち立て鍛えることである。ところが現代人は、その読書というものをほとんどしなくなってしまったのだからである。

そのさい、哲学思想書を含め今日ほとんど読書がなされなくなった理由、それにはネットやスマホの過度の発達、あるいはさまざまな娯楽に加え、ネット・ゲームなどひとを夢中にし虜囚にしてしまうものがつぎつぎと生まれたこと、それらが、いろいろ考えられる。だが、しかし、いずれにせよ、こうして本があまり読まれなくなったこと、それが現代人の思考力や判断力、あるいは正しい批判的精神力の薄れや劣化に深くかかわっていること、それはおそらく間違いないだろう。

そのばあい読書をあまりしなくなったから思考力や判断力、あるいは正しい批判的精神力が鈍ったのか、あるいはその逆で、思考力や判断力、あるいは正しい批判的精神力が落ちたからあまり読書をしなくなったのか、それはさだかではない。むしろ両者は、たがいがたがいを時と共によりいっそう強めていったものというべきだろう。

現代人におけるこの思考力・判断力、正しい批判的精神力の低下は、また思うに既述したごとき現代日本人のいだく関心のプライベート化、つまり自分の身の廻りのこと、身近かなことにしかあまり関心が向かないで、より広く政治や経済、社会の問題についてはこれをもはや、少なくとも以前ほどには深く考えなくなったこと、それとも深くかかわっている。要するに、今日人々は「自己中」の殻にかたく閉じこもってしまったのであり、それが現代人の思考力や判断力、正しい批判的精神力の劣化に深く結びついているのだ。プライベートのことだけなら、それほど深く考えたり、研ぎ澄まされた判断力や鋭い批判的精神力を身につけたり、といったことは、少なくともより広く政治や経済、あるいは社会の問題にかかわるばあいほど必要はないからである。

さらにまた、この現代人の思考力・判断力、正しい批判的精神力の低下・劣化の背景には、ひょっとしたらあの精神科医にして哲学者のM・ピカートが二〇世紀中葉にあって、たとえば『われわれ自身のなかのヒトラー(Hitler In Uns Selbst)』のなかで鋭く指摘した、現代人の精神の断片化が潜んでいるのかもしれない。ピカートは、これを当時のラジオとの関係で説明したが、今日ではラジオ以上にその傾向を強めたテレビとの関係でこれを説明することが可能であろう。

もうずっと前からテレビではいわゆるバラエティー番組花盛りといった様相を呈している。このバラエティー番組では、複数のアナウンサーやコメンテーターが今政治・経済・社会的なまじめで深刻な事柄を眉間に皺をよせたり眉を顰めたりしてたがいに話し合っていたかと思うと、すぐそのつぎには軽いスポーツや芸能など前者とはまったくかかわりのないことが、さっきとは打って変わって明るい表情で笑ったりしながら喋々される。こういったたがいにまったく関連のない非連続的なものの連続に慣れ親しんで現代人の精神は、一貫した連続性を喪失し、いわば断片化してしまっているのではなかろうか。それが必ずしも大袈裟でないことは、昔の漫才と最近の漫才との違いのうちにこれをしかとみてとることができるであろう。かつての漫才は最短で一五分間同じネタで一つのストーリーが話されて客はそれを笑ったけれど、今ではほとんど本筋の何ら存在しない、たんなるギャグという断片的ネタだけが繰り出され、客はこの断片的なネタにのみ反応する。この点について、すでにもう大分昔にある漫才師がほぼこういっていた。すなわち、最近では長いネタをやってもお客さんがついてこられない。それでわれわれ漫才師の方も、どうしても短いネタにせざるをえない、と。それからさらに二〇年以上経って現われたのが、その頃よりさらにひどくなったギャグネタばかりの漫才である。ここにはもうほとんど何のストーリーもない。一瞬一瞬のギャグしか存在しない。そうしてこの瞬間々々のギャグにのみ客は反応し時には大笑いするのである。これはまさに、現代人の精神性が断片化していることの何よりの証左とはいえまいか。こういった現代人の精神的断片性とその思考停止傾向、さらには深い熟慮に伴う判断力や正しい批判的精神力の低下傾向、それらはけだし深く密接な関係があるのではなかろうか。ひょっとして前者の精神的断片性が、後者を引き寄せているのだとはいえまいか。

さて、つぎに、現代人の主体性の喪失ないし稀薄化について、これを政治とのかかわりから明らかにしたいと思う。かの六〇年安保のさい日本社会は騒然として、連日何十万人もの人々が国会議堂前に集って激しい抗議活動を繰り返した。日本人によるこの抗議行動があまりに激しかったため、当初訪日を予定していたアメリカ大統領アイゼンハワーはこれを中止した。

また六〇年代終わりにはいわゆる全共闘運動なるものが勃発し、学生を中心とした若者が日本全国で荒れに荒れ狂った。その起爆剤となったものは、あの世界屈指の超大国アメリカによる小国ベトナムへの侵略戦争であり、そのアメリカ軍の出撃拠点として在日米軍基地が使用されているということ、さらに当時さまざまな形で噴き出していた資本主義の諸矛盾、とりわけ「公」害という名のまぎれもなき企業犯罪、それに喘ぎ苦しむ人々の存在、そうしてまた「大学の自治」だとか「学問の自由」だとかといった麗わしきことを口では唱えながら、そのじつ機動隊をやすやすと大学構内に導入して何ら恥じない大学教員の偽善、そういったものに対する若者特有の義憤といってよいだろう。

ちなみに当時は、資本主義に代わるより人間的で正しい社会として社会主義がいまだ信じられていた。すなわち、社会変革の目標がたしかなものとして存在していた。

それと共に注目すべきは、全共闘運動で興味深いのは、社会変革ならまず何よりもマルクス・レーニンといった旧思考から当時の学生の多くがしかと解放されていたということである。全共闘運動の拠点が大てい文学部であったことからも推測されうるように、当時の全共闘学生、とりわけノンセクト学生やその「シンパ」は、ドストエフスキーやサルトルなどそれまではいわゆる「ブルジョア思想」としてマルクス主義からは切り捨てられてきた哲学思想家に多くの共感を示していたのだ。そうしてこれが、これこそが、当時の全共闘運動に対し「新左翼」という呼称がつけられた本当の意味であり、これこそまさに「真左翼」、つまり人間そのものの問題をその中心に据えつつ同時に社会変革も目差すという新たなる真正の左翼の誕生だった。

ところで、日本のこの全共闘運動に先立って当時欧米各国、とりわけアメリカ、ドイツ、フランス、イギリスでも、それぞれ国をその根柢から揺がすほどの若者による大反乱が席巻した。とくにフランスでは、のちに五月革命とも呼ばれたように、学生が労働者・市民とかたく結びつき当時のド・ゴール大統領退陣の一歩手前というところまで激しく迫った。こうして世界各地で、いわば同時多発的に若者による大反乱が世界を揺るがした。

それはともかく、六〇年安保にしろ六〇年代終わりのこの主として若者による世界的大反乱にしろ、これらは、当時それらの運動を担った人々がものごとについて、たとえば政治についてにしろ自国の行く末のことにしろ、あるいはまた戦争や平和についてにしろ、そういったことについて深く熟慮し、鋭い批判的精神でこれらを見、またみずから判断し責任をもって行動していたということ、主体性に不可欠のこういった精神性をしかと備えていたということ、つまりは主体性を堅持していたということ、そのことの何よりの証左といってよいだろう。

その点、今日の日本はどうだろう。たしかに二〇一一年の東京電力福島第一原発事故を契機として反原発運動は高まり、またその後の二〇一五年の安保法制、いわゆる「戦争法」の強行採択にさいしてはその反対運動が大いに盛り上り、学生のあいだでも「シールズ」といった組織が誕生していた。けれども、しかし、それらの運動も、全国規模にまでは拡大しなかった。それどころか、第一次安倍内閣から第二次安倍内閣にわたってつぎつぎと危険な政策、少なくとも日本の国の在り方をその根本から揺るがしかねない政策、たとえば教育基本法の改訂、道徳科目の「特設科目」から「普通科目」への格上げ、それと不可分の「愛国教育」の奨励・教育勅語のテキストとしての使用可能化、防衛庁の防衛省への昇格、国家安全保障委員会の設置、そこでの、後述する特定秘密保護法に守られたほぼ完全な秘密の会合、今いった特定秘密保護法の採決強行、歴代自民党の解釈をも一八〇度転換する集団的自衛権行使容認の、公明党との密室の談合による閣議決定、その集団的自衛権行使容認の法制化としての安保関連法の強行採決、戦前・戦中のあの悪名高き治安維持法の復活とも目される「共謀罪」法の採決強行、憲法九条への「加憲」という名の改（壊）憲の企て、防衛費という名の軍事費の年々の大幅増化、さらに海上自衛隊最大のヘリコプター搭載護衛艦「いずも」の空母化という目論みに象徴的に表われている、ほんらい専守防衛を旨とする自衛隊の、文字通りの侵略攻撃型軍隊化の企て等々といった、けだし新ファシズム運動といわざるをえない重大かつ深刻な政策のたてつづけの強行、こういった安倍政権のいわば暴走の前でも、この政権への支持率はさして下らない。いやあの森友学園問題につづいて、これと基本的に同じ構造の、加計学園問題が起こって、さすがに国民もこの安倍内閣の独裁的体質に少しは気づき不安をいだいたのか、ときあたかも「共謀罪」法の衆議院につぐ参議院での採決強行を目の当たりにして、やっと内閣支持率はかなり大きく下った。けれども、この安倍内閣への不信感がどれほどたしかなものなのか、それはまだ予断を許さない。じっさい、一旦下ったその安倍内閣支持率も、その後ふたたび上昇しつつある。

いずれにせよ、この安倍内閣への高支持率は、たといそのいわゆるアベノミクスへの期待感や野党への不信感がその根柢に横たわるとはいえ、思うに一種の思考停止と正しい批判精神の衰退、たしかな判断力の低下、つまりはそれらを不可欠の構成要素とする主体性の喪失ないし稀薄化といわねばなるまい。

他方眼を欧米に転ずれば、今日ではポピュリズムという名の新ファシズム運動にあって多くの国民大衆が右派ないし極右政治家の情緒的な煽動、大衆の抑えがたい不平・不満、やり場のない怒り・怨念・怨嗟といった情緒に強く訴える煽動にのせられこれにからみとられている。かくしてここにも、現代人におけるたしかな主体性の欠落がしかとみてとれるといわねばならない。

そのさい日本や欧米のこういった精神的状況の背後には、社会主義というかつての目差すべき新しき社会像の今日的消滅がしかと横たわり、これがその非主体的精神性に拍車をかけこれを助長しているといわざるをえまい。それはともかく、話をもう一度日本にもどすと、今日よりいっそう深刻なのは、その没個性・非主体性に加えてさらにいわば生命力の低下とも思われる現象がつぎつぎと生起し社会に蔓延しつつあることである。

まず一九七〇年代にはマスコミで、当時の若者の精神的特徴としていわゆる無気力・無関心・無感動・無責任、一言でいってシラケといった精神性、三無主義とか四無主義とかといわれた精神性が大きくとりあげられた。すなわち勉学にも、いや生きることにすら気力を失い、また自分の身の廻りのこと、プライベートのことしか関心を示さず、さらに大きく深く感動する心を失い、自分の行動に責任をもつことも拒否するシラケた若者たちの大量出現である。その精神的傾向性は、その後改善されるどころか時と共に日増しに悪化の一途をたどっている。

このシラケ現象につづいて一九八〇年代にはいわゆる「KY（空気を読まない）」といった現象が若者たちのあいだで広く大きく現われてきた。要するに、「その場の空気を読めない奴はバカだ」といった雰囲気が濃厚となり、若者たちは日夜戦々兢々となってこの「空気」に押し潰されそうなのである。その証左のひとつが、大学の講義での学生の在り方である。かんたんにイエスかノーで答えられる質問に対しては、昔の学生ならほぼ九割以上がそのどちらかにさっと手を上げた。ところが、もう数十年も前からそういう何でもない質問に対し学生の手が上がらなくなってきた。少しずつその数が減って、今ではほとんどの学生が手を上げられない。いや聴講する学生の数が少ないならばまだしも、その数が増えるにつれて手を上げる学生、いや手を上げられる学生が減っていく。学生いわく「恥ずかしい」のだ。他人の視線が苦になって身動きがとれないのである。他人にどうみられているか、どうみられるか、と意識的・無意識的に自問してその圧力に脅えていわば自縄自縛に陥ってしまうのである。こうして手ひとつ上げられないのだ。自分の意思を他人の前で表明することが途方もなく困難なのである。こういった（若）者には、ネットの匿名性は何と快いことだろう。今やネットがこんなに流行るはずである。それは、たんにネットは便利だという理由からだけではないだろう。

かくして、いわゆるネット右翼やネットいじめ、あるいはネットリンチに代表されるがごときネットの匿名の陰にかくれたまったく無責任な言いたい放題・罵詈雑言が巷にあふれることになる。そのさいその根因は、けだし一方では真の主体性の喪失ないしむしろその意識的・無意識的な自己放棄と、他方ではその土壌のうえに立ちつつ今日の非人間的世界の現実生活からくる鬱積したストレス、つまりは抑えがたくやり場のない不平・不満、怒りや怨念、あるいは不安や焦躁などの憂さ晴らし、かかるものとしての現実逃避といってよいだろう。

さて、話をもとにもどすと、このＫＹ現象につづいて九〇年代には、いわゆる「さとり世代」という一群の若者の存在がマスコミをにぎわすことになる。これは、当時の若者がかつての若者のように車や出世や海外旅行といったことにあまり関心をいだかなくなり、まるで「さとり」でも開いたかのように無欲となったことを意味している。これはしかし、いわゆる向上心や上昇志向といったものの喪失ともみられ、かくて生命力、つまりは生きる力の低下というべきであり、かりそめにも真の意味での悟りではさらさらない。

さて、それはともかく、この「さとり世代」のあとにくるもの、それは二一世紀に入ってからの、マスコミのいわゆる「ゆーとーり世代」にほかならない。これは、文科省のゆとり教育で育ったいわゆるゆとり世代と、他方で、他人の言う通り何でもそれに従い、これに逆らわないという意味での「ゆーとーり」と、これら両者を掛け合わせた掛詞にほかならない。かくてここでは自分の意見や考えはほとんど持たない、いやたといもったとしてもこれを主体的に主張し意思表示することのほとんどない、いやけだしそれができない若者たち、他人や周囲の流れにただ合わせるだけで自分の意見はこれをはっきり表明できない若者たち、まぎれもなきそういう若者たちの出現ということである。これはまさに、うえにものべたごとき本来の人間には不可欠の個性や主体性の喪失どころではなく、まぎれもなき生命力そのものの低下といわざるをえまい。

以上四つあげた、とりわけ若者について特徴づけられたその精神性について、これを最後にまとめて考察したい。これらの四つの現象は、まず先立つひとつが消え去るとまたそれにつづいて別の現象が現われ、これが順々に繰り返されていったというのではなく、時代が下るに従って旧いひとつの現象にさらに、より新しい現象が付け加わって、それらが同時複合的に混在するようになって、その「頽落」した精神性の度がいっそう強められていったものと思われる。そのさい先に立つ現象ほど時と共によりいちだんとその強度を増してゆき、それがつぎからつぎへとそれにつづくひ弱な精神性を引き起こしていったというべきだろう。

これをさらに世代との関連でみてみるならば、先立つ現象によって特徴づけられた若者がやがて親となり子を産んで、その子がその親の精神性の影響を受けて育ってその度を強めつつ、またつぎのそれにつづく別の精神性を身につけていったと解すべきだろう。こうして没個性・非主体的な精神性の度が時と共に強化されていき、ついに没個性・非主体性どころではない生命力そのものの低下へとつながってきているものといってよい。

さて、話をもとにもどして、現代人の主体性の過度の喪失についてこれを証示するものとしてさらに流行があげられうる。今日人々は、かつて以上に流行に流されやすくなっている。たとえばテレビドラマで「海猿」が流行ったかと思えばたちまちにしてその舞台海上保安庁の志願者が急増したり、テレビで納豆が健康にとてもいいといわれると、スーパーの納豆売場から納豆がすべて姿を消すほどにみなが納豆の購入に殺到したり、弱冠一四歳の中学生棋士・藤井聡太君がデビュー最初にして連勝をつづけると、たちまちにして将棋関連の品々の売れ行きが急上昇したり、一度ベストセラーとなるとよりいっそう飛ぶようにその本が売れたり、また業者によって意図的に作られているにもかかわらず、一度流行るとなるとますますそれが勢いを増して流行るといった具合である。

この流行に流されるという点では、現代人はもはや眼も当てられない有り様である。この点についてつぎにこれを現代人の主体性喪失ないしそのすこぶる稀薄化との関連でいくぶん詳しく考察してみたい。

そこでまず最近眼につくのは、あの「モーニング娘。」に始まる一連のアイドル・グループの大人気・大流行がそれである。この大流行の根因は、いわゆる「総選挙」という名の人気投票やアイドル個々人との直接の「握手会」とかといった、かれらアイドルの背後にあってこれを操る連中のその仕掛けのうまさもさることながら、しかし、じっさいにはもっと別のより深いところにあるのではなかろうか。そのもっとも深い理由はけだし、意識的・無意識的にわれわれから主体性を放棄しつつ周囲の流れに流されてアイドルに熱狂することにより、現実の日常生活で積もり積もった耐えがたい憂さ、つまりはさまざまな不平・不満・怒りから眼をそらさんとする、今日多くの人間にみられる現実逃避というべきだろう。そうして、それと同様のことはまた、最近とみにみられるようになったあの年に一度のハロウィーンの馬鹿騒ぎについてもいいうるだろう。

もしそうだとすると、それはまた、一方は政治の世界、他方は非政治的世界にかかわることとして、その表向きは一見まったく異なるものの、しかしその実あの欧米のいわゆるポピュリズム・新ファシズム運動にも深く相通じるものがあるといわねばならない。かのポピュリズム・新ファシズム運動にあっては、それを熱狂的に支持する大衆が、現実生活の絶望的な経済的苦境に対し、その根因を各人がおのおの主体的にどこまでも辛抱強く探りつつ、もってその根因を取り除かんとする労力、つまりは強靱な社会変革を試みんとするエネルギーをもはやほとんど枯渇させ、かくしてその根因を、政治家に煽動されるがままに、かれら政治家によって作られた「敵」、かのナチズムにさいしてのユダヤ人と同様の「敵」、つまりはEUや移民・難民・イスラーム教に安易に求め、まるでそれさえ除去すれば救われると妄想し、こうしてその耐えがたい経済的苦境から自分たちを救い出してくれるいわば救世主を、まことに甘い言葉を操る政治家に非主体的・「他力本願」的に求めんとするものである。それゆえ、その運動は、一見社会変革のエネルギーに見えながら、そのじつはこれもまたひとつの現実逃避というべきなのだ。

この点からすると、これは、一九三〇年代の今もなお記憶に新しいあのファシズム運動と基本的に軌を同じくするものといわねばならない。あれもまた、一見右翼「革命」の形をとった、そのじつその根本はほかならぬ現実逃避だったのである、あまりに厳しい現実からの逃避だったのだ。

かくして明らかなように、一方は政治・経済の世界のこと、他方は政治や経済とはまったく別の世界のこと、そういうものとして、その外見はまったく異にするものの、いやその起こっている場所も、一方は欧米、他方は極東の地・日本と完全に異なってはいるものの、その根は基本的に同じものだというべきである。それらは、この資本主義爛熟期の現実世界にあって日々生み出される耐えがたい鬱憤、たまりたまった憂さ、つまりはやり場のない不平・不満、怒りや怨念・怨嗟に対し、それらからの救いを、共に、その根因を各自主体的に粘り強く探らんとする労を惜しんで、いやむしろそれには不可欠の厖大なエネルギーはこれをもはやほとんど枯渇させ、かくていわば思考停止に陥って、その厳しい現実から眼をそらし逃避せんとして、眼の前の巧に甘言を弄する「救世主」や、同様に甘く誘惑するアイドル（「偶像」）に熱狂しつつ、これに非主体的・「他力本願」的に身を委ねんとするものといわねばならない。

したがって、これら両者に深く共通するもの、それはほかでもないほぼ完全な主体性の喪失ないし稀薄化というべきである。

## 二　現代世界における人間の崩落化現象の具体的考察

さて、ここでは現代世界における人間の極度のエゴイズム化ないしエゴ・マシーン化と崩落化について、とりわけアメリカと日本、さらにドイツやフランスを中心にしてまずこれを明らかにし、ついでこれを全世界的規模でも探っていこうと思う。

### (一) 現代アメリカにおける人間の極度のエゴイズム化

まず、現代アメリカにおける人間の極度のエゴイズムについてその例をここで明らかにしておきたい。

#### (1) 「リフォーミング」現象にみられる現代アメリカ人の極度のエゴイズム化

アメリカでは、もう何十年も前からリフォーミング（Reforming）という名の養子再縁組が蔓延しているという。[5]そのさい「Reforming」とは、これまでは「主として捨てられたり迷い子になった犬や猫に新しい住みかと飼い主を与えること」であったのに対し、もう何十年も前から人間の子の養子再縁組を指す言葉としても使用されるようになっている。かくてアメリカでは今日、養子をかんたんにとるかと思えば、またかんたんに、養父母の都合次第でその引きとった子が捨てられている。子供によっては、このリフォーミング、つまり養子再縁組は何度も繰り返される。なかには五回くらいもリフォーミングされる子もいる。こういった子供たちは、新たな養父母の前で、後述するごとくファッションショーのモデルのように歩いて、自分をアピールせねばならない。またネットに広告が出され、いろいろな養父母のもとをたらい廻しにされる子も多くいる。すなわちネットに案内広告が出され、子供がさまざまな養父母のあいだで自由に交換されるのである。つまり一度養子を迎えた親が、今度はその子を手放すためにネットに広告を出すのである。そのようなことが、今日アメリカでは日常的に行なわれているのだ。

インターネットにあふれる養子再縁組を待つ何千という子供たちの写真、それが意味するのは、アメリカで養子縁組された子供の四分の一が引き取った親に見捨てられているということにほかならない。子供たちは、新しい家で何か問題が起こるたびに知らない人間に引き取られていく。自分の子をすべて性的虐待する父親のもとへ引きとられることもある。

こうしてアメリカでは子供が使い捨てられているのである。じっさいかれらは、「使い捨ての子供たち」と呼ばれている。繰り返し品物のように売り出され取引きされていく。

このように子供をまるで物のように扱い手放しても、その養父母たちはそれを何ら恥じたり疚しさを感じたりすることがまったくないのだ。ここに、ネットを通じたリフォーミングの悲惨な実態が暴き出されている。

アメリカにおける養子再縁組のもう一つ別の実態は、ほかならぬファッションショーである。養父母に捨てられた子供たちの養子再縁組のためのファッションショー、それをこともあろうに慈善団体が主催するのだ。このファッションショーでは、養子にする子供を選ぼうとする大人たちの前で、まるでモデルのように子供たちは歩いて自分をアピールせねばならない。子供たちは、引き取ってもらうチャンスを逃すまいと必死なのである。新たなチャンスのためなら何でもする覚悟なのである。にもかかわらず、子供のなかには、三度も四度も養子再縁組を待たねばならない子もいるのだ。

いったいこのファッションショーは、まるで奴隷を値踏み・瀬踏みするあのかつての奴隷市場を想い出させはしないだろうか。アメリカには何百年の時を経てふたたび今日装いを新たにした奴隷市場が出現した、といってはあるいはいいすぎとなるであろうか。じっさい、このファッションショーに参加した女性のひとりはこういった。「このイベントは、まるで見本市みたい。そして子供たちはその商品みたいだ」と。ここに、今日のアメリカ社会の深い闇、極度のエゴイズムに冒された漆黒の闇が垣間見えるとはいえないだろうか。

いずれにせよ、そこでつぎに、このリフォーミングの具体例を二つほど示してみたい。

まず第一は、一四歳になるある男の子のばあいである。かりにかれの名をフランクと名づけておく。フランクのばあい、リフォーミングの手続きのために支払われた金額は五千ドルだった。これは、一般的な養子縁組にかかる費用に比べると、約その半分である。フランクのばあい、そのリフォーミングにお試し期間というものもあった。新しい養父母が試しに数カ月預かるというものである。このお試し期間で気に入られないと、その養子再縁組は解消される。たんに「相性が良くない」といったごくごくかんたんな理由で解消されてしまうのである。じっさいフランクのばあいも、このお試し期間で養子再縁組を解消された。

さてもう一人の例は、一九歳になるニタ（仮称）という女の子にほかならない。まずニタの言葉を列挙することから始めよう。


「（私は）リフォーミングを五回くらいされた」。

「どこに連れていかれて誰と住むことになるかも分からず、いつもとても怖かった。いつもとても脅えていた」。

「養父母は、相手かまわず私を送りつけた」。


このニタの事情は、こうである。ハイチの養子施設からニタを引き取ったアメリカの養父母は、すぐこのニタが、幼ないときにうけた心の傷が原因で情緒不安定だと分かる、と、新しい母親は、養子縁組からわずか七カ月でインターネットに短い書き込みをしてニタを手放す行動に出た。そのネットでの書きこみとはこうである。「ハイチから養子に迎えた一四歳の娘がいます。この子に新しい家族を探す必要が生じました。どうしたらいいでしょう？」というものである。

このサイトには、仲介業者も規則も存在しない。かくて、「（この養父母から）一時的な親権が与えられる」という簡単な手書きのメモ一枚で誰でもニタを引き取ることができたのである。このばあい、費用も時間もかからない。

こうやってネットの養子縁組で引き取られる少女のなかには、その新しい父親から性的虐待をうける子もいる。じっさい、ニタが引き取られたある家では、すでにそこに養子縁組で引きとられていたニタより幼ない少女たちがみな、その父親に性的虐待をうけていたのである。

いずれにせよ、こうやって今や、いや何十年も前からアメリカでは、子供がまるで物のように扱われ手放されているのである。正規のルートでは時間も金もかかるが、非公式なら短時間で金もあまりかからない。そのため、こういった非公式の養子縁組ネットワークを利用する者が多いのである。

アメリカでは、このフランクやニタと同じような体験をしている子供たちが何万人もいるのである。養子縁組に関する法律が不備のため、このようなリフォーミングのある種の野放し状態が産み出されているのである。かくしてインターネット上には、仲介業者による案内広告があふれかえっている。そうしてそれは、「中古の子供マーケット」と呼ばれている。こうして一日平均三人の子供の広告が新たに掲載されるのである。こういった広告を規制する法律が整っておらず、だからこれは違法とはいえず、おまけにこれを監督し責任をもつ部署はどこにもないのだ。

そこで、このリフォーミングの実態を明らかにしようとして、このドキュメンタリー番組の制作者が試しに広告に申し込んでみた。

このばあい、養子再縁組にかかる費用のうち三七〇〇ドル（三七万円）が業者の取り分であった。そのさい業者は、州の許可を得ている。また、リフォーミングの手続きには判事の許可が必要である。しかし、こういった正規のルートないし手続きでは、先述したように時間もかかるしまた金もかかる。そのため、非公式の養子縁組ネットワークを利用する人間が多いのだ。

こうやってリフォーミングを繰り返されたある子供は、このリフォーミングについてこう語る。「リフォーミングとは、子供を引き取ったあとで問題が起きたら赤の他人とその子供を交換したり売ったりすること」だと。

すでにいったように、こういったリフォーミングを規制する法律がアメリカには存在しない。いやそれを規制する法律を作ろうとする動きがまったくなかったわけではない。けれど、他の大きな問題が山積しているということで、こういったリフォーミングの問題は後廻しないし無視されているのが現状なのだ。

いったいこれで、アメリカの子供たちに人権は本当にあるといえるのだろうか。自国がこんな有り様で、他国の人権をあげつらいこれに口出しする資格が、そもアメリカに存在するといえるだろうか。あの野蛮極まりないＩＳに対してすら、これを激しく非難する資格が、いったいこんなアメリカに存在するといえるだろうか。人権無視のその本質は、アメリカもまたＩＳとまったく同様とはいえまいか。いったいこれで、アメリカは、真に自由と民主主義の国と胸を張っていえるだろうか。もしそれでもアメリカが「自由と民主主義」の国だというのなら、それはそも誰にとっての自由であり民主主義というべきなのか。それともそれは、既述したごときリフォーミングを繰り返す犯罪者まがいの大人たちにとっての自由であり民主主義というべきなのか。あるいは、かれら大人や上位一パーセントともいわれるほんの一握りの超富裕層にとってのみの自由であり民主主義というべきなのか。少なくとも養子再縁組のファッションショーやネットの広告で、まるで商品の品定めのごとくに大人たちの眼にさらされるこれらリフォーミングされる子供たちにとって、いったい本当に自由や主権ないし民主主義は存在するといえるだろうか。「自由と民主主義」どころか、これほどに腐りに腐り切った社会がほかに有りうるだろうか。その外見からして野蛮極まりないＩＳと、人権無視というその本質においていったいどこが違うといえるのか。

いずれにせよ、以上のべてきたことは、今日のアメリカ人が極度にエゴイズム化・自己中化、いわばエゴ・マシーン化していることの何よりの証左といっていいのではあるまいか。

とはいえ、しかし、これは、たんにアメリカにのみかぎったことではない。わが日本にとっても、このアメリカの現象はたんに他人事、対岸の火事といってすませる問題ではなくなっている。アメリカのリフォーミングに似た現象が、しだいにわが日本でも起こりつつある。が、その点については後述することにする。

### (2)「いじめ」現象に見られる現代アメリカ人の極度のエゴイズム化

さて、ここでは、現代アメリカにおける人間のこの極度のエゴイズム化現象について、これをもう少し別の面から明らかにしたい。

一九九九年四月二〇日アメリカのコロラド州コロンバイン高校で、男子高校生二人によって銃の乱射事件が引き起こされた。この事件では、生徒一三人が死亡、三四人が重軽傷を負った。さらに犯人二人は、生徒を中心に約五〇〇人をカフェテリアに閉じ込め、その爆殺も謀った。が、これは、爆弾が不発に終わって難を免れた。

ところで、この事件の原因は、襲撃者二人の男子生徒への日頃のいじめであった。じっさい、犯人のひとりの日記からは、いじめへの復讐が記されていた。では、それはいったいどのようないじめであったのか。すると、そのいじめの背後には、「スクール・カースト」という生徒のあいだの反民主的・暴力的な一種の「身分制度」があったことが判明した。そのさい、この二人の男子生徒は、このスクール・カーストの最下層――ここには、成績優秀でひ弱な子が多く含まれるという――におかれ、かれらに殺害された生徒の多くは、このスクール・カーストの最上層に位置するスポーツ万能の、「白い帽子」をかぶることを許された生徒たちだった。

ところで、このスクール・カーストという一種の「身分制度」は、このコロンバイン高校にかぎらず、今日アメリカの学校の多くにみられるいわばアメリカ特有のものだという。

いったい何故そんな反民主的・暴力的な「身分制度」が、こともあろうに、本来民主的であるべきはずの学校内部に存在しうるのか。学校当局は、これに対し何か手を打つことをしないのか。それとも、その存在を承知のうえで、あえてそれを放置させているのだろうか。あるいは、それは、アメリカの自由放任主義によることなのか。もしそうだとしたら、しかしそれは、本当の自由に対するその放任といってよいのだろうか。ここには、明らかに自由に対するその履き違えがありはしないか。

いずれにせよ、コロンバイン高校の事件にみられたごとく、もし「白い帽子」をかぶることがスポーツ万能の生徒にのみ許され、かれらがいじめカーストの最上位にあったこと、それを学校当局が黙認していたのなら、それはひっきょう学校そのものがいじめを醸成していたようなものではないか。それとも、学校当局が対処しようにもそれを根絶できないほどに、スクール・カーストは生徒のあいだで根強く根深いものなのか。いずれにせよ、これは、今日のアメリカの生徒や教員たちのあいだで、すこぶる暴力的なエゴイズムがいかに根強く蔓《はびこ》っているか、そのことの何よりの証左とはいえまいか。

とまれ、このコロンバイン事件は、いじめ問題の、銃が国民全体の総数を上廻るほど社会に出廻っているという、まさに銃社会アメリカならではの現われ方といって何ら差し支えないだろう。

それはともかく、いじめの背後に横たわるこのスクール・カースト、アメリカの学校に多くみられるというこのスクール・カーストは、自由と民主主義という美名のもとの、そのじつ冷酷極まりのない階級社会・階級差別アメリカをさけがたく反映したものといえるのではなかろうか。そうして、それは、今日のアメリカ社会が、極度の暴力的エゴイズムに深く蝕まれ冒されてしまっていることの何よりの証しとはいえまいか。

それはさておき、現代アメリカにおける人間の極度のエゴイズム化現象を示すもう一つ別の例を、項を改めてあげるとしよう。

### (3) 富裕層にみられる現代アメリカ人の極度のエゴイズム化

さて、アメリカでは、二〇〇五年以降こんなことがつぎつぎと起こっているという(6)。

ジョージア州アトランタ市の一部であったサンディスプリングス地域を始めとして富裕層は、税金はただ自分たちだけのために使いたいといって住民投票を行ない、かくてただ富裕層だけの独立した市がつぎつぎと現われている。そのひとつ二〇〇六年にジョージア州アトランタ市から独立したジョンズクリーク市の、独立を問う住民投票のさい賛成に投じたある富裕市民は、事もなげにこういっている。「税金は、ただ自分たちのためにだけ使って欲しい」と。

こうやって独立した市は、その豊富な税金を使って、いたれり尽くせりの行政サービスが行なわれる反面、かれら富裕層から見捨てられ税収の少ない貧しい地域では、たとえばゴミ収集もろくに行なわれず、公立病院も閉鎖されてしまうという有り様なのだ。いったいこれは、新たなる階級社会の成立、いやすでに潜在していた階級社会のまごうかたなきその顕在化といってよいのではなかろうか。今まで民主主義という美名のもとに隠されていた、しかし事実上の階級社会、それが改めて表に現われてきたものというべきではあるまいか。

それはともかく、ここには、たがいに扶け合い・いたわり合い・励まし合って生きるといった愛の精神、つまりは貧しい人たちとも共に支え合って暮らす、困っている人には積極的に手を差し伸べる、といったいわば相互扶助の精神は完全に消し去られてしまっている。そしてその反対に、「ただ自分さえよければよい」「ただ自分が快適でありさえすればそれでよい」「他人のことなどどうでもよい」といったまぎれもなき自己中心的エゴイズム、いやその極限化がしかとみてとれえよう。

こういった現象は、日夜エゴイズムを助長してやまない資本主義のあるいはさけがたい必然といえるのかもしれない。なんとなれば、これは資本主義の最先進国アメリカの、そのいわゆる「勝ち組み」なる富裕層においてはっきり現われてきた現象であるからだ。いったいこれが、まさしくこれが、本来愛をこそその第一の本質とする人間のそのほぼ完全な崩落化でなくて何であろうか。

先に詳述したリフォーミングにしろ、コロンバイン高校銃乱射事件に象徴される激しいいじめやその背後に横たわるスクール・カーストにしろ、あるいは今日みられる富裕層の木で鼻をくくったような冷酷無慈悲の動向にしろ、これは、アメリカ人、少なくともその少なからずがもはや後戻りできないほどに度しがたくエゴイズム化・自己中心化、いやあえていうならエゴ・マシーン化、エゴを中核としたモノ化してしまっていること、そのことの何よりの証左とはいえないだろうか。いずれにせよその点は、たんに富裕層にのみとどまらず、いわゆる労働者階級を含めて今日アメリカ社会に広く見られる現象であるといわねばならない。その点についてはしかし、節を改めて、三「現代世界における新ファシズム運動と人間の崩落化」でこれを明らかにしたいと思う。

## (二) 現代日本における人間の極度のエゴイズム化

### (1) 「ネットで赤ちゃんあっせん」現象にみられる日本人の極度のエゴイズム化

前節の(1)では、現代アメリカにおける「リフォーミング」というきわめて非人間的な現象について詳しく考察したが、しかし、これに似た現象は、今やわが日本でもしだいに起こりつつある。そこで、その点をつぎに詳論したいと思う。すなわち最近日本でも、ネットを介して赤ちゃんが駅前などでいともかんたんに産みの親から養子の親へと引き渡されているのである。(7)

その一例をあげると、産みの母親は二〇代のシングルマザーで、「養子」として引き渡される赤ちゃんは生後一カ月、その母親にとって二人目の子供である。その母親の言い分では、経済的に苦しく、親の介護もあるので、その赤ちゃんを自分で育てることを断念したのだという。この赤ちゃんの引き渡しのさい産みの母親と新たに養父母となる夫婦が顔を合わせたのは、わずか九分ほどである。この間この産みの母親は、ずっと泣きつづけていた。

こんなにかんたんに、一人の人間の赤ちゃんが産みの親から赤の他人に引き渡されるのである。

この養子縁組を仲介したNPOの代表の言い分はこうである。「二週間に一人（赤ちゃんの）遺棄がある。だから（わたしたちは、その赤ちゃんの）生命を救っているのだ」と。このNPOのあっせんで、設立からわずか二年間足らずで一五件もの養子縁組が成立したという。さらに、このNPOに自分の子供を手放す相談を寄せてきた女性は二〇〇人近くあり、その多くが経済的問題を抱えていたともいう。

さて、もう一つの例をあげればこうである。

産みの母親は二六歳で、このNPOに相談を寄せてきた当時は妊娠四カ月、しかもそのときすでに実の父親である交際相手とは別れてしまっている。この女性も、赤ちゃんを一人で育てる経済的余裕がないと出産をためらっていた。ところが、このNPOから出産までにかかる費用の援助として月々二〇万円、合計二〇〇万円が支払われると知って産むことを決意し、出産後すぐその赤ちゃんを、そのNPOを通じて赤の他人に引き渡した。

さて、ここで、筆者の感想を一言のべるとこうである。

いったいこの母親はなぜ、自分で子供を育てる経済的ゆとりもないのに無責任に妊娠するようなことをしてしまったのか。子供ができたらすぐ別れてしまう、いや恐らく逃げてしまうような男と、何故そのような行為におよんでしまったのか。生まれる可能性のある子供に対し、これはあまりにも無責任きわまりないとはいえまいか。いったいこれは、エゴイズム的な「フリーセックス」、つまりは「性の解放」ならぬ「性の奴隷化」といってはいいすぎだろうか。いやかの女もまた、「フリーセックスだ！」「性の解放だ！」といった美名で恣意・放縦なエゴイズム的セックス、つまりは「性の奴隷化」を礼賛・推奨し、これを世界に大きく広めた欧米日型フェミニズム運動の哀れな犠牲者のひとりといった方がいいだろう。

ところで、この女性は、またこうもいっている。けだし自分で育てることのできない子供ができて困り果てていたとき、「ネットで検索してまず眼に入ったのがこのNPOだった」と。

このかの女の言葉に対して筆者の見解をのべるとこうである。自分の腹を痛めた子供の生涯にかかわることを、こともあろうにネットで検索して調べるとは何とお手軽なことか、というものである。いったいここには、あまりにも安易にネットに頼る現代社会の見過ごしがたい弊害がはっきりと見てとれるとはいえないだろうか。

いずれにせよ、かの女にあっても、先にあげた女性と同様に、生まれてくる子供への責任感はすこぶる薄弱といわざるをえまい。

いや、かの女ひとり、否こういった女性たちを厳しく責めることは、あるいはできないのかもしれない。かの女たちの背後には、自分が育てることのできない子供ができても、それを親身になって相談できる相手もいない。ただネットを介した、ネットの向こうの赤の他人にしか相談できない、という現代人の荒涼・殺伐とした孤独・孤絶・孤立無援が、おのずから浮かび上がっているからである。無縁社会日本、いや世界全体、とりわけ資本主義先進諸国のはてしない悲惨さが、ここにも如実にみてとれるといわねばならない。が、にもかかわらず、あえて厳しくいえば、かの女（ら）――その相手の男を含めて――のとった行動は、生まれてくる子供に対しては、いやその子供にとってはとうてい許しがたい無責任の極みといわざるをえない。

さて、それはともかく、この女性は、またこんなこともいっている。「自分には、赤ちゃんを託す相手を選ぶ機会が与えられていた」と。要するにかの女のいいたいことは、自分の子供を預ける相手を自分はしっかり吟味してその相手に託したのだ、ということである。けれどもそれは、あとでもまた詳しくいうように職業や年齢等、子供を託す相手の情報はほとんどすべてネットを介したものなのだ。したがって、子供を託す相手を「選ぶ」といっても、それはほぼネットを介して、ネットに与えられた情報だけで、ただそれを真実と信じて、ただそのかぎりでのみその相手を「選ぶ」ことができるにすぎない。要するに、その情報の真偽はまったく定かではないということである。社会の隅々にまでネットが浸透した現代社会では、それとも知らず、ネット上の情報は間違いない、とつい思いこんでしまうのかもしれないけれど、しかし、ネットの情報がいかに当てにならないか、それは誰しも少し冷静になって考えればおのずから明らかなことだろう。子供が欲しくてたまらない人間ないし夫婦なら――これも夫婦とはかぎらない――、できるだけ子供が得られやすいような嘘の情報を提供することも大いにありうるというべきだろう。いや、それが人間心理の自然、いや本来不自然な自然といわねばならない。その点は、恋愛で、相手に好かれたいと思い、つい嘘の言動をしてしまうのと基本的に同様である。

いずれにせよ、このような安易なやりとりにあっては、そこで斡旋される子供の幸せ・本当の幸せは、とうてい十分に考慮されているとはいいがたい。いやむしろ、何ともお手軽で軽佻浮薄も甚だしいといわざるをえない。

こんな安易な仕方で人間の子の斡旋が行なわれても、いったいこれが人の道に反することとはいえないだろうか。ここでは、子供がまるで物扱い、せいぜいペット扱いされているといってはいいすぎだろうか。

さて、それはともかく、ネットで斡旋が広がる背景にはまた、こんな事情もある。すなわちそれは、子供を手放そうとする女性たちには、個人的な事情を他人にあまり知られたくないという思いがある、ということである。たしかに自分の子を赤の他人に託すということ、それは、どう考えても人聞きのよいことではない、だからそれにまつわるいろいろな事情について根掘り葉掘り他人に尋ねられたくはない、また知られたくもない、という女性たちのその気持ちはある意味自然である。だが、しかし、にもかかわらずあえて厳しくいえば、それもやはりあまりに虫のいいこと、身勝手なこと、一言でいって生まれてきた子供に対する度しがたい無責任・エゴの極致といわねばならない。なぜならそれは、生まれてくる、あるいは生まれきた赤ちゃんの全生涯、幸・不幸に深くかかわることである以上、その母親のいろいろ細かい事情や、本当にその子を手放してよいのかどうか、その母親の心の深みなどを、養子縁組を斡旋する者ないし団体がいろいろ尋ね、また本当に手放して後悔しないかどうか、それらをとことん調べること、それは当然であり、逆にそういう手間をはぶいて、ネットを介していともかんたんに、まるで犬猫を斡旋するかのごとくにこれを行なう前述のNPO、その方がはるかに非人道的であり、それゆえこの後者の方が自分には都合がいいと思うこと、それは、どうみても手放されるその赤ちゃんの幸せよりも、むしろ自分の都合の方をはるかに優先させているとしかいいようがないからである。

ここで問題なのは、そもそも自分で育てられもしないのに、にもかかわらず、なぜ子供を孕むような行為におよんだのかということである。あえて厳しくいうなら、そういう無責任な行為におよぶのは、その男も女も共に、いわば性欲の奴隷と化しているのだということである。

かれらは、後述するごとく現代、いわゆる女性解放・フェミニズム運動が拡散させた「フリーセックス」ないし「性の解放」、そういう美名のもとの、そのじつ「性の奴隷化」に、それとも知らず身を落としてしまっているのだ。その意味では、かれらもまた無責任極まりないエゴイズム的女性解放・フェミニズム運動のまことに哀れな犠牲者といえなくもない。

それはともかく、今うえで述べたことをもう一度具体例をあげてさらに詳しくみてみたい。それは、ある二五歳の女性についてである。

かの女は、子供を手放すさい、養子縁組を斡旋する団体が、本当に子供を手放してよいのか、あとで後悔しないか、等いろいろ尋ねられることに対して、「あまりいろいろ尋ねられるのは煩わしい」といい、だから、そういう団体ではなく、そういうことのほとんどない、ネットを介したまったくお手軽な前述のＮＰＯの門をたたき、そのＮＰＯの斡旋で子供を手放した。

これに対する筆者の感想はこうである
うえでも述べたように、自分の腹を痛めた子供を手放すのには、もとより他人に知られたくないいろいろな事情がからんでいることだろう。したがってその点についてあれやこれや根掘り葉掘り尋ねられること、それはたしかに「煩わしい」ことだろう。もとよりその気持ちはよく分かる。だが、しかし今後の子供の全生涯に深く大きくかかわることである以上そういった問題、子供を本当に手放してよいのかどうか、他に何かもっとよい別の方法がないのかどうか、よし手放すとしてもいったいどういう相手に子供を託すのか、等々は、たといいくらそれが「煩わしく」とも、しかし、にもかかわらず、何としても必要不可欠のことといわねばならない。ところが、それを「煩わしい」といって切り捨て怠ること、それはやはりその人間のエゴ（我）、少なくともその子供に対しては許しがたいエゴといわざるをえまい。

さて、それはさておき、ここでつぎに、逆にこういったやり方で養子を迎えた夫婦の事情についてみてみたい。その前に、この夫婦に赤ちゃんを斡旋した例のＮＰＯのその斡旋の仕方について、ここで一言のべておきたい。このＮＰＯ法人は、赤ちゃんを手放す方、つまりは産みの親にも、その赤ちゃんを引き取る方にも、「面談」はそれぞれただ一度行なうだけであり、また後者の職業や年収、年齢などの情報提供も、基本的にネットを介して行なうだけである。したがって、赤ちゃんを手放す方の詳しい事情も、またその赤ちゃんを引き取る方の事柄、すなわち新しい親になるものとしてのその資質が本当にあるのかどうか、といったその人間性の見極めとかはまったく不十分であるばかりではなく、職業や年収あるいは年齢などの必要不可欠と思われる情報も、ほとんどネットを介してのものゆえに、たとい嘘・偽りであってもほとんどまったく分からない。

こんな無責任で杜撰な仲介で、こともあろうに人間の子がいわば取引きされていくのである。これにまさるおぞましさが、いったい他にありうるだろうか。

ところで、話をもとにもどすと、このＮＰＯの斡旋で子供を引き取ったある夫婦は、こんなことをいっている。すなわち、「このＮＰＯの手続きの速さが魅力的だった」と。そうして、さらにその父親は、「今では何でもインターネットで、子供さえも授かるんだ。そういう時代なんだ」と事もなげにいう。他方、新しい母親の方は、子供を希望してから引き取るまで「あっという間でした」と平然と答えている。

この夫婦に対する筆者の見解をのべるなら、これもまさにお手軽主義ここに極まれりといった感じである。ほかならぬ人間の赤ちゃんが、これではまるでペットか物扱いにされてしまっているといってもけっして過言ではないだろう。これを聞いて軽佻浮薄もここに極まれりといった感想をもつのは、ただひとり筆者のみであろうか。

この夫婦は、いったい自分たちの行為をそういったものとはまったく感じないのであろうか。とにかく子供が欲しいという自分たちの欲、いやはっきりいって我欲の俘虜に自分たちがなりはてていることに、はたして本当に気づくことがないのだろうか。

この夫婦には、ひとりの人間の生命全体・生涯全体を預かるのだという、ある児童福祉家の言葉をかりれば「重み」も「畏れ」も、さらにまた覚悟もまったく感じられない。そこにみられるのは、とにかくどんなことをしても、いやできるだけ簡単に素早く子供を手に入れたい、という自分たちの度しがたい我欲以外の何ものでもないだろう。いったいこんなことで、託された子供を本当に幸せにすることができるであろうか。もとより、その子供との関係がうまくいっているときはいいだろう。けれども、人生にあっては先々どういうことが起こるともかぎらない。

もし仮にその子供とのあいだに大きな困難が生じたようなとき、それでもこういう夫婦は本当にその子供を精一杯愛することができるであろうか。

ここでは、すでにのべたアメリカの、リフォーミング（養子再縁組）を繰り返されて、心に深い傷を負ったあのニタの例がおのずから思い起こされる。託された子供が自分たちの思うようにはならず、何かとても大きな問題を抱えていたとき、あるいは抱えたとき、その子供は、あのニタのようにまるで物やペットのごとくに扱われてしまうのではあるまいか。こういった夫婦には、そもそもの初めに一個の人間の生命全体・生涯全体を預かるのだという「重み」も「畏れ」も、したがってまたその覚悟もほとんどあるとは思えず、まるで犬猫などのペットか物を預かるかのごとくきわめて手軽に子供を手にしてしまっているのだからである。

さて、ここで、以上のべてきたネットを介しての赤ちゃん斡旋というこの現象を総括すると、これはひっきょう究極のエゴのトライアングルといわねばならない。すなわち、まず第一に、できるだけ他人に事情を知られずに自分の子供を手放したいという産みの母親ないしそれを強いた父親のエゴ、第二に、何はともあれできるだけ手っ取り早く子供が欲しいという養子縁組を希望する親のエゴ、そうして第三に、それをきわめて簡単な手続きだけで仲介して「遺棄されうるはずの子供の生命を救っている」と自惚れる、「無意識の偽善」（サルトル）に冒されたＮＰＯのエゴ――これら三者の、三つのエゴのトライアングルにほかならない。なぜならここには、何はおいても肝心要であるはずの、仲介される子供の幸せ・福祉への視点は、ほとんど完全に欠落しているとしか思われないからである。

いやそんなことはない、われわれは子供の幸せや福祉のことはよくよく考えている。それを第一に考えたうえで、しかしこれしか他に道がないと悟ってそういう行為に出ているのだと、あるいはかれらは反論してくるかもしれない。しかしながら、少なくとも筆者には、たといそういう思いがたしかにあったとしても、それはほんの表層のもの、薄っぺらなものとしか思われない。なぜなら、このばあいの産みの母親ないしかの女にそれを余儀なくさせる実の父親の、そういう事態に陥ったことへの底の底まで徹底した真に深い反省や、たとい子供を手放さざるをえないとしても、いかなる煩わしさもいとわずできるかぎり子供の幸せを第一に考えて預ける相手を調べ尽くすという心構え、そうしてその子供の養父母にならんとする夫婦における、ペットや物ではない、まぎれもない人間の子を預り、その全生命・全生涯、その幸か不幸かにかかわる核心、核心中の核心を自分たちがしかと握るのだ、という大いなる「重み」と「畏れ」を相伴った真の覚悟、そうして第三の、これをネットで斡旋するＮＰＯの、自分の行為が一人の幼い子供のほぼ全生涯を左右するのだ、だから軽はずみはいっさい許されない、その子供ができるかぎり幸せになれるようあらんかぎりの手を尽くして新たに養父母を探しこれを斡旋するのだという気迫、その気迫に裏づけられた真に節度ある行為、それらがここにはほぼ完全に抜け落ちているとしか思われないからである。

かくて要するに、現代日本は、かつての「斬り捨て御免」ならぬ「産み捨て御免」の社会になりはてたかの観がある。そうしてその背後には、何度も繰り返すごとく、欧米日型フェミニズム運動が礼讃し世界に拡散させた

「フリーセックス」「性の解放」、その美名のもとの、そのじつ「セックスへのあくなき囚われ」「性の奴隷化」のあまねき風潮、極度にエゴイズム化したセックス礼讃の風潮がしかと横たわること、それはほぼ疑いようがない。そのさいその点は、既述したリフォーミングが常態化したアメリカでも、恐らく同様といってよいだろう。いや、アメリカの方が、その点ははるかにより酷いというべきかもしれない。そもそも「フリーセックス」や「性の解放」を唱えて世界に登場した女性解放・フェミニズム運動そのものが、もともとアメリカで最初に興ったものだからにほかならない。

さて、この「ネットで赤ちゃんあっせん」と似た記事が、二〇一六年一二月二七日の朝日新聞で概要以下のように報じられた。

「赤ちゃん『ネット縁組』賛否」。
「インターネット上でのかんたんな手続きで、赤ちゃんとの特別養子縁組を仲介する団体が大阪にある。（中略）『よそはスピード感に欠けている。ビジネスのように合理性を考えています』（中略）センター側が、子の引き渡し前に養親候補と顔を合わせるのは、仲介決定直後の家庭訪問だけだ。サイトでは、中絶を考える女性に『産んでくれたら最大二〇万円相当の援助』と呼びかけ、大阪市は今月までに計八回、『人身売買と思われかねない』と、削除を求めて行政指導した」。
「養親の夫婦　断られ続け『ここだけが応えた』（中略）『昨年一〇月に登録。八カ月間で一〇人の子に応募した。数日～一週間で結果が出ることが多く、だめでもすぐ気持ちを切り替えられた。』（中略）『親になりたい私たちの切実な思い…』」。

いったい「切実な思い」さえあれば、何でもかでも許されうるのだろうか。一般に今日では、とりわけ性殖補助医療の現場で、不妊夫婦の「切実な思い」が強調せられ、その前には体外受精であれ代理母であれ、さらにはゲノム編集治療であれ、何でもかでもすべて許されるといった風潮が強いが、しかし、それはいったい本当に正しいことというべきなのか。そこでは産まれてくることになる子供の権利や福祉は、それ相当に十二分に考慮されているといえるだろうか。それらは、ひっきょう大人たちのエゴの前にほとんど完全に消し去られているといってはいいすぎだろうか。ここには、それと意識されないままに大人のエゴ、極度に偽善的なエゴがしかと潜んでいるとはいえないだろうか。

それはともかく、今上で引用した記事をみるとき、これは明らかに赤ちゃんがペットないし物扱い、商品扱いされているとしか思われない。そうしてその背後には、すでにのべたごとく、赤ちゃんを手放す親と養親、それに加えてそれら両名のあいだを手っ取り早く仲介するＮＰＯの、これら三者のかぎりないエゴが横たわるとしか思われない。少なくとも、筆者にはそうとしか思われない。

### (2)「原発いじめ」現象に象徴される日本人の極度のエゴイズム化

さて、日本における人間の極度のエゴイズム化について、つぎにまた別の例をあげてこれを究明したい。

昨近問題となっていることとしていわゆる「原発いじめ」なるものがある。すなわち東京電力福島第一原発事故による他県への避難児童に対し、たとえば「バイ菌が感染《うつ》る！」とかといってこれを排除せんとする「いじめ」がそれにほかならない。

これなどは、放射能汚染への無知とそれへの大きな怖れもさることながら、しかしその背後にはつぎのような風潮も存在するとはいえまいか。すなわち、子供虐待や老人虐待、あるいは職場などでのパワハラ、あるいは親会社の子会社に対する高圧的態度などにみられるごとく、弱い者や困ったひとを助けるのではなく、逆にこれを攻撃のターゲットにする今日の日本の大人社会、それの子供社会へのさけがたい反映・投影というのがそれである。そのさい、ここには、まさに今日の日本人が、ただ「自分さえよければいい」「他人のことなどどうなってもかまわない」「弱いものはくたばればよい」といったエゴイズムの極限、つまりは崩落寸前ないしほぼ完全に崩落しつつあることの明らかなひとつの例が現われているとはいえないだろうか。

ちなみに、これと似たことは、たんに日本だけでなく、後述するごとく、二〇一六年秋のアメリカ大統領選でのトランプ候補による、熱狂的支持を集めたそのスローガン、すなわちひっきょうアメリカさえよければそれでいいという「アメリカ第一主義」や移民攻撃、そこにも現われているばかりか、さらにまたトランプ同様にヨーロッパ各国で繰り広げられる・同じく熱狂的な支持を集める（極）右諸政党による自国さえよければいいという「自国第一主義」や移民・難民排斥運動、それらのなかにもしかとみてとることができるであろう。

いや、わが日本でも、二〇一七年七月二日の東京都議選で「圧勝」した「都民ファーストの会」の代表・小池百合子が、「都民ファースト」ならぬ「（自）国民ファースト」と称してこれら欧米の（極）右諸政党と同様に、おそらく自国さえよければそれでいいという「自国ファースト」を打ち出した。

かくして要するに、今日人間は、たんに主体性や個性を喪失し付和雷同的で匿名的かつ非人称的な「ダス・マン」となっただけでなく、さらにそれに加えていわばエゴ・マシーンと化し、かくて極度のエゴイズムに冒されたほかならぬモノ的人間に堕してしまったというべきである。これはもうほぼ完全に崩壊した人間、たんなるモノと化しただけでなく、人間本来の第一の本性なる愛のほとんど枯渇したまぎれもなき崩落人間といわざるをえまい。

### （3）「人身事故」への反応にみられる現代日本人の極度のエゴイズム化

それはともかく、さらにまた今日の日本にみられる人間の極度のエゴイズム化のまた別の例をあげてみよう。最近電車に乗っていると、わりと頻繁に人身事故が起こる。すると必ずアナウンスが流れ、「人身事故のためこの電車はしばらくここで停車します」といったりする。ところが、こういったアナウンスをきいた多くの乗客は、その人身事故で何かとても悲惨な出来事が起こったのではないか、とそこへ思いを馳せるのではなく、むしろ「またか！」といった具合いに舌打ちをして、その電車の遅れのことしか考えない。朝日新聞の投書欄によると、たまたま電車に乗っていてそういう人身事故に遭遇したある老婦人は、人身事故についてのアナウンスをきいて、これからハロウィーンにいくのかと思われる二人の少女が、「何だ、バカヤロー、死ぬならもっと早く死ねよ！」と吐き捨てるようにいっているのをきいて愕然としたという。一見ささいなことのようだが、しかし、こういったことも、けだし最近の日本人が極度にエゴイズム化していることの、その何よりの証左のひとつとはいえまいか。

### ⑷　日常語のなかに現われた現代日本人の極度のエゴイズム化

最近の日本人のエゴの肥大化については、さらにまたこんな例もあげられえよう。

たとえば誰かと話をしているさい、かつてならその話し相手の言葉に対し、「そうなの？」といわば半疑問的に聞き返していたところを、もうずっと以前から「そうなんだ！」といった言い廻しが使われるようになり、今やこれが常態化している。けだし「そうなの？」という言辞は、とうぜん話し相手の存在を想定した物言いであるのに対し、「そうなんだ！」という言辞は、たんに自分が納得した、といういわば独白にほかならない。かくして、ここには、今現在話している相手の存在が、よし無意識ではあれ消し去られてしまっているといわねばならない。別言すれば、その話し相手をそれとは知らず無視してしまっているといってもいいだろう。いったいこれは、たんに言葉の用法が変わっただけだといえるだろうか。少なくとも、筆者には、ここにも日本人の自己中心化・エゴイズム化のかつてにまさるいっそうの強化の一端がしかとみてとることができるように思われる。それともこれは、たんに筆者の牽強付会とでもいうべきだろうか。しかしながら、既述したごとく、もうずっと昔からエゴイズムないし利己主義に代わって「自己中」なる言葉が生み出され、これが日常茶飯に使われるようになっている、そのことを考え合わせるならば、この筆者の見解は当らずといえども遠からずとはいえないだろうか。

### (5) 学生気質にみられる現代日本人の極度のエゴイズム化

さて、日本人におけるエゴイズムの強化を証示するとも思われる現象として、ここで最後にもうひとつこんな例をあげておきたい。

すなわち、かつての学生は、授業料の問題にとても敏感で、大学当局が授業料引上げを画策すると、必ずその反対運動が大規模に起こった。そのさい、授業料引上げは、すでに入学している自分たちに直接関係するわけではない。授業料の引上げは、もとより新入生からである。それでも学生は、今後入学してくる学生にとってそれは大問題だ、怪しからん、といって大規模に反対運動を起こしたものである。ところが、その、以前なら学生がもっとも敏感であった授業料引上げ問題でも、最近の学生はもうほとんど反応しない。これは、今日の学生がたんに非政治化したからというだけでなく――授業料引上げは、狭義の政治とは必ずしも関係しない!――、どうせ自分には関係ないという自己中心化・エゴイズム化が今日の学生のあいだに蔓延しているからとはいえないだろうか。

より一般的にいって最近では、学生はかつてのようにデモも集会もほとんどしない。これは、いったい学生が政治に関心をもたなくなったことにのみ依るのだろうか。むしろ学生のプライベート化、つまりは自己中心化・エゴイズム化がいっそう進んだからとはいえまいか。

いずれにせよ、狭義の政治とは必ずしも関係しない授業料引上げ問題にも、今日学生がほとんど関心を示さなくなったということ、それは、以前の学生に比べ最近の学生はそのエゴイズムをいっそう強化していることの何よりの証左とはいえないだろうか。

## (6)　国民の意識調査にみられる現代日本人の極度のエゴイズム化

最近行なわれた意識調査によると、[8]今日本では、国民の七割以上、若者にかぎっていうと、何とその七九・八%が現状に「満足」しているという。この数字からわれわれは、いったい何を学びとることができるであろうか。そこで筆者の見解を、以下で、できるだけ詳細にこれを明らかにしたいと思う。

この数字から読みとることができるのは、まず第一に今日の日本人、とりわけ若者の極度のエゴイズム化にほかならない。

かつて若者は、たんに自分のことだけでなく、広く他人のこと、つまり社会や世界のこともよく考えた。したがって、よし自分の現状はよくても、しかし他人にとってのそれが悪いなら、その他人の現状でも自分の現状の一部とみなしこれに大いなる不満をいだいた。かくてそれを根本的に変革するべく主体的に考え行動した。一九六七年に突如勃発し一九六八年までつづいたいわゆる大学闘争は、まさにその格好の例といわねばならない。もとより当時の大学生は、現在のそれ以上にエリートであった。大学進学率は、今よりずっと低かったからである。他方日本社会もまた、周知のごとき高度経済成長期の真只中で、卒業後の就職にもとても恵まれていた。そのかぎりでは、現状にとりたてて不満をもつ必要はほとんどなかった。ところが、しかし、もっと広く社会や世界を見渡すと、とうてい満足できるような状況ではありえなかった。その最大の例のひとつが、ほかならぬあのベトナム戦争だった。もとより他国の戦争であるベトナム戦争は、日本の若者にとって自分に直接関係してくるわけではもうとうなかった。したがって、ただ自分さえよければいい、といったエゴイズム的な考えに立つならば、たといいくら人が殺されようと、所詮それは自分とは関係のないことであり、それゆえこれに不満をもつ必要はさらさらなかった。しかしながら、あの超大国アメリカが、小国ベトナムの人々を苦しめつつ、数限りのない残虐行為を繰り返すのを見て、当時の若者、たんに日本だけでなく欧米を含めた多くの国々の若者は、いわば義憤にかられた。そのかぎりでは、「現状」に対し大いなる不満を抱くのをどうしても抑えることができなかった。かくてアメリカやそれを支持する日本の政府、さらにこれに黙々と従う大学当局の偽善に対し激しく怒り、叛逆した。

いや、そればかりではない。当時日本では、そのあちこちで「公害」問題、水俣病に代表される企業犯罪が惹き起こされた。もとよりこれも、学生にとり直接自分に関係してくることではありえなかった。が、しかし、その底無しの不条理ないし不正に対し、当時の多くの若者は抑えがたい義憤を感じた。そのさい若者たちは、この不条理・不正の根本原因は、ひっきょう資本主義そのものにあると見定めた。かくして、この資本主義体制をしかと支える政府権力者や、それに諾々と従う大学当局の偽善に対し激しく異議を唱え行動した。もとよりそこにあったのは、若者に特有の「青い」正義感であったといってよいだろう。

これに対し、現在の若者はどうだろう。いわば自分の世界しか有していないのではあるまいか。自分の殻に閉じこもってしまっているのではなかろうか。あえていうなら、極端なエゴイズムないし「自己中」に陥ってしまってはいないだろうか。まさにそれだからこそ、自分の小っぽけな世界でだけ「満足」することができるのではあるまいか。もし他人のことにも、しかと眼が向けられるなら、日本を含め、ありとあらゆる不条理が渦巻く今日のこの世界に対し、いったい本当に満足することなどできるだろうか。なんとなれば、日本でも格差や貧困、あるいは不安定労働で日々苦しめられている人々が大勢存在するばかりではなく、さらに広く世界に眼を向けるなら、非対称的な極度の不平等や激しい貧困、さらにまた安心して身を落ちつける場所もなく苦しみあえぐ難民や移民の人々、こういった途方もない不条理が世界の到る処に蔓延しているからである。

ところで、極端にエゴイズム化し「自己中」化した人間からは、「青い」正義感も喪失される。つまるところ、自分さえよければそれでいいのだからである。それに対し正義感とは、広く社会や世界全体を見渡して、そこに生起している不条理、それに対して感じるものであるからだ。この点、今日の若者は、いわば「大人」化しているというべきかもしれない。若者特有の「青さ」がないのだ。悪い意味で、「大人」化してしまっているのである。意識的・無意識的に社会に妥協してしまっているのである。いや、むしろ、諦めてしまっているといった方がよい。社会の不条理に立ち向かわんとするエネルギーないし生命力、それがすでに枯渇してしまい、かくてもはや生きる術を知らないというべきなのかもしれない。

だが、しかし、その点は、たんに若者だけでなく、大なり小なり今日の日本人全体に当てはまることといわねばならない。上掲の意識調査によると、ありとあらゆる不条理であふれかえっているこの今の日本にあって、この現状に七割以上の国民が「満足」しているというのだからである。

かくて要するに、この数字の意味するものは、たんに若者だけでなく、今日の日本人全体が極度にエゴイズム化・「自己中」化しているということである。要は、自分のちっぽけな世界にだけ閉じこもってしまっているのである。いいかえれば、自分の外の世界には、もはやほとんど関心が向かなくなったということだ。だから、たといいくら不条理が社会や世界に蔓延しても、それが自分に直接降りかかってこないかぎりはこれを無視して、自分の小さな世界で「満足」することができるのである。かくして、ここに、現代日本人の極度のエゴイズム化が、しかとみてとることができるといえよう。と同時にまた、そこにはつぎの事実もはっきりと読みとることができるといわねばならない。すなわち、それは、今日の日本人は、その生命力を大きく低下ないし枯渇させ、そのさけがたい必然として底無しの諦念の淵に沈淪してしまっているということである。つまり、たとい社会や世界の不条理に気づいても、それを打破せんとするそのエネルギーが、もはや失われてしまっているということだ。これが、まさしくこれこそが、現代日本人のまぎれもなきその精神性といわねばならない。

ところで、かの意識調査を報じたテレビ番組で、そこに出ていたひとりの女子学生は、ほぼこんなことをいっていた。すなわち、自分たちの世代は、将来年金がもらえないかもしれない。だから自分は、民間会社の年金に入っている。したがってこの問題は、自分としてはもう解決ずみである、と。おそらくいまだ親の保護下にある学生の身で、これはいったい何ということだろう。果たしてこれを、堅実といってよいのだろうか。けだし、ここには、前述したごとき、自分のちっぽけな世界しかほとんど念頭にないという激しいエゴイズム、それが明らかに露呈しているとはいえないだろうか。いったい年金問題にしても、なぜ社会全体の事柄として考えないのだろうか。いや、それはそれで考えている。が、とりあえず自分については、民間会社の年金に加入して安心を得る、ということかもしれない。が、しかし、日本政府からの将来的年金支給を心底案じるのなら、たといいかに大きな会社だったとしても、その会社そのものの存続は、どうしてこれを信じることができるのだろうか。シャープにしろ東芝にしろ、かつての超有名ブランド企業が軒並み経営破綻の危機に瀕しているという、この、このうえなく不確実な現代日本にあって、である。ここには、だから、とにかく自分の身だけは守りたい、という底無しの不安と焦りがしかとみてとれえよう。その不安と焦りに囚われて、ほとんど身動きできない状態に陥っているようにも思われる。かくしてこれは、先述したごとき生命力低下の明らかな徴といわねばなるまい。だが、しかし、この点についてより詳しくは、またあとで考察したい。

それはともかく、このテレビ番組に出席していた学生一〇名ほどはまた、一様にほぼつぎのようにもいっていた。変化はリスクである、だから変化は望まない、と。もとより変化は、当然リスクを伴うものである。しかしながら、そのリスクを冒してでもやりたい夢がある、だから、それに向かってとにかく進む、たとい「青い！」といわれても、その一見現実離れした「青い」夢を追いかける、それが、まさしくそれこそが、ほかならぬ若者の特性であり、いわば若者らしさなのではあるまいか。たとい失敗しても、若者にはまだやり直しが効く、いや効きやすいからである。少なくとも、中高年よりは効きやすい。かくして、この革新性こそ、若者の特性というべきだろう。その点、年齢を重ねるにつれ人間は、どうしても変化に伴うリスクを怖れ、また変化への適応能力も衰えてゆく。それゆえ、どうしても保守的ないし現状維持的になりやすい。

いずれにせよ、こうして明らかなように、今の日本の若者は、すこぶる保守的である。たんに、かのテレビ番組に出ていた若者だけでなく、日本全体の若者の多くが保守的である。その点は、保守自民党の支持者が若者ほど多くなる、という事実からも明らかである。かくて、かれら若者は、変化を恐れる。夢を追う以前に、それに伴うリスクを怖れ、怖気づき、かくして現状にとどまらんとする。そこにみられるのは、けだし、たといリスクを冒してでも変化を求め、現状を打破せんとするエネルギーないし生命力の低下、もしくはその枯渇にほかならない。これが、まさにこれこそが、既述したごとく、若者の八割近くが現状に「満足」だと答える、その大きな理由の一つであろう。とはいえ、しかし、かれら若者は、現状に対し積極的に満足しているわけではないだろう。ただ夢を追うことへのあまりの不安や怖れから、そもそもの初めから夢を諦めてしまっているのだというべきだろう。まさにそれだからこそ、現状に対し「満足」している、といわざるをえないのであろう。要するに、夢、つまりは希望がもてないから、いやそもそもの初めからそれをもつことを諦めてしまっているから、だから、まさにそれだからこそ、ただ消極的に現状を肯定せざるをえないのであろう。要は、現状に対し、しぶしぶこれに「満足」しているということだろう。と同時にまた、極度のエゴイズム化で、自分のちっぽけな世界しかもたないゆえに、それができてしまうのでもあろう。いずれにせよ、かくして明らかなように、現代日本の若者は、若くしてすでに老人化しているということである。このように若者がすでに老人化した社会、そこにもはや未来は存在しない。ちなみに、今の日本では、逆に老人の方こそが、かえってむしろ革新的といった面がある。かつて、若きときの「叛逆者」が、今や老人となっているのだからである。が、しかし、老人が若者に完全に取って代わることなどとうてい不可能である。したがって、そのような社会にやはり未来は存在しないといわざるをえない。

それはともかく、以上を要約すると、現状に対する「満足」が、若者の七九・八％という高水準は、けだし、つぎの二つのことを意味しているといわねばならない。まず第一は、現代日本の若者における自分自身の世界へのほぼ完全な引きこもり、つまりは極度のエゴイズム化であり、第二は、頽廃的ニヒリズム的な生命力の低下ないし枯渇と、それにもとづく深い諦念にほかならない。

そのさいこれは、たんに若者にのみかぎったことではなくて、広く日本人全体について妥当することといわねばならない。既述したごとく、目下の日本の現状は、とうてい満足できるものではないにもかかわらず、日本人全体でも、現状に「満足」が七割を超えているのだからである。

翻って思えば、第一章で触れたように、いわゆる「シラケ」世代が生まれたのはすでに一九七〇年代であり、それにつづいて「KY」世代、「さとり」世代、「ゆーとーおり」世代と、つぎつぎと現われた。この、けだし時と共にエゴイズム化を加速させ、自分の世界に引きこもりつつ、生命力を低下させた若者たちは、今や中高年の「大人」になっているのである。とするならば、今やただ若者だけでなく、日本人全体が、極度にエゴイズム化し生命力を低下させているといっても、それは何ら怪しむには足りないだろう。

さて、ここで、現状肯定がすこぶる多い目下の日本のこの状況について、その大きな理由をもうひとつあげるなら、それは——これは世界全体について同様にいえることだが——、すなわち将来に向けての社会の大きなビジョンが、もはやほぼ完全に失われてしまっているということである。いいかえるなら、かつての社会主義のごとき来たるべき新たなる社会像が、今やどこにも見当らないということだ。したがって、これを明確に提示すること、それが、現代世界における何にもまして重要な喫緊の課題といわねばならない。ちなみに筆者は、この全人類的課題に対し、ほかでもないイエスの革命にもとづくインマヌエルの民主主義社会、つまりは愛の世界共同体を本書で提示した。

それはともかく、現代日本人におけるこの保守主義の激増、それに対する先述した二つの大きな理由、すなわち極度のエゴイズム化と生命力の低下ないし枯渇化について、その主たる原因をここでごくごく簡単に明らかにしておきたい。

まず前者のエゴイズムの激化についていうならば、これは、本章の一、で詳しくのべたように、近代に始まる資本主義のさけがたい必然といわねばならない。したがって、この極度のエゴイズム化に関しては、ひとり日本にかぎらず、資本主義の歴史のより長い欧米にあっても同様に妥当することといわねばならない。

では、なぜ欧米では、日本と違っていまだ「変革」を求める声がすこぶる大で、良きにつけ悪しきにつけこれが重要な政治的課題となっているのか。いや、現に「改革」を叫ぶ勢力が、左であれ右であれとても勢いづいている。それはいったい何故なのか。けだしそこには、理由が二つある。その第一は、欧米ではいまだ日本ほどには人間の生命力が低下していないということだろう。じっさい先のアメリカ大統領予備選では、いわば社会主義的政策ないし「革命（revolution）」を唱える老政治家サンダースに対し、多くの若者が熱狂的にこれを支持し、いわゆるサンダース旋風を巻き起こした。他方ヨーロッパに眼を向けると、イギリスの総選挙やフランスの大統領選でも、いわば社会主義的政策を唱えるいわゆる左派が、排外主義的（極）右諸政党と同様に大いに善戦した。またスペインでも、若者が左派系の新政党を立ち上げ大いに勢いづいている。

他方、（極）右諸政党も、左派と同じく現状の大きな変革を主張し、これにもまた熱狂的な支持が多く集まっている。けだしそれは、生命力の保持とは正反対の極端な絶望である。そうしてそれが、今日欧米にあって「改革」を叫ぶ勢力に熱烈なる支持が集まっている第二の理由にほかならない。すなわち、その絶望が日本人以上に深刻で、それゆえ自暴自棄的に、いわば破れかぶれで現状打破を求めているのだというべきだろう。したがって、それは、ヒトラー率いるナチズムを熱く支持したかつてのドイツ国民と同様に、生命力をいまなお十分に有しているというよりも、むしろそれが消えかかり、かくてその最後の一瞬の輝きを、いわば暴発として放っているのだといった方がよい。

それはともかく、わが日本でも、なるほど一見すると「改革」を唱える政党は、今日たしかに多い。だが、しかし、日本のばあい同じく「改革」といっても、欧米とは異なって保守諸政党の唱える「改革」――それは、かつての小泉構造改革や目下のアベノミクスですでに明らかであるように、ひっきょう大企業や富裕層にとっての改革にほかならない――、つまりいわば右からの改革にばかり支持が集まって、もともと改革を本領とする革新左派のいわゆる改革――これが、本来の一般国民のための改革である――、つまりいわば左からの改革には、なかなか支持が集まらない。それは、いったい何故なのか。思うにそれは、同じく「改革」といっても、ただ現状に少しだけ手を加えるだけの、いわば微調整的な保守的改革をのみ、日本国民が求めているということだろう。社会が大きく変わりうる、いわば社会主義的改革は、多くの国民が望んでいないということだろう。そうしてそれは、思うに日本人全体の生命力が極力低下しているということ、そしてそれゆえに変革へのエネルギーが今やほとんど枯渇しているということ、そのことの何よりの証左といわねばなるまい。とはいえ、しかし、その絶望の度合いにかぎってみるならば、欧米の（極）右諸政党を、けだし破れかぶれで支持する人々ほどには、いまだそれほどには深刻化していないということでもあるだろう。

それはさておき、つぎに、先述した第二の問題として、現代日本人における生命力の低下ないし枯渇化の原因に話を移すと、それは、すでに第一章で詳述したように、ニヒリズムの果てしなき深化・激化にあるといわねばならない。その過程で、日本では、既述したごとく一九七〇年代以降、いわゆるシラケ現象、KY現象、「さとり」現象、「ゆーとーおり」現象が、つぎつぎと現われてきた。そこにみられるものは、明らかに、時と共なる生命力のいっそうの低下ないし枯渇化といわざるをえない。

さて、以上を綜合すると、現代世界における社会的ビジョンのまったき欠如と、今すぐうえでのべた生命力のはなはだしき低下ないし枯渇化と、これら両者の融合からさけがたく必然に、今日の日本では度しがたき諦念・諦観が、広く社会全体に蔓延したのである。かくして、これら三者と、さらに先述した極度のエゴイズム化、これらが一緒になって、現状に「満足」だという日本人が、七割以上も大量に出現することになったのだろう。かの意識調査の結果は、まさにこれを示唆するものといわねばならない。

ところで、現代日本人の大半が現状維持を肯定し、これに「満足」していることの証しとしては、かの意識調査だけでなく、以下のごとき事実からもこれは明らかである。すなわち、それは、積極的にしろ消極的にしろ、自民党を始めとする保守諸政党への支持が圧倒的に多いということである。しかも、年齢が低くなればなるほど自民党支持が多いという事実、そこにもはっきりと、それは現われている。

翻って思えば、政党を一瞥しても、今の日本では保守系のものが圧倒的に多い。「自民党」はもとより「希望の党」も「日本維新の会」も、すべて過激な保守諸政党である。新たに生まれた「立憲民主党」も、穏健保守にほかならない。エセ宗教政党「公明党」も、自民党の明らかな補完勢力として、実質的に保守政党といってよい。他方革新系といえば、共産党と社会民主党のみである。かくして、保守諸政党を合わせれば、その支持者の数は、革新諸政党のそれをはるかに大きく上回ること、それは火をみるよりも明らかである。

ところで、保守とは、いうまでもなくその基本は現状維持にほかならない。よし改革といっても、それはいわば微調整的なものにとどまり、大きな変革はほとんど目差さない。ただ、とりわけ小泉構造改革以降の新自由主義的改革にあっては、事情は異なっている。なぜなら、それは、現在の資本主義体制そのものの破局的行き詰まりのなかにあって、大企業や富裕層の生き残りを賭けた改革、一般国民を犠牲にしつつこれが断行される改革であるからだ。かくて、この新自由主義的改革のグローバル化によって、世界全体が大きく変質した。世界中到る処で、途方もない格差・不平等が蔓延した。日本もまた、その例外ではありえない。すなわち、アメリカにつぐ先進資本主義国第二位の格差・不平等社会となった。こうして、小泉構造改革以降、日本の社会も大きく変質した。ところが、日本国民は、これに強く異を唱えることなく、実質的にこれを容認している。その日本国民の精神性とは、そも何か。すなわちそれは、すでに何度も繰り返したごとく生命力のはなはだしい低下ないし枯渇化と、それと不可分の諦念的非主体性化、さらに自分の小さな世界にのみ引きこもる極度のエゴイズム化、かかるものとしての頽廃的ニヒリズム的精神性、端的にいって人間としての崩落化といわねばならない。そのさい日本のばあい、生命力の低下と諦観は、欧米に比しとりわけ顕著といわざるをえない。

それはともかく、以上を別言すれば、現代日本人の精神性とは、現実をとことん凝視しつつこれを鋭く分析する正しい意味での批判的精神、およびそれらに伴う責任ある果敢な行動力、それらのほぼ完全な欠如といわねばならない。

以上のべてきたことから明らかなように、今日の日本では、現状を肯定し、これに「満足」する国民がすこぶる多い。とはいえ、しかし、それは、かりそめにも現状への積極的な肯定・「満足」からは程遠い。むしろ消極的な肯定・「満足」というべきである。その点について、より詳しくいえば、けだしこうである。将来に対しては、確乎とした何らの希望も存在しない。が、かといって、自分自身の手でその閉塞性を打ち破り、よりよい未来を切り拓かんとするエネルギーや生命力はほぼ尽きている。こうして、さけがたく現状を肯定し、これに「満足」せざるをえない、ということなのだ。要するに、深い諦観・諦めなのだ。そのさいそれは、エゴイズム的にただ自分だけの小さな世界に閉じこもっているからこそ、かろうじて可能なのである。ところが、これもできなくなったもの、それが、ほかならぬ（極）右諸政党に煽動されてこれにいわば絶望的な希望を託さんとする欧米諸国の怒れる大衆といってよいだろう。いずれにせよ、だから、今日の日本人の多くにみられる現状肯定は、ゆめにも積極的なそれではなく、たんに消極的な、いわばしぶしぶのそれというべきである。

その何よりの証しとしては、以下のごとき事実があげられえよう。すなわちそれは、保守諸政党がこぞって、「改革」（小泉純一郎、小池百合子）や「革命」（安倍晋三）、あるいは「リセット」（小池百合子）を叫んでやまないということ、いや、ほんらい保守とは相容れがたい「改革」ないし「革命」、あるいは「リセット」を、保守諸政党みずからが叫ばざるをえないということである。すなわち、それは、国民ないし有権者が広くそれを求めているということだろう。かくしてそれは、今の日本国民が、必ずしも現状に満足していないということにほかならない。だが、しかし、日本国民は、大きな変化は、これを望んでいないというべきだろう。そこが、欧米と違って日本では、保守諸政党による「改革」が支持されて、革新諸政党への支持は、これがあまり広がらない、そのほかはならぬゆえんといわざるをえない。

いずれにせよ、今や国民大衆が現状に必ずしも満足できず、何らかの変革を求めていること、その点は、ひとり日本にかぎらず、欧米でも同様にみられる現象といわねばならない。アメリカ大統領オバマに始まって、あの差別主義者トランプも、他方のサンダースも、眼をヨーロッパに転じてその（極）右諸政党も中道も、そして左翼諸政党——これは、当然だが——も、いずれもみな「改革」ないし「革命」を叫び、そのそれぞれが、それなりに大きな支持をえているからである。ただ日本のばあい、上述したごとく、欧米ほどに大きな改革、いわば左からの社会主義的な改革は、必ずしも求められていないように思われる。その理由は、すでに何度も指摘してきたとおり、今日の日本人にとくに著しい生命力のはなはだしい低下と極度の諦念、それらにもとづく大きな変化への度しがたい不安ないし恐怖といわねばならない。しかし、それらがさらに悪化し絶望の極、いわばエゴイズムの権化と化して暴発したもの、それが、ほかでもない、反知性的・非人道的に排外主義を叫んでやまない（極）右諸政党を、まるで気が狂わんばかりに熱く支持する、欧米各国の叛逆し怒れる大衆といってよいだろう。すなわち、かれらは、今や自分の閉じこもるべき小さな殻も危うくなって、それゆえ無理矢理これをかたく守らんとして、他者——難民や移民、あるいはイスラーム教徒——の排除へと暴発しているものといわねばならない。そのかれらの心を逸早く察知して、巧みにこれを煽動しているもの、それが、ほかならぬ（極）右諸政党というべきだろう。たんにEU離脱のみならば、必ずしも右からのその主張だけでなく、いわば左からのそれも可能であるからだ。じっさいEU離脱を掲げる左派系政党は、欧州にたしかに存在し、それなりの支持を獲得している。

それはともかく、ここでもう一度上掲した日本国民への意識調査にもどりたい。それによると、現状に「不満」をいだいているのは、四〇代がもっとも多いという。それは、いったい何故なのか。思うにそれは、この世代は、子育てや介護等背負うものがあまりに多いため、それに押し潰されそうで、それゆえそれ以外の世代のごとくみかけの「満足」すら口にできないということ、それほどに深い絶望状態に追いつめられているということだろう。アメリカでも、主にこの世代の白人は、自殺率がもっとも高くなっている。そうしてそれがトランプ支持者の中核となっている。それはともかく、絶望せる四〇代が、にもかかわらず、もし自分の子供や親を見捨てるほどにはエゴイズム化・「自己中」化していないとするならば、そのかぎりでは、これはいまだ明るい光ないし救いといえなくもない。とはいえ、しかし、このあまりにも深い絶望状態に陥っている四〇代は、ひょっとしたら、欧米の（極）右諸政党に盲従する人々のように、どこか自分の「外」に「敵」――欧米のばあいなら、難民や移民、あるいはイスラーム教徒、小泉構造改革ならば郵便局の公務員、前回の都議選での小池百合子なら自民党都議連ないしその陰のドン内田にほかならない。もとよりその原型は、かのナチズム・ヒトラーの激しく敵視したユダヤ人であることは改めていうまでもない。――を名指しされたなら、一目散にこれに飛びつき、あるいは暴発するかもしれない。いやすでに暴発している人も、少なからずいるのかもしれない。今の日本では、駅頭などで突然キレる人々が、激増しているからである。

　ところで、ここでひとつ、視点を大きく代えて、以上のべてきたことをもう一度最初から振り返ってみてみたい。かのテレビ番組に出ていた学生たちは、そのほとんどが、既述したごとく「変化はリスクである。だから変化は望まない」「改憲も望まない。改憲すると、これまでせっかく平和であったのに、新たに戦争が引き起こされるかもしれないからである」*、とほぼこのように発言していた。いったいこのような視点から改憲反対というのも大いなる驚きではあるが、しかし、いずれにせよそこにあるのは、「変化」に対する怖ず怖ずとした激しい不安であろう。この点についてもう一度、前回とはまた別の視点から考察の手を進めてみたい。

*　ちなみに、この安倍九条改憲案に対しては、若者主体では「賛成」の方がむしろ多数派である。その点について、より詳しくのべると、国民全体では「賛成」が三七%、「反対」が四〇%と、「反対」の方が幾分上廻っている。それに対し、これを一八歳から二九歳の若者にかぎってみると、「賛成」が四七%で「反対」が三二%と逆転している。ちなみに七〇歳以上では、「賛成」が三〇%、「反対」が四四%にほかならない。[9]

　ここから読みとることができるのは、けだし今日の日本国民全体、とりわけ若者にあっては、政府権力者に対する深い熟慮と鋭い批判的精神、それらをほとんど完全に欠落させた途方もない非主体性、それにもとづくかれら権力者への反知性的な盲従、それといわねばならない。何となれば、日本の安全のためどうしても国防軍が必要だと心底思うのなら、国民に対しはっきりとそれを説明し、かくて九条を破棄して国防軍を明記する、と提案するのが本来の筋なのに――じっさい、自民党改憲草案ではそうなっている――、しかし、そうはしないで、周知のごとく戦争放棄と戦力不保持を謳う憲法九条をそのまま残したうえで、しかし、他方で同時に、世界でも有数の、どうみても戦力としかいいようのない自衛隊の存在はこれを明記する、というこの安倍の、矛盾もはなはだしい滅茶苦茶な珍案、ただ改憲さえできればそれでいいという、ただ国民受けをのみ狙ったこの珍案、しかも自民党全体のいわば合意としての上述した自党改憲草案すらまったく無視した完全に個人独裁的なこの珍案、いやそればかりではない、九条にたんに自衛隊を明記するというだけでなく、それによって実質的に九条を死文化すること、そうしてさらにその先に、この死文化した九条そのものすらいずれ葬り去るために、今回の改憲をそのたしかな一里塚にせんとする、そういった比類なき狡猾な意図、それは、しかし、少し冷静に考えれば誰にでも明らかである。にもかかわらず、その安倍の意図が国民、とりわけ若者にはまったく見抜けていないからである。首相安倍が、政治家のなかでもとりわけいかに嘘つきの政治家か、あのヒトラーにも比すべき大嘘つきか、それは、たとえば安保関連法や「共謀罪」法、さらにこの間の加計学園問題ひとつとってもまったく明らかである。そのさい、いつも安倍は、「国民の納得のいく丁寧な説明を、これからも謙虚に誠実に果たしていきたい」と、ほぼこういいつつ、しかしそれは、いつもたんなるお題目に終わったままで、じっさいには何一つ実行に移されてはいないからである。ともあれ、その大嘘つき首相安倍による、今回のこの改憲の狡猾な企て、そこに隠された本当の意図、それが、国民とりわけ若者にはまったく見抜けていないとしかいいようがない。

それはともかく、こういった筆者の国民・若者「批判」は、いったい自分ひとりはるかな高みに立ってこれを見下す傲慢不遜な国民・若者蔑視だと、あるいはそういうべきでもあろうか。しかしながら、そういった反論はこれを甘んじて受けつつも、しかし、にもかかわらず、筆者は、あえてそういった国民・若者「批判」をせざるをえない気持ちで一杯なのだ。それほどに、現代日本、いや世界全体の現状に深い深い危機意識を抱いているからである。

さて、話をもとにもどすと、変化とは、もとより未知なるものにかかわる事柄である。未知なるものには、さけがたく不安が伴う。なぜなら、それが自分にとって益なのか、あるいは逆に害なのか、もし後者だとすればそれはどれほどか、自分の生命の危機にもかかわるものなのか、それが、あらかじめ分からないからである。だから、変化に不安はさけられない。これはしかし、知性ある人間にとってはいわば宿命的なものといわねばならない。それだからこそ、格言には、「一寸先は闇」というものがある。「一寸先」つまりはすぐ先の将来のこと、それすら人間にとっては「闇」であり大いなる不安なのである。要するに、人間にはいつでも不安がつきものなのだ。それはだから、かの学生たちにのみかぎられたことではない。たんに「変化」だけでなく、「一寸先」の将来はすでに「リスク」を孕んでおり、それゆえそれに不安を感じることは、人間として至極当然のことなのである。しかしながら、その不安に囚われないこと、それが何よりも大切なのだ。それに囚われず、不安は不安のままで、そのつどの今ここを精一杯力を尽くして生きていくこと、それが肝要であり、またそれでよいのである。

これに対し、たとえばあの、遠い将来の年金受給が不安で、そのため民間会社の年金に入っているという女子学生、あれなど明らかにこの不安に囚われている、取り憑かれているとしかいいようがない。だが、しかし、これは、ひとりかの女にのみかぎられたことではなく、今日の人間一般、たんに日本だけでなく世界全体の人間について広く妥当することというべきだろう。不安が世界全体をあまねく覆いつくし、人間はもはやそれから身を捥ぎ離すことができなくなってしまったのである。それほどに強く不安に執着し、これに囚われてしまったのだというべきである。

ところで、人間の不安をものの美事に造形化したムンクのあの「叫び」が象徴するごとく、二〇世紀はまさに不安の時代にほかならない。いや、それに先立つ一九世紀の終わりにドストエフスキーは、すでに「現代は、不安と懐疑の時代である」と看破した。かくして二一世紀の今日は、その不安という精神性が、さらにいちだんと強く引き摺られているといわねばならない。こうして現代人は、もはや身動きができないほどに強く不安に囚われ執着してしまっているのだというべきである。その不安への激しい囚われ・執着ゆえに、変化、いや、少なくとも大きな変化への怖れもいちだんと強化され、かくて保守的・現状維持的精神性が、広く世界全体に蔓延しているのだといわねばならない。その点は、欧米日においていずれも保守系の諸政党が政権を握っていることからもほぼ明らかだろう。一見左派系とみられる政党も、その政策は今や保守党と大して差がないのが実情である。

この間隙をぬって、「左」でも「右」でもない、「中道」だという勢力も現われている。が、これも、その実質は保守的である。「中道」がよし「改革」を叫んでも、それはけっきょく右からの改革であり、そのかぎり保守と何ら変わらない。かくて「改革」保守と同様に、同じ保守内部での「改革」というべきなのである。すなわち、一般国民を犠牲にしつつ断行される、ただ大企業・富裕層にとってのみの「改革」にほかならない。したがって、これも真に革新的とは、とうていいいがたい。

だが、しかし、その保守的諸政党ですら、既述したごとく、今やこぞって「改革」を唱えざるをえなくなっている。それはけだし、一般大衆がその保守性・現状維持性にもはや安住できなくなっているということ、それほどに不安と絶望が深まっているということだろう。そのさい問題は、つぎのことである。すなわち、以上のべた大衆心理を逸早く察知して、これを絶好のチャンスととらえ、新たに排外主義を激しく叫ぶ（極）右諸政党が多く出現し、かくて絶望と不安に打ちひしがれた大衆が、これに巧みに煽動されて、この新たなるファシズム運動が、世界のあちこちで勃発しているということである。その点は、けっしてこれを見逃してはならないだろう。いずれにせよ、こうして明らかなのは、もはやとうていそれに耐えられないほどに深く不安が激化し、かくて絶望の極みが、今日世界全体をあまねく覆い尽くしているということである。

いずれにせよ、こうして明らかなように、目下の世界の政治・経済・社会の現状は、あまりにも惨憺たるものである。かくして現代人は、その不安と絶望の極みにあって、もはや現状に安住することは許されず、かくて何らかの「変革」を求めざるをえなくなっているのだ。そうして、それは、先進資本主義諸国、つまりは欧米日の全体に同じくみられる現象といってよい。かくして、現代世界の人間は、一方では現状に対する「満足」としての、その肯定・維持と、他方では現状に対する「不満」としての、その否定、つまりは変革志向と、これら両者に大きく引き裂かれてしまっているのだといわねばならない。とりわけ日本は、その点がすこぶる顕著といわざるをえない。なぜなら、欧米にあっては、これら両者が国民を二分ないし三分するいわば分断として現象しているのに対し、日本では、いわば保守的改革への大きな期待のうちにしかとみてとることができるように、この分裂が同じ一人の人間のなかにあって同時に生じているといってよいからである。

それはともかく、以上本節の⑴から⑹で詳しく考察してきたことから、現代日本人の極度のエゴイズム性、ならびにその頽廃的ニヒリズム的精神性、これはほぼ明らかといってよいのではあるまいか。

## (三) 現代ドイツにおける人間の極度のエゴイズム化

さて、つぎに、ドイツを例にとり、現代世界における人間の激しいエゴイズム化についてこれを考究したい。ドイツ人の近年におけるよりいっそうの自己中心化・エゴイズム化を証しするものとして、まず第一に既述したその言葉、日本の「自己中」とほぼ同じ意味の Egozentrismus なる言葉が新たに生み出され、日常わりと頻繁に使用されるようになっているということがある。

そうしてその第二の例としては、筆者がドイツで直接経験したことがある。ドイツ語には、「私は…と思う」といういい方に大別二種類がある。一方は、Ich glaube daß . . . でありもう一つは、Ich denke daß . . . である。ここで前者の glaube の原形 glauben は、もともと「信じる」という意味であり、「神を信じる」というときもこの glauben を使い、その名詞 Glaube は信仰を意味する。英語の believe に相当するといってよい。他方、後者の denke の原形 denken は、「考える」とか「思う」という意味であり、英語の think に当たる。

そのさい Ich glaube daß . . . は、Ich denke daß . . . よりも控え目な言い方である。glauben の「思う」には、「信

じる」という意味も含まれているからである。denken の「思う」は、その点、より確信的に「そう思う」を意味するといっていい。

そこで、筆者の経験である。

ほぼ四〇年ほど前ドイツに二年間留学したさい、筆者は「Ich glaube daß . . .」といういい方の「私は…と思う」というのをよく耳にした。ところが、その後約二〇年経って、今から二〇年ほど前にふたたびドイツに行き、約一年間過ごしたときには「Ich glaube daß . . .」という言い廻わしはあまりきかなくなり、その代わりに「Ich denke daß . . .」という言い廻しをよく耳にした。その方が圧倒的に多かったといってよい。それに気づいた筆者は、二度目にドイツへ行ったさい知人のドイツ語・ドイツ文学（Germanistik）専攻のある大学院生にこの話をした。すなわち、「以前ドイツへ来たときは、"Ich glaube" をよく耳にしたけれど、今回きたら "Ich denke" をよく耳にする」と。すると、その大学院生微笑んでいわく、「それは、ドイツ人が傲慢（Arroganz）になったということネ」と。

これは、一見何でもないように思われるかもしれないが、しかし、ここには深い真実が含まれていると思われる。傲慢の中核は、けだしエゴにほかならない。したがって、「ドイツ人が傲慢になった」ということは、以前にましてよりいっそうエゴイズム化・自己中心化したということである。

この現象と、既述したドイツ語の Egozentrismus（自己中心主義）の新たな登場は、はたしてたんに無関係といってすませられるものであろうか。ここには、現代ドイツ人の精神性、その自己中心化・エゴイズム化のよりいっそうの激化がしかとみてとれるのではあるまいか。

ちなみに英語では、独語の glauben にあたる believe と denken に当たる think とで、ドイツ語とは真逆の使われ方をするようである。すなわち「I blieve」の方が「I think」より「思う」の意が強いというのだ。[10] この点、ドイツ人と英語圏の人間の、その精神性の違いはすこぶる興味深いが、しかしここでは主題がずれるのでこれ以上深入りしない。

いずれにせよ、この二つの例からだけでも、ドイツ人の精神性が、近年とみに自己中心化・エゴイズム化していること、それがしかとみてとれるのではなかろうか。

## ㈣　現代フランスにおける人間の極度のエゴイズム化

欧米日、とりわけフランスでは、今日フリーセックスという名のセックス奴隷増産運動が社会全体を席巻している。かくして性道徳は、もはやほぼ完全に壊滅状態といわねばならない。いいかえれば、不倫が今や社会全体に当り前に蔓《はび》こって、一夫一婦制は、事実上崩壊しているということだ。したがって、国家のトップリーダー大統領ですら、たといいくら不倫をしても、いわゆる民主主義を名乗る他国と違って政治的に何ら問題とはなりえない。じっさいその証左として、かつてのアメリカ大統領クリントンが不倫スキャンダルを起こして支持率が急落したさい、当時のフランスのある女性閣僚は、「このクリントンの不倫問題は、フランスなら何ら問題とはならない」と語っていた。不倫という言葉そのものが、おそらくフランスではもはや死語となってしまっているのであろう。かくして、今やフランスでは、いわゆる事実同棲婚が当り前で、大統領でも平然と事実同棲婚を行なっている。フランスのある新聞の女性特派員によれば、フランスでは、大統領はただ政治のことだけしっかりしていればそれでいいのだという。一見もっともな発言である。しかし、これは、いったい本当に正しいといえるだろうか。それに対する筆者の見解をのべるに先立って、欧米ばかりでなくわが日本でも最近は政治家の不倫問題、つまりはセックス奴隷化問題がいろいろ発覚しているゆえに、その点についてひとことここで言及しておきたい。

ついこの間、民進党の女性議員・山尾志桜里が、新しい党代表のもと党の要職・幹事長に抜擢されるや、あまりの嬉しさゆえに心が天にまで昇ってしまったのか、かねてからの不倫相手と密会し身を焦したところ、これを週刊誌に暴露されてしまった。

この件についてある女性は、新聞の投書欄で、「別に不倫を擁護するつもりはないが、しかし政治家は、政治的手腕があればそれでいい」とほぼこうかいていた。フランスでは、大統領は政治のことがしっかりしていればそれでいいとみなされる、というあのフランス紙の海外特派員の言葉と、これは基本的に同じものである。「政治家は、政治的能力やその資質さえあればそれでいいのだ。普段何をしていようと、法律に反しないかぎりそれはプライベートなことであり、それをいちいち論《あげつら》う必要はもうとうないのだ」と、ほぼこういうことだろう。

そこで、問いたい。いったい政治家とは、そも何か。代議制民主主義のもとでは、政治家は国民の代表ないしその意見の代弁者にほかならない。そのためには、たんに狭い意味での政治的手腕のみならず、もっと広く自分に厳しいルールを課してみずからをしかと律することのできる自己抑制力が必要不可欠なのではあるまいか。それとは逆に、自分にすこぶる甘い人間、たとえば最近わが日本で現実に起こったごとき、自分の政治的信条も何もかもかなぐり捨てて、ただ金と権力と保身のためにだけ、これまでの政敵・小池百合子率いる「希望の党」にわんさと押しかけた元民進党議員たち、こういった政治家を、いったい国民は心から信頼しみずからの代表とすることができるであろうか。いや、これは、たんに「希望の党」に乗り移らんとしたまことに情け無い元民進党議員たちにのみ当てはまることではありえない。まるで独裁者然としてかれらの思想・信条を査定した小池百合子じしんも、ごたぶんに洩れずそうである。たとえばかの女は、「民進党議員をすべて受け入れる気はさらさらない」と、その独裁者的体質の本根を思わずもらしてしまった。いや、そればかりではない。かの女の独裁者的体質は、つぎの事実からも明々白々である。小池百合子が二〇一六年一月に地域政党として活動を始めた「都民ファーストの会」の設立メンバー三人のうちの他の二人、上田令子と音喜多駿が二〇一七年の一〇月三日、この間の小池の独裁的な党運営に強く反発し離党宣言をした。東京都議選では、都議会を「ブラックボックス」だといって激しく批判し、これを徹底的に「改革」すると主張し人気を集めたそのかの女じしんが、みずからに都合のよい新たなる「ブラックボックス」を都政に作り始めているということである。いったいこれが、独裁者でなくて何だろう。

その点は、しかし、ひとり小池百合子にかぎったことではない。「自民党をぶっ壊す！」といって人気を博し、けっきょく自分に都合のいい自民党を作ったにすぎない元首相小泉純一郎然り、森友・加計学園問題でその本質を露呈した現首相安倍晋三然り、といってよいだろう、かれらは、いずれも、自分の独裁者的本質を国民から隠す自己抑制力に欠けて、つい本根をもらしたり、本根で行動し、かくてみずから墓穴を掘る格好の例といわねばならない。もっとも、かれらが自己抑制力に欠けつつい本根を出してくれるから、国民は、たとい薄々にしろその独裁者性に気づくことができるのだけれども。その点、独裁者の典型あのヒトラーは、その独裁体制を完全に敷くまでは、ドイツ国民をまんまと騙しおおした。したがって、こと独裁者にかぎっては、その自己抑制力が欠如している方が、まだ国民にとってはさいわいである。とはいえ、しかし、小泉にしろ安倍にしろ、今回の小池にしろ、その独裁的体質にしかと気づいている国民は、かならずしも多いとはいいがたい。むしろかれら・かの女を信頼している国民、その方がずっと多いといった方がいいだろう。そのかぎり、かれらの自己抑制力は、よしそのほころびが少しは表に出ているものの、まだまだ国民の眼を騙すには十分に足るものというべきである。その点は、これをしかと指摘しておく必要がある。

いずれにせよ、かくして明らかなごとく、良きにつけ悪しきにつけ、みずからを厳しく律する自己抑制力、それは政治家にとってきわめて重要な資質といわねばならない。その点はしかし、不倫についてもまた同様に妥当する。性的なことを含め自分を厳しく律することのできない人間、そのような人間は、政治家つまりは国民の代表としてまったくの失格だろう。国民が、みずからの意思を託すに足るだけの信頼に値する人間とはとうていいえないからである。じっさいフランスに、この間本当にすぐれた大統領が、そもどれだけいたことだろう。フランス国民を真に大切にしこれを幸せにできた大統領は、いったいひとりでも存在していたといえるだろうか。皆無といってよいのではあるまいか。その証左としてフランスは、このところずっと衰退の一途をたどっているのではなかろうか。その間隙をぬってルペン率いるあの極右政党・国民戦線が時と共にその勢いを増してきたのではあるまいか。

いや、政治家の堕落は、たんにフランスにのみかぎったことではない。今の世界全体を見渡して、いな、そもそも古今東西真にすぐれた政治家がいったいどれほどいたことだろう。ほんの数人といってもいいのではあるまいか。政治家とは、ひっきょう権力衝動的エゴイストにほかならず、この自分の本質をみずから抑制し律することのできる人間は、ほぼ皆無といってよいからである。

とはいえ、しかし、そうはいっても、プラトンの主張したごときいわゆる哲人政治がよい、といっているのではさらさらない。プラトン自身がそれで失敗したように、哲学者としていくらすぐれていても、政治家としてもまたすぐれているとはかぎらないからである。政治家には、政治家に特有の資質というものも当然ありうるだろう。が、しかし、たとい政治家としての資質に恵まれた人間でも、政治家はそのほとんどが権力衝動的エゴイストにほかならない。たいていは、そういう人間が、政治家を目差すからである。だから、政治家は、けっきょくは自分の権力の維持・拡大しか考えない。とするならば、政治を真に国民のためのもの、つまりは民主的なものとするには、いったい何が必要だろう。けだし、それは、よし権力衝動的エゴイストではあっても、すぐれた政治的資質をもった人間はこれを登用しつつ、しかしそれに対しこれをつねに傍から見張り、抑制する人間、かくして国民の生ける眼となる人間、つまりは私利私欲からできるかぎり解放された真に道徳的な人間、そういう人間たちから成るグループをしかと配置する、そういう政治制度を確立することである。しかしながら、この点については、ここでのテーマからあまりにも逸れるので、これ以上は立ち入ることを控えたい。ただ、しかし、それは真の民主主義成立ためには必要不可欠のものであること、その点はここでしかと強調しておかねばならない。そうして第七章の八で、改めてこの問題に触れること、それをここで予告しておく。

ところで、政治家は、国民のリーダー（指導者）というだけでなく、同時にまた他方では国民の模範者としての面もあるといわねばならない。ただひとえに自分の私利・私欲、権力の維持・拡大をのみ考える人間に対し、国民はいったい本当にこれを信頼し、みずからの意思を託すことができるであろうか。現実には、しかし、たしかにその傾向が一般的である。国民大衆は、政治家の口車にたしかに乗せられやすい。あのヒトラーがいみじくも看破したように、大衆は、たしかに忘れやすく騙されやすい。けだし政治家の大半は、内心ヒトラーを師と仰いでいるのではなかろうか。ヒトラーの大衆操縦手法を、手をかえ品をかえ取り入れている政治家が、今日でも何と多いことだろう。が、しかし、そのような政治家は、真に民主的な社会の政治家とはいいがたい。よし権力衝動的エゴイズムを内包しつつも、よい意味でこれをみずから抑制しつつ、一定の模範者としても振舞うことのできる人間、それこそ本当の民主主義社会の政治家といわねばならない。たといそうであっても、しかし、これを傍らでしっかり見張り、その権力衝動の発現をしかと抑えるべく国民全体の生ける眼となる人間、政治家よりいっそう、否できるかぎり道徳的にすぐれた人間、そのグループはやはり必要不可欠といわればならない。

かくして明らかなごとく、政治家は、たんに政治的資質のすぐれたリーダーというだけでなく、同時にまた模範者としての面も一定程度もつことのできる人間でなければならない。その点、性欲についても同様にあてはまる。自分の性欲をコントロールできない人間、それに政治家としての資質はもうとうありえない。したがって、不倫を平然と犯す人間、そのような人間に真にすぐれた意味での政治家としての資質があるとはとうていいえない。ましてやトップリーダー、つまりは大統領や首相ともなれば、その点なおさらである。

しかしながら、フランスは今や、不倫が当り前のごとくなっている。大統領ですら、これを平然と行なっている。しかも、それが、何ら政治的問題として俎上に載せられることもない。かつてフランスで二期一四年間大統領をつとめたミッテランは、その激しい不倫を記者に指摘されたさい、「エ・アロール（それがどうした！）」と平然と答え、何ら問題とはなりえなかった。いわゆる民主主義を名乗る国々で、これなど、恐らくフランスが唯一の例外とはいえまいか。フリーセックス発祥の地あのアメリカですら、クリントンは、その不倫スキャンダルでその支持率を急落させてしまったのだからである。

それはともかく、こうして明らかなように、フランスは、今や不倫のいわば大前提としての一夫一婦制そのものが、既述したごとくその根本から揺らいでしまっている。いや、それはかりではない。事実同棲婚によるパートナーの取っ替え引っ替えが、おそらく当り前のこととなっているのではなかろうか。

ちなみに、筆者が四〇年ほど前に二年間ドイツに留学したさい、当時のドイツでも、主として若者のあいだではすでにそれに近い状態が現前していた。若者の約五〇%はもはや結婚をせず、事実同棲婚で、しかもそのパートナーを頻繁に替えていた。約二〇年前ふたたび渡独したさいには、こんな現象が現われていた。すなわち、ふだんは別々に暮らしながら、ただ会いたいときにだけ会う、といういわば別居婚にほかならない。これなど、人間のエゴが、その果てにまで極まったとしかいえないのではあるまいか。人間がふたり一緒に暮らしていれば、当然にエゴとエゴがぶつかる状況が生まれるが、しかし、そこをたがいに折り合ってこそ初めて同棲は可能なのである。その同棲すらもはやしないとなると、いやできないということは、エゴがそれほど極端に肥大化してしまっているということだろう。しかし、この傾向は、おそらくドイツにかぎったことではない。今日欧米の多くの国々で、少なからず見られる現象とはいえないだろうか。いや、わが日本でも、かつて「週末婚」というテレビドラマが人気を博した。これは、もとよりドラマの世界のことではあるが、その作家は、そのヒントを欧米社会に得ていたのではなかろうか。

いずれにせよ、だから、まさにそれだからこそ、フランスでは、政治的トップリーダー大統領に対してすら、国民はその点の厳しさを何ら求めないのであろう。それほどに事実同棲婚や不倫、あるいは別居婚が横行し、かくて一夫一婦制を前提とした性道徳は、いわば壊滅してしまっているということだろう。これは、いわば群婚的なチンパンジーの世界に似ているといっては誤りだろうか。要するに、家族形態の進化というよりむしろ退化というべきではなかろうか。

とまれ、ここでもっともその皺寄せをうけるのは、とりもなおさず子供にほかならない。今日フランスでは、女性は子供を産んでくれればいい、生まれた子供は社会で育てる、などといわれたりする。その意味するところは、けだし一夫一婦制がその根本から崩れ、いわば群婚制に近づいているということではないのだろうか。いったいそれで、子供は本当に幸せになれるのだろうか。人類は、第三章で詳論するごとく、悠久の昔から一夫一婦婚をとってきた。人類のそのとてつもなく長い歴史からみるならば、今ここで一夫一婦制に代わって擬似群婚制に移行すること、それは、少なくとも子供にとってとうてい幸せとは思われない。なぜなら、出産周期が比較的短く妊娠期間の長い人間にあっては、たとえば類人猿のチンパンジーやゴリラのごとく、母親が生まれた子供に二年間にもおよんで片時も自分の身から離さない、という子育てはとうてい不可能である、が、かといってよし財政的・制度的にはいくらそれを整えても、いわゆる社会が生身の人間の保護者に完全に取って替わることはゆめにも不可能といわねばならないからである。その点をもう少し詳しくいうと、人間の赤ちゃんには、不安で泣き出すという現象がある。たとえば、自分の信頼できる大人が、自分の視界から消えたときなどがそれである。けれども、チンパンジーやゴリラのばあい、赤ちゃんが不安で泣き出すということはありえない。いつも母親に抱かれて身を任せきり安心しきっているからである。その点で、不安になることがないからだ。不安で泣き出す必要が、ほとんどまったくないということである。ところが、人間のばあいは、そうはいかない。母親にしろ誰にしろ、約二年間も片時も離れず生まれた赤ちゃんの世話をすることなど、かりそめにも不可能であるからだ。だから、人間の赤ちゃんは、不安になると泣いて自分の生命の危機を、誰か信頼できる人間に報らせんとするのだ。その点から推測すると、赤ちゃんの心の安定を保ったり後々の情緒不安定などの障害を予防するには、けだし二歳くらいまでは特定の大人による安定した世話が必要不可欠というべきだろう[11]。保育士では、そこまでの世話はほぼ不可能といわねばならない。保育士は、ひとりで複数の子供の世話をする必要があり、保護者のごとくいわばマン・ツー・マンで子供の面倒をみることなどできはしないからである。したがって、たといいくら「社会」で子供を育てると言い張っても、二年にもおよぶ長い期間赤ちゃんを安定して世話する保護者の代わりなど、少なくとも十分には「社会」にできはしないであろう。したがって、保護者の愛情を十分に受けることなく「社会」によって育てられた子供は、たとえば情緒不安などの障害を抱え、かくて健全な大人として成長することは、はなはだ困難といってよいのではあるまいか。

それはともかく、欧米日、とりわけフランスでかかる性的カオス状況が生まれた背景、そこには、後述するごとき現代フェミニズム運動の主導するあのフリーセックスの蔓延がある。そのさい、欧米日型フェミニズム運動の唱えるフリーセックスとは、とりもなおさずエゴイズム的なセックスの「自由」にほかならない。要するに、好き勝手につぎつぎとパートナーを替えてセックスするということである。よし自称フェミニストたちが、自分たちはそんなことなどただの一度もいった覚えはない、と弁解しても、しかし、事実のうえではたしかにそうなっているといわねばならない。かの女ら・かれらの主張するフリーセックスのフリー、つまりは「自由」の意味が、かの女ら・かれら自身にまったく理解されていないからである。自由を、たんなる勝手気ままな恣意・放縦と完全に誤解してしまっているからである。かくて自称フェミニストたちは、エゴを、少なくとも性にかかわるかぎりでのエゴを、われとも知らず世界に拡散させてしまったのである。その罪は、しかしすこぶる重いといわねばならない。

いずれにせよ、ここにも、すなわちフリーセックスの蔓延という意味でも、現代の欧米日、とりわけフランスにあっては、人間のエゴイズム性の果てしなさが、しかと見てとることができるといえよう。

翻って思えば、周知のごとくフランスは、近代主義精神のスローガン、自由・平等・友愛の発祥の地にほかならない。ところが、この自由とは、かりそめにも真なる愛にもとづく自由とは裏腹のエゴイズム的な自由、一見自由の顔をしたそのじつ果てしのない不自由、いわば自縄自縛の我意の自由といわねばならない。資本主義的自由とは、まさにそういうエセ自由にほかならないからである。かくしてフランスは、今や、かつてみずからがスローガンとした自由のその悪しき正体を、はしなくも自己自身的で暴露したということである。

こうして明らかなように、今日フランス人は、極度のエゴイズムに陥ってしまっている。その点は、しかし、以上のべてきたこと以外の諸現象をみても、またほぼ明らかである。

まずその第一は、ＩＳ支持者によるあのシャルリー・エブド襲撃事件に対する、二〇〇万人ともいわれる驚くべき数の人々による、シャルリー支持の反テロ集会デモである。このテロ事件は、けだしシャルリー・エブドによるいわゆる表現の自由のすこぶる悪質なエゴイズム的使用を引金として惹起されたものである。ところが、フランス人の圧倒的に多くの国民は、シャルリー・エブドのこの極度のエゴイズムを完全に肯定してしまったのである。すなわちそれは、フランス人の多くが、果てしなきエゴイズムに冒されてしまっているということにほかならない。たといあまりに残忍なテロへのショックがいかに大きかったとしても、しかし、だからといって、シャルリー・エブドのあの極端に悪質なエゴイズム、表現の自由のエゴイズム的悪用、それはゆめにも容認されうるものではない。ところが、そのシャルリー・エブドに同調したということは、フランス人の多くが激しいエゴイズムに深く冒されてしまっていることの何よりの証左といわれねばならない。

さて、フランス人におけるエゴイズムの果てしなき激化を示すもうひとつの事実は、反移民・反難民・反イスラームなどを掲げる極度にエゴイズム的な新ファシズム運動、それを主導するマリーヌ・ルペン率いる国民戦線、その支持者が今日フランスで日増しに急増しているということである。新自由主義的グローバリズムで、たといいかに自分が窮乏し絶望の淵に立たされたからといって、しかしそのやり場のない不平や不満、怒りの矛先を、自分たちよりより弱い移民や難民に向けるなど、ゆめにも許されるものではない。そこにあるのは、ただただ果てしのないエゴイズム以外の何ものでもない。かれらは、自分たちの真の敵を、新自由主義的グローバリズムを主導する巨大企業やそれを率いる強欲資本家として正しくとらえることに失敗し、移民や難民をその敵と勘違いしてしまっているのである。いや、そのように狡猾に誘導・洗脳されてしまっているといった方がよい。その敵を反ＥＵとして一見正しく見てとっているようでいて、しかし知らず識らずのうちに移民や難民に対する攻撃へと、その視線を逸らされてしまっているのだ。たといＥＵを離脱し移民や難民、イスラーム教徒を排斥したからといって、それでかれらが、その絶望的な窮状から救われることなどほぼありえないだろう。かれらのその困窮の真の根因は、このあとのとエピローグで詳論するごとき現代資本主義そのものの限界にほかならないからである。それはともかく、たといいかに洗脳され騙されているとはいっても、反移民・反難民に熱狂するかれらの度しがたいエゴイズム、非主体的エゴイズム、それが少しでも薄められるわけではない。

ちなみに、昨年の大統領選で、なるほど国民戦線の党首ルペンはマクロンに敗れはした。が、マクロンといえども、必ずしも国民の多くの支持を受けているわけではありえない。したがって、その政策の成否如何では、ふたたびルペンが脚光をあびる可能性、それは大いにありうることといわねばならない。

いずれにせよ、以上のべてきたことから明らかなごとく、現代フランス人は、極度のエゴイズムに陥ってしまっているといって恐らく間違いないだろう。

## ㈤　現代世界全体における人間の極度のエゴイズム化

さて、つぎに、現代世界における人間の度しがたいエゴイズムの激化をいろいろな社会現象のなかに探ってみたい。まず第一に、今日日本を含めいわゆる「民主主義」先進諸国に広く等しくみられる「いじめ」なる現象に注目したい。いじめとは、けだしこの途方もないストレス社会で生きる子供たちの心に鬱積・鬱屈したやり場のない不平や不満、怒りや悲しみが、そのさけがたい吐け口として表に現われたものだろう、が、しかし、たといそうだとしても、自分より弱い者を卑怯にも複数で肉体的・精神的に虐待し、時には死にも到らせるということ、それは、何といっても極度のエゴイズム、ひっきょう「自分さえよければいい」「他人はどうなっても構わない」というエゴイズムの極限、それがたしかにからんでいるといわざるをえない。

そのさい、既述したごとく、子供世界のいじめが、大人社会、すなわち個々人をバラバラに解体しつつこれに弱肉強食的「自由」競争を強い、かくて日夜暴力的エゴイズム化を助長させる資本主義下の大人社会、その大人社会におけるサービス残業の強要とか下請けいじめとかといったいじめ、それの子供社会へのさけがたい反映だとしたら、現代世界のこの極度のエゴイズム化は、たんに子供の世界だけのことではなく、むしろ大人の世界に深く突き刺った棘、いや鋭い刃というべきだろう

したがって、ここで明らかなのは、過度のエゴイズムが今日世界全体、いなとりわけ「民主主義」先進諸国にあっていかに普遍的な現象となっているか、ということである。

さて、つぎに、現代人の膨脹したエゴイズムを証示する第二の社会現象は、今日日本やアメリカで多くみられるいわゆるモンスター・ペアレントなるものの現出である。そのさい、モンスター・ペアレントとは、自分の子供のことで学校教師に無理難題を押しつけたり、理にまったく合わない苦情をもちこんだりする親たちの謂いにほかならない。そういうモンスター・ペアレントが今日多数現われ、学校の教師をひどく困らせていること、それは、もはや周知の事実であろう。

これもまた、資本主義社会のなかで個々バラバラに解体され自分の殻のなかにのみ閉じ籠った大人たち、かくて近所付き合いや地域社会とのかかわりあいもただ煩わしいとのみ感じるようになった大人たち、こうして地域共同体がほぼ壊滅し孤立した大人たち、そういう大人としての親たちが、このエゴイズム化をさけがたくさらにいっそう激化させたものといってよいだろう。

現代人の極端なエゴイズム化を証しするものとして、また、近年アメリカや日本で広くみられるようになったストーカー（stalker）なる現象があげられえよう。そのさいストーカーとは、「精選版　日本国語大辞典」によれば「自分が関心を抱いた相手を、一方的に病的な執拗さで追いかけ廻し、つきまとう」人間の謂いだが、昔ならたとい誰かを好きになったとしても、その相手に交際を断られたら、いくら悲しくつらくてももうそれで諦めた

ものである。ところが今や、たとい相手に振られても、簡単に諦めないどころか、逆にこれに付きまとい、時にはその相手が自分の「真摯な愛」を受け入れてくれないといって逆上し、かくてこれを殺害したりすることすらもある。いったい、これは病気というべきなのであろうか。しかし、もし病気でないとしたら、これほど自分勝手なエゴイズムはほかにないといわざるをえまい。

さて、つぎに、現代世界における人間の極度のエゴイズム化について、これを経済現象のなかに探ってみたい。そこでまず挙げられうるのは、あの「パナマ文書」や「パラダイス文書」で一躍有名となったタックス・ヘイブン（租税回避地）の問題である。世界の大富豪や政治家・権力者、あるいは大企業の少なからずがタックス・ヘイブンを利用して、本来なら自国へ納めるべき税金納付を回避しているということ、これもまた明らかに、かれらが極度にエゴイズム化している何よりの証左というべきだろう。同様に、法人税や所得税を、大幅に引き下げて世界の富裕層を自国に呼びこんでいるたとえばシンガポールの誘いにのって、そこへ移り住む世界の富裕層、これも、その点まったく同じといわねばならない。

あるいはまた、二〇〇八年のリーマン・ショック、それに端を発する国際金融危機に到るまで、そのほぼ三〇年間グローバル・マネーゲームに走ってついに世界を大混乱に落し入れた大資本家たち、そうしてその後ふたたび息を吹き返している大資本家たち、かれらの「強欲（greed）」の核にあるもの、それも改めていうまでもなく果てしのないエゴイズムといわねばならない。

かくして、今日世界では、上位六二人の超大富豪の総資産一九四兆円が、下位三六億人の所得に相当するという[12]。これは、現代世界が極度のエゴイズム、超大富豪たちの果てしなく膨張したエゴイズムによって深く侵食されていることの何よりの証左といって間違いないだろう。

さて、つぎは、今日の最先端科学技術のうちに潜む「無意識の偽善」（サルトル）にして、そのじつはしかし傲岸不遜なエゴイズム、それとのかかわりにおける現代人の非主体的モノ化について、それを力のかぎり究明してみたい。

今や「難病の治療」とか「不妊夫婦の切実な思い」、あるいは「遺伝病防止のため」とかといった大義名分のもと再生医療や生殖補助医療あるいは遺伝子技術はすべて何でも許される、といった状況である。たとえば、生殖補助医療の分野では、「生命の選択」にも事実上すでにかかわっている体外受精や出生前診断、あるいはまた富裕層による貧困女性の性的搾取ともいうべき代理母がほぼ当り前となっている。かたや、遺伝上三人の父親と母親をもつ子供の出産も、その胎児の思いや権利は完全に無視されたままほとんど何ら抵抗感なく進められている。いや、そればかりか、デザイナーベービーないしオーダメイドベービーやさらには人間そのものですら人工的に作り出すことが可能にされ、少なくとも技術的には可能となっている。じっさいにマウスの世界では、iPS細胞を使って新たなマウスが人工的に作られている。

いったいこれは、現代人の途方もないエゴイズムではないのだろうか。とりわけ大人や富裕層、いやその背後に頑と位置する今日の最先端科学技術、それの傲岸不遜なエゴイズムではないのだろうか。

この点を、つぎに出生前診断を例にしてもう少し詳しくみてみよう[13]。

イギリスでは、体外受精を始め生殖補助医療や遺伝子技術、あるいはクローン技術といった最先端科学技術を大ていいつも他国に先がけて国で認可しこれを実施している。けれども、これは、「この世界から苦しみを取り除く」という美辞麗句のもとの「無意識の偽善」（サルトル）、つまり、それと自覚されてはいなくとも、しかしそのじっさいにおいての偽善、かかるものとしての極度のエゴイズム、それに深く冒されているのだといってはいいすぎだろうか。

この点について、みずからがダウン症の子の母であり、まさにそのことによってドキュメンタリー番組「ダウン症のない世界?」を制作したサリーと共に以下で考えてみてみたい。

サリーによると、イギリスには出生前診断でダウン症と診断された妊婦が相談できる施設はたったひとつしかない。しかも、フルタイムのカウンセラーは、五人のみ。しかも、その責任者いわく、「これらのスタッフは、ダウン症について最新の情報に精通しているわけでもない」。いったいこれで、どれだけ緻密なカウンセリングができるというのか。ダウン症の子供を孕んだ妊婦にとってまったく不十分であることは論をまたない。

それはともかく、この責任者に対してサリーが、「かりに私がダウン症児をお腹にもつ妊婦だとして、その子が生まれてきてからの教育のことについて尋ねられたら、どう答えますか」ときくと、その責任者は、「わたしたちは、はっきりとは答えません。そして中絶する気はありますか、ときく」という。これをきいてサリーは、少なからずショックを受ける。なぜなら、サリーの質問は、中絶のことなど何もいっていないのに、その責任者の答えは、妊婦を中絶へと誘導するものだったからである。

いったいここには、ダウン症児はすべからく中絶すべし、といった考え方がすでに最初に前提されてしまっているとはいえないだろうか。はたしてこれで、妊婦に対する正しいカウンセリングといえるだろうか。

よし少ないとはいえ、この一件から垣間見えるイギリス社会とは、障害者はすべからく排除すべし、といった本音が暗黙のうちに前提されてしまっているとはいえないだろうか。もしそうだとすると、これは、とりもなおさず、いわゆる健常者による障害者差別、つまりは障害者への傲岸不遜なエゴイズムとはいえまいか。そうして、それは、あのヒトラー・ナチズムの優生思想と軌を一にするものとはいえないだろうか。かくして、出生前診断は、「この世界からあらかじめ苦しみを取り除く」といった一見麗しくスマートな大義名分のもと、そのじつあの野蛮極まりないヒトラー・ナチズムとその根本において同じことをしている、少なくともそれに手を貸しているとはいえまいか。一方は、すでにこの世に生を享けた障害者への暴力、他方はいまだ胎児としての障害者への暴力、という違いがあるとはいうものの、その根本にある考え方は、けだしまったく同じものといってよいのではあるまいか。*

＊　今から約一年前相模原市緑区の障害者施設「津久井やまゆり園」で入所者一九人が殺害され、二七人が重軽傷を負ったいわゆるやまゆり園事件の被告の供述「障害者なんていなくなればいい」といった考え方、その背景には現代の日本を含む世界全体の優生思想的風潮、エゴイズム的な効率主義や排外主義という形をとって現われた新たなる優生思想的風潮が頑として横たわるものと思われる。そのさいそれは、出生前診断で陽性と診断された母親たちの判断や選択にも、それとは知らず暗い陰を大きく落としているとはいえないだろうか。たといダウン症の子供を育てることへの大きな不安や、その子供への「思いやり」、つらく苦しい人生を歩ませてやりたくはない、といった「思いやり」があったとしても、だ。

それはともかく、ここで一言付け加えておくならば、上述の障害者虐殺事件の被告は、「障害者などこの世に不幸を生みだすだけだ」とうそぶいたけれども、これが植松個人のたんにエゴイズム的偏見にすぎないこと、たとい障害者といえどもこの世に大いなる幸福をもたらしうること、それは、NHKスペシャル「亜由未が教えてくれたこと――障害者の妹を撮る」やBS世界のドキュメンタリー「僕が世界で生きる価値」をみれば、それだけでも十分に明らかである。それればかりではない。その点は、これは、脳性麻痺の男性ヤコブが、自分を主人公として制作したものである。第五章二の㈢「イエスと水俣――幸福という逆説と『近代の闇』」の項を一読していただければ、なおいっそう明瞭となるだろう。

ところで、ダウン症の子供を授かったサリーは、こう語る。

「今ではオリー（ダウン症の息子さん）の存在が自分の人生や家族をより良い方向に変えてくれたと実感している。でも、出産前に生まれてくる子がダウン症だと判明していたら、自信をもってオリーのいる人生を選択できたか分からない」。

「出生前診断でいろいろなことがあらかじめ分かって選択できるようになったことが、世間でいわれているようにすばらしいことなのかどうか、今は分からない」。

「(産むか産まないのかの)選択を積み重ね、私たちはどこに向かうのか?」。

けだし、この最後のサリーの問いは、すこぶる重い。ちなみに、筆者の知人にも、お子様がダウン症の方がいる。その方(父親)もまた、このサリーと同じくその本心として「(その子がいて)わが家は幸せだ」と語っている。

こういった数少ない事例からだけでも、今日の最先端科学技術が必ずしもひとに幸せをもたらしているとはかぎらないこと、かつて人間に幸せをもたらすものと信じられてきた科学技術が今では必ずしもそうなってはいないこと、いやむしろ新たなる苦しみを引き起こしていること、それはほぼ明らかとはいえないだろうか。少なくとも出生前診断では、胎児がダウン症かどうかあらかじめ分かるようになって、幸福どころかかえって不幸ないし苦しみがふえてしまったとはいえまいか。

この件についてアイスランドのばあいをつぎにみてみたい。

サリーによると、アイスランドでは、障害者へのケアがもっともすぐれているというのに、出生前診断で陽性と診断された妊婦のなんと一〇〇%が今や中絶を実施しているという。

もとより妊婦にとって胎児がダウン症と判明したばあい、これほどのショックはほかにないだろう。筆者とて、かりに同じ立場に立たされたなら、産むか産まぬか、このうえなく激しく苦悶することだろう。それでも出生前診断は、人間に幸せをもたらしたといえるだろうか。むしろその逆の不幸をもたらしたとはいえまいか。あるいは、たといそのときは苦しんでも、それは、そのダウン症の胎児が生まれてきてからの苦しみに比べたらはるかに少ないとでもいうのであろうか。だが、しかし、サリー自身が経験しているように、一旦生まれてしまったら、もしそこにいかに大きな苦しみが伴っていようとも、しかしその苦しみをも含めてそれらをすべて幸せとして肯定できるということも現にありうることなのだ。

それはともかく、出生前診断で陽性と判明した妊婦の中絶率が一〇〇%というのは、どういうことだろう。この数字は、いったい何を意味するのだろうか。ダウン症という障害者――かりにこれを障害だとしたら、だが。ちなみにサリーは、ダウン症は病気ではなく、人間の特性だと思う、といっている――の完全な抹殺なのではないのだろうか、かくして、ここには、いまだ胎児の段階での排除であるとはいえ、そうしてそこにはまた大ていい耐えがたい苦しみが相伴っているとはいえ、が、にもかかわらず、ほぼ二五万人にもおよぶ障害者の虐殺へと導いたや、既述したごときあのヒトラー・ナチズムの優生思想や、「断種法*」に深く相通じるものがあるとはいえないだろうか。

＊ ヒトラー・ナチスはまた、優生思想にもとづいて、障害者の人体実験や安楽死をも行ない、さらにそれらの人々に対し断種法をも制定した。さらに断種裁判所も創設し、本人の同意なしに強制的に断種、つまりは自分の子供を作れないようにした。こうして一九四五年までに、およそ四〇万人が強制的に断種された。これは、当時のドイツ国民の二〇〇人に一人というほどの数であった。

この頃は、世界的に、断種つまりは不妊手術を進める大きな流れがあった。こうした流れにあって、断種法が初めて制定されたのは、意外にもナチス・ドイツではなく、「民主主義」国家アメリカのインディアナ州であった。ナチスは、むしろその当時の断種先進国アメリカに追いつかんとしたのである。わが日本にもまた、ごたぶんにもれずそのたしかな動きがあった。

これらの動きの背景にあるのは、当時世界的ブームであった優生学にほかならない。劣った人間は、その種を断ち、たたずぐれた人間の種のみを生かしてゆくべきだ、という考えにほかならない。こんな野蛮な考えが、科学の名のもとに正当化されていたのである。

とはいえ、しかし、当時優生学が世界的ブームであったといっても、それはけだし社会進化論やそれにもとづく医学を中心としたいわゆる科学者の内部にかぎられていて、一般市民の関知するところではなかったであろう。原爆開発と同じく専門バカ的科学者が、時としていかに空恐ろしいことを断行するか、それは、その格好の例といわねばならない。

それはともかく、ナチスは、病人や障害者を徹底的に排除せんとした。その延長線上に、ユダヤ人約六〇〇万人の大量虐殺もある。ヒトラーいわく、「ユダヤ人は、あらゆる欠陥をもった劣等人種である」からだ。かかる考えのもとに、ユダヤ人を徹底的に排斥せんとして、一九三五年には血統保護法を制定した。これを機に、優生学にもとづく政策がつぎつぎと打ち出されていったのである。

では、ユダヤ人とはいったい誰か。どんな人種的特徴を有しているのか。が、この問いに答えることは、ほぼ不可能に近いのだ。なぜなら、紀元一世期終わりにユダヤ王国が亡んで以来、ユダヤ人は世界に拡散し、そこここの人々と混血してしまっているからである。かくして、ユダヤ人を、これとして特定することは、ほぼ不可能に近いのである。ナチス自身も、ユダヤ人を明確に特定する方法はこれを有していなかった。ところが、驚くべきことに、そんなあいまいな状態で、「ユダヤ人」大量虐殺は敢行されたのである。

ところで、そんなときにナチスの前に現われた人物、それが著名な人類遺伝学者フェアシュナーであった。フェアシュナーは、ユダヤ人の特徴を科学的に確定できると考えた。その考えにもとづいて、一九三八年には、『ユダヤ人の人種生物学』という本も著わしている。こうしてかれは、ドイツ民族の特徴を保存するべくユダヤ人を隔離・殺害することの必要性を主張した。かくして、ユダヤ人根絶にも、積極的に手を貸した。要するに、フェアシュナーは、ナチスによるユダヤ人の隔離・殺害を「科学的」に正当化したのだ。

そこで、フェアシュナーは、血液テストでユダヤ人を特定できるのではないか、と考えた。が、そのためには、ユダヤ人はもとより、いろいろな人種の血液が必要となる。そこへ、好都合なことに、弟子のヨーゼフ・メンゲレが、アウシュヴィッツ強制収容所に赴任することとなった。もとよりアウシュヴィッツとは、ポーランド人やソ連軍捕虜など一四万人が収容されていた最大の強制収容所にほかならない。かくして、アウシュヴィッツ強制収容所の医師となったメンゲレは、フェアシュナーの命令のもと、ありったけの血液を集めた。ある人は、一日に二度も三度も血液をとられた。もとより、拒否は、許されなかった。またある人は、血液がなくなるまで採血され、まるでしぼんだビニール袋のようになって倒れた。そのうちメンゲレは、フェアシュナーが興味を示すと思われる眼球や内臓、骨格も集めようとして、収容所の人々の殺害を始めた。こうして、ユダヤ人大量虐殺は、始まったのだ。

それはともかく、フェアシュナーとナチスは、たがいに利用し合う関係にあった。科学者は、自分の研究のために大きなスポンサーが必要である。他方ナチスにとっても、科学者、とりわけ高名な科学者のお墨つきは、自分の政策遂行にとても好都合であるからだ。

一九四五年五月七日、ナチス・ドイツは連合国の無条件降伏を受け入れ、同年七月二七日、アウシュヴィッツ強制収容所は解放された。そのさい、フェアシュナーは、自分に不利となる書類をすべて廃棄し、証拠隠滅を図った。フェアシュナーは、連合国の尋問を受けたさい、「アウシュヴィッツの出来事は何も知らなかった」と証言し、六〇〇万ライヒスマルク、およそ四五万円の罰金のみで許された。それればかりではない。驚くべきことにフェアシュナーは、研究者としての実績が高く評価され、一九五一年には名門ミュンスター大学に迎え入れられた。こうして、新設された人類遺伝学研究所の所長に就任し、科学の世界に返り咲いた。しかも、その翌年には、ドイツ人類学協会の会長にまで昇りつめた。その後フェアシュナーは、自分の過去については一貫して沈黙を守り、学会トップの座に居すわりつづけた。敗戦から二三年が経った一九六八年、フェアシュナーは、故郷ゾルツで休暇を過ごしたその帰り道、車にはねられ意識不明の重態に陥った。昏睡状態は、一一カ月つづき、家族に見守られながら、この世を去った。学会から尊敬を集め、家族に慕われた戦後の人生だった。(14)

これは、いったい何と不条理な話であろう。悪逆非道の科学者が、その罪をほとんど問われることなく、その死に到るまで栄光の日々を送ったというのであるからだ。しかしながら、そういったことは、ひとりフェアシュナーにのみかぎられたことではない。ナチス・ドイツのもとでミサイル研究に携わった科学者たちの多くは、敗戦後ソ連に渡り、そこでふたたびミサイルや宇宙開発に携わりとても優雅に暮らしたのである。いやたんに他国の科学者にのみかぎられたことでもない。わが日本でも、日中戦争時、陸軍の七三一部隊でこれと基本的に同じことが起こっている。東大や京大など著名な大学の著名な医師たちの多くが満州のこの七三一部隊に配属され、ここで、科学の名のもとに、中国人捕虜の人体実験を繰り返したあげく、敗戦後は逸早く日本に帰国しその責任を免れてしまったからである。こういったことはしかし、たんに遠い過去の出来事というのでももうとうない。今やふたたび、防衛研究その他の名のもとに、アメリカ国防省や日本の防衛省から、日本の科学者にも、「研究費」の提供というすこぶる甘い誘いの言葉が、手をかえ品をかえささやかれているからである。この点、科学者の一人ひとりが、過去をつぶさに振り返り、このような非人道的な過ちを二度と繰り返さないように、深く深く心にとどめる必要がある。

いずれにせよ、かかる事実から得られる教訓は、科学といわれるものの一面の空恐ろしさにほかならない。一旦科学という刻印が押されると、誰もかれもこれを信じて、そのおかしさを何ら疑おうとしなくなってしまうからである。こうして現実に起こった事件、それがとりもなおさずあのヒトラー・ナチズムによる、ユダヤ人・障害者に対する大虐殺であり、またその後者への断種の強制であったのだ。かくして今日われわれは、現代世界をあまねく覆う科学万能主義を前にして、それが果たして本当に正しいのかどうか、つねに懐疑の眼をもってこれを注視するのでなければならない。

それはともかく、最後に一言つけ加えておくことがある。フェアシュナーのこのような「研究」に何かおかしい、と内心思った科学者も、恐らくいるにはいたことだろう。が、しかし、かれのバックには、あの狂暴なナチスが頑として存在していた。だから、その疑念をあえて口にすることは、もとより身の危険を犯す行為であった。かくして、誰もが、けだし口をとざしてしまったということである。

したがって、ここから得られる第二の教訓は、そうなってから、つまりものがいえなくなってからではもう遅い、ということである。より具体的にいうならば、ヒトラー・ナチスにより全権委任法が強行制定され、国民のあらゆる基本的人権が奪われ、完全なる独裁体制が敷かれてからは、もうドイツ国民は何もいえなくなってしまったということである。いや、わが日本の戦前・戦中の天皇制ファシズムも、その点まったく同様である、たとえば国民総動員法が制定され、治安維持法が猛威を振い出してからは、日本国民はもはや口を閉ざさざるをえなくなってしまったのである。

今の日本では、一見ソフトで、しかしそのじつきわめて凶暴な安倍自民党政権のもと、かの治安維持法の再来かとも思われる「共謀罪」法が採決強行され、さらにそれに飽きたらず、あのヒトラーがその独裁体制を強行するさいとった大統領緊急令と基本的に同じ緊急事態条項が憲法明文化を画策されている。さらにまた、安倍と基本的に同じ独裁的体質の小池百合子が、よし結果的には失敗に終わったとはいえ、しかし新たに「希望の党」という名の「絶望の党」を立ち上げ、安倍に代わってふたたび日本国民をファッショ（束）的に総動員せんとした。また世界を見渡しても、自国第一主義を唱えるトランプ・アメリカが誕生し、ヨーロッパでもそれとまったく同様の（極）右諸政党が、大衆の多くの支持をかちとっている。ここに、かつてのドイツや日本のファシズムと同じ危うさ、それを感じるのは、ひとり筆者のみというべきだろうか。あの徹底したエゴイストにして人種・宗教・女性差別者トランプが、数千発の核のボタンを押す最終権限を一手に握ってしまったということ、そこに現代世界の底知れぬ危うさが、まごうかたなく象徴されているとはいえまいか。

それはともかく、ここに、すなわち出生前診断でダウン症児をあらかじめ排除するという、そこに現代世界の「無意識の偽善」、その陰に隠れた極度のエゴイズムをしかとみてとるのは、ひとり筆者のみというべきだろうか。もとより個々の妊婦がそうだというのではもうとうない。そうではなくてかの女・かれらを取り巻く現代の最先端科学技術が、そうしてこれが組み込まれた今日の社会全体が、極度のエゴイズム、とりわけいわゆる健常者や大人たちの傲岸不遜なエゴイズムによって知らず識らずのうちに蝕まれ、色濃く染め抜かれてしまっているのではないか、ということである。出生前診断で、その一端がはしなくもさらけ出されたのだとはいえまいか。なんとなれば、今後出生前診断がさらに進んで、たんにダウン症だけでなくその他の先天性遺伝子異常があらかじめ検査可能となったなら、これら先天性遺伝子異常児も今日のダウン症児と同様に前もって排除されてしまう可能性がはなはだ大きいと思われるからである。いやこれは遠い未来のことではなく、今すでに現在進行形ともいいうることなのだ。じっさいアメリカでは、ラジーブ・カーンが自分の子を使って胎児のDNA解読を実施して大いなる物議をかもした。もしその胎児のDNAに異常があれば、これを中絶させていたということだろう。

こうして明らかなように、遺伝子解析がこのまま進めば、出生前診断で今以上に多くの先天性遺伝子障害が判明し、かくてそのように診断された「異常」児はつぎつぎと排斥されていく可能性がすこぶる大といってほぼ間違いないだろう。したがって今後、いわゆる健常者から先天性の障害者とみなされた人々は、容赦なくこの世界から排除されていくことだろう。かくして、やがて現われる社会とは、現在以上にいわゆる健常者に彩られた何とすばらしい社会となることか。が、しかし、それは、多様性のすこぶる貧弱で単一的な何とおぞましい社会であることだろう。

いったいこれが、本当により大きな幸福の実現といえるだろうか。いやむしろ、いわゆる健常者の、いやその背後にあってこれを操る今日の最先端科学技術の明らかな傲岸不遜・極度のエゴイズム、すなわち「この世界から少しでも苦しみを取り除く」という「無意識の偽善」に裏打ちされた、そのじつ途方もない傲慢、これに踊らされる不幸な人間・社会の姿とはいえないだろうか。

それはさておき、つぎに、現代科学技術のエゴイズム的傲慢と現代人の非主体的モノ化、つまりはエゴ・マシーン化についてさらに歩を進めて一瞥してみたい。

今日では、先述した再生医療や性殖補助医療・遺伝子技術だけでなく、ＡＩ（人工知能）やロボット研究でも、たとえば無人自動車ひとつをみてもまったく明らかなごとく、それに対する人間の側の対処の仕方が十分に整わないままに科学技術がほぼ一方的に先行・暴走し、かくて前者はこれに引きづられつつ追いつかんとして必死で踠《もが》き足掻いている感がある。けだし、今日の科学技術は、資本の論理と一体化してほぼ完全に自律し、かくて人間はこれに否応なしに隷従させられてしまっているのだ。したがって、ここにも、現代人の果てしない主体性の喪失、それがあることは火を見るよりも明らかだろう。

が、しかし、たんにそれだけではない。この科学技術のいわば自律した暴走の底には、同じく自律した資本の論理に潜む現代人のエゴ、いや極度のエゴが、たとえばもっと便利でありたい、もっと快適でありたい、いやそれを可能ならしめたい、という肥大化したエゴとしてしかとうごめいている。ところが、この現代人のエゴとは、じつは真の主体ならざるエセ主体、より正しくはエゴ・マシーンとしての一個のモノといった方がよい。こうして明らかなように、極度にエゴイズム化した現代世界の主体とは、とりもなおさず真の主体ならざるエセ主体、むしろ非主体的なモノといってもけっして過言ではないだろう。かくして、ここに、極端なエゴイズムとモノ的非主体性とがひとつに結びついているといってよい。したがって、現代人の膨張したエゴイズムは、今日、資本の論理と科学技術の自律的運動をその底で規定しているようでいて、そのじつ前二者から不断に突き動かされ強化されつつあるものとして、それじしん一個のモノといわねばならない。それゆえ、現代人とは、ひっきょう非主体的エゴ・マシーンといって何ら差し支えないだろう。

## 三　現代世界における新ファシズム運動と人間の崩落化

### (一)　現代欧米におけるエゴイズムの激化と大衆煽動的ポピュリズムの台頭、および人間の崩落化

#### (1)　現代欧米における新ファシズム運動と人間の崩落化

現代の資本主義先進国にあっては、かつてのように家族や地域や職場が個々人の自己のアイデンティティーをしかと支える機能をほとんど失い、かくて最後に残るただ国家のみがそれを保証しうるものとなっている。ここに現代人の激化したエゴ（我《が》）が結びつき、移民・難民排斥ないし「嫌中」「嫌韓」などを訴える文字通りの排外主義的愛国主義・ナショナリズムが、今日欧米日で激しく胎動するようになったのである。

ところで今日の欧米諸国の政治は、よくポピュリズムという言葉で特徴づけられている。そのさい、このポピュリズムは、邦訳して大衆迎合主義だとされている。だが、私見によれば、現代のとりわけ欧米日の政治を特徴づけるもの、それは大衆迎合主義というよりむしろ大衆煽動主義というべきである。大衆に迎合しているのではなく、これをうまく煽動し操縦しているというべきなのだ。これをさらに具体的にいうならば、約三〇年にもおよぶ新自由主義的グローバリズムに取り残され疲労困憊した大衆の心の底にたまりにたまったどこにもやり場のない不平不満、あるいは不安や怒りのはけ口を、移民や難民といった特定の民族やより弱い人々、あるいはイスラーム教といった特定の宗教へのあくことなき攻撃へと向かわせることにより、大衆をうまく煽ってこれをコントロールしているのである。

まさしくこれは、新たに装いをこらしたファシズム運動といわねばならない。一見民主主義の姿をとって現わ

れた、そのじつ旧きそれと基本的に同じハードなファシズム運動にほかならない。

いや何あろうかつてのファシズム運動、その典型の一つドイツ・ナチズム率いるヒトラーもまた、当初は一見民主主義の仮面をつけて立ち現われ、しかし一旦政権の座につくや恐らく自作自演の国会放火を理由にして当時の大統領に緊急令を発動させ、もって共産党やその支持者を中心とした、自分に敵対するドイツ国民を事もあろうに逮捕状なしで一網打尽にし、ついで翌年全権委任法を、一見は民主主義の装いをこらしつつ、しかしそのじつすこぶる暴力的に成立させて、ここに文字通りの独裁体制、つまりは党首・大統領・首相というトップ三大権力を一つに集中させた総統の座について、まさに文字通りの独裁体制を敷き、こうして最後に残忍至極なその牙をあからさまにむいたのである。

その点、今日の新ファシズム諸政党もまた、口をきわめて「民主主義」を高らかに謳ってやまない。たとえば、かれらはいう。イスラーム教では性差別がはなはだしいとか政教一致だとかといい、これは民主主義に反する、だからそれを排除するのだと。しかしながら、これはまさに欧米型「民主主義」を中心にすえたまぎれもなく欧米中心的エゴイズムにほかならない。

真の民主主義にあっては政教分離であるべきかどうか、宗教は必ず政治から離れていなければならないか、これはそうかんたんに答えの出る問題ではありえない。けだし真の宗教は、政治にも積極的にかかわっていくべきである。エセ宗教が政治にかかわるとき、これは大きな弊害を産み出すこと、それは過去のヨーロッパの歴史がたしかにこれを証明している。けれどもそれは、長いあいだヨーロッパ精神を牛耳ってきたキリスト教が真に正しい宗教ではなかったからなのだ。その点をわれわれは、今いちど立ち止まって十二分に熟慮する必要がある。

真の宗教は、とうぜん個々の人間はもとより人類全体の幸せを希求する。そのかぎり真の宗教は、おのずから政治にも積極的にかかわっていかざるをえない。政治を抜きにして、全人類幸福の実現はほとんどありえないからである。

ここで真の宗教とは、けだし永遠絶対なるものにかたく基礎づけられた、しかしこの世界内部にかぎってみれば徹底した相対主義にほかならない。要するに、真に絶対なるものはただ一つこの世界を永遠に超越した逆接者にほかならず、この永遠的絶対者にかたく基礎づけられつつ、この世界内部のものはすべて相対的にかかわっている、というものである。したがってそこでは、この世界内部のすべてのものは、たといそれがいかに神聖な教祖・教典・聖処であれ、これを絶対化することなど毫も許されないし、かといって何らの中心ももたないたんなるカオスとしての多元的相対主義、それとも明確にその見解を異にする。かかるものとしてこの真の宗教は、この世界内部のすべてのもの・いちいちのものによるたがいの対話、その対話を通じた相互批判と自己批判をそのつど促し、かくて世界全体・人類全体が刻々成長していくことを期待しつつこれを促す。

だから、真の宗教は、今日の欧米の新ファシズムのごとく、イスラーム教は「民主主義に反する」といった理由をつけてそれを信じる人々を排除することなどけっしてしない。なぜなら対話を通じた相互批判と自己批判、それと排除とは一見大した違いがないようでいて、しかしじつはそれらのあいだにはまさに雲泥の差があるというべきだからである。前者は真に民主主義的であり、後者は、一見民主主義の装いをこらしたそのじつ新たなるファシズム、自己中心的エゴイズム的ファシズムなのだ。イスラーム排斥は、民主主義の根本理念の一つである思想信条・宗教の自由のあからさまな否定であり、明らかに反民主主義、いやむしろ新たなる形をかえたファシズムといわねばならない。イスラーム教や移民・難民を格好の攻撃材料として人々の絶望的な不平・不満、怒りや不安のはけ口をそこに向かわしめ、かくてファッショ（束Fascio）的に人々を束ねつつ、これをついには支配せんとする新たな形をとったファシズムなのだ。

翻って思えば、あのヒトラーもまた、ユダヤ人を当時の類をみない経済停滞の元凶とみなし、かくてその途方もない経済恐慌に絶望的に喘ぎ苦しむドイツ国民の不平・不満・怒りや不安のはけ口を、そのユダヤ人への激しい攻撃へと向かわしめ、この煽動が功を奏して大きな支持を勝ち取るや、やがてそのドイツ国民そのものを徹底的に支配・抑圧していったのである。そのさい、あのユダヤ人大量虐殺も、もともとの最初から行なわれたのでは毫もない。初めはユダヤ人を公職から追放するといった形で出現し、時と共にその虐待は激しさを増し、ついに強制収容所でのユダヤ人大量虐殺・ホロコーストにつながっていったのである。今日の欧米で吹き荒れている移民・難民・イスラーム教排斥運動も、その二の舞いにならないと、いったい誰が断言できようか。

それはともかく、話をつぎに移すと、今日のとりわけヨーロッパの新ファシストたちがよく口にするイスラームの女性差別についてはどうであろうか。なるほど、一見したところ欧米日の女性の方が、イスラーム諸国の女性よりいろいろな意味でより解放されているかに見えはする。いや女性の政治・経済的権利にかぎってみるかぎり、それはたしかに正しいかもしれない。しかしながら、その解放された女性の闊歩する欧米日では、たとえばどんな現象が起こっているか。たとえば女性が臍を丸出しにして街のど真中を平然と闊歩している。いや、かつては乳首を表に出して歩くトップレスといったファッションすらあった。こんなファッションと女性解放と、それがいったいどう関係があるというのだろうか。これらのファッションは、明らかに男のいわば本能的な情欲へのあからさまな挑発にほかならない。そのせいかどうかは別にして、女性解放運動の発祥地アメリカでは、一日およそ二五〇件の頻度で強姦が引き起こされている。

＊「自由と民主主義」の国アメリカの実態について、ここでもう少し詳しくのべておくなら、一日およそ二五〇件の頻度で起こる強姦（レイプ）のうちその八割以上が顔見知りによるものであり、また約五割が集団イレプにほかならない。さらにまた別の犯罪についていうならば、約一一秒に一件の割合いで強盗事件が起こり、約六五秒に一件の割合いで武装強盗事件、約二五秒に一件の割合いで凶悪犯罪、約二四分に一件の割合いで人が殺害される、といった有り様なのだ（アメリカ映画「コブラ」の冒頭のテロップによる）。

かつて日本の女性は、アメリカ映画やアメリカのテレビをみたりして、日本の男性は封建的で野蛮だ、それに比べてアメリカの男性は紳士的で進歩的だ、女性を「レディーファースト」といって大切にするから、といってアメリカ男性に憧れたものだが、しかし現実はこんなものなのである。女性解放運動が最初アメリカで勃発したのも、思うにたんに偶然とはいえないだろう。

それはさておき、アメリカ社会の度しがたく深刻な危機的病理性については、周知のごとく銃や麻薬の蔓延、さらには日常頻繁に起こる子供の誘拐など数え上げたら切りがない。それほど野蛮な国なのだ、アメリカは。夕方以降になると安全に外を歩くことすらできないのである。これが、「自由と民主主義」をスローガンとするアメリカの実態なのだ。

いずれにせよ、その点について詳しくは、拙著『現代の危機を超えて――第三の道』（南窓社）の第Ⅰ章の三の㈡「主として斜陽帝国アメリカ社会に代表される危機的病理現象」を参照していただければ幸いである。

ところで、戦後日本は、「自由と民主主義」の国このアメリカを模範として国作りを図ってきたが、しかし今日では、上述したごとき負の面でもアメリカにとても似てきている。例えば、家庭内での子供虐待や性的虐待、あるいは学校の登下校時における子供の誘拐、それらの激増である。また大麻や覚醒剤なども、芸能界を中心にして時と共に広がりを見せている。が、しかし、これらの点についても、より詳しくは、上掲拙著を参照されたい。

いずれにせよ、こういった国の人間が、イスラーム教徒は野蛮だ、反民主主義的だ、といって非難する資格は、かりそめにもありえないというべきだろう。

ところで、話をもとにもどすと、イスラーム教における女性へのスカーフ着用の強制、それはなるほど必ずしも正しいとはいいがたい。しかしながら、、欧米日のいわゆる「解放」された女性たちの、いわゆる「自由」意志にもとづく臍出しルックやトップレス、それらは、なるほど男によるそれまでの抑圧に対する行きすぎた反動とあるいは思えなくもない。だが、しかし、たといそうだとしても、そうしてそれらがみずからの自由な意志によるものだとしてみても、その自由は必ずしも真に正しい自由とはとうていいいがたく、むしろ勝手気ままなエゴイズム的自由というべきであり、それゆえそれらが人間として正しい行為だとはとうていいえないだろう。そのかぎりイスラームの人々が、欧米日の女性たちのこういった振舞いにおのずから眉をひそめるのも、あながち封建的な旧い観念とばかりはいいきれない。まして今日の欧米や日本では、「フリーセックス」や「性の解放」

の美名のもとに人々がこぞってセックス奴隷に堕しているのが現状である。かくて勝手気ままにエゴイズム的セックスにうつつをぬかし、そのあげくの「望まぬ妊娠」による自己中心的な妊娠中絶・産み捨て・幼児虐待が蔓延し、女性よりもはるかに弱い立場の幼児や子供の受難社会が現出している。

かかる事実をしかと正視するとき、欧米日の人間が、イスラーム諸国では女性差別が横行している、これは何といっても民主主義に反する、だからイスラーム教は排除せよ、というのはとうてい理にかなったこととはいいがたい。これは、ただひとえに欧米日を中心としてみた、ただそのかぎりでのいわば文化的帝国主義つまりは極度のエゴイズム・自己中心主義といわねばならない。

かくしてここにもまた、現代人における極端なエゴイズム化がしかとみてとれえよう。

いずれにせよ、こうして明らかなように、今日欧米日を中心にして席巻しているいわゆるポピュリズム、大衆迎合主義ならぬ大衆煽動主義、新ファシズム、より洗練されたファシズム、ここにもわれわれは現代世界に立ち現われた果てしなきエゴイズムをしかとみてとることができるであろう。

要するに、欧米日を中心にして、現代人は極度にエゴイズム化し、かくてまぎれもなく崩落の危機に瀕しているのである。端的にいって現代人は、崩落人間化ないしその寸前にまで堕しているといってほぼ差し支えないだろう。大衆煽動政治を主導する政治家はもとより、それに踊らされている大衆もまた、かつてのファシズムに流された大衆のごとくたんなる非主体性・没個性・付和雷同性・被流動性・匿名性・非人称性といった諸特徴をもつのみでなく、いやそれらの諸特徴をこれまで以上にさらにいちだんと激化させていると同時に、そのうえにまたそのエゴイズムをも極端に肥大化させて人間本来の姿から崩落している、少なくとも崩落しつつあるといってよいだろう。

## (2)「トランプ現象」における新ファシズム運動と人間の崩落化

ここでは、いわゆるトランプ現象にみられるアメリカの新ファシズム運動と、かれを支持する多くのアメリカ人のエゴイズム的崩落性について力のおよぶかぎり究明していきたい。

今から遡ること約九年前、オバマは、「変革(change)」「やれば、できる(Yes, we can!)」を連呼して多くのアメリカ人、とりわけ若者を中心としたアメリカ人の心を強くつかみ、大統領選に勝利した。ところが、じっさいには、大統領の任期八年を終えたあとでもなお、肝腎なところでは何も「変革」はなされなかった。たとえば、黒人初の大統領といってもてはやされたが、しかし黒人の地位はほとんど向上しなかった。むしろ悪化した、という黒人すらいるほどである。相も変わらず、ウォール街を中心とした大企業と深く癒着していたのである。かくて、大企業優先の経済政策だったのだ。大統領就任早々「核なき世界を目差す」と高らかに宣言しながら、じっさいにはその核軍縮も何ら進展しなかった。

それはともかく、アメリカ社会の格差は、オバマ政権下でさらにいっそう広がった。かくして、アメリカ国民上位一%の資産は、残り九九%の資産の二〇%という途方もない姿が立ち現われた。こうして、かつてオバマを強く支持し、それゆえにこそ大きく失望した多くのアメリカ人、とりわけ若者を中心とした多くのアメリカ人は、その後「一%対九九%!」を掲げる「ウォール街占拠」運動を展開することとなったのである。

ところで、今やアメリカは景気が回復したという。が、しかし、それはたんに大企業と富裕層だけのものである。片方では、シアトルなど大都市を中心として急増するホームレスのためのテント・シティが多く出現している有り様であるからだ。したがって、「景気回復」の恩恵は、ほとんどの一般国民に何ら還元されてはいない。その点、わが日本のいわゆるアベノミクスとまったく同断である。

上述したごとく、八年間のオバマ政権で、アメリカ社会の格差は逆に広がったのだ。したがって、「景気回復」

させたというのに、オバマの人気はさして芳くない。なるほど二〇一六年秋の大統領選のさなかに少し人気を回復させたが、しかしそれは、この大統領選の候補者二人がともに、国民の五〇％以上の嫌われ者だから、まさにそれだからこそ、かれら二人よりはまだオバマの方がましだ、というたんに消極的なものにとどまる。

かくして、アメリカ国民は、反既成政治・反体制（Anti-establishment）意識に大きく傾いた。そうしてそれが、かの大統領選の予備選に強く反映した。すなわち、反体制的となったアメリカ国民の多くは、一方の共和党ではトランプ支持、他方の民主党ではサンダース支持へと大きく流れた。かれらは共に、体制的な既得権益者、すなわち特権階級化した超富裕層やその代理人、いやむしろ操り人形、かかるものとしてのこれまでの大統領や政治家を激しく批判したからである。要するに、アメリカ国民の多くは、オバマに到る既成の政治リーダーのあくなき偽善・倒錯性に、それなりにしかと目覚めたのである。

こうしてヒラリー・クリントンの人気も、一般国民にはすこぶる悪い。世論調査では、ヒラリー・クリントンに「好感がもてない」人は五四％、「信用できない」人は六四％という有り様である。いや、女性にかぎっても、ヒラリーを「嫌い」というアメリカ人は、五二％にもおよんでいる。

ヒラリーが、アメリカ国民にこれほど人気が悪い理由、それはけだし、かの女がこれまでのアメリカ政治体制の象徴、つまりは特権階級の操り人形にすぎないからである。より具体的にいうならば、かの女は、夫クリントン大統領のファーストレディとして働いたのち、上院議員をへて、さらにオバマ政権下では国務長官をも勤め、かくして二〇年以上にわたって既成政治の中心に位置していた人物にほかならないからである。

それはともかく、かつてオバマを熱狂的に支持したアメリカ人、とりわけ若者を中心としたアメリカ人、かれらは、「ウォール街を占拠せよ！（Occupy the Wall）」運動をへて、今やサンダース支持に集結したのだ。

これに対し、ヒラリーは、「初の女性大統領！」を掲げ「ガラスの天井を破る！」と叫んで、女性の支持層を広げんとした。が、しかし、既婚女性の心はこれをあるていどつかめたものの、若い女性たちの心はまったくつかめなかった。若い女性たちは、七四歳という老政治家サンダースの熱烈な支持者となったのだ。こうして三五歳以下のアメリカ女性のほぼ八割は、ほかならぬサンダース支持なのである。

他方では、新自由主義的グローバリズムのもと、中間層から脱落し絶望した白人ブルーカラーの人気を集めたもの、それが、ほかでもない共和党のトランプである。トランプを支持する者たちもまた、これまでの既成政治家のあくなき偽善・騙しには、一応目が覚めた。だから、既成政治家を激しくののしるトランプを、熱烈に支持した。

こうして、みえてくることとは、アメリカ国民も、それほど単純ではない、ということである。一般に、アメリカ人は、単純な国民とみなされがちだった。アメリカンドリームが、そのいい例である。社会のなかで成り上り、富を得、名声をえること、それが即幸せだ、と感じているふしがあるからである。人間の幸せは、しかしそんなに単純なものではない。いや、人間そのものが、もっと複雑なのである。

ところが、その単純なアメリカ人も、今や、既成の政治体制の倒錯性、すなわち一方で国民主権の民主主義が高々と謳われつつ、しかし他方で、実質的な主権は大企業や超富裕層にしかと握られている、という確たる事実、その事実にそれなりにしかと目が覚めた。いや、むしろ、そこまでひどくアメリカ社会の現状が悪化したのだというべきだろう。

とはいえ、しかし、トランプ支持者は、いまだ強く単純なところを残している。なぜなら、ひっきょう自分自身のことしか考えない徹底したエゴイストとしてのトランプの、その本質にあまり気づいていないからである。それればかりではない。かれらは、トランプのつぎのごとき主張、すなわちメキシコからの不法移民がアメリカ国民の賃金を押し下げている、だからそれを防ぐためメキシコとの国境に壁を作れ、とかテロを防ぐためにイスラーム教徒のアメリカ入国を禁じろと、かといったすこぶる単純なトランプの主張を真に受けてこれに同調しているからである。

が、しかし、不法移民もテロも、そんな単純なことで防げるものではない。そればかりか、何よりもこれはまさに、これまで多くの移民を受け入れて成り立ってきたアメリカの健国の精神そのものに反するものである。

いや、トランプ支持者は、そのほとんどが白人で、その白人は今やヒスパニックの移民や黒人の数に押されて、二〇五〇年には少数派になるともいわれている。したがって、そのことへの大きな不安や焦り、また移民に自分の仕事を奪われたそのことへの憎しみ、それらもかれらにはあるのであろう。だから、その本根は、これまではよかったが、しかし、これ以上の移民はもうこりごりだ、というもので、これはまぎれもなき白人の、エゴイズム的自分至上主義にほかならない。

それはともかく、トランプの主張には、女性差別や人種差別、宗教差別も多く含まれている。が、かれらトランプ支持者は、これにもほとんど拒絶反応を示さない。したがって、どうみても単純思考に深く冒されてはいるけれど、しかし、にもかかわらず、トランプ支持の絶望せる白人中間層は、既存の政治体制の裏切り・倒錯性に対しては、これを一応は正しく見抜いた。

ところで、トランプは、アメリカ国民全体からは、その五八％余りに嫌われている。そこに、トランプのはっきりとした限界がある。いずれにせよ、これは、アメリカ国民の良識を示しているとはいっていいだろう。とはいえ、しかし、薄汚い差別主義者トランプとその考えが同じだとみなされるのを嫌って、表向きはこれに反対しながら、しかし内心はこれの支持というういわゆる「隠れトランプ」も相当にいる。いや、かの大統領選の結果から、この「隠れトランプ」が思ったよりはるか以上に多いこと、それが白日のもとにさらされた。

他方サンダース支持者は、これまでのアメリカのタブーであった社会主義という考え方をものりこえていた。サンダースは、民主社会主義者とみずから名乗っているからだ。いや、そればかりではない。かれが掲げる公約、つまり公立大学授業料の無償化や最低賃金の大幅値上げ、ウォール街金融企業への規制強化等、これらはじっさい社会主義的政策といってよいからである。かくして、サンダース支持者の激増は、アメリカにとってたしかに革命的ともいいうる変化といわねばならない。オバマに極まる既成政治体制に長年裏切られてきたアメリカ国民の、それはたしかに目覚めといってもいいかもしれない。

けれども、そのサンダースは予備選で破れ、大統領選は、有権者の半数以上から嫌われる二人の候補者、つまりはトランプとヒラリーによる戦いとなった。いったいこれは、アメリカの大統領選が真に民主的ではないこと、すなわち国民に本当に主権がある制度ではないこと、その何よりの証左といってはいいすぎだろうか。なんとなれば、アメリカ国民の多くは、自分が本当に支持したい候補者をそもそもの初めからもってはいないということだからである。

ちなみに日本では、イギリスやアメリカにならって二大政党制がよいといって小選挙区制が導入された。が、しかし、二大政党制がけっしてそんなによいわけではないこと、その何よりの証左がここにも示されているといわねばならない。

それはともかく、以上みてきたトランプ支持者の絶望的エゴイズム性、それについて、アメリカのいわゆる不法移民とそれに対するトランプ支持者のかかわり方の面からこれをもう一度考察してみたい。

筆者には、アメリカの不法移民といわれる人々のその不法の意味がよく分からない。アメリカの不法移民は、一方で不法といわれながら、しかし他方で合法とも思われる面があるからである。なぜなら、アメリカの不法移民は、不法だといわれながら、どういうわけか税はこれを納め、また家も借りたり買ったりできる、社会保障の一部も受けられる、かくして不法移民でありながら、弁護士になったりしたものもいる、というのだからである。とすると、たとえば日本における住民票などは、いったいどうなっているのだろうか。アメリカでは、不法移民でも、日本の住民票に当たるもの、それは合法的に手に入れることができるのだろうか。なぜなら日本なら、住民票がなければ、住居を買うどころか借りることすらできないし、選挙の投票すらこれができないからである。このように日本の住民票に当たるもの、いわば身分証明書のようなもの、それが、いったいアメリカには何もないのだろうか。それとも、たといそういうものがなかったとしても、それでも家を借りたり買ったり、さらには社会保障すら受けることができるということなのであろうか。あるいはよし不法移民であったとしても、そういった身分保証的なもの、それが合法的に与えられるということだろうか。この点が、浅学菲才な筆者には、まったく不明といわねばならない。

思うに、アメリカの不法移民の不法とは、かぎりなく灰色に近いのではあるまいか。じつは不法移民というすこぶる不安定な立場に身をおかせることにより、これを低賃金労働として搾取し利用してきたのではなかろうか。もしそうだとすると、この不法移民という存在は、かりそめにもアメリカの寛容性といったことではさらさらなくて、むしろ意図的にそういった脱法的な領域を作ってかれらを搾取し自国を豊かにしてきたということになる。まさにそれだからこそ、不法移民といいつつ、しかしそういう人々が社会に一一〇〇万人も存在するという、通常なら考えられないことが事実として存在しているのではなかろうか。アメリカの「寛容」という美名の裏に隠された汚れた偽善、それが、じつはそこに横たわるのではあるまいか。ほぼ同じ移民を合法と非合法（不法）との二重構造にして、かれらを差別・分断し、より利用しやすくしてきたのではなかろうか。

もとより、「不法」移民として「成功」し、社会の上層に昇りつめたものもいることだろう。だが、しかし、大多数の移民、とりわけ不法移民は、ほとんどの黒人が今もってそうであるように、社会の下層に閉じこめられているのではあるまいか。ここには、だから、たとい「不法」移民でも、チャンスさえありさえすれば成功できる、というういわゆるアメリカンドリームの嘘ないし偽善があるとはいえまいか。

少なくとも、かつては事実そういう面がたしかにあったとしても、今ではもうそれは真赤な嘘となっていること、それはほぼ間違いない。その点は、二〇一六年秋の大統領予備選で、民主党のサンダースを支持した若者の多くがこれを証言している。今のアメリカに、アメリカンドリームなどつゆほども存在しない、と。アメリカの白人ですらその有り様なら、ましてや移民や不法移民にアメリカンドリームなど、それこそ夢のまた夢といわねばなるまい。
それはともかく、この間約三〇年間つづいた新自由主義的グローバリズムの過程で、それまでは「不法」移民のうえに君臨してきた白人の多くは没落し、かれらと仕事を競合せざるをえなくなった。かくして、その「不法」移民に仕事を奪われ、かれらを搾取するゆとりすらなくなった多くの白人層が立ち現われた。こうして、この没落した白人層は、「不法」移民への不平・不満をつのらせた。この、かれらの「不法」移民への排外主義的精神性と既成政治への激しい反発、その流れにうまく乗ったもの、それが、まさにそれこそが、とりもなおさずトランプ現象といわれるものにほかならない。

＊ トランプ支持の白人中間層の多くは、あの五大湖周辺のいわゆる「ラストベルト（Rust Belt）さびついた工業地帯」といわれる地域の住民が多い。この辺りは、一九三〇年代には鉄鋼や自動車などの製造業で大いに栄えたが、一九七〇年代以降海外、とりわけ中国からの安い製品の大量流入で多くの工場が廃業に追いこまれ廃たれていった。ここには、中低所得層の白人が多く住んでいた。したがって、かつては民主党の支持基盤であった。それゆえヒラリーは、ここは大丈夫と思って油断し、遊説にもあまり足を運ばなかった。
ところが、この辺りの様相は一変していた。すなわち、上述した新自由主義的グローバリズムの過程で、この地域は疲労困憊してしまっていたのだ。かくてその辺りの白人中間層はみな没落し、そのかれらの思いに応えてくれない既成政治には深く失望していた。したがって、既成政治家にはもはや何ら期待を寄せていなかったばかりか、選挙でもずっと棄権していた。ところがトランプ（陣営）は、ビッグデータを分析してこの地域の実情を察知し、かくてここに重点的に赴き、またツイッターも使って、かれら没落した白人中間層に強く働きかけた。すなわち、かれらの「代弁者」となって既成政治から政治を取り戻すといってかれらの支持を多くとりつけ、自分の陣営に取りこんだのである。

ところで、ヨーロッパに眼を転ずれば、第二次世界大戦後大幅な人口減で労働力を失った各国は、かつての自国の植民地などから積極的に移民を多く受け入れ、これを低賃金労働として激しく搾取し利用した。ところが、二〇〇八年のリーマン・ショックに端を発するアメリカ・ウォール街での株価大暴落を契機として、この間約三〇年つづいた新自由主義的グローバリズムが、一旦は事実上破綻した。こうしてその後低成長・経済停滞の時代に入り、それまでの移民は余剰労働力となってきた。いや、その低賃金性ゆえに、自国の白人の職をも奪うようになってきた。今日のヨーロッパ白人は、移民を眼の敵にし、これを排斥せんとしているのである。

　かくして、アメリカの（不法）移民排斥運動と、ヨーロッパ各国の移民・難民排斥運動と、これら両者は基本的に同質のものとだということである。

　要するにそれは、かつての欧米列強による帝国主義のもと植民地として支配され、かくて国を徹底的に破壊され今なお十分には立ち直れない各国の人々を、[15] 自分たちの都合のいいときには（不法）移民として積極的に受け入れ、が、これを差別・抑圧しつつ自国経済再生ないし繁栄のために大いに利用しながら、逆に経済が悪化しかれらが不要になるや、いやかれらが自分たち、主として白人の仕事を「奪う」事態が発生すると、今度はこれを眼の敵にし排斥せんとしている、ということにほかならない。まさにそれだからこそ、アメリカで「不法」移民排斥を訴えるトランプと、ヨーロッパ各国の同じく移民・難民排斥を訴える（極）右諸勢力と、これら両者はたがいに同調することとなるのである。

　以上から明らかであるように、それら両者の根っこにあるもの、それは同じ白人、主として白人の極度のエゴイズム、もはや人間崩落とすらいわざるをえない、それほどの極端なエゴイズムといわねばならない。勝手なときには（不法）移民を利用しつつ、勝手な時にはこれを排除せんとする途方もないエゴイズム、人間崩落的エゴイズムといわねばならない。

　それはともかく、以上をもう一度別の面からみてみよう。

　トランプ支持者のうちメキシコ国境沿いに住むアメリカ人のばあい、この国境を越えてやってくる不法移民に対し、かれらはみな犯罪者だ、何をするか分からない悪人だ、という偏見をもち、かくてかれらに強い警戒心をもつものが少なからずいる。しかしながら、かられ不法移民の人々は、ようまく国境を越えアメリカに入国できたとしても、しかしすぐそのつぎにアメリカの砂漠で死ぬ大きな危険性が待ち構えている。いや、じっさいにそこで生命を落とす人々もたくさんいる。だから、かれらは、いわば決死の覚悟で国境を越えてくるのだ。ただ、それは、ほかでもない仕事を求めてなのである。わざわざ生命の危険を冒してまでアメリカで犯罪を犯そうとすることなどありえない。にもかかわらず、トランプ支持者、なかでもメキシコ国境沿いに住む支持者が、かれら不法移民を警戒するのは、トランプに代表されるがごとき偏見で、かれらを、何をするか分からない犯罪人だとみなしてしまうからだろう。そのさいその背景には、かれらを不法移民、つまりは不法者と呼ぶ、その呼び方があるのではなかろうか。ところが、アメリカの不法移民のばあい、先述したごとく必ずしも犯罪者ではないにもかかわらず、しかしこれをあえて犯罪者と呼ぶような何かとても不明瞭かつ釈然としないものがある。これが、かれらの立場をすこぶる宙ぶらりんかつ不安定なものにしているのではあるまいか。しかも、それが、半ば意図的になされているのではなかろうか。

そもそもどうしてかれらは、身の危険を冒し決死の覚悟で国境を越えるのだろうか。それほど自国が貧しいからだろう。では、どうしてそうなったのか。けだし、長い間スペインの植民地だったり、その後はまたアメリカに支配されたりで、国が今なお十分に立ち直れないほどにひどく痛めつけられたからではないのだろうか。その点、長く欧米列強に支配されてきたアフリカや中東の国々と基本的に同じといわねばならない。かくして、欧米の（不法）移民には、こういった歴史的背景があるのだというべきである。とするならば、かれら（不法）移民の仕事を奪ったもの、それは、もともとは欧米列強の白人たちだというべきなのではないのだろうか。したがって、今日かれらが「反（不法）移民」を叫ぶのは、明らかにかれら白人のエゴイズム、いや度しがたいエゴイズムだといわねばならない。

それはともかく、トランプ支持者の大多数は、もとよりメキシコの国境沿いに住んでいるわけではありえない。

したがって、かれらが（不法）移民を嫌うのは、必ずしもかれらを犯罪者ないしその予備軍とみなしているからではありえない。いや、むしろかれらは、新自由主義的グローバリズムのなかで没落し、かくて低賃金の（不法）移民に自分の仕事を奪われたから、まさにそれだからこそ、その絶望のあまり「反（不法）移民」に転じたというべきなのだ。したがって、かれらは、まぎれもなき排外主義者だといわねばならない。かれらがいまだ経済的に豊かであったときには（不法）移民のうえに君臨し、これを支配していたにもかかわらず、今や自分たちが没落・絶望し、その仕事をかれらに奪われんとするや、一転翻って今度はかれらを排除せんとしているのだからである。これは、まぎれもなく白人エゴにもとづく排外主義以外の何ものでもない。たとい自分たちの生活をその絶望的窮状からいかに立て直したいからだといっても、しかし、すこぶる低賃金のため自分たちの地位を脅かす（不法）移民の排斥を訴えるのは、ひつきょうエゴ、いやエゴイズム的排外主義といわざるをえない。

ところで、かれら没落白人にとってもその真の敵、それは、ほかならぬグローバル資本（家）と、これを裏から支えるエスタブリッシュメント（既成勢力・既成体制）、端的にいって経済・政治・社会におけるいわゆるエリートなのだ。その真の敵を見失い、その攻撃の矛先を自分たちよりより弱い（不法）移民に向けるのは、何といっても愚かだといわざるをえない。

もとよりかれらも、トランプのエスタブリッシュメント攻撃には、拍手喝采を送ってやまない。しかしながら、トランプにあっては、そのエスタブリッシュメント攻撃は、たんなる口先のことにすぎない。トランプは、かれらエリート層から本当にその権力を奪い返そうなどとはつゆ思っていない。その証左のひとつとして、トランプ政権のなかには、早くもウォール街の大物が迎え入れられている。こういった自分の本音を誤魔化すために、不法移民を、まるでかれらが没落白人層の真の敵でもあるごとくみなして、これを激しく攻撃しているのだといわねばならない。要するに、自分を支持する白人没落層の眼を、その真の敵から狡猾に逸らしつつ、かれらをあらぬ方に誘導せんとしているのにほかならない。このトランプの罠に、かれを支持する多くの白人没落層は、まんまとはめられてしまっているといわねばならない。愚かといえば、まことに愚かといわざるをえない。愚かさを伴った極度のエゴイズム、つまりは度しがたい絶望的かつ非主体的エゴイズムといわねばならない。

ところで、トランプを支持する白人層のなかには、近い将来必ず訪れる白人のアメリカ社会における少数派化、それに伴う既得権益の喪失、いやひょっとしたら、今度は逆に自分たちが非白人たちから差別され抑圧され虐られるのではないか、といったことへの大きな不安や恐怖、それらを抱いているものも少なからず存在する。だが、これもまた、ひっきょう白人のエゴ以外の何ものでもないだろう。これまで支配層として非白人たちのうえに君臨してきた自分たちが、今度は逆に、支配され差別され抑圧される側にまわるかもしれない、という不安と恐怖、それは、ある意味で納得できるものではある。しかしながら、それは、つまるところ自分たちがこれまで犯してきた非人道的悪行のさけがたい必然なのだ。だから、かれら白人は、今からでも遅くはない、他人種と仲良く共存する道をこそ探るべきなのである。

いずれにせよ、こうして明らかなごとく、(不法)移民に対しこれを激しく排斥せんとする今日の欧米諸国の国民大衆は、その絶望のあまり果てしなき非主体的エゴイズムに陥ってしまっているといわざるをえない。その意味で、かれらは今や人間崩落の際に立っているといわねばならない。が、しかし、結論を急ぐ前に、以上のべてきたことを、主としてアメリカを例にとりつつさらに詳しく、より具体的に明らかにしたいと思う。

周知のごとく、トランプの武器は、支持者に向けて瀕繁に行なう最大一四〇文字のツイッターにほかならない。いったいこんな短い文章で、本当の政策や深い考えを伝えることができるだろうか。思うに、否である。ツイッターで可能なことはといえば、それは、いわばスローガンにのみほかならない。景気がよく威勢のいいスローガンのみである。トランプが実際に使ったおおよその文句でいえば、ほぼこうである。

「アメリカをふたたび偉大にする」

「メキシコとの国境に壁をつくる」

「不法移民は追い出せ」

「イスラーム教徒のアメリカへの入国を禁止せよ」

「ワシントンから政治を奪い返せ」

「既成メディアを信じるな」

「エスタブリッシュメント（既成勢力）から政治を奪い返せ」


等々といった具合である。

いったい、こんな短いスローガンだけを信じて、その当人の本音はほとんど分からぬままに、これもまた信じて自分たちの代表とみなす人間たち、そんな人間たちに、本来の人間としての理性や知性があるといえようか。ここにはけだし、深い熟慮のうえに成り立つ真の主体性のかけらもない。

さらにまた、じっさいの選挙で明らかになったごとく、「隠れトランプ」といわれるような匿名性も明々白々である。そのさい、トランプ支持だと他人に知られると恥ずかしい、だから匿名の陰に隠れて事を成す、というそこには明らかに真の主体性は存在しない。いや、むしろ、ほぼ完全に崩落した人間たちだといって何ら差し支えないだろう。

ところで、トランプ支持者には、こんな人物もいる。すなわち、アメリカの大衆食堂ダイナーで、あるトランプ支持の老人は、ほぼこんなことをいっていた。トランプは、核戦争でもおっ始めるかもしれない人間である。だから、まさにそれだからこそ、何か大きなことを本当に成し遂げるかもしれない。いや、今日のこの凝り固まったアメリカの現体制を破壊して、自分たちをその絶望的な窮状から救い出してくれるかもしれない。だから、一種の賭けで、かれトランプを支持するのだ、と。いったいこれほどの絶望が、他にありうるといえるだろうか。

その老人の舌の根も渇かぬうちに、今や北朝鮮を巡って本当に核戦争が起こりかねない状態なのだから。北朝鮮の金正恩に対峙するアメリカの数千発の核のボタンを押す最終権限は、今やトランプが一手に握ってしまっているのだからである。

かくして、トランプ支持者のうちに見てとることができるもの、それは、とりもなおさず現代アメリカ人の壊滅的な絶望の深さと途方もない崩落性といわねばならない。さらにそれと同時にもうひとつ、トランプの中心的スローガン「アメリカ第一義主義（America first）」に端的に現われている、ただ自分たちさえよければそれでよい、他のことは何ら考える必要はない、目下の北朝鮮情勢に即していえば、アメリカが先制攻撃しても、何もアメリカが戦場になるわけではない、なるのはただ韓国と日本にすぎない、とする、極度のエゴイズムにほかならない。これは、もはや人間崩壊としかいえないほどの極端なエゴイズムといわねばなるまい。

こうして明らかなように、あのように厚顔無恥で野蛮なトランプに最後の希望を託さざるをえない国民が四割前後もいるという事実、ここに、まさしくここに、今のアメリカの果てしなき絶望の深さがあるといわねばならない。

したがって、トランプはもとよりこれを熱狂的に支持する人々は、もはや崩落人間以外の何ものでもないこと、それはもはやほぼ明らかだろう。その点はしかし、大統領選でトランプと激しく戦ったヒラリーとて同じで、外見はまったくの淑女を装ってはいるけれど、しかしその本質はトランプと何ら変わりない。自分の薄汚ない面をあからさまに表に出すか出さないか、ただその違いのみといわざるをえない。少なくとも、頭のてっぺんから足の爪先まで完全にエゴイズム的権力衝動にまみれているという点、そこでは、これら両者は完全に一致しているといわねばならない。かくして、ヒラリーを支持する人々もまた、その本質がほとんど見抜けていないという点で、けだしこれもまたトランプ支持者と同様に、非主体的崩落人間寸前といわざるをえない。

その点を、しかし次に項を改めてさらにいっそう詳しく究明したい。

### (a) トランプ支持者――絶望し崩落した人々

ところでもう一度話をトランプにもどすと、トランプはすこぶるエゴイズム的な「アメリカ第一主義（America first）」を唱えつつ予想に大きく反して大統領に当選した。かくて「世界の警察官」という名のアメリカの覇権主義・新帝国主義の終焉が始まった。トランプの当選により、これまでの「自由と民主主義」ないし「アメリカンドリーム」といったアメリカの建て前が音をたてて崩れ去り、差別や暴力、憎しみや怒りといったその本音が表に躍り出てきた。アメリカの未曽有の格差社会への異議申し立てが一見民主的に、しかしそのじつ暴力的に表出したのだ。従来のアメリカでは、上位一％の人間が残りの九九％の人間の富をほぼ独占しても、それはひっきょう自己責任で、自分の努力が足りないせいだ、だから仕様がないと、多くの国民が諦めているかのごとく見えていた。

けれども、それはまったく違った。アメリカ大衆の不平不満、怒りや憎しみは、まるで大火山のうち深くにたまるマグマのようにアメリカ社会の深部、最深部に鬱積し、それが噴き出るのは時間の問題だったのだ。

かくてトランプは、これらのアメリカ大衆、とりわけ白人層の行き場のない怒り・憎悪に火をつけた。これまでは、自分たちを代表してくれる人物は誰一人いないと諦め、投票にも行かなかった没落しつつある白人中間層に、トランプは広く訴えかけ、かれらの怒りと憎悪を代弁すると主張した。かくてかれら絶望し怒れるアメリカ白人大衆は、剝き出しの暴力的体質トランプに絶望的な救世主の影をみた。ちょうど七〇年ほど前ヒトラーに救世主の影を絶望的に見いだした、あのダス・マン（das Man）的なドイツの大衆のようにである。

まさしくこれは、絶望し怒れる大衆の反逆である。

二〇一〇年に勃発したあの「アラブの春」で独裁体制を打ち破り、新しいよりよき社会の実現に希望を託したアラブの民衆、とりわけ若者が、その後の大混乱のなか、夢破れて、ＩＳの唱えるイスラーム帝国の樹立に絶望的な夢を新たに見いだしたのも、その点同様だろう。

いずれにせよ、かかるトランプ現象は、思うにファシズムの現代版というべきである。ちょうど難民・移民排斥を激しく訴えるヨーロッパの（極）右諸政党の、あのいわゆる大衆煽動的ポピュリズム運動のように、である。

かくしてここに、アメリカ帝国の瓦解が始まった。アメリカ帝国の終わりの始まりにほかならない。アメリカ帝国が、ガガガッと音をたてて崩れ始めたのである。

なぜといって、トランプの主張するがごとき「アメリカ第一主義」で、がちがちに凝り固まったアメリカの超格差社会が根本的に是正されることなどほぼありえないからである。もしそれが可能だとするならば、それは恐らく民主党のもう一人の「奇人」サンダースの主張するごとく、大手金融機関への規制を強化し、上位一％に集中した富を国民全体、とりわけ低所得者層に再分配するといった手法しかありえない、いやそれだけでもとうてい不十分である。その先の解決法は、今やほとんど誰にも分からない。抑圧され支配された人々のかつての理想・社会主義はもう地に落ちたからである。

けれども、しかし、もしそれが可能だとするならば、それはもう革命である。サンダースが口にする「政治革命（political revolution）」を恐らくはるかに凌ぐ真の革命にほかならない。

しかしながら、そんな革命は、サンダースが口にするほどたやすくはない。上位一％が、一旦自分たちが手にした特権、巨大な既得権益をそう易々と手放すとは思えないからである。

とはいえ、しかし若き太宰治が吐露したように、「革命はけっして成功しない。でも永遠にやりつづけなければならない」ものなのだ。じっさい、いつの時代も、革命はそのつど裏切られてきた。が、にもかかわらず、それに倦むことなく絶えず敢行していくべきものなのである。かくして、真に平等かつ自由な社会を究極の目標として目差すインマヌエルないし愛の世界革命は、これをどこまでも永続させねばならないだろう。その点は、しかと肝に銘じる必要がある。

それはともかく、かつてサンダースを熱狂的に支持した若者たちは、トランプ大統領誕生でもう安穏としていられなくなった。たぶんかれらの多くが想い描いていたシナリオ、つまり次にまずヒラリーが大統領になり、その後の大統領の座を、今回のサンダースのようにふたたび自分たちが狙えばいい、というそのシナリオが大きく崩れてしまったからである。

ところが、そのかれら若者たちの予想は大きくはずれた。サンダースと一見似てはいるものの、しかしいわばその対極ともいうべきトランプが大統領となって、これからのアメリカはまったく予想ができなくなった。

いずれにせよ、トランプとサンダースとでは、同じく「change（変革・改革）」や「革命」（サンダース）といっても、一方は右からのいわばファシズム「革命」であり、他方は左からのいわば社会主義「革命」である。かかるファシズム「革命」を目差すトランプ大統領の誕生で、かれらサンダースを熱狂的に支持した若者たちのエネルギー、それは今後どこへ向かうのだろうか。

いや、同様にトランプを熱狂的に支持した白人労働者の期待も恐らくはずれることだろう。とすると、そのかれら白人層の怒りや怨念、いわば負のエネルギーもまた、いったいどこに向かって噴き出すのだろうか。

これは、けだしアメリカ帝国の解体の始まりだろう。その終わりの始まりが、始まるのであろう。

いや、トランプ大統領誕生で、すでにアメリカ帝国が音をたてて崩れ始めたといってもいい。約二〇年前拙著『現代の危機を超えて――第三の道』（南窓社）で筆者が予言したことが、今やっと表に現われ出したのだ。アメリカの内部崩壊が始まったのだ。

それはともかく、かかるトランプ現象の根柢にあるもの、それは、既述したごとくトップの大統領トランプを含めかれを熱狂的に支持しているアメリカ白人大衆の極端なエゴイズム、ないし非主体的崩落性といってほぼ間違いないだろう。

## (b) トランプ支持者とヒラリー支持者の密かな共通性——極度のエゴイズム的非主体性

さて、ここでは、トランプを支持する多くの白人層とヒラリーを支持した、とりわけ女性たち、それら両者の思いもかけぬ共通性、つまりは極度の非主体性について言及したい。

ヒラリーは、女性には「(眼には見えない) ガラスの天井がある」といって女性差別を巧みに利用し、それを、女性たちの自分への支持に大いに結びつけた。そのさいそれは、たんにアメリカの女性たちばかりではなく、世界全体の多くの女性たちの共感をも集めた。かの女は、まるで現代世界全体の女性の英雄のごとき観があった。これまで差別されつづけてきた女性の一人たる自分の代表が、こともあろうか全世界のうえに君臨する超大国アメリカのトップ大統領にならんというのだからである。

もとより、ヒラリーの主張には一理ある。たしかに女性には、「眼には見えない天井」がある。しかしながら、これを自分への支持獲得のために激しく主張すること、それはあまりほめたものとは思われない。本当にアメリカのトップ・リーダーになりたいのなら、正々堂々と政治家としての資質と政策で戦うべきだからである。

ところで、こういう手段を使って多くの女性の支持を取りつけんとしたヒラリーの手にまんまと嵌《はま》ってしまった、アメリカはもとより世界中の女性たち、かの女らは、自分が、その激しく嫌悪するトランプの、その支持者の白人たちと基本的に同じ精神構造であることを肝に銘じる必要がある。

ヒラリーを支持する女性たちの精神性は、思うに女性に対する差別への怒りにみちみちている。他方トランプを支持する白人には、これまでアメリカの多数派としてその中核にいつも座していた自分たち白人が、もう眼の前に迫りくる二〇五〇年には少数派に転落するというその事実、いやたんに少数派に転落するだけではなく、今度は立場が反転して自分たちの方こそが逆に差別される側に廻される、というそのことへの激しい不安と恐怖がたしかに横たわる。

そのさい、このヒラリー支持の女性たちの性差別への激しい怒りと、やがて自分たちが少数派となり差別される側になりかねない、というトランプ支持の白人層のその大いなる不安と恐怖とは、一見まったく正反対のようでいて、じつは根本は同じ一つのものなのだ。

トランプ支持の白人層が、やがて自分たちが少数派となり、かくて差別される側にまわされる、というそのことに対して大いに不安と恐怖をいだくのは、けだし差別される者の怒り、いやそこで惹き起こされる耐えがたき苦しみ、それをあるていど想像できるからにほかならない。自分たちがこれまで差別してきた相手に、こんどは復讐されるかもしれないという恐怖と不安、それはその差別していた当の白人たち自身が、差別される人間の苦しみを相当によく理解ないし想像できるということなのである。まさに、それだからこそ、今度は自分たちが差別される側にまわされる、ということへの恐怖と不安がどうしようもなく抑えがたく心の底から込み上げてきて、それが、それこそが、アメリカ白人を第一にして不法移民やイスラーム教徒排斥を訴えるトランプ支持に駆りたてたのである。(16)

かくしてこれは、ヒラリーを支持する女性たちの性差別への激しい怒り、それの根源に横たわるそれゆえの苦しみ、これとまったく軌を一にするものといわねばならない。

したがって、ヒラリー支持の女性たちの精神構造も、あえて酷なことをいうなら一種の崩落状態にある。自分たちが、自分たちのもっとも嫌悪する男トランプないしその支持者たちと基本的に同じ精神構造を有しているということ、その事実にまったく気づいていないからである。かくしてヒラリーの、自分たちにとってとても魅力的な言葉、甘いささやきならぬ激しい叫び、すなわち「（女性には眼には見えない）ガラスの天井がある」という言葉にかんたんに踊らされてしまっているからである。

もとより、女性特有の「天井」は、じっさいに存在することだろう。けれども、この人間世界には、数限りない「天井」がある。同じ男性でも、能力・才能・差別その他によっていろいろな「天井」がある。その点、女性の方がはるかに優位に立っているばあいも現に多くある。ヒラリー自身が、何よりもその明らかな証左であろう。かの女は、ほとんどの男性の「天井」をすでに打ち破ってしまっているのだからである。

さらに付け加えていうならば、さまざまな障害者や性的少数者を含めたマイノリティー（少数派）には、おそらく女性以上の「天井」がガラスよりもはるかに固く頑丈にはっきりとのしかかっている。

いったい、マイノリティーがマイノリティーとしてその「天井」を突き破ること、それはとてもすばらしいことである。だが、しかし、マイノリティーがマジョリティー（多数派）化して「天井」を、よし一見打ちこわしたとしても、それはそれほど大したことではない。たとえば黒人が「白人化」してトップや大統領になったり、女性が「男性化」してトップや大統領になったからといって、思うにそれは真の「天井」破壊とはいいがたい。なるほどそれも、真の天井破りへのやむをえない一里塚なのかもしれない。けれども、しかし、それは必ず通らねばならない道ともかぎるまい。真にマイノリティーのままで、その天井を突き破ってこそ本当に褒めたたえるに値することなのではあるまいか。

多くの男性や白人と同じ権力衝動の権化と化して、たとい「天井」をぶちこわしたとて、それが本当の天井破壊とはいいがたい。いったいそこに、何ほどの意味があるであろうか。真に思いやりやいたわりのある人間、つまりは愛の主体として自分たち少数者の天井を突き破ってこそ、本当の天井破りというべきだろう。

その点、ヒラリーはもとよりかの女を支持する女性たちもまた、心に深くかつ固くとどめるべきではなかろうか。詩人・石垣りん氏の言葉を借りれば、「（女性は）深い思いをこめて、／政治や経済や文学も勉強しよう、／それはおごりや栄達のためではなく、／（中略）／全部が愛情の対象あって励むように」[17]なのだ。

ところで、最後にひとつ、ヒラリー・クリントンについて付け加えておくならば、もし政治家、いやエセ政治家つまりは政治屋の資質が大衆操縦術のうまさにあるのだとするならば、前回二〇一六年一一月のの大統領選では、よし票数では三〇〇万票ほど上廻っていたとはいえ、やはりトランプの方が一枚上手だったというべきだろう。トランプは、八年前のオバマのときと同様に「chang（変革）」を激しく求める大衆の心理をしかとつかみとりこれに強く訴えかけたのに対し、ヒラリーは、なるほど多くの女性の心を操る術には長けていたとはいえ、しかし「変革（change）」や「革命（revolution）」を求める・同じ民主党のサンダース支持者の存在が思いのほか大きかったことを自分がいちばん身をもって経験したにもかかわらず、この大衆の心をそれ相応に深く汲みとることができずに逆にこれを読み違え、「変革」や「革命」ではなく「オバマ政治の継承」を訴えたのだからである。ヒラリーの真の敗因が、まさにそこにこそあること、それは、今や誰の眼にも明らかだろう。

いずれにせよ、こうして筆者がいいたいことは、とくにトランプ支持の白人大衆だけでなく、ヒラリー支持に廻った、アメリカを含めた世界中の女性たちの心もまた、崩落の一歩手前にあるということである。前者ほどではないにしろ、やはりそこにも崩落人間・壊滅人間の明らかな兆しがほのみえている。

女性差別の苦しみやそれゆえのそれに対するあまりに激しい怒りのゆえに、こういった心理を巧みにからめとる男性化した女性の、自分たちにはあまりにも心地よい言葉、トランプ支持者に訴えるトランプの甘いツイッターのささやきと同根の、一見真逆のあの叫び、「（女性には眼には見えない）ガラスの天井がある」という叫びにうまく載せられてしまっているからである。

女性たちがその「天井」を真に打ち破らんとするならば、もっと鋭い批判精神をもち、自分自身の頭でじっくり考えしかと判断し、そのうえで確乎とした責任をもって行動するという、そういう真の主体性をしかと確立することが何としても必要だろう。少なくとも筆者には、そう思われる。

かくて要するに、トランプ支持者もヒラリー支持者も、共に真の主体性をほとんど完全に欠落させてしまっているということである。そうしてその背後には、一見もっともな反差別の怒りや来たるべき被差別への恐怖、その陰に隠れた激しいエゴイズムもまたほのみえている。

## (c) ファシズムにとっての絶好の温床――極度のエゴイズム的非主体性としての大衆

前項で見たように、トランプもヒラリーもいわばスローガンを武器としてアメリカ大衆の人気を博した。思い返せば九年前の二〇〇九年も、オバマの「chang」というスローガンにアメリカ大衆は熱狂し、大統領就任式のさいには連邦議会議事堂前に一八〇万もの人々が押し寄せた。

いや、たんにアメリカばかりではない。わが日本でも、小泉政権のさい首相小泉の「改革」の叫びに大衆は熱狂し、その後また第二次安倍政権に移るや「アベノミクス」や「日本を取り戻す」というこれもまた何ら内実のはっきりしないたんなるスローガンに大衆は熱狂した。* さらにまた東京都知事の小池百合子も、「都政の徹底的改革」を売りにして人気を大いに博した。いやその小池百合子は、「改革保守」・「希望の党」という名の「絶望の党」を立ち上げ、ついこのあいだ東京都政に全力を尽くす、といっていたその舌の根も渇かぬうちにそれを投げ出し国政に打って出て、ヒラリーよろしく「女性初の首相」を売りにふたたび日本大衆をたぶらかさんとした。だが、その企ては、かの女自身の独裁者的体質が国民にばれ、あっけなくもみずから墓穴を掘る結果となった。

* アベノミクスは一定の成果をあげたという向きもあるけれど、しかし、それは大企業や富裕層に対してのみであり、一般庶民にとってはまさに「実感なき景気回復」だった。そしてそれは、もう誰の眼にも明らかとなっている。その証左として、あれほど安倍自身が声をはり上げて連呼していたにもかかわらず、その安倍自身がもうこの「アベノミクス」という言葉をほとんど使わなくなった。

ちなみに筆者は、安倍がみずからの経済政策を「アベノミクス」といい始めた当初から、したがって経済学者らがこれを批判しはじめる以前から、大学の講義で「アベノミクスは成功しない。たとい成功したとしても、それは大企業や富裕層にとってのみだ」と話していた。そんなことは、すぐ近くの歴史をふりかえれば火をみるよりも明らかである。なぜなら、アベノミクスも、装いを新たにした新自由主義にほかならず、その結果がどうなるか、それは新自由主義政策を逸早く始めたイギリスやアメリカをみるまでもなく、わが日本でもそれを押し進めたいわゆる小泉構造改革で歴然としているからである。小泉構造改革のさいも、「いざなぎ景気」を超える戦後最長の好景気といわれながら、しかし一般国民には「実感なき景気回復」であり、そこに立ち現われたのは、イギリスやアメリカと同じく激しい格差社会にほかならなかった。

またヨーロッパに眼を転ずれば、反ＥＵと反移民を叫んで国民投票でＥＵ離脱を決定したイギリスや、同様に反ＥＵ、反移民、反難民、反イスラームを声高に叫ぶ（極）右諸勢力に、ドイツでもフランスでも、またオランダ、オーストリア、イタリアでも大衆は熱狂している。

いったいこれらと、あのヒトラーの嘘八百の演説に熱狂したかつてのドイツ国民といったいどこに違いがあるといえようか。かつてヒトラーが台頭してきた一九三〇年前後、ドイツ国民は気も狂わんばかりにヒトラーを熱く支持してみずからその首をしめた。まるで雪崩を打つようにナチズム支持へと流れこんでいった。

これは、既述したごとく、当時ハイデガーが考察したようにドイツ国民が個性も主体性もない、付和雷同的・被流動的かつ匿名的・非人称的なダス・マン（das Man）と化していたことの何よりの証左といってよいだろう。ダス・マン的人間こそ、ファシズム台頭の絶好の温床なのである。その点、今日洋の東西を問わず世界に広くみられる新たなるダス・マン化現象、かつてのドイツ・ナチズムやイタリア・ファシズムあるいは日本の天皇制ファシズムを生んだダス・マン人間よりその閾値をさらに大きく超えたいわば崩落人間化現象、これはまさに今日の新たなるファシズム運動の格好の温床となっているとはいえないだろうか。

自国第一主義や移民・難民排斥を訴えるアメリカの大統領トランプを始め、ヨーロッパに台頭する新たなる（極）右政党、さらに日本の天皇制ファシズムの復活を企む目下の安倍政権、さらにそれを代行せんと目論んだ小池百合子、あるいはロシアのプーチンや中国の習近平共産党独裁政権、それらの背後には、たしかに現代人の崩壊・崩落化現象が存在するといわねばならない。鋭い批判的精神を働かせつつどこまでも自分自身の頭で深く熟慮し、かくてそのうえでしかと判断し、もって確乎とした責任をもって行動するという真の主体性、それをほとんど喪失した現代人のダス・マン化、いやその閾値をさらに大きく高めた超ダス・マン化、つまりは崩落人間化、少なくともその明らかな徴しがあるといわざるをえない。

こういういい方は、自分をどこかはるかなる高みにおいて、一般国民・一般大衆を見下しているかのごとくあるいは思われるかもしれない。が、しかし、そういう批判は甘じてうけつつも、しかし、あのヒトラー・ナチズムを生み出した当時のダス・マン的ドイツ国民を顧みるとき、深い自戒をこめて、あえてこういわざるをえないのである。おそらく当時のドイツ国民を綿密に観察しつつ「頽落」した人間をダス・マン（das Man）と分析・規定したあのハイデガーですら、既述したごとく、当初ヒトラー・ナチズムをかたく支持しその党員にすらなっていたのであり、その意味ではかれじしんが、みずからのいう頽落人間なるダス・マン人間化していたといってもよいからである。けだし、少なくともその傾向をもっていたとする批判、それは何としてもこれをさけられえまい。かくて大衆「蔑視」という批判はこれを甘じてうけつつも、しかし、にもかかわらずこういった大衆批判も、世界平和と全人類幸福実現のためのかすかな警鐘として、あえて批判の矛先が自分に向けられることをも覚悟のうえで敢行せざるをえないのである。

それはともかく、話をトランプにもどすと、そこにはまだ明るい兆しがないわけではない。というのは、トランプに激しく抗議する集会やデモが、その大統領就任の翌日（一月二一日）世界約八〇カ国の六七〇カ所で、約四七〇万人が参加して行なわれたからである。[18] ここには、まだ一縷の望みがあるとはいえよう。いまだ完全に崩壊し極度にエゴイズム化するのを免れている現代人も、少なからず存在するということだからだ。

### (d) トランプ・アメリカの極度のエゴイズムと米朝核戦争危機

さて、ここでは、トランプやトランプ支持者の果てしなきエゴイズムとその非主体性についてこれをまた別の面からみてみたい。

周知のごとく、この一〇年あまりのうちに北朝鮮は、核実験やミサイル発射実験を繰り返し、そのいずれの性能も刻々と高めつつある。この北朝鮮の暴挙に国際社会は何ら打つ手がない状態である。そこでアメリカ大統領トランプは、これまでのアメリカによる北朝鮮政策は誤りだったとして、これからは北朝鮮への先制攻撃も含めた政策の根本的見直しをすると言い出した。

では、そのアメリカによる北朝鮮への先制攻撃は、いったい本当にありうることなのか。あのトランプならありうるのではないか、とするその道の専門家もいる。トランプは、その重要な公約の一つだったいわゆる「オバマケア」の見直しについて、その代替案を撤回せざるをえなくなったことやロシア疑惑などもあって、その支持率が急激に下がっている。その急落した支持率回復のためにも、トランプは、北朝鮮への強行策として先制攻撃をする可能性はある、ということだ。それにまた、これまでのアメリカ大統領は、一度下がった支持率回復のため軍事行動に出る、というパターンが少なからずあるともいう。

そこで仮にアメリカ・トランプが、北朝鮮を先制攻撃するといったいどういうことになるのか、その点をここでは考えてみたいと思う。アメリカが北朝鮮を攻撃するとなると当然それは、たんに洋上の空母からだけでなく日本の米軍基地からもなされることだろう。もとより韓国の米軍基地からも攻撃はなされるだろうが、しかしアジアにおける米軍基地の中心は、何といっても日本であるからだ。

では、そうなったら日本はどうなるか。すでに北朝鮮じしんがいっているように、北朝鮮の攻撃目標は、在日米軍基地や日本じしんにほかならない。すなわちそれは、日本の米軍基地、いや日本じしんが北朝鮮のミサイル、ひょっとしたら核や化学兵器も搭載したミサイルの攻撃目標にされるということだ。

韓国では、北朝鮮をターゲットにした大規模な米韓合同演習が行なわれている。だから当然韓国も、同様に北朝鮮の攻撃対象とされるだろう。だが、それで日本は安泰というわけにはゆめにもいかない。もちろん北朝鮮は、アメリカ本土を直接攻撃したいであろう。が、しかし、まだその能力はほとんどない。いや、北朝鮮がその軍事的能力をもつ前にアメリカは何か手を打たねばならず、そのオプション（選択肢）の一つが北朝鮮への先制攻撃だということである。

ところが、このアメリカによる北朝鮮への先制攻撃で直接被害をこうむるのは、ほかでもない北朝鮮やその近辺にいるアメリカ人、それと米軍兵士をのぞけば日本や韓国の一般国民なのである。米軍基地が攻撃されれば、それはさけがたくその周辺の一般国民にも大きく被害がおよぶだけでなく、日本じしんもはっきり攻撃目標とされているからである。もしアメリカが本当に北朝鮮を先制攻撃したら、東京だけで四〇〇万人以上の死傷者が出るという予測もある。これは、あの大平洋戦争時の三〇〇万人をはるかに上廻る被害である。

ところが、日本政府は、こういったきわめて重要な試算は何らしていない。仮定のことに手をつけることはできないからだという。けだしそれは、真赤な嘘だろう。もし政府がその試算を出して公表すれば、国民はその犠牲のあまりの大きさに驚愕し、かくて目下トランプ政権と一緒になって闇雲に行なっている、安倍政権の北朝鮮への圧力一辺倒のやり方に、国民から「反対」の嵐が起こるのは必定だからであろう。

いずれにせよ、こうみてくると、日本に駐留する米軍基地やその存在の前提となっている日米安保条約の本質がおのずから明らかとなってくる。一般には、日米同盟やそれにもとづく日本の米軍基地は、日本をどこか「敵国」から守るためだとされ、それがマスコミでも日常的にたれ流され、かくていわば常識のごとくなっている。しかしながら、今うえでのべたことからも明らかなように、日米安保条約やそれにもとづく日本の米軍基地は、かりそめにも日本を守るためではなくて、まさにアメリカを守るため、ただそのためにのみ日本を利用しているだけだということである。アメリカによる「核の傘」どころか、アメリカの核が、日本を他国からの核攻撃の標的にさせかねないのだ。

これに対し、いや北朝鮮の核は、たんにアメリカだけでなく日本にとっても脅威である、という反論があるいは起こるかもしれない。

しかしながら、よく考えてみよ。

ほぼ一〇年にもおよぶこの間の北朝鮮の核やミサイル開発は、たとえば経済制裁などの力の外交でほんの少しでも防ぐことができたであろうか。いや、防ぐどころか、逆にどんどんそれを助長させてきただけである。ところがその極端に現われたのが、今回のトランプによる先制攻撃も辞さぬ、という脅しにほかならない。それでいったい北朝鮮が、これまでのその暴挙をいささかでもゆるめることがありうるだろうか。

思うに、否である。

その道の専門家の少なからずも言い出しているように、北朝鮮に対し力による脅しはもはや何ら通用しないのだ。力ではなく対話しか北朝鮮を軟化させる道は多分ほかにない。ここに、力には力を！という外交の限界・破綻はほぼ明らかだろう。かくて日本は、力による北朝鮮の封じ込めではなく、粘り強い対話の場にこれを引き出してくることに全力を注ぐべきだろう。

それはともかく、話をもとにもどして仮にアメリカが北朝鮮に対して先制攻撃したら、その甚大な被害を被るのは、アメリカではなくもっぱら韓国や日本なのである。要するにアメリカ・トランプは、韓国や日本を犠牲にして自国を守るということである。ここにも、だからトランプのあのメイン主張「米国第一主義」が明確にある。自国を守らんがために「同盟国」という名の属国・韓国や日本を犠牲にするということだ。ここにはまさにあのトランプの本質、すなわちこの地球に住むすべての人間に深くかかわる地球温暖化対策にも背を向けてパリ協定から離脱したあのトランプの本質、すなわち極度のエゴイズムがはっきりと現われている。そのさい、そのトランプを支持してパリ協定からの離脱やアメリカによる北朝鮮への先制攻撃を容認するなら、そのアメリカ国民もまた果てしなきエゴイズムの渦にからめとられてしまっているといって何ら差し支えないだろう。

## (e) 究極のエゴイスト・トランプと核——現代世界における未曽有の危機

既述したごとく、あるトランプ支持者はテレビのドキュメンタリー番組で、「トランプは、核戦争もやりかねない人間だ、だから支持するのだ。そういう人間だから、アメリカの腐り切った既成秩序を破壊してくれるかもしれないから」とほぼこのようにいっていた。[19] まさにそのトランプが、数千万発にもおよぶ核のボタンを名実共に握っているのだ。これほどの危険性が、いったいどこにありうるだろうか。

それを裏づけるように二〇一七年四月七日、シリア・アサド政権の化学兵器使用——といっても、これは確認できたわけではない——を口実に、逸早くトランプは、シリアをミサイル攻撃した。これをみて北朝鮮も、恐らく驚愕したことだろう。で、北朝鮮は、どうしたか。果たして大人しくなっただろうか。むしろ逆に、さらにいちだんと凶暴化しているのではあるまいか。かくて日本も、もはや他人事ではありえない。日本の米軍基地はもとより日本自身が標的になるからである。

ちなみに、このような危険な状況下で、安倍自民党は、自衛隊による「敵基地先制攻撃」論も主張しはじめている。しかしながら、もしそれが本気なら、その能力が自衛隊に備わるまでに何年にもおよぶ時間と、さらに当然巨額の軍事費が必要である。それを日本が準備するまでに、北朝鮮は、それこそ「先制攻撃」してくることだろう。日本が用意万端整うまで、あの北朝鮮が黙っているとはとうてい思われないからである。それとも、アメリカの核の傘があるからそれは大丈夫、とでもいうであろうか。が、しかし、アメリカの核の傘がそんなに頼りになるものなら、なにもあえて「敵基地先制攻撃」能力を自衛隊がもつ必要もないだろう。

かくて要するに、今や日本は、あのトランプ政権誕生で、とても危険な状況におかれたといわねばならない。そのトランプ政権にまるで寄り添うかのような目下の安倍政権、その危険性はもはや改めていうまでもないだろう。けだし日本だけでなく世界全体からみれば、北朝鮮や中国にもまして今のトランプ政権の方がはるかに危険というべきなのだ。あの究極のエゴイスト・狂犬トランプが、世界最大数の核のボタンを握っているのであるからである。

### (f) 力による外交と愛による外交――旧き思惟と新しき思惟

一般に外交は、「アメとムチ」の両輪で動かすべきだという。力で、すなわち経済制裁や軍事力などの圧力や脅し(ムチ)をかけつつ、他方で経済援助(アメ)などをしてよりよい方向に向かわしめるのだという。

だが、しかし、目下の北朝鮮のミサイル・核開発を見るかぎり、それがうまくいっているとはとうてい思われない。北朝鮮からみれば、アメリカの核への恐怖はおのずから、みずからがそれに対抗して核をもつ、という方向に向かうのはさけがたい必然である。

かつて、アメリカがイラク・フセイン政権を軍事力で崩壊せしめたとき、その直前ジャーナリストの田原総一朗がイラクのラマダン副首相に会ったさい、ラマダンは、「われわれは核をもっていないからアメリカにやられる」といっていたという。これを逆にいうならば、核をもっていたならば、アメリカもたやすくイラクを攻撃できなかったということだ。またリビアは、一時は核開発に手を染めていたけれど、欧米の誘いに乗ってこれを放棄したところ、逆に攻撃されてあえなく亡んでいった。

こういった歴史的事実を、北朝鮮は底の底まで徹底して熟知している。その点は、北朝鮮自身が、国民向けにそのような教育・宣伝をしていることからも火をみるよりも明らかである。その点はまた、同じくアメリカと対立するイランにあっても同様だろう。アメリカの核や軍事力に対抗するには、自分たちもまた核兵器や弾道ミサイルをもつ以外に術はない、とかれらは心底思っていることだろう。

かくして明らかなことは、力には力を！といった姿勢では、この世界から核はもとより戦争もまた永遠になくなりはしないということである。したがって、このステレオタイプの旧き思考様式を根本的にかえないかぎり、この世界に平和はけっして訪れないし、核もまたこれをけっして廃絶できはしないということだ。要するに、それは、この世界はいつまでも砂上の楼閣としてだけしか繁栄できはしないということである。

かくして明らかなのは、この旧き思惟を一八〇度転換して、あのイエスにならって力には愛を！という新しき思惟に甦ることが何としても必要なのだ。いったいこれは、たんなる理想論として切り捨てるべきことなのであろうか。

力と暴力のかぎりなく渦巻く今日、かえってそれこそ真に現実的な道として少なくとも一考するだけの値打ちはあるのではなかろうか。

## (g) トランプの大いなる危険性と新たなるファシズムないしその前ぶれ

さて、ここではもう一度トランプのはなはだしい危険性とそのファシズム性についてまた別の角度から考察したい。

人間には、誰しも本音というものがある。たとえば、差別について、これにも人種差別、性差別、障害者差別、マイノリティー差別等いろいろあるが、そういった差別意識のまったくない人間などほとんどいない。だれしも本音のところでは、何らかの差別意識を抱えている。しかしながら、その自分の意識の底にある差別意識をそのまま肯定するのではなく、逆に自己批判しつつそれが表に現われないように、いわば本来の意味での理性で抑えている人間、それが、それこそが真に正しい人間のあるべき姿といえるであろう。

その意味では、建て前というものもあながち悪いものとばかりはいえないだろう。建て前をすべて捨て去って何でもかでも本音で大っぴらに話す人間、その方がむしろきれいだとは必ずしもいえないだろう。もとより、ただうわべの建て前だけで自分を外に美しくみせかけている人間、そのような人間はたしかに胡散臭い。そういう人間が、エリートといわれる人間たちのなかにはじっさい多い。

そのかぎり、いわゆる大衆が反エリート意識から、むしろ本音をズバズバいう人間、たとえばトランプのような人間を支持し、その暴言に溜飲を下げる気持ち、それはあるていど理解はできる。だが、しかし、けっして口に出してはならない本音というものもたしかに存在する。自分ですら外に出すことを心底恥ずかしいと思う、自分自身の意識の底に潜む差別意識、それがたとえばそうである。差別意識とは、ひっきょう人間の根源悪としてのエゴに根をもつものというべきであるからだ。

その根源悪と深く結びついている自分の差別意識に対し、まったく恥じらいのない人間、恥じらいがないゆえに堂々と外に向かってそれを発信する人間、すなわちトランプのごとき人間、これほど恐ろしいものはない。その行きつく先は、つまるところあのヒトラー・ナチズムといってよいからである。ユダヤ人や障害者を徹底的に差別し前者を約六〇〇万人、後者を約二五万人ガス室で虐殺したヒトラー・ナチズムへの、それはけだしたしかな一里塚といってよいからである。

いや後者についてより詳しくいうならば、それはヒトラー・ナチズムのユダヤ人大虐殺・ホロコーストをいわばお膳立てしたともいうべき医師たちによる障害者虐殺にほかならない。この点を以下NHKドキュメンタリー「ホロコーストのリハーサル」[20]に依拠してもう少し詳しくいうとこうである。

今から遡ること約七〇年前ドイツでは、医師たちにより、おもに精神障害者がターゲットとされて、シャワー室に似せたガス室で、多い時は一二〇人、毎日、殺害された。こうして、全体で二〇万人以上が虐殺された。そのさい、医師たちによるこの患者殺害は、予想に反しナチスによる強制ではまったくなかった。そうではなくてダーウィンの「種の起源」に触発され、これを人間に当てはめた社会ダーウィニズム、それと結びついた優生学、つまり劣等な人間は淘汰され優れた素質をもつ人間のみを残していくべきだという優生学、それが、かかる暴挙の精神的バックボーンとなり、これが医師たちをおもに精神障害者虐殺へと突き動かしたのである。したがってそれは、他からの強制によってではなく、医師たちがみずから進んで行なったことなのだ。かくしてここにも、誤れる科学の空恐ろしさ、それがはっきりと示されている。ところがこの優生学は、その後世界に拡散していった。とまれ、医師たちによるこの障害者虐殺は、いわば「ホロコーストのリハーサル」だったのである。

話をふたたびトランプにもどすと、トランプには、まさにこの種の危険性がたしかにあるとはいえまいか。ドイツ・ナチズムや優生学の危険性、それがしかとみてとれるのではなかろうか。じっさいすでにもうアメリカでは、旧右翼ＫＫＫや新右翼オルトライトといった白人至上主義勢力が、トランプの大統領当選で勢いづいている。そればかりか、人種差別や性差別等いろいろな差別にもとづく悼《いた》ましい事件もすでに現実のものとなっている。

かくして明らかなように、トランプ大統領誕生でこのような大きな危険性の前に立たされていること、それを今日われわれはしかと心にとどめる必要がある。

ところが、こんなときに、国際政治学者・三浦瑠麗は、微笑みながら「あんなオジさん（＝トランプを指す）どこにでもいる」と、とても呑気なことをいっている[21]。正直のところ、呆れ果てて開いた口がふさがらない。

それはともかく、女性のなかにもトランプ支持者はいる。だがそれは、かの女らが女性差別者トランプの危険性、それを必ずしも見逃しているからとはいえないだろう。思うにそれは、自分自身白人至上主義の女性か、あるいはトランプの女性差別への不快感をも撥ね除けてしまうほど経済的に追いつめられ絶望した女性たちだろう。その激しい女性差別にもかかわらず、いわば藁をもつかむ思いでトランプにしがみついるのであろう。したがって、トランプ支持の女性たちの存在は、けっしてトランプのすこぶる危険性をいささかも薄めるものではもうとうない。現にトランプの大統領就任式に前後して、多くの女性たちによる反トランプ抗議デモ、それがアメリカはもとより世界各地で勃発した。「あんな（女性差別をする）オジさんどこにでもいる」というあの国際政治学者・三浦瑠麗は、世界的な女性たちによる反トランプのこの大規模抗議行動をいったい何とみるのであろうか。かの女らは、「あんなオジさんどこにでもいる」、とトランプを軽くみているとでもいうのだろうか。彼我の落差をこれほど痛切に感じることはない。これで国際政治学者だというのだから、これもまた呆れてものがいえない。

いったいかの女は、トランプという人間の本質を見逃して、あんな呑気なことをいって、そもそも世界政治の何を見ているのだろうか。あのトランプのあからさまな差別意識が、上述したごときヒトラー・ナチズムやいわゆる優生学とも結びつきうることを、かの女はまったく看過しているとしか思われない。

それはともかく、日本のマスコミが騒いでいたように、トランプ大統領誕生はいったい日本にどんな影響を与えるか、といった発想にばかりとらわれないで、これはまぎれもなく世界全体にとっての大脅威なのだ、とわれわれ各自が痛切に感じとることが大切だろう。じっさいヨーロッパでは、トランプ当選を追い風にして「反移民」「反難民」「反イスラーム」「反ＥＵ」を掲げる右派や極右の政党が大いに勢いづいているからである。これは、けだし大きな嵐の前ぶれといってよいだろう。

このヨーロッパの右派ないし極右の諸政党は、なるほどフランスの大統領選で、極右政党・国民戦線率いるマリーヌ・ルペンを破ってマクロンが勝利し、一旦はその勢いを止めたかに見えはする。が、しかし、これら（極）右諸政党を熱狂的に支持する大衆の心の底に鬱積している不平・不満、あるいは怒りがこれで雲散霧消したわけではけっしてない。それは、今なお大きな火山のマグマのごとくたまりにたまっている。したがって、そのマグマがいつまた何をきっかけに噴出するか、それは毫も予断を許さない。かくして、ここには新たなるファシズムの時代、その予兆がはっきりと透けて見えるといわねばならない。

ところで、最近マスコミにより「ポピュリズム・大衆迎合主義」という言葉で特徴づけられるこれらの欧米（極）右諸政党の動き、それはその裏に大衆蔑視がぴたりと張りついている、その点をいささかも忘れてはならないだろう。一見大衆におもねっているようでいて、その本音はほかならぬ大衆蔑視というべきなのである。その点は、あのドイツ・ヒトラーとまったく同様なのだ。

「ヒトラーも、『ポスト真実』の土壌から台頭した独裁者だった。人は小さなうそより大きなうそにだまされやすいと平然と述べ、大衆の理解力は小さいが忘却力は大きいなどと、寄り添うふうをしながら徹底して大衆を蔑視した」(22)。

かくしてそのポピュリズムとは、大衆迎合主義というよりむしろ大衆煽動主義というべきである。その点、今日の「大衆」も、大いに心する必要がある。「反エリート」を掲げ、自分たちに快い言葉を投げかけてくるかれら隠れファシストに、逆に自分たちが搦め捕られてしまうことがないように、くれぐれも注意する必要があるだろう。あのヒトラーにうまく騙されてしまったかつてのドイツ大衆の轍を、今ふたたび自分たちが踏まないようにくれぐれも注意する必要がある。いったいこれは、筆者の杞憂というべきだろうか。トランプや、かれを支持する白人至上主義者、さらにはトランプと手を結ばんとするヨーロッパの（極）右諸政党、そこにヒトラーの影をみてとるのは、ひとり筆者の思いすごしというべきだろうか。

片やわが日本の首相安倍も、「日米同盟のさらなる深化・強化」と叫んでトランプのもとに逸早く馳せ参じ、これにただ媚を売ることにばかり汲々としている有り様である。

今日トランプ暴走の歯止めは、いったいどこにあるのだろうか。

なるほどトランプの支持率は、大統領就任直後からひどく低迷し二〇一七年の七月には戦後最低にまで下がった。が、しかし、そのトランプの熱狂的支持者は、約四〇%の数で今なお岩盤のごとく存在するのだ。ちょうどヨーロッパの（極）右諸政党の支持者たちがそうであるように。かくして明らかなことは、トランプの支持率の低さだけをみて安穏としていることはとうてい許されないということである。

もとより既成勢力やエリートたち、かれらが新自由主義的グローバリズムのいわば旗振り役として、今日のこのきわめて深刻な憂慮すべき経済的事態を招いたその責任はすこぶる重く重大である。しかしながら、かれらに対するあまりに激しい憤懣と怒りのゆえに、逆に自分たちにとってよりいっそう危険な敵に、自分たちがいつしか搦め捕られてしまうことがないように、今日の反逆せる大衆も、よくよく注意する必要があるだろう。

少なくとも、このようなときに、「あんなオジさんどこにでもいる」といった呑気で無責任な言葉を吐く、たんに肩書きだけ立派な国際政治学者、そのような人物を好んで起用するテレビ各局も、その責めをいつかとらざるをえなくなるときがくるだろう。

ただこれが、筆者のたんなる杞憂に終わること、ただそれだけを今は願うばかりである。

いずれにせよ、あのヒトラーに巧みにだまされ「後悔先に立たず」といった当時のドイツ国民が、前述したごとく、「ダス・マン（das Man）」的人間だったとしたら、今日の「隠れファシスト」たちに惑わされている欧米日を始めとした大衆は、もはや「ダス・マン」的人間というよりもさらに一歩大きくその度を増した超「ダス・マン」的人間、つまりは崩落人間といって何ら差し支えないだろう。筆者の推測が正しいとするならば、すでに一度二〇世紀前半にドイツ国民が経験し、誰しもそのあまりの破壊的非人道性に唖然とすること、それと同じこと、少なくともそれに類したことを、その以前の経験に何ら学ぶことなく今また同様に繰り返すことになりかねないからである。ここには、どこまでも徹底して研ぎ澄まされた批判的理性で深く考え、それにもとづいてしかと判断し、かくて断固として責任的に行動するという人間本来の真の主体性、それがほとんど完全に欠如してしまっているからである。

以上、筆者じしん超「ダス・マン」的人間・崩落人間のひとりとして自己内反省をこめつつあえて苦言を呈し警鐘を鳴らしておく次第である。

### (3)　アメリカ民主主義の大いなる欺瞞性と人間の崩落化——超富裕層の巨額資金による政治・司法・捜査機関の支配

周知のごとく、今日アメリカでは、超富裕層による巨額の政治献金が当然のこととして行なわれている。これは、アメリカの政治が超富裕層の金により買われ、かれらによって支配されていることの何よりの証左といってよいのではなかろうか。

あのオバマも、ヒラリーも、ゴールドマン・サックスを始めとするグローバル企業はもとより、超富裕層からも巨額の政治献金をうけていた。ヒラリーの選挙応援には、その資産六兆五〇〇〇億円ともいわれる投資家ウォーレン・バフェットが駆けつけていた。これは、かれらが選挙に当選したあかつきには、それらグローバル企業や超富裕層にとって有利な政策を実行するということ以外の何ものでもないだろう。その証左のひとつとして、そういった超富裕層の一人スタンリー・ハバードは、ほぼこんなことをいっている。「私は政治献金をするとき、政治家に見返りを求めたことはない。おそらく献金者の一〇〇〇人のうち九九九人は、そう答えるでしょう。しかし政治家は、多額の献金をした人をけっして忘れはしません。それが人間の性《さが》です」（ＮＨＫスペシャル「マネーワールド(3)巨大格差」）と。

ところで、この巨額の政治献金は、オバマが大統領に立候補したときにとりわけ大きくなった。オバマがそうしたともいわれる。これに対し、これを政治資金規正法で取り締まる、といった動きも過去にまったくなかったわけではない。ところが、それは「企業や個人の表現の自由」を犯すとして提訴され、最高裁でこの主張が認められ、けっきょく政治献金は合憲とされたのである。こうしてアメリカでは、巨額の金で政治が買われ支配されること、それが「表現の自由」の名のもとに最高裁ですら承認されたのだ。

いったいこれは、アメリカでは最高裁までも、超富裕層やグローバル企業の支配のもとにおかれていることの何よりの証左といってはいいすぎだろうか。最高裁の判事にも、巨大企業や超富裕層の巨額の金が流れこんでいるということではなかろうか。それともこれは、たんに筆者の邪推とでもいうべきだろうか。

それはともかく、今回二〇一六年の大統領選挙では、投票日を一〇日くらいあとに控えて突然ＦＢＩがヒラリー・クリントン候補の私用メール問題を再捜査すると公表し、これが共和党候補トランプに有利に働くのではないかと大いに話題になった。ところが投票日二日前になって、今度は同じこのＦＢＩが、一転ヒラリー候補を刑事訴追しない方針を明らかにした。

思うにこの間に、ＦＢＩの対応を巡って権力者内部で熾烈な暗闘が繰り広げられたのではなかろうか。当時のＦＢＩのコミー長官は、みずからも自認する共和党支持者である。だからひょっとしたらその自分の信念で、共和党候補トランプを有利にさせるべくあえて投票日一〇日ほど前になって民主党候補ヒラリーの私用メール問題を再捜査すると公表したか、あるいはヒラリーの私用メール問題の重大な事実が大統領選挙のあとで発覚した場合の自分の責任逃れを怖れてその再捜査を公表したか、それは必ずしも明らかでない。だが、いずれにせよ、この事件の陰にあっては、ひょっとしたらこんなことが起こっていたのではあるまいか。すなわち巨大企業や超富裕層の多くは民主党ヒラリー支持であったので、かれらがＦＢＩコミー長官に激しく圧力をかけ、ふたたびヒラリーを有利にすべくヒラリーの刑事訴追をしないと力ずくでＦＢＩに公表させたのではないか、ということである。いずれにせよ、このＦＢＩによる第一回目のヒラリーのメール問題再捜査公表のあとトランプはヒラリーに猛追し、この二回目の刑事訴追はしないとの発表にさいしては、ヒラリーを含めた民主党はこれを大いに歓迎し、他方トランプはこれに激怒したのだ。

もとよりこれは、あくまでも筆者のほんの憶測にすぎない。けれども、その可能性は大いにありうるのではなかろうか。ＦＢＩによるヒラリーの私用メールの捜査対象は数万通あるとされ、これがわずか九日間で完全に精査されたかどうかは大いに疑問が残るからである。

それはともかく、本来は中立の立場であるべき捜査機関が、このように選挙に大きな影響を及ぼす行為を行なうということ、これもまた、アメリカの大統領選挙が真の民主主義的選挙でないことの何よりの証しといっていいだろう。一般国民の投票行動が、捜査機関ないし恐らくその裏で激しくうごめき暗闘を繰り広げている権力者たちの思惑で大きく左右されているのだからである。

ところで、アメリカでは、大統領選挙投票の直前のいわゆる「オクトーバーサプライズ」は当り前である。候補者がたがいに相手のゴシップを暴いてその人気を落そうとしたりするのはもとより、政治家が嘘の発表をして自分の政党の候補者を有利にせんとしたりである。じっさいかつてベトナム戦争時、国務長官のキッシンジャーは、そのときの大統領選の一〇月（オクトーバー）に、「やがてベトナム戦争は終結するだろう」と嘘八百をつき自党の候補を有利にしたという。いったいこれで、本当に民主的な選挙といえるだろうか。真の主権者であるはずの国民が、マス・メディアを通じたこういう権力者の嘘を含めた言動により踊らされてしまうのだからである。いずれにせよ、かくして明らかなごとく、今やアメリカは、巨大企業や超富層により政治も司法も、そしてひょっとしたら捜査機関もその支配下におかれてしまっているといってよいのではなかろうか。かくして、今日アメリカでは、たんに一般大衆のみならずいわゆるエリート層も、いやむしろかれらエリート層の方こそがよりいっそう深く底無しのエゴイズムに冒され崩落してしまっているといってはいいすぎだろうか。

## (二) 現代日本における新ファシズム運動と人間の崩落化──森友学園問題と安倍政権

ここでは、日本における新ファシズム運動と現代日本人の崩落性について考察したい。はたして日本にも、新ファシズムの動きは見られるだろうか。けだし欧米とは形は異なるけれど、しかしわが日本にも、この新ファシズム運動が一見それと分らぬ形で着々と進行している。それを考えるさいとても参考になるいわば象徴的な出来事が、今年二〇一七年発覚した。この間日本社会をにぎわせているいわゆる森友学園問題が、それである。ところで、日本における新ファシズム運動の進行、それは一見するとあまり明らかとはいいがたい。しかし、それだけにいっそうその解明は重要と思われる。そこで、この森友学園問題をその分できるだけ詳しく分析し、同時にこれに対する日本国民の反応について考えたい。

さて森友学園は、籠池泰典が理事長を勤めていた。そのかれの教育理念は、あの教育勅語に端的に示されている。そのさい教育勅語とは、明治天皇が国民に対するみずからの根本理念を示したもので、のちの天皇制ファシズムの軍国主義的愛国主義を国民全体に押し広めていくさいに大いに利用されたものである。そこでは、国民は天皇の「臣民」、つまりは君主に従いこれに奉仕する人民とされ、日本国家ないし天皇、端的にいって皇室国家の危機にさいしては、国民すべてが生命を奉げてこれに尽くせとされている。

この教育勅語は、「天皇が先祖から引き継いだ『御訓』として、君臣一体で守るべき」ものだとされ、「全国の学校に（その）謄本（写し）が配られ、（中略）写しは神聖なものとして扱われ、天皇・皇后の写真とともに生命をかけて守るべきものとされた。道徳にあたる当時の『修身科』の中軸となり、広く受け入れられ」（朝日新聞二〇一七年三月二一日）、こうしてのちの天皇制ファシズムの精神的バックボーンとなった国家神道を、広く日本にゆきわたらせるための重要な方法の一つであった。けれども「一九四八年六月、衆参両院の決議で（この）教育勅語の排除と失効が確認された。衆院の決議では『根本理念が主権在君並びに神話的国体観に基づいている事実』があるとして、基本的人権の考え方に反し、国際的にも疑問を残すものだと指摘」された（同上）。

このような前近代的・反民主主義的、つまりは愛国主義的な教育勅語、あの天皇制ファシズムの軍国主義をその根本から支えた教育勅語、それを、あの森友学園理事長・籠池は心底から信奉しているのである。記者会見で籠池は、「教育勅語のどこが悪い！」と平然と言い放っている。いや、籠池ばかりではない。かれがそこの大阪地区の幹部を勤める極右団体「日本会議」も同様であり、またこの「日本会議」に名を連ねる多くの、自民党を始めとする議員たち、首相安倍晋三や財務大臣麻生太郎、元防衛大臣稲田朋美を含めた多数の自民党議員やその他の議員たちも同様である。

かくして、第三次安倍内閣の文部科学大臣は、以前の文部科学大臣と同様に、かつて衆参両院でその排除・失効を決議されたこの教育勅語を、「教育勅語にもいろいろいいことが書かれている」とか、その根本理念が憲法違反であるにもかかわらず、「憲法に反しないかぎり、教育勅語を教育の場で使われることに何ら問題はない」、と平然と発言している。いや自民党は、この森友学園問題を絶好のチャンスととらえ、教育勅語を学校の教材として使用することを実際に可とした。

いったいこれは、まさに日本における新たなるファシズム運動といって何ら差し支えないのではなかろうか。ところで、このような教育勅語にもとづいて教育、いや教育という名の洗脳が行なわれるとどうなるか、それは籠池が率いる森友学園、その経営する塚本幼稚園で一目瞭然である。

まず第一に、園児に教育勅語を徹底的に叩きこむために、これを大声で、まるであの文字通りの独裁国家・北朝鮮を髣髴させるがごとき軍隊調の勢いで暗誦させ叫ばせていた。まさに教育の名を貸りたまぎれもなき洗脳である。戦前の日本もまさにこんな風だったのか、いや戦前にタイム・スリップしたのだろうか、と一瞬目を疑いたくなる光景である。

幼児は無邪気である。明治時代のすこぶるむずかしい日本語をそのまま、しかもその内容は恐らくまったく分からぬままに、まるで競うかのように大声で暗唱していた。いやいや、違う。幼児たちは好んでそうしていたのではさらさらない。かれらは、体罰や虐待で脅されて無理矢理そうせざるをえずにそうしていたのである。

その人権無視の体罰や虐待とは、では何かといったら、たとえばこんなことがなされていた。

園児に対し、授業中はトイレにもいかせなかった。もし粗相をしたら、それを教師の前であやまらせ、ノーパンのまま、大便ですら給食袋と一緒にカバンに入れて家にもって帰らせた。また給食も、これを時間内に食べきれなかった児童には、廊下に正座させてこれを無理矢理たべさせた。そればかりではない。塚本幼稚園には、「しつけ部屋」というものが設けられており、園児が何かしくじったことをするとそこへ閉じ込め、大泣きすると泣きやむまでそこから出してやらなかった。ある園児の母親は、自分の子供が何かしくじったときに顔をひっぱたかれたと証言している。

さらにこの塚本幼稚園では、運動会で園児にこんなことをやらせていた。

男児には、徳川幕府を征伐にいく長州や薩摩の、刀で武装した武士に扮させ、他方女児には、これらの男児の後ろでおにぎりを作ってこれ渡させる、といった、あの戦中の「戦う男」とその「銃後の女」といった男女の役割り分担を演じさせていたのだ[23]。

その意味するところは、幼い園児にはおそらく何も分かっていなかったであろう。いやそれは、かれらにとってサル・カニ合戦や桃太郎の鬼退治、あるいは一寸法師と同じで一つの遊戯にすぎなったのかもしれない。だが、しかしそれは、だからそんなことに大げさに目くじらをたてる必要などはない、といって看過することのできない重大問題である。

なぜならこれは、「何も分かっていない」幼児のうちから男は「戦さ」女は「銃後を守る」、といった戦時における男女の役割り分担を知らず識らずのうちに無理矢理徹底的に植えつけんとするものであり、まさに兵士養成、戦争体制準備といって何ら差し支えないからである。まさに戦前・戦中の天皇制ファシズムがそうだったのであり、今現在の北朝鮮がそうなのだ。その天皇制ファシズムによる国民洗脳のための最大の道具として用いられたもの、それが先述した教育勅語にほかならないのである。

さらに付け加えれば、この塚本幼稚園では、園児に反中国・反韓国の言葉も叫ばせ、かくて排外主義的な反中国・反韓国の洗脳もしていた。これもまた、戦闘体制へのたしかな地ならしといって何ら差し支えないだろう。排外主義がやがて戦争へと結びついていくこと、それは歴史がよくこれを証明しているからである。

かくして明らかなごとく、籠池が、一方で教育勅語を信奉し、他方で、上述したごときな軍国主義的・愛国主義的な教育、いや教育という名の洗脳をしたこと、それはまさに理の当然なのである。これら両者は、まさしく表裏一体にほかならないからである。

この籠池は、ある保守系の人物によると、関西では保守系の人々のあいだで教育熱心な人間[24]としてその評判が絶大に高いという[25]。じっさい首相安倍やその妻・昭恵もこの森友学園問題が発生し、みずからの身に危険がおよぶに到るまでは、この籠池の教育理念に深く賛同しこれととても親しくしていた。ところが一旦自分が危なくなるやしだいに籠池に冷たくなり、ついにはこれを犯罪者扱いするまでにおよんだ。周囲のこういう急変を経験し、籠池の妻が「政治は怖い」と思わずもらしたのも、たしかに肯けるところがある。かくてこの森友学園問題で炙り出されたこと、それは、これが同じ保守ないしファシスト同士の内部抗争であり、一旦自分が危険となったら政治権力者はいかに急変するか、おのが身を守るためいかに冷酷残虐非情となるか、かつて自分にとても親しかった人物すらも情容赦なく切り捨てることに躊躇しないか、というそのあからさまな実相にほかならない。

要するに、同じ仲間同士のいわば内ゲバである。いや、むしろこういうべきだろう。すなわちそれは、政治権力者による、たといいかに問題があるとはいえ、「一塊の民間人」に対する徹底的な叩きのめし吊し上げ、つまりは虐待だということだ。

それはもとかく、あの元大阪府知事・橋下徹も、テレビで、その知事をしていたさい塚本幼稚園に視察にいったときの感想として、「児童の規律がとてもしっかりしている」といってこれを高く評価していた。首相安倍もまた、国会で塚本幼稚園のことを、躾がしっかりしていると、これを絶賛していた。いや、安倍の妻・昭恵などは、教育勅語を絶叫する園児の姿をみて「感動」し涙を流したほどである。

もとより、兵士養成が最終目的なら、「躾」や「規律」がしっかりしていること、それは当然すぎるほど当然だろう。そんなこともつゆ知らず無理矢理そういうことをやらされていた子供にとっては、それはまぎれもなく人権無視の虐待、つまり心の体罰以外の何ものでもありえない。

では、なぜ、そんな軍国主義的幼稚園に、父母はわが子を入れるのだろうか。そんな疑問が、当然に湧いてくる。

その理由の一つとして、父母はこんなことをいう。ネットで幼稚園について調べると、塚本幼稚園のところには、まったくいいことばかりしかかかれていなかった。この問題が発覚して改めてよく見てみると、そのネットの書き込みには番号が振ってあり、ところどころ番号が抜けていた。要するに、悪いことを書いた書き込みは、誰かがそのつど削除していたのだろう、と。けだしネット社会の恐ろしさが、こんなところにもよく現われている。それはともかく、じっさい一旦入園した児童も、年々激減していた。

さて、問題はここからである。

この森友学園の愛国主義的軍国主義的教育、いや教育の名を貸りたファシズム的洗脳、これはただひとえに森友学園理事長籠池個人にかぎったことではなく、これを背後で強靱に支える多くの人間たちがうごめいていたということである。

籠池がその幹部として所属していた極右団体「日本会議」がそれであり、やはりその「日本会議」（朝日新聞二〇一七年四月一二日）[26]の国会議員懇談会の特別顧問を勤める首相安倍やその妻・昭恵、財務大臣麻生、さらに（元）防衛大臣稲田その他の自民党政治家を始めとする会員の国会議員約二九〇人、地方議員約一八〇〇人、さらにまた首相安倍の心を「忖度」して行動したと思われる財務省理財局の当時の局長やその他の幹部たち、それに加えてこれに同調したと思われる大阪府知事松井の所属する「日本維新の会」の幹部たち、そういった面々がそれである。ここには、かれらの顔がちらついてどうにも拭いようがないといわねばならない。

そこでその点を、つぎにより詳しく見ていきたい。

森友学園が小学校設立を申請したさい、それに必要不可欠の土地も資金もまったく不十分であった。その理由で大阪府教育審議会は、その設立認可に大いに疑念を呈していた。ところが森友学園がその小学校設立のための土地を国から買いとるさい、国有地を管理する財務省理財局、その関西支所・近畿財務局は、最初から「（設立）認可ありき」の大前提で事を強引に押し進めていた。また学校設立についての認可の権限をもつ大阪府も、近畿財務局と同様に、そもそもの初めから「認可ありき」の大前提で動いていた。

前者の近畿財務局の不審な動きについてより詳しくいうと、国が国有地を売却するときは、ふつうできるだけ高く売るために競争入札にする。ところがこの問題では競争入札は行なわず随意契約で、最初からただ森友学園ひとつにかぎって売却していた。しかも、その売却額は、これもかつて例がないほど異例で、まったくの非公開で行なわれていた。思うに、この国有地が八億円余りも値引きされて売却されていたからだろう。にもかかわらずそれが明るみに出たのは、ある豊中市議がこの森友学園と国の関係に不審をいだき、その売却費の公開を求めたことによる。ところが、これもおかしなことに近畿財務局は、当初この公開請求を拒否した。そこでこの市議が近畿財務局を提訴したため、そこで初めてしぶしぶ公開されたのである。

この一連の流れからしても、この森友学園問題には、何か大きな裏、何か大きな政治の力が働いていた、と誰の眼にも映るであろう。その後巷では、ただ官僚による首相安倍へのいわゆる「忖度」でこの事件は生起した、と、ただそれだけがことの真相のように吹聴され一人歩きしているが、しかしここに首相安倍自身の関与がまったくなかったかどうか、という点は、まだまったく明らかにされていないのだ。なぜなら、後で詳述するごとく政府自民党が、この事件の関係者すべての国会への証人喚問や、すでに廃棄されたとする財務省の公証記録についての事実の究明等を完全に拒否して、真相究明を妨げ事を闇のなかに葬り去ろうとしたからである。いや、じっさいにそれを行った。かくて、「国民には、謙虚で丁寧な説明をしたい」と繰り返した首相安倍は、それを何ひとつしないまま、今や「森友・加計問題の説明は十分に行った」といって開き直る有り様である。

話をもとにもどすと、それはともかく、上にのべたことからこの事件の進展が始まった。だからこの市議は、今回のこの事件の隠れた大きな功労者といっていい。

ところで、先述した大阪府の、この問題におけるやはり不審な動きについて、それをつぎにもう少し詳しく見ておきたい。

森友学園が小学校設立の申請をしたさい、大阪府は、その森友学園の要請に応じて学校設立の認可規制をわざわざ緩和している。これは大阪府が、森友学園のこの小学校設立を積極的に認めようとした動きとみても何らおかしくはない。

そのさい、この規制緩和をじっさいに行なったのは、当時の大阪府知事・橋下徹である。ちなみに首相安倍は、後述するごとくこの森友学園問題の最大の黒幕の可能性が大きいが、この安倍と橋本は、憲法九条の改訂を始めとしてその政治信条がすこぶる近い。いや、橋本が目下その最高顧問をつとめる大阪府の与党・日本維新の会そのものが、安倍の政治信条にきわめて近い。

それはともかく、この件について橋本は、二〇一七年三月一六日朝日新聞によると、こう弁明しているという。

「森友学園が開校をめざした小学校をめぐり、前大阪府知事の橋下徹氏は一五日、府私学審議会が二〇一五年一月に条件付きで認可適当と答申したことに関連し、自身のツイッターに『(認可適当の判断は)明らかにミスです』と投稿した。(中略)『規制緩和と審議体制強化をワンセットでやらなければなりませんでした。ここは僕の失態です』(中略)『事実上は僕の知事時代に進んでいたことであり、僕の私学審議会体制強化が不十分だったことが原因』と自らの責任にも言及した」。

さて、ここで問題なのは、当時の大阪府知事・橋本が森友学園の小学校設立の申請に対し、認可規制、つまりは審査基準を緩和したのは、橋本がいうとおりたんなる「ミス」や「失態」だったのかどうか、ということである。むしろ、教育勅語の復活を梃子にして軍国主義もしくはより端的にいって天皇制ファシズムの再興を目差しつつ、これをすでにみずからの幼稚園で実践していた森友学園の籠池理事長に深く共感し、かくてその小学校設立に積極的に便宜を図ったのではないか、ということである。じっさい橋本は、既述したごとく、森友学園の経営する塚本幼稚園での教育、いや教育という名の軍国主義的洗脳について、これを「園児の規律がとてもいい」と絶賛していたからである。

それはともかく、この籠池理事長には、海上自衛隊のトップ幕僚長もエールを送っていたという。

こうみてくると、この森友学園問題には、政治家、高級官僚、大阪府の三者が直接に、そしてまた自衛隊幹部も間接に大きくかかわっていた可能性がある。なぜなら、すでに明らかになっている高級官僚や大阪府の不審な動き、そこには当然その背後に大物政治家の「関与」圧力が働いていたとしか考えられないからである。

いや、その大物政治家のなかでも最大の力をおよぼしたと思われるのは、ほかでもない目下の首相安倍晋三である。安倍は、事あるごとに「民主主義」という言葉を好んで多用するけれど、その裏の顔がこの事件において仄みえている。安倍は、妻昭恵と共にこの森友学園問題に深く関わっていた可能性がすこぶる大きい。

まず第一に、森友学園理事長・籠池は、新たに設立しようとしていた小学校を安倍晋三記念小学校と名づけて広く募金集めをしていた。少なくともそれほど籠池は、安倍に心酔していたのである。第二に、安倍の妻・昭恵は、新設予定の小学校の名誉校長としてそのホームページに顔写真も掲載されていた。また昭恵は、森友学園の経営する塚本幼稚園で、例外的に三度も講演している。この昭恵と籠池の妻とは、この事件発覚後もたがいに頻繁にメールをやりとりするほどの親密な間柄である。また籠池は、国会の証人喚問の場で、安倍の妻昭恵に直接電話をかけ、今回の国有地売却問題での働きかけまでもしていたことを証言した。さらに籠池は、塚本幼稚園の園児の父兄に対し、自分には安倍からの年賀状がくる、といってこれをじっさいに父兄の前で読み上げていた。

これらの点について安倍は、国会答弁で最初のうちは、籠池の教育方法について「園児への躾がとてもよくできている」と絶賛していたにもかかわらず、この問題で自分に危険が迫ると察するや、この籠池をたんなる一私人であるにもかかわらず、国会に「証人喚問」し、さらに妻昭恵の名誉校長就任については、妻が断ったにもかかわらず強引に押し切られた、といって言い訳した。しかしながら、もしその安倍の答弁が本当で、妻の名が強引に利用されたというのなら、身の潔白を明すために、ただひとり籠池のみならず妻も国会に「証人喚問」すべきであろう。

何故、そうしようとはしないのだろうか。妻昭恵を「証人喚問」すれば、かえって逆に自分や妻の疚しいところが暴露されてしまうからではないのだろうか。そう考えるのは、あまりにも穿ったものの見方というべきだろうか。

さて、この森友学園問題での安倍の、最大の黒幕的疑惑は、ほかでもないつぎの点である。この森友小学校問題の進展は、首相安倍が国有地の管理を統括する当時の財務省・迫田理財局長に直接会談した直後からほんの短期間で急転直下一気に進んだという、まさにそこにこそある。さて、安倍夫妻についてはこれくらいにして、話しをつぎに進めよう。

つぎは、森友学園理事長・籠池と元防衛大臣稲田朋美との関係である。この籠池理事長と元防衛大臣稲田朋美とは、後者は否定しているけれど、しかし前者によるととても親しい旧知の仲であり、以前稲田は前者の学園の顧問弁護士をもつとめ、さらには森友学園に寄付もしていた。この点については、稲田は国会答弁で、当初の発言を撤回してのちにほぼ認めているから、籠池の主張の方が恐らく正しいだろう。

いずれにせよ、かれら両者は、かの天皇制ファシズムの大きな支えとなった教育勅語に関しこれを礼賛している点でもまったくその考えを同じくしている。その稲田を、その国会議員当選から異例の速度で防衛大臣にまで抜擢したのは、ほかならぬ目下の首相安倍なのである。しかも稲田が防衛大臣として数々の問題発言や失態を繰り返しても、安倍はこれをけっして罷免しようとはしなかった。安倍にとって稲田は、それほどの腹心の部下なのだ。けだし、戦前・戦中の天皇制ファシズム礼賛という点で、その考え方が基本的に同じであるからだろう。その点は、同じくあの天皇制ファシズムを礼賛している極右団体「日本会議」のメンバーに二人ともなっているということ、いや安倍はその国会議員懇談会の特別顧問をすら務めていること、その点からもおのずから明らかだろう。

ところで、この森友学園問題に深くかかわっていると思われる財務省の所轄大臣は、いうまでもなく財務大臣麻生にほかならない。その財務大臣麻生も知らないところで、その管轄下の財務省、そのうちの理財局長迫田がもし大きく動いたのだとしたら、そこには当然のことながら、財務大臣より上の人物が陰で何か大きな圧力をかけたとみるのが自然であろう。

一般には、妻昭恵に対し籠池がこの国有地問題に関し電話で問い合わせをしたのに対し、昭恵付きの国家公務員の秘書が財務省に問い合わせをしたことから、財務省が首相夫人からの問い合わせだと忖度し、それで事が不自然でかつ異例な形で進んだとされている。

けれども、たんなる忖度だけで、これだけの事件が起こるだろうか。たとい直接ではなく間接にしろ財務省に圧力をかけた大物政治家がいるとするのは、はたしてあまりにも穿った見方というべきだろうか。

いずれにせよ、以上のべてきたことからみてくると、この森友学園問題の一番のバックには、どうみても目下の首相安倍がいるとしか思われない。

だが、結論を急ぐ前にもう少しこの問題を注意深くみていきたい。

森友学園理事長・籠池泰典は、あの森友小学校設立問題に関して元防災相の鴻池にも働きかけをした。鴻池の言では、たしかに籠池から口利きの要請はあったが、その面会のさい自分に渡されようとした金は、これを「無礼者!」と怒鳴って突き返したという。もしそれが本当なら、自分の身の潔白を一点の曇りなく晴らすために籠池を贈賄罪で訴えるべきだろう。鴻池は、何故そうしないのだろうか。何か後めたいことがあるからではないのだろうか。少なくとも、そう疑われても仕方あるまい。

ところで、籠池は、森友小学校の認可が最終的におりるかどうかの決定が下るに先立って、とつぜん学校認可の申請を取り下げ、退任を表明した。これもまた、まことに奇妙な話である。とても苦労しながら何年もかけて話を進め、自分の長年の大きな夢がやっとかなうかどうかの矢先、その認可がおりるかどうかの決定直前に、とつぜん申請を取り下げ理事長の退任を表明したのだからである。

この件について、何故認可の決定が下るかどうかの判定がおりる前に突然退任したのですか、と記者会見で問われ、その場に同席した籠池理事長の長男は、ポロリと「圧力みたいなものがあったので……」ともらした。これについては、この森友学園問題に早く幕を降ろしたい誰か大物政治家その他が、第三者を介してかどうかは別にして籠池理事長に速やかに退任するよう大きな圧力をかけた、と考えたとしても何らおかしくはないだろう。

以上のべてきたことからまったく明らかなように、この森友学園問題にはすこぶる不可解な点、いや日本の民主主義——もしそれが本当にあるとしたらだが——の根幹にかかわる重大な問題が潜んでいる。

とするなら、この問題の闇を徹底的に解明しそれを白日のもとにさらけだすために、たんに籠池理事長のみならず、首相安倍の妻・昭恵、当時の財務省理財局長、近畿財務局長、国土交通省その他の幹部、さらに籠池の当時の顧問弁護士、昭恵付きの国家公務員等、この問題に関係していると思われる人物はすべて国会に証人喚問、つまりは偽証罪を問うことのできない参考人招致ではなく、偽証の罪を厳しく問うことのできる証人喚問をし、かくて事の真相を底の底までとことん究明することが必要不可欠だろう。にもかかわらず、そのようなことをしないとすれば、それは自分たちに何か身に覚えがあるからとしか思われない。ところが、それが、通るとしたら、そこに民主主義、いや少なくとも真の民主主義があるとはとうていいえない。

それはともかく、政府自民党は、これら関係者の国会への証人喚問をかたく拒否した。政府自民党は、ではなぜこの問題の真相究明にそれほど消極的なのか。それでは、今うえでのべたごとく、自民党の誰か、いや大物政治家、いなひょっとしたら首相安倍自身がこの問題に深くかかわっていたからと勘繰られても何らおかしくはないだろう。にもかかわらず、政府自民党のそのやり方が通るとすれば、それは前述したごとく日本に真の民主主義はないということ、その何よりの証しといわねばならない。

ところで、裁判では、一般に「疑わしきは罰せず」を基本にすべきだといわれている。だが、しかし、私見によれば、こと政治家や官僚にかかわることは、「疑わしきはこれを徹底的に疑い、もって真相を一点の曇りなく明らかにせよ」、を基本とすべきであろう。疑わしいことはとことん疑って、その疑念を一点のこらず明らかにすること、それが必要である。

かつてアメリカのすぐれて著名なフリー・ジャーナリスト、のちのち多くの心あるジャーナリストらに多大な影響を与えたＩ・Ｆ・ストーンは、「すべての政府は嘘をつく」といって、事実いろいろなアメリカ政府の嘘を暴いた。そのストーンのいうとおり、けだしすべての政府やそのバックにうごめく高級官僚は、大ていいつも嘘ばかりついて国民をだましているのではなかろうか。

筆者の推測するかぎり、あの森友学園問題には、現首相安倍自身が直接ないし間接に深くかかわっている。なぜなら、籠池からの要請に応えて森友小学校の設置に関し、安倍の妻・昭恵が国家公員のその付け人を通して財務省に問い合わせをしたばかりか、さらに安倍自身が、この件で重大な役割を果たしたと思われる当時の財務省理財局長・迫田に直接会談したあとから、短期間でこの問題は大きく進展し、約半年後には、八億円余りの国有地売却が実現したのだからである。籠池自身、「神風が吹いた」と当時を振り返って国会で証言した。しかも、その頃安倍の妻・昭恵は、新設予定のその小学校の名誉校長の座についていたのだ。いったいここに重大な疑念を差しはさむのは、ひとり筆者のみだというべきだろうか。

ところで籠池は、安倍の妻・昭恵が二〇一五年に塚本幼稚園で講演したさい、「人払いをして」、籠池と「二人きりになって」「夫　安倍晋三からです」といって一〇〇万円の寄付をした、と同じく国会で証言した。籠池のこの国会への証人喚問に先立って籠池がこの件についてテレビで発言したところ、安倍は、それは事実無根だと主張し、自民党は、「首相を侮蔑した」との理由で「私人・籠池」を国会に証人喚問した。そこで先述の言葉を、籠池は改めて国会の場で証言したのだ。もとより、最大一〇年の懲役という偽証罪に問われることを覚悟のうえでだ。

いずれにせよ、政府自民党は、ただひとり籠池だけの国会への証人喚問には応じた。だが、しかし、この問題の最大・最深の核心である国有地売却の問題、つまり国有地の途方もない値引きに直接かかわったと思われる財務省理財局や近畿財務局の当時の最高幹部やこれに間接にかかわったと目される首相安倍の妻・昭恵らの国会への証人喚問、たんなる御為ごかしの参考人招致ではない証人喚問、それには頑強にこれを拒んだ。

おまけに財務省は、この件にかかわる公証記録はすべて内規に従って破棄したと、ぬけぬけと言い放っている始末である。もしそれが真実なら主権者国民の利益にはっきり反するそのような内規を作ったその最高責任者がその責任を厳しく追求されるべきだろう。ところで、あの内戦状態の南スーダンに派兵されていた自衛隊も、その日々の活動を記した「日報」を「廃棄した」といっていたのに、それが依然残っていたことが、のちに自衛隊幹部の内部告発で明らかになった。同様のこと、つまり官僚が口先で記録がないといってもじっさいには現存しうること、それは財務省についてもありうることだと多くの識者が指摘している。

ところで、この森友学園問題では、金の流れがふつうとは真逆である。ふつうなら、ある民間団体が何か特別の利益を得んために、政治家等に秘かに大金を渡すものだが、今回はある特殊な団体、つまり目下の北朝鮮にも似た、戦前・戦中の天皇制ファシズムを信奉する人物が、そのみずからの理念にかなう小学校の設立を願望したのに対し、それを可能にするために政治家や官僚が一緒になって国家の多額の金、つまりは税金を不当に流さんとしたのだからである。まさにそれだからこそ、この事件はふつうのいわゆる収賄よりもはるかに次元を絶して重大かつ深刻なのだ。まさに戦後民主主義――もしこれが現実にあるとしたらだが――、それを抹殺せんとする、少なくともそれを象徴する国家犯罪といってもけっして過言ではないのである。

これだけの事件が、前述したごとく巷でいわれているように、首相夫人への官僚の「忖度」だけでなされうるのだとしたならば、これはもう日本に真の民主主義は存在しないことの何よりの証左といわねばならない。官僚が、ほんらい国民の財産であるはずの国有地や税金をまさに私物化しているというだけでなく、戦後民主主義を真向から否定する、いやもっとはっきりいってあの北朝鮮のごとき戦前・戦中の天皇制ファシズムへの回帰を目差さんしているかのごとき小学校を、国民に秘かに設立せんとしたのだからである。

政権に飼い慣らされてその息のもとにある多くの御用学者や御用評論家たちに誑されて、その点を国民もしかと見てとることができないとするならば、それはもうまぎれもない思考停止といわざるをえない。かくしてそれは、パスカルのいわゆる「考える葦」、いや「ホモ・サピエンス」としての人間のあきらかな崩壊ないしその一歩手前といってもけっして過言ではないだろう。

それはともかく、話をもとにもどすと、政府自民党は、自分たちが公明正大で何ら疚しいことはないとはっきり断言できるのなら、いったいどうして上述した人物たち、つまり首相夫人・昭恵や当時の財務省理財局長、近畿財務局長、昭恵付き国家公務員、鴻池元防災相その他、この問題に深く関わってたと思われる人物たちをすべて国会に証人喚問し、真相の徹底究明に尽くそうとはしないのか。

どう考えても何かおかしい、政府やそのバックの高級官僚はやはり怪しい、と思うのは、ただひとり筆者のみというべきだろうか。

いずれにせよ、教育界の憲法ともいうべき教育基本法に明確に違反し、戦後衆参両院ではっきりと「廃棄」されたはずの教育勅語、戦前・戦中天皇制ファシズムの精神的大黒柱の一つとなった教育勅語、それを基軸にしてけだし違憲の教育、いや教育という名の洗脳をしていた塚本幼稚園が、今の「民主国家」日本につい最近まで存在していたということ、さらにそれにとどまらずその延長線上の小学校の設立の動き、国家ぐるみとも思われるその動き、それがその開校の直前までほとんど明るみに出なかったということ、これはまことに驚くべきことである。

とまれ八割以上の国民が、この問題の真相解明を要求している。にもかかわらず、その真相究明を阻もうとするか、もしくはそれに消極的であるとするならば、それは、そういう行為に出ている人間たち、具体的にいって政府自民党に何か重大に疚しいこと、後ろめたいことがあることの何よりの証左といって間違いない。そうしてそれをじっさいにうやむやにすることができるのなら、それはいうまでもなく今の日本に民主主義が正しく機能していないこと、その明らかな証拠、いや民主主義という仮面をかぶったそのじつエセ民主主義、民主主義とは裏腹の独裁、一見スマートでソフトな形をしたそのじつ野蛮極まりないファシズムといってもけっして過言ではないだろう。

いずれにせよ、現首相安倍の本心が、このかん明らかにしてきた籠池を含む極右団体「日本会議」、つまりは軍国主義的天皇制ファシズムの礼賛者と基本的に同じであること、それは、第一次・第二次・第三次安倍内閣のしてきたこと、それをざっと一瞥しただけでもおのずから明らかである。

安倍内閣、とりわけ大衆操縦術がより一段と巧みとなった第二次以降の安倍内閣では、あのヒトラーとまったく同様にまず経済を、少なくとも大企業にかぎっては一定程度改善し、もって国民の心をそれなりにしかとつかみとり、他方でその本心、いわゆる「戦後レジームからの脱却」、つまりは戦前・戦中の天皇制ファシズムの復活を目差し、つぎつぎとこんな法律を通してきた。今や、憲法九条の改訂や、あのヒトラーが独裁体制を敷くさい最大限に利用した大統領緊急令、あの民主的ワイマール憲法のほとんど唯一の瑕疵としての大統領緊急令、それと基本的に同じ緊張事態条項を憲法に明文化せんとすら試みている。

それはともかく、このかん安倍が強行制定してきた数々の法律を思いつくままにつぎに列挙するとこうである。

まず第一に、戦後の平和憲法といわば一対となっていた、戦前・戦中の教育勅語に代わるものとしての、平和と人権を重視する教育基本法の改訂。

第二に、道徳教科の特設教科から通常教科への格上げによる、戦前・戦中のいわば道徳科目「修身」の復活、それにもとづく愛国教育導入の試み。

その安倍自民党の唱える「愛国教育」がそもいかなるものか、それは今回の森友学園問題ではしなくも一点の曇りなく白日のもとにさらされた。つまりそれは、戦前・戦中の天皇制ファシズムの大黒柱のひとつ教育勅語の精神、一言でいって「天皇のため」「お国のため」に「国民は一人のこらず命を投げだして戦え」というものである。この教育勅語を、今やふたたび「学校の教科書として用いることを否定しない」とまで安倍政府はいい出した。

しかしながら、この流れは今はじめて始まったことではない。そうではなくてその背景には、安倍内閣成立以前のたとえば国歌国旗法の制定がある。この国歌国旗法制定にさいし、当時の首相は、この法律で処罰されるものは誰ひとりいないと明言した。ところが、その後東京都では、独裁者・あの石原慎太郎都知事のもと、これに反した教員はつぎつぎと処罰の対象とされたのである。この点は、あの「共謀罪」の名を隠した「テロ等準備罪」の衆参両院での採決強行を鑑みるときわめて重要である。その点についてはしかし、また改めて後述する。

第三に教科書検定制度を見直し、これまでより教科書記述への国家の介入をよりいっそう強化せんとしている。

第四に、国公立大学における教授会の権限を弱めつつ逆に学長の権限を強めることにより、大学への国家権力の介入を強化せんとしている。

第五に、防衛庁の防衛省への格上げがある。

これは、軍国主義化を目差すうえでは必要不可欠である。そのさい、後述するごとき特定秘密保護法の採決強行、集団的自衛権行使容認の閣議決定、さらにそれにもとづく安保関連法案、いわゆる「戦争法案」の強行採決、これによる自衛隊の、従来の専守防衛的武力から先制攻撃型軍隊への根本的変質とをいわばワンセットにして考えるとき、これは明らかに軍国主義化への礎といわねばならない。

第六に、第五と不可分のものとして軍事費の毎年の大幅な増額がある。

これは、国の負債がすでに一〇〇〇兆円を超えているのに、にもかかわらずそれをさらに年々肥大化させつつ行なわれている。

第七に、第五、第六と一対のものとして国防省による大学への軍事研究の要請を強化している。

第八に、原発再稼働による核技術の確保・向上がある。けだし、これは今後の核兵器所持のために必要不可欠の準備であろう。

第九に、先述した特定秘密保護法の強行制定がある。

第一〇に、この第九と密接に結びついたものとして、NSC（国家安全保障会議）の設立とその徹底した秘密主義がある。

第一一に、大半の憲法学者が違憲と明言する集団的自衛権行使容認の閣議決定がある。

これにより、現憲法第九条は、実質的に葬り去られた。

第一二に、第一一と同じく大半の憲法学者が違憲の法律を含むという安保関連法案の強行採決。

これは、その国会での審議に先立って、すでに訪米したアメリカ議会で、首相安倍晋三がその「夏までの成立」を約束するという、どうみても国会無視の反民主主義の延長線上で敢行された。

また、この法案成立にもとづいて新たに自衛隊に付与された任務、いわゆる「駆けつけ警護」の既成事実化として、内戦状態の最中にある南スーダンへの、明確に憲法違反の自衛隊の強行派兵がある。

第一三に、テロ対策を名目とした「共謀罪」の強行制定。

この「共謀罪」は、多くの人々がそれを訝ってその制定に強く反対しているように、戦前・戦中共産党を中心として政府に楯突く人々を片っ端から逮捕し獄につなぎ、拷問を加え、死や死地に赴かせたあの悪名高き特高（特別高等警察）の、そのはてしなき暴挙・残虐行為を可能にした治安維持法、そのまぎれもなき現代版といってほぼ差し支えない。

それがたんなる筆者の杞憂でないことは、このかん列挙してきた安倍政権による一連の諸事実、それとの関連で前述した国歌国旗法制定にさいしての当時の首相の「約束」の明確な反故、つまりは嘘や、また治安維持法制定時の政府当局と今回の安倍政権のそれぞれの国会答弁での基本的一致、そこからもほぼ完全に明らかだろう。

「治安維持法は一九二五年（大正一四）年四月にできた。（中略）九〇年以上たったいま、国会で似た答弁をしきりに聞く。犯罪を計画段階で罰する『共謀罪』の趣旨を盛り込んだ法改正案に対する安倍晋三首相の説明だ。『解釈を恣意的にするより、しっかり明文的に法制度を確立する』『一般の方々がその対象となることはあり得ないことがより明確になるよう検討している。』その法案がきのう閣議決定された[27]」。

ところで、今回のこの法案でも、テロ対策がその大義名分として掲げられている。日本にかぎらず、今や世界到る処で、「テロ対策」を名目にしてさまざまな反民主主義的行為がなされている。それをつぎにかんたんに列挙してみよう。

まず第一に、中国における共産党政権による少数民族ウイグル人の弾圧。

第二に、ロシア政府による、たとえばチェチェン共和国などの反ロシア独立運動への徹底的に激しい弾圧。

第三に、イスラエル政府によるパレスチナ爆撃。

第四に元CIA職員スノーデン氏が暴露した「史上最大の内部告発」ともいわれるアメリカの国家安全保障局（NSA）による、アメリカ国民はもとより世界市民全体に対する、そのデジタル等の個人情報の収集・分析・監視。このNSAによる反民主主義的監視行為は、大なり小なりヨーロッパ各国でも行なわれている。

第五に、欧米の多くの国では、今や司法の令状なしで一般市民の捜査・拘禁が可能とされている。

以上のべたことはすべて、いずれも「テロ対策」を大義名分として行なわれているものである。

かくして、これらとまさに同じ線上に、かの「共謀罪」法新設もあるといっていいだろう。多くの学識者が指摘するごとく、たといしぶしぶでも多くの国民が受け入れやすい「テロ対策」を名目として戦前・戦中の治安維持法を復活せんとしているのである。

それはともかく、安倍自民党による、戦前・戦中の天皇的ファシズム復活の試みは、その改憲草案のなかにもはっきりと見てとれる。この自民党の改憲草案は、天皇制ファシズムを信奉するあの籠池が幹部を勤めた極右団体「日本会議」の考え方がその下敷きとなっている。

ここでは、まず第一に、天皇が明治憲法と同じく国家元首と明記されている。さらにこの憲法草案のすこぶる危険性は、先述したごとくそこに「緊急事態条項」なるものが含まれているということである。緊急事態条項とは、国家の緊急事には、首相が全権を握って国民の基本的人権――言論・出版・思想・信条・デモ・集会・結社その他の民主的自由といった基本的人権――を一切停止させることができるというものである。

これは、あのドイツ・ナチズム率いるヒトラーが、そのファシズム的独裁体制を敷くさいにとったまことに巧妙な手段の一つ、大統領緊急令と基本的に同じものである。より具体的にいうと、ヒトラーは自作自演とも目される国会放火事件を大義名分として当時のドイツ大統領に大統領緊急令を発動させ、かくてドイツ国民の基本的人権を一切停止し、さらに国会放火の責任を共産党になすりつけて共産党員やその支持者等を令状なしに逮捕・拘禁し、一網打尽にしたのである。さらにその翌年全権委任法を一見民主的に、しかし実質的には暴力的に成立させ、かくてその独裁体制を確実のものにしたのだ。

かくして明らかなごとく、緊急事態条項を含む改憲草案により憲法改訂をもくろむ目下の安倍自民党の本音[28]は、ドイツ・ナチズムやわが日本のかつての天皇制ファシズム、あるいは今現在の北朝鮮と基本的に同じ新たなるいわばハードなファシズム的独裁体制の確立にほかならない。

いいかえれば、安倍政権の本当の狙いは、戦前・戦中の天皇制ファシズムのまぎれもなき復活であること、それが首相安倍のいわゆる「戦後レジームからの脱却」の真意であること、それはまったく明らかだろう。ここに安倍政権の正体が、はしなくも暴露されているといわねばならない。

口では耳ざわりのとてもよい「民主主義」をしきりに唱えつつ、経済で大衆の心を一定ていどつかんで、ついには軍国主義的ファシズムをふたたび日本に甦らせせんとすること、それが安倍の本音であり目標だろう。そのやり口も、あのヒトラーのそれにとても似ている。すでにいったように、ヒトラーもまた、当時滅茶苦茶だったドイツ経済を公共工事であるていど建て直し、かくて国民の支持を獲得しつつしだいに権力の座に昇りつめていったのである。これこそまさに、民主主義の仮面をかぶったそのじつ紛れもなきファシズムではあるまいか。

かの森友学園問題は、安倍政権の本質がほかならぬファシズム的独裁であること、いやそれを目差していること、それをはしなくも暴露したのだとはいえまいか。森友学園率いる籠池の活動、その背後にうごめく極右団体「日本会議」の動き、それはまさに新ファシズム運動の一端にほかならず、この籠池や「日本会議」の理念に深く共鳴しているのがほかならぬ安倍ないし安倍自民党であるからだ。

ところで、このいわばヒトラー的な新ファシズム運動の流れは、すでに小泉構造改革のときから始まっている。「ヒトラー的」というのは、「敵」をうまく作り出して大衆の不満や怒りをその「敵」に向かわせ、かくて自分を首尾よく「改革者」と見せかけて大衆の支持を得るというその手法にほかならない。目下の東京都知事・小池百合子もまた、その師小泉にならって同様に行ない、かくて都民大衆の大きな支持を獲得した。

かれらに共通するいわゆる劇場型政治とは、要するに大衆を煽動しつつみずからの権力衝動を満たさんとするまさしくファシズム運動の別名にほかならない。

今日では、この劇場型政治と基本的に同じいわゆるポピュリズム政治の嵐が、大衆を巧みに煽動する新ファシズム運動として欧米を中心に激しく吹き荒れている。そのさいその根本には、いわゆるエリートが率いる既成政治へのあまりの絶望から常軌を逸した大衆の、極度に非主体性化・エゴイズム化したいわば人間崩落化現象があるといってよいだろう。

日本のばあいでいえば、安倍政権のあまりの暴走の前に国民はいわば茫然自失し一種の思考停止に陥っている。そこには、鋭い批判的精神を保持しつつみずからの頭でしっかり考え判断することの拒否ないし諦めがあるとはいえないだろうか。その意味でこれもまた、深い自戒をこめつつあえていうなら一つの人間崩落化現象といいうるのではなかろうか。たしかにそこには、野党のあまりのふがいなさが、これにいっそう迫車をかけている面が否めなくもない。それにまた、自民党はかならずしも積極的に支持されているわけでもない。「他の政党よりはまだましか」といった消極的な支持が多いという、が、しかし、目下の安倍自民党政権がいかに危険であるか、そこに国民はほとんどまったく気づいていない。北朝鮮の脅威がなりたてられるや、ただそれだけで、支持率が上昇する有り様であるからだ。

それはともかく、第一次内閣から第三次内閣に渡ってこの間安倍政権が行なってきた既述したごとき軍国主義的・ファシズム的動き、それは今回の森友学園問題でもまた思いがけずも明らかとなった。その本質、それを目の当たりにしてすらその安倍政権のあまりの危険性にほとんど気づかないということ、いや一種の思考停止に陥ってみずから考えることを拒否すらしている観があるということ、そこから翻ってみるとき、これはもうパスカルのいわゆる「考える葦」を本質とする人間のその崩落化現象といわざるをえまい。

以上をもう一度かんたんに繰り返すと安倍政権は、森友学園問題を絶好の好機として教育勅語を学校のテキストとして使用することを是としたり、戦前・戦中の治安維持法にも深く通じる「共謀罪」法案を強権的に成立させたり、また戦闘地南スーダンへの自衛隊の違憲的派兵という、三年前強行採決成立させた安保法制、大多数の憲法学者が違憲だという安保法制の実績作り、さらには、北朝鮮の挑発を、これも絶好のチャンスとばかりに、北朝鮮の近海に迫り出してきているアメリカの艦船――日本を守るためではけっしてなくアメリカ自身を守るためにわざわざ日本の近海にまで迫り出してきているアメリカの空母。日米同盟や米軍基地が日本にあるため、そのアメリカの挑発的な軍事行動が北朝鮮による日本攻撃、ひょっとしたら核や化学兵器をも使った日本攻撃がありうるまさにその原因を作り出しているその当のアメリカの艦船――に対する海上自衛隊の護衛艦による防護、いやそればかりか、既述したごとく海上自衛隊最大のヘリコプター搭載護衛艦「いずも」の空母化案に象徴される、ほんらい専守防衛を旨とする自衛隊の文字通りの侵略的先制攻撃型軍隊化の企て等に精を出している。その危険極まりない安倍政権への国民大衆の眼はすこぶる鈍く、かくて支持率は大して落ちない。たとい今の安倍政権に代わりうるしっかりした野党が存在しないとはいえ、それよりはるかに危険な安倍政権、戦前の天皇制ファシズムへの回帰をもくろんでいるとも見られる安倍政権、それに対し日本の国民大衆はあまりにも鈍感である。第一次につづいて第二次・第三次安倍政権のまぎれもなき暴走の前に国民大衆は成す術もなく、いわば思考停止に陥っている感がある。

この思考停止こそ、ハイデガーのいわゆる「ダス・マン」的人間以上の超「ダス・マン」的人間化、「考える葦」(パスカル)としての人間のいわば崩落化、少なくともそのはっきりとした兆しといってはいいすぎだろうか。たしかに、森友学園問題につづいて同様の独裁的体質をさらけ出した加計学園問題で、さすがに国民も呆れ果て、安倍政権支持率は一時かなり下がった。とはいえ、しかしその下げ幅はいまだ十分とはいいがたい。「安倍が駄目なら小池があるさ!」「安倍自民党にもお灸のひとつを!」とばかりに小池「新党」、安倍自民党と基本的に何らその本質が変わらない小池「新党」、その証左として二〇一六年七月二日の東京都議選でも党首の小池百合子は正面切って安倍自民党批判をしなかった、その小池「新党」にただ鞍替えだけしているようでは、これら両者に共通する秘かな新ファシズム運動——独裁体制を敷くさいかのヒトラーが取った重要な手法のひとつ、つまりは緊急事態条項を含む自民党のあの改憲草案を見よ!　かれら二人は、この草案作りに深くかかわったのだ——にしかと目覚めたとは毫も思われない。かくしてここには、やはり人間の崩落化、ないしその兆しがたしかにほのめいているといわざるをえない。

以上をさらにもう一度繰り返すなら、森友学園問題につづいてさらにこれと同様の加計学園問題が勃発し、ここではさいわい貴重な内部告発者が現われて、その真相が幾分明らかとされるや、さすがに国民もこれには呆き れ果てたか、首相安倍自身への不信感が激増すると共に安倍内閣への支持率も急落した。これは、たしかに「安倍一強」という名の安倍独裁、そのはなはだしい傲り高ぶりへの国民のほのかな気づきとはいえるかもしれない。が、しかし安倍内閣の本質、つまりはその新ファシズム的独裁性へのたしかな目覚めであるかどうかはすこぶる疑わしい。その証しのひとつとして、上述したごとく二〇一六年七月二日の東京都議選で、安倍自民党への批判票はほとんど、けだし安倍自民党と基本的にまったく同じ新ファシズム的独裁的な小池百合子率いる「都民ファーストの会」に流れ込んでいったのだからである。しかも、その約一年後行なわれた衆議院選挙では、いろいろごたごたがあったとはいえふたたび安倍自民党が「圧勝」してしまったのであるからだ。

## (三) 現代世界における人間の崩落化

ここでは、新ファシズム運動とは直接関係ないが、しかしその背後にしかと横たわるものとして、現代人の崩落化現象をもう一度より一般的に考察してみたい。

思えば、アメリカのあのオバマにしろ、トランプにしろ、またわが日本の小泉にしろ、あの小池にしろ、あるいはフランスのマクロンや安倍にしろ、いまや「改革」やそれに似たことを叫べばその中味を十分吟味することもなくすぐにこれに国民大衆は飛びついていく。それだけ現状に対する一般大衆の不満や怒りが大きいということだけれど、しかしその「改革」が、逆にまた自分たち自身の首を締めるものではないのか、その点の熟慮は何としても欠如しているといわざるをえない。

けだし「改革」には、いわゆる「右からの改革」と「左からの改革」と、これら二種類がある。前者は、大企業や富裕層のための改革であり、後者は一般庶民のための改革である。そのさい前述した人物たちの改革は、すべて前者、つまり大企業や富裕層のための改革にほかならない。いわゆる「ラスト・ベルト（さびついた工業地帯）」の絶望せる白人中間層を強固な支持基盤とするトランプであっても、その点はけだし変わりはない。その証左のひとつとしてかれの内閣には、グローバル企業の巣窟ウォール街の重鎮がしかとその場を占めているのだからである。

それはともかく、「右からの改革」は、今日でもまだわりとやりやすい。新自由主義ないしそれに似た政策を実施すれば、それでよいからである。が、しかし、ここで生起するのは、ほかでもない著しい格差社会と不安定労働の増大である。これが、一般庶民にとって文字通り悪夢なのはいうまでもない。

これに対し「左からの改革」は、今日すこぶる困難である。思うにそれは、少なからずの専門家もいうごとく現代は、これまで約三〇〇年間つづいてきた資本主義という経済システムそのものの限界であるからだ。が、かといってそれに代わるべき新たな経済・社会システムは、今日まったく失せてしまった。かつてよりよき社会の模範のごとくみなされた社会主義も、今やほとんど完全に色褪せてしまったからである。

現代は、こういうきわめて困難な時代なのである。将来への希望や夢がほとんどもてない時代というべきなのだ。こういった絶望的な時代にあって、筆者のいだく社会のビジョンは、ほかでもない民主主義をどこまでも徹底するというものである。かくて一般市民ひとりひとりが、グローバル企業の野放図な動きに一定の箍をかけつつ国際市場をできるかぎりコントロールすることである。しかし、その点についてはエピローグでもう少しこれを明らかにするとして、とにかくこのような閉塞した時代にあって大衆が救いを求め、ともすれば「強い指導者」という名の独裁者に思いを託したい気持ち、それはある意味でよく分かる。だが、それは、すこぶる危険な道なのだ。その点は、文字通り絶望的な経済状況のなかから救いを求めてあのヒトラー支持へとまるで雪崩を打つように流れ込でいったドイツ大衆ひとつを想起すれば、それでおのずから明らかだろう。今日のポピュリズムという名の新ファシズム運動に、それと同じ危険性を感じとるのは、ひとり筆者のみであろうか。

いずれにせよ、あまりに傲り高ぶっている首相安倍に対しやっと懐疑の眼を向けはじめた日本国民も、けだしそれと基本的に同じ東京都知事・小池に鞍替えして事足れりとしているのなら――もっとも小池は、その後の衆議院選で持ち前の独裁的体質を思わず洩らして自滅したけれど、しかし日本国民は、上述したごとくふたたび安倍自民党を「圧勝」させた、その点を鑑みるなら――、それはまだ今日のすこぶる危険な政治状況、つまりは新ファシズム的独裁体制、その兆しに十分に目覚めているとはとうていいいがたい。

ここにはだから、どこまでも鋭利な批判的精神と深い熟慮、そしてまたたしかな判断力、それらを伴う真の主体性、それがしかと存在するとは思われない。いやむしろ、依然として思考停止的な非主体性が蔓延っているというべきだろう。いいかえるならその意識的・無意識的な自己放棄、すなわち、たんに自分の身の廻りのことだけでなく、もっと広く深く熟考しつつ、みずから鋭く判断し、厳しい責任感をもって行動する、という真の主体性のほぼ完全な喪失だろう。

かくして今日緊急の課題は、新たなる真の主体性を取り戻すべく前述したイエス・ルネサンス、真の宗教ルネサンスを惹起することだといわねばならない。第四章の「イエスと仏教」ついで第五章の「イエスと釈迦ないし仏教思想」において詳しく考察するゆえんである。

ところで、パスカルもいうように「人間は考える葦」である。人間は、一見葦のごとくひ弱だが、けれども考えることによってじつは強い。たとえば、考えることによって銃を発明し、かくて人間は、あの百獣の王ライオンですら倒すことができる。考えることこそ、人間の本質である。そうしてその点は、現世人類が「ホモ・サピエンス（賢こい人間）」であることからも一点の曇りなく明らかである。ところが、考えるというこの営みを、今日人間はどんどん放棄している。他方では機械（人工知能・ＡＩ）がこの人間に本質的な営みを代行し、かくてここでも人間は、その本質を摺り減らしつつある。ＡＩは、一見便利なようだが、しかしその陰に隠れて人間は、今日その本質を日夜失いつつある。一言でいって主体性を奪われ喪失しつつある。しかもその度合いは、これまでの人類史上最大の域にまで達しているといってもけっして過言ではないだろう。

ところで、流行のあまりの横行は、そこに生きる人間の非主体性のまぎれもなきその現われというべきである。ファシズムもまた、深刻な経済的危機の時代にしばしば現われる、これもひとつの政治的流行といえなくもない。とはいえ、しかし、それは、やがて戦争をも引き起こしかねないものだけに、けっしてこれを看過することは許されない。そのさい、そのファシズムの絶好の温床は、既述したごとく極度にエゴイズム化した非主体的な崩落人間にほかならないこと、それも同時にしかと留意する必要がある。

それはともかく、現代人の非主体的崩落性を証示するものとして、今日世界を席巻しているスマホにも言及しないではおられない。

まず第一に指摘されうることは、今日ではスマホやネット依存症が急増しているということである。日本でも、その専門の外来病院ができているほどであり、韓国では日本にもまして大規模にその対策が講じられている。それだけ日本以上にこの患者が多いということだろう。そうしてこの点は、欧米でも大なり小なり似たようなものと思われる。そのさいこの依存症は、いうまでもなく正真正銘の病気であって、これはもう主体性の喪失どころの話ではない。あえていうなら人間崩壊の一歩手前というべきだろう。病院などで治療しないかぎり、ほぼ完全に人間崩壊してしまうのだからである。

この病気まではいかなくても、今日では、いわばスマホ依存症予備軍ともいいうる人間は、おそらく厖大な数に昇るといえよう。たとえば歩きスマホや自転車スマホ、また車スマホなどといった現象に、それはしかとみてとれえよう。いや、いや、電車やバスのなかでも、スマホをいじっていない人間はほぼ皆無といった有り様である。このようにもはや片時もスマホを手離せない人間、それは、よしスマホ依存症ではなくても、明らかにその予備軍といわざるをえまい。かくて現代人は、その本質としての主体性を喪失し、機械（スマホ）に操られる崩壊人間、少なくとも人間としての崩壊寸前といってよいのではなかろうか。

以上をまた別言すると、現代人はスマホなしでは何か不安で心が落ちつかない。そういう人間が少なからず存在する。かくて現代人の多くは、スマホにいわば振り廻わされている。人間がスマホを操っているというよりも、むしろ逆に人間の方がスマホに操られているというべきなのだ。その証左として、今うえでもいったように、たとえばスマホを家に置き忘れたりすると、不安でたまらなくなったり、そうでなくても心が落ちつかずひどく乱れるということがある。これは、現代人が主体的にスマホを操っているのではなく、逆にスマホの方こそが主体であって、人間はこのスマホのいわば奴隷と化しているということである。いいかえれば、現代人は、もはや機械を操作する主体ではなく、たとい一見そう見えるとしても、しかしそのじつは機械に操られる客体ないし奴隷に堕してしまっているということにほかならない。これは、まぎれもなく主体性の喪失・人間崩落化以外の何ものでもないだろう。

　さらにネットやスマホについて改めて繰り返すなら、今日では、たとえばネット右翼やネットいじめ、さらにネットリンチやヘイトツイートに代表されるがごとく匿名の陰に隠れて無責任に他者への誹謗中傷や罵詈雑言を言いたい放題いって何ら恥じない人間が急増している。これらも、もし自分の実名をはっきり名乗ってやらざるをえないのなら、それほどひどいことにはならないだろう。自分の実名を隠せるからこそ、どんなにひどいことも書きこんだりすることができるのだろう。かくして明らかなるごとく、これなど、もはや主体性の喪失どころか本来の人間性そのものの喪失・崩壊、あえていうなら本来の人間ならざる死せる人間としか思われない。

　さらにスマホやネットのまた別の面をみてみると、今日ではビッグデータを駆使したマーケティングで個々人別々にその好みに沿ったＣＭがもたらされている。かくして、ここでは、人間が主体的に考え、選び、欲求通り買うというよりも、むしろ外から内なる欲望をコントロールされ、かくてうまく買わされているといった方がよい。ここにはいったい、主体性のひとかけらでも存在するといえるだろうか。むしろ本来の人間の死滅・消滅といった方がいいのではなかろうか。

　ビッグデータについては、さらにつぎのようなこともある。今日では、選挙のとき有権者は自分の考えにもとづいて主体的に投票しているつもりで、しかしじつはこのビッグデータをもとにした選挙活動で、自分ではそれと気づかぬうちに外から操られて投票行動を起こしている可能性があるということだ。すなわち候補者陣営が有権者の用いるソーシャルメディアの利用履歴を調べてその有権者の性格を特定し、それにもとづいてその有権者に最適な選挙広告を送り届けるといった選挙活動によってである。じっさい二〇一六年一一月のアメリカ大統領選ではトランプ陣営が、またそれに先立つ二〇一二年の大統領選ではオバマ陣営が、積極的にこの「ビッグデータ選挙」を展開したのである。この「ビッグデータ選挙」にはどれほどの効果があるか異論もあるが、しかし学問的な裏づけもあるのである。この点はとても重要なので、これらについて報じた記事を朝日新聞から引用しておこう(29)。

「『有権者狙うデータ分析』ソーシャルメディアの利用履歴から有権者の性格を丸裸にし、その人の心に突き刺さる選挙広告を配信する。そんなデータ分析会社が、米大統領選で勝利したトランプ氏の陣営にいた。『ビッグデータ』が選挙の戦い方を変えつつある」。

以上のべてきたことから明らかであるように、今日われわれは、買い物にしろ選挙にしろ、そしてまたその他何にしろ、自分でもそれと知らないうちに外から操られコントロールされてしまっている可能性が大なのである。これはまさに個々人からの、かれじしんがそれと気づかぬうちの主体性の剝奪といっていいだろう。自分では主体的に考え判断し行動しているつもりでも、じつはしかし外から操縦されコントロールされてしまっているということである。これもまた現代世界における人間の主体性喪失の一面、いやむしろその剝奪といわねばならない。要するに、今日われわれは、好むと好まざるとにかかわりなく非主体性化・人間崩落化の淵に立たされているということである。

ところで、今日ではまたこんな現象も起こっている。

すなわち、マスコミで「ポスト真実」といわれるように「フェイク（偽）ニュース」が世界にあふれ、これを信じる人々が無視できぬほどの数に達しているということである。これなども、現代人が自分自身の頭でじっくりと主体的に考え判断しなくなった何よりの証左、ある意味ではそうすることをみずから拒否するまでに真のあるべき人間性を喪失したその証しといって差し支えないだろう。

いずれにせよ、この「ポスト真実」「フェイクニュース」なる現象は、今日日本にあってもまたけっしてその例外ではありえない。そのことを示す例を、つぎにあげておきたい。すなわちそれは、あの「共謀罪」法についてのネット上での議論について、「ネットと政治の関係に詳しいジャーナリスの津田大介」氏にインタビューした朝日新聞二〇一七年六月の記事にほかならない。アメリカのトランプ支持者の多くのみならず、日本でもかれらと基本的に同じタイプの人間、つまり「フェイクニュース」を信じる人間が多数生まれつつあること、それをこの記事はほぼ明らかにしている。

「客観的な事実より、感情的な訴えかけの方が世論形成に影響を与える時代。『ポスト真実』の特徴が表われている。（中略）ネットは議論のプラットフォームではなくなりつつある。自分が信じたい結論が先にあり、それに合致する情報を探し出す。特にツイッターでは、考えが近い人をフォローするから利用者の二極化が進む。（中略）マスコミが否定した事実ほど信用する傾向にある人が三割程度いるというデータもある。ファクトを突きつければ説得できる時代ではなくなった[30]」。

さて、ここから明らかになることは、アメリカのあのトランプ現象以来マスコミでよく使われるようになった「ポスト真実」、つまりはフェイク（偽）ニュースが世界に飛び交い、これを積極的に信じる人間が激増したということ、マスコミのいうことよりも嘘やデマの方を信じる人間がふえたということ、事実（ファクト）をつきつけられても何ら動ぜず、自分の信じたい嘘の世界に埋没する人間が急増したということ、この現象がわが日本でも現実のものとなりつつあるということである。そうしてそれは、けだしヨーロッパでも同様だろう。ヨーロッパのいわゆるポピュリズム政党が勢いがよい理由もまさにそこにこそあると思われるからである。いや、「ポスト・トゥルース（脱真実）」や「フェイクニュース」という言葉は、もともと欧米のメディアが最初に使い出したものである。この点からいっても、この現象は、むしろ欧米の方が先だといわねばなるまい。そのさいその背景にあるのは、ほかならぬスマホやネットであることは論をまたない。

いずれにせよ、こうして明らかなように、何人も動かしがたい客観的事実よりも、何の根も葉もない嘘の方がより信じられやすくなっているという事実、いやそういう人間が激増しているという事実、ここに現代世界における人間の崩落化現象をしかと見てとること、それはひとり筆者の傲慢、自分ひとり孤高の高みに位置してそこから一般「大衆」を見下している「一知識人」の傲岸とでもいうべきだろうか。こういった現代世界の現象に、人間そのものの根本的危機の臭いをしかと嗅ぎとること、それはまさに傲慢のなせる業として簡単に切り捨てよいものだろうか。自分自身その崩落化現象の波に日々洗われ脅かされつつ、しかしその波に流されないようにできるかぎり踏ん張りながら、みずからも日々深く自戒・内省しつつ、同時に現代世界に生きる人々に警鐘を鳴らすこと、いや鳴らしつづけること、それもひっきょう傲慢というべきなのであろうか。

それはともかく、現代世界における人間のこの崩落化現象について最後にもう少し蛇足的に付け加えておくならば、それは中国や(旧)ソ連・ロシアにあってもまたみられる現象といわねばならない。

まず中国についてみてみると、かつて文化大革命のさい、おのが権力衝動により文化大革命を発動し大衆を動員せんとした毛沢東に、当時の多くの中国国民は踊らされ、煽動されて、知識人を含めた多くの罪もない人々を「反革命分子」というレッテルを貼ってこれを虐待し、一〇〇〇万人以上ともいわれる犠牲者を出している。

ところが、毛沢東の死後権力を握った鄧小平が、今度は逆に「改革開放路線」という名の資本主義化を打ち出すや、これにまた踊らされ洗脳されて、今や多くの中国国民はいわば拝金マシーンと化している。

こういった文化大革命期――これも、形をかえた新たなるファシズム運動といえなくもない――やその後の中国国民をみるにつけ、これもまた深い熟慮と正しい判断力を欠落させた「ダス・マン」化現象、いや「ダス・マン」以上に「ダス・マン」化したいわば超「ダス・マン」人間化、つまりは崩落人間化といってはいいすぎだろうか。

さらにまた旧ソ連やその崩壊後のロシアにも、人間の非主体的「ダス・マン」化ないし崩落化現象はやはりみられるものと思われる。すなわち、その理由はこうである。

「鋼の人」＝「スターリン」という異名をもついわゆるスターリンは、生前一〇〇〇万人以上にもおよぶソ連国民を強制収容所に容赦なく送りこんだ。そのスターリンを、多くのソ連国民は、その強制収容所にかかわることはスターリンのあずかり知らぬことで、その部下によりなされているのだと思わされ、スターリンについてはこれを慕っていたというのである。たとえば、自分の父親が何の罪もないのに逮捕され強制収容所に入れられたある少女は、スターリンに直接、父は何も悪いことなどしていない、といって釈放を懇願する手紙を書き残している。その少女ばかりでなく、そういう国民は、当時ソ連に多くいたのだという。こういったことは、よし権力者にうまく騙されていたのだとしてみても、しかし、にもかかわらず、まさにそれゆえにこそ、人間としての深い熟慮と鋭い判断力は、これをやはり欠いていたのだとはいえないだろうか。あのヒトラーに騙されたドイツ国民と同様に、これもまた「ダス・マン」的な主体性の喪失といってはいいすぎだろうか。

今のロシアでも、スターリンの人気は国民のあいだですこぶる高いという。超大国アメリカと対等に渡り合った「強いソ連」の象徴としてでもあるのだろうか。しかしながら、これは、深い熟慮にもとづく人間としての真に正しい判断といってよいのだろうか。ここにすぐれた批判的精神の欠落ないし真の主体性の喪失をみてとること、それはいったい誤りといえるだろうか。

それはさておき今のロシア国民に、大統領プーチンはすこぶる人気が高い。状況証拠からしてほぼ明らかであるように、自分の政敵をつぎつぎと暗殺している独裁者プーチンが、「強いロシア」の象徴として人気を博しているのである。これなども、深い熟慮と正しい判断力、さらには鋭い批判的精神を兼ね備えた本来の人間といえるだろうか。むしろその逆の個性も主体性も欠落させた、付和雷同的・被流動的・匿名的・非人称的な「ダス・マン」的人間、あるいはその「ダス・マン」以上に「ダス・マン」化したいわば超「ダス・マン」化人間、かかるものとしての崩落人間といってはいいすぎだろうか。

ところで、スターリン主義にしろプーチン主義にしろ、いやとりわけ前者は、これもまた一種のファシズム運動といってよい。かくして、ここでも、旧ソ連やロシアの国民は、その運動に非主体的「ダス・マン」的にからめとられてしまっているといいうるだろう。

いずれにせよ、この極度に非主体的な崩落人間こそ、ほかでもないファシズム運動の絶好の温床であること、それはすでに詳しくのべたとおりである。

それはともかく、この極度の非主体的「ダス・マン」化・崩落化からの脱出方法についてここで筆者の結論を先取りしていえば、こうである。すなわち、エゴが根本的に克服されてみずからを愛の主体として確立できれば、それと共にこういった人間の崩落化、つまりは非主体性・没個性といった頽落性もまたおのずから超克することができるということである。主体性や個性のない愛の主体、また熟慮しない愛の主体など、どこにも存在しえないからである。愛の主体は、ネットやスマホからもほどよく距離をとりつつ、その支配から身をもぎ離し、かくて自己の個性や主体性を首尾よく保持することに努めるからである。

ところで、現代にあっては、正邪・善悪・是非・美醜・正常・異常等、従来なら判然と区別されていた相反する二つの事柄がまったくごちゃまぜとなり曖昧模糊となってしまった。それをさらに助長するかのような現象が、二〇一六年年一一月のアメリカ大統領選の渦中から突如巻き起こり、またたくうちに世界に拡散していった。いわゆる「フェイクニュース（fake news）・偽ニュース」なる現象がそれである。かくして今日では、何が真実で何が偽りなのか、その区別もまたほとんど完全に失われてしまった。少なくとも失われつつあるといってよい。かかる状況のなかにあって今日新たに「ポスト・トゥルース（脱真実）」なる言葉が生み出され、欧米を中心としてマスコミなどでひんぱんに飛び交うようになっている。その点は、すでに述べたごとくである。

このような状況の背後には、ほかでもないスマホやネット、現代の利器のなかでも最大の利器と目されるスマホやネットの存在がある。かかる事実からも明らかなごとく、スマホやネットにしろ、あるいはまた今日のＡＩ（人工知能）やロボット研究を含めた最先端科学技術にしろ、それらはまさに両刃の剣だということである。すなわち、その途方もない利便性の裏側には、はてしのない破壊性が頑として張りついているということである。その点を、今日われわれは、よくよく肝に銘じる必要がある。そうして、それは、よしいくら強調してもしすぎということはけっしてないのだ。

## ㈣　現代世界の今後の展望──「トランプ現象」とアメリカを軸にして

### ⑴　トランプによる経済政策の可能的失敗とトランプ支持者の漂流、そしてアメリカの瓦解の始まり

トランプは、大統領就任後その「一〇〇日間計画」で今後かれがやろうとしている経済政策を発表した。それによると、すべての層の所得減税や法人税の大幅減税、社会のインフラ整備、つまり高速道路、橋、病院、学校などの整備としての一〇年で一〇〇兆円にもおよぶ公共事業の実施、さらには軍備の増強等である。この最後の軍備増強は、これもまた一種の公共投資といってよい。アメリカには、巨大な軍需産業があるからである。

ここでまず第一に指摘しておかねばならないことは、下層の人々の所得税を減税するのみならず、すべての層、つまりは富裕層の減税も合わせて行なうならば、格差は縮まるどころかかえっていっそう広がるだろう、ということだ。格差を本当に縮めようとするのなら、下層の人々の所得税の減税のみならず、上層の富裕層の所得税に対してはこれを大幅に増税し、それを下層の人々に再分配したり、あるいはあの民主党のサンダースも主張していたように、労働者の最低賃金を大幅に引き上げることが何としても必要だろう。

いずれにせよ、すべての階層の所得税を引き下げるとしたらその財源はどうするのか、それもトランプにあってはまったく不明瞭である。もし赤字国債でこれをまかなうとするならば、それはさけがたく財政悪化を引き起

こすことになり、「強いアメリカ」を目差さんとするトランプの主張とは、まったく逆の結果になるだろう。

それればかりではない。すでにいったように、トランプはインフラ整備として今後一〇年間で一〇〇兆円にも及ぶ公共事業をするともいう。となれば、アメリカの財政悪化は火をみるよりも明らかである。

ところで、さらにもう一つトランプが表明したこと、それはリーマン・ショックのあとふたたび同じような金融危機が起こらないように、とオバマが成立させた「金融規制強化法（ドット・フランク法）」の廃止にほかならない。この法律そのものが、ほんの形ばかりのザル法だというのに、事もあろうにそれすらトランプはこれを撤廃し、ふたたび金融グローバル資本を野放しにするというのである。

これらのトランプの経済政策をみていると、それはあの一九八〇年代初めに新自由主義を開始した大統領レーガンの政策に似ているという経済学者がいる[31]。が、しかし筆者の見解では、むしろ日本のアベノミクスにとても似ているような気がする。法人税の減税による米国企業の競争力の強化や外国からの投資の誘いこみを狙っているところがまず同じであるし、さらに大型の公共投資で経済を活性化させんとするのもまったく同じである。さらに、一方では保護主義を唱えはするものの、他方で金融規制を緩和して自由競争至上主義にせんとするのも、アベノミクスの自由競争至上主義と基本的に同じといってよい。要するに、筆者の言葉でいえばネオ新自由主義、装いを新たにした新自由主義、すなわち政府主導による新自由主義にほかならない。

もしこの筆者の見解が正しいとするならば、トランプの経済政策は、恐らく失敗するだろう。それは日本のアベノミクスが、これをすでに証明ずみである。

たとい経済が活況となったとしても、それはただ巨大企業と富裕層のみが大もうけするのみで、一般国民にその恩恵は届かないだろう。その点は『二一世紀の資本論』を出したあのフランスの経済学者トマ・ピケティも同じことをいっている[32]。トランプの経済政策で、アメリカの超格差は縮まらないどころか、かえって逆に悪化するであろう、と。

とすると、どうなるか。

トランプの熱狂的支持層の中心は、新自由主義のもとで没落した白人中間層にほかならない。かくしてかれらは、さらにいっそう苦境へと追いこまれその怒りや絶望は、今よりももっと激しく深まり高まっていくことだろう。雇用の確保と格差是正の夢をトランプに託したかれの支持層は、その夢をものの見事に裏切られることになるだろう。

要するに、トランプ支持者の不平や不満、怒りや怨念は、もはやとうてい抑えがたいものとなる。いや、今現在かれらの怒りは、ほぼその頂点に達しているのだ。まさにそれだからこそ、あの狂犬トランプですら、いやまさにかれだからこそ、大方の予想に反し大統領に躍り出ることができたのだから。そのかれらのいわば絶望的な期待が裏切られたなら、かれらの怒りは、いったいどこへ向かうであろうか。ひょっとして反政府的な直接行動にでも出るであろうか。その可能性も、けっして皆無とはいえないだろう。

かりにそうなったとしたら、それをいくら力ずくで鎮圧しても、その抑えがたい怒りそのものはかりそめにも消滅することなどありえない。その怒りは潜行し、いつか必ずより悪い形をとって現われることだろう。その点は、つぎの事実からもほぼ完全に明らかである。

今から遡ること一〇年余り前、フランスでは、移民二世・三世の若者たちによる激しい暴動が約一週間つづいた。これに対し、当時の大統領サルコジは、これらの若者たちを「社会の屑」と罵倒し、実力でこれを鎮圧した。ところが、その若者たちの激しい怒りはその後潜行し、ほぼ一〇年後ＩＳの戦闘員に志願し、かくして本国フランスでも悲惨なテロを繰り返し、こうして今やフランス社会はそのテロの恐怖に根柢から揺さぶられている。これはしかし、ただひとりフランスにのみかぎられたことではない。大なり小なりヨーロッパ各国でみられる現象といわねばならない。すなわち、本国で激しく抑圧・差別された移民二世・三世の若者たちが、そのやり場のない怨嗟の受け皿をＩＳに見いだし、かくてその戦闘員に志願して、今や本国でも悽惨なテロを繰り返し、こうして自国を恐怖のどん底に突き落としている、といった構図がそれである。

これと基本的に同じこと、それが、さらにいっそう絶望し、行き場を失ったトランプ支持者にもけっして起こりえないとは、誰しもこれを断言することはできないだろう。マグマのごとく煮えたぎった怒りは、何かをきっかけとして大噴火することだろう。

いや、翻って思えば、アメリカの現状に激しい怒りや不満をいだいているのは、ひとりトランプ支持者のみではない。民主党のあのバーニー・サンダースを熱狂的に支持した若者たちも、その点まったく同様である。かくて、これら両者を合わせれば、有権者の五割を大きく上廻る数なのだ。さらにまた、アンチ・ファシズムを訴えて直接行動も辞さぬという「アンチファ」なるグループも現に現われている。

こうして、ここに、アメリカの内部崩壊の兆しがはっきりと見えてきた。拙著『現代の危機を超えて――第三の道』(南窓社)で予言したそれが、今やさらにいっそうその形を明らかにしてきたといってよい。

## (2) トランプ支持者の深いエゴイズム的絶望と現代世界を覆う厚い闇、そして新たなる世界の予感 ――イエスの革命ないし真正の宗教革命

今日のアメリカ社会の深層には、既存政治・既存秩序への鬱積したやり場のない怒り、憤懣がまるで火山のマグマのごとくたまりにたまっている。それを、二〇一六年秋の大統領選での、大方の予想に反したトランプ勝利が余すところなく明らかならしめた。

そのさいトランプのスローガンの中心中の中心は、ほかでもない「アメリカ第一主義」である。この「アメリカ第一主義」とは、要するにアメリカさえよければそれでよい、とするあからさまな国家エゴの主張にほかならない。その点は、トランプが大統領就任早々、アメリカの石炭産業を守るためにあのパリ協定、つまり今日すべての人間にとっての最大の課題の一つ、地球温暖化に直接かかわるあのパリ協定から逸早く離脱したことからも

明々白々である。

トランプの「アメリカ第一主義」に共感したかれの多くの支持者たちもまた、だからエゴに深く冒されているといわざるをえない。たとい政治の既成勢力（エスタブリッシュメント　establishment）によって自分たちが置き去りにされ、これに憤懣やるかたのない思いを抱いているとしてもである。かれらもまた、トランプの上述のパリ協定離脱を強く支持したことからも、これは火をみるよりも明らかである。要は、自分たちさえよければそれでよいのだ。

このトランプ支持者たちは、他面からみれば、徹底的に絶望し崩落した人々というべきである。かつて独裁者ヒトラーに救世主を見いださんとしたドイツ国民と同様に、あの野蛮人トランプにいわば絶望的な救いを求めているのだ。その点は、今日のヨーロッパ各国の（極）右諸政党にみずからの窮状からの救いを絶望的に求めているヨーロッパ大衆とまったく同様である。これらは、まぎれもなく現代世界における新ファシズム運動といわねばならない。

今日「ポスト真実」といわれるように、何が真実か、といったことなどどうでもいい、とにかくトランプを信じる、信じてかれについていく、というトランプ支持者の群れ、これはまさにファシズムというほかはないだろう。ファッショ（束）になって独裁者トランプについていく、というまぎれもなきファシズムだろう。ここにあるのは、とりもなおさず妄信である。ここには、すぐれた意味での理性、それにもとづく正しい批判的精神と判断力、それらはほんのひとかけらも存在しないといわざるをえない。まさしく主体性の完全な喪失である。かくしてそれは、人間の崩落以外の何ものでもないだろう。これほど怖ろしいものはない。

絶望のどん底に陥ったとき、大衆は、その窮状から救い出してくれる力強いリーダー、つまりは独裁者を心底から熱望する。そうしてあとで、みずから身の破滅を招いたことに深く後悔する。ヒトラーとかつてのドイツ国民、天皇と、よし国家的洗脳があったにせよこれを妄信したかつての日本国民、それら両者の構図にほかならない。それが、現下のトランプとその熱狂的支持者、ヨーロッパ各国の（極）右諸政党とそれを熱く支持する一般大衆、これらのあいだには、たしかにあるとはいわねばならない。

こういう事態に遭遇してできること、それはただ警鐘をならすことぐらいしかないのではあるまいか。なぜといってトランプや（極）右政党を妄信する大衆は、たとい理を尽くし啓蒙せんとしても、これを聴く耳をほとんどもたないからである。盲目的に信じてしまっているからだ。静かに考え、冷静に判断する心を喪失してしまっているからである。要するに、主体性をみずから捨て去り崩落してしまっているからだ。その点は、深く絶望しＩＳに妄従してゆく欧米を中心とした若者たちと根は同じだといわねばならない。

いずれにせよ、この道は、ドイツ国民や日本国民がかつて味わい体験したように、ひっきょう破滅に通じるものだろう。たとい分かっていても、しかしとめようがないのかもしれない。今日のこの世界的窮状の根は、とりもなおさず新自由主義的なグローバル資本主義にほかならない、が、しかし、それがよし分かっていても、これを根本的に正す方法、それは容易には見つからないからである。差し当りできることはといえば、まず第一に富裕層の富を下層の人々に再分配することであり、第二に、グローバル金融資本を中心としたグローバル資本（企業）に対し、それがやりたい放題勝手気ままに世界中を動き廻るのを抑えるために、これにさまざまな規制や適度の関税をかけること、そのかぎりでの保護主義的政策をとることであり、第三にグローバル資本（企業）に対する、たとえば労働組合といった対抗軸を作ることである。しかしながら、これらのいずれも容易には実現しえない。今日では、グローバル資本（企業）の力が圧倒的に強いからである。ちなみに上述の第三の対抗軸にかぎっていうなら、この対抗軸を弱めることで新自由主義的グローバリズムが誕生したのだからである。

かくして、明らかなように、今や世界全体を厚くおおう深い闇がたれこめている。

この絶望的な漆黒の闇、これを吹き払う道、それは一見とても遠廻りのようではあっても、しかしもう一度全人類の英知、つまりはイエスや釈迦、あるいは大乗仏教の教え、かれらの説いた愛の誠実な遂行と、エゴないし我執の根本的克服の道、そこに立ち還ることではないのだろうか。それをどこまでも粘り強く訴えつづけることが大切なのではあるまいか。ひっきょうそこにしか、今日の絶望的な闇からの真の出口は存在しないのではなかろうか。トランプ支持者やヨーロッパ各国の（極）右諸政党の支持者はもとより現代人のほとんどが、そのあまりの絶望ゆえにエゴに凝り固まり、かくておのがエゴの殻に閉じこもってしまったのだからである。いや、こういった先のまったく見えない閉塞した事態を招いた元凶である新自由主義的グローバル資本主義そのものが、強欲（greed）なエゴの体系として成り立っているのだからである。

要するに、現代世界のこの深き闇の根は、一にも二にも現代人のエゴ、極度のエゴにある。その加害者である新自由主義的グローバル資本主義も、その被害者である一般大衆も、同じくこの度しがたいエゴに深く冒されてしまっている。したがってそのエゴ、現代世界の闇の根源に巣喰うこの果てしなきエゴ、それを解消しないかぎりこの闇からの根本的な解放もまたほとんど不可能である。ところがその道は、今から遡ること約二〇〇〇年ないし二五〇〇年前に全人類の師、つまりはイエスや釈迦、あるいは大乗仏教によって示されている。したがって、ふたたびかれらに立ち還りこれに深く学ぶこと、それが何としても必要なのである。端的にいって真の宗教革命、イエス革命、あるいは真正の宗教ルネサンス、イエス・ルネサンスが待望されるのだといわねばならない。

### (3)　アメリカの瓦解の始まりと現代資本主義の終焉、およびその根本的超克としてのイエスの革命ないし真正の宗教革命

いよいよアメリカの瓦解が始まった。アメリカの終わりの始まりにほかならない。

今から遡ること約九年前、オバマが大統領に当選したさい、その就任式にさいし連邦議会議事堂前に約一八〇万人もの大衆が集まり、オバマの叫ぶ「変革（change）」に熱く期待を寄せた。

その大衆の熱き期待は、もののみごとに裏切られた。それればかりではない。オバマもまた前任者たちと同様に

推進した新自由主義的グローバリズム、それに取り残されいわゆる「負け組」となったアメリカ大衆、とりわけその中心白人中間層は、烈火のごとく怒りに燃えた。かれらは、その怒りのはけ口を、あの野蛮人トランプに見いだし、そこにいわば絶望的な希望を見いださんとした。その出口なき窮状からの救いを、事もあろうにあのトランプに託してしまったのである。

しかしながら、トランプは、かれらのその熱き期待に果たして本当に応えることができるだろうか。けだし、否というほかはない。いや、ひとりトランプにかぎったことではない。今や世界の政治家は、オバマよろしくこぞってみな「改革」を叫んでやまない。わが日本もまた、その例外ではありえない。かつての小泉による「構造改革」がそれであり、さらに小池百合子が「改革保守」と名乗って日本大衆をたぶらかさんとした。その点は、あのトランプでも同じであった。今日では、「改革」さえ叫べば、大衆はみなそれにわっと群がっていく有り様である。それだけ世界の危機が深刻かつ普遍的となっている何よりの証左というべきだろう。

ところで、「改革」といえば、かつては革新を目差すいわゆる左翼のスローガンであった。ところが、今や事態は激変した。保守を自認する右翼が好んでこの「改革」を叫ぶ有り様である。これは、とりもなおさず、現代資本主義が完全に行き詰まっていることの何よりの証左であろう。保守といえども、前任者の政策を継承する、といっていたのではもはや大衆の支持はえられないのだ。その点は、かのヒラリー・クリントンが「オバマ政治の継承」を叫んで、逆に「改革」を叫ぶトランプにあえなく敗れ去ったことからも火をみるよりも明らかだろう。今や大衆は世界のどこでも自分をこの絶望的な窮状から救い出してくれる英雄、力強きリーダーを熱望しているのだ。その大衆の熱き期待をうまく利用し、権力を握り、あわよくば独裁体制を敷かんとしているもの、それが、それこそがあのトランプでありヨーロッパ各国に吹き荒れる（極）右諸政党にほかならない。これは、まさに現代世界における新たなるファシズム運動というほかはない。

それはともかく、一口に「改革」といっても、それが果たして「誰のための改革か」（内橋克人氏）、それが問題である。思うに「改革」にも、いわばその方向性を逆にした二つのものがある。まず第一は、従来から用いられてきたその意味であって、それはすなわち一般国民や中小企業を利するための改革にほかならない。もう一方は、それとは逆の一握りの大企業や富裕層をさらに利するための「改革」である。いわゆる保守政治家の主張する「改革」とは、まさにこの後者のものにほかならない。その点は、イギリスの保守党サッチャーによる「改革」や、よし民主党とはいえ、あのオバマの「改革（change）」を見れば一目瞭然だろう。サッチャーの「改革」でイギリス経済は大きく回復したという。しかし、そこに現われたのは今や誰の眼にも明らかな激しい格差社会であった。他方オバマはどうだろう。オバマの「改革」で、アメリカ経済は、あのリーマン・ショックから回復したという。しかしながら、そこに現われたのは、それ以前にも増して激しい超格差社会の到来だった。ほんの一握りの超富裕層や（巨）大企業ばかりが大もうけをし、あとの大多数の国民は逆に没落してしまったのである。その没落した白人中間層の人々が、皮肉なことにふたたびまたトランプを熱狂的に支持し、これを大統領の座に押し上げた。トランプの叫ぶ、「反既成勢力（アンチ・エスタブリッシュメント）」といったスローガンが、オバマを代表とするこの既成勢力に対し、煮えたぎる怒りに燃えた大衆の心にすこぶる甘く心地よく響いたのだろう。しかしながら、そのかれらの選択がふたたびまたかれら自身の首を締めること、それはほぼ確実だろう。

このトランプ支持者の悲劇は、ひとりアメリカにのみかぎられたことではない。今や世界の到る処で叫ばれている「改革」、いやとりわけ保守・（極）右政治家によって叫ばれている「改革」、そうしてそれを熱狂的に支持する大衆、それもまたアメリカと同様の悲劇を世界のあちこちで生み出すことだろう。

いや、それは、何も欧米にのみかぎられたことではない。わが日本もまた、その点まったく同様である。すでにその先例が、見事なほどに二つもそろっている。

まず第一は、小泉のいわゆる「構造改革」である。小泉のスローガン、「改革なくして成長なし！」「聖域なき改革！」「改革に敵対するものは抵抗勢力だ！」「自民党をぶっこわす！」「敵の本丸は郵政！」、これらのまことに威勢のいいスローガンに日本国民大衆は熱狂し、これを強く支持した。しかしながら、そこに現われたのは何だったのか。アメリカにつぐ資本主義先進国第二位の格差社会にほかならなかった。なるほど小泉改革で、戦後最長ともいわれる好景気が実現された。だが、それは、まさに「実感なき景気回復」だったのだ。ほんの一握りの大企業や富裕層のみが大もうけし、大多数の国民の収入は、かえって逆に下がってしまったのである。小泉を熱狂的に支持しこれに盲従した日本国民大衆は、みずから自分の首を締めてしまったのである。現今のあのトランプ支持者が、この日本の国民大衆と同じ轍を踏まないと、いったい誰が断言できようか。いな、ここでわざわざ日本国民を例に出す必要はない。当のアメリカ自身で、あのオバマの「改革（change）」を熱烈に支持した国民大衆が、すでにそれを、しかもついこのあいだ、経験したばかりなのである。

いや、このアメリカ国民大衆の悲劇的な過ちは、すでに日本でも繰り返されている。改めていうまでもなく、安倍自民党によるいわゆる「アベノミクス」がそれである。「アベノミクス」という経済改革で、ふたたび日本は戦後二度目の好景気を謳歌しているという。だが、それは、今誰もが感じているように、「実感なき景気回復」にほかならない。小泉構造改革とまったく同じことが繰り返されたのである。未曽有の好景気の主役は、ただひとえに一握りの大企業と富裕層のみなのだ。その支持率の高さからあまりに傲慢となりはてて安倍じしんがみずから仕掛けた罠、つまりは森友・加計学園問題で、さすがの日本国民大衆も、その安倍政治の呆きれはてるほどのまやかしにやっと気づき始めたか、と思いきや、今度はふたたびウルトラ極右政治屋・小池百合子が立ち現われ、「改革保守」という名で「改革」をまたもや持ち出し、かくて三度国民大衆をだましてみずからが首相の座につかんと虎視眈眈とそれを狙い始めた。ついこのあいだ東京都知事の座についたかと思う間もなく、その椅子の温かみも冷めないうちにもうそれを投げ出さんかの心構えである。「都民ファースト」「都政の改革」という小池のスローガンをかたく信じてこれを支持した東京都民は、いったい何に期待を寄せていたのだろうか。たんなる幻影を追いかけていただけではないのだろうか。もともと小池には、都知事選や都知事の座など首相の座につくまでのほんのしばらくの腰掛け、たんなる踏み台にすぎなかったのではなかろうか。この小池の「改革保守」「希望の党」に、ふたたび日本国民大衆はたぶらかされてしまうのだろうか。

ところで約一二年前、ある映画監督が、国民啓発のためこんなビデオを製作したという。あるとき日本に「希望の党」（小池の「希望の党」と偶然まったく同じ！）という名の党が立ち上げられた。その党のイメージ・カラーは「緑」（グリーン）」（これもまったく偶然に小池のイメージ・カラーとまったく同じ！）であった。そこで日本の国民は、この眼と耳にすこぶる心地のよい「希望の党」と「緑」にたぶらかされてこの党を政権の座に押し上げた。ところが、この「希望の党」は、一旦政権の座につくやとんでもない独裁体制を敷き、それを熱烈に支持した国民は辛酸をなめつくすというものである。この映画監督は、このビデオを国民啓発のためのいわばブラック・ジョークとして製作したのである。その党名にしろイメージ・カラーにしろ、自分の作ったビデオとそっくりそのままのものが、一二年後現実に現われて本人じしんびっくりしているという。ちなみにこの監督が、「希望の党」という党名とそのイメージ・カラーを「緑」としたのは、それが、国民がすぐにでも飛びつくきわめて魅力的な名前と色だと感じ、それですぐに思いついたのだという。

いったい一二年前のこのブラック・ジョークのビデオが、今や現実のものにならんとしている。果たして日本国民大衆は、真に正しく理性を働かせ、確乎とした批判的精神と判断力で、責任的な主体性を十二分に発揮できるであろうか。正直のところ、はなはだ心もとないかぎりである。あの小泉にしろ、安倍にしろ、これでもか、これでもか、と騙されても、にもかかわらず、性懲りもなく、このかれらの線上にのみ、みずからの救いの道を見いださんとしているからである。その延長線上にあるもの、それが小池百合子であることは、改めていうまでもない。あのイギリスのサッチャーやアメリカのオバマや目下のトランプ、わが日本でいえば小泉や安倍、そうして今回の小池百合子、これら究極の権力衝動的エゴイストらの叫ぶ「改革」、そのまやかしに、またもや国民大衆はたぶらかされてしまうのであろうか。

＊　小池百合子率いる「希望の党」は、小池の本性・傲慢が思わずその言動にでて、二〇一七年の衆院選ではあえなく自滅した。しかしながら、その間隙をぬって安倍自民党が、思いもかけずふたたび選挙に「圧勝」した。これは、野党の腑がいなさもさることながら、安倍自民党のすこぶる危険性、それに日本国民が、いまだ十分に気づいていない何よりの証左といわねばなるまい。

それはともかく、話をもとにもどすと、現代は、けだし資本主義そのものの限界ないし終焉にほかならない。かかる破局的な危機にさいして、トランプの主張するがごときたんなる小手先の「改革」で事態が大きく好転するはずがない。いや、もっとはっきりいって、アメリカ社会の根本的病巣、つまりは超格差が根柢的に改められることはほぼありえない。かくしてアメリカ国内の不平や不満、怒りや憤懣は、さらにかぎりなく進行したまりにたまっていくことだろう。トランプで改善しなかったなら、そのあとそれは、いったいどういう形で噴出することになるのだろうか。ひょっとしたら、トランプにもはるかにまして強面のファシストが登場するかもしれない。それは、しかし、人類全体の破滅の道にほかならない。とすると、あるいは逆に、革命家かもしれない。とはいえ、しかし、革命といっても、従来のごとき革命のビジョン（vision）はもはや存在しない。マルクス主義的な社会主義革命の破綻、それは、もはや二〇世紀に歴史的事実となってしまっているからである。

ここで筆者の見解をあえて述べれば、真の民主主義革命以外にもはや道は存在しえない。しかしながら、そのためには、世界の人々がおのおの実存革命を成就し、真に主体的とならねばならない。世界のできるだけ多くの市民が愛の主体として自己を確立すること、それ以外現代世界が、その未曽有の深刻な普遍的危機から根本的に救われる道、それは、けだしもうありえない。これは、たんにアメリカにのみかぎった問題ではありえないのだ。今や、世界中のどこの国もみな、アメリカと似たり寄ったりの根本的矛盾、つまりは激しい格差・不平等の問題を抱きかかえてしまっているからである。かつての社会主義国・中国やロシア（当時はソ連）、それに北朝鮮などは、いずれもそれぞれに独自の矛盾を内包している。まず中国についていうならば、あまりに激しい経済格差と政治家・官僚の徹底的腐敗、その上に立つ共産党独裁という強権がそれである。北朝鮮はもとより、ロシアもまた、一見形こそ違えその点似たようなものだろう。かつてのブリックスのひとつインドやブラジルも、その経済格差は眼に余るものがある。これで社会が安定するとは、とうてい思われない。かくして明らかなのは、社会主義にしろ資本主義にしろ、力による政治はもはや限界だということである。民主主義という一見とてもスマートな仮面をつけた資本主義先進諸国も、そのじつは強権的独裁にほかならない。マルクスがいみじくも看破したように、議会とはブルジョアジー独裁を覆い隠すイチジクの葉にすぎないのだ。かくして、あえていうなら、今日のいわゆる「民主主義」国家とは、けだしエセ民主主義を支配イデオロギーとして国民を全体主義的に統合せんとする、まぎれもなきデジタル管理ファシズム国家といわねばならない。その点は、元CIA職員スノーデン氏が暴露した「史上空前の内部告発」、すなわちアメリカの情報機関NSAによる、アメリカ国民はもとより、地球全体の政治家を含む一般市民すべてに対しての、あらゆる個人情報の収集・分析・管理をあげれば、もはや明々白々だろう。スノーデン氏によるこの内部告発があった当時すでにNSAは、二〇〇〇億円以上もかけて、この地球上に住むすべての人間の、あらゆる個人情報を約一〇〇年間保管できるだけの施設を、ほぼもう完成させていたのである。

スノーデン氏によるこの大暴露で、世界中から大きな非難を浴びた当時の大統領オバマは、それまでのNSAのやり方を見直すと表明しておきながら、性懲りもなくNSAは、さらに新たな大規模監視システムを開発している有り様なのだ。いや、これは、たんにアメリカにかぎったことではない。同じくスノーデン氏が暴露したように、イギリスも、フランスもドイツも、その他多くの「民主主義」国家が、大なり小なりこのアメリカNSAと同じことをしていたのである。わが日本とて、けっしてその例外ではありえない。スノーデン氏いわく、日本にもすでに、アメリカが新たに開発した大規模監視システムが導入されている。この事実と、アメリカその他と同様にテロ対策を名目に採決強行した「共謀罪」法、戦前・戦中日本国民を徹底的に苦しめたあの悪名高き治安維持法の現代版・「共謀罪」法と、はたして何の関係もないといえるだろうか。これもまたスノーデン氏の警告するごとく、日本における大規模監視体制、いやすでに存在する警察等による監視体制をはるかに上廻る、国民全体をまるごと対象とした大規模監視体制、そのための避くべからざる法的整備といわねばならない。

しかしながら、「民主主義」という一見ソフトな仮面をつけた、そのじつ強権的独裁的なデジタル管理ファシズム国家、それも今やその終焉のときを迎えんとしている。怒れる大衆の反逆が始ったからである。もとよりこの怒れる大衆の反逆は、ひとつ間違えば、今現在その傾向があるように、新たなる野蛮なファシズムへと回帰する可能性がある。しかしながら、それは、今世界全体を覆いつくす支配イデオロギー、つまりはエセ民主主義の破綻という面もたしかにもっている。したがって、ここで大衆が、現在のいわゆる民主主義の隠された欺瞞性にしかと目覚めるならば、それはその根本的超克への一里塚ともなりうるものというべきである。かくして明らかなように、現代は、まさに、時代を画するターニング・ポイント（転換点）に立っているのだ。したがって、日本国憲法第九条に象徴されるがごとき平和主義、すなわち力と暴力にもとづく政治ではなく、反対に愛と思いやりを基調とした政治、それがその力を発揮するときがいよいよ近づいてきたといってよい。しかし、その大前提としてわれわれは、あのイエスの革命・真正の宗教革命にもとづく各人の実存革命、それをまず実現・成就せねばならない。エゴにとらわれているかぎり、真の平和も、力にもとづく政治からの根本的解放も、とうてい不可能といわねばならないからである。

それはともかく、以上をもう一度別の面からみてみよう。

トランプ現象の意味するもの、それは、ほかならぬ怒れる大衆の反逆である。新自由主義的グローバリズムにもとづく競争至上主義のなかにあって没落し、絶望の底へと突き落とされた白人中間層による、このかん一貫してこの新自由主義的グローバリズムを牽引してきた既成政治権力者への、もはやとうてい抑えようのない激しい怒りの大爆発である。

このいわゆるトランプ旋風に似た現象は、周知のごとくあのイギリスでも、国民投票によるＥＵからの離脱決定という形ですでにもう起こっていた。そこでも、ＥＵ内部での自由競争至上主義により没落したイギリス大衆が、その自由競争至上主義を主導するＥＵ中央権力者たちに対し、烈火のごとく怒り、これに叛逆したといってよいだろう。

いや、たんにアメリカやイギリスばかりではない。今日こういった現象は、世界の到る処でみられるものである。ＥＵに強く反発するギリシャやイタリア、あるいはスペインなどの怒れる大衆も同様である。そのさいその憤懣やる方なき大衆の受け皿となっているもの、それが、ほかでもないＥＵ各国に着実に台頭している（極）右諸政党といわねばならない。かくして要するに、これら（極）右諸政党の熱烈な支持者もまた、ＥＵ内部の自由競争至上主義の哀れな犠牲者たちというべきなのだ。

ただ、しかし、ここで警戒すべきは、かれらのばあい、その支持する（極）右諸政党のスローガン、反ＥＵと並んで掲げられるスローガン、すなわち反移民、反難民、反イスラームといった排外主義的エゴイズムにほぼ完全にからめとられてしまっているという点である。これは、まぎれもなく新たなるファシズムへと大きく門を開くものといわねばならないからである。

他方、欧米を始めとする資本主義先進国からあのＩＳに馳せ参じ、自国内で悲惨なテロを敢行する移民二世・三世の若者たち、かれらもまた同様に新自由主義的グローバリズムの犠牲者たちといわねばならない。新自由主義的グローバリズムにもとづく競争至上主義の皺寄せ・矛盾が、自国内でもっとも弱き移民二世・三世のかれらのうえに最大限のしかかったといってよいからである。かくして、かれらのテロは、資本主義権力者やその共犯者たち、さらにはかれら移民二世・三世を不当に抑圧・差別する主として白人たちへの、あまりに絶望的な怒りの爆発・復讐といわねばならない。

こうして明らかなように、現代世界には、底無しの絶望といかにしても抑えがたい憤激、さらにどこにもやり場のない不平や不満、それらがその根柢にまるで大火山のマグマのごとくたまりにたまってしまっている。そうしてそれが、そのつど何かをきっかけとしてあらゆるところから噴き出している。これが、まさしくこれこそが、世界の現状といわねばならない。

その点からも、現代資本主義は完全な限界、どうしようもない行き詰まりに撞着している、いな、もはや明らかにその終焉といわねばならない。この現代資本主義世界にあって、上述したごとく不当に抑圧され差別され虐げられた人々の怨念・怨嗟、あるいは不平や不満、それらはもうどう踠いても堰止めようがないからである。もとよりその背後には、度しがたく深い絶望が重くたれこめている、その点は改めていうまでもない。

かくして明らかなのは、今や真に新たなる世界の実現、すなわち真正の民主主義革命による愛の世界共同体インマヌエルがおのずから自然に要請されているということである。だが、そのためには、人間一人ひとりの実存革命、すなわちエゴの主体から愛の主体への根本的転換が何としても必要不可欠なのだ。そのさい、さらにその前提として、真の宗教革命、つまりはイエスの宗教をふたたびこの現代世界に復活させるイエスの革命ないしイエス・ルネサンスが強く要請されるのだといわねばならない。

それはさておき、以上をもう一度角度を大きくかえて考察したい。ここで問題にしていることは、今日きわめて重大なことであるからだ。

既述したごとくトランプは、現代アメリカ社会を深く蝕む超格差、それを根本的に是正することは、おそらくできないだろう。その理由は、こうである。現下のアメリカの未曽有の格差を本気で是正しようとするならば、少なくともつぎのこと、すなわち富裕層や巨大企業への課税をできるかぎり大きくし、それを貧困層に再分配すること、そうしてさらに労働者の最低賃金を大幅に引き上げること、それが何としても必要不可欠である。ところが、トランプは、かれじしんが五〇〇〇億円にもおよぶ資産をもつ超富裕層のひとりである。しかも、かれは、極度のエゴイストにほかならない。その点は、今日全人類的課題としての気象変動に直接かかわるパリ協定、そこからすら平然と離脱するかれの行動ひとつをとっても火をみるよりも明らかである。いや、その他のかれのあまたの言動もまた、これをはっきりと裏づけている。そんな究極のエゴイスト・トランプが、上でいったような自分に不利な政策をとるはずがないからである。じっさい、大統領就任直後のかれのいわゆる「一〇〇日間計画」に、そのような政策はまったく入っていない。

かくして明らかなように、トランプ支持者の期待、自分たちをその絶望的な窮状から救い出して欲しいという願望、それはものの見事に裏切られることだろう。すると、かれらの烈火のごとき憤怒は、つぎにどのような形で現われてくるのだろうか。あるいはトランプ以上の独裁者ファシストが立ち現われて、これに吸収されていくのだろうか。

いずれにせよ、今後アメリカは、トランプ支持者と反トランプの若者や非白人たち、さらにこれら両者のうえに立ちつつこれを支配する強欲資本家、これら三者に大きく分裂してゆくことだろう。かれらのあいだに入った深い亀裂は、もはやとうてい修復不可能だろう。そのアメリカは、いったいどこに向かって進んでいくのであろうか。トランプに恐らく裏切られる目下のかれの支持者や反トランプの人々、かれらはその激しい怒りや絶望のあまりグローバル企業や強欲資本家たちに叛逆し、ひょっとしたら直接行動に出るかもしれない。すでにトランプ支持者と反トランプ支持者のあいだで死者まで出る暴力事件が起こっているし、また反ファシズム直接行動を訴える「アンチファ」なるグループも現に生まれて活動を開始している。かれらがその真の敵を正しく見いだしたとき、すなわち、今かれらがたがいにののしり合っているその相手、その一方のトランプ支持者やそのボス・トランプではなく、その背後にもっと巨大な極悪非道の真の敵、つまりは巨大企業やそれを牛耳る強欲資本家たち、その本質をしかと見抜くことができたなら、かれらの激しい思いの矛先は、とうぜんそこに向かっていくことだろう。そのさいその叛逆が、もはや平和的なものにとどまるとはかぎらない。暴力という直接行動に訴えるものも現われうることだろう。

　それはともかく、トランプ支持者の期待がたんなる幻想に終わるのはもとより、バーニー・サンダースを熱狂的に支持した反トランプの若者たち、かれらの期待もやはり甘い夢といわざるをえない。なぜなら、サンダースが掲げた政策、たとえば第一にウォール街のグローバル金融資本への規制を強化すること、第二に大企業や富裕層への課税を大きくして、その富を貧困層に再配分したり、また公立大学の授業料を無償化すること、第三に労働者の最低賃金を大幅に引き上げること、こういったいわば社会主義的政策は、たとい誰が大統領になったからといってじっさいには容易に実現されるがごときものではない。今のアメリカを裏で事実上支配している大企業やその強欲資本家が、こんな自分たちにまったく不利な政策の実行をおめおめと黙って見ているはずがないからである。世界最強のアメリカ軍を事実上操縦できるのも、ひっきょうかれらといってよいからである。

　かくして明らかなように、ただ大統領さえ自分たちの望む人物にすれば、それですべてがうまくいく、アメリカの未曽有の格差も根本的に解消される、というサンダース支持の若者たちの考え、それもまた、トランプにはかない幻想を託すかれの支持者と同様に、まったく甘い幻想といわざるをえない。

　したがって、今日すでに大火山のマグマのごとくたまりにたまったアメリカ社会の激越な怒りや憤懣、あるいは不平や不満、それは今後さらにいっそうその激しさを増してゆくことだろう。こうしてアメリカ社会は、根本的に不安定化・弱体化し時と共に衰退・没落して、ついには瓦解を始めることだろう。

　その点はしかし、ひとりアメリカにかぎったことではなく、EU離脱を決定したイギリスでも同様のことが起こりうる。イギリスも、その無慈悲な格差社会で「ヤング・ホームレス（若者のホームレス）」が巷にあふれている。ホームレスは、これまでなら中高年以上で多くみられた現象である。一旦職についてもリストラなどで失職し加齢などで新しい職にはなかなかなじめず、ついに住居までも失ってしまうといった具合いにである。ところが、年齢でいえば高校生か大学生くらいですでにホームレスになるということは、そもそもの始めから就職先がないということだ。いや、それはかりではない。ここには、現代イギリス社会の家庭崩壊のその壊滅性も透けて見えてくる。なぜなら、高校生や大学生の年齢といえば、いまだ保護者の保護の対象といってよいからである。すなわちそれは、かれら若者を保護する家庭がもはや崩壊してしまっているということだ。いや、家庭そのものが崩壊していなくても、かれらの親は、自分たちの子供を保護したくても、もうそれができないほどに自分たち自身が困窮してしまっているということかもしれない。いずれにせよ、ここには、現代イギリス社会の根本的脆弱性がはっきりとみてとれる。若者がつゆほどに夢のもてない社会で、ＥＵ離脱支持者のように、「大英帝国の復活」を夢みても、それは所詮はかない幻想といわざるをえまい。いやむしろ事態はまったくその逆で、今日のイギリス社会がそれほどに弱体化してしまっているがゆえにこそ、かつての強きイギリス・大英帝国に対し悲しい郷愁をいだかざるをえないのだというべきだろう。その点はしかし、ひとりイギリスにかぎったことではない。「偉大なアメリカの復活」を叫ぶトランプや「(強き)日本を取り戻す」という日本の安倍、これを熱烈に支持する国民大衆の多いアメリカや日本も同様だろう。アメリカにも日本にも、すでに久しくいわれているように、今日若者にもはや夢は皆無の状態といわねばならない。イギリスの危機は、しかしただそれだけにとどまらない。なぜなら、ＥＵ残留支持者の多いスコットランドやアイルランドはやがて独立し、かくてイギリスは文字通り空中分解するかもしれないからである。

　さらにまたＥＵ自身もまた、今や崩壊の淵に立たされている。なんとなれば、アメリカのトランプの勝利で、トランプと同様移民や難民さらにイスラーム教徒排斥を強く訴える(極)右諸政党が、他方でＥＵ離脱も掲げて大いに勢いづいているからである。もとよりフランスの大統領選では、極右政党・国民戦線の党首マリーヌ・ルペンが破れ、マクロンが圧勝したことにより、この大きな流れに一定の歯止めがかかったかに見えはする。だが、しかし、このマクロンの「改革」次第で、ヨーロッパ情勢が今後どうなるか、それはとうてい予断を許されない。いや、それはかりではない、今回、一九一七年九月に行なわれたドイツの連邦議会選挙では、ＥＵ推進派の要、いや要中の要、つまりメルケル率いる与党がなるほど勝つには勝ったが、しかし議席を大きく減らし、他方反EU・反移民・反難民を強行に訴える右翼政党AfDが第三党に躍り出たからである。かくして、ふたたびEU結束には、厚き暗雲がかかり始めた。こうしてヨーロッパもまた、時と共に弱体化してゆくことだろう。いや、たんなる弱体化にとどまらず、アメリカと同様これは、新たなるファシズムの大きな前ぶれというべきかもしれない。

その点、日本はまったく安泰というわけには毛頭いかない。わが日本でも、かつての小泉構造改革で出現したアメリカに次ぐ先進国第二位の格差・不平等社会に加え、これを是正するかに見せかけたアベノミクスの失敗も、いよいよその正体が暴露されつつある。こうして日本国民の期待は大きく裏切られ、先がまったく見えなくなってきた。その間隙をぬって小池百合子が新党「希望の党」を立ち上げたが、これもひっきょう安倍政権と同様で、よし一時的には勢いを大いに増すことがあったとしても、しかしやがて失速してゆくことだろう。現代資本主義社会の根本的矛盾、つまりは超格差・不平等を真に止揚*する術をかれらは誰ひとりもっていないからである。

＊「止揚アウフ・ヘーベン（Aufheben）」とは、ドイツの哲学者ヘーゲルの用語で、小池はこれを、東京都議選などでまったく勝手に誤用している。ちなみにその日常的用法としては、たんに何かものを「持ち上げる」といった意味で、これが小池の用いる「アウフ・ヘーベン」でないことは、火をみるよりも明らかである。

いや、むしろ、事態はもっと深刻というべきだろう。小池もまた、安倍政権と同様に新たなるファシズムの実現を目論むかもしれない。現代世界のもっとも危険な政治的トップリーダーのひとりトランプの尻にただくっつくことしか知らない安倍と同様に、かの女も堅き核武装論的好戦主義者であって、それゆえ北朝鮮とアメリカを巡る目下の情勢如何では、かの女がいったい何をたくらむか、それはまったく予断を許さないからである。そうでなくても日本は、先進資本主義諸国のなかでも第一の少子高齢化社会である。かくして明らかなごとく、日本もまたしだいに弱体化してゆくことは恐らく避けられないだろう。

　では、新しく台頭しつつある中国やインドはどうだろう。一見新たに世界を担う国々に見えながら、その内部にはらむ社会的矛盾、たとえば経済格差は途方もないもので、それひとつをとってもその根本的克服ははなはだ困難で、長い眼でみればこれらの国々もやはり弱体化を免れないだろう。

　では、ロシアはどうか。ロシアには、天然ガスなどのエネルギー以外主要な産業は育っていない。そのうえ独裁者プーチンは欧米と激しく敵対し、これらの国々から経済制裁をうけ世界的に孤立気味である。かくて、当然じり貧はさけられない。

　さて、以上が、世界における主要な国々の現状である。これはすなわち、世界全体が出口なき絶望状態に日々追い込まれつつあることの明らかな証左ではあるまいか。いずれにせよ、かかる世界の閉塞性を惹起したもの、それは、ほかでもない過去三〇年におよぶ新自由主義的グローバリズムである。イギリスの「鉄の女」サッチャーにより開始され、アメリカのレーガンを経て世界的に拡散されたこの新自由主義的グローバリズムが、もうこれ以上はとうてい無理だというほどのとてつもない格差・不平等を各国内部や世界全体に惹き起こし、かくてついに行き詰まってしまったのである。が、かといって、それに反対する保護主義、たとえばトランプが主張するがごとき保護主義は、一九二九年のアメリカ・ウォール街での株価大暴落に端を発した世界大恐慌とそれを引金としたあの第二次世界大戦、その直前に欧米各国が採用した保護主義的ブロック経済、それに似た悪夢を何としても払拭しえない。今現在、新たに保護主義の有効性を主張してやまないフランスの人口人類学者E・トッドも、よし一九世紀終わりにはこれが有効だったとはいえても、この第二次大戦前後の保護主義についてはただこれに口をつぐむほかはないだろう。

　こうして明らかなように、現代はまさに世界全体が出口なき絶望状態に深く陥ってしまった時代にほかならない。そうしてこれを惹起したのは、先述したごとき新自由主義的グローバリズムないし自由競争至上主義と、これを背後で支えるパワーポリティクス（力による政治）にほかならない。いや、この新自由主義そのものが、資本主義の行き詰まりを打開し生き残るべく最後に取られた方法であり、その新自由主義もまた部厚い壁にはばまれてしまったということ、これはもうどう跪いても資本主義にこの先の未来はない、つまりはその終わりだということにほかならない。他方パワーポリティクスについていうならば、これはもう人類の文明の開始と共にこの世界に入ってきたものといってよいものであり、その限界は資本主義とそれを共有するといってよいだろう。なぜなら今日人々は、この間の自由競争至上主義と共にこのパワーポリティクスにも疲れ果てうんざりしてしまっているからである。自由競争至上主義とは、とりもなおさず弱肉強食の強い者勝ちということであり、その根本は力による競争ということにほかならないからである。

したがって、自由競争至上主義やパワーポリティクスないしパワーゲームに疲れ果て深い絶望に陥った人々は、ひょっとしたら自己自身の足元に深く眼を向け、力や自由競争至上主義ではないもっと別なもの、そこに新たな救い・出口を求めはじめるかもしれない。かくして、ほぼ完全に行き詰まった中世ヨーロッパの人々が、自分たちの文化の源流、ギリシャ・ローマの古典にその救いを求めその危機を乗り切ったと同様に、今日の人々も、遠い過去の先人のすぐれた英知に救いを求め、その研究にいそしまないともかぎらない。かくしてここに、真の意味での宗教ルネサンス、イエス・ルネサンスが起こらないともかぎらない。そのさいそれが、インマヌエル哲学に正しく主導されるなら、ここに真の宗教革命やそれにもとづく実存革命、端的にいってイエスの革命もまたたんなる夢ともいえなくなるだろう。こうしてここに、真に新しき世界への道が切り拓かれるかもしれない。いや、ここにこそ、ただここにのみ、今日真正の新しき世界インマヌエルへの道はありうるだろう。すなわちそれは、力や自由競争至上主義にはもはや頼らない愛と思いやりにもとづく真の民主主義の誕生であり、それらの連合体としてのすぐれて民主的な国際連合の樹立にほかならない。かくしてここに、世界平和と全人類幸福の実現、そのたしかな可能性が生まれることとなる。

絶望のどん底に陥って初めて人間は、そこから抜け出すべく、真に徹底して底の底まで考えに考えき、そのさい先人の英知、人類を代表するすぐれた英知にも深く学んで、ついにこれまでの常識をその根本から覆えす真に新しい道、本当の幸せと希望にあふれた世界、その世界への扉を開く道を見いだすのではなかろうか。たとえば、日本国憲法第九条にみられる平和主義の真の現実性、全人類幸福にとっての本当の現実性をしかと会得し、それを世界全体に広げ実現してゆかんとするのではあるまいか。

それはさておき、以上のべてきたことを、くどいようだがさらにもう一度別の面からも究明したい。ここで扱っている問題は、それほどに重大だといわねばならないからである。

周知のごとくアメリカは、一般に「世界の警察官」といわれている。自分でもそういったりするし、アメリカ以外でもよくそういわれてきた。まるでアメリカが、世界の治安を守り秩序を維持しているかのごとき言である。なるほど、たしかにその面が、まったくないとはいえないかもしれない。だが、それは、アメリカの覇権主義、つまりは新帝国主義の、その強盗行為のほんの一面というべきである。

かつての帝国主義にあっても、欧米列強や日本は、その植民地支配において治安や秩序はこれを可能なかぎり守りつついわば「警察官」としての役目も同時に行なっていた。植民地の治安や秩序を守ること、それはひっきょう自国の利益に直結していたからである。植民地を支配するとは、これを裏からいえば、その治安や秩序を厳しく取り締るということにほかならない。そのうえでこそ初めてその植民地からさまざまなもの、たとえば土地や人や富やものを自国に都合よく収奪することができるのだからである。

第二次大戦後のアメリカが世界で行なってきたこと、それもこれと基本的に軌を一にしているといってほぼ間違いないだろう。「世界の警察官」として世界の治安や秩序を守ること、それがアメリカ本国の利益に直結していたのである。いや、覇権主義、新帝国主義の裏の顔、それが、ほかならぬ戦後アメリカの「世界の警察官」という顔なのだ。「世界の警察官」として国際秩序を守りつつ、他方でアジア、中東、アフリカ、中南米など世界各地にいわゆる「親米政権」という名の自国の傀儡ないし半傀儡政権を多数作って、そこから土地（基地等）や人や富やものを直接・間接に収奪してきたのだというべきだろう。そういった強盗行為を覆い隠すいわばイチジクの葉、いやそれをより効率的に可能ならしめるものとして「世界の警察官」としてのアメリカの顔はあったのだ。

いや、それぱかりではない。アメリカは、直接にこのうえなき数々の強盗行為、否それをはるかに上廻る侵略行為を戦後何度も働いてきた。ベトナム戦争然り、アフガン戦争然り、イラク戦争然り、パナマ侵攻、グレナダ侵攻、キューバ侵攻、さらにまたチリのアジェンデ民主政権に対する当該軍部を操った間接的なこれの転覆、イラン・モサッデグ政権に対するイギリスと手を組んだこれの転覆など、数え上げたらきりがない。これらはいうまでもなく、そのそれぞれの国の土地・人・富・ものに対する果てしのない破壊・強盗行為にほかならない。それでどれだけアメリカが、首尾よくこれらを収奪できたか、それは必ずしも定かではない。が、しかし、少なくともいいうることは、強盗的収奪をなさんとして行なわれたそのアメリカによる侵略行為にさけがたく相伴った、それは果てしのない破壊行為であったのだ。

もとより、ソ連崩壊までのいわゆる冷戦期には、アメリカがひとり世界で大手を振って歩いていたわけではありえない。が、しかし、そこでもアメリカは、ソ連と世界を二分しつつこれを支配していたこと、それはまぎれもなき事実といわねばならない。とりわけソ連崩壊後は、アメリカ一極集中といわれたごとくまさにアメリカのやりたい放題だったのだ。その点は、大統領ブッシュ・ジュニアの「アメリカ単独行動主義」というスローガンに端的に現われていた。

いずれにせよ第二次大戦後、とりわけソ連崩壊後アメリカが「世界の警察官」だったということ、それはアメリカの覇権国家・新帝国主義国家という醜い姿の、そのたんなる裏返しにすぎなかったということである。

ところが、今やトランプが大統領に選出されて、「アメリカはもう世界の警察であることはやめてアメリカ第一主義をとる」、と宣言しこれがアメリカ大衆の多くに支持された。それはすなわち、アメリカはもはや世界の覇権国家・新帝国主義国家であることを断念するということ、いやアメリカにもはやその力は失せたということ、そのことのあからさまな告白なのだ。要するに、アメリカの衰退が、名実共にはっきりとしたということである。

にもかかわらず、いやアメリカにはまだ国際秩序維持のため世界の紛争に深くかかわり、時には介入もしてもらわないとはなはだ困る、と嘆くのは、この世界の現実を本当には何も分かっていないということである。いや、そう分かっていても、上のごとく嘆くのは、ひっきょうパワーポリティクスにとらわれているということ、そのことの何よりの証左といわねばならない。

ところで、この世界がパワーバランスないしパワーゲームで動いているかぎり、そのパワー（力）に栄枯盛衰があることは当然の理なのであって、かつての超大国アメリカといえどもその例外ではとうていありえず、かくしてその繁栄が永遠に続くはずはない、いずれこれが衰え、新しい強国が別に現われて、そのアメリカや「同盟国」を脅かすこと、それは事の必然といわねばならない。

アメリカの衰退と中国の台頭を眼の前にこれを嘆くに先立ってわれわれは、この力（パワー）による世界秩序の維持という発想そのものを今や根本的に考え直す必要があるだろう。力に頼っているかぎり、いつかそのバランスが崩れ国際秩序に大きな乱れが生じること、それは何としてもさけがたいことなのである。

とはいえ、それが現実なのだ、だから仕方がない、とあるいは諦めてしまうのがよいのだろうか。しかしながら、そこで、まさにそこでこそわれわれは、人類のすぐれた英知を本当に発揮すべきなのではあるまいか。その人類の英知とは、もはや力には頼らない国際秩序を生み出すべく世界全体が可能なかぎり心を尽くし努力するということにほかならない。あえていうなら、力と暴力ではなく愛と思いやりを基調とした世界・人類共同体をこの地上に樹立するという壮大な試みに挑戦するということである。そうしてそのときは必ずや、イエスや（大乗）仏教、あるいは釈迦の思想は、われわれ人類の大いなる導きの糸となることだろう。

かくして今こそ、然り、世界全体がとめどもなく深い危機と混迷のなかにある今こそ、世界全体にイエス・ルネサンス、いやもっと端的にいってイエスの革命、それにもとづく真の宗教革命が惹起されるべきだろう。そこに、ただそこにのみ、現代世界の未曽有の深刻な普遍的危機を真に根本的に超克しうるただ一つの道があるといわねばならない。かくして、その捨石にならんとすること、それこそ本書出版の根本動機であり、終局の目標にほかならない。

註

（1）著名な宗教学者・島薗進氏は、『ハリー・ポッター』の世界的大ベストセラー現象に、現代世界における人間の深い精神性の存在を見ているが、筆者は、まさにその逆の見解に立つ。

（2）この「マンハッタン計画」の学問的指導者は、俗に天才ともいわれたアメリカの理論物理学者オッペンハイマーであり、その計画・企画・プロジェクトには総勢一二万人以上が動員され、費用としては二〇億ドルが投じられた。

（3）生前滝沢の盟友だった鈴木亨氏は、滝沢の死後滝沢のこの論文「誠と取引」一点を取りあげて、滝沢を「戦争犯罪人」として厳しく断罪しているが、この点についての筆者の見解は拙著『滝沢克己の世界・インマヌエル』（春秋社）所収の拙論「鈴木亨氏の滝沢克己批判に応える」で明らかにしている。御参照していただければ幸甚である。

（4）その点についてより詳しくは、上掲拙著『滝沢克己の世界・インマヌエル』所収の「鈴木亨氏の滝沢克己批判に応える」を参照されたい。

（5）なお、以下はNHKBS2ドキュメンタリー「捨てられる養子」二〇一六年一一月に依った。同番組はフランスの制作会社によって制作されたもので、そのタイトルは「Disposable Children – Re-adoption America」（養子再縁組み）にほかならない。

（6）以下はフジテレビ、池上彰の「世界から格差は何故なくならないのか」に依った。

（7）なお以下は、NHK「クローズアップ現代」「賛否噴出　ネットで赤ちゃんをあっせん」（二〇一六年一一月二一日放映）に多くを依った。

（8）この意識調査は、二〇一七年一〇月一五日放映BSTBS「週刊報道LIFE」による。

（9）朝日新聞二〇一七年一〇月一九日。

（10）NHKEテレビ「大人の基礎語」のサラ・オレイン講師の御教示による。

(11) 自身も子供をもつすぐれた精神科医・神谷美恵子氏は、その著『生きがいについて』(みすず書房)で、赤ちゃんの育児について少なくとも最初の数年は、特定の大人による安定した保育が大切だといっている。
(12) この点はフジテレビ、池上彰の「世界から格差は何故なくならないのか」に依る。因みに別の資料、BSTBS「外国人記者は見た世界の大富豪VS大貧民」(二〇一七年五月一四日放映)によれば、世界上位八人の総資産四八兆八〇〇〇億円が世界の下から半分の三八億人の総資産に相当するという。
(13) 以下は、NHKBS1「ドキュメンタリー番組、英国出生前診断と葛藤――ダウン症のない世界?」イギリス、二〇一七年七月五日放映に依った。
(14) NHKBSドキュメンタリー「フランケンシュタインの誘惑、生命の優劣、知られざる科学者」二〇一七年放映による。
(15) また、これに先立つ一六世紀から約三〇〇年間つづいた奴隷貿易では、約五〇〇〇万人の人々がアフリカから運び去られた。かれら奴隷とされた黒人は、船によるあまりの劣悪な輸送過程でその約二〇%が生命を落とした。いずれにせよ、このようにしてアフリカは、近代以降西洋人によって徹底的に破壊しつくされた。
(16) トランプの「アメリカ第一主義」は、ひっきょうアメリカ白人第一主義といってよいだろう。
(17) 『石垣りん詩集』現代詩文庫二五頁。
(18) 朝日新聞二〇一七年一月二三日朝刊。
(19) NHKBSドキュメンタリー「アメリカの本音・ダイナーからアメリカの本音が聞こえる」。
(20) NHKドキュメンタリー「ホロコーストのリハーサル――障害者虐殺七〇年目の真実」。
(21) 二〇一七年一月二日テレビ朝日「新春討論会『分断の時代』に挑む　今、日本を考える二〇一七」での発言。
(22) 朝日新聞二〇一七年一月二〇日　朝刊第三面。
(23) 塚本幼稚園の「教育」の仕方については、塚本幼稚園が園児の父母に配った同園PRのCDによる、テレビニュース。
(24) 保守・右翼・ファシストにとっての「教育熱心」が、そも何を意味するか、それはこの塚本幼稚園で行なわれていた「教育」の実態を一瞥すれば、おのずから明らかだろう。その点われわれは、よくよく注意する必要がある。
(25) NHKクローズアップ現代「検証〝森友学園問題〟――真相は果たしてどこに」二〇一七年三月一三日放映。
(26) 「日本会議」については、朝日新聞二〇一七年四月一二日の記事による。なお、その会員総数は、約四万人である。
(27) 朝日新聞二〇一七年三月二二日「天声人語」。
(28) もっとも首相安倍自身は、この自民党改憲草案にもとづく改憲は少なくとも自分の首相在任中はとうてい無理とふんだか、その後第九条の第一項・第二項を残したままでの憲法への自衛隊の明記という名（迷）案をもちだしている。けれども、これは、自民党改憲草案が安倍自民党の「理想」であることを何ら妨げない。むしろその「理想」に向かってのいわば一里塚として第九条への「加憲」という珍案を思いついたというべきである。その点は、「日本会議」の一員の憲法学者、百瀬もこれをはっきりと示唆している。

(29) 朝日新聞二〇一七年六月二五日。

(30) 朝日新聞二〇一七年六月一七日。

(31) 朝日新聞二〇一六年一一月一二日。

(32) 朝日新聞二〇一六年一一月二三日。

# 第三章　現代欧米日型フェミニズム運動に潜むエゴイズム的非主体性

「…フェミニズムも、時代の産物だった。（中略）そして女たちはエゴイストになった。（中略）歴史上はじめて、エゴイストの男とエゴイストの女とが、対等に対峙しあうようになった」[1]（上野千鶴子）。

## 一　現代欧米日型フェミニズム運動における「フリーセックス」「性の解放」論

突然私事ではなはだ恐縮だが、筆者の母にとって子供は自分の生命同然であった。そういう母に育てられたせいか、筆者自身、哲学することは三度の飯より好きだが、しかし家庭、とりわけ子供はそれよりはるかにもっと大切である。

かつて太宰治は、その最晩年の作品『黄桃』の終りで主人公に、「子供より親が大事と思いたい」とつぶやかせている。そういう親、いや、もはやその主人公のように「思いたい」という願望ではなく、じっさいにそうなってしまっている親、それが、今では何と多いことだろう。いや、今から遡ること約四〇年前に筆者は、この太宰の言葉を引きつつ、これと同じことをある人に語ったことがある。ところが、その趨勢は、その後弱まるどころか、かえって逆に時と共にいよいよ強まっているように思われる。その点は、近年みられる子供虐待の日毎の激増ひとつをとってもほぼ明らかなのではあるまいか。

いずれにせよ、昔に比べはるかに「解放」されたはずの今日、子供が自分の生命とほぼ同等であるような母親は、めっきり減っているように思われる。それは、たんに、かつての女性は力ずくで家のなかに押し込められていた、だからいやがうえにも子供に自分の全存在をかけざるをえなかった、というただそれだけの理由からではないだろう。ここには、今ではもう当り前となっている「できちゃった」*婚が、その原因のひとつとして大きくかかわっているのではあるまいか。

＊ちなみに、「できちゃった」婚とは、子供に対してすこぶる失礼な言い草である。いや、たとえば「寿」婚といいかえたとしても、事の本質は何ら変わらない。ここで問題となっているのは、たんなるその言い方ではなく、その行為そのものの是非にほかならないからである。子供ができて当然の行為をしておきながら、まるでそれは念頭に入っていないからである。もとより、セックスを楽しむことじたいは何ら悪くはない。しかしながら、それに興じることにのみ汲々として子供ができる可能性についてはこれをほとんど失念していること、それはどう考えても子供に対する無責任であり、それゆえ無礼以外の何ものでもないだろう。

いったい「できちゃった」婚で子供を産んで、それではたして本当に子供への深い愛情が湧くであろうか。たとい湧いたとしても、せいぜいそれは、ペットかおもちゃに対する愛情以上には出ないのではあるまいか。人間の子としてのそれにふさわしい愛情が、それで本当に十分湧いてくるといえるだろうか。

ところで、昔は、子供は「（天からの）授かりもの」としてありがたく受け取った。かくして、ここには、心の謙虚と感謝の気持ちがたしかにあった。今もなおあの水俣には、「のさる」という言葉で残っているという「授かりもの」の精神である。だから、たとい「望まぬ」子供——昔は、産児制限はできない——だったとしても、しかし、にもかかわらず、一旦胎に孕んだら、これを大切にし産みあふれんばかりの愛情を注いだものだ。

そもそも「授かりもの」という謙虚な気持ちが欠けるなら、そこに真に深い愛情はうまれないのではなかろうか。いや、たといあったとしても、それは軽くてほんの一時的なものにとどまるのではあるまいか。ところで「できちゃった」から結婚し産むばあい、そこには何ら「授かりもの」という謙虚な心は存在しない。したがって、真に深い愛情は、十分には育たないように思われる。

それはともかく、子育ては、想像するよりはるかにずっと大変である。一人の子供を育てるには大人七人の手がいる、とかつてはいわれたほどの大変さなのである。ただ頭で考えられるていどのそんな生易しいことではないのである。かくして、子育てには、並々ならぬ忍耐力が必要である。それに見合うだけの忍耐力が、はたして「できちゃった」婚でしっかり身につくといえるだろうか。子供への他にかけがえのない深い愛情があるからこそ、強い忍耐力もしだいに養われてくる。しかし、そもそもの始めに「海よりも深い」愛情が欠如しているなら、子育てに十分な忍耐力もなかなか身につくまい。逆に育児放棄等子供を虐待する親の方が増えてしまうのは、さけがたい必然というべきだろう。

ところで、今日この「できちゃった」婚が当り前となったその背景には、そも何があるのだろうか。けだしそれは、現代の欧米日型女性解放・フェミニズム運動の主張する「フリーセックス（セックスの自由）」「性の解放」論にほかならない。この運動は、思うに自由や解放の本当の意味も分からぬままにただ無闇に「フリーセックス」や「性の解放」を声高に叫んだ。いや、もっとはっきりいうと、恣意的・我意的な性交渉を「フリーセックス」とか「性の解放」だとかといった美辞麗句で飾り立て、かくてこれを吹聴し世に広めた。かくして明らかなごとく、今日当り前となったこの「できちゃった」婚や、けだしその延長線上にある子供虐待の激増、これに対する女性解放・フェミニズム運動の罪はすこぶる重い。いや、さらにもっと罪深いのは、このフェミニズム運動がそれをまったく自覚していないどころか、逆に今もって「フリーセックス」「性の解放」の伝導者となっているということである。

＊　誤解をさけるためにあえてここでいっておくが、もとより筆者は、何も女性解放・フェミニズム運動そのものを批判

しているのではない。女男平等は、至極当り前である。まったく当り前のことである。ちなみに、われわれインマヌエル哲学の最大の導師イエスは、けだし史上もっともすぐれたフェミニストだったのである。かくして、わが師・滝沢を心底敬愛していたアメリカの著名な神学者スウィードラーは、フェミニストとしてのイエスを詳細に論じた一著をものにした。

ただ筆者は、まぎれもなき我意的・エゴイズム的な「フリーセックス」「性の解放」を声高に叫びこれを世界に蔓延させ、かくていわゆる「できちゃった」婚をはびこらせ、さらに、そればかりか、あどけない少女や少年たちをたぶらかし、その心を蝕み冒しつつ、子供虐待に深くかかわる「望まぬ妊娠」を激増させ、しかも、そればかりか産むか産まぬかは「女性の自己決定権」だと称して「人工中絶」をあまりに軽く容認し、もって胎児の「産まれてくる権利」はこれをほとんど無視し、そのうえこうした一切を何ら顧みようとしない今日の傲慢不遜な欧米日型女性解放・フェミニズム運動、それをたんに批判しているのにすぎない。

ここで、もう一度繰り返せば、現代の欧米日型フェミニズム運動の主張する「フリーセックス」「性の解放」とは、けだしその名とは裏腹に、そのじつ「性への束縛」ないし「性の奴隷化」、つまりは恣意・放縦かつ野放図な性行為の推奨にほかならない。その風潮が、今や「フリーセックス」「性の解放」の美名のもとに世界に広がった。こうしてそれは、たんに「できちゃった」婚のみならず、無垢の幼い少女たちにも大きな影響をおよぼした。かくして、かの女らは、みずからの性にあまりにも無防備となって、たとえばJKビジネス（女子高生ビジネス）に手を染めたり、またネットの出会い系サイトやコミュニティーサイトを通じて思わぬ性被害にあう破目に陥っている。こうして明らかなごとく、現代の欧米日型フェミニズム運動の主張する「フリーセックス」「性の解放」論は、たんに大人だけでなくあどけない少女や少年の心をも深く蝕み、これを冒しているといわねばならない。(2)

ところで、しばらく前から男の「草食系」化がいろいろ取りざたされている。けれども、このJKビジネスやネットなどで少女たちを餌にしている多くの男たち、かれらがはたして本当に「草食系」といってよいのだろうか。明らかにその真逆の「肉食系」にほかならない。男の本質は、さして変わってはいないのだ。たしかにセックスに昔ほど積極的でない男も、最近はふえているかもしれない。しかし、男の大半は今でも「肉食系」であり「狼」なのだ。

にもかかわらず、自称フェミニストたちの絶叫する「フリーセックス」「性の解放」の風潮で、知らず識らずのうちに性に関して無防備とされてしまったあどけない少女たち、かの女らが「気楽」に「一緒に散歩くらいしてお金がもらえるならありがたい」とばかりにJKビジネスに手を染めてしまい、ついにはその挙句「狼」男の餌・性奴隷とされてしまうのである。この実態に、「フリーセックス」「性の解放」を今なお叫ぶ自称フェミニストたちは、何ら心の痛みを覚えることがないのであろうか。

ついでにここでもう一つ付け加えておくと、もうかなり前から一〇代の少女たちの買（売）春を「援（助）交（際）」と呼ぶようになっている。この「援交」なる言葉はいったい誰が発案したのだろうか。ジャーナリストなのであろうか。

この言葉も、けだしじつに罪深いものである。「買（売）春」といえば、おのずから何か疚しいこと・後ろめたいこと、といったマイナス・イメージが強くある。だから、たとえば「少女売春」などといった言葉を使えば、その方があどけない少女たちにそれへの少なからずの抵抗感をうみ、みずからを男の薄汚い性の欲望の奴隷となること、それへの歯止め、一定の歯止めとなるように思われる。

ところが「援（助）交（際）」なる言葉を使うと、「少女売春」という言葉につきまとうとうてい拭い切れないマイナス・イメージはおのずから薄められ、それへの抵抗感も低くなり、かくて卑猥な男たちの性欲望の餌となること、それへの一定の歯止めも効かなくなる。にもかかわらず、どうして「少女買（売）春」といった言葉を使用しないのだろうか。それとも、「少女買（売）春」なる言葉は今の民主主義社会にはとうていそぐわない、それにかかわる少女たちの人権・人格をはなはだしく汚す、だからよりスマートに「援（助）交（際）」の方がいいとでもいうのだろうか。その点が筆者には皆目理解できない。ここでは、人権の保護の名のもとに人間の尊厳喪失の危機があまりにも軽んじられているからである。

いずれにせよ、こういった言葉、つまりは「援（助）交（際）」といった言葉を発案し世に広めた人間、さらにそれを社会に拡散しているジャーナリズム、かれらの罪もすこぶる重いといわざるをえない。

ところで、昔の母親は、「男はみんな狼よ！　気をつけなさい」といって娘を教育したものだ。そういう母親が、今いったいどれだけいることだろう。いや、その母親たち自身が、「フリーセックス」「性の解放」礼賛の社会で育ったのだろう。かくして、「肉食系女子」といったことを称賛するまことに愚かな風潮も現われている始末である。ところが、これこそまさに子供虐待の格好の温床のひとつでなくていったい何だろう。女性とは、否が応でも子供を孕む性なのだ。自然の摂理としてそうなっているのである。それに逆らったところでしょうがない。いや、たといそれを試みたとしても、それはひっきょう人間の自然に反することであり、それゆえどだい無理なことなのだ。ところが、それに意識的・無意識的に逆らわんとする、それは、ほかならぬ人間のエゴなのである。かくして、ここにも、今日人間のエゴが極度に肥大化してしまったそのまぎれにもなき兆しが現われている。こうして現代は、まさに子供受難の時代にほかならない。それとも、これらは、時代の流れについていけない頑迷固陋で「保守的」なひとりの男の勝手な言い分にすぎないのだろうか。

以上をもう一度約言すると、かつて子供は「（天からの）授かりもの」として有り難く受け取った。ところが、こういった謙虚な心は今日もはやほとんど消失した。それにとってかわって子供は「できちゃった」モノとなった。けだしその背景には、現代女性解放・フェミニズム運動の喧伝する「フリーセックス」「性の解放」なる猛々しいスローガンがある。しかしながら、この運動の主張する「フリーセックス（性の自由）」「性の解放」とは、思うに非主体的な我意ないしエゴの自由にほかならない。いいかえれば、それは真の自由とはとうていいえない。真の自由とは、ほかでもない愛にもとづく、愛を実践するただそのための自由といわねばならない。これを「性の自由」とからめていえば、自分のパートナーを徹底徹尾大切にする自由にほかならない。自称フェミニストたちの主張する「フリーセックス」「性の解放」に、いったいこの視点はしかと存在するといえるだろうか。少なくとも筆者には、疑いなきをえない。

　もとより女性が、性の解放をも求めることじたいに何ら問題はない。いやそれは、正当な要求といってよいだろう。けれども、それが「フリーセックス」と結びつけられるとき、それは、はなはだ問題である。その「フリーセックス（セックスの自由）」でいわれる「自由」の意味がすこぶるあいまいであるからだ。いや、あいまいというよりも、勝手気ままな恣意・放縦、つまりはエゴイズム的自由がそのまま自由と誤認されてしまっているからである。しかしながら、エゴイズム的自由は、かりそめにも真の自由とはいいがたい。否、自由に似て非なるもの、むしろ束縛といってよいものなのだ。この点が、自称フェミニストたちには、かいもく会得されていないというべきである。まさにそれだからこそ、そのエゴイズム的な「フリーセックス」は、自称フェミニストたちの思いとは裏腹に、これまで筆者がのべてきたようなすこぶる大きな問題をいろいろに惹き起こしてしまったのである。要するに現代の欧米日型女性解放・フェミニズム運動には、それにふさわしい深い哲学がほぼ完全に欠如してしまっているということなのだ。かくしてそれは、われ知らず強度の非主体的エゴイズムに冒されてしまうことになったのである。

　さてここで少し視点をかえて、欧米日型女性解放・フェミニズム運動のいわゆる「フリーセックス」「性の解放」が、いかに非主体的なエゴないし我意の自由であるか、それを端的に示す例としてつぎの事実をあげておきたい。

　つい最近、ろくでなし子とかいう女性漫画家が、自分の性器を３Ｄプリンターで型どって、それを限定的ではあれ世にさらしとても話題になった。そのさいかの女は、自分（女性）の性器は「アート（芸術）」だと主張してその自分の行為を正当化せんとした。

　では、彼女のいう「アート（芸術）」とはそも何か。しかし、それをかの女は、いささかも明らかにしようとはしなかった。いや、はっきりいってできないのであろう。

このように「アート（芸術）」という言葉が自分の行為を正当化する言葉として勝手に、つまりは我意的・御都合主義的に軽々と利用される・弄ばれるということ、ここにも筆者は、今日のエゴイズムの世界全体への深い浸透をしかとみてとる。いったい自分の性器が「アート（芸術）」だというのなら、かの女はもっと正々堂々と全裸で大勢の人が行き通う街を歩けばよいではないか。なぜそれをしないで、こせこせと3Dプリンターを使って作った自分の性器をごく限られたところにのみさらす、というせこいことをするのだろうか。かつてアメリカを中心として、男女を問わず全裸で街を走り抜けるストリーキングという行為が流行ったことがある。かの女の主張がもし正しいのなら、あれも一つの「アート（芸術）」であって何ら取り締まる必要はないだろう。

思うにこういう行為が広まれば、やがて児童への性的虐待としての児童ポルノすら「アート（芸術）」として正当化され、男女を問わず子供の性が大人のみだらな性欲の餌と化すのは必定である。

これに対し、いやかの女性、ろくでなし子氏の行為はごくかぎられた範囲で行なわれ誰にも迷惑をかけてはいない、けれども児童ポルノは、その子供たちを性的に搾取する行為だと反論するむきもあるいはいるかもしれない。じっさいそのようなことをいって、かの女の行為を擁護していた「進歩的」知識人・文化人もいた。だが、しかしもし子供がみずからの性（器）を「アート（芸術）」と称して人前にさらすようになったら、それも「アート（芸術）」としてこれを容認するのだろうか。それとも、子供がそんなことをするはずがない、といってこれを一笑に付すであろうか。あるいは子供にはその判断力が十分備わっていない、といってこれをとがめでもするであろうか。しかし、それは「大人」の身勝手なのではあるまいか。子供には「アート（芸術）」を語り、実践する資格がないとでもいうのだろうか。

ここで一つ、ほぼ四〇年前筆者が直接経験したことをあえてのべれば、筆者がドイツへ留学していたとき、駅前の大勢の人々が集まっているところで、どうみてもまだ小学生低学年かそれ以下の年齢としか思われない、いたいけな少女と少年が「熱烈」に接吻し激しく抱き合っていた。そのとき大人たちはみな、この子供の性的行為を見てみぬふりをしていた。いったいこれが本当に性の「解放」・性の「自由」といってよいのだろうか。いやむしろ、「性へのとらわれ」「性の奴隷化」というべきではなかろうか。「フリー・セックス」という点では、欧米ではまだ「後進的」なドイツですらすでにもう四〇年も前にそんな有り様だったのだ。*

＊　当時のドイツの若者の「フリーセックス」がいかに激しいものだったか、日本人では今でも恐らく想像もおよばぬものであったか。その点については拙著『現代の危機を超えて——第三の道』（南窓社）、第一章を参照されたい。ただひとつだけいっておくなら、当時たまたま筆者がみた保険所の青少年向け啓発パンフレットには、「一八歳でまだセックスの経験がないからといって、何もそれを異常だと思って心配する必要はありません」とほぼこのようにかかれていた。要するに、当時のドイツでは、一八歳未満のほとんどの若者がもうセックスを経験していたということであり、そればかりか、まだその経験がなくて自分は異常なのかとひどく悩む青少年が沢山、少なくとも保険所がこんな啓発パンフレットを作らねばならないほどに沢山存在していたということである。じっさい、筆者があるとき、ひとりの女子学生と親しくおしゃべりして、たまたま話がセックスにおよんだとき、その女子学生が二〇歳でもうセックスの経験があるというので思わず筆者が「もう（schon）！」というと、すかさずその女子学生が「私はもう（schon）二〇歳よ！」と切り返してきた。ここでは同じ「もう（schon）」の意味が、その女子学生と筆者とではそのベクトルがまったく反対向きだったのである。いずれにせよ、これが、けだしセックス奴隷社会・欧米、少なくともドイツのいつわらざる現実なのだ。

この流れからするならば、子供が大人をまねてみずからの性（器）を「アート（芸術）」と称して人前にさらすこともまんざら筆者の思いすごしとはいえないだろう。

かくしてこれは、子供の性（器）を大人の薄汚ない性欲の餌にせんとする児童ポルノさえ、これを「アート（芸術）」として正当化していくことにつながる恐れが皆無とはいえないだろう。こういう風潮を作り出すこと、そのきっかけの一ついわゆる「蟻の一穴」になりうること、それが、かのろくでなし子の「他人にかける迷惑」なのだ。「他人には迷惑をかけていない」といって、かの女の行為を擁護せんとする「進歩的」知識人や文化人は、その点あまりにも近視眼的としかいいようがない。

あの東日本大震災、福島東京電力第一原発事故でも、風評被害が一番困る、と被災地の農家の方々が異口同音にいっていた。こうして明らかなように、一つの、けだし誤った風潮を作り出すと、それは一種の風評のように社会や世界全体に拡散してゆき、かくてそれも長期的にみれば、まぎれもなき「他人への迷惑」なのだ。

おそらく裁判官は、そういう長期的視野に立って判決を下したのであろう。これを「進歩的」知識人・文化人は、こぞって「保守的」だとして非難する。けれども、そもそも「保守」とは何か、反対に「革新」とはいったい何か。真の革新とは、けだし時々刻々新たに人間・世界に働きかけてくるかの大いなるものの御意《みこころ》をこの世に正しく映し出すことなのだ。

反対に保守とは、この真に新たな大いなるものの御意に盲《めしい》て、訳も分からず、ただひたすら妄動的かつ闇雲に自国の「伝統」や「文化」や「歴史」、あるいは「政治」や「経済」を守らんとするもの、せいぜい「政治」の「ゆるやかな」改革（中島岳氏）を目差すもののことである。その点では、イエスは、真の革新家にほかならなかった。すなわち実存革命家、人間そのものの革命家であったのだ。本文の第五章でも明らかにしているごとく、日夜刻々新しい神の御意のままにその全生涯を通じ一貫して愛を実践し我《が》を捨てて生き抜いたのだからである。

それはともかく、かのろくでなし子の行為、つまり自分の性器の３Ｄデータを自分の知人たちに配布した行為について、著名なフェミニスト上野千鶴子は、たといいかに親しい人間たちにせよ自分の性器の３Ｄデータをさらす行為は、かれらに自分の性器がどう「消費」されるかを念頭においてはいない、その点が問題だ、とほぼこんなことをいって、ろくでなし子の行為を同性の好みのせいかただやんわりとだけ朝日新聞で「批判」していた。が、しかし、上野はなぜそこで、すこぶる意味不明な「消費」などというたいていは経済用語として使われる語をあえて使用したのだろうか。ここにすでに現代の経済至上主義の暗愚な影が透けてみえるが、それはともかく、その「消費」なる言葉を「男の卑猥な性的好奇心にさらす」、となぜもっとはっきりかの女にいわないのだろうか。

ついでにもうひとつ付け加えておくと、上野は、「女性の性器」のみが特別に好奇心の対象にされるというが、しかしそれは別に「女性の性器」だけとはかぎるまい。「男性の性器」であっても、その点は女性器ほどではないにしろ、しかしやはり似たようなものではないのだろうか。けだし現代欧米日のフェミニストには、女性器がとくべつ男の好奇心の対象とされているという被害者意識がすこぶる強い。しかし、その点は、「男性の性（器）」とて同じようなものではなかろうか。つい数年前、アメリカで、男性神父が教会員の男児たちを沢山性的虐待していた事件が明るみに出て世間をひどく騒がせたではないか。思うに、ただ男の方が女性よりより暴力的であるために、男による女性への性的虐待がどうしても目立つというまでではなかろうか。

いや、もしかしたらここには女性と男性のそもそもの性の根本に深くかかわる何か本能的なものが関係しているのかもしれない。けれども、もしそうだとしたら、それは本能的なものがかかわっているだけにやむをえない面もあるのではなかろうか。もとより、そうはいっても、人間はみずからをその本能から解放せんとする存在である、そのかぎり本能的なものだから致し方ないといって切って捨てることはできないだろう。その点、男性はみずからを深く顧みる必要がたしかにある。しかしながら、フェミニズムは、女性と男性の性の根本的相違をもっと深く研究し、それをできるかぎり正確にとらえたうえで、こういう問題にも対応すべきではなかろうか。社会的・文化的な性差をとりわけ強調するあまり、この点の研究があまりに疎かにされているのではあるまいか。

それはともかく、話を先のろくでなし子にもどすと、かの女の性器の３Ｄ立体像を見たかの女の親しい男たちは、それを本当に「アート（芸術）」として観賞したとでもいうのだろうか。ここで、あえてもう一度問いたい。「アート」とは、そも何か。もとよりこれは、きわめて難解な問題である。とするならば、自分の行為を正当化するために、御都合主義的・エゴイズム的にこの「アート」なる言葉を軽々と使用すべきではないだろう。いや、自分の行為を自分でも分かる言葉で正当化しようとしないこと、それは何としても浅ましいことといわねばならない。

いずれにせよ、こういったかの女の行為は、いったい本当に「性の自由」「性の解放」というべきなのか。それとも知らずエゴイズム的・我意的に自分の性（器）をまるで物のごとくに取り扱っているのであるまいか。

ところで今日の欧米日型フェミニストたちは、よく好んで女性の「自己決定権」という言葉を使用し、これを主張する。だが、しかし、「自己決定権」とはそも何か。女性は、性にかかわることは何から何まで自分が勝手に決めてよいというのだろうか。とまれかの女、かれらは妊娠中絶も女性の自己決定権だ、産むも産まぬも女性の勝手だといって譲らない。しかしながら、そのさい、そこでは生まれてくるはずの胎児の、生まれてくる権利がいったいどれだけ考慮されているといったらいいのだろうか。もとより経済的な問題その他を含めて妊娠中絶がすべて非だというのではない。やむをえない妊娠中絶も当然ありうるだろう。が、そのさいどこまでも胎児の権利も十分に考慮される必要があるのではなかろうか。その点、欧米日型フェミニストによる「女性の自己決定権」なる主張、そこには、胎児のこの権利への配慮がほとんどまったく欠落しているとしか思われない。そうしてここにも、女性のエゴイズム・自己中心主義、それにもとづくニヒリズムが、それとはしらず、しかしはっきりと透けて見えると筆者はいいたい。

ここで妊娠中絶に対するインマヌエル哲学の見解をのべておきたい。わがインマヌエル哲学の考えでは、母胎と胎児の関係は、神と人との絶対に不可分・不可同・不可逆的な原関係をもっとも鮮やかにこの世界の内部で映し出しているものである。さらにその点を説明しよう。

まず母胎と胎児は直接不可分に一体である。母胎を離れて胎児は片時も存在しえない。生きられない。胎児は、母胎からの血流を通じていろいろな栄養分や酸素を刻々受けとって初めて生きられるのである。その意味で母胎と胎児は直接不可分に一つである。

だが、しかし、それでは母胎と胎児のあいだには何の区別も存在しないのか、といったらそれは間違いである。

母胎はどこまでも母胎であり、胎児はどこまでも胎児である。これら両者は、はっきり区別されねばならない。母親の胎内で、胎児は時々刻々成長していくのである。その胎児の成長は母親の成長とは峻別されるべきである。その意味で、母胎と胎児は、けっして混同を許されないものとして不可同である。

さらにまた、母胎と胎児のあいだに上下・先後の順序を考えてみると、とうぜん母胎が先で胎児は後である。なぜなら、母胎からの栄養分や酸素をもらって初めて胎児は生きられ成長することもできるのだからである。この意味で、母胎と胎児の関係は相対的に不可逆である。ここで相対的に、というのは、よし母胎が先だとしても、しかし、たとえば胎児の具合いが悪くなれば、それが母胎の変調となって現われることもありうるからである。その意味では、ただ一方的に母胎が胎児に対し先立つもの上に立つものとはいいがたい。けれども、母胎が基本的に先立つもの、上に立つものであることに変わりはない。かくしてこれら両者は、それなりに不可逆的関係にある。かくして明らかなように、母胎と胎児は、神人の原関係を映してそれなりに不可分・不可同・不可逆的に直接一つである。不可分・不可同であると同時に、しかし不可逆である。

したがって、ここから妊娠中絶の問題もおのずから明らかとなる。胎児は、根源的には神からの恵みとして基本的に中絶はさけるべきものである。が、しかし、中絶は絶対にしてはならないものか、といったら必ずしもそうではない。先述したごとく母胎は胎児にそれなりに上に立つもの・先立つものであるからだ。したがって何か経済的事情や母胎の病気等やむをえない事情があるならば、妊娠中絶も致し方あるまい。母胎の方が優先されてしかるべきであるからだ。

すなわち、真の自己決定権とは、かの大いなる神の御意に添うた、ただそのかぎりでのみずからの決断・決定の権利でなければならない。こういった厳密かつ論理的な洞察が、いったい今日の欧米日型フェミニストたちにどれだけあるといえるだろうか。それとも、こんな筆者の主張は、とても時代遅れの「保守」的な男のたんなる戯事《ざれごと》だといってこれを嘲笑い一笑に付すでもあろうか。しかしながら、女性の「自己決定権」と称して闇に葬り去られる幼い生命が今日どれだけいることだろう。「(妊娠)中絶天国」日本の現状を一瞥すれば、それは火をみるよりも明らかである。

いずれにせよ「望まぬ妊娠」をして中絶もしくは、たとい産んでも育児放棄や虐待、その先の家庭崩壊、つまりは子供の非行化・被買春化・よし運がよくても児童養護施設行き、そうしてその負の連鎖、そういう例が今日何と多いことだろう。しかし、ここで問題なのは、そもそもの初めに「望まぬ妊娠」をしてしまうことなのだ。そこにはけだし、欧米日型フェミニズム運動のあの主張、つまり「フリーセックス」「性の解放」という美辞麗句に隠された、性にかかわる非主体的なエゴイズム的我意の自由の悪しき影響がしかとある。

ところで、今日のフェミニストたちは、JK(女子高生)ビジネスなどに手を染めて性被害にあったいたいけで素朴な少女たちの当初の行為を、これもまたかの女らの「自己決定権」として容認・称賛するのだろうか。のちにかの女らは、その自分の軽はずみな行為を深く反省し、後悔の念に苛まれ、耐えがたいほどに苦しみ呻吟しているというのにだ。それとも今日のフェミニストたちは、かの女らへの自分たちの影響、自分たちの唱える「フリーセックス」「性の解放」の影響がまったくないとあくまでも言い張るつもりだろうか。あるいは、かの女らの行為を浅はかで愚かな子供の行為にすぎないといって、これをあるいは咎め、あるいは嘲笑いでもするであろうか。じっさいネットでは、かの女らを、匿名の陰に隠れて「(性を買われたのではなく)売ったんだろ!」とか「自業自得だ!」とか「被害者面するな!」とかといった厚顔無恥かつ卑劣極まりない誹謗中傷が飛び交ったという。(3)

このかの女らの苦しみに対し、今日のフェミニストたちは何らの責任もないといってよいのだろうか。けだし、かの少女らは、現代世界を席巻している欧米日型フェミニズム運動、その声高に叫ぶ「フリーセックス」「性の解放」のまぎれもなき犠牲者以外の何ものでもないのだ。

それはともかく、話をろくでなし子にもう一度もどすと、何故ここで、世のアーティスト・芸術家たちは、このろくでなし子の行為に対して何ら発言しようとしないのであろうか。かれらもまた、かのろくでなし子のあの行為を、たしかにそれは「アート（芸術）」だと同感しているからなのであろうか。いったい芸術家じしんに芸術の意味が明確に会得されているのだろうか。ろくでなし子のあの行為をもし「アート」だとは思わないのなら、どうしてそれをはっきり口に出してかの女に抗議しないのだろうか。かの女の行為は、どうみても「アート（芸術）」の価値や品位を貶めているとしか思われないからである。

ところで、こういうことをいうと、すぐに世の「進歩的」知識人・文化人たちはこぞって、筆者は、頑迷固陋な「保守主義者」だといってあるいは嘲笑うかもしれない。しかしながら、先にもいったように、その「進歩」「革新」とはそも何か。その反対の「後退」「保守」とはそも何か。その点かれらは、いったいどこまで分かっているというのだろうか。たんに時代の流れに流されること、それが進歩であり革新なのではとうていありえない。ここにも筆者は、第二章で詳述したいわゆる人間の「ダス・マン（das Man）」化をしかとみてとる。要するに真の個性も主体性もないただたんに不和雷同的・被流動的・匿名的・非人称的に振る舞う人間のことである。ごくかんたんにいって他人や社会や時代の流れにただひたすら流されていく人間たちのことである。今や「ポケモンGO」に群がる、まるで地球全体が「総白痴化」したかのごとき現代人がそれである。

要するにイエスのごとく真かつ絶対に新しきもの、刻々新しく働きかけてくるもの、つまりは神の御意《みこころ》に添うて時代の流れに抗しつつあえて「保守」的となること、それが今日では逆に真の革新といえるのだ。愛を実践しおのが我執を離れ生きかつ語り行為すること、それが本当の革新であり、革命なのだ。実存革命・人間革命といってよいのである。

さて、話がかなり脇に逸れてしまったが、しかしもう一度現代のフェミニズム、そこに潜む暗い空洞に話をもどしたい。現代の欧米日型フェミニズムは、既述したごとくいわゆる「フリーセックス」ないし「性の解放」を激しく叫んでやまない。これについて再度そのエゴイズム的非主体性・非人間性について究明したい。まず第一に、ドイツについてみてみよう。(4)

ドイツでは、母子家庭は一般に日本と同様に貧しいという。一人親家庭のばあいの子供の貧困率は四〇%で、数字だけみれば日本とあまり変わらない。日本では、一人親家庭のばあいの子供の貧困率は五〇%にほかならない。

つぎの会話は、そういう貧しい子供や家庭のために必死で働いている、例えば、昼食やプレゼントを無料で供与したり、無料で勉強を教えたり、絵や音楽を楽しむ機会を無料で与えたり、また遊んだりして、心を寄せられるパートナーのいない子供たちのパートナーになって支援する、「箱舟」という組織の創設者ベルント・ジイッゲルコヴ（Bernd Siggelkow）とある母子家庭の女児、小学生くらいの女児とのあいだで交わされたものである。

これは、氏がまだこのボランティア活動をし始めた頃の経験である。ある日、子供たちと一緒にサッカーをしていた。サッカーが終わって、男の子たちは帰っていった。それをずっとみていて残っていた六歳くらいの女の子——氏は、それまでその女の子のことは知らなかった——が、話しかけてきた。

女の子：「私のパパになりたくない？」
氏：「どうして？　パパは？」
女の子：「パパはいない」
氏：「パパは知ってるよネ」
女の子：「パパは一度もいない」
氏：「ママに恋人（Freund）はいるよネ？」
女の子：「恋人はいない。寝る男たちしかいないのよ」

いったいこれは、何というおぞましい会話であろう。小さな女児が、自分の母親についてこんな言葉を発することがいったい正常といえるだろうか。この女児は、はたして幸せといえるだろうか。

ここからは筆者の推測だが、この女児の母親もまた、フェミニズムの唱えるいわゆる「フリーセックス」「性の解放」のまぎれもなきその犠牲者の一人といえよう。恣意・放縦かつ野放図な我意的・エゴイズム的「フリーセックス」で子供をもうけ、もともと結婚しているかいないのか、いずれにせよシングル・マザーとなって、でも自分の性欲はこれを抑えることができず、「夫」でも「恋人」でもないたんなる「セックス・フレンド」だけをもつ、この母親自身がいった本当に幸せといえるだろうか。けだし、どうみても性の奴隷となって、セックスにとらわれ溺れているとしか思われない。

とまれこれもまた、フェミニズムの称揚する「フリー・セックス」ないし「性の解放」のさけがたいその一つの帰結といってよいだろう。いったいこれで子供が本当に幸せになれるだろうか。まぎれもなく家庭崩壊といわざるをえまい。いずれにせよ、ここには産まれてくるかもしれない子供のことは何ら考えず、ただひとえにセックスに興じる大人の極度のエゴイズム、それが暗に示されていること、それはほぼ間違いないだろう。

それはともかく、この経験を話したあとジィッゲルコヴ氏は最後にこういっている。

「その女の子の苦しみが見えたのです」
「(ここにくる)子供たちは、みな愛情を注いでくれる存在が欲しいのです」
「(ここにくる)子供たちにもっとも欠けているのは、かれらと関わり愛情を注ぐ存在である」
「豊かな国になるには子供が多いだけでなく、その子供たちに投資しなければなりません」

もとよりここで「投資」とは、家庭が貧しくて孤立した子供たちに親しくかかわって深い愛情を注ぐことのできる人や施設を作ることだろう。

氏のこの発言は、子供一人につきいくら国家が支給するといったやり方で、子供の数だけ増やすことにもっぱら集中しているかのごときフランスの例と比較するときとても傾聴に値するものがある。そこで、つぎにフランスを例にとり「フリーセックス」「性の解放」にかかわる現代人の極度のエゴイズム化・自己中心化についてさらに考察を進めてゆきたい。

フランスでは、今や制度的な結婚をしていなくても、女性や子供は法的に保護されており、これが、必ずしも結婚を望まない女性の出生率を押し上げているという。そしてこれは、一般的に少子化にひどく悩む資本主義先進国における出生率増加の類い稀な成功例だともてはやされる。

では、そのフランスの女性や子供たちは、いったいどのような状況にあるのだろうか。テレビのドキュメンタリー番組で、フランスのある家庭、何人も子供をもつ母親のある家庭について、ほぼこんなことが報じられていた。この母親は何度も結婚や離婚を繰り返し、そのたびに母親や父親の異なるいろいろな子供を多く育てている。その母親は、そういう自分の行為について、「子供たちに対し何ら罪悪感は感じない」と平然といっていた。だが、しかし、子供たちは、それで本当に幸せになっているのだろうか。子供にとって、自分の本当の親ではない大人を「母さん」とか「父さん」とかと呼ばざるをえないこと、そればかりか母親や父親がいろいろに異なる他の子供たちと「兄弟姉妹」となるということ、それは子供にとって何ら抵抗感のないことなのか。そういう家庭が多くなれば、それも自然のこととして子供には受け入れられていくことなのか。それで本当に子供は幸せなのであろうか、幸せになれるというのだろうか。いったい、これも一つの新しい家族形態として歓迎すべきことなのだろうか。それともこれは、ただ政府や大人たちの都合に合わせて、国家の労働力確保のため子供の頭数さえ増やせばそれでいいという、かれら政府や大人たちの激しいエゴのさけがたい一つの帰結であって、子供にとってはとてもたまらないほど嫌なこと、ないし不幸なことではないのだろうか。

再論するとフランスでは、前にもかんたんに触れたように結婚していてもいなくても子供を一人産めばそれに応じた子供手当が政府から支給され、さらに第二子、第三子を産めば、さらにそれに応じてより多くの子供手当が支給され、この政策が女性の子供出産率を高めたのだという。これはしかし、子供をまるで金の成る木のごとくみなしているといってはあるいはいいすぎとなるであろうか。子供の本当の幸せをまったく顧みない政府や大人たちのまことに身勝手な行為とはいえないだろうか。あえていうなら、子供を政府が金で買っているのだとはいえまいか。少なくともここには子供の視点、つまり子供の幸福や福祉の視点が完全に抜け落ちているとはいえないだろうか。かくしてこれは、大人のエゴの極みといったらあるいはいいすぎとなるであろうか。

それはともかく、先述した例はたんにかのテレビに登場した母親ひとりにかぎったことなのであろうか。今日では、これはひょっとしてフランスの母親や父親の多くに見られるごく当り前の現象なのではないのだろうか。結婚してもしなくても、そのパートナーをいろいろかえて、この母親と同じく母親や父親の異なる複数の子供を一緒くたにしてもつ家族が増えているのではなかろうか。

ここでそれに関連したこととして、筆者の直接経験したことに触れておきたい。

約四〇年前、二年間ドイツに留学したさい、当時のドイツでは、若者の多くがもはや結婚をせず、特定のパートナーと同棲婚ないし事実婚をし、しかし他方でまたそれぞれ多くの異性と付き合って、そのパートナーをころころと入れ替えていた。性の乱れ――これをフェミニストは「性の解放」と呼ぶ――に関しては、まだアメリカやフランスよりはずっとましとされていたドイツですら、当時すでにこの有り様だったのだ(5)。とすると、ドイツ以上に性が「解放」され、そのじつ乱れているフランスで、こういったことがないとはとうてい思われない。

いずれにせよ、上述したごときフランスの現状は、けだし大人たちの極度のエゴイズム化・自己中心化といってよいのではあるまいか。ちなみに、こういったフランス人の激しいエゴイズム化・自己中心化と、その猛烈な移民・難民排斥運動とは、はたしてたんに無関係といえるだろうか。これら両者のあいだには、思いのほか深い関連があるとはいえまいか。

ところで、移民・難民排斥運動は、フランスにかぎらず今日ほぼヨーロッパ全体に広がっている。そのさい、今日の移民・難民問題の根柢には、かつてのヨーロッパ列強によるきわめて非人道的な植民地主義・帝国主義が大きく横たわっている。にもかかわらず、戦後の人手不足のときには勝手に旧植民地などから多くの移民を受け入れ、しかしそれを差別・抑圧し、また人口が増えると今度はこれを排斥せんとする、このヨーロッパ人の精神性は、完全なエゴに冒されているといってはいいすぎだろうか。まさにエゴの極みとはいえまいか。

それはともかく、数年前パリで、週間誌局「シャルリー・エブド」がテロに襲われ多くの犠牲者を出したとき、フランスでは一〇〇万人を越す反テロのデモが勃発した。そのさい、「私はシャルリー」という多くのプラカードが掲げられたという。すこぶる残虐なテロへの激しい反発の気持ちはもとより理解できるが、しかしこれは、どうみてもシャルリーによる「表現の自由」のエゴイズム的乱用への同調として、かれらもまたそれとは知らずエゴイズム的自由を擁護していたとしか思われない。

すなわち、シャルリーは、イスラーム教徒の激しい抗議にまったく耳を貸さないで、「表現の自由」の美名のもとにイスラーム教の教祖ムハンマドをひどく蔑侮する記事を再三載せていた。これは、まぎれもなく「表現の自由」のエゴイズム的悪用というほかはない。このようなシャルリーに対し、「私はシャルリー」というプラカードを掲げてこれに賛同の意を示すのは、けだしすこぶる多くのフランス人が深くエゴイズムに冒され侵食されてしまっている何よりの証左といってよいのではあるまいか。

以上述べたドイツやフランス、いやその前に述べた日本の例からいっても、現代の欧米日のフェミニズム運動、その主張する「フリーセックス」「性の解放」は、その内部にわれ知らず深いエゴイズム・非主体的エゴイズムをしかと潜ませていること、それはほぼ明らかといってよいだろう。ちなみに、アメリカについてはこれに直接触れることはできなかったが、しかし今日のフェミニズム・女性解放運動の発祥の地がほかならぬアメリカであったことを鑑みるならば、アメリカもまたほぼ同様であることは、おのずから推して知るべしというべきだろう。

## 二　現代欧米日型フェミニズム運動における家族形態論とインマヌエル哲学のそれ

### (一)　現代欧米日型フェミニズム運動における家族形態論

ここでは、「フリーセックス」や「性の解放」を叫びこれを称讃する今日の欧米日型フェミニズム運動と現代人の極度のエゴイズム化、それらとの関連で最近の一夫一婦制的核家族形態の激しい動揺について、その考察を進めていきたい。

周知のごとくフェミニズム運動は、たいてい一夫一婦制的核家族形態を批判しつつ、現代は一夫一婦制に代わる新しい家族形態への移行期だと主張する。

しかしながら、その背後には大人たちによるセックスに対する過度の恣意・放縦が横たわる。かくして、あの前節で述べたごときドイツやフランスの家族、あるいはまた第二章でのべたアメリカや日本の家族、すなわちもう一度それを繰り返すなら、いたいけな幼いわが子が自分の母親について、夫もいなければ恋人もいない、ただセックスフレンドがいるだけというあのシングルマザーの家族や、母親や父親をさまざまに異にする兄弟姉妹たちから成る家族、さらにはきわめて手軽にネットを通じて養子(再)縁組をして成り立っているアメリカや日本の家族、それらが本当に好ましく新しい家族形態といってよいのだろうか。

その母親や父親はともかく、少なくともそのようにして産み落とされ、あるいは取引きされる子供たちにとり、そういった家族は本当に幸せなもの、好ましいものといってよいのだろうか。

それはともかくフェミニストで著名なあの上野千鶴子は、結婚とは一対の女と男がたがいに不倫をしないことの契約にすぎないといい、したがって、けだしもっと自由な恋愛の方がいいといっている。思うにこれは、何とも侘しく淋しい結婚観ではあるまいか。

かの女には、いったい自由とはそも何か、それが本当に分かっているのであろうか。ひょっとして自分の恣意・放縦、つまりはエゴに反する制約があること、それが即不自由だと思っているのではなかろうか。けれども制約は、自由にとって何ら呪うべき縛りではありえない。それとは反対に、まさに制約があってこそ本当の自由もまた真に正しく成立しうるのである。制約とは、自由にとってそれを真に活かし在らしめるものなのだ。自由に対しこれに敵対するのは、ほかならぬ制約に似てそのじつ非なる束縛なのである。束縛こそ、まさに自由を苦しめこれを殺すものなのだ。そのさい結婚や家族は、自由にとってほんらいこれを生かす制約であり、かりそめにもこれを苦しめ殺す束縛などではありえない。にもかかわらず、結婚や家族がときとして後者のごとく思われるのは、その人間のエゴがそう思わしめるのにほかならない。エゴとは、勝手気ままな恣意・放縦であるゆえに、制約をもこれを束縛と感じてしまうのである。そのエゴに生きているかぎり、人間に真に充実した自由は恵まれない。

では束縛とはそも何か、といったら、たとえば政治権力による不当な抑圧・拘束などがそれに当たるといってよい。この制約と束縛の根本的相違、それと自由との関係について、うえにのべたごとき結婚観をもつ上野に、それがいったいどれほど明らかとなっているであろうか[6]。いやかの女にかぎらず、一般に「フリーセックス」を叫んでやまないいわゆるフェミニストたちに、その唱える「フリー（ダム）・自由」の意味がいったいどこまで理解されているといえるだろうか。

ちなみに自由とは、たんなる束縛からの解放でもなければ、またエゴイズム的な自己に由ることでもありえない。そうではなくて、本来的自己なる愛としての自己に由りつつ、みずから責任性主体として愛の実践という正しい目標に向かって差し向けられるべきものなのだ。

それはともかく、かの女はかつて朝日新聞で、当時心ある親にはすこぶる頭痛の種だった子供たちのファミコン遊びについて、今の子供たちはファミコンで元気に遊ぶ、といったすこぶる無責任で見当はずれなことをいっていた。はたしてそのかの女に、当時の親たちの、自分の子供がファミコンにばかりのめりこみ、ほとんどまったく外で、身体を動かして遊ぼうとしないことに対するすこぶる大きな不安、それがいったいどれほど理解できていたであろうか。たとえばこういったところにも、家族というものについてのかの女のあまりに軽々しい軽率な見解ないし物言いが透けて見えるとはいえないだろうか。じっさい、かつてのファミコンは今やネットゲームにまで「進化」して、大人を含めて現代人をけだし「総白痴」化ないし「総ネトゲ廃人」化に向かって驀進させているではないか。

かの女の父親は、彼女じしんがいっているところでは家庭のなかでとてもひどい暴君だったという。この暴君としての父親の存在が、かの女の結婚や一夫一婦制的核家族へのあまりに哀しい大きな失望、いや絶望に大きく暗い陰を落としているとはいえないだろうか。この暴君としての父親の存在が、かの女の哀れな結婚観や一夫一婦制的核家族観の背後にしかと横たわっているといってはいいすぎだろうか。

ところで、こういったかの女の主張に強く共感し、「眼から鱗が落ちた」といってこれを称讃する女性がいることに、正直いって驚きを禁じえない。こういう女性は、ものごとを真に自分自身の頭でしかと考え鋭く判断し、責任をもって行動するという本当の意味での主体性、それが現代人の多くに見られるごとくほとんど完全に欠落し、逆にものや時代の流れ、あるいは他人の言動にその流れのままに流される、現代人特有の付和雷同的人間といっていいのではなかろうか。もっと自分自身の頭でしっかり熟慮し、厳しく判断してはいかがだろうか。

さらにもうひとつ付け加えると、かの自称フェミニストたちの「フリーセックス」論を聞き知って、それまで暗いイメージしかもてなかったセックスに、逆に明るいイメージがもてるようになった、といってこれを賛美する女性もいる。ちなみに、無責任極まりない若い女性向け雑誌が、たとえば「セックスで痩せられる」とかといった何の根も葉もないでたらめなキャッチフレーズで、フェミニズムの主張する「フリーセックス」を若い女性のあいだに広げていった。かの女もその犠牲者の一人ではなかろうか。

いずれにせよ、こういった女性は、その「自由」で「明るい」セックスの陰でさけがたく多くの「望まぬ妊娠」が発生し、かくて妊娠中絶の名のもとに秘かに闇から闇に葬り去られる幾多の胎児や遺棄される赤子たち、そうでなくても子供虐待が激増しているという事実、そういう事実に思い至ることはないのだろうか。

ところで、こういった子供たちは、たとい成長できたとしても、やがてヤクザのような生活を送らざるをえないのではあるまいか。かつて日本最大の暴力団山口組の顧問弁護士をしていて、ヤクザやその世界を詳しく観察していたある人物は、テレビでほぼこう語っている。(7)

「ヤクザになるのはとても貧しい家の子や差別された人々である。でも、親の愛情があればヤクザにはならない。いや、ヤクザという生き方はできない。ひどく貧しいうえに親の愛情も受けられなかった子供、親にとって『要らない子供』だった子、あるいは親に邪魔扱いされた子供、それが長じてヤクザになる。いやヤクザにしかなれない、かれらにはヤクザの道しかない」。

いったいこの人物のこの言葉、これは深く耳を傾けるに値するのではなかろうか。思うに「フリーセックス」で「望まぬ妊娠」をして生まれた子供は、十分に親の愛情をうけて育つことはほぼできないだろう。そういう子は、親にとって「要らない子」であり、したがって親にとって邪魔な存在なのではあるまいか。それゆえ、そうして生まれ育つ子の人生は、その端初からすでにほぼ決定されてしまっているのではなかろうか。要するにヤクザになるか、そうでなくてもその類いの人生しか歩めないのではあるまいか。いずれにせよ、幸せな人生はほぼ望めないのではなかろうか。もしこれが正しいとするならば、現代欧米日型フェミニズムの主張する「フリーセックス」「性の解放」論は、きわめて罪深いこと、いや犯罪的・非人道的なこととはいえないだろうか。

それはともかく、話をもとにもどして、自称フェミニストたちの「フリーセックス」論をきいてセックスに「明るい」イメージをもったというその女性は、ひょっとしたらかの女じしんが上述の諸事件・諸事実のまぎれもなきその加害者になっているやも知れない。いったいこれは、頑迷固陋な筆者のたんなる保守的考えというべきだろうか。

ところで、子育てはたしかにとても苦労が多い。しかしながら、他方では他に替えがたい大きな喜びも与えてくれる。それにまた子供やそれを囲む家族は、自分の喜びをたんに自分ひとりのものではなくて、これを倍化させてもくれるのだ。

その子育ては、すこぶるクリエイティブなものである。芸術や文学・哲学などのクリエイティブなもののなかでも、けだしもっともクリエイティブなものにほかならない。子育てのもつその創造性、それに伴う替けがえのない大きな喜びを、今日の大人たちは、はたして忘れてしまったのではなかろうか。いや、ここで筆者の見解をのべるなら、自称フェミニストたちが世界に拡散させたいわゆる「フリーセックス」や「性の解放」、その蔓延による「望まぬ」妊娠で、そういう子育ての他に替けがえのない創造的な喜びを味わう以前に、すでにもう大きく躓いてしまっているのではなかろうか。

## (二)　インマヌエル哲学におけるその家族形態論

さて、ここでは、インマヌエル哲学の家族形態論について力のおよぶかぎり究明したい。その前にまず筆者の家族観について、あえて一言しておこう。

けだし家族は、やはりかつての日本、いや世界の多くの国の家族がそうであったように一家が団欒するような家族がもっとも理想的ではなかろうか。今日のあのドイツやフランス、あるいはアメリカや日本の家族に、はたしてどれほどそんな姿があるといえるだろうか。

この家庭崩壊が目まぐるしく進んだ今日、今さらそんなことをいっても始まらない、とあるいは嘲笑されるかもしれない。だが、しかし、にもかかわらず、筆者はあえて、今この家庭崩壊の劇的に進む世界のただなかでもう一度それを主張し目差したい。筆者の子供時代の家族がまぎれもなくそれであって、それがけだし筆者の成長にとてもよい影響をおよぼしてくれたからである。いったいそれは、今日ではもう本当に不可能なことなのだろうか。

それはともかく、最近『家族は病い』というタイトルの本がベストセラーになった。なるほどそういいたくなるほどに、家族には苦労を伴うことがすこぶる多い。しかしたといいかに苦労が多くても、基本的に健康な家族は他に替けがえのない喜びや幸せをもたらしてくれるものである。ところが今日では、病んだ家族があまりに多いため、こういった本がさけがたく注目を集めるのではなかろうか。

つまり現代では人間があまりにエゴイズム化し、その極度にエゴイズム化した男女のフリーセックスも蔓延してしまったゆえに、そこにさけがたく家族も深く病み崩壊寸前となり、かくしてこういう本がベストセラーとなるのではあるまいか。

かかる世界にあってかつてのごとき健全な家族を今日ふたたび追い求めることは、なるほど至難のわざというべきかもしれない。だが、しかし、現代人がその肥大化したエゴとそれにもとづくフリーセックスを首尾よく克服することができたなら、それもあながち不可能とはいえないのではなかろうか。今日人々が、この絶望的な時代にあってなお真の幸せと新たなる世界を懇い求めるのなら、それはむしろ喫緊の課題というべきだろう。

ところである考古学者によれば、一夫一婦制的核家族形態は、人類のおよそ二〇万年の歴史をもつという。その頃激しい気候変動で深い危機に陥った人類は、一方は石器をよりいっそう精密化することにより、より多くの獲物を獲得すると共に、他方では一夫一婦制的な核家族形態を編み出して、より少ない獲物を確実に自分の家族に届け子孫を絶やさないようにしてその危機を乗り切ったのだという。

それはともかく、ここで、著名な家族人類学者エマニュエル・トッドの説を紹介しておこう。

トッドは『家族システムの起源』で、家族構造の単一の起源は核家族であったと主張し、この自分の説には、すでに先行するものもあるとしてこういっている。[8]

「初版が一九一九年に発行された。ロバート・ローウィの『原始社会論』では、（中略）夫婦とその子供のみからなる核家族の普遍的にして、言わば原初的な性格は、すでに主張されている（中略）ジョージ・ピーター・マードックは、この結論を『社会構造論』で引き継いで、こう述べている。『核家族は、普遍的な社会的集合体である。……』」（同上、四〇頁）。

自分に先行する、自分と基本的に同じ説をこう紹介したのち、かれトッドは、つぎのように自説をのべる。

「原初的核家族は、つねにより広大な親族集団の中に包含されている。（中略）状況によってはつねに不可欠な相互扶助というものが、こうした基礎的集団の存在理由なのである」（同上、四二頁以下）。

こう述べたあと、さらにトッドは次のようにも指摘する。

「一夫多妻制や一妻多夫制も、起源において支配的であった一夫一婦制からずっと後の発明物として現われることになろう」（同上、四五頁）。

こう語ったあとトッドは、結論としてつぎのように仮説を立てる。

「一、起原的家族は、夫婦を基本的要素とする核家族型のものであった。

（中略）

四、女性のステータスは高かったが、女性が集団の中で男性と同じ職務を持つわけではない。……」（同上、五一頁以下)。

以上、トッドの言葉に直接耳を傾けながら、かれの説、つまり人類の起源的家族形態は一夫一婦制的核家族であった、というその説を紹介した。

さて、ここで蛇足的ながら、このトッドの著『家族システムの起源』の訳者・石崎晴己氏によるトッドの説の要約を掲げておこう。

「ただし、トッドが最も起源的な家族類型と想定するのは、(中略)幅広い親族システムの中に組み込まれ、それに保護されている核家族であり、往々にして、親族の複数の核家族が柵をめぐらせた『囲い地』の中に集住して生活し、各核家族は、互いに緊密に協力し相互に扶助しながら、基本的に生活要素は己の責任で自由に行なう、といった柔軟な形が想定される」(同上、下、八五二頁)。

「人類は太古において、単一の家族形態を持っていた。(中略)つまり、時系列的順序は、未分化・双方性→父系制→母系制ということになる」(同上、下、八三四頁)。

ここで一言つけ加えておくと、女性蔑視や女性差別が顕著となるのは、ほかならぬ父系制の家族形態が現われてからである。したがってそれ以前の太古の未分化・双方性的な核家族形態の時代にあっては、女性の地位は今よりずっと高かったのである。この点は、女性差別がこの世界にいったいいつから顕著に現われたのか、その点を考察するさいとても重要なものとなる。

さて、こうして明らかなように、トッドの説では、人類の起源的家族形態はほかならぬ一夫一婦制的な核家族であったのである。

このトッドや後述するゴリラ学の世界的権威・山極寿一氏の説、つまり一夫一婦制的核家族形態は約二〇〇万年前に遡る、という説は、あとでユヴァル・ノア・ハラリの『サピエンス全史——文明の構造と人類の幸福』(9)に依りつつ、太古の狩猟採集時代の人類の家族形態を考察するさいとても重要なものとなる。なぜなら、このトッドの説がもし正しいとするならば、これまで近代の産物とみなされてきた一夫一婦制的核家族は、もとより近代的な純粋かつ絶対的なそれではないとはいえ、しかし人類、少なくとも現生人類たるホモサピエンスの起源にまで遠く遡ることとなり、もしそうだとするなら、このように悠久の歴史をもつ一夫一婦制的核家族形態は、今日一見崩れかかっているようでいて、しかしじっさいはそう簡単には崩壊しない可能性があるからである。

もし、にもかかわらず、一夫一婦制的家族形態が崩れるようなことがあったなら、それはけだし人類にとっての幸いどころか大いなる災いとなる可能性が十分にある。その理由を、つぎのユヴァルの言葉から確認しよう。ユヴァルは、すなわちこう語っている。

「私たちの性質や歴史、心理を理解するためには、狩猟採集民だった祖先の頭の中に入り込む必要がある。サピエンスは、種のほぼ全歴史を通じて狩猟採集民だった。(中略)隆盛を極める進化心理学の分野では、私たちの現在の社会的特徴や心理的特徴の多くは、農耕以前のこの長い時代に形成されたと言われている。この分野の学者は、私たちの脳と心は今日でさえ狩猟採集生活に適応していると主張する。(中略)私たちを形作り、私たちが今なお潜在意識下で暮らしている狩猟採集民の世界……」(同上、五九頁)。

ここでユヴァルによって紹介されている進化心理学の考え方や、先に引用したトッドや後述する山極寿一氏の説が正しいとするならば、一夫一婦制的核家族形態は人類にとって悠久の長い歴史をもつことになるばかりか、それを良しとする心性は、われわれ人間の心の底に確乎として横たわることになる。それゆえそれは、人類史全体からみたらほんの一瞬ともいうべきここ一〇〇年にも満たない、然り、まぎれもなき一瞬の核家族制にかかわる心性の揺らぎによってはほとんど微動だにしないとも思われる。が、にもかかわらずそれが起こるとすれば、上述したごとくそれは人類にとっての破滅的な不幸といわねばなるまい。

さらにまた、あとで詳論するごときいわゆる「女らしさ」や「男らしさ」といったもの、それもまたその基本はかの狩猟採集時代に形成されていた可能性がすこぶる大きい。とするならこれも、そう簡単に消失するとは思われない。もとよりフェミニストたちがいうように、社会的・文化的に形成されてきた「女らしさ」や「男らしさ」といったもの、それは、それが不当であるかぎり改めて見直し修正していくことが必要だろう。が、かといって、それは、「女らしさ」や「男らしさ」といったもの、それが人類のとてつもなく長い歴史のなかで、とりわけ狩猟採集時代に自然と形成された可能性が大きい、という事実までこれをいちがいに否定することはできないだろう。が、しかし、その点について詳しくはまたあとで述べるとしたい。

それはともかく、話をもとにもどすと、ゴリラ学の第一人者・山極寿一氏によると、人類の一夫一婦制的核家族形態の起源は、脳が発達し石器も使うようになった約二〇〇万年前だという。[10]

その理由を、氏はこう説明する。人類がチンパンジーとの共通の祖先から分かれたのは約七〇〇万年前である。そのさい人類にもっとも近い類人猿のオランウータンやゴリラ、チンパンジーがこれまで一度も熱帯雨林から離れなかったのに対し、人類はこの熱帯雨林を出るようになった。多分いろいろ分散している食糧を遠くまでいって集めるためである。それでまた二足歩行もするようになった。集めた食糧を手で持って仲間と共食すべくもちかえるためである。

だが、熱帯雨林の外は同時にすこぶる危険な場所でもあった。今のものより一・五倍も大きいライオンやハイエナ等肉食の野獣が沢山いたからである。その野獣の犠牲となるのは、大ていまだ速く走ることのできない幼児や子供であったろう。そこで人類は、子供をたくさん産む必要性に迫まられた。けれども、類人猿に近い人類は、たとえばイノシシのように一度に沢山の子供を産むことはできない。だから、産むサイクルを速める必要があった。そのためにはまた、授乳期間を縮めて母親の排卵時期を早めることも必要となった。こうして人間の子は、まだ大人と同じほど堅いものは食べられないうちに母乳から切り離された。

他方人類は二足歩行をするようになって、骨盤の形が変わり、産道が小さくなった。そのため赤子は、他の動物に比べれば、いわば未熟児といった状態で生まれるようになった。そうでなければ、狭い産道を通れないからである。

同様の理由で人間の子は、母親の胎内では脳も大きくすることはできなかった。だから人間の子の脳は生まれて一年で約二倍の大きさに成長する。ところが脳のこの早急な発達のために、もっぱらエネルギー・栄養はそちらに向けられ、身体の発達はこのかんとても遅れる。すなわち人間の子は、いわば頭でっかちなのである。

こういういわば未熟児の、しかも乳離れもとても早くさせねばならぬひどく手のかかる子供がたくさんでき、それを育てる必要性に、人類は迫られた。これは、もう母親一人の手にはとうてい負えないことだった。そこで核家族を作って一緒に暮らすようになった。父親の手も借りたり、また他の核家族とも一緒になって暮らし、いわば複数の核家族の集まる小集団、いわば地域コミュニティーを作って老人その他、他の核家族の人々の手も借りて共同保育するようになった。そうしてそれが、今から遡ること約二〇〇万年くらい前だろう、と。

いったいこれは、なかなか説得力のある説ではなかろうか。

この山極寿一氏の説と、詳述したE・トッドの一夫一婦制的核家族形態論、これらにインマヌエル哲学はまったく賛同の意を表明する。要するに、人類は悠久の昔から一夫一婦制的家族形態をとってきたのであり、それゆえこれはそう易々と崩れ去りはしないということだ。いや、にもかかわらず、これが崩れ去るとするならば、それは人類にとっての幸いどころか、かえってその逆の破局的災いだということである。そうしてそれは、上述したごとく進化心理学の視点からしても、これを証示することができるのである。

かくして、この点でも、インマヌエル哲学は、一夫一婦制的家族形態を拒否する今日の欧米日型フェミニズム運動に毫も賛意を示すわけにはいかない。かの女・かれらの一夫一婦制的家族形態批判の根は、けだし同じくかの女・かれらの主張する「フリーセックス」「性の解放」論のさけがたい必然であって、そもそれが大きな誤りを冒しているのだ。その行きつく先は、思うにチンパンジー社会に類した擬似群婚制だろう。それは、進化というよりむしろその逆の退化というべきなのである。

いずれにせよ、こういった主張をする現代欧米日型フェミニズム運動の根幹に潜むのは、ほかでもないエゴイズム的非主体性といわねばならない。そうしてこれが、現代世界そのものをその根柢から蝕む最大の病巣であること、それは第二章で詳しくこれを明らかにした。

それはさておき、もう一度繰り返すなら、もしこのトッドや山極寿一氏、さらにユヴァルの上述した説が正しいとするならば、これほど長い歴史をもち人類にいわば血肉化した一夫一婦制的核家族形態は、今日なるほど一見もうほとんど崩れかかっているとはいえ、しかし案外にそう易々とは壊滅しない可能性が強い。そうしてその点は、先にユヴァルの本から引用した今日の進化心理学の説によってもあるていど裏づけられるものといってよいだろう。その点現代人は、いま一度立ち止まってよくよく熟考すべきではあるまいか。

いずれにせよ、現代における一夫一婦制的核家族形態の崩壊寸前は、けだし現代人の肥大化したエゴにその根因がある。したがって、その極端化したエゴさえ首尾よく超克できたなら、これを守ることはあながちたんなる空想とも思われない。もとより現代人のその極度のエゴの克服、それが、それこそが何はさておき最大の課題なのではあるけれど。しかし、それができないならば、思うに人類にもはや明るい未来は存在しないというべきだろう。

かくして、今日真に明るい未来を懇い願うのであるならば、人類にとってその極限化したエゴ克服と、愛にもとづく真に新たなる主体性の確立は、何としても避けることのできない最大喫緊の課題といわねばならない。

そうしてそれが、それこそが本書の最大中心のテーマであることは改めていうまでもない。

それはともかく、以上述べてきた一夫一婦制的核家族形態について、蛇足的ながら最後にもう一度あの今から遡ること約三五〇〇年前の古代ユダヤ教の最高権威モーセの十戒や、その後のキリスト教の教祖イエスとの関連で、一言付け加えておきたい。

周知のごとくモーセの十戒には、たった十の戒律のなかになぜか姦淫の戒めも含まれている。それはいったいどうしてだろうか。姦淫が、当時それほど重要な問題だったのであろうか。思うにそれは、かのユダヤ教社会において姦淫が殺人や盗みと共に社会秩序を乱す大きな要因の一つだったからだろう。たんに宗教的・道徳的な意味においてだけでなく、一夫一婦制的核家族にもとづく社会秩序を正しく保持するうえで、姦淫の戒めはとても重要だったのではなかろうか。

その一夫一婦制的核家族は、ではそもそもいつからこの人間社会に生まれてきたのだろうか。前述したようにある考古学者の説によれば、それは今から遡ることほぼ二〇万年前だともいわれる。さらに既述したごとく、家族形態研究の権威トッドやゴリラ学の権威・山極寿一氏もまた、同様に人類の家族形態の原型は一夫一婦制的核家族であったと推測している。

もしかれらの説が正しいとするならば、一夫一婦制的核家族はそれほど古くて長い歴史をもつということである。とするなら、モーセの十戒の頃、そのユダヤ教社会が一夫一婦制的核家族から成っていたと考えても何らおかしくはないだろう。

他方あのイエスは、とても有名なこんな言葉を残している。

「あなたがたも聞いているとおり、『姦淫するな』と命じられている。しかし、わたしは言っておく。みだらな思いで他人の妻を見る者はだれでも、既に心の中でその女を犯したのである」（マタイ五・二七―二八）。

ここで「……『姦淫するな』と命じられている」とは、いうまでもなくモーセの十戒を意味している。したがって上述したイエスの言葉も、かの十戒に始まる古代ユダヤ教の伝統のうえにあるといって間違いない。

ここで注目したいのは、イエスのばあいその姦淫にかかわる戒めがとてつもなく先鋭化されているということである。それればかりか、イエスにあっては、たんに社会秩序の正しい維持というだけでなく、もっと宗教的かつ道徳的な意味合いが強められている。いわば人間の本質として姦淫はしてはならないもの、いやすべきではないもの、という点に力点がおかれている。何となれば、イエスのばあい「心の中」での姦淫までも禁止されているからである。

けだしイエスは、一夫一婦制的家族形態が神の御意だと見定めて、まさにそれゆえにこそ「心の中」ですら姦淫することを戒めたのだ。これを逆にいうならば、もしイエスのこの戒めが正しいとするならば、一夫一婦制はまぎれもなく神の御意にかなった家族形態制度だということになる。もとよりこれは、いわゆる実証のできるがごとき事柄ではありえない。したがって、絶対にそうだ、といえるものではない。とはいえ、しかし、少なくとも大いに熟考するに値することとはいえるであろう。とりわけ一婦一夫制的核家族形態が大いに揺ぎ始めている今日、その感がなおさら強いように思われる。

いずれにせよ、かくして明らかなごとく、ほかならぬ一夫一婦制的家族形態こそ、インマヌエル哲学が良しとするそれといわねばならない。

## 三　現代欧米日型フェミニズム運動における資本主義への根本的批判の致命的欠落

筆者は、かつて『神概念の革命』（南窓社）で、現代の「欧米日型女性解放運動」に言及し、資本主義への根本的批判のないままの、女性の「社会侵出」の奨励はまさに犯罪的ですらあると苦言を呈した。

その後の日本の歴史を見るかぎり、じっさいに女性の「社会侵出」はいちじるしく進んだものの、その大半はパートや派遣労働、契約労働といった低賃金労働にかぎられている。かくて今や若い女性には、ふたたび「専業主婦」志向の傾向さえみられるようになっている。かの書の筆者の指摘が、ほとんど的中したといってよい。

いずれにせよ、今日ふたたび、いわゆるアベノミクスによる「女性活躍社会」「一億総活躍社会」といった美辞麗句のもとに、女性に対する経済搾取の新たなる触手が着々と伸ばされようとしている。かかる現実をしかと見てとるとき、やはりかの書で筆者が指摘したこと、つまり資本主義の根本的批判を欠落させたままでただたんに女性の「社会侵出」を推奨すること、それはまぎれもなき犯罪行為にも等しいというべきだろう。

ところで女性解放運動は、最初資本主義の総本山アメリカで起こった。その素姓からして、現代の欧米日型女性解放・フェミニズム運動に資本主義への根本的批判が決定的に欠落し、いわゆる「フリーセックス」や「性の解放」、あるいは「ジェンダーフリー」といった癇癪的な叫びばかりがその特徴として目立つのはあるいは当然といえば当然かもしれない。

しかしながら、フェミニストが真に女男平等を要求しこれを実現せんとするのなら、資本主義――ひとつの階級社会であり、その現代版である資本主義――への徹底的批判は何としても必要不可欠というべきだろう。今日では資本主義こそ、女性差別をはじめとしてさまざまな差別をこの世界に引き起こしているその元凶にほかならないからである。かつてある女性の企業経営者が、労働者の過労死はその本人の自己責任だと、新聞のインタビューでぬけぬけと言い放っていたけれど、労働者をできるかぎりうまく搾取しつつできるかぎり大きな利潤をあげうるためには、同じ労働者のあいだにいろいろな差別と分断を生み出し、これを支配するに如《し》くはないからである。こうして女性差別や障害者差別、部落差別、さらには人種差別や民族差別、宗教差別、あるいは今日欧米で顕著にみられる、移民・難民差別が、この人間世界にまるでそれが自然なことであるかのごとく生起してくるのである。

かかる事実を無視して、資本主義への根本的批判を欠いたままただひたすら女男平等を叫び、女性の「社会侵出」を推奨するだけなら、ひっきょう女性は、経済停滞期に入った資本主義の最後の生き残り策のひとつ、つまりは格好の低賃金労働力として体よく利用されるだけだろう。

いずれにせよ、現代欧米日型フェミニズム論は、けだしそれとは知らず深くエゴに冒されているゆえに、同じく各人のエゴに立脚する経済システムである資本主義への根本的批判はこれをよくなしえないのであろう。

それはともかく、かつてアメリカによるアフガニスタン攻撃のさい、アメリカのフェミニストの多くは、アフガニスタンの女性や子供をタリバーンの暴虐から「解放」するのだと叫んで、そのうえに雨あられのように爆弾を落とした、いや報復戦争としてそれを断行する残虐資本主義政権を積極的に支持した。いったいこれほどの倒錯性がどこにありえよう。当時アフガニスタンは、数百年に一度とまでいわれるほどの大旱ばつに襲われていて、同国民はただでさえ生きることに四苦八苦していたのだからである。武器や爆弾ではなく、水こそがかれらのもっとも欲していたものなのだ。飢えに苦しむ人々にその頭の上から爆弾を落として、それを「解放」だなどとうそぶくのは、もとより倒錯もはなはだしいというべきだろう。かくして当時アメリカ人フェミニストたち、少なくともその多くは、言の葉には一見とても麗わしくすばらしいことをのせながら、そのじつしかし、よしそれと自覚されてはいなかったとしても、実質的に女性や子供を含めたアフガニスタンの人々への底無しの差別意識、それに頭のてっぺんから足の爪先までどっぷりとつかっていたといわねばならない。一個の階級社会・資本主義、より具体的にはその総本山としての世界帝国アメリカ、そのいわば旗振り役としての政治権力者、かれらへの徹底的批判が欠落するとき、かれらフェミニストたちの倒錯は、もはやさけがたい必然といわねばならない。

それはさておき、目下わが日本では「待機児童」が大きな社会問題といっている。もともとこの待機児童問題、その原因のひとつは、かつての小泉構造改革にあるのではないのだろうか。すなわち、そのさいのいわゆる規制緩和で、民間企業が多数保育の分野にも侵出することができるようになり、かれらが「効率化」の名のもとに保育士の賃金を大幅に切り下げたこと、それゆえに、それまで保育士だった人の多くがその仕事に愛想をつかしてやめたこと、そのために今日の保育士不足が生まれたこと、それがひとつの大きな原因なのではあるまいか。もしそれが正しいとするならば、ここにも、資本主義の牽引役・政府権力者には、かりそめにも一般国民、このばあいとりわけ若い女性や母親たちのことなどほとんど関心がないこと、そうではなくてただひとえに民間企業の利益の増大化のみがその念頭にあるのだということ、それがほぼ明らかとはいえまいか。かくしてこういう点への深い洞察と資本主義への根本的批判を抜きにしてただひたすら女性の「社会侵出」をのみ奨励するのは、先述したごとくひとえに犯罪的とすらいわねばならない。

これに対し、そういう政治権力者とも厳しく対峙しこれと徹底的に戦うのだ、とたといいくらいったとしても、しかしたんに女性の権利の拡大をのみ声高に叫び、他のさまざまな差別や抑圧にはほとんど眼をつぶるなら、それはけっきょく女権至上主義に陥ることにならざるをえまい。目下の欧米の、世界的にはいわばもっとも「解放」された女性の多くが、今度は新たに移民や難民への排除や排斥、つまりは差別に大きく手を貸していること、それが、その何よりの証左のひとつといわねばならない。

さて話をもとにもどすと、上述したごとき待機児童の問題についても資本主義の旗振り役の権力者は、これに進んで取り組むことは恐らくないだろう。先述した女性経営者の言葉でも明らかなごとく、できるかぎり金のかからない劣悪な状況下で、可能なかぎりの長時間労働を強い、かくして最大限の利潤をあげること――これは、今でも例えばバングラデシュなどの貧しい国々でグローバル資本によってじっさいに行なわれている――、それが資本主義のもっとも大きな関心事であり、またその本質というべきだからである。

では、なぜ欧米の少なからずの国々では、日本と違ってその点女性により有利となっているのか、とあるいは反論するむきもあるかもしれない。もとよりそれは、欧米では日本よりはるかに資本主義の歴史が長く、それゆえ上述したごとき資本主義に本質的な犯罪性への眼も労働者には鋭くみがかれており、かくして差別された人々による資本主義そのもの、そのいわば顔ともいうべき権力者への抵抗が大きく、かくして権力者にその差別を小さくさせるべく強制しているからにほかならない。しかし資本主義は、すこぶる狡猾である。欧米で女性が日本に比べ大きく「社会侵出」を果たしている反面で、移民に対してはそれだけいっそう激しくこれを差別し、社会の最低辺に落としているのである。いや、それでも移民に仕事があるうちはまだましである。ヨーロッパでは、その最底辺の仕事ですら、移民二世・三世からは剝奪され、逆に「本国から出ていけ！」といって少なからずの女性を含む白人たちに迫害されているのが実情なのだ。

ここに、まさしくここに、わざわざヨーロッパの多くの国々から、遠く離れた地、しかもまぎれもなき生き地獄なる戦場シリアに赴きISに加わる移民二世・三世の若者たちが多数生まれていた正真正銘の理由がある。今から四、五年前、世界的ベストセラーとなった大著『帝国』を著わしたネグリとハートは、このヨーロッパ社会の最底辺に多数拡散するこれら移民たちを「マルチチュート」と名づけ、これが来たるべき世界革命の担い手だと夢想した。が、現実はそう甘くはない。少なくとも目下のところかれら移民の多く、とりわけその若者たちは、自国の社会の根本的変革なる革命よりも、あの狂信者集団ISのエセ宗教、いな反宗教、端的にいって宗教的ニヒリズムないしニヒリズム的宗教にほぼ完全にからめとられてしまっている。

話が少し脇に逸れてしまったが、しかし筆者のいいたいことは、フェミニストがただ女性差別だけを声高に叫びその撤廃にのみ眼を向けて行動するだけなら、よしそれがそれなりに成果をあげたとしても、しかしまた別の差別が強化され、それに喘ぎ苦しむ人々を新たに生み出すばかりだということである。

こうして明らかとなることは、女性差別批判を口にするとき、それはたんに女性差別をのみ問題とすべきではない、ということだ。他の様々な差別のなかの一環として女性差別を正しく位置づけ、かくして他の差別撤廃運動と手を相たずさえてその撤廃運動を展開してゆくべきだということなのだ。

しかしながら、現今のフェミニズム運動をみるかぎり、かならずしもこのようになっているとはとうていいいがたい。今日の欧米をみるかぎり、事態はむしろその逆で、以前よりはかくだんと解放されつつある女性たちの少なからずが、今度は逆に自分たちよりより弱い移民や難民、あるいは有色人種や自分たちとは別の宗教を奉じる人々に対し、これを差別し排除する側に廻っている。

では、なぜこういった事態に陥ってしまうのだろうか。けだしそれは、現代の欧米日型フェミニズム運動には、何度もいうように資本主義への根本的批判がほぼ完全に欠落しているからにほかならない。これが、これこそが、女男平等はまったく当り前のこととはいえ、しかしそれを主張し、それを獲《か》ち取るべく日夜活動している現代フェミニズム運動に対し何としても拭いきれない筆者の嘘偽りのない素直な違和感、その大きなひとつというべきなのだ。かくて、女男平等を叫ぶかれらフェミニストの本音は、じつは女と男の真の平等ではなくて、むしろ自分たちこそ新たなる差別者・支配者にならんとすることではないのか、フェミニズムとはひっきょう女権至上主義ではないのか、といった疑念がついどうしても起こってきてしまうのである。

それはともかくかの拙著『神概念の革命』を出版した当初筆者は、日本を代表する二人の女性フェミニスト、上野千鶴子氏と江原由美子氏にこれを献本した。その簡単な礼状はたしかにこの御両人からいただいたが、その本における筆者の現代フェミニズム運動への苦言、それへの反論はまったくなかった。これは、わざわざ反論するまでもないすこぶる保守的で頑固な「男」ないし「オジさん」――これは、上野千鶴子氏を始めとする自称フェミニストたちがこの社会を牛耳る男たちを揶揄するさいに、たとえば「オジさん政治」とかといった具合いに好んで口にする、「オバさん政治」とまったく同様にその内実はまったく空虚なただの侮蔑語にほかならない――の戯言とみなされたのか、それともうまく反論できないことのまぎれもなきその証しであるのか、はたしてそのいずれであろうか。

いずれにせよ、ここでもう一度、現代欧米日型フェミニズム運動への筆者の忌憚のない苦言をあえてさせていただいた。厳しい御批判を賜わればさいわいである。

註

（1）上野千鶴子『ミッドナイト・コール』朝日新聞社、八五頁。

（2）ＮＨＫドキュメンタリー番組「私たちは買われた――少女たちの企画展」では、今本文でのべたような何らかの仕方で性被害にあった少女たちのあまりにも深い悲しみや後悔が生々しく表現されている。

（3）NHKドキュメンタリー「私たちは買われた――少女たちの企画展」による。

（4）NHK「テレビでドイツ語 L7 食事の注文ができる」による。

（5）ドイツにおける若者の性の乱れについてより詳しくは、拙著『現代の危険を超えて――第三の道』（南窓社）の当該箇所を参照されたい。

（6）「自由」について詳しくは、拙著『自己と自由――滝沢インマヌエル哲学研究序説』（南窓社）を参照されたい。

（7）NHKBSプレミアム二〇一七年四月一七日「アナザーストーリー　史上最悪の抗争」より。

（8）エマニュエル・トッド、石崎晴己訳『家族システムの起源』（藤原書店）。

（9）ユヴァル・ノア・ハラリ、柴田裕之訳『サピエンス全史――文明の構造と人類の幸福』河出書房新社。

（10）BS日テレ深層NEWS二〇一七年五月二五日「京大総長が語る家族の起源」による。

# 第四章　イエスと仏教
## ――現代世界における普遍的危機克服の道を目差して――

本章の表題は、「イエスと仏教」である。このタイトルをみて、読者のなかにはあるいは訝しく思う方がいるかもしれない。なぜ「キリスト教と仏教」とでもしないのだろうか、と。周知のように「キリスト教と仏教」といった表題ないしテーマは、今日わりと広く好まれ考察されているものである。が、私見によれば、いわゆる西洋キリスト教とイエスの思想とは、ふつうそう思われているように必ずしも同じとはいいがたい。西洋キリスト教は、イエスの思想というよりもむしろパウロのいわゆる十字架の神学を受け継いできたものである。けれどもパウロの思想には、この十字架の神学とは異なって、西洋キリスト教によりいわば神秘主義として斥けられてきた思想が同時に内包されている。それは、端的にいえば「生きているのは、もはやわたしではない。キリストがわたしの内に生きているのだ」（ガラテヤ二・二〇。なお、聖書からの引用はすべて新共同訳聖書による）といういわば「内なるキリスト」についてのパウロの自覚にもとづく思想にほかならない。そうして、このパウロの「神秘主義」こそ、とりもなおさずイエスの思想に直結するものなのである。かくして西洋キリスト教は、パウロのこの「神秘主義」的思想を斥けることにより、同時にイエスの思想をも根本的に誤解したといってもけっして過言ではないだろう。そればかりではない。西洋キリスト教は、パウロのいわゆる十字架の神学に依拠してきたからこそ、それはけっきょくキリスト教唯一絶対主義に陥って、かくてこれまでの二千年の長い長い歴史を通じてさまざまな極悪非道の過ちを犯すことになってしまったのである。したがってわれわれは、今日改めてイエスの思想に立ち還り、それを徹底的に明らかにするべく最大限の努力を尽す必要がある。

こうしてイエスの思想をもう一度厳密に探究してゆくと、そのイエスの思想が、驚くべきことに東洋の仏教思想と深く触れ合い、たがいに共有するものを肥持していることに気づくのだ。その点をわれわれは、秋月龍珉氏と八木誠一氏の対談書『無心と神の国』（青土社）を手がかりとしつつ、とりわけ八木氏の発言への批判的解釈として論を進めてゆこうと思う。

とまれ、ほぼこういう理由で、筆者は本章を、「キリスト教と仏教」ではなく、あえて「イエスと仏教」という表題にした。この筆者の試みがどこまで成功するか、あるいはしているか、それはひとえに読者の皆さまの御判断にゆだねるほかはない。忌憚のない御批判を請う次第である。

## 一　無我ないし空と神

究極的実在者、それを仏教では「空」ないし「無我」と呼び、キリスト教ではそれを「神」と呼ぶ。この究極的実在者についてまず考察してみよう。禅の高名な師家・秋月龍珉氏は「空」ないし「無我」について『無心と神の国』(1)において、つぎのように語っている。

「…私の仏教学の結論を申しますと、『ダンマ（法＝真実）が露わになる』という、この頃はやりの仏教用語を使えば、ダンマは無我のときにのみ露わになると、無我とか空とかいうことが現成したときにのみ自《じ》然のダンマが露わになるということなのです。

初期仏教では仏道を説くために戒・定・慧の三学が言われたわけです。戒・定・慧の三学という初期仏教のやり方で、無我ということ――大乗ではこれを空と言い直しますが――それを現成する。他方では阿弥陀さんを信じて無我になる道がある。だから禅仏教が坐禅で公案修行を通して『無我の我』を実現するのと同じように、浄土仏教では阿弥陀さんを信ずることによって、その無心の信楽によって、『無我の我』を現成するということが、両方とも仏教の大事として出てくるわけです。

パウロの言葉を使うならば『キリストとともに十字架につけられて死に、キリストとともに甦る。もう私は生きてない。私のうちでキリストが生きている』（ローマ六・四〇、ガラテヤ二・二〇）という、その生き方がまさしく、私がいま言ったような『無我の我』である。『うちなるキリスト』が本来の自己である」（『無心と神の国』四一頁。以下引用にさいしては『無心』と略）。

これらの秋月氏の言葉から窺い知れるように、無我とか空とかというものは、いわば二義的にとらえられる必要がある。第一義には、永遠不変の神、絶対無限無相の自己としての無我であり空にほかならない。かかる第一義の無我ないし空に基礎づけられて人間的主体に現成し、この無我ないし空を自己自身において露わならしめるものとしての人間的自己における・人間的自己としての無我ないし空、それが第二義の無我ないし空といってよい。要するに、第一義の無我ないし空において第二義の無我ないし空が人間的自己に現成し、かくてこの後者において前者は表現・映出され露わになるというべきなのだ。

これに対し、秋月氏が「無我」とか「空」、あるいは「無我の我」というとき、それはこの前者のことか後者のことかあまり明確でない。いや、前者と後者をこれらの同じ語で同時に一緒に表現しているようにも思われる。それは、けだし適切ではないだろう。もとより両者は寸分の隙間なく一ではあるけれど、しかし、にもかかわらず一点の曇りなく明瞭に区別されねばならないからである。「一息に〈超個の個〉」を強調してやまない秋月氏の見解[2]」はもとより基本的に正しいといえようが、しかしいかに「一息に」といっても、「超個」（＝神的存在）と「個」（＝人間存在）とは明確に区別されねばならぬのだ。

かくていわゆる本来的自己というものも、いわば二義的に把捉される必要がある。自己と絶対不可逆的に直接一なる超越的な本来的自己と、この超越的な本来的自己を正しく映し出したかぎりでの人間的自己と、これら両者の区別がそれである。つまりそれら両者は、絶対に分離することも・混同することも・逆にすることもできない、端的にいって絶対に不可分・不可同・不可逆的に直接一如というべきなのである。

　そのさい前者の超越的な本来的自己は、人間的自己がこれを正しく映して本来的自己になろうとなるまいと、そういったことには一切かかわりなしに、罪悪深重《ざいあくじんじゅう》・煩悩熾盛《ぼんのうしじょう》の凡夫のもとにも、永遠の太初から永遠の終末に向かってつねに新たに生きて働きかけているといわねばならない。そうしてそれこそ、とりもなおさず滝沢克己インマヌエル哲学[3]の独創であり、他の多くの宗教・神学を根本的に革命せんとする鋭い批判の刃にほかならない。そのさいこの独創性は、滝沢インマヌエル哲学の核心中の核心なるかの不可逆理解に由来するといわねばならない。なぜならこの不可逆とは、神（＝第一義の無我ないし空）から人への絶対に翻えすことのできないただただ一方的な関係にほかならないからである。この不可逆的関係において、人間のいわば根源的な自由そのものも毎瞬毎瞬一方的に与えられてくる。この根源的自由において人間は、刻々神に正しく応答するべく責任的に選択し決断せねばならぬのである。そこで正しく決断された選択、しかもその中心的なもの、それがほかならぬ本来的自己の成就といってよい。人間がその真実主体なる無限無相の神ないし無我・空に何ら気づいていなかったとき、あるいはそれを無視したり無関心であったとき、いやそれを忘れているということをも忘れているほどに忘れはてていたときですら、この神はいつも到る処でリアルに生きて働きかけていたのであり、この神の生ける働きかけに触発され促されてはじめて人間はこの神に目覚めることができるのであって、かくてそこにしかと本来的自己は成立することができるのだ。この点は、いくら強調してもしすぎることはないだろう。なんとなれば、八木誠一氏に典型的にみられるように不可逆がこのように正しく理解されないと、後で詳論するごとく、本来的自己成立以前神の働きはたんに潜勢的なポテンチアとされてしまうからである。*

＊　この点については、八木氏の後期の諸著作、とりわけ、わが師・滝沢克己亡きあと執拗に繰り返し発表された氏の、滝沢克己批判の随所に書かれているので、それを参照されたい。けだし、生前すでにこれを明らかにしていたならば、おそらく八木氏は、滝沢にこの点を徹底的に批判されつくしいたことだろう。

この点に関し秋月氏も、八木氏との討論で有効な反論がなしえていない(4)。そのかぎり秋月氏も、滝沢インマヌエル哲学ないしその把持する神・無我・空認識が十分に会得できているとは到底いいがたい。この両人にかぎらず、たとえばM・ブーバーにおいてもまた、この不可逆理解の欠如から、信仰に不当かつ不必要に重心がおかれてしまっている(5)。

それはともかく、八木氏は信仰以前の神の働きをポテンチア（＝潜勢力）とするこの考えを、ユダヤ教の「エメト」の概念からえたという（『ダンマ』二一二頁を参照）。この八木氏のユダヤ教理解が正しいとするならば、ユダヤ教の神認識も、通俗の仏教・キリスト教の神仏認識同様いまだ十分正しいとはいえないだろう。けれどもイエスにとっては、神はつねに到る処で活き活きと働いていたのである。その点は、後で詳論するごとく、いわゆる野の花・空の鳥についてのイエスの言葉（ルカ一二・二四―二八、マタイ六・二六―三〇）や「父は、悪人にも善人にも太陽を昇らせ、正しい者にも正しくない者にも雨を降らせてくださるからである」（マタイ五・四五）という同じイエスの神認識ひとつをとってもほぼ明らかだろう。この点からしても滝沢インマヌエル哲学は、二〇〇〇年の時を隔ててあのナザレ人・イエスの思想に直結したものといってよい。

以上を約言すると、仏教の無我ないし空は、いわば第一義のそれと第二義のそれとに明確に峻別される必要があり、そのさいその第一義の空ないし無我こそ、キリスト教ないしより正確にはイエスの神にほかならず、この神と人間ないし世界とのあいだには絶対に分離すべからざる・混同すべからざる・逆にすべからざる、端的にいって絶対に不可分・不可同・不可逆的な区別・関係・順序が厳在するということなのだ。

## 二　自然法爾とあるがまま

### (一)　自然とあるがまま

無我ないし空に密接にかかわるものとして親鸞は、周知のごとく自然法爾ということをいっている。この自然《じねん》法爾《ほうに》とは、ではいかなる意味か。親鸞の言葉を直接引用しよう。

「自然といふは、自はおのづからといふ。行者のはからひにあらず、然といふはしからしむといふことばなり。しからしむといふは、行者のはからひにあらず、如来のちかひにてあるがゆへに法爾といふ。法爾といふは、この如来のおんちかひなるがゆえにしからしむるを法爾といふなり。法爾はこのおんちかひなりけるゆへに、おほよそ行者のはからひのなきをもて、この法の徳のゆへにしからしむといふなり。すべて人のはじめてはからはざるなり。このゆへに、義なきを義とすとしるべしとなり。自然といふは、もとよりしからしむるといふことばなり。弥陀仏の御ちかひの、もとより行者のはからひにあらずして、南無阿弥陀仏とたのませたまひて、むかへんとはからはせたまひたるによりて、行者のよからんとも、あしからんともおもはぬを、自然とはもうすぞ、とききて候ふ。ちかひのやうは、無上仏にならしめんとちかひたまへるなり。無上仏ともふすは、かたちもなくまします。かたちのましまさぬゆへに、自然とはまふすなり。かたちましますとしめすときには、無上涅槃とはまふさず。かたちもましまさぬやうをしらせんとて、はじめて弥陀仏とまふす、とぞききならひて候ふ。弥陀仏は、自然のやうをしらせんれう（料）なり。この道理をこころえつるのちには、この自然のことはつねにさたすべきにあらざるなり。つねに自然をさたせば、義なきを義とすといふことは、なお義のあるになるべし。これは仏智の不思議にてあるなり」（定本『親鸞聖人全集』法蔵館所収『末燈鈔』第五通）。

ここで親鸞が語っている「自然」を、八木氏は「あるがまま」といいかえてつぎのようにいっている。

「ところで『自然』には、人間の側での絶対肯定というところがあるのですね。さきほど引用した親鸞の言葉をもう一度みてみましょう。

行者のよからんとも、あしからんとも思はぬを、自然とはもふすぞと、聞きてさふらふ。

…しかし親鸞の場合は、いわばダブル・リリーズだ。何であっても、なくても、かまわない。何をしてもいいけれど、何をしなくてもいい。これは絶対肯定の世界である。あえて誤解を恐れずに言えば、あるがまま、そのままでいい、ということです」（『無心』五九頁）。

いったい「あるがまま」とは、八木氏のいうように「何をしてもいいけれど、何をしなくてもいい」「絶対肯定の世界」といってもよいのだろうか。断じて否というべきである。そこで私見を述べることにしたいと思う。自然ないしあるがままとは、正邪・善悪・高低・精粗についていわゆる反省的意識を先立てるのではなく、いわば物そのもののロゴスに即しつつ感じ・考え・判断し・行動するということなのだ。その意味で、それはまた無心といってもよいだろう。が、だからといってこれは、いわゆる相互批判・自己批判の対象から完全に免れるということではありえない。そのあるがままのそこにすでにいつも新たに永遠の祝福と審きが来てしまっているのであり、そのかぎりこの永遠の審きを映してそれじしん相互批判・自己批判の対象となりうるし、またならねばならない。ただあるがままとなっているその時点にあっては、自己批判の対象とはなりえぬだけなのだ。そこではいまだ反省的意識が働いていない無心の境地にほかならないからである。

この、あるがままに対する相互批判・自己批判の可能性を認めるか否か、そこに通俗の禅者や八木氏と滝沢の決定的な相違があるといわねばならない。前二者は、あるがままを無批判に「絶対肯定」してしまうのに対し、後者は、よしあるがままであれそれも人間的現実のとる一形態であるかぎり、それが本来その映しであるべき神仏の祝福ならびに有無を言わさぬ仮借なき審きをうけて、それもまた相対的であると考えるのだ。

以上論述してきた自然《じねん》について、八木氏の言葉を手がかりにしつつさらに考察を進めてゆこう。八木氏は、こう語っている。

「『みこころが成就しますように』という祈り（マタイ六・十）はそういうことです。これは我の放棄で、我の放棄は自分、他者、世界、歴史の絶対受容です。そこで実は自然ということが成り立ってくる」（『無心』六二頁）。

思うに自然《じねん》とは、いわば二重性ないし二義性としてとらえられる必要がある。その第一義とは御意《みこころ》のままとしての自然であり、第二義はその御意のままに即した人間のあるがままとしての自然にほかならない。このように自然を二重構造としてとらえてこそはじめて、よしそれがいかにすぐれたものではあってもやはり人間的現実のひとつであるあるがままをかりそめにも絶対化することなく、これを正しく相対化し、もってこの世界に真に有意義なものとして活かしめ在らしめることができるのである。親鸞の「自然」もまた、そこにこそあるというべきだろう。そのさいそれは、後で詳述するごときイエスにおける「神」と「神の国」との区別にもまた対応するといわねばならない。

とまれ、この点がしかとふまえられるなら、自然《じねん》ないしあるがままが「我の放棄」として――この点は、もとより正しいが――「自分、他者、世界、歴史の絶対受容」だという八木氏の見解の不正確さがおのずから明らかとなる。なぜなら自然《じねん》ないしあるがままとは、絶対的な御意のひとつの偶発的な（contingent）人間的現実としてそれ自身が相対的であるばかりではなく、この御意にかなうか否か、あるいはまたその高低・精粗・深浅によって、「自分、他者、世界、歴史」に対しても、これを「絶対受容」するのではなく、それらに対しどこまでも正しく批判的たらざるをえないからである。かくてあるがままにあっても、悪も邪も「敵」も、何もかもいっしょくたに「絶対受容」されることなどもうとうありえない。悪は悪として、邪は邪として一厘一毛の仮借なしに厳しい批判の対象とされるのである。「敵」は、これをただたんに「愛する」（マタイ五・四四）ことが求められるのではなく、かえって逆に相互批判と自己批判という厳しい秤にかけられてのみはじめて愛の対象とされるのだ。イエスのあの有名な対敵愛の諭しも、ただたんに敵を赦せといっているのではなく、これが誤っているときはそれを正しい方向に導くように、といっているのだというべきである。これが、「敵を愛せ」ということのその真意といわねばならない。

もしこのように解釈するのではなく、戦争も原爆も「絶対受容」することこそあるがままというのなら、よしそれがいかに「深遠な」宗教思想であろうとも、そんな荒唐無稽な思想を真に理性あるものといったい誰が容認できようか。私事にわたってではなはだ恐怖だが、筆者の修士論文の口頭試問で、「あるがまま」について論じた筆者に対しある著名なカトリック神学者が、「仏教はなんでもかんでもあるがままで滅茶苦茶だ」といっていたが、もし八木氏のような解釈が正しいとするならば、このカトリック神学者の仏教批判はたしかに標的《まと》を射ているとしかいいようがない。筆者はそのとき、「仏教ではあるがままの構造が明らかでない」と答えたのであった。だからわれわれは、あるがままというとき、なんでもかんでもよいというのではなく、そのあるがままの構造を一点の曇りなく明瞭にする必要がある。と、そのとき、前述したごとく「あるがまま」と表裏一体をなすものとして「御意のまま」を洞察することができるのだ。

ところで、このあるがままについて、秋月氏はこう語っている。

「事柄上の問題として、『このまま、これでいいのだ』ということと、これでは駄目なのだということと、絶対に矛盾するふたつを一人の人格がどうして言えるのか、ということなのですが。

…それまで七転八倒してきたのですが、気がついたら何をしなくてもいいのだし、何をしてもいいのだ、というところが、悟りの経験の中にひとつ出た。これは明らかに出てくるのですね。…そのまんまが真人の現成で、真人の実存なのであって、もう気ばること、苦しむことは何もないのだ。この私のそのまんまが真人の現成で肯定されて、もう何をしてもいいし、何をしなくてもいいのだという。

ところがですね、その体験はやがて、不思議なことに、そのままではいけないのだというふうに出てくるのですね。その出てくるところを鈴木大拙先生は天然の大悲の心だという。…やっぱりそこはですね、あるがまま、このままではいけないのだと、どうしてもそういうふうに現状否定が出てくるのですね。

そうすると、…不思議に『このままでいい』という絶対の恵みから『このままでは駄目だ』という大悲の念が起ってくるのです。そこの問題ですね」(『無心』七七―七八頁)。

「悟りのときもそうなのですが、何をしてもいい、ということがあるわけです。しかし、その悟りが本物であればあるほど、これではいかんのだ、ということが必ず出てくるのですね。そこの論理が、どういう宗教哲学的な論理なのかということを、イエスに即し、禅の語録に即して掘り下げてみたいと、我々の課題はこういうことなのですね」(『無心』八五頁)。

ここで秋月氏は、「何もかもこのままでいい」と「このままではいけないのだ」というこれら両者の関係を、禅の体験上の事柄としてはっきりと会得している。が、しかし、それがどうしてそうなるのかというその論理構造についてはいまひとつ明らかでない。これに対し八木氏は、これをイエスにおける「神」と「神の支配＝神の国」の区別によって説明せんとする。ところがこれは、後述するごとくまったく正鵠を射ているとはいいがたい。私見によれば、この世界ないし人間は、そのつど神により絶対否定即肯定されている。すなわち神は、一方では人間を毎瞬毎瞬絶対に無化し抹殺すると同時に間髪を容れずその存在と働きを刻々産み出してくる。イエスの言葉に従えば、父なる神とは、一方で「善人にも悪人にも太陽を昇らせ、正しい者にも正しくない者にも雨を降らせる」方として絶対肯定の神であると同時に、他方では刻々有無を言わさぬ厳しい審きを下す絶対否定の神である。そしてこのような神の御意に添うこと、それがあるがままというべきだろう。かくして神の絶対否定即肯定の面からいえば、「何もかもこのままでいい」とある意味でいってよいだろう。が、しかし同時に神の絶対否定即肯定の面からいえば「このままではいけないのだ」ということになる。この神の御意の絶対否定と絶対肯定という両側面を、われわれはゆめにも忘れてはならないだろう。そのときは必然に、この神の御意を映したあるがままは、とうぜん平板な一面的理解としてではなく、上述のごとき「何もかもこのままでいい」と「このままではいけないのだ」といういわば矛盾的自己同一の両面性として捉えねばならなくなるだろう。したがって、この「何もかもこのままでいい」と「このままではいけないのだ」という一種の矛盾的自己同一は、滝沢哲学のいわゆる第二義のインマヌエル、つまりは神仏への目覚めが現成してくるまさにそこでいわれることといってよい。そしてこの「二面性の問題」（『無心』七九頁）は、秋月氏もいっているように、たしかにたんに実存についてのみならず、「歴史と社会の両面」（『無心』七九頁）にあってもまた同じといえるのでなくてはならない。とまれ、さらに秋月氏の言葉に耳を傾けよう。

「この自我が空じられて無我というところは、それは分別を超える般若の無分別智ですから、そこではじめて我々が自我の自己主張を超えた無我のところに立つときに真人になると。真人は必ず真如を見る。真如を見るとは、その場合は見るものと見られるものは大拙先生が言われるように同じものだ。それは見性といった場合、見と性とは同じものだと、大拙先生がしょっちゅうおっしゃっていたのですが、そこは分別を超えているわけですね。そうすると分別を超えたところで真人になったら、そのまま真如実相が肯定されるという。だから無我を禅の言葉で無心といっても同じことなのですが、無我と無心は同じことですからね。ただ、そういうところへいくともう、何もかもそのままで肯定されると、何をしてもいいし、何をしなくてもいいというところがどうしても出てくると」（『無心』一九六頁）。

ここで秋月氏は、般若の無分別智のところで無心ないし無我が成り立つ、いや前者は同時に後者だといっている。だが、しかし、むしろ後者において前者が成り立つというべきではなかろうか。けだし無我ないし無心とは、自我への囚われから解放されて真如に目覚めることだろう。そのかぎりそれは、「何をしてもいいし、何をしなくてもいい」ともいいうるだろう。だがそれは、かりそめにも「真人」が「真如」に飲み込まれ、かくて「真如」となった「真人」は「何をしてもいいし、何をしなくてもいい」という意味であってはならない。いったいそれが、無分別智としての悟りというものなのであろうか。悟りとは、さらに一歩大きく踏み込んで無分別の分別智にまで至らねばならないのではあるまいか。そしてこの無分別の分別智の場に立つとき、「真人は必ず真如を見る」さいの「見るもの」と「見られるもの」とはただたんに「同じもの」とはとうていいえず、そこには絶対に翻すことのできない不可逆的な区別と順序が見えてくるといえるのではなかろうか。そしてそのときはまたおのずから、「これでいいのだから何もしなくてもいいから、といっても、これじゃいかんという形で、出てくるものは必ず出てくる」（『無心』一九七頁）というべきではなかろうか。この無分別の分別智こそ、本当の悟りというべきではないのだろうか。すくなくとも、インマヌエル哲学はそう考えるのだ。すなわち無心といい無我といっても、それらの絶対の背後に、それらと絶対不可分・表裏一体のものとして如来の御意がある。この如来の御意によって、人間ないし世界は絶対の否定即肯定を刻々断行されている。そのさいこの如来の絶対肯定的側面を映現したところに成り立つもの、それがとりもなおさず無心や無我としての無分別智にほかならず、そしてさらにそのうえに絶対否定を映出することにより「これじゃいかん」という無分別の分別智が成り立ってくるといえるのではなかろうか。

一般的にいって禅仏教は、その悟りの経験をいわば体験主義的に偏ってみる傾向があるのではあるまいか。だから、筆者が今上述した無分別智と無分別の分別智との区別と関係がいかにして成り立つのか、どうしてそういうことが起ってくるのか、すなわち一方で「何をしてもいいし、何をしなくてもいいというところ」が出てくる反面、他方で、が、しかし、どうして「これじゃいかん」という面がでてくるのか、その存在論的論理構造がはっきりしていないのではなかろうか。かくて悟りの経験をそのまま言表することに甘んじて、なぜそういう経験が成り立つのか、というようないわば存在論的な吟味・検討・反省の努力が足りないといってはあるいはいいすぎとなるであろうか。ここでは、滝沢インマヌエル哲学のいわゆる原点思考――それは、人間・歴史・世界のいわば原点からものを見・ものを考える思考にほかならず、西田哲学のいわゆる場所的論理思考に対応する――が必要不可欠と思われる。

## (二)　自然法爾の根本的二義性ないし二重性

自《じ》然について親鸞は、「弥陀仏は自然のやうをしらせんれふ(料)なり」(前掲定本『親鸞聖人全集』、『末燈鈔』、第五通)という。それゆえ親鸞にとって「自然」とは、「かたちもましまさぬ」法性法身《ほっしょうほっしん》であって、その「やうをしらせんれふ(料)」こそ、とりもなおさず方便法身《ほうべんほっしん》としての「弥陀仏」といってよいのだ。いいかえるなら、如来ないし法性法身こそ自然のいわば主体であって、「かたちもなくまします」その自然の方便法身がほかならぬ弥陀仏ということになる。かくて自然とは、「如来のちかい」としてのその働きといってもよいだろう。

親鸞のかかる自然法爾は、かくして、いわば根本的二重性ないし二義性として把握される必要がある。すなわち、人間の側のいかなる資格・能力・性別・階級等にいっさいかかわりなくまったく無条件にいつも・どこにでも成り立っているものとしての第一義のそれと、それの人間の眼には積極的な成就としての第二義のそれにほかならない。なんとなれば一口に自然法爾といっても、そこには有無を言わさぬ如来の御意の成就という側面と、その積極的な人間的表現ないし成就としてのあるがままという側面と、これら両側面が明確に区別されるべきであるからであり、そしてそこには絶対に翻すことのできない不可逆的順序が厳在するといってよいからである。すなわち、この第一義と第二義の自然法爾は寸分の隙間なく不可分でありながら、が、しかしそこには、人間の根源的な不可逆的自由が刻一刻絶対一方的に与えられつつ介在しているというべきなのだ。かくて自然法爾のこのいわば根本的な二義性ないし二重性は、滝沢インマヌエル哲学における神ないし如来と人間とのいわば第一義と第二義の呼応関係にそれぞれ対応するといわねばならない。が、その点はのちに改めて詳論したいと思う。ともあれ、こうして明らかなごとく、あるがままとは第一義の自然法爾がこの世に積極的に成り立つその場にほかならず、そしてそれが即ち第二義の自然法爾といってよいだろう。

ところで、阪東性純氏は、曽我深量の自然法爾観をつぎのように説明する。

「曽我先生なんかは業道自然の場で。自然法爾とか、あるいは法性法身とか。無為自然とか、願力自然というものが問題となる場所は業道自然の世界以外にはあり得ないと、娑婆世界の業道自然を通してしか実感できないということを終始言われますね。……

ええ。この世の矛盾とか、苦しみ悩みというものを通してしか感知できない」(『無心』一三九頁)。

ここでも親鸞のいわゆる自然法爾は、第一義のそれと第二義のそれとに暗黙のうちに区別されているといっていいのではなかろうか。すなわち第一義の自然法爾とは、「娑婆世界の業道自然の場」で働いているそれであり、第二義の自然法爾とは、その業道自然の場で成り立つ「願力自然」としてのそれである。換言すれば、「この世の矛盾とか、苦しみ悩みというもの」のただ中に第一義の自然法爾は刻々働きつづけているのであり、そしてこの「業道自然」をしかと自覚したところに成り立つ「願力自然」ないしあるがまま、それこそ第二義の自然法爾といわねばならない。

上記引用箇所で坂東氏が言及している曽我深量も、おおよそそのように理解していたのではあるまいか。そのさい八木氏は、この曽我深量の見解を一見肯定しているかのごとく発言している（『無心』二四〇頁参照）。だがそれは、自然法爾のこの根本的二重性ないし二義性を本当に会得したうえで肯定しているのだろうか、筆者には疑いなきをえない。もし八木氏が本当にかかる事態を把捉できているとするならば、八木氏は信仰や目覚め以前のところですでに神ないし如来もしくは自然法爾がたんにポテンチア（＝潜勢力）にすぎないものとしてではなく、まさしくまったき意味でリアルなものとして働いていること、それを肯定せねばならないが、しかし八木氏はこの点まったく否定的であるからだ。「この世の矛盾とか、苦しみ悩みというもの」のただ中で刻々働いている自然法爾とはまぎれもなくリアルなものであり、それはいいかえれば信仰や目覚めとはかかわりのないところでの自然法爾のリアルな働きにほかならず、これを真実肯定するつもりなら、八木氏は、信仰や目覚めにはかかわりのない神ないし如来もしくは自然法爾の働きをただたんにポテンチアなものとしてではなく真にリアルなものとして是認せねばならないが、既述したごとく八木氏はこれとまったく正反対のことを主張しているのだからである。

では、その点秋月氏はどうであろうか。つぎに秋月氏の言葉に耳を傾けよう。

「我々が弥陀の『御もよおし』を受けて『はからい』をゼロにしたときに、ダンマは露わになるわけだからね」（『無心』二四三頁）。

弥陀の「御もよおし」が積極的に露わになるのは、もとよりわれわれの「はからい」が「ゼロ」になるときといってよいだろう。けれどもわれわれの自我のはからいがあるとき、そこにもやはり弥陀の「御もよおし」としての自《じ》然は、いわば隠れた形で露わになっているというべきである。それだからこそ、悪人のいわゆる反面教師といった現象も成り立つことができるのだ。かくて秋月氏は、またつぎのようにも語ることになる。

「…自我をゼロにしないと自然は現成しないわけで。しかし現成しようとしまいと自然は自然だ、というところを押えてないとおかしくなっちゃうから、やっぱりビカミングだけじゃ困るので、ビーイングでなけりゃならない」（『無心』二四三頁）。

然り、そのとおりといってよいだろう。だが、しかし、このばあい秋月氏は「ビカミング」（生起）と「ビーイング」（存在）でいったい何を意味しているのか、その点がいまひとつ明らかでない。だからこそ、秋月氏のこの言葉にすぐつづけて八木氏は、「だから、そういう意味ではビーイングです。働きだから存在ではなく生起でしょう」（『無心』二四三頁）といい、それ以上話は進まずここで頓挫してしまうのだ。それはともかく、ここで八木氏は、「そういう意味では」でいったい何をいいたいのだろうか。ポテンチアとしては、とでもいいたいのだろうか。その点秋月氏は、どう考えているのだろうか。「現成しようとしまいと自然は自然で」という言葉で、秋月氏はいったい何をいいたいのだろうか。それらの点で、この秋月氏と八木氏の討論はまったくあいまいといわざるをえない。けだし「働き」とは、たんなる「生起（ビカミング）」ではなく、「生起（ビカミング）」であると同時に「存在（ビーイング）」でもあるというべきだろう。「生起」ないし作用としての「存在」、それが「働き」なのだといわねばならない。そしてそういう意味での自然法爾の働きに、根本的な二義性ないし二重性があるというべきなのだ。その点が、秋月氏にはいったいどのていど把握されているのだろうか。

要するに自然法爾には、何度も繰り返しいうように根本的な二義性ないし二重性があるというべきなのだ。その第一は、いつ・どこにでも刻々リアルに働いているいわば第一義の自然法爾であり、第二は、それに目覚めた無心ないしあるがままあるいは平常心において成り立ついわば第二義の自然法爾にほかならない。

それはともかく、自然法爾のかかる根本的二義性ないし二重性を正しく理解せんがためには、既述したごとく滝沢インマヌエル哲学のいわゆる不可逆概念が真に正しく会得される必要がある。これを逆にいうならば、自然法爾や無我ないし空が正しく根本的二義性ないし二重性として捉えられないということは、この不可逆概念が真に正しく把捉されていないこと、その何よりの証左といってよいのである。たんに八木氏にかぎらず、仏教やキリスト教をはじめいわゆる世界宗教を含めこれまでのほとんどすべての宗教が、すくなくともその通俗的な形に関するかぎり、この点でまったくの誤りを犯してきたといわねばならない。それがいいすぎならば、それらはこの点をあいまいなまま放置してきたというべきである。ここに、まさしくここに、滝沢インマヌエル哲学が、この不可逆概念を矛にして今日の焦眉の課題としての宗教改革（＝宗教の局部的変革）ならざる宗教革命（＝宗教の根本的変革）を鋭く迫るその真の理由があるといわねばならない。

## 三　「御意のまま」と「あるがまま」

前節で詳論したように、親鸞のいわゆる自然法爾は、これを厳密にみるならば、滝沢哲学の第一義のインマヌエルと第二義のインマヌエルにそれぞれ対応していわば第一義のそれと第二義のそれとが明確に区別されるべきである。そしてそのさい第一義の自然法爾とは、言葉をかえていうならば神ないし如来の御意のままにほかならず、他方第二義の自然法爾こそいわゆる無心ないしあるがまま、あるいは平常心といってよいだろう。そこでこの御意のままとあるがままとの区別・関係・順序について、八木氏の言葉を批判的に解釈しつつさらに詳しくみてゆこう。八木氏は、こう語っている。

「だからありのままを受け容れる。自分も他人も世界も歴史も受け容れる。何がどうなっても、ならなくてもいい。…その上で『神の意志』の成就を願う」（『無心』一八四頁）。

この八木氏の言表は、いささかおかしいのではあるまいか。人間が「ありのままを受け入れ」「何がどうなっても、ならなくてもいい」というあるがままとなって、「その上で『神の意志』の成就を願う」、と八木氏はいっているからである。ここでは、人間の側のあるがままがあたかも「神の意志」とは別々にあって、「その上で」その「『神の意志』の成就を願う」ということになっている。すなわち最初人間の側のあるがままと「神の意志」とが、いわばばらばらに切り離されてしまっているのである。そうして人間があるがままを用意し準備すると、そこに神がその意志を実現してくるかのごとくいわれている。かくして、まるであるがままこそ、神の意志成就のための必要不可欠の必須条件のごとくなのである。が、事実はけっしてそうではない。あるがままとは、即御意のまま（即は不可分・不可同・不可逆の即）ということでなくてはならない。* 神がその御意を人間の眼に積極的に実現・成就したとき、これを逆にいうならば人間が神の御意を正しく表現・映出できたとき、それが人間においてあるがままとして現成するということでなければならない。

＊「無心」と「御意のまま」との関係について、鈴木大拙はこう語っている。
「…私の無心というのは、そんなものでなしに、たとえばキリスト教的に言うと『御心のままに』ということなのです。…これが真宗の方になると、はからいをやめる、はからいのないということです(6)」。
ここで「無心」とは「あるがまま」と言い換えてもいいだろう。それにまた「はからいのないということ」とは、ほかでもない自然法爾の謂いでもあるだろう。とまれ、これらの点については本章六の「イエスの思想と自然法爾ないしあるがまま」とも深く関係するものであること、それをここであらかじめ指摘しておきたい。

こうしてわれわれは、ここでも八木氏における不可逆理解の不徹底を読みとらずにはおられない。不可逆が十分正しく把捉されないと、自覚以前の神の働きは真にリアルなものとしてではなくたんなるポテンチアないし潜勢力とされてしまうため、そのポテンチアとしての神の働きをリアル化するための何らかの人間の働きかけが必要不可欠となり、それがあるがままとか無心とか自覚とか信仰とかといったものとされてしまうのだ。けれども、そのような意味でのあるがままも無心も自覚も信仰も、本来はまったく存在しないというべきである。あるのはただ、神の働きかけによって、しかし絶対不可逆的な根源的自由における人間の責任的な応答としてのあるがままであり、無心であり、自覚であり、信仰だけなのだ。ということはまた、よしあるがままであれ、無心であれ、自覚であれ、信仰であれ、その最深の深みにおいても、あるいはもっとも正しいものであってすら、一厘一毛も神の審きを免れないということである。ほかならぬこの点が、八木氏にはほとんど理解されていないように思われる。

　とまれ、御意のままとあるがままの区別・関係・順序について、八木氏の言葉に即しつつさらに省察を進めてゆこう。八木氏の言葉を引用すると、

「神の働きが私たちの身に現成することを求めるなら、それはまず私心を去る、ということは、ありのままそのままを素直に受容する、何がどうなってもならなくてもいいという素直な気持ちになった上で、『インマヌエル現成』と願い唱える、ということでしょうね」（『無心』一八四頁）。

　ここは、ふたつの点で正鵠を失しているように思われる。まず第一に「私心を去る」とは、「ありのままそのままを素直に受容する」、「何がどうなってもならなくてもいいという素直な気持ち」になることではありえない。そうではなくて「私心を去る」とは、とりもなおさず自分の思いや図らいを先立てるのではなく物そのもののロゴスないし事理に即《つ》き従うということでなくてはならない。[7] かくて、物そのものの根源的ロゴスとしての神の御意に信従するということにほかならない。西田哲学のいわゆる「ものとなって見、ものとなって聞く」ということも、ひっきょうそういうことでなくてはならない。そうしてそれが、それこそが即あるがままの現成といってよい。そのさいこのあるがままとは、前節の一で詳論したごとく、「何もかもこのままでいい」と「これじゃい

かん」という一種の矛盾的自己同一の世界と言うべきなのである。

さて八木氏の第二の誤りは、「インマヌエル現成」というその言挙げである。インマヌエル（「神われらと共に在す」）とは、第一義には人間のいかなる思いや図らい、能力や資格等にはいっさいかかわりなしに、そのつど永遠の太初《はじめ》から永遠の終末《おわり》にわたって一瞬一瞬現成している原本的事実にほかならない。そしてその、すでに厳在している第一義のインマヌエルをこの世に正しく反映・映現すること、それがとりもなおさず第二義のインマヌエルの現成である。すくなくとも滝沢哲学におけるインマヌエルとは、まさしくそういうことにほかならない。にもかかわらず八木氏は、ここでこの第二義のインマヌエル現成を、あたかもインマヌエルの原事実そのもの、つまりは第一義のインマヌエル現成でもあるかのごとく語って何ら怪しむところがない。だがこれは、明らかに本末転倒というほかはない。滝沢インマヌエル哲学のいわゆる不可逆概念がほとんど会得できない八木氏にとっては、いわば第二義のインマヌエル現成以前のほかならぬ第一義のインマヌエル現成は、かりそめにもリアルなものとはいいがたく、かくてたんなるポテンチアないし潜勢力となってしまうため、このようなあいまいな表現が不可避的に出てきてしまうのだといわねばならない。

一般に不可逆概念が理解できないとどうなるか。そのさいはさけがたく、第二義のインマヌエルなる自覚・悟り・信仰・あるがまま・無心その他が、第一義のインマヌエル現成のためのその必要不可欠な必須条件に不当に高挙されてしまうのだ。そうしてその典型のひとつとして、八木氏の滝沢インマヌエル哲学理解ないしまったき誤解があるといってよいだろう。

かくして八木氏の「自然」理解のあいまいさも、ここにさけがたく惹起されざるをえないこととなる。うえの引用句につづけて八木氏はこう語る。

「無心になって、その上でインマヌエル（神の支配）現成を願い誓う。そこに私たちが問題にしている『自然』

（おのずから）の現成がある。これは私がイエスから学んだことなのです」（『無心』一八四―一八五頁）。

前節の一で詳論したごとく、自《じ》然は根本的二義性ないし二重性として把握される必要がある。その第一義とは、人間の側からみるかぎりよし消極的にではあれ、いつ・どこにでも現成しているいわば第一義のインマヌエルとしての自《じ》然であり、その第二義は、人間の眼に積極的に映るいわば第二義のインマヌエル現成としてその自然にほかならない。うえの引用句から明らかなごとく、その点が八木氏にはかいもく会得されていないといわねばならない。要するに、自《じ》然がいわば第二義的にしかつかまれていないのだ。ちなみにイエスのばあい、その「神」と「神の国」との差別化により、この第一義と第二義の区別ははっきりとなされている。それについては、次節で詳述することになるだろう。[8]とまれ、この点八木氏は、イエスの思想をも正しく理解しているとはいいがたい。

ところで、さらにまた八木氏は、つぎのようにも語っている。

「…したがって人間もそのような対立を突破して、一切を素直にあるがままに受容する。別の言い方をすると宗教には必ずこういう面があると、…このままでいいのだ、何をしてもいいし、何をしなくてもいい、どうなってもいいし、ならなくてもいい、という面がある」（『無心』一九二頁）。

いったいあるがままに対するこのような理解は、はたして本当に正しいといってよいのだろうか。かかるあるがままは、神ないし如来の御意に対しいったいどのように区別され関係するのだろうか。それとも神ないし如来の御意とはいっさいかかわりなしに、あるいはそれらからまったく独立にあるがままは成り立つというのだろうか。禅仏教は、あるいはそうかもしれない。通俗的な禅仏教には、逆説的超越者の御意は存在しないといってよいからである。

が、インマヌエル哲学は、かかる考え方を断固として拒絶する。インマヌエル哲学にとってあるがままとは、どこまでも御意のままということでなければならない。かくしていかなる人のいかなる瞬間にも、こうでなければいけない、これが最善だ、という大いなる超越的決定が絶対不可逆的・逆対応的に、しかも必然的に含まれている。この大いなる超越的決定こそ御意であり、それにできるかぎり忠実たらんとすること、それこそまさにあるがままということにほかならない。だからあるがままもまた、かの逆接的超越者からその高低・精粗・深浅を各瞬間ごとに厳しく審かれつつ、大いなる祝福と警告のもとにたえず御意のままに添うべく導かれているのだというべきだろう。

ただし、各瞬間ごとのその超越的決定は、人間の眼にはいつもまったく隠されている。そのかぎり人間が、これこそ絶対正しい道だ、最善の道だ、と勝手に決めこむことは毫も許されない。人間にはただ、これと信ずる道を試行錯誤的に試みつつ、紆余曲折の道を歩んでゆくことしかできないし、またそれで十分なのだ。その試行錯誤と紆余曲折の道が洗練されたその極地、そこに御意のままに添うたあるがままが実現するのだといってよいだろう。イエスの生涯全体は、まさにこのような意味でのあるがままの典型だったといわねばならない。

ところで、あるがままに対するかかる理解は、ひっきょう神人の絶対不可逆的関係がしかと会得されているか否かにかかっている。ところが八木氏には、既述したようにかかる不可逆理解がまったく欠如している。だから八木氏は、通俗的な禅仏教徒と同じくあるがままをただ平面的・平板的にとらえてしまうのだ。それに対し不可逆が正しく把捉されるなら、あるがままとごちゃまぜにされてではないけれど、しかしこれと絶対に表裏一体をなすものとして御意のままがしかとつかみとられてくる。いや逆に御意のままという視点から、あるがままがみられてくることになるだろう。

いうまでもないかかる考え方こそ、とりもなおさずインマヌエル哲学にほかならない。そのインマヌエル哲学は、ひっきょう絶対者に基礎づけられたこの世的相対主義といってよい。それはだから、いわゆるカオス的・堕落的相対主義でもなければ、この世的絶対主義でもありえない。要するに、この世のものはすべて相対的だ、が、しかしそこに絶対の基準がないというのではもうとうなく、この世と絶対不可逆的に直接一なる逆接的超越者の御意こそ絶対の基準にほかならず、それによってこの世のすべてのもの、すべての人・いちいちの人のあらゆる言動が時々刻々測られ審かれていると考えるのだ。インマヌエル哲学におけるかかる逆説（接）一元論が、八木氏にはまったく理解されていないように思われる。たとえば八木氏のつぎの言葉、「…このままでいい、何がどうなってもならなくてもいい、という絶対の受容は実は我、個我、集団我の滅びなんだと思うのですね」（『無心』一九三―一九四頁）は、その何よりの証左といってよいだろう。ここで八木氏は、この世的絶対主義を批判しつつ、しかしいわばのっぺらぼうの平面的・平板的なあるがままを擁護せんとしているからである。だが、しかし、それは何としても正鵠を射ているとはいいがたい。すくなくともインマヌエル哲学からみるかぎり、はっきりそういわざるをえないだろう。

ところで、さらにまた、八木氏はこうも語っている。

「仏教とキリスト教との接点があるとすれば、それはいろいろなレヴェルや面で考えられますけれども、一番大事なものは、仏教が無心・自然法爾と言い、イエスが『みこころのまま』と言う、それがちょうど対応してくる。イエスが野の花に美しさを見たというのは、野の花が無心に咲いているところに美しさを見ていたので、そこで仏教とキリスト教が一番基本的に触れてくるのではないかと」（『無心』一九五頁）。

のちに詳しくみるごとく八木氏の考えを厳密にみていくと、仏教の無心はイエスの「御意のまま」に対応し、自然法爾は「アウトマテー（おのずから・ひとりでに）」に対応する。そして「御意のまま」はイエスが「神」に言及するときであり、「アウトマテー」は「神の支配＝神の国」に言及するときである。とするならば、この箇所でいっているように無心と自然法爾をワンセットにして「御意のまま」に対応させんとするのは、八木氏にあってはいささか粗雑とはいえないだろうか。無心と自然法爾とは、氏のばあい、後述するごとき人間的現実のそれぞれ異なるレヴェルに属するはずなのである。つまり前者は「最深層」の「神」に絶対に受容されているというレヴェルに対応し、後者はそのうえで「神の支配」が成り立ってくるいわば「中心層」のレヴェルに対応するはずなのである（『無心』七一八頁参照）。けれども実際には、無心のところですでに自然法爾も、いやもっと正確にいうならば既述したごとき第二義の自然法爾も同時に成り立っているというべきだろう。あるいは無心ということで「野の花」の「無心」をも含めるとするならば、筆者が自然法爾に第一義と第二義とを峻別したように、やはりこの無心にも同様に根本的二義性ないし二重性を区別すべきであろう。そしてそのさいは、それぞれ第一義の無心ないし自然法爾に対し第一義の「御意のまま」ないし「アウトマテー」が対応し、また、第二義の無心ないし自然法爾に対し第二義の「御意のまま」ないし「アウトマテー」がおのおの対応するというべきだろう。そのさい第一義の無心や自然法爾ないし御意のままやアウトマテーとは、人間のいかなる思いや図らいにもいっさいかかわりなく成り立っている頑とした原本的事実であって、これに対し第二義のそれらはかかる原本的事実に目覚めた人間においてはじめて成り立つものといってよい。ところが八木氏は、これらの点まったく不明瞭といわざるをえない。

それはともかく狭義の無心とは、いいかえればあるがままといってよいだろう。そうしてそのあるがままとは、八木氏によれば前述したように「このままでいいのだ、何をしてもいいし、何をしなくてもいい、どうなってもいいし、ならなくてもいい、そのままでいい」（『無心』一九二頁）という意味である。それに対しイエスが「御意のまま」というとき、それは当然のことながら「神の御意のまま」ということにほかならない。したがって神の御意を無視して、あるいは度外視して、「このままでいいのだ、何をしてもいいし、何をしなくてもいい、どうなってもいいし、ならなくてもいい、そのままでいい」というのは、もとより御意のままではありえない。かくて八木氏のいわゆる無心ないしあるがままは、イエスの「御意のまま」にかならずしも対応するとはいいがたい。イエスのいわゆる御意のままとは、いうまでもなく神の御意にあるがままに従うことなのだ。

仏教のあるがままもまた、けだし厳密にはイエスの御意のままのごとくに理解され解釈される必要がある。イエスのばあい神の御意のままに生きるとき、そこに自然法爾的に「アウトマテー（おのずから・ひとりでに）」（この「アウトマテー」については、『無心』一九四頁の八木氏の説明を参照されたい）が成り立ってくる（生起・ビカミング）、いやむしろすでにそこに成り立っている（存在・ビーイング）。より正確にいうならば、いわば第一義のアウトマテーがすでに神の側で絶対不可逆的・逆接的に成り立っているからこそ、それに基礎づけられ促されつつさらにその積極的な自発自展として人間の側に根源的自由を介して第二義のアウトマテーが成り立ってくるということができるのである。イエスの言葉に即していえば、後述するごとく、「神」の働きかけのもとに野の花・空の鳥が無心に生きている。そこにすでに第一義のアウトマテーが成り立っている。そしてさらに「神の国」が成り立つとき、そこにいわば積極的に無心が成立し、かくて第二義のアウトマテーが成り立ってくる。と、そのようにはいえないだろうか。要するにイエスの御意のままは、第一義と第二義といわば二重ないし二義的に解釈することが必要なのだ。すなわち、いわば神の側での御意のままとそれに即した人間の側の御意のままと、これら両つの意味にほかならない。かくしてこの神の側での第一義の御意のままこそ第一義のアウトマテーであり、そしてそれが仏教の第一義の自然法爾に対応し、かくてそれに即した人間の側での御意のままないしアウトマテーこそ仏教のいわゆる狭義の無心であり、あるがままであり、そしてさらに第二義の自然法爾に対応する、というべきである。いずれにせよ、これらの厳密な区別が、八木氏にはまったくなされていないように思われる。ところが、これらの区別・関係・順序こそ、一般に宗教を語るものにとって何よりも重要なことといわねばならない。

## 四　イエスにおける「神」と「神の国」の区別と関係

### (一)　イエスにおける「神」と「神の国」のそれぞれの意味

滝沢インマヌエル哲学は、神と人間ないし世界との関係を根本的二義性ないし二重性として把握する。第一義の神人・神物関係なるインマヌエル（「神われらと共に在す」）は、人間がそれに気づこうが気づくまいが、それを無視しようがすまいが、そういったことにはいっさいかかわりなしに絶対一方的に神の方から刻々成り立たしめられているまぎれもなき原本的関係であり、これに対し第二義の神人関係なるインマヌエルは、人間がその第一義の神人・神物関係にはっしと目覚めたとき、そこにはじめて現成するものである。そうしてこの滝沢インマヌエル哲学の神人・神物関係の根本的二義性ないし二重性は、まさしくあのナザレ人・イエスの思想のうちにもはっきりとこれをみてとることができるのだ。すなわちイエスが「神」について言及するとき、それはたいてい滝沢哲学の第一義のインマヌエルに相当し、また「神の国」に言及するとき、それは滝沢哲学の第二義のインマヌエルに対応するといってよい。かくて本節では、イエスにおける「神」と「神の国」のそれぞれの意味をできるかぎり明らかにしてゆこうと思う。そこでまずイエスが「神」について言及するばあいをみてみよう。イエスは、「神」についてまずこういっている。

「父は悪人にも善人にも太陽を昇らせ、正しい者にも正しくない者にも雨を降らせてくださるからである」（マタイ五・四五）。

ここで「太陽を昇らせ」たり「雨を降らせ」たりするのは、もとより「父」なる神の働きにほかならない。が、そのばあいこれは、神が「悪人」や「正しくないもの」をもただたんに「絶対肯定」しているというのではありえない（これは、本文上掲イエスの言葉に対する八木氏の解釈にほかならない。たとえば、『無心』六〇頁参照）。イエスにとって神とは、とりもなおさず審きの主にほかならないからである。かくしてここでの意味は、「悪人」や「正しくない者」ですら神の働きの外では成り立つことができないということ、これを逆にいうならばそのような邪悪な人間たちもただひとえに神に支えられてのみ生きかつ働くことができるのだ、ということなのである。ここではだから、刻々神から人間に与えられてくる絶対不可逆的・根源的自由の会得なくしては、とうていこれを正しく理解することはできないだろう。ただ一方的に神から毎瞬毎瞬授けられてくるこの絶対不可逆的・根源的自由において、人間は自己のあるべき姿・形をあらかじめ決定されたように自己決定するべく有無を言わさず厳格に決定されているのである。人間の犯す邪悪とは、ひっきょうこの根源的自由の誤用というべきなのである。が、この根源的自由そのものは、ただひとえに神から与えられ課せられてくるものなのだ。それだからこそ、「悪人」も「正しくない者」も、「善人」や「正しい者」と同様に神の働きのもとでのみ成り立ち働くことができるといえるのである。

したがって、ここでイエスは、神の前には人間の正邪・善悪・義不義の区別がただ単純に消え去っていわば「絶対肯定」されているといっているのではありえない。そうではなくて、善も悪も、正も邪も、義も不義も、不断に絶対否定されつつ、と同時に間髪を容れず絶対肯定されているということでなければならない。かくてこれをより簡潔にいうならば、イエスのいわゆる神は、この世界ないし人間の絶対否定即肯定としてこの世界ないし人間と絶対不可逆的に直接一だということなのだ。

以上をいいかえるなら、うえのイエスの言葉は、神が邪悪や不義をもただ単純に「受容」（『無心』一六二頁参照）しているということではさらさらない。そうではなくて、邪悪や不義ですら神の支配の外では成り立ちえないということ、これを逆にいうならば、邪悪や不義ですら神の支配の下での出来事なのだということでなければならない。神は、かりそめにも邪悪や不義をただたんに「絶対に受容」（同上）し祝福することなどありえないのだ。かくして神は、それらを絶対に否定し抹殺することにより人間を絶対に肯定する方なのである。したがって上記イエスの言葉は、神と人間ないしこの世界との原本的な事実ないし関係について語ったものというべきだろう。かかるイエスの神は、まぎれもなく滝沢哲学の第一義のインマヌエル（の主）に対応するといわねばならない。

それはともかく八木氏によれば、「ユダヤ教の伝統でも、義なる神が罪ある人間を罰するけれども同時に赦すということがある」（『無心』一三三頁）という。その点イエスは、ユダヤ教の伝統をそのまま正しく受け継いでいるといってよいだろう。そこを八木氏はどう考えるのか。イエスの神は邪悪や不義をも「絶対肯定」「絶対受容」しているという氏の見解は、すこぶる甘く平板であるというべきではあるまいか。

さてつぎに、野の花・空の鳥についてのイエスの言葉をみてみよう。

「…空の鳥をよく見なさい。種も蒔かず、刈り入れもせず、倉に納めもしない。だが、あなたがたの天の父は鳥を養ってくださる。あなたがたは、鳥よりも価値のあるものではないか。…野の花がどのように育つのか、注意して見なさい。働きもせず、紡ぎもしない。しかし、言っておく。栄華を極めたソロモンでさえ、この花の一つほどにも着飾ってはいなかった。今日は生えていて、明日は炉に投げ込まれる野の草でさえ、神はこのように装ってくださる。まして、あなたがたにはなおさらのことではないか、信仰の薄い者たちよ」（マタイ六・二六―三〇。ルカ一二・二四―二八）。

いったいこのイエスの言葉は、道元のあの有名な言葉「一切衆生悉有仏性《いっさいしゅうじょうしつうぶっしょう》」にみごとに対応するとはいえないだろうか。すなわちイエスにとって神とは、たんに人間だけでなく自然界全体を今ここで根源的に養い支えている方なのである。そのさい神は絶対の主権者であり、人間ないし自然界は絶対の客体にほかならない。これをいいかえるなら、神と人間ないし世界とは絶対に分離することも・混同することも・逆にすることも出来ない仕方で、端的にいって絶対に不可分・不可同・不可逆的に直接一だということである。これは、とりもなおさず滝沢哲学の第一義のインマヌエルないし神人・神物の原関係にほかならない。

神について、イエスはさらにつぎのようにも語っている。

「二羽の雀が一アサリオンで売られているではないか。その一羽さえ、あなたがたの父のお許しがなければ、地に落ちることはない。あなたがたの髪の毛までも一本残らず数えられている」（マタイ一〇・二九―三〇）。

これらのイエスの言葉もまた、人間を含めた自然界全体の森羅万象が根源的かつ徹底的に神の臨在ないし働きのもとでのみ成り立ちうることを端的に語ったものとはいえないだろうか。そうしてそれは、まぎれもなく滝沢哲学の第一義のインマヌエルないし神人・神物の原関係に対応するものといってよいだろう。

さてつぎに、イエスが「神の国」ないし「神の支配」について言及するばあいをみてみよう。まず第一に、「神の国」についてイエスはこういっている。

「また、イエスは言われた。『神の国は次のようなものである。人が土に種を蒔いて、夜昼、寝起きしているうちに、種は芽を出して成長するが、どうしてそうなるのか、その人は知らない。土はひとりでに実を結ばせるのであり、まず茎、次に穂、そしてその穂には豊かな実ができる。実が熟すと、早速、鎌を入れる。収穫の時が来たからである」（マルコ四・二六―二九）。

ここでイエスは、「…種は芽を出して成長するが、…まず茎、次に穂、そしてその穂には豊かな実ができる」といっている。そのさいこれら「芽」「茎」「穂」「実」といった成長過程によってイエスは、けだし個々の人間における神の国の実現から、それの自発自展――これを裏からいえば、神の御意に添った神の国の発展・展開――としていわば共同体としての神の国の実現、さらに将来的終末における全人類的・全世界的な規模での神の国の完成・成就といった神の国のいわば発展過程を示唆しているとはいえないだろうか。そうして、その背後には、これを絶対不可逆的に直接一なるものとして神のリアルな働きがある、と、そこまで読みとることもできるのではあるまいか。なぜなら、ここでイエスは、「…どうしてそうなるのか、その人は知らない」といっているからである。もとより、神を覚知し、かくて「神の国」を実現した人間は、一応神の御意を知ってはいるだろう。が、しかし、神の御意は絶対これだ、と断定的に「知る」ことは、もうとう不可能なのである。神の御意は、絶対の秘義なのだからである。それはともかく、かくしてここは、八木氏のいうごとくたんなる「終末への暗示」(『無心』九四頁)といったものではないだろう。もっと具体的に、ここでイエスは終末の到来の仕方について語っているというべきではあるまいか。そのさいその終末とは、ただたんに突然神から一方的にもたらされるものとしての当時一般に流布していたいわゆる終末といったものではなくて、神からの絶対不可逆的な根源的自由における人間の、神の御意に添うた主体的行為によって徐々に実現・成就されるものとしての、そういう終末というべきではないであろうか。

こうしてほぼ明らかなように、ここでの「神の国」とは、「神」つまりは滝沢哲学のいわゆる第一義のインマヌエルなる神人関係を映出・表現するとき、この世に自然にアウトマテーに実現・成就されるものとしての滝沢哲学のいわゆる第二義のインマヌエルないし神人関係について語ったものといってよいだろう。第一義のインマヌエルとしての「神」そのものが「成長」して「実を結」ぶということは、ゆめにもありえないからである。そうしてそのばあいこの神の国は、上述したごとく個々の人間においてのそれからそれの自発自展としての共同体としてのそれ、さらに将来的終末における全人類的規模でのそれへとしだいに成長・発展していくものと考えられていると いってはいいすぎだろうか。

＊　ちなみに、第一章で言及されたカントの「世界連合」も、ひっきょうこの延長線上で考えられるべきものだろう。そ

うして、それが積極的に展開されたもの、それが、ほかでもない第六章二の「性差別・階級差別の起源と差別なき自由・平等な愛の共同体インマヌエルの樹立に向けて」におけるその「愛の共同体インマヌエル」といわねばならない。

それはともかく、話を先のイエスの言葉にもどすと、「土はひとりでに実を結ばせる」といわれるとき、そこには上でも示唆したようにそれによっていわば天に裏づけられた地つまりは天地一枚が考えられているように思われる。これは、明らかに第一義のインマヌエル理解ではあるまいか。つまり第一義のインマヌエル理解が「神」認識としてまず先にあり、それからそれにもとづいて「ひとりでに（アウトマテー）」生ずるものとして第二義のインマヌエルが「神の国」として考えられているとはいえないだろうか。

この点に関してマタイやルカは、当時の一般的通念としてどこか彼方の天における「神の国」、もしくは将来の終末においてただたんに一方的に神からもたらされるものとしての「神の国」しか知らなかったから、いいかえれば個々の人間もしくは各共同体における、「神」ないし第一義のインマヌエルの映出・映現を「神の国」と表現する習慣がなかったから、イエスの上の言葉が理解できないで、これをそのまま取り上げたマルコとは異なってそれを削除してしまったのではあるまいか。然り、マタイやルカ、いや当時の原始教団にとって「神の国」とは、将来一方的に神によってもたらされるものであったのだ。そこには、よし根源的には神によってではあれ、しかし同時に他面では間髪を容れず人間の、その御意に添うた主体的自由によって実現されるもの――これこそ、後述するごとく「神の国」成就に対するイエスの確たる自覚であった――という「神の国」への自覚がまったく欠如していたといってよいだろう。だから第一義のインマヌエルと第二義のそれとを「神」と「神の国」として峻別しつつ、しかも後者もたんに一方的に神によってもたらされるものとしてではなく、絶対に不可逆的な根源的自由における人間の主体的行為によって実現・成就されるものとして理解していたイエスと、「神の国」理解においてマタイやルカにあってははっきりとその相違がでてきてしまったのだというべきだろう。

その点パウロはどうであろうか。パウロは一方で「世界が造られたときから、目に見えない神の性質、つまり神の永遠の力と神性は被造物に現われており、これを通して神を知ることができます」(ローマ一・二〇)といい、他方では「生きているのは、もはやわたしではありません。キリストがわたしの内に生きておられるのです」(ガラテヤ二・二〇)とか「キリストの体である教会」(コロサイ一・二四)とかといっている。このばあい第一の言表は、イエスの「神」ないし第一義のインマヌエルへのパウロのたしかな自覚といいうるだろうし、第二・第三の言表は、イエスのいわゆる「神の国」つまりは第二義のインマヌエルへのはっしとした自覚のパウロ的表現といってよいだろう。

それはともかく、マルコ第四章二六節—二九節のイエスのたとえを、八木氏の解釈を参考にしつつさらに省察してゆきたい。八木氏はこう語っている。

「第一は『アウトマテー』が、神の支配はどういうものかということが問題となっている文脈、つまり神の支配の譬え話の中で出てくるわけですね。それは神の支配の働き(要するに神の働き)であるわけです。…神の支配の働きが即大地の自発自展というように言われているわけです。…だから天と地を絶対矛盾というように言えばですね、これは絶対矛盾の同一なんですよね。それで『おのずから』(ひとりでに)が成り立つ」(『無心』一〇九頁。)

ここで八木氏は、「神の支配の働きが即大地の自発自展」であり、それゆえ「天」と「地」ないし神と世界とは「絶対矛盾の同一」だといっている。が、しかし、はたしてそういってよいのだろうか。それは、いささか厳密さに欠けるのではあるまいか。八木氏はここで、「神の支配の働き」を「要するに神の働き」といいかえている。けれども他方で八木氏は、何度も繰り返し強調してイエスにおける「神」と「神の支配(=神の国)」とをはっきり区別している。とすると、上述の「神の支配の働き」を「要するに神の働き」というばあい、八木氏はここで

「神」と「神の支配」をどう区別し関係づけているのだろうか。けだしマルコの上記引用箇所は、神の働きが「即大地の自発自展」としておのずから（アウトマテー）、そこに第二義の絶対矛盾的自己同一ないしインマヌエルとしての神の国ないし神の支配が成り立つといっているのではなかろうか。ところが八木氏は、西田哲学のいわゆる絶対矛盾的自己同一において、滝沢哲学のいわゆるインマヌエルの根本的二義性に対応したそれを明確に区別していない。それだから「ひとりでに実を結」ぶ「神の国」としての第二義のインマヌエルを、即「絶対矛盾の同一」といって何ら怪しむことがないのではなかろうか。ところが絶対矛盾的自己同一とは、まず何よりも第一義のインマヌエルつまりはイエスの「神」のところでいわれるべきことなのである。

それはともかくこの「アウトマテー αὐτομάτη」（おのずから・ひとりでに）は、同時に人間の側の「みずから」でもあるのではなかろうか。すなわち神の御意のままに、その御意に添うておのずから、しかし人間の側のみずから、つまりは人間の不可逆的な根源的自由によって第二義のインマヌエルないし神の国が成立すると考えられているのではあるまいか。かくしてここでは、天と地ないし神と世界とのいわば絶対不可逆的な矛盾的自己同一としての第一義のインマヌエルもしくは神人・神物関係が当然の前提としてまずあって、そこで、それにもとづいて「おのずから」かつ「みずから」第二義のインマヌエルないし神人関係なる神の国が成立すると語られているのではなかろうか。その点八木氏は、すこぶるあいまいといわざるをえない。氏はこう語っている。

「神の支配はおのずから働いて実を結ぶわけですね」（『無心』一一八頁）。

いったいこれは十分正確といえるだろうか。厳密にはこういうべきではあるまいか。すなわち「神はおのずから働いて」、人間の不可逆的な根源的自由を介しつつ「実を結ぶ」のだと。つまり「神」の働きが積極的に実を結んだもの、それが「神の支配」であって、かりそめにもその逆ではありえない。そのさいかりに、八木氏のいうごとく「神の支配」が「実を結ぶ」というのなら、その「実を結んだ」「神の支配」と「実を結ぶ」以前の「神の支配」とは、いったいどう区別され関係づけられるのか。こういった微妙な点で、八木氏はすこぶる不明瞭といわざるをえない。

さて、「神の国」について、イエスはまたこうも語っている。

「イエスは弟子たちを見回して言われた。『財産のある者が神の国に入るのは、なんと難しいことか。』…イエスは更に言葉を続けられた。『子たちよ、神の国に入るのは、なんと難しいことか。金持ちが神の国に入るよりも、らくだが針の穴を通る方がまだ易しい』」（マルコ一〇・二三―二五）。

ここで「神の国に入る」とは、けだし将来的ないわゆる終末における神の国に入るということではなくて、みずから進んで「神」の支配下に入る、つまりは神に目覚めこれを信ずるということではなかろうか。かくしてここでの「神の国」とは、いわゆる将来的な世界の終りとしてのそれではなく、むしろ個々人の実存における今・ここでの第一義のインマヌエルなる「神」への目覚め・覚醒というべきだろう。だからそれは、第二義のインマヌエルの実現・成就といってよい。とするなら八木氏のつぎの言表、「イエスが『神の支配』（＝神の国）について語るときには終末論的」（『無心』八五頁）だ、というのは必ずしも正しいとはいえないのではあるまいか(9)。

それはさておき、これらの言葉に少し先立ってイエスは、「なぜ、わたしを『善い』と言うのか。神おひとりのほかに、善い者は誰もいない」（マルコ一〇・一八）といっている。これは、神の唯一無二の絶対性を語るものとして、神と人との絶対の不可逆的関係を看破したものといってよいだろう。そしてこのように第一義のインマヌエルにおける絶対不可逆的関係をその神認識においてしかと看てとっていたがゆえにこそ、その第一義のインマヌエルに目覚めることこそ「神の国に入る」ことであり、そうしてそれが「天に富を積」（マルコ一〇・二一）んで「永遠の命を受ける」（マルコ一〇・三〇）ことだ、ということができたのだろう。

ところで、イエスは、「天の国」つまりは「神の国」についてさらにまたこうも語っている。

「天の国は次のようにたとえられる。畑に宝が隠されている。見つけた人は、そのまま隠しておき、喜びながら帰り、持ち物をすっかり売り払って、その畑を買う。

また、天の国は次のようにたとえられる。商人が良い真珠を探している。高価な真珠を一つ見つけると、出かけていって持ち物をすっかり売り払い、それを買う」（マタイ一三・四四―四六）。

ここで「持ち物をすっかり売り払」うとは、けだし「天の国」（＝「神の国」）を「買う」ためには、いっさいのこの世的とらわれから脱却せねばならない、我欲我執をきっぱり捨て無我・無心とならねばならない、ということではあるまいか。

そのさいここで「天の国」について、ひとがそれを「見つけ（る）」とか「買う」とかとされていることに注目したい。すなわちイエスにとって「神の国」とは、「神」の威力に乗って、が、しかし、それを「見つけた」り「買う」といった人間的行為をも前提として成り立つとされている点である。つまり「神の国」の実現・成就には、人間の主体的行為が関与するのだ。そうしてその人間の主体的行為の前提となる自由そのものは、刻々神からただ一方的かつ不可逆的に与えられ課せられてくるのである。その点、ある日突然歴史の終末がただたんに一方的に神の方からもたらされ、そこに神の国が成立すると考えられていた当時の一般的通念とは大きく異なっていることに深く留意する必要がある。

かくして上の引用句での「天の国」ないし「神の国」とは、滝沢哲学のいわゆる第二義のインマヌエルにたしかに相当するといわねばならない。

イエスにとって「神の国」とは、このようにたんに将来的なものではなく今・ここでのまったき現在的なものであったこと、その点はイエスのつぎの言葉からもまったく明らかだろう。まず第一に、イエスはこう語っている。

「ファリサイ派の人々が、神の国はいつ来るのかと尋ねたので、イエスは答えて言われた。『神の国は、見える形では来ない。「ここにある」「あそこにある」と言えるものでもない。実に、神の国はあなたがたの間にあるのだ』」（ルカ一七・二〇―二一）。

ここで明らかなごとく神の国とは、イエスにとって当時一般的通念として捉えられていたたんに将来的なものではゆめにもなく、今・ここでの具体的現実であったのだ。すなわち、「神」つまりは第一義のインマヌエルに目覚めこれを信じその御意に添うて愛を実践するとき、そこにすでに神の国は現成するというべきなのだ。なぜなら、ここでイエスは、「神の国はあなたがたの間にある」といっているが、これはすなわち「神の国はあなたがたの間にある」絆、つまりは慈愛の関係、そこにこそあると解釈することができるからである。かくしてこのイエスのいわゆる神の国とは、滝沢哲学のかの第二義のインマヌエル*ないし神人関係に対応するといってよいだろう。そのさいその第二義のインマヌエルとは、第一義のそれに目覚めた人間というよりも、より正確にはその目覚めた人間と神との呼応関係というべきなのだ。だからイエスも、「神の国は、見える形では来ない」というのではあるまいか。いずれにせよ、ここでイエスが神の国という語でもって滝沢インマヌエル哲学の第二義の神人関係を意味していること、その点はこうしてほぼ明らかといってよいだろう。

＊　滝沢は、第二義のインマヌエルを第一義のそれに目覚めた人間という。けれどもより正確にいうならば、第二義のインマヌエルとは、第一義のそれの真実主体としての神とそれに目覚めた人間との呼応関係というべきだろう。その点は、第二義のインマヌエルとは、「神われらと共に在す」ということからも明らかである。筆者はそれを、ドイツ・ベルリンに在住していた滝沢の弟子・故ベトヒャー牧師の指摘をうけて、すでに最初期のドイツ語論文「Die Immanuel-Theologie Katsumi Takizawas im Vergleich mit der Theologie Dietrich Bonhoeffers」（千葉商大紀要、またその一部は Zeitschrift für Mission, 1/1999, 25 Jahrgang, Evangelischer Missionsverlag Stuttgart に掲載）で明らかにしている。なおその邦訳は、

拙著『現代の危機を超えて――第三の道』（南窓社）の第Ⅱ章として収められている。参照していただければ幸甚である。

さて、神の国の現在性について、第二にまたイエスはこういう言い方もしている。

「しかし、わたしが神の霊で悪霊を追い出しているのであれば、神の国はあなたたちのところに来ているのだ」（マタイ一二・二八。ルカ一一・二〇）。

ここでの「神の国」（＝「神の支配」）を八木氏は、「人間イエス」と「区別されながらひとつになっている」「神の働き」（『無心』一七五頁）と解釈している。だがそれは、はたして正しいといえるだろうか。いまひとつあいまいなのではなかろうか。なぜなら八木氏の解釈では、「神の霊」と「神の国」とが「区別」（『無心』一七五頁）されている理由がはっきりしないからである。むしろここでイエスがいわんとしていることは、永遠に到る処に現臨している第一義のインマヌエルないしその真実主体としての「神の霊」にもとづいて、イエスは第二義のインマヌエルとして「神の国」を今・ここに実現・成就しているということではあるまいか。ここでもイエスは、「神の霊」と「神の国」とをそれと意識して明確に区別して使い分けているのではなかろうか。いずれにせよ、ここでの「神の国」（＝「神の支配」）も、八木氏の主張とは裏腹に「終末」とは何ら関係なく語られていることに留意しておきたい。第二義のインマヌエルなる神の国ないし神の支配は、イエスにとっていつか突然おとずれるたんに将来的な「終末」のことではもうとうありえず、すでに今・ここに現在しうるものなのである。そうしてその大前提として、いつも・どこにでも永遠にリアルに働きかけている「神の霊」、つまりは第一義のインマヌエルの働きがしっかとつかまれているのだといわねばならない。

かくしてイエスが、「ただ、神の国を求めなさい」（ルカ一二・三一。マタイ六・三三）というとき、それはとりもなおさずすでに生起している「神」の働きをおのが身心において体現・表現すべく日夜努力せよということではあるまいか。すなわちそれは、第一義のインマヌエルとしての「神」の働きの・自己自身における自覚的な現成と、その発展・展開としての将来的終末における全人類的な現成と、それら両者の意味での「神の国」にほかならず、つまりは第二義のインマヌエルないし神人関係といえるのではなかろうか。

こうしてイエスのいわゆる神の国の意味がほぼ明らかになるとき、八木氏のつぎのごとき言表はかならずしも正鵠を射ていないことが明らかとなる。氏は、こう語っている。

「イエスは現在働いている『神の支配』が完全に成就するとき神の『国』が到来すると考えたのだと思います」(『無心』一四一頁)。

この八木氏の理解からするならば、イエスは「現在働いている『神の支配』」は完全ではない、つまりは不完全であると認識していたことになる。いったい何を根拠に、八木氏はそう解釈するのだろうか。ひょっとしていまだポテンチアないし潜勢力としての神の働きが「完全に」かつ全面的にリアルなものとなったとき、それが「神の国」の到来と、イエスは考えていたとでもいうのだろうか。

否、イエスにとって「神」なる第一義のインマヌエルは、今・ここに、永遠に現在的かつ「完全」に存在しているというべきなのだ。既述したごとき「父(=神)は悪人にも善人にも太陽を昇らせ、正しい者にも正しくない者にも雨を降らせてくださる」というあの言葉、またかの野の花・空の鳥についての言表等は、イエスにとって第一義のインマヌエルなる「神」の働きが「不完全」だとか「ポテンチア」だとかといった考え方を真向から排斥するとはいえまいか。人間が生きるうえでの絶対の大前提、永遠に生ける確乎としたリアルな土台、そのようなものとして第一義のインマヌエルないしその真実無限無相の主体として、「神」は考えられているというべきではあるまいか。そして、そのような第一義のインマヌエルなる「神」の働きをいわば信知したもの、それが個々人・個々の共同体における第二義のインマヌエルとしての「神の国」の実現・成就にほかならず、そしてそれの全人類的規模での普遍的成立が将来的終末における「神の国」の現成と、イエスは考えていたのではなかろうか。かくして今・ここでの「神の国」の実現も、さしあたりはよし局部的なものではあったとしても、ゆめにも不完全なものではありえず、そのつど自己完結しつつ刻一刻深められ広められてゆくものというべきなのだ。

最後に、イエスにおける「神」と「人の子」（イエスにおける「人の子」の意味について詳しくは、本章五を参照されたい）および「神の霊」のそれぞれの区別と関係について簡単に触れておきたい。イエスの「神」とは、どこか彼方の中空にただようがごとき抽象的・孤立的な神ではもうとうない。そうではなくて、それはこの世界の真っただ中にあって具体的かつ普遍的にいつも到る処で生きかつ働いている神なのだ。だからこそイエスは、「神」という言葉でもって端的に神と人ないし物との原本的関係つまりはインマヌエルの原事実・原関係を表現しえたのであり、そしてこの神の働きに対応した被造物とりわけ人間の代表としての、やはり神による具体的な応答ないしその人格化、それをユダヤ教の伝統をも踏えつつ「人の子」と呼んだのではなかろうか。「人の子」とはだから、イエスにとって「神の国」つまりは第二義のインマヌエルの具体的な神的内容といってよいだろう。そうしてこの「神」および「人の子」の働きをこの世に伝えるもの、それを「神の霊」といっているのではあるまいか。そのさいこのイエスのいわゆる「人の子」と「神の霊」とは、そのそれぞれがいわゆるキリストと聖霊——もっともそれらは、伝統的な西洋キリスト教の意味ではかならずしもない——におのおの対応するといってよいだろう。かくしてイエスにあっても、のちの古代教会においてキリスト論との不整合性を内包しながら定式化されたいわゆる三位一体論が、その骨格はすでに正しくつかまれていたといわねばならない。

## (二)　イエスにおける「神」と「神の国」に対する八木誠一氏の解釈とそれへの根本的批判

本節では、イエスの「神」および「神の国」（＝「神の支配」）に対する八木誠一氏の解釈を能うかぎり明らかにするとともにそれへの根本的批判をも試みてみたいと思う。まず八木氏の言葉からみてゆこう。

「ところがイエスが神について語りだすと、それすら超えられてしまった。つまり善と悪という区別が完全になくなってしまって、そこには人間と世界が神から絶対に受容されているという面がはっきりと前に出る」（『無心』一九一頁）。

いったいこの解釈は、イエスの「神」認識に対する本当に正しい理解といえるだろうか。イエスにとって、「神」の前では「善と悪という区別が完全になくなってしまって」いるというべきだろうか。「父は悪人にも善人にも太陽を昇らせ、正しい者にも正しくない者にも雨を降らせてくださる」というイエスのあの言葉、それははたしてそのように解釈すべきものなのだろうか。否々、神は「人間と世界」をただたんに「絶対受容」しているというべきではないだろう。いやもっと正確にいうならば、絶対否定即肯定として神は、そのかぎりで人間と世界を絶対受容しているのだというべきではあるまいか。神は、イエスにとってたんに創造主であるばかりではなく、同時にまた審き主でもあることをゆめにも忘れてはならないだろう。かくして悪はもとより善もまた、神により刻々絶対に否定ないし無化されていると同時に、間髪を容れず肯定され受容されているのだというべきである。したがって、神の前では「善と悪という区別が完全になくなってしまう」ということなどもうとうありえない。神は、イエスにとってあくまでも善と悪とを根本的に区別する総体的・根源的基準というべきなのである。

さて、イエスの行為について記されている『マタイ福音書』第九章一〇節―一一節に関連させて、八木氏はまた『ルカ福音書』第一五章一節―二節をつぎのように解釈する。その八木氏の解釈に先立って、まず『ルカ福音書』のこの箇所を引用したい。

「徴税人や罪人が皆、話を聞こうとしてイエスに近寄って来た。すると、ファリサイ派の人々や律法学者たちは、『この人は罪人達を迎えて、食事まで一緒にしている』と不平を言いだした」（ルカ一五・一―二）。

『ルカによる福音書』のこの箇所を、八木氏はつぎのように解釈する。

「つまり、イエスは、ある人間が立派な人だから、あるいは神の御心にかなったことをしているから受容する、というのではなく、どんな人でも自分と一緒に生きる相手として認め、交わり、受け容れた。これがひじょうに大切なことだと思うのです。

…イエスの人間受容には善悪の区別がない。もともとみんな――無条件にみんな――が神の子なんです。だから全人類が『われわれ』だ。『われわれ』と『他人』、まして『敵』という区別がない」（『無心』一一二頁）。

このように語って八木氏は、『ルカによる福音書』の上記引用句におけるイエスの態度・行動を『マタイによる福音書』第五章の四五節以下と比較してこう語る。

「神は善人にも悪人にも太陽をのぼらせ、雨を降らせるという、あの（イエスの）言葉と響き合っていると思うのですね」（『無心』一一二頁）。

が、はたして本当にそう言い切っていいのだろうか。イエスの人間受容は、ただ単なる「無条件」・無差別だったといえるだろうか。たしかに「罪人」や「病人」、「徴税人」や「娼婦たち」に対して、イエスはすこぶる親切であり友好的だった。だが、パリサイ人＝ファリサイ人や律法学者に対してはどうであったか。いや、かれらに対しては徹底的に厳しい批判をあびせかけたのではなかったか。そういう有無を言わさぬ厳しい批判のうえで、イエスはかれらを受容したというべきではあるまいか。

翻って思えば、いったい「罪人」や「病人」、「徴税人」や「娼婦たち」は、「神の御心にかなっ」てはいなかったというべきだろうか。かれらが神の御意に背いた悪人であるにもかかわらず、イエスはかれらと親しく交わったというべきだろうか。イエスにとっては逆に、かれらの方こそが当時の実力者や権力者以上に「神の御心にかなった」善人ではなかったのだろうか。なるほど「罪人」や「病人」、「徴税人」や「娼婦たち」は、当時の社会では厳しく排斥されていた。にもかかわらず、イエスからみるかぎり彼らこそ、上述したごとくパリサイ人や律法学者以上に神の御意にかなった人々だったのである。かくしてかれらは、それらの権力者・実力者たち以上に神の愛の対象だったのだ。だからこそイエスは、かれらをすこぶる寛容に受け入れたのだといわねばならない。

かくしてここには、第五章三でもまた触れるごとく親鸞のあの有名な悪人正機説（「善人なほもつて往生を遂ぐ。いはんや、悪人をや」）に対応したイエスの深い人間洞察が反映しているとはいえないだろうか。すなわち、当時社会的には「洗練」されて「高貴」な「善人」とみなされていた権力者や実力者たち、かれらこそ実は神仏の眼からみるかぎりその御意に背いた悪人であり、逆に社会的には「粗野」で「野蛮」な「悪人」や「罪人」とみなされていた社会の底辺層の人々、かれらこそ実は神仏の眼からみるかぎりその御意にかなった善人にほかならず、かくしてもしかりに前者の「善人」たちですら救われうるのだとするならば、ましてや後者の「悪人」たちはなおさら救われないことなどありえない、ということではあるまいか。

したがってイエスは、人間すべてを善人も悪人もそのどちらをもたんに「無条件」にかつ無差別に「受容」したのではありえない。『マタイによる福音書』第五章四五節以下のあのイエスの言葉も、既述したように善人や悪人に対する神のたんに「無条件」・無差別の「絶対肯定」を意味しているのではなく、いわば絶対否定即肯定としてのそのかぎりでの絶対受容を意味しているというべきなのだ。

さて八木氏はまた、イエスのいわゆる神の国ないし神の支配についてこうも語っている。

「私の理解をまず簡単に申してしまいますと、神の支配の働きというものは日常生活での価値観を超えるのですね。つまり当時の日常生活では律法を勉強できない人たち、したがって律法を守ることもできない人たちは神の民共同体にも神の国にも無縁な者と見られていた。他方、律法を一所懸命勉強して、それを守る人たちが神の国に入るのだとされていた。ところがイエスが説く神の支配から見ると、それがそうではなくて、取税人とか遊女たちの方が遙かに神の支配を受け容れやすいし、したがって彼らの方がパリサイ人よりも先に神の国に入るのだという著しい言葉が出てくる（マタイ二一・三一―三二）から、神の支配といわれる働きですね、イエスが言う神の支配は日常生活での善悪とか価値・反価値の差別を超えるのですね。超えて、却って、神の国から除外されていると考えられていた人たちの方が神の国の民としてみられてくる」（『無心』一九〇頁）。

かかる八木氏の言説は、はたして本当に正しいといえるだろうか。「神の支配の働き」は、本当に「日常生活の価値観を超える」、「日常生活での善悪とか価値・反価値の差別を超える」といってよいのだろうか。否々、かならずしもそうではあるまい。この「マタイ二一・三一―三二」でイエスがいっていることは、先にも簡単に触れたごとく親鸞のあの有名な悪人正機説にみごとに対応するものというべきだろう。すなわち、ふつうには「悪人」「罪人」とみなされてはいるけれど、しかしその実は「善人」「義人」なる当時の貶しめられ虐げられた人たち――取税人や遊女たち――こそ、逆に当時「善人」「義人」とはみなされていたけれど、しかしその実は「悪人」「罪人」ともいうべき支配者や抑圧者たち――パリサイ人（や律法学者）――よりも「神」の働きを「受け容れやすいし」、それゆえにまたより先に「神の国に入るのだ」、とイエスはいっているのではなかろうか。親鸞の悪人正機説も、それと類比的に理解されてよいのではあるまいか。

かくしてイエスのこれらの言葉は、よし当時の「日常生活の価値観を超える」とか、当時の「日常生活の善悪とか価値・反価値の差別を超える」ものとして「神の支配の働き」をとらえていたとしてみても、しかしそれはかりそめにも「神の支配の働き」ないしその真実主体なる神の意志が、人間世界の真の善悪ないし価値・反価値の絶対基準であることをやめるわけではありえない。イエスはここで、通常の一般的通念としての善悪ではなく、人間としての真の善悪を見据えているのだというべきだろう。そして「神」の意志を「受け入れ」た真に正しいもの・義なるものこそ、「神の国に入るのだ」といいたいのではあるまいか。

ところで八木氏は、ここで当時の「日常生活の価値観を超える」・当時の「日常生活の善悪とか価値・反価値の差別を超える」イエスの視点として、一方では前述したようにこれを「神」といい、他方ではこれをここで「神の支配の働き」という。が、しかし、それら両者の区別と関係については、これをまったく明らかにしていない。イエスの「神」と「神の国」（＝「神の支配」）についての八木氏の解釈がすこぶるあいまいなこと、それはここでも完全に暴露されているといわねばならない。

それはともかくイエスのいわゆる「神の国」（＝「神の支配」）とは、のちに詳論するごとく、八木氏のいうように「神」よりも上層のいわば「中心層」のレヴェルといったものではなく、この「神の国」にあっては第一義のインマヌエルとしての神人関係がすでに前提されているのであって、この第一義のインマヌエルなる神人関係こそ、善悪・正邪・高低・精粗・深浅の絶対的かつ根源的基準だということだろう。そのさいその第一義のインマヌエルの絶対無我無償の真実主体こそ、あえていうなら神・人の子（＝キリスト）・神の霊（＝聖霊）としてのいわば三位一体の神というべきなのである。*

＊　八木氏は、「神の支配」の人格的表現が「人の子」だといっている（『無心』一六七頁）。とすると、その「神の支配」と「神」との区別と関係はいったいどうなるのだろうか。「神の支配」とはまさにリアル化した神の働きであり、これに対し「神」とは、このリアル化する以前の「ポテンチア」（＝潜勢力）な働きのいわばその主体ないし人格化とでもいうのだろうか。とするならば、そのような「神」とは何と無力で非現実的な神だろう。

さて、イエスのいわゆる「神の支配」について、八木氏の解釈をさらにつづけて注意深くみてゆこう。八木氏は、またこうも語っている。

「ああではいけない、こうではいけないと言っているのは結局自我だ。だから自我が滅んだところではじめて、神の支配がここで自然法爾に成り立ってくる。これが私はイエスが言いたかったことではないかと、そう理解しているのです。…個我と集団我が滅んだときに全人類が神の子であることが見えてきて、また神の支配が自然法爾的に、『おのずから、ひとりでに』成り立ってくるのだと」（『無心』一九四頁）。

八木氏によると、イエスのいわゆる「神の支配」は、「自我が滅んだところではじめて」、「個我と集団我が滅んだときに」「成り立ってくる」という。これは、一見すると滝沢哲学の第二義のインマヌエルないし神人関係に対応しているようにも思われる。だが、しかし、この「自我」「個我」「集団我」という言葉が、すこぶるあいまいなのである。この「自我」「個我」「集団我」をエゴイズムのエゴつまりは我、要するに我にとらわれた我ととるならば、上述の八木氏の言葉は一応正しい。けれども、一般に広く自己についての反省的意識ととるならば、それは必ずしも正しいとはいいがたい。イエスの「神の支配」なる第二義のインマヌエルは、いわば無分別の分別智としていわゆる無意識から反省的意識までを含めて、それがエゴイズムでないかぎりすべてを貫徹しているというべきだからである。

それはともかく、八木氏の上の言葉を「一応」正しいといったのは、これをいいかえるなら、もとよりそれがいまだ十分には正確でない、ということにほかならない。なんとなれば、ここで八木氏は、「神の支配が自然法爾的に、『おのずから、ひとりでに』成り立ってくる」といっているが、これをより厳密にいうならば、「神の支配」（＝神の国）の成立には、ただたんに「『おのずから、ひとりでに』成り立ってくる」という面だけでなく、と同時に他方で、われわれ人間における絶対不可逆的な根源的自由における、どこまでも主体的な「みずから」の契機がなくてはならないからである。とはいえ、これは、我が滅んだところにすでに存在しているというのなら、それはそれでいいだろう。

それはともかく、この「神の支配」が成り立つためには、それ以前にすでに第一義のインマヌエルないし「神」の働きがなければならない。ところが、「自我が滅」ぶ以前の神の働きかけは、八木氏のばあいまったき意味でのリアルなものではありえずたんにポテンチア（潜勢力）なものにすぎない（『無心』二一一頁―二一四頁を参照）。だから、ポテンチアとして潜在していた神の働きが、「自我が滅」ぶことを必要不可欠の必須条件としてリアル化し現実化するのであって、だからこそ八木氏はそこではじめて「神の支配」が「成り立」つというのであろう。ここにはしかし、神と人間とのあいだの絶対不可逆的関係が完全に見落されている。滝沢インマヌエル哲学によるならば、神の働きないし第一義のインマヌエルは、人間の「自我が滅」ぶか滅ばないか、そんなことにはいっさいかかわりなくいつも・どこにでも活き活きとリアルに厳在しているのであって、それだからこそ神のこのリアルな働きかけつまりは第一義のインマヌエルを究極の基礎とし、また終局の目標・不断に新たな原動力として時到って我が滅ぶことができるのであり、そこにはじめて「神の支配」つまりは第二義のインマヌエルなる「神の国」が成り立つというべきなのだ。そうしてそれこそ、まぎれもなくイエスの思想でもあったといわねばならない。

以上を別言すると、『無心と神の国』の六二頁で八木氏は、人間の側の「無心が現成」したとき、「そこで初めて」「神の支配が自然に成り立ってくる」といっている。けれども、「無心」と「神の支配」とは、時間的にも事柄の本質的な順序からいってもまったく同時のものというべきではなかろうか。そこには、いかなる意味でも先後の順序はありえないのだ。ここに、ここにこそ、イエスのいわゆる「神」および「神の支配」への八木氏の誤解ないし無理解がかすかながらほのめいている。まず第一に、「神」なる第一義のインマヌエルは、「無心」であろうとなかろうと、人間の側のいかなる姿・形にもいっさいかかわりなく毎瞬毎瞬絶対無条件に成り立ってくる。その意味で、それはいかなる意味でも「ポテンチア」などではとうていありえず、つねに新たなる到る処での絶対のリアリティというべきなのだ。八木氏の言葉とは裏腹に、第一義のインマヌエルとしての「神」が絶対的リアリティとしていつも・到る処で働いているからこそ、無心が人間の自由な責任においてどこまでもコンティンゲント（contingent・偶発的）に成り立つことができるのである。そうしてそれがいわば第二義のインマヌエルなる「神の支配」にほかならず、そこではじめて第一義のそれが一見消極的な形から積極的な形へとその姿を変えて、いや「神」の働きそのものはいつも絶対的リアリティとして同じであるけれど、それを映す人間の側のあり方の変化によって形を変えて現われてくる、いな人間がそれを積極的に表現してくるということなのだ。この点八木氏の理解は、とうてい正鵠を穿っているとはいいがたい。ちなみに八木氏は、のちに詳論するごとくイエスのいわゆる終末思想についても、その現在的終末と将来的終末と、それら両者の根本的二義性ないし二重性を完全に見失っている（『無心』六一頁を参照）。けだし第一義のインマヌエルなる「神」には第一義の終末が直属し、第二義のインマヌエルなる「神の支配」の、その全面的かつ普遍的な姿・形こそ、ほかならぬ将来的な終末の現成というべきだろう。

　ところで、イエスの「アウトマテー」（「おのずから、ひとりでに」）ないし親鸞の「自然法爾」についてここで改めて簡単に言及すると、それらが少なくとも人間の眼に積極的に成り立つのは、もとより「神の支配」つまりは第二義のインマヌエルの成就のときといってよいだろう。が、しかし、消極的には、それはいつも・どこにでも成り立っているというべきである。たとえばイエスが「野の花、空の鳥を見よ！」というとき、それはまさに、そこにすでに神の意志が「アウトマテー」かつ「自然法爾」に成り立っていることのたしかな指摘といわねばならない。が、この点については、六であらためて詳論することにしたいと思う。

　ちなみに八木氏は、七の㈠で詳述するごとく人間の現実を三層に分けてつぎのようにいう。

「したがって神に絶対的に受容されているというレヴェルが基本的な一番深いレヴェルだとしますと、その上に神の支配が自然法爾として成り立ってきて働くレヴェルがあり、最後に一番表層に我々日常生活の文化的倫理的諸価値のレヴェルの事柄が成り立ってくるのだと思います」（『無心』一九四頁）。

私見によれば、人間はその意識的部分、無意識的部分、さらにその底のいわば原始意識的部分を含めて、すべてトータルにかつ完全に第一義のインマヌエルないしインマヌエルの原事実、あるいはその絶対無我無償の真実主体なる神によって徹底的に支配しつくされてしまっており、かくてこの大いなる神の審きと祝福のもとにつねに立たされているというべきである。だから八木氏のように、人間的現実をあえて三層に区別する必要はまったくない。かりにするとするならば、前述したように、第一に人間が意識するとしないとにかかわらず、好むと好まざるとにかかわりなしに神の絶対の審きと祝福のもとにあるというレヴェル、第二に、それに目覚めてこれを自覚するレヴェル、そしてさらにそれを知的ないし反省意識的に生活実践・社会実践・歴史実践のうえに反映させていくレヴェルといってよいだろう。第一のレヴェルはイエスの「神」ないし第一義のインマヌエルに相当し、第二のレヴェルはイエスの「神の国」ないし第二義のインマヌエルに対応し、そして第三のレヴェルはその「神の国」ないし第二義のインマヌエルのおのずからなる自発自展といってよいだろう。

さて、ここでイエスのいわゆる「神」と「神の国」の区別と関係について、八木氏の言葉を引用しつつ最後に簡潔にまとめておこう。

「とにかく神の支配（＝神の国）と神の関係でいえば、神の支配を通して神へというのが往相（下降）で、神から神の支配へ、さらにこの世界の中へというのが還相（上昇）。往相、還相をそういう意味で使えば、上求菩提と下化衆生ですか、上と下が逆だけれど、実は同じことでそういう関係にもなるだろうと思うのですね」（『無心』一九八頁）。

既述したごとく八木氏は、イエスにおいて「神」と「神の支配」についてその言及の仕方が異なっているという。その点は、たしかに正しい。けれどもそのばあい八木氏は、イエスにあって「神」と「神の支配」とはいったいどのように区別され関係づけられているというのだろうか。「神」とは、「神の支配」にとっていかなる存在というべきなのか。けだし八木氏にとってのイエスのばあい、「神の支配」とは活き活きとリアルになった神の働きであり、そのポテンチアとしてのいわば潜勢力、それが「神」ということではないのだろうか。それともこの「神」も、八木氏の解釈するイエスにとって真にリアルな働きをなしているといってよいのだろうか。もしそうならば、この「神」と「神の支配」とはそもそもどこがどう異なっているのだろうか。滝沢インマヌエル哲学を峻拒しつつ、しかもこれら両者が同じリアルな働きだとするならば、どうして一方は悪をも含めてこの世界と人類の絶対受容であるのに対し、他方からは価値の相対化としてのいわゆる倫理が出てくるといえるのだろうか。これらの点、八木氏はまったくあいまいといわざるをえない。かくして、滝沢哲学の第一義のインマヌエルは「イエスの神の支配」を指す（『無心』一七六頁）、というのもすこぶる不明瞭というほかはない。

ところが、すでに何度も繰り返したように、滝沢哲学の第一義のインマヌエルはイエスの「神」に相当し、その第二義のインマヌエルこそイエスの「神の支配」に対応するというべきなのだ。かくて第一義と第二義のインマヌエル、イエスの言葉でいえば「神」も「神の支配」も、たんなる潜勢力としてのポテンチアなどではもうとうありえず、今・ここでの永遠に現在的な具体的現実というべきなのだ。ただ第二義のインマヌエルないし「神の支配」の全人類的な完成・成就としての「神の国」については、もとよりこれを将来的なものといわざるをえない。そしてこのように理解するとするならば、「往相」とは「神」ないし第一義のインマヌエルから「神の支配」ないし第二義のインマヌエルへの道にほかならず、「還相」とはその逆に、後者の「神の支配」ないし第二義のインマヌエルからまったく新たに翻された眼をもって、前者の「神」ないし第一義のインマヌエルの場で他の人や物に対し誠心誠意まごころをもって働きかけることといってよいだろう。かくして上に掲げた八木氏の言葉も、かならずしも正鵠を穿っているとはとうていいいがたい。

## 五　イエスのいわゆる「人の子」と終末論の根本的二義性

本節では、イエスにおけるいわゆる「人の子」とその終末論について考察したい。イエスは、いわゆる「人の子」についてこう語っている。

「イエスは言われた。……『安息日は、人のために定められた。人が安息日のためにあるのではない。だから、人の子は安息日の主でもある』」（マルコ二・二五―二八。マタイ一二・八。ルカ六・五）。

このイエスの言葉は、おそらくつぎのように解釈できるのではあるまいか。すなわち「人の子」は、それぞれの人間の超越的な本来的自己である。したがって人のためにある安息日は、当然、人のかかる超越的な本来的自己なる「人の子」がその主にほかならない、と。要するに、イエスにとって「人の子」とは人間各自の超越的な本来的自己の謂いであり、それはパウロにとっての「内なるキリスト」（ガラテヤ二・二〇参照）と同様であったといってよい。いやパウロが、間接的にしろイエスからそれを学びとったのだというべきかもしれない。

いずれにせよ、イエスにとって「人の子」がこのようなものだとするならば、それはたんに将来的なものであるだけでなく、今ここでの現在的な存在でもあることは火をみるよりも明らかだろう。そうして、「人の子」のこの二義的理解に対応して、イエスは終末をもたんに将来実現・成就される神の国としての終末だけでなく、同時に今この瞬間に刻々現成しているものとしても理解していたのではあるまいか。当時一般に歴史的終末に来臨するものとして待望されていた「人の子」は、かくてイエスにとってこのように独自の仕方で捉え返されていたとはいえないだろうか。それゆえイエスにとって歴史とは、将来神の国の実現・成就として終末に到るのみではなく、毎瞬毎瞬今ここでの終末として刻々完全に閉じられていると同時に間髪を容れず新たな創造として開かれつつあるものだったのではあるまいか。

ところで、「人の子」についてイエスはさらにまたこうも語っている。

「『…神に背いたこの罪深い時代に、わたしとわたしの言葉を恥じる者は、人の子もまた、父の栄光に輝いて聖なる天使たちと共に来るときに、その者を恥じる』」（マルコ八・三八）。

八木氏もいっているように、ここでイエスは、一方では自分と「人の子」とをはっきり区別しながら、しかし他方では「人の子」を自分と一体のもの、自分は「人の子」の「この世界における」「代表」（『無心』一四七頁）と自覚しているように思われる。*

＊　イエスの言葉のなかで筆者が疑問に思うものの一つが、じつは、ここでいわれているイエスの言葉にほかならない。なぜならここでは、「人の子」と自分（＝イエス）とのあいだに横たわる絶対不可逆的関係がいささか見失われているように思われるからである。たといイエスが、自分を「人の子」の「この世界における」「代表」としていかに深く自覚していたとしてみても、その「代表」である自分（＝イエス）が必ずいつも正しい「代表」でありえているとはかぎらない。かの不可逆がしかと認識されているならば、それはまったく当然のことなのだ。かくして、もし自分が、「人の子」の正しい「代表」となりえていないばあいが仮にあったとしたら、それを「恥じる者」が現われたとしても、それは何らおかしくはない。そしてそのさいには、「人の子もまた」「その者を恥じる」とは必ずしもいえないだろう。そこでは、「人の子」がイエスにあって正しく映し出されていないのだからである。

要するに、「人の子」と自分（＝イエス）とのあいだの絶対の不可逆的順序がしかと認識されているとするならば、「……わたしとわたしの言葉を恥じる者は、人の子もまた、……その者を恥じる」とは、とうていいえないということだ。が、しかし、これは、筆者のイエス理解がいまだ十分でない証左なのかもしれない。

ただ、ここで強調しておかねばならぬのは、イエスのなかに不可逆認識がしかとあったこと、その点については、第五章の二において詳論するごとく、そこに一点の誤りもないということである。

かくてイエスにとって「人の子」は、当時の一般的通念のごとくたんに将来的終末に到来する「神的・人間的存在」（『無心』一四五頁）であるだけでなく、先述したごとく今・ここで具体的に生きて働く「人の子」であり、それをイエスは自分の脚下にいわば自分の超越的な本来的自己としてしかと自覚していたということである。かくしてイエスにとって終末とは、既述したごとくたんに将来的なものであるだけでなく、今ここで毎瞬毎瞬到来しているのだというべきだろう。そしてこれこそ、永遠的な現在的終末に対するイエスの自覚にほかならず、それゆえイエスにはこの現在的終末と将来実現されるべき終末と、それら両つの終末理解があったといわねばならない。それはちょうど、『無心と神の国』の一四八―一四九頁で八木氏も指摘しているように、パウロにとってキリストが将来来たるべき審判者であっただけでなく、現に今ここで自分のなかで生きている存在でもあったことにまさしく対応するといいうるだろう。そのかぎりパウロにもまた、イエスと同様に将来的終末と現在的終末とそれら両つの終末理解があったといってよいかもしれない。

ところで八木氏は、「イエスと人の子は不可分・不可同」（『無心』一四八頁）であるとして、そこに不可逆を欠落させている。ところがインマヌエル哲学によるならば、「人の子」とは神による人間の神的表現としてもとより「神的・人間的存在」ではあるけれど、しかしまぎれもなく超越的存在であることに変わりはなく、かくて内在的存在としてのイエスとその超越的存在としての「人の子」とはたんに不可分・不可同というだけでなく、同時にまた絶対不可逆でもあるといわねばならない。これに対して八木氏は、一方で「自己と自我の関係は不可分・不可同・不可逆です」（『無心』一一二頁）といいながら、他方では、上記のように「イエスと人の子は不可分・不可同」だといって不可逆はこれを完全に抜かしてしまっている。そのさい、八木氏にとって「人の子」は「イエスの『自己』」（『無心』一四九頁）にほかならず、イエスはこの「人の子の地上での代表」（『無心』一四八頁）としての自我といってよい。すくなくともイエスの自我は、「人の子」なる「自己」を完全に正しく映しとった存在なのだ。とするならなぜ八木氏は、ここで「イエスと人の子は不可分・不可同」だといったまことに中途半端な言い方をして、そこにもはっきりと不可逆が厳在するといわないのだろうか。同じようなことは、八木氏のつぎのような言葉、すなわち「イエスはこのようにしてまさに自我と自己を区別と統一において——不可分・不可同なるものとして——とらえている」（『無心』一五〇頁）という言葉についてもいえるであろう。

いったいイエスは、自己と自我ないし人の子と自分とを絶対に不可分・不可同・不可逆としてとらえていたのではないのだろうか(10)。人の子と自分ないし天と地をたんに不可分・不可同としてだけでなく、同時にまた絶対不可逆としても看取していたからこそ、イエスは「神」なる第一義のインマヌエルと「神の国」なる第二義のインマヌエルとを厳密に区別できたのではあるまいか。これらの点は、滝沢インマヌエル哲学ないしイエスにおける不可逆を、八木氏は正確にはまったく洞見できていないこと、そのことの何よりの証左といってはいいすぎだろうか(11)。

最後に、「人の子」についてのイエスのつぎの言葉も簡単にみておこう。

「稲妻がひらめいて、大空の端から端へと輝くように、人の子もその日に現われるからである」（ルカ一七・二四）。

これらのイエスの言葉は、いわば第一義の終末つまりはそのつどの現在的終末における人の子の到来ともとることができるし、また八木氏のいうように第二義のインマヌエルの現成つまりは「覚体験」のさいの人の子の「反映」（『無心』一八七頁）ととることも可能であろう。あるいはまた第二義の将来的終末における人の子の到来ととることもできるのではあるまいか。人の子の到来がここではいわば宇宙大に広げられて語られている点では、第三の将来的終末における神の国の成立時での出来事と解するのがもっとも妥当といえるかもしれない。いずれにせよイエスにあっては、既述したごとく人の子に現在的なそれと将来的なそれとの根本的二義性があるように、それに対応して終末にも同様の根本的二義性があるように思われる。

## 六　イエスの思想と自然法爾ないしあるがまま

すでに明らかにしたごとくイエスにおける父なる神とは、人間ないしこの世界と絶対不可逆的に直接一なる存在である。それゆえこの神は、仏教のいわゆる如来に対応するといってよい。そのさいこの如来の働きを、親鸞は自然法爾といっている（定本『親鸞聖人全集』、『末燈鈔』、第五通参照）。如来とは、けだし「かたちもましまさぬ」「無上仏」ないし「自然」の人格的表現といってよいだろう。それはともかく、この自然法爾にはいわば第一義と第二義という根本的な二義性ないし二重性が区別されるべきであること、その点は第二節の(二)でこれをほぼ明らかにした。かくてイエスにおける「神」と「神の国」とは、この第一義の自然法爾と第二義のそれとにそれぞれ対応するといわねばならない。その点、八木氏はどう考えるのか。イエスにおける「神」と「神の支配」（＝「神の国」）を峻別する八木氏にとって、親鸞の自然法爾はその神ないし神の支配とどう区別され関係づけられるのだろうか[12]。自然法爾を神の支配にのみ対応すると考えるなら、それは親鸞の自然法爾とはいえなくなるだろう。なぜならそれは、親鸞にとり法性法身なる如来に根源をもつものにほかならず、この法性法身なる如来とはとりもなおさずイエスの「神」に対応するというべきだからである。

かくて親鸞の自然法爾には、上述のように根本的な二義性ないし二重性があるというべきである。そのさいあるがままとは、積極的にはこの第二義の自然法爾に相当するというべきだろう。その点をしかと踏まえたうえで、つぎにこれらの仏教思想とイエスの思想とのすこぶる深い酷似性についてみてゆこう。そのさい、これまでと同様に八木氏の言葉に即しつつ考察を進めてゆきたい。氏は、朝日新聞でこう語っている。

「実際、自我は煩悩の巣だが、気がつかないだけで、誰でも心の奥底には煩悩が断たれたところがあるものだ。そこからは一見乱暴な言葉が出る。赦しに何度までということはないとか、敵といえども愛の対象だというようなイエスの言葉がそうである」[13]。

ここで「煩悩が断たれているところ」とは、すべての人・いちいちの人の根源的な消滅点即発起点、永遠の太初と終末が刻々成り立っているそこ、イエスの父なる神によるこの世界の創造が一瞬一瞬生起してくるそこを意味しているといってよいだろう。とするならそこは、人間の存在や働きはもとよりありとある存在がすべて端的に断ち切られている一点にほかならない。かくてそこには、「敵」はもとより「愛」とか「赦し」とかということも、その根源的本質は別として人間世界の事柄としてのそれはまったく問題とならないところというべきである。ところが八木氏は、これら人間的現象としての「敵」とか「愛」とか「赦し」とかといった事柄を、まさしく「そこ」の事柄としてここで語っている。これは、何としても正鵠を射ているとはいいがたい。けだしイエスの対敵愛とか無際限の赦しとかは、かれの「神」つまりはインマヌエルの原関係点ないし仏教的には第一義の自然法爾においてではなく、かれの「神の国」つまりは第二義のインマヌエル、ないし仏教的には無心やあるがまま、あるいは第二義の自然法爾において成り立つ事柄として語られているというべきだろう。すなわち対敵愛とは、あるがままに自《じ》然に御意に即して「敵」を正しい方向に導くようにという諭にほかならず、他方無際限の赦しもまた、相手が自分の非を心底から認めたならばこれを徹底的に赦せという諭であって、かくてそれらは同様にそこにおいて語られているというべきなのだ。

さて、これにつづけて、八木氏はまたこうも語っている。

「実は人には隣人を無条件に受け入れ、この世界で共に生きることを心から歓び願う気持ちがあるのが本当で、そこではイエスの言葉は必然かつ当然なのである。『そこ』が『私』であるとき、ただの人である『私』にも煩悩はない。だから『そこ』から語った神の子イエスは実は『ただの人』で、逆もまた真である」（朝日新聞前掲）。

このばあいの「そこ」とは、滝沢哲学のいわゆる第一義のインマヌエル（「神われらと共に在す」）が刻々成り立ってくるその場であって、上述したごとくあらゆる存在・いちいちの存在の根源的な消滅点即発起点にほかならない。かくしてそこについて「『そこ』が『私』である」とは、事実的に成立不可能なのだ。そこには「私」がないのであるから、私の「煩悩はない」のも当然である。いや、そこについて「私」とか「私には煩悩はありません」とかということは、かりそめにも言表不可能なのである。そこはいわば神・仏の座であって人間の座ではありえないからである。神・仏の座であるそこから、刻々人間の座が生み出され惹き起こされてくるのだというべきである。だから、後述するごとき「私には煩悩はありません」という久松真一の言葉も、ほんらい不可能なこととといわねばならない。八木氏によると、

「久松先生との対談の折、私はこう尋ねたのである。先生は通常の自我より深い真実の自己を『無相の自己』といわれるが、無相の自己に煩悩はないはず。しかし煩悩のない人間はいない。もし人間的自己が無相なら、煩悩はどうなりますか。それに対して先生は、『私には煩悩はありません』と真顔で答えられたのである」（朝日新聞前掲）。

ここで問題なのは、八木氏が「もし人間的自己が無相なら、煩悩はどうなりますか」と問うていることである。けだし「人間的自己」が「無相」だということはまったく不可能であり、とうていありえないというべきなのだ。「無相の自己」とは、一で詳しく述べた第一義の無我・空ないし神にほかならないからである。人間は、刻々そこから生起しているのではあるけれど、ゆめにもそこには成りえないのだ。ここに、まさしくここに、滝沢イン

マヌエル哲学のいわゆる絶対不可逆的・一方的関係が成り立っているからである。そこで神が人間を毎瞬毎瞬生み出すのであって、人間がそこに成ることは端的に不可能なのだ。かくして「私には煩悩はありません」という久松真一も、滝沢インマヌエル哲学のこの不可逆がいまだ十分に会得できていなかったのだといわざるをえない。

かくてほぼ明らかなごとく、山上の垂訓（マタイ五・一―一二）におけるイエスの言葉は、イエスがこのそこに成って語っているのではなく、そこに立って、すなわち神の国なる第二義のインマヌエルの成り立つところで、つまり無心ないしあるがままあるいは第二義の自然法爾において生起する事態を「証言」（『無心』六六頁）したものというべきだろう。[14]ただ八木氏のばあい、「神の支配のもとで何が成り立つか」（『無心』同上）というその「神の支配」（＝「神の国」）と「神」との区別と関係について、これをインマヌエル哲学のごとく根本的二重性としてしかと洞見していないため、その「神の支配のもと」がいったい何を意味するのか、端的にいって人間の側のあるがままないし無心（＝第二義のインマヌエル）を意味するのか、あるいはそれらを含め人間そのものを根源的に成り立たしめる神の働きそのものの「もと」（＝第一義のインマヌエル）を意味するのか、その点がまったく不透明といわざるをえない。したがってそれらのイエスの言葉について氏は、「そのままでは倫理ではないけれど、しかし倫理が向かうべき方向を指している」（『無心』六六―六七頁）といったあいまいな表現をしてしまうのではあるまいか。ところが、それらのイエスの言葉が神の国なる第二義のインマヌエルとしての無心やあるがままなる人間の本来自然な在り方を証言しているのだとするならば、これらはもっとも深い意味での倫理や道徳といってよいのではなかろうか。[15]

とまれ、その点について、八木氏はこう語っている。

「とにかく道徳主義の立場からは『超個の個』の言葉がたんなる個の言葉になっちゃうのです。そうすると『自然』が倫理に変質する」（『無心』一五八頁）。

八木氏のこれらの言葉は、もとより正しいといってよいだろう。「自然」と「倫理」とは、いわゆる道徳主義者の主張するごとく真向から対立するものではありえない。八木氏のいうごとく倫理とは、狭義には「自我の規範」(『無心』一五七頁)といってよいかもしれない。けれども倫理とは、本来インマヌエルないし神人の原関係点なる根源からふつふつと湧き起こってくるものというべきである。だから倫理とは、たんに「汝なすべし」といったいわゆる当為(Sollen)の事柄ではなくて、その当為が「我欲す」(Wollen)として生起するのでなければならない。すなわち、超越的な当為が自然法爾の働きとなって現成し、それがWollenとして自覚されたとき、そこに本当の意味での倫理が成り立つというべきだろう。かくして俗にいわゆる倫理とは、いわば根なし草の倫理といわねばならない。そのかぎり、八木氏のいわゆる自我ないし反省的意識の規範としての倫理とは、真の倫理とはいえないだろう。すくなくともイエスの倫理とは、たんなる「自我の規範」といったものではなくて、「自己・自我」「超個の個」、より正確にはインマヌエルないし神人の原関係へのはっしとした目覚めにもとづく反省的意識の規範、かかる意味で一般の自我の目差すべき規範というべきだろう。その意味では、山上の垂訓等にみられる人間関係についてのイエスの言葉は、あるいは倫理・道徳の根源というべきかもしれない。もとより八木氏も、かかる倫理の根源をたんに見逃してはいないであろう。けれども、上述したごときSollenとWollenの力動的関係について、八木氏はいったいどれだけ正確に把握しているといえるだろうか。

それはともかく、以上を前提したうえで、つぎにイエスの思想を仏教の無心ないしあるがままもしくは自然法爾と比較・検討しつつ考察を進めてゆこうと思う。そのさい無心やあるがままないし第二義の自然法爾にあっては、エゴイズムないし我は基本的に断ち切られてしまっている。そのかぎりそこには、我欲ないし我執的権力衝動はいっさい存在しないといわねばならない。その点をかたく踏まえつつ、イエスの言葉を一つひとつみていこう。まずイエスはこういっている。

『あなたがたも聞いているとおり、昔の人は「殺すな。人を殺した者は裁きを受ける」と命じられている。しかし、わたしは言っておく。兄弟に腹を立てる者はだれでも裁きを受ける』」（マタイ五・二一―二二）。

いったい腹が立つとはどういうときだろう。たしかに義憤といったものもある。誰かが不正に抑圧されていたりするのを目撃したりしてつい腹が立つといったばあいがそれである。そういう義しい怒りというものも、なるほど実際に存在しうる。だが、通常われわれが腹を立てるのは、そもそもどういうときだろう。けだし自分の思い通りに事が進まなかったばあいなどがそれにあたるのではあるまいか。要するに自分の我欲ないし我執的権力衝動が何かに妨げられるとき、ひとはたいてい腹を立てるのだ。だから怒りも、我欲ないし我執的権力衝動と密接に結びついている。かくして上のイエスの言葉は、「殺す者」はもとよりもっとも親しき「兄弟」にすら我欲ないし我執的権力衝動により腹を立てるなら、それは一厘一毛の仮借なき厳しさで審かれるのを免れないということだろう。いやもっと積極的にいうならば、神に目覚めてみずから神の支配のもとにある人間、仏教的にいうならば第一義の自然法爾を信知していわば第二義の自然法爾ないしあるがままを成就した人間、そういう人間は我欲・我執から基本的に解き放たれた人間として、こういうエゴイズム的憤激からさいわい解放されているということだろう。けだしそれが、ここでイエスのいいたかったことではなかろうか。

さて、さらにイエスはまたこうもいっている。

「『あなたがたも聞いているとおり、「姦淫するな」と命じられている。しかし、私は言っておく。みだらな思いで他人の妻を見る者はだれでも、既に心の中でその女を犯したのである」（マタイ五・二七―二八）。

これらのイエスの言葉は、いわゆる欲情一般を禁止しているのではないだろう。性愛は、がんらい人間の自然にほかならないからである。したがって、ここでイエスがいわんとしていること、それは女性に対して我欲的な欲情をおこしてはならないということではあるまいか。いいかえるなら、女性をたんに自分の我欲的欲情の対象にしてはならないといっているのだと思われる。いやもっと積極的にいうならば、神の国をしかと実現した人間、仏教的にいいかえるなら無心やあるがままないし第二義の自然法爾を完全に成就した人間、そういう人間には、よし女性（異性）をみてもほんらい我欲的欲情はおこらないということ、それをイエスはここでいわんとしているのではあるまいか。

ところで、イエスはまたこうもいっている。

「『あなたがたも聞いているとおり、「目には目を、歯には歯を」と命じられている。しかし、わたしは言っておく。悪人に手向かってはならない」（マタイ五・三八―三九）。

ここでイエスのいいたいことは、おそらくこういうことではあるまいか。「悪人」は、すでに刻々永遠に審かれてしまっている。そのさい審きの真の主体は、とりもなおさず神にほかならない。だから、この神の審きを肝に銘じよ。そして、それを正しく映し出すかぎりにおいてとことん「悪人」を批判せよ、と。なぜなら、もしこの神の審きへの自覚を欠いてただ単純に「悪人」を審こうとするならば、その審きや抵抗はさけがたく不必要に過熱してしまい、「人間的な、あまりに人間的な」激情にかられてしまうことになるからである。神の国ないしあるがままや第二義の自然法爾を実現した人間、それはまさしくそういうことを自覚した人間といってよいだろう。だからこのイエスの言葉は、いわゆる「悪人」に対するただ単なる無抵抗を命じているのではありえない。いやそうではなくて、悪はいつもすでに根源的に審かれ断ち切られ打ち負かされてしまっていること、そのことへのここはイエスの確かな洞察といわねばならない。

それはさておき、イエスはまたこうもいっている。

「『人を裁くな。あなたがたも裁かれないようにするためである。あなたがたは、自分の裁く裁きで裁かれ、自分の量る秤で量り与えられる。…』」（マタイ七・一—二）。

「『また、あなたがたも聞いているとおり、昔の人は、「偽りの誓いを立てるな。主に対して誓ったことは、必ず果たせ」と命じられている。しかし、わたしは言っておく。一切誓いを立ててはならない。……あなたがたは、「然り、然り」「否、否」と言いなさい。それ以上のことは、悪い者から出るのである』」（マタイ五・三三—三七）。

うえにかかげたイエスの二つの言葉は、基本的に同じ事態を表現したものといってよいだろう。すなわち「裁き」の真実の主体、「誓い」の真実の主体、いいかえれば絶対的な裁きや誓いの遂行者、それはほかでもない神（仏教的には如来）ただその方をおいてどこにもないということである。したがって、この点をかたく心にとどめよということだろう。そしてそのかぎりでの裁き、つまりは相互批判と自己批判、さらに人間的な誓い、それらは必然かつ当然にこの世界や社会に生起してくることだろう。さもなくば人間に本来自然な相互批判・自己批判は不当かつ不必要に過熱してしまい、それらが本来成就するはずの相互理解・自己理解をかえって不可能にしてしまうことになるであろうし、また自分の我欲・我執的な「誓い」に囚われ物事を自分の思いのままにどうこうしようとしてしまい、ただあるがままに事実そのもののロゴスに付き従う人間に本来自然（アウトマテー）な態度を逸してしまうことになるだろう。かくてイエスのこれらの言葉もまた、人間世界でのいわゆる裁き一般・誓い一般を排斥したものではもうとうありえない。

以上をまたいいかえるなら、イエスはここで自分の思いを先立てた我欲我執的な「裁き」や「誓い」を斥けているといってよいのではあるまいか。そうではなくてどこまでもものそのもの、ないし具体的な各状況を通じて時々刻々働きかけてくる神の御意に即した、そのかぎりでの裁きや誓いに徹せよ、というのではなかろうか。後者にかぎっていうならば、誰か他の人の行為が神の御意に添うているならそれはただ「然り、然り」といってこれに同調すればよいし、反対にそれが神の御意に反したものならば、これに対してはただ「否、否」といってこれを批判し斥ければそれでよいのだ。そしてさらに日常的にさけがたく惹起されてくる誓いにしても、自分の思いを先立てた我執的な誓いはこれを捨て、どこまでもその具体的状況を通じて働きかけてくる神の御意に即しつつ、自分に可能なかぎりでの誓いを立てそれにかぎれ、ということではあるまいか。

しかしここでイエスは、「一切誓いを立ててはならない」ともいっている。ではこれはどういう意味であろうか。思うにこれは、自己の絶対の主なる神に対しては一切誓いを立てるな、ということではあるまいか。相対・有限・時間的な人間には、自分の立てた誓いを絶対に守ることができるとはとうていいえず、かくて神を裏切ってしまうことにもなりかねないからである。

それはともかく、この筆者の解釈が正しいとするならば、ここでのこのイエスの言葉は、わが日本の道元の主著の一つ『正法眼蔵』「現成公案」の巻のあの有名な一節にも、その内実において基本的に深く共鳴しているといってよい。その道元の言葉とは、すなわちこうである。

「自己を運びて万法を修証するを迷いとす、万法すすみて自己を修証するは悟りなり」

この道元の言葉は、自己の思いを先立てて工夫・図らいし行為することとそれを「迷い」とし、反対に「万法」、いやその絶対の背後からこれに逆接して働いている如来の御意、それを映した物そのもののロゴス、ないしはそのつどの具体的な各状況を通じて働きかけてくるその如来の御意、それに従って感じ・考え・行為すること、一言でいってこれに応答すること、それがけだし「悟り」だといっているのではあるまいか(16)。

この道元の言葉に呼応するように、先のイエスの言葉もまた、「裁き」や「誓い」も、自分の思いを先立てた我欲・我執的なそれではなくて、神の御意をまず第一にしてあるがままにわれを忘れてそれに即応するようにといっているのではあるまいか。

ちなみに、この「われを忘れて」について一言しておくと、道元は先に挙げた言葉のすぐ後でまたこうもいっている。

「仏道を習うというは、自己を習うなり。自己を習うというは、自己を忘るるなり。自己を忘るるというは、万法に証せらるるなり」。

これを、先の言葉と合わせて解釈すれば、要するに「万法」からの働きかけに即応しつつ「自己を忘れ」て事に集中し無心となること、そうしてそのように生きていくことそれがほかならぬ本来の自己の実現であり、仏道の体得ということだろう(17)。

かくしてここでは、すでにいったようにイエスの思想と道元の思想はその内実において基本的に深く共鳴し合っているといってよい。

それはともかく、以上考察してきたこと、それは、いわゆる山上の垂訓でのイエスの言葉についてのかれの思想と仏教思想との比較・検討にほかならない。ところが他のイエスの言葉にも、同じく仏教のいわゆる自然法爾やあるがままに対応した思想を多々見てとることができるのである。それゆえ、それをつぎに一つひとつみてゆきたい。まずイエスは、『マタイによる福音書』の第一八章二一節―三五節でこう語っている。

「そのとき、ペトロがイエスのところに来て言った。『主よ、兄弟がわたしに対して罪を犯したなら、何回赦すべきでしょうか。七回までですか。』イエスは言われた『あなたに言っておく。七回どころか七の七〇倍までも赦しなさい。そこで、天の国は次のようにたとえられる。ある王が、家来たちに貸した金の決済をしようとした。決済し始めたところ、一万タラント借金している家来が、王の前に連れて来られた。しかし、返済できなかったので、主君はこの家来に、自分も妻も子も、また持ち物も全部売って返済するように命じた。家来はひれ伏し、「どうか待って下さい。きっと全部お返しします。」としきりに願った。その家来の主君は憐れに思って、彼を赦し、その借金を帳消しにしてやった。ところが、この家来は外に出て、自分に一〇〇デナリオンの借金をしている仲間に出会うと、捕まえて首を絞め、「借金を返せ」と言った。仲間はひれ伏して、「どうか待ってくれ。返すから。」としきりに頼んだ。しかし、承知せず、その仲間を引っぱって行き、借金を返すまでと牢に入れた。仲間たちは、事の次第を見て非常に心を痛め、主君の前に出て事件を残らず告げた。そこで、主君はその家来を呼びつけて言った。「不届きな家来だ。お前が頼んだから、借金を全部帳消しにしてやったのだ。お前も自分の仲間を憐れんでやるべきではなかったか。」そして、主君は怒って、借金をすっかり返済するまでと、家来を牢役人に引き渡した。あなたがたの一人一人が、心から兄弟を赦さないなら、わたしの天の父もあなたがたに同じようになさるであろう』」。

ここでイエスは、罪の赦しについてのペトロの問いに対して、「七の七〇倍までも赦しなさい」と答えている。イエスのこの言葉を八木氏は、『無心と神の国』の一三〇頁で「これはむろん、それ以上赦す必要はないというのではなくて、無限、無条件の赦しと受容を語っているわけです」と解釈している。が、この解釈は、はたして本当に正しいといってよいであろうか。「七を七〇倍までも」とは、ひとつの象徴的表現としてたしかに「無限」ではあったとしても、しかし同時に「無条件」ともいえるだろうか。もしそれが正しいとするならば、なにゆえイエスはパリサイ人や律法学者をまさしく「無条件」に赦し受容しなかったのか。なぜかれらを徹底的に厳しく批判したのだろうか。ここでは明らかに、イエスの言葉と行動はまったく矛盾することになりはしないか。いやむしろ、八木氏の解釈が正鵠を失っしているというべきではあるまいか。ここでイエスのいいたいことは、罪を犯したものが根本的に反省し改心したら、そのときはこれを「無限」に赦せ、徹底的に赦せということではなかろうか。

この罪の赦しにつづく「天の国」のたとえでイエスは、神は負い目あるものを徹底的に赦すという。そのさいそれは、その負い目あるものの真摯な「願い」や「頼み」を受け入れて、その負い目を端的に消し去るということではなかろうか。これを端的に消し去りつつ、同時に神はすべての者を受け入れているというべきだろう。したがってこのような神の赦しと受容を反映しえた人間は、自分に負い目あるものをもその真摯な「願い」や「頼み」を受け入れてこれをとことん赦し受容することができるということだろう。かれにとっては、毎瞬毎瞬がまったく新しい出来事であり世界といってよいからである。

かくてこれらの無限の赦しは、父なる神に目覚めて神の国を実現したもの、仏教的には第一義の自然法爾を信知して第二義の自然法爾ないしあるがままを成就したもの、そういう人間に本来自然の事柄といってよいだろう。これらのイエスの言葉を、そのように解釈してはあるいは不当だというべきだろうか。

こうして以上が明らかになるならば、八木氏のつぎの言葉もやはり正鵠を穿っているとはいいがたい。すなわち、氏はこう語っている。

「…イエスの場合、愛は無条件の受容としてあらわれるというところがあった。ところで無条件の受容ということは無条件の赦しを含んでいるわけです」（『無心』一二八頁）。

八木氏はここで、「イエスのばあい」「愛は無条件の受容」であり、「無条件の赦しを含んでいる」といっている。が、はたして本当にそう言い切ってよいのだろうか。既述したごとくパリサイ人・律法学者に対するイエスの態度は、これを「無条件の受容」ないし「無条件の赦し」といってよいのだろうか。否、かれらに対するイエスの徹底的に厳しい批判は、これを、イエスによるかれらの「無条件の受容」ないし「無条件の赦し」とはとうていいえないだろう。だがしかし、そういうイエスのとことん厳しい態度もまた、かれらに対するイエスの無制限の愛の行為というべきなのだ。かれらが根本的に反省したら、あるいは赦しを真摯に懇い願ったら、そのときイエスはかれらを徹底的に受容したのではなかろうか。だから、それは、たしかに愛の行為ではあるけれど、しかしたんに「無条件の受容」「無条件の赦し」というべきではなくて、いわば条件つきの受容・条件つきの赦しというべきなのである。彼らもまた、神にとっては厳しい審きを通しての愛の対象といってよいからである。いやこのばあい、審きということが即神の愛ということなのだ。それゆえイエスのばあいも、かれらに対する厳しい批判が即愛の行為というべきだろう。仏教における仏の大悲・大慈、これを映した人間の慈悲・慈愛、それも本来イエスの愛の思想と深く響き合うとはいえないだろうか。なるほど仏教の仏には、イエスの神に比し審きの面がすこぶる弱いふしがある。けれども本来的にいうならば、仏教は仏の審きの面をもっと重視すべきなのであり、そしてその審きをも厳しく現われた愛の一面であるとしてこれをさらに深く熟考すべきだとはいえまいか。神は審きを通じても人をその本来の自己へと刻々導き促しているのであって、それゆえ審きもまた形をかえた愛というべきなのである。

それはともかく、また別のイエスの言葉をも、仏教のいわゆる自然法爾ないしあるがままと比較しつつ考察の筆を進めてゆこう。イエスの言葉を引用すると、

「イエスが旅に出ようとされると、ある人が走り寄って、ひざまずいて尋ねた。『善い先生、永遠の命を受け継ぐには、何をすればよいでしょうか。』イエスは言われた。『なぜ、わたしを「善い」と言うのか。神おひとりのほかに、善い者はだれもいない。「殺すな、姦淫するな、盗むな、偽証するな、奪い取るな、父母を敬え」という掟をあなたは知っているはずだ。』すると彼は、『先生、そういうことはみな、子供の時から守ってきました。』と言った。イエスは彼を見つめ、慈しんで言われた。『あなたに欠けているものが一つある。行って持っている物を売り払い、貧しい人々に施しなさい。そうすれば、天に富を積むことになる。それから、わたし

に従いなさい。』その人はこの言葉に気を落とし、悲しみながら立ち去った。たくさんの財産を持っていたからである」（マルコ一〇・一七—二二）。

ここでイエスに語りかけている人物は、モーセの十戒ないし律法を子供の頃からみな守ってきたといっている。それに対しイエスがうえのようにいっているのは、おそらくイエスからみるかぎり、律法の核心である愛の実践を、かれはいまだ怠っていたということではあるまいか。だから、その愛を徹底的に実践せよ、という意味で、「行って持っている物を売り払い、貧しい人々に施しなさい」といったのではなかろうか。かくしてかかるイエスの言葉は、八木氏もいっているようにいわば普遍妥当的な「倫理」の当為というのではなく、まさに「この人」（『無心』一三七頁）に対する忠告だったのだ。けだし第一義のインマヌエルの主なる父なる神に目覚め「神の国に入る」には、まず何よりも愛を実践せねばならないからである。そうしてそれは、他面からいうならば、とりもなおさず我欲我執を断ち切ることにほかならない。そのかぎりそれは、仏教のいわゆる無心や平常心にもしかと通じるものといってよいだろう。

ところで律法は、救いに到るためのいわゆる自力としてこれを遂行しても何の役にも立たないだろう。そうではなくて、第一義のインマヌエルなる神への目覚めから自然におのずから（アウトマテー）かつあるがままになされる行為として、律法は成就されねばならぬのである。この点でも「この人」は、思うに本末転倒しているというべきだろう。おそらく永遠の生命を得るために、ただそのためにこそ律法を守ってきたのであって、永遠の生命を得た結果として律法を遂行してきたのではないからである。もしそうでないならば、あらためてイエスに対し、「永遠の命を受け継ぐには、何をすればよいでしょうか」と尋ねはしなかったにちがいない。思うにイエスにとって永遠の生命にあずかるとは、当時一般にそう考えられていたいわば常識としての・将来的終末において「神の国に入る」ことではなくて、今ここで第一義のインマヌエルの主・父なる神にはっしと目覚めることだったといってよい。だからここでは、「永遠の生命」についてそれを問う人とイエスとで、その永遠の生命についての考え方・捉え方そのものが根本的に異なっていたといってよいだろう。

また「善きサマリア人のたとえ」では、永遠の生命についてイエスと律法学者のあいだでこういうやりとりが交わされる。永遠の生命をうけるにはどうしたらよいか、との律法学者の問いに対して、イエスは対神愛と隣人愛を実践せよという。と、このイエスの答えに対して律法学者はさらに、では、わたしの隣人とは誰か、と問いかける。これに対しイエスは、善きサマリア人のたとえを話す。それは、こうである。

「『ある人がエルサレムからエリコへ下っていく途中、追いはぎに襲われた。追いはぎはその人の服をはぎ取り、殴りつけ、半殺しにしたまま立ち去った。ある祭司がたまたまその道を下って来たが、その人を見ると、道の向こう側を通って行った。同じように、レビ人もその場所にやって来たが、その人を見ると、道の向こう側を通って行った。ところが、旅をしていたあるサマリア人は、そばに来ると、その人を見て憐れに思い、近寄って傷に油とぶどう酒を注ぎ、包帯をして、自分のろばに乗せ、宿屋に連れて行って介抱した。そして、翌日になると、デナリオン銀貨二枚を取り出し、宿屋の主人に渡して言った。「この人を介抱してください。費用がもっとかかったら、帰りがけに払います。」さて、あなたはこの三人の中で、誰が追いはぎに襲われた人の隣人になったと思うか。』律法の専門家は言った。『その人を助けた人です。』そこで、イエスは言われた。『行って、あなたも同じようにしなさい』」（ルカ一〇・三〇―三七）。

ここでイエスは、「わたしの隣人とはだれですか」（ルカ一〇・二九）という律法学者の問いに対して、その問いに直接答えるのではなく、善きサマリア人のたとえを話したあと、あなたがひとの隣人になりなさい、といわばこう答えている。そのばあい「隣人」とは、ひっきょう愛を実践する人にほかならない。それゆえ「ひとの隣人になる」とは、つまりは愛を実践する人になるということである。かくてイエスはここで、だれを「隣人」として愛したらよいか、という問いに対してむしろ自分がすすんで隣人になること、そしてそれには愛を具体的に実践することが何よりも大切であることを説いているのである。そうしてこの愛の具体的実践は、神を誠心誠意愛すること、つまりは神にはっしと目覚めることによりおのずから自然（アウトマテー）に惹き起こされるということだろう。そしてそういう今ここでの対神愛・隣人愛の実践こそ、永遠の生命を受けることだというのである。かくてこのイエスの愛の実践こそ、仏教における仏の大悲・大慈に即した無心ないしあるがまま・平常心もしくは第二義の自然法爾の具体的内容、つまりは慈悲・慈愛の実践とはいえないだろうか。

その点八木氏は、いったいどう考えているのだろうか。八木氏によると、

「…イエスも同様なのですね。で、永遠の生命というのは、終末が来て神の国が到来したときに神の国に入るということです」（『無心』一三九頁）。

八木氏は、このようにいっている。が、はたして本当にそういってよいのだろうか。終末論において、イエスはパリサイ人とまったく同じだったというべきだろうか（この点については、本書三七二頁、註（9）『失われた福音書』を参照されたい）。パリサイ人にとって神の国とは、将来ただ一方的に神によってもたらされるものにほかならない。だがイエスにとっては、四の㈠において明らかにしたごとく一面人間的主体の関与するものというべきなのだ。ここで明らかに、イエスとパリサイ人ないし当時の一般的通念は決定的に異なっている。とするならば、その「神の国」で実現される「永遠の生命」についても、イエスとパリサイ人ないし当時の一般的通念とはまったく異なっていたというべきではあるまいか。後者にとってそれはいわゆる永遠にいつまでも生きつづけることであったのに対し、イエスにとってそれは、今ここで永遠の生命そのものにあずかること、かくて今ここでみずから永遠の生命を映して生きることではなかったか。

既述したようにイエスにあっては、人間が主体的に関与する将来的終末と、今ここでの現在的終末と、これら

両者が明確に区別されつつ自覚されていた。かくして、仏教のいわゆる第二義の自然法爾ないしあるがままとは、イエスの思想に即していえば、今ここで永遠の生命そのものに触れつつ愛を実践すること、つまりは永遠の生命を映して生きることにほかならないといってはいいすぎだろうか。

とまれ以上をごくごく簡単に要約すると、イエスが「父は悪人にも善人にも太陽を昇らせ、正しい者にも正しくない者にも雨を降らせてくださるからである」というとき、それは「神」の御意つまりは第一義のインマヌエル、これを仏教的にいうならば第一義の自然法爾ないし如来の御意のところで語っているのであり、他方「汝の敵を愛せ」とか「七の七〇倍まで赦せ」等とかというとき、それはかりそめにも「神」の御意つまり第一義のインマヌエルではなく第二義のインマヌエルつまりは「神の国」、仏教的にいうならば第二義の自然法爾もしくは無心ないしあるがまま・平常心において成り立つこととして語られているというべきだろう。

## 七　八木神学への疑問点

### (一)　イエスの思想に対する八木誠一氏のはなはだしき無理解

八木氏は、イエスの言動には「三つのレヴェル」があるといってつぎのように語っている。

「もう少し整理して言うと、イエスが語っている現実には三つの層がある。一番上の層が自我ですね。ふつう自我が日常生活をしている。そういう層がある。それはたんなる自我の世界だと言ってもいいと思うのですね。ところがさらに深い層に神の支配が及んでいる層があって、そこに目覚めると人間は『超個の個』になる。あるいは『自己・自我』になると。そこで『自己』、『超個』特有の働きも明らかになってくる。では、その『超個の個』あるいは『自己・自我』と言われるその『超個』に目覚めた個、『自己』に目覚めた自我の世界が一番ギリギリの深いものかというと、そうではなくて、その『超個の個』あるいは『自己・自我』の世界には神の支配が妥当していて、『超個の個』はたしかに神の国の市民としてみられてくるのだけれども、それをもうひとつ深層に突破すると、そこでイエスが神について語る事柄が成り立っているので、神には人間の全体が無条件に受け入れられているという、そういうことになってくる。だから善と悪、存在と無、生と死の全体が神の中にあることになるわけです。善と悪、意味と無意味、存在と無、生と死、それが神の働きの中にあるというふうにみられてくる。したがって人間もそのような対立を突破して、一切を素直にあるがまま受容する」（『無心』一九一―一九二頁）。

「そうするとイエスの場合、三つのレヴェルの言葉があると思うのですね。第一に神の子としての人間、つまり人間が神のもとにある、あるいは神の中にいるというとき、そこで何が成り立っているかということ。それは絶対肯定・絶対受容です。第二に人間は「神の支配」のもとに置かれているというときに、そこで何が成り立っているのかということ。それは『山上の垂訓』に語られている。第三に人間を『自己・自我』の『自我』としてみた場合、その自我に対して何が成り立ってくるかということ。これが倫理です。人類共同体の共存を成り立たせるような、普遍的で自律的な当為です。イエスが示した性差別や社会層差別の克服がその例といえましょう」（『無心』六七頁）。

このように八木氏は、「イエスが語っている現実には三つの層がある」という。その第一は「自我」の層であり、第二は「神の支配が及んでいる層」であって「そこに目覚めると人間は『超個の個』になる」といい、第三は「イエスが神について語る事柄が成り立っている」層であって、そこでは神によって「人間の全体が無条件に受けいれられて」おり、それゆえそこでは「人間のそのような対立（善と悪、意味と無意味、存在と無、生と死――筆者注）

を突破して、一切を素直にあるがまま受容する」という。

かかる八木氏のイエス理解に、筆者は基本的にいささかも賛同できない。私見によればイエスの「神」の働きは、八木氏のいわゆる「最上層」「中心の層」「最深層」（『無心』「はしがき」七頁）の全体を貫いてこれらすべてを貫徹しているというべきなのだ。「神」は第三の「最深層」にのみかかわり、「神の支配」は第二の「中心層」にかかわり、そうして第三の「自我」はまるでそれら両者から分離され独立してそれだけで成り立っているかのごときかかる八木氏の見解、さらに「神の支配」に「目覚めると人間は『超個の個』（＝滝沢哲学のいわゆるインマヌエルないし神人の逆接的原関係）になる」、つまり「超個の個」が成立するという八木氏の見解、それらにはまったく賛同できないだろう。「超個の個」つまりはインマヌエルないし神人の逆接的原関係は、人間がよしそれに目覚めようが目覚めまいがそんなことには一切かかわりなしに永遠から永遠にわたって常に到る処で厳然と成り立っているのであって、それに目覚めるとき、そこにはじめてそのインマヌエルないし神人の逆接的原関係の働きが人間の眼には積極的に作用するようになる、というまでなのだ。

さらに、よし「最深の層」であったとしても、人間は善悪・正邪・意味無意味の「対立を突破して、一切を素直にあるがまま受容する」ということもありえない。そのような「あるがまま」ないし「無心」の理解こそ、いわば野狐禅的な理解というべきではあるまいか。もとよりイエスのばあいも、そのような理解など微塵もないといわねばならない。けだしイエスがパリサイ人や律法学者を徹底的に鋭く批判するとき、それはたんに「神の支配」にもとづく「自我」の「レヴェル」でのみ行なっているのではもうとうない。「最深層」から「最上層」をまで含めて、人間の全体を支配している神の働きそのものにもとづいてこれを敢行しているのだというべきなのだ。イエスは、いつでもまったき全人として語りかつ振舞っているといわねばならない。

以上をもう一度別の観点から再論しよう。まず第一に「最深層」について。八木氏によると、これはいわば「神」に直接する人間一般についていえる事柄であり、ここでは「絶対肯定・絶対受容」が成り立っているという。

が、これはまるで正鵠を失しているのではあるまいか。もとより神の側からいうならば、それはたしかに「絶対（否定即）肯定」としてそのかぎりでの「絶対受容」といってよいだろう。けれども、それはたんに第一の「最深層」についてのみならず、第二の「中心の層」についても、また第三の「最上層」についても同様に妥当することといわねばならない。さらにこの「最深層」にかぎっても、いわば人間の側からいうならば、これを「絶対肯定・絶対受容」などとはとうていいえないだろう。善でも悪でも、正でも邪でも、意味でも無意味でも、何でもかんでもすべてそれでいい、ありのままでいいとはけっしていえはしないのだ。そこでも神の審きはその祝福と共に常に必ず貫徹しているのであって、そのかぎりそこでもこの神の審きを映した相互批判と自己批判、すくなくともその根源はゆめにもなくなりはしないというべきだろう。そうしてその点は、本章二の㈠で詳論したとおりといってよい。

いったい八木氏には、正邪・善悪・意味無意味の絶対的基準はあるのだろうか。それは、滝沢インマヌエル哲学のごとく神の意志ではないのだろうか。もし滝沢インマヌエル哲学と同じだとするならば、かの「最深層」においてすらただたんなる「絶対肯定」ということはありえない。もし滝沢インマヌエル哲学とは違うとしたら、では八木氏にとって神とは人間の正邪・善悪・意味無意味にどこでどうかかわっているのだろうか。神は、八木氏にとって絶対の審き主ではないのだろうか。これらの点イエスの神に対する八木氏の解釈は、これをとうてい正しいと認めることはできないだろう。

さらにまたこの「最深層」について、これが人間の事柄なのか、それとも普遍妥当的な原本的事実であるのか、その点が八木氏にあってはかいもく不明瞭といわざるをえない。それだからこそ、八木氏はこの「最深層」を「信仰によって」「成り立」（『無心』「はしがき」七頁）つかのごとくいって何らはばかることがないのであろう。

次に「中心の層」について。これは、八木氏によるとイエスの「神の支配」という言葉で表現されており、その具体的内容はいわゆる「山上の垂訓」に典型的に示されているという。だが、しかし、たんに「山上の垂訓」

にかぎらず第三の「最上層」の事柄なる「倫理」もまた、この第二の「中心の層」をもとにしこれを目差しているといわねばならない。いやもっと正確にいうならば、第一の「最深層」もしくはより正確には第一義のインマヌエルないし神人の逆接的原関係がまずあって、それにもとづきそれを生ける原動力かつ究極の目標として第二の「中心の層」もしくはより厳密には第二義のインマヌエルないし神人の逆接的関係が成り立つのであって、そこで第一義の自然法爾ないし神の働きが人間の眼には積極的に成就し、かくて第三の「最上層」へと展開・発展していくものというべきだろう。

それはともかく、この「神の支配が及」ぶ「中心の層」を、八木氏は、一方では神的・超越的な事柄であるかのごとくいうかと思えば（この点については、『無心』一七四頁を参照されたい）、他方では人間の事柄であるかのごとくいい（『無心』六七頁で八木氏は、第二の層の内容は「山上の垂訓」に語られているという）、これら両者の区別と関係がまったく明らかでない。八木氏の言葉を借りれば、

「『神の支配』はあるのだけれども、必ずしも人間に及んでないのですよ。神の支配はあるけれど、人間はそれを知らないわけです。だからそのときは人間まで及んでないわけです。逆に言うと、それは聖霊の働きによって人の身の上に、心に、及ぶようになるのだと」（『無心』一七四頁）。

という。いったい「人の身の上に、心に、及ぶようにな」っていないいわばそれ自体としての「神の支配」とはそも何か。そのそれ自体として「ある」「神の支配」と「聖霊の働きによって人の身の上に、心に、及ぶようにな」った「神の支配」とは、そもそもどう区別され関係づけられるというのだろうか。これらの点、八木氏はまったくあいまいといわざるをえない。けだしここで八木氏は、おそらく、人に及んでいない「神の支配」をいわば潜勢力なる「ポテンチア」としての神の働きとし、人に及んだ「神の支配」をリアル化し現実化した神の働きとみなしているのではあるまいか。これを逆にいうならば、神の働きをいわば潜勢力なる「ポテンチア」としてのそ

れと現実化しリアル化したそれとを分裂させてしまうがゆえにこそ、そのイエス解釈にあっても八木氏は、イエスのいわゆる「神」と「神の支配＝神の国」とをまったく奇妙な仕方で峻別せざるをえなくなってしまうのだ。

第三に「最上層」について。八木氏によると、それは「倫理」、つまり「自我」ないし反省的意識にかかわる事柄であるという。が、しかし、倫理とは、既述したように本来まず第一に「最深層」ないしより正確には第一義のインマヌエルの原事実を、そしてさらに第二に「中心の層」もしくはより厳密には第二義のインマヌエルを前提として、かくてその自発自展として現成するものというべきだろう。すでに何度も繰り返したように、イエスにおける「神」と「神の支配＝神の国」とは、このインマヌエルの第一義と第二義にそれぞれ対応するというべきなのだ。

こうしてほぼ明らかなるように、第一と第二と第三のそれぞれの層は、もとよりはっきりと区別はされうるけれども、しかし他方では相互に密接にかかわりあっているというべきなのだ。ところが迂闊にもその点を見逃すと、これはまったく無意味なものとなってしまう危れなしとしないであろう。その点八木氏は、あまりにも理詰めかつ分析的に考えすぎているといえるのではなかろうか。たんなる理詰めかつ分析的な思考、あえて西田哲学の用語でいえば、あのいわゆる対象論理では、滝沢インマヌエル哲学の不可逆はこれを正しく把捉することなどまったく不可能なのである。そしてこの不可逆が正しく把握できないところからさけがたく、神の働きにまるで「ポテンチア」（潜勢力）なものがあるかのごとく妄想することとなり、かくてイエスの「神」と「神の支配」とを、真実には同じ神の働きに対する人間の側のかかわり方の相違にすぎないにもかかわらず、これら両者がまるで異なる神の働きででもあるかのごとく思いみなしてしまうのである。

ここで筆者が八木氏のこのいわゆる「三つのレヴェル」に即してあえて分けて考えるなら、第一はまず何よりも第一義のインマヌエルないし神人の逆接的原関係を前提とし、これとのかかわりで神か偶像かといういわば根源的選択(18)にかかわる事柄として、正邪・善悪・愛憎・覚迷の選択の場にほかならず、第二はこの根源的選択が正しく遂行されていわば第二義のインマヌエルないし神人の逆接的関係が成就され、かくて根本的に正・善・愛・真・覚が実現されつつさらにいっそう希求されていく場といってよい。そうして第三は、この第二のレヴェルの自発自展として、「創造的知性の働き」（『無心』六七頁）にもとづく反省的意識によって成り立ついわば狭義の倫理・道徳が問題とされる場といってよいだろう。

## (二) 滝沢インマヌエル哲学に対する八木誠一氏のまったき無理解

本節では、滝沢インマヌエル哲学への八木氏のはなはだしい無理解について力のおよぶかぎり論述したい。これは、イエスの思想への両者の理解の仕方にも当然かかわっているからである。八木氏は、滝沢インマヌエル哲学についてたとえばこういっている。

「いま、実はね、滝沢先生がキリストとイエスを区別した。つまり『第一義の接触』と『第二義の接触』ですね」（『無心』一七〇―一七一頁）。

これは、滝沢インマヌエル哲学へのすこぶるあいまいな理解といわざるをえない。すなわち「第一義の接触」（＝第一義のインマヌエル）は「キリスト」つまりは神的なこと、「第二義の接触」（＝第二義のインマヌエル）は「イエス」つまりは人間的なこと、というこの解釈はあまりにも粗雑にすぎるといわねばならない。「第一義の接触」も「第二義の接触」も、ともに神的・天的かつ同時に人間的・地的な事柄というべきだからである。いいかえれば、これら両者は共に、滝沢インマヌエル哲学の用語でいえば神と人との永遠的・実体的即時間的・作用的な関係にほかならない。そのさいその一方は、人間がこれに目覚めようが目覚めまいが、信じようが信じまいが、そういうことにはいっさいかかわりなしに厳在している原本的事実であるのに対し、他方はこの原本的事実に目覚めた人間において成り立つ上述のごとき逆接的神人関係というべきだろう。こういう厳密な点で、八木氏の滝沢理解はすこぶる不明瞭といわねばならない。

さて、さらに八木氏の別の言葉もみてみよう。氏は、またこうもいっている。

「滝沢先生の言葉で言いますとね、神があるでしょ。『神我らとともに在す』というインマヌエルの原事実があるでしょ。これは滝沢先生は『キリスト』とも言ってますよ。それから原事実に目覚めた人間があるでしょ。三つあるわけですよね。それがほぼ法性法身と方便法身と応身に対応してると、そう思うのですね。そうすると『神我らとともに在す』と滝沢先生が言われる第一義の接触が『神の支配』に当たる」（『無心』一七六頁）。

ここで八木氏は、インマヌエルの原事実を「キリスト」や「神の支配」に「当たる」といっている。これは、はたして本当に正しいといえるだろうか。イエスは、八木氏も指摘するごとく「神」と「神の支配＝神の国」とを峻別している。そのさいイエスのこのいわゆる「神」こそ、私見によればすでに何度も繰り返し述べたように、滝沢哲学のいわゆるインマヌエルの原事実ないし第一義のインマヌエルに相当し、「神の支配」は第二義のインマヌエル、つまりは第一義のそれに目覚めた人間ないしその中心としてのイエス、もしくはより正確にはそういう人間と神との関係に対応するというべきだろう。そうしてこの第一義のインマヌエルについて滝沢は、その無限無相の真実主体を父なる神（イエスのばあいも同様に「父なる神」）といい、その父なる神の人間ないし被造物への要求内容の人格化、それを神の子なるキリスト（イエスのばあい「人の子」）といい、これら父と子の働きを人間ないし被造物に伝えるものを聖霊（イエスのばあい「神の霊」）といっているのだ。別言すれば、インマヌエルの原事実の創造者、それが父なる神にほかならず、その原事実における救済者、それがキリストないし人の子であり、この原事実においてこれら両者の働きを人間ないし被造物に伝達するもの、それが聖霊ないし神の霊ということなのだ。

かくして、「『神我らとともに在す』と滝沢先生が言われる第一義の接触が『神の支配』に当たる」という八木氏の言表は、まったく正鵠を失しているといわざるをえない。もとよりインマヌエルないし「神われらと共に在す」というのは、八木氏のいうとおり「神的・人的現実」（『無心』一七六頁）にほかならない。けれどもそれは、インマヌエルの原事実が神と人間との原本的関係という意味でそうなのだ。だから滝沢にとってすべてあらゆるものが「神的・人的現実」であって、たんなる「神的なもの」もたんなる「人的なもの」もこの世のどこにも存在しはしないのである。[19]

が、そのインマヌエルの原事実とは、すでに明らかなように第一義的にはイエスのいわゆる「神」に相当するのであって、まがりなりにも「神の支配」に対応するのではありえない。「神の支配」は、とりもなおさず第二義のインマヌエルに対応するというべきだろう。この間の厳密な事実関係を、八木氏は完全に見失っているといわざるをえない。

ところで八木氏は、氏のいわゆる直接経験つまりは第二義のインマヌエルを不当かつ不必要に強調してやまない。[20]滝沢のいわゆる不可逆が十分会得されていないからである。かくて、氏の滝沢理解はすこぶる奇妙なものとなる。たとえば八木氏は、「ところで滝沢先生のおっしゃってる意味のインマヌエルは『超個』（＝神的存在―引用者）だと思いますよ」（『無心』一七九頁）とか、「第二義の接触で、『超個の個』（＝神人の逆接的原関係ないしそこにおける人―引用者）が成り立つわけですよね」（『無心』同上）とかという。だがこれは、まったくの誤解ないし曲解というほかはない。なんとなれば、第一義のインマヌエルとは神と人との原本的関係であり、第二義のインマヌエルは、この第一義のインマヌエルに目覚めた人間と神との呼応関係にほかならないからである。滝沢哲学にとって「目覚め」とはもとより人間にとり非常に大切なものではあるが、しかし、その目覚めを人間に引き起こすいわば生ける原動力としての第一義のインマヌエル、それこその目覚めないし第二義のインマヌエル以上にまさに次元を絶して重要なのだ。そのさい第一義のインマヌエルと第二義のインマヌエルは、絶対に不可分・不可同・不可逆であり、前者こそ絶対に先なるもの・中心的なものにほかならない。そうしてそのゆえんは、第一義のインマヌエルそのものにおいて神と人とのあいだに絶対に翻すことのできない不可逆的関係が成り立っているからなのだ。すなわち、よし人間が神をどれだけ無視しようとするまいと、無関心であろうとなかろうと、そういうことにはいっさいかかわりなしに、にもかかわらず、神は人間を日々新たに刻一刻救済へと働きかけているのであり、それだからこそ時到ってある人間に忽然と救済ないし目覚めが実現されうるというべきなのだ。

この点が、八木氏にはまったく会得できていないように思われる。つまり不可逆が十分理解されていないのだ。かくして他の一般の旧き宗教者と同様に、第二義のインマヌエルつまりは目覚めに不当かつ不必要な重きをおくことになるのである。これを逆にいうならば、八木氏が第二義のインマヌエルないし目覚めを必要以上に強調するということそのことが（『無心』一七九―一八〇頁参照）、即、氏が滝沢哲学のいわゆる不可逆をまるで理解していない何よりの証左といってよいのである。

かくして八木氏はまた、まるで「第二義の接触」（＝第二義のインマヌエル）によって「第一義の接触」（＝第一義のインマヌエル）が成り立つかのごとくにもいう。たとえば八木氏は、「ところで個が目覚める、『超個の個』（自己・自我）としての自分が成り立った…」（『無心』一八〇頁）と語る。これは、まさしく本末転倒以外のなにものでもないだろう。滝沢が八木氏に対しもっとも厳しくこれを批判し斥けたもの、それこそまさしく氏のかかる考え方にほかならない。要するに、八木氏は滝沢インマヌエル哲学のいわゆる不可逆が十分に理解できていないから、それだからこのようにまったく倒錯してしまうのだ。その点、不可分・不可同までは実質的に理解しながらもやはり不可逆が会得できないで、そのけっか信仰を不当に重視しすぎ、まるでそこから「世界」や「現実」が始まるかのごとく考えたM・ブーバーとまったく同じ誤りに陥っているといってよいだろう。[21]が、かかる考え方は、たんに八木氏やM・ブーバーにだけかぎったものではなくて、滝沢インマヌエル哲学の不可逆を理解できない宗教家・宗教（哲）学者一般についていえる傾向といってよいだろう。ここでは信仰や目覚めが、神のリアルな働きの必要不可欠な必須条件にされてしまうのだ。それだからこそ今日不可逆は、不可分・不可同にもましてそれ以上に大切なものとして考究される必要があるばかりではなく、この不可逆理解こそ、今日緊急の課題としての宗教革命・実存革命にとり必要不可欠のものということができるのである。

それはともかく、八木氏のインマヌエル理解の奇妙さは、氏のつぎの言葉のうちにもまたはっきりと現われている。氏はこう語っている。

「だから僕は、滝沢先生ご自身のお言葉でも、第一義の接触は仏性に当たるのだと言っているのです」(『無心』一八〇頁)。

いったい、八木氏のこの言葉は本当に正しいといってよいのだろうか。否々、けっしてそうではない。滝沢の「第一義の接触」つまりインマヌエルの原事実・原関係は、道元流にいうならば「一切衆生悉有仏性」にほかならず、かりそめにもたんなる「仏性」などではありえない。それは、「一切衆生悉有」と「仏性」との原本的関係というべきなのだ。この八木氏の・「仏性」としてのインマヌエル理解は、先に挙げた氏の「滝沢先生のおっしゃってる意味のインマヌエルは『超個』だと思いますよ」(『無心』一七九頁参照)という言葉の・「超個」としてのインマヌエル理解と質的にまったく同じものといってよいだろう。八木氏のかかるインマヌエル理解に対する筆者の批判は、すでに前述したとおりといわねばならない。

このように八木氏は、滝沢インマヌエル哲学の不可逆をまるで理解していない。ここでは、その点をさらに立ち入って考察したい。八木氏によると、

「もちろん『自己』から出るといっても、それはいわば『自我』を迂回して、自我の関与なしに、単なる自己が働いているのではありません。自我なしに自己は働けませんから。何度も我々の対談で問題になったように、『自己・自我』が人間の本来の現実で、たんなる自我は抽象で、たんなる自己は非現実です」(『無心』一一

七―一一八頁）。

ここで八木氏のいわゆる「自己」とは、「『天的・地的』、あるいは『神的・人間的』」（『無心』一一一頁）であるといわれる。だが、このばあいの「・」がすこぶるあいまいなのだ。それは、そもそもいかなる意味での「・」なのだろうか。その「・」には、いったいいかなる構造が含まれているのだろうか。それとも、何の区別も関係も含まないたんにのっぺらぼうの「・」なのだろうか。いや八木氏は、この「自己」において「天的」「神的」なものと「地的」「人間的」なものとは「不可分・不可同」だともいっている（『無心』一一二頁参照）。では、この「天的」「神的」なものと「地的」「人間的」なものとが「不可分・不可同」だというその「自己」とはいったいいかなるものなのか。同じひとつの「自己」が「天的」「神的」でかつ「同時に」「地的」「人間的」であるとはそもどういうことなのか。われわれにはまったく理解できないのではあるまいか。滝沢インマヌエル哲学から推測すれば、その「自己」とは、人間としての神の自己表現とでもいいうるのではあるまいか。とするとそれは、よし「地的・人間的」とはいっても、事実的には「神的・天的」なものというべきなのだ。いわゆるイエス・キリストにおける「真の神」と「真の人」とをはっきり峻別する八木氏にあっても、事態はおそらくこれと類似していると思われる。したがって、ここではそう理解したうえで論を進めてゆこうと思う。

さて八木氏は、「自己と自我の関係は不可分・不可同・不可逆です」（『無心』一一二頁）という。が、このばあいの「不可逆」とはいったいいかなる意味なのか。「自己」と「自我」のあいだに不可分・不可同と同時に不可逆的関係・順序も存在するとするならば、「自己」は「自我」なしにでも働くことができるはずであり、またそうでなければならないだろう。そうしてそれこそ、とりもなおさず滝沢インマヌエル哲学のまさしく不可逆理解にほかならない。その点、八木氏のばあいはどうなのだろうか。上の引用句でいえば、八木氏はここで「自我なしに自己は働けませんから」といい、「自己」がまるで「自我」に縛りつけられてでもいるかのごとく語っている。

が、しかし、これら両者、つまり「自己」と「自我」のあいだに真に不可逆的契機が含まれるのだとするならば、「自己」は「自我」からは完全に独立して働くことができるのでなければならない。すくなくとも、滝沢インマヌエル哲学の不可逆は、まさしくそういう意味にほかならない。その点、八木氏の「不可逆」とは、いったい何なのだろうか。「不可逆」という語で八木氏は、そも何を表現せんとしているのだろうか。いずれにせよ、少なくともここでいいうることは、同じく「不可逆」という概念を用いていても、滝沢と八木氏とではその意味するところがまったく異なっているということである。かくして、ここにも、八木氏の、滝沢インマヌエル哲学へのまったき無理解が透けて見えるといって何ら差支えないだろう。とまれこういう微妙な、しかしすこぶる重要なところで、八木氏はまったくあいまいとなる。けだし、不可逆が、いや滝沢インマヌエル哲学の不可逆がほとんど完全に会得できていないからだろう。

八木氏の上記引用句の言葉とは裏腹に、「自我」なしにでも「自己」は十分働くことができるのである。ただ自己は、それを欲しないというだけなのだ。「自我」は、「自己」にとってかりそめにもその存在の必須条件ではありえない。そうではなくて、「自己」はみずからそれを望むがゆえに不断に自己否定的かつ自己同一的に「自我」を生み出してゆくというただそれだけのことである。そして、まさしくそれこそが、「自己」と「自我」のあいだに横たわる絶対不可逆的関係ということにほかならない。これに反し、どうみても「自我」が「自己」の存在と働きの必要不可欠の条件としてしか読みとれない上述のごとき八木氏の言辞は、けだし不可逆を、少なくとも滝沢インマヌエル哲学の不可逆を正しくつかみきれていない何よりの証左といわねばならない。

さらにいうならば、「自己・自我」は「人間の本来の現実」だという八木氏の言表もまた、とうてい正確とはいえないだろう。「本来」的であろうとなかろうと、人間はいつも・どこでもただ「自己・自我」としてしか存在しえないからである。そしてそれが、それこそが、滝沢哲学のいわゆる第一義のインマヌエルにほかならない。そうしてそれに目覚めたとき、その「自己・自我」がわれわれ人間の眼に積極的に働きはじめることになるのであって、それが第二義のインマヌエルというべきなのだ。この点八木氏は、滝沢インマヌエル哲学がまるで理解できないで、既述したごとき宗教の旧き思惟に沈淪しているというほかはない。

八木氏と滝沢の神認識の根本的相違について、さらに考察を進めてゆこう。八木氏は、神の働きを「決して客観化されない働き、私を私たらしめている働きは、客観的観察も思考も出来ない」（『無心』一八三頁）といとも簡単に言い放つ。が、はたして本当にそういってよいのだろうか。その点、滝沢にとってはどうであろうか。滝沢にとってもまた神は、ふつうの意味ではたしかに客観化・対象化不可能である。だが、しかし、いかなる意味でも対象化・客観化できないか、というと実はそうではない。神は、もろもろのこの世的対象を真に対象たらしめるいわば原対象として思惟し認識することができるのである。その理由はこうである。神は、絶対不可逆的・一方的に人間にかかわってくる。ということはつまり、神は人間の自由、いやふつうの意味での自由の内在的な可能根拠としての自由そのもの、その意味で根源的な自由を刻一刻絶対不可逆的・一方的に人間に恵みつつ、この自由において人間各自がおのが責任において神に正しく応答するべく有無を言わさず決定しつつあるのである。滝沢の言葉に即していえば、人間とはあらかじめ決定されたようにみずから自己決定するべく決定された存在なのだ。かくて人間は、神から毎瞬毎瞬与えられ課せられてくるこのおのが根源的自由において神に対向的に（gegenübergestanden）かかわることができるのであり、この意味で神を対象的・客観的に認識することができるのである。そうしてこれこそ、神を原対象というゆえんにほかならない。そしてその点は、滝沢とその「生涯の恩師」K・バルトの基本的一致点にほかならず、それゆえこの対象（Gegenstand）としてのバルトの神認識に対して、八木氏がバルトを激しく批判するのに対し、滝沢はこれを逆にバルトの神認識のすぐれた卓越性として高く評価するのだといわねばならない[22]。いずれにせよ、このようにバルトや滝沢と八木氏とのあいだで、その神認識において決定的な相違が生じるのは、ひとえにかれらにあって不可逆が本当に正しく会得されているのかどうか、というその点の違いといって何ら差し支えないだろう[23]。

さて最後に、イエスの「善きサマリア人のたとえ」（ルカ一〇・三〇—三七、本書四〇六頁参照）を例にとり、八木氏と滝沢における神認識の相違をもう少し詳しく考察したい。

インマヌエル哲学にとって神は、人間各自のいわば中心的な事柄と周辺的な事柄と、これら両つの仕方で働きかけ問いかけてくる。そのさい中心的な事柄とは、人間が自己自身に本当に目覚めるのかどうか、インマヌエルないし神人の逆接的原関係をしかと自覚するのかどうか、といった問題にほかならない。これに対し周辺的な事柄とは、おのおのの具体的状況において人間各人が何をなすべきか、というそういう問題といってよい。そのさい、よし前者の神の問いかけに正しく応えることができたとしても、後者の問いかけにもいつも正しく応えられるとはかぎらない。逆に前者への応えがよし間違っていたとしてみても、にもかかわらずいわば咄嗟の判断等として後者の応えが正しくなされることもある。

「善きサマリア人のたとえ」のばあい、ここでの神の働きかけは、前者つまりは中心的な事柄に関してというのではなく、主として後者つまりは周辺的な事柄に関してというべきではあるまいか。もとよりこの後者であっても、そこにアウトマテー（おのずから）や無心や自然法爾が成り立つことは可能であろう。けれどもそれは、前者への正しい応えに基礎づけられていないものとして、そのかぎり偶然的なものといわねばならない。だからわれわれは、なんといってもまず前者の中心的な事柄について神に正しく応えるべく日夜努力すべきなのである。

かくて、積極的には前者における正しい応答こそ、真正の第二義のインマヌエルないし神の国の実現・成就であって、後者における神への正しい応答は、それもよし第二義のインマヌエルないし神の国の実現・成就だとしても、それはあくまでも周辺的・偶然的なものとしてどこまでも消極的なものといわねばならない。

この間の、神の働きかけの・人間におけるその中心性と周辺性の区別と関係が、はたして八木氏には正しく会得されているのだろうか。このサマリア人の愛の行為は、かならずしも八木氏の強調する「直接経験」に対応するとは思われない。もし対応するというのなら、筆者が今うえでなしえたような第二義のインマヌエルの積極的形態と消極的形態に対応して、いわば積極的な直接経験と消極的な直接経験とが厳密に区別され関係づけられるべきではあるまいか。八木氏のばあい、それはいったいどうなっているのだろうか。

以上を再論しよう。このサマリア人の「かわいそうに思って」という「自然性（努力によらず自然にかわいそうに思える）」（『無心』一一七頁）は、八木氏のいわゆる「直接経験」つまりは真正の積極的な無心や自然法爾ないしアウトマテーにもとづいているのだろうか。それともたんに咄嗟の判断としてのいわば消極的なそれなのか。この点、このたとえ話ではほとんど明らかでない。すなわち、このサマリア人がいわば積極的な第二義のインマヌエルないし直接経験をすでに体験しているのかどうか、(24)あるいは今ここで現にそれを体験したのかどうか、その点はまったく不明瞭といわざるをえない。が、しかし、われわれは、その点を厳密に考える必要がある。けだしイエスにとって神の働きかけは、積極的に確乎としたものにせよ消極的に咄嗟のものであるにせよ、いずれにしても「アウトマテー（おのずから）」に現成しうるのであり、そこに神の国は、その意味合いは異なるにせよやはり実現・成就するものと考えられていたと思われるからである。そうしてそれは、イエスが滝沢インマヌエル哲学と基本的に同一線上に神人関係を考えていたことの何よりの証左といわねばならない。

## (三)「イエスの復活」に対する八木誠一氏の解釈と、それへの疑問点

本節では、イエスの復活についての滝沢の理解に対し、八木氏がこれを正しく把握しているか、その点をかんたんにみてみたい。八木氏は、こう語っている。

「滝沢先生のお考えを徹底させるとどうなるか。その結論を私がね、引き出して、欧米のあちこちではっきり言ってしまったのですけどね。イエスの復活ということが解釈されちゃうわけです。客観的な出来事ではなく、弟子たちにおける覚の成立の出来事だということになる。つまり自己が目覚めたという出来事をね、弟子

たちがイエスの復活として解釈したということになる」（『無心』一五三頁）。

この八木氏による「イエスの復活」理解は、滝沢のそれを正確に表現しているとはいいがたい。なんとなれば「イエスの復活」は、滝沢にとってたんに「弟子たちにおける覚の成立の出来事」にすぎないものではなくて、やはりひとつの「客観的な出来事」にほかならないからである。すなわち弟子たちは、イエスの死語出口なき絶望の底に突き落とされ、そこで苦しみ呻吟しながら徹底的に考えに考え抜いた。

そしてあるときふっと、生前のイエスをあのように生かしめ在らしめていたその生命の原動力なるキリストは、今もなおここで自分たちの脚下で生きて働いているのだと気がついた。その、自分たちのもとで今もなお生きて働いている生命の原動力としてのキリストを、当時の習慣にならってかれらは、「イエスの復活」ないし「復活のイエス」と呼んだのである。だから「イエスの復活」とは、弟子たちにとってたしかにかれらの「自覚の出来事」ではあるが、しかし、たんにその心理的・精神的な点にだけかかわるのではなく、イエスの生命の原動力だったキリストがまた同時に自分たちの生命の原動力でもあるという大いなる客観的事実への自覚であり、その事実としての「内なるキリスト」を「イエスの復活」ないし「復活のイエス」と呼んだのである。――ほかならぬこれこそが、滝沢のいわゆる「イエスの復活」理解といわねばならない。その点八木氏の滝沢理解は、大いに問題があるといわざるをえない。こういった大いに問題のある滝沢理解を、「欧米のあちこちではっきり言」われては、滝沢自身にとってはもとより、かれに従わんとするわれわれ弟子にとってもはなはだ迷惑至極といわねばならない。

## ㈣　仏教の三身論とキリスト教の三位一体論ないしキリスト論、それらの比較についての八木誠一氏の見解とそれへの疑問点

八木氏は、キリスト教のいわゆる三位一体論ないしキリスト論を仏教のいわゆる三身論と比較している。この点について、ここでは簡単に考察してみたい。

仏教の三身論つまり法性法身・報身（方便法身）・応身は、一面たしかにキリスト教の三位一体論ないしキリスト論によく似たところがあるといってよい。そのさいキリスト教の父なる神は仏教の法性法身に、子なる神・キリストは報身（方便法身）に、そしてイエスは応身にそれぞれ対応するといいうるだろう。そのさいキリスト教の聖霊は、仏教のいわゆる体と用の・用、ないし阿弥陀仏の願と回向の・回向に当たるものと思われる。

これに対し八木氏は、たとえばこのようにいう。

「だから阿弥陀さまの場合、よく似ていると思うのですけれども、阿弥陀さまと願と回向と三つあるでしょ。ここである類似というか、対応を求めれば、阿弥陀さまが神さま（救済の働きの出どころ）に当たって、阿弥陀さまの願がキリストに当たって（救済の内容）、回向が聖霊に当たる（願力の伝達）わけです」（『無心』一七一―一七二頁）。

八木氏は、このようにキリスト教の三位一体論を仏教の阿弥陀仏・願・回向とにそれぞれ対応するという。が、しかし、この対応はいささか強引にすぎるとはいえないだろうか。もしこのように対応させるとすると、それでは仏教の仏身論・三身論はどうなるかということになり、あまりにも紛糾してしまうからである。

その点八木氏は、「仏教的な三身論は、三位一体論ではなくキリスト論に対応すると思うのです」（『無心』一七〇頁）といってこう語る。

「三身とは法性法身と報身（方便法身）と応身でしょ。そうすると法性法身がロゴス（神と等しい、子なる神）に当たって、報身が受肉したロゴス（この世界で救済のために働きだした法身）で、応身がイエスと、そういうふうになると思います。……私は『キリスト』について、ロゴスそのものと、ロゴスの受肉態を区別したいのです。ロゴスの受肉態とは活性化された『自己』のことです。…こう考えると、父なる神、ロゴス、聖霊は三位一体で、ロゴスーキリストーイエスが三身論に対応する。…神について、神内部での区別と統一を言うと三位一体論になり、それに対して神性と人間性の関係を言うとキリスト論になる。三位一体論とキリスト論と、両方あるわけです」(『無心』一七〇―一七一頁)。

ここで八木氏は、「ロゴスーキリストーイエス」が仏教的な三身論つまりは法性法身・報身(方便法身)・応身に対応するという。そのさい八木氏は、ロゴスを、「神と等しい、子なる神」としての「ロゴスそのもの」と、「この世界で救済のために働きだした法身」としての「受肉したロゴス」と、これら両者を区別する。だがこれは、はたして本当に正しいといえるだろうか。それは、あまりにも牽強付会にすぎるとはいえまいか。いったい「ロゴスそのもの」と「ロゴスの受肉態」とを、どうして区別する必要があるのだろうか。「受肉」していない「ロゴスそのもの」とは、そも何か。いやこのばあいの「受肉」とは、いったいどういう意味だろう。八木氏は、「ロゴスの受肉態とは活性化された『自己』のことです」という。では「活性化され」ない「自己」とは、そも何か。けだし八木氏はここで、いまだ現実化していない「ポテンチア」(潜勢力)としての「自己」を「ロゴスそのもの」ないし「活性化され」ない「自己」と考え、すでに現実化した「自己」を「受肉したロゴス」ないし「活性化された自己」と考えているのではあるまいか。だが、しかし、「ポテンチア」としての「自己」、あるいはまた人間により活性化されたりされなかったりする「自己」とは、いったい何だろう。そんな無力な神的存在を考えるということは、これを逆にいうならば人間を不当かつ不必要に高挙することになるのではあるまいか。かくして上述の八木氏の見解に、われわれはいささかも賛同することができないだろう。

もう一度繰り返すなら、八木氏は、われわれ人間の信仰以前・目覚め以前のロゴスの働きをたんに「ポテンチア」（潜勢力）としてしかとらえることができないから、だから、まさにそれだからこそ、このように抽象的にロゴスを区別せざるをえなくなってしまうのだ。だがそれは、まったく正鵠を逸しているといわねばならない。ロゴスはいつも到る処で具体的・現実的なロゴスそのものであり、かくて二つに分けられねばならないようなロゴスなど、じっさいには天地のどこにも存在しはしないのである。

それはともかく、既述したごとく仏教の三身論とキリスト教の三位一体論ないしキリスト論は、たしかによく似たところがあるといってよい。だが、しかし、それら両者ないし三者を無理矢理対応させようとするよりも、むしろ完全に整合的には対応しないと考えた方がより自然なのではあるまいか。この前者の三身論と後者の三位一体論ないしキリスト論とは、先述したようにたがいに入り混っていわば変則的に対応しているといった方がよいのではなかろうか。この点でも八木氏は、あまりにも理詰めかつ分析的にすぎるものと思われる。あえていうなら、西田哲学のあの有名ないわゆる対象論理、すくなくともその最後の一片が、氏には今なお色濃く残されているのだといってもけっして過言ではないだろう。まさにそれだからこそ、氏のいわゆる「直接経験」があのように執拗に強調されるのでもあろう。いや逆に、氏がその「直接経験」を、これだけはどうしてもはずせない「無くてかなわぬただ一つのこと」（ルカ一〇・四二）とみなしてこれにどこまでも執着・固執しているというところ、そこに、まさしくそこにこそ、氏がいまだ生ける永遠の真理、滝沢哲学のいわゆるインマヌエルの原事実（の主）にしかと目覚めていない、そのことの何よりの証左がある、といわねばならない。

註

（１）秋月龍珉氏と八木誠一氏の対談書『無心と神の国――宗教における〈自然〉徹底討議』（青土社）、四一頁。以下引用にさいしては『無心』と略。

（２）この点については、たとえば秋月龍珉氏と八木誠一氏の対談書『ダンマが露わになるとき――仏教とキリスト教の宗教哲学的対話』（青土社）の三二六頁を参照されたい。以下引用にさいしては『ダンマ』と略。

(3) 滝沢克己のインマヌエル哲学について詳しくは、拙著『自己と自由――滝沢インマヌエル哲学研究序説』（南窓社）、『滝沢克己の世界インマヌエル』（春秋社）、『哲学の再生――インマヌエル哲学とM・ブーバー』（法藏館）および『現在の危機を超えて――第三の道』（南窓社）の第Ⅱ章「現代における危機克服の道（その一）――滝沢克己に学びつつ」その他を参照されたい。さらに、滝沢克己の諸著作等については、「滝沢克己協会」のホームページに詳しく記されている。

(4) この点については、前掲『ダンマ』二一一―二一四頁を参照されたい。

(5) 以上の点については、拙著『哲学の再生――インマヌエル哲学とM・ブーバー』（法藏館）の第Ⅰ章の二の2「ブーバー哲学における神認識」を参照していただければ幸甚である。

(6) 鈴木大拙『無心ということ』（角川書店）、四四頁。

(7) この点は、第五章の(二)の(2)の(a)「道元における悟りへの道」をも参照されたい。

(8) この点についてさらに詳しくは、拙著『ただの人・イエスの思想』（三一書房）の第Ⅲ章の(一)「イエスの神認識と人間理解」(二)「イエスにおける神の国理解」を参照されたい。

(9) 世界的にすこぶる著名な新約学者バートン・L・マックの強調するところによれば、イエスの語録集Qの最古層にはいわゆる終末思想はまったく存在しないということ、その点をここで強く指摘しておきたい。なおその点については、バートン・L・マック、秦剛平訳『失われた福音書――Q資料と新しいイエス像』（青土社）、のたとえば二七四頁を参照されたい。

(10) この点について詳しくは、拙著『ただの人・イエスの思想』（三一書房）の第Ⅲ章の(一)の(1)「イエスの神認識と人間理解」の項を参照していただければさいわいである。

(11) この点について詳しくは、拙著『滝沢克己の世界・インマヌエル』（春秋社）の第Ⅰ章「滝沢克己のインマヌエルの神学――西田哲学および八木神学と比較しつつ」を参照していただければ幸甚である。

(12) 八木氏が親鸞の自然法爾に対応すると考えるイエスの言葉「アウトマテー（おのずから・ひとりでに）」は、とりもなおさず神の支配（＝神の国）のところで語られている。それをひとえに八木氏は強調するが、われわれは必ずしもそれにこだわる必要はないのではあるまいか。第一義のアウトマテーは、たとえば野の花・空の鳥についてイエスが語る「神」のところでもすでに成り立っていると考えてもよいのではなかろうか。つまり野の花・空の鳥は、神の御意に添うて「アウトマテー」に咲きかつ囀っているといってよいのではあるまいか。そうしてそれを大前提として、第二義のアウトマテーが神の国において現成するのだといってよいのではなかろうか。

(13) 朝日新聞二〇〇一年二月二一日夕刊「一語一会」。

(14) この点について詳しくは、本書第五章二の「イエスの根本思想とその生」を参照されたい。

(15) 同上。

(16) この点について詳しくは、本書第五章三の(二)の(2)の(a)「『忘我』としての悟り」を参照されたい。

(17) 同上。

(18) 「根源的選択」について詳しくは、拙者『自己と自由――滝沢インマヌエル哲学研究序説』(南窓社) 第Ⅲ章の五「根源的選択」の項を参照していただければ幸いである。

(19) 「神われらと共に在す」というときの「われら」とは、これをラディカルにいうならばたんに人間ないし人類をのみ意味するのではなく、全被造物、したがって生きとし生けるものを含めた森羅万象を意味するものというべきだろう。そのかぎりインマヌエルとは、八木氏のいうようにたんに「神的・人的現実」というだけでなく、より厳密には「神的・人的・物的現実」といった方がよい。かくしてそれは、道元の「一切衆生悉有仏性」に相当するといわねばならない。

(20) 八木氏のいわゆる「直接経験」は、厳密には滝沢哲学の第二義のインマヌエルとはいいがたい。むしろそれは、第一義のインマヌエルと第二義のそれとのごちゃまぜ的なものというべきだろう。それだからこそ八木氏は、この「直接経験」をこれだけはなくてかなわぬ第一のもののごとく必要以上に強調してやまないのであろう。が、その点については、拙者『滝沢克己の世界・インマヌエル』(春秋社) の第Ⅰ章「滝沢克己のインマヌエルの神学――西田哲学および八木神学と比較しつつ」で詳論しておいた。したがって、そちらも参考にしていただければ幸甚である。

(21) M・ブーバーのこれらの誤りについてより詳しくは、拙者『哲学の再生――インマヌエル哲学とM・ブーバー』(法蔵館) を参照されたし。

(22) これらの点については、拙者『滝沢克己の世界・インマヌエル』(春秋社) の第Ⅰ章「滝沢克己のインマヌエルの神学――西田哲学および八木神学と比較しつつ」をも参照されたい。

(23) 神ないし絶対者の対象化可能性如何についてより詳しくは、第五章三(二)(4)(a)「道元ないし禅における『不可逆』認識」を参照されたい。

(24) 本文ですでに述べたごとく、滝沢哲学のいわゆる第二義のインマヌエルと八木氏のいわゆる直接経験とは、かならずしも同じものとはいいがたい。だがここでは、論述上の関係からあえてそれらを同じものとして叙述することにする。

# 第五章　イエスと釈迦ないし仏教思想
## ――愛の実践と我執の根本的克服に焦点を合わせて――

### 一　イエスと釈迦ないし仏教思想の根柢的綜合・止揚に向けて

まず仏教の教祖・釈迦の根本思想の一つについてこれをごくごくかいつまんでいうと、第一にそれは、この世は苦の世界、苦しみの渦まく世界だということであり、第二にその苦の根源はほかならぬ我執、我への執われにある、だから第三にこの我執の克服こそ、この世界の苦しみから根本的に解放されうる真に正しい道である、というものである。他方キリスト教の教祖イエスの教えの根本は、とりもなおさず愛、愛を実践せよ、というものにほかならない。すなわち父なる神を愛し、その御意《みこころ》に添うて隣人をとことん愛せというものである。

そのさい筆者の見解では、愛とはほかならぬ我・我執の正反対のものにほかならない。したがってその愛を実践しようと思うなら、とうぜんそれは我執が克服されている必要がある。我執の克服なしに愛の実践は不可能である。が、しかし、ここで一つ問題提起をしておくと、我執の克服は即愛の実践となりうるか、ということである。けだし、それは必ずしもそうではない。いくら我執から解放されたからといって、それが即座に愛の実践につながるとはかぎらない。だが、しかし、他方からいうならば、我執の克服なくして愛の実践はとうてい不可能である。こうしてここに、イエスと釈迦の、そのそれぞれの根本思想の基本的近似性と、しかし他方の微妙な差異とが明らかとなる。すなわち我執の根本的克服を説く釈迦の教えは、なるほど愛の実践への促しにすこぶる近いとはいえるが、しかしそれは必ずしもそこに直結してはいないということである。

もとより釈迦は、我執の根本的超克の必要性を説く反面で慈愛の大切さをも同様に強く説く。だが、しかし、それら両者、つまり我執の克服と愛の実践と、これら両者がどう結びつきどう関係しているか、そこに大きな問題が孕まれている。

イエスのばあい、愛の実践へと促すその理由はすこぶる明快である。すなわちそれは、絶対無我無償の愛なる父なる神の御意だからにほかならない。その点、釈迦はどうであったか。そこが、今ひとつはっきりしない。いったい釈迦に、愛なる絶対者への確たる認識はそもあったのだろうか。それ、それこそが、筆者の釈迦に対する根本的な疑問点といわねばならない。とまれ、こうして明らかなごとく、イエスと釈迦の根本思想は、一面たしかにとても似通っている。一方釈迦は、我執の根本的克服を第一に説き、他方イエスは愛の誠実な実践を他の何ものにも先立つものとしてこれを強く説く。

さて以上を大前提としつつ、つぎにイエスと釈迦の根本思想を、とりわけ愛の実践と我執の克服という点に標的をしぼって比較・検討しつつ、かれらはいったい我執を本当に克服し愛を実践することができていたのだろうか、もしできていたとするならばそれはそもどこまでなのか、といった点についてできるかぎり究明してゆこうと思う。そのさいわが生涯の恩師・滝沢克己のインマヌエル哲学を根本に据えつつこれを行なっていくこと、それもここで併せて明らかにしておきたい。

## (一)　釈迦ないし仏教思想の救済観

宗教が真にその名に値する宗教であるかぎり、それはたんに個々人の救済のみならず、世界全体・人類全体の救済への道筋をできるかぎり具体的に明らかにすることは何よりも必要不可欠であるように思われる。社会科学の発達した現代にあっては、その点なおさらといわねばならない。

＊　佐々木閑氏は、仏教はいわば「心の病院」だという。だが、しかし、仏教がただ個々人の「心」の「病い」の治癒をのみ目差すのなら、そのような仏教は、けだし真の宗教とはいいがたい。真の宗教は、個々人の実存としての救済――したがって、たんに「心」の救済だけでもない――と同時に人類全体の救済をも究極の目標とすべきものというべきだからだ。じっさい大乗仏教では、生きとし生ける衆生全体の救済を目差すものではないのだろうか。

「心の病院」というのは、一見親しみやすいが、しかし、どうみても宗教――ここでは仏教――を矮小化しているとしか思われない。その点、氏はいかがお考えだろうか。

宗教はかつてのキリスト教のようにただたんに科学と敵対するのではなく、これと手と手をたずさえて一緒になって社会貢献・人類貢献していくべきものなのである。個々人の救済と同時に人類全体の救済を目差すべきなのだ。しかもその道筋をできるかぎり具体的に示すべきなのである。そこで、その点を明らかにするために仏教の教祖・釈迦ないし仏教とキリスト教の教祖イエスについてその教えをまず概観的にみてみたい。仏教やキリスト教のもともとはどうであったのか、それが知りたいからである。

さて釈迦は、この世は生老病死の苦にみちみちている、人生は苦の連続である、と悲観して王子の地位と妻・子供を捨てて厳しい修業の旅に出た。この苦はどうしたら克服・超克できるのか、それが釈迦の生涯にわたる根本テーマであった。これに対し釈迦の答えはほぼこうである。あらゆる人間苦の根源は我執、つまりは我へのとらわれである。したがってこの我執を克服すること、それが苦からの解放となりうる、と。(1)では、どうしたらこの我執は克服できるのか。

釈迦は、長年の難行苦行をへたのち瞑想へと転じ、あるとき菩提樹の樹の下で夜を徹して瞑想にふけっているうちに明けの明星をみてはっと悟ったといわれる。しかし、釈迦のその悟りの具体的内容についての明快な答えは、文献つまり経典にはあまり残っていない。そこで筆者の問いは、こうである。じっさいに釈迦は、我執の根本的克服ができたのか。これはいかにも不謹慎な問いで、仏教徒の人たちがきいたら大いに憤慨し激しい非難の嵐があびせかけられそうである。だが、しかし、筆者にはそういう疑念がどうしても拭いがたいのだ。

いずれにせよそれで、つまり教祖の釈迦に明快な答えがないので、少なくともそれが文献として残っていないので、のちの仏教ではいろいろその答えらしきものが考えられたのではないのだろうか。つまりその答えとは、「あるがまま」とか「無心」、「平常心」、さらにまた「念仏称名」とか「他力の信心」あるいは「自然法爾」とかといったものである。それらを一言にしていうならば、工夫・図らいを捨てありのまま自然のままに生きることないし阿彌陀仏の本願に身を任せること、それこそ本来の人の道であり救済の道、我執的煩悩からの根本的解放の道だというものである。

それはさておき、釈迦は他方ではまた無我や大悲・大慈をも説いたといわれる。けれども、その無我とはいったい何か、これもまた必ずしもそれほど明らかでない。中村元のごとく、とらわれた我《われ》としての我《が》ないし我欲がないこと、つまり本来肯定されるべき自己ではない、逆に否定されるべき自己としての我がないことと解する研究者もいれば、わが師・滝沢克己を生前深く親っていた秋月龍珉のごとく「無我の我」ないし「一息に超個の個」あるいはまた「無相の自己」、つまりはこの世界のただ中で、これと順序を逆にできない仕方で不可逆的に逆接している、その意味で、そのかぎりでの絶対的超越者、いわばあのキリスト教の教祖イエスのいう「父なる神」と基本的に同じものととらえる禅者もいる。いったいそのどちらが正しいといえるのか。

もし前者だとするならば、その無我と大悲・大慈とはどうかかわっているのだろうか。これら両者には、とりたてて関係はないのだろうか。もしそうだとすると、人にも慈悲・慈愛を促すという大悲・大慈はいったい何についていわれているといったらいいのだろうか。それともこの大悲・大慈の思想は、釈迦没後約五〇〇年して起こった大乗仏教の教えであって釈迦じしんにはただ慈悲・慈愛の教えしかなかったというべきなのか。その点がまったくあいまいといわざるをえない。私見によれば、この無我は、後者の逆接的超越者、つまりはイエスの神のごとくに思われるけれど、仏教関係の人の間では、そう考える人は必ずしも多くはない。

　もしそうだとすると、では釈迦が、もしじっさいにそれを説いたとしたらその大悲・大慈は、そもそも何に基礎づけられていたといえるのか。のちの仏教では仏の大悲・大慈といわれるけれど、この考えはそもそも釈迦にその淵源をもつといっていいのだろうか。いずれにせよ、その点釈迦に明確な答えはないように思われる。たとえば「無我の大悲・大慈」といった言葉が釈迦のものとして文献に残っていれば明瞭なのだが、しかしそれはなさそうである。

　それはともかく、釈迦じしんはともかく、のちに仏教で「仏の大悲・大慈」といわれるときのその仏とはそも何を意味しているだろうか。イエスないしキリスト教の神のごとき絶対的超越者と考えてもよいのだろうか。

　その点、仏教はきわめてあいまいである。なぜなら、仏教は多神教だ、キリスト教やユダヤ教、イスラーム教のごとき一神教とはまったく違う、といってこれら一神教を厳しく批判したがる仏教徒がすこぶる多いからである。[2] 仏教のいう仏ないし無我あるいは空がキリスト教やユダヤ教あるいはイエスの神のごとき絶対的超越者、いやもっと正確かつ厳密にいうならばイエスの「父なる神」のごとき、この世界と人間に逆接する、そのかぎりでの絶対的超越者でないとするならば、それはいったい何なのだろうか。

　その点仏教はみずからを深く反省し、これをあたうかぎり明瞭にすべきではなかろうか。もしそうでないならば、いくら仏の大悲・大慈を強調しても、ひっきょうそれは虚しきものとなってしまわざるをえないからである。何かよく分からない、根本的に漠然とした仏の、その大悲・大慈といったところで、そこには説得力が決定的に欠如してしまうからである。いずれにせよ、この点での仏教の根本的曖昧さの根源は、遠くその教祖・釈迦にまでさかのぼるといってはいいすぎだろうか。

　以上、釈迦ないし仏教への筆者の素直な疑念を吐露しておいた。

## (二)　イエスの思想の救済観

さて、ではつぎに翻ってキリスト教の教祖イエスの思想についてみてみたい。救いについてのイエスの答えは、端的にいって「御意のまま」、つまり「父なる神」を信じこれに目覚めつつその御意に添うて愛を実践せよ、ということである。そこに人生の意味も価値も目標も、それにまた生きがいも、おのずから生まれてくるということである。

かくてイエス自身は、その十字架の残虐きわまりない苛酷な死に到るまでそれを終始一貫つらぬいた。ところが、十字架上で死の間際イエスはこう叫んだと聖書には記されている。

「三時ごろ、イエスは大声で叫ばれた。『エリ、エリ、レマ、サバクタニ。』これは、『わが神、わが神、なぜわたしをお見捨てになったのですか』という意味である」（マタイ二七・四六）。

これは一見するとまさに絶望の叫びのようにも思われる。しかしながら、けだしそうではない。むしろこれは、イエスが神に真に正しく目覚めつつこれを徹頭徹尾信頼していたその何よりの証しというべきなのである。が、その詳細については、本章の二の(二)「イエスの思想と滝沢インマヌエル哲学」で詳しく論じることにしたいと思う。

それはともかくイエスの救済観、つまり神にしかと目覚めつつその御意に徹底的に従順となれという考えは、思うに旧約聖書のあの有名なヨブ記の影響もそこに反映しているのではなかろうか。このヨブ記は、のちのさまざまな哲学思想、例えばゲーテの『ファウスト』やドストエフスキーの『カラマーゾフの兄弟』などにも深く影響を与えたとされるものである。そのあら筋をごくごくかいつまんで要約するとこうである。

神が悪魔と論争して、神を信じない人間がいるかどうかの賭けをする。そこで悪魔が正義の人ヨブにあらゆる苦難、たとえば病気などで親しい家族を奪い、天災や人災でその財産を奪い、またヨブ自身にも重病を被らせたりして、筆舌に尽くしがたいほどの苦しめを与える。最初のうちヨブは、それでも神を信じているが、しかしそのうちにどうにも耐えられなくなって神を激しく呪い始める。そのヨブに、友人が次々と訪れて、かれを慰めたり諌めたりする。しかしヨブは、かれらのいうことに一向に耳を傾けようとはしない。自分は生涯正しく人生を貫いてきたのにどうしてその自分がこんな苦しい目に合わねばならないのか、神にいったい（正）義はありや、と問う。と、そこへ最後に一人の青年エリクが現われて、ヨブを諌めてこう問いつめる。

「あなたが話すのはわたしの耳に入り
声も言葉もわたしは聞いた。
『わたしは潔白で、罪を犯していない。
わたしは潔く、とがめられる理由はない。
それでも神はわたしに対する不満を見いだし
わたしを敵視される。
わたしに足枷をはめ
行く道を見張っておられる』
ここにあなたの過ちがある、と言おう。
神は人間よりも強くいます。
なぜ、あなたは神と争おうとするのか。
神はそのなさることを
いちいち説明されない」（ヨブ記三三・八―一三）。

青年のこの詰問に合って、ヨブは深く悔い改める。全智全能にして絶対の義なる神を前にして、人間はたといいかなる苦難に遭おうとも、それによって神を呪ったり、あるいは自分を正当化したりすることは毫も許されない。なぜなら神の御意には、人間にはとうてい測り知れない奥深さがあり、それは絶対の秘義なのだから、と。

まさしくこれが、これこそが、ひっきょうイエスの神認識、つまりは「御意のまま」、というその神への徹底的な従順さの教えの根本ではなかろうか。要するにヨブもまた、その激しい神への呪いの末に一人の青年の鋭い問いかけに会い、ついに神の真の絶対性とその御意への徹底的な従順、つまりはイエスのいわゆる「御意のまま」という境地にたどりついたといえるのではなかろうか。かくてこのヨブ記の教えとは、たといどんなに辛く苦しくても、しかしとことん御意のままに神に絶対的に服従すること、それがひっきょう人間の本来生きる道であり、それゆえにまた救いと幸せに到る唯一の道だということであって、このヨブ記の教えが、イエスにも大きく影響を与えていたのではなかろうか。

かくしてイエスは、じっさいにその生涯すべてを貫いて、その十字架上の死に到るまで「御意のまま」、つまりは神への絶対の服従を貫き通したのだ。したがって、十字架上のイエスのあの最後の叫び、つまり「エリ、エリ、レマ、サバクタニ。」「わが神、わが神、なぜわたしをお見捨てになったのですか」というあの叫びも、かりそめにも神を呪うがごとき絶望的なそれではなくて、その耐えがたい死の苦しみにもかかわらず、しかし自己の絶対不可逆的神認識を正しくい堅持しつつどこまでもあなたの御意に従います、従い通します、というその硬い、硬い決意表明だったといってよいのではなかろうか。とはいえ、こういう徹底した、いわば超人的ともいいうる境地は、とうてい並の人間に到達できるものではない。

## (三)　インマヌエル哲学の救済観

そこで僭越ながらイエスや釈迦・仏教、さらにその他の著名な哲学者や思想家らからも自分なりに深く学びつつ最近筆者のたどりついた答えないし心境を、インマヌエル哲学としてここで披瀝しておきたい。

人間は、我執や煩悩を完全に断つことなどとうてい不可能である。かくして、我欲や誘惑にも打ち勝つことはもうとうできない。どうしても我にとらわれ悶々とし我欲や誘惑には何度でも打ち負かされ失敗を繰り返す。俗に、人間はもともと失敗をする存在でそれは仕方のないことだが、しかし同じ失敗を繰り返す人間は馬鹿である、というけれど、しかし同じ失敗を繰り返さない人間など果しているといえるだろうか。少なくとも筆者には、それはできない。が、それでいいのではなかろうか。

ただ大切なことは、我にとらわれ悶々とし我執や誘惑にも負けて同じ失敗を繰り返しつつも、しかしそのつど深く反省し、つぎは何とか自己へのとらわれから解放されて我欲や誘惑にも打ち勝てるよう誠心誠意をもって祈りつつ、他方でしかし人間とは所詮大自然の中の極小の一自然にすぎないという人間本来の分・自分の分をみずからできるかぎりで弁えつつ、よしその自覚はなくとも神の御意に添うてとにかくありのままに愛と責任、義務と使命を可能なかぎり果していくこと、その意味で御意のままなるあるがままに生きていくこと、と同時に他方では、この世は所詮苦海だ、海のように深くて広い苦しみの大海だと諦め覚悟することである。そのときはしかし、よし我執や煩悩、我欲や誘惑からいまだ完全には解放されていなくても、しかしそのいわば根は断ち切られ、いや刻々それは断ち切られていることにはっしと気づき、かくしてそれらは弱められ、他方では同時にまた、ほんのちょっとした喜びにも大いなる喜びや充実・満足が感じられ、心の底、底の底は安心・安定・安堵するのだといっていいのではなかろうか。少なくとも、筆者の最近ようやく辿り着いた境地はこんなものである。

これもまだ完全に体得できているとはいえないが、しかしそのような方向性に救いや幸福はあるようにかなりはっきりと感じられ始めている。けれどもこれは、しょせん凡夫・筆者の愚見にすぎない。したがって本文では、全人類のすぐれた模範ともいうべきイエスや釈迦、あるいは仏教の根本思想についてそれを力のおよぶかぎり全身全霊を傾けて究明していきたい。

## (四) イエスと釈迦ないし仏教思想の差し当たりの根柢的綜合・止揚の試み

さて、以上をもう一度別の角度からみてみよう。現代は深いニヒリズムの時代である。そのさいニヒリズムとは、これをごくごくかいつまんでいうならば、この世界には何ら究極の意味も価値も目標もない、それゆえにまた人間の人生には最終的な希望や生きがいもない、といった考え方・感じ方・気分のことである。かくして現代人は、潑剌とした生気を喪失した、いわば亡霊のごとき存在にみずからを貶しめてしまっている。かかるニヒリズムは、今や現代世界ないし現代人のほぼ全体を覆いつくしているといわねばならない。そのさいこのニヒリズムの根柢には、まぎれもなく徹底的な宗教蔑視・宗教否定が横たわっている。

したがって、かかる深いニヒリズム真只中の現代世界にあってわれわれは、一見逆説のようではあるが今や徹底してイエスの思想を究明すべきなのではあるまいか。さらにまた同時に、東洋人として東洋の深い知恵、イエスのそれに比肩しうるといってもいい釈迦の思想ないし仏教も、これをとことん探求すべきではなかろうか。そうしてそれら両者を根柢的に綜合・止揚すること、それこそ今日のわれわれが緊急に求められていることといってよいのではあるまいか。

それを、まずここで筆者なりにごくかんたんに試みておくとこうである。まずイエスには、その世界認識としてかれに先立つユダヤ教以来の神によるこの世界の創造という思想がある。かくして神とこの世界とは、インマヌエル哲学の用語でいえば絶対に分離することも、ごちゃまぜに混同することも、また上下・先後の順序を逆にすることもできないように、端的にいって絶対に不可分・不可同・不可逆的に直接一なるものとして根源的・弁証法的にかかわっている。

他方、釈迦ないし仏教の世界認識としては、あの有名な縁起思想がある。縁起の思想とは、この世界内部のものはすべて直接的ないし間接的な原因もしくは条件とその結果という仕方でたがいにかたく結びついているというものである。いいかえれば、この世界の森羅万象はすべてが相補・相関的にかかわりつつ互いにかたく結びついているということである。要するに独立自在する常住本態としての実体は、この世界のどこを探しても存在しないということだ。これはまさに、インマヌエル哲学の用語でいえばこの世界内部のあらゆるものはすべてそれなりに不可分・不可同・不可逆的にかかわりつつたがいにかたく結びついているということである。

けれども、釈迦や仏教そのものには、イエスやそれに先立つユダヤ教、あるいはイエスののちのキリスト教のごとき神によるこの世界の創造という思想はない。したがって、その縁起思想の根柢についてそこがどうなっているのか、あるいはこの世界内部の縁起の関係はそもそもどこからどうこの世界に惹起されてきたのか、引き起こされてきたのか、そういった点についてはまったく明らかでない。他方イエスには、その神によるこの世界の創造思想と共にこの世界とその創造者としての神とのあいだの先にもいった絶対に不可分・不可同・不可逆的関係の鋭い洞察はあるものの、この世界内部のものについては、それらが釈迦や仏教思想のようにたがいに縁起として、つまりはインマヌエル哲学流にいってそれなりに不可分・不可同・不可逆的にかかわりつつ結びついているという思想は欠如している。かくして、イエスと釈迦ないし仏教思想のこれらの点について、そのそれぞれの長所と短所を根柢的に綜合・止揚するとほぼこういっていいだろう。

すなわち、この世界は絶対的超越無限者なる神により時々刻々その神御自身と絶対に切り離すことも、ごちゃまぜに混同することも、またその上下・先後の順序を翻えすこともまったく不可能なように、端的にいって絶対に不可分・不可同・不可逆的に直接一なるものとして根源的・弁証法的に創造されていると同時に、この世界の根柢に頑として成り立っているこの根源的・弁証法的関係を自然《じねん》に映してこの世界内部のものはすべてそれなりに不可分・不可同・不可逆的に、つまりは縁起として関わり合い結びついているということである。これがまずイエスと釈迦ないし仏教思想の、そのそれぞれの世界観の根柢的な綜合・止揚の第一点といわねばならない。

仏教の『華厳経』には、「一即多・多即一」「一即一切・一切即一」ということがいわれている。これはしかし、この世界内部についていわれていることである。けれども、では何故そうなのか、何故この世界はそのようにして成り立っているのか、ということには触れられない。

この点についてインマヌエル哲学はこう考える。

もともとイエスの神は一即多・多即一　一即一切・一切即一なのである。父なる神は一であり、子なる神は無限の多にほかならない。そうしてこれら両者はそれらの働きとしての聖霊と共に、即（不可分・不可同・不可逆の即）で結びついている。

この神そのものの内部の一即多・多即一、一即一切・一切即一を映して、この神により、この神においてそのうえに成り立っているこの世界もおのずから一即多・多即一、一即一切・一切即一という構造をとっているのである。すなわち一の面と多の面・一切の面が重々無碍に重なり合っているのだといわねばならない。

例えば、この私は今ここにいる。その今ここは、この家の中にある。この家は、日本の一箇所にその位置を占めている。日本は地球全体のほんの一点にほかならない。その地球は太陽系の中の一つの惑星であり、その太陽系は、より大きな銀河系の一部であり、その銀河系も、他の何億という銀河系の中の一つにすぎない。その全体がこの宇宙である。この宇宙の他にも無限にまだ多くの宇宙があるかもしれない。

それら全宇宙がその中に、そこにおいてある場所、それが真の全体である。そのさいこれらはすべて、この今・ここでたがいにかかわり合って成り立っている。このようにして今・ここで、そのつどの今・ここですべてのものがたがいにかかわり合いつつ成り立っているのだというべきである。これが、ほかでもない一即多・多即一、一即一切・一切即一ということのその意味であり、縁起ということにほかならない。

そのさい、その根源には、これをそのようなものとして成り立たしめている根柢的場としての神が厳在するというべきなのだ。

翻って思えば、この神そのものが、先述したごとく一即多・多即一、一即一切・一切即一である。ゆえに、おのずから自《じ》然にこの世界もそのようなものとして成り立ってくるのだといわねばならない。

かくして、ここに、イエスの思想と仏教思想、その淵源としての釈迦の思想は、根柢的に綜合・止揚されるのである。

さてつぎは、イエスと釈迦ないし仏教のそのそれぞれの救済観についての根柢的な綜合・止揚にほかならない。イエスの救済観は、すでにいったようにこれを一言にしていうならば、絶対無我無償の愛なる神に目覚めてその御意のままに愛を実践することである。他方釈迦ないし仏教の救済観は、ほぼこうだといっていいだろう。すなわちこの世はひっきょう生老病死の苦海であり、その根源はといえばつまるところ我執にほかならない。ではその我執はどうすれば克服でき、生老病死の苦海から脱することができるのか、と問えば、仏の大悲・大慈つまりは愛の心を大切にしてあるがままに無心に平常心で、あるいはまた称名念仏や絶対他力の信心ないし自然法爾に生きていくことである。これらの点についての両者の相違といえば、イエスについていうなら、そこにはこの世の苦海の認識は実質的にはあるものの、その根源が我執にあるという洞察は必ずしもあるとはいいがたい。他方釈迦ないし仏教についていうなら、そこには仏の大悲・大慈と、人間の生るべき道としてのあるがまま・無心・平常心、あるいは称名念仏や絶対他力の信心・自然法爾との関係が必ずしも明瞭に結びつけられているとはいいがたい。いいかえれば、あるがまま・無心・平常心、あるいはまた称名念仏や絶対他力の信心・自然法爾の生き方が、すなわち仏の大悲・大慈の御意に添うてそれをみずからも実践していくことなのか、その点が必ずしも明確とはいいがたい。

さらにいいかえるなら、釈迦や仏教でも、小乗仏教はともかく少なくとも大乗仏教のばあいには、仏の大悲・大慈を大切にしてみずからも慈悲と慈愛の心をもって生きることの大切さは説かれるものの、それと他方でいわれるあるがままとか無心・平常心ないし称名念仏や絶対他力の信心・自然法爾の生き方とどう結びつきどう関係するのか、その点が必ずしもはっきりしないのだ。

かくて、イエスと釈迦ないし仏教思想のそのそれぞれの強みと弱みをたがいに補い合ってこれらを根柢的に綜合・止揚するとこうである。すなわち、この世は所詮海のごとく広くかつ深い苦の世界だと諦め覚悟して、その根源なる我執を断ち切ること、その方法としては絶対無我無償の愛ないし大悲・大慈の神・仏にはっしと目覚め、その御意に添うて自《じ》然に、つまりはあるがままに無心・平常心で、あるいは称名念仏や絶対他力の信心もしくは自然法爾の心で愛ないし慈悲・慈愛を実践していくこと、いいかえれば愛なる神・仏に覚醒しつつ、みずからの思いを先立てず工夫・図らいを捨て、神・仏の御意に即してありのままに自《じ》然に愛ないし慈悲・慈愛を実践していくということである。

かくて苦の根源なる我執はその根が断ち切られ、いや刻々断ち切られていることにはっしと目覚め、かくてその苦ないしそこから起因してくるさまざまな煩悩や誘惑・我欲も弱められ、他方では同時にまたほんのちょっとした喜びにも大いなる喜びや感謝、満足・充実を味わうことができ、また社会や世界の一員としてそのなすべき責任・使命・義務も、その愛・慈悲・慈愛と共におのずから自《じ》然に果たしていくことができるであろう。かくしてこれが、イエスと釈迦ないし仏教の、そのそれぞれの救済観についての根柢的な綜合・止揚といわねばならない。いずれにせよ、これは筆者なりのイエスと釈迦ないし仏教の根柢的な綜合・止揚の試みではあるが、しかし、すくなくともこの方向性にこそ、新たに来たるべき真の宗教の姿があるのではなかろうか。

### ㈤「御意のまま」（イエス）と「あるがまま」（仏教）の根柢的綜合・止揚の試み

すでに述べたごとく、釈迦は、おのが我への執着からの離脱を説き、イエスは他者への愛の実践を説いた。そのさい仏教は、我執からの解放の手立てとしてあるがままや無心、あるいは平常心や自然法爾を主張する。

他方イエスは、「父なる」神にはっしと目覚めつつその御意のままにどこまでも誠実に生きること、生き抜くこと、それがひっきょう救いと幸せに到る道だと諭しつづけた。そのさい神の御意の中心は、とりもなおさず愛にほかならない。イエスはだから、神にしかと目覚めつつその御意に即して愛を実践せよと説いたのである。繰り返すなら、神を「信知」（親鸞）しつつその神の御意のままに語りかつ行動すること、なかでもその御意の中心、中心中の中心、つまりは愛、それをこそ何よりも第一に実践せよと強く語ったのである。

こうみてくると、仏教は、一見個人主義的であるようにも思われる。おのが我執から解き放たれること、それがまず第一の目標とされるからである。かくして、ここには、一見すると他者とのかかわり、かかわり方はないかのごとくみえたりもする。ひっきょう、みずからの安心《じん》・幸福のみが目標とされている観がある。じっさい小乗（上座部）仏教には、その趣きが濃厚である。

他方、イエスにあっては、前述したごとくまず第一に神に覚醒しその御意のままに生きること、それが何よりも大切であり、そのさいその神の御意の中心は、とりもなおさず他者への愛にほかならない。かくして、ここには、みずからの幸せよりも、まず第一に他者の幸せを大切にするという考えがある。したがって、たとえばイエスのもっとも重要な教えとしての対神愛、つまり「汝の神を愛せ」とは、つまりは神にしかと目覚めつつその御意のままに感じ・考え・行動せよという意味であり、他方この対神愛といわば一対のものとして同じく諭される隣人愛、つまり「汝の隣人を愛せ」とは、だから「汝の神を愛する」ことによりその御意に添いつつ、その御意としての「汝の隣人を愛せ」という意味だといわねばならない。

ここには、けだし他者を愛しこれを大切にすること、それがすなわち自分自身の幸せであり本当の自己愛だという暗黙の考えがあるといわねばならない。

こうみてくると、仏教の教えとイエスの教えは、一見正反対のようにも思われてくる。すなわち、前者はとりわけ個人主義的な立場に立ち、後者は逆にいわば全人類的な立場に立っているからである。

いったい、これは本当に正しいといえるだろうか。すくなくとも表面的には、これはたしかに正しい。とりわけ小乗（上座部）仏教には、その観が強いといってよいだろう。

が、しかし、大乗仏教では、必ずしもそうとはいえない。なぜならそこでは、『法華経』(3)やこれを深く愛したあの宮沢賢治にあって一点の曇りなく明らかであるように、ただ自分ひとりの救済・幸せだけでなく、人類全体、いや生きとし生けるものすべて、その、この世という深くて広い苦海からの救済・幸せが問題とされ、しかも後者が実現されてこそ初めて前者も成就されるものと考えられているからである。

したがって、かかる大乗仏教の教えからするならば、たんに自分ひとりのいわば個人主義的救済は、とうてい正しいとはいいがたい。むしろそれは、イエスのあの愛の思想にかぎりなく近づいているといってもいいだろう。いな、これら両者は、根本的に同じ立場に立っているというべきだろう。

もしそうだとすると、仏教のあるがままは、たんにおのが我執からの解放というだけでなく、如来の御意のままに生きよ、その御意に添うてあるがままに生き抜け、という意味とも解されえよう。するとこれは、あのイエスの神の御意のままなる生活実践と軌を一にするものといってよいだろう。かくして、明らかであるように、御意のままとあるがままとは、いわば御意のまま即あるがままとして綜合・止揚されることが必要なのだ。すなわち御意のままとは同時にあるがままでなければならず、またその逆も同様なのだ[4]。

かくして明らかなごとく、真の救済ないし幸せとは、神ないし如来をしかと覚知しつつその御意に（イエス）あるがままに（仏教）信従しつつ、無心かつ平常心で自然法爾（仏教）に愛（イエス・仏教）を実践すること、まさにそこにこそあるといわねばならない。すくなくとも、真に非凡な幸せ、すなわち、いわゆる健康とか家庭の安泰、仕事の成功とかといった平凡な幸せとはまったくその質を異にする、それよりはるかに深い究極かつ最高の幸せ、それはまさにそこに、そこにこそしかと厳在するといわねばならない、そうしてここに、まさしくここに、人間における幸せの深い神秘と逆説がある[5]。

## (六)　釈迦と森田自然療法、そしてイエス

さて、以上をさらに詳細に論述しよう。後述するごとく、釈迦の根本思想のひとつに、人間や物には実体がない、すなわち無我だ、というものがある。だが、しかし、たといそれをしかと悟ったとしても、それで本当に我

執やそこに起因する苦から根本的に解放されるといえるのだろうか。我が、よし常住不変の実体ではなく、刻々点滅するたんなる諸要素の集合体にすぎないとしてみても、しかしそのような無我としてやはり我はしかと存在する。とすると、我のその無我性を、言語を絶した言語道断の事実そのものとして仮にいくら悟っても、それで、その無我としての我への囚われ・執着は、これを本当に払拭することができるであろうか。その点、釈迦やそれにつづく仏教徒の人々は、はたしてそのじっさいはどうなのだろうか。それが、不謹慎ながら筆者の、釈迦ないし仏教（徒）への嘘偽りのない根本的疑念にほかならない。

それはともかく、釈迦ないし仏教が強く主張するように、この世の実相はひっきょう諸行無常だ、すべてのもの・いちいちのものは毎瞬々々生まれてはまた消え去っていく、刹那消滅だ、と本当に悟ることができるなら、苦もまた一つのものとして永遠につづくということはありえず、いつか流れ去っていく、消え去っていく、とあるいは覚知できるかもしれない。これが体得できれば、あるいは苦は根本的に克服できるかもしれない。すなわち、たとい苦があったとしても、いつかそれは流れ去っていく、だからそれにありのままに服従していればよい、そうすればその苦に耐えて生きていくことができる、とそういった境地があるいは得られるかもしれない。じっさい、後述する森田自然療法では、それで治った患者は、筆舌に尽くしがたいノイローゼの苦しみに対しても、それにしかと耐えて生きていくことができるようになる。その点、釈迦にあっても、これと同じようなことがあったのかもしれない。いや、むしろ話は逆で、禅仏教を介して釈迦の、ひょっとしたらそういう考えをうけて、森田正馬は、その自分のノイローゼ治療法を生み出したのだというべきかもしれない。

ただ、しかし、ここで注意すべきは、森田自然療法にあっては、ノイローゼ症状からくるさまざまな不安や苦しみに対しては、これにあるがままに服従しつつ、しかし他方で、じつはこれがきわめて重要なのだが、おのおのの患者の社会的責任をどこまでも徹底して誠実に果たしていくこと、これが強く指示される点である。(6) この後者の面、すなわち自己の社会的責任を誠心誠意果たしていくこと、それは、釈迦にあってはいったいどう説法されているのだろうか。我執およびそこに起因する苦の根本的克服、その方法として、この点はしかと説法されているのだろうか。なるほど釈迦も他者への慈悲・慈愛の大切さ、それは強く説く。が、しかし、それは、我執と苦の根本的克服に不可欠のものとして、これと不可分に結びつきつつ説かれているといってよいのだろうか。なぜ慈悲・慈愛の実践がそれほど大切なのか、その点がはたしてどこまで深く説明されているのだろうか。それが永遠の仏の御意だから、まさにそれだからこそ、慈悲・慈愛の実践は大切なのだ、いやそればかりではなく、まさに永遠の仏の御意に添うことだから、まさにそれだからこそ、慈悲・慈愛の実践は、我執や煩悩あるいは苦からのたしかな解放となるのだ、なりうるのだ、と、はっきりと説かれていたのだろうか。この点が、浅学菲才な筆者には、どうしても明らかでない。

ひょっとしたら釈迦は、森田正馬と同様に、絶対無我無償の永遠者へのたしかな自覚はないままに、しかしこの世の実相として苦を含めた諸行無常を正しく体得し、他方で慈悲・慈愛や社会的責任を大切にしこれを実践すれば、我執や煩悩あるいは苦はおのずから克服できる、とたんにそう考えたのかもしれない。もしそうだとすると、しかし、その慈悲・慈愛や社会的責任の大切さ、それはいったいどこからどう認識されたのか。たといそれが、修業や瞑想を通じた体験によってだとしても、それらが我執や煩悩あるいは苦の根本的克服になるというその根拠、それはいったい何だったのか。たんなる修業や瞑想による体験的事実にすぎなかったのか。大悲・大慈の永遠者をしかとつかみとることなしに、それが果たしてどこまで確かなものとなりうるだろうか。それとも釈迦は、大悲・大慈の永遠者をしかと把握していたのだろうか。もしそうだとしたら、しかし、それは、釈迦じしんの言葉としてはそもどのように言い表わされていたのだろうか。果たしてそれが、釈迦の根本思想のひとつ無我の教えだったのか。それの点が、何としても明らかでない。

それはともかく、上述したことが基本的にもし正しいとするならば、釈迦の説く涅槃ないし悟りとは、たんに静寂な心の状態といったものではなくて、よし我執や煩悩・あるいは苦があったとしても、それにけっして囚われることなく、それらと共に生きていくことができる、その意味でそれらを超克しうる、という謂いとなる。かくして、それが、それこそが、仏教の教え、つまり平常心とかあるがまま、あるいは無心とか自然法爾といわれるもののその本質といわねばならない。

ところで、その点、イエスはどうであろうか。

イエスは、後述するごとく「みずからの十字架を背負って私についてきなさい」という。これは、この世は所詮苦の海なのだ、それを覚悟せよ、と説いているようにも思われる。いや、すくなくとも、イエスに従う道は、耐えがたき苦難の道だということである。

＊　ここで一言注意しておくと、もとよりイエスは、自分がやがて十字架につけられ殺されるとあらかじめ分っていたわけではありえない。したがって、とうてい耐えがたい苦を十字架にたとえている上の言葉は、じっさいにはイエスの言葉ではないかもしれない。とはいえ、しかし、その淵源は、たしかにイエス自身にあったといっていいのではあるまいか。イエスが、日頃から自分の苦しみを背負いつつ自分についてきなさいといっていたから、まさにそれだからこそ、イエスに従うのちの誰かがそのみずからの苦難を、その師イエスが最後につけられた耐えがたき苦・十字架になぞらえて、そう表現しこれをのちの世に残したのではあるまいか。

それはともかく、うえの言葉とはまた別に、イエスは、これも後述するごとくみずから進んで、父なる神の御意のままに！と真摯に祈る。

かくして、以上を綜合すると、イエスは、しょせんこの世は苦しみだ、だからそれをしかと覚悟しつつ、しかし他方では父なる神の御意に即してどこまでも誠実に生きよ、自己の責任や愛を誠心誠意果たしてゆけ、それが自分、つまりはイエスに従うということである。そうすれば、しかし、「明日への思い煩い」、つまりは我執や煩悩、あるいは苦からもおのずから解放される、救われる、すなわち幸せになれる、とそう説いているといってよいだろう。

他方、イエスは、これも後述するごとく「私の課す荷は軽い」ともいっている。この言葉を上述したイエスの二つの言葉、十字架についての言葉と祈りの言葉、それらとまた綜合すると、イエスに従うことにさけがたく伴なう苦しみも、しかしこれをありのままに耐え忍びつつ、神の御意のままに愛と責任を誠実に実践してゆけば、それはけっして耐えがたき「重荷」ではなく、逆に誰にでも耐えられる「軽い荷」なのだ、ということになる。これが、これこそが、イエスの根本思想といってよいのではあるまいか。

ところで、イエスの「御意のまま」というこの思想、それに対応するもの、それは、はたして釈迦にも存在しているといえるだろうか。すくなくとも、それはすこぶる不明瞭であるように思われる。かくして釈迦にあっては、よし慈悲・慈愛を説き、それが我執や煩悩、あるいは苦を根本的に克服する道だ、とかりにいったとしても、しかし、それはなぜなのか、なぜそうなのか、というその最後の根拠、それがきわめて薄弱なのだ。イエスのごとく、それが救い主なる神ないし絶対無我無償の仏の御意だから、というそういう確たる根拠が欠落しているといわねばならない。すくなくとも、浅学菲才な筆者には、そう思われる。

その点、親鸞の最晩年の思想・自然法爾は、このイエスの思想「御意のまま」をよりよく表現しているといってよいかもしれない。なぜなら、自然法爾とは、みずからの工夫・図らいを捨て、如来の誓願を信じてその御意のままに語りかつ行動せよ、それこそ人間の生きるべき正しい道だ、ということだからだ。いったいその淵源は、遠く釈迦にまで遡ぼることができるのだろうか。もとより、その正否は定かではない。いずれにせよ、しかし、親鸞のこの自然法爾の思想にあっては、苦を含めた諸行無常・刹那生滅は直接には何ら問題とされてはいない。とはいえ、仏教徒であるかぎり、それはすでに暗黙の前提となっているとはいえるかもしれない。

他方イエスにあっては、上述したごとくよしこの世の実相として苦がたしかにほのめかされているとはいえ、しかし、釈迦や仏教のごとくこの世は苦海だと明言されるには到っていない。ただ神への信と、その御意としての愛の実践、その大切さが強調されるのみである。
いずれにせよ、こうしてわれわれは、我執やそれに起因する煩悩、あるいは苦、それらを根本的に克服する道をつぎのように定式化することができるであろう。すなわち、この世は所詮苦海だと覚悟を定め、が、しかし、その苦も恒久不変のものではもうとうなくて、必ずや流れ去っていくもの、過ぎ去っていくもの、というこの世の実相を正しく体得し、他方では、しかし、自分の思いを先立てず、工夫や図らいを捨て、物そのもののロゴス、つまりは対象からの求めや要求に即しつつ、あるいはまた各状況のなかに必ず内包される絶対必至の道、唯一無二の正しい道、それにできるかぎり即して生きていくこと、いいかえれば神仏の御意に添うてみずからの責任や義務、あるいは使命、さらにはそれらのなかでも最重要なものとしての愛、それを実践していくこと、そうすれば必ず我執やそこから惹き起こされる煩悩・苦、それも根本的に克服される、いや、それらへの囚われから解放される、すぐ完全に、とはいかないまでも、そうして何度も失敗を繰り返すことがあったとしても、しかし、そのつど心から反省し、祈り、やり直すことにより、時と共に超克されていく、と。まさしくこれが、これこそが、ほかならぬインマヌエル哲学の我執・煩悩・苦の根本的克服方法、つまりは救いの道といわねばならない。もとよりこれは、イエスと釈迦ないし仏教思想の根本的綜合・止揚であることは、改めていうまでもない。

さて以上を前提として、いよいよつぎに本題に入り、イエスと釈迦ないし仏教思想の、そのそれぞれの根本思想についてより具体的に考察していきたい。

## 二　イエスの根本思想とその生

以下の考察から明らかなごとく、イエスの言葉は、ほとんどすべて常識からいえばほぼ考えられないこと、ありえないこと、いやむしろ常識の正反対といってもいいようなものばかりといわねばならない。その一例をあげれば、後述するごとく「貧しき人々は幸いなり」がある。いったいこれを信じることができるだろうか。ただ妄信する以外、それはとうてい無理なことだろう。しかしながら、妄信は、かりそめにも真に正しい信とはいいがたい。したがって、イエスの言葉を信じようと思ったら、その真意を理解すべく底の底まで徹底して考えに考え抜くことが要求される。そうしてその極たんなる理知的理解を突破して物そのものの根源的ロゴス（言葉）、このばあいイエスの真意を直接自己自身においてつかみとることが何としても必要なのだ。かくして確信的につかみとること、覚知し「信知」（親鸞）することが必要なのだ。

だから、イエスの言葉を滝沢は、（禅）仏教の「公案」と同じだという。すなわち、真理に到達するための思惟の素朴、かかるものとしての課題・難問ということである。いや、この世界のすべてが公案だといってもよいが、しかしイエスの言葉はその点とりわけすぐれているということである。この世界と人の根源的本質を理解するうえでは禅の公案同様に、いやけだしそれ以上の、他に比するものがないほどの公案といわねばならない。その「公案」解読に本書がどれだけ成功しているか、それはひとえに読者諸賢の御判断にまつほかはない。いずれにせよ本章、とりわけ本項「イエスの根本思想とその生」は、これまでの全生涯をかけた筆者の、イエスの思想ないし言葉との全力の格闘にほかならない。

## (一)　イエスの言葉の数々とその生

いったいイエスや釈迦は、我執を本当に克服し愛を実践することができていたのだろうか。まずイエスにかぎってみるならば、その数々の言葉から推測してそれが根本的にたしかにできていたように思われる。そのイエスの言葉とはいったい何か、それを思いつくままに列挙するとこうである。

まず第一にあの有名なつぎの言葉がある。すなわち、

「そのうちの一人、律法の専門家が、イエスを試そうとして尋ねた。『先生、律法の中で、どの掟が最も重要でしょうか。』イエスは言われた。『「心を尽くし、精神を尽くし、思いを尽くして、あなたの神である主を愛しなさい。」これが最も重要な第一の掟である。第二も、これと同じように重要である。「隣人を自分のように愛しなさい。」律法全体と預言者は、この二つの掟に基づいている』」（マタイ二二・三五―四〇）。

「あなたがたも聞いているとおり、『隣人を愛し、敵を憎め』と命じられている。しかし、わたしは言っておく。敵を愛し、自分を迫害する者のために祈りなさい」（マタイ五・四三―四四）。

さらにこれらと似通った言葉として、これも有名なつぎの言葉がある。

「あなたがたも聞いているとおり、『目には目を、歯には歯を』と命じられている。しかし、わたしは言っておく。悪人に手向かってはならない。だれかがあなたの右の頬を打つなら、左の頬をも向けなさい。あなたを訴えて下着を取ろうとする者には、上着をも取らせなさい。だれかが、一ミリオン行くように強いるなら、一緒に二ミリオン行きなさい。求める者には与えなさい。あなたから借りようとする者に、背を向けてはならない」（マタイ五・三八―四二）。

そのうえまたこんな言葉もある。すなわち、

「そのとき、ペトロがイエスのところに来て言った。『主よ、兄弟がわたしに対して罪を犯したなら、何回赦すべきでしょうか。七回までですか。』イエスは、言われた。『あなたに言っておく。七回どころか七の七〇倍までも赦しなさい』（マタイ一八・二一―二二）。

いったいこれらの言葉のごとく自分と同じように隣人を愛するとか、さらにそれどころか自分の敵を愛したり、自分を迫害する者のために祈ったり、さらには自分に暴力を振う者に対してこれに反撃するどころか逆にこれに

仕えるがごとき振舞いをしたり、あるいはまた自分を裏切った者を徹底的に赦すとかといったことがわれわれ人間にはたしてできるだろうか。けれども、しかし、イエスは、じっさい今うえに引用したようにいっているのだ。はたしてこれらは、夢みる理想主義者イエスのたんなる他愛もない言葉といって片づけてよいものだろうか。じっさいイエスには、それができていたといってよいのではなかろうか。あの残虐極まりのない十字架上の死に至るまで、イエスは徹頭徹尾父なる神の御意に即して生き抜いた。死に瀕したあのゲッセマネの園においてすら、イエスはつぎのように祈ってその場から逃げ去りはしなかった。その祈りとはこうである。


「それから、イエスは弟子たちと一緒にゲッセマネという所に来て、『わたしが、向こうへ行って祈っている間、ここに座っていなさい』と言われた。ペテロおよびゼベダイの弟子二人を伴われたが、そのとき、悲しみもだえ始められた。そして、彼らに言われた。『わたしは死ぬばかりに悲しい。ここを離れず、わたしと共に目を覚ましていなさい。』少し進んでいって、うつ伏せになり、祈って言われた。『父よ、できることなら、この杯をわたしから過ぎ去らせてください。しかし、わたしの願いどおりではなく、御心のままに』（中略）。

更に、二度目に向こうへ行って祈られた。『父よ、わたしが飲まないかぎりこの杯が過ぎ去らないのでしたら、あなたの御心が行われますように』。

再び戻って御覧になると、弟子たちは眠っていた。ひどく眠かったのである。そこで、彼らを離れ、また向こうへ行って、三度目も同じ言葉で祈られた」（マタイ二六・三六―三九、同四二―四四）。（なお、傍点は引用者）

かくしてイエスは、父なる神の御意に添うて病める者、弱き者、小さき者たちのために自分を空しくしつつ全身全霊を傾けて生涯これに信従しつつ生き抜いた。そのイエスにとっては、自分の敵や自分を迫害する者、自分を抑圧する者、自分に暴力をふるう者、自分を裏切るもの、かれらもまた父なる神を見失った弱き者だったのではなかろうか。こうしてかれらをも、これを憐れむ父なる神の御意に従ってとことんこれを愛することができたのではあるまいか。

もとよりイエスは、自分の敵パリサイ人に対し、いつもすこぶる厳しい言葉でこれを批判している。しかしそれが、それこそが、イエスのいう「(汝の)敵を愛せ」ということのその意味ではないのだろうか。然りイエスは、ただたんなる理想主義者などではない。心落ちつけて安住する処もない極めて不安定な放浪生活をつづけながら、つねに社会の底辺にうごめく人々の側に立ち、かれらのために全力を尽くして生きた・生き抜いた、言葉の本当の意味での実践的現実主義者だったのだ。

イエスの不安定な放浪生活を暗示するものとして、かれのこんな言葉がある。

「イエスは言われた。『狐には穴があり、空の鳥には巣がある。だが、人の子には枕する所もない』」(マタイ八・二〇)。

かくして明らかなごとく、イエスは、たんなるお人好しの理想主義者、夢みる空想家、厚顔無恥な大法螺吹きなどでは断じてない。すでにのべたかれの筆舌に尽くしがたい苦難な全人生、それが、これを何よりもよく証しているといってよいからである。そのかれが、例えばまたこんなこともいっている。

「さて、イエスは目を上げ弟子たちを見て言われた。

『貧しい人々は、幸いである、
神の国はあなたがたのものである。

今飢えている人々は、幸いである、あなたがたは満たされる。

今泣いている人々は、幸いである、あなたがたは笑うようになる。

(中略)

しかし、富んでいるあなたがたは、不幸である、
あなたがたはもう慰めを受けている。
今満腹している人々、あなたがたは、不幸である。
あなたがたは飢えるようになる。
今笑っている人々は、不幸である、
あなたがたは悲しみ泣くようになる』」（ルカ六・二〇―二一　同二四―二五、マタイ五・一―一〇）。

この一見まったく非常識ともいいうる言葉を、じっさいに「貧しい人々」「飢えている人々」「泣いている人々」をひと一倍よく知っているそのイエスがいっているのである。その点からしても、イエスの言葉がたんなる甘い空想・理想を並べ立てただけの世迷言ではないこと、それが一目瞭然だろう。すこぶる厳しい現実を誰よりもよく知りそれを直視していたイエスその人が、こういった一見常識はずれともいいうる言葉を発しているのだ。

以上の点をより明らかにするために、ここで一つすこぶる不謹慎な言辞かもしれないが、あえてつぎのような例をあげてみてみたい。たとえば「公害」という名の企業犯罪による犠牲者である水俣病の患者さんたちを前にして、イエスは、今仮にかれがこの世に生きているとしたら、いったい「あなた方は、幸いだ！」といったのだろうか、その点について少し推測してみたい。

聖書には、イエスが多くの重症患者、たとえば「癩病」や「聾唖」、「中風」、「蹇」、「精神病」等々といった重い病いの患者さんたちを癒やしかれらをやさしく慰めている。かれらは、当然悲しむ人々であり、恐らく貧しき人々、飢えたる人々であったであろう。したがってイエスは、そういう人々を指して「あなた方は幸いだ！」といったことになる。それは、いったい正しいことといってよいのだろうか。

ところで釈迦は、病いとは生老病死としての人間苦の一つだという。けだしそれは、病いそのものが人間にと

ってのさけがたい苦しみだというよりも、それに囚われ執着すること、それがその苦しみをさらにいちだんと激しくするということだろう。もしこの釈迦の認識が正しいとするならば、水俣病の患者さんたちも、イエスの廻りにいた「癩病」その他重症の患者さんたちも、その点まったく異なることはないのではあるまいか。逆にその病いに囚われ執着しなければ、かえってその病いのゆえに心はおのずから謙り、感謝の心も自然に起こり易くなり、かくて、絶対無我無償の愛なる神・仏を信じこれに目覚めることがしやすくなっているともいえるのではなかろうか。

あとでもまた詳しくのべるようにそのいわゆる悪人正機説で親鸞は、貧しく飢え悲しむいわゆる「賤民」としての一般民衆をして、富める者や権力者よりも救いに近い、なぜなら後者のいわゆる「善人」は自力で救いにあずからんとするのに対し、前者のいわゆる「悪人」はそもそもその初めから自力救済を諦めざるをえず、かくて他力の信心による救いにおのずから身を任せている、ところが阿弥陀仏の本願の本旨は、自力救済ではなく、それができない衆生に対する大いなる憐れみにもとづく他力救済にこそあるのだから、と道破したけれども、そのゆえんも、まさしく今上でのべたところにあるといってよいのではあるまいか。もしそうだとしたら、まさにそれが、それこそが、イエスの先の言葉でいう「幸い」という意味ではなかろうか。もし絶対無我無償の神や仏が信知できるなら、心はおのずから軽くなり、他人にも自然に優しくできて、そのけっか必ず十分な満足や充実、喜びや安心、安らぎがえられるからである。イエスのいう「幸い」とは、まさしくそういうことではなかろうか。

その意味でイエスは、「癩病」等の重症患者さんたちにすら、その一見の大不幸にもかかわらず、その逆の「幸い」といったのではあるまいか。かれらの方こそが、かえって逆にいわゆる健常者や富める者、あるいは「笑っている者」よりも「幸い」だといったのではなかろうか。もしそうだとしたら、イエスは、もしかりにかれが今現在生きているとしたら、たとえば水俣病等の重症患者さんたちに対しても、同様に「幸い」といっているのではあるまいか。もとよりその病いそのものが「幸い」というのではなく、その病いを機縁として真の救いに近いからにほかならない。

ところで、水俣病の患者さんたちに親しく寄り添いこれらの人々をテーマにして描いた小説のタイトルを、その著者・石牟礼道子さんは、なんと『苦海浄土』と名づけている。その真意はけだし、水俣病患者さんたちの生活はもとより耐えがたく苦しい苦海だけれど、しかし、にもかかわらず、浄らかな浄土だということではないのだろうか。一見途方もなく激しい不幸だが、しかしその水俣病患者さんたちのもとにも浄土、つまりは救いはある、救いはきているということではあるまいか。そうしてここには、すでにのべたようなイエスや釈迦、あるいは親鸞とまったく同じ視点があるといってはいいすぎだろうか。すなわち、水俣病患者さんたちの生活の場は、いうまでもなく海ほどに深く激しい苦しみの場所だが、しかし、にもかかわらず、そこは浄土、浄らかな救いの場所なのだ、少なくともその浄土はこれらの人々のすぐ近くにある、来ている、という祈りを伴う洞察、それが『苦海浄土』というあのタイトルには深くこめられているといってよいのではあるまいか。

さて、以上をもう一度繰り返して考察したい。病苦や苦難に日々喘ぎ苦しむ人々は、とうぜん執着すべき快適な我（われ）が存在しない。したがっておのずから我執からも解放されている。少なくとも解放されやすくなっている。かくしてこれらの人々の魂は澄んで浄らかとなっている。しかも我執から解放されるということは、釈迦もいうごとく苦からも解放されるということである。釈迦によれば、ほかならぬ我執こそが苦の根源なのだからである。思うに、たといその病いや貧しさ、飢えそのものの苦はあったとしても、しかし我執のゆえにさけがたくそれをさらにいっそう激しくしていることからは解放されているのである。

なるほどこれらの人々にも、その病いや貧しさ、飢えそのものへの執着・囚われの可能性はありうるだろう。だが、しかし、もしその執着・囚われから首尾よく解放されることができたなら、そこには常人では予想もつかない深くて大きな安らぎや安心・喜びもありうるのではなかろうか。いずれにせよこれらの人々は、自力でみずからを救うことがとても困難となっている、かくして、とにかく何かに縋りたい、依り頼みたい、そうすることによってその苦から救われたい、と心底願っていることだろう。まさにそれだからこそこれらの人々は、絶対無我無償の愛なる神や仏にしかと目覚め、これを信じ、それに依り頼まんとすることの、そのすぐ近くに立っているといってよい。いいかえれば、おのが我執・執着から脱して愛に目覚め、その愛を実践する道のすぐそばに位置しているのだといわねばならない。

けだし、まさしくその意味で、その意味でこそ、イエスはこれらの人々を「幸い」といったのではなかろうか。要するに、これら貧しき人々、飢えたる人々、悲しむ人々、かれらには、常人にはとうてい測りがたい奥の深い神秘ともいうべき心境があるということではあるまいか。まさしくその点を、その点こそを、イエスはしかと見てとり、これを見逃さなかったといってよいのではなかろうか。

それはともかく、この問題、すなわち先にあげたイエスの言葉、つまり「貧しい人々」「飢えている人々」「泣いている人々」は「幸いだ」という言葉、その意味を水俣病の重症患者さんたちを例にとりつつあたうかぎり明らかにするという問題、それは、つぎに項を改めてこれをいっそう詳細に究明することにしたいと思う。

さて、ここで一見話題を少し変えると、かつて新聞の投書欄で、ベトナムからの留学生がこんなことを書いていた。日本へきた当初、かれはこう思ったという。日本は駅も道も何もかも美しく、しかもとても豊かで、日本人は何て幸せなのだろうか、と。ところが、日本で暮らして大分たったころ、こんなことに気がついた。日本人には、笑っている人が少ない。いつも何か不機嫌そうな顔、怒ったような顔、顰めた顔、物憂げな顔をしている。これに対しベトナムでは、国民はたしかに貧しいが、しかしみんないつも笑っている。たがいに助け合いつつ、明日のこと、将来のことに希望をもっている、と。で、最後にかれはいう。「日本人は、いったい本当に幸せですか?」と。

ところで、あの、とても貧しいけれど、しかし国民の多くが深い幸福を感じているというヒマラヤの秘境ブータンでは、その国民の一人が「何故そんなに幸せを感じることができるのですか」とテレビのインタビュアーに尋かれて、ほぼこう答えていた。隣近所との交流が日頃からとても濃厚だから、何か自分に困ったことができたらいつでも誰かが助けてくれる、という安心がいつも心の底にあるからだ、と。これは、ただその人ひとりの心境というよりも、ブータンの国民全体の気持ちを代表しているといってよいのではなかろうか。おたがいの助け合い、励まし合い、労り合いによる安心、それこそ幸福感のもっとも重要な一要素といってよいのではあるまいか。いずれにせよ、このブータンの人の心境は、先にのべたあのベトナム青年のそれとまったく同じものといってよいのではなかろうか。

ちなみに仏教では、その根本思想として安心《あんじん》の獲得を目差すが、これもまた今うえにあげたブータンの人やベトナム青年の言に深く通じるものがあるといってよい。かくして仏教は、人間の本当の幸せについてしかとその標的を射抜いているといわねばならない。

それはともかく、本当の幸せとはそも何か、というその考察をさらにつづけてゆきたい。「世界で一番貧しい大統領」として有名になった南米ウルグアイの元大統領ホセ・ムヒカ氏も、先頃日本を訪れたさい、あのベトナム青年と同様に、「こんなに豊かになった日本人は、しかし本当に幸せですか」と問いかけている。このムヒカ氏の見解では、本当の貧しさとは物がないことではなくて、物欲にかられてそれに執着することであり、本当の豊かさとは、ありあまるほど物があることではなくて、物欲・執着から解放されて他人への愛や思いやりに目覚めること、そうしてそれを実践することだ、という。

このムヒカ氏の言葉が説得力をもつのは、かれじしんがそれをたんに口先でいうだけでなくみずからの身をもって実践しているからである。より具体的にいうならば、大統領だというのにその報酬約一〇〇万円の一割、約一〇万円しか受けとらず、あとは慈善事業などに寄付したり、また豪華な大統領官邸には住まずに、首都に近い田舎の粗末な平屋建ての農家に住み、財産はといえば中古の車一台、といった生活スタイルをずっと貫いているということだ。これで自分は幸せだ、とかれはいってのけるのだ。

このムヒカ氏の考えの根本には、あのイエスの言葉、「(心の) 貧しい者は幸いだ」という思想がたしかにあるといって間違いない。かれも、敬虔なクリスチャンなのだから。コプト教徒なのだから。ただそうだとすると、かれムヒカ氏は、教祖イエスの言葉をただたんに妄信し盲従しているだけなのだろうか。すくなくとも筆者には、そうとは思われない。イエスの言葉をただ妄信し盲従しているだけだとしたら、あのムヒカ氏の、誰もが近づきやすく穏やかで柔和な顔は、とうてい生まれはしなかったと思われるからである。

ムヒカ氏は、若い頃は反政府ゲリラ兵士で、いかにも精悍な顔つきをしていた。その頃は、貧しい人々のために銀行強盗をして奪った金をかれらに配ったりしていた。もとよりこの頃から、氏の心の底は柔和であっただろうが、しかし数回も殺されかかるような激しいゲリラ活動をしていて顔つきまで柔和となることはほぼ不可能だろう。その後投獄され、やがて釈放されて大統領に選任され、そこで初めてもともと柔和な氏の心の底が顔に表われてきたといっていい。要するに心の底に頑としてあった愛、他人への思いやりや労の心が自然と顔に表出してきたのであろう。

その氏は、やはり本当に、その一見貧しい自分の暮らし・生活が、しかしじつはこれこそ本当の幸せだと感じとっているのだといっていい。かくしてここにも、貧しさが即不幸とはかならずしも限らない、いやむしろ幸福により近い、幸福のすぐ近くに立っている、というそのことがおのずから暗示されているといってよいだろう。要するに幸せとは、ひっきょう明るい希望があることであり、たしかな安心や安らぎ、喜び、満足、充実があることなのだ。そうしてそれは、かならずしも貧しさや悲しさとかならずしも対立するものとはかぎらないのだ。

端的にいって真の幸せとは、けだし御意のままなるあるがまま、御意のまま即あるがまま、御意に即したあるがまま、そこにこそ初めて実現するものといわねばならない。まさにそこでこそ、真正の希望や安心・安らぎ・充実・満足・喜びは成就されるといってよいからである。

したがって、たとえば健康とか家庭の安泰、あるいはまた仕事の成功とかといったもの、さらには富や名声、権力といったもの、そういう一見した平凡な幸せ、いつもすべての人に開かれているとはかぎらない、そうしていつまた奪い去られるかも分らない、そういう外見上の平凡な幸せとは根本的に異なる真の非凡な幸せ、誰ひとりの例外なくすべての人に開かれている、しかもそう易々と奪い取られることもない、そういう真の非凡な幸せ、要するに神の御意のままにそれに添うてあるがままに愛を実践していくところ、そこに初めて実現される本当の幸せ、それは、思うに豊かな者や喜ぶ者よりも、かえって逆に貧しい人々、飢えたる人々、悲しむ人々の方こそがそのより近くに立っているといってよいのではあるまいか。

なんとなれば、かれら貧しい人々や飢えたる人々、あるいは悲しむ人々は、その自分がこれに執着するほどに快適なものではないゆえにおのずから我執から離れやすいし、また自分の力に頼ったいわゆる自力の救いはとうていこれを断念せざるをえず、それとは逆に何かに依り頼みかくして救われんというわゆる他力の心が自然に起こり、かくしてその心が絶対無我無償の神・仏へのはっしとした目覚め・信心をおのずから引き起こしやすくしているからである。

これが、これこそが、あのイエスがかれら「貧しき人々」「飢えたる人々」「泣いている人々」をこそ、常識とはまったく逆に「幸い」といったその真の理由といっていいのではあるまいか。そしてこのイエスの洞察は、けだし根本的に正しいといってよいのではなかろうか。たんに甘っちょろい理想や空想、あるいは幻想を並べたてた戯言ではゆめにもなくて、真の根源的事実にしかと目覚めつつこれに即した本当のリアルな人間理解といってよいのではあるまいか。

いずれにせよわれわれは、少なくとも今うえであげたイエスの言葉、すなわち「貧しい人々は幸いである」に始まる一連のイエスの言葉をよくよく心に留めつつそれがいったい何を意味するか、それを底の底まで徹底して考えに考え抜く必要があるだろう。

すくなくとも筆者には、イエスがたんなる夢見る空想家・お人好しの理想主義者ではなく、徹底した現実主義者であり、その現実把握にもとづく強靱な実践家だったとしか思われない。その十字架上の死に到るまでのその生の全体が、これを余すところなく証示していると思われるからである。たんなる夢見る空想家・お人好しの理想主義者であったなら、残酷極まりないあの十字架の死に到るまで自己の信念、つまりは「御意のままに」というあの信念・信仰を貫き通すことはとうてい不可能であった思われるからである。

真の現実主義者とは、この世界の表層の「現実」という名の諸現象の底に厳在し、日々これを在らしめ生かしめている根源的現実なる神にしかと目覚めその御意に添うて時々刻々生きていくもの、語りかつ行動していくもののことである。そしてイエスとは、まさにそういう意味での真の現実主義者であったのだ。かくしてかれの言葉は、それがいかに常識に反するものと思われようと、けっして現実離れしたもの、浮世離れしたものではありえないのである。いやそうではなくて、イエスの生身の身体で現に刻々と生きられつつ発せられている、そういう暖かい血の通った言葉といっていいだろう。

しかり、イエスには、それらの言葉で表現されていることがじっさいにできていたのだといってよい。自分自身への執着つまりは我執から根本的に解放されていたのはもとより、自分の敵や自分を迫害する者、自分を裏切る者、自分に暴力を振う者に対してすら、人間世界ではふつうみられるがごとき憎悪のとらわれから解放されていた、ということである。

とはいえ、しかし、それは、敵や自分を迫害するもの、裏切る者、暴力を振う者をただたんに赦したということではないだろう。そうではなくて、たといそういう者に対しても誠心誠意神に祈りつつかれらを真に正しい道へと導くべく最善を尽くした、ということだろう。それは、しかし、そういう者たちへの憎悪から根本的に解放されていなくてはとうていなしえぬわざである。そうしてそれがイエスにできたのは、イエスが絶対無我無償の愛なる神にしかと目覚めその御意に添うてつねにあらゆる執着、いや憎悪への執着からすら根本的に解放されていたからといわねばならない。それを現に目の当たりにしていたからこそ、かれのこの一見理想主義的・空想的な数々の言葉は、当時の人々の心を深く強くとらえ、したがってのちの世にまで長く伝えられていったというべきだろう。

イエスは、自分にできないことなど何一ついってはいないのだ。自分にできること、自分が現に行なってること、それしかいってていないのだ。さもなくば、イエスはたんに厚顔無恥な大法螺吹きの破廉恥漢にすぎないことになる。が、インマヌエル哲学は、そうは考えない。

これに対し、西洋の伝統的キリスト教にありがちなつぎのごとき考え方、それにもここでかんたんに反論しておこう。すなわちそれは、イエスは神の子キリストだから、つまりそういう人間を超えた絶対に完璧な存在だから、それらの言葉で言い表わされていることがイエスにはできたのであり、そうしてそれをわれわれ人間にも要求しているのだ、というものである。しかしながら、インマヌエル哲学によるならばイエスはかりそめにも神の子キリストなどではありえない。神の子キリストとは明確に区別されたただの人なのだ。もっともすぐれた人間だけれども、しかしやはりわれわれ他の人間とも本質的にも事実的にも何ら変わるところのないただの人なのである。そのただの人・イエスが今うえでいったようなことどもを、われわれ他の人間にも厳しく要求し語っているのだといわねばならない。その点をしかと肝に銘じる必要がある。

では、そのただの人・イエスには、それがじっさいにできていたのだろうか。それとも自分にはまるでできもしないことを他の人間には要求したのだろうか。でなければそれは、人間は本来そうであらねばならない、いやそうであって欲しいというイエスのたんなる願望だったのか。否々インマヌエル哲学は、イエスには、それがたしかにできていたのだと確信する。

これらの言葉を初めとするイエスの・常識ではとうてい考えられない言葉の数々、一見理想論・空想論としか思われないような言葉の数々、それらはすべてイエスじしんがみずからの生身の生で成し遂げたことなのだ。すでにいったごとくイエスは言葉の真の意味での現実主義者であり、たんなる言葉のひとではない徹底した実践家であったのだからである。でなければそれらの言葉は、たんなるお人好しの他愛のない理想論とみなされてはるか遠いかなたの昔にすでに忘れ去られていたことだろう。然り、イエスじしんがそれをみずからの生身の生でしかと実践していたからこそ、それらはかたく人々の心に残り、また後のちまでも言い伝えられてきたのだというべきだろう。

さて以上を前提としたうえで、さらにつづけてイエスの言葉をみてゆきたい。つぎの言葉はこうである。

「あなたがたも聞いているとおり、『姦淫するな』と命じられている。しかし、わたしは言っておく。みだらな思いで他人の妻を見る者はだれでも、既に心の中でその女を犯したのである。もし、右の目があなたをつまずかせるなら、えぐり出して捨ててしまいなさい。体の一部がなくなっても、全身が地獄に投げ込まれない方がましである。もし、右の手があなたをつまずかせるなら、切り取って捨ててしまいなさい。体の一部がなくなっても、全身が地獄に落ちない方がましである」（マタイ五・二七—三〇）。

この言葉をみると、イエスが空恐ろしいほどにラディカルで厳しい思想の持ち主であった事が窺い知れる。自分の「目」や「手」が過ちを犯したら、それをみずから「えぐり出し」「切り取って」「捨ててしまいなさい」というのだからである。それはともかく、この言葉から推測されうることは、イエスが淫な情欲への囚われからも根本的に解放されていたということである。

もとよりイエスとて人間であり、男である。情欲がまったくなかったということではありえない。じっさいイエスのまわりにはいろいろな女性が登場するし、その中にはイエスの事実上の妻ではなかったかといわれるマグダラのマリアという女性もいる。したがってここでイエスは、情欲ないし性欲そのものを否定しているのではもうとうない。そうではなくて情欲や性欲に囚われ執着すること、そこから生じる女性への男の卑猥な眼や心、それをここでイエスは厳しく戒めているのだといわねばならない。そうしてそれが、イエスじしんにはじっさいにできていたということである。

さもなければ、イエスは自分自身がその「目」や「手」を抉り出し切り捨てなければならなかったはずである。それともイエスは、自分にできもしないことを無責任に他の人間たちには要求したのだろうか。だが、もしそうだとしたら、イエスを「主」として慕う人々があんなにも多くかれの廻りに集ったその理由がいかにしても説明できないだろう。イエスがたんなる大法螺吹きの破廉恥漢なら、それはすぐに見破られ、一旦はかれの廻りに集った人々も、やがてはかれを見捨てたに違いないからである。

それはともかく、かつて筆者がまだ大学院生だった頃、授業である仏教系の哲学者が、このイエスの言葉を引いて、「こんなことをいわれたら、われわれ男は生きていけない」といっていたけれど、これはやはりイエスを十分には理解できていないということだろう。たしかにわれわれ、とりわけ男性は、このイエスの言葉をかたく守ることはほとんど不可能といっていい。しかし、イエスのわれわれ人間に対する要求は、すでに述べた対敵愛等の戒めにも表われているようにじっさいすこぶる厳しいものばかりなのである。

そのイエスの徹底した厳しさを端的に示す言葉はこうである。

「だから、あなたがたの天の父が完全であられるように、あなたがたも完全な者となりなさい」（マタイ五・四八）。

かくしてまた、イエスはこんなこともいう。

「それから、弟子たちに言われた。『わたしについて来たい者は、自分を捨て、自分の十字架を背負って、わたしに従いなさい』」（マタイ一六・二四）。

ここで「十字架」とは、改めていうまでもなく耐えがたい苦しみの象徴にほかならない。じっさいイエスに従い「完全な者」にならんとすること、それは、とうてい生易しいことではないだろう。否、激しい苦の連続といった方がよい。生涯イエスの弟子としてこれに従ったかの有名なマザー・テレサは、「愛は苦しみです」といっている。

それはともかく、しかし、他方でまたイエスはこんなこともいう。

「そのとき、イエスはこう言われた。『天地の主である父よ、あなたをほめたたえます。これらのことを知恵ある者や賢い者には隠して、幼子のような者にお示しになりました。（中略）疲れた者、重荷を負う者は、だれでもわたしのもとに来なさい。休ませてあげよう。わたしは柔和で謙遜な者だから、わたしの軛を負い、わたしに学びなさい。そうすれば、あなたがたは安らぎを得られる。わたしの軛は負いやすく、わたしの荷は軽いからである』」（マタイ一一・二五—二六　一一・二八—三〇）。

先にもいったようにイエスに従うことは、とりもなおさずおのが十字架を背負うこと、つまりは耐えがたい苦しみをみずからに引き受けることである。

ところがその「十字架」を、けだしここでイエスは、「負いやすく」「軽い」といっているようにも受けとれる。イエスが課す「軛」や「荷」とは、いうまでもなく父なる神の御意に添うて生きかつ行動するということである。そのさいそれは、一見「十字架」のごとく耐えがたい苦しみのようにも思われる。が、しかし、じっさいには「負いやすく」「軽い」のだ。親に抱かれる「幼子」のごとく絶対無我無償の父なる神にまったき信頼を寄せるなら、その神の御意に即してあるがままに自然《じ》に愛を実践していくことは、われわれ人間にはじつは「負いやすく」「軽い」ことなのである。

この「幼子」については、つぎのイエスの言葉を参照されたい。

「イエスに触れていただくために、人々が子供たちを連れてきた。弟子たちはこの人々を叱った。しかし、イエスはこれを見て憤り、弟子たちに言われた。『子供たちをわたしのところに来させなさい。妨げてはならない。神の国はこのような者たちのものである。はっきり言っておく。子供のように神の国を受け入れる人でなければ、決してそこに入ることはできない。』そして、子供たちを抱き上げ、手を置いて祝福された」（マタイ一〇・一三－一六、マルコ一九・一三－一五、ルカ一八・一五－一七）。

ここで「神の国を受け入れる」とか「そこに入る」というのは、けだし、神にはっしと目覚め信じ、これに全幅の信頼を寄せることによって救われる、ということである。ちなみにここでいわれている「子供」は、ルカでは「乳飲み子」とされている。だから「子供」を「幼子」といいかえてもなんら差支えはないだろう。

いずれにせよイエスには、じっさいそれができていたのだといってよい。その自分自身の体験上の事実を、これらの言葉でイエスは率直に語っているのだといわねばならない。

それはともかくこれを、先のマザー・テレサの言葉に即していえば、どこまでも苦しい愛の実践も、しかしそれはいわば苦しみがいのある苦しみなのだ。そのさいそういう苦しみがいのある苦しみに対しては、人間はとことんこれに耐えることができるのだ。かくしてそれはひっきょう「負いやすく」「軽い」のである。

ところで、今すぐ上でいったこと、神に絶対の信頼を寄せつつその御意に添うて生きていくこと、これがとりもなおさず人間の救いにほかならない、というこのイエスの思想、これは、あとでもまた言及するようにわが日本の親鸞の絶対他力や自然法爾の思想に深く相通ずるもの、いや基本的にまったく同じものといってよいだろう。しかしその点についての詳細はまたあとで考察するとして、ここではもう一つ指摘しておきたいことがある。

先に引用したようにイエスは、「わたしについて来たい者は、自分を捨て、自分の十字架を背負って、わたしに従いなさい」という。ここで「自分を捨て」とは、これをいいかえるなら、おのが我執を捨てて、といってもいいだろう。とするならこれは、我執こそあらゆる人間苦の根源と考える釈迦の思想からするならば、まさに苦からの解放といってよい。ところがイエスは、このあとすぐにつづけて「自分の十字架を背負って」という。この「十字架」は、すでにいったように耐えがたい苦の象徴である。

とするとここでイエスと釈迦の考えは、真向から相対立するかのようにも思われる。しかし、じつはそうではない。すでに考察したように、他方でイエスは自分が課す「軛」や「荷」は「負いやすく」「軽い」といっているからである。要するに、イエスにつき従うことにさけがたく相伴なう「十字架」は、しかしけっして人間に耐えられないものではなくて、むしろ「負いやすく」「軽い」ものなのだ。絶対無我無償の愛の主なる神に「幼子」のごとく素直に信頼を寄せ、その御意に添うて愛を実践していくなら、みずからにさけがたく背負わざるをえない「十字架」・苦しみは、かりそめにも人間にはとうてい耐えられないような「重荷」ではなくて、逆に「背負いやすく」「軽い」ものであり、かくてここでは「休」むことができるのだ。みずからの「疲れ」や「重荷」から解放されて、心底からの安らぎや安心をうることができるのである。

かくして明らかなることは、「自分」つまりは我執を捨て愛を実践していくことは、たしかに一方でさけがたく「十字架」つまりは苦を背負わざるをえないが、しかしそれはけっして耐えられないような「重荷」ではなくて、むしろ逆にそこで、そこでこそ本当の救い・安らぎ・安心・幸福がえられるのだということにほかならない。したがって、ここでイエスは、釈迦とまったく相反したことをいっているのではゆめにもない。いやむしろ基本的に同じことをいっているといった方がよい。あるいはイエスの方が、釈迦よりもより込みいったいい方をしているのだといってもいいかもしれない。いったい、ここでイエスと釈迦をこのように比較することは、あまりにも強引で、しょせん筆者の牽強付会というべきだろうか。この点は、読者諸賢の御判断にお任せしたい。

いずれにせよ、ここで筆者の強調しておきたいことは、イエスはかりそめにも大嘘つきでも大法螺吹きでもなくて、みずからの言葉を自己自身の生で最後の最後まで徹底して生き抜いたまぎれもなきただの人・真の人だったということである。その点は、イエスが敵の手に捕えられる直前、ゲッセマネの園で祈ったという「あなたの御意のままに！」というあの祈りに集約されているように、つねに抑圧され、虐げられ、辱められ、病み、呻吟し、苦しみあえぐ人々、要するに弱き者、小さき者の傍らにしかと寄り添いかれらのために全身全霊を傾けて生き抜いたその全生涯、その挙句の残虐極まりないあの十字架上の磔刑死に到るまでのその全生涯、それがこれを何よりも明らかに証しているといってよいだろう。

が、しかし、結論を性急に急ぐ前にもう一度イエスの言葉に立ち還りつつ、その言葉の解釈から、イエスがその我執から根本的に解放され、父なる神の御意に添うて徹頭徹尾愛に生きた人・生き抜いた人であったこと、それをさらに力の及ぶかぎり究明してゆきたい。

そこで、つぎのイエスの言葉はこうである。

「野の花がどのように育つのか、注意してみなさい。働きもせず、紡ぎもしない。しかし、言っておく。栄華を極めたソロモンでさえ、この花の一つほどにも着飾ってはいなかった」（マタイ六・二八―二九、ルカ一二・二七）。

ここでソロモンとは、イエスの属したユダヤ民族の歴史の中でもっとも栄えた時代の王の名前である。ところがイエスは、そのソロモンの絢爛豪華な衣装よりも、野に無心に咲く一輪の花の方がはるかに美しいというのである。これをいったいわれわれは、信じることができるだろうか。われわれ人間は、たいていこぞってできることなら高級ブランド商品を身にまとい華々しく着飾りそれをもって美しいと思う傾向が誰しもありうるが、しかしイエスは、そういう華麗な人間の人工美よりも、むしろ何げなく野に咲いている一輪の花の方がはるかに美しいというのだからである。筆者が大学院生の頃、授業でこのイエスの言葉を引き合いに出し、これはイエスのロマンチシズムだ、とある教授がいっていたけれど、果たしてそういって済ませていいものだろうか。イエスは本当に事実そう感じることができ、それをそのまま吐露したのではあるまいか。

すでに挙げたイエスの言葉やこれからまだあげるイエスの言葉の数々をみてみても、どれもこれも常識ではとうてい考えられないようなことをよくイエスは口にする。それはしかし、イエスがたんに夢みるロマンチストだとか、空想的な理想主義者だったからというのではなく、事実をかたく踏まえたうえで、しかもみずからもそれをじっさいに実践したうえで、そうしてそれが、それこそが人間が本来進むべき真に正しい道であり、本当の救いと幸福に到る道だと確信していたからこそ、それを他の人々にも語ったのではなかろうか。すくなくともインマヌエル哲学はそう考える。今うえであげた言葉にしても、イエスじしんがじじつ我執から根本的に解放されいつも無心に感じ・考え・生きていたからこそ、同じく無心に咲く野の一輪の花に心底共感し、これをそれほどに美しく感じることができたのではあるまいか。

かくしてこの言葉は、権勢欲や名声欲、あるいはまた金権欲ばかりではなく、一般に我欲・我執からイエスが完全に解放されていた何よりの証しといってはいいすぎだろうか。

それはさておき、話をつづけよう。イエスは、またこんな言葉も残している。


「だれも、二人の主人に仕えることはできない。一方を憎んで他方を愛するか、一方に親しんで他方を軽んじるか、どちらかである。あなたがたは、神と富とに仕えることはできない」(マタイ六・二四、ルカ一六・一三)。

これは、イエスが富への囚われからも根本的に解放されていた何よりの証左といってよい。イエスはただ神をのみ最初にして最後のもの、究極の一大事、なくてかなわぬ唯一つのもの、あらゆる富を超えた最大最高の富、真実の富とみていたといわねばならない。富に執着し金権欲に溺れていては、本当に神を見、これに目覚めることは不可能なのだ。富への囚われから根本的に解放されないならば、真の神に目覚めることなどできはしないのだ。

またイエスは、すでに述べたようにこうもいう。「貧しき者は幸いである。飢えたる者は幸いである」と。これほど見奇妙な言葉が、いったい他にありうるだろうか。貧しい者や飢えたるものが、いったいどうして幸せなのか。これもまた、だから常軌を逸したイエスの言葉の一つといってよい。ここでしかしイエスは、けだし貧しさや飢えそのものを肯定しているのではさらさらない。イエスの周りには社会の底辺で這いずりまわる極貧の人々や飢餓にあえぎ苦しむ人々が沢山いた。そういう人々に向って、その貧しさや飢えそのものを幸いなことだといってこれを肯っているのではありえない。そうではなくて、そういう貧しく飢えた人々はおのずから名声欲や金権欲、あるいは権勢欲等を含めた多くの我欲・我執からほとんど解放されていた。それらを最初から諦めていた、いや諦めざるをえなかった。そのことを、イエスはよくよく承知し知り抜いていた。まさにそれだからこそ、しかしかれらは神に目覚めこれを信じ、もって真の救いと幸せのすぐ近くに立っている、とイエスは考えたのだろう。神に目覚めその御意に添うて愛を実践し、たがいに思いやり・いたわり・励まし合うこと、それが、それこそが人間にとっての真の幸せであり安心・安らぎなのだからである。

かくしてここでも、イエスが富への囚われから根本的に解放されていたことがほぼ明らかだろう。先の引用箇所でまたイエスは、「富める者は不幸である」とまでいっているのだからである。

それはともかく、同じくイエスはこれもまた同じ箇所でこうもいっている。「悲しむ者は幸いである」と。これも今うえでのべた言葉、つまりは「貧しき者、飢えたる者は幸いだ」と同様に、悲しみそのものを「幸い」だとしてこれを肯定しているのではないだろう。そうではなくて悲しみの只中にある人は、当然のことながら楽しいことや喜ばしきことへの囚われからおのずと解放されている。ところが楽しみや喜びは、どうしてもわれわれをこれに執着させやすい。それらが大きければ大きいほど、よけいそれらに囚われ拘泥しがちである。

たとえば何かおいしいものを食べたとき、それがおいしければおいしいほどわれわれは、それをもっともっと欲しくなり、ついつい食べすぎてしまうのではなかろうか。またセックスでも、それが快感であればあるだけいっそうそれの俘虜になりやすい。より一般的にいうならば、便利さや快適さは、そのていどが大きければ大きいほど、それだけいっそうそれに執着し囚われやすい。

その点は、現代世界を一瞥すれば歴然としている。ほぼ毎日のように新しくより便利でより快適な商品が産み出され、CMで「これほど便利なものはない。快適なものはない」と訴えられると、ついついそれを手に入れたくなってしまい、しかも一旦手に入れるとそれに囚われ執着し拘泥することになる。その意味では、現代は執着・拘泥・囚われのこのうえなく極まった時代、そのかぎり神からもっとも遠い時代といってよいかもしれない。

それはともかく、話をもとにもどすと、「悲しむ者」は喜びや楽しみの囚われから根本的に解放されている。まさにそれだからこそ、かれらは「神の国」のすぐ近くに立っており、それゆえに救いと幸せに通じる道のうえにあり、その意味で「幸い」なのだ。自分はもとよりものに囚われているかぎり、われわれは神に目覚めこれを信じることがすこぶるむずかしい。他者への思いやりやいたわりの心がおこりにくいからである。ところが神とは絶対の思いやりでありいたわりである。だからその神に目覚めこれを信じ、かくて「神の国に入る」ことがきわめてむずかしいのである。さらにまた囚われ・執着は、事実をありのままに事実として見る眼をくもらせてしまいがちである。ところが神とは、ものごとの根源的事実にほかならない。人間や世界、そのなかにあるすべてのもの・いちいちのもの、すべての事実・いちいちの事実、それらすべてを貫徹しつつそれをその根柢から産み出し支え消し去っているもの、それがほかならぬ神といわねばならない。かくして、その根源的事実なる神に目覚めるためには、どうしても物事への執着のない真に無心な心が必要不可欠なのだ。

ところで、貧しき者、飢えたる者、悲しむ者、かれらはそういった物への執着からおのずから解放されている。すくなくとも富める者、喜び楽しんでいる者、そういう者たちよりも執着からははるかに遠い。だからかれらは幸いなのだ。そのさいそれは、イエス自身がそういう事実をしかと知っていたということだろう。イエス自身がそういう執着・拘泥から根本的に解放され、それゆえにこそ真に神に目覚めその御意に添って感じ・考え・生きることができ、まさにそれだからこそ本当の救いと幸せを享受できていたということだろう。もとより貧しき者・飢えたる者・悲しむ者といえども、ものごとへの執着・拘泥から完全に解放されているとはかぎらない。明日食べるもの、明日の自分、明日自分はどうなっているか、そういうことへの囚われは当然にありうるだろう。要するにその貧しさや飢え、悲しみそのものへの囚われはたしかにありうる。しかしそれだからこそ、あとでもまた触れるようにイエスはこうもいう。

「だから、言っておく。自分の命のことで何を食べようか何を飲もうかと、また自分の体のことで何を着ようかと思い悩むな。（中略）だから、明日のことまで思い悩むな。明日のことは明日自らが思い悩む。その日の苦労は、その日だけで十分である」（マタイ六・二五および六・三四）。

要するに「明日のこと」、将来のこと、次くることにいちいち思い煩うな。そうではなくて、今現在、この瞬間、この時々刻々を精一杯生きよ、それでよい、それでよいのだと。かくしてこのイエスの言葉は、それじしんがまた、イエスが自分自身を含めたものごと全体への執着・拘泥からいかに解放されていたか、それを如実に物語っているといわねばならない。それと同時にこの言葉は、一方で「貧しき者」「飢えたる者」「悲しむ者」たちを「幸い」と称讃しつつも、しかしかれらをただたんに理想化してはいないこと、かれらのもとにも執着・拘泥の罠はしかと忍び寄っているということ、それをイエスはけっして見逃してはいないということ、イエスの眼は真に現実をありありと見抜いているということ、イエスはそういう意味での、一般に多く見かけるたんなる現状追認ではない真の現実主義者であったということ、そのことの何よりの証左といっていいだろう。そのさいそれをイエスに可能ならしめたもの、それは、人間と世界の根柢に厳と横たわる根源的事実・根源的現実としてのかの神にイエスがしかと目覚めていたからといわねばならない。そういう意味でイエスは、いわば根源的な現実主義者にほかならず、その根源的現実からこの世界のすべてのもの・いちいちのものを見、それにもとづいてその御意に添うて生きかつ死んだ人間だったといっていい。
さて、つぎに移ろう。イエスは、先にもいったようにこんなこともいっている。

「それから、弟子たちに言われた。『わたしについて来たい者は、自分を捨て、自分の十字架を背負って、わたしに従いなさい」（マタイ一六・二四）。

周知のごとく、イエスは最後に十字架につけられて殺された。十字架とは、当時の政治犯に課せられた最大かつもっとも残虐な刑罰である。したがって、この上の言葉の十字架とは、つまりは苦難、あえていうなら途方もない苦難の象徴といってよい。

とすると、しかし、既述したごとく、ここにおかしなことが明らかとなる。なぜかイエスは、生前すでに、やがて自分が十字架につけられ殺されることを知っていたことになるからである。

ひょっとしたらイエスは、生前すでにそれを予感していたのかもしれない。当時イエスと激しく敵対していたユダヤ教の主流派、その背後には強大なローマ帝国が陣取っていたからである。あるいはまた、こんな解釈も可能かもしれない。すなわち、この言葉は、イエス自身のものでなく、のちの人物による創作だと。

しかし、もしそうだとしても、おそらくこの言葉の淵源は、たしかにイエス自身にまで遡ることができるのではあるまいか。イエスは生前いつも、私のあとについてきなさい、そうして神の御意を実践しなさい、それが救いと幸せに到る道なのだから、けれどもそれはすこぶる厳しい苦難の道である、それをあらかじめ覚悟して私のあとについてきなさい、といっていたのではあるまいか。

それはともかく、上の言葉の意味はほぼこういうことではあるまいか。まず第一に、神に従う道は苦難の道だ。そのさいその背景には、ひょとしたらこの世はもともと苦の世界だという認識がイエスにあったのかもしれない。いずれにしても、もしそうだとしても、その苦しみの中でも神に従う道はとりわけ辛く厳しいものだ。神に従い愛を実践する道は、まぎれもなき茨の道だ、と。かくしてまたイエスには、こんな言葉もある。

「狭き門から入りなさい。滅びに通づる門は広く、その道も広々として、そこから入る者が多い。しかし、命に通じる門はなんと狭く、その道も細いことか。それを見い出す者は少ない」（マタイ七・一三—一四、ルカ一三・二四）。

ここで、「命に通じる門」とは、神を信知しこれに付き従う道、それへと大きく開かれた「狭き門」といっていい。そのさいその「狭き門」につづく道もすこぶる「細い」とは、要するにこの道がまぎれもなく苦難と茨の道だということだろう。これに対し「滅びに通じる門」とは、いうまでもなく神を忘れこれに反逆する道へと通じる門といってよい。そのさいこの門が「広く、その道も広々として」いるとは、この門とそれにつづく道がしっかりと補修・舗装されていて一見すこぶる快適な道だということだろう。まさにそれだから「そこから入る者が多い」、とイエスはいうのであろう。

かくしてこれらの言葉からもほぼ明らかなごとく、神に従う道は辛くて苦しい道なのだ。が、かといってそれは、たんに苦しく辛いだけの道ではない。たしかに辛く苦しいけれど、しかし充実と満足、真の喜びと安心・安らぎ、それらに充たされた真の「命」の道なのだ。前述したごとく、まさに苦しみがいのある道なのである。

それに反し、広き門につづく道の快適さは、上にもいったように一見たしかにとても心地よいけれど、しかしよくよくその根を探ってゆくと底無しに虚しい「滅び」の道だということである。その点は、日夜つぎからつぎへと便利さ・快適さがこれでもかこれでもかと押し寄せてきて、一見これほど便利で快適な社会はないかのごとく見えながら、しかし何か空恐ろしいほどに虚しい今日の世界を一瞥すれば火を見るより明らかだろう。今日、この過剰なほどの便利さ・快適さのなかにあり真に充実し満足した人間、心の底から安心し安らいでいる人間、そういう人間がいったいどれだけいるといえようか。

これとは逆に神に付き従う道、それは一見とてつもなく苦しく辛い道だが、しかし真の充実と満足・安心と安らぎの得られる道、その意味で真の救いと幸せの道なのだ。

だが、しかし、ここで注意しておくべきことは、何もイエスは、よし神に付き従う道とはいえ苦しみそのものを肯定しているわけではけっしてないということである。何も被虐的・マゾヒズム的に苦しみをわれから求め、これを背負ってこいといっているのではない。そうではなくて、十字架つまりは苦難に被虐的マゾヒズム的に囚われるのではなく、その囚われから解放されて、ただありのままにそれを背負い、これを耐え忍びつつ自分について来なさい、ということだろう。そうしてそれはイエス自身が、よし神に従う道はつねに苦難に充たされた道だとはいえ、かといってそれに囚われ・執着することなく、ただありのままに無心にそれを背負いつつ、神の御意を実践していたということだ。かくしてここにも、イエスが我執や執着から根本的に解放されていたことがほぼ明らかとはいえまいか。

さて、ではつぎに移ろう。イエスはすでにいったごとく、またこんな言葉も残している。

「だから、明日のことまで思い悩むな。明日のことは明日自らが思い悩む。その日の苦労は、その日だけで十分である」（マタイ六・三四）。

ここで「明日」とは、もとよりたんにあしたのことではない。そうではなくて将来のこと、その全体といっていいだろう。またここで「思い悩む」とは、けだし仏教でいう「煩悩」と同じだといってよい。かくして、ここの言葉を解釈するとこうである。人間はどうしても自分に執着してしまうから、そこからさけがたく明日のこと、将来のことが心配となり、悶々としてこれを思い煩ってしまうのだ。だから、自分に執着することをやめよ。明日のこと、将来のことに囚われこれを思い煩うことをやめよ。今日は今日でもう十分に苦労した。したがって、それ以上に明日のことまで心配し思い煩う必要はない。今日は今日のままでいい。いや、そのつどの今のままでいいんだ。そのつどの今、神様の御意のままに全力で生きていけばそれでいいのだ。そうすればおのずから我執からも解放され、明日のことも心配する必要が自然となくなるのだ、と。

これはしかし、一見簡単なようでじつはそうではなく、じっさいにはすこぶるむずかしいことである。神に目覚め信じ、その御意に添うて生きること、感じ・考え・行動すること、それはじっさいにはとても困難なことである。どうしても我執がそれを妨げてしまうからである。だが、しかし、その我執から根本的に解放されうるためには、たしかにとても困難ではあるけれど、その我執を刻々打ち砕き切り裂いてくださる神様、絶対無我無償の愛なる神様にしかと目覚め、その御意に誠実に従っていくほか道はないのだ、と。

ところでそのさいそれは、イエスにはじっさいにできていたのだといわねばならない。まさにそれだからこそイエスは、他の人々に対してもそのようにいうことができたのだろう。したがってこれらの言葉は、かりそめにもイエスの理想、人として生きていくうえでのイエスの理想をたんに語っているのではけっしてない。自分自身がじっさいに実践していること、それを素直にイエスは自分のまわりの民衆にもまた易しく諭しているのだというべきである。そのさい、そういう我執から解放されやすい位置に立っている人々、それをイエスは「貧しき人々」や「飢えたる人々」あるいは「泣いている人々」のなかに多く見いだしたのだといわねばならない。かくしてイエスは、すでにいったように「貧しき人々」や「飢えたる人々」、さらに「泣いている人々」は「幸いだ」といったのだろう。

さて、それはともかく、同様にイエスは、「救い」や幸福に近い存在としてこんなこともいっている。

「イエスが神殿の境内に入って教えておられると、祭司長や民の長老たちが近寄って来て言った。（中略）イエスは言われた。『はっきり言っておく。徴税人や娼婦たちの方が、あなたたちより先に神の国に入るだろう。なぜなら、ヨハネが来て義の道を示したのに、あなたたちは彼を信ぜず、徴税人や娼婦たちは信じたからだ。

あなたたちはそれを見ても、後で考え直して彼を信じようとしなかった」（マタイ二一―二三章、とくに二一・三一―三二）。

ここで「娼婦」とは、いうまでもなく売春婦にほかならない。では「徴税人」とは何かといったら、とりもなおさず一般民衆から税を取りたてる者のことである。当時、イエスの生きていたイスラエルの地は、強大なローマ帝国の属国であり、それゆえ人々は自国のイスラエルに対してだけでなく、ローマ帝国に対しても税を支払わねばならなかった。だから、徴税人はいわば敵の回し者といってもいい。それゆえ、徴税人は卑しい存在とみなされていた。そういう一般に人々から下げすまされていた娼婦や徴税人、かれらの方が「祭司長」や「長老」たちより「先に」「神の国」に「入る」とここでイエスはいっているのだ。

では、その祭司長や長老たちとはいったい何者か。かれらは当時のユダヤ教の主流派で、律法というユダヤ教の宗教的な掟を厳格に守っていた人々であり、それゆえ当然に敬虔な人たちと周囲からみなされていた人々である。そういう少なくとも外見からは真面目に宗教生活を送っていた人々よりも、一見とても不道徳な娼婦や徴税人、かれらの方が「先に」「神の国に」「入る」のだ、とこうイエスはここでいっている。

では、その「神の国」とはいったい何か。とりもなおさず、それは救いということである。救いと幸福の国、ということである。いったいこれほどの逆説ないし皮肉がどこにありえよう。神の国、つまりは救いにあずかりたいがために日夜厳格な宗教的掟・律法をかたく守り精進・努力している「祭司長」や「長老たち」よりも、そんな宗教的掟・律法など、日々の暮らしに追われてそれを守ろうにも守ることのできない娼婦や徴税人、いやはっきりとその掟・律法に反する行為で自分たちの生業をたてている娼婦や徴税人、かれらの方が「先に」「神の国」つまりは救いと幸せの国に「入る」のだ、とここでイエスはいっているのだからである。

一見とても敬虔で生真面目な「祭司長」や「長老たち」、かれらはしかし、自分が「神の国」に入り、救いにあずかることに囚われ執着している。いやもっとはっきりいえば、かれらはまさに自分自身に執着・拘泥しているからこそ、その自分の救い、つまりは幸せに執着・拘泥してしまうのだ。

ところが「娼婦」や「徴税人」、かれらはそもそもの初めから自分が救われるとは思っていない。救いの条件としての律法順守、つまりは宗教的掟をほとんど守れないどころか、その生業そのものが、その掟を破ってしまっているのだからである。したがって、かれらには、自分の救いとか幸せとかといったことはこれを考えたくても考えようがない。いや逆に、自分はしょせん地獄行きに決まっていると諦めている。いや、いや、そもそもその現実そのものがすでに地獄そのものにほかならない。たんに貧しいばかりではなく、他の人々から深く下げすまれ差別され、かくていつも生きた心地すら感じることができず、まさに生き地獄のなかをさまよいつづけていた、といっても過言ではないだろう。したがってかれらは、自分に囚われ執着しようにも、それができるほどの快感が自分にはほとんどないといっていい。まさにそれだからこそ、かれらは逆に「神の国」、つまりは救いにより近いのだ。おのが我執から根本的に解放されて神の御意に添うて生きる地平により近いのだ。――と、ほぼこれが、先の言葉でイエスがいいたかったことだろう。

さて、以上を要するに、イエスに従い神の御意を実践するには、どうしてもおのが我執を捨てて十字架、つまりは苦しみをわが身に背負うことがさけがたいのだ。だが、しかし、その苦しみにいわばマゾヒズム的・被虐的に囚われては駄目なのである、そうではなくてただありのままにそれを耐え忍びつつ、ただひとえに神の御意なる愛を実践することが必要なのだ。そうしてそれをイエスは、みずからその身をもってじっさいに実践していたから、まさにそれだからこそ、けだしうえにあげたような言葉の数々を言挙げすることができたのである。

それはともかく、ここで一つ一見話題を大きくかえると、上のイエスの言葉にとても似通ったこと、いや基本的に同じこと、それをわが日本の仏教、鎌倉新仏教の一つ浄土真宗の開祖・親鸞が語っている。それはいったい何かといえば、とりもにおさずあの有名な悪人正機説にほかならない。悪人正機説とは、すなわちこうである。

「善人なをもて往生をとぐ、いはんや悪人をや」（『歎異鈔』第三条）。

ここで「往生をとぐ」つまり「往生する」とは、いうまでもなく救われる、救いにあずかるということである。したがってここで親鸞は、こういっていることになる。「善人ですら救われるのだ。もしそうだとしたらましてや悪人が救われないことがありえようか」と。これをそのままきいたとしたら、誰しも仰天するのではあるまいか。善人より悪人の方が救いに近い、幸福に近いというのだからである。もしそれが正しいとするならば、宗教や道徳などいったいどうして必要なのか。われわれは、みずから進んで悪行を敢行した方がいいではないか。宗教を蔑み・破戒し、さらには道徳を破って姦淫・不倫し、盗み、殺人を犯した方がいいではないか。

もしもそういったものたちが、本当に善人よりも救われやすい、幸せになりやすいというのなら、それを説く宗教とはいったい何か。そんな宗教に、そも何の存在価値があるというのか。じっさい、親鸞のうえの言葉をそう誤解したものも少なからずいたことだろう。が、しかし、親鸞はかりそめにもそんな無茶苦茶なことをここでいっているのではありえない。親鸞がここでいう「善人」とか「悪人」とかといったもの、それはふつうわれわれがそう考えるものとはまったく違うのだ。まさに、さきにあげた言葉でイエスがいっていた「祭司長・長老」や「娼婦・徴税人」に近いもの、いや基本的にそれらと同じもの、それをここで意味していたといってよい。

当時の仏教にあって「救い」にあずかることのできるものとは、とりもなおさず自力修業に励む僧侶やかれらのために大金を出して寺院を建てたり、あるいはまた多額の寄進をしたりするものたちにほかならなかった。要するに、「自力」に頼って「救い」にあずかることのできる者たち、つまりは旧仏教の僧侶や富める者あるいは権力者にほかならなかった。かくして「救い」にあずかることのできるかれらは、まさに「善人」だったのだ。「善人」とみなされていたのである。

他方、農民・漁夫・狩人といったいわゆる賤民たち、つまりは一般民衆はといえばその日々食べるものにも事欠く始末で、大きな寺院を建てたり、そこに多額の金銭を寄付したりすることなど端的にいって不可能だった。それればかりかかれらは、前者の富める者や権力者が身なりを整え、学問や教養を修めたいわば洗練された人々であったのとは裏腹に、身なりは粗末で薄汚れ、学問や教養もなく、粗雑で乱暴で野蛮ですらあったであろう。

かくしてかれらは、まぎれもなき「悪人」だったのだ。いや、そうみなされていたのである。だから、まさにそれだからこそ親鸞は、さきの悪人正機の言葉「善人なをもって往生をとぐ。いはんや悪人をや」と言い放ったのだろう。富める者や権力者は、イエスの時代の祭司長や長老たちと同様にそのさけがたい我執のゆえに自分の救いや幸せに囚われこれに執着していた。我執にがんじがらめになるほどに、自分が快適だったからである。自分の生が一見あまりに快適だから、どうしてもさけがたくその自分の生の快適さをさらにもっともっととこれに囚われ執着してしまっていたのである。

これに対し、一般民衆はといえばどうだろう。当時は自然災害、飢え、渇き、疾病、人災、戦乱のたえない時代であった。仏教でいう末法の時代にほかならなかった。仏の教えが廃れまったく救いのない時代と思われていた。そんな時代にあって、にもかかわらず、からくも「救い」にあずかりうるための自力修業や寺院建立あるいは多額の寄進、そんなものは極貧生活を強いられていた一般民衆にはとうてい不可能であった。かくしてかれらには、救いにあずかりたくてもその手段がまったくなかったのである。救いには、すくなくとも、自力修業するための時間の余裕や大金が必要不可欠であったからである。だからかれらは、そもそもの初めから救いを諦めていた。いや、諦めざるをえなかったのである。否、むしろ今現在が文字通りの生き地獄であったといった方がいい。そういう一般民衆にとっては、自分に執着・拘泥したくても、そんな快適な自分などほとんどどこにも存在しなかったのだ。したがって、おのずから我執や執着からは解放されやすい地平に立っていたといっていい。かれらとてイエスの時代の貧しき人々と同様に、「明日」への「思い煩い」つまりは煩悩から解放されていたとはいえないだろう。否、かれらにとっての最大の執着ないし煩悩とは、まぎれもなくその「明日」のことだったといってよいかもしれない。けれども、まさにそれだからこそかれらは、今でも貧しい国々の人々がそうであるように、同じ境遇で苦しみあえぐ他の人々におのずから自然《じねん》に思いやりやいたわりの心が起こりこれに手を差しのべていたのではなかろうか。たがいに助け合う以外、かれらには生きる術がほとんどなかったのだからである。

そのかぎりかれらの執着や煩悩は、さらにもっともっととかぎりなく自分の救いや幸福を求めつづけてやまない富める者や権力者、そのかれらの我執や執着、煩悩に比べたらはるかに弱かったのだとはいえまいか。そのかれらは、自分たちを底無しの悪人と観じ、今現在はもとより行く末もまた地獄は必定と深く諦め、かくて救いや幸福など自分たちにはまったく縁なきものと完全に断念していた。ところが、そういうかれらの前に、親鸞や、その師・法然のごとく、いや誰でも救われる、ただ南無阿弥陀仏の念仏を唱えさえすればそれでよい、いやその念仏すらも必要はない、ただ信じさえすればそれでよい、阿弥陀様の本願、一切衆生つまりは生きとし生けるものをすべてただ一つの例外なく救いとらんとする阿弥陀仏の誓願、願をかけた誓い、それを信じさえすればそれでよいという僧、「自力」によってではなくその逆の「他力」によってこそ救いはもたらされるのだ、と説く僧、しかも自分たちなどとうてい近寄りがたいと思われる深い学識と教養を兼備えた僧が立ち現われたのだ。としたら、そういう一般民衆の誰しもそれをストンと信じることができたのではあるまいか。

かれらにとっては、救いは自力によってではなく、その逆の他力によってこそかなえられる、という法然や親鸞の教えは、自力修業によってのみ救われるというそれまでの旧仏教のそれよりもはるかに近づき易く受け入れ易かったことは火を見るよりも明らかだろう。かくて阿弥陀仏を素直に信じ、その御意に添うて慈悲・慈愛を実践していこうとかたく心に留めたのではなかろうか。まさにそれだからこそ、かれら「悪人」は、「善人」よりもむしろ救いに近いのだ。「善人」ですら救われるのだとしたら、それら「悪人」が救われないはずがない。一見した悪人の方こそがじつは真の善人であり、一見した善人の方がむしろ真の悪人に近いのだ。かくして親鸞は第三条の最後につぎのようにいう。

「煩悩具足のわれらは、いづれの行にても、生死をはなるることあるべからざるを、あはれみたまひて願をおこしたまふ本意、悪人成仏のためなれば、他力たのみたてまつる悪人、もっとも往生の正因なり。よって善人だにこそ往生すれ、まして悪人は、とおほせさふらひき」（『歎異鈔』第三条）。

これ、まさにこれこそが、うえにあげた親鸞の言葉、悪人正機（説）の真意であろう。そうしてそれは、もはや明らかであるようにやはり先にあげたあのイエスの言葉、すなわち「娼婦や徴税人は、祭司長や長老たちよりも先に神の国に入る」と深く共鳴し合っているといっていいだろう。ちなみにいうなら、イエスの時代の祭司長や長老たち、いや当時のユダヤ教の根本的な考えでは、やがて世界の終末が訪れ、そこに再臨するキリストにより最後の審判を受け、その結果、義人ないし善人とされて「神の国」に入り、かくて神と共に永遠に幸せな生を享受する、つまりは救いをうるためには、モーセの十戒に始まる律法を神の文字通りの意志とみなして厳格に守ること、守り抜くこと、要するにそうやって勝ちとられるべきまぎれもなき「自力」の行ないによることだったのだ。その点では、仏教の自力修業による悟り・救済と基本的に同じだったといってよい。

それに対しイエスにとっては、そういう律法の自力的遵守ではなく、今ここに生きかつ働いている神にしかと目覚めこれを信じつつ、この神の御意に従うこと、今ここで、いつも・どこにでも具体的・現実的に働いている神の御意、律法もまたそれの一つのこの世的表現にすぎない神の御意、それに徹頭徹尾誠実に付き従うこと、より具体的にいうならば神の御意、その中心中の中心である愛、それをどこまでも誠実に果していくこと、神じしんの救いの威力に依り頼んでその御意に即しつつあるがままに愛を実践していくこと、それ、それこそがほかならぬ救いに到る唯一の道だったのである。これは、まさに浄土教のいう「他力」の救済と基本的に同じといわねばならない。かくして明らかなごとく、イエスの先のあの言葉と親鸞の悪人正機説とは、たしかに基本的に同じだといっていいだろう。

したがって、こういう悪人正機を唱えることのできた親鸞もまた、イエスと同様に人間の本質を深く洞察し、かくて自分自身もその我執から基本的には解放されていたといってもいいのではあるまいか。ところが、その親鸞は、自分のことを「極悪深重」の凡夫といっている。(7) 要するに、自分は仏教の道理をいまだ十分に理解していない者であり、そのうえしかも極悪人だと。この親鸞の言葉は、悪の根源である我執が人間にとりいかに根強く根深いものなのか、それを明確に語っているといってよい。おのが我執から基本的に解放されていた親鸞だからこそ逆に、いかにその我執が自分にとって何としても克服しがたいものであり、かくしていつも、いや毎瞬毎瞬その脅威にさらされているという事実、それを明瞭に物語っているといわねばならない。

そのさい、こういうことをはっきりといいえたその背景には、親鸞が、そういった極悪人の自分のもとにも、いや自分が極悪人だからこそ、無限の憐れみをもった弥陀の本願、つまりは救いの力がたしかに来ている、そうして自分のこのとうてい拭いがたい我執を刻々打ち砕き消し去っていて下さる、という大いなる確信があったからといってよいでだろう。

それはともかく、同様のことはまたイエスの事実上の弟子ともいうべきパウロ、キリスト教の歴史のなかでイエスについでもっとも有名で、初期キリスト教創設にさいしもっとも功績のあったパウロ、そのパウロの言葉にもまた現われている。パウロは、自分のことを「罪人の中で最たる者」(一テモテへの手紙一・一五) だと吐露している。つまり、自分は神の御意に従い愛と善を実践することのできない人間なのだ。いや、そういう人間のなかでも最大最悪の人間だ。「罪人の中で最たる者」だと。

このパウロの自己認識は、前述した親鸞のそれ、つまり自分は「極悪深重」の凡夫であるという自己認識に完全に対応している。とはいえ、しかし、パウロは、何も神の御意にかなった愛や善をもともとしたくない、そんなことには眼もくれないというのではありえない。そうではなくて、本当にはそれがしたいのだけれど、しかしどうしてもそれができないのだ、ということなのだ。

かくしてそれは、親鸞が、本来なら仏の御意に添うて愛や善を日夜遂行したいのに、しかしどうしてもそれが思うようにできないどころか逆に、仏の御意にいつも背いてばかりいる「煩悩熾盛」・「極悪深重」の凡夫だとみずからを告白しているのと同様だろう。

したがってパウロは、また次のようにもいう。「わたしは自分の望む善は行わず、望まない悪を行っている」(8)（ローマの信徒への手紙七・一九）。本来なら神の御意に添うて善や愛を実践したいのに、反対にその御意に背く悪や憎しみ、それを自分はしてしまうと。

かくして明らかなように、神や仏に目覚めその御意に即して愛や善を実践すること、みずからへの執着を脱し他者の救いと幸福のために全力を尽くすこと、それはすこぶる困難なことなのだ。まさしくそのことを、上にあげた親鸞の言葉とパウロの言葉は、それぞれ仏教徒とキリスト教の一見まったく異なる立場に立ちつつ、しかし深く相呼応しながらこれを示しているといっていい。

さて、話をもとにもどしてイエスの言葉、我欲・我執から根本的に解放されていたことを証左すると思われるイエスの言葉、そういうイエスの数々の言葉の解釈にもう一度立ち帰りたい。そこで、つぎはこうである。

「あなたがたのうちだれが、思い悩んだからといって、寿命をわずかでも延ばすことができようか」（マタイ六・二七）。

ここでイエスがいいたいこと、それはけだしこういうことではなかろうか。何事であれ、それにいくら執着し思い煩ったからといって、人間はひっきょう自分では何一つできはしない存在なのだ。すべては神の御意のままなのだ。神の御意に反しては、たとい自分の「寿命」であっても「延ばすこと」などできはしないのだと。

たとえばみずからに執着し思い煩って地位や名声や富・権力を手に入れたとしても、それで本当に幸せになれるわけではない。本当の幸せは、そういうところとはもっと別のところにある。むしろ逆に、「貧しい者」「飢えたる者」「悲しむ者」、あるいは「娼婦」や「徴税人」の近くにこそあるのだ。よし一見正反対であるように見えるとしても、それが、それこそが人間世界の真まごうかたなき真実なのだ。執着や思い煩いのないところ、そこにこそ本当の幸せ、心の安らぎはあるのだからである。たといいくら執着し思い煩ったからといって、われわれは結局のところ何一つ、とりわけ幸福につながることは何一つ実現できはしないのだ。それがあたかもできるかのごとく思うのは、仏教の言葉を借りればまさに「転倒夢想」（『般若心経』）にほかならず、あるいは「妄念」（『大乗起信論』）というべきなのである。

要するに、すべては神の御意のままなのだ。この世界に神の支配の外に出るものは、端的にいって何一つ存在しはしないのである。だからその神の支配ないし御意に即すること、それに即して愛を実践しつつ執着や思い煩らいから解き放たれること、それが、それこそが本当の幸せであり心の安らぎにほかならない。

かくしてこの言葉でイエスがいいたいこと、それは神の絶対の支配ということだろう。その神の絶対の支配から脱すること、それはわれわれ人間には端的にいって不可能なのだ。ただこれに付き従うほかに何ら道はないのである。が、しかし、それは何か嘆き悲しむべきこと、呪うべき不幸なことでは毛頭なくて、まさにそこにこそ本当の幸せがある、幸せの根源的基盤はあるというべきなのだ。神の絶対の支配をそのまま身に映すこと、体現すること、その支配に即して愛に生きること、それが、まさにそれこそが本当の幸せにほかならない。

それとは反対に、この神の絶対の支配から何とかして脱しようとすること、そんなことなどまったくの不可能であり不必要であるにもかかわらず、まるでそれが必要でありまたできるかのごとく妄想すること、それがひっきょう執着であり煩悩であり思い煩らいというべきなのだ。したがってそれは、かりそめにも幸福へと通じるたしかな道ではなくて、逆に不幸と滅びに到る道なのである。

さて、以上のこの解釈がもし正しいとするならば、このように道破し喝破することのできたイエスは、たしかにその我欲・我執から根本的に解放されていたといっていいのではあるまいか。みずからを「罪人の中の最たる者」「極悪深重」の凡夫と素直に告白したパウロや親鸞よりさらに一段と我欲・我執の誘惑・脅威から自由であったといってよいのではなかろうか。みずからを極悪人と自覚することのできたパウロや親鸞、いやそのように自覚しつつその極悪の根源である我欲・我執と不断に戦いながら刻々それを克服せんとしていたパウロや親鸞、かれら以上にその我欲・我執から根本的に解放されていたといってはいいすぎだろうか。神の御意に徹頭徹尾従順だったといってよいのではあるまいか。

もとよりイエスにも、あの有名な「荒野における悪魔の誘惑物語」（マタイ三・一―一一、マルコ一・一二―一三、ルカ四・一―一三）、神に導かれて荒野におもむき、そこで四〇日間断食修業していたイエスのもとに悪魔、つまりは罪なる我欲・我執が現われて、三つの問いでイエスを誘惑したというものがある。その三つの問いとは、ドストエフスキーが世界の最大の叡智をすべて集めても、その他にこれをそこに凝縮することのとうていできない人間の根源的本質、いやそこに裏からピタリと張りついている底無しの我欲・我執にかかわるものである。

ではその人間の根源的ともいいうる我欲・我執とはそも何かといえば、まず第一に、飢えた自分の眼の前にある石をパンに変えたいというまったく非現実的な奇跡へのあくなき欲求・執着であり、そうして第二は、みずからの生命の危険にさいし神は本当に自分を救ってくれるのか、という自己自身の主である神を逆に試してみたいという傲岸不遜な欲求・執着、そうして最後に第三は、世界全体をおのが支配下に納めたいという絶大な世俗的権力への、人間としていかにしても抑えがたい欲求・執着にほかならない。一個の人間として、イエスのなかにも潜みうるこういった人間の根源的ともいいうる我欲、人間の我執にさけがたく起因するこういう途方もない我欲、それを試し誘惑せんとして悪魔はイエスに問いかけたのだ。しかしイエスは、悪魔のそのどの誘惑にも負けはしなかった。いや、みずからの父なる神に徹底的に服従しつつこれに打ち勝った。

もとよりこの話は、じっさいにあった史実かどうかは分らない。むしろ後の誰かによる創作と考えた方がいいかもしれない。もし仮にこの話が史実だとしたならば、イエスのなかにも、人間としてのとてつもない我欲・我執があったということであり、が、しかし神の御意のままにそれと徹底的に戦ってこれに最終的に打ち勝ったということである。

いずれにせよ、こういう話が残されているということは、じっさいのイエスがそれほどに我欲・我執、つまりは悪魔ないし罪から根本的に解放されていたということの何よりの証左といってよいだろう。少なくともそれほどにイエスは、当時の人々にとって果てしなくすばらしい人に見えたのだ。そうしてそれが、後のちの世にも長くいい伝えられてきたのだといわねばならない。

とまれ、かくして明らかなことは、イエスがその我欲・我執から根本的に解放されていたというその証左となりうるもの、それはたしかに実在するということである。これは、のちの人間によるイエスのたんなる理想化・神格化ではけっしてないだろう。すでにのべたように、イエス自身、この世の最重要事はほかならぬ愛だと強く説き、しかもたんに口でそれを説いただけでなく、残虐極まりなき最後の十字架上の死に到るまで、みずからの生をもってつねにそれを実践しつづけたのだからである。

さて、上にあげたイエスの言葉の解釈はこれくらいにして、さらにつぎに進みたい。そのイエスの言葉とはこうである。

「空の鳥をよく見なさい。種も蒔かず、刈り入れもせず、倉に納めもしない。だが、あなたがたの天の父は鳥を養ってくださる。あなたがたは、鳥よりも価値あるものではないか。(中略) なぜ、衣服のことで思い悩むのか。野の花がどのように育つのか、注意して見なさい。働きもせず、紡ぎもしない。しかし、言っておく。栄華を極めたソロモンでさえ、この花の一つほどにも着飾ってはいなかった。今日は生きていて、明日は炉に投げ込まれる野の草でさえ、神はこのように装ってくださる。まして、あなたがたにはなおさらのことではないか。信仰の薄い者たちよ」(マタイ六・二六、二八―三〇)。

このイエスの言葉から判明することは、イエスにとって神とは、人間はもとより自然界の生きとし生けるものすべてを時々刻々養っていて下さる方だということである。いやもっと穿っていえば、この自然界全体が神によりしかと支えられ保持されているということだ。ここに、ユダヤ教徒の一人としてイエス自身も信じていたユダヤ教の聖典・(旧約)聖書の言葉をもあえて含めて解釈すれば、神とはこの世界を日夜創造しつつこれをその底から根源的に支え保持していて下さる方なのだ。そういう方として、神はまた当然人間をも日々養い支えて下さっている。そういう自分とこの世界を必ず守り支えてくださる神、イエスのいう「アッバ ἀββά」つまりは「父」なる神への絶対ともいいうる信頼がイエスにはたしかにある。かくて、その父なる神の御意に従いつつ我欲・我執を完全に捨てていたといってよい。何かそうしないとうてい生きてはいけないかのごとく妄想し、われわれ大ていの人間はついつい自分やものに深く囚われ執着してしまう。しかしそんなことをしなくても、今うえでのべた言葉からも明らかなごとく、神は必ず自分や世界を守り支えて下さるという絶対ともいいうる信頼、それが、たしかにイエスにはあったのだ。かくてイエスは、その神の御意に徹頭徹尾従いつつおのが我執やものへの囚われから完全に解放されていたといわねばならない。

それはさておき、つぎのイエスの言葉はこうである。

「(イエスは…祈って言われた。)『父よ、できることなら、この杯をわたしから過ぎ去らせてください。しかし、わたしの願いどおりではなく、御心のままに』」(マタイ二六・三九)。

これは、イエスが当時敵対する勢力に追いつめられて恐るべき死の恐怖に瀕したさいに、かれが祈ったとされるその祈りにほかならない。ここでイエスは、その死の恐怖から、当時かれが敵対していたユダヤ教の主流派・時の権力者たちと熾烈に戦うという自分の使命をどうかもうお許し下さい、そういう過酷な使命から自分を解放して下さい、と願いつつ、しかし、その自分の「願い」を優先するのではなく、どこまでも「(あなたの)御心のままに」事が成りますように進みますように、と深く祈っている。ここで「この杯をわたしから過ぎ去らせてください」とは、ほかでもない自分のこの苛烈な使命から自分を解き放して下さい、ということであり、しかし、にもかかわらず、その自分の切実な願いよりも、何よりもまずあなたの御意を優先なさって下さい、といっているのだ。

恐るべき死の苦しみにさいしても、そこから何とかして逃れたいという自分の必死の思いよりも、まず第一に神の御意がこの世になること、そうしてその御意に即して自分は生きていくのだということ、それを最初にして最後のものにするということ、おそらく来たるべき死に到るまで自分はそれを貫徹するのだということ、いやそれが最後までできますように、とイエスはここで祈っているのだ。かくしてこれは、イエスがあらゆる執着から、死の恐怖への執着からすら根本的に解放されていたということ、そういう果てしなき執着・我執と必死に戦い、これに打ち勝てるよう衷心から神に祈ったということ、そうして最終的にそれに打ち勝ったのだということ、そのことの何よりの証しなのだといわねばならない。

それはともかく、先のイエスの祈りのなかの「御心（意）のまま」というのはすこぶる重要である。何事もあなたの御意のままになりますように！　ということここに凝縮されているこのイエスの祈りは、ほかならぬイエスの神認識のたしかさを何にもまして如実にこれを示しているといってよいからである。神とは、イエスにとって文字通り絶対・無限・永遠的な方にほかならず、それに比べたらわれわれ人間はほんの取るに足らないちっぽけなもの、極小のもの、いやゼロといってもいいようなものだったのだ。

したがってこの世には、ただ神から人ないしこの世界へ、という道ないし方向性があるのみである。すなわち神の働きかけなしには、人間も、この世界のすべてのものも、何ひとつ存在することはおろか働くこともできはしないということなのだ。そうやって神は、さきにあげた「野の花・空の鳥」でも明らかなごとくこの世のすべてのもの・いちいちのものを養い支えて下さっているのである。

ところで、この、神に対しては人間もこの世界もほぼゼロに等しきものだという事実、これをわが師・滝沢克己のインマヌエル哲学では、端的に「不可逆」という。この不可逆認識は、けだし今日極めて大切なものである。これをイエスは、しかし当時二千年以上も前にしかとつかみとっていたということである。いや、そのイエスの正しい神認識に直接ないし間接に触発されて、今日この思想がふたたび甦えり、わが師・滝沢はこれを日本語で端的に「不可逆」と表白したのだ。そうしてこの不可逆認識は、思うにわが日本の道元や親鸞にもしかとつかまれていたといってよい。

道元についていうならば、あの有名な言葉、すなわち「自己をはこびて万法を修証するを迷とす、万法すすみて自己を修証するはさとりなり」（『正法眼蔵』「現成公案」の巻）で、これが明瞭に表現されており、親鸞では、かれのあの中心思想なる絶対他力の教え、つまり阿弥陀仏の、すべての衆生、生きとし生けるものをすべて何一つ例外なく救いとらんとする本願、その本願の絶対的な力に徹底的にお任せする・身を委ねる、というあの思想において端的に表白されている。

この親鸞の絶対他力の思想は、これをイエスの言葉でいえばまさに「御意のまま」といってもいいだろう。「御意のまま」とは、ほかでもない神の絶対的な救いの力にすべてをお任せする、そこにすべて身を委ねる、ということにほかならないからである。

かくてこの「御意のまま」というイエスの祈りの言葉には、もとより真の絶対者としての真正の神認識が表白されている、と同時に、その真の絶対者としての神の前では自分はまぎれもなくゼロに等しきもの、そんな自分が、我《われ》やものにとらわれ執着して何とかやってゆこう・生きのびようとするのは端的にいって妄想にすぎない、そういうたしかな認識がしかと含意されているといわねばならない。

何かそうしないと生きてはいけないかのごとく妄想し、かくて自分やものにとらわれ執着する必要など何一つないにもかかわらず、どういうわけかどうしても自分やものに囚われ執着してしまう、自分の存在の根っ子に厳在する善悪選択の根源的自由(9)、神からただ一方的・不可逆的に刻々与えられ恵まれてくるこの根源的自由があまりに広大なゆえ、ついそこに眼がくらみ、まるで深淵の前に立たされたかのごとく眼まいをおこし、そこからつい自分やものに囚われ執着し、もっておのが力に依り頼み、こうしてその眩惑を克服せんとする、そういうわれわれ人間にどこまでも根深く根強い我執の必要性など何一つない、いやそれでも果てしなく襲いかかってくるこの誘惑に何とかして打ち勝てますように、この誘惑から自分をどうかどうかお守り下さい、という意味が、この「御意のまま」という祈りのなかにはしかと含まれているというべきである。

かくて明らかなごとく、イエスは死の恐怖を含むあらゆる我欲・我執から解放されんとしてそれらの誘惑と日夜果敢に戦い、それに打ち勝つべく必死に神に祈っていた、いやじっさいにそれに根本的に打ち勝っていたといっていい。十字架上の死に到るまでのイエスの首尾一貫した歩み、神の御意に即した底の底を徹した愛の実践、それがこれを余すところなく如実に示しているといわねばならない。

さて、それはともかく、以上あげたイエスの言葉の数々は、すでにいったように一見すると、たしかにイエスがたんなるお人好しの理想主義者か、あるいは夢みる空想家、もしくは無責任な大法螺吹き、ないし甘っちょろいロマンチストであって、それゆえにそこからさけがたく出てきた言葉のようにもあるいは思われるかもしれない。しかしながら、私見によればけっしてそんなことはない。まさにじっさいの事実としてイエスにはそういったことができていたからこそ、まさにそれゆえにこそ自然とイエスの口をついて、それらの言葉が出てきたものというべきである。

イエスは、その十字架上の傑刑死に到るまでみずからの言葉を自己自身の生を賭して生き抜いたのだ。死を怖れて導師イエスを見捨てたその弟子たちとは違って、イエスは最後の最後まで死を怖れなかったのだ。いやそうではない。もとよりイエスも一個の生身の人間として迫りくる死には恐らく身震いするほどの恐怖を味わったことだろう。が、しかしその自己の耐えがたい恐怖心よりも、まず第一に主なる神の御意に付き従うことをこそ何にもまして優先したのだ。

そういうイエスをしかと確認するとき、イエスの数々の一見理想主義的ないしロマン主義的、あるいは空想的・大法螺的な言葉の数々も、かりそめにもそんな柔なものではとうていありえず、しかと大地に根をおろした根源的事実そのものの明らかな表出といわねばならない。あるいはそれともまた逆に、そんな言葉を吐くイエスは、ひょっとしてこの上なき狂信家、たとえばアッラーの神を信じるといって殺戮の限りを尽くす今日のあのＩＳの戦闘員たちのごとき狂信家だったのだろうか。けれども、多くの貧しく虐げられた人々のもとへとみずから赴き、自分の属する共同体からも疎外されるほどの重症患者の病いすら進んで治してまわったイエス、そのイエスがそんな狂信家とはとうてい思われない。それよりも何よりもそのイエスの言葉は、たしかに一見理想主義的・空想的・大法螺的ないしロマン主義的な匂いがする、とはいえ、しかしかりそめにもそうではなく、ましてや狂信家の発する言葉とははっきりと異なるものというべきである。かくして明らかなごとく、イエスはその我欲・我執から根本的に解放されんとして日夜果敢にこれらと戦いつつ、その根本的克服を目差して日々生きかつ語り働いていた、否それればかりか、けだしそれがじっさいにできていたのだといわねばならない。

それはともかく、ここで最後にひとつそういったイエスにも我執やものへの囚われがやはりあったのではないか、と思わせる事例を二つほどあげて、それらを念入りに考察しておこう。まずその一つとして、つぎのようなイエスの言葉をあげてみたい。そのイエスの言葉とは、すでに先にもあげたあの言葉にほかならない。

「イエスは言われた。『狐には穴があり、空の鳥には巣がある。だが、人の子には枕する所もない』」（マタイ八・二〇）。

これは一見するとまことに心細い言葉で、イエスもまた他のほとんどすべての人間と同じく安心して眠る場所、安穏と暮らせる生活に深くあこがれ、そういった生活に囚われ執着していたようにも思わせる。が、しかし、かならずしもそうとはかぎらない。うえの言葉は、イエスがその頼りない放浪生活からくる自分の心細い心をそのままありのままに素直に吐露しただけで、必ずしも安定した生活に囚われ執着していたことを、それを示すものとはかぎらない。なんとなれば、その証左としてイエスは、そういうすこぶる不安定な放浪生活を、しかしけっしてやめようとはせず、どこまでも神の御意に即しつつ生きかつ宣教していくことをこそまず第一に望み実践したのだからである。それにまた、すでにあげた「汝ら、明日のことを思い煩うことなかれ！」という言葉をもここで併わせ考えるとき、うえのイエスの言葉は、心細い不安定な生活それはそれとして、しかしそれをありのままに受け入れ忍耐しつつ、しかしどこまでも神の御意に添うて生きていかんというイエスの本当の心・堅い決意がここに如実に現われているというべきである。

それはともかく、イエスにも我執やものごとへの囚われ執着がやはりあったのではないか、と思わせるもう一つ別の事例をあげるところである。イエスは当時、かれに敵対する者たちからよくこういって非難されていた。すなわちそれは、イエスが「大食漢で大酒飲みだ」（マタイ一一・一九）というものである。

もしこの非難が文字通り当っているとしたならば、イエスにもまた飲み喰いへの囚われ執着があった、とあるいはいってよいかもしれない。だが、しかし、これは事実を正しく映し出しているというよりも、むしろイエスに対するいわば批判のための批判、つまりは事実無根の非誇中傷だったというべきだろう。じっさいこういった非難はとうじ日常的によく行なわれていたともいわれ、もしそうだとすると、これはイエスに対する、かれに敵対する者たちのたんなる嫌がらせ、いわば自己目的化した批判のための批判、つまりは誹謗中傷といってもいいからである。そうしてその点は、うえの言葉が語られている箇所の前後をもう少し敷衍して引用すればおのずから明らかである。そこではこう語られている。すなわち、

「しかし、ファリサイ派の人々や律法の専門家たちは、彼（＝洗礼者ヨハネ—引用者）から洗礼を受けないで、

自分に対する神の御心を拒んだ。（中略）『…洗礼者ヨハネが来て、パンも食べずぶどう酒も飲まずにいると、あなたがたは、「あれは悪霊に取りつかれている」と言い、人の子（＝イエス―引用者）が来て、飲み食いすると、「見ろ、大食漢で大酒飲みだ。徴税人や罪人の仲間だ」と言う。しかし、知恵の正しさは、それに従うすべての人によって証明される』」（ルカ七・三〇―三二、同七・三三―三五）。

ちなみにこの引用箇所に相当する部分をマタイから引くと、その最後の「しかし、知恵の正しさは、それに従うすべての人によって証明される」（ルカ七・三五）は「しかし、知恵の正しさは、その働きによって証明される」（マタイ一一・一九）となっていて、イエスの活動がまったく正しかったことが暗に示されている。

それはともかく、ここで語られていることを少し詳しく説明すると、イエスを「預言者以上の者である」（マタイ一一・九）と誉称える洗礼者ヨハネの行ないに対し、イエスやヨハネの敵対者であるファリサイ人（＝パリサイ人ともいう）や律法の専門家たちが「悪霊に取りつかれている」、と非難していったその言葉につづけて「人の子」（＝イエス）に対しても、かれを「大食漢で大酒飲みだ」といって非難しているのであるから、これは明らかにイエスへの嫌がらせ、自己目的化した批判のための批判、つまりは誹謗中傷といって何ら差し支えないだろう。こうして明らかなごとく、ここでもイエスはその我欲・我執から根本的に解放されていた、といわねばならない。

さて以上すべてを最後に端的に要約すると、イエスはその我欲・我執から根本的に解放され、それらからくる誘惑に打ち勝つべく日夜必死に祈りつつ考え語り行動していた、いやじっさいにそれができていた、まさにそれだからこそ日々愛を実践することができた、その十字架上の磔刑死に到るまで首尾一貫して愛を実践することができた、ということである。

## (二) イエスの思想と滝沢インマヌエル哲学

本項では、拙著『ただの人・イエスの思想』(三一書房)をいわばテキストとして用いつつ、イエスの思想を滝沢インマヌエル哲学の視点からできるかぎりこれを明らかにしてゆこうと思う。

### (1) イエスの倫理とユダヤ教の倫理

まず、同書一九八頁の二行目から四行目までを引用したい。

「イエスの倫理は、ユダヤ教倫理とまったく同じく服従の倫理なのである。そして、たった一つの違い——それは、もちろん根本的な違いではあるが、——は、イエスは服従の思想を極端(に)まで貫いたことである」(R・ブルトマン『イエス』七五頁)。

ここでブルトマンは、こういっている。すなわち、イエスの倫理とユダヤ教の倫理は、一見するとまったく同じ倫理、すなわち「服従の倫理」だが、しかし、それら両者のあいだには「根本的な違い」がある。では、それら両者の「根本的な違い」とはそもそも何かといったら、それは、イエスのばあい服従の思想が極端にまで貫かれていることだ、と。

では、ブルトマンがここでいう、イエスにおける服従思想の極端な徹底化とは何そもか、いいかえれば、ユダヤ教の服従思想とは根本的に異なるイエスの極端に徹底化された服従思想とはいったい何か、あるいはまたそれはどこからイエスのもとにくることになったのか、その点をつぎに明らかにしてゆきたい。

### (2) 「荒野における悪魔の誘惑」物語とイエスの根本思想

まず同書に書かれていることから、これを説明してゆこう。そこで、同書一九八頁の五行目から一〇行目までを引用したい。

「イエスが服従の倫理をユダヤ教のそれ以上に徹底させたということ、いやそれができたということは、自己の根柢にイエスが神を真に生ける神としてそのつど今・ここで毎瞬毎瞬これに出会いつつつかみとっていたからにほかならない。肉眼によっては見えないが、しかし心眼によって見ることのできるそのつどの今・ここで活き活きと働きかけてくる神の具体的な意志に従って行為していくこと、それがイエスの倫理の核心であり、またインマヌエル倫理の核心でもあるといってよい」。

ここで書かれているように、極端に徹底化されたイエスの服従思想は、とりもなおさずイエスの神認識と密接に関係がある。すなわち、イエスにあってその神は、当時のユダヤ教のごとくどこかに漠然と想い描かれたり、あるいはまた律法の文字のなかに閉じ込められたものとしてではなく、この地上の真只中で、そのつどの今・ここで、自己自身の脚下に活き活きとつかみとられていたのである。

かかるイエスの神認識について、ここでさらに福音書のとても有名な物語や、またイエス自身の言葉に即しつつこれを明らかにしてゆこう。そこで、つぎに同書九六頁の一〇行目から一一行目までを引用したい。

「さて(5)は、いわゆる「荒野における悪魔の誘惑」（物語）にほかならない。ここでは、マタイ福音書から引用しておこう」。

この「荒野における悪魔の誘惑」物語は、マタイ福音書の第四章の一節から一一節までにでてくるものである。そこで、つぎに、この「荒野における悪魔の誘惑」物語について、これをじっさいに聖書から引用するとこうである。

「さて、イエスは悪魔から誘惑を受けるため、〝霊〟に導かれて荒れ野に行かれた。そして四〇日間、昼も夜も断食した後、空腹を覚えられた。すると、誘惑する者が来て、イエスに言った。『神の子なら、これらの石がパンになるように命じたらどうだ。』イエスはお答えになった。『「人はパンだけで生きるものではない。神の口から出る一つ一つの言葉で生きる」と書いてある。』

次に、悪魔はイエスを聖なる都に連れて行き、神殿の屋根の端に立たせて、言った。『神の子なら、飛び降りたらどうだ。「神があなたのために天使たちに命じると、あなたの足が石に打ち当たることがないように、天使たちは手であなたを支える」と書いてある。』イエスは、『「あなたの神である主を試してはならない」とも書いてある』と言われた。

さらに、悪魔はイエスを非常に高い山に連れて行き、世のすべての国々とその繁栄ぶりを見せて、『もし、ひれ伏してわたしを拝むなら、これをみんな与えよう』と言った。すると、イエスは言われた。『退け、サタン。「あなたの神である主を拝み、ただ主に仕えよ」と書いてある。』

そこで悪魔は離れ去った。すると、天使たちが来てイエスに仕えた」。

まず、マタイ福音書のどういう箇所で、この「荒野における悪魔の誘惑」物語が語られているのか、というその点の説明から入りたい。

この物語は、イエスが三〇歳くらいで公的活動をするようになった、その最初期の出来事として記されている。当時バプテスマのヨハネという人物が荒れ野に現われて、人々に罪の赦しを得るために悔い改めよと説教しながら、そこを流れていたヨルダン川の水で洗礼を与えていた。するとそこにイエスも現れて、このバプテスマのヨハネから洗礼を受け、みずからが神の御意に適う者であることを示した。そうしてそのあとイエスは荒野に導かれ、悪魔から三つの誘惑を受けた、が、いずれもこれを斥けた。

それが、先に述べた「荒野における悪魔の誘惑」物語のあらましだが、マタイ福音書にはそのように語られている。

ここでまず注意せねばならないことは、この物語はイエス自身が語ったものではなくて、イエスとは別の誰かが創作したものだろう、ということである。

その点は、この物語の主人公が、「イエス」としてでてくる点からも窺がい知れる。もしイエス自身が自分の実体験に即しつつこの物語を作ったのなら、その主人公を「イエス」とはせずに、「わたし」とか、あるいはまた「イエス」とは別の他の名前にしていただろうからである。

さらにまたこの物語が実際にあったかどうかも分からないし、また仮にイエスが実際に荒野での断食修行をしたとしても——その可能性は十分にありうるが——、しかし、そのさいイエスの心のなかで起こった戦い、いわゆる「悪魔」との戦いは、第三者には知る由もないことだから、これがイエス自身による実体験の表白でないのであったら、この物語は当然イエス以外の誰かが作った創作ないしフィクションということにならざるをえない。逆にイエス自身の実体験の告白だとしたら、先にもいったようにその主人公の名が「イエス」とされているのは何としてもおかしいだろう。だからこれは、明らかにイエスとは別の誰かによる創作だと思われる。

しかしながら、このような物語が出来上がるその淵源にまで遡るなら、おそらくそれは、イエス自身の思想ないし神認識にまでたどり着くことができるのではないかと思われる。その点は、他のイエスの言葉からいってもほぼ明らかである。他のイエスの言葉に現われた思想ないし神観と、ここで語られているそれとは、基本的に同じといってよいからである。

では、その、この物語と基本的に同じ思想ないし神観を表白したイエスの言葉とはいったい何かといえば、それは同書の八七頁の最後の行から八八頁の七行目までに記されている。そこで、その箇所を引用すると、こうである。

「もう一度繰り返すなら、ユダヤ教においてはただ漠然とした神の摂理信仰があるのみで、ここには神とこの世界との絶対の不可分・不可同・不可逆性の契機はほとんど会得されてはいなかった。ところがイエスは、ユダヤ教のこの素朴な摂理信仰を正しく継承すると共に、さらにそこに絶対の不可分・不可同・不可逆的契機をもしかとみてとったのである。それらは、たとえばつぎの諸例からも窺い知れるであろう。すなわち(1)マタイ六・二六―三〇、ルカ一二・二四―二八、(2)マタイ二六・三九、マルコ一四・三六、ルカ二二・四二、(3)マタイ二七・四六、マルコ一五・三四、ルカ二三・四六、(4)ルカ一五・一一―三二、(5)マタイ四・一―一一、ルカ四・一―一三、(6)マタイ二〇・一―一六、(7)マタイ二〇・二〇―二八、マルコ一〇・三五―四五、(8)ヨハネ三・八等がそれである」。

さて、これらの点からも推察されうるようにこの物語は、なるほどイエス自身によって語られたものとはいえないけれど、しかしそこには、イエス自身の思想ないし神観が端的に表現されているといってもあながち不当とはいえないのである。

ちなみに、一九世紀ロシアの大文豪ドストエフスキーは、その主著『カラマーゾフの兄弟』のなかで、この「荒野における悪魔の誘惑」物語についてほぼつぎのようにいっている。

この物語のなかには、「世界と人類の未来史全体」、つまりこの世界は究極のところどこでどう成り立っているのか、結局いかなる場所なのか、そのうえで人類の将来全体はひっきょうどうなりうるのか、といった問いが、全人類の叡智をいかに集めても容易にはなしえないような迫力と奥深さで、まさに三つの問いに凝縮されているのだ。もっと砕いていえば、まさに天才級の学者たちを世界中から掻き集めて考えさせても、全人類にとってもっとも重要な問題を、この物語の三つの問いに凝縮することはほぼ不可能に近いことなのだ、と。

そういうドストエフスキーの言葉を考慮に入れても、この「悪魔の誘惑」物語は、とうてい常人のなしうる業とはいいがたく、ある意味で神にもっとも近い人、神をもっとも正しく映し取った人、そういう人のひとりであるイエスにまで、その淵源を遡ってもいいのではないかと思われる。

### (3)「ただの人」としてのイエスと「悪魔」

前置きはそれくらいにして、いよいよこの物語に表現された神観・世界観・人間観・思想について、これを具体的に明らかにしていくことにしたいと思う。

まず、悪魔による第一の問いないし誘惑が出てくるまでの、この物語におけるいわば導入部をもう一度引用しよう。

「さて、イエスは悪魔から誘惑を受けるため、〝霊〟に導かれて荒れ野に行かれた。そして四〇日間、昼も夜も断食した後、空腹を覚えられた」。

ここで「悪魔」とはいったい何か、といえば、それはこうである。素朴な形では、「悪魔」といえば、ふつう神とは別個にこれと対立・敵対するものとしていわば実体的に考えられがちだが、実際にはそういうものではありえない。マンガチックにそう考えられがちだけれども、事実上はそうではない。そうではなくて、それじたいとしてはまったくの虚無といってもいいものなのだが、なぜか人間の心のなかに巣喰って、人間をして神に背かせ悪へと不断に誘惑する何ものかなのである。そういう意味では、そこからいろいろな悪ないし罪悪を惹き起こす根源的な罪といってもよいかもしれない。より具体的にいうならば、一般に人間にどこまでも根強くかつ根深く巣喰うエゴないし我、あるいはまたそこからたえず生じる傲慢とか思い上がり、といったものといってもよい。

というとイエスにも、そういった根源的な罪といったものがあったのか、ということにもなるが、しかしそれは今ではもう誰も確かめることのできないことだからここでは一応おいて、むしろこの物語で強調されていることとは何かといえば、それは、イエスはその悪魔の誘惑、しかもとてつもなく魅力的で、人間ならたいてい抗いがたい誘惑、そういう悪魔的にいって途方もなく魅惑的な誘惑、それに打ち勝ったのだ。そういう誘惑に打ち勝って、どこまでもただの人にとどまったのだ。ただの人以上にも以下にもいっさいなろうとはしなかったのだ、とそういうことである。

### (4)「荒野における悪魔の誘惑」物語とイエスの神認識——神と人間との絶対不可分・不可同・不可逆的関係

そこで、つぎに進むと、「イエスは悪魔から誘惑を受けるため、〝霊〟に導かれて荒れ野に行かれた」となっている。が、ここで「誘惑を受けるため」というのは、一見すると何かおかしな感じがする。悪魔の「誘惑を受けるため」にイエスが自分から進んで荒野へいったとか、あるいは「〝霊〟」がイエスをそのように導いた、とここではいわれているが、一見すると何かこれはとてもおかしい。いわば〈悪の道へ〉、イエスが自分から進んでいったとか、あるいは「〝霊〟」がイエスをそのように導いた、ともここは一見とれるので、これは何かとてもおかしな感じがしないでもないけれど、しかし、この「悪魔から誘惑を受けるため」というのは、ゆめにもそういうことではないだろう。そうではなくて、むしろここは、悪魔の誘惑との熾烈な戦いを戦い抜いて、最終的にこれに打ち勝つために、まさしくその修行として、その激烈な修行を完遂せんがために、「〝霊〟」に導かれつつ、みずから進んでイエスは荒野に赴いた、ということだろう。そういういわば修行のための断食をイエスがしたという可能性、それはけだし実際ありうることだろう。

それはともかく、ここで「〝霊〟」といわれているものは、ではいったい何であろうか。思うにそれは、神の霊、つまりは神そのものといってよい。ここはだから、それじたいとしては虚無でありながら、しかしどこまでも神と敵対する誘惑者・悪魔と徹底的に戦うために、神自身に導かれつつ、しかしあくまでも自己自身の意志で、イエスは荒野に赴いた、ということだろう。そのさいこの「〝霊〟」ないし神霊は、どこかにただ漠然と想い描かれるがごときそれではなくて、けっしてイエスを見捨てることなくどこまでも温かく見守りつつ導いている存在として、これを読みとることができるのではあるまいか。

つまりこの神霊は、イエスをただ荒野に導いたばかりではなく、四〇日間イエスが断食しているその最中も、さらにまたそこに悪魔が現われてイエスを三つの問いで誘惑しているそのあいだにも、片時もイエスのもとを離れず、しかもただイエスを温かく見守っているだけでなく、この悪魔の誘惑にイエスが屈せず、その熾烈な戦いに勝ち抜くべく、つねに正しい方向へとイエスを導いていたのである。なぜなら、イエスがこの悪魔の誘惑に打ち勝って悪魔がイエスのもとを離れ去ったあと、「すると、天使たちが来てイエスに仕えた」と書かれているからである。

ここでいわれていることはしかし、神の御使いとしての天使がじっさいに存在するとか、あるいはまたどこかかなたに漠然といる神が、ここで自分の使いである天使をイエスのもとに遣わした、ということではないだろう。つまり、イエスと悪魔の戦いをどこかで傍観していた神が、その戦いにイエスが最終的に打ち勝ったので、そのイエスを祝福しこれに仕えさせるために、自分の使いである天使をイエスのもとに遣わした、ということではないだろう。そうではなくて、悪魔との激烈な戦いに遂に打ち勝ったイエスに対し、その戦いの最中もつねにイエスのもとにあってこれを温かく見守り励ましつつ、刻々正しい方向へとイエスを導いていた神が、その戦いに打ち勝ったイエスを最後に祝福した、とそういう意味ではないであろうか。

初め荒野へとイエスを導いた神が、そのあと一旦イエスのもとから離れてイエスをただひとり悪魔と戦わせ、そのけっかイエスがこの戦いに打ち勝ったから、それまでどこかに退いていた神が、そのどこかから自分の使いである天使を、イエスに仕えさせるために、かれのもとに派遣した、という意味では毛頭ないだろう。もしそうだとしたら、人間は神の力なしでも存在しうることになりうるし、また悪魔も、神とは別にそれじたい一個の実体として存在し、しかもその実体としての悪魔に対し、それ自身独立独歩の人間が、ひとりで神の力なしに戦うことができるということになるけれど、しかしそのような神とか悪魔とか人間とかといったものは、ただ人の頭のなかでだけ考えられるものにすぎないからである。ところがそのような神はまったく無力な神であり、真に力ある神とは到底いえない。自分とは別個に独立自存しつつ自分に敵対してくる悪魔や、また自分ひとりで存在しうる人間を容認しうるような神、そのような神はとうてい絶対・無限・永遠の神とはとうていいえない。絶対・無限・永遠なる神とは、人間を含めあらゆる存在を、あえていえば悪魔ですら、自己のうちに包含・包摂するものでなければならない。そうしてそれこそ、ほかならぬイエスにとっての神なのだ。

その点は、「野の花・空の鳥」についてのイエスのあの説教（マタイ六・二六—三〇、ルカ一二・二四—二八）一つをとっても、一点の曇りなく明らかである。そこでは、神はこの世界の真只中で刻々と生きて働きつつ、生きとし生けるもの、森羅万象を養い育て慈しむ存在として明確に語り出されているからである。

したがって、悪魔との激烈な戦いに打ち勝ったあと「天使たちが来てイエスに仕えた」というのは、この戦いに臨むべくイエスを荒野に導き、この戦いの最中もつねにイエスのもとにあってこれを見守り励まし導いていた神、その神がその戦いに打ち勝ったイエスを最終的に祝福した、ということだろう。

かくして、イエスを荒野へと導いた「〝霊〟」ないし神霊は、どこかかなたにただ漠然といるそれでは毛頭なくて、まぎれもなくイエスと、いやすべての人間あらゆる存在と直接不可分のそれといってよい。この物語には、だから神ないし神霊と、イエスないし人間一般、いや存在者一般との直接の不可分性が、それとはなしに表白されているといわねばならない。

いったいイエスは、神の力をいっさい借りずに、ただひとり自分の力でだけ、後述するごとき悪魔の、人間にはとうてい抗いがたいあの三つの誘惑にどうして打ち勝つことができたであろうか。もしそんなことができたのなら、イエスはいわば超人的ともいいうる人間ということになるけれど、それはしかし、悪魔のかの問いかけに対するイエスの答えそのものにまったく反している。なぜならイエスは、そこでみずからを、文字通りの「神の子」、つまりは超人であることを厳しく斥けているからである。つまり、「(もしお前が) 神の子なら…」という悪魔の誘惑に対しイエスはなるほど直接にではないにしても、しかしきっぱりとこれを拒絶しているからである。

かくして明らかなごとくイエスは、悪魔のかの三つの問いかけに対し、ただひとり自分だけの力で答えているのではなく、まぎれもなく神の絶大な威力を借りて、そのリアルな導きに従順に従いつつ答えているのである。だから、神とイエスとは、まさしく直接不可分に一体なのだ。一方は導くものであり、他方は導かれるものとして、神とイエスとのあいだには、たんに混同を許さぬ明確な区別と、上下・先後といった絶対に翻すことのできない不可逆的順序を孕みつつ、しかし両者は直接に一体不可分なのである。そうしてそれは、たんに神とイエス個人との関係についてだけではなく、一般に神とあらゆる人間・いちいちの人間との関係についても同様にあてはまることなのだ。

その点は、このすぐあとに出てくる悪魔の第一の問いかけに対するイエスの答えからもまた明らかである。すなわち、ここでイエスは、「神の子なら、これらの石がパンになるように命じたらどうだ」という悪魔の誘惑に対して、「『人はパンだけで生きるものではない。神の口から出る一つ一つの言葉で生きる』と書いてある」と答えている。

このイエスの、「(人は) 神の口から出る一つ一つの言葉で生きる」とはどういう意味かといえば、それはけだし、どこかかなたに漠然といる神の・何らかの仕方で (irgendwie) の働きによって人は生きる、ないし生かされるということでは夢にもなくて、そのつどの今・ここに現臨する神の具体的ないちいちの働きによって人は生きるのだ、いや生かされているのだ、ということである。

かくしてこれは、神と人間との直接の不可分性を一点の曇りなく明らかにしているといわねばならない。よしユダヤ教ないしこの言葉がもともとそこにおかれている (旧約) 聖書のもとの意味では必ずしもそうではなかったとしても――そうしてそれは実際ありうることだが――、しかしここ、つまり悪魔の誘惑に対するイエスの答えとしてのここでは、すでに詳述したごときその前後の文脈からいって、これは明らかに神と人間との直接一体の不可分性の表白と解してもよいだろう。

しかもここには、一方は人間の生を支配し司る神と、他方はこの神により刻々生かされ在らしめられている人間と、これら両者のあいだには、たんにごちゃまぜにすることのできない明確な区別つまりは不可同性と、また上下・先後の順序をたんに翻すことのできない厳しい不可逆性と、それら二つの事柄が同時に内包されていることと、その点が明瞭に語り出されているといわねばならない。

が、しかし、この悪魔による第一の誘惑に関してはまたあとでより詳しく論ずることとして、ここではもう一度この物語の最初の部分に立ち返りたい。すでに述べたごとく、霊なる神とイエスとは、滝沢インマヌエル哲学の用語でいえばまさしく不可分・不可同・不可逆的な区別・関係・順序にあるものとして、ここではたしかに語られている。そのさい、この不可同性・不可逆性は、つぎの言葉からもほぼ明らかといってよいのではなかろうか。

すなわち、この物語の最初はこう語りだされている。つまり、「さて、イエスは悪魔から誘惑を受けるため、〝霊〟に導かれて荒れ野に行かれた」と。要するにイエスは「霊に導かれて」荒野に行ったのである。だから、ここでは神ないし神霊はイエスを導くものであり、他方イエスはこの神霊によって導かれるものなのである。

かくしてここではイエスを導く神霊と、その神霊によって導かれるイエスとは一点の曇りなくはっきり区別されており、しかも神霊に導かれるイエスが逆に神霊を導くものに反転するなどといったこととは端的にありえないこと、それが同時に含意されているといわねばならない。この物語のこの部分を素直に読んだら、あくまでもイエスは神の霊に導かれるものであり、神の霊はイエスを導くもので、それが逆になってイエスの方が神の霊を導くもので、神の霊がイエスに導かれるものになることなど夢にもありえないからである。だからこれは、滝沢用語でいえば端的にいって不可逆、つまりイエスと神との関係は絶対に不可逆だということである。それが、ここでは暗黙のうちに語り出されてるといっていい。

そのさいその点は、この物語のすぐあとに出てくる悪魔の誘惑に対するイエスの応答のなかにもはっきり示されている。が、その点にはついては、先にも簡単に触れたが、しかし後で改めてより詳しく論じることにする。

それはともかく、この物語の先を続けると、「イエスは〝霊〟に導かれて荒野にいったあと四〇日間昼も夜も断食したあと空腹を覚えられた」と、そう書かれている。ここで断食とは、一般に多くの宗教で行われる慣習の一つだが――実際ユダヤ教ではそうであったし、今のイスラームの世界でもそれは行なわれている――、それは人間にとって最も大切なものの一つである食を絶つことで、神への感謝の気持ちを新たにするとともに、またこれを行なうことで心のいわば濁りをとる、かくて心をすみわたらせるのである。そういった意味があって、多くの宗教では断食修行といったものが行なわれる。

そこで、イエスも昼夜を分かたず断食修行をしたのであろう。すると、当然のことながら空腹を覚えた。飢餓を覚えた。ここでは空腹となってるはいるが、しかし、たんなる空腹ではない飢えである、徹底的な飢えである。するると、その飢えの隙をついて悪魔が現われ、イエスを誘惑し始めた。

ところで、この物語のこれ以降の構成を見ると、それはこうである。

まず悪魔によるイエスへの誘惑ないし問いかけがあり、それに対してイエスが応答すると、そういう形でこれは構成されており、そのさいイエスのそれぞれの答えは、（旧約）聖書からの引用という形でなされている。そこで、つぎに、悪魔の誘惑ないし問いかけと、これに対するイエスの応答を具体的にみてゆこう。ここで、もう一度前掲した聖書からの引用を一部当該箇所だけ引用しておく。

「すると、誘惑する者が来て、イエスに言った。『神の子なら、これらの石がパンになるように命じたらどうだ。』イエスはお答えになった。『『人はパンだけで生きるものではない。神の口から出る一つ一つの言葉で生きる」と書いてある』」。

「書いてある」と。要するに、(旧約)聖書からの引用である。それはともかく、ここでのこの悪魔の誘惑をもう少し嚙み砕い説明するとこうである。イエスは、それまで四〇日間日夜断食して飢えに飢えている。そのイエスに対して、もしおまえが神の子ならそこいらに転がってるこれらの石をパン――つまりは食糧――に変えたらどうだ、そうすればこの苦しい飢えから今すぐにでもお前は癒され解放されるだろう、とそういう悪魔の誘惑ないし問いかけである。要するに、お前が本当に神の子なら、そういう超人的な能力をもつ神の子、ないし本当に神様に愛された特別の人間なら、そうやって石をパンに変えるような奇跡を起こしたらどうだ、そうしたらそんな飢えからもすぐにでも解放されるだろう、そういう誘惑をしたということである。

さて、ここで、まず、「神の子」という言葉の意味ないし用法について少し吟味することから始めたい。「神の子」という言葉には、当時およそ次の三つの意味があったと思われる。

まず第一に、当時のユダヤ教においては、王や義人たちなど神ととくべつ親密な関係をもつ者に対する称号としてこの言葉は用いられた。

さらにまた第二に、天使など神に特別愛されたもの、かくしていわば神がかり的な力をもつものに対する称号としても用いられた。

そうして第三に、のちのキリスト教では、文字通り超人的な存在、超人間的な人間としての「神の子」それ自身としても、この語は用いられた。

これら大別して三つの意味のうち、この物語では、明らかに第三の意味でこの「神の子」という言葉は用いられている。

そのさい第一の誘惑では、悪魔はイエスに対し、もしおまえが「神の子」なら、これらの石がパンになるような奇跡を起こしたらどうだ、そうしたらおまえのその飢えは今すぐにでも癒されるからだ、とそう問いかけている。これに対しイエスは、「もしおまえが神の子なら…」という問いかけに対し、「人は…」と答えて、自分が石をパンに変えるがごとき奇跡を起こしうる、そんな超人的な存在、かかるものとしての神の子だということは、これを暗黙のうちに否定している。

したがって、ここでは、当時イエスに従う者たちのあいだでは、文字通りの超人的な神の子と信じられていたイエスが、その一般常識に反して、自分を人として答えていることになる。当時の初期キリスト教徒、いや、のちにキリスト教を興す者たちのあいだでは、イエスはまさに文字通り超人的な神の子と信じられていた。しかしながら、ここの箇所からいくと、イエスは、自分がそういう意味での超人的な神の子だということは、これを否定している。そして、自分を人として答えている。

すると、この物語をつくった作者、あるいはそれをそのそれぞれの福音書に収めているマタイやルカは、イエスをそのような意味での神の子とすることには必ずしも賛成していなかったのではないか、そういう疑念がおのずから起こってくるかもしれない。これは、すこぶる興味深い問題だが、しかし、ここではただ問題提起だけにとどめて、これ以上深く踏み込むことは慎んでおく。この問題に深く立ち入るには、とうぜん新約学者の説も考慮に入れざるをえないが、しかし今はまだそこまでの時間的な余裕はないからである。

だが、しかし、ここで少なくともいいうることは、マタイやルカはいざしらず、この物語を創作した人物自身は、この物語のこのような書き方、つまり、悪魔がイエスに対し「もしおまえが神の子なら…」といったいわば条件法で語りかけ、かくしてイエスに対し彼を、ただの人間以上の神の子であろうとすること・なろうとすることへと誘惑し、イエスがこれを峻拒する、という書き方からして、イエスをただの人間以上の神の子とすることにまったく反対の意見の持ち主だった、ということは大いに考えられるのではあるまいか。

そのさいそのような考え、つまりイエスはいわば超人的な神の子だとすることを峻拒する考えは、とりもなおさずイエス自身の自己認識にもとづくその考えに直接し、そこに遠く淵源をもつものというべきだろう。思うに、この物語の作者は、イエスを超人的な意味での神の子とすることには反対の意見の持ち主と考えられるが、そういう考え方の根源は、ほかならぬイエス自身の思想そのものにあったのだといわねばならない。じっさいイエス自身は、後のキリスト教徒のごとく、自分を神格化したことなどただの一度もなかった。よしイエスが自分を超越的な「人の子」とよんでいるところでも、それはイエスが自分をその超越的な「人の子」それ自身とみなしているというよりも、その超越的な「人の子」のこの地上における代表者とみなしているといったほうがよいからである。かかる事実からしても、この物語には、イエスの思想、つまりはイエスの神観・人間観、そして世界観が端的に表現されているといって差し支えないだろう。

それはともかく、ここでもう一度悪魔とイエスのこの第一の問答について見直してみたい。しかし、その前にまず『ただの人・イエスの思想』の九七頁の九行目から同じ頁の最後までを引用しておかねばならない。

「ここでイエスは、悪魔から三つの誘惑をうけている。その第一は、まる四〇日間日夜断食し飢えたイエスに対してなされた、石をパンに変えたらどうだ、という悪魔の誘惑である。だがイエスは、この、奇跡をおこせという誘惑に対してこれをきっぱりと拒絶している。イエスはかくして、人間たることの絶対の限界にかたく立って、それを踏み越えようという誘惑に断固として打ち勝ったのだ。いいかえれば、イエスは人間以上の存在となることをかたく峻拒したのである。そればかりではない。同時にまたイエスは、人間は根源的には神によって生かされているのだということ、これを逆にいえば神の絶対主権を高らかに宣言しているのだ。かくしてここでは、いわゆる神と人との絶対の不可逆的関係とさらには絶対の不可分・不可同的関係が、イエスによってしかと語り出されていることはほぼ間違いないだろう」。

さて、悪魔は、四〇日間の断食でとことん飢えに飢えたイエスに対して、もしおまえが神の子ならこれらの石をパンに変える奇跡をおこしたらどうだ、そうしたらおまえのその苦しい飢えは、今すぐにでも癒されるだろう、とそう問いかけ誘惑した。実際、もしイエスが、悪魔が考えているような意味での超人的な神の子なら、そのように石をパンに変える奇跡もできたであろう。しかし、イエスは、悪魔の誘惑に微塵も屈せず、(旧約)聖書の言葉、すなわち申命記第八章第三節を引いて、間接的ながら自分は悪魔が考えているような、そんな超人的な意味での神の子ではなく、まったくただの人であり、そのただの人にはそのような奇跡など毫もできはしないし、いや、する必要もない、とそう答えている。

さらにまた、人はパンだけで生きるのではなく、根源的には神の個々の働きによって生かされているのだ、今ここに・いつもどこにでも臨在する神の具体的でリアルないちいちの働きによって生かされているのだ、とそう答えている。

いったい本来の意味での神の子、あるいはイエスにとっての神の子、ないしイエスの自己認識としての神の子とはそもなにか。なぜなら、当時イエスは、神のことを「アッバ」とよく呼びかけていたからである。ちなみに、アッバとは、「父さん」という意味にほかならない。とするとイエスのなかにも自分を神の子とする考え方は、確かにあったはずである。としたら、イエスにとっての神の子とはいったいなにか。

思うに、それはただの人ということだろう。つまり、イエスにとっての神の子とは、悪魔が考えているような超人的存在としての神の子ではなくて、端的にただの人ということなのだ。だから、ここでイエスは、自分に向けられた「神の子なら…」という悪魔の問いかけに対し、あえて「人は…」という言葉で答えているのであろう。したがって、これは単に(旧約)聖書から引用されているというだけではなくて、そこには思いもかけぬ深淵な意味が含まれ、込められているというべきである。すなわち、「神の子」という言葉を、イエスは悪魔が使っているのとはまったく異なる意味で考えていたのである。要するに、イエスにとってはあらゆる人間・いちいちの人間が、すべて神の子だったのだ。だから、当時、罪人とみなされていた遊女や取税人はもとより文字通りの極悪人ですら、根源的にはみな神によって生かされているかぎり、イエスにとっては神の子だったのだといわねばならない。イエスにとっては、端的にいって人間はすべて神の子だったのである。まさにそれだからこそ、イエスは、人間を人間以上のものへと誘惑せんとして「神の子」という語を使う悪魔に対して、ここであえて「人」という言葉を用いて、「神の子」という語はこれを意識的に避けたのだというべきである。しかし、また、他方からいうならば、そのイエスの考える「人」とは、悪魔が考えるそれとはまったく別の意味で「神の子」なのだ。この物語のこの箇所は、そこまで踏み込んで考えてもあながち不当とはいえないだろう。

かくして要するに、ここでの悪魔の誘惑ないし問いかけに対し、その答えとしてイエスが言いたいこと、それは、恐らくこうだろう。

すなわち、石をパンに変えるといった奇跡など人間には毛頭できないし、またする必要もない。いや、いや、人間にはそもそも絶対の限界がある。人間以上のものにも以下にもなりえない絶対の限界が、人間にはしかと置かれている。だから、その限界点にかたく立ちつつ、そこから浮き上がろうとか、逆にその下に沈みこもうといった誘惑を厳として退け、これに打ち勝つこと、それこそがなによりも大切なのだ、と。

人間には、ともすれば人間以上のなにか特別の存在になりたがろうとする欲求を持つこともある反面、逆に、ものすごい逆境に立たされたりすると、「私はもうだめだ、私はもうだめよ」といった感じで絶望し、「私は生きる値打もないんだ」と、そういう仕方で人間以下の存在だと思い込もうとする、そういった傾向がたしかにある。が、しかし、それらは共に正しくない。人間は、人間以上になろうとする必要もなければ、また人間以下になろうとする必要もない。いや、それはできない。人間は、ただの人間、端的な人間、それで十分だ、それでいい。かくして、その絶対の限界点において刻々働いている絶対の主権者ないし支配者、かかるものとしての神により刻々生かされるままに生きること、それでよいのだ。人間は、それで十分なのだ。神のそのつどの恵みを素直に受け入れてその御意のままに、ありのままに生きればそれでいいのだ。それこそ、人間の本来自然な生き方なのだ、ということである。

かくして、ここでの悪魔の誘惑に対するイエスの答えで表現されていることは、一方は、奇跡などまったく不可能だし、またその必要もない、絶対の限界ないし止めのある者、そのつど根源的に生かされて生きている者、他方は、これを日々根源的に生かしめ在らしめている者、つまりは神と人間、それら両者の順序は絶対に逆にはできない、端的にいって絶対に不可逆なのだ、ということにほかならない。人間は、あくまでも神によって生かされている存在であり、逆に人間方が神を在らしめ生かしめる存在になることはまったくありえないということである。

したがって、ここでは、今・ここで、いつも・どこにでも具体的かつリアルに働いている神と、その神によってそのつど働きかけられ生かしめられている人間と、それら両者のすでに述べたごとき絶対の不可分・不可同性とともに、それら両者の絶対の不可逆性が、一点の曇りなく明瞭に表白されているのである。

かくして、イエスと悪魔のこの第一の問答において、イエスの神認識は、滝沢インマヌエル哲学のそれと基本的に同じものといわねばならない。

さて、イエスと悪魔のつぎにつづく、第二、第三の問答についても、以上の第一の内容と基本的に同じ延長線上でこれを解釈することができるであろう。

要するに、イエスは、滝沢インマヌエル哲学と同様に、神と人間とはこれをいかにしても切り離しえないように直接一つであると同時に、またしかし、それら両者はたんにこれをごちゃまぜに混同することができないように明確に区別されている、しかもまたそれらは上下・先後の順序をけっして翻すことができないただ一方的な順序で結びつけられている、これを端的にいって、絶対に不可分・不可同・不可逆的な関係で結ばれている、まさにそのようにしかと認識していたということである。

これをさらに、イエスの別の言葉からも、もう一度明らかにしてみたい。

ただ、ここで、一言つけ加えておくならば、上述の神と人間とのあいだに横たわる絶対に不可分・不可同・不可逆的関係のうち、今日とりわけ重要なのは、とりもなおさず不可逆という契機にほかならない。なぜなら、前二者については、今日の少なからずの哲学者・思想家にあってこれがしかと認識されてはいるもの(10)の、この第三の契機つまり不可逆については、今なおほとんど誰一人、これを正確につかんでいるとはいえないからだ。もとより滝沢の師バルトは、これをたしかに会得していた。いや、このバルトから滝沢は、これをしかと学びとったのだ。しかしながら、そのバルトもその自己の会得した不可逆を、そのキリスト論にまで貫徹することはできなかったからである。

それはともかく、神と人間ないしこの世界の絶対に不可分・不可同・不可逆的認識について、これを上述したごとく別のイエスの言葉のなかに探ってみたい。まずルカ福音書の第一二章二四節から二八節を引用しよう。

「鳥のことを考えてみなさい。種も蒔かず、刈り入れもせず、納屋や倉も持たない。だが、神は鳥を養ってくださる。あなたがたは、鳥よりもどれほど価値があることか。あなたがたのうちのだれが、思い悩んだからといって、寿命をわずかでも伸ばすことができようか。……野原の花がどのように育つかを考えてみなさい。働きもせず紡ぎもしない。しかし、言っておく。栄華を極めたソロモンでさえ、この花の一つほどにも着飾ってはいなかった。今日は野にあって、明日は炉に投げ込まれる草でさえ、神はこのように装ってくださる。まして、あなたがたにはなおさらのことである」。

ここでイエスは、神が野の花や空の鳥あるいは人間を養い育て慈しみ、着飾り装っていてくださるといってる。その場合、それは、神がたんに鳥や花や人間だけを養い育ててくださっているということではありえない。鳥や花や人間は、それぞれたんにひとつの象徴にすぎないというべきである。

イエスの言いたいことは、けだしたんに鳥や花や人間だけでなく、この世のすべてのもの・森羅万象について、神はそれらを養い育て着飾り装っているのだ、すなわちそれらすべてを在らしめ生かしめているのだ、いや、この世界全体を根柢的に支えつつ保持しているのだ、しかもそれは、この世界からどこかかけ離れたところからなんらかの仕方で力を及ぼしてきてそうしているというのではなく、この世界のまっただ中で、いわばこの世界のなかに充満しつつ、そういう力を働かせているのだ、この世界のまっただ中でそこに充満しつつそのように活き活きと神は働いているのだ、しかも、その神はとても温かい方なのだ、たとえば人間のように額に汗して働くことをしない野の花や空の鳥でさえ、神はこれを温かく養い育て慈しみ装っていてくださるのだ、ましてや、鳥や花より価値のある人間の場合はなおさらだ、とそういうことだろう。ここには、確かに、イエスの神のとても温かい眼差し、すなわち人間や世界を決して見捨てたり見放すことのない温かさ、人間を含めあらゆるもの、いや世界全体の根源的な支えであることを決してやめることをしない断乎とした神の愛、それが示されている。そういう神の無限の愛、いやイエスが神をそういう無限の愛として認識していたということ、それをここにしかと読み取ることができるであろう。これ、まさにこれ、つまり、神がこの世界の内部に活き活きと働きつつ、しかもこの世界をけっして見捨てることなく支えてくださっているということ、微塵も揺ぎなくこの世界を保持してくださっているということ、これはすなわち、この世界に対する神の絶対の不可分性といってよい。滝沢インマヌエル哲学の用語でいう不可分性といわねばならない。

ちなみに、この世界に対する神の内在性ないし不可分性、これはユダヤ教ではいまだどこか漠然としてはっきりしていなかった。

いや、当時のユダヤ教だけでなく、イエスの死後打ち立てられたのちの西洋キリスト教ないし伝統的キリスト教でも、そういっていい。イエスを教祖と仰ぐキリスト教が、かならずしもイエスの思想をそのまま正しく受け継いでいるとはかぎらない。それが、例えばここにも端的に表われている。つまり、イエスにとっては神はまさにこの世界のまっただ中に活き活きと働いているのだが、しかし、のちのキリスト教では、神とこの世界は抽象的に切り離されてしまった。少なくとも、通俗的なキリスト教ではそういってよい。神はこの世界からかけ離れたどこか彼方にいると、どこかそういうふうに考えられている。

その点、少し話はそれるが、筆者自身がじっさい経験したことを少し記すとこうである。若い頃ドイツに留学していたさい筆者は、ドイツ語で師・滝沢の神学について論文を書き、それを何人かのドイツやスイスの神学者に送った。すると、そのなかの一人が憤慨して返事を書いてきた。筆者の論文は、上述したごとく滝沢インマヌエル神学について書いたものだから、神とこの世界とは直接不可分に一体だ、絶対に不可同・不可逆だが、しかし直接一体だ、不可分に一体だ、とそう書いてあった。その筆者の論文を読んだスイスの神学者マルクス・バルト、滝沢のドイツでの師K・バルトの息子のマルクス・バルトが、憤慨してこう返事を送ってきた。罪に汚れきったこの世界と聖なる神とが直接一体とは何事か、そんなことは神の冒瀆だ、と。いったいこれは、西洋キリスト教の考え方の一つの象徴・代表としてとらえることができるのではあるまいか。

神は、絶対に聖なるもの、絶対に清らかなもの、それに対してこの世界は、人間の罪・罪悪で穢れきったもの、それら両者が直接一体なんてことはありえないと、これが、かれらの一つの考え方といわねばならない。そういう神学者の言葉からもおおよそ推測がつくように、西洋伝統のキリスト教にとって神は、この世界から絶対にかけ離れたどこか、天の遠くにいますのである。そして、それと同じような考え方が、当時のユダヤ教にもあったのだ。

ところが、今引用したところから明らかなように、イエスはその点はっきり異っていた。当時のユダヤ教の神観ともこの点違っているし、のちのキリスト教の神観ともこの点はっきり異なっている。イエスにとって神は、まさにこの世界のまっただ中に、いわばそこに充満しつつ、あるいは世界を包み込みながら働いているのだ。これを逆に言うならば、この世界を包み込みながら、かつその中に充満しつつ、しかしこれを絶対に超えて働いているのである。しかも、この世界を決して見捨てたり見放したりすることがないようにどこまでも温かく見守り、支えていてくださるのだ。かくしてこの点は、まさに滝沢インマヌエル哲学の不可分、神とこの世界とは絶対の不可分だというその不可分とまったく同じ考え方といって差し支えない。

この箇所、ルカ一二章二四節から二八節のこの箇所のイエスの言葉は、まさしくそういってよいだろう。それを、筆者は自分自身でそう確信するだけでなく、またある神学者からも直接指摘されたことがある。

それは、筆者がドイツの大学の神学部に留学していたときのことである。ちなみに、筆者がそこへ留学する一年前に筆者の師の滝沢克己は、その大学で客員教授として一年間教鞭をとっていた。だから、そこの大学の神学者は、多かれ少なかれ滝沢克己のインマヌエル神学について知っていただろう。滝沢インマヌエル神学は西洋の神学とはまったく異なった、東洋の仏教と深く結びついた神学であることをある程度は知っていただろう。

さて、筆者がある新約学の授業を聞いていたとき、たまたまこのいわゆる「野の花・空の鳥」の箇所、つまりルカ一二・二四―二八のところが問題になった。と、そのとき突然、その授業の先生の、まだわりと若い新約学者が、筆者に呼びかけて「柴田君、この箇所は滝沢神学にとってとても重要な箇所だね」と、微笑みながら指摘してくれた。そのさい、その神学者の先生が言いたかったこと、それはおそらく今うえでのべたことだろう。

一般に西洋キリスト教では、すでに何度もいっているように、神のこの世界における内在性、ないし滝沢インマヌエル神学的にいうならば、神とこの世界との絶対の不可分性、それはすこぶる弱い。神は、人間の罪により穢れきったこの世界とははっきり切り離されたどこか外の世界にいるのだ、とそう考える。だから、世界内在性とか世界との不可分性とはまったく逆である。

ところが、キリスト教の教祖であるはずのイエスの、この箇所の言葉はまったく違う。伝統的な西洋キリスト教の考え方とはまったく異なって、神はこの世界のまっただ中にいる、この世界のまっただ中に活き活きと働いている、イエスのここの言葉は、確かにそう読むことができる。いや、それ以外に読みようがない。

だから、この箇所のイエスの言葉は、西洋キリスト教にとってはとても都合が悪い、と同時に、その反面、逆に滝沢インマヌエル神学にとってはまったく重要な箇所、まさに我が意を得たりといった箇所である。授業で筆者に突然話しかけてくれたその先生、新約学者の言いたかったことは、おそらくそういうことだろう。

ちなみに、新約学は、新約聖書をいわゆる神聖な書物として祭り上げるのではなく、それをまさに歴史科学的にあきらかにしよう、解釈しようとする。だから、それにかかわる新約学者は、キリスト教の古い教義・ドグマにとらわれないわりと進歩的な考えの人が多く、それゆえ滝沢インマヌエル神学にもわりと共感する人がいる。

それともう一つ付け加えておかねばならないのは、先に西洋キリスト教では神は、この世界と切り離されて考えられていたといったが、それはしかしいわゆる通俗的なキリスト教についてのことである。キリスト教のなかでも優れた神学者、たとえばパウロ、アウグスティヌス、トマス・アクィナス、ブルームハルト父子、カール・バルト――これは筆者の師のドイツでの師――、ボンヘッファー等についてはそれは当たらない。かれらにあっては、神はイエスと同様正しく、この世界のまっただ中に生きて働くものとしてしかとらえられていた。

だから、その意味では、通俗のキリスト教と真正のキリスト教とは、明確に区別する必要がある。そしてその点は、仏教その他の宗教についても同様に言えるかもしれない。要するに、仏教なら仏教について真正の仏教と通俗的な仏教と、それらは、まったく同じとはかぎらない。一般に広がっている仏教とほんとうの優れた仏教徒の考え方と、それら両者は相当に異なるのではなかろうか。

それはともかくこの箇所のイエスの言葉から、イエスにとっての神とは、滝沢インマヌエル哲学にとっての、いわばこの世界と絶対不可分の神と基本的に同じだといってほぼ間違いはないだろう。

そこで、次に、不可同と不可逆の検討に入りたい。

イエスはここで、神は鳥を養い花を装い、またそれ以上に人間をも養い育ててくださっている、といっている。ここで鳥とか花とか人間とかというのは、前にもいったようにそれぞれ一つの象徴であって、神はたんに鳥と花と人間だけを特別に養い育て着飾っているということではもうとうない。そうではなくて生きとし生けるもの、あらゆるもの・森羅万象を、神は育て育み、養い、装い、着飾っていてくださる、つまり、すべてのものを根柢的に生かしめ、在らしめている、あらゆるものを創造し保持しつつ根源的に支えていてくださる、とそういう意味にとるべきである。いや、素直に読めばそう解釈できる。

ということは、言い換えれば、イエスにとって神とはこの世界ないしその内部にいるすべてのもの、生きとし生けるもの、森羅万象に対して、いわば絶対の支配者であり統治者であって、そういう絶対の支配者ないし統治者としてこの世界ないしその内部のすべてのものに刻々働きかけるもの、そういう意味で絶対の能動者であり主権者にほかならない。

他方、この世界ないしその内部のものはすべてこの神により絶対に支配されるもの、統治されるもの、働きかけられるものとして絶対の被支配者・被統治者・被能動者つまり受動者だ、その意味で絶対の被主権者である。かくして一方は絶対の支配者・統治者・能動者・主権者であり、他方は絶対の被支配者・被統治者・受動者・被主権者であって、これら両者の間には互いに互いをごちゃ混ぜにできないように一点の曇りなくはっきりとした明確な区別がある。

これは、まさしく滝沢インマヌエル哲学の不可同といってよい。つまり、イエスにとって神とは、この世界と直接一つであると同時に、そこに明確な区別のあるものなのだ。直接一つだが、しかしはっきり区別があるのだ。この世界に対して不可分にして不可同的存在なのである。

以上が、イエスの神認識における不可同についての論証である。ではさらに、不可逆についてはどうであろうか。

先に明らかにされたように、神は絶対の主権者・支配者・統治者・能動者であり、これに対してこの世界ないしその内部のものは、絶対の被主権者・被支配者・被統治者・受動者である。このように、それら両者のあいだには、これをいささかも混同できないようにはっきりとした区別がある。つまり不可同である。

しかし、ただそれだけではない。これら両者の順序は、絶対逆にはできない。これら両者の上下ないし先後の順序は、絶対に逆にはできない。すなわち、この世界ないしその内部のものが絶対の主権者・支配者・統治者・能動者となって、神の方が、これに対して絶対の被主権者・被支配者・被統治者・受動者になることは、端的にありえない。まったく不可能なことなのだ。そのように先後・上下の順序が逆になること、そんなことは絶対にありえないのだ。要するに、人間が神に働きかけて、神がこれに応答する、といったことはありえないのである。あくまでも神の方が働きかけてきて、それに呼応して人間の方は応答することができるだけなのだ。その順序は、絶対に逆にはなりえない。

イエス自身の言葉に即していうなら、鳥が神を養い、花が神を装い着飾り、人間が神を養い育てる、といったことは絶対にありえないのだ。そんなことは、まったく不可能なのだ。いちいちそこまでイエスはいってはいないが、しかし、イエスのこの言葉を素直に読めば、それはほぼ明らかだろう。

かくしてここに、イエスの神は、この世界に対し絶対不可逆的な主権者・支配者・統治者・能動者であることが明らかにされたといってよいだろう。そしてこれは、まさしく滝沢インマヌエル哲学における、この世界に対する神の絶対不可逆的超越思想と軌を一にするものといわねばならない。

さて、以上を綜合すると、イエスにとっての神とは、滝沢インマヌエル哲学のそれと同様に、この世界と絶対に不可分・不可同・不可逆的に直接一つの神だといってほぼ間違いない。

いや、その点をさらに補強するものとして、ここにはまた、イエスのつぎのような言葉もある。すなわちそれは、先の引用句にもあるように、「あなたがたのうちのだれが思い悩んだからといって、寿命をわずかでも延ばすことができようか」というものだ。

ここでイエスは、人間の限界、あえていえば絶対の限界についてはっきり語っている。いったい不老長寿とは、古今東西、人間の永遠の願望のひとつではなかろうか。だから、その不老長寿に人間は、昔から「思い悩み」、思い煩ってきた。不老長寿の薬を発見ないし発明すること、それこそ人間の長年の願望だった。

確かに、現代では医学がとても進んで、すくなくとも先進国では、昔に比べれば寿命もそうとう伸びた。信長の頃は、人生五〇年といわれたのに、今では人生八〇年といわれるくらいにまで寿命は延びた。三〇年も延びたということだ。

途上国ではまだまだ寿命は短いが、先進国では確かにそうだ。そういう意味では、人間は自分の寿命を延ばすことはできたが、しかしその寿命が最終的にいつまでつづくか、それを決める力は、依然として人間の手の中にはない。いくら長生きしたいからといって、そこにはおのずから限界がある。人間の力の及ばない絶対の限界がある。この、寿命にはおのずから限界があるということ、そこが大切なところである。この、寿命の限界はおのずからあるというこの「おのずから」、それはつまり、神からそれぞれの人に応じてその寿命がおのずから自然に決められているということである。

たとえば、延命装置のように、そこに医学が介入することができたとしても、その医学そのものが、神の大いなる威力のもとで行われているのにすぎない。だから、人間の寿命を決定しているのは、結局のところ神なのだ。そこに人間の力が入り込む余地はほとんどない。医学がそれに挑戦しても、それはけっきょく神によって決定された、ほんの微々たるものにすぎないというべきである。

かくして明らかなごとく、寿命という点では、人間には絶対の限界がある。そうして、その人間の絶対の限界点にあって働きつつ、これを絶対的に決定しているのは、ほかならぬ神なのだ。神が人間の寿命を最終的に決定しているのであり、しかもそれは人間の力がもはやいささかも及ばないその限界点、そこに臨在しつつそうしているのだ。寿命という人間の絶対の限界点において、まさしくそこで、神がその寿命の絶対の主権者・支配者として働いているのだ。上に掲げたイエスの言葉、すなわち、「あなたがたのうちのだれが、思い悩んだからといって、寿命をわずかでも延ばすことができようか」というのは、まさしくそういう意味といわねばならない。

しかもその神は、この言葉の前後に語られているように、人間のごとく額に汗して働くことのない鳥や花をも養い育て、着飾り装ってくださる神、ましてや人間に対してはそれ以上にこれを大切にしてくださる神、そういう鳥や花や人間、いやこの世界の森羅万象、ありとあらゆるもの、この世界そのもの、それを決して見捨てたり見放したりすることのない絶対の愛の神なのだ。

とすると、上にあげたイエスの言葉からは、イエスの神がこの世界に対し絶対に不可分・不可同・不可逆的に直接一なる神であることが明らかになるのではなかろうか。なぜなら、この言葉からは、人間ないしこの世界を決して見捨てることのない真に愛なる神が、人間の寿命というこの限界点においてこれを最終的に決定するものとして働いていると解釈してよいからである。

かくして要するに、寿命というこの限界点においてこれを温かく、かつ厳しく見守るものとして、神と人間とは直接不可分に一つであり、が、しかし神はそこにおいて人間の寿命を最終的に決定するもの、人間は逆にこれを最終的に決定されるもの、そういう区別が明確に現在しており、しかもまた、それら両者、すなわち寿命を最終的に決定するものとしての神と、逆にこれを決定されるものとしての人間と、それら両者のあいだの上下・先後の順序はかりそめにも逆にはできないということだ。すなわち、人間が自分の寿命を最終的に決定するものには絶対になりえないのである。

ちなみに、自殺（suicide, Selbstmord）について一言すると、それは一見人間が自分で自分の寿命を決定しているようにもみえるが、しかし必ずしもそうではない。自殺もまた、神からそのつど人間に与えられる根源的自由という原決定、その大前提のもとでのみ、からくも人間がなしうる、時には誤った、時には悲しい選択にほかならないからである。しかし、その点については、ここでのテーマから逸れるので、あえて詳述は控えたい。

それはともかく、ここでイエスは、人間のいわば絶対の限界をたんにその寿命についてのみ語っているが、これもまた一つの象徴として考えるべきだろう。すなわち、たんに寿命についてだけでなく、一般に人間の生命そのもの、生命のいちいちの営みそのものについて、この限界ということは言えるのだ。いや、もっと正確にいうならば、人間の絶対の限界と同時に、その限界点においてこれを絶対に決定し、支配し、統治する力として働く神の存在ないし現臨、それをこそ、イエスはここで語らんとしているのだといわねばならない。

ところで、上に掲げたイエスの言葉、すなわち、「あなたがたのうちのだれが思い悩んだからといって、寿命をわずかでも延ばすことができようか」という言葉のすぐ前には、つぎのような言葉が語られている。すなわち、「あなたがたは鳥よりもどれほ価値があることか」と。つまりここで人間は、鳥、つまりはあらゆる被造物より価値があるものとして、いわばあらゆる被造物の代表として取り上げられている。したがって、他のあらゆる被造物より価値があり、そのいわば代表としての人間ですら、その生ないし生命の根柢には、頑とした絶対の限界が置かれており、その絶対の限界点においては、神が刻々これを決定し・支配し・統治する絶対の主権者として働いている、とほぼこのようにイエスは語っているといってよいだろう。

かくしてこの人間の寿命について言及されたイエスの言葉は、たんに人間の寿命のことばかりではなく、まさしく人間存在そのものについて語られているのであり、さらにまた人間を含めたこの世界のあらゆる生き物、いや、森羅万象について、否いな、この世界そのものについて語られているのだというべきだろう。すなわちそれは、この世界そのもの、その内部のものにはすべてただ一つの例外もなく絶対の限界が置かれており、その絶対の限界点においてこそ神は絶対の主権者としてこれを支配し・統治し・決定しつつ働きかけているということである。

これを滝沢インマヌエル哲学の言葉に即していうならば、ほかでもない神とこの世界ないし人間とは絶対に不可分・不可同・不可逆的に直接一つに結びついているということである。人間の寿命についてのかのイエスの言葉は、まさしくこのようなものとして解釈することができるのではあるまいか。

すでにのべたごとく、括弧つき「鳥」や「花」や「人間」を引き合いに出しつつここで、つまり、ルカ一二章二四節から二八節でイエスが語っていること、その全体から推測しても、上の解釈はあながち不当なものとはいえないだろう。

さて、これまでの考察から明らかなごとく、このルカ一二章二四節から二八節に表現されたイエスの神観は、まぎれもなく滝沢インマヌエル哲学の神観、すなわち、神とこの世界ないし人間とは絶対に分離することも混同することも逆にすることもできない仕方で、端的にいって絶対に不可分・不可同・不可逆的に直接一なるものであるという神観と基本的に同じものといわねばならない。

ところで、以上を論証することがこの項の最大の目的ではあるが、しかし、このルカ一二章二四節から二八節までにはそれとはまた別の、イエスのとても興味深い思想が窺い知れるので、ついでながらそれらをここでさらに明らかにしておきたい。その第一は、イエスのつぎの言葉にほかならない。すなわち、「あなたがたは鳥よりもどれほど価値があることか」、といってるそのイエスの言葉である。

ここでイエスは、人間は鳥よりも価値があるといっている。そのさい、この鳥は、一つの象徴といっていいだろう。だから、ここでイエスは、人間がたんに「鳥よりも」価値があるといっているのではなく、鳥に象徴される他のすべての生きとし生けるもの、あるいは他のすべての存在ないし被造物、それよりももっと人間は価値がある、といっているというべきだろう。

そのさいこのようなイエスの考えは、おそらくユダヤ教の伝統をそのまま受け継いだものといってよい。ユダヤ教では、神がこの世界を創り、その創造の業の最後に人間を創った。しかもその人間を、自分、つまり神にかたどって、「神の似姿（imago dei）」として創り、そしてその人間に他の生き物を支配させようと考えた、とそう考えられている。すなわち自分にかたどって神は人間を創った、とそうユダヤ教では考えられている。ユダヤ教が聖典としている聖書、すなわち旧約聖書には、そのように書かれている。だから、ユダヤ教では、人間は他の生き物あるいは物よりも優れた存在だ、価値ある存在だ、とそう考えられていた。そのさいこのユダヤ教の考えは、ほとんどそのまま後のキリスト教にも受け継がれていった。先の言葉に表われたイエスの考えも、ユダヤ教のこの考えをそのまま踏襲したものといっていいだろう。

ところが、こういう考え方は、現代ではわりと批判される傾向がある。それは、けっきょくは人間中心主義だ、人間を中心として他の生き物を見下している、だから、そこからいろいろな弊害が起こりうるのだ、たとえば、他の生き物を不当に虐待したり、あるいは乱獲したり、また森林伐採といった環境破壊、そういった良くないことが起こりうるのだ、と。

こういう批判は、今日とくに東洋の仏教系の人たちからなされることが多いといってよい。仏教系の人たちから西洋人、つまりキリスト教を長年その精神的バックボーンとしてきた西洋人に対してなされることが多いように思われる。仏教では、人間を含めすべてのものは平等だと考えられているからである。だから出家した僧は、昔は動物の肉や魚を食べることは厳しく禁じられていた。すべてのものはみな平等なのだから、生き物をむやみに殺してはいけないという厳しい戒律があった。生き物を殺してはいけないという殺生戒というのがあった。

こういう仏教の考え方、あるいはそれに基づくキリスト教的な西洋への批判、それはいったい本当に当たっているといえるだろうか。つまり、すべてのものは全く平等で、そこになんの差異もないのだろうか。

しかし、すべてのものは平等だといい、それゆえ出家した僧は動物や魚の肉を食べてはいけない、という仏教でも、植物を食べることは許されている。生き物を殺してはいけないという掟を大切にしながら、しかし植物を食べることは、一方で許されている。もとより植物も生き物である。

すべての生き物を殺してはいけないというのなら、植物も殺してはいけないはずだが、しかし、動物の肉や魚を食べることはこれを禁じられていた僧でも、しかし植物を食べることまでは禁じられていなかった。生きていく以上なにかは食べざるをえない、それで植物は許されていた。ちなみに、僧侶の食べる精進料理は、まさに植物だけだった。動物の肉や魚はだめで、植物だけだった。なかでも大豆は非常に栄養価が高いので、とても重宝がられ、かくして大豆から作られる味噌や豆腐は貴重な栄養源であった。

それはともかく、このような仏教の考え方にはなにか不自然なもの、釈然としないものがあるのではあるまいか。もしすべてのものが平等だとしたら、どうして肉や魚は食べてはだめで植物は食べていいのだろうか。ここにはあきらかに、動物や魚と植物のあいだにはっきりとした差別が置かれているではないか。これは、すべてのものは平等だというその考えと矛盾するのではなかろうか。その点、仏教徒はどう説明するのだろうか。明確には答えられないのではあるまいか。

かくしてここに、大きな問題が立ち現われる。一般に、平等と差異とはどう考えたらよいのだろうか。それをインマヌエル哲学の立場から考えるとこうである。

先にイエスの言葉を解釈するさいにいったように、人間を含めすべての存在には絶対の限界がある。すなわち、神からの働きかけなしには、いかなるものも働くことはおろか存在することもできない。その意味で、すべてのものはみな、神に対し絶対に受動的な存在なのだ。その点で、すべてのものはみな絶対に平等なのだ。言い換えたら、ものにはすべて絶対の限界があるということ、その点ですべてのものはみな平等なのだ、みな完全に平等なのである。

しかしながら、この絶対の平等ということをしかと踏まえたうえで、しかしこの世界のもののあいだには、たがいに先後・上下の順序が相対的に存在するのだ。そうしてそれは、ものの進化の過程でおのずから生まれてきたものなのである。

すなわち、今日のこの世界は、ものの創造的進化の過程を経て今ある形になってきた。言い換えれば、神と物との呼応関係としてこの世界は創造的進化の過程にあるのである。すなわち、神はそれ自身絶対の創造者として自己の被造物としてのこの世界に対し、時々刻々創造的に進化するべく促している。この神の促しに呼応して、この世界は創造的に進化してきたのだというべきである。

そこで、この世界の創造的進化の過程をより詳しくいうと、まずこの世界ないし宇宙は、宇宙物理学者の説によると、今から約一四八億年前のビッグバンという大爆発で生まれた。それから宇宙の歴史がはじまり、銀河系が生まれ、そしてやがて地球が生まれた。

そこからまた地球の歴史がはじまり、その過程で原始の生物が海に生じると、そこから約四〇億年といわれる生物の歴史がはじまり、その生物の歴史、つまり進化の過程でその最先端に人間が現われた。だからそのかぎりでは、人間はもっとも高度な生き物ないし存在といっていい。

それはともかく、このようにこの世界はものの創造的進化の過程を経て成り立ってきたものなのだ。そのさいこのものの創造的進化の過程そのものが、すでにいったように神と物との呼応関係、つまり呼びかけ応答する関係として成り立ってきたのである。

だから、神からの呼びかけ、つまりは働きかけという一点では、すべてのものはみな全く平等なのだ。この、神からの働きかけという絶対の平等の基盤のうえで、しかしこの神に応答するさいに、そこにものの歴史ないし進化が生まれ、かくして互いのもののあいだに相対的な上下・先後の順序が生まれたのだといってよい。

したがって、すべてのものは絶対に平等だということと、しかし、それらの間には相対的な上下・先後の順序がある、ということとは必ずしも矛盾することではない。すなわち、絶対の平等という一線のうえで、しかし創造的進化としての順序は相対的にあるのである。

一般に平等と差異とは、このように考える必要がある。すべてのものは絶対に平等だという事実をかたくふまえつつ、しかしそれらの間には、おのずから自然と相対的な順序があるのだと、そのように考える必要がある。

ところが、すべてのものはみな平等だ、といっただけで、それらの間の相対的な差異をいっさい認めないと、これはすこぶるおかしなことになる。たとえば先ほど仏教に関していったように、すべてのものはみな平等だ、だから生き物を殺してはいけない、したがって動物の肉を食べてはいけない、動物の肉や魚を食べてはいけない、といいながら、しかし他方では、同じ生き物としての植物は食べていい、という、なにか釈然としないもの、不自然なもの、あえていえば論理的に首尾一貫しないことが起こってしまうのだ。

こういう矛盾が起こってしまうのは、もののあいだの相対的差異、つまり絶対平等のうえにありながら、しかし、にもかかわらず、その上に成り立っているもののあいだの相対的差異、それを十分に理解していないからといわねばならない。だから、すべてのものは絶対に平等だと強く主張するのはいいけれど、しかし、そこだけに目を奪われて、その同じもののあいだの相対的差異を見失ってはだめなのだ。その点も、十分注意する必要がある。

ところで、しかし、もののあいだのこの差異性ばかりに目を奪われて、それらの絶対の平等の面を見失ってしまうと、これもまた大きな問題ないし弊害を引き起こす。その一番の問題は、近代の世俗主義社会とともに起こった極端な人間中心主義にほかならない。なぜなら、近代以降におこったこの偏った人間中心主義が、ちょうど同じ頃に起こった資本主義と結びついて、今日の地球規模での環境破壊を引き起こしてしまったのだからである。

これを逆にいうならば、今日のグローバルな地球規模での環境破壊を真に克服し、自然との本当の意味での共生・共存を勝ち取ろうと思うなら、すでに何度も述べたように、すべてのものは絶対に平等だというあの一線を、現代人がもう一度正しくつかみ直し、そこに立ち返ることがなんとしても必要不可欠だろう。

それはともかく、先に述べてたように、仏教系の人が今日の自然破壊・環境破壊を引き起こした元凶、それを西洋人に多くみられる人間中心主義だというとき、それはいまひとつ正確ではないだろう。正確には西洋近代におこった世俗主義的ないし無宗教的な極度の人間中心主義、そこからまたさけがたく引き起こされたエゴイズム、それが、まさにそれこそが今日の地球環境破壊の元凶なのだ。

西洋人の精神的バックボーンとしてのキリスト教、そこにはたしかに人間は他の被造物より価値があるものといった考え方がある。しかし、他方でキリスト教には、神のもとでのすべてのものの平等、という思想もある。が、しかし、キリスト教にあってはそれが真に具体的・現実的にはつかまれていなかった。つまりインマヌエル哲学のごとく、すべてのものにはみな絶対の限界がある、つまりものはみなすべて神の働きかけなしにはたとい一瞬たりとも存立しえない、そういう意味ですべてのものは絶対に平等だ、というようには把握されていなかった。だから人間だけが他の存在者に比べ、あるいは他の被造物に比べ、どこか特別の存在といった考え方に傾きがちだったのである。

そういう意味では、人間をどこか特別な存在とみなす傾向、キリスト教のなかにあるその傾向が、後々にまで西洋人の特徴的な考え方に影響を与えたとはいえるかもしれない。どちらかといえば西洋人は、たしかに人間は他の存在のなかで特別な存在だと考えがちなところがある。そういう西洋人の考え方に、キリスト教のこういった考え方が大きく影響していた、ということはいえるかもしれない。

他方で、先述した仏教の、すべてのものはみな平等だという考え方が東洋人には大きく影響し、かくて人間だけが何か特別な存在なのではない、人間もまた自然のなかの一部だ、というそんな考え方が、東洋にはわりとある、ということは言えるかもしれない。

ところで、既述したごとく、キリスト教では、神がどこか彼方の天にいます方として、どこまでも抽象的にしかつかまれていなかった。まさにそれだからこそ、神のもとでのすべてのものの平等ということも、真に具体的にはとらえられなかったのだといわねばならない。

その点イエスは、必ずしもそうではなかった。滝沢インマヌエル哲学と同じく、イエスは、神をこの世界のまっただ中で真に具体的・現実的につかみとっていた。だから、イエスは、先にあげたところで「あなたがたは鳥よりもどれほど価値があることか」といったすぐ後で、また、「しかし、言っておく。栄華を極めたソロモンでさえ、この花の一つほどにも着飾ってはいなかった」ということができたのである。一方で人間は「鳥」、つまりは他の被造物よりずっと価値のあるものだといいながら、片方ではその人間よりもずっと劣っているはずの野の「花」、その方が人間のなかでも最も美しく着飾ったソロモンよりも美しい、とそう言い放つことができたのである。思うにこれは、神を正しく映し出していない人間より、神を正しく映し出している野の花の方がずっと美しいのだ、とそういう意味といっていいだろう。ここで美しいとは、言い換えれば、価値があるといってもいい。だから、ここでは、いわば価値の逆転が行われている。一方では、人間の方が他の被造物よりも価値があるといいながら、他方では人間以外の被造物、ここでは野の花の方が人間より美しい、その意味で価値があるといっているからである。

したがって、イエスにとって人間は、他の被造物にくらべずっと価値のあるものである反面、それはしかし、あくまでも相対的なものであって、場合によっては他の被造物の方がより価値があることも十分ありうるのだということだろう。

もとより、イエスが当時すでに進化論を知っていたはずはない。しかし、イエスには、ものの絶対の平等性と相対的差異性の区別と関係について、現代人以上の確かな目があったといってよいのではあるまいか。

この絶対の平等性と相対的差異性の区別と関係、という点を正しくおさえれば、たとえば人間が物を食べるということ——人間も自然の中の一つの自然であるから何かを食べなければ生きていけない。その限りで——動物とか植物を食べるということ、それは必ずしも悪いこととはいえないのではなかろうか。それは、言ってみたら自然である、自然の摂理である。自然界をみても、動物は他の動物ないし植物を食べて生きている。その動物のなかの一つが人間なのである。そのかぎり、他の動物や植物を殺して食べるということ、それは必ずしも悪とは言えないのではなかろうか。それは、自然といっていいのではあるまいか。

ただ、しかし、だからといって、他の動物や植物を必要以上に殺したり、乱獲したり、伐採したり、ということは決してしてはならないことなのだ。いくら人間の方がうえだからといって、それはたんに相対的なものにすぎないからである。視点を代えれば、逆に他のものの方が人間より価値があることも、またありうるからである。

どこまでも自然の摂理にしたがうかぎりで、他の動物や植物を殺して食べることは必要であり、またやむをえないが、しかし贅沢三昧にマグロなどを乱獲するとか、森林伐採するとか、あるいはペット用に野生の動物をめちゃくちゃ乱獲しておもちゃにするとか、そういったことは、いっさい許されないということである。

とはいえ、しかし、人間が生きていくためにはどうしても何かを食べねばならない、他の生き物を殺さないといけない、というところには、やはり何か「根源的疼しさ」（最首悟氏）といったものが存在する。思うにまさにそれだからこそ、人間社会には、おのが自由にもとづく自発的な自己犠牲という愛の行為がおのずから自然《じねん》に生じ来ったのではなかろうか。愛の行為でみずからを犠牲にすることで、他の生き物を殺して食べることに対するいわば贖罪を行なっているのではあるまいか。そのようなものとして、「神の似姿（imag dei）」としての人間には、神自身から自己犠牲的な愛の行為が刻々促され厳しく要求されているのだといえまいか。筆者には、人間における愛の行為には、何かそんな面も含まれていると思われる。

それはともかく、つぎに移ろう。ここの箇所でもう一つ注目すべきイエスの言葉がある。それはすなわち、先に引用したごとく豪華絢爛とした人間美より、かえって野につつましく咲く花の方がずっと美しいというものである。ここでイエスの言葉をもう一度引用しよう。すなわち、「栄華を極めたソロモンでさえ、この花の一つほどにも着飾ってはいなかった。今日は野にあって、明日は炉に投げ込まれる草でさえ、神はこのように装ってくださる」と。

ここで、ソロモンというのは、古代イスラエル民族が最も栄えたときの国王で、奢侈・贅沢を極めたことで有名な国王である。そのソロモンの奢侈・贅沢を極めた豪華絢爛な衣装よりも、無心に野に咲く花の方がずっと美しい、とここでイエスはいっている。けだし、それは、人為ないし人工的な美をはるかに超えた自然美がそこにはあるということだろう。いや、ここでイエスは「神はこのように装ってくださる」といっているように、その野の花にイエスは神の働きを見いだして、それでこの野の花は美しいのだ、とそういってるのである。つまり、この野の花に、イエスは神の美しさをしかと見いだしているのである。すなわち、絶対美としての神の美を無心に映し出しているからこそ、その野の花は、この神の美を正しく映し出しているとはいえないソロモンの豪奢な美、たんなる人工的な美、それよりもはるかにずっと美しい、と言っているのだといわねばならない。

この野の花に、イエスはいわば絶対美としての神の美を見いだしているのである。だからそれは、いかに豪華を極めた衣装でも、そこに神の美を必ずしも映し出しているとは言えない人間の人工美よりはるかに美しいと、そういってるのであろう。要するに一介の野の花の中にすら神の美をしかと見いだす心眼が、イエスには確かにあったということである。

ところで、ここで注意せねばならないことは、イエスはここで、「今日は野にあって、明日は炉に投げ込まれる草でさえ、神はこのように装ってくださる」といっているけれど、これはしかし、神がなにか力づくで強制的にこの花を美しく咲かせている、という意味では毫もないということだ。そうではなくて、神の働きかけに対するこの花の、あえていえば自由な応答、人間のように神の存在をまったく疑うことのない無心な応答、神の御意に即した自然な応答、そういう応答として、この花の美しさは成り立っているのだ、とそういうことなのだ。

だから、人間もまた、この花のごとく神の御意に即して無心に生きることが大切なのだ。そうしてもしそれができるなら、この花以上に人間を、神はしっかり養い育ててくださるのだ。なぜなら、人間はもともとこの花を含め他の被造物以上に優れた存在なのだから。まさにそれだからこそ、イエスは、「今日は野にあって、明日は炉に投げ込まれる草でさえ、神はこのように装ってくださる」といったうえで、それにすぐ続けて「まして、あなたがた（人間）にはなおさらのことである」といっているのであろう。

だから要するに、元来は他の被造物よりも価値のある人間でも、神の御意に即した生き方をしないなら、これを正しく映し出した他の被造物より劣った存在になる、だが、しかし、人間が神の御意に即して生きるなら、神は人間を他の被造物以上に美しく装い、守り、支えてくださるのだ、とイエスは、ここで言っているのだといわねばならない。

ところで、既述したように、栄華を極めた人間の人工美をはるかに超えた美しさを野の花に見いだすイエスのこの感覚、それに対し、これはイエスのロマンチシズムだ、といって批判する学者もいる。ここでいうロマンチシズムとは、けだし何か現実離れした、あるいは現実逃避して空想や夢ばかりを追いかけたり、あるいは感傷に浸ったりする、そういう考え方ないし感じ方といってよい。

いずれにせよ、イエスのこれも、けっきょくそれだと、そうやって批判する学者もいる。これは筆者が大学生のとき、ある授業で直接経験したことである。そのとき、ある有名な教授が、そういう批判をしていた。そのさい、ロマンチシズムという言葉でこの教授が具体的になにを言いたかったのか、それは定かではない。が、しかし、たぶんそれは、現実離れしたイエスのたんなる甘い感傷といったくらいの意味だろう。要するに現実離れしていると、そこらに咲いてる花が、豪華を極めた人間の衣装より美しいなんていうのは現実離れした感覚だと、そう言いたかったのだろう。

しかしながら、この批判は、まったく当たっていないというべきである。なぜなら、イエスは、当時の社会の最下層、最底辺の「地の民」といわれた人々のなかに常に身を置き、彼らのために働き活動しつつ、厳しい現実をいつも直視していた人物であって、そういう厳しい現実のなかで生きざるをえない人々をいかに救うことができるのか、ということに、最大の関心をおいていたのだからである。そのイエスが、先述したような言葉を語っているのだ。だからそれは、たんに甘っちょろい感傷とは、とうてい言いがたい。イエスは、そんな甘っちょろい人間ではありえなかった。現実逃避したり、現実離れして夢や空想ばかりを追い求めたり、あるいは感傷に浸ったり、といったことは、まったくありえないことだった。そういう批判は、だからイエスという人間の実像からまったく標的をはずしたものといわねばならない。現実の厳しさを重々承知のうえで、しかもそのイエスが、自然のなかに神の美、神の具体的な働きをしかと見てとっていたのだというべきである。

つまりイエスは、人間世界の厳しい現実のなかに神の具体的働きをしかと見てとっていたばかりではなく、大自然のなかにもまたその働きや美を確乎として見てとっていたのである。要するに、至るところどこにでも、神の具体的かつ活き活きとした働きを見てとっていたのである。

ところで、このイエスのように、自然のただ中に神の働きをしかと見いだしているわけでは必ずしもないが、しかし、なんらかの仕方で自然と交流ないしコミュニケーションできる人間は、現代にも少なからずいる。たとえば、あの自然王国をつくったムツゴロウ氏は、ふつうの人間には考えられないほどよく動物とコミュニケーションすることができる。そういう人は、たんにムツゴロウ氏にかぎらず、動物と直接関わってる人々のなかには少なからずいることだろう。たとえば動物園とかあるいは水族館とか、そういうところで動物と直接関わってる人々、自分自身動物が大好きでそれと直接関わってる人々、そういう人々はおそらくそれ以外のいわゆるふつうの人よりはるかに動物の気持ちが分かり、これとコミュニケーションができるのではあるまいか。あるいはまた樹医といった人もいる。そういう人は、木とある種のコミュニケーションないし交流ができるのではなかろうか。木のなかに、普通の人間にはできない、あるいは分からない、そんな何かを感じとることができるのではあるまいか。

とくに農業に携わってる人々のなかには、そういう人々が少なからずいるのではなかろうか。じっさい農業を営んでいる人のなかには、苗に話しかけながら世話すると育ちがいいという人もいる。たんに仕事としてやるのではなく、自分の気持ちを伝えるような仕方で世話すると、苗の育ち方や実のつき方が違ってくるという人がいる。それは、たんなる気のせいなのか、あるいは偶然か、それとも実際そういうことがありうるのか、それは、いわゆる科学で確かめられることではない。が、しかし、じっさいそういうこともありうるのではなかろうか。そういった例は、少なくないからである。

いずれにせよ、こういう自然と交流ができる人々は、それができないいわゆる普通の現代人にくらべて、自然に対する感じ方が大いに違うことだろう。

さらにまた、イエスの感覚とは必ずしも同じとは言えないが、しかし、それと似た感覚は、昔は素朴な形でアニミズムとして現に存在した。アニミズムとは、自然界にはそのあらゆるところに精霊ないし霊魂が働いてるという、一つの原始的な宗教である。すなわち自然を、現代人がふつう感じているような単なる自然や、あるいは自然科学にとっての単なる機械論的な自然としてではなく、その到る処に精霊ないしは霊魂が息づいている、とそうみる昔の原始的な宗教にほかならない。これを逆にいうならば、自然のいろいろな現象は、この精霊や霊魂の意志や働きによるものなのだ、要するに精霊や霊魂が自然のいろいろな現象を引き起こしているのだ、とそう感じ考える一つの宗教、原始的な宗教にほかならない。

こういうアニミズムないしそれに似た感じ方・考え方は、日本古代の縄文時代の人々にもあったといわれるし、その感じ方・考え方は、のちにアイヌの人々にも受け継がれていった、という人もいる。アイヌの人々は、今でも自然のあらゆるものや現象のなかにカムイ――つまりアイヌ語で神――を見いだしている。

またアメリカ原住民やメラネシアをはじめとする太平洋諸島の人々にも、これに似た感じ方・考え方はある。そして先ほどもいったように、いわゆる先進国の人間のなかにも、こういったアニミズムとは違っても、しかし自然となにか交流できる人は確かにいる[11]。そう見るとき、自然のなかに神の働きを見てとる、というイエスの感じ方、それは決してなにか特殊なもの・奇異なものとはいえないだろう。

ただ、しかし、イエスの場合、その感じ方・考え方は、自然となんらかの仕方で交流できる現代人や、またアニミズムといった原始宗教とは、必ずしも同じものではない。イエスの場合は、自然ともなんらかの仕方で交流できる現代人とは違って、その自然のなかにはっきりと神の力を見いだしているのだからである。しかもその神は、素朴なアニミズムのように、自然との区別や関係や順序がすこぶる曖昧なたんなる精霊とか霊魂とかといったものでもない。すでに何度もいったように、自然ないしこの世界に対し絶対に不可分・不可同・不可逆的な区別・関係・順序において、しかしこれと直接一体となっている、そういう神なのだ。そういう極めて洗練された形で、神ないしその力、あるいはその美を自然のなかに見いだしているのである。

ところで、こういったイエスの神観ないし思想は、わが日本の鎌倉新仏教の開祖の一人・親鸞、その最晩年の有名な思想「自然法爾」にも相通ずるものがある。自然法爾とは、自然を仏法の表われとして、そこに仏ないし如来の働き、あるいはその御意を見てとるものにほかならない。かくして、みずからの工夫・図らいを離れ、これを捨てておのずからなる自然《じねん》の如来の働きに即してその御意のままに生きること、それこそ人間本来のあり方であり生き方である、すなわち、煩悩を離れて安心《あんじん》し、かくて幸福に至る道である、とするそういう思想である。仏教では、この安心をいかにして手に入れるか、身につけるか、ということ、それが究極の目標であり、人間の真の幸福だと考える。ここで仏とか如来とかというのは、イエスの言葉でいえば神といっても何ら差し支えない。

それはともかく、親鸞にあっては、その如来とこの世界ないし自然とのあいだの絶対の不可分・不可同・不可逆的関係もしかと見てとられている。すなわち親鸞の場合、自然と如来とは直接一体とはいっても、それら両者は決してごちゃ混ぜではなく、これら両者のあいだには明確な区別があり、不可同である。自然のなかに如来の働きを見てとるわけだから、それは、自然と如来とが直接一体だとみなしているといっていいけれど、しかし、他方で、如来と自然とはたんにごちゃ混ぜにされているわけでもない。如来は如来。自然は自然。その区別ははっきりしている。親鸞にとって、如来は無限、自然は有限であるからだ。だから両者は、不可同である。そのように不可分・不可同の認識は、しかと存在する。どこまでも如来が、自然を自然たらしめているのにほかならない。

さらにまた、親鸞にはその根本思想として「絶対他力」の思想がある。この絶対他力の思想からしても、親鸞に不可逆の認識があったこと、それは、ほぼ間違いない。なぜなら、絶対他力とは、阿弥陀仏の本願ないし救済の力にただ一方的に帰依する、依り頼む、そこに初めて救いは実現する、という思想だが、それは結局その阿弥陀仏に、救済についての絶対の主権者・統治者・支配者を認めることであり、これは、とりもなおさず滝沢インマヌエル哲学の不可逆思想にほかならないからである。

かくして親鸞にも、如来ないし神と、自然ないしこの世界と、これら両者の絶対の不可分・不可同・不可逆的認識はたしかにあったといってよい。そしてこの点は、イエスのあの神観と基本的に同じといわねばならない。

さらにここでもうひとつ付け加えると、自然法爾とは、自然のなかに現れた如来の働きないしその御意に逆らわず、これに即して生きること、それが人間の本来あるべき生き方として、これを願いそのように祈ること、といってもよいが、それは「御意のままに」というあのイエスの祈りにも相通ずるものがある。自分の思いや願いではなく、神の御意のままに事が進みますように、自分が行動できますように、というイエスの祈りと決意は、自分の工夫・図らいを離れておのずから起こってくる如来の働きに添いつつ生きよう、生きたい、それこそ本望だ、という親鸞の決意ないし悟りと基本的に同じものといってよい。

その点、鈴木大拙[12]は、その著『無心ということ』でとても興味深いことをはっきりいっている。

ちなみに無心とは、禅仏教で考えられる人間の本来のあり方・生き方といってよいものである。禅仏教徒が一生懸命修行して悟りを開こうとするのは、そういう無心の境地を体得しようという意味でもあるだろう。無心の境地、これをいかにして手に入れるか、そのために長年修行するといってもいいものである。

その無心について大拙は、これはキリスト教でいえば御意のままにと同じだといってる。ところで大拙は、この同じ本で、禅仏教の無心は親鸞の自然法爾の思想とも基本的に同じだともいってる。

周知のごとく、大拙は禅仏教徒であり、親鸞は浄土真宗の開祖である。禅仏教は、俗に自力の宗教といわれ、親鸞にはじまる浄土真宗は、俗に他力の宗教といわれる。したがって同じ仏教でも、性質がまったく異なると俗にはいわれている。が、にもかかわらず、ここで大拙は、禅仏教の核心である無心は親鸞の核心である自然法爾と基本的に同じだ、とはっきりいっている。

したがって、大拙の考えでは、禅仏教で大切にされる無心の思想は、浄土真宗の開祖・親鸞の自然法爾の思想と基本的に同じであり、そうしてそれらはキリスト教の根本思想である御意のままにとも軌を一にするものだ、ということになる。

そのさい、キリスト教の御意のままにという思想の淵源は、もとよりその教祖イエスその人にある。御意のままに、という祈りでイエスが内包していた思想を、のちのキリスト教がどこまで正しく理解し受け継いだか、そこには大きな問題がある、が、しかし、その御意のままにというのが、「どうか神様の御意のままに御自由になさってください。私はそれに従います。神様にすべてをお任せします」という意味では、それら両者はおそらく同じであろう。

ただイエスの場合、その神が、今ここに、この世界のまっただ中に具体的に生きて働いているものとしてつかまれていたのに対し、のちのキリスト教では、その神がこの世界から切り離されて、どこか彼方に抽象的にとらえられている、という点で、これら両者のあいだには大きな違いがある、その点は、よくよく注意する必要がある。神の御意のままに、といわれるときのその神がどこにどうあり、どう自分にかかわっているのか、そこのところで、いわゆるキリスト教とイエスとは決定的な違いがある。

言い換えれば、イエスの場合、神およびその力は今ここで自分の足もとにしっかと感じとられていたのに対し、のちのキリスト教では、それとは違って、神はこの世界から切り離された別の世界にいる、とにかくどこかにはいる、という漠然とした形での神に対して、その御意に従います、ということだからだ。かくして同じ御意のままに、といっても、その意味は大きく異なってくる。

さらにいうなら、のちのキリスト教では、けっきょく神の意志・御意は分からない。なぜなら神は、どこにいるのかも分からないのだからである。したがって、どうしたら神の御意は知れるか、といえばそれはけっきょく聖書である。イエスの言葉が記されている聖書にほかならない。聖書に書かれているイエスの言葉、それが神の御意なのだ。したがって、のちのキリスト教にとって御意は聖書の文字、聖書に書かれているイエスの言葉、それを中心とした聖書の言葉ということになる。

しかしながら、イエスにとって神の御意は（旧約）聖書に書かれている言葉、あるいは律法では必ずしもない。そうではなくてイエスは、神の御意を、今ここで・そのつどの具体的な状況のなかで活き活きと働いている、そういうものとしてしかとつかみとっていた。そういう意味での神の御意にありのままに従う、それがイエスのばあいの御意のままに、という意味にほかならない。

したがって、イエスの御意のままと、聖書のなかに書かれた文字を神の御意と信じてそれに従うのちのキリスト教の御意のままにとでは、その意味が、まったく違うといわねばならない。

しかし、いずれにせよ、大拙が、無心はキリスト教の「御意のままに」と同じだというとき、その「御意のままに」とは、イエスにまで遡るものとしての「御意のままに」、を念頭に置いていたといってよいだろう。すると、ここで大拙は、親鸞の自然法爾はイエスの「御意のままに」と基本的に同じであり、そしてそれはまた禅仏教の無心とも同じだ、とそういっていることになる。

こうして明らかなように、大拙のこの主張は、先に述べた筆者の主張、つまり「御意のままに」という祈りに端的に表現され、そこに収斂していくイエスの神認識は、親鸞最晩年の自然法爾の教えと基本的に同じだ、という筆者の主張をたしかに裏付けているといってよいだろう。そうしてまた、そこから窺い知れるように、イエスの思想ないし神観は、東洋の仏教思想にも深く通底するものだということである。

ところで、滝沢インマヌエル哲学は、これを端的にいうなら仏教的かつキリスト教的な哲学、つまり仏教とキリスト教と、それら両宗教の根柢的な綜合・止揚にほかならない。かかる仏教的かつキリスト教的な滝沢インマヌエル哲学が、それじしん仏教的でもあるイエスの思想と基本的に同じであるということ、それは以上のことからもあながち標的を逸しているとはいえないだろう。

要するに、滝沢インマヌエル哲学は、仏教的かつキリスト教的哲学、仏教とキリスト教を根柢的に綜合・止揚する哲学である。他方イエスの思想ないし神認識には、その基本的なところで仏教的要素がしかと含まれている。したがって滝沢インマヌエル哲学とイエスの思想とは、基本的に同じだといっても、それは必ずしも標的を逸しているわけではないだろう。いや以上のべてきたことから、それは、よし短くにではあれ、論証されたといっても、あながち不当とはいえないだろう。

それはともかく、以上ルカ一二章二四節から二八節までに現われたイエスの言葉、そこに示されたイエスの神観と滝沢インマヌエル哲学の神観と、これらの両者の基本的同一性、それは以上でほぼ明らかだろう。

もう一度繰り返すなら、イエスの思想は、一見それとはまったく異にすると思われがちの東洋の仏教思想、具体的にいえばわが日本の親鸞の自然法爾の思想や禅仏教の無心の思想、それらとも深く響きあうものである。他方、滝沢インマヌエル哲学は、いわば仏教的かつキリスト教的な哲学、つまり、仏教とキリスト教を根柢的に綜合・止揚した哲学である。その点を鑑みるなら、イエスの思想ないし神観と滝沢インマヌエル哲学の神観と、これら両者は深く共鳴すること、いや、後者が前者にほぼ二〇〇〇年の時を隔てて、しかし、直結するものであること、それもあながち標的をはずれた主張とはいえないだろう。

### (5) イエスの神認識とその生

さて、われわれの考察をさらに進めてゆこう。そこで、まず上掲拙著『ただの人・イエスの思想』の八九頁の一五行目以下から引用すると、

「(2)は、いわゆる「ゲッセマネの園におけるイエスの祈り」にほかならない。ここでイエスは、敵対者たちの手におちていずれ自分が殺されることを予感して、死ぬほどに悲しみもだえながらつぎのように祈っている。

ここでは、マタイ福音書から引用することにする。

『…父よ、できることなら、この杯をわたしから過ぎ去らせてください。しかし、わたしの願いどおりではなく、御心のままに』」（マタイ二六・三九）。

このイエスの言葉を解釈する前に、こういう言葉が語られるに至ったイエスの生涯をまず簡単に説明したい。イエスは今から約二〇〇〇年あまり前、イスラエルという国のベツレヘムで大工の子として生まれた。イエスは三〇歳ころになってから公的活動を始め、その数年後に十字架につけられて磔刑死する。

イエスの当時、イスラエルの国はローマ帝国の属国だったが、その政治的実権はユダヤ教の主流派がこれを握っていた。ユダヤ教にとっては、一般的に律法を守ることが大切だったが、当時のユダヤ教主流派にとっては、とりわけそれが重要だった。ところがイエスは、この律法遵守についてはかなり柔軟な考え方をもっていた。その点、当時のユダヤ教主流派と考え方が大きく違っていた。ユダヤ教主流派にとっては、律法それ自体が神の意志そのものであり、それゆえそれを守ること、律法を守ることこそが何よりも大切だった。ところが、イエスにとっては、必ずしもそうではなかった。

イエスにとっては、律法がそのまま神の意志ではなくて、律法は神の意志の一つの表現だったのだ。一つのこの世的表現だったのである。だからあえていえば、その表現には精粗深浅がある。

したがって、律法を守ってさえいれば神の意志に適っているわけではなく、今ここに・そのつどの具体的状況のなかにしかと神の意志を見定め、そのうえでこの神の意志に従って行動することが大切だったのだ。おそらくそういう考え方からイエスは律法を破ったりもした。律法のなかでも特に重要な安息日の掟なども破ったりした。

安息日にはいっさい働いてはならないと、そう当時のユダヤ教では考えられていた。その理由は、（旧約）聖書によると神は六日かかってこの世界を創造し七日目に休まれたと、したがって、神様が休息に入った日だから人間も休まねばならない、どんな仕事もしてはいけない、ということである。当時のユダヤ教では、とくにこの安息日の掟が重要で厳しかった。ところがイエスは、当時のユダヤ教主流派にとってすこぶる重要なその安息日の戒めですら破ったりした。具体的にいえば、安息日にもイエスは医療行為、つまり病気治しをしたりした。

そういう安息日におけるイエスの医療行為に対し、当時のユダヤ教主流派がイエスを批判したのに答えて、イエスが語ったとされる有名な言葉が残されている。すなわちそれは、人が安息日のためにあるのではなくて、安息日こそ人のためにあるのだというものである（マルコ二・二七）。ここでは、明らかに、人と安息日とのあいだで主客の逆転がなされている。

ユダヤ教主流派にとって安息日というこの戒めないし律法はとにかく重要で、そのため、この戒めは、人々に安らぎをもたらすどころか、かえって逆に人々を苦しめてさえいた。あえていえば、神の意志という名のもとに安息日という戒めが人々を圧迫さえしていた。

それに対しイエスは、それは逆だ、神の御意としての安息日は、本来人間のためにあるのであって、その安息日によって人間が苦しめられるのはおかしい、安息日のほうこそ本来人間のためにある、人間に安らぎを与えるためにあるのだ。だから、たとえば病気で苦しんでいる人がいたら、たとえ安息日であってもその人を助けてあげるべきなのだ。それこそがまさしく神様の御意なのだ。神様の御意にかなった行為なのだ、と恐らくそれが、うえに掲げた言葉でイエスが言いたかったことだろう。

こういったことから推察できるように、当時のユダヤ教主流派は、神の意志をたんに機械的に律法の文字、書かれた律法の文字に閉じ込め、そのうえでこれをただ形式的に守ることにのみ汲々としていたのに対し、イエスは明らかにかれらとは異なって、律法と神の意志とを明確に区別し、後者をそのつど自分が置かれている具体的状況のなかにしかと読み取り、つかみ取って、そのうえでこの真に生ける神の意志に従いつつ行動していたのだ。

かくして、ユダヤ教主流派にとって律法は、神の意志として絶対であったのに対し、イエスはこれを正しく相対化した。言い換えれば、前者にとって律法は絶対に守るべきものであったのに対し、イエスにとっては必ずしもそうではなかったということである。

とはいえ、もちろんイエスにとっても律法はどうでもいいものというのではない。確かに大切なものではあるが、しかしもっとも重要なのは、そのつどの具体的状況のなかに息づいている神の働きないし意志そのものであって、その具体的な神の意志に照らして律法もこれを柔軟に遂行すべきなのだ、ということである。こういう事実一つをとっても当時のユダヤ教主流派とイエスの考え方、つまり神観とはまったく違っていたことは火を見るよりも明らかだろう。

したがって実際、これら両者、つまりユダヤ教主流派とイエスとは当時激しく対立した。そのイエスはしかし、瞬く間に一般民衆から大きな支持を得るようになる。その大きなきっかけの一つは、もとよりイエスの行なった病気治しにほかならない。

イエスは、今日でも重病ないし難病といわれるさまざまな病気、たとえば「癩病」[13]とか耳の障害とか目の障害とか足の障害とか、また心の障害とか、そういういろいろな病気を治したとされている。聖書にはそういうことがいろいろ書かれている。

今日でも治すのにとても難しいそれらの病気を、今から二〇〇〇年も昔に、医学も現代ほどに進んでいない当時に、イエスは本当にそういう病気を治すことができたのか、とあるいは訝しく思われるかもしれない。がしかし、その点は次のように解釈することができるであろう。

現代医学で明らかにされているように、人間の病気というのはたとえそれが身体的な病気でも、心の影響がとても大きい。たとえば今日では心身症といわれる病気がある。これは、心になんらかの原因があって、それが身体的疾患となって現れる、そういう病気である。たとえば、胃潰瘍とか高血圧とか喘息とかがそれである。しかし、そのように狭く心身症といわずとも、人間のばあい身体の病気に心のあり方が大きく影響していること、それは、現代医学でほぼ明らかにされている。

そこで、イエスに話を戻すと、当時重病人は、社会からこうみなされていた。すなわちかれらは、前世つまり生まれる前の世になにかひどく悪いことをしたからその報いでそういう病気になっているのだと。そういった因果応報的な考え方が、当時は支配的であった。前世のことが原因で、この世で、その報いが起こってくるのであると。

だから、かれらは穢れた人間、罪人なのだとみなされて社会から排除され差別されていた。したがって、かれらはその病気に苦しんでいただけでなく、そういう社会からの仕打ちにも激しく苦悶し、まさしく絶望の淵に突き落とされていた。かれらには、近づくことすら汚らわしいこととみなされていた。

ところで、こういうことをいうと、それはいかにも大昔みたいな話だと思われるかもしれない。が、しかし、例えばハンセン病など、現代でもついこのあいだまでそうだった。ハンセン病などは、近づくだけでも感染るといった偏見で隔離されていた。今でも、まだまだ差別意識が強く残っている。エイズでもそうである。最初の頃は、エイズは感染るわけではないのに、感染るのではないかといって差別の対象にされていた。今でもまだ、その差別が完全になくなっているわけではない。

ところがイエスは、そういう近づくことすら汚らわしいとみなされ、罪人だと断罪されていた人々、つまり重病人のところへ積極的に進んで近づいていった。社会から見捨てられていると思い、みずからも罪に穢れきった汚い存在だと思って深く絶望していたかれらにとって、これはまったくの驚きだったことだろう。たいていの人間は自分たちを忌み嫌い、避けて近づこうとしないのに、イエスは違う。逆に自分たちに進んで積極的に近づいてくる。しかも自分たちの不治ともいえる病いを治そうといろいろ手を尽くしてくれる。そればかりかイエスは、かれらを必ずしも単純に罪人、罪に穢れた人間とはみなさなかった。むしろ逆に彼らこそ神の国、つまりは救いに近いといっていた。イエスの言葉を直接引けば、「遊女や取税人たちの方が、祭司長たちよりも早く神の国に入る」（マタイ二一・三一）というのがそれである。「遊女」や「取税人」は、当時、罪人とみなされていた。ところが、イエスは、そういう人の方こそがかえって神の国、つまりは救いに近いと、そういう言い方をしている。そのイエスの言葉、あるいは考え方から類推すれば、そういう罪人、同じように罪人とみなされていた重病人でも、いやかれらこそ救いに近いと、おそらくいっていたことだろう。こういうイエスに親しく接して、かれら重病人はどれほど嬉しかったことだろう。どれほどその深い奈落の淵から解放されたことだろう。

さらにイエスは、当時ラビと呼ばれていた。ラビとは、ユダヤ教の教師という意味である。現代風にいえば先生ないし知識人といってもいいかもしれない。そういうラビ・先生としてのイエスが、自分たちを罪人と断罪し、したがって近づくことも汚らわしいと忌避する他のラビたちとは異なって、進んで自分たちのもとに来て病気の治療をしてくれる、それどころか、かれらをかならずしも罪人、罪に穢れた人間ではない、いや、むしろ救いに近いと、そう言い行動したのであるから、彼ら重病人にとってこれは、どれほどの喜びだったか知れないだろう。

そのかれらの喜び・驚きは、今日のわれわれにはほとんど想像もできないほどだったといってもいいのではなかろうか。病気の耐えがたい苦しさに加え、さらに不当な宗教的抑圧のもとに喘ぎ苦しんでいたそういう人々にとって、イエスはまぎれもなき救い主・解放者であり、まさしく希望の星として目に映っていたことだろう。

かくして、そういう心の並外れた明るさ、漆黒の闇のなかに突如差し込んできた大いなる希望、それがかれらの病気に大きな好影響を与えたとしても、それはなんら不思議ではないし、想像に難くない。

したがってかれらの病気が、ときには快癒ないし完治したか、そこまではいかなくても軽くなっていった可能性は十分ありうる。身体的な病気ですらそうなら心の病気はなおさらだろう。こういったことは、既述したごとく現代医学からしてもなんら根拠のないことではない。いや、むしろ当然ありうることなのだ。

ところで、イエスはそういう病人ないし重病人ばかりではなく、より一般的にいえば、当時「地の民」といわれていた社会の最下層・最底辺の人々のなかに積極的に入っていって彼らと親しく交わり、これらの人々をその困窮から現実に救わんとして積極的に活動していた。これをより具体的にいうならば、たとえばイエスは、先述したように当時穢れた罪人とみなされていた遊女や取税人とも親しく交流し、かれらこそ神の国、つまりは救いに近いと明言していた。すなわち、当時三〇〇以上もあって煩雑を極める律法のことを熟知し、かくしてこれを首尾よく守っている、物質的にも精神的にも恵まれゆとりのある社会の指導層や上層の人々、そういう人々よりも、いわゆる学問もなくて、それゆえ煩雑な律法のことなど覚えることもできないし、したがってそれを実行することもできない、いやそんなゆとりなど経済的にも精神的にも、あるいはまた身体的にも不可能は人々、そういう社会の最下層ないし最底辺の人々、そういう人々のほうが、逆に救いに近いのだと、神様はかれらのもとにこそいるのだ、神様はかれらをこそまず第一に救わんとしているのだと、そうイエスはいっていた。

こういうイエスの考え方、それに基づくかれの行動、すなわち先ほど述べたような当時の社会に支配的だった因果応報説を否定し、かくして罪人とみなされていた重病人の病気を癒したり、あるいはそういった重病人を含め社会の最下層ないし最底辺の人々の中にこそ神の具体的な救いの働きはある、とこれをしかと見てとって、かくしてかれらを現実的な救いへと導かんとしたということ、そこには、明らかにイエスの正しい神認識があったといわねばならない。

さて、以上を約言すると、イエスは当時のユダヤ教主流派と激しく対立していた。すなわち、当時のユダヤ教主流派にとっては、律法を順守することがすこぶる重要であったのに対し、イエスは必ずしもそうではなくて、時にはこれを破ったりもしたからである。いや、律法のなかでもとりわけ重要だとみなされていた安息日の掟ですら、イエスはときに破ったりしたからである。

ところで、当時律法を守らない人間は罪人とみなされていた。が、イエスはそれに反して、あまりの貧しさゆえに律法を守ることのできないかれらいわゆる罪人の方が、すこぶる煩雑な律法をよく学び、熟知し、そしてこれを守ることができた社会の指導層や上層の人々よりも、かえって逆に救いに近い、より具体的にいうならば、当時罪人とみなされていた遊女や取税人の方こそが神の国に近い、つまり救いに近い、神は、まさにかれら罪人をこそまず第一に救わんとしている、かれらにこそよりいっそうの憐れみをかけている、とイエスは主張し、かくしてかれら社会の下層ないし最下層の人々のもとにおいてこそ、積極的に働き活動した。

とまれ、これが、ほかならぬイエスの神認識とそれにもとづく生の軌跡の粗筋である。ここからしても、イエスの神認識が当時のユダヤ教主流派のいわば硬直したそれとはまったく異なって、真に柔やかで活き活きとしたものであったこと、それが一点の曇りなく明らかとはいえないだろうか。

## (6)　イエスの思想と親鸞の悪人正機説

さて、今述べたイエスの神認識ないしそれにもとづく救済観は、すでにのべたごとく、わが国仏教の浄土真宗の開祖・親鸞のあの有名な悪人正機説にも深く相通ずるものがある。

悪人正機説とは、親鸞の言葉でいえば「善人なをもて往生をとぐ、いはんや悪人をや」というものである。ここで往生するとは、浄土真宗でいう救いのこと、救われること、阿弥陀仏によって浄土、つまりは極楽へ導かれていって、そこで生まれ変わり救われるということにほかならない。

だから、上の親鸞の言葉を現代的にやさしく言い換えればこういうことになる。すなわち、善人ですら救われるのだとしたら、ましてや悪人が救われないなんてことがありえようかと。悪人のほうこそが救われるのだ。そういった意味といってよいだろう。

すると、この親鸞の言葉は、いわゆる常識ではまったく訳のわからない言葉である。非合理極まりない言葉というほかはない。なんとなれば、ここで親鸞は、善人が救われるのだとしたら、ましてや悪人はそれ以上に救われる、とそんなことをいってるのだからである。

善人が救われるというのは、われわれの常識からいってもまだなんとなく分かるし、納得もできるであろう。

ところが親鸞は、もしそうならましてや悪人はなおさらいっそう救われるのだ、とそんなことをここでいっている。善人より悪人の方がもっと救われるなどということは、まったく常識に反するのではなかろうか。理に反するのではあるまいか。非合理このうえないのではなかろうか。

もし親鸞の言葉が文字通り正しいのなら、われわれは良いことよりもむしろ進んで悪いこと、たとえば人を騙したり、人の物を盗んだり、あるいは人を殺したりといったそういう悪事のかぎりを尽くしたほうがいいのではあるまいか。

その方がより救いに近いというのなら、当然そういうことになる。そのほうが浄土、つまり極楽によりいっそう往きやすいのだというのなら、みんなそうするのではあるまいか。悪いことをした方が極楽浄土に往きやすいのだとするならば、みんな悪いことばかりするのではなかろうか。だが、そんな馬鹿な話がいったいありうるだろうか。が、にもかかわらず、親鸞の言葉は一見するとそう聞こえるといわねばなるまい。

しかし、もしそういうことになったら、世の中の秩序は滅茶苦茶になってしまうのではなかろうか。その意味では、親鸞のあの悪人正機説は、まったく非合理極まりないといわざるをえない。いやいや、そんな意味での悪人、いわゆる常識的にいう悪人、そういう悪人こそ仏様は救うのだ、仏様の御意にかなっているのだというのなら、そんな仏様は慈悲深いどころかかえって逆に悪魔ないし鬼とでもいうべきだろう。

いったい親鸞にとって仏様ないし阿弥陀仏とはいったい何か。阿弥陀仏は本当に人を苦しみから救い解放してくださる大悲・大慈の方なのか。

親鸞の悪人正機説については、こういった疑問が次々に湧いて起こり、かくてこれは理解にすこぶる苦しむ説である。だから昔からこれはなかなかうまく説明ないし解釈がなされてこなかった。そこで、親鸞のこの悪人正機説について、わが師・滝沢克己の解釈をふまえつつ筆者の解釈を述べると、こうである。

親鸞は鎌倉時代の僧侶だが、すでに当時日本には、空海によって中国から伝えられた真言宗と、最澄によって同じく中国から伝えられた天台宗と、さらにそのほかにも法相宗とか華厳宗とか律宗とか、いわゆる南都六宗といわれる旧仏教が力をもっていた。

これら旧仏教に対して、鎌倉時代に入って新しい仏教の動きが興り、その一つとして親鸞の浄土真宗もあった。他にはまた道元の禅宗・曹洞宗と日蓮の日蓮宗とかがあった。

親鸞は法然の弟子だが、その法然の浄土宗や親鸞の浄土真宗は、一般に他力の宗教といわれる。他力宗とは、阿弥陀仏の、衆生済度の本願の力に帰依し、これに他力的に依り頼んで極楽往生し、救われんと、信じ願う宗派にほかならない。要するに、阿弥陀仏の救いの力に依り頼んで救われようとするそういう宗派である。

他力、天台宗や真言宗などの旧仏教や禅宗は、一般に自力宗といわれる。また、南都六宗は戒律を重んじ仏教の哲学的研究にいそしんでいた。そのさい、自力宗とは、いわゆる自力の修行によって悟りを開き、そうしていわばみずから救われようとする宗派にほかならない。

かくして、自力宗や南都六宗の旧仏教は、公家や武士など社会の上層階級におもに広がっていった。その理由はおそらくこうだろう。

仏教の学問的研究とか、また修行三昧しこれに明け暮れるといったことは、貧乏でいつもその日暮らしの農民や漁民など社会の下層ないし最下層の人々にとっては、経済的にも精神的にもまったくそのゆとりがなかったということだろう。要するに、それらの人々にとっては学問や修行などといったものは、やりたくてもやっている暇がなかったのである。

そういった貧しい人々、社会の下層ないし最下層の人々でも、しかしその苦しい状況から解放されたい、救われたいといった願い、願望は強くあったことだろう。いや、社会の上層階級の人間より、そういう救済への願いはよりいっそう強かったといってもいいかもしれない。

そういう社会の下層ないし最下層の人々、賤民といわれた人々に対して、上述した他力宗、つまり法然の浄土宗や親鸞の浄土真宗は強く訴える力があった。他力宗教では、時間も金もかかる学問や修行、しかもとても厳しい修行など何ひとつ必要ない。いつもその日暮らしの生活を支える仕事で疲れ果て、それだけで精いっぱいの賤民たちにとり、それをやることなどほとんど不可能な学問や修行など、まったく必要ない。ただ阿弥陀仏の功徳ないし本願を信じ、念仏つまりその阿弥陀仏の名号ないし御名を唱えさえすればそれでいい。それだけで極楽往生し救われるのだ。要するに「ナムアミダブツ、ナムアミダブツ」といってればいい、というのだからである。

いや、いや、阿弥陀仏の本願ないし救済力を信じさえすれば、それでいい、信じるだけで救われる、信じて誠実に正しく生きていさえすればそれだけで救われる。いやむしろ阿弥陀仏を信じれば、自然とおのずから誠実で正しい生き方ができるようになり、それがすなわち救いというものなのだ。あの世で救われるだけでなく、この世ですでに救われるのだ。極楽浄土はあの世ではなく、まさにこの世のまっただ中にすでに来てあるのだ。阿弥陀仏を信ずればそれだけで、その、この世の浄土に往生し救われるのだ。どんな苦しみにも耐えて積極的に生きていくことができるのだ。必ずしも苦しみが全部なくなるわけではないが、しかし、その苦しみに耐えぬいて前向きに積極的に生きていく力が与えられ授けられるのだ。

親鸞の教えとは、畢竟そういうものではなかったか。すなわち専修念仏によって往生できると説いた師・法然の考えをさらに一歩進め、信心のみにて往生し救われると説いた親鸞の考えは、ほぼこのようなものではなかったか。

繰り返すなら、法然は念仏を唱えれば救われる、といったのに対し、親鸞はさらに大きくそれを一歩先に進めて、念仏を唱えなくてもいい、信じるだけでいい、阿弥陀様が救ってくれると信じるだけでそれでいい、それだけで救われる、とそこまで徹底した。ちなみに阿弥陀仏とは、キリスト教でいうキリストのことである。阿弥陀仏は、仏教でいう救い主にほかならないからである。

かくして、このような親鸞の教えなら、難しい学問とか修行、厳しい修行といったものは必要ないから、日々の暮らしに明け暮れ生活に疲れ果てていた農民や漁民などの社会の下層の人々にとっても受け入れが可能であった。いや、日々の困窮や苦難からの救いを心底願っていたであろう彼らにとって、親鸞のこの教えはまさしく他にかえがたい救いとして受け止められたのではなかろうか。事実、親鸞の浄土真宗は、とりわけ蓮如の力によって、瞬く間に農民や漁民のあいだに広まっていったのである。

さて、以上が、親鸞の浄土真宗ないしはその考え方の簡単なまとめにほかならない。そこでもう一度、旧仏教や自力宗と他力宗について、簡単にまとめたうえで、最後に親鸞の悪人正機説の真意を明らかにし、かくてこれがイエスの神観・救済観と基本的に同じであること、それを論証することにしたいと思う。

旧仏教や自力宗はおもに公家や武士階級など社会の上層階級に広がっていった。これに対し、他力宗は農民や漁民など社会の下層階級に広がっていった。では、社会の上層階級と下層階級は、それぞれどんな特徴をもっていたのか。

上層階級の人間は、一般的にいって身なりも綺麗で言葉づかいも上品であり、さらには和歌や詩歌などそういった芸術などもたしなんでおり、いわゆる洗練された人々である。寺社への多額の寄進もしていたことだろう。しかもそのうえ、旧仏教ないし自力宗的な意味での教養もあって、その意味でもまさにいわゆる「善人」とみなされていた。

これに対し、下層の人々というのはどうか。彼らは一般に身なりも汚く、言葉も荒く粗暴で、一見したところ粗野で野蛮である。そのうえ和歌や詩歌などの芸術的な教養はもとより、旧仏教的ないし自力宗的な意味での教養もない。ましてや、寺社への寄進などまったくおぼつかないまさに薄汚れた蛮人である。かくして、これら下層の人々は、「善人」としての上層の人々からはいかにしても救われ難い悪人、粗暴な「悪人」とみなされていた。

こういったことはしかし、多かれ少なかれいつの時代でもみられることではなかろうか。たとえばアメリカの黒人差別は有名だが、黒人のオバマが大統領になっても、それで黒人差別がなくなったわけではない。一昔前までは、ハーレムの黒人といえば上流階級の白人から粗暴な荒くれ者とみなされていた。そういう白人は、自分たちをいわば善人とみなし、彼ら黒人をいわば悪人とみなしていた、といってもよいのではあるまいか。

また、白人がまだ政権を握っていた頃の南アフリカでも、黒人に対して同じような扱いがなされていた。当時の白人政権によるいわゆるアパルトヘイト政策は、その象徴といってよい。そういった差別は、古今東西いつの世にも、その形は異にしつつも多かれ少なかれあったといわねばならない。

いずれにせよ上に述べた親鸞の悪人正機説は、こういった社会の差別構造、さらにそれに絡みついた仏教内部の対立、つまり旧仏教や自力宗と他力宗との対立がその背景にあったのではあるまいか。そういう背景を考慮に入れたうえで親鸞の悪人正機説をみてみると、その意味は思うに、社会の上層部のいわゆる善人が救われるのだとしたら、ましてや下層のいわゆる悪人はそれ以上に救われるのだ、とそういう意味ではなかろうか。まさに逆説である。

かくしてここには、親鸞の師・法然や親鸞自身を含め、新しく興りつつあった新仏教を不当にも弾圧した旧仏教や自力宗、さらには暇と富と権力をもてあまし、そのうえなお心の安心までも獲得せんとしてこの旧仏教や自力宗にすがりつかんとしていた社会の上層部ないし支配層、それら両者に対する親鸞の厳しい批判の意が込められているといってはいいすぎだろうか。然り、ここには仏に対する親鸞の確かな眼が現在しているといってよいだろう。なぜなら、仏はなによりもまず社会的にも身体的にも弱い立場の人々、つまり下層の人々をこそ第一に救わんとしているのだからである。

こうして明らかなごとく、親鸞の悪人正機説は、すでに述べたイエスの神観ないし、それに基づく救済観、すなわち、神は、社会の上層部ないし指導層からともすれば罪人とみなされがちな下層ないし最下層の人々のところでこそなによりも力強く働いており、したがってかれら下層ないし最下層の人々のほうこそが上層の人間よりもかえって救いに近い、という神観ないし救済観、それと基本的に同じだといってよいだろう。端的にいって、神や仏は、強い者より弱い者の味方というべきなのだ。まさしくそこで、親鸞とイエスの考えは、基本的に一致しているといわねばならない。

### (7)「ゲッセマネの園」での祈りとイエスの神認識――神と人間との絶対不可分・不可同・不可逆的関係

さて、ここでふたたびイエスの話にもどりたい。(5)で述べたごときイエスの考えや行動はおそらく噂としてどんどん広まり、イエスは、その人気が瞬く間に高まって民衆から大きな支持を受けるにいたった。ところがこれは、イエスとはその考え方を大きく異にしていた当時のユダヤ教主流派にとってはとてつもなく大きな脅威となり、かくて両者の対立は時とともに激しくなって、ついに、イエスが首都エルサレムへ上京することにより頂点に達した。首都エルサレムは、当時のユダヤ教主流派のいわば牙城といってよいからである。が、けっきょくイエスは追い詰められて、ユダヤ当局に逮捕されることとなる。その直前ゲッセマネの園でイエスが祈ったとされる祈り、それがマタイ二六章三九節に描かれているものにほかならない。

しかし、これが史実かどうかはわからない。じっさいマタイ福音書のこの箇所にも、イエスは一人で山の中に入って祈られた、となっているから、弟子から離れて一人で祈っているイエスの祈りを第三者が知る由もない。さらにまた、祈りはふつう大きく口に出さずに黙して行うものであるから、その意味でも、イエスがそこで祈ったこと、それは仮に事実であったとしても、イエスのその祈りの内容については第三者には知る由はないだろう。が、にもかかわらず、こういうことが書かれ、書き残されたということは、イエスが常日頃からこれと同じような祈り、基本的に同じ祈りをしていた、ないし弟子にもこれを諭していた、と解しても必ずしも誤りとはいえないだろう。

そこで、もう一度に、マタイ福音書の二六章三九節からイエスの言葉を引用したい。

「父よ、できることなら、この杯をわたしから過ぎ去らせてください。しかし、わたしの願いどおりではなく、御心のままに」

ここで明らかなように、イエスはまさに死の淵にあって悲しみもだえながらも、しかし自分の願いが通じるようにではなく、あくまでも神が自分の御意のままに行為するべく祈っている。これはイエスの主観的意図がそうだというのではなく、イエスの神がまさしくそのような神、つまり自分の自由な絶対主権によって語り行為する神だということであり、またその点をイエスが熟知していたということである。神に絶対の主権があるということは、言葉を裏返していえば、人間には絶対の限界があるということにほかならない。かくしてここにも、神とこの世界ないし人間との絶対の不可逆性と不可分・不可同性がイエスによって吐露されているといってもよいだろう。

それはともかく、ここでイエスがおこなっている祈りの内容を解釈すると、それはほぼこうといってよいだろう。すなわち、私はあなたの御意に即して生きかつ行為し、ついにこの首都エルサレムまでやってきました。しかし今や追い詰められ、死の淵に立たされてその恐怖のあまり私は気も狂わんばかりです。だから、できることならもうこの恐るべき役割から私を解放してください。——「この杯をわたしから過ぎ去らせてください」とは、まさにそういう意味だろう。

しかし、その私の願いどおりではなく、あくまでもあなたの御意のままになさってください。いや、最後まで私があなたの御意のままに生き抜けられるようどうか私をお守りください。私は最後まであなたの御意に従順にしたがってついていく覚悟です。それこそ私の本望です。あくまでも私の願いではなく、あなたの御意がこの世になりますように、と。ここが、じつは重要なのだ。

いずれにせよ、上に掲げたイエスの祈りは、ほぼこのように解釈できるのではなかろうか。とすると、ここでイエスはあきらかに神の絶対主権、ないし絶対の支配権を認めていることになる。その前では自分の願いなどまったく取るに足らない神の絶対主権を、ここでイエスははっきりと認めている。要するに、絶対・無限・永遠なる神の前では人間などまったくゼロに等しい無力な存在なのだと、それを認めていることになる。いや、イエスがそれを認めるかどうかに一切かかわりなく、神はどこまでも自分の自由な絶対主権によって語り行為する方だということ、それをイエスは熟知していたのだ。かくして、神が絶対に自由な主権者だということを熟知しているからこそ、イエスはまたそれを素直に認めてもいるのだというべきである。

かくしてイエスのこの祈りのなかでとくに重要なのは、「しかし、わたしの願いどおりではなく、御意のままに」というものである。私はあくまでもあなたの「御意」にそって最後までついていきます。いや、もともとあなたの「御意」に背いた生き方など誰にもできません。否否、本来不可能な可能性、みずから滅びに至る可能性としては、その選択もたしかにありえるでしょう。しかしながら、そのような本来不可能な可能性そのものがすでにあなたから与えられたもの、与えられつつあるものです。したがって、あなたの御力なしには、われわれはたとい一瞬たりとも生きることはおろか、存在することもできませんと。

自分の願いが通ることではなく、あくまでも神の御意がこの世に貫徹すること、それを願い、またそのように行動する、そのように行動せんとする、先のイエスの祈りには、まさにこのような意味が込められていたといってよいのではあるまいか。どこまでも神の御意に服従すること、それこそ自分の使命であり、ひっきょう幸せなのだ。それ以外の道はけっきょく自滅と不幸に至る道なのだ。いやいや、その自滅と不幸に至る道すらも、神の威力なしには端的にいって不可能なのだ。そういう意味が、この祈りのなかには込められているといってよいのではなかろうか。かくしてここには、その前にはただ服従するほかはない神の絶対主権と、その服従すらも神の力なしにはありえない人間の絶対の限界性と、その二つの契機が同時に含意されているといわねばならない。

要するに神の絶対主権と人間の絶対の限界と、その両面が、そこには同時に含まれている。そうして、それは、まさしく滝沢インマヌエル哲学のいわゆる不可分・不可同・不可逆性の認識、すなわち神と人間との絶対に分離することも・混同することも・翻すこともできない区別・関係・順序の認識といってよい。

かくしてイエスの神認識、この祈りのなかで示されたイエスの神認識は、滝沢インマヌエル哲学の神認識と基本的に同じといって何ら差し支えない。

とりわけ、この祈りでは、神から人へのただ一方的・不可逆的関係ないし順序が前面に出ているといってもよい。そのさい、この絶対主権者としての神に、どこまでも他力的にお任せするということ、それが、この祈りにおける「御心のままに」の真意であろう。とすると、この祈りに現われたイエスの思想は、先にも触れた親鸞のあの自然法爾や禅の無心の思想にも深く通底するといわねばならない。

以上をもう一度約言すれば、「御心のままに」というあの祈りに込められているイエスの神観は、滝沢インマヌエル哲学の用語でいえば、まさにこの世界ないし人間と絶対に不可分・不可同・不可逆的に直接一としての神という認識なのだ。

かくして、イエスにあっては自己と絶対不可逆的に、しかし、直接一なる神に絶対他力的に身を任せること、その神の御意にすべてを委ねておのずからあるがままに生きること、それこそ人間本来の自然の在り方だったのだ。それこそ、御意のままに、というイエスの祈りの真意といわねばならない。

とすると、御意のままに、というこの祈りに現われたイエスの思想は、上述したごとく親鸞の自然法爾や禅の無心の思想にも深く通底するものといわねばならない。なぜなら親鸞の自然法爾とは、みずからの工夫・図らいを離れ、これを捨ててその都度の具体的状況におのずから現前する如来の誓願ないし御意にあるがままに付き従うこと、そのようにして阿弥陀仏の本願ないし救いの力に絶対他力的に身を任せることといってよいからである。

他方、禅の無心とは、みずからの図らい工夫を離れ、これを捨てたあるがままなる平常心の謂いである。けだし、そこにはまた、そのつどの具体的状況に現われた如来の御意にありのままに付き従いこれに服従する、ということがなくてはならない。

かくして明らかなように、親鸞の自然法爾の思想と禅の無心ないし平常心とは、たがいに深く響きあうと同時に、これらはまたさらに、あの御意のままに、というイエスの祈りに現われたそのイエスの思想にも深く通底するものというべきである。

そうしてこの点については、すでに述べたように、禅仏教哲学者・鈴木大拙も、基本的に同じことをいっている。すなわち、大拙によれば、禅の無心はキリスト教的にいえば御意のままであり、さらにその無心は親鸞の自然法爾の思想とも深く共鳴・共振するのである。そしてその点は、その著『無心ということ』で表明されている。

いずれにせよ、こうして明らかなように、イエスの思想ないし神観は、東洋の仏教思想とも大いに共鳴するものなのだ。まさにそれだからこそ、いわゆる仏教的かつキリスト教的な滝沢インマヌエル哲学、つまり、仏教とキリスト教をそれぞれその根柢から綜合・止揚せんとする滝沢インマヌエル哲学は、二〇〇〇年の時を遠く隔ててイエスの思想に直結することができたのである。

実際、このマタイ福音書の二六章三九節に記されたイエスの祈り、そこに示されたイエスの神観は、先に詳述したごとく滝沢インマヌエル哲学の神観ないし神人観、すなわち神と人間とは絶対に切り離すことも、ごちゃ混ぜにすることも、あるいはまたその順序を逆にすることもとうてい不可能なように、端的に言って絶対に不可分・不可同・不可逆的に直接一だという神観と基本的に同じといってよいのである。

## (8)　十字架上の最後の叫びとイエスの神認識――神と人間との絶対不可分・不可同・不可逆的関係

さて、このマタイ福音書の二六章三九節の解釈はこれくらいにして、さらに上掲拙著『ただの人・イエスの思想』の先へ進みたい。同書の九〇頁の一一行目から最後の行までを引用すると、

「(3)は、いわゆる『十字架上におけるイエスの叫び』にほかならない。十字架につけられ死に瀕したイエスは、つぎのように叫んでいる。マタイ福音書（二七・四六）によれば、――

『三時ごろ、イエスは大声で叫ばれた。「エリ、エリ、レマ、サバクタニ」。これは、「わが神、わが神、なぜわたしをお見捨てになったのですか」（二七・四六）という意味である』」。

さきの「ゲッセマネの園」における祈りの箇所で述べたように、イエスは当時ユダヤ教主流派と激しく対立していた。そのさい、ユダヤ教主流派は政治的な実権も握っていた。だから、イエスとユダヤ教主流派との対立は、たんに宗教的な意味での対立を意味するだけでなく、それはまた必然的に政治的な対立の面も含んでいた。

確かにイエスは、いわゆる政治的な革命ないし政治的な解放運動、つまり民族解放運動を目指していたわけではない。が、しかし、すこぶる革新的な宗教思想をもつイエスが多くの民衆から支持を受けるようになるにつれ、そのようなイエスの存在は、当時のユダヤ教主流派にとってたんに宗教的な脅威となっただけでなく、政治的にもはなはだ脅威となっていたのだ。

かくて、彼らユダヤ教主流派は、イエスの抹殺をはかるようになり、実際それはイエスが首都エルサレムへ上京したさい、実行に移された。そうして、最終的にイエスは、ユダヤ当局により逮捕され裁判にかけられ、その結果有罪とされて十字架刑をいいわたされた。

ちなみに、当時のイスラエルはローマ帝国の属国であったので、この裁判の最終審判者はローマ帝国であり、より具体的にいえば、そのパレスチナ支配の代表者であるポンティウス・ピラトゥス総督であった。

ところで、十字架刑というのは、当時のローマ法においては極悪犯罪人や逃亡した奴隷あるいは政治的な反乱者に科せられた最大の刑罰であり、もっとも残虐な死刑のやり方だった。だから、ここで明らかなのは、イエスは、宗教的な意味での危険人物としてではなく、まさに政治犯として殺されたのだということである。すなわち、いわば宗教的な改革ないし革命のリーダーとしてではなく、けだしユダヤ民族解放運動のリーダーとして殺されたのだ。だから、この点からも明らかなごとく、当時の政治的支配層にとってイエスの運動は、たんなる宗教運動としてだけではなく、まさしく政治的運動ともみなされていたということだ。

一般的にいって、いかなる運動でも、よしそれが政治的な運動ではなくても、そこに民衆の大きな連帯が起こると、それは即、政治的支配層にとっては大いなる脅威となる。したがって、政治的な意味をもつこととなる。たとえば、以前中国で法輪功という一種の運動が大衆の人気を集めると、それが当局から睨まれて弾圧された。これも、その一例としてあげられうるかもしれない。いずれにせよ、その理由は、もともとは政治的でなくても、いつ何がきっかけで政治的になるかは分からない、政治的な性格を帯びるか分からないからである。

だから、とにかく権力者は、民衆が連帯・団結するのを恐れる。したがって民衆支配の鉄則は、差別と分断にほかならない。民衆のために差別を持ちこみたがいを分断する、これが民衆支配の鉄則である。とにかく、民衆がたがいに結びつくこと、それが権力者にとっては大いなる恐怖というべきなのである。いつそれが、政治的な暴動ないし反乱に転化するか分からないからである。

こうして、イエスの運動も、それ自体としては何ら政治的ではなかったにもかかわらず政治的とみなされ、かくてイエスは、宗教的のみならず政治的にもすこぶる危険な人物とされ、それゆえ政治犯として、しかも極刑が科せられたのだ。

それはともかく、当時の十字架刑は心臓などの急所を一突きにして即死させるのではなく、両手両足を柱に固定して生命が自然に絶えるまで放っておく、という極めて残酷な死刑のやり方だった。だから、少なくとも福音書ではそう記されているように、イエスが十字架につけられてから死に絶えるまでには何時間かの時間が経っている。福音書の記述が正しいとするならば、朝の九時に十字架につけられ、あの叫び声をあげたのは午後三時となっているから、それがそのまま正しいか否か別として、約六時間経っていたということになる。少なくとも、十字架につけられてすぐ即死した、という記述は残されていない。

したがって、十字架につけられてから死に絶えるまでのこの何時間かのあいだイエスは激しい痛みに苦しみもだえながら、また意識が朦朧としていくなか、しかし色々なことを考え、また祈りもしただろう。そして、最後に生命が途切れる直前、イエスは「エリ、エリ、レマ、サバクタニ」、つまり「わが神、わが神、なぜわたしをお見捨てになったのですか」という大きな叫び声をあげた、とそれが、先ほどのマタイ福音書からの引用にほかならない。

そこで、上掲拙著の次の箇所、つまり、九一頁の最初の行から九二頁の二行目までを引用したい。

「十字架につけられたイエスは、最後まで神が自分を救いにきてくれることを願っていた。しかし、イエスのその淡い希望は、もののみごとに打ち砕かれた。こうしてイエスは、いわば悲痛のどん底に突き落とされたのだ。そこで発したイエスの叫びが、上掲引用句の『エリ、エリ、レマ、サバクタニ』にほかならない。では、ここからいったい何が知るうるのだろうか。

たしかに神は、純真無垢なる愛の人・イエスを我欲的・権力衝動的な悪人たちの手から救い出してやりたいと心底願っていたにちがいない。だが、しかし、神は、よしどんなことがあっても超自然的な力をもってこの世界に介入することなど欲しないのだ。そうではなくて、自分の差し出す救いの手を、人間たちがその自由な責任において受けとめつつ、自由に神を愛し、もって神の意志に従いつつ自由に自分たちの社会を愛の共同体として打ち樹てんことをこそ望んでいるのだ。かくして神は、ボンヘッファーもいうようにまぎれもなく苦しむ神なのである。イエスの悲痛な叫びと同様の悲痛な叫びを神自身が発しているのだ。愛するイエスを救ってやりたい気持ちはどれほどあっても、人間をとことん愛するがゆえにそれができないこと、それゆえの愛に発する絶えがたい苦しみ、と同時にそのような窮地にイエスを追いやっている人間たちの・おのが罪への盲目に対すると同様に愛に発する悲痛な苦しみ、かかるいわば二重の苦しみを神はみずからに担っているのだ。

それはともかく、真のわが子のごとき愛するイエスが死の淵に立たされ、そこからの救いを必死に願っても、それをけっきょくどうするかはひとえに神の手のなかにある。かくしてここでも、神の絶対主権と人間の絶対の限界、つまりは絶対の不可逆性と不可分・不可同性が啓示されていることは、まさに一点の曇りなく明らかだろう。そしてその点は、あの悲痛な叫びをあげたイエス自身、かのゲッセマネの祈りで明らかなように、やはりはっきりと知っていたのだ」。


まず最初に、息を引き取る直前、イエスが文字どおりこのような叫び声、つまり「エリ、エリ、レマ、サバクタニ」「わが神、わが神、なぜわたしをお見捨てになったのですか」という叫び声を実際にあげたのかどうか、それは必ずしも明らかでない。

そもそもこの「エリ、エリ、レマ、サバクタニ」という言葉自身が、（旧約）聖書のなかに出てくるものである。もとより、だからといって、この言葉がその時イエスが発した言葉でないとも必ずしも言えない。おそらくイエスは（旧約）聖書、すくなくともその重要部分は暗唱できるほどに暗記していたであろうからである。

だからこのような出来事が史実かどうかは一応おいても、しかしこの物語そのものには、イエスの神観と基本的に同じ神観がしかと反映されているといわねばならない。なぜなら、ここで語られている神観は、上掲拙著の八八ページの四行目から七行目までにあげた福音書のなかのあのイエスの数々の言葉や、イエスにまつわる物語に表われた神観、つまりはこのかん本書で明らかにしてきたイエスの神観と基本的に同じといってよいからである。

そこで、最後に、この物語ないし出来事、あるいはイエスがその死の直前にあげたといわれるその叫び声についてその解釈を端的まとめておこう。

「わが神、わが神、なぜ私をお見捨てになったのですか」というこの叫びは、たしかにこれほどの絶望はほかにないと思われるほどの底無しに深い絶望の叫びのようにも思われる。が、しかし、必ずしもそうとはかぎらない。むしろ、絶対主権者としての神への徹底した服従の意志表明というべきである。どこまでも「おのが好むところに従って吹く風」（ヨハネ三・八）のごとく絶対に自由な方としての神に対する底の底まで徹底した信仰告白といわねばならない。今、私は、地獄のごとき苦しみのなかにあえいでいます。それでも私は、どこまでもあなたの御意に従いつつあなたのあとについてゆきます。どうか私をお憐みください。あなたを呪う資格など、私には微塵もありません。――これが、その叫びのなかにこめられたイエスの真意とはいえないだろうか。かくしてここで、本章の一の(二)の冒頭でとりあげたあのヨブの信仰告白、それがおのずから想起されるといわねばならない、いずれにせよ、かのイエスの叫びは、端的にいって、神と人間とのあいだに厳として横たわる絶対不可逆的関係、もとより不可分・不可同を自明の大前提としての絶対不可逆的関係、それに対するイエスの心底からの肯定といわねばならない。したがって、ここにあっても、イエスの神に対する絶対の信頼は、毫もゆらいでいるとは到底いえない。かくしてイエスは、その死の最後の最後まで、神へのまったき信頼を貫き通したのだというべきである。すくなくともインマヌエル哲学は、そう考える[14]。

## (三) イエスと水俣――幸福という逆説と「近代の闇」

### (1) 愛と苦と幸福

イエスを模範としてこれに信従した愛の実践者、その代表のひとりは、とりもなおさずあのマザー・テレサにほかならない。テレサは、インドの貧しい人々のために生涯すべてを投げ捨て尽くした。ノーベル平和賞を得たのちも、何ら変わらずそれをつづけた。

そういうまぎれもなき愛の人は、たんなる幻想ではなく、現に存在するのである。かの女に深く触発されて、かの女に付き従い長年ボランティアとして働いている人々もそうである。

そのマザー・テレサは、「愛は苦しみです」といっている。では、その意味するところは、いったい何だろう。けだし、これは、何の意味もない虚しい苦しみではなく、まさに苦しみに値する苦しみ、いいかえれば、苦しみがいのある苦しみというべきだろう。

ところで、イエスは、すでにのべたごとく「わたしについて来たい者は、自分を捨て、自分の十字架を背負って、わたしに従いなさい」（マタイ一六・二四）といった。

ここで「十字架」とは、とりもなおさず苦しみ・苦難を意味しているといってよい。そのさいその苦しみ・苦難とは、まさに意味のある苦しみ・苦難、苦しみがいのある苦しみ・苦難、つまりは愛の実践にさけがたく相伴う苦しみ・苦難といわねばならない。かかる苦しみ・苦難は、イエスのいうごとく「負いやすく「軽い」（マタイ一一・三〇）のだ。あえていうなら、軽快なのだ。幸せなのだ。いや、そのなかにこそ、真の非凡な幸せは、しかと芽生えることができるのである。

ところでニーチェは、「徒労」こそ人間にとってもっとも辛く苦しいことだといった。これは、人間心理の理解については右に出るものなしとも目されるドストエフスキー、そのドストエフスキーから人間心理について多くを学んだというニーチェの、そのまさに炯眼というべきだろう。そのさい徒労とは、何らのやりがいもなく、それゆえ達成感もない無駄なことに従事したさい、そこにさけがたく感じられるものである。人間は、何かやりがいのあることに精を出すなら、そこにおのずから大きな喜びや満足・達成感を感じ、幸せな気分になるものである。

が、しかし、何のやりがいもないことには、とうてい耐えがたく苦しいのだ。その点は、あのA・カミュもいうごとく古代ギリシャのシーフォスの神話もまたこれを明らかにしている。そうしてそれは、同様に先述した苦しみについても妥当する。苦しみがいのない苦しみ、それは人間にとりどうにも耐えがたい苦しみなのである。かくして、それが極限に達すると、みずから生命を断つことも稀ではない。

ところが、しかし、いわば苦しみがいのある苦しみ、それには、人間はしかと耐えることができるのだ。いや、そればかりではない。たしかに苦しみがいのある苦しみ、そこにあっては、人間は得もいえぬ喜びや満足、充実や達成感、一言でいって幸せすら感じることができるのである。その点は、先にのべたマザー・テレサやさらにまた国際NGOなどで真のボランティア活動に携わっている人々、また戦争のあまりの悲惨を世界の人々に伝えんとしてみずからの生命の危険を冒して紛争地に赴く戦場カメラマン、そういった人々を一瞥すればおのずから明らかだろう。

要するに、愛に生きるとき、そこにはさけがたく苦も湧いてくるけれど、しかしそれはまぎれもなく苦しみがいのある苦であって、それゆえそこには他にかえがたい非凡な幸せもまた存在するということである。まさしくこれが、これこそが、人間的生の隠された真実なのだ。さもなくば、どうして、たとえば災害などで悲惨なめに遭っている被災者のもとへ逸早く駆けつけ、それらの人々のために全力を尽くすボランティアの人々や、上述したごとく自分の生命の危険を冒してまでも紛争地の人々のために全身全霊を傾けて働く国際ボランティアの人々、あるいは同様の戦場カメラマン、そういった人々が少なからず出現することがありえよう。

以上を端的にいって、愛を実践するとき、人間はたしかに幸せを感じることができるのである。いや、まさにそこにこそ、人間の、一見眼には見えがたい、しかしそのじつ真の非凡な幸せがあるというべきなのである。

### (2) イエスの「貧しい人々」「飢えている人々」「悲しむ人々」は「幸いだ」の意味

本章の二の(一)でも述べたごとく、イエスは、「貧しい人々」「飢えている人々」「悲しむ人々」は「幸いだ」といった[15]。これはしかし、「貧しさ」や「飢え」、「悲しみ」そのものを肯定しているのではもうとうない。そうではなくて、よし貧しく飢え悲しくても、にもかかわらず、逆にその貧しさや飢えや悲しみが、そこにあえぎ苦しむ人々を幸福に近づけるのだ、といういわば逆説を語っているというべきである。なぜなら、貧しさや飢えや悲しみは、おのずから人を我執や執着から解放しやすいばかりではなく、またそこに沈淪する人々の幸せへの期待値を自然と下げるからである。釈迦もいうように我執や執着こそ苦の根源であるというだけでなく、また幸福への期待値が小さいならば、それだけその実現の可能性は大きく、それゆえ喜びや満足・幸福にもおのずから近いといってよいからである。

とはいえ、しかし、貧困や飢え・悲しみそれじたい、それはなければないに越したことはない。その点は改めていうまでもない。が、しかし、それをかたく踏まえたうえで、しかし上述したこともやはり動かしがたい真実というべきなのだ。

そこで、その点をさらにもう少し詳しく考察してみよう。

「貧しき人々」や「飢えている人々」、あるいは「悲しむ人々」は、当然のことながら「富んでいる人々」(ルカ六・二四)や「笑っている人々」(ルカ六・二五)よりも幸福への期待値がはるかに低い。たといかれらが幸福を求めても、その実現は一般にとても低いと思われているからである。いや、かりにかれらが幸福を求めても、その幸福は、「富んでいる人々」や「笑っている人々」よりはるかにずっと小さいだろう。たとえば「富んでいる人々」や「笑っている人々」が、何だそれしきのことか、といったほんのささいなこと、家庭の小さな幸せとか、身近な健康とか、今日やっとありつけた生活の糧とか、さらにまたほんのちょっとした美味しいものとか、だいだい色に染まった夕焼けの空とか、他人からかけられた何気ない優しい言葉や行為とか、そういったものにも、かれら「貧しい人々」や「飢えている人々」、「悲しむ人々」は無上の喜びを感じ、幸福をかみしめることができるであろう。だから、まさしくそれだからこそ、かれらは「幸い」なのである。いや「幸い」に近いのだ。

それゆえにまた、イエスは他方で、かれら「貧しく」「飢え」「悲しむ」人々のひとりでもある「遊女」や「取税人」は、けだしおのが幸福に執着している「敬虔な」宗教家たち、思うに「富める人々」や「笑っている人々」のひとりであるかれらよりも、「早く神の国に入る」（マタイ二一・三一）、つまりはより早く幸福になれるというのであろう。

その点は、現代でも、たとえばわが日本の水俣病の患者さんたちを一瞥してもおのずから明らかではなかろうか。水俣病の患者さんたちは、その生が文字通りの生き地獄であるゆえに、まさにそれゆえにいわゆる健常者よりも逆に幸福に近い、といってはいいすぎだろうか。いわゆる健常者たちとは違って、ふつう何とも思わないような日常のごくごくありふれた小さなことにも、心底感動し、喜びや幸福をかみしめることができるだろうからである。

たとえば、後でまた詳しく述べるごとく庭に咲く桜の花のあまりの美しさに誘われて、その花びらの一片を手にしたいと切に願い、動かぬ身体を無理矢理動かして縁から庭に転げ落ちそこで息絶えたという坂本きよ子さん、あるいはまた「いっしょに遊んでいる最中にいたずら心から鳩を持たせ」たところ、その鳩の「体温で」「破顔一笑した」[16]胎児性患者・半永一光さんを想起すれば、それはおのずから明らかではなかろうか。

それはともかく、以上のべたことはまた、全盲でありながら二人のお子様を立派に育て上げられた潤潟御夫妻やそのお子様方についても同様にあてはまる。産まれた時からの弱視で、一八歳で失明した玲子夫人は、ＮＨＫテレビのドキュメンタリー番組[17]で、ほぼこういっている。

「信頼できる夫がいて、自分を慕ってくれる子供がいて、自分の居場所のあるこの家庭のある今の自分がいちばん幸せです」と。

じっさい、産まれたときから失明している夫の茂夫さんも、お子さんののぞみさんも、その周りの人々も、とても生き生きしている。たんに自分たちの家庭だけでなく、周囲の身近な人々にも、その幸福の輪を広げているのがよく分る。

ちなみに、この凋潟御夫妻の二人のお子さまは立派に成長し、今は結婚している。のぞみさんは、今度は自分が二人のお子様の母親となっている。

いったいわれわれいわゆる健常者、「恵まれている」人間は、こういった人々の喜びや幸せを、そうやすやすと手に入れることができるだろうか。

いずれにせよ、以上のことからも明らかなごとく、先述したイエスの幸福観は、必ずしもまったくでたらめな戯言とはいいきれないだろう。なるほどそれは、いわば逆説的な幸福観かもしれない。しかしながら、これが、まさにこれこそが、ほかならぬ人間の幸福に潜む深い謎、幸福の真の意味とはいえないだろうか。ここには、イエスの、常人を絶したたしかな炯眼がしかと光っているとはいえまいか。

かくて要するに、不幸のなかでこそ人間は、逆に真の非凡な幸福への切符を手に入れやすいのだ。思うに神は、まさにそのように働きかけているからである。

### (3)　マイウェイ、マイペースと幸福

さて、以上のべてきたことを、また別の角度から考察してみよう。

いったい人間にとってマイウェイ・マイペースで生きられること、それも幸福の大きな要素とはいえまいか。そこでは、自分が自分で満足できているからである。たといそれが、他人からはいかに生きにくい人生だと思われたとしてみても、しかし自分が自分で満足できさえすれば、それは、とりもなおさず幸せなのではあるまいか。

ところで、権勢や名声、富などは、どうしてもそれに執着しやすい。それゆえにさけがたく自分自身の道やペースをほぼ踏みはずす。かくしてそこでは、マイウェイ・マイペースを維持するのがすこぶる困難である。したがって、そこで得られる満足は、意外とはかなく虚しいばかりではなく、他方でかならず不安や焦燥、倦怠、あるいは猜疑心や疑心暗鬼、不信といった負の感情が相伴ってくる。かくしてそれは、見かけの幸福とは裏腹に、

じっさいはずっと不幸なのではあるまいか。

これに反し、マイウェイ・マイペースの生き方は、そういった負の感情はほとんど起こらない。自分で自分に十分納得し満足できているからである。したがって、それは幸せな道である。

では、マイウェ・マイペースの生き方は、どうしたら自分の本道として身につけることができるであろうか。すなわち、それは、家族を含めまず何よりも他者のことを第一にし、これを大切にするということだ。自分の願望をあとにするということ、あえていうなら諦めるということである。それは、おのずからそれに執着することから人間を解放するからである。かくて、我執・執着から解放されて自分の道を自分のペースで歩む、という生き方に導かれるのだ。いいかえるなら、慈愛心が神の御意にかなって、自然とマイウェイ・マイペースへと導かれるのである。かくして、それに満足し幸せを感じることができるのである。その意味では、自分の願望を諦めざるをえない状況に陥ること、それがかえって逆に幸せに近づく道ともいいうるだろう。仏教が諦めることの大切さを説くゆえんである。そして同時に、イエスが、「自分のごとく他者（隣人）を愛すること」、自分よりむしろ他者を優先すること、その大切さを諭すゆえんである。

ところで、ここで得られる幸せは、たとえば健康や家庭の安泰、あるいは仕事の成功といった平凡な幸せ、誰の眼にも明らかである反面、しかし誰にでも開かれているとはかぎらない、またいつ奪い去られるかも分からない平凡な幸せではなくて、むしろそれらを超越した非凡な幸せ、すなわち誰ひとりの例外なくすべての人・いちいちの人に開かれていて、しかも容易には奪い去られることのない、けれども通常はすこぶる見逃しやすく、それゆえきわめて稀な、その意味で非凡な幸せ、かかるものとして前者の平凡な幸せ以上に充実し、喜び・満足・平安・安心・安らぎのある真の幸せといわねばならない。

さて、それはともかく、水俣病の患者さんたちを始めとする大きな苦難にある人々、イエスの言葉でいえば「貧しい人々」「飢えている人々」「悲しむ人々」とは、そもどういう人々といったらよいであろうか。もとよりそういう人々にも、とうぜん自分の欲望がいろいろあるだろう。けれども、それがとても実現しにくい、いやでもそれを諦め捨てざるをえない、そうすることを余儀なくされている、まさにそういう人々といってよい。かくしてこれらの人々は、おのずからマイウェイ・マイペースの生き方を身につけていく。少なくとも、そうなりやすい。したがって、これらの人々は、はたからみたらほんのささいなこと、たとえば先述したごとく庭に咲き散る桜の花びら一片に対しても、他人にはとうてい想像のつかない大きな喜びや満足、充実や達成感を味わい、かくて平凡ではない非凡な真の幸せをしかと実現できる、そのすぐ近くに立っているといってよいだろう。「貧しい人々」「飢えている人々」「悲しむ人々」についてこれを「幸いだ」とイエスがいったのは、まさにこういう意味ではなかろうか。

もとよりこれらの人々にも、「明日への思い煩い」、つまりは未来にかかわる執着・煩悩はあるだろう。だが、しかし、それが首尾よく克服されたとき、つまりそのつどの今ここを永遠としてとことん大切にすることができたとき、それが、いやそれこそが、人間にとり究極最高の幸せというべきである。[18] いわゆる不幸のなかに打ち沈む人々は、まさにそういう究極最高の幸せのすぐ近くに立っている。イエスのいいたいこと、それはまさしくこういうことではあるまいか。

## (4) 水俣病と幸福および「近代の闇」——具体的事例に即しつつ

### (a) 『苦海浄土』と水俣

ところで、結論を先取りする前に、もう一度水俣病患者さんたちの言葉や行為を具体的に考察しつつこの点をさらに確認したい。

ここでまず、水俣病を巡る概観を朝日新聞「水俣病の六〇年」（二〇一六年一二月一八日）を参照することから始めよう。そのさいもう一つ、同じ「水俣病六〇年　石牟礼道子さん語る」（朝日新聞二〇一六年一〇月二九日）をも、これも水俣病を知るうえでとても大切だと思われるので、少し長いが、あえて以下で引用しておきたい。

「水俣病の患者たちに寄り添い、小説『苦海浄土』（一九六九年）を書いて世に知らせた作家石牟礼道子さん（八九）。言葉さえ奪われた患者たちの思いを書き伝えることを『一生の仕事』としてきた。（中略）育ちきる前の小魚が網にかかったら、海にお返しする。魚は天のくれらす（くださる）もので、人間の好きにしていいものではないからです。（中略）漁師で水俣病患者だった杉本栄子さんは、家に石を投げられるなど激しい差別を受けました。それでも、杉本さんはチッソも差別した人たちも恨まず、水俣病の語り部となって、『もう二度と、人としてやってはならんことを伝えるため、生かされている』。（中略）

チッソの工場でつくられた化学原料が、日本の近代化を、高度成長を支えました。私たちの暮らしが豊かになる代償として、苦しみをその身に引き受けた方々です」。

本論に入る前に一言いっておくなら、こういう石牟礼道子さんのような人こそ、とりもなおさず真のフェミニストというべきである。すなわち差別され抑圧された人々の側にしかと身を置きつつ、「近代の闇」、つまりは資本主義とそこでとてつもなく肥大化した人間の傲岸および科学万能主義、そういう「闇」と果敢に戦いながら、同時に女性差別とも戦う人にほかならない。同じく真のフェミニスト石垣りんさんのいわゆる「愛をもって政治や経済や文学を語る」とは、まさに石牟礼さんのごとき生き方といわねばならない。

それはさておき、いよいよ水俣病と人間の幸福の神秘についてその省察を進めていこう。

チッソは、水俣病の原因が自社水俣工場の排水にあると知ったのちも依然操業をつづけ、有機水銀という猛毒液を不知火の海にはてしなくたれ流しつづけた。そればかりか、熊本県も国も、何らこれを規制しようとはしなかった。いったいこれが、企業犯罪、政治犯罪でなくて何であろうか。

この水俣病に凝縮された「近代の闇」を撃ち抜きつつ、もって患者さんたちの筆舌に尽くしがたい苦しみや悲しみ、呪いや怨念、いやその先にある「祈り」、そうとしかいいようのない何かにしかと支えられ、この「近代の闇」とたったひとりで戦いつつ書いた自己の主著、名作中の名作のタイトルを、石牟礼さんは、『苦海浄土』とした。

では、この「苦海浄土」とは、いったいどういう意味だろう。けだし水俣で地獄の苦しみに呻吟している患者さんたち、その苦しみは、まぎれもなくどこまでも広く深い苦海の真只中での苦しみにほかならない。だが、しかし、そういう患者さんたちにも、時にはひょっとして大いなる喜びや満足の瞬間があったのではなかろうか。そういう光輝く瞬間が存在しえたのではあるまいか。

その苦海が広ければ広いほど、深ければ深いほど、にもかかわらず、いやむしろそれだからこそ、そこに恵まれたかもしれないその束の間の喜びや充実・満足は、それだけいっそう黄金のごとくに輝いたのではなかろうか。そうしてそれは、あるいは苦海の悲しみに等しいだけの、それを消し去るだけの値打ちのある、いやひょっとしてそれ以上の喜び・充実・満足ではなかったか。かかるものとしてそれは、苦海の只中に恵まれた穢れなき浄土、つまりは仏の国・救いの時ではなかったか。

かかる意味で石牟礼さんは、水俣病の患者さんたちを克明に描いたその本のタイトルを、けだし『苦海浄土』と名づけたのではあるまいか。

もう一度繰り返せば、果てしなく苦しみ呻吟する水俣病の患者さんのもとにも、しかし救いは頑として存在したのではなかろうか。とてつもない苦海のなかあっても、しかし救いはたしかにあったのではあるまいか。激しい苦海の只中にも、しかし神・仏の救いの力はしかと働いているのではなかろうか。

少なくとも、筆者はそう考えたい。そうして石牟礼さんも、そうだったのではあるまいか。迷いと苦しみのこの世の苦海を、しかし同時に毫も穢れなき仏の浄土と悟ること、それこそ、まさにそれこそが、真の非凡な幸福に到る究極・最高の道なのだ。そうしてそれこそが、まさにイエスや釈迦、ないし仏教、さらにわがインマヌエル哲学の根本的立場にほかならない。

ところで、数カ月に一度石牟礼さんを訪問し、石牟礼さんの話を詳しく聴いた評論家の若松英輔氏は、『苦海浄土』を書くときの石牟礼さんの心構えをきいたところ、こういう返事を得たという。

「戦いです。ただ一人で戦っている気持ちです。今もそうです」と（なお以下の若松氏の発言は、NHK「一〇〇分 de 名著『苦海浄土』に依る）。

この「ただひとりの戦い」として書かれた『苦海浄土』について、若松氏はこう語る。

「『苦海浄土』には、一方で当然のことながら激しい怨みや怒りが描かれている。だが他方では、その底で、何ともいえないような深い祈りがそれを支えている」。

「『苦海浄土』は、とっても悲しいけれど、しかしそれだけでは終わらない。それだけでは終わらない何ともいえない美しさがそこには厳として存在する」。

「水俣病の患者さんたちは、肉体的には言葉に尽くせぬ苦しみだけれど、しかしその存在の深みでは、とても豊かな生命を生きているのだ」。

けだし、これが、これこそが、『苦海浄土』という作品に秘められているまぎれもなきその魅力ではあるまいか。この作品のなかでわれわれは、深い悲しみや苦しみのただ中で、しかし同時にかけがえのない救いと真実の光をしかと見てとることができるのだ。

これこそまさに、あのイエスの人間理解、「貧しい人々」「飢えている人々」「悲しむ人々」、つまりは耐えがたき苦難にあえぎ苦しむ人を、しかしあえて「幸い」と言い放ったイエスの人間理解に深く通底するものではなかろうか。

それはともかく、『苦海浄土』を書いていたときのことを石牟礼さんは、「荘厳《しょうごん》されているような気持ちでございます」と若松氏に語ったという。

石牟礼さんの言葉を若松氏はこう解釈する。

「すなわち、患者さんたちの深い祈りに包まれているような心地、つまり患者さんたちの途方もない苦しみや悲しみの先にある何か祈りとしかいいようのないもの、それに支えられて一文字一文字を書いたのだ」。

そうして、さらにつづけて氏はこうもいう。

「読者もまた、自分の苦しみや悲しみをもって生きている。けれども、まさにそこにこそ、あなたが探し求めているものはあるのかもしれない」。

けだし、このひとが誰しも「探し求めているもの」とは、ひっきょうするところ自分の幸せ、他人の幸せ、人類全体の幸せとはいえまいか。そうしてそれは、ふつうそう考えられているように喜びや楽しみのなかにではなく、むしろ逆に深い苦しみや悲しみのなかにこそ、否、深い苦しみや悲しみに相伴っていわばその裏側に潜んでいる、隠れている、張りついているというべきなのではあるまいか。まさにそこにこそ、本当の非凡な幸せは存在するのではなかろうか。

まさしくそれを、イエスはしかと洞見し洞察していたのではあるまいか。まさにそれだからこそイエスは、「貧しい人々」「飢えている人々」「悲しむ人々」は「幸いだ」と言い放ったのではなかろうか。もとよりかかる境地に達することは、すこぶる困難だろう。だが、しかし、深く苦しみ悲しむ人は、そのすぐ近く、その隣りに立っているということではあるまいか。なんとなれば、それらの人々は、おのが苦の根源なる我執から根本的に解放されやすい位置にあり、しかも幸せへの期待値もきわめて小さいからである。かくしてそこに、まさしくそこにこそ、人間の真の深い幸せは存在するのではなかろうか。後述する水俣病患者のひとり杉本栄子さんにみられるように、自分の耐えがたき苦しみ悲しみですら「のさり」、つまりは「天からの恵み」として受けとることができるのだからである。かくして、かかる境地に達した人は、他人には想像だにできない深い充実と喜び、満足と安心、つまりは幸福を味わうこと、いや味わいつくすことができるのではあるまいか。まさしくそれを、それをこそ、イエスはしかと見てとっていたといってよいのではなかろうか。

いずれにせよ、若松氏もいうごとく「水俣病は終らない」「水俣病からは尽きることのない何かをしかと汲みとることができるのである」。

さて、水俣病のような不条理と戦うさいの心構えとして、氏はまたこうもいう。「本当の意味で集うためには、われわれは個でなくてはならないのだ」と。思うにこれは、真に自立した個であってこそ、本当の意味での連帯、戦うための連帯ができるのだ、ということだろう。石牟礼さんが『苦海浄土』を書いているときの心境を「一人で戦っている気持ち」と答えたというのは、まさにこういうことではあるまいか。

それはさておき、若松氏はまたこうもいう。

「近代の闇は、中央の東京からではなく地方の辺境から起ってくる」と。けだし、「辺境」はつねづね中央から差別され、かくてそこに近代の矛盾が闇にかくれて集中しているからである。

かくしてこれは、あの二〇一一年三月一一日の東京電力福島第一原発事故、中央の地・東京に電力を送りつづけてきた「辺境」の地・福島でのあの原発事故についても同様に妥当する。あれもまた、「近代の闇」の突如としての出現といってよいからである。

かかる事実からしても、水俣病事件はけっして過去の出来事ではありえない。今現在の、われわれすべての日本人、いな今日地球上に住むすべての人間・いちいちの人間に深くかかわる問題といわねばならない。二〇一七年八月一六日国際的に水俣病条約が発効されたゆえんである。

かくして、同じく水俣病の患者さんのひとりとして長年この事件に深くかかわってきた緒方正人さんは、つぎのようにいう。「人間のひとりとして私も問われている」と。然り、われわれ現代人の一人ひとりがすべて、今ここでこの水俣病事件によって鋭く問われているのだ。すなわち、近代以降資本主義の発達と共に徐々に台頭し、やがて今日にまで到った人間中心主義、その挙句の果ての底無しのエゴイズム、現代人の一人ひとりの心の奥に深く潜む激しい傲慢・傲岸、それと分ちがたく結びついた科学万能主義、その是非が鋭く問われているというべきなのだ。

ところで、日本公害運動の原点は、いうまでもなく足尾銅山鉱毒事件にほかならない。その運動の指導者は、周知のごとく田中正造であった。この田中正造をみずからの「思想上の師」と慕う石牟礼さんは、またこんなメッセージも送っている。すなわち「われわれは、逆世に転生することが必要であり大切だ」と。つまり、もう一度過去に生まれ変わって世の中を作り変えること、そこまでいかなくては水俣病事件は一歩も前に進めない、と。

ここであえて筆者の見解を付け加えるならば、「近代の闇」を撃ちつつ現代の普遍的・根源的危機を根柢的に超克するには、ほかでもないあのイエスや（大乗）仏教、あるいは釈迦の思想にまで立ち還りこれに徹底的に学ぶこと、学び切ること、それが何としても必要かつ不可欠なのだ。

周知のごとく、中世の終わりに未曽有の危機に陥った西洋人は、そこで自分たちの精神的源流である古典ギリシャ・ローマの思想に立ち還り、そのルネサンスによって当時の深刻な危機を乗り切った。ちょうどそのように、今や日本でも、いや世界全体がもう一度ルネサンスを惹き起こすべきときなのだ。端的にいってイエス・ルネサンス、すなわちイエスの実存革命にもとづく宗教革命、インマヌエル革命、愛の世界革命が惹起されねばならぬのである。

ちなみに、イヴァン・イリイチ（キリスト教神父）との対談で石牟礼さんは、ほぼこんなことをいっているという。

「水俣病が起こったとき、日本の宗教はすべて滅びた。この事件のことで何も発言しなかったからである。けれども、しかし、そこから新しい信仰が生まれ出た」と。

この言葉を筆者は、こう解釈したい。今日の堕落した仏教やキリスト教その他の既成の宗教はすべて滅んだ。その存在意義を完全に喪失した。そうしてそこから新たに生まれた「信仰」、それこそ真正のイエス・仏教・釈迦の宗教、ふたたびこの世界に甦ったかれらの宗教、根本的に愛に立脚しつつ我執・執着を克服した宗教にほかならないと。

ところで、生命とか魂とかといわれるものは、かりそめにも金で買えるものではない。生命や魂は、そのそれぞれが他にかけがえのない唯一のものであるからだ。にもかかわらず、水俣病の患者さんにはそのおのおのに番号がつけられ、それで呼ばれた。金で買えない生命や魂に番号がつけられ、それで呼ぶとは、まさに言語道断といわねばならない。にもかかわらず、それがなされたということ、それは、とりもなおさず人間・人格の尊厳が完全に否定されたということにほかならない。

それはともかく、近代精神は、個々人の生命の尊厳を人権、つまりは普遍的価値としてしかとつかみとった。しかしながら、この近代精神の堕落形態である近代主義、その中核のエゴイズム、それはこれをほとんど完全に見失ってしまったのである。ほかならぬ水俣病は、まぎれもなきその証しといわねばならない。

以上を前提としつつ、水俣病と人間の幸福、逆説としての幸福と「近代の闇」の関係について、個々の患者さんたちの言動に即しつつこれをつぎに明らかにしていきたい。

まず第一に緒方正人さんをとりあげたい。

緒方さんは、自身の水俣病の長く辛い経験から、現代世界にあまねくゆきわたっている人間中心主義、その根本的な誤りにしかと目覚めた。

緒方さんは、両親も兄弟姉妹八人も、そうして自分自身も水俣病で、長年手足の激しいしびれや頭痛に悩まされ苦しめられた。父親は、正人さんが六歳のとき発病し、二カ月足らずでこの世を去った。これは、言葉に尽くせぬショックであった。

かくして緒方さんは、水俣病を伝える活動に長年尽力した。具体的には、水俣病の認定を求めて行政を提訴し四〇〇人の患者団を率いつつその先頭に立って戦った。しかしながら、水俣病の問題が金、つまりは補償金のことにばかり歪少化されていくのに嫌気がさして、三一歳で患者団体を抜け、たった一人で戦う道を選び水俣病の認定申請も取り下げた。

だが、ここで戦いをやめたわけではない。戦いの仕方をかえたのだ。すなわちチッソ本社の前で半年間「たった一人」で座り込みをつづけたのだ。これを緒方さんは「武装解除した自分の姿をさらけだした。チッソ本社前が自分の表現の場であり、座り込みが自分の表現の仕方だった」という。

この緒方さんの戦いに、チッソ本社はとても困惑したという。たった一人で他人の迷惑にならないように座り込んでいるだけだから、警察や機動隊を呼んで排除することもできない、が、しかし、本社前で朝から晩まで一日中座り込まれていては、チッソ本社としてはどうにも傍目が悪いからである。

この自分独自の戦いを遂行しているうちに、やがて緒方さんはつぎのような境地に達したという。「チッソは、もう一人の自分ではなかったか」。すなわち、「それまでは外側の敵としてチッソを見ていたが、しかし、もしかりに自分がチッソの労働者や重役のひとりだったらどうしただろうか」。こんな問いがおのずから起こってきたと。

「それまでは、被害者、患者、その家族という視点でチッソを告発していた。けれどもその視点が根本的に変化した」。

「チッソもまた、大きなサイクルのなかのひとつとして存在する、こういう事実にはっと気づいた」。

ここには、たしかにあのイエスの対神愛に相通じるものが厳在する。ただたんに「敵」を自分の外にみてこれを激しく憎むのではなく、その「敵」と同じ立場に自分自身を置くことにより、「敵」の思いをも汲みとろうとする姿勢にほかならない。ただ「被害者」「患者」として「外なる敵」チッソを告発していたとき、もとよりそれは当然の怒りだったとはいえ、しかしそこには知らず識らずのうちに我執ないしエゴイズムもまた潜んでいたのではあるまいか。

その自己中心主義にはたと気づき、「敵」の立場にも立ってみる、という根本的転換が緒方さんに生起したのだ。かかる根本的転換が現成するとき、「敵」はもはや憎しみの対象というよりもむしろ憐みの対象となるのではなかろうか。そうしてまたその「敵」のために祈ること、この「敵」を正しい方向へと導いて下さるように！という祈りもおのずから惹起されてくるのではあるまいか。

緒方さんの視点の、この根本的転換は、しかしたんにそれだけに終わらない。しだいに緒方さんは、こんな思いを抱くようになる。すなわち、「(チッソのたれ流した有機水銀に冒された) 他の生き物たち、たとえば魚や猫たちからみたら自分はどうみえるか」、「魚や猫たちからみれば、自分も同じ人間としてその責任がある」と。

さらにまた、「(水俣病で亡くなった) 死者からみたら、自分はいったいどうみえるか」「死者や他の生き物に金は通用しない」。ところが現実は、「人間の世界だけでかろうじて通用している価値観、つまりは金で、水俣病問題をなかったことにしてくれ、忘れてくれ、となってしまっている。これはおかしい」。

こうして緒方さんは、患者団体を抜け「たった一人」の戦いを始める前に抱いた自分の素直な気持ち、「ただ補償金ばかりが問題にされ、生命までも金で値づけされる」ことに「絶望」した自分の気持ち、その深い根拠にしかと目覚める。人間の生命はもとより、他の生き者の生命もまた、いや後者のばあいよりいっそうそれは金で償うことなどできはしないのだ。

そこには、嘘偽りの微塵もない正真正銘衷心からの謝罪が何としても必要不可欠なのである。とまれ、こうして緒方さんは、つぎのような境地に達する。

「人間のひとりとして自分も問われているのではないか」。
「人間からの視点だけでは、水俣病問題は解決しない」。
「人間の世界だけで成り立つ善い悪いといった倫理観ないし世界観、つまりは人間を中心とした倫理観・世界観、それだけでは水俣病の問題は解決しない」。

けだし、こういった人間中心の立場では、ひっきょう「敵」を外に立てこれを非難するだけに終わってしまうからだろう。そうではなくて、自分も「敵」の一員として自覚しつつ、水俣病事件の根柢に巣喰う暗い病巣、つまりは「近代の闇」を撃ち抜くことが必要なのだ。

かくして、これは、たんに水俣病事件のみならず、今日世界で起こっているすべての問題に妥当するといわねばならない。たとえば、力と暴力の渦巻く現代世界にさけがたく惹起している戦争がそれである。戦争では、たんに人間が生命を落とすだけではない。とうぜん他の多くの生きとし生けるもの、それらもまた、これに巻き込まれて死んでいるのだ。

この一点ひとつをとっても、人間がいかに罪深い存在であることか火を見るよりも明らかだろう。かかる視点、つまりはインマヌエルないし神人・神物の原関係点にしかと立った反戦論・非戦論、それが今日何よりも必要不可欠なのだ。そうして、この立場に立つとき、戦争は生命そのものへのまぎれもなき冒瀆であることがおのずから明らかとなる。

それとも、人間以外の生物は、ひっきょうほんの取るに足らない下等なものとして、これを切り捨ててもよいのだろうか。が、しかし、それが、それこそが人間中心主義そのものにほかならない。そこから脱却しないかぎり、現代の未曾有の普遍的危機、つまりは第一に地球環境的・生態系の危機、第二にテロ、格差、不平等、貧困を含む果てしなき政治・経済的危機、第三にいじめ、家庭内殺人、虐待、無差別殺傷事件、「動機なき」不条理殺人、快楽殺人、麻薬、ニート、引きこもり等の蔓延、という抜き差しならぬ社会的病理現象ともいうべき社会・文化的危機、第四にそれらの根柢にあってこれらをいわば底から規定している人間そのものの危機、つまりは愛を中核とした人間そのものの本来的本質の喪失、それによる極度のエゴイズム化、それはかりそめにも超克不可能といわねばならない。

それはともかく、上述したごとき言動に、「石牟礼さんは共感し喜んでくれた」と緒方さんはいっている。思うに脱人間中心主義という一点で、二人は深く共鳴することができたのだろう。いや、この脱人間中心主義は、後述するごとき「のさり」、つまりは「天からの授かりもの」という水俣に伝統的な考え方・感じ方のなかにすでに遠く息づいており、二人は改めてそこに立ち還ったものといった方がよい。

こうして人間中心主義を基本的に克服し、対敵愛の立場にかたく立つことができたからこそ、緒方さんはまたこうもいうことができたのだろう。

「悲しいことの中に楽しいということを発見できたならば、その人はものすごくすばらしいものを見るような気がする」（朝日新聞二〇一六年一二月一八日）。

と。こういうことを言い放つことのできた緒方さんの生、それはいったい不幸な生というべきだろうか。むしろ逆に、真に非凡な幸せをしかと見つけ手に入れた生とはいえないだろうか。

さて次の例は、両親を水俣病で亡くし自身も同じ水俣病で重度の障害を抱えつつ漁業にいそしんだ杉本栄子さんにほかならない。

この杉本さんは、漁業を営むかたわら、「病い（＝水俣病）を得たからこそ見いだせたものがある」といって最後に亡くなるまで水俣病の語り部として活動された。

その杉本さんは、石牟礼さんにある時こう語ったという。

「私たちは、赦すことにした。全部赦す。（加害者チッソを何かと擁護した）日本国家も赦す。チッソも赦す。差別した人々も赦す。赦さないときつくてたまらない。みんなの代わりに私たちは病んでいる。それで赦す」と。

このように杉本さんは、「チッソも国も差別した人も、みな赦す。すべてを赦す。赦さないときつくてたまらないから赦す」という。これはけだし、いつまでも怨みや呪いの虜になっているよりも、いっそ赦した方がかえって逆に気が楽になるということだろう。

これは、まさにイエスのあの対敵愛と基本的に同じ心境・境地とはいえまいか。自分も「敵」の立場に立つというあの緒方さんとはまた別の、「敵を赦す」という対敵愛とはいえないだろうか。対敵愛の境地に達したのではあるまいか。

そういう杉本さんは、たとえばアオサとりとかそんな一見ささいなことに大きな望み、深い幸せを感じたという。これこそ、まさにイエスがいいたかったことではあるまいか。イエスの愛の思想、対敵愛を含めた愛の思想、そうしてさらに山上の垂訓のあの教え、「貧しい者」「飢えたる者」「悲しむ者」たちは「幸いだ」の真意、その隠された秘義、その一端ではあるまいか。かくしてほぼ明らかであるように、イエスのこれらの言葉は、たんなる理想主義者や空想家のそれではゆめにもないのだ。

それはともかく、この杉本さんは、とうてい耐えがたい苦しみをみずからに与えた水俣病を「のさり」と表現した。この「のさり」の意味を、緒方さんはこう解説する。「のさり」とは熊本弁で「天からの授かりもの」という意味であり、たとえばこんなふうに使用する。

「『子宝が授かる』ことを『子宝をのさった』といったり、事故などに遭いもう少しで死にかけたときに、さいわい生命が助かったとき、『生命がのさった』といったりする。また大漁だったときに『のさった』『のさりを得た』ともいう。いやそればかりではなく、逆に悲しい時や苦しい時にもこの『のさり』は使われる。苦しいこと、悲しいことがあったとき、本人にいいきかせるように『それもまたのさりぞ』といったりする」。

「苦もまた、のさりなのである」

「要するに、のさりとは『すべてのことを身に引き受ける』ということだ」。

こういった「のさり」の伝統が、今でも熊本の人々にはあるという。

けだしこれは、何という謙虚な精神性だろう。これこそ、本書の第八章で触れる天道思想、インマヌエル哲学の源流のひとつである日本独自の天道思想の一種といってよい。

いずれにせよ、ここには、すでに西洋近代以降の人間中心主義、そこからのたしかな解放がある。かかる「のさり」の思想的伝統のなかで生まれ育ったからこそ、緒方さんは、やがて人間中心主義から脱してより広く深い世界の境地に達することができたのだろう。同様に杉本さんもまた、同じようにして自分を苦しめ苛む水俣病すら「のさり」として受けとめ、引き受け、かくして自分たちの「敵」なる「チッソ」や「国」、「差別した人々」を赦すことができたのだろう。こうして杉本さんは、ひょっとして他人には容易に推測しがたい本当の幸せを手に入れたのではなかろうか。とうてい耐えがたい苦しみに日々責め苛まれながら、しかし、にもかかわらず、真の安心・安堵・充実・喜びをかみしめることができたのではあるまいか。

いずれにせよ、こうして明らかなように、水俣病の患者さんたちのなかには、こんな境地に達した人も現にいたのである。

さて、第三の例はこうである。

『苦海浄土』には、杢太郎とその祖父が登場する。杢太郎は九歳で、重度の胎児性水俣病患者として生まれ、自分ひとりでは歩くことも、食べることも、また話すこともできない。父親も水俣病で、母親は子供の杢太郎を残して家を出る。

杢太郎は、他人のいっていることは何でもすべて分かる。が、しかし、自分の思いは何一つ口に出せない。

この杢太郎には、じつはモデルとなった人物が現にいる。半永一光さんがそれである。この半永さんは、一七歳からカメラを使い、まわりのひとや自然を写し、言葉の話せない自分の表現としたという。シャッターが切れなくなった今も、書道など自分を表現することに努め、これに意欲を燃やしているという。

「二〇一六年の今年六一歳」で、水俣病の歴史とぴったり重なる。すなわち「六一年間」ずっと筆舌につくしがたい苦しみを味わいつづけてきたのである。が、しかし、その苦しみにたんに打ちひしがれていただけではない。それを、半永さんのこの行動は何よりもよく表現しているといってよいだろう。こういう半永さんを、たんに「不幸」の一言で片づけることができるだろうか。

いや、むしろ、半永さんにあっても、他の誰にも容易には推測しがたい深い喜び、つまりは幸せがしかとつかまれているとはいえないだろうか。さもなければ、どうしてそれほど意欲的に、自分を表現するという活動に携わり、これをつゆも諦めたりしないのか。ここにもまた、あのイエスの言葉、すなわち「悲しむ者は幸いだ」という言葉の真実性が明示されているとはいえないだろうか。あの言葉がたんなる奇麗ごとではないこと、そのことの何よりの証しが、ここにはしかと存在するとはいえないだろうか。

ここで若松氏の註釈を付け加えると、一般的にいって、胎児性水俣病の患者さんたちは、年齢を重ねるにつれ、ただでさえ身体が不自由なのにさらに余計不自由になる。が、にもかかわらず、それまで以上に行動的になる。車椅子に乗らざるをえなくなったら、かえって逆に遠くまで出かけるようになる。たとえば、東京のデモにいったりもする。

ここで、石牟礼さんの言葉を貸りれば、

「胎児性の患者さんたちは、一日一日を切実に生きておられる」。

こういう胎児性水俣病の患者さんたちを、ただたんに上から眼線で見下して「可哀想だ」「不幸だ」といってすませることができるだろうか。これらの患者さんたちには、それぞれそのこのうえもない苦しみ・悲しみにもかかわらず、いやむしろそれだからこそ、他にかけがえのない無上の喜びつまりは幸せが、あのイエスのいう「幸い」が、しかと恵まれているといってはいいすぎだろうか。あの緒方さんのいうごとく、「悲しいことの中に楽しいということ発見できたならば、その人はものすごくすばらしいものを見る」(上掲、朝日新聞)のではなかろうか。それともこれは、イエスを究極の師と仰ぐ筆者のたんなる牽強付会というべきだろうか。

さて、第四の例は、同じく水俣病に深く冒された二〇代の坂本きよ子さんである。

坂本さんは、まるで縄のように手足がよじれくびれて、ほとんど動けなくなっていた。

その坂本さんは、ある春の日母親のちょっとした留守に動けぬ身体を無理矢理動かしはいずって縁側の縁から転げ落ちて息絶えた。そのさい、そのよじれたかなわぬ手で、庭の桜の花びらを一枚握ろうとし押えつけていた。チッソなどへの何の恨みもいわなかった坂本さんの望み、それはたった一枚の桜の花びらを拾うことだった。この一見ほんの取るに足らない行動に、坂本さんはいったいどれほどの喜びや感動、充実や満足を味わったことだろう。さもなくば、どうして、自分の生命を賭してまで、そのような行動に出るなどということがありえよう。この坂本さんにも、ただかの女にしか分からないこのうえのない深い喜び・幸せがあったといってはいいすぎだろうか。そうしてそれは、あのイエスのいう「悲しむ者は幸いだ」というその幸せではなかろうか。

ところで、坂本さんが、桜の花びらに見いだしたその美しさ、それは、同じくイエスが野に無心に咲く一輪の花に見いだした無上の美しさ(マタイ六・二八―二九、ルカ一二・二七)、あの美しさとをまったく同じものといってよいのではあるまいか。ここで坂本さんは、イエスと基本的に同じ地平にしかと立っていたといってもいいのではなかろうか。いやむしろ、坂本さんのこの挿話は、イエスのかの言葉がたんに夢みるロマンチストの甘っちょろい感傷ではないこと、それを如実に物語っているとはいえまいか。

イエスは、神の御意のままに徹底して無心に生きた。まさに、それだからこそ、同様にして野辺に何気なく無心に咲く一輪の花に心底共感・共鳴し、しかもそこに映し出されている神の絶対美をしかと見てとったというべきだろう。そのイエスと同じ地平に、坂本さんも確乎として立ったのだ。イエスと同じ喜び・幸せをかみしめて。

以上具体的に明らかにしてきたごとく、水俣病の患者さんたちは、けっしてたんに不幸な人々ではありえない。いや、むしろ、その人たちだけにしか分からない無上の喜び・幸せ、けだしイエスのしかと言挙げしたあの喜び・幸せ、「貧しき者」「飢えたる者」「悲しむ者」たちに特有の喜び・「幸せ」、それがたしかにあったのだ。いや今もなおありつづけているのだといわねばならない。それを証示するもののひとつとして、つぎの例をあげておきたい。

「大学在学中に水俣に出会い、移住して写真を撮り続けた塩田武史は、被写体の人びととの、ことばを介さないやりとりをひたすらにいとおしむ。とりわけ、胎児性患者と遊んでいる最中にいたずら心から鳩を持たせ、その体温で彼が破顔一笑した瞬間を撮った写真について、『今までこんなに人が喜んだ顔を見たことがない』と述べた（『僕が写した愛しい水俣』）」（朝日新聞二〇一六年一二月一八日）。

さて、最後に蛇足的にひとつ付け加えておくと、これまでのべてきた水俣病の患者さんたちに起こったこと、それはたんに水俣病の患者さんたちにかぎられたことではなく、より普遍性のあること、それを証示するものとして、ある自閉症の作家・東田直樹さんのことに触れておきたい。

東田さんは一般的な会話は困難だが、文字盤による会話・創作により、自閉症の心の内を明かした。氏のエッセーは世界で広く出版され、多くの反響をよんだ。

二〇一六年一二月一一日放映されたＮＨＫスペシャル「自閉症の君が教えてくれたこと」で、自閉症の作家・東田直樹さん（二四歳）は、癌闘病中の番組のディレクターに、「私がこれから生きていくうえで支えになるようなことはありますか？」と問われて、しばらくじっと考えた末、「人は誰でも困難を抱えているけれど、でもそれでも幸福を見つけ生きていくことができる」と答えた。

それをきいてこの癌闘病中のディレクターは、大いに励ましになったという。

この東田さんの言葉にも、たといいかなる困難や悲しみをいだいている人間でも、しかしそれが即不幸とはかぎらず、むしろ、まさにそれゆえにこそ、いわゆる恵まれた人々には測り知れない大いなる喜びや満足、つまりは幸福を見つけることができるという、そのことが明瞭に表現されているとはいえないだろうか。

すでにのべた水俣病の患者さんたちと同様のことが、この自閉症の作家・東田さんにも起こっているとはいえないだろうか。

貧しさとか悲しみとかといった一見した不幸といえども、もとよりそれ自体はたしかに不幸だとしてみても、しかしそれで終わりというのではなく、まさにそのまぎれもなき不幸のゆえに、かえって逆に常人には推測だにしえない幸福に恵まれる契機となりうること、それをこれら水俣病の患者さんたちや自閉症の作家・東田さん、そうして同じく先にのべた全盲の潤潟さん御夫妻の言葉は証示しているとはいえまいか。

「貧しき者は幸いなり」「飢えたる者は幸いなり」「悲しむ者は幸いなり」というあのイエスの言葉の深い意味、その隠された秘義、それがここにあますところなく証言されているとはいえないだろうか。

## ㈣　イエスとフーテンの寅さん——『白痴』のムイシュキン公爵を媒介にして

### ⑴　寅さんの人物像

ここで一つ、とつぜん突拍子もない話をあえて挿入したい。それはあの山田洋次監督の人気シリーズ映画『男はつらいよ』の主人公、愛称フーテンの寅さんをイエスと比較してみるということである。あの寅さんの謎、魅力の秘密はいったいどこにあるのだろうか。

寅さんは、周知のごとく勝手気ままに生きるフーテンの的屋である。そのフーテンの寅さんに何故か多くの人が魅力を感じ、これに魅かれる。思うにその第一の理由は、寅さんは勝手気ままなフーテンでありながら、しかし、いつも帰る故郷がある。いつも温かく待っていてくれる家族、優しいおいちゃんやおばちゃん、それに何よりも自分の可愛いい妹さくらとその家族がいる。寅さんのように勝手気ままなフーテンなら、大ていは誰もこれを待つ人などおらず、逆に親しい家族からも見放され見捨られてしまうのがおちだろう。ところが寅さんは、そこがふつうのフーテンとはまったく違う。その点寅さんは、とても幸せである。好き勝手に生きていても、その寅さんをいつも心配し見守ってくれる家族があるからだ。

われわれ人間には誰しも大なり小なり我《が》というものがあり、その我の赴くままに生きていきたいと思ったりするものだ。でも、そのような我意にもとづく生き方では、大てい親しい家族からも見放され、淋しい孤独な人生を送らざるをえないだろう。だから、内心ではそういう欲求があったとしても、しかしその欲求を押し殺し、世間のルールやしきたりに従って大人しく柔順に生きているのが一般庶民というものだろう。

けれども、もし自分の我意のままに勝手気ままに生きて、それでなおそんな自分でも温かく見守り、帰ればいつもやさしく出迎えてくれる人がいるなら、そうまさに寅さんのようならば、そんなに好ましい生き方はほかにないのではあるまいか。自分もひとつあんな風になってみたい、というそれとはなしの願望、それが寅さん人気の大きな秘密のひとつといってよいのかもしれない。

しかしながら、ここで一つよくよく考えてみてみたい。あんなに勝手気ままな寅さんなのに、では何故寅さんは家族やタコ社長から見捨てられはしないのだろうか。帰ればいつも温かく出迎えてくれる人たちがいるのだろうか。会えばいつも必ず激しい喧嘩になるのに、しかし次には、そんなことまるでなかったかのように何度でも温かく出迎えてくれる人々がいるのだろうか。

けだしそれは、寅さんが一面たしかにすこぶる身勝手なフーテンであるにもかかわらず、他方ではしかしとても純心かつ天真爛漫であり、さらに純真無垢であって、そのフーテンという生き方をのぞいてはほぼまったく我（エゴ）がないということ、いやもっと積極的にいうととても温かい心の持ち主でつねに妹さくらやその夫、あるいはその子供、そうしておいちゃん、おばちゃん、あるいは隣りの工場のタコ社長、かれらへの温かい思いやりでみたされているばかりではなく、旅先で出会うほとんどすべての人にとても親切だということ、労りや優しさの心があるということ、そういう寅さんの人間性、あえていうなら愛に生きる人間だからにほかならない。

寅さんのこの思いやりや優しさは、毎回登場する寅さんのマドンナに対する接し方にもはっきりと現われている。寅さんは、すぐに恋をする。惚っぽい。そしてその恋は、いつも失恋で終わってしまう。しかし何度失恋しても、それに懲りることなくそのつど新しいマドンナを見つけだしこれに恋をする。

けれどもその寅さんの恋は、いわば掠奪的なそれではまったくない。これに反し、たいていの恋は掠奪的である。自分の恋した相手に誰か好きな人がいたならば、その人間からその相手を奪い取らんとする。何としても自分のものにしたいと思う。要するに、恋愛とはひっきょうエゴイズム的・自己中心的な愛なのだ。自分よがりの愛なのだ。それが、大ていわれわれ人間が経験する恋愛というものである。

その点は、今日では広くみられるようになったストーカー（stalker）、その存在を思い浮かべれば一目瞭然である。自分が好きになった相手を、その相手の気持ちは一切無視して、これを何としてでも自分のものにしたいと思いこれに付きまとい、時にはその相手を殺してしまうことすらある。まさに我（エゴ）の極致ともいうべき欲求の持ち主・ストーカーと寅さんは、恋愛という点ではまさに完全な対極関係にある。

寅さんの恋は、それとはまるで異なっている。まったく掠奪的でない。自分の恋している女性を、その女性が好きな相手から自分の方に眼を向けさせようとすらしない。ではそれは寅さんが奥手だということだろうか。たしかに寅さんは、女性関係においては奥手なのかもしれない。しかし、その一言では片づけられないものが、寅さんにはたしかに秘められているというべきだろう。

けだし寅さんは、自分が恋した女性を自分のものにしたいという欲求よりも、まず第一にその女性のこと、その女性の幸せを願うのだ。真の意味の純愛である。寅さんは、自分の身の程というものを熟知している。自分は、所詮フーテンの的屋にすぎない。そんな自分といっしょになって相手の女性が幸せになれるわけがない。

その点は、相手があのリリーであっても同様だろう。寅さんと同様にまるで風に吹かれるままに日本中を流浪している売れない歌い手リリーであっても、よしかの女がいかに寅さんに好意をもっていてくれるとしても、しかし寅さんにリリーを幸せにする力はないだろう。寅さんは、ほぼ根っからのフーテンである。家庭をもって腰を落ちつけることなどまずしないであろう。いやできないだろう。いくら自分が望んでも、小さい頃から身に沁みついてしまったフーテンという生き方は、もうこれをどうしようもないだろう。そのかぎり寅さんに、女性を幸せにする力はほとんどない。その相手がたといリリーであっても、おそらく同様だろう。

そういう自分の限界を、寅さんはよくよく弁えている。だから寅さんは、フーテンの的屋という自分の生き方をけっして肯定しているわけではないだろう。いやむしろ、そこには内心深い反省があるというべきだろう。

フーテンという一見わがままな生き方は、暴君的な父親と大喧嘩して家を飛び出した子供の頃からの習慣、いわば身に沁みついてしまった習慣で、もう本人にもどうしようもないものなのだ。

自分ではどうしようもないその生き方への深い反省から、自分の愛する女性にはおのずから距離をおくことになるのである。その女性の本当の幸せを願うから、それだからこそ寅さんは、いつもわれから身を引くことになるのである。そのさい、相手の女性に自分の心の内を伝えることすら差し控えるのが寅さんである。相手の女性に自分の心を伝えれば、その女性の心を乱し、それもその女性の幸せに何がしかの傷（ダメージ）を与えてしまうことへの寅さんの温かい懸念からだろう。

このように寅さんは、徹底的に愛の人なのだ。思いやり・いたわり・やさしさの塊のような存在なのだ。その本性は徹頭徹尾温かい愛の人であるにもかかわらず、その生まれ育ちの偶然や環境によりフーテンという生き方が、われ知らず身に沁みついてしまったのである。

このほぼ唯一の欠点、それが寅さんをよりいっそう人間的にする。何一つ欠点のない完璧な人間ではなく、他人からいつも、いや時には子供にすらバカにされるような生き方をせざるをえないというその人間的弱さ、それが寅さんをさらにいちだんと魅力的にする。

けれどもその魅力の第一は、しかし、何はおいてもこの寅さんの積極面、つまり徹底的に優しく思いやりのある愛の人だという点だというべきだろう。われわれ人間は、たしかに一方で、自分の思いのまま、我意の赴くままに好き勝手に生きてゆきたいと思う反面、しかし、寅さんのような人間的温かみ、思いやりや労り・優しさ、一言でいって愛に飢え、いつもそれをわれ知らず希求し願望しているのだとはいえまいか。

そうしてこのわれわれの誰しも、ほとんど誰一人の例外もなく心の底深くに抱いているこの願望、それが寅さんにその具現した形を見いだして、これに強く魅かれるのだといわねばならない。

### (2) 寅さんとムイシュキン公爵とイエス

ここで一見話が大きく飛ぶようであるけれど、しかしこういう寅さんの人物像をみてくると、われわれはおのずから一見その形は異にするものの、しかしこれとすこぶる似通った人物像、いや基本的に同じといってよい人物像に思い到るのではあるまいか。

それは、けだしあのドストエフスキーの代表作のひとつ『白痴』の主人公ムイシュキン公爵にほかならない。

ムイシュキン公爵は、ドストエフスキーが、もっとも美しき人イエスを「現代」に甦らせたならどうなるか、といった問題意識で描かれたものにほかならない。

イエスとは、遠い遠い過去の人間のようにあるいは思われるかもしれないが、しかし、必ずしもそうとはいえないのである。ひょっとしてムイシュキン公爵や寅さんみたいな存在だったかもしれないのだ。

いや、いや、けっしてそうではない。なぜならドストエフスキーは、『白痴』をのちにみずから「失敗作」とみなしたからである。ドストエフスキーは、エゴのまったくない汚れなき純心な人間は、古代よりはるかに人間のエゴが強化されはびこり蔓延している「現代」では、これを「白痴」としてしか描きようがなかったからである。その点は、寅さんもまた世間的には天然呆け的存在でムイシュキン公爵によく似ているといってよい。

いずれにせよドストエフスキーは、その自作『白痴』を前述したごとくのちにみずから「失敗作」といわざるをえなかった。かくしてそのドストエフスキーが、ムイシュキン公爵のより完成された形として作品に新たに具現化したもの、それがほかならぬドストエフスキー最後の未完の長篇『カラマーゾフの兄弟』、その主人公の一人アリョーシャ・カラマーゾフにほかならない。したがってアリョーシャもまた、ドストエフスキーが「もっとも美しき人イエス」を「現代」に甦えらせたものといってよい。

それはともかく、ここでもう一度寅さんとムイシュキン公爵のそれぞれの弱みについてもう少し考察してみたい。

寅さんは、ほとんどのマドンナからよし人間としてはとても愛されはするけれど、しかし異性・男性としてはほとんど相手にされない。それはいったい何故なのか。

けだしマドンナたちは、寅さんの純心さ、純真無垢の人柄に一様に心魅かれはするものの、しかしその天然呆け的なところ、フーテンという生活スタイルもさることながら、それ以上に天然呆け的なところ、それゆえのあまりの頼りなさ・力強さの欠如、そこに男性としての魅力を感じることができないのではなかろうか。これこそ、寅さんの致命的弱みというべきではあるまいか。

その点あの『白痴』のムイシュキン公爵にもまた、とても似通ったところがある。

恋人ナスターシャは、ムイシュキン公爵に心底魅力を感じつつ、しかし他方でこのムイシュキン公爵とはいわば対極にあるすこぶる野蛮な男ロゴージンに対しても、これにどうしようもなく魅かれてしまい、これら両者のあいだで大きく揺らいでしまう。

思うにそれは、ムイシュキン公爵の汚れなき純粋さに一方で強く魅かれながらも、しかしその「白痴」の面、つまり男性としての力強さの欠如、それが、さけがたくナスターシャに、ムイシュキン公爵に対する物足りなさを覚えさせ、かくていわばその対極ともいいうる荒々しい男ロゴージンにも心を魅かれてしまうのではあるまいか。

かくして、この一方は寅さんの天然呆け的なところと他方はムイシュキン公爵の「白痴」の面、それが、これら両者の決定的な弱みといってよいだろう。そうしてそれが、前述したごとくドストエフスキーをしてのちに『白痴』は「失敗作」といわしめたその根本的理由というべきだろう。

以上をもう一度要約すると、寅さんとムイシュキン公爵の本質は、かれらが純真無垢のいわば「赤子」のごとき存在だということである。もとよりそれは、人間にとっての大きな理想というべきだろう。

既述したごとくあのイエスもまた、「幼児のごとくならずば神の国に入ることをえじ」（マルコ一〇・一三―一六、マタイ一九・一三―一五、ルカ一八・一五―一七）といっている。*

＊　なおニーチェもまた、「超人（Übermensch）」に到る精神の三様態の最高段階を「幼児」としている。[19] かくいうニーチェは、本文で引用したイエスのあの言葉をはたして熟知していたのだろうか。もし熟知していたとするならば、イエスを拒否する自分（つまりニーチェ）が、そのイエスと基本的に同じことをいっていることについて何ら疑問を抱かなかっ

たのだろうか。

もとより、ニーチェのばあいイエスとの大きな違いもたしかに横たわる。ニーチェは、上述した「精神の三様態」として「駱駝」と「獅子」と「幼児」と、これら三者をあげる。

そのさい第一段階の駱駝とは、「重荷」に耐えうる「強靭な精神」である。そうして第二段階の獅子とは、世界最大の支配者「神」と果敢に戦う「力」ある「自由」の持ち主にほかならない。この獅子とは、神の「汝なすべし（Sollen）」という当為、つまりは道徳的命令に対し、これを拒絶して「われ欲す（Wollen）」と言い放つ「力」と「自由」を所持するものである。

しかしながら、思うにたんなる「汝なすべし」だけでは、真の道徳は成り立ちえない。神の「汝なすべし」が「われ欲す」として自然かつ自発的に心奥から湧き起こるとき、ただそのときにのみ、真の道徳は成立するのだ。たんなる当為とそれへの義務的服従のみでは、本当の道徳は成り立たない。「汝なすべし」という当為がわがうちなる自発的欲求としておのずから湧き出でてこそ、そこで初めて道徳が真の道徳として成り立つことができるのである。少なくともそれが、それこそが、インマヌエル哲学の道徳といわねばならない。その点、ニーチェの道徳観は真に正しいものとはいいがたい。

いずれにせよ、たんなる「われ欲す」は、ひっきょうエゴイズム、度しがたいエゴイズムにほかならない。かくして獅子がわがものとする「自由」とは、つまるところエゴイズム的自由といわねばならない。

それはともかく、ニーチェによると、この獅子にもできないものがある。それは、ほかでもない「新しい諸価値を創造すること」である。そしてそれができるもの、それが第三段階の「幼児」だとニーチェはいう。「幼児」の「無垢」と「始原の運動」こそが、旧き世界を克服し、「善悪の彼岸」としての「新しい諸価値」でみたされた新たなる世界を創造し、これに「然り（Ja!）」をいうことができるのだ。

以上が、ニーチェが構想する超人への道の精神の三段階にほかならない。これに対し、筆者の見解をのべておきたい。前述したごとく獅子の「自由」とは、ひっきょうエゴイズム的自由であって、それゆえこれが、何らエゴなき「無垢」の「幼児」に前進することなどありえない。

さらにまた、「幼児」はいうまでもなく無力である。したがって獰猛な「力」ある獅子とはそもそも相容れない。その意味でも、「獅子」が「幼児」に進化することなど不可能である。一方は「力」とエゴイズム的「自由」の象徴なる「獅子」と、他方は無力と「無垢」の象徴「幼児」と、これら両者はとうてい相容れないものなのだ。にもかかわらず、もし前者から後者への道が可能だとするならば、それはただひとつ前者の徹底した自己否定によってのみだろう。おのがエゴイズム的「自由」と獰猛な「力」をみずからとことん否定することによってのみ、はじめて「獅子」は「幼児」の「無垢」と「始原の運動」を手に入れることができるのである。が、しかし、それは、けだしニーチェの思いとはけっして相容れないというべきだろう。

かくして明らかなのは、永遠の生ける真理に目覚め「神の国」に入るためには、イエスのいうごとくただひとつ「幼児」のごとき「無垢」がありさえすればそれでいいのだ。「無垢」の心で、世界と人間の絶対の主なる神にただひとえに「然り！」といえばそれでよいのである。「汝なすべし」に促されておのずから自然《じねん》に生起してくる「われ欲す」として、「然り！」といえばそれで十分なのだ。

ニーチェのいうごとく「精神の三様態」などまったく不必要なのである。神の御意に添うてわが内なるエゴを捨てただこれに「然り！」といえばそれでよいのだ。そうして、それが、それこそが、上掲したイエスの言葉、すなわち「幼児のごとくならずば神の国に入ることをえじ」の真意であろう。ニーチェの妄想するごとく、「超人」といういわば超エリートを目差すことなど微塵も必要ないのである。ただ自分のありのままであってそれでいい。ありのままに心底から湧き起こってくる、神つまりは自己の絶対無相の主の御意にそのまま付き従えばそれでよいのだ。「幼児」のごとくただありのままに自然《じねん》にそれに身を任せ・身を委ねればそれだけで十分なのである。少なくとも、インマヌエル哲学はそう考える。ニーチェの超人思想のそもそもの破綻も、こういったところにすでに胚胎しているといわねばならない。

それはともかく、人間「赤子」では生きられない。あまりに頼りない。パートナーとして生活を共にすることなどとうていできない。たしかに人間としてはとても魅力があり、他人にも好かれるが、しかし異性・男性としては魅力がない。

世知がらさや狡賢さ、あるいは抜け目のなさがないところ、そこはたしかに大いなる魅力ではあるけれど、しかし野性的な力強さ、時には野蛮的ですらある力強さ、それもまた女性にとっては大いなる男性的魅力となりうるものなのではなかろうか。

かくしてあの『白痴』のヒロイン・ナスターシャが、一方は純真無垢なムイシュキン公爵と、他方はそのいわば対極ともいうべき野蛮な男ロゴージンとのあいだで大きく揺れ動くのは、まさにその点にこそまぎれもなき理由があるのではなかろうか。少なくともドストエフスキーは、そう考えたのではあるまいか。

いずれにせよ寅さんもまた、ムイシュキン公爵と同じくその野性性がない。フーテンの的屋というその生活スタイルとは裏腹に、精神的な野性性が欠如している。すくなくとも、男としての力強さや頼りがいといったものがない。そうしてそこが、それこそが、寅さんの性的魅力の欠如というものなのではなかろうか。マドンナたちのほとんどが、寅さんに男性としての魅力をほとんど感じられないその理由、それはまさしくその点にこそあるのではなかろうか。

それはともかく、寅さんとムイシュキン公爵とは、両者ともに純真無垢という点で基本的に一致している、と同時に、また、一方は世事への天然呆け的無知と他方は「白痴」という点でも、とても似通っている。

そのさいのドストエフスキーは何度もいうごとくこの『白痴』を自分の「失敗作」とした。その理由はもとより、純真無垢な存在をまさに白痴としてしか描けなかったという点だろう。

では知性や力強さと純心さとは、いったい両立しないものなのだろうか。その問いに対しドストエフスキーがみずから答えたもの、それこそが既述したごとく最晩年の未完の大作『カラマーゾフの兄弟』の主人公の一人、アリョーシャ・カラマーゾフにほかならない。すなわちドストエフスキーは、ムイシュキン公爵にあきたらず、さらにこれを発展させて、最後にこれをどこまでも純心でありつつ同時に力強い人物像としてアリョーシャ・カラマーゾフを具現化したのである。そのアリョーシャをさらに徹底して純化し力強くしたもの、そういうものとしての歴史的現実の一人の人間、それがほかならぬあのイエスその人といわねばならない。

かくしてイエスは、かりそめにも寅さんやムイシュキン公爵と同じような人間、かれらのごとくどこまでも純心ではあるけれど、しかしどこか決定的にひ弱な存在というのでは毫もない。イエスは、たんに純真無垢というだけでなく、同時にすこぶる力強い頼りがいのある人間だったのである。徹頭徹尾純心でありながら、しかし同時に生きる力にあふれた存在だったのだ。

それはともかく、こうしてわれわれは、寅さんの秘められた魅力の謎をも明らかにすることができるであろう。要するにそれは、イエスのごとく天真爛漫・純真無垢の人、いやイエスほどではないけれど、しかしムイシュキン公爵やアリョーシャ・カラマーゾフと同じくそれにすこぶる近い人物像だということである。かくして、寅さんにわれわれがきわめて魅力を感じるということ、それはおのずからつぎのことを明らかにする。

すなわちそれは、われわれ人間は、イエスのごとき「美しさ」、つまりは一点の曇りなく我《が》のない天真爛漫・純真無垢を知らず識らずのうちに希求し願望・切望しているということである。

## (3) 寅さんの魅力の全人類的普遍性

したがって、いかに多く失敗しても寅さんをけっして憎めないその魅力、それはたんに日本人にのみかぎらない。その点は、つぎの事実からも窺い知れるといわねばならない。

日本に長く住み日本語にも熟達して、日本文化をいろいろ西洋に招介しているあるオランダ人がほぼこんなふうなことをいっていた（朝日新聞のインタビュー欄）。

「寅さんも、いつかヨーロッパに紹介したい。寅さんの魅力は、けっして日本人だけのものではない。ヨーロッパ人にも深く通じるものがある」と。

もとより一方のヨーロッパは個人主義、他方の日本は共同体主義、それらが濃厚といった文化や歴史の違いはたしかにある。しかしながら、これらの違いを超えた人間の普遍性、すなわち愛とか思いやりとかといった人間の本来的本質への無意識の憧れ、それが、まさにそれこそが寅さん人気・寅さんの魅力の秘密といっていいだろう。

要するに、寅さんがイエスのごとき純真無垢、いやそれにすこぶる近い存在だから、いやイエスと違って天然呆けのフーテンという致命的な弱点をも兼備えた人物だから、われわれは寅さんをよりいっそう身近に感じこれに強く魅かれるのだというべきだろう。

否々、イエスのごとく完璧な人間は、われわれ普通の人間にはあまりに縁遠く手が届かないので、これにはあまり魅力を感じない、少なくとも人間的な弱みを兼ね備えた寅さんやムイシュキン公爵ほどにはそれを感じない、というのはかならずしも正しいとはいいがたい。もしわれわれがイエスの真実・本当の姿に直に触れたら、寅さんやムイシュキン公爵以上にこれに強く魅かれるというべきだろう。

その点は、当時イエスの周りには大勢の人々が集まったという事実、時の政権・ユダヤ教主流派をしてイエスを磔刑死させるほどの危険人物と思わしめるほどに、多くの人々の心を魅了しそのとりこにしたという事実、それが、これをあますところなく証示しているといわねばならない。

## ㈤　イエスとV・E・フランクル――「御意のまま」

イエスのいう「御意のまま」を理解するうえで格好の例として筆者は、あの世界的に著名な精神科医V・E・フランクルの逸話をここで紹介しておきたい。

周知のごとくフランクルは、あの暴虐極まりないナチズムの時代、ユダヤ人として強制収容所に収監されていた。そこでフランクルは、一個の精神科医として収容所内部の人々をつぶさに観察し記録した。

もとより、いつかその自分の記録が世に出ることを切に願っていた。しかしながら、その可能性ははなはだ微弱なものだった。自分自身がその収容所から晴れて生きて出られる保証は何ひとつ存在しなかったからである。

それでもフランクルは、その記録をとりつづけた。そのさいフランクルの心にあったもの、それがほかでもない「御意のまま」だったという。自分がその収容所から出られるかどうか、そして自分のその記録が晴れて本として出版できるかどうか、それはまったく分からない。むしろその自分の願望が成就しない可能性、その方がはるかに高い。けれども、自分は書きたい、精神科医として自分が現に眼にしていることを書きとめたい、書き残したい、そういう内たる欲求はどうにも抑えがたく打ち寄せてくる。だから今はただこの欲求に身を任せ、自分のしたいこと、いやなすべきことに力を尽くそう。それが最終的に成功・成就するか、それはまったく分からない。その成否は、御意に任せればよい、ただ御意に従って今自分がしたいこと、いやなすべきこと、なさねばならないこと、それに全力を尽くせばよい、ただそれだけでよい。

ところが、そうこうしているうちに、フランクルはマラリアにかかってしまった。高熱にうなされ死地をさまようこととなってしまった。収容所を出る前に、自分はこのマラリアで死んでしまうかも分からない。もう生き延びる望みもほとんど断たれてしまった。ましてや、自分の記録を本にして出すなどとうてい無理である。が、にもかかわらず、フランクルは、こういう心に突き動かされた。

マラリアが治るかどうか自分にも分からない、こののち死んでしまうかも知れない、けれども、しかし、自分の一旦手がけた記録、収容所内部の人々の生きた記録、それは自分の生命あるかぎり最後の最後まで書きつづけよう、マラリアが治るかどうかも、ひっきょう御意のままだ、御意に任せておけばよい、と。さいわいフランクルは、そのマラリアから無事解放された。かくしてその記録を、自分の心の赴くままにその後もずっと書きつづけた。依然として収容所から解放される望みも、その記録を本として出版できる可能性もほとんどないままに、とにかく自分の心の欲するままに、精神科医としての自己の責任として、これを遂行しつづけた。それが最終的に成功しうるかどうか、それはひっきょう神の御意だ。自分は、神の御意のままに、自己の使命を果たせばそれでよい、何もかも御意のままだ。

こういった思いでフランクルは、収容所内部の生きた現実を記録に残しつづけた。さいわいフランクルは、その収容所から無事生還できた。そこでフランクルは、さっそく収容所で観察しとりつづけた自分の記録を『夜と霧』と題してこの世に出した。と、これが世界的大ベストセラーとなり、今なお世界的な大ロングセラーとなっている。

これ、まさにこのフランクルの生き方・考え方・感じ方、それこそけだし、イエスのいう「御意のまま」にほかならない。すべてを神の御意に委ねつくすこと、委ねつくしつつただ自分のなすべきことと信ずることをどこまでも誠実に果たしていくことである。

フランクルのばあい、その結果はこのうえもないほどの成功であった。しかしながら、神の御意に従う道が、かならず「成功」に通じるとはかぎらない、この世的にみるかぎり大いなる失敗、眼も当てられない悲惨な結果に到ることもありえよう。いやその方がはるかに多いというべきかもしれない。その点は、残虐極まりのないあの十字架上の磔刑死に到るまで神の御意に徹頭徹尾殉じたかのイエスの例をあげれば十分すぎるほど十分である。このイエスの例からしても、御意のままに神に従うことは、必ずしもこの世の「成功」「幸福」につながるとはかぎらない。

だが、しかし、ただそこにのみ本当の非凡な幸せはあるといわねばならない。その点は、本章㈢の⑷で詳述したあの水俣病の患者さんたちを一瞥すれば火をみるよりも明らかだろう。とはいえ、あの方々は、自分が神の御意に従って生きかつ語り行動しているとは必ずしも思っていまい。ただ、そのつど自分に与えられた生を「のさり」として精一杯生きただけだろう。が、しかし、たとい自分はそれと意識していなくても、それはしかと神の御意にかなった生き方だったのだ。「のさり」の主体である「天」とは、すなわち神にほかならないからである。いや、たとい「のさり」と自覚していなくても、加害者のチッソを始めとする「敵」をも赦し、そのつどの自己の生を力一杯生きるその生き方は、まぎれもなき神の御意にかなった生き方というべきなのだ。後述するごとく、匿名の、しかし真の宗教者というものはたしかに存在するというべきなのである。

いずれにいせよ、かくして明らかであるように、御意に即した生き方は、必ずしもこの世のいわゆる平凡な「幸せ」「成功」に結びつくとはかぎらない。いや、むしろその反対の方が多いといった方がよいかもしれない。だが、しかし、まさにここに、逆説的に真の非凡な幸せ・成功はたしかにあるのだといわねばならない。

それはともかく、こうして明らかなように、自分の抑えがたい内なる欲求、自分がなすべきこと、なさねばならないこと、と硬く信じること、それにありのままに従うこと、それが、それこそが御意のままなのだ。それが、真に御意にかなったことかどうか、それは必ずしも明らかでない、しかしながら、そのつど自分のすることに眼を凝らし、そのつどのその結果をとことん吟味しつつ、それが正しいと判断できればさらにそれを先へと進め、誤まっていると判断すれば、これを即座に軌道修正し、かくて試行錯誤と紆余曲折を繰り返しながら、どこまでも自分に、自己の混じりっけのない本心に従順に従っていくこと、それ、それこそがほかならぬ御意のままなのだ。そのときは必ず、御意に正しく導かれることができるのである。イエスのいう「御意のまま」とは、まさしくそういうものというべきである。思うにフランクルもまた、そのイエスの「御意のまま」をみずからの生命を賭して生きた、生き抜いたのだといってよい。そうしてそれは、この世界の到る処に少なからず存在する匿名の宗教者についても同様に当てはまることといわねばならない。

### (六) イエスと宮沢賢治——「野に咲く一輪の花の美しさ」

イエスは、野の花の美しさを讃えてこういった。

「野の花がどのように育つのか、注意してみなさい。働きもせず、紡ぎもしない。しかし、言っておく。栄華を極めたソロモンでさえ、この花の一つほどにも着飾ってはいなかった」(マタイ六・二八—二九、ルカ一二・

二七)。

このイエスの言葉は本章二の㈠と㈡でものべたごとくたんに夢見るロマン主義者のそれではない。その点を、わが日本の童話作家にして詩人・宮沢賢治の言葉を引きつつ明らかにしたいと思う。

たとえば賢治は、生前出版した数少ない作品の一つ『注文の多い料理店』の「序」で、「風をたべる」とか「日光をのむ」とかいい、また『イーハトーボ農学校の春』では、「日光も…鳴っています。ああ、鳴っている、鳴っている、そこらいちめんに鳴っている」といったいい方をしている。このように賢治は、色が聞こえたり、臭いが見えたり、ほんらい食べたり飲んだりできないものを食べたり飲んだりするといった賢治特有の感性をもっていた。

こういった一つの刺激に対して通常にはない複数の感覚器官が反応することを、専門家は「共感覚」という。そうしてそれは、けっして異常なことではなく、三歳くらいまでの子供には、しばしばみられるものだという。いや、たんに幼ない子供だけでなく、芸術家もまた、そういった感覚を利用してその作品を残したりする。

このようなとりわけ賢治に著しい「共感覚」は、かりそめにも賢治による文学的修辞といったものではなく、事実賢治が幼ない子供と同じように純心かつ無心に「風をたべ」「色を聴き」「音を見」たりしていた証左というべきである。

こうした賢治の感性、すなわち自然をありのままに無心かつ純心に感じとるという感性、いやそれをさらにいっそう徹底して純化したもの、それが、かのイエスにもあったのではなかろうか。そういう徹底して真白な純心・無心の境地で野に咲く一輪の花を見たとき、イエスはそこに絶対美なるその花の真実主体、つまりは神の美をしかとみてとったのだというべきだろう。そうしてそれが、まさにそれこそが、上に掲げたイエスの言葉の隠れた真意といわねばならない。

## (七) イエスを模範とする愛の人々とインマヌエル哲学の宗教心、そして現代のエゴイズム的ニヒリズム

### (1) イエスに従う愛の人々――匿名の宗教者を含みつつ

イエスの愛の教えは、その後少なからずの人々によって実践された。それと意識してにしろ無意識にしろ、イエスを模範としてこれに従ったこれらの愛の人々、不屈の精神に支えられた愛の人々、そういう人々について、ここでは考察したい。

まず何よりも第一に、インドの貧しい人々のためにその全生涯をかけて尽くしたあのマザーテレサの存在がある。第二に、最初から最後まで非暴力を貫き通し遂にインド独立を勝ちとったその指導者マハトマ・ガンジー。第三に、一九六〇年代黒人の公民権運動をやはり非暴力で指導したアメリカのキング牧師。第四に、先頃癌で亡くなった中国の人権活動家、長く獄中にありながら「私に敵はいない」[20]と言い切った劉暁波氏。さらにまたたとえばアフガニスタンで二〇年以上にもわたって井戸掘りや灌漑用水路作りに専念してきた国際NGO「ペシャワール会」の代表で医師の中村哲氏、とその仲間の人々、あるいはまた世界の紛争地にそのつど急遽赴いて怪我や病いに苦しむ人々のために医療活動に挺身する同じく国際NGO「国境なき医師団」に集う人々、さらにあのISにより昨年拘束され殺害された、いや日本政府によって実質的に見殺しにされた後藤健二さんら、危険極まりない紛争地に果敢に赴き取材してその悲惨な状況を世界に報らせているフリージャーナリストやフリーカメラマンの人々、これら紛争地にあってみずからの生命を賭して活動している人々、いや、もっと身近な例でいうなら、天災などの被災地に逸早く駆けつけそこで苦しむ人々のために活動するボランティアの人々、がいる。

いや、それればかりではない、第三章で触れたあの石垣りんさん、家庭のために身を粉にして働き生涯独身を貫

き通した石垣りんさん、それに本章の㈢で詳述した石牟礼道子さんや水俣病の患者さんたちもまたその数に入れることができるであろう。

これら石垣りんさんや石牟礼道子さん、それに水俣病の患者さんたちは、そのおのおのがこのうえなく激しい苦難な生を生きつつも、しかし他方では他人にはとうてい推し測ることのできない大いなる秘かな喜びや、何かとてもすがすがしく、さわやかな満足感・充実感を感じさせるとはいえないだろうか。いやそれは、今うえであげた愛に生きるすべての人々、それと意識してにしろ無意識にしろイエスを模範としてこれに付き従い愛を実践するすべての人々に妥当することとはいえないだろうか。

ここで一言しておくと、イエスを模範としてこれに付き従う人々は、たとえばマザー・テレサやキング牧師のごとく、必ずしもみずからそれを自覚してこれを実践する人ばかりとはかぎらない。第八章の最後で詳論するように、イエスを教祖として仰ぐキリスト教以外の宗教、それらを信じる人々のなかにもじっさいそれは存在するし、いやそもそも宗教とかといったものをまったく信じていない人々、そういう人々のなかにも、現にこれは存在しうるのだ。これを筆者は、カール・ラーナーの「匿名のキリスト者」に倣って「匿名の宗教者」と名づけたい。

それはともかく、突然私事となってはなはだ恐縮だが、ここであえてわが母の名、おこがましいが、しかし、筆者が衷心より敬愛するわが母の名も加えておきたい。

母は、生涯激しい苦労の連続だった。筆者と筆者の双子の弟がまだ小学校に入る一年前の秋、父が出張先の天草で生命にかかわる交通事故に遭遇した。筆者と筆者の弟、そして五歳年上の姉はもう床につき、当時高校一年生の兄だけがまだ母と一緒に起きていて、美空ひばりの歌をラジオで聴いていたある夜八時頃、突然玄関を激しく叩く音がして、「夫危篤、すぐ来られたし」という電報が届いた。その父の事故は、翌朝新聞に載るほどの大きなものだった。

さて、わが家は名古屋にあった。当時名古屋から九州の天草までは片道だけで一日半かかった。で、取るものも取らず母は父のもとへと馳せ参じた。筆者らが翌朝眼をさましたとき、母はもう家にはいなかった。

それからの数年間、わが家は文字通りの生き地獄であり、家庭崩壊寸前だった。

兄は、まだ高校一年生だったにもかかわらず、小さい弟のわれわれ二人と妹のために母が留守の半年間親代わりとなって必死に世話をしてくれた。それゆえ兄は、進学校に在籍していたにもかかわらず、ろくに勉強もできなくなった。

その後半年してやっと父が帰宅したのちも、しかし天草での手術の経過が悪く、名古屋の大学病院でふたたび入院、手術となった。この父の看病と子供の世話、家事に、母は毎日死に物狂いで働いた。

そのうえ母には、さらに追い打ちがかかった。兄が、幼い妹弟のためにすべてを投げ打って文字通り全力で世話したことによるあまりのストレスでノイローゼにかかってしまったのである。いや、最初は精神統合失調症と疑われ、一週間強制入院させられるほどの重症だった。

そのノイローゼがいくぶん癒えたのち兄は、この父の事故を巡る会社とのかかわりで社会の矛盾に大いに憤り、いまだ高校生で共産党に入党し、学校で「赤旗」ばかりを配るといった有り様で、先生たちからも激しく睨まれた。

その後兄は高校を「休学」し――兄自身としては「退学」のつもりであったが、そしてそんな問題生など、学校としては早く縁を切りたかったにもかかわらず、母が兄に内緒で学校と粘り強く交渉し「休学」にしてもらっていた――、親の大反対を押し切って上京し共産党の活動に専念する始末であった。けれども、けっきょく兄は身心共に疲れ果てて帰郷し、「タンカを切ってやめたつもり」の高校にふたたびもどることとなり、その屈辱感から今度は非行に走ってしまった。貧しいわが家からできるだけ金目のものを何度も持ち出し、喧嘩などにもかかわった。

ところが父は、自分は自分で重度の障害者となり、会社もつづけられるかどうかも分からず、将来が大不安でたまらないのにくわえ、息子がこの有り様だから、その耐えがたい不安をすべては母にぶつけて怒鳴り散らした。

夜雨戸を閉めていても、隣りに聞えるほどの激しいもの、「あんな奴殺してしまえ！」という怒鳴り声だった。そばで聞いていて、幼い筆者はとてもたまらない心地であった。思い余った母はやはり父が激しく怒鳴っていたある夜、それを黙ってじっときいていた末に静かに「お暇をいただきます」と父にいって家を出ようとした。父は、びっくりして片足でぴょんぴょん跳びながら母をとめ、娘にも必死でとめさせた。

それで母は思いとどまり、台所で夜通ししくしく泣いていた。父の怒鳴り声は、それから治まったように思われる。片足を失った父は、母がいなければ生きていけなかったからだろう。

それはともかく、こうして兄は高校を三年間留年した。最後は高校のお情けでやっと卒業させてもらったようなものである。卒業できる学力は、とうていなかったからである。

その頃の母の状況はといえば、長男は大問題をかかえてその解決の糸口もみつからない。重度障害者となった夫は自分じしんと息子の不安を激しく怒鳴ってすべて母にぶつけてくる。下の子供三人はまだ幼い、おまけに金もない、等々まさに出口なき絶望だった。

その母の忙然自失の絶望がどれほどのものであったか、それを示す二つの事例が存在する。

のちの母の言葉によると、その頃、街を歩いていて他人から声をかけられたことが二度あったという。一つは、家の近くを歩いているさい、前から歩いて来たサラリーマン風の男性からとつぜん「奥さん、大丈夫ですか？」と声をかけられ、ふと我に返ったというものである。もう一つはやはり当時名古屋駅の前を歩いていたとき、キリスト教のシスターの一人がそっと近寄ってきて「お祈りしてみませんか？」と声をかけてきたというものである。その時母は、「駄目だ、駄目だ、宗教に逃げては駄目だ」と内心思ったという。

その難関も何とか突破したのちも、重い障害を負った夫を支えて母の苦労はひとしおだった。

後述するごとく、父が死病にとりつかれた臨終の前夜、看病に疲れ切った母はマッサージをうけていた。その親しいマッサージ師に、母がつくづくと「あの人の足には苦労した」といっていたのをはっきり覚えている。じっさい眼にはみえない苦労があったのだろう。

それはともかく、筆者らが小学六年生のとき、あの恐怖の伊勢湾台風があった。そのときは母は、ただ一室をのぞいて大雨もりがするなか、家中をくるくる動き廻って一人で必死に台風と戦った。兄は京都の大学で留守だった。当然父は、ろくに動けなかった。他の子供三人はまだ小さくて大して役には立たなかった。あるとき雨戸を突き破って隣家の屋根瓦がやにわに飛びこんできて、あわや子供の頭に直撃するところであった。その直前まで、二人はその場にいて立ち話していたからである。もし頭にでも直撃していたらどうなっていたか、考えただけでも恐ろしい。台風が大荒れの真最中に、はたして救急車はこられたのか。もしこられたとしても、母たちは、子供らのことと台風への対処と、それら両方に対応を迫られて、まさにパニックとなっていたことだろう。だが、さいわい、その難は免れた。

さて、母は父と一緒に畳をはがし、その穴のあいた大きな窓にこれを立てかけ入り込む強風を防いだ。ところが、最後には玄関の壁が大きく崩れ始めた。これでさらに近くの川が氾濫したらどうなるか。子供心に万事窮す、といった感じでとても怖かった。それはともかく、洪水となったら夫はどうする？　子供たちは何とか屋根に逃がすとしても、重度障害者の夫には、それはとうてい無理である。せいぜい子供の二段ベッドの上にあげるだけが精一杯だ。夫だけ残して自分だけ逃げるわけにはいかない。いや、自分が逃げなければ、残された幼ない子供たちはどうなる、等々といったことが、その時の母の頭を走馬燈のように駆け巡ったにちがいない。いや、むしろ、そんなことを考える暇もなかったかもしれない。激しく荒れ狂う台風への対応だけで精一杯だったかもしれない。

その時の怖しさは、今でもはっきりと覚えている。もとより父は、父なりに必死に動いていた。しかし、重度障害者としての限界がおのずから存在していた。母がほぼひとりで、父の出す指示を受けながらまるで独楽鼠のように一晩中家のなかを動き廻っていた。

さいわい朝方になって台風は治まっていった。いずれにせよ、これもまた、父が片足ゆえの母の苦労のほんの一つといってよいだろう。

さて、長男がほぼ一〇年かかってやっと立ち直ったかと思うと今度は次男が、自分が望んだ大学に首尾よく入学できたかと思っていた矢先、長男と同じく重いノイローゼにかかり、口もろくにきかなくなった。七年くらいしてそれもやっと治ったかと思うと、一年ばかりして今度は重度の鬱に倒れる。娘は娘で、せっかく才能があるのにもったいないと先生に推められ、親にも推められてもこれを拒否して大学進学をやめ、それでも好きな相手と結婚したかと思うと今度は離婚、かなり増えてきていたとはいえまだ少なかった「好き」な相手との離婚である。

末の息子は、志望する大学院になかなか入れず、これも母にとっては大きな心配事だったことだろう。ところで母は特定の宗教は信じていなかった。いやむしろこれを拒否していた。宗教は、自分の弱さによる現実逃避だと思っていたのだろう。だが、しかし、もっと大きな広い宗教心といったものはしかともっていた。

筆者がまだ小さかった頃、母と同じ布団で寝ていたとき、灯を消したあと母が、「ナムアミダブツ　ナムアミダブツ」と小さな声で唱えていたのを今もなお鮮明に覚えているからである。

ところで、ここで話は一見大きく飛ぶけれど、父は、さいわい重度障害者になりつつも、会社に通いつづけることができ定年後も嘱託として勤めることができた。

ここにも母の先見の明が働いていた。すなわち母は、父が出張先で交通事故にあったさい、当時の父の上司とかけ合って、生涯父を会社に勤めさせてもらえるよう頼み込み、その承諾をえていて、さいわいその上司が社長に昇進していたので、その母との約束が守られたのだ。

その父は、六七歳で癌となり、余命わずか三カ月と、父には内緒で家族にのみ告知された。その後父はどんどん衰えていき、最後の一週間くらいはほとんどもう何もたべられなくなった。水もろくに飲めなくなった。その父はとても宗教嫌いのようであった。ある晩母が、父に「神様にお祈りしたら！」といったところ「そんなの信じない」と父は答えたという。

臨終の三日くらい前から父はもう瞼を閉じなくなった。開きっ放しなのである。瞼を閉じる力がなくなったのではない。自分で意識して閉じなくなったのである。

それを不思議に思った母が、「どうして瞼を閉じないの？　疲れるでしょう！」といったところ父は、「閉じるのが怖い！」といったそうだ。瞼を閉じた一瞬の闇、ふつうは誰も感じないこの一瞬の闇、それが死に直結するのではないか、と父は怖れおののいたのだ。臨終の床にある人間にとって、死とはそれほどに怖ろしいものなのである。

ちなみに、その父は、臨終のあと両の眼が閉じていなかった。それで、弟がそれを閉じさせてやろうと必死で試みたけれど、瞼が硬くこわばってどうしても十分には閉じさせることができなかった。それほどに、父はかっと眼を長い間見開いていたのだ。瞼を閉じるほんの一瞬の闇が恐ろしく怖かったのである。

さて、いよいよ臨終の日がやってきた。その頃はもう父はやせ細って文字通り骸骨のような骨ばかりの顔となり、口はきけず、開くことさえできなくなっていた。

でも意識だけははっきりしていた。そこで私は、思い切って父にこう強くいった。「ナムアミダブツを唱えよ、こうなったらもうそれしかない！」と。

と、宗教をまるで信じていなかった父、しかももう口を開くこともできなくなっていた父、その父がその息子の声をきくや、こちらがびっくりするほどの大きな口を開け、そしてそれを強く閉じて、歯をカチンと鳴らしたのである。

おそらく「分かった！」ということだろう。

それから父は、多分心の中で念仏を唱えつづけたことだろう。ここになってやっとストンと仏様が信じられたのだ。いや、それに賭けたのかもしれない。

そのせいか、その後三〇分くらいして息をひきとるまで父は、わりと平静であった。ただ両の腕に油汗をかいているぐらいであった。

その筆者の父への呼びかけをそばで聴いていた母が、父の逝ったあと眼に涙を浮かべてこういった。

「秀がああいってくれたので、この人は救われた！」と。

思うに法然や親鸞の時代の一般民衆、地を這いずりまわって文字通りの生き地獄を味わっていた「賤民」たち、自分はとうてい救われないと諦めていた「賤民」たち、かれらもまた法然や親鸞の、「念仏を唱えれば救われる！みな救われる」という力強い言葉を聴いて、この父のようにストンとこれを信じられたのではあるまいか。

いずれにせよ、こういう母に特定の宗教の信心はなかったが、しかし、もっと深い信心がたしかにあった。すなわちそれは、何か自分をはるかに超えた大いなるものにしかと包まれているという感覚、そしてそれに帰依し、その御意に添うて最善を尽くしていこうという信心である。ともあれ、このように「天」の御意のままに愛を実践しつつおのが我執を捨てて最善を尽くし生きること、まさにそこにこそ本当の幸せはあるのだといわねばならない。

さて、その母は、ほとんど学歴がなかったため生涯安月給だった夫のその給料を自分の才覚でうまくやりくりし、晩年には少し金銭的ゆとりもできた。こうして母は、苦労がとりわけ大きかったにもかかわらず、自分の最愛の子供たちみなから深く慕われ、とりわけ晩年は充実し満足した日々を送った。

筆者がドイツに留学していたときには、姉と弟と一緒にやってきて、一週間とても楽しい家族旅行をした。息子のひとりは下手でも一応ドイツ語の通訳をしてくれ、もうひとりの息子は旅の計画を綿密に立ててくれる。娘も夢の海外旅行で大喜びである。母としてこんなに嬉しいことはめったにあるまい。これを寿ぐかのように、天気も毎日とてもすばらしい晴れの日つづきであった。

家族への愛、もとよりそれもひとつの大きな愛なのだ。この母の生き方は、先述した石垣りんさんのそれに深く相通ずるものといっていいだろう。世が世なら、母は、今の多くの権力衝動的キャリア・ウーマンとは根本的に異なる石垣さんの立場、すなわち「愛情に裏打ちされて政治や経済や文学を語る」という立場をあるいは実行できていたかもしれない。息子の眼からみても、母はたしかにそれだけの才能の持ち主であったからである。じっさいは母は、身近な親戚はもとより他人からも、その聡明さ、たくましさ、優しさがいつも高く評価され、こんな人これまで見たことがない、といわれたりしていた。だから、親戚のもめごとには、よく仲裁役として母が駆り出されていた。

さて、私事まで語ってはなはだ恐縮だが、しかし以上のべたように意識的・無意識的にイエスに従う愛の人々は、現にこの世界に多く存在するのだといわねばならない。

### (2) インマヌエル哲学の宗教心と現代のエゴイズム的ニヒリズム

ところで、今うえでのべた母のこの広い意味での宗教心、それはたんに母ひとりにかぎらず、日本人の多く、少なくともかつての日本人の多くには、たしかに存在したのではなかろうか。その証左のひとつとして筆者が小さい頃はよく、何か悪いことをすると、大人たちから「お天道様がみてるよ!」と窘《たしな》められたものである。たとい他人には分からないようにやったとしても、悪いことをすればそれはすべてお天道様に見られているという感覚である。だから悪いことはできない。できるだけお天道様の御意に添うて善いことをしよう、と。そう思いつつまた他方では、日本もまだ貧しかったこともあり、隣近所と扶け合い、励まし合い、労り合って生きていたのではなかったか。

それはさておき、ここで上述した「お天道様」感覚と基本的に同じもの、それを大岡昇平のあの名作『野火』からこれを明らかにしておこう。

この小説『野火』の主人公・田村は、激戦地でのあまりの飢えに耐えかねて、あるときふと傍らに横たわる友軍兵士の屍体をみ、その肉を思わずたべたいという衝動に襲われる。ところが、しかし、まさにそのとき、「誰かに見られている」という感覚に襲われそれを思いとどまる。

ちなみに田村はクリスチャンである。いや、たといクリスチャンであろうとなかろうと、人間は、田村のような極限状況におかれとてつもなく疚しいことを心に抱いたとき、いや、たといそうではなくても、何か悪いことに心が動かされようとしたとき、そういったときに「自分を見る何か他者」の存在を往々にして感じることがあるのではなかろうか。これ、まさにこれこそが、あのイエスの宗教、いや約二〇〇〇年の時を隔てて今日それに直結するわがインマヌエルの哲学の神、それの素朴な形といってよい。いずれにせよ、かかる神の存在なしには、たといいかなる倫理・道徳もとうてい成り立ちようがないといわねばならない。

これに対して、あるいはこんな反論が起こってくるかもしれない。

いや、今さらそんなことをいっても仕方がない。現代は大きく変わった。今やＩＴやＡＩの時代だ。科学の時代だ。にもかかわらず、今頃そんなことをいうのは、たんなる感傷だ。「古き良き時代」への徒らな郷愁にすぎない、と。

もとより、現代が本当に幸せな時代になっているのなら当然それでいい。しかし、どうみてもそうとは思われない。世界の隅々にまで退廃的ニヒリズムが蔓延・浸透し、まるでゾンビのごとき人間たちがそこいらじゅうを徘徊している、それが現代世界の現状ではあるまいか。

それを明らかにするものとしてまず日本の若者に目をやれば、既述したごとく一九七〇年頃から現われた無気力・無関心・無感動・無責任、あるいはシラケといったいわゆる三無主義ないし四無主義の出現。その後もそれが改まるどころかいよいよその勢いをましてＫＹ（「空気をよむ・よまない」）現象として、まわりの「空気」を「よま」なければ生きていけない若者の群れ。かくて学校の授業でも、イエスかノーの質問にすらろくに手があげられない始末。廻りが気になって自分の手もあげられない若者の群れ。いやそれにとどまらない、その後は「さとり世代」とかさらに「ゆ～とおり世代」とかといわれるように、まさに生命力の低下としか思われない若者の群れ。いやかつてのそういう「若者」たちが今や「大人」になっているのだ。

視点をかえれば、引きこもりとかニートとかといわれる人々の群れも新たに現われている。これはたんに日本にかぎらず、資本主義諸国全体にみられる現象である。いや、これらはもともと欧米から広まってきた現象である。まさにこれこそ、現代の退廃的ニヒリズムの具体的現われといわねばならない。
いや、そればかりではない。今日では、家庭内殺人や無差別殺傷事件、いじめ、子供虐待、老人虐待、障害者虐待、性的虐待・暴行、老人を狙ったオレオレ詐欺、オヤジ狩り、ホームレス狩り、登下校時の児童誘拐・殺害、ストカー（殺人）等々があとを絶たない。

これらの現象をみるかぎり、現代人の心はどうみても病み廃《す》たれているとしか思われない。いや、それどころか、本当の心の病気である鬱やノイローゼが世界中に蔓延している。かくして現代社会は、それじしんがほぼ完全に病んでいるといわざるをえない。そのさい、思うに、その根柢には、あの深いニヒリズム、極度のエゴイズム、弱肉強食の資本主義、そしてさらにそれらと深く結びついた科学万能主義、そこに巣喰う「根源悪」としての傲慢・不遜が頑として横たわるといわねばならない。

じっさい今日では、テレビでも新聞でも、何でも一言「科学」といえばほとんど誰もがこれを信じてしまう。それが正しいとかたく信じる。要するに、今日では「科学」が「神」なのだ。科学が「神」に取って代わったのである。科学が「神」の位置を奪い取ったのだ。

かくして、「幸福実現党」という別の名をもちつつ日本の核武装を主張する、とうてい真の宗教とはいいがたいエセ宗教が、みずからは「科学」という言葉をくっつけ「幸福の科学」とかと名乗って多くの素朴な信者をたぶらかし集める、そんな輩も現われるのだ。

これが、現代の科学万能主義のあからさまな真実なのだ。たとえば、子供でも、現代は生殖細胞や遺伝子の段階で人工的に操作できる時代なのである。代理母で産まれてくる子供やデザイナー・ベビー、あるいはまた三人の親の遺伝子をもつ子供の存在がそれである。いや、もとを正せば体外受精の容認そのものが、まぎれもなきパンドラの箱を開けたのであり、そこには生まれてくる胎児や子供の視点はまったく欠落している。産む親の立場だけ、ただそれだけが、必要以上に重くうけとめられている。いったいそれは、大人のエゴイズム、果てしなきエゴイズムとはいえないだろうか。いずれにせよ、ここにもまた現代人の度しがたいエゴイズム的傲岸が如実に現われているといわねばならない。

とまれ、こういった傲慢な科学万能主義もまた、ニヒリズムやエゴイズムさらに資本主義の弱肉強食と同様に、現代人の心をそれとは知れず深く強く蝕んでいるといってはいいすぎだろうか。

こうして明らかなることは、今こそわれわれは、科学万能主義や弱肉強食の資本主義、さらに人間中心主義的エゴイズム、それらとかたく結びついたニヒリズム、それが本当に人間の幸せにつながるのかどうか、そのニヒリズムが否定し放棄した宗教、否、たとえばイエスの宗教といった、けだし正真正銘の宗教、それが本当に虚偽なのか、その点について今一度、底の底まで徹底して考えに考え抜くことが必要なのではあるまいか。今こそ、イエス・ルネサンス、いいかえればかのイエスの革命を現代世界にふたたび新たに甦らせるべきときではなかろうか。

さて、話が大きく脇に逸れたが、しかし、本節で筆者がいいたかったこと、それは、それと意識してにせよ無意識にせよ、イエスに倣って、自己の力のおよぶかぎり愛を実践し、おのが我執を捨てて生き抜かんとした人々の、それはこの世界にたしかに、しかも少なからず存在するということである。その一端の身近な例として石垣りんさんや石牟礼道子さん、さらに水俣病の患者さんたち、そうしてあえておこがましくもわが母をあげたのである。

しかしながら、こういった人々も、国際ＮＧＯやフリージャーナリストらごくかぎられた人々をのぞいて、今日市井では急激に減っているように思われる。それにかわって強度のエゴイズムに冒された非主体的人間が、巷にあふれかえっているとはいえまいか。

## 三　釈迦の根本思想とその生

### ㈠　無我の思想

さて二の㈠と㈡では、イエスの言葉を手がかりとしつつイエスがその我執やものごとへの囚われ執着からいったい根本的に解放されていたのかどうか、その点を考察しつつ、神の御意に即して徹頭徹尾愛に生き抜いたその生をも考慮に入れるなら、イエスにはたしかにそれができていたのだと結論づけた。

イエスの残した数々の言葉がそれを裏づけるばかりではなく、残虐極まりない十字架上の死に到るまで神の御意のままに徹底的に愛を貫き通すには、それができていなくてはとうてい不可能だったと思われるからである。では、その点、釈迦はどうであっただろうか。いったい釈迦は、本当に我欲・我執を根本的に超克できていたのだろうか。もしできていたとするならば、それはそも、どのようにしてであっただろうか。ところが、これが、正直のところ筆者にはよく分からない。

仏教徒の方が聞いたらすこぶる不謹慎とも思われるうえのごとき言葉を、しかし筆者はどうしても禁じえないのである。なるほど釈迦にあっても、この点についてのいろいろな教え、たとえば苦諦・集諦《じってい》・滅諦・道諦の四諦とか、正見・正思惟・正語・正業・正命・正精進・正念・正定なる八正道、あるいは仏・法・僧の三宝、さらにはまた戒・定・慧の三学、縁起や、無我といった教えがある。けれども、しかし、それらの教えで本当に我欲・我執が根本的に克服できるといってよいのだろうか、正直のところ筆者には疑いなきをえない。その理由はといえば、すなわちこうである。

イエスにあっての根本思想とその生とは、まず第一に絶対・無限・永遠なる父なる神に徹底的に目覚め、かくてこれを信じ信頼しつつその御意に添ってどこまでも誠実に生きていくこと、そうすることによってその神の大いなる御力にあずかり、もって我欲・我執、ものへの囚われ執着から根本的に解放され、かくて愛を実践してゆくということにほかならない。

ところが釈迦にあっては、この絶対・無限・永遠なる方、大いなる方へのたしかな目覚めがじっさいにあったのかどうか、もしあったとしてそれはどこまでだったのか、あるいはまたその大いなる方への信頼はいったいどれほどだったのか、以上これらの点がすこぶる曖昧なのである。

かくして、釈迦の無我の教えの有力な解釈の一つのごとく、この自分は何ら常住不変の実体でも本態でもない、たんなるいろいろな要素の集合体にすぎない、その意味で無我だ、無常だ、その点をしかと悟るなら、なんら我《われ》に執われる必要など何もない、いやもともと我執などというものは存在すらしないのだ、なぜといって常住本態としての我などどこにも存在しはしないのだから、といくらいいつのっても、それで我執が根本的に超克されるとは思われない。少なくとも筆者にはそう思われる。

が、しかし、結論をそんなに急ぐ前に、釈迦の教えについてもう少し詳しく考察しよう。釈迦の教えをごくごくかんたんにいうならば、悟りを開き我執・煩悩を去るには、八正道、つまりは人としての正しい行ないを守りつつ、三宝を拝して修業・瞑想し、縁起の法つまりは真理を覚知し、もって無我となること、いやひとはもともとと無我なる存在だと自覚することだ、ということといってよい。

ここで縁起の法とは、この世のすべてのものは人間を含めて何一つ常住不変のものは何もなく、みなことごとく互いにいわば相依・相関的にかかわっている。そういうかかわりのなかでのみあらゆるものは成り立っているというものである。いいかえれば、この世界のすべてのものは互いが互いにかかわりあって成り立っている、だからそれ自身で独立自存するもの、常住不変のもの、そういった意味での本態とか実体とかといったものは何もない、要するに無我なのだということである。

かくして、そういう自分とこの世界の無我をしかと悟ること、それが、それこそが我執・煩悩から根本的に解放されうる真に正しい道なのだと。ところが、しかし、この肝心要の無我ということのその意味が、じつは今ひとつはっきりしない。

佐々木閑氏など仏教界の多くの人の見解では、無我とは自我のないこと、常住不変の本態や実体としての自我がないこと、と解している。しかし、そのように悟ること、それは、人間に本当にできるのだろうか。なんとなれば、自我という意識、いつも連続している自分という意識、それはふつう人間に不可避のことだからである。いや、ただものごとに集中しているときや、いつもの習慣的なことでほとんど何も考えずいわば自動的に事をなしているとき、あるいは道元もすぐあとでいうように、対象や相手の求め・働きかけに応じてそれを先立てつつ、反対に自分の思いや工夫・図らいはこれを後にする、という意味以外、それはほぼ不可能に近いというべきではなかろうか。

いったい釈迦の無我の教えとは、そもそもそういう意味であったのだろうか。少なくともこういう意味を含んでいたのだろうか。『正法眼蔵』の「現成公案」における道元のあの有名な一節、すなわち

「自己をはこびて万法を修証するを迷いとす。万法《まんぽう》すすみて自己を修証するはさとりなり（中略）仏道をな

らふといふは、自己をならふなり。自己をならふといふは、自己をわするるなり。自己をわするるといふは、万法に証せらるるなり」。

というのは、ひょっとして釈迦のこの無我の教えから深く学びつつ自己の長年の座禅修業の果てにしかとこれをつかみとったものというべきなのか。だが、しかし、ここで道元のいっていることは、たんに自我がないということではありえない。自我を忘れる、ということである。自我があっても、それを忘れる、ということである。自我を先立てない、ということである。

その点、佐々木氏や仏教界の多くの人の見解は、はたしてどこまで正しいといえるのか。いや、かりに自我が一つの常住不変の実体や本態ではなくてさまざまな関係性のなかのいろいろな要素の集合体だということ、それをしかと悟ること、それがひっきょう無我を悟るということ、言葉以前の言語道断の根本的事実としてこれをしかと悟ること、たといそうだとしても、しかし果たしてそれで本当に我執から根本的に解放されることができるのだろうか。なぜならたといその場合でも、刻々生成消滅しつつ、しかもいろいろな関係性のなかのさまざまな要素の集合体としてのその自我は、やはり厳として存在する、だからその集合体としての自我に囚われ執着するということは、やはり起こりうるといってよいからである。いや、じっさいそうではなかろうか。

ところで、無我とはひっきょう自我のないことだ、というと、西洋人などはひどくびっくりし、いったいそれは何のことかと怪かしく思うという。じっさいわれわれは、ほとんどみな自我という意識をもって生きているのであるからだ。

たとい常住不変の実体ないし本態ではなくて、いろいろな関係性のなかのさまざまな要素の集合体なのだとしても、それでも自我は自我としてやはり存在するというべきだろう。

かくしてこの点に疑問を呈しつつ、また別の見解をとる仏教学者もいる。

世界的に有名な仏教学者・中村元氏がそれである。氏によると、無我とはたんに自我がないことではなくて、我執がないことだという。さきの道元の立場、我を忘れる忘我にあっては、とうぜん我執も断たれているから、その意味では、道元の立場こそこの中村元氏の無我の思想に近いといってよいかもしれない。ちなみに氏によると自我ないし自己には、本来否定されるべき自己と肯定されるべき自己がある、この本来肯定されるべき自己を打ち立ててそれに依り頼め、そうしてそれには何よりもまず自己を忘れて自己のやるべきことに全力を尽くすことだ、それが、それこそがあとでもいう釈迦最晩年の教え「自燈明」ということのほかならぬその意味なのである。

それはともかくかかる忘我の立場に立ったとき、いや立てたとき、それが、それこそがけだし仏教のいう悟りであり我執・煩悩の根本的克服なのかもしれない。仮にそうだとしたら、八正道などの教えをかたく守りつつ修業・瞑想すること、それこそ無我となる道であって、それが即ちまた悟りであり我執・煩悩からの根本的解放だということになる。とするとしかし、このばあいの無我とは、ひっきょうすべての人間が無我だということではなくて、ついに無我となること、それこそが仏教の究極目標だということになる。けれども、それは明らかに間違いだろう。

釈迦の無我の教えには、明らかに自分を含めたすべてのもの・いちいちのもの、この世界のなかのあらゆるものに実体がない、常住不変の本態がない、という意味がたしかに含意されているからである。けだし釈迦の根本的な教えとは、自分には本来何らの実体や本態はない、それゆえにまた我執といったものもない、と悟って無我となること、つまり本来自分は無我であると悟って無我となること、この一見同語反復的なことなのではなかろうか。いいかえれば、無我とは、まず第一に人間を含めたこの世界のすべてのものは何ら常住不変の実体のないものだということ、したがって第二にその根源的事実をしかと悟ってみずから無我となること、つまりは我執・囚われから根本的に解放された自己となること、そういうことなのではあるまいか。

しかしながら、かりにそうだとしたら、そんなことが本当に可能だといってよいのだろうか。たとい自分や世界を常住不変の実体や本態ではないと悟ったとしても、身を慎み、瞑想に精進しつつ、かかる事実を正しい知恵をもってこれをよし首尾よく獲得することができたとしても、あるいは言葉を絶した言語道断の直観としてこれをしかと自覚することができたとしても、それで果たして本当におのが我執から根本的に解放されることができるのだろうか。少なくとも筆者には疑いなきをえない。

ところで、ここでひとつ筆者の見解をのべておきたい。思うに無我とはまず第一に無我の我としての大悲・大慈、つまりは永遠の仏のことにほかならず、そうして第二にその永遠の仏に目覚めること、それが、それこそがとりもなおさず悟りであり、また我執・煩悩から根本的に解放されうるためのその必要不可欠の第一歩なのである。けだし釈迦の没後約五〇〇年たって起こる在家の仏教革新運動・大乗仏教は、あるいはそう考えたのではあるまいか。大乗仏教のとても重要な経典の一つ法華経には、周知のごとく「久遠実成《じつじょう》の釈迦牟尼仏」、つまりは永遠の仏の思想がしかと説かれているからである。

しかし、それにしても、永遠の仏なるいわば無我の我にたしかに目覚めることができたとしても、それでただちに我執や煩悩から根本的に解放されることができるだろうか。が、しかし、ここにはたしかに、あのイエスにも相通ずる思想がしかとある。永遠の仏や神に目覚めその御意に即して生きること、それが、それこそが、我執・煩悩から根本的に解放されて愛に生きるそのための必要不可欠なもの、そのためのもっとも重要な第一歩、というそのことは、けだし確かなことではあるまいか。

いずれにせよ大乗仏教が、釈迦の無我の教えから上述したごとき無我の我としての大悲・大慈つまりは永遠の仏の思想を学びとったのか、それはかならずしも明らかでない。が、しかし、大乗仏教は、永遠の仏の大悲・大慈の思想をそれじたいとしては少なくとも正しくつかみとっている。

そのさいそれは、ひょっとしたら釈迦の無我の思想から学びつつ、いわば無我の我の思想、つまりは絶対に我欲・我執のない方としての大悲・大慈の思想を新たに打ち樹てたのかもしれない。釈迦の無我の教えが、以上のべた三者、すなわち第一に非実体としての我、第二に無・我執としての我、そうして第三に永遠我としての我のいずれであったのか、あるいはそれらの複合体であったのか、それはかならずしも明らかでない。

しかしながら筆者には、釈迦の考えはともかくこの最後の大乗仏教の大悲・大慈思想、つまりは「久遠実成の釈迦牟尼仏」思想、いやそれを土台にした前二者の考え、それがもっとも真理に近いように思われる。要するに大悲・大慈としての永遠の仏はいわば無我の我ないし無相の自己として厳在し、この永遠の仏によって創られたこの世界、いや時々刻々創られているこの世界、それはすべてのもの・いちいちのものが互いに直接・間接に相関わり合う縁起の世界であって、かりそめにもそれじたいで独立自存する実体とか本態とかといったものではない、そうしてその点はこの世界のなかのそのごく極小の一部にすぎない人間もまったく同様である、かかる大いなる原事実にしかと目覚めるとき、人間はみずからが本来的には何ら我欲・我執にいささかも染まっていないまぎれもなき愛の主体であることが明らかとなり、かくてその本来の主体、つまりは愛の主体として生きていく地歩、それでもなお日々襲いかかる我執や我欲の誘惑と不断に戦いつつ愛を実践する主体として感じ・考え・行動する地歩、いやその第一歩をたしかなものとして獲得できるのである。

少なくとも、わがインマヌエル哲学はそう考える。ちなみに今いった永遠の仏とは、あるいは神といいかえても何ら差し支えない。大乗仏教の永遠の仏とキリスト教の神、少なくともイエスにとっての「父なる神」は、本質的にはまったく同一のものといってよいからである。

## (二) 悟りに到る道

### (1) 釈迦における悟りへの道

さて、ここでしかし話題を少し変えてみたい。これまでのべてきた無我の境地を獲得するには、釈迦によれば八正道、つまり八つの正しい道にいそしむことが必要だという。要するに正しく見、正しく考え、正しく語り、正しく行動し、正しく生活し、正しく努力し、正しく瞑想する等々、といった正しい行ない・働きが必要だ、と。かくしてここでは、広義における正しい修業が、無我となり悟りを開き煩悩を去るためのいわば手段ないし必要条件とされている。これはしかし、いったい本当に正しいといえるだろうか。

釈迦のばあいこの八正道の教えは、何よりもまず修業共同体としてのサンガにおけるいわばルールとしての戒や律を正しく守ることに相伴っているといっていいだろう。要するに、サンガにおける正しい生活や修業、それが、無我を悟って無我となり、かくて悟りを開く道であり手段なのだということだろう。しかしながら、翻って思えば、本来悟りが得られてこそ初めて、真に正しい生活や行為あるいは考え等が可能となるのではなかろうか。サンガを例にとっていうならば、その戒や律がいわば他律として外や内からいわば強制されてではなく、逆に真に正しい主体的な自発性や自律性としてみずから進んで行ない守ることができるのは、思うに悟りの前よりもむしろ後だというべきではなかろうか。

とすると、ここで一つとても興味深い事実に気づかされるといっていい。あの道元の有名な思想、つまりは「本証妙修」「修証一等」が他ならぬそれである。[21]が、しかし、そこに入る前に、まず道元の悟りそのものをそれとしてできるかぎり詳細に明らかにしたいと思う。

## (2) 道元における悟りへの道

### (a) 「忘我」としての悟り

#### (イ) 「自己探求」としての「仏道」

道元は、今から八〇〇年くらい前の鎌倉時代初期の禅僧である。長年、座禅修行し中国の宋にも渡って、そこで五年間修業し、如浄という師に出会い、身心脱落・脱落身心という悟りを開いたのち帰国し、福井県に永平寺という寺を建て、曹洞宗という禅宗を開いた人物である。その著書には、『正法眼蔵』とか『永平廣録』とかといったすこぶる大きく難解なものがある。その『正法眼蔵』という本に、こんな有名な言葉がある。

「自己をはこびて万法を修証するを迷いとす、万法すすみて自己を修証するはさとりなり。（中略）仏道をならふといふは、自己をならふなり。自己をならふというは、自己を忘るるなり。自己を忘るるといふは、万法に証せらるるなり。万法に証せらるるといふは、自己の身心及び他己の身心をして脱落せしむるなり」（道元『正法眼蔵』現成公案の巻）。

ここでまず、上掲引用句の後半部分の解釈から始めたい。

仏道とは、要するに自己探究である。禅には己事究明という言葉もあるが、これも同じで、仏道とは、自己を究明すること、自己究明にほかならない。あえて言えば、本当の自分自身を探し出すということである。

### (ロ)　ある哲学者における自己探求論・批判への根本的反駁

ところで、自己探求などというと、そんなもの実際にはありえない、という哲学者もいる。本当の自分などというものは、現実にはどこにも存在しない、とそう主張する哲学者もいる。

その代表格は、今日日本で恐らくもっとも有名な元大阪大学学長の鷲田清一氏にほかならない。一度テレビに出ていたので聞いてみたところ、本当の自分なんてものはどこにも存在しないという。それは、いわば玉ねぎと一緒である。芯を求めて一枚一枚皮を剝がしていくと結局芯はなくて最後はからっぽである。玉ねぎに、芯はない。それと同じで、本当の自分なんてものもない、とかれはいう。かれは、現象学者だから、それはあるいは当然の結論かもしれない。現象学の立場に立つと、さけがたくそういった考えになりやすい。そのかれが言うには、自分とは結局「他者にとっての他者」ということである。そこで、そのテレビに一緒に出ていたモデルに質問されて、それならその他者って何ですか、といわれたら、鷲田氏はちょっと慌てて、そりゃまあ友達だとか親だとかそういう人たちですよ、ときわめて常識的なことをいって答えていた。しかしながら、そんな常識レベルのことであるのなら、自分でもわかりきってるのではないのだろうか。誰でも、自分は今ここにいる、今ここにいるのが自分である、と思っているのではないのだろうか。要するに自分は、今ここにいるこの自分だと、ふつう誰でもそう思っている。しかしながら、そんな常識的なことで満足できるのなら、どうして改めて本当の自分とは何かなんて問う必要があるのだろうか。そうではなくて、そういう常識的な自分がなにか訳がわからなくなってきたところ、そこで発せられるのが、「本当の自分って何だろう?」という問いにほかならない。常識的な自分にいわば疑問符がついて、そこで初めて「本当の自分とはそも何か」という問いが生起するのだ。その点、道元でもまったく同様である。鷲田氏がいうようなそんな常識的な自分だったとしたら、もちろん道元にも分かりきっている。

ところが人間は、精神的な危機状態に陥ると、たとえば大病するとか大事故を起こしたりとかして絶望に陥ると、それまで分かったつもりでいた常識的なその自分がまったく分からなくなってしまうのである。この、今まで自分だと思っていたこの自分とは、いったい何者なのか、ひっきょう何を求め、何を生きがい・希望として生きてきたのか。あるいは人生にどんな意味や価値を見出して生きてきたのか、とそうおのずから自分自身に問うようになる。かくて自分の人生に意味や価値や目標、あるいは希望や生きがいが見失われ絶望したとき、そういうときに改めて、けっきょく自分とは何なのか、何を究極の目標・意味・価値・希望、つまるところ生きがいとして生きたらいいのか、生きていったらいいのか、と問い返すことになるのである。そういうとき、そこで問われている本当の自分、それは、もはや常識的な自分ではありえない。それまで自分が、「自分は自分だ」と思ってきた、そういう常識的な自分ではもはやない。いいかえるなら、常識的な自分では、もはや満足できなくなっている。そういうところ、そこではじめて問われる問い、それが「本当の自分とはそも何か」というものにほかならない。

したがって、鷲田氏の答え、「自分とは、他者にとっての他者」だ、というのは、なんの解答にもなってはいない。いずれにせよ、だから、本当の自分とは何か、という問いは、本当の生命の危機を体験しなければ、なかなか発せられることはない。たとえば歯痛くらいしか辛い経験をしたことがない人間には、本当の自分を問う人間の気持ちは分からない。また、その意味していることも分からない。そこで出てくる答えは、たとえば鷲田氏のごとく「他者にとっての他者」だということになる。その他者がもっとはっきり厳密に哲学的に規定されるのならもちろんいい。そこで話を先のテレビにもどすと、そのモデルが、その時こういっていた。「だったら、他者って何、って問うた方がいいわね」と。鷲田氏がいうように「自分とは他者にとっての他者」だというのなら、自分とは何かと問うよりも、もっと端的に他者とは何か、と問うほうがいいだろうと。こう言われて鷲田氏は、きょとんとしていた、虚を突かれた感じであった。しかしながら、自分が何かもわからないのに、他者が何かがわかるだろうか。ところが、鷲田氏のような考え方をすると、自分を問うよりむしろ他者を問うた方が近道だ、ということにならざるをえない。

こうして明らかなように、鷲田氏やその類の批判、つまり本当の自分なんてものはない、そういう批判はまったく当たらない。かれらには、自分というものがまるで分っていない。常識的な自分でいいのなら、改めて哲学する必要はない。ところが、その常識的な自分に満足できなくなったとき、それが崩れ去ったとき、そこで改めて問い返されるもの、それがほかならぬ「本当の自分」というものなのだ。常識的な他者を想定して、「自分とは他者にとっての他者だ」というのは、あまりにもお粗末すぎる。その程度が、いや、むしろその程度だからこそ、この軽佻浮薄の時代には代表的な「哲学」として通るのではなかろうか。が、しかし、哲学は、かりそめにもそんな皮相なものではありえない。そういった常識的なものではない。いや、逆にそういう常識を根本から問い返すもの、それが、それこそが、本当の哲学だといわねばならない。

## (ハ)「常識」に対する根柢的懐疑としての哲学――デカルトに即して

いったい、哲学とは、常識をその根本から問い返すもの、常識をすべて疑ってかかるものにほかならない。あらゆる常識を疑ってかかるところから、はじめて哲学は始まるのである。

それをとりわけ自覚的に行なったもの、それが、一七世紀のフランスの有名な哲学者デカルト(22)にほかならない。

ここで、ごくごく簡単にデカルトの方法的懐疑を説明すると、まず第一に感覚的世界はみな不確かである。たとえば太陽は、朝東からでて夕方西に沈む。しかし、実際には、そうではない。地球の方が、太陽の周りを回っているのである。だから、このばあい、感覚的につかまれていることは事実に反する。この例ひとつからしても、感覚的な世界は、すべて疑わしい。本当かどうかわからない、とまずこれを確認する。

そして、さらにまた彼は、思索を進める。たとえば夢の中、人間はそれが存在していると思っている。しかし夢の中に現われるもの、それらはみな現実にあるものではない。とすると、今、現実だと思っているもの、この世界、今ここも、これも夢かもしれない。今現実だと思っている今ここの状況も、実際は夢の中の出来事かもしれない。今この現実が本当の現実だ、と言える保証はなにもない。したがって、今自分が現実だと思っているもの、それも果たして本当にそうかははなはだ疑わしい。

では、数学的真理はどうか。1＋1＝2。この真理。これは、世界が崩れようと崩れまいと間違いないのではあるまいか。たとえどんなことがあっても、この数学的真理は疑いえないのではなかろうか。そこでデカルトは、いわば悪意のある神を想定する。いつどこででも妥当しうるように思われる数学的真理でも、ひょっとしたら悪意のある神が、自分をだましているのではあるまいか。そう疑えば、疑いえないこともない。結局、すべては疑わしい。

悪意のある神を想定すれば、いつどこでも成り立っていると思われる数学的真理でも、必ずしも確実とはいえない、ということである。ちなみに、当時はまだ現代に比べてずっと神の存在がリアルに感じられていた時代にほかならない。その、神がまだ現代以上にリアルに感じられていた時代にあって、その神がもし悪意のある神だとしたら果してどうか、一見普遍妥当的な数学的真理はそれでも確かか、とデカルトは問い返したのである。そういう方法的懐疑を、デカルトは徹底的に緻密にやった。そのうえで、結局すべては疑わしい、と結論付けた。

ところが、しかし、そこで逆転が生起する。いやまてよ、すべては確かに疑わしい。けれども、これを疑っているこの自分、こういうことを色々疑い考えているこの自分、その自分の存在は、しかしけっしてこれを疑いようがないのではあるまいか。その自分の存在は、いかにしてもこれを疑いえないのではなかろうか。いや、疑っている自分は、結局ある。疑い考えている自分はひっきょう存在する。その考える自己の存在は、けっして疑いえない。疑い考えている自分の存在、これはもうどう疑いようもなく存在する。たしかに存在する。

こうしてかれデカルトが最終的に到達した「疑う自己」「考える自己」の存在は、先述したごとく、たとい悪意ある神を想定しても、なおそれは疑いえない。かりに悪意のある神が自分に何か妄想を抱かせているのだとしても、しかし、妄想を抱かせる以上、その妄想を抱かせられている何かがある。その存在は、これをどうしても疑いえない。だからそれは、数学的真理よりもっと確実だ。だから疑う自己存在は、数学的真理よりもっと確実だと。

ちなみにそれは、夢のばあいでも同様に当てはまる。夢のなかの存在はすべて現実ではないが、しかし、その夢を見てる自分の存在は、これをどう疑っても疑いきれないように確かにある。夢を見ている以上、見ている何かは確かにあるはずであり、そのかぎり自分がいま疑っているこのことがたとい夢だとしても、その夢を見ている自分の存在は、これをもうどう疑おうにも疑いえない、そのように確実だと。デカルトのいいたかったのは、恐らくそういうことである。感覚や夢ばかりではなく、さらにまた悪意の神を想定してまでなお疑いえないもの、それをデカルトは追求したのである。たとえ悪意の神を想定しても、この疑う自己存在は疑いえない、それくらい疑う自己の存在は確実なものなのである。

この考えないし直感を定式化したもの、それがさきほどのべた「我思う、ゆえに我あり（コギト・エルゴ・スム Cogito ergo sum.）」にほかならない。

いずれにせよ、こうしてデカルトは、「我思う、ゆえに我あり」に到達する。それだけは絶対疑いえない、と結論づけ、そこから、彼の哲学が始まる。要するに、今疑っている、考えてる自分の存在は、これはもうどう疑っても疑いようがない。そのように確かにある。

ところで、これは、いわゆる近代的自我の哲学的表現ないし確立といわれる。けれども、ここでつかまれた自分とは、とりもなおさず「考える自分」「疑っている自分」、つまりは「意識としての自分」にほかならない。こうしてかれデカルトは、意識としての自分を肉体から切り離し、いわゆる身心二元論に陥って、それがその後ずっと長年後世に影響を及ぼしてきた。要するに、肉体と意識ないし精神を兼ね備えた人間、これら両者の不可分の綜合としての人間が喪失された。ここに、まさしくここに、かれデカルトの致命的な弱点が存在した。

ところが、近年になり、医学で身体と精神とは切っても切れない密接な関係にあることがわかってきた。こうして、デカルトの考え方、つまり身心二元論は否定されるに至る。医学の世界では、たとえば心身症という病気がある。これは、心に原因があって身体に不調が生じるもので、たとえば胃潰瘍がその典型である。胃潰瘍は、精神的ストレスが原因で身体の一部の胃が冒される病気である。そういったところから、身体と心は密接な関係にあること、不可分であること、それが分かってきた。

だが、しかし、では身体と心とは、人間にあってどこでどう関わりあっているのか。何か密接な関係があることは分かるけれども、しかしそれらは、では互いにどこでどう関わりあっているのか。となると、これが今日でも明らかでない。医学でもわからない。養老孟司という解剖学者も、そう言ってる。

そこで、それに筆者なりに答えんとして書いたもの、それが、拙著『新しき世界観――ニヒリズムを超えて』[23]の第Ⅲ部第三章にほかならない。

そのさい実存的自己とは、身体と心、それら両者を綜合したものとしての自己ということである。要するにデカルトは身体と心を分離してしまったけれど、そうではなくて、それら両者を綜合した事実存在としての実存、すなわち実存的自己として、それを確実に捉えかえさんと試みたもの、それがこの論文にほかならない。

いずれにせよ、こうして明らかなごとく、哲学とは常識にいわば反旗を翻すものなのである。

## (二) デカルトの時代と現代の基本的共通性――精神・実存的な未曽有の危機性

ところで、デカルトの時代は、あらゆるものが疑わしいいわば危機の時代の終わりにあった。そういうなんら確かなものはない危機の時代にあって、デカルトは、これだけは決して疑うことのできない確かなものを求めて常識を一つひとつ疑っていき、そうして最後に、先述したごとく「我思う、ゆえに我あり（コギト・エルゴ・スム）」として、意識する自己の存在を、これだけはもう絶対に疑いえないものとして確立した。

それはともかく、そのデカルトの時代と基本的に酷似しているもの、それがほかならぬ現代である。現代もまた、いわゆる時代の過渡期として、あるいは終末として、すべてが疑わしくなってしまった時代である。確実なものは何もない時代にほかならない。

正常と異常、真理と虚偽、プロとアマ等、すべてこれまではっきりと区別されていたものが、その境がなくなって曖昧模糊となってしまった時代、それが現代である。何を信じて生きていったらいいのかわからない、そういうきわめて不確実な時代、それが現代である。

さらにまた、将来に関しても、何が本当に正しい道か、正しい社会か、それもはっきりしない。資本主義社会に生きていながら、その資本主義社会も、なんだか心もとない。かといって、かつてのように社会主義も信用できない。何が本当に正しくて良いことなのか、それがわからない。

あるいはまた、今日常識の民主主義も、なにか胡散臭いところがある。民主主義という名の、そのじつ反民主主義のにおいもする。民主主義という名の独裁のようにも思われる。大富豪独裁とも思われる。他方、宗教もまた同様に胡散臭いものがすこぶる多い。いや、宗教は、そのすべてがインチキくさい。もはや信じるに値するものは何もない。

そういうなかで、時には自分の存在すら疑わしくなってくる。そこで、リストカットなどをする人もいる。自分の手首を自分で切って、その痛みによって自分の存在を確かめようとする。これは、一見すると離人症という精神疾患に似てもいる。そのさい離人症とは、自分の存在も世界の存在も疑わしくなってしまう、そういう精神疾患にほかならない。なにかぼやーっと、すべてがぼやーっとしてしまう精神疾患である。

精神統合失調症などの回復期にみられる、そういう離人症に似た精神性、それが現代人に支配的な精神性といわねばならない。そういった状況下で、もう一度実存的な自己存在の確立をはかったもの、それが、上述した筆者の拙論である。筆者が、これ以上疑いえないものとしてつかみ取った実存的自己、それについて、その過程を書いたもの、それがこの拙論である。筆者はデカルトと違って、意識する自己、意識的な自己ではなくて、身体と心を綜合した事実存在、つまりは実存、かかるものとしての自己の確立をここで試みたのだ。が、しかし、この点はこれ以上深入りすると、道元の話からあまりに逸れてしまうので、ここではこれまでにしておくことにする。

いずれにせよ、こうして明らかなように現代は、デカルトの時代と同じく人間的精神ないし実存の根本的危機の時代にほかならない。

## ㈭　西洋哲学における根本的テーマとしての「自己探求」

さて、ここで話をもう一度道元の「仏道」すなわち「自己探究」の問題に戻したい。

自己探究といえば、しかし、なにも仏教にかぎったものではない。西洋の哲学でも、もともとはこの自己探究からはじまったといってもいい。したがって、自己探究は、哲学の王道であり、根本テーマの一つといわねばならない。そういう意味からすれば、先に話した鷲田氏らの哲学は、明らかに哲学の王道・本筋からはずれているといわざるをえない。

したがって、ここで西洋哲学のこの王道について、ごくごく簡単に見ておきたい。古代ギリシャの最初の哲学者ともいわれるタレスは、知ることのもっとも難しいものは何か、と問われて、それは自分だと答えたという。つまり、自分を知ることこそ、もっとも難しいと。(24) 鷲田氏のいうように、「他者の他者」などといった常識で満足できるのなら、こんな返答はしないであろう。そんな答えは、誰にでもわかりきっている。そこで、タレスは、その自分をどう捉えたか、それは、浅学非才な筆者には明らかでない。ただ、西洋哲学の最初期の哲学者タレスにとっても、自己を知ること、自分を知ることが一つの大きなテーマだったこと、それは火をみるよりも明らかである。

その後に現れた哲学者、それがソクラテスにほかならない。ソクラテスは、今から約二五〇〇年くらい前の人物であり、その前がタレスである。そのソクラテスで有名な言葉、それがあの「汝自身を知れ」というものである。これは、実はソクラテス自身の言葉ではなく、デルフォイの神託である。

それはともかく、ここで「汝自身を知れ」とは、現代流にいえば、「あなた自身を知れ」ということで、つまりは自分自身を知れ、ということだ。これが当時全ギリシャ人の崇敬を集めていたデルフォイの神託であったということは、この言葉、あるいはそこで言われている内容が、いかに当時のギリシャ人にとって大切なものだったかということだろう。要するに自己探究こそ、当時のギリシャ人にとっても最重要課題の一つだったといっていい。ちなみに、この問いに対するソクラテスの答え、それは後述するごとく、知を愛求する霊魂というものである。

ところで、ソクラテスにはもう一つ有名な言葉がある。つまり「無知の知」が、それである。すなわち、私は知らない、ということを、しかし私は知っていると。当時ソクラテスの周りにはソフィストといって、自分こそ真理を明らかにした、自分は真理を知っている、と豪語する一種の哲学者たちがたくさんいた。それに対しソクラテスは、自分は何も知らない、知者である神に比すれば何ひとつ知らない、けれども、その何も知らないということを、自分はたしかに知っている。自分は、この世界の重要なことに関してはまったく無知だ、しかし、その自分がひっきょう無知だということを、自分はしかと知っている、と。これが、ソクラテスの有名なあの「無知の知」宣言にほかならない。この無知の知でもって、彼はいろいろな他の一種の哲学者たちに問答を持ちかけ、けっきょく彼らも何一つ大切なことは分っていない、ということを暴露した。これが、ソクラテスの有名な辻説法の一面である。

それはともかく、このソクラテスの「無知の知」宣言からすれば、ソクラテスは、かの問いかけ、「汝自身を知れ」という問いかけ、つまりは自己探究の問いかけに対しても、その答えをしかとつかみ取ってはいなかった、といっていいかもしれない。もとより、ソクラテスの「無知の知」は、たんに消極的なものではない、かえって逆に積極的な面へと反転する、その本質的契機となるものである。すなわち、自分がまったく無知だと深く自覚することにより、そこから翻って真実の知へと向かう扉が開かれ、かくて「あたうかぎり知者なる神に似ること」がその最終目標とされるからである。そればかりか、人々に対しても、この「無知の知」のたしかな自覚を与え、かくして真実の知へとかれらを向かわせんとしたのだからである。

それはともかく、ソクラテス自身は、人間的自己存在の本質を、いわば知を愛求する霊魂と考えた。が、しかし、今日のわれわれからみれば、この答えがはなはだ不十分であること、それは火をみるよりも明らかだろう。自己の無知を徹底的に自覚した「知の巨人」ソクラテスですら、この有り様である。かくして明らかなごとく、自己探究とは、われわれ人間にとりそれほど難解なものなのだ。一見、当り前のこの自己についての探究・自己究明、これが実は、とてつもなく難渋な問題なのである。

この自己探究はしかし、やがて哲学の王道から一見消えていく。が、しかし一九世紀に入るや、デンマークの憂愁の哲学者キェルケゴールによってふたたび改めて問い返されることになる。キェルケゴール自身の言葉を引用すると、

「私はどこにいるのでしょう。私は誰なのでしょう。私はどうやってここへやってきたのでしょう。世界と呼ばれるこのものは、いったい何なのでしょう。この言葉は、何を意味するのでしょう。私をこの世界のなかにおびき入れておきながら、いま私をそこにほったらかしにしているものは、はたして誰なのでしょう。私は、誰なのでしょう」[25]。

こうしてキェルケゴールにとっても、自己探究が自分の哲学の根本テーマとなる。そのキェルケゴールの答えは、これを端的にいうなら、神の前に立つ責任性主体、つまりは責任を負う主体、とでもいったらいいだろう。そのさい神とは、キリスト教の神にほかならない。かれは、キリスト教哲学者だからである。けれどもかれは、一方で西洋の伝統的キリスト教を引きずりつつも、しかし他方では、それとはっきり異なるかれ独自のキリスト教をしかとつかみ取っていた。かれ独自の、しかもイエスに直結するキリスト教、本来のキリスト教をたしかにつかみ取っていた。これを逆にいうならば、西洋伝統のキリスト教は、教祖イエスの思想を正しく受け継いではいないということである。が、しかし、この点はまた話が逸れるのでここまでにしておくことにする[26]。

それはともかく、かれのつかんでいた本来のキリスト教は、かれの自己理解とも深く結びついている。そのか

れの自己理解を、かれ自身の言葉で引用するとこうである。

「人間は精神である。しかし、精神とは何か。精神とは自己である。しからば自己とは何か。自己とは、関係がそれみずからへと関係する一つの関係である。あるいはその関係において、その関係がそれみずからに関係するということ、そのことである。つまり自己とは、たんなる関係ではなくて、関係がそれ自身へと関係するということなのである。人間は無限性と有限性との、時間的なものと永遠的なものとの、自由と必然性との綜合、要するに一つの綜合なのである。綜合というのは、二つのもののあいだの関係のことである。が、このように考察されたのでは、人間はまだ自己ではない。（中略）このように派生的に措定された関係が、人間の自己なのであって、それは、それ自身に関係する関係であると共に、それ自身に関係することによって他者に関係するところの関係である(27)」。

これは、『死に至る病』という、キェルケゴールの著作のなかでも最高傑作の、その冒頭に出てくる文章である。きわめて難解な言葉、解釈の難しい言葉である。その解釈は、拙著『新しき世界観――ニヒリズムを超えて』（南窓社）の第Ⅲ部第四章でなされているので、ここでは繰り返さない。ただ一言だけいっておくなら、これは、滝沢インマヌエル哲学の核心、神人の原関係と基本的にまったく同じ根源的本質について語っている、ということである。まさにそれだからこそ、滝沢は、この書を、マルクスの『資本論』と並んで一九世紀の最高傑作と誉称えるのであろう。筆者じしん、キェルケゴールのこの本のこの箇所を初めて読んだささい、「これは、滝沢先生がいっていることとまったく同じだ」と深く納得した。

いずれにせよ、キェルケゴールのこの自己探求哲学は、二〇世紀に入るやいわゆる実存哲学として大きくその影響を与えていくことになる。

## (へ)「常識」に対する根柢的懐疑としての哲学――「存在」「自己存在」への根本的問いと方法的懐疑

ところで、先述したように、哲学とは常識をその根本から問い返すものである。その点をここでもう一度明らかにしておきたい。人間は、その子供時代、三歳くらいのとき、親に対して、それはどうして？　それはなぜ？となんでもかんでも問うてくる、尋ねてくる時期がほぼ必ずある。この子供の素朴な問い、それがまさに哲学の問いなのだ。子供が好奇心をもって問う問い、それが哲学の出発点にほかならない。

あるとき筆者が、近くの公園を散歩しているとき、ある小さな子供が池の中の大きな石の上で甲羅干しをしている亀をみて、母親に、「あれ、なんでしてるの？」と尋ねていたが、これがまさに哲学の問いなのだ。「なんで？」、これが哲学の問いというものなのである。亀はなぜ甲羅干しをするのか？　それも、立派な一つの哲学的な問いなのである。この問いに正確に答えようと思ったら、生物ないし亀についてのそれ相当の知識が必要である。そのさい、そういう知識も、広い意味での哲学の一分野といわねばならない。ところが、こういう子供の素朴な問いに大人は正確に答えられない。それで適当に誤魔化すことが多い。それだけ、素朴だが深い問いだということである。

あるいはまた人間は、物があるとか自分があるとかということ、それは当り前の常識のように思っている。が、しかし、これなども、考えてみれば全然当たり前とはいいがたい。筆者の子供が小さいとき、やはり三歳ぐらいだったか、あるときふと「お父ち、私どこにいるの？」と、問いかけてきたことがある。これも、大きなとても深い哲学的問いの一つにほかならない。

われわれは、通常こういう問いに対して、「今・ここにいる」とあるいは答えるかもしれない。でも、この「今・ここ」とは「いつ・どこ」なのか。ここにはすでに時間や空間が前提とされている。しかし、そもそも時間とか空間といったもの、それはいったい何なのか。それは、どこから生じてどこへ消えていくものなのか。いったい永遠にどこまでも続くものなのか。この宇宙のはじめから始まって、終わるまで続くこの世界に、始めとか終わりとかといったものは果たして本当に存在するのか。あるいは、宇宙は永遠なのか。もしそれがそもそも有限だとしたら、宇宙の初めの前、あるいは宇宙の終わりの後、それは一体どうなっているのか。しかしながら、こういった問い方が、すでにその効力を失っている気がしないでもない。「前」とか「後」とかというのは、すでにこの宇宙の存在を前提として、その内部でのみ意味をもつものともいえるからである。

筆者は、ドイツに留学していたときのある日、宇宙物理学を研究していたドイツ人の友人にこんな質問をしたことがある。いったい宇宙の外は、どうなっているのだ、と。そのときかれは、「外」とか「内」というのは宇宙の内部で言えることだ、だから、宇宙の外に対して「外」という言い方はできない、とそう答えた。これは、それもなるほどな、という答えである。が、しかし、もしそうだとしても、にもかかわらず、われわれは、宇宙誕生の「前」とか宇宙消滅の「後」、あるいは宇宙の「外」とかといったことをどうしても問い返したくなるのではなかろうか。

これこそまさに、哲学の問いといわねばならない。おそらく宇宙物理学では、もはや問うことのできない哲学固有の問いだろう。だから、「今・ここ」ということも、一見当り前で自明のことのように普通われわれは思っているが、しかし、けっしてそうではない。なぜなら、「今・ここ」が分かるためには、時間や空間の本質がわからなければならないが、しかし、それを問いだすと、これは容易に答えられる問題ではないからである。

こうして、哲学の根本的問いとは、ひっきょう「存在を問う」こと、つまり、「物が在る」とはいったいどういうことか、究極ギリギリのところ、どういう意味なのか、それを問うことにほかならない。そうして、それと共に、存在の中でももっとも自分に身近な存在、つまり自己自身を問い返すことである。すなわち、自分とは一体なにか、何者なのか。何を究極の目標とし希望として生きていくのか。自分の生・人生にいったい本当になにか意味や価値はあるのか。本当の生きがいとはそも何か。自分の最愛の子、最愛の人がよし亡くなったとしても、それでもなお生きていくことのできる確固不動の生きがい、それは一体何か、等々、これが哲学の根本テーマとなる。

それはともかく、こうして明らかなように、哲学はすべての常識、あらゆる常識をその根柢から疑ってかかり、問い返すことによって、それだけはもうどうしても疑いえない絶対に確実なもの、そういう確信を得ようとする人間の一つの営みというべきである。かくして、こういう哲学の典型として、既述したごときデカルトの哲学、そのいわゆる方法的懐疑というものがある。

そのさい方法的懐疑とは、これだけはもう絶対に疑いえない究極のもの・究極の真理に到達せんがために、その方法として行なわれる懐疑ということである。では、なぜデカルトは、そのような方法的懐疑をしたのだろうか。すなわち、それは、かれの時代は、既述したごとくなにもかも確かなものがなくなり、すべてが疑わしくなってしまった、いわば危機の時代の終わりにあったからである。だからかれは、何かこれだけはもうどうしても疑いえない、本当に確実なものを求めたのである。それまでは、これは確実だと思われていた神の存在も疑わしくなっていた。そのきっかけとなった科学の勃興も、まだ本当にそれを信じていいのかどうか不明の時代であった。

デカルト自身は、哲学者であると同時に数学者でもあって幾何学などを発見した。けれどもその数学、あるいはそれと深い関わりのある科学に対しても、けだしデカルトはまだ、これは確かなもの、人間の未来を本当に明るくするもの、と信じるだけの確かさはこれを感じ取れなかったのではあるまいか。まさにその点こそ、かれに前後する当時の科学者、天文学のコペルニクスやケプラーあるいはガリレオ、ニュートン等々とデカルトとの、あるいは根本的相違なのかもしれない。前者は、おそらく天文学などを素朴に信じられたのに対し、デカルトは、よし数学者ではあったとしても、その数学に全幅の信頼を寄せることができなかったのではあるまいか。そうしてそれが、それこそが、彼を数学者であると同時になによりも哲学者たらしめた、その根本的資質ではあるまいか。

じっさい科学も、その後の歴史が示すように、必ずしも人間にバラ色の世界を約束したわけではない。科学万能主義は、かえって人間に多くの耐えがたい不幸をもたらすこと、それもまた明らかとなった。第一次・第二次世界大戦で使用された大量破壊兵器、戦車や戦闘機、毒ガスや原爆、それらの科学による発明、さらには今日問題となっている原子力発電の問題、あるいはまた再生医療や生殖補助医療、遺伝子技術、それに加えてＡＩロボットの研究等々にみられる現代科学技術の暴走、それらを見てみるだけでも、科学ないしその進歩がそう簡単に信頼してよいものかどうかはなはだ疑わしい。

デカルトが科学に対し、筆者のこういった感覚と同じものをすでに当時抱いていたのかどうか、それは定かでない。ただ筆者の言いたいことは、デカルトは、当時の科学者たちほどには、科学への全幅の信頼はすでに寄せてはいなかったのではあるまいか、そこにも何か疑わしいもの・確かならざるものをうすうす感じ取っていたのではなかろうか、そこには、哲学者としての直感が働いていたのではあるまいか、ということである。

## (ト) ソクラテス・釈迦・キェルケゴールにおける根本的テーマ――「自己探求」

さて、話をもう一度道元にもどすと、「仏道」とは、とりもなおさず自己探究にほかならない。それはしかし、なにも仏教にかぎったことではなく、既述したごとく西洋の哲学でも同様であった。タレスでもソクラテスでも、自己探究こそ、その哲学の大きなテーマのひとつであった。そのソクラテスとちょうど同じ頃に、東洋ではインドに釈迦が現われ、仏教を興していたのだ。だから当時、洋の東西を問わず、自己探究こそが、人間の根本問題の一つであったと言ってよい。

この自己探求の問題は、これもすでにのべたごとく一九世紀に現われたキリスト教哲学者キェルケゴールによって、ふたたび取りあげられ、それが二〇世紀に大きな影響を及ぼした。そのキェルケゴールの自己理解を、彼

自身の言葉でもう一度引用すると、

「人間は精神である。しかし、精神とは何か。精神とは自己である。しからば自己とは何か。自己とは、関係がそれみずからへと関係する一つの関係である。つまり自己とは、たんなる関係ではなくて、関係がそれ自身へと関係するということ、そのことである。人間は無限性と有限性との、時間的なものと永遠的なものとの、自由と必然性との綜合、要するに一つの綜合なのである。綜合というのは、二つのもののあいだの関係のことである。が、このように考察されたのでは、人間はまだ自己ではない。（中略）このように派生的に措定された関係が、人間の自己なのであって、それは、それ自身に関係する関係であると共に、それ自身に関係することによって他者に関係するところの関係である[28]」。

ここで表現されているキェルケゴールの思想は、キリスト教の考え方を踏まえて書かれたものではあるが、しかし、西洋の伝統的キリスト教のそれとは必ずしも同じではない。より具体的にいうならば、その神観がまったく異なっている。すなわちここで「無限性」か「永遠的なもの」あるいは「必然性」とかといわれているものは、とりもなおさず神を意味するが、しかしそれはとうてい西洋伝統のキリスト教の神ではない。なぜなら、西洋の伝統的キリスト教の神は、この世界や人間と切り離されてどこか彼方の中空にただ漠然と想い描かれている神であるのに対し、ここでキェルケゴールは神、つまりは「永遠的なもの」「無限性」「必然性」は「時間的なもの」「有限性」「自由」、つまりは人間ないし自己と直接一体の綜合だと言っているからである。

かかるキェルケゴールの神観は、だから西洋の伝統的なキリスト教の神というよりも、むしろ仏教の仏に近いものである。いや、それと基本的に同じものだといった方がよい。仏教の仏は、この世界ないし人間と直接一体のものであるからだ。かくしてキェルケゴールの神観は、あえていうなら仏教的かつキリスト教的な神観である。

したがって、それは、われわれのインマヌエル哲学の神観と基本的に同じものといわねばならない。こうして明らかなように、キェルケゴールは、われわれインマヌエル哲学の先駆者なのだ。

いずれにせよ、このキェルケゴールの哲学は、「実存主義」と呼ばれて二〇世紀の六〇年代くらいまで、マルクス主義と並んで世界に大きな影響を与えることになる。二〇世紀に入ると、ハイデガー、サルトル、マルセルなどの実存主義哲学者が多く輩出する。二〇世紀がマルクス主義と実存主義の時代だったこと、それは、マルクス主義者ルカーチの『マルクス主義か実存主義か』という本でも窺い知れる。が、しかし、これも、これ以上深入りすると道元から話が逸れすぎてしまうので、ここで一応閉じておきたい(29)。

## (チ)　道元における「忘我」としての悟り

### (α)　道元と西田幾多郎——「忘我」と「純粋経験」

さて、ここで、話をふたたび道元に戻したい。最初に掲げた道元のあの有名な言葉、それをもう一度ここで引用しておこう。

「自己をはこびて万法を修証するを迷いとす、万法すすみて自己を修証するはさとりなり。（中略）仏道をならふといふは、自己をならうなり。自己をならふといふは、自己を忘るるなり。自己を忘るるといふは、万法に証せらるるなり。万法に証せらるるというは、自己の身心及び他己の身心をして脱落《とつらく》せしむるなり」（道元『正法眼蔵』現成公案の巻）。

この意味を筆者なりに解釈するとこうである。仏の真理を探究すること、それは、ひっきょう、自己自身を探究することにほかならない。そのさい自己自身を探究するとは、ほかならぬ自己自身を忘れることである。すなわち、自己自身を忘れて自然のまま、あるがまま、ないし無心・平常心、つまりは普段のありのままの心・姿でいるとき、そこに仏性つまりは仏の本性が自然に現われてくるのである。

ではこの、「自己を忘るる」とは一体どういうことか、どういう状態か。けだし、それはまず第一に、事に集中しているときのことだろう。何か事に集中しているとき、われわれは誰しも我を忘れている。無我夢中でなにかに没頭し、集中しているとき、無我夢中の「無我」からも明らかのごとく、我の意識、自分の意識はない。自分という意識はない。自分が何かをしているという意識はない。

これを道元に即していえば、おそらく座禅に集中し、三昧になっているときのことだろう。座禅三昧のとき、つまり座禅に集中しているとき、そこには自己の意識、我の意識はない。我を忘れて座禅に集中し打ち込んでいる。かくして、そこでは身心の感覚も失われ、これがいわば脱落していることだろう。

したがって道元は、座禅に集中して得られた自己の悟りの境地を、身心脱落・脱落身心といったのだろう。これはだから、道元の座禅三昧しているときの身体感覚や身心感覚といってもいいだろう。ここではつまり、身体の感覚も心の感覚も完全に失われているということだろう。そういう自己の体験を、身心脱落・脱落身心といったのではなかろうか。そこではだから、座禅をしている自分と、自分がいま座禅しているその場所としての外界世界と、これら両者の区別もなく、あるのはただそれら両者の混然一体となった一個の事実のみだろう。要するに、今自分は座禅をしているという意識もなければ、自分がその座禅をしているその場所の感覚もないということだ。

一般に、われわれ人間が今なにかを見たり聞いたりしているとき、そこで最初成り立っている刹那の瞬間、刹那の直接経験は、西田幾多郎の言葉を使えば、「主客未分の経験」にほかならない。すなわち、主観も客観も未だ分かれる以前の直接の純粋経験である。この直接の純粋経験から、そこに一瞬の時が流れてそこにわれわれの反省と判断が加わり、かくして今自分が外に何かを見ている、何か音を聞いているという、いわゆる経験が成り立つのであろう。

だから、ふつう我々が経験と思っていること、今自分が何かを経験しているということ、たとえば今野球をしているとか、何かものを見ているとか、何か音を聞いているとかといった経験が成り立つときには、つねにそれに先立って、自分が今ものを見ている、音を聞いている、野球をしている、という判断や反省の入る以前の、つまりこの主観と客観が相分かたれる以前のいわば主客未分の純粋経験が成立しているといわねばならない。

たとえば、今このペンを見ているとき、ひとは、自分が今このペンを見ていると思っている。しかしながら、このペンを見た瞬間は、そうではない。ペンを見ているその自分の意識もなければ、このペンを見ているという意識もない。瞬間的には、ただ「見《けん》」、「見る」ということしか起こっていない。その一瞬の時が流れて、そこに反省と判断が加わって、今自分がこのペンを見ている、そう自分は経験していると思うのだ。そういう判断が加わる以前には、ただ見ている、という事実しか存在しないのである。

音を聞く瞬間でも、野球をしているときでも、それについての反省的な経験が成り立つそれ以前の瞬間には、自分の意識もなければその対象の意識も存在しないのだ。これは、ほかならぬ初期西田哲学のいわゆる純粋経験の思想というものである。おそらく座禅から得た経験で、西洋人にはない考え方、東洋独自の考え方といってよいだろう。

先述した道元の身心脱落・脱落身心も、思うにそれではあるまいか。座禅をして我を忘れるというのも、ひっきょうそれではなかろうか。そういう事実を道元は、西田に遠く先立って、座禅修行を通じて悟ったのではあるまいか。そうしてそれを、身心脱落・脱落身心と表現したのではなかろうか。要するに、身体や心の感覚が抜け落ちるということではあるまいか。

しかも、そこでこそ、思いもかけず大きな力がみなぎってきて、さらにそれまでにないまったく新しい考えが、ふっと湧いてきたのではなかろうか。そうしてそこで、真理つまりは仏法が自己の全身心を通じて露わにされてくるのをしかと感じ取ったのではあるまいか。

これこそ、道元の始覚《しがく》、つまりは悟りの始まりといっていいのではなかろうか。座禅に集中し我を忘れ、自己を忘れたとき、そこにふと思いもかけず仏の力が自分にみなぎってきて、仏法、つまりは我執や煩悩から解放された自己の真理が明らかとなったということではあるまいか。

### (β)「集中」としての「忘我」と仏の威力

それはともかく、これ、つまり何か事に集中しているときに、自分でも思いもかけぬ大きな力が発揮されてくるということ、それはしかし、たんに座禅に集中したときとはかぎらない。これに類したことは、広く人間世界全体でみられることといわねばならない。たとえば、スポーツがそのいい例である。たとえば、野球で、九回裏二死満塁一打逆転のチャンス、といったケースで首尾よくいい結果が出たときなど、その選手があとでインタビューに答えて、「とにかくボールにバットを当てようとして我を忘れてバットを振った」、ボールにバットを当てることだけを考えて我を忘れてバットを振った、自然体でバットを振ったとは、とこんなふうなことを言ったりすることは、結構よく耳にすることである。ここで、我を忘れてバットを振ったとは、自分という意識を忘れるほどに打撃に集中していたということである。そして、まさにそれだからこそ、そこで自己の最大限の力、自分でも思いもかけぬ大きな力が発揮されたということなのだ。

もしそうだとしたら、いったいそれはなぜなのか。思うにそれは、そこでは我執や煩悩から完全に解放されて、仏の御意のままに自然にバットを振ることができ、それゆえにまた、仏の力を自己の身心において正しく表現することができ、かくてその仏の威力に乗ることができたからにほかならない。

こういったことは、しかしなにも野球にかぎられたことではない。どんなスポーツでも広く一般にみられることである。まず第一に、フィギュアスケートの羽生結弦選手についてみてみよう。かれは、テレビのインタビューに答えて、金メダルを獲った時のことをこんなふうにいっていた。金メダルのことは、頭では考えていなかった。でも、心で考えていた。だから、それまでになくとても不安で緊張していたと。

ここでまず、かれのいう、頭では考えていなかった、けれど心で考えていた、というその「頭」と「心」について、筆者はこう解釈する。「頭」とは、けだし意識のことで、「心」とはたぶん無意識のことである。だから、意識のうえではメダルのことは考えていなかった、が、しかし、無意識にはそれを考えていたと。

人間には、誰にも意識と無意識がある。無意識とは、普段は自分でも気づいていない意識のことだが、しかし、これがじつは人間の行動を根本的に規定し、支配している。その点は、人間の無意識をはじめて発見したあの有名な精神分析学者フロイトによって明らかにされている。ちなみに、東洋の仏教、その唯識論は、フロイトにはるかに遠く先立って無意識を発見し、その詳細な考察を行なっている。が、その点については、ここでは深く立ち入らない。それはともかく、話を羽生結弦にもどすと、かれのばあい、意識の上では、それに囚われるとうまく滑れないので、それで金メダルのことは極力考えないようにしていた、が、しかし、とうぜん無意識のところではそれを狙っていた、ということだろう。たとえ無意識であれ、金メダル獲得を考えていたので、それがおのずから激しい不安や緊張として現われていた、ということだろう。人間は、無意識のところまではなかなか自分を制御することができないからだ。

さて、こうやって彼はプレーに臨んだ。そして、プレーしているときは「本能で滑った」という。ただ、身体が跳べるだけ跳んでやろう、身体が動くだけ全部動き回ってやろう、と思いつつプレーしていたという。ここで大切なのは、「本能で」とか、「身体が跳べるだけ」とか、「身体が動くだけ全部」というこの言葉にほかならない。これは要するに、身体の動くままに、いわば「本能」で、身体に任せきったということだろう。自分が意識して、ああ滑ろう、こう滑ろうといろいろ工夫・図らいするのではなく、それまでの厳しい練習で鍛え上げられた身体が身につけたもの、技術とか表現力とかといったもの、それらをすべて身体が動くままにそれに任せた、任せきったということだろう。これこそまさに、我を忘れた集中というものだろう。ところで、できるだけうまく滑ろうとか、うまく跳ぼうとか、あるいは金メダルを獲ろうとか、というのは、つまるところ煩悩である。それを捨てて、いや捨てさせていただいて、とにかく自分のこれまでの経験、激しい練習を積み重ねてきたその経験を信じて、身体の動くままに、つまりは身体の自然《じねん》に身を委ねた、委ねきったということだろう。自分がそれまで培い鍛え上げてきた身体に任せて、その身体の動きに任せ委ねて、身体の動くままに、とにかくそのままに滑った、滑りきったということだろう。

かくして、その忘我の集中にあって、仏の御意のままなるあるがまま、つまりは自然《じねん》が成り立ち、こうして自己の最大限の力が発揮された、ということだろう。いいかえれば、仏の力がいわば自分に乗り移った、ということである。

ところで、スポーツ選手でも音楽家でも棋士でも、自分のプレーや将棋がとてもうまくいったとき、いや自分のプレーに自分の最大限、否それ以上の力が発揮できたとき、そういうときなどに、「野球の神様が自分に降りてきた」とか、「ピアノの神様が自分に降りてきた」、あるいは「将棋の神様が自分に降りてきた」とかといったりするが、案外それは事実といってよい。我を忘れた忘我、その集中の極みで、神仏の力が自分に乗り移ってきた、ということだろう。

それはともかく、我を忘れた忘我の集中における神仏の力の降臨について、つぎにまた別の例をあげておこう。これも、オリンピックのスピードスケートの元メダリスト清水宏保選手のインタビューである。かれは、かつてインタビュワーに、「滑っているときは何を考えていますか？」と聞かれて、「滑っているときは氷上の光しか見ていない。見えていない」と答えている。要するに、氷から反射されてくるライトの光だけを見ている。いや、それしか眼に入らない。ただそれだけである。いってみれば、これは、自分と光がいわば一体となっているような状態だろう。おそらくこれもまた、前述の羽生結弦と同様にうまく滑ろう、速く滑ろうという考え、つまりは工夫や図らいはまったくなしに、ただ身体の動くままに任せてそれに完全に身を委ねているということだろう。

それまでの厳しい練習で鍛え上げられた身体の動きに任せ、委ねきって、それをどうこうしようという自分の考え、つまり工夫や図らいは、これを完全に断ち切っている、ということだ。

さて、我を忘れた忘我の集中における神仏の力の自然《じねん》の発現、その第三の例はこうである。あるダンサーは、インタビュワーに、「踊っているときは何を考えているのですか？」と質問されて、ほぼこんなふうな答えをしていた。「踊っているときは何か考えているようで、何も考えていない。いや、何も考えていないようで、しかし、何か考えている。自分でもよく分からない。うまく表現できない」と。

このダンサーの答えもまた、けだし最初にあげた羽生結弦のばあいによく似ている。つまりこれは、意識のうえでは何も考えていないが、しかし、無意識のところでは何か考えている、ということだろう。先の羽生結弦のばあいは、この意識と無意識をかれ流の言葉で「頭」と「心」とに分けて語っていたと思われるけれども、ここではそれが、「何か考えているようで、何も考えていない。いや、何も考えていないようで、しかし何か考えている。自分でもよくわからない。うまく表現できない」という心の状態として表現されているように思われる。

要するに、できるだけうまく踊ろう、そのために手足をこう動かそう、ああ動かそうといった考え、つまりは工夫や図らいは、意識のうえでは何もない。だが、しかし、無意識のところではやはり何かそういったことを考えつつ身体の動くままに身を任せ、心を任せてそこに身と心を委ねきっているということだろう。それまでの長年の練習で身につけたものを、身体が自然に発揮できるよう、自分はただ我を忘れて身体の動きに身と心を任せ、委ねきっているということだろう。ここではだから、人間における意識と無意識の繊細な関係が、何も考えていないようで何か考えている、いや、何か考えているようで、しかし何も考えていない、自分でもよく分からない、うまく表現できない、といった言葉で絶妙に表現されているのだと思われる。

それはともかく、ここでもうひとつ、今度は逆に我を忘れていないとき、つまりは自分の思いを先立てて工夫・図らいをしてしまったとき、いかに事がうまくいかないか、しくじることが多いか、その好例をあげておきたい。

それは、野球の元中日の名選手・高木守道氏についてである。

高木選手は、打者としてもよかったけれど、しかし、とりわけ守備がうまかった。他人にはとうていまねのできない超ファインプレーをよくやった。ところが、その名プレーヤーの高木選手が、凡打が来るとかえってしくじることがわりとよくあった。あの名プレーヤーの高木選手がどうしてあんな簡単なボールの処理をしくじるのだろう、と思われるような凡打を案外多くしくじった。

けだし、それは、凡打だとそれを処理するまでの時間が、いいあたりのボールと違って少しあり、その一瞬の隙間につい、うまく処理しよう、処理しないといけない、と考えてしまい、その意識が身体の動きをかえってぎこちなくして、ボールをはじいたりしてしまったのだろう。

その、ボールをうまく処理しないといけないという思い、それがすなわち煩悩であり、また身体がおのずから自然に動く前にその思いを先立て工夫・図らいをしてしまっているから、まさにそれだからこそ、身体の動きが不自然にぎこちなくなってしまってエラーをしたりしてしまうのだろう。その、考える暇のないとても鋭いボールの方が、かえって身体が、練習で鍛えられた通りに反射的にスムーズに動き、まさに我を忘れてプレーできるから、まさにそれだからこそ超ファインプレーができたりするのであろう。ところが、そこに反省的意識が混入すると、かえってうまくいかないのだ。自分の思いを先立て、工夫や図らいをしてしまうと、かえって身体の動きがうまくスムーズにいかなくなってしまうのである。

繰り返すなら、とてつもなく難しいボールのときには、身体が無意識かつ瞬間的に勝手に動く。うまくとってやろう、なんて意識は働かない。我を忘れている。そういうときに、途方もないファイインプレーができるのだ。反対に、なんでもない凡打がくると、一瞬人間も考える。上手に処理しないといけないと思う。その一瞬の考え、それがほかならぬ煩悩である。この一瞬の煩悩があると、人間は身体の動きがぎこちなくなり、時にはしくじってしまうのだ。我を忘れているときに、本当の力が湧いてくるのである。

一般に何かをしようとするとき、それをあらかじめ意識してしまうとかえって事がうまく進まず、思いもかけずしくじってしまうこと、それは、誰しも経験したことがあるのではあるまいか。いずれにせよ、事に集中し我を忘れたとき、人間は自分でも思いもかけぬ大きな力が発揮されるのである。しかも、こういったことは、たんにプロの選手にのみかぎったことではない。こういう話を筆者から聴いたある学生が、筆者にこんなことをいったことがある。かれいわく、そういわれてみると、昔サッカーの大切な試合に勝ったとき、今から思うと「我を忘れていた」、我を忘れてプレーしていたと。これはまさに、試合に集中してプレーしていたということだろう。試合に勝とう、うまくプレーしよう、という煩悩から解放されて、ただその場・その場での状況に集中しつつ我を忘れてプレーしていたということだろう。しかも、そのさい、他のチームメイトもおそらく同じで、みないわば一丸となって試合に集中し我を忘れていたということだろう。かくして、チーム全体の力が思った以上に、あるいは最大限に発揮できた、ということだ。

しかし、これとは反対に、我の意識・自意識があると、かえって事がうまくいかないものなのだ。しかしながら、こういったことは、なにもスポーツにのみかぎられたことではなく、スポーツ以外でも広く一般にみられる現象といわねばならない。たとえばオーケストラで、我を忘れ集中して指揮棒を振っていると、思いもかけぬ良い演奏ができたりするのではあるまいか。また対象を長い間じっと凝視しつつ、時至って我を忘れてシャッターを切ると、そこにとても良い写真、傑作が撮れたりするのではなかろうか。さらには、我を忘れて一心不乱に絵画や書に没頭すると、そこに傑作が生まれたりするのではあるまいか。あるいは小説などでも、我を忘れて夢中で書いたときなどに、案外名作が生まれたりするのではなかろうか。その点は、哲学でも同様である。我を忘れて一心不乱に夢中になって書いていると、おのずから考えも深まっていき、よいものができる。要するに、事に集中し我を忘れたとき、知らず識らずのうちに神仏の働きかけに促され、いわばその力が自分に乗り移り、自分でも思いもかけぬ大きな力、ないし自分の最大限の力が発揮されるのだ。そのときは、それまでの激しい練習や勉学で鍛え抜かれつつ、いわば無意識の領野に蓄えられていたものが、神仏の大いなる力を得て意識のうえに表出してくるのだといってよい。その理由はこうである。事に集中し我を忘れているとき、そこには自然、人間の自然が成り立っている。心の自然・身体の自然が成り立っている。つまり心が自然に動き、身体も自然に動く。他方、神仏とは、まさに自然を自然たらしめるいわば根源的な超自然といっていい。自然を根柢的に自然たらしめるいわば根源的な超自然にほかならない。だからこの根源的な超自然としての神仏が、いやその力が、そこで、つまり我を忘れた集中で、この世に、あるいは人間の身心、身体と心に映し出され、表現・映出・映現されてくるのである。

ここでふたたび、話を道元にもどすと、すでに引用したごとく道元は、「仏道をならふといふは、自己をならふなり。自己をならふといふは、自己を忘るるなり」という。ここで「自己を忘るる」とは、差し当り物事に集中しているときの状態といってよい。道元は、けだしそれを座禅修行で体感し、かくしてそれを「身心脱落」「脱落身心」と表現したのではあるまいか。そうしてそこで、まさにそこでこそ、大いなる力のみなぎりを体得し、かくして仏性、つまりは仏の本性が自分の全身心に現成してくるのをしかと感じ取ったのではなかろうか。しかも、そこで、それまでにないまったく新しい考え、自己と世界についての深い真理にも、確乎として目覚めたのではあるまいか。そうしてこれが、道元における我執ないし煩悩の克服方法だったのではなかろうか。

(γ) 道元における「迷い」と「悟り」

それはともかく、道元は、うえに掲げた引用句で、またこうもいっている。「自己をはこびて万法を修証するを迷いとす、万法すすみて自己を修証するはさとりなり」と。ここで、「自己をはこびて」とは、自分の思いを先立て、工夫・図らいをするということにほかならない。そうやって万法、つまりはあらゆるものの真実・真理を明らかにしようとする、これは迷いだということである。だから、自分の思いを先立て、工夫や図らいをして、うまく滑ろう、うまくプレイしよう、とするのは迷いであり、したがって正しい行い、すぐれたプレーとはなりえないということだ。

そうではなくて、「万法すすみて」、つまり、物の方からの働きかけに任せつつ、自分の真理・真実を明らかにしようとするとき、それが本当の悟りというべきなのである。かくしてそこでこそ、仏の本性・仏の力が自分に乗り移り、かくて自分の最大限の力が発揮されるのだ。そのさい、自分の思いを先立てず、工夫や図らいを捨てるということ、それは、つまりは自分を忘れ、我を忘れていることである。物の方からの働きかけに身を任せるとき、そこに我の意識はないからである。だから、まさにそれだからこそ道元は、上掲引用句のしばらくあとでこれにつづけて、「自己をならふというは、自己を忘るるなり」というのだ。つまり自己を習得し、自己実現するということは、自己を忘れた集中、すなわち自分の思いや考えを先立てず、工夫や図らいを捨てること、かくて物そのものの要求に従い、それに身を任せ委ねることだと。いや、必ずしも事に集中していなくても、人間の正しい行いとは、自分の思いや考えを先立てず、工夫や図らいを捨てること、かくて物そのもの・相手そのもの・対象そのもの、それらからのこちらへの働きかけ・要求・願い、あるいはより難しくいってロゴスや道理や理法、それに身を任せ委ねること、任せきること、委ねきること、それである。それが、つまりは悟りということにほかならない。

たとえば、誰かを愛するということは、自分の思いを先立てて、その人のために、ああしてやろう、こうしてやろう、といろいろ工夫・図らいをして何かをしてやることではなくて、その相手がいま何をもっとも欲しているのか、願っているのか、自分に何を求めているのか、それをよくよく考えて、それに合わせて、それが正しいと思われるかぎり、それに身を任せ委ねること、つまりは、そのように相手にしてあげることである。

もとより相手の要求といっても、間違った要求ということもありうる。したがって、その要求が正しいかどうか、それは、しっかり吟味せねばならない。たとえば、子供のわがままな要求ということもありうるわけだから。

それを、なんでもかんでも聞いてやること、それが、本当の愛情とは必ずしもいいがたい。そうではなくて、子供の要求が正しいと思われるかぎりでは、それをできるかぎりで実現してやること、それが本当の愛情というものなのだ。ましてや、自分の押しつけの愛情は、かりそめにも真の愛情とはいいがたい。そういう意味では、教育ママとか教育パパというのは、必ずしも正しくない。なぜなら、それは、けっきょくのところ、こうしてやれば子供が幸せになれる、と思うその自分の思いの押しつけだからである。したがって、そうではなくて、相手の要求が正しいかぎりで、その相手の要求を実現してあげること、それがほかならぬ真の愛情というものなのだ。そのさい、そこでは、我執や煩悩は、基本的に断たれているといわねばならない。

かくして明らかであるように、道元の悟りとは、我を忘れた忘我の集中、ないし必ずしも狭義の集中とはいえなくとも、自分の思いを先立てず、工夫・図らいを捨て、物そのもの、身体そのもののロゴスないし要求に身を任せ、心を委ねることだといわねばならない。そこには、我の意識もないゆえに、とうぜん我執もなければ、またそれに由来する煩悩もない。かくして、そこでは、仏性（ダンマ）も露わとなり、その力もおのずから発現されてくる。

こうみてくると、上述したごときいろいろなアスリートやダンサーらのいわゆる忘我の集中は、これもまた一種の悟りといってよいのかもしれない。そこでは、少なくともそのプレーをしているその瞬間には、けだし我執や煩悩はいっさい断たれ、仏の力が発現しているといってよいからである。しかしながら、真の悟りとは、上述したごとき事態がただ一時的な出来事としてだけでなく、そのひとの生の全過程において基本的に実現されることでなくてはならない。その点、先述したアスリートらのばあい、おそらくそれを、そのように正しく理解されてはいないであろう。ただ経験的知識として、集中の極致で「ゾーンに入る」と、何故か理由は分からぬが、不思議と大きな力、いや最大限の力が発揮されうる、と知っているだけだろう。したがって、そこで起っている出来事を、真に正しく自覚しているとはとうてい言いがたい。そのかぎり、その競技では、それが首尾よく実現できたとしても、しかし、競技をしていないとき、そこではおそらく、道元のいわゆる「忘我」は実現されているとはいえないだろう。すなわち、自分の思いを先立てず、工夫・図らいを捨て、物そのもの・対象そのもののロゴスないし要求にありのままに自然に身を任せ、心を委ねるということ、それが自分の生き方としてその基本に据えられていること、それはおそらくないだろう。そのかぎり、それは、いまだ真なる十全の悟りの実現とはもうとういえない。

それはともかく、ここでもう一度道元の先の引用句にもどると、そこで道元は、またこうもいっている。すなわち「自己を忘るるといふは、万法に証せらるるなり」と。

これを、つぎに考察してゆきたい。ここで道元は、我を忘れた忘我の境地は、「万法」、すなわちすべてのもの、森羅万象によって証明されている、明らかにされているという。では、これは、いったいいかなる意味なのだろうか。

上述したごとく、「万法」とは、すべてのものないし森羅万象であり、したがって自然界全体といってもよい。その自然界には、いつも至るところで神仏が映し出され、その力が発揮されている。まさにそれだからこそ、見る目ある者には、たとえば人知れずそっと野に咲く一輪の花にも、豪華絢爛な人工美にもはるかにまさる美しさを感じ取ることができるのである。

その恰好の一例、それがあのイエスにほかならない。イエスは、あるときこういった。

「野の花がどのように育つのか、注意して見なさい。…栄華を極めたソロモンでさえ、この花の一つほどにも着飾ってはいなかった」（マタイ六・二八―二九）。

すなわち、ここでイエスは、「この野に咲く一輪の花を見よ。これは、栄華を極めたソロモンの衣装よりはるかに美しい」とほぼこういっている。ちなみに、ソロモンとは、既述したごとくイエスが属していたユダヤ民族のもっとも栄えたときの国王である。したがって、ソロモンは、贅を沢した、みるからに豪華絢爛な衣装を身にまとっていたことだろう。その贅沢をきわめたソロモンの壮麗な衣装より、野に咲く一輪の花の方がずっと美しい、と、ここでイエスは言い放っているのである。これは、すなわち、イエスが、野にそっと咲く一輪の花に神の大いなる美をしかと見てとっていたということだろう。したがって、見る眼ある者にとって自然の美しさは、豪華絢爛な人工美よりはるかに美しいのだ。自然界には、神の美、神の力が活き活きと息づいているからである。

この、自然界における神の力の映出を示すまた別の例を、つぎにあげておきたい。いったい、四季の移り変わりはなんと不思議なことか。厳しい冬が過ぎると、それまで雪の下でそっと春の訪れを待っていた芽が自然と出て、やがて花が咲く。こうして、たとえば桜が満開になる。その春も過ぎると、おのずから厳しい夏が来る。と、自然と海が恋しくなる。その厳しい夏も過ぎれば、今度は木々の葉が枯れ美しい紅葉の秋となる。その秋も過ぎれば、自然とまた厳しい冬が来て、雪景色が美しく月も冴える。

こういう四季の移ろいは絶妙で、ただただ不思議としかいいようがない。これは、まさしく自然の摂理といわねばならない。そのさい、その背後には、思うに神仏の大いなる働きかけがある。

いや、温暖な日本のようなところではなく、極寒の地シベリアやグリーンランドなどでも、そこに住む人々、たとえばイヌイットの人々には、その極寒の地にしか味わうことのできない自然の美しさ、自然の恵みを深く感じ取っている。他方、アフリカのエチオピアなど、世界一熱いといわれる砂漠の地、靴を履いても足が熱くてたまらないような酷暑の地でも、そこに住む人々は、その厳しい地でしか味わうことのできない自然の恵みを感じ取り、これに深く感謝する。じっさいテレビで観たところでは、その酷暑に住む人々は、この地が一番いい、他のところに移りたいとは思わない、ここにはここにしかない自然の恵みがあるからだ、と言っていた。

かくして明らかなごとく、たといどこであれ、その地にはその地特有の恵み・自然の恵みがある。酷暑の地であれ、極寒の地であれ、それは同様なのだ。その地に住む人々には、その地特有の自然の恵み・自然の美しさがあり、かれらはそれを深く感じ取っているのである。そのさいその自然の美・自然の恵みは、ひっきょう、この自然を大きく包み込みつつこれを絶対に超えている、絶対に超えつつこれをしかと支えきっている大いなるもの、つまりは神仏からもたらされるものといわねばならない。

この地上、いや宇宙の至るところに神仏は臨在・支配し、働きかけている。その神仏の働きかけに促されてさまざまな美や恩恵がもたらされているのだといわねばならない。たとえ荒々しい自然、つまりは自然災害といえども、思うにそれは同じで、人間のあまりの傲慢を厳しく戒める神仏のいわば逆さまの、つまりは逆説的な恩恵というべきだろう。少なくとも、そういう面がたしかにあるとはいえまいか。

さて、以上長々と述べてきたところをここで要約すると、物事に集中し我を忘れているとき、そこにおのずからなる自然、ないし自然《じねん》が成り立ち、かくして神仏の威力が表現されて、思いもかけず自分の最大限の力が発揮されるのだといってよい。しかも、それは、万法つまりは自然界のすべてのものによって証明されている。なぜなら、自然界にあっても、そこには神仏の威力が自然に反映され、かくしてかけがえのない美しさや大いなる恵みがもたらされているからである。

しかしながら、我を忘れているのは、たんに事に集中しているときだけとはかぎらない。すなわち、自分の思いや考えを先立てず、逆に相手や対象からの求めや希望、働きかけ、つまりはそのもののロゴスないし道理、さらにはまたそのつどの具体的状況のなかに必ず絶対不可逆的に含まれている唯一の正しい道、それらに即して創意・工夫を働かせ、働き返すとき、それもまた我を忘れているときである。それゆえ、まさにそのときにこそ、真理・真実が現成し、かくて、たとえば本当の愛も十二分に発揮されることができるのであり、また責任や義務、あるいは使命といったものも、真に正しく行使されうるのだといわねばならない。

かくて要するに、愛とか責任・義務・使命とかといったもの、それは、なにか自分の思いや考えを先立てて、いろいろ工夫・図らいをして行うべきものではなくて、逆に相手の求めに応じて、それが正しいかぎりそれに即して働き返すべきものなのである。まさしくそれが、それこそが本当の愛であり、責任であり、また義務であり、使命なのだというべきである。たとえ相手が人ではなくて物事のばあいでも、その物事つまりは対象に絶対不可逆的に含まれている、その物事ないし対象のロゴスや道理、いいかえれば求めや働きかけ、それに即して働き返すこと、それこそ真に正しい人間的行為となりうるものといわねばならない。

たとえば、野球でピッチャーから投げられ飛んでくるボールには、それをこう打ち返したらもっともよい、もっともよく打ち返すことができる、というバットの振り方が必ず決まってある。そのさい、そのボールをどう打ち返そうか、とあらかじめ考え、思いを先立てて、工夫・図らってバットを振っても、なかなかうまくは打ち返せない。むしろその飛んでくるボールに必ず含まれているいわばロゴスないし道理としての打ち返し方、それに即して直感的に打ち返すとき、そのときこそうまく打ち返すことができるのである。あのイチローなどは、それがとてもうまくできる選手だということだろう。

同様にまた、人生における各状況にも必ず、これこそ最善だという唯一無二の正しい道が絶対不可逆的に含まれている。したがって、自分の思いを先立てず、工夫や図らいを捨て、そのつどその状況のなかに必ず含まれている唯一無二の最善の道、それを見極め、それに即して行為すること、それが人間の真に正しい生き方である。それゆえ、それができる人間、それこそが、いわゆる人生の達人と呼ばれる人間にほかならない。

その点は、将棋も人生によく似ていて、各局面・各局面には必ず、これこそが最善の手だというものが含まれている。かくして、そのつどその最善の手、あるいはそれにできるだけ近い手、それを直感的に察知して指すことのできる棋士、それが優れた棋士というものだろう。あの羽生善治などは、それができる類いまれな優れた棋士といってよい。

あるいはもっと身近な例をあげれば、たとえば大学の授業でもそうである。授業を聞く、ということのなかには、必ずそれをどうやって聞くか、聞くべきか、といういわば授業を聞くさいの道理ないし理法が含まれている。

つまりそれは何かといえば、もちろん静かにして私語をせず、ノートもきちんと取り、テキストも真面目に読む等々がそれである。これなどは、あらかじめそう考えなくても当り前のことである。自分で選んで大学へ入り、授業を聞き、勉強しようと決意したのなら、それは当然のこと、自明のことだといわねばならない。だが、それは、あらかじめ自分で考えてそのように授業を聞く、そうしなくてはならない、そうすべきだというよりも、そのように考える以前に、その授業を受けるという事柄そのもののなかにすでにあらかじめ決定されて含まれていることであり、そういう授業の受け方をいわば直感的に察知して、それに即して授業を受けるということ、それが、つまりは正しい授業の受け方というものなのだ。

こういったことが、たんに授業にかぎらず人生のあらゆる局面でそのつどできること、それが、まさにそれこそが人間の真に正しい生き方といってよい。したがって、それができる人間こそ、いわゆる人生の達人といわねばならない。このように、自分の思いや考えを先立て、工夫・図らって行為するのではなく、逆に相手の求めや希望、対象そのものに含まれているロゴスや道理、あるいはそのつどの各状況に必ず含まれている唯一無二の最善の道、それをしかと覚知しそれに即して行為すること、そこにこそ、人としての本当に正しい道があるのだといわねばならない。なぜなら、そこでは、我執や煩悩が消し去られ、それから解放されているからである。少なくとも、もはやその根は、しかと断ち切られているといってよい。我が先立てられていないからである。

このような生き方ないし振舞い方の例として、ここで二人の人物に言及しておきたい。かつてパリコレでも有名な、おかっぱ頭がトレードマークの山口小夜子という世界的トップモデルがいた。彼女は、ショーで衣装を着るとき、ああしようこうしよう、ああしたらうまく着られる、こうしたらもっと美しく魅力的に衣装が着られる、といった具合にあらかじめ自分の思いや考えを先立て、工夫・図らって衣装を着るのではなく、そのつど衣装が自分にこのように着てくれ、と求めてくるその求めに応じて、そのように着て歩くだけ、とほぼこのようにインタビューに答えている。

衣装の方が自分にこのように着てくれ、と求めてくる、というのは、素人では正直よくわからないことだが、しかし、思うに彼女は、この衣装はこう着たら最もうまくその魅力が引き出せる、というその着方が直感的に分かり、かくしてその衣装のそういういわば道理ないしロゴスに応じ、これに即してそのつど自分の思いを先立てず、工夫や図らいを捨て、逆に衣装の方に自分をあわせその求めに応じて、ただそのようにして衣装を着たということだろう。

かくして、ここにも、自分の思いを先立てず、工夫や図らいを捨て、逆に物そのものの求めや道理に合わせ、それに即して行為する、という人の正しい行為の仕方がしかと見てとれえよう。まさにそれだからこそ、彼女は、日本人として小柄でありながら、しかし世界のトップモデルとして活躍することができたのだろう。

さて、もう一つの例はイギリスのある有名なギタリストの話である。このギタリストは、これもインタビューに答えて、ギターを弾いているときは、音の方が自分を通してその音色を奏でてくる、ただそのように音の為すがままに自分はしているだけだ、ギターを弾いているだけだ、とほぼこのように言っている。要するに、自分の思いを先立てて、こうやったらギターがうまく弾ける、いい音が出る、と工夫・図ってギターを弾くのではなく、こうしたらうまく音が出る、美しい音が出るという、そういう弾き方をいわば直感的に覚知して、ただそのように自分は指を動かしているだけ、ギターを弾いているだけということだろう。

かくして、ここでも、自分の思いや考えを先立て、工夫・図らって事を為すのではなく、対象ないし物そのもの、このばあいギターの方に自分を合わせ、そこに必ず含まれている道理、ないしロゴスに即して事を為すという、人間の真に正しい行為の仕方が見てとれえよう(30)。

もとより、そうはいっても、山口小夜子にしろこのギタリストにしろ、あるいはすでにあげたイチローや羽生善治にしろ、さらにオリンピックのメダリストたちにしろ、そういうプレーヤーが、その名プレーを成し就げることができるためには、そのように自分の思いを先立てず、工夫・図らいをしなくても、おのずから自然に身体が動くというところまで、日頃から底の底まで徹底して自分の身体と心を鍛え上げたということがあることは言うまでもない。

しかしながら、こういったことは、なにも超一流の名プレーヤーにしかできない極度に難解なことというのでは必ずしもない。そうではなくて日常の何気ない細々としたことのなかにあっても、自分さえその気になりさえすれば、それなりに結構できることなのである。もとより、スポーツや競技などで、かれらのような超一流のプレーヤーになること、それは並みの人間にできることではない、が、しかし、人生の生き方としては誰にでもできることなのだ。その点は、先にあげた、例えば授業を聞くさいの正しい聞き方ひとつをとっても明らかだろう。

その点について、もうひとつ別の例をあげれば、既述したごとく、愛情を表現しようとするさいは、自分の勝手な思いや考えを先立てて、相手に自分の愛情を押しつけようとするのではなく、逆に相手の求めや希望に即して、それが正しいと思われるかぎり、その求めに応じていくこと、それが、まさにそれこそが、真に正しい愛の表現だということである。これを逆に言うならば、自分の考えを相手に押しつけようとする愛情、それは、かりそめにも真の愛情とは言えないということだ。最近多くみられるストーカー、それはまさにその後者、すなわちいわば逆立ちした愛情表現、つまりは自分のエゴの相手への押しつけ以外の何ものでもないこと、それはかくて火を見るよりも明らかだろう。

したがって、このような生き方、すなわち自分の思いや考えを先立て工夫・図らいするのではなく、逆に相手の求めや希望に即して、あるいは事そのもののロゴスや道理、理法に即しつつ、さらにまた各状況に必ず含まれている唯一最善の道に即して行為していくこと、生きていくこと、それは、けっしてなにか特別に優れた人間にしかできない極めて難解なことというのではもうとうない。いな誰にでも、すべての人・いちいちの人にできることなのだ。要は、自分がその気になって、そのようにできるかぎり努力するか否かにすべてはかかっているのである。

とはいえ、すべての点でそれができる、というのはすこぶる難しい。だが、しかし、自分にできるかぎりでそれを実践し、少しずつでもその輪を広げていくこと、そのように努めていくこと、それは誰にでもできることであり、それで良いのだ。それで良い、というよりそれが大切であり、必要なことなのである。要は一から始めて、少しずつそのできる数を増やしていくことが肝要なのだ。

それはともかく、先にいろいろな名プレーヤーの例をあげ、彼らのような名プレーは並大抵の凡人にできることではない、といったが、しかし彼らのばあい、その彼ら独自のプレーに関してはそういった人並みはずれた名プレーができたとしても、しかし日常生活の全般でそれができていたわけではないだろう。

しかし、大切なのは、こういう物そのもの・対象そのものに合わせた生き方、振舞い方、あるいは感じ方、考え方、それが日常生活全般で、少なくともできるかぎり多くの場合にできるということである。そうして、それが、それこそが、本当の悟りというものであり、つまりは我執や煩悩からの解放というものだろう。

とするならば、われわれは、超一流の名プレーヤーにはなれなくても別にそれに悲観する必要はない。今のありのままの自分でいいのだ。ただ自分の考え方・感じ方、振舞い方を一八〇度転換しさえすればそれでいいのである。すなわち、自分の思いや考えを先立て工夫・図らいをする生き方から、相手や対象に合わせて、それに即しつつ自然に生きる生き方へと逆転すればそれでいいのである。

そうしてそこに、まさにそこにこそ、人間としての真の幸せもあるというべきである。そのときこそ何事も、本当の意味でうまくいく、成功することができるのだからである。たとい一見はうまくいっていないように思われるときでも、じつはそこにこそ真に正しい道がしかと現在しており、そうしてそれは、いつか必ず明らかとなるからだ。この世界と人間の成り立ちの根柢にしてその絶対無相の主なる神仏が、これを確乎として保証してくれているからである。

それはともかく、上掲引用句で道元の言いたいこと、それは、けだしこういったことではないのだろうか。いずれにせよ、スポーツなどの例をあげたことからも推測されうるように、宗教は、何かいわゆる宗教的な世界にのみかかわることではなくて、それとは一見まったく関係のないいわば非宗教的な世界を含めた人間の生活全般に深くかかわるものなのである。その点が、まさにその点こそが、ISを含めた世にいわゆる宗教といわれるものと、わがインマヌエル宗教、つまりはイエスの宗教と、それら両者の根本的・決定的相違といわねばならない。そのさい道元の禅仏教も、後者の系譜に深く連なるものであること、その点は改めていうまでもない。

以上のべてきたことを、最後に哲学を例にして、蛇足ながら一言付け加えておきたい。

存在とは何か、人間とは何か、人生とは何かといった哲学固有の問題は、たんにIQが高いというだけでは必ずしもこれを解くことができない。ここでは理解し記憶したものをすべて素材としつつ、しかし徹底的に自己自身の頭と身体全体で、自分のすべての能力を総動員して初めてその解へと近づいていくことができるのである。例えばIQではすば抜けた人でも、筆者のようにIQ的には多分かなり落ちる人間より事の真実、たとえば不可逆についてこれをよく理解できないのもそのためだろう。物事の本質を見抜く力ないし洞察力が、けだし今一歩足りないからだろう。いや、事実そのものに即して考えることに徹することができないで、「私」が知らず識らずのうちに前面に出てきてしまい、この「私」、つまりはエゴが事実そのものの本質を見抜く力を鈍らせてしまうのだといってよい。

哲学においてもっとも大切なことは、徹底的に自己を空しくして物そのもののロゴスに付き従うことである。「物となって見、物となって聴く」（西田）ことである。いやより正確にいうなら「物として見、物として聴く」（滝沢）ということだ。徹頭徹尾一個の客体、絶対に受動的なもの、働きかけられるものとして、物そのもののロゴス（言葉）、その呼びかけ、働きかけにじっと耳を澄ませ、眼を凝らすことである。それが、それこそが、ほかならぬ真の哲学的営為というものであり、これを逆にいうならば、哲学するさいにもっとも大切なことといわねばならない。

例えば何か哲学書をよむさい、その著者がいったいそこで何をいわんとしているのか、それを理解するために自己の思いを先立てず、工夫・図らいも捨て、ただその著者のいわんとしていることにのみすべてを集中してそこに耳目を集めることである。

翻って思えば、しかし、これは何も哲学書を読むさいにのみかぎらず、他のあらゆる書物をよむさい、いや人間的営みのすべてにおいて妥当することといわねばならない。哲学とは一見まったく異なる科学でも、これは同様だろう。科学にあっても、フランシス・ベーコンもいっているごとく物ないし事実そのもののロゴス（言葉）にどこまでも従順に付き従うこと、そのさい自分の思いを先立てず、工夫・図らいをできるかぎり捨てること、それが何よりも大切なのではあるまいか。科学において実験が、理論の検証として重視されるゆえんであろう。

これらのことは、また宗教とて同様である、キリスト教やユダヤ教、あるいはイスラーム教のように「信仰」、つまりは「信じること」が重視される宗教にあっても、しかしたんに信じさえすればそれでよいというのではもうとうない。徹底した思考のない「信仰」は、容易に迷信に陥ってしまうであろう。少なくとも科学の発達した現代では、とりわけその点が重要である。今世界を大いに騒がせているＩＳの「イスラーム教」が、この迷信の格好の例として存在するからである。

いずれにせよ、かくして明らかなごとく、道元における悟りとは、自己の思いやりや考えを先立てず、工夫・図らいを捨て、対象ないし物そのもののロゴスに即しつつどこまでも自己を空にすること、「忘れること」といわねばならない。

(b)　「本証妙修」「修証一等」としての悟り

さて、『正法眼蔵』「弁道話」の巻で、道元は「本証妙修」「修証一等」なる思想を展開している。その意味は、けだし修業と悟りとは同価値のものであり、かりそめにも前者が後者の手段ではないというものである。とするとこれは、(1)でのべたあの釈迦の教え、すなわち悟りをうるためには八正道やサンガにおける戒・律をかたく守って修業すること、それが何としても必要だ、というあの教えと真向から対立するのではあるまいか。いや、むしろその釈迦の教えよりもっと深い思想とはいえないだろうか。

われわれは、菩提心ないし求道心をおこし修業を開始するとき、すでにそこで悟りの道程についているのである。長い悟りの道程の、ほかならぬその端緒についたのである。

だから、修業は悟りと等価といってよいのだ。したがって前者は、後者に到達するまでのたんなるその手段ではもうとうない。修業は、悟りに比べより一段劣った段階ではありえないのだ。そうではなくて、修業が同時に悟りにほかならないのである。悟りの端緒といってよいのだ。――けだし、そのように道元はいいたかったのではあるまいか。

もしこの筆者の解釈が正しいとするならば、この道元の思想は、八正道や戒律を守りつつ瞑想に精進すること、それが悟りに到るためのその手段にほかならない、という釈迦の考え――もしそれが本当に釈迦の考えだとしたら――その考えへの根本的批判であり、その修正といっていいのではあるまいか。けだしわれわれは、菩提心・求道心をおこし修業の途についたとき、そのときすでに悟りの端緒についたのであり、そうしてその過程でさらに悟りが深められると、自分のそれまでの生活や考え方、行動の仕方等、それじたい一つの広義の修業であるそれらをよりいちだんと正しく、しかもわれわれからより自発的・自律的に行なっていくことができるのである。そうしてその広義の正しい修業が、さらにその悟りをいっそう深めていくのだ。

このように修業と悟りとは、いわば融通無碍にかかわり合っているといっていい。道元の「修証一等」「本証妙修」とは、まさにこういうことではなかろうか。そうしてそれは、あるいは釈迦の教えをもすでにこれを乗り越えていたといってもいいのではあるまいか。それともまた、釈迦も同様に、悟りを開くための八正道や戒律の教えを説いたとき、じつはそういうことがいいたかったのだというべきだろうか。かくして道元は、その「本証妙修」「修証一等」といった思想をあるいは釈迦から直接ないし間接に学んだというべきなのであろうか。

それはさておき、話がいきなりかなり飛躍するようだが、ここで一つこんな話を挿入しておきたい。一九世紀中頃に、キェルケゴールというキリスト教哲学者が立ち現われて、周知のごとくデンマークのコペンハーゲンで活躍した。かれは、われわれインマヌエル哲学の先駆者のひとりと目される人物である。そのかれの思想の一つに、「過程的自己」というものがある。それは、つまりこういうことである。われわれ人間は、生涯何の変化もしない一個のもののごとき存在ではない。そうではなくて過程的な自己、つねにプロセスの途上にある存在なのだ、と。

これをより詳しくいうと、われわれはもともとは神に盲て非本来的な自己のうちに沈淪している。その非本来的自己としての人間が、しかし神からの働きかけを正しく反映した何かの出来事をきっかけとしてほかならぬ信仰へと目覚めるのだ。いや、求道心をおこして信仰へと眼を向けはじめ、かくて努力・精進するようになる。こうしていつか信仰が手に入れられる。

だが、しかし、信仰とはそこですでに目的が達成されたというがごときものではない。たしかにそこで本来的な愛の主体としてみずからを基本的に正しく確立することはできるが、しかし、にもかかわらず、その信仰を曇らせふたたび捨てさせようとするさまざまな誘惑、我欲・我執にまつわる誘惑が日夜われわれを襲ってやまない。かくして、信仰の獲得とは、それですべて目標が達成されたといったものではとうていありえず、さらにそこから新たによりいちだんと深い信仰の高みを目差すいわば端緒が切り拓かれたということなのだ。たしかにそこで本来的自己は、基本的には確立された。しかしそれは、つねにふたたび非本来的自己へとわれわれを誘惑する危険性に日々襲われている自己なのだ。かくして、一旦基本的に確立された本来的自己は、ゆめにもそこにとどまることを許されない。より深くかつより高い本来的自己を目差して日夜努力・精進せねばならぬのだ。これが、これこそが人間の本来あるべき姿にほかならず、これをキェルケゴールは、過程的自己と呼んだのである。われわれ人間は、つねに完璧な本来的自己を究極の目標とした過程、つまりはプロセスのその途上にある存在だということである。

ここまでくると、なぜ筆者が、道元のあの「本証妙修」「修証一等」の思想の紹介のあと、このキェルケゴールの「過程的自己」の思想に言及したか、その理由がほぼ明らかといっていいだろう。要するにこれら両者、道元の「本証妙修」「修証一等」の思想とキェルケゴールの「過程的自己」の思想と、これら両者は、一方は東洋の仏教思想、他方は西洋のキリスト教思想、という一見まったく相異なる宗教思想に立ちながら、しかしその実質として根本的にまったく同じことをいっているといってよいということである。道元にあっては修業と悟り、キェルケゴールにあっては信仰を得んとする精進と信仰、これら両者がけだしまったく同等の価値をもつということである。要するに、一方は究極の悟りへと到るプロセス・過程のなかの同じ一つのことの裏表、つまりは修業と悟り、他方は究極の信仰を得た完璧な本来的自己に到るプロセス・過程のなかの同じ一つの両面、つまりは精進と信仰、いいかえれば精進する自己と信仰する自己、それらはいずれもまったく同等の価値をもつということである。

ここにさらに一つ付け加えるならば、少なくとも神仏の眼からするならばで、神仏への信仰や悟りを目差す修業と悟り、精進と信仰は、けだしまったく同じ価値をもつといっていいだろう。修業や精進は、悟りや信仰に比べかりそめにもよりいちだんと劣ったものではありえないのだ。そうではなくて、修業のなかに悟りはあり、悟りのなかにまた修業がある、同様に精進のなかに信仰があり、信仰のなかに精進がある。かくして修業と悟り、精進と信仰はまったく同価値・等価値といってよいのだ。少なくとも神仏の眼には、そう映っているといってていいだろう。

いずれにせよ、キェルケゴールの「過程的自己」の思想は、このようにより一歩立ち入って解釈できるのではあるまいか。要するに、われわれ人間の人生は、非本来的自己から本来的自己へ、そしてさらにより深くかつ高い本来的自己への歩み、プロセス・過程にほかならなず、しかもそこでは精進と信仰、信仰と精進とが、自由自在・融通無碍に同価値のものとしてたがいにかかわり合っているのだ。少なくとも筆者にはそう思われる。

さて、話が一見大きく脇にそれてしまったけれど、もう一度テーマを道元の「本証妙修」「修証一等」にもどし、これをさらに別の角度から究明したい。

われわれに菩提心が起こるとき、それと同時に悟りの萌芽もしかと芽生える。かくして悟りと迷いとは、いわは事事無碍、つまりは不可分・不可同・不可逆的な関係となる。すなわち迷いのなかに悟りあり、悟りと共に迷いあり、といった関係になる。

けれども長い修業の過程では、時と共に迷いは徐々に吹き払われ、逆に悟りはよりいちだんと透明化・純化・深化され次第に成長してゆく。かくして、修業にあって悟りと迷いとは、いわば同居している。にもかかわらず、悟りはそこに厳然として存在するのだ。

かくして、小さなものから大きなものへ、不純なものから純なるものへ、曇りのかかったものから透明なものへ、紆余曲折をへつつ深められていくのである。

よし頓悟《とんご》といえども、ただ一度で、完全な悟りが開かれるといったものではないだろう。深い悟りに到るまでのある大きな悟り、それをかりに頓悟というのではなかろうか。修業ないし悟りの深化の過程で、漸悟には見られない大きな悟りの時機があるというにすぎないのではなかろうか。

もしこれが正しいとするならば、修業の過程にあっては、よしそこに迷いがあったとしても、しかしそれと同時に悟りの深化の過程もたしかに存在するのであって、まさにそれだからこそ道元は、これを「本証妙修」「修証一等」、すなわち修業と悟りとは同価値・等価値だといったのではあるまいか。

翻って思えば、大乗仏教では、伝統的に煩悩即菩提・生死即涅槃といわれるが、これもまた上述したことと同じ事態を言い表わしたものというべきではなかろうか。すなわち、修業の過程にあっては、煩悩・生死つまりは迷いのほかに、菩提・涅槃つまりは悟りがあり、その逆に後者と共に前者もある、つまりこれら両者は相即不二の関係にある、と。

さて、ここで『歎異鈔』第十五条における親鸞のつぎの言葉を想い起こしたい。少し長いがここで引用すると、「㈢いったい、この世で煩悩や悪い障を断ちきって仏になることは殆んどあり得ないことであるから、（中略）まして、戒行もたもてず智恵もないわれわれ凡夫は、この世で覚をひらくことなどということは思いもよらぬことであるが、ありがたいことには、こういうものを救おうとおちかいくだされた弥陀の本願があらせられる。この本願の船に乗って生死の苦海をわたり、彼岸の報土《じょうど》に着いたときには、たちまち煩悩の黒雲がはれ、みるみる法性の月影があらわれる。すなわち…弥陀とおなじ仏果をひらくことができるのである。（中略）真実の證果ということができるのである」。

要するに、われわれ人間は、死ぬまでついに煩悩や迷いの苦海から逃れられない。けれども、まさにそれだからこそ、阿弥陀仏は、そんなわれわれ人間を憐れに思って、その煩悩や迷い、あるいは我執や法執の世界から無条件に救い摂って下さるのだ。

この親鸞の言葉のなかにも、けだし上述したことと基本的に同じ事態が含意されているといっていいのではあるまいか。

すなわち、菩提心を起こして信心が確立し、かくて阿弥陀仏の御意に添うてあるがままに生きていくとき、よしなお煩悩や迷い、あるいは我執や法執のただなかにあったとしても、にもかかわらず阿弥陀仏が「彼方の報土に着」くまでこれらの曇りを徐々に消し去り取り払いつつ悟りや光明、あるいは無我を刻々恵み授けて下さるのである。かくして、これら両者のいわば事事無碍ないし不可分・不可同・不可逆的なかかわりあいのなかで、時と共にその阿弥陀仏の力で前者が吹き払われ、その分逆に後者は「彼岸の報土」での「弥陀と同じ仏果」に向かってかぎりなく透明化・純化・深化されていくのである。

まさにこれ、これこそが、ほかならぬ救いというものにほかならない。

要するに救いとは、何か固定したひとつの状態のことではなくて、浄土での最終的な救いに到るまでの、前述した一方は迷いや煩悩、あるいは我執や法執と、他方は悟りや光明あるいは無我と、これら両者のたがいにいわば事事無碍的にかかわりあうまさに力動的な過程ないし道程というべきなのだ。

まさにこれこそが、ほかならぬ親鸞の真意というべきではあるまいか。

こうみてくると、ここにまたおのずからキリスト教哲学者キェルケゴールのあの思想、すなわち「過程的自己」の思想が想起されてくる。

ちなみに仏教では「仏向上」という言葉がある。すなわち、悟りを開いて「仏」となったのちも、それで終わりではなく、さらにそのうえに向かって向上してゆくこと、これが大切だ、というものである。これは、キェルケゴールのこの「過程的自己」の考え方に一脈相通ずるところがあるといってよいのではなかろうか。

いずれにせよキェルケゴールによれば、われわれに信仰心が起こり、神に目覚めぬ非本来的自己から反転して神に目覚めた本来的自己がよし確立できたとしても、しかしだからといってそれで御仕舞・目標達成というのではもうとうない。一胆獲得された信仰のなかにもなお不信があり、かくて不信に日々脅かされつつ、しかし時と共にその信仰はいよいよ打ち固められ、純化・深化・透明化されていくのである。

かくして、こうした完全な本来的自己に向かっての一連の歩み、道程ないし過程こそ、まぎれもなき人間的生の軌跡というべきなのだ。まさにこれこそ、上述したキェルケゴールの「過程的自己」の思想にほかならない。

もしこの筆者の解釈に大きな間違いがないとするならば、一方は東洋の仏教、他方は西洋のキリスト教という、この一見まったく異なる両宗教が、少なくともこの一点でたがいに深く共鳴し響存していることになる。上述したごとくキェルケゴールの「過程的自己」の思想にあっては、信心を起こし信仰をえて本来的自己を確立しても、しかしそれが終わりではけっしてなくて、どこまでも自己の完成を目差して日夜努力・精進していくことが大切だということであり、これはまさに上述した仏教の「仏向上」と基本的に同じ考えといってよいからである。
そのさいわれわれインマヌエル哲学の主張するごとく、キリスト教の神も仏教の仏も、じつは同じ永遠・無限・絶対者を、その歴史や文化や地理的風土の違いに応じてそれぞれ別の名で表白したのだとするならば、そのそれぞれの教えにしたがう思想家のあいだで、こういった基本的一致点があったとしても、何ら怪しむには足らないだろう。

いやむしろ話は逆で、こういった両教の思想家のあいだでたがいに共鳴し響存しあう思想があるということは、それぞれの奉じる神や仏が、じつはまったく同一のものだということを暗に示唆しているのだとはいえまいか。
ちなみに、ここで、蛇足的ながらもう一度、既述したイエスと親鸞、パウロと親鸞の、そのそれぞれの思想や感じ方の基本的一致性についてこれをかんたんに明らかにしておきたい。

前者は、イエスのあの思想「遊女や取税人は、祭司長たちよりも早く神の国に入る」と、他方は親鸞の「悪人正機」の思想であり、後者は、パウロの「罪人の首魁」という自分自身についての自覚と、他方は親鸞の「極悪深重の凡夫」としての同様の自覚と、これら両者のそれぞれの基本的一致性にほかならない。これらもまた、上述した道元の「本証妙修」「修証一等」ないし仏教の「仏向上」の思想とキリスト教哲学者キェルケゴールの「過程的自己」の思想と、これら両者の基本的一致性に準ずるものといって何ら差支えないだろう。

したがって、それが正しいかぎり、すべての宗教の究極的実在者、つまり仏や神、それはみな同一であるというインマヌエル哲学の主張、それはけだし、たしかに正しいといってよいのではあるまいか。

### (c)　道元ないし禅仏教と森田自然療法

ここで話が突然大きく変わるが、あえてこんな話を挿入したい。日本には、道元の宗教もそのひとつである禅仏教の影響を強く受けつつ多大な成果をあげている世界的に有名な心理療法がある。森田正馬が大正時代に興した森田自然療法がそれである。

この森田自然療法は、一見とても単純である。その核心は、ノイローゼ患者に対し、ノイローゼの諸症状からくるさまざまな耐えがたき不安や苦しみ、それはこれをあるがままに耐え忍びつつ、他方ではしかし自己の具体的な社会的責任をどこまでも誠実に果たしてゆくべく、そのように患者に促すというものである。

ここでその前半の、ノイローゼの諸症状からくるさまざまな耐えがたき不安や苦しみは、これをありのままに忍耐し受け流しつつ、とはそこにどういう意味が含まれているのだろうか。それは、けだしこうだろう。ノイローゼの諸症状やそこから発する何としても耐えがたき不安や苦しみ、それらもしょせんは諸行無常であっていつかは必ず流れ去っていくものである。かくして、この根本的事実を患者に自分自身で直接体得させ、もってそれらのノイローゼの諸症状やそこからくるさまざまな不安や苦への激しいとらわれ、そこから患者を根本的に解放せんとするということだろう。

さて、森田自然療法においてすこぶる重要なのは、他方でしかし同時に後半のごとくいい、そのように患者を促す点にほかならない。その後半とは、それをもう一度繰り返せばこうである。

すなわちそれは、自分の具体的な社会的責任はこれをどこまでも誠実に果たしてゆきなさい、というものである。いったいノイローゼ患者は、その症状へのとらわれからくる激しい不安や苦しみから、社会的活動はきわめて困難となっている人々である。そういう患者に対し、森田自然療法は、にもかかわらず、しかしどこまでも厳しく自己の具体的な社会的責任を果たしていくように命じ促すのである。

ノイローゼ患者にとっては、そのノイローゼのさまざまな症状やそこからくる激しい不安や苦しみ、それらに耐えるだけでも容易ではないにもかかわらず、しかしそれだけでなく、同時に他方でさらにそういう患者に対し、おのおの具体的な社会的責任を誠心誠意果たしていくことが要求されるのだ。したがって森田自然療法は、一見とても単純なようでいて、しかしノイローゼ患者にとってはすこぶる困難なものなのである。ではなぜ森田自然療法は、患者に対しそこまで多くの要求をするのだろうか。

たんにその各人の症状やそこからくる激しい不安・苦しみにあるがままに服従するばかりではなく、他方でしかし同時に自己の具体的な社会的責任の誠実な遂行までも要求するのだろうか。思うにそれは、その具体的な社会的責任の根源にはかの永遠無限者なる仏の命令・促しが厳としてあるからといっていいだろう。したがって、その永遠仏の御意に添うて生きていくなら、そこに必ずその永遠仏自身から直接救いの力が与えられ授けられる、ということだろう。

ただしかし、森田自然療法では、そこまでの詳しい説明は何らなされていない。ただ何の根拠も示されないまま自己の具体的な社会的責任をどこまでも誠意をもって果たしていくこと、それが強調されるのみである。いったいそれは、なぜなのか。ひょっとしたらそれは、森田自然療法が禅仏教から深く学んで打ち樹てられたものであって、その禅仏教それじたいがその点すこぶるあいまいだからなのではあるまいか。その点は、けだし先にあげた道元の忘我の思想にあっても同様で、みずからの思いを先立てず工夫・図らいを捨て物そのもののロゴス、つまりは対象や相手の求め・働きかけに即して生きること、そのことのすこぶる大切さを説きつつも、しかしそれらの根源に永遠無限なる仏が臨在・支配すること、その点はかならずしも明らかでない。物そのもののロゴス、つまりは対象や相手の求めや働きかけ、それらがまさに永遠無限の仏の意志だからこそ、まさにそれだからこそ、自分の思いや工夫・図らいをあとにしてそれに応答すること、それが即自己の責任であり、またひっきょう愛の実践となるということ、その点が何としても曖昧なのだ。かくしてこれは、禅仏教とその影響を深くうけた森田自然療法に相共通するものといってよいのではなかろうか。

いずれにせよ、森田自然療法が一方でノイローゼ患者に対しそのノイローゼの諸症状からくる激しい不安や苦しみにあるがままに服従しつつ、他方でしかし同時に自己の具体的な社会的責任の誠実な遂行を説き、他方道元が「万法」つまりはすべてのもの・いちいちのものからの働きかけにまず何よりも第一に付き従うこと、そのことのすこぶる大切さを説いたということ、それは、かれら両者にあってそれらの具体的な社会的責任や「万法」の背後に、いやその根源に、永遠無限なる仏そのものの御意をしかとつかみとっていた、その何よりの証左といってよいだろう。

あるいは浄土系仏教のように、永遠無限なる仏の存在をことさら強調しないだけかもしれない。いや、その真意は筆者にはよく分からない。けれども筆者の見解では、この永遠無限なる仏をあまり前面に立てないこと、それは真に正しいことなのか、その点は何としても疑いなきをえない。ユダヤ教でもキリスト教でも、そしてまたあのイエスでも、何よりもまず永遠無限なる神をその前面に立てる。それが、それこそがこれらの宗教ないしイエスの宗教のほかならぬその中心中の中心である。そうしてそれは、けだし根本的に正しいだろう。その点禅仏教は、真に正しいといえるだろうか。が、その点については、(4)「インマヌエル哲学における悟りへの道」でより詳しくこれを明らかにしたいと思う。

## (3) 親鸞における悟りへの道

### (a) 「絶対他力」と「自然法爾」

つぎに、道元と同時代の浄土真宗の開祖・親鸞について考察したい。周知のごとく、親鸞は「絶対他力」の思想を説いた。

この「絶対他力」とは、阿弥陀仏の本願、つまり生きとし生けるものすべてをただ一つの例外なく救いとらんとするその大悲・大慈を信じ、その救いの力にすべてを委ね任せるということ、そうすればけだし我執や煩悩から根本的に解放されて救われるというものである。要するに、永遠無限者なる阿弥陀仏の救いの力をかたく信じつつ念仏を唱え、それに身を委ねその御意に添うて感じ・考え・生きていくとき、そこに我執や煩悩、つまりは我執から惹起されるさまざまな苦からのおのずからなる解放があるというのだ。さらに親鸞は、その最晩年になると「自然法爾」の思想をも説いた。この「自然法爾」とは、自己の工夫や図らいを捨て如来の御意に添うて生きるとき、そこにおのずから我執や煩悩からの解放の道が開かれるというものである。

さて、ここで大切なのは、けだし親鸞にあっては阿弥陀仏という永遠無限者への「信知」、つまりは目覚めがしかとあるということだ。この永遠無限者の思想がすでに仏教の元祖・釈迦にあったかどうか、それは既述したように必ずしも明らかでない。ただひとついいうることは、その思想が仏教の歴史のなかで強く打ち出されてくるのは、ほかでもない釈迦の没後約五〇〇年、すなわちまったくの偶然かどうかは不明だが、しかしあのイエスがイスラエルの地で活動していたそのころの在家の仏教革新運動、つまりは大乗仏教以降だということである。

かくして仏教は、この大乗仏教においてキリスト教ないしその前身のユダヤ教に大きく近づくこととなる。いや、その根本において軌を一にしたといってもいいかもしれない。

いずれにせよ、こうして明らかであるように、親鸞には永遠無限者なる仏へのかくたる自覚がしかとあり、かくてその「本願」に絶対他力ないし自然法爾に身を委ねること、それこそ我執や煩悩から根本的に救われる悟りの道だということである。

### (b)　親鸞との比較における道元への疑問点

それはともかく、この点、つまり永遠無限者の自覚という点では、いったい道元はどうであろうか。そこでひとつ道元のあの有名な言葉を、その主著のひとつ『正法眼蔵』の「現成公案」の巻からもう一度引いてみたい。

そこで道元は、こういっている。すなわち、

「自己をはこびて万法を修証するを迷いとす。万法すすみて自己を修証するはさとりなり。」

「仏道をならふというは、自己をならふなり。自己をならふといふは、自己をわするるなり。自己をわするる

るといふは、万法に証せらるるなり。」と。

さてこれらの言葉、とりわけその前半をごくごくかいつまんで解釈するとこうである。すなわちそれは、すでに何度も繰り返したごとく、みずからの思いを先立てず工夫・図らいを捨て対象や相手の求めや働きかけに応じて感じ・考え・振る舞うこと、そこに本当の悟りの道がある、ということだろう。けだしこれは、基本的に正しい思想といわねばならない。だが、しかし、それがなぜ我執や煩悩からの解脱と結びつくのか、その点がこれらの言葉だけでは今ひとつはっきりしない。思うにそれは、相手や対象と直接一なるロゴス、つまりはそれらからの求めや働きかけ、あるいはまたそのつどの具体的状況のなかに必ず含まれている唯一最善の道・絶対必至の道、それはひっきょうかの永遠・無限・絶対者なる仏から直接もたらされるものであり、それゆえそれに従順に従うとき、その永遠・無限・絶対者なる仏自身が、われわれ人間をその我執や煩悩から根本的に救ってくださる、解放してくださるからにほかならない。まさにそれだからこそ、みずからの思いを先立てず、工夫・図らいを捨て相手や対象のロゴス、つまりはそれらの求めや働きかけに即して感じ・考え・行動するとき、そこにしかと我執や煩悩からのたしかな解放の道が切り開かれるのである。

その点はしかし、ひとり道元にかぎらず禅仏教は今ひとつ明らかでないように思われる。いや道元にしろ禅仏教にしろ、これもまた大乗仏教のなかのひとつにほかならない。その大乗仏教の根本思想は、とりもなおさず大悲・大慈としての永遠・無限・絶対の仏、法華経の言葉をあえて引くなら「久遠実成の釈迦牟尼仏」、つまりは永遠無相の仏にしかと目覚めその御意に添うて生きること、それがほかでもない悟りであり、我執や煩悩から根本的に解き放たれる真に正しい道だ、ということである。その点からするならば、その大乗仏教の教えに従う道元や禅仏教も、とうぜんこの永遠の仏の思想は堅持していたといっていいだろう。

ところが、それが、たとえば浄土系仏教のごとく前面に押し出されることはなぜか少ない。それは、いったい道元や禅仏教にとって強みというべきなのか、それとも弱みというべきなのか。少なくとも筆者には、弱みであるように思われる。われわれは、何よりもまず第一にこの永遠・無限・絶対の仏、それを自己の脚下に直接つかみとることが重要だろう。少なくとも、わがインマヌエル哲学はそう考える。が、その点については、(4)でこれをより詳しく論述したい。

### (c)　苦とその克服方法——イエスと親鸞ないし大乗仏教とインマヌエル哲学

それはともかく、ここで話題を少しかえたい。仏教の大前提の一つ、それは、この世は苦海、苦しみの大海だということである。しかしその苦も、この世のすべてのものと同様に無常でいつかは必ず流れ去っていく。だからそれをしかと悟りつつこれに囚われることなく仏の御意に添うてどこまでも誠実に生きていくこと、それが何よりも大切だ、そうすればいかなる苦にもしかと耐えられる、ということである。

では、その点イエスはどうであろうか。イエスは、すでにのべたように弟子たちに向かってそれぞれみずからの十字架を背負って私についてきなさい、といっている（マタイ一六・二四）。

ここで十字架とは、いうまでもなく耐えがたいほどの苦難、苦しみということにほかならない。

したがってイエスのうえの言葉は、みずからの苦難・苦しみをありのままに背負いつつ神の御意に添うてイエスのごとく愛をとことん実践せよ、そこでは苦もおのずからこれに耐えられるものとなる、という謂いといってよい。それだからこそイエスはまた、これもまたすでにいったように、他方でこうもいっている。すなわち、

「わたしの軛は負いやすく、わたしの荷は軽いからである」（マタイ一一・三〇）。

かくて要するに、イエスのいいたいことは、イエスが人々に課す「荷」、いいかえればイエスについていこうとする人間がそれぞれみずからに背負う「十字架」、さらにいいかえれば神の御意に添うて生きること、それは

もとより耐えがたいほどの苦難・苦しみではある、だが、しかし、それは「軽い」、耐えがたい苦難・苦しみではあるけれど、しかし、にもかかわらずそれは耐えられる、耐えることができる、なんとなれば神様がしかとお守り下さるからである、ということだろう。そしてイエス自身も、その耐えがたいほどの苦難・苦しみを背負いつつあの残虐極まりない十字架上の死に到るまで徹頭徹尾神に従順に生きたのだ、生き抜いたのである。

そのイエスは、かの十字架上で息をひきとる瞬間、既述したようにこう叫んだという。

「エリ、エリ、レマ、サバクタニ」。つまり「わが神、わが神、なぜわたしをお見捨てになったのですか」(マタイ二七・四六)。

一見すると、これは完全に絶望した人間の最後の叫びのようにも思われる。しかし、じつはそうではない。このイエスの最後の叫びの意味、それはけだしこうである。

神様は、たしかにいま私をお見捨てになったかのようにもみえはする。しかしながら神様は、いつもおのが好むところに向かって吹く風のごとき絶対に自由なお方である。

イエス自身の言葉を引くとこうである。すなわち

「風は思いのままに吹く。あなたはその音を聞いても、それがどこから来て、どこへ行くかを知らない」(ヨハネ三・八)。

その神様の絶対の自由を、私といえども寸毫も犯すことなどできはしない。そのまったき自由なお方である神様、あなたの御意に、私は最後まで、最後の最後まで付き従います、というこれはいわばイエスの最終的な信仰告白というべきなのである。

かくしてイエスは、その最後の死に到るまで、神の御意に添うてみずからに課せられた「十字架」、つまりは

筆舌に尽くしがたい苦難・苦しみについに耐え抜いたのだ。いや、それができたのである。神が、イエスにそれを可能にしたのである。神が、イエスを最後まで、最後の最後まで守り抜いたのである。

したがってこの点、つまり苦とその根本的克服の可能性という点、そこでもイエスと仏教、少なくとも親鸞を含めた大乗仏教は基本的に軌を一にしているといってよい。すなわち永遠・無限・絶対者の御意に徹頭徹尾誠実に生きること、それが苦を根本的に超克する究極の道だということである。

なるほど仏教のばあい、苦やその根源としての我執・執着はこれも無常だと悟ること、その点も片方で大切だとされはする、が、しかし、にもかかわらず、けだし少なくとも親鸞思想もその一つである大乗仏教では、永遠・無限・絶対なる仏の御意のまま、それに従順に付き従うこと、それが何としても不可欠だ、という点ではあのイエスと基本的に同じだといっていいのではあるまいか。

かくしてここでも、イエスの思想と仏教、ないし少なくとも親鸞思想を含めた大乗仏教は、けだし根本的に綜合可能といわねばならない。

したがって、これら両者の根本的綜合を試みるわがインマヌエル哲学は、その目覚めをこう定式化する。すなわち、この世はしょせん苦海であるとしかと覚悟し諦めつつ、しかしその苦もひっきょう無常で永遠不変のものではない、そう正しく体得しありのままにそれに服従しつつ、しかし他方で、ものそのもののロゴス、すなわち対象や相手の求め・働きかけに即しつつ、またそのつどの具体的な各状況のなかに必ず含まれている絶対必至の道にできるかぎり沿いながら、自己の思いや工夫・図らいをあとにして永遠無限者の御意に添うて生きていくこと、こうして自己の具体的な責任や義務、あるいは使命、とりわけそのなかでも核心中の核心である愛、それを徹頭徹尾誠実に果たしていくこと、そうすれば我執やそこからさけがたく引き起こされる煩悩や苦、それらは基本的に超克されうる、よしそれでもなお迫りくる我執や煩悩あるいは苦、それはそのつど心底から反省し祈りつつ何度でも御意に立ち還りそれに添うべくやり直すこと、そうやって一歩一歩前進していくこと、そういう厳然たる事実に目覚めることである。

このようにして、我執やそれに起因する煩悩ないし苦への囚われから着実に解放されていく、ということである。もとよりそういう認識のもとには、インマヌエル哲学の根本主張、すなわち神と人ないしこの世界との絶対に不可分・不可同・不可逆的な根源的関係、つまり神と人ないしこの世界とのあいだには、これを絶対に切り離すことも混同することも、また上下・先後の順序を翻すことも端的に不可能な原事実・原関係が厳として横たわる、という根本的な目覚めがあることは改めていうまでもない。

### (4) インマヌエル哲学における悟りへの道

#### (a) 道元ないし禅における「不可逆」認識——滝沢克己、カール・バルトと筆者の、そのそれぞれの理解と比較しつつ

本節では、道元に対する筆者の素直な疑問点についてこれを明らかにしておきたい。それは、ほかでもないかれ道元における不可逆認識に深くかかわるものである。

周知のごとく若き道元は、比叡山で修業中こんな疑問を抱いたという。仏教では古来「本来本法性《ほんらいほんぽうしょう》、天然自性身《てんねんじしょうしん》」、すなわち人間は本来仏だといわれている、とするならば、なぜわざわざ発心し修業して、改めて悟りを開き仏になろうとする必要があるのかだろうか、と。

この問いにどうしても答えがみつからず、ついに中国の宋に渡って仏道を究明し、さいわい如浄に出会って坐禅修業し、ついに「身心脱落・脱落身心」という悟りを得た。

では、この悟りにおいて、道元は、かの若き日の自分の問い、それにどういう答えを得たのだろうか。その点について、浅学菲才な筆者にはよく分からない。はたして道元は、かねてからのその自分の問いにしかと確かな答えを見いだしたのか。

ところで、かの若き道元の問い、それはまさしく滝沢インマヌエル哲学の核心中の核心である「不可逆」に深

くかかわる問いである。すなわち神ないし仏と人間とは、絶対に不可分・不可同であると同時にまた絶対に不可逆的順序において直接一なる関係にある。いいかえるなら、神ないし仏と人間とは、絶対に切り離しがたく直接不可分に一つであると同時に、しかしそこには両者の混同をいささかも許さぬように明確な不可同的区別がある、しかもさらにまたそれら両者のあいだにはどこまでも前者から後者へのただ一方的・不可逆的な方向性のみがあるのだということである。

まさにそれだからこそ、人間は、元来そのままで仏であるにもかかわらず、この自己と直接一なる永遠仏をみずからに正しく映し出すべく日夜努力・精進する必要があるのである。要するに、たとい永遠の仏と直接一だとしても、しかし人間は、かならずしも正しくこの永遠の仏をみずからの身心において映し出しているとはかぎらない、ということである。いやむしろ、それを誤って歪んで映現・映出していることの方がずっと多いのだ。

ところが、この永遠なる仏は、人間がその身心においてその自分を正しく表現することを何よりもまず第一に望んでいる。それが、まさしくそれこそが、人間にとっての究極最大の幸せにほかならないからである。

永遠の仏は、大慈・大悲の方、つまりは絶対無我無償の愛の方にほかならない。かかるものとして永遠の仏は、時々刻々誰に対しても、みずからを正しく映し出すべく促し働きかけてくる。この永遠の仏の促し・働きかけに正しく応えてこれを自身の身において明瞭に表出すること、それがすべての人間・いちいちの人間にとっての最大の努めであり、かつ自己の究極至極の幸せに至る道なのである。まさしくここに、人間が日夜たゆまず修業や精進に努めることの必要性がある。

たといそのままで仏ではあっても、しかしそれは仏を正しく映現しているとはかぎらない。仏の方からただ一方的・不可逆的に刻々授けられてくる根源的自由において、それを本来自然な正しい方向においてではなく(31)、逆に本来不自然な誤った方向に向かって感じ・考え・行動していること、それが大ていの人間の現実の姿・形といわねばならない。それゆえにわれわれ人間は、悟りを開いたり（道元）、あるいは信心をおこして（親鸞）、永遠の仏に目覚めることが必要なのだ。

いったい道元は、その開眼により、これらの点をそもどれだけ明瞭に認識できたのだろうか。これが、まさにこれこそが、道元に対する筆者の嘘偽りのない素直な疑問にほかならない。

だが、しかし、結論を急ぐ前に道元についてもう少し考察を進めていこう。

道元は、『涅槃経《ねはんぎょう》』の「一切衆生悉有仏性」という言葉を好んで使いこれを強調する。この言葉は、ほかでもない生きとし生けるものはことごとく仏性、つまり仏の本性がある、という意味であり、仏教では伝統的に「本覚」といわれている。

道元は、しかし他方でまた、「この法は、人人の分上に豊かにそなわりといえども、未だ修せざるには現われず、証せざるには得ることなし」（『正法眼蔵』「弁道話」の巻）ともいう。すなわち仏性は、悟りを得て始めて現われるのである、と。これを伝統的仏教では、「始覚」という。

では、この「本覚」と「始覚」とは、道元にあってどうかかわっているのだろうか。

八木誠一氏は、この道元の言葉の後者を強調し、だから仏性は悟りを開いてこそ始めて表に現われるのだ、という。

ではそれ以前、悟り以前の仏性は、そも何なのか、といったら、それは氏によればポテンチア、つまり潜勢力だという。すなわち、いまだ表に現われていない潜勢的な力としての仏性が、悟りを契機として現実の力となりリアルに働き出すのだという[32]。

これに対し、生前八木氏ととても親しく道元にも詳しかった秋月龍珉氏は、その著『「正法眼蔵」を読む』で、道元は、「どちらかというと前者」すなわち「本覚」に重点をおいていたという[33]。要するに、「一切衆生悉有仏性」、つまり生きとし生けるもの、否この世のすべてのものにはすべて仏性（仏の本性）があるという事実をかたくふまえたうえで、しかし、それは「成仏と同参[34]」つまりは悟りを開くことによってはじめて豊かにこの世界に現われるのだ、と。これは、まさに道元流の「不可逆」認識とはいえまいか。すなわち、既述したごとく仏性、あるいは永遠の仏はすべてのもの・いちいちのものにすでにその最初からしかと結びついている、だが、しかし、そこには仏は仏、人（物）は人（物）という明確な区別が厳然と含まれている、しかもそれら両者のあいだには、どこまでも前者から後者へのただ一方的な不可逆的順序が厳として横たわる、ということである。しかも、それだけではない。いやまさにそれだからこそ、われわれは日夜努力・精進してわが身心において、前者をついには一点の曇りなく精確・明瞭に映し出し表現するべく修業・信心することが必要なのだ。

ところが、道元にあっては、これがこれほど明確に説明されているとはとうてい言いがたい。まさにそれだからこそ、多くの道元研究者のなかにもいろいろな解釈が生まれ、また前述した八木氏のごとき解釈、筆者と基本的に同じ道元解釈をしている秋月氏と深く親交があり、氏と何冊もの対談本を世に送り出している八木氏のごとき道元解釈も現われうるのであろう。

ちなみに八木氏は、自分の道元解釈は「テクストの事実」だとか、道元の開いた「曹洞宗の資料からも（自分の道元解釈の正しさは）明らか」（氏の小生への私信より）とまでいってのけられる。

したがって、あえていうなら、道元にあっても、その「不可逆」認識は、よし事柄そのものとしてはしかとつかまれていたにはしても、しかしこれを明瞭かつ論理的に言挙げされることはなかった、ということである。そこには、あとで親鸞についていうごとく、筆者のいわゆる根源的自由の認識が、遂に道元にあっても今ひとつ十分には捉えきれていなかったこと、それが大きくかかわっているのではなかろうか。

では、その点親鸞はどうであろうか。親鸞にあっては、周知のごとく阿弥陀仏への絶対他力の信心がどこまでも強調される。そのかぎり、この不可逆認識は道元よりよりいっそう明らかであるとも思われる。阿弥陀仏のいわばただ一方的・不可逆的な救いの力にすべてお任せするということだからである。

しかしながら、その親鸞にあっても、その絶対他力の信心のその起点、そこに人間の根源的自由、ただ一方的・

不可逆的に仏の方から刻々与えられ授けられてくるこの根源的自由、それへの確かな認識がどれだけあったか、その点については、やはり筆者は疑いなきをえない。

いずれにせよ、この根源的自由への確かな認識を欠いてしまうなら、絶対他力の思想は、ひっきょう人間を阿弥陀仏のたんなる操り人形に堕してしまいかねない。そのかぎり親鸞にも、このような根源的自由への確たる認識はそれなりにあっただろうが、しかし、それがどれほど明晰・判明なものであったのか、その点については、やはり疑いなしとは言いがたい。

以上、あまりにも高慢な見解をのべたけれども、しかし、これが目下の筆者の、道元や親鸞に対する嘘偽りのない素直な疑念だといわねばならない。読者諸賢の忌憚のない御批判を賜わればさいわいである。

さて筆者のこの根源的自由について、では不可逆という概念を用いたわが師・滝沢克己はどうであったか。

滝沢は、自由についてはあまり多くを語らなかった。なるほど『自由の原点・インマヌエル』なる一書はあるが、そこでもそのタイトルが示唆する自由については、それほど多く語られているとは言いがたい。いつもの滝沢がそうであるように、ここでも『自由の原点・インマヌエル』の闡明にこそそのほぼ全関心は向けられている。もとより自由についても語られてはいる。が、しかし、すくなくともそれは、筆者がここで問題としているいわゆる根源的自由とはとうてい言いがたい。ただ滝沢は、その初期には「可能性そのもの」という概念を用いてこの筆者の根源的自由についても言及している。が、どういうわけかそのさらなる究明はやがて途絶えてしまう。

ここでひとつある挿話を差しはさみたい。滝沢が京都である講演を依頼された折、その滝沢の講演のあとで出席者からの質問の時間がとられた。そのさいある仏教関係の人が、滝沢に対し、その核心中の核心である不可逆の意味について執拗に質問していた。

その質問者の主張では、滝沢の不可逆をきいていると、何か人間が神の操り人形のごときものとなってしまうのではないか、というものだった。

筆者は、内心、そこには自由、つまり根源的自由が深くかかわっている、と思っていた。けれども、滝沢は、どういうわけか、その質問者に対し多くを語らず、この自由という言葉も一切使用しなかった。

それで不審に思った筆者は、その講演のすぐあと滝沢のもとにゆき、その質問者とのやりとりに触れ、「あれは自由がかかわっているのではないですか？」と軽く質問した。

すると滝沢は、軽く小さな声で「ええ！」といって肯くだけで、しかしそれ以上は何も語らなかった。「では何故先生は、自由という言葉を用いてきちんと答えなかったのか。あるいは自由という言葉を用いると何か誤解を招くとか、かえってよけいに事柄を分かりづらくする、とでも思ったのだろうか」――それが、その時、筆者の抱いた疑念である。

あえて不遜な言い方を許されるなら、ひょっとして滝沢にも、筆者のいわゆる根源的自由が今ひとつ十二分には会得されていなかったのだろうか。

その中心概念「不可逆」を語るさい、同時にそれと一緒にこの根源的自由についても言及していれば、滝沢、いやその難解中の難解「不可逆」概念は、もっとよくひとに理解されたのではあるまいか。

滝沢は、ただ「予め決定されたように自己決定するべく決定された存在」、それが人間だというばかりなのである。もとよりこういうことがいいうるためには、そこに当然根源的自由への深い洞察がなければならない。

上の滝沢の言葉を、筆者流に解釈すればこうである。

人間は、刻々神より根源的自由が授けられている。この根源的自由とは、いわば是非・善悪・美醜・高低・精粗をみずから選択することのできるものにほかならない。が、しかし、それは、それら両者のどちらも人間が自分で勝手に選んでよい、といったものではない。そうではなくて、是・善・美・高・精こそ人間が自己の責任においてしかと選び決断すべき本来可能な可能性であり、他方後者の非・悪・醜・低・粗は、人間がみずからこれをその責任において、断固拒否すべき本来不可能な可能性というべきなのだ。

前者を本来可能な可能性というのは、これこそ人間本来の自然な道であり、それゆえにまた真に幸福と救いに到る道であるのに対し、後者を本来不可能な可能性というのは、それは一見可能であるかのごとくみえはするけれど、しかしそれはひっきょう人間の自然に背いた道であり、それゆえにまたひっきょう不幸と滅びに通じる道にほかならないからである。

かかる根源的自由が、人間には刻々神によりただ一方的・不可逆的に与えられ問いかけられてくる。そのさい、その根源的自由の向かうべき道も同時にそこに本来可能な可能性としてあらかじめ決定されている。このあらかじめ決定された方向性に向かってみずからの責任において自己決定するべく人間は、その存在の根柢において毎瞬毎瞬永遠の太初に決定されているのである。まさにそれだからこそ人間は、「あらかじめ決定されたごとくにみずから自己決定するべく決定された存在」といえるのである。[35]

ところが滝沢は、何故かこういった説明をほとんどしない。そうしてただ上の言葉を、神と人との絶対・不可分・不可同・不可逆的な根源的・弁証法的な原関係のいわば縦断面として語るのみなのである。その理由は、今もって筆者にも分からない。

いずれにせよ、まさにそれだからこそ、滝沢の不可逆を聴いていると人間はまるで神の操り人形のごとく思われてくる、といった八木誠一氏を含めた大方の誤解や、また滝沢の「不可逆」に対し、「不可逆の可逆」といったまことに珍妙なことを言い出す人も現われてくる始末なのである。

あえて誤解を覚悟でいうなら、滝沢の「不可逆」とは、そこにすでに「可逆」も内包した不可逆なのだ。いいかえれば、その人間の側からの可逆もすでにその起点にあって、ただ一方的・不可逆的に神により決定されてしまっているということである。この不可逆のなかに包摂された可逆、それが、ほかならぬ筆者のいわゆる根源的自由といわねばならない。

くどいようだが、もう一度念を押しておくと、しかし、この根源的自由そのもの、ないしそこにおいて成り立つ人間の側からの可逆もまた、すでに刻々その永遠の太初に神からただ一方的・不可逆的に決定され与えられ問いかけられてくるものなのだ。

少なくともこれだけの意味が、滝沢の「不可逆」概念にはしかと含まれている。

しかしながら、滝沢は、この点何故か、多くを語らなかった。これが、滝沢、とりわけその不可逆概念がすこぶる難解だといわれるゆえんのひとつかもしれない。

では、その点、滝沢の「生涯の恩師」の一人K・バルトはどうであっただろうか。

バルトにあっては、この点かなりはっきりしていたといってよい。バルトは、その主著『教会教義学』でこういっている。

「罪を犯すということは、つぎのような道——すなわち、人間がそこから踏み出すということで、この道、人間のまったく確定的な道（それと並んで人間が他のいかなる道も持たない道）であることをやめてしまうことのないような道——から踏み出してしまうことを意味している。人間が罪を犯すからといって、神は神であることをやめはしないし、人間もまた人間であることをやめはしないのである[36]」。

まことにもちゃもちゃした拙訳ではなはだ恐縮だが、ここで「人間のまったく確定的な道」といわれるもの、それこそほかでもない筆者のいわゆる根源的自由であり、この「確定的な道」から「踏み出す」ことのできる可能性、それがほかならぬ本来不可能な可能性、そうしてこの「確定的な道」に添うて歩み進むことのできる可能性、それがまさしく本来可能な可能性といわねばならない。かくして明らかなように、バルトにあっては、根源的自由がそれなりにしかとつかみとられていたといってよい。

そのさい、このような「人間のまったく確定的な道」を人間に日々決定してくるその絶対の主体なる神は、後述するごとくどこか彼方（irgendwo）から何らかの仕方で（irgendwie）人間にこの「道」、つまりは根源的自由を課してくるというのではなく、まさしく人間と直接不可分に一なるものとして時々刻々ただ一方的・不可逆的に授け問いかけてくるものといわねばならない。さもなくば、その「道」が、そのように「人間のまったく確定的な道」となることなどとうていできはしないからである。

それはともかく筆者が一九八〇年の冬学期にテート（Tödt）教授のもとでドイツ神学を研究したさい、そのゼミのタイトルは「バルト神学における自由論」であった。これはテート教授がバルトの、全一〇巻にもおよぶ、しかも未完の主著『教会教義学』から、その自由に関する箇所を遂一抜粋したものをテキストとして行なわれた。それくらいバルトには、自由についての記述が豊富に存在するのである。

それはともかく、先にあげたバルトの引用句について一言しておきたい。

当時筆者は、滝沢インマヌエル神学とボンヘッファー神学とを比較した拙論を共通の題材として、テート教授の愛弟子のひとり、博士課程の大学院生ペーター（Peter）と、滝沢神学とヨーロッパ神学との相違について、まる半年間、時にはほとんど喧嘩のごとく激しく論争した。そのさい、その拙論に引用されていた先のバルトの言葉のところに到ってかれペーターは、「君はとてもいいところを見つけた」と思わずつぶやいた。

ここには、根源的自由はもとより、その大前提となる滝沢のいわゆる不可分・不可同・不可逆が、しかと語り出されているからだろう。

なぜなら上のバルトの言葉を解釈すると、すでにかんたんに触れたように、よし「人間がそこから踏み出」したとしても「人間のまったく確定的な道…であることをやめてしまうことのないような道」、いいかえると「それと並んで人間が他のいかなる道も持たない道」ということは、この「道」を人間に「確定」した神は人間と直接不可分に一体となって生きているると解してほぼ間違いないし、にもかかわらず人間がそこから「踏み出」してしまう可能性もまたありうるということ、しかしよし「踏み出」して人間が「罪を犯すからといって、それで神は神であることをやめはしないし、人間もまた人間であることをやめはしない」ということ、それは神と人間とが直接不可分に一であると同時にまたしかし絶対に混同できないように区別されどこまでも不可同であるということ、さらにまた「人間のまったく確定的な（この）道」は、まぎれもなく神から、ただ神の方からのみ一方的・不可逆的に人間に与えられ課せられ「確定」されてくるものといってよいからである。

この短い一文からもほぼ明らかであるように、バルトは滝沢のいわゆる不可分・不可同・不可逆はもとより、その不可逆のなかにおのずから包摂されている根源的自由も、これをしかとつかみとっていたといいうるだろう。ペーターが、「君はいいところを見つけた」と思わずつぶやいたゆえんであろう。

筆者のいわゆる根源的自由について、その重要性についてのもう一つの挿話もついでにのべておきたい。

今から二〇年くらい前、筆者はアメリカのプロセス神学者J・カブ氏に招待されて、その「プロセス研究センター」で、「滝沢克己の仏教的・キリスト教的なインマヌエルの神学」と題した客員講演を行なった。そのさい筆者がその根源的自由の話にさしかかると、カブ氏は最初軽く苦笑いしてきいていたが、しかしそのうち真剣に耳を傾け出した。最初苦笑いしたのは、おそらく根源的自由を説明するさい筆者が「本来可能な可能性」とか「本来不可能な可能性」といった一見もちゃもちゃした用語を使ったからだろう。ちなみに、しかし、これらの用語は、もともとはバルトの言葉——「eine eigentlich mögliche Möglichkeit」「eine eigentlich unmögliche Möglichkeit」——であって、筆者が自分流にアレンジして援用しているものである。ただこれらの用語の英訳があまりよくなかった可能性もある。いずれにせよ、これらの用語は、一見とてももちゃもちゃしたものではあるが、しかし、にもかかわらず、こういった用語でしかうまく表現できないきわめて繊細な事柄が、根源的自由のうちにはしかと含意されているというべきなのである。

こういった根源的自由について、あえて傲慢な言い方を許されるなら、かの道元や親鸞はいったいどこまでしかとつかみとっていたであろうか。素直にいって、筆者には少なからず疑いなきをえない。

## (b) 道元・禅、ならびに親鸞における「対象」としての神仏認識と「不可逆」、および言語の三様態
### ――カール・バルト、滝沢克己、西田幾多郎および筆者の、そのそれぞれの理解と比較しつつ

道元は、不可逆をたしかに認識していた。その点は、つぎの道元の言葉からも証示されうるものと思われる。その道元の言葉とは、すなわち、『涅槃経』から継承された「唯仏与仏」というものである。

一般にそれは、仏法は仏と仏のあいだでのみ伝達可能なものと解されている。しかしながら、思うにそれは、ただ永遠の仏のみがわれわれ凡夫を目覚めさせ、かくしてこれを時間的な仏に転生せしめることができるというものである。

もしそれが正しいとするならば、これは、明らかに、救いや目覚めが永遠の仏から人間的な仏へのただ一方的・不可逆的な方向性としてのみ成就されうるものとして言挙げされたものといわねばならない。

もしそうだとすると、では、なぜ道元は、永遠の仏と時間的な仏と、これら両者を峻別し、前者の存在を明言しないのだろうか。ひょっとするとそれは、永遠の仏を言語化したとたん、その永遠の仏の真の在り方を歪曲・歪少化してしまう、いやそればかりではなく、われわれと直接一なるものとして本来対象化できないその永遠の仏を誤って対象化してしまうことになる、という懸念によるものなのかもしれない。

いや、そのような傾向は、ひとり道元にかぎらず禅仏教全体に広くみられるものというべきかもしれない。

その点は、阿弥陀仏を「無量寿・無量光仏」、つまりは無限の生命・無限の光としての仏とはっきり言表する親鸞ないし浄土教とまったく対称的である。

いったいこれは、どちらが正しいというべきだろうか。

ここで一見、話が大きく変わるようだが、この点を、二〇世紀最大の神学者のひとり、わが師・滝沢克己の「生涯の恩師」K・バルトを例にして考察してみたい。

バルトは、文字通り永遠・無限・絶対なる神をはっきりと「対象（Gegenstand）」と呼んではばからない。そうしてその点を、わが師・滝沢は、これはバルトの神認識のたしかな卓越性を証示するものとして高く評価する。すなわち、神と人間ないしこの世界との絶対不可逆的・一方的な関係・方向性が、しかと洞察されているならば、神はこれを対象とみなすことができるのだ、と。

ここで私見をあえてのべれば、神とはまさにわれわれ人間にとって絶対不可逆的・逆対応的に日夜対峙・対向している方である。そのかぎり、われわれと直接一なる神も、われわれはこれを対象化することができるのである。神とは、この世界内部のもろもろの対象をその根源において成り立たしめているそれらのいわば原対象であると同時に、かの根源的自由とは、その主としての神をもこれを対象化可能にする自由といってよいからである。

その点、わが師・滝沢と生前二〇年にもおよぶ激しい論争を繰り広げた八木誠一氏は、まったくその見解を異にする。氏は、神を「対象」と呼ぶバルトを、これはバルトの神認識の決定的な甘さだとし、かくしてバルトを厳しく批判する。

けだしそれは、本書第四章で詳論したように、八木氏にはいまだ神と人間とのあいだに厳在する絶対不可逆的関係がいまだほとんど会得されていないか、少なくとも十分には理解されていないその何よりの証左というべきだろう。

それはともかく、永遠・無限・絶対なる神や仏は、はたしてこれを言語化することができるであろうか。もとより、神や仏にかぎらず、われわれは、一般に何かを言語化したとたん物そのものをその言語の限界範囲内に閉じこめ、その実態を覆い隠してしまう面はある。ましてやその「対象」が永遠にして無限、かつ絶対なる神や仏、人間やこの世界とは完全に異質な存在としての神や仏となると、ことはなおさらそうだというべきだろう。

が、しかし、ここでひとつ注意する点がある。

八木氏も力説するごとく、言語には差し当たり大きく分けて二つの機能がある。そのひとつは、ものごとを他人にいわば客観的に伝えるための氏のいわゆる「情報言語」にほかならない。これは、おもに科学や日常生活で用いられる言語といってよい。

さてもうひとつは、宗教や哲学、文学などの言語であって、それは、それを発語する当人の内面をいわば主観的・主体的に言い表わさんとする氏のいわゆる「表現言語」にほかならない。

ところで、言語には、もうひとつ大きな機能があることに深く注意する必要がある。すなわちそれは、ものごとやその実態を明らかに指し示さんとするいわば指示機能といってよいものである。

さて、宗教や哲学の言語とは、前述の表現機能と共にこの指示機能をも兼備するものといわねばならない。すなわちそれは、事柄そのものを表白せんとする表現言語であると同時に、それを指し示さんとする指示言語でもあるというべきなのだ。

かくしてこの指示言語としてわれわれは、よし人間やこの世界と永遠・無限・絶対に異質な存在としてその当体がいかに表現的に言語化しがたいものだとしても、しかし、にもかかわらず、それを明らかに指し示さんとする指示語によって言表することが可能というべきなのである。むしろ永遠・無限・絶対なる神仏自身から、その機能が人間の言語に刻々与えられ授けられてくるのだといわねばならない。

かくして、あのイエスの「父なる神」や親鸞ないし浄土教の先述した「無量寿・無量光仏」、あるいは筆者の用いる「インマヌエルの神」といった言葉、さらにそれらを中心としてこれにかかわるもろもろの事柄についての言葉、わが師・滝沢の用語でいえば、「神人の原関係」とか「神と人とのあいだに厳として横たわる絶対に不可分・不可同・不可逆的な動力学的・弁証法的な構造連関」とかといった言葉、それらはまさに表現言語であると同時に、その当体ないし事実そのものをあたうかぎり正確に指し示しさんとするまぎれもなき指示語というべきものなのである。

もしそれが正しいとするならば、大乗仏教の礎を築いたあのインドの龍樹や禅仏教、あるいは、八木誠一氏、かれらが、言語化は事実そのものを覆い隠し歪曲する、といって言語をただ否定的にのみとらえるとき[37]、それは、言語のもつこの指示機能をいまだ十分には理解していないからとはいえないだろうか。

そのさい道元も、ひとりの禅仏教徒としてこの限界を乗り越えてはいなかったのではなかろうか。と同時にまた、永遠仏と人間とのあいだに厳として横たわるかの不可逆認識にあっても、そこに今ひとつ黒い雲が残されていたといってはいいすぎだろうか。

その点、永遠なる阿弥陀仏への絶対他力の信をあくまでも主張したあの親鸞、その親鸞の方が、仏凡の絶対不可逆的・一方的関係をよりいっそう明瞭に洞見していたといってもいいのではなかろうか。

ちなみに蛇足的に付け加えると、わが師・滝沢のもうひとりの「生涯の恩師」西田幾多郎は、西洋的対象論理を厳しく斥け自己の場所的論理を強く主張した。その西田は、個に対峙するものとして平然と「神」とか「絶対無」なる言葉を使用した。

けだしそれは、よしまだ十分ではなかったにせよ西田の場所的論理には、神ないし絶対無と個とのあいだに厳として横たわる永遠・無限の不可逆的契機がそれなりにしかと摑みとられていたからではなかろうか。かくしてそれが、西田の最晩年の著『場所的論理と宗教的世界観』において「逆対応」とか「逆限定」といった概念として表白されたのではあるまいか。

この西田の例からいっても、神を「対象」として言表することは必ずしもその認識の甘さや間違いとはいえないだろう。それともその西田に対し、それは西田の神認識がいまだ十分正しくはなかったからとでもいうであろうか。

神を「対象」として言語化することをすこぶる嫌う禅仏教や八木氏は、その点どういうのだろうか。少なくとも筆者は、ここに、バルトや滝沢と同様に、西田の神認識の基本的正しさをしかと見てとることができると愚考する。

ところで、西洋の中世にあっては、神が「無底の底」ともいわれた。けだしこれは、西田のいわゆる絶対無、絶対無即絶対有としての絶対無、それと基本的に同じ事態を言表せんとしたものではあるまいか。すなわち、その意味するところは、神とはこの世界の成り立ちの根抵である、が、しかし、それはいわば無（「底」）という仕方で有る（「無底の底」）のだ。これをいいかえるなら、相対的な有無を永遠に超出した絶対の無として、しかし同時に絶対に有るのだ。そういう絶対無即絶対有として、まさに「無底の底」なのだ、と。

かくしてここにも、神が、筆者のいわゆる表現的指示語としてたしかに表白されているとはいえないだろうか。

## 三　釈迦の遺訓「自燈明・法燈明」

さて、ここでもう一度話を釈迦にもどしたい。けだし釈迦もまた、イエスと同様に我執や煩悩あるいは苦への囚われ・執着から基本的には解放されていたといっていいかもしれない。

しかしその結論へと急ぐ前に、釈迦についてもう少し立ち入って省察したい。

『大般涅槃経』によると、釈迦は、その臨終にさいし「自燈明・法燈明」というあの有名な教えを説いたという。そのさい「燈明」とは、ほかでもない闇を照らす松明の謂いにほかならない。したがって釈迦のうえの言葉は、自分と法とを闇を照らす灯り、つまりは生きる依り処・根拠とせよ、ということにほかならない。ここで「法」とは、釈迦のばあいけだし釈迦の教えないし釈迦の悟った真理という意味だろう。したがって要するに、自分自身と釈迦の悟った真理としての教えと、これら両者を各自みずからの闇を照らす灯りとし生きる依り処・根拠とせよ、ということになる。

では、なぜ釈迦は、ここで「法燈明」のみならず「自燈明」をもこれと並べて同時に一緒に語ったのだろうか。思うにここで「法燈明」をのみ説いたとしたら、あるいは釈迦の教えを妄信するものも現われる可能性がある、だからそれを怪しんで釈迦は、そうはならないように同時に「自燈明」の教えをも説き、もって最後は自分でしかと考え悟れ、といいたかったのかもしれない。すなわち、釈迦の教えも、これをただ妄信し絶対化するのではなく、自分自身の考えをしっかりもって、正しい意味で批判的に釈迦の教えを解釈し理解せよ、そうしてそのうえでそれに即して生きていけ、とほぼそういいたかったのかもしれない。

しかし、もしそうだとすると、ここでも一つ大きな疑問が生じてくる。たとい釈迦の教えといえども、しかしそれも誤り多きひとりの人間の教えとしてかりそめにも絶対ではありえない。けれども、たといいかにすぐれた教えといえども、真に絶対ではないものを自己の生きる究極の縁ないし依り処とすることは、けだし何としても頼りない。この大宇宙のなかの極小・卑小なわれわれ人間は、たといいかにしても微動だにしない絶対確実な依り処・縁ないし根拠にしかと足をおかないかぎり本当には安心できるものではない。もしそうだとするならば、ここでも釈迦は、「自燈明・法燈明」というよりも、むしろ永遠不変の仏の教えとしての法をこそ、みずからの燈明とせよ、というべきではなかったか。いいかえれば、自分の教えがそこからそこに向かって語られているその永遠不変の仏をこそ、各自みずからの真の燈明、つまりは生きる究極の根拠・依り処とせよ、というべきではなかったか。

いや、そもそも釈迦に、そういう永遠不変の仏・永遠無限者へのたしかな自覚、目覚め、悟りはあったといってよいのだろうか。

この点、釈迦に遅れること約五百年後の大乗仏教には、それはたしかにあった。永遠不変の仏へのしかとした自覚は、たしかにあった。大乗仏教の有名な経典の一つ法華経には、すでにいったようにはっきりと「久遠実成の釈迦牟尼仏」として、この永遠不変の仏が言挙げされている。いったいそれは、もともと釈迦に淵源があり、そこに遡ってそこから学びとられたものなのだろうか。それともそれは、釈迦の教えからは独立して、大乗仏教が独自に発見したものなのか。その点が、何としても明らかでない。少なくとも、浅学非才な筆者にはそうである。とまれ、よし釈迦にその淵源がたしかにあったのだとしてみても、その点において釈迦は、これに十全な重みをおいて語っていたといってよいのだろうか。その自覚は、釈迦自身にはいまだ十分ではなかった、といってはあるいはいいすぎとなるであろうか。その自覚がいまだ十分ではなかったからこそ、釈迦は、さきにもいったように「自燈明・法燈明」という教えを説き、またのちにもいうように「三宝」の教えを説くことになったのではあるまいか。

さて、以上が、釈迦に対する筆者の嘘偽りのない素直な疑問点にほかならない。が、しかし、さらに先に進む前に、これまでのべてきたことを、少し視点をかえてもう一度考察してみたい。

すでにいったように、釈迦は、弟子たちに対し遺訓として「自燈明・法燈明」という教えを説いたという。ここで問題なのは、けだしその「法」とはそも何だったのか、釈迦はいったい何をもって「法」といったのだろうか、ということである。それを一点の曇りなく明らかにする文献は、今日残っているのだろうか。それは本当に、釈迦自身が悟った真理としての教えという意味だったのだろうか。

けだし浄土系の人々は、いなそもそも大乗仏教はその「法」を、少なくともその「法」の根源に、歴史上実在した釈迦を超越した永遠の仏に由来するいわば永遠の法、釈迦の法がそれにもとづきそれへと向かってこの世界に成り立ってきたいわば永遠の法を想定するのではなかろうか。さもなくば、そもそも永遠の仏を説く意味がないからである。

だが、もしそうだとしたら、そういった考えは、いったい釈迦自身にあったのだろうか。釈迦は、生前あの有名な縁起の法、つまりこの世界のものはすべてただ一つの例外なしに因果・因縁的にかかわり合いつつ存在しているという教えを説いた。もしそうだとすると、ここでいわれている「法」とは、この縁起の法をも含む生前釈迦が説いた教えをすべて含んでそれを生きる縁とせよ、といっているのだろうか。が、しかし、その「法」の意味が今ひとつ明らかでない。

おそらくまず第一には、釈迦が生前悟り語った教えのすべてを意味していることは間違いないだろう。が、そのさい、その釈迦の悟ったすべての真理、ないしすべての教えのいわば根源となるもの、それらの真理や教えをたしかなものとして根本的に支え保持するもの、そういうものへの言及は、いったいぜんたい釈迦にはあったといってよいのだろうか。いいかえれば、釈迦の悟った真理としての法を法たらしめているいわば根源的な永遠の法、永遠・無限・絶対者なる仏の法といった考えは、はたして釈迦にあったのだろうか。

「自燈明・法燈明」といわれるときのその「法」とは、そもそも釈迦自身の悟った真理のことなのか、それともその釈迦の悟った真理の究極の根源ともいうべき永遠の法のことなのか。しかしながら、もし後者だとするならば、「法燈明」というそのすぐ前にわざわざ「自燈明」などという必要はさらさらないと。永遠・無限・絶対者とその法へのたしかな自覚があるならば、もはやそれに並んで同時に自分をも頼りにすることなどまったく必要ないからである。いやいや永遠・無限・絶対者といえども、これを妄信してしまってはもうとう駄目である。そのさいにも、どこまでも自分自身のとことん冷静な自覚が必要である。

だが、しかし、そのさいには、永遠・無限・絶対者を自己の生の依り処とすることと、自分自身をその依り処とすることと、これら両者のあいだにはまぎれもなく雲泥の差、いや比較を絶した絶対の相違があるというべきである。前者に比べれば、後者など、ほんにとるに足らないささいなことである。ただ永遠無限者に絶対に依存していることをしかと自覚し、その永遠無限者の促しと導きに即して精一杯生きていけばそれでよいのだ。たとい自分が何か過ちを犯したとしても、永遠・無限・絶対者は必ずそれをわれわれに知らせて下さり、しかも正しい道へと歩み直すべく日夜導いて下さるからである。だから、ただ永遠・無限・絶対者へのたしかな信頼と、その大いなる方への研ぎ澄まされた眼さえもっていればそれでよいのだ。しかもその信頼や眼も、われわれがそれを求めさえするならばいつでもかの大いなる方からわれわれ各自に恵まれるのである。

ただしかし、「自燈明、法燈明」といわれるときのその「自」を、別の角度からみた「永遠の法」、つまりは無相の自己なる「永遠の自己」と解するならば、この釈迦の言葉も納得がいく。が、しかし、この言葉で釈迦がいったい何をいわんとしたのか、それはやはり不透明といわざるをえない。少なくとも筆者にはそうである。

それはともかく、うえでもいったように、この永遠・無限・絶対者へのわれわれの信頼や眼は、われわれがそれを求めるならば、いつでもその大いなる方からわれわれに恵まれるものといってよい。そうしてその点は、あのイエスもまた同様に言っている。


「求めなさい。そうすれば、与えられる。探しなさい。そうすれば、見つかる。門をたたきなさい。そうすれば、開かれる。だれでも、求める者は受け、探す者は見つけ、門をたたく者には開かれる」(マタイ七・七―八、ルカ一一・九―一〇)。


それはともかく、その求める心、仏教的にいうならば菩提心ないし求道心、それすらわれわれ人間が自力でそれをおこそうとするまでもなく、具体的な各状況を通じて、かの大いなる方自身が、われわれがそれを今すぐにでも起こすべく時々刻々働きかけていて下さるのだといわねばならない。滝沢インマヌエル哲学のこのいわゆる不可逆認識、あえていいかえて滝沢の「生涯の恩師」K・バルトに即していうならば、「人間から仏への道はない、あるのはただ仏から人間への道のみである」、という永遠・無限・絶対者と人間ないしこの世界とのあいだに横たわる、この厳然たるただ一方的・不可逆的な方向性の認識、いやその大前提となる永遠・無限・絶対者へのたしかな目覚め、それがはたして釈迦にあったといってよいのだろうか、筆者には何としても疑いなきをえない。

さて次に、この釈迦の「自燈明・法燈明」という教えを、ここで一つイエスと比較して検討してみたい。

「自燈明・法燈明」の教えにおいて、釈迦はこの「法」を、けだし自分が生前悟った多くの真理として語った、少なくともそこに力点をおいて話したといっていいだろう。だが、しかし、その点イエスなら、自分の教えを、よし正しく批判的であってすら、みずからの生きる究極の縁・依り処とせよとはいわず、もっと端的に父なる神とその御意をこそ何よりも大切にしてこれにどこまでも依り頼めといったであろう。イエスの教えの中心、中心中の中心である愛の戒めにあっても、周知のごとき隣人愛の前にまず対神愛をこそ第一のものとして語っていることからも、これは火をみるよりも明らかである。

もとよりイエスも、いろいろな教えを説いた。けれどもそれは、自分の教えが絶対に正しいからそれに従えということではもうとうない。永遠・無限・絶対者としての父なる神の御意を映し出しているかぎり、ただそのかぎりで自分の教えも正しく、したがってそのかぎりで自分の教えを守りそれを実践せよ、それが、それこそがイエスの真意であったといわねばならない。

かくして明らかなごとく、イエスにとっては、父なる神、絶対・無限・永遠者なる父なる神、それこそが最初にして最後のもの、アルファーにしてオーメガ、究極始源にして終局のものだったのだ。この点、まさにこの点こそが、イエスと釈迦を相分つ決定的な相違点といっていいのではなかろうか。

なるほど釈迦にあっても、そういった永遠・無限・絶対者への感覚はひょっとしたら存在したかもしれない。が、しかし、それが十分にはっきりとつかみとられていたとはとうていいえないのではあるまいか。それがしかとつかみとられてくるのは、何度もいうように釈迦没後約五〇〇年頃の在家に始まる仏教革新運動、つまりは大乗仏教以降といってよいのではなかろうか。そういう革新運動が、ほかならぬ仏教そのものの内部から自発的に起ってきたというそのことは、ひょっとしたらその教祖釈迦のなかにすでにその芽があったからといっていいのかもしれない。が、にもかかわらず、それがどれほど明確に釈迦自身によって摑まれ語られていたのか、それは何としても明らかでない。

かくして以上を結論的にいうならば、この永遠・無限・絶対者の確乎とした把握という点で、釈迦はイエスに大きく一歩遅れをとっていたといってはあるいはいいすぎとなるであろうか。永遠・無限・絶対者へのたしかな目覚めなしには、おのが我執から根本的に解放されて無心に愛を実践することなどとうてい不可能だと思われるからである。

それはともかく、仏教徒のなかには、たとえば浄土系の人々のように永遠・無限・絶対の仏の存在を「無量寿仏」・「無量光仏」(『無量寿経』)として明言し、それを素直に信じる人もいる反面、他面ではしかしそういう永遠・無限・絶対的存在者をあまりはっきりとは口にせず、むしろそれを否定したがる人々もいる。そういう事実は、教祖釈迦じしんにおいて、その点が今ひとつ曖昧であったことの何よりの証左といってよいのではなかろうか。

さて、ここで一つつぎのごとき事実をもまた指摘しておきたい。

母親のマーヤから生まれたとき赤ん坊の釈迦は、「天上天下唯我独尊」といったとされる。そのさい釈迦のこの言葉もまた、永遠・無限・絶対者の存在を何としても否定するものとしか思われない。少なくともそこには永遠・無限・絶対者の面影がまったく感じられないといわねばならない。この言葉は、要するに「天上」も含めてこの世界には自分より尊いものは何もない、というのだからである。

もとより人間は、そのひとりひとりが唯一無二の存在であり他にかけがえなく尊いといってよい。けれどもそれは、かの永遠・無限・絶対者によってそのようにそのそれぞれが独一無二のものとして創られ生み出されているからなのだ。その点をゆめにも忘れることがあってはならない。

ところがうえのあの言葉には、その点の洞察がまったく欠如しているとしか思われない。もとより上の言葉は、ほかならぬ釈迦自身の言葉とはいえないだろう。生まれたての赤ん坊が、そんな言葉を発することなどとうてい不可能といってよいからである。

だが、しかし、そういう言葉が、釈迦のものとして釈迦自身に帰せられているということ、それが問題なのである。それは、とりもなおさず、釈迦じしんにあって永遠・無限・絶対者への言及が、少なくとも明確な形ではなされていなかった、というそのことの何よりの証左といわざるをえないからである。

## (四)「三宝」の教え

さて、以上をまたもう一つ別の観点からも検討してみたい。

釈迦は、いわゆる「三宝」といって仏・法・僧をとても大切にする。その解釈のひとつは、仏陀、つまりは目覚めたものとしての釈迦とその教え、つまりは法、そうしてさらにそれに加えて僧、つまりは修業共同体としてのサンガ、それらを三つの大事な宝として大切にせよ、というものである。

ここでは仏や法が、この世界のなかの時間・相対・有限なもののひとつである僧、つまりはサンガと同列に並べられていることから推測すると、この解釈がおそらく正しいように思われる。だが、もしそうだとすると、この三宝の教えは、本当に正しい教えといえるだろうか。仏陀としての釈迦やその教え、さらに釈迦を中心とした修業共同体としてのサンガ、それらよりもはるかにもっと、次元を絶して大切なものがありはしないか。いうまでもなく、仏陀なる釈迦の絶対の主体であり、その釈迦の教えの究極の根源である永遠無限の仏こそ、ほかならぬそれである。

もしこれが正しいとするならば、この永遠・無限・絶対の仏を、釈迦の悟った真理としての法や修業共同体としてのサンガないし僧と同列に並べて「仏法僧」ということは、何としても不可解といわざるをえない。

ちなみに浄土系の人々、いや大乗仏教は、ほかならぬ永遠不変の仏の実在をかたく信じる。とするならば、そのかれらにとってたといいかに釈迦が大切な人だとしても、しかしその釈迦以上に、釈迦とは比較を絶して重要なものとして永遠の仏はある、実在するのだといわねばなるまい。その点は、キリスト教徒にとってイエスがいかに大切な人だとしても、そのイエスとは比べものにならないほどに父なる神が大切だというのとまったく同断である。

もとよりそうはいっても、西洋の伝統的キリスト教にとっては、イエスは同時に神の子・キリストであって、そのかぎりキリスト・イエスと父なる神とはいわば同列に大切なものとされている。が、しかし、この伝統的キリスト教の考え方は、端的にいって正しいとはいいがたい。少なくとも、インマヌエル哲学はそう考える。イエスとキリストとは、一点の曇りなく明確に区別されねばならぬのだ。イエスとキリストとのあいだには、永遠の質的差異ないし絶対にその順序を逆にできない不可逆的順序が厳存するのだ。したがって、イエスがよしいかに大切な人だとしても、そのイエスの絶対の主体であるキリストないしその父なる神は、イエスとは毫も比較にならないほどに重要な存在なのだ。

そのさいその点は、イエス自身にあってすでにそうだったのである。たとえばすでにあげたイエスの言葉、「風はおのが思いのままに吹く」にあるごとく、「風」つまりは神は絶対に自由な方であって、その神の絶対の自由を、われわれ人間は微塵も冒すことなどできはしないのである。

たとい祈りであってもそうである。いかに真摯なものであれ、人間の祈りが神の絶対の自由を制限することなどもうとうありえない。ただ神は、その絶対の自由において、人間の切なる祈りに応えて下さるだけである。神とは、絶対無我無償の愛の神であるからだ。したがって、神と人間ないしこの世界のあいだには、その上下・先後の順序を絶対に逆にできない不可逆的順序が厳存するというべきである。イエスのさきの言葉は、かかる厳然たる事実を素直に表白したものというべきである。

さらにまた、イエスのあの十字架上の、息を引きとる直前の一見絶望的な、しかしそのじつ実に壮絶な叫び、「わが神、わが神、なぜわたしをお見捨てになったのですか」もそうである。これもすでに解釈したとおり、死の直前にあってもなお自分に救いの手を差しのべてくれない神への絶望的な呪いの言葉ではかりそめにもなくて、それとは正反対の、どこまでもあなたの御意に従います、徹頭徹尾服従します、という絶対に自由なお方である神への、それゆえその神に対しては自分からは何一つ要求できるものはない、というイエスの父なる神への徹底した信頼であり、それにもとづくいわば信仰告白といってよいのだ。

それを裏づけるものの一つとして、これもすでにのべたように、あの「荒野における悪魔の誘惑物語」におけるイエスの言葉をあげることができるであろう。

そこで悪魔は、四〇日間の断食修業で飢えかつ疲れ果てたイエスを神殿の屋根の端に連れてゆき、さあここから飛び降りよ、神はお前を救ってくれるであろうから、とそそのかす。そのさいイエスは、汝の神を試みることなかれ！といってこの悪魔の誘惑を斥けた。要するに、たとい死の間際であったとしても、われわれは、神の救いにいささかも疑念をさしはさむことは許されず、ましてやこれを試みてはならないのだということである。神の前では無にも等しきわれわれ人間が、この神を試みるなどかりそめにもあってはならないし、またそんなことなど端的に不可能なのだ。まったき自由なお方である神の御意は、われわれ人間にはとうてい測り知れない絶対の秘義そのものなのである。その点は、すでにのべたあの有名なヨブ記からも一点の曇りなく明らかだろう。

それはともかく悪魔の誘惑を厳しく斥けたこのイエスの言葉、「あなたの神である主を試してはならない」を同時に考慮に入れるときは、さきのイエスの十字架上の叫び、それもまたゆめにも絶望し切った叫びではとうていありえず、逆に絶対に自由なお方である父なる神への徹底的な服従意志の表白であること、それは火をみるよりも明らかだろう。

ちなみにここで一言つけ加えておくと、これもすでにいったことではあるけれど、この「荒野における悪魔の誘惑物語」は、必ずしもイエスじしんが語ったものではなくて、のちの誰かによる創作である可能性が大である。その点について詳しくは、本章の二の㈡でかなり詳細に語ったのでここではあえて触れないが、しかし、そこで語られていることは、けだし生前イエスが親しく弟子たちに語っていたものといっていい。さもなくば、あの哲学的大文豪ドストエフスキーもまた絶讃しているような、人類の英知の粋を集めた表現ともいうべきあの物語、それがそう易々とは生まれえなかったと思われるからである。

さて、話が一見かなり脇にそれてしまったようだが、しかし必ずしもそうではない。以上は、あの釈迦の「三宝」の教えを考えるさいにもすこぶる重要なことといってよいからである。すなわち釈迦の絶対の主体としての永遠仏は、たといいかにそれが大切だとはいえ、有限・相対・時間的な誤り多き一個の人間としての釈迦よりも、比をはるかに絶して重要だということである。

とするならば、その絶対・無限・永遠的存在としての仏を信ずるものは、これを、「三宝」つまりは仏・法・僧、すなわち仏陀としての釈迦や、その釈迦の悟った真理としての法、さらに修業共同体としてのサンガないし僧とまったく同列に並べることなど端的にいって不可能である。

いやこの法を、永遠の仏の教えとしての絶対的理法だと解するばあいでも、しかしなおここには、修業共同体としての僧ないしサンガとしての、時間・有限・相対的なこの世界内部のものが、前者の永遠・無限・絶対的な存在とまさに何の順序もなく雑然と無差別にかつ同列に並べられることとなり、これは何としても正しいとはいえないだろう。

むしろここは、つぎのようにいうべきではあるまいか。

すなわち、永遠の仏とその教えをこそ第一に大切なものとし、それについで、その永遠の仏やそれに目覚めた人間・仏陀つまりは釈迦とその教え、そうしてその永遠の教えを正しく反映したかぎりでの、釈迦のその教えに従う修業共同体、つまりは僧・サンガを大切にするということ、それが、それこそが「三宝」の本来あるべきあり方というべきではなかろうか。

しかし、そのばあいには、「仏法僧」としてこれら三者をまったく何の順序もなく同列に並べることは、やはり事の真実を正しく表現しているとはいいがたい。その点、永遠仏の存在をかたく信じそれを明言する浄土系の人々、いな大乗仏教は、いったいそれをどう考えるのだろうか。

それはともかく、何度も繰り返すように、釈迦自身は、永遠の仏についてその存在をはっきりと説いていたのかどうか何としてもはっきりしない。少なくとも浅学菲才な筆者には、その点よく分らない。

釈迦自身は、思うに仏陀としての自分自身とその教え、そしてまた修業共同体としての僧ないしサンガ、それら三つを大きな宝としてつねに大切にせよ、といったのではなかろうか。しかしながら、もしそうだとしたら、この釈迦の教えは、けだしかならずしも正しいとはいいがたい。

われわれは、この世のものをかけがえのない宝とする前に、この世を不断に創造しつつこれを刻々根源的に支え保持している永遠の仏、イエスのいわゆる父なる神をこそまず何よりも第一に、そして他のいかなるものとも次元を絶して大切にするべきだろう。イエスが、あの有名な隣人愛を説く前に、まず何よりも第一に対神愛、すなわち汝の父なる神について、これを全身全霊を傾けて愛せといったゆえんである。この点、釈迦の教えは、必ずしも正しいとはいえないのではあるまいか。

さてここで話題を少しかえて、仏教に対する筆者の素直な見解をかんたんに話しておきたい。何度も繰り返すように、永遠の仏についてこれをはっきりと語り出すのは、思うに釈迦没後約五〇〇年経って起こった大乗仏教以降にほかならない。大乗仏教は、周知のごとく修業共同体としての僧ないしサンガを中心とした自利中心的な出家中心主義を批判しつつ現われた、在家の人々による「自利利他」「自覚覚他」をモットーとするほかならぬ仏教革新運動であった。なるほど出家して修業三昧にあけくれることも一つの方法ではあるが、しかし、それとはまた別に、むしろこの娑婆世界に身をおいて在家のままにしかと菩提心をおこし、かくて目覚め救われる道をさぐる方法、それもまたあってもよいのではあるまいか。

釈迦の時代には、サンガとその外の娑婆世界とはいつも自由に往還可能だったともいわれるが、しかしそれら両者は時と共に固定化され、かくて前者が必要以上に重視されていった、それへの激しい反発が、大乗仏教をおこした人々のなかにはひょっとして存在したのではあるまいか。この大乗仏教から初めて、永遠の仏の存在とその大悲・大慈が強調されて、かくてその御意に添うた利他、つまりは愛の実践が強く打ち出されてくるのではあるまいか。

そうしてそれは、大乗仏教のまぎれもなきすぐれた点にほかならず、他にかえがたいその強みといってよいだろう。なるほど釈迦にも、すでに慈悲・慈愛の教えはあった。けれども、釈迦にあっては、その慈悲・慈愛の教えがそもそもどこからどのような根拠のもとに発せられたのか、それが今ひとつはっきりしない。いいかえれば、われわれ人間にたゆまず慈悲・慈愛を促す永遠の仏の大悲・大慈の教え、それが釈迦にあってもすでに明言されていたのだろうか。浅学菲才な筆者には、その点がどうしても明瞭とはいいがたい。

それはともかく、大乗仏教が、出家中心主義を拒否して在家に比重を移したということ、それは、これじたいがすでに仏法僧として三宝を説き、僧ないしサンガ、つまりは出家を三宝の一つとした、釈迦の教えを否定したことになるのではあるまいか。もしそうだとすると、ここですでに釈迦の教え、少なくともその一つは根本的に変革されているといってはいいすぎだろうか。そのさいそれは、大乗仏教が、永遠の仏と永遠の法、つまりは大悲・大慈を正しくつかみとったことと密接に結びついているとはいえまいか。

ところがこれは、すでに何度も繰り返したように、けだし釈迦にあっても今ひとつ明らかとはいえなかったものなのだ。もしそうだとするならば、われわれは、この点、決定的に重要なこの点において、大乗仏教は釈迦の弱点、いや少なくとも釈迦にあってはいまだ明瞭に語り出されていなかったもの、その釈迦の弱点を十全に補なうことになったのだ、といってはあるいはいいすぎとなるであろうか。

あの三宝の教えからするかぎり、釈迦の教えは、とりも直さず出家中心主義だったといってよい。もとより出家を、頭からいちがいに否定する必要はない。だが、しかし、悟りのためには出家が何としても必要不可欠だとする出家絶対主義、それは根本的に改められる必要があるだろう。いずれにせよ、ここにもまた釈迦の教えの弱点が、ほのかにひとつ垣間みえるといってもいいのではなかろうか。

ところで、最後にひとつ、この釈迦の三宝の教えについて、イエスとの比較において筆者の見解をかんたんにのべておきたい。釈迦の三宝は、これをイエスに即していいかえるなら、ほかならぬイエスとその教え、そしてそのイエスの弟子たちの共同体といっていいかもしれない。しかしながらイエスは、思うにこれら三者をもっとも大切にせよとはけっしていわなかったであろう。そうではなくて、この世を絶対に超えつつこれを創造し、日夜支えつづけている父なる神、その父なる神をこそ、「必要なことはただ一つだけである」（ルカ一〇・四二）として徹頭徹尾大切にせよ、といったであろう。そうしてまさにこの点が、この点こそが、イエスと釈迦の決定的な相違点であるように思われる。

もしかりにこの筆者の理解、釈迦理解、すなわち釈迦には永遠・無限・絶対者へのたしかな自覚は必ずしもあったとは思われない、少なくともイエスのそれほどにはあったと思われない、ということが正しいとするならば、その釈迦にはおのが我執からの根本的解放がはたしてあったかどうか、よしあったとしてもそれはどれほどか、という点に少なからず疑念が差しはさまれることになるだろう。けだし絶対無我無償の永遠無限者への確乎とした自覚、それを欠いた、ただただ無常としての無我の自覚だけでそれがかなうこと、それはとうていありえないからである。少なくとも、筆者にはそう思われる。

我欲・我執の根本的克服には、われわれと世界を刻々創み出し支えつづけている永遠・無限・絶対者の大いなる愛、それにもとづく「摂取不捨」（『歎異鈔』「第一条」）の救いの力、それなしにはとうてい不可能といわねばならない。

最後に、イエスの思想にもっとも相呼応する仏教思想として、筆者は、親鸞の絶対他力と自然法爾の思想をあげておきたい。要するに永遠無限者の絶対的な救いの力にすべてを任せきり、かくて自分の思いをあとにし工夫・図らいを捨ててその御意のままにどこまでもそれに添うて感じ・考え・生きていくことそれである。かくして初めてわれわれは、おのが我執から根本的に解放されて愛に生きるべくその第一歩を踏み出すことができるであろう。

それはともかく、その親鸞の絶対他力にいし自然法爾の思想は、すでにのべたように親鸞と同時代に生きたあの道元のなかにもすでに基本的にあったものといってよいだろう。かれらは、教祖釈迦の教え、その弱点をも根本的に克服できていたといってはいいすぎだろうか。

## 四　非宗教的世界における「御意のまま即あるがまま」と、それに対する全人類的誤解の解消に向けて

すでにのべたごとく道元は、「さとり」についてこういっている。

「自己をはこびて万法を修証するは迷いなり
万法すすみて自己を修証するをさとりとす」（『正法眼蔵』「現成公案」の巻）。

この道元の言葉は、けだし自己の思いを先立てず、みずからの工夫・図らいを離れて「万法」、つまりはすべてのものからの働きかけに即しつつこれに応えて生きていくこと、それが、ほかならぬ「さとり」だというのであろう。

ここで、この「万法」の背後には、もとよりこれと直接一なるものとして仏の働きがおのずから想定されているといわねばならない。

したがって、要するに、うえの言葉は、自己の思いを先立てず、工夫や図らいはこれを捨て、ただひたすら「万法」を通して働きかけてくる仏の御意に即して感じ・考え・語ること、行動すること、生きること、それが、とりもなおさず「さとり」だということだろう。

ところで、道元は、うえにあげた言葉につづけてまたこうもいっている。

「仏道をならふといふは自己をならふなり　自己をならふといふは、自己を忘るるなり、自己を忘るるといふは万法に証せらるるなり」（『正法眼蔵』「現成公案」の巻）。

ここで道元のいう「自己を忘るる」忘我の思想は、けだし上述した「万法」に即した生き方と基本的に同じものといわねばならない。自己を空しくしつつ「万法」に添うて生きるとき、そこではやはり「忘我」が成り立っているといってよいからである。道元の「忘我」とは、たんにものごとに集中した状態だけを意味するものではないということである。

ところで、親鸞は「絶対他力」を説き、のちにはさらに「自然法爾」を説く。思うにこれもまた、前述した道元の「万法」に即した「忘我」の思想と基本的に同じものというべきである。ここで親鸞は、けだし自己の思いを先立てず、工夫・図らいを離れて、ただひたすら如来の御意に添うていくこと、それこそ人間の生きる道だといっているからである。

ちなみにこういった生き方を、仏教ではまた「あるがまま」とか「平常心」とかといったりもする。

仏教のこの思想を筆者は、イエスの「御意のまま」の思想と綜合・止揚して、あえて「御意のままなるあるがまま」といいたい。これらは、このように綜合・止揚されて、真に十全なものとなりうると考えるからである。

こういったいわば宗教的な生き方は、しかし、ふつうそう思われがちなように、いわゆる宗教的世界、いわば抹香臭い宗教の世界にのみ妥当することではありえない。そうではなくて、この日常の世俗的世界、娑婆世界でも現に成り立つことなのである。いや、むしろ、そうでなくては何ら意味がない。いわゆる宗教的な事柄は、われわれ日常の非宗教的な世界において現に成り立つことなのだ。いや、そうでなければならないのである。

その点を、以下で具体的に明らかにしてゆきたい。

## (一) アスリートにおける「忘我」のプレー

たとえば、スポーツでは、自己の力を最大限に発揮することのできる極度に集中した状態を「ゾーンに入る」といったりする。これは、まさに道元のいう「万法」に即した「忘我」の境地といって何ら差し支えないだろう。自分の身体の動きを含めプレーしているその状況の「万法」にすべてを任せ、それに成り切り、かくて我を忘れている状態といってよいからである。

また、アスリートが、ファイン・プレーできたときなどに、あとで「自然体でプレーしました」といったりするとき、その「自然体」も、いまうえでのべたことと基本的に同じ事態を示しているというべきである。もとより、当人は、宗教的なことなどまったく念頭にないだろう。が、しかし、これが、これこそが、道元や親鸞、より一般的にいって仏教、さらにイエスらがいっていること、筆者の言葉であえていうなら「御意のまま即あるがまま」の現成なのだ。とはいえ、しかし、かかる事柄に含まれているその本質の自覚がなければ、それはたんに一過性のものにとどまって、生活全体の生きる知恵としてこれをしかと身につけることは困難だろう。

いずれにせよ、人間は、外からの働きかけに即してこれに集中し「我を忘れた」とき、そのときこそ自己の力を最大限に発揮することができるのである。いや、自分の力以上のものが出るといってもいいかもしれない。アスリートや芸術家が、自分に思いもかけぬ好プレーができたときなどに、「(たとえばピアノの)神様が降りてきた!」といったりするが、これもあながち見当はずれとはいえないのである。そこには、たしかに神・仏の威力が発揮されている。自分(人間)を通して神・仏がその力を発揮させているといってもいいからである。いいかえるなら、そこでは、人間的生の自然が実現されており、それゆえこの自然を自然たらしめているいわば根源的自然、かかるものとしての神仏、それがその威力を現成させ、かくてこれにあずかることができているからである。

ちなみに、スピノザは、この世界の自然を「所産的自然(natura naturans)」といい、これと区別して神を「能産的自然（natura naturata）」と呼んだ。このようにスピノザにあって神とは、この世界の自然を自然たらしめるものとしての根源的自然にほかならない。わがインマヌエル哲学の神もまた、このスピノザの神観と基本的に同じものといってよい。ただスピノザにあっては、われわれインマヌエル哲学のいわゆる不可逆認識が決定的に欠落している。その点は、もとよりここで明示してこれを訂正しておかねばならない。

いずれにせよ、先述した、「万法」に即した「忘我」の境としての集中、それは、われわれが何か事を為し就《と》げるさいにいつもとても大切である。たんにスポーツや芸術にかぎらず、将棋や囲碁、芝居、芸能、学問等ありとあらゆる分野で、いやそういった何かとくべつなことではなくても、われわれ人間の日常生活のここかしこで、それがすこぶる大切であること、それは誰もが経験しているのではなかろうか。とまれ、その点は、本章の三の㈡の⑵の(a)のチのβでもこれを詳しく論述した。したがってその箇所と合わせて理解するならば、ここはよりいっそう明らかとなるだろう。

### ㈡　世界的トップモデル山口小夜子氏らにおける「忘我」の演技

ここでは、前述したごとき宗教的事柄が現に非宗教的世界のなかで起っているその事例をさらにもう三つほど紹介しておこう。

そのまず第一は、かつて世界のトップモデルとして活躍した山口小夜子氏にほかならない。氏は、朝日新聞のインタビューに答えてこういっている[38]。

「服ってね、例えばウールだったら、もとは羊たちの毛でしょ。それを糸にし、織って、色をつける人やデザインする人がいて、縫い子さんたちが縫って…と、いろいろな人の思いとかエネルギーを含んでいるんです。だから、自分を一瞬『無』にして『どう着てほしいの？』って服に聞くと、フッと服が言うのね。『もっと手を広げて袖を見せてほしい』とか。ステージの上ではいつもそうやって服にお任せしているんです。私は文楽の人形のように、思いに導かれているだけ」。

ここで山口氏のいっている、自分を「無」にして「服」の思いに「身を任せる」演技とは、とりもなおさずあの道元の「万法」（＝服）に即しつつ自己を空しくして生きる生き方と基本的に同じものといってよいだろう。そうしてそれは、同時にまた親鸞の「他力」やイエスの「御意のまま」の生き方ともいわねばならない。

さて第二は、イギリスのギタリスト、ロバート・フリップ氏にほかならない。かれもまた、朝日新聞でこう語っている。(39)

「…ミュージシャンは音楽によって操られている存在だ。（中略）自分が音楽を作り出していると錯覚する若いミュージシャンもいるが、（中略）音楽が私を道具として使って楽器を弾かせている」。

ここでフリップ氏がいう、「ミュージシャンは音楽によって操られている」とか「音楽が私を道具として使って楽器を弾かせている」というのも、すでに何度も述べたあの道元や親鸞、あるいはイエスの生き方に深く通底するものであること、それはもはや誰しもこれを否定しないのではなかろうか。

さて、さらに第三は、第六九回カンヌ国際映画祭「ある視点」部門審査員賞受賞作品「淵に立つ」に主演した筒井真理子氏の言葉にほかならない。

「…自分の頭で考えていても、とても追いつかない。これは浅野さんや古館さんとの芝居に身を任せていくしかないと思いました。（中略）信頼に足る監督や俳優に囲まれた作品でした。自分の計算で人物を作るのではなく、周囲との関係性の中で、自然に出来上っていく」。(40)

ここで筒井氏のいう、「…芝居に身を任せていく」とか「自分の計算で人物を作るのではなく…自然に出来上がっていく」というのもまた、改めていうまでもなくあの道元や親鸞、あるいはイエスのかの主張と軌を一にするものといって何ら差し支えないだろう。

いずれにせよ、かくて明らかなごとく道元や親鸞、あるいはイエスの説くいわゆる宗教的な事柄は、けっしてたんに宗教的な世界にのみ妥当することではゆめにもなくて、まさに非宗教的な世界のまっただ中で厳として成り立つものといわねばならない。

## (三)　五木寛之氏における「他力」の生

五木寛之氏は、親鸞を深く愛する方だから、その意味では一種の宗教家というべきかもしれない。が、しかし氏は、みずからのこれまでの生き方を非宗教的にほぼこういっている。「私はこれまで風に吹かれるままに生きてきた」、と。

これは、けだし他力の生き方のみごとな非宗教的・文学的表現といってよいだろう。なんとなれば、他力の生き方とは、外からの働きかけに応じて（「風に吹かれて！」）みずからの思いを先立てず工夫・図らいを捨てて生きること、そしてそのようにしてあらゆるものの絶対の背後にあってただ一方的・不可逆的に働きかけてくる阿弥陀仏の御意に即しつつ生きていくことにほかならないからである。そのさいそれはまた、道元のあの「万法」の働きに即しつつ「忘我」に生きる生き方や、イエスの神の「御意のまま」に生きる生き方と根本的に同じものといわねばならない。

かくしてこれも、いかなる宗教的事柄の非宗教的世界における現成の、そのひとつの例としてあげることができるであろう。

## ㈣　わが友における非宗教的世界において現成した「御意のまま即あるがまま」体験

さて、最後に、筆者のわりと身近でじっさいに起こったことである。この出来事をよく理解するうえで大切な予備知識としてまず筆者の私事をひとつ話しておかねばならない。

それは、「御意のまま即あるがまま」の格好の例をもうひとつ紹介しておきたい。

筆者は、一九歳の頃、重いノイローゼにかかって七年ほど苦しみに苦しみ抜いた。考えられるかぎりあらゆることを試したが、どれもこれもうまくはいかなかった。七年ほどして、医師から森田自然療法を紹介された。そこで、森田自然療法について研究した。ところで、そのしばらく前に筆者は、偶然わが師・滝沢克己に出会っていた。その滝沢インマヌエル哲学からすると、森田正馬のいっていることはまったく正しいと思われた[41]。一見まったく単純なことをいっているようでいて、しかも西洋医学にかぶれた医師たちからは、非科学的な禅問答みたいな療法だ、と揶揄されていた森田のいっていることが、しかしじつに深い真実を言い当てていると確信できた。そこで筆者は、我流で、この森田自然療法を実践した。と、不思議とノイローゼから解放された。それまでは、どうしても、何を試みても治らなかったノイローゼが、何故か不思議とよくなった。

その経験から、筆者は長らくずっと「あるがまま」について考えつづけてきた。既述したごとく、森田自然療法は禅仏教の影響を強く受けており、かくしてその療法の中心に「あるがまま」をしかとおいているからである。それはともかく、それから長い年月が経ち、筆者のある親しい友人が、若い頃の筆者と同じような心の病いにかかって深い苦しみの淵に突き落とされた。そこで筆者は、その友人に、自分でもその意味が今ひとつ十分には分らぬままに、しかし長年考えつづけてきた森田自然療法の核心「あるがまま」にもとづいて、事あるごとに「あるがままでいい」「そのままでいい」「あれこれ工夫しなくていい、そのままでいい」とアドバイスした。したがって、その友人の脳裡には、この筆者の「あるがまま」が自然と埋めこまれていたといってよい。

ところで、森田正馬の自然療法は、オーストリアの著名な精神科医V・E・フランクルのいわゆるロゴテラピーと基本的に同じものである。しかも、これら両者の根柢には、かならずしもそれと意識はされていないが、しかしたしかにわが師・滝沢克己のインマヌエルの哲学が厳として横たわっている。[42]

その点の基本的正しさは、以下の事実からもほぼこれを証明できるであろう。すなわちその事実のひとつは、こうである。

晩年滝沢は眼の難病を患って医学に深く興味をいだき、森田正馬の全集もこれをすべて読破した。なぜ滝沢が、とりわけ森田に関心を抱いたのか。ひょっとしたらそれは、筆者が修士論文[43]で、森田自然療法とフランクルのロゴテラピーを比較検討し、それら両者の基本的同一性と、同時にそれら両者の根柢には暗黙のうちに滝沢インマヌエル哲学が前提されている、と書き、これを当時縁あって師・滝沢にもお送りしていたので、ふとそれを思い出したのかもしれない。

それはともかく、森田正馬の全集をすべて読破した滝沢は、ごく親しい人に、「森田氏は実践の方から、私は理論の方からだけれども、その到達点は同じであった」といっていたという。

さらにまた滝沢は、生前フランクルにも並々ならぬ関心を抱き、ドイツ滞在中にわざわざウィーンのフランクルのところまで直接会いにいっている。

かかる二つの事実からしても、上述したごとく、森田自然療法とフランクル・ロゴテラピーの基本的一致性、と同時にその根柢にそれとは知らず滝沢インマヌエル哲学が前提されていること、その正しさがたしかに立証できるといっていいだろう。

さて、そこで、フランクルのロゴテラピーについても、これをごくごく簡単に説明しておこう。

フランクルによれば、人間の生（Leben）の根本には誰ひとりの例外なしに「意味への意志（Wille zum Sinn）」

が横たわる。すなわち、自分の生を意味や価値で満たしたいという根本的欲求がある。

精神疾患を病む患者にも、この「意味への意志」に気づかせることが大切である。なぜなら、そのさい患者にはおのずから「精神の反抗力」が呼びさまされ、かくして患者はその病いの治癒へと導かれるからである。

ちなみに、ここで一言付け加えておくと、フランクルにあって「精神（Geist）」とは、神に直接結びついているものであり、それゆえこの「精神の反抗力」とは、けだし神そのものから惹き起こされるものだといってよい。

ここで何故このフランクルのロゴテラピーに触れたかというと、このフランクルの根本思想、すなわち人間的生の根本には「意味への意志」が厳在し、それにしかと目覚めること、それが精神疾患を病む患者はもとより、すべての人・いちいちの人にとり何よりもよく幸せに生きるために必要不可欠だというその根本思想、それは筆者の友人の快癒に深く結びついているものと思われるからである。

その友人の、まさに絶望的な病気からの解放の大きなきっかけとなったもの、そこにまぎれもなき「御意のまま即あるがまま」体験がある。それについて、つぎにこれを明らかにしてみたい。

筆者のその友人は、幼ない頃から長いあいだその精神疾患に苦しめ苛まれてきた。その友人の苦しみがいかに深く激しいものであったか、それを示すものとしてこんなことがある。

その友人は、その病いにかかった初めの頃、ある一枚の絵を画いた。その絵は、大きな瞳がひとつ画用紙いっぱいに描かれ、その瞳から大きな真赤な血の涙が三つほどしたたり落ちるものであった。その絵についてその友人は、筆者にこう語ったことがある。その頃、その友人は夢をみた。その夢のなかで友人は眼から血の涙を流し、その涙が下にたまって大きな池ができた、というものである。

その病気のせいで友人は、何もかもすべて諦めざるをえなくなった。友だちと遊ぶことはもとより学校へ行くこともできなかった。友だちはみな元気に卒業していくのに、自分はその学校に通うことすらできない。そればかりか、小学校で習ったこともどんどん忘れていく。将来に希望はまったくもてない。

ただ絶望しか存在しない。いや、絶望のなかの絶望である。絶望のどん底である。かくして友人は、全人類を激しく呪った。すべてを呪った。この世にあるすべてのものが呪わしかった。何故自分だけがこんな目に遭うのだろうか。何故自分だけがこんなに苦しまなければならないのだろうか。何故？　何故？　何故？　この問いが自分をどこまでも苦しめ苛んでやむことがなかった。

そうこうするうちに、病気も少しずつではあったが快癒の方向へと向かっていった。その頃のある日の出来事である。

友人は、いつものように家の近くの森へ散歩にいった。そして、いつものコースを歩いていつものベンチに腰かけた。と、その横にいつもと同じように立っている大きな木を見て、突然ふとこんなことを思った。

「けっきょくのところこの木は、何のためにここにこうやって立っているのだろうか？」

と、その途端友人は閃めいた。

この木も、自分ではそれと気づかぬうちに大きな生態系のなかに生きており、そこで立派に自分の勤めを果たしている。冬になれば自然と葉が落ちる。それはやがて腐って腐葉土を作る。そこから自然に微生物が生まれ、そのうちミミズも生まれて、これがまた土を豊かにする。かくてその土がまたその木の栄養素をも新しく生み出してくる。――こういったことを含めた全体、地球の生態系全体、いや宇宙全体のつながり、そのなかでこの木は立派に自分の役割りを果たしている。

そうだ！　それでいいんだ！　平凡でいいんだ！　単純でいいんだ！　特別でなくてもいいんだ！　そのままでいいんだ！　ありのままでいいんだ！　意味とか価値とか目標とか、そんなことはどうでもいいんだ。自分ではそれが分らなくても、何か大きな意味の世界に自分もたしかに生きており、生かされているんだ。だからそこには、たしかに価値もあり目標もあるのだ。意味のないところ、そこにじつは本当の意味があるのだ。ひとには知れない何か深い本当の意味があるのだ。価値や目標についても同様だ。

こうして友人は、それまでに経験したことのない大きな深い歓喜と恍惚感に襲われ、我を忘れた。ふと気づいてみると、二〇分くらい経っていた。

これは、まさに心の逆転である。いや友人の実存全体の根本的転換である。

それまでは、よし漠然とではあれ、自分の〈人〉生について、そこにどんな意味や価値があるのか、あるいは目標や希望、生きがいはあるのか、と小賢く問い、これを求めていた。けれども、そんな必要は何もないのだ、ただありのままでいいのだ、自分が小賢しく問い求める前に、すでにそこに、自分が立っているすぐそこに、脚下に、よし自分にははっきり分からないとしても、しかしたしかに大いなる意味も価値も目標も、そうして希望も生きがいも、しかとそこに来て自分がそれを満たすようあらかじめ用意されているんだ、とそれをしかと悟った。

さて、長くなってしまったが、これが、筆者の友人の身に起きた現実の体験、非宗教的な日常世界での、しかしこれこそまぎれもなき真の宗教的体験、「あるがまま」体験、筆者の言葉であえていうなら「御意のまま即あるがまま」体験にほかならない。

ところで、この友人の体験は、あのサルトルの『嘔吐』の主人公ロカンタンのあの体験、あるときふと眼の前のマロニエの木を見て底無しの虚無感に襲われ嘔吐をもよおしたというあの体験、それとはなはだ酷似しているとはいえまいか。

しかしながら、その方向性は、まったく正反対である。ロカンタンにあってそれは、ひっきょうこの世界を否定する激しい虚無の体験である。反対に筆者の友人のそれは、自分を含めたこの世界全体のまったき肯定、よし自分にはいまだ明らかでないにはしても、しかし何か大いなるものの意味の世界に包まれ癒されているという実感である。

とまれ、その体験以降、友人の病気は日を追ってどんどん回復の方向に向っていった。

ところで、友人のこの体験、「御意のまま即あるがまま」体験、それは、ひょっとすると先述したフランクルのあの根本思想の正反対にもあるいは思われるかもしれない。一見すると、「意味への意志」の否定とも思われるからである。が、しかし、じつはそうではない。

友人がその体験で悟ったこと、それは、何か自分の外に、自分とは別に、いわば自分とかけ離れたどこかに、自分の（人）生の意味や価値、あるいは目標や希望、ないし生きがいを問い求めること、それは何ら必要がない。そういう自分の思いに先立ってすでに今ここに、自分の立っているそこに、自分の（人）生の意味も価値も目標も、あるいは希望も生きがいもある。だからそれでいい、それらを自分の外に、自分とは別に、自分とはかけ離れたところに問いかけ求める必要など一切ない。今ある生をそのつどそこで精一杯生きればそれでいい、ということなのだ。友人は、それをしかと直観したのである。まさにそれだからこそ、長い人生のそれまでにただ一度も経験したことのない我をも忘れる歓喜と恍惚感をしかと味わうことができたのだろう。

さて、話をフランクルにもどすと、フランクルは、またこうもいっている。（人）生（(Leben)）の意味や価値は、自分がこれを求めるに先立ってすでにそのつど自分のもとに来ている。だから、それをただ充足させていけばそれでいいのだ、と。いったいそれは、筆者の友人のあの体験と基本的に同じものといってよいのではあるまいか。その点、あのキェルケゴールもまた同じようなことをいっている。それをつぎに明らかにしておこう。

その名著『死に到る病い』でキェルケゴールは、絶望の一形態として、「絶望して自分自身であるまいとする絶望」に言及している。すなわち、自分の理想を自分の外に求めてこれを追求してゆくこと、それもひとつの絶望である。本来の自分とは、何か自分とはかけ離れた外のどこか彼方にあるのではゆめにもなくて、自分が立っているまさにそこ、そこにすでに本来の自分もあるのである。だからそれにしかと目覚めること、それこそ絶望からの真の解放であり、かかるものとして本来の自分の実現、本当の幸せの成就なのであると。

キェルケゴールのこの思想、これもまた上述したフランクルのあの思想、それに深く通底するものといってよいだろう。

今ここに、自分が立っているそこに、すべてはあるのだ。本来の自分も、したがってまた意味も価値も目標も、希望も生きがいも、すべてあますところなくそこにあるのだ。そのつどすでに自分の思いに先立って永遠に新しく来ているのだ。だから人間は、その確たる事実にしかと目覚め、その、そのつど永遠に新しく来ている意味や価値、目標や希望、生きがい、あるいは本来の自分、それを満してゆけばそれでよいのだ。これを端的にいうならば、そのつど自分に課せられてくる社会的責任、そのなかでももっとも中核となる愛（Liebe、love）、それをそのつど精一杯果たし実践してゆけばそれでよいのだ。この自分の永遠に生ける逆接的主体つまりは神、それは、改めていうまでもなく絶対無我無償の愛にほかならないからである。

それはともかく、友人がその体験、「御意のまま即あるがまま」体験のあと、それを決定的な契機としてその長年の病いからぐんぐん快癒していったこと、いやそればかりか、それまで秘められていたさまざまな能力、それが大きく花開いたこと、それもたんなる偶然とはいえないだろう。

いや、事はむしろ逆だろう。友人のあの体験、そしてそれを決定的な契機としたその後の病いの急激な快癒、さらには、それまで潜在していたいろいろな能力の大きな開花、それは、まぎれもなくつぎのこと、すなわち森田自然療法やフランクル・ロゴテラピーの基本的正しさ、そうしてまたそれら両者の根柢にしかとおかれているわが師・滝沢克己のインマヌエル哲学、このインマヌエル哲学の創始者イエスの思想、さらにまた既述した道元のあの思想、「万法」に即した「忘我」の思想や親鸞の「他力」の思想、それらの根本的正しさ、それをまごうことなく証示しているといって差し支えないだろう。

いずれにせよ、しかし、ここで筆者のいいたいこと、それは、ほかでもないつぎのことである。すなわちそれは、「御意のまま」とか「あるがまま」、あるいは道元流にいうなら「万法」に即した「忘我」とか、親鸞流にいえば「他力」とか、そういったことを口にするとすぐ返ってくる反応、何だそれは宗教か、現実離れした胡散臭い宗教か、といった反応、それこそじつはしかし本当の現実、真の根源的現実を見逃しているのではないか、というものである。前述した真の宗教的事柄は、かりそめにもこの世離れしたたんなる宗教的世界やいわゆる宗教家にのみあてはまることでは毫もなく、まさにこの世俗的な娑婆世界、いやごく当り前の日常生活のただ中で、しかも、無宗教者にあってすら現に起こりうること、いや現に起こること、したがって非宗教的世界を含むすべての人・あらゆる人の問題、しかも喫緊の問題だということである。この娑婆世界を離れた何か特別に宗教的な世界においてのみ、そしてただ宗教家にのみ妥当することではゆめにもないということだ。あえていうなら、宗教、いな真の宗教は、あらゆる人間的事象の根柢にあってその是非を鋭く規定するものというべきなのである。もとより、その真の宗教を根源的に規定するもの、それは永遠の生ける真理なる神ないし仏、インマヌエルの哲学に即していえば神人・神物の逆接的原関係・原事実（の主）といわねばならない。

筆者が宗教を問題にするときつねに心に留めていること、それはすなわち以上述べ来たったことにほかならない。すなわち真の宗教は、何か特別な聖なる宗教的世界やいわゆる宗教家にのみ妥当することではゆめにもなくて、まさにこの世俗的な娑婆世界、その真ただ中で、しかも宗教にまったくかかわりのないと思われている人々にもまた同様に現に生起すること、現成すること、そういうものだということである。

この点、いくら強調してもしすぎることはない。いわゆる宗教家を含め古今東西ほとんどすべての時代、すべての世界、すべての人に誤解されていることであるからだ。

本書がこの大いなる誤解、あえていうなら全人類的誤解、それを解くほんの蟻の一穴にもなりうるならば、これにまさる幸せはない。

註

(1) ここで釈迦の教えとしてあげるものは、歴史的に必ずそうであったと確定できるものではなく、のちのち原始仏教がまとめあげたものではあるが、しかしその根本には教祖・釈迦の教えが当然反映しているものと推測し、かくてあえてそれを釈迦の教えとしてここでは話を進めてゆきたい。

(2) しばらく前の朝日新聞の新春対談で、梅原猛氏と中沢新一氏が一神教と多神教について話し合っていた。そのさいにも一神教のキリスト教などはとても好戦的であるのに対し、多神教の仏教はとても平和的だとかといって何ら根も葉もない一神教批判を繰り広げていた。

よし多神教であっても必ずしも平和的でないことは、たとえばインドのヒンドゥー教ひとつをとってみても火をみるよりも明らかである。かの地のヒンドゥー教は、イスラーム教やキリスト教、あるいは仏教に対し激しい攻撃を繰り返している。いや「平和的」だという仏教でも、かの第二次大戦時、日本の仏教各宗派は、天皇制ファシズムの侵略戦争を「聖戦」としてこれを強く支持し、その侵略戦争に大いに加担した。

したがってその宗教が平和的か好戦的かが違ってくるのは、何もそれが一神教か多神教か、といったことによるのではさらさらない。

それはともかく、一神教とか多神教とかといわれるものも、ふつうそう考えられているように、まったく異なる別々の宗教ではありえない。真の宗教は、けだし一神教即多神教、多神教即一神教といわねばならない。しかし、その点について詳しくは、第八章の二「一神教即多神教としてのイエスの宗教ないしインマヌエル哲学と仏教」を参照されたい。

(3) 仏教、とりわけ禅仏教の思想について、これに「救済」という言葉を使うことには、あるいは異論をいだく方もおられるかもしれない。しかしながら、ここではそれを、あらゆる苦からの救いを含めたもっとも広い意味で使用している。いずれにせよ、大乗仏教では「衆生済度」といわれるのだから、これはけだし何ら問題ないだろう。

(4) イエスの御意のままと仏教のあるがままとの基本的同一性については、本書第四章「イエスと仏教」の三「『御意のまま』と『あるがまま』」をも参照されたい。

(5) 人間の幸せの意味についてより詳しくは、第五章二の㈢「イエスと水俣――幸福という逆説と『近代の闇』」と、さらにエピローグの三「幸福の概念的本質規定――新しき世界インマヌエルと全人類幸福の実現を射程に入れつつ」を参照されたい。なお、幸福について筆者はすでに多くのノートをとっており、いずれ機会をみてこれを一冊の本として公刊したいと願っている。

(6) 森田自然療法についてより詳しくは、本章三の㈡の⑵の(c)「道元ないし禅仏教と森田自然療法」の項、および拙著『新しき世界観』（南窓社）の第Ⅲ部、第二章の二の(2)の(b)「森田自然療法」の項をも参照されたい。
(7)「親鸞聖人真蹟集成」(一)・一六一。星野元豊著『講解　教行信證信の巻』四八三頁より引用。
(8)この言葉は、じつはパウロのものではない、という説もある。が、しかし、この言葉が、今本文で考察している親鸞の思想にほぼ完全に対応していることは間違いなかろう。したがって、ここでは、この言葉をパウロのものと仮定して論を進める。
(9)「根源的自由」について詳しくは、たとえば拙著『自己と自由――滝沢インマヌエル哲学研究序説』の第Ⅲ章の四「根源的自由」を参照されたい。
(10)その例としては、西田幾多郎やM・ブーバー、さらにJ・カブらが存在する。
(11)これらの点については、宮沢賢治についても同様に妥当する。それについて、本項の(六)「イエスと宮沢賢治」を参照されたい。
(12)鈴木大拙（一八七〇―一九六六）とは、おもに昭和時代に活躍した禅仏教の思想家である。彼は、日本だけでなくアメリカにも長く住んで、仏教とりわけ禅仏教についての本を英語でもたくさん書いて、欧米人にも仏教ないし禅仏教を広く伝え大きな影響を与えた。また西田幾多郎の親友でもあった。彼は、上述したようにアメリカにも長く住み、夫人もアメリカ人だったので、欧米の宗教であるキリスト教にもかなりよく通じていたことだろう。
(13)「癩病」は差別的な意味を含むため、現在では「ハンセン病」と呼ぶ。
(14)ちなみに、この箇所についてわが師・滝沢もこの筆者と基本的に同じ解釈をしている。けれども、筆者は、その滝沢の解釈を遠く知る以前にすでに自分でこう解釈していた。その点を、最後にここに付け加えておきたい。
(15)ルカ六・二一の「泣いている人々」は、マタイ五・四では「悲しむ人々」となっている。
(16)「水俣病の六〇年」によれば――後者の半永一光さんのその破顔一笑した瞬間をカメラに納めたカメラマン塩田武史さんは、「今までこんなに人が喜んだ顔を見たことがない」とのべている。「それから三〇年以上を経て編まれたこの写真集『僕が写した愛しい水俣』には、うまく獲物を捕えて満足げな表情の漁師や、成人式の晴れ着姿ではにかむ女性など、モノクロとは思えない色彩があふれる。『悲しいことの中に楽しいということを発見できたならば、その人はものすごくすばらしいものを見るような気がする』との緒方（原注、水俣病患者さんのひとり）の思いと共鳴するような作品だ」――と語られている（朝日新聞二〇一六年一二月一八日）。
(17)NHK「アーカイブズ選〝N特〟のぞみ五歳　全盲夫婦子育ての記録」（二〇一七年三月一二日放映に依った）。
(18)人間の幸せについては、大きな本一冊分にあたるノートがすでにとってある。いずれ機会をみてこれも完成しタイトルを『幸福という神秘』とでもして上梓したいと願っている。

(19) ニーチェ『ツァラトゥストラ』(『世界の名著』46所収、七九五頁以下)。

(20) この劉暁波氏の「私に敵はいない」という言葉は、思うにイエスのあの対敵愛、すなわち「汝の敵を愛せ」を念頭におきつつ、さらにそれをラディカルに表現したものといわねばならない。「私には、そもそも敵という存在がいないのだ」と。

(21) 道元は、「本証妙修」「修証一等」、つまり修業と悟りとは同価値のものであり、かりそめにも前者が後者の手段ではないとしてこの考え方を斥ける。これは、ひょっとしてあの釈迦よりももっと深い思想とはいえないだろうか(道元『正法眼蔵』「弁道話」の巻)。

(22) デカルト(一五九六年三月三一日―一六五〇年二月一一日)は、あらゆる常識を疑ったうえで、最後に、しかしどうしてもこれだけは疑いえないものとして、「我思う、ゆえに我あり(コギト・エルゴ・スム)」といった。

(23) 拙著『新しき世界観――ニヒリズムを超えて』(南窓社)、第Ⅲ部第三章の論文「実存的自己確立に向けて」を参照されたい。

(24) この点については、『ソクラテス以前の哲学者断片集』第Ⅰ分冊、岩波書店、一三九頁を参照されたい。ちなみにアリストテレスも、「自分自身を知ることが、すべての知恵の始まりである(Knowing yourself is the beginning of all withdom.)」といっている。

(25) S. Kierkegaard, Repetition. tr. by Walter Lowrie, Oxford University Press, 1941, p. 114(キェルケゴール『反復』桝田啓三郎訳、岩波文庫、一九六八年、二六一頁。)

(26) この点について詳しくは、本書の第四章・第五章、あるいは拙著『ただの人・イエスの思想』(三一書房)を参照されたい。

(27) S. Kierkegaard, Die Krankheit zum Tode, übersetzt von E. Hirsch, Eugen Diederichs Verlag, 1957, S. 8-9.

(28) Ibid.

(29) キェルケゴールの自己理解についてより詳しくは、上掲拙著『新しき世界観――ニヒリズムを超えて』の第Ⅲ部第四章「キェルケゴールにおける自己理解――救いと絶望」を参照されたい。

(30) 以上述べた山口小夜子氏とこのギタリストR・フィリップ氏については、第五章の四の㈢でも、また言及する。

(31) 「根源的自由」や「滝沢インマヌエル哲学」についてより詳しくは、拙著『自己と自由――滝沢インマヌエル哲学研究序説』(南窓社)ないしその第Ⅲ章の四「根源的自由」の箇所、あるいは『滝沢克己の世界・インマヌエル』(春秋社)の第Ⅰ章「滝沢克己のインマヌエルの神学――西田哲学および日本神学と比較しつつ」、さらに『現代の危機を超えて――第三の道』(南窓社)の第Ⅱ章「現代における危機克服の道(その一)――滝沢克己に学びつつ」、および『哲学の再生――インマヌエル哲学とM・ブーバー』(法蔵館)等、を参照されたい。

（32）八木氏は、筆者への私信でも、悟り以前の仏性は「潜勢力」だという点をとても強調される。それに対する筆者の見解は第四章で詳述されている。
（33）『正法眼蔵を読む』ＰＨＰ文庫、四七頁。
（34）「成仏と同参」、これは、八木誠一氏が、筆者への私信で強調される言葉にほかならない。
（35）以上の点についてより詳しくは、拙著『自己と自由――滝沢インマヌエル哲学研究序説』（南窓社）の第Ⅲ章の四「根源的自由」の項を参照されたい。
（36）Karl Barth, Die Kirchliche Dogmatik, Bd.Ⅲ, 2, S. 271.
（37）ここには、いわゆる構造主義の言語批判をも含めてよいかもしれない。
（38）朝日新聞一九九九年八月六日夕刊。
（39）朝日新聞一九九八年、四月二一日、夕刊。
（40）朝日新聞二〇一六年九月三〇日夕刊。
（41）森田正馬とは、森田自然療法の創始者にほかならない。
（42）この点について詳しくは、拙著『新しき世界観――ニヒリズムを超えて』（南窓社）の第Ⅲ部第二章を参照されたい。
（43）この修士論文が、上掲拙著の当該箇所にほかならない。

# 第六章　インマヌエル哲学とそのジェンダー論

## ――全人類史的視点に立ちつつ――

### 一　「女らしさ」と「男らしさ」

現代欧米日型フェミニズムへのインマヌエル哲学の拭いがたい違和感は、そのいわゆるジェンダー論にある。すなわち、現代の欧米日型フェミニズムは、いわゆる「女らしさ」や「男らしさ」といったものを、それはひっきょう社会的・文化的な刷り込みにすぎず、それゆえもともとは何ら存在するものではないかのごとくいい、かくてこれをほぼ完全に否定する傾向にある点である。

もとより、社会的・文化的に植えつけられてきた「女らしさ」や「男らしさ」といったもの、それはたしかに沢山あることだろう。今日では、その社会的・文化的に植えつけられ刷り込まれた「女らしさ」に生き苦しさを感じる女性は多くいる。いや女性ばかりではなく、男性であっても、「男は外で働くもの」といった固定的な「男らしさ」に小さいときから大きなプレッシャーを感じている人は少なくない。そういったいわば人為的に作られて女性や男性をかたくそれに縛りつけている「女らしさ」や「男らしさ」といったもの、それは当然これを厳しく問い質し修正し排除してゆかねばならないだろう。それらは、たしかに性差別の根源に深くかかわっているからである。だが、しかし、では人間にはそもそも「女らしさ」とか「男らしさ」とかといったもの、それはもともとまったく根拠がないのか、といったら、それはやはり正しくない、いやその相違は無下に否定すべきものではない、というのがインマヌエル哲学の見解である。

その第一の理由として、肉体的・生理的な相違から悠久の人類の歴史のなかで人類が自然と身につけてきた「女らしさ」や「男らしさ」といったもの、それはたしかにありうると思われるからである。

第二の理由としては、脳の構造からしても、女性と男性とは必ずしも同じではないということである。中野信子氏などの脳学者も、女性と男性とでは脳の仕組みが異なっているという。その相違は、おのずから「女らしさ」や「男らしさ」となって現われてくると考えるのが自然であろう。たとえば、女性は男性に比べておしゃべりだとは昔からよくいわれることだが、それは女性の脳に深くかかわっていると中野氏はいう。さらにまた、女性は男性に比べより感情的であるようにも思われる。誰しも経験することではないかと思うが、学校の卒業式などでは、少なからずの女子生徒は感極まって涙を流す。けれども、大ていの男子生徒にそのような傾向はみられない。こういった事実もまた、女性と男性の脳の仕組みに関係があるのではないかと思われる。

さて第三の理由とは、当然のごとく女性には月経があり閉経がある。さらに胎に子供を身ごもれば、約一〇カ月その子を胎内で育て、出産すると、一気に二〇〇〇―三〇〇〇グラムもの赤ちゃんが胎外に出る。そして、たとい夫の協力があるとしても自分も育児に専念せねばならない。こういった女性に特有の生理は、それが生涯ない男性と比べるとき、当然そこに男性とは違った感じ方や考え方、あるいは振舞い方を生み出してくること、それはほぼ間違いないだろう。

さらに付け加えておくならば、セックスなどでも、どちらかといえば女性は受動的であり、男性は能動的である。こういったことでも、女性と男性の性格形成にさいし、おそらく少なからずの影響を与えると考えられる。

第三としてあげた理由から筆者の推測することは、平均的にいうと、女性の方が男性よりきめ細かく、繊細で気配りや気づかいが豊かであり、また第一にあげた理由から、おそらく男性ほどには荒っぽくはないし、むしろ柔和で優しいというべきだろう。子育てには、そういった精神性が強く要求されるばかりではなく、時には猛獣とすら戦わざるをえなかった男性ほどには荒っぽくなる必要はなかったと思われるからである。

では、その点男性のばあいはどうか、といったら、男性のばあいは、思うに第一であげた理由が大きくその性格形成に影響を与えているものと思われる。

人類史の圧倒的大部分を占める狩猟採集時代、その肉体的・生理的な相違から推して恐らく男性は女性に比べより力強い仕事、採集というよりはむしろ狩猟、狩猟のなかでもより獲物の大きいもの・強いもの、時には荒々しい猛獣とすら戦って食糧を確保してきたと思われる。たとえば、足の速い動物を何日も追いかけて、毛皮を身につけているため体温が上昇し、ついにその動物が倒れるまで待ってこれを射止めるといった狩猟の仕方も、おそらく男性の仕事のなかには含まれていたことだろう。それだけの体力は、何といっても女性より男性の方にあり、それゆえそういう仕事は男性に向いていると思われるからである。ゴリラ学の世界的権威・山極寿一氏によると、太古の時代は、現代人よりずっと性差による体格差があったという。(1) その点をかんがみるなら、以上のべた点、つまり男性は主として力仕事、女性はより力のいらない仕事、という役割り分担は、今日われわれが考える以上に大きかったというべきだろう。

かくして男性には、おのずから一方で厳しさやたくましさが多く身についた反面、その性格はどうしても女性に比べ荒っぽくなり、また女性に比べ粗雑となりやすく、きめ細かい気配りや心づかい、あるいは繊細さといったもの、それらもまた自然と苦手となりやすくなったのではあるまいか。

しかし、そうはいっても、これらはあくまでも女性と男性の平均的な傾向性にすぎない。したがって、個々の女性や男性をみてみれば、むしろその逆だ、という例はいろいろありうるだろう。筆者自身、昔から他人には、「よく気がつく性格だネ、気がつきすぎるくらい気がつくネ」とか、ある医師には、「お父さんには母性もある」とまでいわれた人間である。また荒っぽいことは好きではないが、しかし平均的な女性に比べれば、やはり荒っぽいのではないかと思う。平均的な女性よりは、肉体的・腕力的により強いからである。

それはともかく、眼を転じて人間にもっとも近いゴリラやチンパンジーなど類人猿をみてみても、通称アルファ・オスないしボス・ザルは大ていオスである。ライオンを始めとして多くの動物をみても、オスの方がメスよりふつうはより強い。子育ても、オスよりもメスの方がより多くするのではあるまいか。したがって、これら人間以外の動物にあっても、「メス的なもの」と「オス的なもの」との区別や相違はやはり存在すると思われる。そういう点から推測しても、約三八億年におよぶ生物進化の最先端に立った人間にあっても、やはりおのずから備わった「女らしさ」と「男らしさ」は、その生の根本にしかと存在すると考えるのが自然であろう。

こういう違いは、しかし、もしそれがあったとしても、そのどちらが良いとか優れているとかといったものではない。ただ人間的生の自然としてそういう違いをかたくふまえたうえで、それぞれの特徴をよりいっそう活かしていくこと、それがよりよい社会の形成につながるのではないか、ということである。

もとより、こういうことをいったりすると、それを格好の材料として、人為的な「女らしさ」や「男らしさ」を生み出しこれを差別や偏見の根拠とする輩が必ず出てくる。それを、あるいはフェミニストたちは警戒しているのかもしれない。じっさいそれはありうることであるばかりか、人間社会に階級差別が生まれて以来、これらの人為的に形成された「女らしさ」や「男らしさ」が性差別の根本に据えられてきたこと、それもおそらく事実であろう。これは、もとよりきっぱりと拒否する必要がある。いや、この世界から根絶してゆくことが必要である。

全人類平等の階級なき社会、いかなる差別も分断もない社会の実現を目差すなら、いや思うにそれが全人類に刻々課せられてくる、永遠に新たなるどこまでも厳しい絶対的自然そのものからの要求であるかぎり、そのような企み、すなわち「女らしさ」や「男らしさ」を人為的に作り出しこれを女性や男性に植えつけ刷り込まんとする企み、それはこれを断固として拒否してゆく。

それをかたく踏まえたうえで、しかしなお「女らしさ」や「男らしさ」といったものは、動物のなかの一個の動物として人間に自然と備わったいわば核ともなりうるものとしてやはりある、その点はしかと認識しつつ、よりよい社会の形成に向けて日夜努力研鑽していくことが大切だ、というのがインマヌエル哲学の主張にほかならない。

さて以上をもう一度繰り返すと、太古の狩猟採集時代、男性はおもに狩猟採集のうちでもより力のいるもの、女性は同じく狩猟採集でもより力のいらないものに従事していたと思われる。体力的・腕力的には、平均的にいって、男性の方が女性よりより強いからである。

そればかりではない。女性は、大てい子供を孕みこれを産む。その約一〇カ月は、もとより男性ほどの重労働はできないだろう。したがって、当然より力のいらない仕事をせざるをえない。これもまた、女性を男性ほどに力のいらない狩猟や採集、あるいは料理へと赴かせたと考えられる。さらに子供が産まれてからは、当然自分の母乳でこれを育てねばならない。そのかぎり、子育ても主として女性が担っていたのではなかろうか。

こういったことは、けっして良い悪いの問題ではなくて、人間的生理の自然としておそらくそうなっていただろうということである。かといって、しかし、だから「女は子育てが当り前!」といっているのではもうとうない。そういう厳然たる人間的生理の自然をしかとふまえたうえで、たとえば子育てといったことについても論じるべきだ、ということである。

今では、人工乳もいろいろ良いものができている。そういう良いものは、積極的に活用すればよい。太古の時代とは、たしかに環境がまったく異なる。その新しい環境に適応してゆけばよい。そしてまた、男性もとうぜん育児に進んで参加するべきである。赤ちゃんのミルクやり、おむつかえ、散歩、フロ入れ等、男性にもできることは沢山ある。太古の昔と違って、男性もその日暮らしの狩猟採集で精一杯ということもない。したがって子育ては、男女両方で行なうというのが基本であろう。が、しかし、太古の昔から永々と続けられ、おそらく人間の生命の深部にしかと組み込まれている自然、そういうことは、それはそれとしてしかと見据えるべきだ、ということである。母乳には、不思議と自然に赤ちゃんの免疫によい成分が含まれている、そういう事実ひとつをとっても、そういってよいのではあるまいか。

人類の歴史の圧倒的な大部分を占める狩猟採集時代に形造られた「社会的特徴」や「心理的特徴」は、今日隆盛を極める進化心理学が指摘するごとく、現代のわれわれ人間にも強くあてはまると思われるからである(2)。

いずれにせよ、そういう厳然たる自然、自然という事実をかたくふまえつつ、そのうえでしかし、赤ちゃんが産まれてからの主としてある一定期間はとくに、父親はもとより社会そのものが、その母親の子育てを積極的に支援すべきだ、ということである。たとい人工乳を飲ませることはできても、男性が母乳を出すことはまったく不可能なのである。他方ではまた、たといいくら良い人工乳ができたからといって、それで母乳はまったく不必要だ、ということにもならないだろう。

要するに、筆者がいいたいことは、女性と男性のいわゆる役割分担、すなわち男性は主として家庭外労働、女性は主として家庭内労働という役割分担は、いわゆるフェミニズムがいうように、それじたいが性差別だというよりも、階級差別やあるいはその後に性差別がうまれるや、もともとは何ら差別のなかったところにあとから入ってきたものではないか、ということである。

女性差別についてもう少し詳しくいうならば、けだしそれは、後述するごとく農耕が始まり余剰食糧が生み出され、しかもそれが時と共に増大していくにつれ、多分、それまではほとんど眠っていた、いや眠っているより仕方のなかったエゴないし我《が》が大きく眼をさまし、かくて誰か腕力や武力の強いものがその余剰食糧を独占し、そこに階級差別が生まれ、かくしてここに始めて女性差別も生起したのではないか、ということである。

すなわち、階級差別と共に余剰食糧を奪い独占することのできる腕力や武力への価値観が不当に高まり、これが、それまではほぼ対等・平等であった役割分担、つまり男性は主として力仕事、力のいる狩猟や採集、女性は主として力をそれほど要しない、むしろきめ細かい仕事、男性ほどには力のいらない狩猟や採集、あるいは料理や子育て、といった役割分担に対し、前者、つまりは力のいるもの、腕力、その延長線上の武力が不当に重視されるようになり、そこに、それまでは主に女性が担っていた仕事と共に、女性に対する差別や蔑視もまた生まれたのではないか、ということである。

何となれば、『サピエンス全史』の著者ユヴァルによると、たとえば太古の狩猟採集時代火を使った料理はとても大切な仕事であったからである。小麦や米、ジャガイモといった、そのままでは人間に消化できないものや、また堅い肉や植物の実などを柔らかくし、より栄養の摂取しやすいように料理すること、さらにその料理によって食物についている病原菌や寄生虫を殺すこと、それは直接健康や体調にかかわっていたことであり、したがってその大切さは、肉体を使った重労働をする男性にも、その肉体労働と同様に、それを力強く支えるものとして重々理解されていたと思われるからである。

さらにいうなら、人類学のある料理研究家によると、当時の料理は、より栄養のあるものをより摂取しやすくしたばかりではなく、火を使って食物を柔らかくすることで人間の口あごや歯を小さくし、かくて腸を短かくすることができ、これが大量のエネルギーを消費する脳に有効に働き、もって人間の脳の発達にも大きくかかわっていたからである(3)。

もとよりその点について、当時の人類にどれだけそれが理解されていたか明らかではない。が、しかし、料理という仕事の重要性は、やはりしかと認識されていたといってよいのではなかろうか。

もしそうだとすると、女性と男性の役割分担そのものが悪いというよりも、腕力、その延長線上の武力への不当に大きな価値観そのもの、それが間違っているというべきではあるまいか。

もとよりそうはいっても、だから男性はより力のいる家庭外の仕事、女性はより力の要しない家事や育児、といった役割分担の旧来の固定化、それを正当化しようというのではもうとうない。時代も環境も、大きく激しく変わった。今日では、太古の昔と違って力仕事とそうでない仕事との差異はあまりなくなっている。今日のオフィス・ワークの大部分であるパソコン操作は、かりそめにも力仕事とはいいがたい。したがって、女性もその意志さえあればどんどん家庭の外に出て働けばよい。

女性も、家庭の外で働くことじたい何ら悪くはない。しかしながら、そのさいよくよく注意せねばならないことは、幼い子供をどうするか、ということである。ただ大人の都合でばかり事を進めてゆけば、そのしわ寄せは当然子供に向かう。

思うに、早くてもまだ二歳くらいまではできるだけ親と一緒にいた方が、幼い子供にとってはよいのではあるまいか。生まれてすぐ保育園の集団生活を強いられるのは、子供にとってはひょっとしてひどく苦痛なのではなかろうか。

もしそうだとすると、もし女性が家庭の外で働くばあいでも、母親はもとより父親も育休を最低でも二年くらいはとれること、そうして育休のあとの職場復帰にさいしてもまったく不利にならないこと、すくなくともそういった環境整備が必要不可欠だろう。

こんなことをいうと、それはたんなる理想論だ、といった反論があるいはすぐに返ってきそうである。けれどもそういう環境整備をせぬままに、いやすくなくともその努力をしないままただたんに大人の都合でだけ、すなわち少子化で労働力不足のため女性労働も必要だとか、夫の給料だけでは生活できないから妻も働かざるをえないだとか、母親も子育てとは別に自分のやりたい仕事もしたいとか、といったそういう大人の都合でだけ幼いうちから子供を保育園などに預けること、それは、子供にとって必ずしも歓迎すべきことではないのではあるまいか。いや、大人の都合を自分たち子供に押しつけられている、とたとい無意識にせよ感じとるのではなかろうか。もしそうだとすると、そうやって育つ子供が、人間として本当にうまく成長することができるだろうか。今日社会に広くみられる子供の陰湿ないじめ現象の背後にも、ひょっとしたらこういう問題も少なからずかかわっていないともかぎらない。もっともそれは、大人社会の構造的ないじめ現象の、子供社会へのさけがたい反映という面が強いとは思うけれども。

　ここでひとつ筆者じしんが直接経験したことをあえて付け加えておくとこうである。筆者のある知人は、若い頃ゼロ歳児から自分の子供を保育園に預けていた。ある日偶然、その知人の父親が保育園からそのゼロ歳児の自分の子を背中におんぶして連れて帰るところに出会った。父親の背中におぶされているその子の眼はとても空ろで、まったく生気がなかった。その子のそのすこぶる空ろな眼は、今もなお筆者の脳裡に強く焼きついている。そればかりか、そのときの驚きを、筆者は今日もなお忘れられない。

　その後偶然にまたその知人とあるところで出会った。かつてゼロ歳児から保育園に預けられていたその子が、小学校に入学の年頃だった。その父親によると、その子はほぼ最初から不登校になってとても困っているとのことだった。

　ゼロ歳児から保育園に預けられていたことと、小学校入学時の不登校と、それら両者のあいだに何か因果関係があるのかどうか、それはもとより分からない。ただしかし、筆者には、あのゼロ歳時に保育園からの帰り道、父親の背でまったく空ろな眼をしておぶされていたその子のことが、どうしても心に引っかかる。もとよりゼロ歳児から保育園に預けられる子が、みな不登校になるとはかぎるまい。とはいえ、しかし、たといそうであったとしても、どこか別のところにその無理が出てくる可能性がまったくないと言い切ってよいのだろうか。それともこれは、「保守的」な筆者のたんなる杞憂というべきなのであろうか。

　それはともかく、話をもとの女男の役割分担にもどすと、筆者がいいたいこと、それは、人類史の長い長いあいだおそらく主に女性が担ってきたと思われる家庭の仕事、つまり料理や育児といった家庭内の仕事、それを家庭外の主として男性の仕事に比べ一段と低いものとして軽視すること、それが不当だということである。もともとそれら両者のあいだには、価値の優劣は存在しないというべきなのだ。いいかえれば、女男の役割分担は柔軟に運用しつつ、しかし、そのどちらも、つまり家庭外のいわゆる社会の仕事も、育児や料理等といった家庭内の仕事も、共に同じ比重で大切だ、ということである。今日の自称フェミニストには、その点、とりわけ料理などの家事について、それがどうみても軽んじられているとしか思われないのだ。

もとより、そうはいっても、飽食の時代の現代の料理と、おそらくいつも飢えや栄養失調の危険のあった太古のそれとは、大いにその意味するところが異なるだろう。けれども、しかし、個（孤）食が一般に大きく広がっている現代では、改めて（家庭）料理が大切な人間の仕事として立ち現われてきているのではなかろうか。夫も妻も忙しい今日料理など外注すればよい、とあるいはいうかもしれない。が、しかし、それはやはり料理のプロへの依頼というべきなのである。その意味では、料理の重要性そのものは何ら変わらない。それにまた、くる日もくる日も外注というのはあまり現実的とはいえないだろう。いずれにせよ、料理とは、それを抜いては人間が生きてゆくことのとうてい不可能な食に直接かかわることなのである。その食の仕方で、健康や体調も大きく変わってくる。そういう人間にとってのすこぶる大切な営みなのだ。どうせ一人なのだから何かあり合わせのものを食べておけばいい、わざわざ時間をかけて料理するのは面倒くさい、といった生活をつづけていれば、それはおのずから健康や寿命に大きくかかわってくる。一人暮らしの男性は、パートナーのいる男性や一人暮らしの女性に比べ相当に寿命が短いというデータもある。その理由として、男性は料理があまり上手でないからだともいわれている。そのように料理とは、一見地味なことではあるが、しかし、人間にとってきわめて大切なものなのである。

さらにまた洗たくや掃除といったいわゆる家事も、同様である。たしかに、とても地味な仕事ではある。外でバリバリ働く仕事に比べ、華々しさといったものがまるでない。他人から評価されることもあまりない。家族からは、やって当り前、といわんばかりの視線を向けらる仕事ではある。だから、それをしている当人に、時として激しい空しさを感じさせるがごとき一見価値の少ない仕事である。少なくとも、外で金を稼いでくる仕事に比べ低く評価されがちである。しかしながら、人間が快適に暮らすためには、そして健康や体調維持にとっても、家事はとても重要な仕事だといわねばならない。

＊　資本主義は、もとより何事も金でその価値が評価される社会である。このことが、今うえでのべたことにも大きくかかわっているのではあるまいか。すなわち外で金を稼いでくる主として男性の仕事は価値があり、無償で育児や家事をこなす主として女性の仕事は価値が低い、と。じっさい、かつての男性は、妻に対し「オレがお前を養ってやっている」という意識がきわめて強かった。まさにそれだからこそ、女性も外へ出てみずから金を稼ぎたい、という面もあるのであろう。もとより、女性のそういった気持は当然といえば当然である。だが、しかし、ここでもう一度踏み止まって考える必要があるのではなかろうか。すなわち、育児や家事には本当に価値はないのか、少なくとも外で金を稼ぐ仕事ほどには価値はないのか、ということである。

そのさい、すでに何度も引用した石垣りんさんのあの言葉を思い出したい。石垣さんは、女性がこれまで家事や育児に無償でいそしんできたこと、それは女性にとって何ら恥ずべきことではないと明言し、まさにそこに、そこにこそ、石垣さんが、いわゆる女性解放運動の人々と自分の決定的相違であるといっている。

この石垣さんの言葉を、今日われわれはよくよく熟考する必要があるのではなかろうか。

それはともかく、子供の頃、冬母親が布団を日光に干してくれると、夜寝床に入ったとき、とても温かく幸せとなり、母親の愛情を深く感じたものである。昔の布団は今ほど温かくなく、また毛布も粗末なもので、暖房もほとんどないに等しかったから。また、やはり子供の頃、市場でパンツを買ってきてくれた母親が、その真新しいパンツの腰のゴムひもを早速新しく入れ替えてくれていた。昔の日本の製品はおしなべてあまり良質とはいえず、パンツのゴムひもはたいてい短すぎて窮屈なのがふつうであった。そういう時も、母親の深い愛情を感じたものである。

ちなみにそうやっていつも子供の身近にいて、愛情を注いでくれるから、大てい子供は、ふつうは家の外にいる父親よりも母親によりなつくのではなかろうか。そのかぎり、よし社会的強制によってではあれ、家族に家事・

育児という「無償の愛」を注いできたことは、石垣りん氏もいうごとく、女性にとって必ずしも不幸なことばかりだとはいえないだろう。石垣さんは、上述したごとくその点が、家事を女性にとってたんにネガティブなものとしてのみみる戦後の女性運動と自分との決定的な相違だという。その点では、わがインマヌエル哲学のジェンダー論も、基本的に石垣氏に同意する。

それはともかく、話をもとにもどすと、料理以外の家事も、暮らしを快適にし健康維持を保つために人間にとりやはり大切な仕事というべきなのだ。もとより、今日では家事も、家事代行業者に外注することは可能である。しかしながら、何もかもすべて外注していたのでは、費用がかかって仕様があるまい。いや、これを逆にいうならば、家事も外注すれば金がかかるし、またそんなに安くはない、ということである。すなわち、家事も、実質的に金のかかる仕事だということなのだ。これまで女性は、それをいわば「無償の奉仕」として担ってきた、いや担わされてきた、ということなのだ。その強制性は、今やとうぜん改められる必要がある。要するに家事もまた、いわゆる家庭外労働と同様に、人間が生きていくうえでさけてとおることのできない重要な仕事だということである。ましてや育児は、夫婦のそれぞれにとって自分のいわば分身を直接育てていくこととして、家庭外労働や家事にもまして大切なこと、とうぜん夫婦が同じ比重でかかわるべき仕事といわねばならない。

いずれにせよ、こういった点、家事や育児、とりわけ前者を家庭外労働に比べ一段と低く見なす点、そしてまたそれをとりわけ担わされてきた女性にとってたんにネガティブなこととしてしかみなそうとしない点、それが、それこそが、現代のいわゆるフェミニズム運動に対するインマヌエル哲学の嘘偽りのない違和感にほかならない。そうしてその点で、インマヌエル哲学は、前述したように、生涯ほぼ平の銀行員として独身で働きつづけ、しかし同時に家事をもこなして女手一つで家族全員を養いつつ、好きな詩を書くことだけが救いであった、そこに自分は幸せを感じていた、という石垣りん氏に深く同感するのである。

然り、インマヌエル哲学は、女性解放運動に対する石垣りん氏の見解に深く賛同する。

「女性には、男にくみしない道があると思うの。女であることは男性の争いの外にいることよ。いままで私たち女性がしてきたことを全部否定しちゃってはだめよ。台所で炊事をすることの中にある欲のない、他の人のために生きるという日常化した奉仕の姿が、女の役目であったことを私は不幸とは思っていないのよ(4)」。

たしかに子育てや家事は、長いあいだほとんど一方的に女性に押しつけられ強制されてきた。もとよりそれも、狩猟採集時代を含めた悠長の全人類史からみれば必ずしもそうといいきれるものではない。いや当時もまたそれらの仕事は、主として女性が担っていたのかもしれない。けれど、思うにそこでは「押しつけ」とか「強制」とかといった暴力的なものはほとんどなく、自然とその役割分担が行なわれていたのではなかろうか。その意味で、そこに今日みられるような差別的なものは存在しなかったのではあるまいか。ところがいつごろからか、少なくとも有史以来ほとんどそういった女性差別が人間社会に入ってきた。

家事や育児を、それは女性の仕事と固定すること、それはもとより正しくない。男性もまた、積極的に育児や家事に参加すべきである。生活していくうえで家事はさけて通れぬ必要不可避の仕事であるし、まして育児となれば、それはまぎれもなく自分の分身を育てていくことであるからだ。

ただ現代欧米日型フェミニズムへのインマヌエル哲学の違和感は、これまで女性に主として押しつけられ強制されてきた家事や育児をただ否定的にのみとらえるその見方に対してにほかならない。石垣りん氏もいうように、それは「女性にとって不幸だった」とばかりいうべきなのか、ということである。

家事や育児といった「無償の労働」に精を出し、男性と違って子供の身近にあっていつもその世話をしていたからこそ、女性はおのずから思いやりや優しさ、あるいはいたわりといった心性を、おそらく男性以上に多く培い育むことができ、またそれだからこそたいてい父親よりも、よりいっそう子供に慕われることが多かったのではないのだろうか。こういった女性の長所をかたく踏まえたうえで経済や政治にも深くかかわっていってこそ、真によりよい社会の形成に、女性は大いに貢献することができるのではあるまいか。それとは逆に、こういった長所をかなぐり捨てて、ただひたすら「社会侵出」し、たとえば自民党の女性議員などに多くみられるごとく、半ば男性化しつつ男性と伍して政治や経済にかかわっていったとしても、それは必ずしもよりよい社会形成に寄与できるとはいえないのではなかろうか。

女性は、とりわけ女性に特有のその長所を活かしてこそ、真に社会のために尽くすことができるのではあるまいか。そこで、つぎにこんな挿話をひとつ入れておきたい。

いわゆる「できる女」の代表として、たとえばイギリスの元首相サッチャーがいる。かの女は、俗に「鉄の女」といわれるほどに、男に優るほどの剛腕振りを発揮した。かくてかの女は、一般には、こんなふうにもいわれている。すなわち国営企業の民営化や規制緩和といったいわゆる新自由主義の先鞭をつけ、かくして衰退したイギリス経済を建て直した、と。

しかしながら、それは、本当に正しいといってよいのだろうか。かの女のとった新自由主義は、なるほど民間の大企業にとってはすこぶる好都合だったかもしれない。しかし、大多数のイギリス国民にとってはどうであろうか。いわゆる格差社会が発生し、一般国民の生活はそれまで以上に悪化したのではなかろうか。

それればかりではない。サッチャーのその新自由主義はアメリカ大統領レーガンに引き継がれ、アメリカによりその世界的展開が図られた。しかし、ついに二〇〇八年にあのリーマン・ショックを引き起こし、それに端を発したウォール街の株価大暴落とそれにつづく国際金融危機を惹起して、かくて世界は、すこぶる不安定化したのではあるまいか。

いや、新自由主義的グローバリズムの負の遺産、それは今なお世界全体のうえに重くたれこみ、これをたんに経済分野のみならず政治の世界にあってもその根柢から苦しめ揺ぶりつづけているといってはいいすぎだろうか。現在欧米を中心として台頭しているいわゆるポピュリズムいう名の大衆迎合主義、いやむしろより正確には大衆煽動主義、一言でいって新ファシズム運動は、その格好の例といってよいだろう。

これでも、はたしてサッチャーの登場は、イギリスや世界にとって本当によかったといえるだろうか。

こうして明らかなように、イギリスのサッチャーはもとより、アメリカのヒラリーにしろ、ドイツのメルケルにしろ、はたまたイギリスのメイやフランスのルペンにしろ、さらにまた韓国の朴槿恵やわが日本の小池百小子にしろ、こういったいわば男性化した女性がいくら政界トップやその近くに立ったとしても、そこで行なわれる政治は、男性政治家による政治とほとんど何ら変わりがないこと、それはこれを事実がすでに証明しているとはいえないだろうか。けだし、男性的女性政治家がいくら増えたとしても、それはひっきょう男性による政治とあまり変わることはないだろう。つまるところかの女らに共通するものは、ほとんどの男性政治家と同じく慈愛なき権力衝動にほかならないからである。

フェミニストたちが今日好んで使う言葉をあえて援用していいかえるなら、それは、男性政治家と同じ権力衝動のいわば権化と化したオバさんたちが、オジさん政治を代行するだけといってよいからである。これで世界が本当によくなるといえるだろうか。少なくとも筆者には疑いなきをえない。

ここで「氷の女王」とも「氷のロボット」ともいわれるイギリスの首相メイを例にとってひとつ付け加えておくならば、そもそもEU残留派だった人間が、たとい国民投票で離脱と決まったからといって、まるで踵を返すかのように離脱派に転じ、新たに離脱の音頭をとるというのは、どう考えても奇妙なことではなかろうか。そこに、自分の信念といったものがそもそもあるのだろうか。要は、権力を握りたいだけなのではなかろうか。権力さえ握られれば、自分の信念などどうでもいいのではあるまいか。いや、そもそものの初めから信念などといったものはこれっぽかしもない、たんなる権力亡者にすぎないといってはいいすぎだろうか。これが、まさしくこれこそが、かの女らオバさん政治家の、オジさん政治家と何ら変わらぬ本質とはいえまいか。

しかしながら、こういった権力衝動的オバさん政治家は、巷ではけっこうもてはやされる、いや、なかには褒めちぎるものもいる。たんに女性だけでなく、そこには少なからず男性もいる。たとえば、寺島実郎がそれである、そもそも「鉄の帝相」とか「氷の女王」とかといった呼称が、ほかならぬ礼讃の言葉だといわねばならない。しかしながら、かれらの眼は、本当に事の本質を見抜いているといえるだろうか。むしろ腐っているといってはいいすぎだろうか。オバさんたちによるオジさん政治の代行に、何ら疑問を感じることはないのだろうか。オジさんたちにもまさるオバさんたちの権力衝動権化化に、いわば眼が眩んでしまっているのではなかろうか。

少なくともここには、政治はひっきょう力だ、力こそが政治だ、政治を動かす根源的動力だ、といった暗黙の了解があるのであろう。が、しかし、それは、はたして本当に正しいといえるだろうか。力に頼る政治をつづけているかぎり、もはや人間に未来はないのではあるまいか。そこにあるのは、ただ戦争のみとはいえないだろうか。目下の北朝鮮とアメリカのたがいの挑発行為をみていても、それはまぎれもない真実とはいえまいか。そうしてそれは、ひっきょう旧き思惟ではなかろうか。

それはともかく、話をもとにもどすと、もし女性による政治が男性による政治を根本的に変えることができるとしたら、それは、女性の特性を真に生かした政治であろう。要するに、石垣りん氏もいうごとく、愛ある政治を行なうことのできる女性たち、かの女らによるまさにその政治といわねばならない。かくして明らかなることは、女性の真に正しい社会貢献の在り方、それは、とりもなおさず女性の特性、たとえば愛や思いやりやいたわり、あるいは優しさとか平和志向等々といった特性をできるかぎり生かしていくこと、かくしてそれを社会や世界に広げかつ深めていくことである。

女性の社会侵出を考えるとき、これはもっとも肝要なこととはいえないだろうか。たんに男性と伍してやっていくことだけを目差す女性の社会侵出は、よしその女性に権力衝動的満足はこれを与えるやもしれないけれど、しかしそれで真に社会の正しい変革とはならないだろうし、また一部の女性をのぞいて女性そのものの真の地位向上にもつながらないといわねばならない。

こういった点を抜きにして、政界や経済界への女性の侵出をいくら増やしても、ただそれだけで男性による政治や経済の世界が根本的に改まるとはとうてい思われない。いな、女性は女性の特性を大いに生かすべきなのだ。社会侵出にさいしても、その点を肝に銘ずべきなのである。それともこれは、一見もっともらしいことをいって女性を欺き、かの女らをいつまでも政治や経済の世界から遠ざけんとする頑迷固陋な「保守」的男の狡猾な策略とでもいうべきだろうか。

それはともかく、先に述べたことをもう一度約言しつつ、インマヌエル哲学のジェンダー論、とりわけなかでも「女らしさ」と「男らしさ」に標的をしぼってこれをまた別の角度からみてみたい。

現代欧米日型フェミニズムのジェンダー論はほぼこんな風にいう。たとえば男性はたくましく野性的であること、それが「男らしさ」であり、反対に女性は優しく慎ましいこと、これが「女らしさ」である、といった見方は元来何の根拠もないものであり、ただたんに社会的・文化的に作られてきたものにすぎない。したがって、そういった「男らしさ」や「女らしさ」を前提として、「男はこうあるべきだ」「女はこうあるべきだ」と決めつけるのは間違いだと。

しかしながら、こういった現代フェミニズム・ジェンダー論の主張は、はたしてすべて正しいと肯うべきであろうか。これが、インマヌエル哲学の素朴な疑問にほかならない。

もとより「男らしさ」とか「女らしさ」とかといったもの、その多くが社会的・文化的な所産だというのはたぶん間違いないだろう。だが、しかし、それらすべてが社会的・文化的、つまりは人為的に作られたもの、と言い切ってそれではたして問題はないのだろうか。けだし「男らしさ」・「女らしさ」の核には、社会的・文化的・人為的に作られる以前のいわば自然発生的なものもありうるのではなかろうか。そこで、インマヌエル哲学の見解を素直にのべたい。

すでにのべたように、一般的・平均的にいって、男性は女性に比べ肉体的・筋肉的により強く、それゆえ腕力もより強く運動能力もより高い。この区別は、男性と女性のいわば生命の生理にもとづくおのずからなる区別であって、いわば天然自然のものというべきである。そういう天然自然の区別が、男性と女性のあいだには少なくとも一般的・平均的にいってそもそもの初めから、人類の誕生のその日から厳然として横たわる。したがって当然に、男性的なものないし「男らしさ」と、女性的なものつまり「女らしさ」という区別、その区別のいわば中核となるもの、それはおのずからたしかにありうるというべきなのだ。

かくして容易に推測されうることは、全人類史の圧倒的な大部分を占める狩猟採集時代、男性は主としてより力の要る狩猟や採集をし、他方女性は主として力のより要しない狩猟や採集、あるいは料理をしていたと思われる。子供については、もとより子供は女性が産むのであるからその子供の養育、つまり子育てはおそらく女性の方により多く比重がかかっていたことだろう。そういう役割分担が、おのずから生まれていたというべきだろう。女性には、主として優しさや柔和さ、細かい気配りや心のきめ細かさ、繊細さが自然と身についてきた。そうでなくては料理や子育て、とりわけ後者は、とうていできはしないからである。まさしく、それだからこそ子供も、大ていは父親よりも母親の方により親近感をいだき甘えたがるのであろう。他方男性は、たとえば狩猟で時に猛獣とすら戦わねばならなかったであろうから、自然と厳しさやたくましさ、あるいは粗雑さや荒っぽさが身についてきた。

男性の心や振舞いには、厳しさやたくましさこそが前面に出やすくなり、反対に優しさや柔和さ、繊細さは背後に退ぞきやすくなる。反対に女性は、その逆になりがちである。

いずれにせよ、こういった女性性ないし「女らしさ」と、男性性つまり「男らしさ」というもののおのずからなる相違は、あってむしろ当然というべきだろう。たとい文明社会になったからといって、それが基本的に変わらねばならない理由などどこにもありえまい。そのかぎりで女性は女性らしく、男性は男性らしくあって、それでいいのではなかろうか。いや、その方がより自然であり適切なことなのではあるまいか。反対に、かかる区別がなくなってしまうこと、その方が人間社会にとってはむしろ危険なことなのではあるまいか。健全でなくなる兆候とはいえまいか。

ただしかし、たといそうだとしても、にもかかわらず、「女性はこうあるべきだ」「男性はこうあるべきだ」と決めつけそれを押しつけるのは正しくない。前述したごとき男女の、おそらく自然な相違は、しかし男性と女性の心のあり方や振舞い方についてのあくまでも平均的・一般的な傾向性にすぎず、個々の具体例にあってはむしろその逆でもありうるし、そのばあいには個々人のその個性を尊重しこれに従うようにした方が事はうまくいきやすいからである。自然であること、自然に感じ、考え、振舞うこと、それこそがもっとも大切なことであるからだ。なんとなれば、人間的主体の根源的な主にして原動力なる神は、とりもなおさず絶対的かつ超越的な自然そのものにほかならず、それゆえにまた人間各自にもその自然に従って感じ、考え、振舞うことをこそ望みかつそのように促すからである。

ちなみに、欧米などでは、ナチュリストとかといって、許された一定期間、一定地域で全裸で暮らす人々がいる。全裸こそ自然だというのである。けだしそれは、あまりにも皮相な考えといわねばならない。

ほんらい自然という言葉には、もっとはるかに深い意味があるというべきなのだ。その点は、第四章や第五章で詳しく考察した親鸞の「自然法爾」の思想ひとつをとっても一目瞭然である。

こういったきわめて軽卒で皮相な言語理解や行為が、今日ではあまりに多すぎるように思われる。まさに現代は、昨日までは軍国主義を叫び今日は民主主義だといって平然と打って変わった、あの昭和戦争直後の日本がそうであったように、すこぶる軽佻浮薄の時代といわねばならない。

周知のごとく、かつてルソーは、「自然に帰れ！」と大きく強く叫んだ。しかし、それは、何も原始の自然に帰れ、逆戻りせよ！　といったのではもうとうない。原始の平等社会を今日に甦えらせよ！　このとてつもなく不平等かつ階級格差の激しい文明社会「現代」（ルソーの時代は、一八世紀後半）を、もう一度原始のごとく格差・

階級のない平等社会に止揚せよ！　といったのだ。少なくともその萌芽が、このルソーの「自然に帰れ！」のなかにはしかと含意されている。

かくして、マルクスが資本主義社会の止揚としての社会主義社会・共産主義社会を構想し、そのいわば原型として原始共産制社会を想定したとき、かれはルソーのこの「自然に帰れ！」の思想から深く学んだといってよいのだ。その点は、マルクスとエンゲルスの共著『共産党宣言』の締めくくりの言葉「プロレタリアは、革命において、鉄鎖のほかに失うべきものをもたない[5]」が、ルソーの主著中の主著『社会契約論』の開巻劈頭の言葉「人間は自由なものとして生まれた、しかもいたるところで鎖につながれている[6]」を明らかに念頭においていることから火を見るよりも明らかだろう。

それはともかく、だからルソーの「自然に帰れ！」の「自然」とは、たとえばナチュリストが考えるような全裸こそ「自然」といったそんな単純なことではもうとうないのだ。

いずれにせよ、わがインマヌエル哲学も、自然を徹頭徹尾深遠かつ厳密に考える。そうしてそれは、親鸞の「自然法爾」の自然に深く通じるものといわねばならない。

さて、話が少し脇にそれたが、もう一度もとにもどすと、今日の子供虐待激増の背景には、ひょっとしたら、いわゆる「肉食系」といわれる女性の男性化、反対にいわゆる「草食系」といわれる男性の女性化といった現象が潜み、これが深くかかわっているとはいえまいか。そこでは、男性も女性もその本来自然なあり方を逸脱してしまっているゆえに、さけがたくその「男らしさ」「女らしさ」も不自然なものとなり、かくて優しさや繊細さも、他方厳しさやたくましさも、いずれもその本来のそれが奪われて、ただたんなる甘やかしや神経質、あるいはその反対の冷淡さ、冷酷さに変質してしまいやすいからである。

もっとも、そうはいっても、現代における子供虐待の最大元凶は、とりもなおさず現代欧米日型フェミニズム運動の広めたいわゆるフリーセックスの蔓延による、いわゆる「望まぬ妊娠」の急増というべきだろう。なんとなれば、朝日新聞の記事によると、ゼロ歳児で虐待により殺される子供は、いわゆる「望まぬ妊娠」の子の虐待死が、虐待死する全体の子供の七割を占めるというが、ここで改めていうまでもなく、この「望まぬ妊娠」は、あの恣意・放縦なフェミニズム的フリーセックスのさけがたい必然といってよいからである。

それはともかく、既述したことをもう一度繰り返すなら、人類のこの地上における発生は、今から遡ること約七〇〇万年前である。そのあいだで、長い長い気の遠くなるほどのその長いあいだで、狩猟採集民としての人類の生活は、いつも大して蓄えのない、そしていつ食糧にありつけるかも分らない、いわばその日暮らしがつづいていたといってよいだろう。少なくとも、そういうときが多くあったことはほぼ間違いないだろう。とりわけ凍付く冬などはそうであったことだろう。約一万年前に農耕や牧畜が始まるまでの圧倒的大部分は、まさにそういう狩猟採集生活だったのである。農耕や牧畜が始まって、はじめて余剰食糧はうまれることができたのだ。

ところで、人類史のほぼすべてを占めるこのいわばその日暮らしの狩猟採集時代、男性はおのずから同じ狩猟採集でも主として腕力・体力のいる仕事につき、女性はおのずから主として男性ほどには力を要しない仕事、あるいは獲物の料理や子育てにたずさわっていたといってよいだろう。これは、ほかならぬ女性と男性の生理的区別にもとづく自然な役割分担だったといってよい。

が、かといって、男性の力仕事が、女性の、男性ほどには力のいらない仕事より優っているとみなされていたとはかぎるまい。たとえば料理についていうならば、それは、少なからず飢えと栄養不良の危険性に脅かされていた当時の人間にとり、その健康や良き体調維持にすこぶる大切であっただろうからである。

そればかりではない。既述したごとく人間は、火を使って料理するようになり、食の時間をチンパンジーよりはるかに短縮することができるようになった。堅いものでも火で煮たり焼いたりして柔らかくすることができるようになったからである。こうして減らした食の時間を他のことにまわすことができるようになったし、また食物の種類も格段とふえた。さらに料理によって食物の消化をよくすることができたから、エネルギー消費のとても大きな長い腸ももはや必要なくなってこれがより短くされ、また料理によって食物が柔らかくされたがゆえに口やあごや歯も小さくなって、それだけ、同様にエネルギー消費のとても大きな脳により多くこれを送ることができるようになり、かくて脳の発達を助けることができた、と思われる。

もとより、しかし、こういったすべてのことが当時の人間に正しく認識されていたとはいえないだろう。だが、しかし、健康や良き体調維持、あるいは元気や活力の源という日々の身近な経験から、料理という仕事が狩猟や採集という仕事に劣らず高く評価されていたことは、誰しもこれを肯くことができるのではあるまいか。

したがって、かりに男性は主に腕力・体力のいる狩猟や採集、女性は主としてそれほど力のいらない狩猟や採集、あるいは料理や子育てだったとしても、そのいわば自然な役割分担に、今日思われがちな差別は存在しなかったといってよいのではあるまいか。料理と違い子育ては、まぎれもなき自分の分身を育てることとして、その重要性はいわば本能的に分かっていたのではなかろうか。かくして、料理や子育てを含む主として女性の仕事は、男性の担った仕事と同様に生きていくうえでとても重要なものと正当に評価されていたといってよいのではあるまいか。ちなみに、『家族システムの起源』の著者トッドも、既述したごとく太古の時代、よし職務は男性と違っても女性の地位は今日よりずっと高かったと富豊な資料にもとづいて推測している。

それはともかく、こういった人間の生理、腕力・体力の平均的強弱の自然な相違、そういうところから、また「女らしさ」や「男らしさ」といったものも自然と生まれてくるといってもいいのではあるまいか。かくて既述したことをもういちど繰り返すなら、男性は主として、時にはマンモスなどの猛獣とすら戦わねばならない狩猟や、体力のいる採集に従事したことから、厳しさや、たくましさ、あるいは荒々しさが、他方女性は、主として男性ほどには力のいらない狩猟や採集、あるいは料理や子育てといった仕事を担ったところから、それに欠かせない心の細やかさ、繊細さ、あるいは柔和さや優しさといった心性が、おのずから身について、それが自然と「男らしさ」「女らしさ」の核となったのではなかろうか。こういういわば自然的な「男らしさ」や「女らしさ」は、時代が下っていわゆる文明が生まれたのちにも、そこに流入していったとはいえないだろうか。

ただ、「男らしさ」や「女らしさ」といったものには、上述したごときいわば自然的なそれに対して、時と共に社会的・文化的、時には人為的・意図的にいろいろ自然に反するものも付け加えられてきた、それもまた事実であろう。そのかぎり、この人為的に不当かつ不自然に作られた「女らしさ」や「男らしさ」、それはもとより修正されるべきであり、したがってまたそれにもとづく「女はこうあるべきだ」「男はこうあるべきだ」という決めつけ・押しつけも正しくない。いやそればかりではない。たとい自然的な「女らしさ」や「男らしさ」であったとしても、それはあくまでも平均的・一般的なものであり、個々の女性や男性にあってはまた別だといわねばならない。その点からいっても、「女はこうあるべきだ」「男はこうあるべきだ」という決めつけ、押しつけは、やはり間違いだというべきである。それは、個々の女性や男性の他にかけがえのない個性を無視し、これを殺してしまうことになるからである。個々人の個性は、どこまでも尊重され大切にされるべきなのだ。それこそ、人間の基本的人権に属することであるからだ。

しかし、かといって、いわゆる文明の発生以前の圧倒的に長い長い人類史の過程でおのずから自然に形づくられてきた、平均的・一般的な「男らしさ」や「女らしさ」といったもの、それは、これを無下に斥けてよいものなのか、その点は、よくよく注意を要するべきだろう。この、男性と女性のいわば生理的区別にもとづく「男らしさ」や「女らしさ」は、けだし何ら不当なものではなく、まぎれもなく人間の生命の自然というべきだからである。しかもそれは、悠久の長い歴史のなかで培かわれ育まれて、人間の心のいわば習性に近いものになっているとも考えられるからである。問題は、そこに文明の発生以降不当な人為的区別が持ちこまれたということであり、と同時にまた、それがたとい自然的なものであれ、あくまでもそれは平均的・一般的なものであるにもかかわらず、個々の人間に対し「こうあるべきだ」「そうあるべきではない」と決めつけ押しつけることなのだ。その点を、まさにその点をこそ、われわれは強く警戒すべきというべきなのである。

それはともかく、こうみてくると、たとえば同じく逞しさや優しさといっても、しかし男性のそれと女性のそれとは質をまったく同じくするというよりも、そこには微妙な相違があることも窺い知れる。思うに男性も女性も、逞しくて強くてかつ柔和で優しく、しかも心がきめ細くて繊細なのがいい。しかしながら、同じくそうはいっても、その意味するところは別で、女性と男性の自然的・生理的、さらには太古の時代の長年の職務の違いから微妙に異なるもの、いや異なって当り前のものといってよいのではあるまいか。

その点、現代のフェミニズム・ジェンダー論は、「女らしさ」とか「男らしさ」とかといったものをただたんに社会的・文化的刷り込み現象という一言で片づけてしまいがちである。それはしかし、はたして本当に正しいといってよいであろうか。むしろ、再考すべきだとはいえまいか。かの女・かれらの主張にもとづくと、けっきょくのところ女性と男性のいわば自然的な相違もすべて一まとめにして拒否され、かくてクソもミソもいっしょくたにされてしまいがちなのだ。女性解放運動の初期には、「男にも女と同じく生理があるべきだ」といったまことに愚かとしかいいようのない主張が登場した、でも、さすがにそれは今はもう乗り越えられた、というそのかの女の主張とは裏腹に、今なおかの女の主張はその延長線上にあるとしか思われない。

なぜかの女らは、女性的なものをそこまでネガティブにしかとらえることができないのだろうか。それほど女性は苦しめ虐げられてきたのだ、とあるいはいうかもしれない。女性のその長年の苦しみは、男性である筆者には、もとより十分には分からない。けれども、生涯極貧のなか、ほぼヒラの銀行員として家族全員を支えつづけたあの石垣りん氏は、すでにのべたごとく、その点いわゆるフェミニストとは明瞭にその考えを異にする。その詩「私の前にある鍋とお釜と燃える火と」でも明らかなごとく、石垣氏は、これまで長年女性に押しつけられてきた家事といえども、けっしてこれを女性にとり不幸だったとばかりは思わないと明言し、そこが戦後の女性運動と私の根本的相違だとはっきりいう。このかの女の主張を、たんに意識の低い愚かな女の言い草だ、と決めつけるのはもとよりかんたんである。けれども、家事というその「無償の仕事」のおかげで、他面では女性がどれだけ幸せであったのか、いやありえたか、少なくとも子供との関係でそうではなかったか、その点をよくよく熟考すべきではあるまいか。子供に心から慕われる、といったほどの喜びや幸せを、人間の人生でそうかんたんに味わい手に入れることができるだろうか。少なくとも筆者には、そう思われる。

ちなみに石垣氏は生涯独身で子供はいなかった。けれども、かの女は、家族全員の生活の糧を嫁ぐと同時に家事をもこなし、そのうえで上述のようにいってるのだ。たんに子供だけでなく家族の皆から喜ばれること、いやそういう労りの言葉すらなくても、しかも家計を支える仕事まで背負わされて、そのうえでしかもかの女はそういい切っているのである。愛とは、ほんらい見返りを求めないものであるからだ。そういうかの女の言葉を、たんに男に洗脳された愚かで古風な女の典型と決めつけこれを嘲る前に、その意味するところをよくよく考えてみてはいかがだろうか。彼女のような人間こそ、真に幸せな人間、それゆえにまた本当に解放された自由な人間とはいえないだろうか。

その点筆者には、現代の欧米日のフェミニストたちよりずっと石垣氏の方が、よほどしっかりしているよう思われる。「女は男みたいにエラくならなくていい、それでかえって気が楽だった」というかの女は、一見とても保守的で屈辱的に見えるかもしれない。しかし、かの女の上に挙げた詩「私の前にある鍋とお釜と燃える火と」には、女性の女性らしさ、つまりは優しさがみごとに表現されている。今日のフェミニスト女性がみたらおそらく激怒しかねないこういった詩が、しかし、じつは真に革新的なのである。見かけは保守的なようでいて、しかし、じっさいは革新的なのである。愛こそ、真の革新の核となりうるものにほかならないからである。うえの詩には、女性のその愛がもののみごとに表現されているからである。女性は愛を、ほかならぬ愛をこそ、主として家庭で担ってきた。だから、まさにそれだからこそ、何度も繰り返すごとく母親は、父親以上に子供から慕われてきたというべきなのだ。

それはともかく、こういった女性の模範、模範中の模範をさがすなら、ほかならぬあのマザー・テレサをみればいいだろう。あれほど女性的なもの、とりわけその中心の愛の模範は滅多にない。さらにかの女に従ってボランティア活動に携わる女性や男性たち、かれらほどすぐれた愛の模範はあまり存在しない。その愛は、テレサもいうごとく一面たしかに耐えがたい苦しみである。だが、しかし、にもかかわらず他面では、他にかけがえのない本当の幸せをも恵んでくれる。その点は、これまで家事・育児を主として押しつけられてきた女性たちのなかにも、しかとそれを経験したものが少なからず存在したのではなかろうか。そうして、それを、それをこそ、石垣氏はしかとみてとっているのではあるまいか。

さて以上を補足するものとして、上述した石垣りん氏の詩「私の前にある鍋とお釜と燃える火と[7]」の一部を引用したい。

「それはたゆみないいつくしみ
無意識なまでに日常化した奉仕の姿。
炊事が奇しくも分けられた
女の役目であったのは
不幸なこととは思われない、
（中略）
それらなつかしい器物の前で
お芋や、肉を料理するように
深い思いをこめて
政治や経済や文学も勉強しよう、
それはおごりや栄達のためではなく

全部が
人間のために供せられるように
全部が愛情の対象あって励むように」

この詩についての筆者の感想を簡単に記しておこう。「愛情」こそ、あらゆる学問や政治の前提条件であり、それらが健やかに成長するために必須の土壌といってよい。この愛の営みに、女性は日常的にかかわってきた。これは、すでに男性に対する女性の優越だろう。かかる石垣りん氏だからこそ、いつも「エラク」なろうと必死にもがいている男性や今日の女性を尻目に、こんなこともいってのけることができるのである。

「…と同時に、ああ男でなくてよかった、と思いました。女はエラクならなくてもすむ。子供心にそう思いました。（中略）けれど、未熟な心で直感的に感じた、その思いは、一生を串ざしにして私を支えてきた、背骨のようでもあります。バカの背骨です(8)」。

とりわけ、今日いわゆるキャリア・ウーマンをめざす女性たちにとってこれほど意味深長な言葉はちょっとないのではなかろうか。この点、今日の欧米日型フェミニズム運動は、いったいどう考えるというのだろうか。もとより、かといって、家事・育児を今後もずっと女性にばかり押しつけてよい、といっているのでは毫もない。既述したごとく、これからは男性もまた当然にそれを積極的に担っていくべきである。ただ筆者のいいたいことは、家庭外のいわゆる社会的労働に比べ、家事や育児が何かいちだんと価値の劣っているものといった見方、それに対し、そんなことはかりそめにもありえない、両者はまったく対等だ、いや育児に関してはむしろそれ以上だ、といいたいまでである。

それはともかく、既述したことを要約すると、現代の欧米日型フェミニズムの主張では、女性も男性と同一に

「強くて逞しくて、かつ柔和で優しく、さらに心きめ細かく繊細なのがいい」といったすこぶる単純な論調になりがちなのである。しかしながら、インマヌエル哲学の見解では、女性と男性のいわば自然の生理としての根本的相違、それにまた太古の悠久の時代のたがいの職務のおのずからなる相違、そこから自然と生まれた「女らしさ」「男らしさ」、それはそれとしてしかと認めるべきだということである。何もかも一緒くたにすること、これが真の平等とはとうてい言いがたい。違いは違いとしてありのままに受け入れつつ、しかしまさにそれだからこそ、たがいに自分にはない点で助け合い、補い合っていくこと、それが真の女男平等というものだろう。

いずれにせよ、現代フェミニズム・ジェンダー論へのインマヌエル哲学の何とはなしの異和感、嘘偽のない素朴な齟齬感、その大きな一つは、まさにそこ、つまり女性と男性のいわば自然な相違をも、たといそれと意識されてはいないとしても、これを何とかして解消せんとすること、少なくともそのような傾向にあること、そここそあるといわねばならない。

## 二　性差別・階級差別の起源と差別なき自由・平等な愛の共同体インマヌエルの樹立に向けて

### (一)　人間的生と社会の三つの弁証法的発展段階

本節では、インマヌエル哲学とそのジェンダー論について、これを全人類史的視点に立ちつつ、とりわけ性差別・階級差別の起源と差別なき自由・平等な新しき世界インマヌエルの樹立に向けて、力のおよぶかぎり全身全霊を傾けて究明してゆきたい。

さて一九一一年青踏社を創設した婦人運動家・平塚雷鳥は、かつて「元始、女性は実に太陽であった」と高らかに謳った。[9] それは、たしかに正しかったのではあるまいか。その理由はこうである。

縄文時代の土偶をみてみると、その草創期には豊かな胸と腰の縊《くびれ》からして明らかに女性を形どったものや、さらに中期にはお腹や臀部が大きくふくらんで、いかにも妊娠している女性のものがある。これらの土偶の存在は、当時女性が多産や豊穣のシンボルだったこと、すなわち他の動物と同様に人類にとってもすこぶる重要だった子孫繁栄や日々の糧の豊かさを懇《こ》い願い祈願していたこと、それをうかがわせるに十分ではなかろうか。

かかる事実からしても、縄文以前の太古の時代、いやひょっとしたら人類の出現時から女性は多産や豊穣のシンボルであり、したがって時代が下ると共に女性や妊婦を形どることでそれらを祈願した、と推測してもあながち不当ともいえないのではあるまいか。

ここで話は一見大きくかわるが、太古の時代、宗教ないし呪術はとても重要な人間的営みのひとつであった。なぜならまず第一に科学の未発達な当時大自然は恐ろしく不安なことにみちみちていた。第二に狩猟採集で日々の糧を首尾よく得ることは何にもまして大切なことだった。かくして大自然への恐怖や不安を鎮めたり、また日々の糧の豊穣を願い祈ること、つまり宗教や呪術は当然とても重要だったと考えられるからである。したがってまた、その担い手も、おのずから重要な位置を占めていただろう。

では、その宗教や呪術は、いったい誰が担っていたのだろうか。けだしそれは、狩猟という力仕事のできない障害者やあるいはひょっとしたら女性の一部もこれを担っていたのではなかろうか。[10]

したがって当時は、そういった障害者や女性に対する差別もまた存在しなかったのではなかろうか。もしそうだとしたら、この一点からしても、太古の時代女性差別は存在しなかったといっても差し支えないのではあるまいか。かくして雷鳥の先の言葉、すなわち「元始、女性は実に太陽であった」は、あながち標的はずれともいえないだろう。

かくしてインマヌエル哲学は、こう考える。

もともと人間社会には女性差別を含めいわゆる差別は基本的に存在しなかった。ところが後述するごとく、その後農耕が開始され、それにより余剰食物が格段に多く生産されると共に、人間社会にしだいに差別・不平等が発生し、それが今日にまで到っているということである。

したがって、今日のわれわれ人類に課せられた大きな課題は、この一旦崩れた無差別・平等社会を今一度自覚的に実現することである。いいかえれば、差別と不平等のない自由な社会へと、人間社会をふたたび止揚・超克することにほかならない。

このように人類史は、あえて結論を先取りしていえば、自然状態としてのいわば即自的社会から、その自然状態から脱したいわば対自的社会へ、そしてさらにそこで生まれた差別・不平等をふたたび自覚的に克服し最初期の無差別・平等社会へとみずからを止揚する、即かつ対自的社会への発展過程とみることができるであろう。

そうしてこれは、ちょうど一人の人間の人生の一生にもいわば併行してみてとることができるのだ。すなわち人間の人生もまた、いわば天然自然の即自的生の段階としての赤子から、反省的意識の芽生えるいわば対自的生の段階を経て、さらにそれを自覚的に止揚・克服したいわば即かつ対自的生の段階が考えられる。

ここでまず第一の即自的生の段階とは、エゴはよしあったとしても、いまだそれが働く余地のほとんどない、いわば天然自然あるがままの生の段階である。

これに対し第二の対自的生の段階とは、反省的意識の芽生えと共にエゴも働く余地が生まれ、これがしだいに猛威をふるう段階であって、もはや天然自然のあるがままとはとうていいえない生の段階にほかならない。

ちなみに旧約聖書（ユダヤ教の聖典）には、神によって作られた最初の人間アダムとエバが神から禁じられた「善悪の知識の木の実」をたべて罪に墜ちたとされている（創世記三章）。これはけだし、「善悪の知識の木の実」をたべていわば反省的意識がアダムとエバに生まれ、かくてここに罪つまりはエゴないし我《が》の働く余地が生起したということではなかろうか。

一般に知的障害のある人は、エゴないし我欲が少ないように思われる。少なくとも通常のいわゆる健常者よりもずっと少ない。これもまた、反省的意識と罪ないしエゴとの深い関係・繋がりを示す一つの証左といえるのではなかろうか。反省的意識は、どういうわけがエゴないし我を呼びさましやすいのだ。

ここで想い起こされるのは、ドストエフスキーのあの言葉にほかならない。

ドストエフスキーは、その著『地下生活者の手記』で、「意識は病気だ[11]」といっている。

このドストエフスキーの言葉には、深い洞察があるように思われる。たしかに（反省的）意識は、いや人間と世界の成り立ちの根柢に厳在する神人・神物の原事実、そこから浮き上がったそれは、かの『地下生活者の手記』の主人公に端的にみられるごとく自分自身の生の足下をどこまでもかぎりなく掘り下げてゆき、かくて自分自身をいわば自縄自縛に追いこんでゆく。かくしてそれは、いわば「病気」といってもいいだろう。

さらにもっと厳格にいうならば、「罪（エゴ）」といってよいのかもしれない。いやそれは、罪（エゴ）と深く結びつきやすいという意味で、あえてそれを「罪」といってよいのかもしれない。ひょっとしたら、それだからこそドストエフスキーは、その主著のひとつ『白痴』おいてイエスのごとくもっとも美しい人物を造形するにあたって、その主人公ムイシュキン公爵を「白痴」として描いたのかもしれない。

いやこれは、必ずしも正しくない。ドストエフスキーは、のちにこの作品『白痴』をみずから「失敗作」としたからである。

いずれにせよわれわれは、反省的意識をその罪（エゴ）から解放することが大切なのだ。かくしてドストエフスキーは、その「失敗作」のムイシュキン公爵を最晩年の未完の大著『カラマーゾフの兄弟』において、すぐれた知性を身につけたアリョーシャ・カラマーゾフとして新たに具現化したのである。それはともかく、（反省的）意識が罪ないし我となぜかとても結びつきやすいこと、その点はほぼ間違いないといわねばならない。

その点では仏教にも、「大智大愚なるが如し」といった言葉がある。要するに、本当にすぐれた智者、けだし仏法に目覚めおのがエゴ・我執から根本的に解放された真の智者、それは一見まったくの愚者のごとくにみえるということである。

かくて中国には、寒山と拾得《じっとく》にまつわる逸話もある。寒山拾得図では、一見はすこぶる愚か者にみえるこの二人は、じつは仏教哲理に深く通じた並々ならぬ智者だったのだ。思うに、反省的意識の乏しい愚か者は、それだけ我執が少なく、その点が真の智者によく似ているということだろう。

他方イエスは、幼児を指さして「天の国はこのような者たちのものである」（マタイ一九・一三―一五、マルコ一〇・一三―一六、ルカ一八・一五―一七）といっている。これはけだし、幼児のごとく我欲・我執を離れ天真爛漫に神を受け入れるのでなければ「天の国」（＝神の国）には入れない、つまり神への目覚めはかなわないということだろう。ここでもだから、いわゆる大人の反省的意識が暗に批判されているといってもいいだろう。

しかしながら、それは、なにも大人に対してただ子供に立ち帰れ、ということではありえない。そんなことは、どだい無理なことである。そうではなくて、エゴの主体としての自分をいわば止揚したとき、そのうえでこそ初めて神の国に入ることができるのだ。すなわち神に目覚めその御意《みこころ》に即しつつ幸せに生きることができるのだ、ということだろう。

かくして第三の即かつ対自的な生とは、神に目覚めその御意に添うて自覚的にあるがままなる生を体得する生にほかならない。ここではじめてわれわれは、本当の意味での大人になって非凡な高度の幸せが実現できるのである。

こうして明らかなるごとく、人間の生ないし人生とは第一の即自的段階から第二の対自的段階を経て、さらに第三の即かつ対自的な段階を目差すべく決定された、いわば過程弁証法的な発展の道程なのである。

いや、そればかりではない。この過程弁証法的発展の道程の根柢には、インマヌエル哲学のいわゆる絶対に不可分・不可同・不可逆的な神人の原関係が厳在し、この原関係の根源的な逆説（接）弁証法の（主の）働きにより、これは刻々裏づけられ規定されているというべきなのである。

かかる人間的生の発展的過程と同様に、人間社会もまた既述したごとき三つの段階をとるといわねばならない。すなわち第一のいわば即自的な太古の無差別・平等社会から、第二のおそらく農耕の発達と共に始まった今日のいわば対自的な差別・不平等社会への転落、そうして第三にいわば即かつ対自的な無差別・不平等社会に向けてこれを自覚的に止揚するべく、みずから決定するべく決定された、まさしくその道にほかならない。

さて、以上をまた別の観点から考察しつつ、これをさらに深めていきたい。

周知のごとくルソーは、その主著の一つ『人間不平等起源論』において「自然へ帰れ」と叫んだ。また雷鳥は、既述したごとく「元始、女性は実に太陽だった」と言い放った。かれらのこれらの言葉は、今日改めて熟考すべきとても深い意味を含意しているとはいえないだろうか。

いずれにせよ、ルソーのこの「自然へ帰れ」という思想は、既述したごとくいまだ差別や不平等のなかったとルソーが見なす「自然（状態）に帰れ」ということであり、それは、その後マルクスが原始共産制の現代的止揚としての来たるべき共産主義社会を構想するさいにかれに多大な影響をおよぼした。

その証左としてマルクスは、エンゲルスとの共著にしてその主著の一つ『共産党宣言』の最後を、ルソーの文明社会観、つまりそこでは人間が鎖につながれた状態だという思想と、そこからの人間の解放としての「自然に帰れ」という思想と、これら両者を明らかにほうふつとさせる言葉、すなわち「プロレタリアは、革命において、鉄鎖のほかに失うべきものをもたない。かれらは、獲得すべきひとつの世界をもつ」という言葉で締めくくっているからである。(12)

そうしてこのルソーやマルクスの思想は、わが日本の雷鳥を始めとする女性解放運動家にもまた、よし直接ではないにしろ少なくとも間接的に大きな影響を与えたのではなかろうか。

つまり、ソーのこの「自然に帰れ」という思想、またその影響を大きく受けたと思われるマルクスの原始共産制とその現代的止揚としての来たるべき共産主義社会の思想、そうしてまた雷鳥のいわば「太陽」として輝く「元始」の「女性」の思想、これらは今日なおけっして古びてはいない、むしろすこぶる新鮮というべきである。

## (二) 狩猟採集社会から文明社会、そしてインマヌエルの民主主義社会へ——即自的な自由・平等・愛の社会から対自的な不自由・不平等・エゴの社会、そしてさらに即かつ対自的な自由・平等・愛の社会へ

ここでは、今上でのべたルソーやマルクス、あるいは雷鳥の思想が今でもけっして古くはないその理由、それを以下にのべてこれをさらに明らかにしていきたい。

思うに太古の狩猟採集時代人間には、いわゆる余剰食糧といったものはほとんどなく、したがって毎日毎日がいわばその日暮らしであった。やがて時代が下ってより大きな獲物を手に入れることができるようになり、たとえば巨大なマンモスのごときものを仕留めることができたとしても、しかし当時保存の技術は冷凍や燻製以外ほとんどなかったから、「余剰」の食糧といえるものはやはりそれほどなかった。

他方ゴリラ学の世界的権威・山極寿一氏によると、人類の生み出したこれまでの最大の発明は、おそらくたがいに思いやりで結びつく社会を形成したことであろうという。たがいに助け合うことの大切さを学びそれを積極的に実践したからこそ、人類は他の動物と違って飛躍的に進化することができたのだろう。さらにいいかえれば、たがいに協同して作業し獲物はこれを平等に分かち合う社会を形作ったこと、そうしてこれを他の動物や生物以上に質的にも量的にも高め深めていったことだろう、と。なぜならこれによって人類の生活は、一人ないし極小集団での暮らしよりかくだんと安定したからである。

そのさいその社会とは、ルソーやマルクスが想定したごとく自由かつ平等・愛の社会、すなわちたがいに他を支配したり強制したり、あるいはまた自分のエゴを他に無理矢理押しつけたりすることが基本的にない社会、いいかえれば思いやり・いたわり・扶け合い、つまりは愛の絆でしっかり結ばれた社会といっていいのではなかろ

うか。今日の人間社会を一瞥すればおのずから明らかなごとく、自分のエゴを主張し支配や強制を押し通していたら、社会はとうていうまくは機能しないからである。太古の時代の人間社会のように小集団であったなら、それはなおさらといっていいだろう。誰か一人のエゴの主張は即座にその小社会主体の秩序を乱し、時にはこれを崩壊せしめる危険性もあったといってよいからである。

他面からいえばしかし、それはいわば自然的条件によりある意味でそうせざるをえなくてそうなっていたとも考えられる。すなわち、上述したごとく当時はいまだ余剰食糧があまりなく、それゆえ誰もがたがいに強制し合うことなく平等に扶け合わねばとうてい生きてはいけなかったということである。その意味ではそれは、天然自然のいわば即自的な自由・平等・愛の社会であったといっていいかもしれない。

だが、それは、たしかに一方で天然自然のものであったとはいえ、しかし他方では大自然の究極の根源なるその創造主・神の御意には自然に添うていた社会だったともいいうるだろう。こうしてかかる天然自然のいわば即自的な自由・平等・愛の社会、それがこれまでの人類史の圧倒的多数を占めていたと思われる。

今から遡ること約一万二〇〇〇年前に「農業革命」[13]が起こり、植物の栽培や動物の家畜化が行なわれ始めると、ここに余剰食糧が生まれることとなる。そうしてさらに時と共にこの農業技術が高められるにつれその余剰食物も、「農業革命」に伴う爆発的な人口増加にも十分に対応できていったばかりか、やがてそれ以上の食物を産み出すことができるようになり、かくてそれまでは人間にその日その日のかつかつの生活を強いていた自然的条件が打ち破られて、そこに人間のエゴが大きくうごめき出す余地が生まれた。

いや、それまではたといあったとしても苛酷な自然的条件によりその発現の余地が基本的に存在しなかったにもかかわらず、大量の余剰食物の発生と共に、その、それまでは表にあまり出ようのなかったエゴに大きく動き出す余地が生まれたのだ。

かくて腕力や武力あるいは知力の強いもの、かれらがそのエゴにもとづいて余剰食糧を独占するという事態が発生し、こうしてそこに強制・被強制、支配・被支配といった階級差別が生まれ、それに伴って性差別を含めたいろいろな差別・不平等が生起したのではなかろうか。かくしてここに人間のいわば「根源悪」（カント）なるエゴにより基本的に動く社会、つまりは不自由・不平等ないわば対自的な社会が始まったと思われる。

しかし不思議なことに、かかるエゴにもとづく不自由・不平等の社会のなかにあっても、なぜか人間には自由かつ平等で愛にみたされた社会へのあくなき願望・希求がいつの時代にも強く存在する。けだしそれは、そういった自由かつ平等で、しかも愛と思いやりにみたされた社会が人類史の圧倒的部分を占め、それゆえにそのいわば心の習性が身に沁みているからではなかろうか。

そればかりではない。その自由かつ平等で愛と思いやりにみたされた社会、それこそじつはこの世界と人間の創造の主なる神の御意にしかとかなった社会であって、人類はその歴史の大半をその神の御意に即して生きていた、そこからはずれたのは人類史のほんのわずかな例外的期間のみだからではあるまいか。

かくして心の習性という点でも、あるいはまた自己の絶対無相の主なる神からの働きかけ・それへの暗黙の応答という点でも、かかる自由・平等・愛なる社会、それこそ人類にとり真にリアルな現実であり・かつ真正のもの、人類にとって本来自然のものなのだ。

したがって今日われわれ人類に課せられている最大使命、それはほかでもない現今のエゴにもとづくすこぶる不自由・不平等な社会をその根本から止揚・超克しつつ、ふたたび愛と思いやりを基本とした真に自由かつ平等な社会、一言でいってインマヌエル（「神我らと共に在《いま》す」）の民主主義社会、真正の民主主義社会を自覚的にいわば即かつ対自的に樹立することだといわねばならない。太古の時代のごとく自然的条件に縛られつつ無自覚にではなく、しかり自然的条件からしかと解放されつつ、しかも同時にみずから自覚的にそれを実現することなのである。

かかる新しき真の民主主義社会、いいかえれば神と人間との絶対に不可分・不可同・不可逆的な逆接的原関係・

原事実にしかと基礎づけられた真に自由・平等・愛の社会、その実現は、マルクスがそう考えたようにいわゆる唯物史観にもとづく「歴史的必然」としてではなく、そのつどいつも・どこにでもリアルに働きかけてくるかの大いなる大自然の究極始源の根源、かかるものとしての神の働きかけに刻々しかと扶けられ促されつついわば超越的必然として、人間がみずからの自由と責任において自覚的に遂行すべきものなのである。けだしそれこそ、イエスのいわゆる「神の国」のグローバルな実現というべきだろう。(14)

＊ ここでいう「自由」とは、筆者の言葉でいえば根源的自由の意味におけるそれである。けだし自由には大別して二つある。

まず第一は、是非・善悪・美醜等をみずから選択することのできる自由であって、これが人間的生の根源にある、いや刻々神から恵まれ与えられてくる。これを根源的自由という。この根源的自由において正しく選択された善や正義において成り立つ自由、それが第二の自由であってこれはいわば具体的創造的自由といってよい。(15) これらはしかし、個々人の生に即してみられた自由にほかならない。

自由にはさらに社会的次元での自由というものも存在する。来たるべき社会において目差される自由とは、この第三の意味における自由といわねばならない。

現代の資本主義社会は、ふつう自由な社会といわれている。だがそれは、思うにエゴイズム的自由において成り立つ社会というべきである。資本主義とは、不断に個々人の我欲とエゴイズム的自由に訴えかけつつ、それを原動力として成り立つ社会にほかならないからである。そのさいエゴイズム的自由とは、ひっきょうみずから自分を自分自身に縛りつける自由、いわば自縄自縛の自由、いつも眼に見えぬ鉄鎖にかたく縛りつけられた自由といわねばならない。エゴイズムとは、他に開かれたものではなく逆に自己自身に閉じこもることをその本質とするものであるからだ。

かくしてエゴイズム的自由は、とうてい真の創造的自由とはいいがたい。かかるエゴイズム的自由から解放されつつ、絶えず慈愛的自由において生きられる社会、それが筆者の想い描くインマヌエルの民主主義的社会にほかならない。一言でいって、各人の具体的創造的自由に裏づけられた愛の共同体にといってよい。さらにいいかえるなら、力と暴力の渦巻くエゴイズム的自由の社会ではなくて、反対に愛を根本的基調とした真に自由な社会にほかならない。

現代社会にあっても、かかる愛と自由の共同体がまったく存在しないわけではない。たとえば様々な国際ＮＧＯなどのボランティア共同体において、それはしかと実現されているといってよいからである。

## (三)　狩猟採集社会のより厳密な考察

### (1)　即自的な自由・平等・愛の共同体

さて、話をさらに先へ進める前に、ここで一つ注意しておくべきことがある。

筆者は、先に農耕の始まる前の古代の狩猟採集社会を、いわば即自的な天然自然の自由・平等・愛の社会ではなかったかと、ルソーの「自然状態」やマルクスの「原始共産制社会」、さらに雷鳥の「元始、女性は実に太陽であった」といった言葉を引合いに出しつつ推測した。が、しかし、その点はより厳密に考察する必要がある。これをたんに理想化することはゆめにも許されない。

今から遡ること約七〇〇万年前、いやホモ属にかぎっていえば約二五〇万年前に始まる人類の全歴史の大半は、ほかでもない狩猟採集社会であった。この古代の狩猟採集民は、数十人から成る小集団で日々食糧や資源を求めて放浪生活をしていた。この古代狩猟採集民やその生活の実態について、『サピエンス全史』の著者ユヴァルの言葉に耳を傾けよう。

「化石化した骨格を調べると、古代の狩猟採集民は子孫の農耕民よりも、飢えたり栄養不足になったりすることが少なく、一般に背が高くて健康だったことがわかる。平均寿命はどうやらわずか三〇—四〇歳だったようだが、それは子供の死亡率が高かったのが主な原因だ。（中略）健康に良く多様な食物、比較的短い労働時間、感染症の少なさを考え合わせた多くの専門家は、農耕以前の狩猟採集社会を『原初の豊かな社会』と定義するに至った」[16]。

ここからも明らかなごとく古代の狩猟採集民は、現代人がふつう想像しがちであるよりよほど豊かで良い生活を送っていたのである。だが、しかし、ではそれは、手放しの理想社会であったかといえば、否である。

このように、古代狩猟採集民は、ユヴァルの説がもし正しいとするならば、一方では今日のわれわれが想像する以上に「豊か」で「良い」暮しをしていた反面、しかし他方では現代には少ない苛酷な自然条件のもとで悲惨な生活を余儀なくされていた。かかる厳しい自然環境のもとでは、けだし誰かがエゴを主張し、かくて仕事を怠けたり、あるいは狡をしたりといったことはすこぶる困難だった。もしそのようなことをしたら、それはただちに社会全体の秩序を大きく乱すことになり、それゆえさけがたく仲間はずれとされてしまい、そうなればもはや生きていくことができなかったであろうからである。もし、そうだとするならば、当時エゴイズム的感情は、よし心のなかでは起こっても、しかし自分の外に出してこれを主張することはほとんど不可能に近かったといってよいだろう。

また同様に、エゴにもとづく敵意や嫉妬、あるいは怒りといったいわばネガティブな感情も、よし内心では起こることがあったとしても、しかし、それを外に表わすことはすこぶる困難で、じっさいにはそれらを噛み殺し我慢せざるをえなかったのではなかろうか。もしそれをしたらならば、すぐ上でもっていったごとく、それはただちに社会秩序の大きな乱れを引き起こすことにもなりかねず、そうなれば仲間はずれをされる怖れもあって、直接自己の生死にかかわっていた可能性があるからである。

要するに苛酷な環境のもとで、しかも小集団で生きねばならないというういわば自然的条件が、おのずからエゴの発現を抑制する働きをしていたのではなかろうか。かくして当時は、現代よりもはるかに自由で平等な社会、いいかえると愛と思いやりにもとづくたがいの扶け合い、励まし合い・労《いたわ》り合いを基調とする社会だったといってよいのではあるまいか。エゴが支配する社会では、当時の厳しい条件のもとではとうてい生きのびることができなかったからである。

一七世紀のイギリスの哲学者ホッブズがいみじくも指摘していたごとく、エゴはひっきょう争いやもめごとしか引き起こさないからである。カントが、これをこの世のあらゆる悪を惹起せしめる「根源悪（das radikale Böse）」といったゆえんである。とはいえ、しかし、たといそうだとしても、その程度は各集団でいろいろ違っていた可能性はある。

さらにまた、たといそれぞれの小集団内部では、比較的に自由で平等、愛の社会だったとしても、しかし他の小集団に対してはいつも平和的だったとはかぎらない。いわゆる縄張り争いの戦いは、当時すでにあったかもしれない。そうしてそのさいは、いわば集団エゴにもとづく「暴力」行為も行なわれた可能性は大いにありうる。

同じ集団内部ではよし平和的であったとしても、他の集団に対しては逆に好戦的であったかもしれない。当時食糧や資源の獲得は、どの集団にとってもきわめて重要であったからである。いやそれもいろいろで、集団により比較的に平和的なものもあれば、逆により好戦的なものもあったのかもしれない。とはいえ、しかし、当時各集団は、いつも縄張り争いの戦いばかりしていたとはかぎらない。それぞれの集団が、たがいに協力し合っていたこともまたありうるだろう。

たとえばそれを実証するものとして、ギョベクリ・テペの遺跡がある。これについて、ユヴァルはいう。

「ギョベクリ・テペの構造物は、紀元前九五〇〇年ごろまでさかのぼり、得られる証拠はみな、狩猟採集民が建設したことを示している。（中略）ギョベクリ・テペの構造物を建設するには、異なる生活集団や部族に所属する何千もの狩猟採集民が長期にわたって協力する以外になかった(17)」。

さてこのように大規模な事業が、しかも長期にわたって遂行された背景には、それを支える一種の階層化があった可能性をうかがわしめる。すなわちリーダーとそれに従うもの、いや同じリーダーのほかにもトップリーダーとその下のいくつかに分かれた各リーダーと、そういったヒエラルキーがあった可能性がある。すべての成員がまったく対等の協力関係でこれだけの大事業が行なわれたとはとうてい考えられないからである。

しかし、そのヒエラルキーは、エゴにもとづく支配と被支配という階級だったとはかぎらない。何か一つの大きな目標に向かって各集団・各成員が一つにまとまる大規模な協力体制をしかと支えるためのそこにおのずから生まれる、エゴからはまったく自由な階層化・ヒエラルキーであったのかもしれない。

古代の狩猟採集社会のさらに古い時代にすでに一種の階層化があったと推定されうる別の事例を、ユヴァルはしかと記録している。かれの言葉にふたたび耳を傾けよう。

「一九五五年、ロシアの考古学者がスンギルで、マンモス猟文化に属する三万年前の埋葬地の遺跡を発見した。(中略)スンギルのマンモス猟師たちは、階層的な社会で暮らし、例の男性は、一集団の、あるいは複数の集団から成る部族全体のリーダーだったのかもしれないと、学者たちは推定した。単一の集団の数十人の成員が、自分たちだけでそれほど多くの埋葬品を作れたとは思いにくい(18)」。

もしこの考古学者たちの推測が正しいとして、この「リーダー」がはたしてどんなリーダーだったのか。他のものたちを支配する階級的統率者だったのか、あるいはまたそうではなくて、たんに狩猟採集という当時すこぶる重要だった仕事を首尾よく遂行するためにおのずから生まれた、支配・被支配からは解放された自由な上下関係、いわば民主的な上下関係のリーダーだったのか、これは明らかでない。

だが、しかし、たとい支配者だったとしても、いまだ食糧の保存技術のすこぶる未発達な当時、その支配から得られる利益はおのが権力衝動をみたすほかにほとんどなかったのではあるまいか。しかし権力衝動をみたしたからといって、食糧、当時もっとも大切だったと思われる食糧の独占ができなければ、それにいったいどれほどの価値があったといえようか。いやむしろ事態は逆で、食糧とか財産とかといったきわめて重要な富を独占できるからこそ、権力衝動はそれの発揮に意味があるのであり、また、みたされることができるのだろう。とするならば、余剰食糧のいまだほとんどない当時、エゴにもとづく権力衝動もほとんど無意味であったといってもいいのではあるまいか。もしそれが正しいとするならば、かの遺跡のリーダー——よしそれがリーダーだったとして——も、けだしエゴにもとづく支配・被支配の階級分化のそれではなくて、たんなる社会秩序のよりよい維持のためのエゴからは自由な、しかしおのずから生まれていた階層といった方がいいのではなかろうか。

思うに階級と階層とは明確に区別される必要がある。前者はエゴにもとづく支配と被支配の関係であり、後者は、必ずしもエゴとはかかわりのない、しかし社会のよりよい秩序維持のためにおのずから生まれる上下・先後の関係にほかならない。たとい後者であっても、それが社会にとってすこぶる重要な人物であったとするならば、その死の埋葬に当たってかの遺跡に見られるごとく破格の待遇をうけたとしてもそれは必ずしも奇妙なこととは思われない。それはともかく、以上で明らかなごとく狩猟採集時代には、すでに何らかの形のヒエラルキーが存在していた。

さてそこで話を、既述したギョベクリ・テペの遺跡——スンギルの遺跡から下ること約二万年後の遺跡——にもどすと、そこには、ひょっとしてたんなる階層ではない階級の分裂がすでにあったのかもしれない。じっさいこれは農耕が始まる直前の時期であったからである。それを証明するものとしてもう一度ユヴァルの言葉を引く。

「ギョベクリ・テペは、他にもあっと驚くような秘密を抱いていた。遺伝学者たちは長年にわたって、栽培化された小麦の起源をたどっていた。最近の発見からは、栽培化された小麦の少なくとも一種、ヒトツブコムギがカラダ丘陵に由来することが窺える。この丘陵は、ギョベクリ・テペから約三〇キロメートルの所にある。（中略）従来の見方では、開拓者たちがまず村落を築き、それが繁栄したときに、中央に神殿を建てたということになっていた。だが、ギョベクリ・テペの遺跡は、まず神殿が建設され、その後、村落がその周りに形成されたことを示唆している[19]」。

以上、はなはだ興味深い指摘であるが、あえてここで少し異論をさしはさんでおくなら、ギョベクリ・テペのような大規模事業が遂行されうるためには、ユヴァルも指摘しているごとく、明らかに大量の食糧が必要だった。そのために小麦栽培の試みがなされ、それが行なわれるようになった。とするなら、それは「まず神殿が建設され、その後、村落がその周りに形成された」というよりも、その大規模な神殿建設のために第一に厖大な食糧確保が必要であり、そのためには、まず村落が形成されて小麦栽培が試みられ、それが成功するというういわば準備段階が必要不可欠である。かくて神殿建設はその後といわねばならない。そうしてその神殿建設のあとに、さらに「その周り」に村落がよりいっそう大規模化していった、という順序をとらざるをえないだろう。

いずれにせよ、ギョベクリ・テペの大規模な記念碑的建造物が建てられるには、そこに何らかの形でのヒエラルキーはおそらく存在していたといわざるをえまい。そのヒエラルキーがエゴにもとづく支配・被支配、抑圧・被抑圧の階級であったのか、それともエゴとはかならずしもかかわりのない、たがいに自由な協力体制の内部での、しかしその協力体制をより効率的なものたらしめるべくおのずから生まれた上下の階層だったのか、かの建造物が、そのいずれの産物であったのか、それはもとより明らかでない。とはいえ、しかし、思うに前者の階級というよりはむしろ後者の階層だったのではあるまいか。何となれば、たとい小麦栽培に首尾よく成功していたとしても、それはせいぜい各成員全員の食をみたすのが精一杯で、誰かがそれを独占するに値するほどの余剰はなかったと思われるうえ、何にもましてその村落共同体の最大目標は、ユヴァルの推測が正しいとするならば、食糧そのものの大量確保ということよりも、まず何よりも第一に、「複雑な宗教的あるいはイデオロギー的体制[20]」にもとづく巨大な神殿の建設にこそあったのだからである。いずれにせよ、かくして明らかなごとく、狩猟採集時代に各集団同士の何らかの形での協力体制はたしかに存在したということである。とするならば、これほど大規模なものではなくてもっと小さな形では、各集団同士がたがいに協力し合うといったことは、狩猟採集時代のさらに早い段階から存在していたことはほぼ明らかといってよいだろう。

かくて要するに、当時各集団は、たがいに協力的なこともあれば、逆に激しい競争や争いの時もあったということである。ここでさらにユヴァルの言葉に耳を傾けよう。かれはいう。少し長いが、古代狩猟採集民の実態を知るうえで重要だと思われるのであえて引用したい。

「農業革命直前の時代の四〇〇体の骨格がポルトガルで調査された。明らかに暴力を加えられたことがわかる骨格は二体しかなかった。イスラエルで同時代の骨格四〇〇体を対象とした同様の調査では、人間による暴力が原因かもしれない、ひびが一体だけ入った頭骨が一つだけ見つかるにとどまった。ドナウ川流域の農耕以前のさまざまな遺跡で出土した四〇〇体の骨格を調べた別の調査では、一八体の骨格で暴力の証拠が見つかった。（中略）ポルトガルやイスラエルの無傷の骨格とジェベル・サリバやオフネットの殺戮場のどちらが、古代狩猟採集民の世界の代表としてふさわしいのだろう？　答えは、そのどちらでもない、だ。狩猟採集民が多種多様な宗教と社会構造を示したのと同じで、おそらく彼らの見せる暴力の度合いもさまざまだったのだろう。平和や平穏を享受した場所や時期もあれば、残忍な争いで引き裂かれた場所や時期もあったのだ(21)」。

さて、かかる考古学的事実から推測され、またユヴァルも推定しているように、古代狩猟採集時代は、時と場所に応じて比較的「平和」で「平穏」な時期もあれば、また逆にすこぶる「残忍な争い」の時期もあったのだ。

かくしてユヴァルは、当時の世界をほぼつぎのように描写する。

「近隣の集団はおそらく、資源を求めて競い合い、戦うことさえあっただろうが、友好的な接触も持っていた。

成員をやりとりし、いっしょに狩りをし、稀少な贅沢品を交換し、政治的同盟を固め、宗教的な祝祭を執り行なった。そのような協力は、ホモ・サピエンスの重要な特徴の一つで、彼らを他の人類種よりも決定的に優位に立たせた。[22] 近隣の集団どうしの関係がとても緊密で、単一の部族を形成し、共通の言語や神話、規範や価値観を持つこともあった[23]」。

こうして明らかなように、古代狩猟採集時代、「それぞれの集団はほとんどの時間を完全に別個に独立して過ごし」つつ、しかし「危機に際して」などは「近隣の集団が結束」し協力した反面、逆に縄張りなどをめぐってたがいに激しく戦ったこともあったということだ。[24] 要するに、古代の狩猟採集時代にも、各集団のあいだの争いはたしかに存在したということである。

しかしながら、いわばほとんど閉じられた同じ集団内部では、既述したごとく、それはほとんどなかったのではあるまいか。よしあったとしても、おそらくその規模は、小さく、しかも稀ではなかったか。なんとなれば、すこぶる厳しい自然環境のもとで暮らすかれらにとって小集団内部の争いは、そこで生き延びるために必要不可欠の社会秩序維持にとりいわば致命的ともいいうる弊害だったと思われるからである。

そうしてそれは、同じく差別についてもいいうるのではなかろうか。差別はさけがたく分断と対立を招くが、しかし、ひとつで数十人というただでさえ小さな集団内部で、さらに分断と対立を含んでいては、その集団全体が生き延びるのに大いに弊害だったと思われるばかりではなく、むしろ逆に成員すべてがたがいに扶け合い協調した方がはるかに有利に集団全体が生きやすかったと思われるからである。

とはいえ、しかし、かれらは食糧や資源を求めて移動・放浪生活をしていた。したがって集団といっしょに行動ができなくなった老人や病人・障害者をひょっとして置き去りにしたり、時には殺すようなこと、あるいは当時の宗教的ないし呪術的観念から動物ばかりか人間をすら生け贄にするという慣習もひょとしたら存在したかもしれない。
だが、しかし、それは集団全体が生き延びるためにはさけがたいことだったのであり、そのかぎり今日の差別や抑圧、すなわちエゴの他者への押しつけとしての不当な差別や抑圧とは質的かつ根本的に大きく異なるものというべきだろう。いいかえるなら、それは、エゴにもとづく他者への暴力というよりも、苛酷な自然環境ないし自然的条件を首尾よく生き抜くためのいわばやむをえない行為、さけがたい行為だったといわねばならない。たとえばわが日本の江戸時代、農民たちのあいだにはその貧しさゆえに自分で育てられない赤子を生後間もなく殺す、いわゆる間引きといった慣習もあったが、基本的にこれと似たことは古代の狩猟採集民にもおそらくあったことだろう。とはいえ、しかし、それは、いわゆる文明開化の時代の今日の暴力、すなわち自分のエゴの他者への押しつけとしての暴力とははっきりと一線を画すべきだろう。現代の狩猟採集民における同様の暗い面を指摘しつつユヴァルがいうように、かれら古代狩猟採集民にとってそれは、現代人の多くにとっての「中絶や安楽死」[25]と同じような意味、つまりけっして積極的に好ましいことではないけれど、すこぶる厳しい生活環境で集団全体が生き抜くためにはやむをえない、という意味をもっていたというべきだろう。そこでもう一度ユヴァルの言葉に耳を傾けよう。

「一九六〇年代までパラグアイの密林に暮らしていた狩猟採集民のアチェ族は、狩猟採集生活の暗い側面を垣間見させてくれる。(中略)彼らは、今日多くの人が、中絶や安楽死を見るのと同じ目で子供や病人、老人の殺害を眺めていた。(中略)実際には、アチェ族の社会は、あらゆる人間社会がそうであるように、非常に複雑だった。だから私たちは、表面的な知識に基づいて、彼らを悪者扱いにしたり理想化したりしないよう、注意しなければいけない。アチェ族は、天使でもなければ悪魔でもなく、人類だった。そして、古代の狩猟採集民にしても同じだったのだ[26]」。

かくして、古代狩猟採集時代には、今日いわれるように差別や暴力、すなわちエゴにもとづく他者への不正行為としての差別や暴力、それは、少なくとも同じ集団内部ではほとんど存在しなかったのではあるまいか。

これをいいかえるなら、すべての力の行使が必ずしも差別や暴力とはかぎらない、ということである。そこにいわば「根源悪」としてのエゴが深くからんでいるのかどうか、それが問題なのである。差別や暴力は、けだしみずからのエゴにもとづきそれを他者に押しつけんとする力の行使にほかならないからである。

では、そのエゴは、いつ人間に生まれたのだろうか。いや、エゴが人間にあって大きく働くようになったのはいつなのか。いな、そう問うよりも、好戦的で階級的ヒエラルキーの集団には、おそらく必ずエゴがそこに深くかかわっている、と考える方が適切だろう。

### (2) 性差別・階級差別の発生 (一)

いったい、いつから社会の階級差別化は、この世に出現したのだろうか。

ここで筆者の見解をのべる前に、まずユヴァルの言葉を引用したい。

「このうえなく意地の悪いチンパンジーの集団並みに階層的で、緊張していて、暴力的なものもあれば、ボノボの群れのように呑気で、平和で好色なものもあっただろう(27)」。

すでにのべたように、約三万年前のスンギルのマンモス猟文化に属する遺跡からも推測されうるように、当時すでに、ところによっては一種のヒエラルキーがあった可能性が高い(28)。

したがって、社会のいわゆるヒエラルキー化は、かならずしも農業革命以後とはかぎらず、それ以前の狩猟採集時代にすでに存在していた可能性は大である。けれども、ここで注意すべきは、既述したごとく同じくヒエラルキー化といっても階級化と階層化とは明確に区別する必要があるということだ。前者は、集団全体のエゴではない個々人のエゴイズム的暴力によって発生し、他方後者は社会秩序維持のためのいわば自然の産物として生まれてくるものである。いいかえるなら、一方は個々のエゴにもとづく暴力に媒介された支配と被支配という関係であり、他方は必ずしもそれとは別に社会をうまく運営するうえでの、いわば自然の秩序としてのリーダーとそれに付き従うものという関係にほかならない。

後者の例としては、たとえば、ゴリラやチンパンジーの社会における「アルファオス」、すなわちいわゆるボスザルとそれに従う他の成員の関係があげられえよう。

しかし、もしそうだとすると、類人猿と古代狩猟採集民と、そこにいったいどんな違いがあったのか、とも思われてくる。人類はといえばたんに二足歩行をしたり、道具を作ってこれを使用したり、あるいはまた言葉を操っていたというだけで、類人猿と大差はなかったかのようにも思われてくる。じっさいそうだったのかもしれない。ユヴァルもまた、同じような見解を披瀝している。

「これこそが、私たちの歴史と心理を理解する上での一つのカギだ。ホモ属は食物連鎖の中ほどに位置を占め、ごく最近までそこにしっかりと収まっていた。(中略)私たちはつい最近までサバンナの負け組みの一員だったため、自分の位置についての恐れと不安でいっぱいで、そのためなおさら残忍で危険な存在となっている。(中略)歴史上の多くの災難は、このあまりの性急な飛躍の産物なのだ[29]」。

ここでユヴァルは、自然界における人類のとくだんの残忍性と危険性の原因について、とても興味深い見解を披瀝している。このユヴァルの見解に対し、筆者はさらに人類特有のエゴをも付け加えたい。すなわち後述するごとく農耕文明の発達と共に、それまでと比べいっそうエゴが先鋭化され、これが「自分の位置についての恐れと不安」にさらなる拍車をかけ、かくしてそのいわば裏返しとしてとくだんの凶暴性が人類に固有のものとなり、かくしてそれが、それこそが「多数の死傷者を出す戦争から生態系の大惨事に至るまで[30]」の「歴史上の多くの災難[31]」

をこの世界に生起せしめるに至ったのである。そうしてそこに、性差別や階級差別もまた含まれることは、改めていうまでもない。

## (3) ホモ・サピエンス繁栄の理由――認知革命と宗教の発生

さて、上に引用したユヴァルの説が正しいとするならば、二足歩行やそれに伴う脳の発達、道具の作成・使用、言葉の発達、複雑な社会の形成等、他の生き物に対する人類の優越性を示す特徴として一般に考えられているものは、人類史の大半にあって必ずしもそうではなかったということである。とするならば、人類と類人猿も、その長きの歴史にわたって大差はなかったのかもしれない。とはいえ、しかし、時代が下るに従って、それら人類にのみ特有のものが、人類と他の生物、いやDNAレベルでいえば人類とほんの一・六％しか異ならないチンパンジーですら、それらと決定的に相分かつ重要な役割を担うことになっていったのは確かであろう。

では、「四〇万年前になってようやく、人類のいくつかの種が日常的に大きな獲物を狩り始め、ホモ・サピエンスの台頭に伴い、過去一〇万年間に初めて、人類は食物連鎖の頂点へと飛躍した[32]」その人類の急上昇を可能ならしめたものはいったい何か。ここでもまずユヴァルの説に耳を傾けたい。

「このように七万年前から三万年前にかけて見られた、新しい思考と意思疎通の方法の登場のことを、『認知革命』という。（中略）見たことも、触れたことも、匂いを嗅いだこともない、ありとあらゆる種類の存在について話す能力があるのは、私たちの知るかぎりではサピエンスだけだ。伝説や神話、神々、宗教は、認知革命に伴って初めて現われた[33]」。

ここで語られているユヴァルの説、すなわちものごとを「虚構」して語ることのできる能力こそ、ホモ・サピエンス繁栄の最大の鍵だったとするこの説は、けだしすこぶる興味深い。しかしながら、宗教やそれにかかわる事柄も、すべてこれを「虚構」だといいきっていいものかどうか、その点は、判断を差し控えたい。そう明言できるだけのたしかな根拠はどこにも存在しないからである。

ちなみにこのユヴァルの説は、今からさかのぼること四〇年ほど前に日本のとりわけ若者のあいだでとても流行った、精神分析医・岸田秀の「唯幻論」にとても似通っている。岸田秀は、宗教はもとより国家や貨幣を含めてこの世界のすべてはただの「幻想」だと主張した。

しかしながら、この岸田秀の主張がはたして正しいかどうか、その確証はまったくない。なぜならそこでは、自分のその説だけはけっして「幻想」ではないといわねばならず、かくしてさけがたく二律背反、つまり一方ですべては幻想だといいつつ、他方ではしかし自分のその説だけは幻想ではない、とまったく相反する二つのことを同時に主張する破目に陥ってしまうからである。じっさいかれ岸田は、京大の文化祭に招かれたその講演で、上のように言ってたたみかけるように後から後から質問攻めにする筆者の問いに完全に窮し、反論の術はほとんどなかった。それと同様にユヴァルも、その説、宗教もまた一つの虚構だ、とするその説を、これだけは正しい、間違いない、といいうる根拠はどこにもない。宗教も、国家も、はては貨幣すらも、ひっきょうすべて虚構だといいきる最後の根拠はいずこにも見当たらない。

その点を確認したうえで、宗教もひっきょう一つの虚構だというそのユヴァルの説に対し、筆者の見解をつぎにかんたんに披瀝しておきたい。

かつてフォイエルバッハは、その主著『キリスト教の本質（Das Wesen des Christentums）』において「神が人間を作ったのではなく、人間が神を作ったのだ」という有名なテーゼを発し、のちにマルクスにも多大な影響をおよぼした。けれども、この、神と人間のどちらが先で、どちらがどちらを創ったのかという問題は、いわば鶏と卵の関係のようにそうかんたんに答えの出るものではありえない。

少なくとも、イエスの「父なる神」にならってわれわれインマヌエル哲学のいう神とは、現代の素粒子物理学でいう「真空」、そのうえで素粒子が時々刻々現われては消え去っているという「真空」、素粒子がいわばそこからそこへ一瞬一瞬生成消滅している「真空」、その「真空」ないし、その「真空」もまたそのうえで初めて成り立ちうるようないわば「真空の真空」、かかるものとしてのいわば場所としての絶対無、さらにこれを生物に即していうなら、生物の本質としての「動的平衡（dynamic balance）」（福岡伸一氏）、つまり生物を構成する最小単位としての分子が合成と分解を繰り返しながら時々刻々生成消滅しつつ、しかし全体としてつねにまとまってバランスをとっているという「動的平衡」、それがそのつどそこからそこに向かって消滅すると同時に間髪を容れず成り立ってくるその成立の究極の根柢なる場所、ないしかかるものとしてのいわば場所的主体、そういうものとして大自然を日夜創《う》み出しつつ、同時にそれを終局の目標としてこの大自然を根源的に動かしている絶対的原動力、あえてスピノザの言葉を援用すれば、この大自然という「所産的自然（natura naturans）」を時々刻々創み出している「能産的自然（natura naturata）」そういう根源的自然にほかならない。かかるものとしてのいわば場所なる人格なのだ。すべてのもの・いちいちのものが究極的にはただそこにおいてのみ存在しうる、と同時に、かかるものとしてわれわれ人間に対峙するいわば対峙者という意味での人格なのだ。いずれにせよ、今日の素粒子物理学が前提としつつも、しかしそれを明確に定義することのできない「真空」、もしくは「真空の真空」、あるいはまた生物学において生物の本質とされるかの「動的平衡」がただそのうえでのみ刻々成り立つことのできる場所ないし場所的主体、それが、それこそがわがインマヌエル哲学の主張するほかならぬその神なのだ。それはともかくまさにかかる根源的・絶対的自然なる神をその「認知革命」によりそれなりにたしかにつかみとることに成功したがゆえにこそ、ホモ・サピエンスは、人類の他の種にもまさってこの世界に繁栄することができた、ともいえるのではなかろうか。

＊　ここでのべた見解は、わが師・滝沢の「生涯の恩師」西田幾多郎の哲学をかたく踏まえたものだが、その西田哲学の

核心である「絶対矛盾的自己同一」に最近福岡氏は大いに興味をもたれ西田哲学に関する一書をも公刊された。

ただ氏の理解する「絶対矛盾的自己同一」は、正直のところ西田自身のそれとは必ずしも同じではない。氏の理解する「矛盾的自己同一」とは、西田の「絶対矛盾的自己同一」とは異なってたんなる相対的なそれにほかならないからである。が、哲学が専門ではない氏にとって、それはやむおえないことといってよい。

ただ、相対的な矛盾的自己同一という意味では、氏の「動的平衡」は、まぎれもなく西田哲学に深く通底しているといってほぼ間違いない。

それはともかく、今うえでのべた点についてもう少し詳しく筆者の見解を披瀝すると、ユヴァルもいうように約七万年から三万年前にかけてホモ・サピエンスに突然変異が起こって、かれらの言語がそれまでになくすぐれたものとなった。より具体的にいうならば、言語にそれまでのごとくたんなる情報伝達としての機能だけでなく、何ら具体的な形をもたない抽象的なものを表現したり指示したりする機能が付加し、あるいはそれがさらにいちだんと発達した。

かくしてここに宗教成立の基盤ができた。宗教とは、世界内在的にみるかぎりもっとも抽象的なもの、たとえば霊とか神とか仏とかといったものに深くかかわり、これを表現したり指示したりするところにはじめて成り立つものであるからだ。

こうしてここに成立した宗教、それが社会をそれまで以上に、複雑なものをも含めてよりいっそううまく統合したり拡大するのに大いに役立った。ところがその複雑な社会の形成能力こそ他の生物には見られない人類のとりわけ傑出した優位性にほかならない。かくてホモ・サピエンスは、その後時と共に同じ人類の他の種にもまさって急速に繁栄していったのである。(34)

まさにそれだからこそ、とりわけ近代以降この宗教が衰退し始めると共に、よし物質的にはそれまでになく急激に豊かになっていったとはいえ、逆に精神的にはすこぶる貧弱になってきたともいいうるだろう。

じっさい近代の末路ともいうべき現代にあって人間精神の貧しさ、すなわち思いやりやいたわり、優しさ、一言でいって愛の正反対のエゴや我《が》、我執的我つまりは執われた我《われ》としての我は、これまでの悠久の長い長い歴史をもつ人類のなかでもとりわけだんとつに激しくなっているといってよいだろう。

かくして今やその極に現われようとしているもの、それがもはやホモ・サピエンスですらなくなったいわば超ホモ・サピエンス、ホモ・サピエンスがみずからに死んで変身した、いわば超人ともいうべき人間と機械の完全な融合体なのではなかろうか。

あえていうなら、宗教の消滅と共にホモ・サピエンスとしての人類もまた、やがて死滅していく運命にあるといってよいのではあるまいか。かくしてここに、真正の宗教、つまりはイエスの宗教のルネサンス（復興）が待望されるゆえんがあることは、改めていうまでもない。

### (4) 性差別・階級差別の発生 (二)

先に筆者は、古代の狩猟採集民の社会には階級を含むさまざまな差別や不平等は基本的に存在しなかった、と推測した。なぜならそこでは、これらの差別や不平等を生み出すまぎれもなきその根源ともいうべきエゴが、その厳しい自然的条件によりいまだ大きく外に現われることはなかったと思われるからである。むしろそれは、よし即自的とはいえ天然自然に自由と平等、愛の絆によってかたく結びつけられた社会であった。もとより、そうはいっても、各集団相互のあいだでは、いわば集団エゴにもとづく争い、たとえば縄張りをめぐる争いなどはあったといってよいだろう。

いや、この点をより厳密にいうならば、古代の狩猟採集民の社会がすべて自由でかつ平等、愛にもとづく社会だったとは必ずしもいえないかもしれない。が、しかし、少なくともその少なからずの一部には、そうしてさらに少なくともその閉じられた集団内部では、それがたしかに実現されていた可能性は大いにありうるということだ。もしそれが正しいとするならば、まさにそれこそが、いわば即自的な天然自然の自由・平等・愛の社会だということである。もとよりそこでは、すでに述べたごとく、たといエゴによるものではないとしても、しかしあまりに苛酷な自然的条件ゆえに、現代人の眼からしたらすこぶる残酷に映る、たとえば赤子の間引きとか病人や老人、あるいは障害者の置き去りとかといった行為も、ひょっとしたら行なわれていたかもしれない。しかしながら、まさにそれだからこそ、それは、いまだ即自的な、ただそのかぎりでの自由・平等・愛の社会ということなのだ。

それはともかく、では、先述したごとき集団エゴではない個々のエゴにもとづく（性）差別や階級、暴力や不平等といったもの、それらが人間世界に主として現われたのは、いったいいつからといったらいいのだろうか。けだしそれは、今から約一万二〇〇〇年前に始まる農業革命による余剰食糧の発生以後、とりわけその余剰がかくだんと大きくなってからのことといってよいだろう。差別や階級、不平等や暴力、あるいは争いの根源にあるのは、前述したごとくひっきょう「根源悪」（カント）なる人間のエゴであり、このエゴがたんに集団エゴとしてばかりではなく、個々の人間にあっても大きく外に出てくる余地が生まれたのは、やはり農業革命に伴う多くの余剰食糧というべきだからである。

この点に関係するとも思われることを、ユヴァルはこういっている。

「人類は農業革命によって、手に入る食糧の総量をたしかに増やすことはできたが、食糧の増化は、より良い食生活や、より長い余暇には結びつかなかった。むしろ、人口爆発と飽食のエリート層の誕生につながった」[35]。

ここで、「飽食のエリート層」という言葉で、ユヴァルがこれをより具体的にどういう層と考えているのか、それは定かでない。これに対し、筆者はこれを階級社会の誕生による新たに生まれた支配階級、そのユヴァルによるほのめかしだと考えたい。なぜならここでユヴァルは「飽食のエリート層」といっているけれども、他方でかれは、上の引用文につづけてこういっているからである。すなわち「平均的な農耕民は、平均的な狩猟採集民よりも苦労して働いたのに、見返りに与えられる食べ物は劣っていた」[36]と。

かくして明らかなごとく、ユヴァルは、けっきょくこういっていることになる。すなわち農耕民の社会では、一方に「飽食のエリート層」が位置し、他方には「食べ物」の「劣っ」た「平均的な農耕民」が位置し、これら両者が分裂・分断されていた、と。

このユヴァルの説が正しいとするならば、これは明らかに不平等な階級の発生だろう。

けれども注意深いユヴァルは、あえてこう断言することをさけている。ただ明らかとなった遺跡や考古学的資料だけでは、もとよりそう言い切ることは不可能だからだ。しかしながら、ここにあえて哲学的思惟、すなわち人間の本質としてのエゴ、いや本来自然な第一の本質としての愛とは真逆の、いわば本来不自然な第二の本質としてのエゴについての深い洞察を付け加えるならば、われわれはそのように、つまり農業革命による多くの余剰食物、それによって生まれた「人口爆発」をもほぼみたし、それ以上にいまなお残る余剰食糧の生まれた農業革命以降に、この余れる食糧へと触手をのばすエゴが発現し、かくてここに（性）差別や階級、暴力や不平等が主としてこの人間世界に入ってきたのだ、と推測してもよいのではなかろうか。

それはともかく、ユヴァルによると、農耕民はすこぶる暴力的だった。[37]余剰食糧が生まれて所有物が多くなり、また栽培のための土地も必要不可欠となったからである。豊作ともなれば穀倉が他の集団に襲われることがあったであろうし、逆にまたそれを狙う集団もいたことだろう。さらにまた土地は動かすことのできないものなので、かりに他の集団に襲われたばあい、それを死守するしかほとんど道はなかったから、その争いは恐らく激しいものとなったことだろう。狩猟採集民のように、他の集団に襲われたら、最悪のばあいそこから逃げて他の場所へ移動するという選択肢はほとんどなかったからである。

その意味では、同じ集団内部での差別・分断・階級化より、むしろ他の集団との争いに、まず第一にエゴが、いわば集団エゴとして剝き出しにされた可能性が大きい。同じ集団内では、よし余剰食糧が生まれたとはいえ、それに伴う人口増化でその余剰食糧もたちまちにして消えてしまい(38)、それゆえ個々人のエゴの働く余地もいまだ少なく、かくて暴力や差別、階級化はすぐには発生しなかったと思われるのに対し、他の集団の肥沃な土地や豊かな食糧は、これを力ずくで奪わんとする集団エゴをいやがうえにも駆りたてたであろうからである。が、しかし、同じ集団内部での余剰食糧が増えるにしたがって、ここでもまた、集団エゴならぬ個々のエゴにもとづく暴力や差別・分断・階級が発生したのではあるまいか。

さて、大規籍な階級社会発生の証拠をわれわれは、紀元前一七七六年ごろのバビロニア帝国とその国王ハンムラビによって制定されたいわゆるハンムラビ法典のうちにしかとみてとることができるであろう。ここでも、ふたたびユヴァルの言葉に耳を傾けたい。

「紀元前一七七六年のバビロンは、世界最大の都市だった。（中略）彼の名声は、（中略）ハンムラビという（中略）この法典によれば、人々は二つの性と三つの階級（上層自由人、一般自由人、奴隷）に分けられている。それぞれの性と階級の成員の価値はみな違う。女性の一般自由人の命は銀三〇シェケルに、女奴隷の命は銀二〇シェケルに相当するのに対して、男性の一般自由人の目は銀六〇シェケルの価値を持つ。

この法典は、家族の中にも厳密なヒエラルキーを定めている。それによれば、子供は独立した人間ではなく、親の財産だった(39)」。

＊　ちなみに、あのイエスの対敵愛の教えは、周知のごとくイエスに大きく先立つユダヤ教の最大の権威モーセの戒め、「眼には眼を、歯には歯を」に対していわれたものである。そのさい、このモーセの戒めの根源は、それにさらに先立つバビロニア帝国のこのハンムラビ法典にほかならない。このハンムラビ法典は、それが制定されてからのちもずっとイラクを

中心としてシリアやイランなど古代メソポタミア地域で大きな法的権威を維持していた(40)。以上をかんがみるなら、イエスは、かの対敵愛の教えでたんにユダヤ教の最高権威モーセの戒めだけでなく、それと意識されたかどうかは別にしてパレスチナを含む当時のその周辺全域におけるハンムラビ法典の権威そのものをすらその根本からくつがえしたいということである。

以上のべてきたことから明らかなごとく、わがインマヌエル哲学は、人間世界における（性）差別・階級差別の発生を、今から遡ること約一万二〇〇〇年前の農業革命以降と推測する。

## (四) 人間社会の三つの弁証法的発展段階・再論
### ――ヘーゲルおよびマルクスとインマヌエル哲学の根本的相違点

さて、以上ユヴァルからそのつど引用しつつ筆者が長々とのべてきた見解がもし正しいとするならば、人類の歴史は、あのヘーゲルの有名な過程的弁証法に則っていわば即自的な社会から対自的な社会へ、そうしてさらに即かつ対自的な社会へ、という発展のプロセスとみることもできるのではなかろうか。そのさい即自的社会とは、太古の狩猟採集時代にあって、たとい部分的にではあったとしてもおそらく存在していたと思われるいわば天然自然の無自覚な自由・平等・愛の社会にほかならない。これに対し対自的社会とは、今から遡ること約一万二〇〇〇年前の農業革命により余剰食糧が発生すると共にそれが崩れてできた今日までずっと続く不自由と不平等の社会、いいかえれば各人のエゴにもとづく力と暴力の渦巻く社会にほかならない。さらに即かつ対自的社会とは、この対自的社会の極にあって、今日われわれがその実現を厳しく問いかけられ、求められている自覚的な自由・平等・愛の社会、かつての太古の時代の無自覚ないわば即自的なそれを自覚的に止揚（Aufheben）した自由と平等・愛の社会にほかならない。

人類の歴史とは、マルクスもまた恐らくそう考えたように、まさにこのような過程弁証法的な発展のプロセスといってよいのではなかろうか。ただしかし、そのばあい、人類の歴史のこのいわゆる過程的弁証法の底にはいわば逆説弁証法が厳在し、これがその過程的弁証法をその根柢から突き動かしているのだといわねばならない。以上を要するに、人類の歴史の底には、神と人間ないし世界との絶対に分離することのできない・混同することも許されない・そうしてまたその先後・上下の順序を翻すことも不可能な、端的にいって絶対に不可分・不可同・不可逆的な逆説（接）弁証法が臨在・支配し、神と人間ないし世界とのこの逆説（接）弁証法的な根源的かかわり合いのうえで、それにしかと規定されつつ、人類の歴史は不断に動いている、より具体的にいうならば、即自的な自由・平等・愛の社会から力と暴力と差別・不平等の渦まく今日のいわば対自的社会へ、さらにその即自的な自由・平等・愛の社会を自覚的に止揚・発展させたいわば即かつ対自的な自由・平等・愛の社会へ、といった過程的弁証法が成り立つのだというべきである。

思うに、マルクスには、人類史におけるこの過程的弁証法の把握はたしかにあった。だが、しかし、かれマルクスには、人類史のその過程的弁証法をいわばその根柢から支えるものとしての神と人間ないし世界との根源的・逆説（接）弁証法的な関係、それに対する洞察が完全に欠落している。その点は、過程的弁証法をのみ発見しいまだ逆説弁証法にはほとんど思い到らなかったかのヘーゲルの影響下になおあって、これをついに乗り越えられなかったことを証示しているといってよいだろう。マルクスには、もともとはイエスに始まり、さらにかれと同時代のデンマークの哲人キェルケゴールに受けつがれ、二〇世紀に入るやK・バルトやわが日本の西田幾多郎、そしてそれら両者の弟子にしてわが師・滝沢克己に到る逆説（接）弁証法へのたしかな洞見が致命的に欠如していたといわねばならない。

それはともかく、こうして明らかなごとく今日の女性差別の問題も、来たるべき即かつ対自的な社会にあっては当然に止揚されるべきこと、それは改めていうまでもない。

既述したごとく、女性差別は階級差別の発生と共にやがてこの人間社会に入ってきたのだ。したがってまたそれは、階級差別の止揚・克服と共に他のもろもろの差別と一緒にこの世から消え去っていくべきものなのだ。

思うに階級差別があるかぎり、この世界からもろもろの差別・分断・抑圧はなくならない。階級差別こそ、それらを日夜生み出すその根源にほかならないからである。したがって、女性差別を含めこの世界のすべての差別を消滅させるには、もとより個々の差別撤廃運動は必要だけれど、しかしただたんにそれにとどまらず、階級差別そのものの撤廃運動とこれを結びつけねばならないだろう。と同時にまた、われわれ人間の内なる「根源悪」、つまりはエゴないし我を根本的に超克することが何としても必要不可欠である。すでに詳述したごとく、エゴこそ、階級差別を含むすべての差別・分断・抑圧、そして暴力の根源、根源中の根源といわねばならないからである。

かくしてわれわれ人間に日夜課せられている超越的課題、それはほかならぬエゴに死んで愛に甦ること、かかるものとしての実存革命、それを可能ならしめるための宗教革命、つまりはイエス・ルネサンスの実現・成就、かかる意味でのインマヌエル革命であり、その究極目標としての愛の世界革命にほかならない。

したがって、インマヌエル哲学は、そのジェンダー論、ここではとりわけ女性差別超克の問題をかかる壮大な枠組みのなかにしかと位置づけ、かくてこれを解決せんと試みる。

註

（1）山極寿一『「サル化」する人間社会』集英社、三一頁。

（2）この点については、ユヴァル・ノア・ハラリ、柴田裕之訳『サピエンス全史——文明の構造と人類の幸福』上、河出書房新社、五九頁を参照されたし。

（3）同上書、上、二五五頁。

（4）朝日新聞二〇一〇年一月二〇日「余白を語る」石垣りん。

（5）マルクス、エンゲルス『共産党宣言』新潮社『マルクス・エンゲルス選集　第五巻』三三三頁。

（6）ルソー『社会契約論』岩波文庫、一五頁。

（7）石垣りん「私の前にある鍋とお釜と燃える火と」『石垣りん詩集』現代詩文庫、二五頁。
（8）同上書、一七三頁以下。
（9）雷鳥も、「恋愛と結婚の自由」を熱く説いた。かの女の若い頃女性には結婚はもとより恋愛の自由はほとんどなかった。そんな時代に説かれた雷鳥の「恋愛・結婚の自由」と今日の欧米直輸入の「フリー（自由）恋愛」「フリーセックス」とは、必ずしも同質のものとはいえないだろう。
（10）今日の考古学の一説では、最近発見された人骨の遺石のなかには当時障害者だったと思われるものもあり、これは、かれら障害者もまた他の人間の助けを貸りて生きていたことを推定させるものだという。さらに日本古代（二世紀末―三世紀前半）の国家邪馬台国の女王・卑弥呼も一種の巫女であったとする説もある。
（11）訳によってはこの「病気」は「罪」となっているものもある。ドストエフスキーがここで使ったロシア語が、この「病気」と「罪」のどちらであったのか、あるいはどちらにより近いものであったのか、ロシア語には疎い筆者には残念ながらそれは確定できない。
（12）マルクス・エンゲルス前掲書、三三頁。
（13）ユヴァル・ノア・ハラリ前掲書、一〇頁。
（14）この点については、第四章四の㈠「イエスにおける『神』と『神の国』のそれぞれの意味」、および拙著『ただの人・イエスの思想』（三一書房）を参照されたい。
（15）これらについてより詳しくは拙著『自己と自由――滝沢インマヌエル哲学研究序説』（南窓社）を参照されたい。
（16）ユヴァル前掲書、七一―七三頁。
（17）ユヴァル同上、一一九頁。
（18）ユヴァル同上、七九頁以下。
（19）ユヴァル同上、一二一頁。
（20）ユヴァル同上、一二〇頁。
（21）ユヴァル同上、八二頁以下。
（22）ちなみにこのユヴァルの考えは、先にあげた山極寿一氏の見解とまったく同じであることに留意したい。
（23）ユヴァル前掲書、六七頁。
（24）ユヴァル同上。

(25) ユヴァル同上、七四頁。
(26) ユヴァル同上、七三五頁。
(27) ユヴァル同上、七九頁。
(28) ユヴァル同上、七九頁以下。
(29) ユヴァル同上、二四頁。
(30) ユヴァル同上、二四頁。
(31) ユヴァル同上、二四頁。
(32) ユヴァル同上、二四頁。
(33) ユヴァル同上、三五頁以下。
(34) ユヴァル同上、三七頁。
(35) ユヴァル同上、一〇七頁。
(36) ユヴァル同上、一〇七頁。
(37) ユヴァル同上、一一〇頁参照。
(38) ユヴァル同上、一一五頁。
(39) ユヴァル同上、一三六頁以下。
(40) この点については、ユヴァル同書、一三六頁を参照されたい。

# 第七章　インマヌエル哲学とその歴史観・人類史観

## 一　インマヌエル哲学とマルクスの唯物史観㈠

### ㈠　現代のグローバル資本主義社会と来たるべき新たなる社会――インマヌエルの民主主義社会

まず最初に、とりわけここ数十年間の世界のグローバル資本主義の基本構造についてこれをごくごく簡単に要約すると、それはすなわちアメリカ経済の借金体質に世界中が依存しつつ、表面的にはほとんどの国が繁栄し潤ってきたというものである。この基本構造に乗っかる形で、一九八〇年代から新自由主義的グローバリゼーションが展開されたのである。したがって、二〇〇八年のリーマン・ショックに端を発する世界金融恐慌は、たんに新自由主義的なマネー資本主義の破綻となっただけではなく、このアメリカ経済の借金体質にいわば寄生したそれまでの世界経済つまりはグローバル資本主義そのもの、本来とうてい無理なそれが終焉したということである。

それはさておき、思うに資本主義の本質は、ひっきょうムダ生産・ムダ消費にほかならない。すなわち、人間の必要以上に生産し、必要以上に消費しないと経済がうまくいかない、景気がよくならない、繁栄しないというものである。その典型が一昔前によくいわれた大量生産・大量消費にほかならず、いわゆる「使い捨て」がいかにもよいことのように美化され推奨された経済現象である。かくしてここでは、大量生産・大量消費、「使い捨て」、それが資本主義繁栄の象徴のごとく語られていた。こうして『捨てる技術』といった本も、ベストセラーとなった。いずれにせよ、この大量生産・大量消費こそ、今日の地球環境・生態系の未曽有の危機の根本原因のひとつであること、それはほぼ間違いないだろう。

かかる、資本主義の本質であるいわばムダ生産・ムダ消費経済システム、一言でいって浪費経済システムに代わるもっと健全な経済システムないし社会、ムダのない、少なくともムダの最少限少ない経済システムないし社会、すなわち、人々が必要に応じて生産し、かつ消費しつつ、それで十分に豊かに暮らせる社会、これを筆者は端的にインマヌエルの民主主義社会[1]、つまり国家・政府によってではなく、一般市民によって市場がしかとコントロールされる民主主義社会、さらにこれらの国々で構成されるそれらの国々のいわば連合（アソティアティオン〈英語のアソシエーション〉）としてのインマヌエルのグローバル民主主義社会と名づけたい。

ところで、最近マルクス主義者は、マルクスのこの「アソティアティオン（Assoziation）」という言葉に着目し喋々している。いわくマルクスは、二〇世紀型社会主義のようないわば国営的な社会主義、つまりは国家資本主義を構想していたのではない。が、その点でマルクスはあまり具体的なことをいわなかったので、のちにこの「アソティアティオン」ないしそれにもとづく社会像の在り方の解釈で、いろいろ見解が分かれてしまったのだと。けれども、こういったマルクス主義者の主張は、依然として制度論にばかり終始して、肝要の人間論が決定的に欠落している。

マルクスに大きな影響を与えたフォイエルバッハは、人間を「類的本質（Gattungswesen）」と規定した。これは、資本主義の、人間を個々ばらばらのものとしてみる悪しき個人主義に比べれば、はるかにすぐれた人間理解というべきである。最近よくいわれる「地球人」といった認識は、これもまたひとつの「類的本質」としての人間理解といってよい。しかしながら、この「類的本質」としての人間理解は、いまだ十分に正しい人間理解とはいいがたい。「類的本質」としての人間そのものが、宙に浮いてしまっているからである。かくしてその根本ないし根柢には、絶対者への確たる認識がなければならない。こうして人間は、いわば「神即個」（この「即」は、不可分・

不可同・不可逆の即）を究極の土台としつつそのうえに成り立つ「類的本質」としてつかまれることが必要なのだ。たんなる「類的本質」は、いまだすこぶる抽象的なのである。かくしてそのうえに成り立つ博愛主義や人道主義も、ひっきょう偽善に陥りやすいこととなる。が、しかし、だからそこで神を持ち出すというのではもうとうない。そのような「神」とは、しょせん作業仮説としての神、機械仕掛けの神（デウス・エクス・マキーナ）、つまりは死せる神にほかならない。そうではなくて、真に生ける永遠の神にしかと目覚めることが必要なのだ。その点マルクスも、かれに先立つフォイエルバッハの反宗教をうかつにもそのまま受け継ぎ、宗教を、その真正のものをも含めこれをかんたんに否定してしまった。当時のすこぶる堕落した宗教キリスト教を眼の当たりにして、宗教そのものの本質を見失い、見誤ってしまった。こうしてマルクスは、「根源悪」としての人間の我《が》の認識がきわめて甘くなってしまった。この点、今日のマルクス主義者も同様で、前述したごとくマルクスが構想したのは二〇世紀型社会主義ではなく「アソティアティオン」社会だったのだ、という制度論・システム論にばかり終始して、マルクスにおける肝心の人間理解の致命的甘さについてはほとんどこれに思いが到っていない。

それはともかく、現代世界に生きるわれわれ人間にとり最大の使命のひとつ、それはほかでもない資本主義より、より人間的でかつ健全な社会、倒錯していない正常な社会、あえて筆者の言葉でいえばインマヌエルの民主主義社会、さらにはグローバル民主主義社会、それの実現・成就に向けて考え行動することだろう。

## (二)　あるマルクス主義者の修正唯物史観に対する根本的批判

さて今、日本で恐らくもっとも有名で力のあるマルクス主義者の柄谷行人氏は、ほぼこんなことをいっている。すなわち現代人としてのわれわれは、「世界共和国」をいわば「統制的理念」として立てつつ、その実現に向けて努力すべきだと。この氏のいう「世界共和国」は、一見すると、筆者の「インマヌエルのグローバル民主主義社会」にすこぶる似ている。筆者のばあいは、インマヌエル、つまりは神人共在的な「世界共和国」であって、そこが決定的に異なっている。が、そこを除けば、すこぶる似ている。けれども、この決定的相違から、氏と筆者との考えはその根本のところでまったく異なってくる。

氏は、「世界共和国」はたとい実現できなくても、その意味では、いわゆる、ユートピア、理想郷にすぎないとしても、それをいわば現代人がそれに向かって進むべき目標、そういう意味での「統制的理念」として立てることは大切であるという。しかし、筆者は必ずしもそうとは考えない。思うに、それに向かって人類が向かうべきものとして何の根拠もなしに、その意味で空虚に打ち立てられた「統制的理念」など、根本的に空しいといわねばならない。

その「統制的理念」に何の実在的根拠もないのなら、それが本当に正しいかどうかも分からないということであり、それゆえそれを目差して行動するというのは、まったく空しいことといわざるをえない。氏のばあい、けだし一八世紀の哲学者カントに学んでこのような説を唱えているのであろう。カントは、第一章でも触れたように、その小著『永久平和のために』で、永久平和のためには国際機関の樹立が必要だといった。そうして、じっさいその後の人類の歴史はたしかにそのようになってきた。第一次大戦のあとの国際連盟、第二次大戦のあとの国際連合の設立がそれである。かくして柄谷氏も、この延長線上で世界平和、「世界共和国」を想定している。しかしながら、カントにしても柄谷氏にしても、ただそのような国際機関の樹立のみでたしかに世界平和・永久平和が実現するか、その根拠がいまだすこぶる薄弱である。かりに歴史は、たしかにそのような方向性で動いてきたとしてみても、では何故（why, Warum）そうなってきたのか、その根拠が必ずしも明らかでない。ところが根拠が明瞭でないかぎり、それで事足れりとはとうていえない。これがインマヌエル哲学の疑念・主張にほかならない。かくして明らかなように、柄谷氏がいうような空虚な「統制的理念」など、人間の行動原理、人々をそれに向かって駆り立てる真に力ある行動原理とはとうていなりえない。

しかし、翻って思えば、マルクス主義ないしその元祖としてのマルクス自身にすでにその傾向はあったといってもよいかもしれない。

マルクスは、いわゆる社会主義・共産主義社会を真に人間的な社会として立て、それの実現に向かって行動すべく人々、とりわけ労働者・プロレタリアートを鼓吹した。そのさいマルクスは、いわゆる唯物史観によってそれにいわゆる科学的な装いをこらしたが、しかし根本の考え方・思考様式はけっきょくカントや柄谷氏と何ら異ならない。すなわち、マルクスにあっては、将来来たるべき社会、つまりは社会主義・共産主義社会の実現に向かって具体的に行動すること、革命的に行動すること、それこそ人間、少なくとも労働者・プロレタリアートのあるべき姿、いわば「歴史的必然」としてその身につけているあるべき姿であり、その「歴史的必然」に従って行動することこそ、プロレタリアートにとっての人生究極の意味であり価値であり目標、希望、生きがいだった。マルクスは、「自由とは歴史的必然の認識」だという。かくして労働者は、みずからの「歴史的必然」としての革命的使命を認識し、これを実践することこそ、その自由であり、その生の意味にほかならない。

たしかにマルクス自身は、そういった言い方はしていない。なぜなら、マルクスないしマルクス主義者の考えからすると、こういう「人間とはひっきょう何か、誰なのか」とか、「人生の究極の意味とか価値とか目標、希望、生きがいとはそも何か」といった問い、それはけっきょくブルジョア思想にほかならず、かくて、プロレタリアートをその歴史的使命としての革命的実践から遠ざけ遂には眠りこませてしまうものにほかならないからである。ついでにいえば、マルクスによれば宗教も同じくそういったアヘンの役割りを果たすものである。要するに、宗教も、上述のごとき哲学的問いも、ひっきょうプロレタリアートをその歴史的使命としての革命的実践から眠りこませるアヘンにほかならない、と。マルクスないしマルクス主義者の考え方・思考様式をその無意識のところまで分け入って考察すれば、まさにそういうことにならざるをえない。が、しかし、先にもいったように、マルクスの場合、この思考様式、つまりは考え方の根本を支えるものとして、唯物史観という一見科学的な歴史観、科学性を装われた歴史観が存在した。

しかし、このマルクスの歴史観、つまりは唯物史観は、その後の歴史、とりわけ二〇世紀に入ってからのソ連・中国・東欧を始めとする社会主義諸国、マルクス主義的社会主義諸国の成立とその崩壊を経た今日、もはやこれをそのままでは「科学的」として保持し主張することはとうていできなくなっている。労働者・プロレタリアートによるいわゆる「歴史的必然」としての、資本主義社会から社会主義社会への根本的転換つまりは革命ということは、もはやそのままでは到底維持できなくなっている。

今日のマルクス主義者の思想状況は、まさしくここにある。かれらにとって社会主義ないし共産主義の実現は、まぎれもなき歴史的必然などとは到底いえない。柄谷行人氏にとっても、その点はまったく同様だろう。社会主義・共産主義の到来をマルクスのように素朴に「歴史的必然」といったり、それを「科学的」といったりすることは、恐らくもはやできないだろう。だからこそ氏は、この社会主義・共産主義のいわばグローバルな形としての「世界共和国」というものを、今日の錯綜と混迷の世界のなかでのたうちまわっている人々をそれに向かって振り向けるべきいわゆる「統制的理念」として立てるにとどめ、しかし、それがいつかじっさいに実現できるかどうかは分からないものとしているのであろう。

しかるに、このような「統制的理念」などというものは、これまでの人類史をいかに緻密に考察しそのうえに打ち立てられたものであったとしても、しかしその根本・根柢はやはり空虚といわざるをえない。何ら実在的根拠のない、そのかぎり単なる「理念」など根本的に空しいし、それゆえそのように空しい「理念」が、人間、いや人類をそれに向かって駆り立てるその行動原理となるとはとうてい思えない。人間は、確乎とした根拠のないことには基本的に魅力を感じるものではないからだ。しっかりとした根拠・実在的根拠があってこそ、それは人間にとり真に魅力的なものとなるのであり、それゆえに、行動規範、行動原理ともなりうるのだといわねばならない。

ところで、柄谷氏の歴史観の一担を垣間見させるものとして次の文章を引用したい。氏はいう。

「徳川幕府が参勤交代制をはじめたとき、もちろん、そのような意図をもっていたわけではない。彼らがそれを強制したのは、封建諸侯の服従と忠誠をたえず確認し、また、彼らに経済的な負担を課して弱体化させるためであった。また、幕府は封建的基盤を脅かすような商品経済をつねに抑制しようとしていた。しかし、参勤交代は、そのための経費に苦しんだ諸藩をいっそう貨幣経済・商品生産に向かわせ、且つ、それを通して大坂などの商人階級の力を強めた。すなわち、封建体制を永続させるための制度が、それ自身を解体させることに帰結したのである。これは、皮肉な歴史の『弁証法』を鮮やかに示す一例である[2]」。

これは一見すると、たしかに歴史における逆説弁証法の一つの例証である。しかし、それはどこまで科学的といえるのか。それは、たんに歴史における逆説的な過程弁証法的現象を例示したにすぎないといわれたら、氏はこれにどう反論するのだろうか。

そこには科学的、つまりは論理的・客観的・即事的な根拠は何ら示されてはいない。いいかえれば、歴史はいかにして動くのか、また動いてきたのかのいわば how 的例証があるのみで、それが何故そうなるのか、そうなってきたのかというわば why 的根拠がない。ところがこの why 的根拠が一点の曇りなく明らかに示されることによってのみ、その how 的現象は、ただちに論理的・客観的・即事的な根拠を与えられ、かくて科学的に解明されうることができるのだ。

もとより、この一文はほんの短い書評の一部であって、ここでただちにそのような why 的根拠は述べられないかもしれない。ひょっとしたら氏の最新刊の『世界史の構造』には、その点もあるいは触れられているのかもしれない。が、筆者の推測では、それも恐らく否だろう。何となれば、それ、つまりは歴史観としての非科学性、すなわち how 的現象記述があるのみでその why 的根拠の説明がないこと、それは氏の信奉するマルクスの唯物史観の根本的欠陥といってもよいものだからである。「科学的」と称されたこの唯物史観は、けだしいまだ十分に科学的とはいいがたいのだ。その理由はこうである。

唯物史観によれば、歴史はそのいわゆる物質的な下部構造、つまり生産力と生産関係をトータルに含む生産様式、その内部矛盾によって動いていく。これをより具体的にいうならば、当初は、生産力の発達を促進する働きをもっていた生産関係、例えば封建領主と農奴、ブルジョアジーとプロレタリアート等が時と共に生産力の発達を阻害し抑制するいわゆる桎梏と化し、ここに生産力と生産関係の矛盾が生起する。そしてこの矛盾が極まったところ、そこに歴史的必然として革命が勃発し、かくて新しい生産関係がうまれるのだという。より具体的にいうならば、中世的な封建領主と農奴という生産関係から、その狭間にブルジョアジーとプロレタリアートという新たな階級が発生・成長し、この新たな生産関係において主導権を握るブルジョアジーが主体となって、いわゆるブルジョア革命が引き起こされ、ここに新たなるブルジョアジーとプロレタリアートという生産関係が社会の基本となり定着するというのだ。

しかし、周知のごとく日本の明治維新は、この唯物史観では十分に説明できない。いやむしろ明治維新は、唯物史観の歴史理論としてのその不十分性を示す反証の一つともいいうるものなのだ。なぜならその理由はこうである。

明治維新では、それまでの徳川幕藩体制・封建社会に代わって西洋流の近代国家、少なくともその端初が築かれた。もとよりそこには、そこで資本主義体制が完全に確立されたのか、あるいは封建遺制がいまだ残存しいわば半封建制・半近代性の折中が生起したのか、という講座派と労農派の日本資本主義発達をめぐる有名な論争がある。

いずれにせよ、明治維新によって日本は徳川封建制から近代国家への根本的転換の端初を得たこと、それは誰しもこれに反論しないであろう。

ところが、この日本を封建制から近代制へ、したがって資本主義体制へと根本的に転換させた一種の革命、半ばクーデター的な一種の革命は、いったいいかなる勢力・階級に担われたのか。周知のごとくそれは、西洋の市民革命のごときブルジョアジーでもなければ一般民衆ですらなかった。そうではなくて、同じ支配階級としての武士階層のいわば内紛だったのだ。より具体的にいうならば、徳川幕府を中心とする武士層と、これに異を唱える薩摩・長州・土佐藩を中心とする倒幕派の武士層と、それら両者の内戦だったのだ。天皇はといえば、それ自身は何ら武力をもたず、例えば戦国時代の過去の事例と同じく武士層、ここでは、とりわけ倒幕派武士層によって、その倒幕の大義名分として利用されたのみである。他方一般民衆はといえば、かれらもまたこの武士階層同士の争いに大いに利用されるものもあったとしても、しかし基本的にかれらがみずから進んでこの倒幕運動に積極的に参加し、その主力を担ったということはありえなかった。

こうみてくると日本の明治維新は、西洋流のいわゆる市民革命・ブルジョア革命ではありえなかった。その理由は、既述したごとく、つぎの二つである。

まず第一に、この明治維新によって成就された体制は、先述したごとくいまだ完全には近代的な資本主義体制とは必ずしもいえなかったこと、そして第二は、こちらの方がより重要だが、この明治維新の主たる担い手は、被支配階級としての一般民衆ないし資本家ではなくて、幕藩封建体制内部の同じ支配階級たる武士、つまりは同じ武士同士のまさに内紛、いわばクーデター的内紛にほかならなかったからである。

かくして明らかなように、日本の明治維新は、唯物史観からは十分に説明できないどころか、むしろその歴史観の不十分性、その一つの明らかな例証となりうるものなのだ。

それはともかく、翻って思えば、唯物史観は、いわゆるヘーゲル的な過程的弁証法を基本（ベース）にしつつ、そこにいわば逆説弁証法をも取り入れた歴史観である。これをより具体的にいうならば、先にも述べたごとくこの歴史観では、歴史を動かす原動力は、いわば物質的な下部構造、つまりは生産力と生産関係の力動的関係である。すなわち、当初は生産力を推進する働きのあった生産関係、たとえば近代以降でいえばブルジョアジーとプロレタリアートが、時代が下ると共にやがてその生産力の発展を阻害する桎梏となり、ここに生産力と生産関係の矛盾が生起する。この矛盾が極まるやその矛盾を解消・止揚すべく生産関係内部での対立がいわば爆発し、それが革命となって現われ、ここに新しい生産関係が出現するというものである。

この場合、古い生産関係に代わって新しい生産関係が結ばれ、かくしてここに生産力と生産関係の矛盾が解消・止揚される、というのは、まさにヘーゲル流の過程的弁証法に他ならない。

これをより具体的にいうならば、歴史の当初は、生産力と生産関係がいわば調和し、後者が前者の推進力となっているというのは、ヘーゲル的過程弁証法のいわば「正」であり、やがてそれら両者のあいだに矛盾が生じるというのは「反」であり、その矛盾が革命によって解消・止揚され新しい生産関係が生み出されてそれが新たに生産力を推進するに到るというのはまさしく「合」といってよい。ここには、たしかにヘーゲル的過程弁証法の「正」「反」「合」的運動として歴史が捉えられている。

他方ではしかし、この唯物史観には、いわば逆説弁証法も、それとして意識されてか否かは別として、たしかに反映されている。これを具体的にいうならば、当初、生産力を推進していた生産関係が、やがて逆にその発展を阻害し抑制するいわゆる桎梏と化す、というのはまさに逆説であり、しかもその逆説ゆえにその矛盾を解消すべく革命が惹起され、ここに生産力をさらに新たに推進させる新しい生産関係が結ばれる、というのはまさしく逆説弁証法といってよい。ここには、逆説こそ歴史の推進力だ、という逆説弁証法が、暗に内包され主張されている。すなわち唯物史観は、ふつうそう考えられているようにたんにヘーゲル的な過程的弁証法の唯物論的な「転倒」というだけでなく、そこには暗に逆接弁証法も内包されているというべきなのだ。

さて、この点が明らかになるならば、先述したごとき柄谷氏の主張、つまり江戸時代の参勤交代制は、「皮肉な歴史の『弁証法』を鮮やかに示す一例である」というのは、唯物史観の形式的な基本構造、つまりは逆接弁証法を内包した過程的弁証法を例示するものとして、たしかに、これを正しいといってよいだろう。

だが、しかし、唯物史観の内容面、つまり生産力と生産関係という動力学的な根本構造内部の基本的矛盾によって歴史が動いてゆく、というその点では、これを正しいとは必ずしもいえない。と同時に、記述したごとく明治維新そのものが、これの明らかなる反証といわねばならない。

かくして明らかなごとく唯物史観は、もはやいかにしても「科学的」ないし「科学」を僭称することは毫も許されない。なんとなれば、それは、まず第一に歴史の推進力としての形式的な基本構造、つまり逆説弁証法を内包した過程的弁証法、というかぎりではなるほど正しい面も含まれうるが、しかしその基本構造の具体的内容としての、生産力と生産関係の矛盾こそが歴史の原動力だ、という点では必ずしも正しいとはいいがたいからである。かくして、それは、歴史の原動力の how 的説明、つまりいかにして歴史は動いてゆくのか、という問いに対する説明としてもいまだ不十分といわねばならない。とはいえ、しかし、明治維新にしろ、中国革命にしろ、あるいはロシア革命にしろ、それを担った勢力はいずれもプロレタリアートでなく、前一者のばあい支配階級の一部である武士階級、後二者はいずれも主として農民であったが、しかし、それは、時には逆説弁証法をも内包した広い意味での過程的弁証法であったという点では、これをあながち否定することはできないだろう。歴史はたしかに「正」→「反」→「合」の運動として進展してきたといってもよいからである。

そのかぎり唯物史観は、歴史の過程の how 的説明としても未だ不十分とはいえ、しかしその形式的な基本構造ないしその基本構造のダイナミックス、という点ではかなり当を得ているものといってよいかもしれない。しかしながら、歴史の原動力は物質的・経済的な下部構造だという唯物史観の主張は、はたして本当に正しいといえるだろうか。そのいわゆる下部構造のさらにその下に、最深の部分にまさしくそこに歴史の真正の原動力が潜んでいるとはいえないだろうか。

いったいこの歴史的世界、いや世界そのものは、フォイエルバッハや、その唯物論的人間学を受けついだマルクスの考えたごとく、たんにこの世界だけで成り立っているのだろうか。それは、ひっきょうニヒリズム、存在論的ニヒリズムではあるまいか。たとい主観的にはそのつもりはないのだとしても、客観的にはやはりそこに帰着し帰趨してゆくのではあるまいか。

いずれにせよ唯物史観には、歴史の動きについての不十分ながら一応その how 的説明はあるものの、しかしその why 的説明、つまりなぜ歴史はそのように、つまり唯物史観が説明するように動いてきたのか、というその点についてはその解明が決定的に欠如・欠落しているといわねばならない。

## (三) インマヌエル哲学の歴史観・人類史観と科学推進の原動力

ここでは、インマヌエル哲学の歴史観について、それをまず概観的に明らかにしたいと思う。

この世界ないし歴史的世界の根柢には、人間がそれと気づくと気づくまいと、そういうことには一切かかわりなしにインマヌエルないし神人の原関係・原事実が不断に成り立っている。

そうしてそのインマヌエルないし神人の原関係・原事実を映して自然かつ必然に、この世界ないし歴史的世界には、「先立つもの」と「後なるもの」、「主体的なもの」と「客体的なもの」、「能動的なもの」と「受動的なもの」等のさまざまな関係が成り立ってくる。

人間に即していえば、それは精神と肉体等であり、これをさらに人間社会についていうなら宗教・倫理・芸術的な精神的側面と技術・経済・政治的な物質的側面と、これら両者にほかならない。そのさいそれら両者、つまりは精神的側面と物質的側面は、唯物史観のごとく後者が前者を一方的に規定する、というのではなく、つねに刻々それら両者の永遠に生ける根柢であるインマヌエル、つまりは神人の原関係・原事実（の絶対無相の主）と不断にかかわりつつ、かくてたがいに相補・相関的にかかわっているのである。

したがって歴史は、インマヌエルないし神人の原関係・原事実のうえに成り立つ精神的側面と物質的側面が、まず何よりもその後の両者が不断に前一者にそれぞれ独自にかかわりつつ、つまり前者は直接人間ないし人と人との関係がこれにかかわり、後者は、物を媒介とした人と人との関係として間接的にこれにかかわり、かくしてこれら両者がたがいに相補・相関的にかかわるという、そういういわば三つの力のダイナミズムとして動いてゆくというべきなのだ。

それゆえ歴史の真の原動力は、あくまでも永遠に生けるインマヌエルないし神人の原関係・原事実（の絶対無相の主）であり、それに触発されるかぎりでの、より厳密にいえばかの絶対無相の主から絶対不可逆的に決定されるそのかぎりでの、それぞれその自由な責任においてなされる精神的側面と物質的側面のたがいの相補的・相関的なかかわりというべきなのである。

要するに、歴史の原動力は、かかる三者のダイナミズムにほかならず、とりわけそのなかでも根柢的・決定的なもの、それはとりもなおさずインマヌエルないし神人の原関係・原事実といわねばならない。

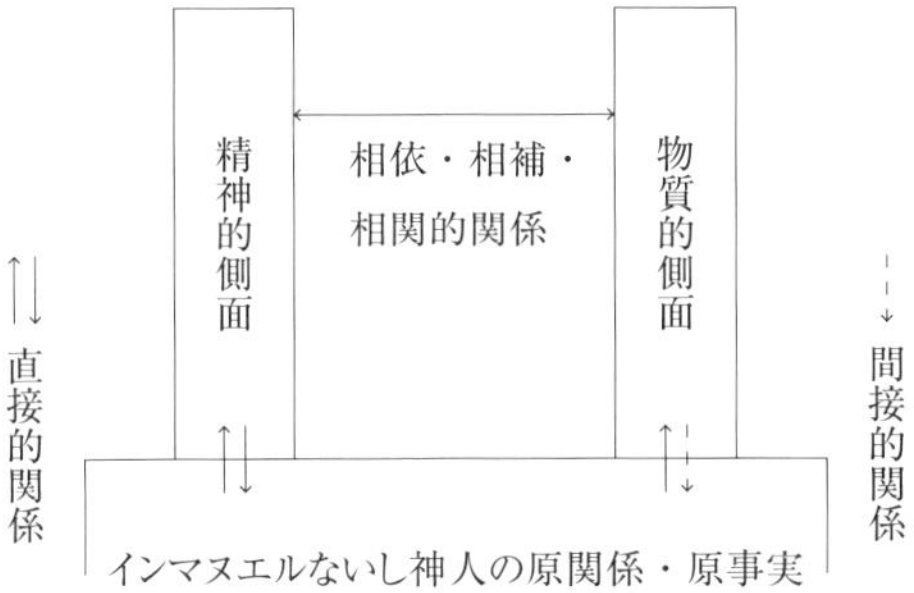


これを簡単に図示すれば、うえのごとくである。

唯物史観との比較でいえば、その基本的正しさ、つまり「歴史の原動力」ないしその展開はいわゆる「下部構造」における、時には逆説弁証法をも内包しつつ展開される過程的弁証法だというその主張、それは、このインマヌエル歴史観に即していえば、その物質的側面にかぎってのみ基本的に妥当するものといわねばならない。

しかしながら、前述したごとく、この「下部構造」としての物質的側面は、かりそめにもただ一方的に「上部構造」としての精神的側面——もっとも唯物史観では、政治も「下部構造」ではなく「上部構造」である。しかし、たとえば民主主義・デモクラシーは、もともと古代ギリシャ発祥のものであり、「下部構造」

が異なっても、つまり古代でも近代でも、たといその形は変形していても、しかし同じデモクラシーが上部構造として成り立っている。その点からいっても、唯物史観の不正確さは、何としても否めない！――を規定するのではなく、両者は相依・相補・相関的に関係し合うというべきだろう。

さらに唯物史観に決定的に欠落していたwhy的説明、つまり歴史を動かす基本構造ないし原動力が明らかになったとして、ではそれは何故そうなのか、という点についてはどうであろうか。

インマヌエルの歴史観では、それはとりもなおさず歴史の永遠に生ける根柢としてのその根源的な原動力、つまりはインマヌエルないし神人の原関係・原事実の絶対無我無償の主体、つまりは神の御意《みこころ》というほかはない。神がそのありあまる愛と力のゆえに自己否定的・自己犠牲的にこの世界と人間を創り、日々これを支え、絶えず救いへと導いているがゆえにこそ、歴史はそのように動いてゆくというべきなのだ。

人類史に即していえば天然自然的に自由かつ平等な原始共産制を経て、人間の責任において不自由かつ不平等な階級社会が生まれ、これを憐れんだこの神が人類を根柢的に救いつつ真の自由・平等かつ愛と平和な共同体の樹立に向けて日夜人間を導いてくださるものといわねばならない。

すなわち神は、そのありあまる力と愛ゆえに、みずからに対立・対峙するこの世界と人間を自己否定的・自己犠牲的に創造しつつ、日々これを支えているのだが、その過程で余剰食糧がうまれるや人間はみずからの罪、つまりは我・エゴ・傲慢により不平等社会を生み出してしまったため、ふたたび、いや原始社会のごとく自然的にではない・人間の自覚における真に自由かつ平等、さらに愛と平和の共同体を人間みずからが打ち樹てるべく日夜これを扶け、励まし、支え、促しているのだというべきだろう。

まさしくこれこそ、歴史を動かす根本構造ないしその原動力のwhy的問いに対する究極の答えというべきである。すなわち、それじしん絶対者なる神のありあまる愛と力、それにもとづく御意、つまりみずからに対立・対峙するこの世界と人間を自己否定的・自己犠牲的に不断に生み出し支えつつ、しかもそれを真に平和な愛にみちた世界にせんとする神の永遠に堅い意志というほかはない。

いずれにせよ、このように how 的説明と共に why 的説明がしかとなされてのみ、それは真に科学的な説明つまり論理的・客観的・即時的な説明ということができるのである。

その点唯物史観は、今なおなんとしても主観主義的・非科学的というほかはない。

思うに科学とは、たんに how 的問いのみでなく、同時にまた why 的問いもまた、そこにつねに含まれているのではあるまいか。少なくとも、科学の how 的問いの探求過程にあってそれをどこまでもかぎりなく駆り立てているその原動力となるものは、まさしくこの why 的問いといわねばならない。

例えば宇宙物理学では、この宇宙の成り立ちについて今ではビッグバン説が定説だが、さらにそれとのかかわりでいわゆる多宇宙論なども最近では唱えられている。今後はさらにまた、いろいろ新たな別の理論が登場することも考えられうる。そういう理論の深化の原動力は、たんに宇宙の発生についての how 的問い、つまりいかにしてこの宇宙は発生したのか、という問いだけでなく、同時にまた why 的問い、つまりは、何故この宇宙は存在しているのか、何故無ではないか、といった問いが、暗然のうちに前提とされているのではあるまいか。

かつて著名な宇宙物理学者ホーキングは、今や宇宙の発生についての how 的仕組みはほぼ分かった。分からないのは、その why 的根拠・理由だといった。

このホーキングの言葉からも窺い知れるように、宇宙物理学発展の原動力は、宇宙の発生・仕組みについての how 的問いのあくことなき探求と、同時にまた、その理由ないし根拠についてこの why 的問いといってよいのではあるまいか。

ところで、最近ホーキングは、「宇宙の発生に神は必要ない」と語ったという。しかしこの場合の「神」とは、西洋の伝統的キリスト教の「神」が暗然に前提されているのではあるまいか。すなわち、この宇宙と別個に切り離されてどこかに漠然と存在する「神」が、何らかの仕方で（irgendwie）対象的に、何かこの宇宙を産み出すきっかけ、いいかえればビッグバンを引き起こすようにいわば火薬（それは「無」かもしれない）に点火した、そうしてさらにこの宇宙の進化を粘土細工をこねまわすように「デザイン」していると、しかしそういう意味での「神」は「必要ない」ということではあるまいか。

けれども、そのように抽象的な神などはもとより存在ないし、この宇宙発生のために「必要」でもありえない。いったいホーキングは、上記の言葉で、この宇宙の発成理由・存在理由そのものまでも、すでに宇宙物理学の範囲内で説明できるといっているのだろうか。ホーキング自身の先の言葉、この宇宙の how 的問いは分かったが、その why 的問いはまだ分からない、というこの言葉、この言葉のなかの「why 的問い」ももうすでに十二分に分かった、説明できる、ということだろうか。おそらく、否ではなかろうか。もう一度繰り返すなら、ホーキングの先の言葉、「この宇宙の発生に神は必要ない」というのは、この宇宙の発生の how 的説明として、いわゆる西洋キリスト教伝統の「神」は「必要ない」ということだろう。つまり how 的説明としては、「神」なしに十分できるということであって、そこで why 的説明、この宇宙の発生かつ存在の究極の根拠・理由もまた十分に説明できる、ということではないのではなかろうか。かくしてまさに、この why 的問いこそが、その how 的問い探求の隠れたる原動力になっているといってはいいすぎだろうか。

そのさいまさにこれと同様のこと、つまり宇宙物理学についていいうることは、また他の物理学、例えば素粒子論における、素粒子説からクオーク説、さらに超ひも理論へと到る深化の過程、さらに別の例でいえば、いわゆる相対性理論と量子論の出現、さらに相矛盾する側面があるといわれるこれら両理論の綜合への試み、そこにもたんに how 的問い、つまりこの世界ないし物はいかにして成り立っているのか、という問いだけでなく、同時にまた why 的問い、つまりこの世界ないし物はいったい何故存在するのか、あるいは、それぞれの理論の検証過程においてつねに何故（why）が問われ、つまりそれぞれの理論の不十分さ・矛盾点を解明するさいつねに何故（why）その理論は不十分であり、また矛盾点が含まれるか、という why 的問いが発生し、それが、その物理学のhow的問いのさらなる深化・発展へと駆り立てているのではなかろうか。

他方、生物学を例にとっても、「生物とは何か」を規定するばあい、そこにはhow的問い、つまり、生物はどのようにして成り立っているのか、という問いと共に、またwhy的問い、つまりそれは何故なのか、といった問いが、つねに表裏一体として立てられ探求されているのではあるまいか。

以上物理学や生物学についていいうることは、他の科学についても同様に妥当するのではなかろうか。かくしてほぼ明らかになように科学の進歩の原動力は、けだしたんにhow的問いに対するあくなき探求と同時に、そのいわば裏側につねに貼りついているwhy的問いだといわねばならない。

なるほど科学では、究極的なwhyに対してはこれに答えることはできないだろう。つまり、何故この世界ないし宇宙あるいは物質は存在するのか、あるいは何故生物と無生物の違いは生まれるのか、といった問いがそれである。これは、いうまでもなく哲学そのものの問いにほかならない。

いずれにせよ、科学的思索の個々の探求過程では、このwhy的問いがつねに存在し、これが科学推進の原動力になっているとはいえまいか。

## ㈣　マルクスの唯物史観に対する根本的批判

ところで、唯物史観は、上述したwhy的問いがいささか稀薄であるように思われる。だからこそ、それは、一旦確立されるや、さらにそれ以上に深化・発展されることがなかったのではあるまいか。さらにいうならば、それだからこそそれは、マルクス以降の現実の歴史の過程で、その不十分さ・不適切さが明らかにされてもなお、その修正がほとんどなされないままに終わってきたのではなかろうか。たとえばレーニンの『ロシアにおける資本主義の発達』にみられるごとく、唯物史観の修正を試みるのではなく、逆にロシアの現実の歴史をねじ曲げることにより、つまりロシアにおける資本主義の発達を過大に評価することによって、現実の歴史の方を唯物史観に無理矢理合わせようとしたのがその好例である。

それはまた、中国についても妥当するといってよいかもしれない。いや、これら中国その他の、いわゆる後進国での社会主義革命にあっては、唯物史観における先進国革命とこの歴史的現実としての後進国革命と、それらの齟齬については、これをうやむやにしてごまかしてきたきらいはなかったか。いや翻って思えば、マルクス自身その『経済学批判』の「序文」で、周知のごとくみずからの唯物史観では説明のつかない why 的問いを立てている。つまりミロのヴィーナスなどの古代ギリシャ彫刻は、当時とは下部構造のまったく異なる現代人にもなお何故普遍的に感動を与えるのか、というのがそれである。

しかるにマルクスは、みずからのこの why 的問いをそれ以上深めることはしなかった。そしてまたかれに従ういわゆるマルクス主義者もまた、このすこぶる重要な問い、唯物史観の正否にかかわるこの決定的に重大な問い、これをほとんど無視してきたといわねばならない。

このようにマルクス（主義）にあっては、唯物史観は一旦打ち立てられるや、why 的問いを真摯に問いつづけることによりさらにそれをそれ以上に深めつつより正しいものへと進化させることなく、むしろ逆に、歴史の現実の方をそれに適合するように解釈し直すか、あるいは、歴史的現実の出現と共に明らかになったその唯物史観の不十分性・不適切性をほとんど無視してきたというべきではあるまいか。

さらにもう一歩大きく踏み込んでいうならば、唯物史観では、階級社会となってからの人類史の説明はなされるが、しかしそもそもその階級社会なるものが、why・何故人類の歴史に出現したのか、というこの決定的に重大な問いにはまったく答えていない。いやむしろ、そういった why 的問いを問うこと自体、それは革命の原動力としてのプロレタリアートからその革命のエネルギーを奪い取り、はては眠り込ませてしまう巧妙なブルジョア思想としてこれを斥けてしまうのが実情である。

とまれ、このようにして唯物史観では、why 的問いが十分に探求されているとはいいがたく、まさにそれゆえにこそ、それは科学的な歴史観といわれるわりにそうとはいえず、むしろ逆に非科学的・主観主義的歴史観といわざるをえない。そして、こういうところにも、二〇世紀型マルクス主義的社会主義がついには破綻せざるをえなかったその理由があるといってもけっして過言ではないだろう。

いずれにせよ、真に科学的であるためには、how 的問いと同時に why 的問いがつねに表裏一体として真摯に保持され問われつづけねばならぬのである。

それはともかく、科学は、そこで遂に科学自身の壁に撞着する。もはや科学自身では説明できない究極の why 的問いに立ちふさがれる。かくして、そこに、そこにこそ哲学が立ち現われる。すなわち、この世界や物はいったい何故あるのであって無いのではないのか。世界や物や生物は何故このような仕組みになっているのか。人間は何故生きるのか、生きねばならないのか。——といったこの世界や物あるいは人間の究極の存在根拠についての問いがそれである。

もとより哲学の問いには、同時に how 的問い、つまりはこの世界はいかなる根本構造において成り立っているのかとか、さらに what 的問い、つまり世界とか物あるいは人間とはそも何か、といった問いも含まれている。そのさい、これらの how 的問いや what 的問いは、科学とも共有しうる問いである。けれども、究極の why 的問いは、まさしく哲学に固有のものといわねばならない。

科学と哲学との根本的相違、それは、まさにそこにこそあるというべきなのだ。その意味では、唯物史観は十分に科学的ともいえないし、また十分に哲学的ともいいがたい。なぜなら、そこでは歴史は何故そのように動くのか、というもろもろの why および究極の why 的問いにはほとんど、ないしまったく答えていないからである。

## ㈤　インマヌエル哲学の哲学・宗教・科学観とその世界観・人類史観

### ⑴　哲学ないし宗教と科学の両立性

ここで少し話題をかえて、哲学ないし宗教と科学との両立性ないし無矛盾性について簡単に考察してみたい。例えば、分子生物学者の福岡伸一氏によると、生物とは「動的平衡」であるという。すなわち生物の基本単位は分子であるが、その分子はたえず分解と合成を繰り返し、かくして生成消滅しているにもかかわらず、しかし全体としてみるとそこに一定の平衡、つまりはバランスがとれている、それがほかならぬ生物なのだという。

この説を応用すると、「私と私の身体の関係」という古典的なあの哲学的問題もうまく説明が可能となる。すなわち「私」とは、この動的平衡の主体として自己自身の根源的超越者、つまりは超越的に本来的な自己自身に絶えずかかわり、その呼びかけ・働きかけに刻々応答している存在といってよい。かかる意味での精神と身体の統一的主体、それが「私」にほかならない。かくして自己の根源的・超越的主体としての神に対し、つねに「動的平衡」を保持しつつ精神と身体の統一・統合体として応答する主体、それが、とりもなおさず「私」というものなのである。

このような意味での統一・統合体であるかぎり、「私の身体」は「私」である。「私」以外の何ものでもありえない。しかるに、この統一・統合的主体としての「私」から切り離されるなら、その身体はもはや「私」ではないし、厳密な意味では「私の身体」でもありえない。かつては「私」自身であり、「私の一部」といってもよいものではあったが、しかし、もはや「私」ではないし、「私の一部」「私の身体」でもありえない。かの統一・統合的全体としての「私」から切り離された身体は、もはや「私の精神」からも切り離されるばかりではなく、時と共に「動的平衡」も喪失していくからである。

これこそ、まさに、「私」から遊離した「私の身体」がもはや「私の身体」ではないことの何よりの証左といわねばならない。

かくしてここに、哲学と科学（生物学）との両立可能性ないし無矛盾性、少なくともその一例がたしかに示されたとはいえないだろうか。

いずれにせよ、この一例からしても、福岡氏の説く「生物・動的平衡」説はすこぶる興味深いものがある。恐らくここには、正鵠を得たものがあるだろう。*

＊　福岡氏は、最近自分のこの「動的平衡」説が西田哲学に深く相通ずるものだと認め、その自己の説と西田哲学との比較を論じた一書を公にしている。

ちなみに西田哲学とは、インマヌエル哲学の創始者、わが師・滝沢克己の「生涯の恩師」にほかならず、したがって西田哲学は、インマヌエル哲学の先駆のすこぶる重要なひとつといわねばならない。

いずれにせよ、かくしてここに、哲学と科学の両立可能性、ないし綜合可能性、少なくともその一端がたしかに示されたといってよいだろう。

ところで眼を物理学に転ずると、現代物理学では、物質の究極単位（基本的な構成粒子）はクオークだといわれる。そのさいそのクオークないし素粒子同士は、たえず変移転換しているという。それは、けだし、一瞬一瞬生成消滅していることといってもよいだろう。

もしそれが正しいとするならば、ここにとても興味深いことが立ち現われる。すなわち、これら分子生物学や素粒子物理学の考え方は、まさしく仏教の刹那生滅思想、すなわちすべてのものは時々刻々生成消滅しているという思想と基本的に同じ、いや前者は後者の正しさを科学的に裏づけているものといってよいからである。これはまさに宗教と科学の基本的一致性、無矛盾性、両立性をあますことなく証示しているといわねばならない。

## （2） 仏教に対するインマヌエル哲学の根本的批判と後者の世界観・人類史観

ところで、仏教には、今うえでのべた刹那生滅の根拠、何故刹那生滅が起こるのか、というまさしくそこにかかわる究極の why 的問い、それへの答えが完全に欠如している。すなわち各瞬間ごとに生成と消滅という相矛盾する二つのことがほぼ同時に間髪を容れず生起するという、その逆説を説明する究極の why 的問い、それへの答えがまったく明らかでない。いや、よしそれが、すべての事物ないし物事は原因や条件、つまりは縁によって相依・相関的にかかわりつつ成立しているという、仏教の根本思想であるあの縁起説で説明されたとしても、その縁起説そのものが、ではいったいいかなる根拠のもとに成り立っているのか、その縁起説の成り立つ究極の根拠についての何故・why については、これを十分に明らかにしているとはとうていいいがたい。

インマヌエル哲学は、その点をこう説明せんとする。西田幾多郎のいっていることに触発されていうならば、絶対者なる神は、その本質としてありあまる愛と力を保持しており、それゆえにみずからに対立するものを、みずから自己否定的・自己犠牲的に創《う》み出しつつ自己を肯定する。すなわち絶対者は、絶対者というその本質に突き動かされて、みずからに対立・対峙するこの世界を各瞬間ごとに自己否定的・自己犠牲的にあえて創造する。さらにいいかえれば、絶対者は、自己を否定し犠牲にしながら、自己とは絶対に異なる、それゆえ自己に絶対に対立するこの世界を時々刻々創造しつつ、しかし同時にまた間髪を容れずこの世界を一瞬一瞬否定しながら自己を肯定し、かくて刻々みずから再生し復活するのである。

この、絶対者の絶対的に非連続の連続的な永遠の営み、それ、それこそが、仏教のいわゆる刹那消滅思想とその背景にある縁起思想の究極の根拠といわねばならない。

かかる西田哲学をバルト神学と共にその二大源流の一つとしてもつインマヌエル哲学によるならば、また、この世界、つまり自然的、社会的、歴史的、人間的世界には、総じて逆説弁証法的統一体で満ち満ちている。例えば、時間と空間、物質における粒子性と波動性、生物と無生物、社会と歴史における宗教・倫理・芸術的側面と技術・経済・政治的側面、精神と身体、理性と感性、理論と実践、主体と客体、主観と客観、普遍と個物等々がそれである。それらは、たんに「視座の相違」（柄谷行人氏）といったものでは毫もない。たんに人間の見方によって異なって見える、というものではありえない。そうではなくて事実そのものとして、不可分・不可同・不可逆的な相即としての弁証法的統一体というべきなのだ。

以上の点をまた別の観点からみてみると、この世界のすべてのものは、先述したようにいわば逆説弁証法的統一体として「事事無碍」、つまりは融通無碍に関わり合い相即しているということである。かくしてこれは、この世界のすべてのものはいわば因縁によって結ばれ、たがいに相依・相関的にかかわり合っている、という仏教の根本思想なるかの縁起説にも深く通ずるものといってよい。

しかるに、既述したように仏教では、この事事無礙説や縁起説は、これを説くものの、それがではいったい何故そうなのか、というその究極の根拠については、これを何ら明らかにしようとしない。

その意味では、西田哲学は、その仏教的世界観に哲学的根拠を与えんとしたものといってよいだろう。西田によれば、この世界の根柢は「絶対無の場所」として「絶対矛盾的自己同一」なのであり、その絶対矛盾的自己同一なる根源的事実・事理を「表現」してこの世界にあっては、すべての個物と個物が矛盾的自己同一的に相互にかかわり合うというのだ。

この西田哲学に深く学びつつ、インマヌエル哲学はこう考える。すなわちこの世界の根柢には、神とこの世界との絶対に不可分・不可同・不可逆的な根源的・逆説弁証法的関係が刻々成り立っており、その根源的・逆説弁証法的原関係にもとづきそれを自然《じねん》に「映現」してこの世界のすべてのもの・いちいちのものはたがいにそれなりに不可分・不可同・不可逆的な逆説弁証法的関係ないし統一をなしている。そしてそのさい、その自然な「映現」ないし「表現」が何故（why）可能となるか、といえば、それはすでにのべたごとく大自然の根源なる神のありあまる絶対的な愛と力、それにもとづくその御意というほかはない。

かくして明らかなようにインマヌエル哲学は、この世界と人間の根源的な謎、つまりこの世界はいかにして成り立ちまたどのような構造をなしているのか、またそれは何故そうなのか、さらにまた人間とはそもいかなる存在であり、究極のところどこにどう成り立っているのか、また何を究極の根源にし何を終局の目標にし、さらに何を不断の生きる原動力にしているのか、またすべきなのか、それに対して how および what 的説明と共に why 的説明をも与えんと試みるのだ。

そのさい、この世界の成り立ちとその根本構造については、今うえで述べたごとくである。そしてさらに人間についてこれを端的にいうならば、それはこの世界の根柢に厳在する上述の根源的・逆説弁証法的根本構造、その動力学的構造連関としてのインマヌエルないし神人・神物の原関係・原事実、その真実の主体である神の大いなる愛と力、それにもとづく聖なる御意、そこに、まさしくそこにこそ人間存在の究極の根源があり、また同時にそれこそが人間の終局の目標であり、日々新たなる生ける原動力というべきなのだ。

まさにそれだからこそ、この世界はビッグバンに始まる宇宙の歴史から地球の歴史・生物の歴史となって展開し、そうして最後にそこから人類の歴史もまた生じ来たるのである。要するにこの世界全体が歴史的であり、その歴史的世界のなかに現われた人間存在に特有のものとして人類の歴史があるというべきなのだ。

以上を要約すると、この世界および人間の歴史性の最後の根拠は、この世界内部の物ないし人間とその創造者、つまりはこの世界の究極の根源にして終局の目標、日々新たなる原動力なる神と、それら両者の不断の対話・呼応関係にあるといわねばならない。すなわち、この世界内部のものはすべて人も物も、その創造者なる神から不断に呼びかけられ、それに応答すべく働きかけられているということなのだ。かくしてそこに生起するもの、それが例えば物理の諸法則であり、生物ないし生物進化の諸法則であり、そうしてまた歴史法則を含む人間社会の諸法則にほかならない。

したがって人類の歴史についてこれを解明せんとするならば、このようなこの世界そのものの歴史性と、その依って来たる究極の根拠、そこ、まさにそこをこそ、しかと踏まえる必要があるのである。

そのときはじめて、人類の歴史もまた、その how および what 的構造、つまり歴史はいかなる構造を有し、また何をその原動力にしているのか、ということだけでなく、また同時に why 的根拠、つまり何故人類の歴史はそのような構造をもち、またそれを原動力にしているのか、ということがおのずから明らかとなってくるのである。

いいかえれば「すべてはそこからそこへ」（西田）という究極の一点、インマヌエルないし神人・神物の逆説的原関係点、そこに、まさしくそこにこそ、この世界と人類の歴史性発生の究極の根拠・根源・目標・原動力が厳在するのだ。

この究極始源の一点、そこに含まれる動力学的構造連関、それがかたく抑えられ、かくてこの世界はいかにして（how）また何故（why）成立したのか、また日々成立しているのか、その点が一点の曇りなく明らかにされてこそ、この世界の歴史、また人類の歴史は、それがどう（how）動いてきたのか、ということだけではなく、また同時に何故（why）そう動いてきたのか、その点についてもまたその最後の根拠を獲得することができるのである。

## ㈥　マルクスの唯物史観に対する根本的批判・再論

### (1)　唯物史観の非科学性・主観主義性

ここでマルクスの唯物史観にふたたび眼を転ずると、そこにはこの世界そのものの成立について、その究極始源の根拠に対する洞察が完全に欠落している。

唯物史観を大きく包む弁証法的唯物論といえども、この世界の、かかる究極始源の根拠については、これをまったく明らかにしていない。それゆえにこそ、唯物史観では、人類の歴史がどう動いてきたか、その点の説明はなるほどそれなりにあるものの、それが何故（why）そうなってきたのか、という点についてはほとんど何もこれを明らかになしえないのだ。

例えばその一例として、階級なき平等な原始共同体から階級社会への移行——人類史にとって決定的に重要なこと、それゆえにまた新たなる階級なき自由・平等社会（社会主義・共産主義社会）を考えるうえには必要不可欠のこと——について、唯物史観ではその十二分に説得力のある理由・根拠が何ら示しえないのだ。かかる、人類史にとって決定的ともいいうる一点についての十分な説明・解明なくして、来たるべき人類史ないし人間社会について語ること、それはまったく非科学的・主観主義的というほかはない。

現在の階級社会を止揚して真の階級なき自由・平等社会——原始共同体のごとく自然的条件に制約されたかぎりでのそれではなく、まさに人間の自由な責任と決断においてこそ構想され目差されるべき無階級社会——の実現を目差さんとするかぎり、自然的な階級なき原始共同体から何故（why）現在の階級社会が発生したのか、その点は必要不可欠のアルキメデスの一点というほかはないのであり、その点の十分な解明のない歴史観など、どう甘くみてもとうてい科学的とはいいがたい。

そうしてこの点こそ、つまり人類の歴史がどのようにして動いてきたかだけでなく、それは何故そうなのか、というその根拠についての十分な説明がない点、十分な説明がなしえない点、それが、それこそが、唯物史観の致命的欠陥であり、また「科学的歴史観」というその僭称とは裏腹の非科学性・主観主義性といわねばならない。

ところで、原始の無階級社会からその後の階級社会への移行の理由について、われわれインマヌエル哲学の見解を簡単にいうならばこうである。

要するにそれは、人間が誰しても有している我《が》ないしエゴ、そこからまた湧き立ってくる傲慢・傲岸であり、さらにはそれにもとづく権力衝動といったもの、一言でいって人間世界のありとあらゆる悪がすべてそこから湧き起ってくる根源の悪としての根源悪、つまりは罪にほかならない。

いいかえるなら人間各自を今ここで、いつもどこにでも成り立たしめ在らしめ生かしめているその生存の根源にして日々の原動力、最終的な目標としての永遠に生ける神、あるいは、その永遠者・絶対者なる神によって刻々置かれている神人・神物の原関係・原事実、それへの本質的には何の理由も根拠もない反逆・裏切り、ほんらい自己犠牲的・自己否定的に他者を生かさんとする愛を育み、これを実践すべく刻々創られ導かれているにもかかわらず、これを裏切り、これに背いてその正反対の自己の不当な思いを先立てこれに他者を従わせ、自分がその支配者にならんとする、いいかえれば他者をエゴイズム的に殺さんとする我、一言でいって罪ないし根源悪、それによるものといわねばならない。

かくしてかかる根源悪をいかにして克服・超克するか、それ、まさにそれこそが来たるべき新しき社会像、真に自由で平等かつ愛と平和に満たされた社会像を構想するには何としても必要不可欠といわねばならない。

そのさいそれは、第五章で詳論したごとく、端的にいってかの永遠者なるインマヌエルの神に導かれつつそれに目覚め、もって愛に覚醒することをおいてほかにない。

たんに制度を革命せんとするいわゆる制度論に終始するのではなく、それと共にそれと同時並行的に人間個々人のいわば実存革命、エゴの主体から愛の主体への根本的転換を成就すること、かくして個々人がその倫理性を能うかぎり高めること、それが何としても必要不可欠なのだ。

その点が、まさしくその点こそが、従来のマルク主義に決定的に欠落していた点といわねばならない。その意味でも、旧来のマルクスおよびマルクス主義はいまだ十分に科学的ではなく、逆に非科学的・主観主義的な傾向があったといわねばならない。

## (2) 科学と哲学の区別と関係、そして唯物史観

いったい科学とは、そもいかなるものか。

それは、既述したごとく、つねに why 的問いを推進力としつつ how 的問いを追求する学の営みといってよい。より具体的にいうならば、物や生物、進化、経済、政治等、それらについてそれらの構造がいかなるものか、どのような構造のもとに成り立っているものなのか、という how 的問いをどこまでも追求するものでありながら、その時々の探求の結果について何故そういえるのか、それはどうしてなのか、というさらに新たな why 的問いが立てられ、それがその how 的探求のつねに新たな推進力となっている学的営みといわねばならない。

その点、先にもいったように、唯物史観は、その決定的に重要な点において、つまり何故この世界に不平等が生じ来たったのか、という why 的問いを蔑ろにしてきたという意味で、やはりいまだ十分科学的とはとうていいえず、むしろ逆に非科学的・主観主義的であったというほかはない。

とはいえ、しかし、科学は、それぞれの分野において why 的問いを動力としつつ how 的問いを究明する、といっても、究極の why 的問いにはゆめにも答えられるものではない。例えば、宇宙の始まりとしてのビッグバンがどういう(how)仕組みで起こったかは説明できても、それがひっきょう何故(why)起こったか、それは説明できないだろう。

また、物質の究極としての基本単位はクオークであり、それらは不断に生成消滅している、つねに「真空」において「そこからそこへ」と生滅しているといっても、そういう how 的構造は説明できても、それがひっきょう何故そうなっているのか、といった why 的問いにはおそらく答えられないだろう。その証左として、素粒子物理学にあっては、その前提とする「真空」の概念自体すこぶるあいまいといわねばならない。

さらに生物学に眼を転ずれば、例えば生物とは「動的平衡」(福岡伸一氏)だといいえても、では何故そうなのか、

という問いに対しては、氏みずからが告白しているように答えられない。その点は、他の科学、進化論から経済学、政治学等、すべてに妥当することといってよいだろう。

ところが、まさにこの究極の why 的問いに答えんとするもの、それが取りも直さず哲学にほかなない。宇宙の発生から素粒子の在り方、生物の構造・進化の在り方、その他経済学、政治学を始めすべての自然科学、社会科学、哲学以外の人文科学において、それらがつねにアプリオリ（先験的）なものとして前提しているもの、例えば宇宙や素粒子や生物や進化の現象、あるいは経済・政治・社会の現象等、それらのアプリオリな前提そのものをさらに大きく一歩踏み込んで問うもの、「何故（why）それらが現に在るのであって無いのではないのか」（ハイデガー）を問うもの、それらの究極の根拠を問うもの、それがほかならぬ哲学というものなのである。

要するに、真の哲学とは、科学にとっての最後の壁、つまりは科学自身ではとうてい答えられないもの、それらがつねにアプリオリに前提しているもの、それらの究極の根拠、最後の why 的問いに答えんとするものなのである。

かくして、why 的問いが科学探究の推進力という意味では、科学も、もっぱら究極の why 的問いへと降り立たんとする哲学と相通ずるものがある。しかしながら哲学は、科学と違って、例えば世界とはいかなる根本構造のもとに成り立っているのか、と問うと同時に、ではそれは何故そうなのかと問い返し、かくて how・why 的問いの究するところ、そこのひっきょうの why 的根拠をも探求し答えんとする。

さらに別の例でいうならば、人間とはそも何か、いかなる存在か、何を究極の根源とし最終的な目標、日々の原動力として生きる存在なのか、と how かつ what 的問いを問うと同時に、さらにその究極の why 的根拠をも問わずにはいられないのだ。その究極の根拠が一点の曇りなく明らかにされないかぎり、それ以前に立てられた how や what も十二分には答えられず、かくて根拠薄弱ないし根拠欠落とならざるをえず、それゆえ十分な説得力に欠けてしまうからである。

その点が、まさしくその点こそが、科学と哲学の一見相似てはおりながら根本的に袂を分かつその究極の一点というべきなのだ。

かくして明らかなごとく科学と哲学とは、ある点までは相似たところがあるものの、その根本においては決定的に相異なるものといわねばならない。

ここで唯物史観に話をもどせば、それは今述べてきた意味では、十分に科学的でもないし、また十分に哲学的ともいいがたい。その理由をもう一度繰り返せば、唯物史観にあっては、why 的問いが十分にその探究の推進力になっていないだけでなく、その究極の why 的根拠、すなわち唯物史観は何故正しいといえるのか、何故人類の歴史は唯物史観にもとづいて動いてきたといえるのか、という問いには十分に答えることができないからである。

よし唯物史観の背後に唯物弁証法があるといっても、これもまた、物の存在についての究極的な why、何故物はあるのか、無いのではないのか、には、ほとんど答えられないままなのである。

レーニンは「絶対的物質」などというけれど、いったい「絶対的物質」とはそも何か、まったく明らかでない。そもそも、元来相対的でしかない物質が、いったいどうして同時に絶対的でもありうるのか。その点についてレーニンは何ら説得力ある答えを提示しているとはいいがたい。そこは、もはや唯物論の範囲を大きく踏み越えた、そのかぎりでの未知の領域というほかないからである。

以上図らずも、話がとても長くなってしまったが、ここで最終的な結論をいうならば、マルクスやマルクス主義者の奉ずる唯物史観、あるいは一マルクス主義者として大なり小なりそれを踏まえた柄谷行人氏の修正唯物史観、それはこれを十分に科学的・哲学的とはいいがたいということである。

## 二　インマヌエル哲学とマルクスの唯物史観 (二)

### (一)　マルクス思想とその唯物史観における致命的欠陥

マルクスは、資本主義の経済学的・社会科学的分析・批判では、たしかに不朽の功績を果たしたといわねばならない。しかながら、人間そのものについての哲学的思索については、これを底の底まで徹底して遂行したとはいいがたい。

なるほど若きマルクスは、その著『経済学・哲学草稿』でも明らかなごとく、哲学にもそれなりの関心を寄せていた。が、のちに経済学に関心が移るにつれて、若い頃のその哲学への関心は失せていく。そこには、マルクスの朋友エンゲルスの影響が大きかったともいわれる。いずれにせよ、こうしてマルクスは、哲学への関心を失っていく。いや、むしろ、哲学とははっきり決別したといってもいい。したがって、マルクスには、周知のごとく疎外論とか物象化論とかといった深い人間考察はみられるものの、それらはいずれも今ひとつ不徹底といわざるをえない。そればかりか、それらはあくまでも資本主義社会内部での人間省察であって、時と処を問わず成立している人間そのものに普遍的な本質について底の底まで徹底したギリギリの思索はついに展開されはしなかった。

いわゆる唯物史観による経済下部構造決定論も、これを妨げる大きな要因だったといってよいかもしれない。ここで唯物史観をごくごくかいつまんでいうならば、大雑把にいって経済的なものが上部構造、すなわち政治、宗教、芸術、文化、イデオロギー等のすべてを下から規定・決定するというものである。かくして、人間の精神的なもの、精神活動もまた、けっきょく経済的なものにより決定されてしまうということである。これをいいかえるなら、経済的なものから独立した人間の精神的営みは毫も存在しないということである。かくして、時と処を超えた人間の普遍的本質としての精神的なもの、端的にいって愛とか、エゴとかといったもの、それは、一定の段階の経済的なものないし経済社会から独立には存在しない、いや存在しえないということである。したがって、マルクスにあってはその哲学の大前提からして、時と処を超越した人間の普遍的本質について考えるということ、それはすでに最初から断念されている。いや放棄されているといってもいいだろう。そんなものを考えても何ら益はない。そんなことをするのは、閑人の哲学者の暇つぶしということになる。そんなものは、最初から存在しえないのだからである。こうしてマルクスは、人間の普遍的本質について考えることはしなかった。いや、そんな必要はないと思った。ところが、それが、まさにそれこそが、けだしマルクスの致命的欠陥であったのだ。そうしてまたそれが、思うに二〇世紀型マルクス主義的社会主義のドミノ式崩壊の根本原因となったのである。

いずれにせよ、人間の根源的・普遍的本質としての愛とエゴの問題、それをマルクスは徹底的には究明しなかった。したがって、マルクスの疎外論や物象化論にあっては、思うに資本主義下にあってはいっそう先鋭化されていくエゴの問題や、逆にますます貧しく乏しくなっていく愛の問題、これらについての指摘や省察はほとんどない。

それればかりではない。人間のエゴの問題は、経済・社会・政治システム、つまりは環境論に還元することのできない問題であるにもかかわらず、マルクス思想には、そういうけだし誤れる方向へと道を開く可能性がすでに含まれていた。すなわち、前述した唯物史観の下部・上部構造論にすでにその予兆が内包されていた。なんとなれば、この理論によると愛とかエゴとかといった人間の精神的なものは、とりもなおさず下部構造の経済社会的環境によって規定・決定されてしまうのだからである。まさにそれだからこそ、マルクスの後継者レーニンによりその点が環境論としてあまりにも軽々しく受け継がれ、これがマルクス主義の根本的欠陥となってしまったのだといわねばならない。かくしてそれが、二〇世紀型のマルクス主義的社会主義の連鎖的瓦解の根本原因となったのだといわねばならない。
ちなみに、マルクス自身は、唯物史観という言葉は使っていない。が、実質的にそれに当ることはいっている。その点は、これを誰しも否定しないであろう。そのマルクスの唯物史観を、ごくかんたんに図示すると、うえのごとくである。

図1

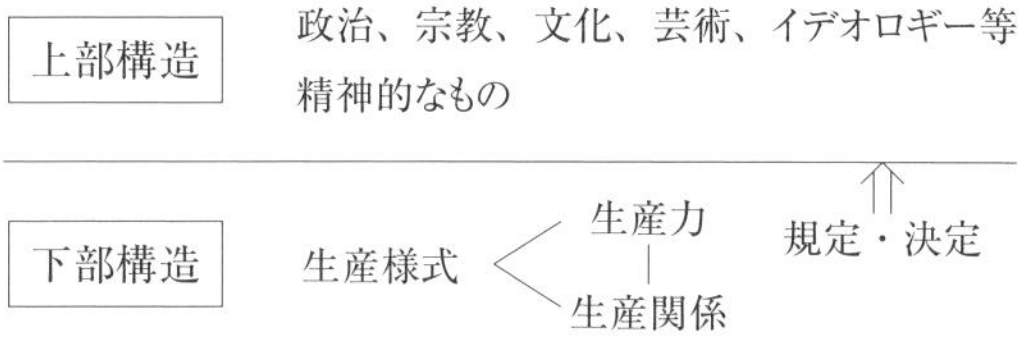


さて、先述したように、マルクスは、人間の第二の本性ともいうべきエゴの問題、ないし愛とエゴの問題をそれじたいとして徹底的に究明することをなおざりにした。その結果、二〇世紀になって成立したマルクス主義的社会主義諸国家は、やがてまた崩壊の淵へとなだれこむことを余儀なくされた。その点の因果関係をさらに具体的に説明すれば、こうである。
前衛党ないし共産党のメンバー、とりわけその幹部たちは、革命時にあっては民衆解放のためみずからの生命を賭して闘ったにもかかわらず、一旦革命が成功するや舌の根もかわかぬうちにたちまちにしてその権力にとりつかれ、かくて自分たちがそのために戦ったはずの民衆を裏切り、あまつさえそのうえに立ちかれらを新たに支配する特権階級に成り下ってしまった。他方民衆は民衆で、革命の黎明朝にあってはみな力を合せて働きながら、しかししだいに生産力が上がってくるやサボタージュするものたちが現われ、かれらの悪影響もからんで民衆全体の労働への熱意が失われ、かくして生産力もふたたび低下してしまった。少なくともそれが、社会における生産力低下のとても大きな要因となってしまった。かかる事実のうちにはっきりとみてとれるのは、とりもなおさず人間のエゴの問題にほかならない。
こういった点は、しかし、日本をはじめ資本主義の国々をみてもあるていど推測がいく。権力者は、一見民主主義的なスマートな装いをこらしつつ、そのじつすこぶる傲慢で特権化している。他方公務員は、社会主義諸国の労働者にけだしとても似ている。すなわち、民間の労働者に比べ、公務員はそれほど仕事に熱心とはいいがたい。職場がいわゆる「親方・日の丸」でまず倒産することがないゆえに、そこからくる甘えがエゴを呼びおこし、仕事への熱意を奪ってしまうからだろう。もっとも最近の公務員は、民営化というスローガンで脅されたり、よくバッシングされたりすることから昔に比べればかなりよくはなっているが、しかし、かつての公務員はそのサボタージュがよく漫才などのネタにされたものである。要するに、民間では会社が倒産したり給料が減らされるから怠けは許されないが、公務員は職場が潰されることもなければ給料が減らされることもないゆえに、それがさけがたくエゴを呼びさましこれが怠けへとつながってしまうのである。かくして、ここには、けっきょくエゴの問題が深くかかわっているというべきなのだ。

かくして明らかなのは、自分の生命の根源にどこまでも根深くかつ根強く巣喰っているエゴへの反省、徹底的に深い反省なしにいくら革命を叫びこれを遂行しても、それはひっきょう腐敗した革命、「裏切られた革命」とならざるをえないということである。その点、資本主義の公務員改革ないし行政改革にしても、この問題、人間のエゴをいかにして克服するかという問題、それを抜きにしては根本的にはとうてい成功しないといわねばならない。

こうして明らかなることは、真に正しい社会主義実現のためには、この人間の本質、いな第二の本質としてのエゴを根柢的に克服し、このエゴとは正反対の愛、第一の本質としての愛に深く目覚めつつそこに立ち還ること、そういう意味での人間革命・実存革命、それを通しての人間各自の倫理性の普遍的向上、それがあくまでも必要不可欠といわねばならない。わがインマヌエルの民主主義とは、まさにそれをこそ目差さんとするものである。

いずれにせよ、マルクスやマルクス主義者には、かかる意味での哲学的思索、人間そのものを端的に考察の対象とするどこまでも執拗かつ真摯な哲学的思索、それが決定的に欠けていたのであり、それゆえにこそ、二〇世紀に一応は実現したマルクス主義的社会主義は、周知のごとくみるも無惨な形となってドミノ式・連鎖反応的に崩壊してゆかざるをえなかったのだ。

この二〇世紀型マルクス主義的社会主義の惨めな破綻に、その元祖マルクスが、その根本的な点でまったく責任なしとはとうていいいえない。

いや、マルクス主義者の多くは、今なおマルクスをかばって二〇世紀型社会主義崩壊の原因ないし責任をのちのマルクス以後のマルクス主義者、つまりはレーニンや毛沢東らに帰せんとするが、それはひっきょうマルクスの依怙贔屓であり贔屓の贔き倒しというほかはない。

二〇世紀型マルクス主義的社会主義・大崩壊を眼の当たりにした現在ですら、マルクス主義者の誰一人、浅学な筆者の知るかぎり誰一人、上述したごとき哲学的思索、つまりは人間そのものの根源的・普遍的本質をめぐる徹底的な哲学的思索、時と処、あるいは環境如何にかかわらず、いつどこにでも、どんな状況下にあっても人間に帰属する根源的・普遍的なその本質、一言でいって愛とエゴの問題、それらが人間にあってはどこからどう起ってきて互いにどうかかわり合っているのか、といった問題、これを真摯に顧みてはいないといわざるをえない。

それはともかく、以上のべたところをもう一度かんたんに繰り返し要約したい。資本主義の根本的倒錯性を鋭く分析し批判したという意味で、たしかにマルクスは不朽の功績を成し就げた。けれども、そのマルクスも、けだし致命的な欠陥を内包していた。そうしてそれが、二〇世紀型マルクス主義的社会主義の連鎖的崩壊となって現われた。では、そのマルクスの致命的欠陥とはそも何か、といえば、それは、ほかでもない資本主義の経済学的・社会科学的分析の鋭さに比べ、人間そのものの哲学的思索が決定的に欠落していたということである。

たしかにマルクスにも疎外（Entfremdung）論（『経済学・哲学草稿』）とか物象化（Versachlichung）論（『資本論』）とかといった、たんに経済学には還元されえない深い哲学的思索も存在した。(3)

それらは、資本主義社会内部における深い人間観察ではあったが、しかしいまだ十二分に徹底した人間考察とはなりえていなかった。とりわけ、時代と社会を越えた人間のいわば普遍的本質、つまりは愛とかエゴとかといった問題を底の底まで徹底して考えに考え抜くには及ばなかった。その理由は、マルクス自身の唯物史観の中に深く根差していたといっていい。唯物史観では、いわゆる下部構造としての経済的なもの、つまり生産様式、いいかえれば生産力と生産関係の関係、それが歴史の原動力となって働き、政治や文化・宗教・道徳・芸術といった精神的なもの、人間の精神的営み、それはけっきょく上部構造として、この下部構造の経済的なものにより、ただ一方的に規定され決定されるとされたからである。

だからここでは、たとえば、古代なら古代の経済構造に即した精神的営みがあり、中世には中世、近世には近世といったふうにして、人間の精神的な営みは、すべてその時代・時代の経済構造つまりは生産様式に決定されてしまうということになる。

したがって明らかなように、唯物史観では、人間の普遍的本質、時代も社会も超越した、いつどこにでも、いかなる環境や状況のもとにあっても成り立つ普遍的本質といったものは考えられないことになる。いや、そんな普遍的本質など、暇をもてあますブルジョア御用哲学者のいだく妄想にすぎないということになる。

ここにさけがたく、哲学への深く度しがたい軽蔑・侮辱があらわとなる。ところがここに、まさにここにこそ、マルクスの決定的・致命的欠陥があったのだ。

すなわちマルクスは、人間の普遍的本質、とりわけその核心の一つともいうべき愛とかエゴとかといった問題、それをたんに深く考えなかったというよりも、かれの思索の大前提である唯物史観が、これを不必要なもの、考えるに値しないものとして斥けてしまったのである。

ところがこれこそ、まさしくこれこそが、何度も繰り返して強調するようにマルクスの根本的かつ決定的・致命的な欠陥であり、それが現実に歴史的事実として表面化したもの、それこそが、これも何度も繰り返すあの二〇世紀型マルクス主義的社会主義諸国の見る陰もない無惨な破滅の連鎖にほかならない。

なぜなら、人間に深く根差すエゴを克服し愛に目覚め、愛に甦ることによって愛の主体として自己を確立し、かくして人々がみずからの倫理性を不断に向上してゆくこと、それこそが真の社会主義実現には何としても必要不可欠といわねばならないからである。もとより社会システム・社会制度の根本的変革、その意味での革命も必要ではあるだろう。が、しかし、それと並んで、今までのべたごとき人間のいわば実存革命、それもまた必要不可欠というべきなのだ。それら両者は、前にもいったように同じ車の両輪というべきなのである。

ところがマルクスは、その唯物史観という大前提からさけがたく、人間のこの実存革命という事柄をあまりにも軽くみすぎてしまったのである。いやむしろ、それも、社会システムないし社会制度、いいかえれば資本主義の根本的変革としての経済・政治革命さえ実現すれば、おのずからそれにつれて惹き起こされてくるものとあまりにも素朴かつ楽観的に考えてしまったのである。

しかしながら、本来的にいうならば、人間の根本的変革は、社会システムの根本的変革とは別に、それと並行しつつ、それじたいとしてなされるべきものなのである。

こうみてくると、マルクスの根本的欠陥の遠因は、つまるところ唯物史観を大前提にしてしまったところにある、といっても差し支えないだろう。

## (二)　あるマルクス主義者の修正唯物史観への根本的批判

さて、以上のべきたったことは、今日のマルクス主義者も、かなり広く感づいているところといってよいかもしれない。かくして、いろいろな形で唯物史観を見直し、修正しようとする動きもみてとれる。

例えば、柄谷行人氏は、さきごろ上梓した『世界史の構造』で、唯物史観の下部・上部構造論に変えていわゆる氏の交換様式によって歴史を見直し、唯物史観によってはうまく説明できない政治や宗教・道徳の問題をも経済とからめてうまく説明せんと試みている。しかし、果たしてそこで、歴史の原動力となっているもの、つまり歴史を動かす原動力とはいったい何か、それが一点の曇りなく明らかにされているといえるだろうか。

マルクスの唯物史観では、それが正しいか否かは別として、歴史の原動力は下部構造、そこに組み込まれている経済的なもの、つまり、生産様式、より具体的にいうなら生産力と生産関係のたがいの関係であった。

これに対し柄谷氏の『世界史の構造』、そこにおける交換様式論では、それはいったいどうなっているのだろうか。氏は四種の交換様式を想定し、それらが原始社会から古代、中世、近世、近代、そして現代、いや将来的な社会主義社会までも貫く、それぞれに形をかえた一本の赤い糸だと主張する。

けれども、それらの四つの交換様式が時代と共に変化してゆくそのさいの、それを底から動かすいわば原動力、それへの深い洞察がいったいどれほど存在するといえるだろうか。ただ「世界史」の「構造」のみを分析するのであるならば、それはたんなる歴史（世界史）の how 的分析、つまり世界史はいかにしてどのようにして成り立っているのか、という how 的分析であって why 的問い、つまり世界史は何故あるいはどうしてそのようになっているのか、そのように動いてきたのか、という why 的問いに答えるものではない。

要するに「世界史の構造」は、世界史とはこれまでひっきょうするところいかなるものであったのか、どのようなものであったのか、という how 的問いに答えんとするものにすぎず、何故、どうしてそのように歴史（世界史）は動いてきたのか、動いてこざるをえなかったのか、というといわば why 的問いに答えるものではない。

それではしかし、いまだ十分に歴史哲学ともいえないし、とうてい革命哲学ともなりえまい。よし必ずしも正しいとはいえなくとも、マルクスの唯物史観には、歴史を根柢的に動かす原動力への考察があり、それゆえ歴史はけっきょくのところどうやって動いていくか、動いてきたのか、その点についての省察があった。だからそれは、結果的に間違ったものにせよ、二〇世紀型社会主義諸国成立のための革命哲学となりえていたのだ。だから真の歴史哲学・革命哲学には、歴史を根本的に動かす真の原動力、それはいったい何か、それについての一点の曇りのない洞察がなければならない。ただたんに歴史の構造を分析しただけで、歴史を動かすその原動力への洞察を欠いた歴史哲学・革命哲学などはありえない。

そんなものは、しょせん革命哲学としての力をもたない。革命を導くための哲学としての役割を果たしえない。それだからこそ柄谷氏は、氏が将来来たるべき新しい社会としての「世界共和国」を、一八世紀のドイツの哲学者カントにならってこれをたんに「統制的理念」、つまりは人々をそれに向かって統制的に導く理念とするだけで、それが、いやそれに向けての世界史の動きが何故歴史的必然なのか、その点については皆目不明といった有り様なのだ。かくして、氏のいわゆる「世界同時革命」は、氏のいわば理想ないし期待であって、マルクスにおける社会主義・共産主義社会のごとく「歴史的必然」として確信されるものでは毛頭ありえないのだ。

## (三)　インマヌエル哲学史観の素描的図示とその説明

ここで、われわれインマヌエル哲学の歴史観について、これをまず素描的に明らかにしたいと思う。この点については拙著『現代の危機を超えて――第三の道』の第Ⅱ部の当該箇所でかなり詳しく書いたが、それは未だ不十分なものであったので、ここではそれを修正しつつさらに詳しく、が、しかし大づかみに説明したい。

それをまず図示したものが次ページ図2である。

図2は、唯物史観の破壊・再構築、つまり今流行の言葉でいえば脱構築にほかならない。

図2を説明するとこうである。すなわちわれわれインマヌエル哲学の立場では、歴史の原動力は、とりもなおさずインマヌエルないし神人の原関係・原事実にほかならない。

インマヌエルないし神人の原関係・原事実とは、われわれが、それを知ると知らないとにかかわらず、好むと好まざるとに関係なしに、いつどこにでも、誰のもとにも老若男女・年齢・性別・職業・民族・人種等に一切かかわりなく成り立っている神と人との根源的な関係である。

このインマヌエルないし神人の原関係のうえに、人間社会の物質的な技術・経済的な側面と他方精神的な宗教・道徳・芸術的側面と、これら両者がいわば二つのポールとして両極に成り立ち、かくてそれら両者は互いに相補

**図2**

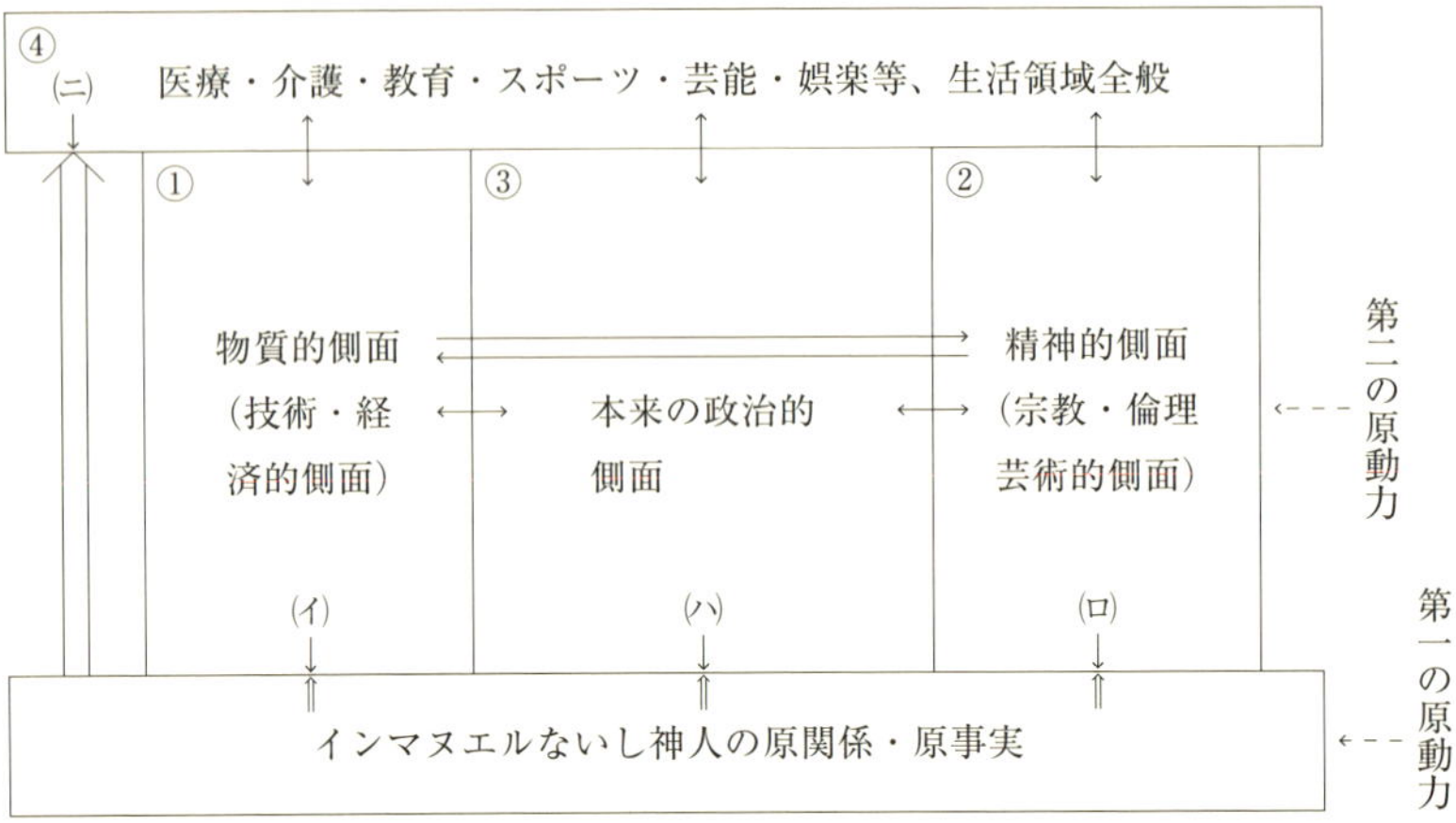


(a)↔　相補的・相関的関係
(b)⇒　インマヌエルの神の働きかけを示す。
(c)(イ)の→　物（商品等）を媒介として人と人とのかかわりを通してインマヌエルの神に間接的にかかわることを示す。
(d)(ロ)の→　インマヌエルの神に直接かかわることを通して人と人がかかわることを示す。
(e)(ハ)の→　この「本来の政治」は、社会や歴史のいわば「良心」として①②④を潤滑油的に調整するが、階級社会にあっては支配階級の代弁者としてその利害調整を行なう。
　かくしてかかる働きを通してこの(ハ)の→は、間接的にインマヌエルの神にかかわることを示す。
(f)(ニ)…　①・②・③との相補的・相関的関係を通して間接的にインマヌエルの神にかかわることを示す。
(g)…　(ハ)と(ニ)は、共に物質的要素と精神的要素とが、それぞれの局面において混在しており、それゆえにそのつど、それぞれの局面に応じて(イ)的な反応をしたり(ロ)的な反応をすると考えらえる。

的・相関的にかかわり合って動いていく。これをより具体的にいうならば、物質的側面は、物を媒介として人と人とがかかわり、もって間接的にインマヌエルないし神人の原関係の呼びかけに応答していく。と同時に、他方精神的側面は、各自が直接インマヌエルないし神人の原関係にかかわることを通して互いにかかわり合って成り立っている。

　そうしてその物質的側面と精神的側面とが、また互いに相補的・相関的にかかわりつつ、社会や歴史を動かしていくのである。

さらにこれら両側面に対し、本来なら歴史・社会のいわば「良心」としてそれらに調整的にかかわるものとして、しかし階級社会にあっては支配階級のいわば代弁役の調整として、それら両者の中間に政治的領域が成り立ってくる。

そのような調整的働きとしてこれは、物質的側面、精神的側面、さらに、それらの上に成り立つ医療その他の生活領域と相補的・相関的にかかわりつつ間接的にインマヌエルの原事実に順逆いずれかの仕方でかかわっていく。ちなみに物質的側面と精神的側面とは、政治を媒介せずに直接にも相補・相関的にかかわり合うといっていい。

そうしてさらに、これら三つの柱のうえに医療・介護・教育・スポーツ・芸術・娯楽等の生活領域全般が成り立つ。そのさいこれは、物質的側面にも、精神的側面にも、また政治的側面にも、相補的・相関的にかかわり、それを通して間接的にインマヌエルの神にかかわっていく。

さて以上、マルクスの唯物史観を根本的に批判しつつ、これに対置するものとしてわれわれインマヌエル哲学の歴史観を大雑把に図示し、これをかなり詳しく説明した。その点をつぎに、インマヌエル哲学そのものないしその世界観の説明から入りつつ、もう一度インマヌエルの歴史哲学について上述の説明を補完しようと思う。

まずインマヌエルの哲学では、人間ないし自己および世界の成り立ちの根柢には、ひとがそれと気づこうが気づくまいが、好むと好まざるとにかかわらず、神と人との根源的関係が成り立っており、この神人の原関係（Ur-verhältnis）・原事実（Urfaktum）のうえに、人も世界も成立し、そのうえを刻々動いているのだと考える。

この神人の原関係・原事実とはいわば呼びかけ応答する関係、一言でいって呼応関係であって、神はつねにわれわれ人間に呼びかけ働きかけているのであり、人間の方はそれと知ると否とにかかわらずこれに応答している関係なのだ。

かかる呼応関係において、神と人とは絶対に不可分・不可同・不可逆的に直接一つに結びついている。いいかえれば両者は、いかにしても切り離すことができないように直接不可分であり、しかし、にもかかわらず神は神、人は人という明確な区別は厳然としてあって、これら両者がごちゃまぜに混同されることはありえない。しかもまた神はどこまでも絶対に先立つもの・中心的なもの・能動的なものであり、人はそれに対し絶対に後なもの・周辺的なもの・受動的なものという点で、上下・先後の順序はかりそめにも逆にできない。そのように絶対不可分、不可同・不可逆的に根源的・弁証法的なかかわりにおいて成り立っている。この神と人との絶対に不可分・不可同・不可逆的な根源的・弁証法的な逆説的原関係を映してこの世界にはすべてのもの・いちいちのものが、たがいにそれなりに不可分・不可同・不可逆的な関係、ないし言葉をかえていえば相依・相補・相関的な関係、つまり互いに依存し合い補完し合う関係として成り立っている。

たとえば、人間の心と身体、理性と感性、理論と実践、男と女、男と男、女と女、子供と大人ないし老人、人間と物、時間と空間、動物と植物、動物と動物、植物と植物、虫と虫、動物と物、植物と物、虫と物、有機物と無機物、有機物と有機物、無機物と無機物、山と川、川と海、ごく身近な例でいえば石ころと石ころ（石ころ同士）等、さらに眼を天空に転ずれば、恒星と惑星、恒星と恒星、惑星と惑星、銀河系と銀河系、銀河系とブラックホール、ブラックホールとブラックホール、物質と暗黒物質、エネルギーと暗黒エネルギー――宇宙の九六%は人間には知覚できない暗黒物質や暗黒エネルギーでできているという。ちなみに宇宙は広いと思われているけれど、その中で人間に分かっているものは、その中のほんの数パーセントにすぎない。宇宙の大部分は暗黒物質とか暗黒エネルギーといった未知のものによって形造られている――、また眼を極微の世界に転ずると、元素と元素、原子と原子、陽子と中性子さらに最極微の素粒子といわれるクオークとクオーク、あるいはまた、光は物理学で粒子即波動、波動即粒子、粒子であると同時に波動、波動であると同時に粒子といわれているが、その光における波動と粒子それらすべてが、それなりにたがいに不可分・不可同・不可逆的にかかわっており、一方なくして他方もないし、また逆に他方なくして一方もない。

そのさい、そのつどの局面に応じてそのどちらかがより先立つものであり、より中心的なもの、他方はより後なるもの、より周辺的なもの、より受動的なものといってよい。このようにしてこの世界のすべてのもの、あらゆるもの、森羅万象は互いに即、それなりに不可分・不可同・不可逆的な関係の即で結ばれている。今ここにあるものも、地球の果て、いや宇宙の果てにあるものと、眼には見えなくともそれなりに不可分・不可同・不可逆的な関係の体系的連鎖の中に置かれている。そのようにして、たとい人間には知覚できぬとしても、しかし大いなる調和の中に置かれているのだ。この不可分・不可同・不可逆的関係をまた別様にいいかえれば、すでにのべたようにこの世界のすべてのもの・あらゆるものは互いに相依・相補・相関的にかかわっているということ、つまり互いに依存し合い、補い合い、補完し合って成り立っているということである。絶対に不可分・不可同・不可逆的な神人・神物の原関係とは、この世界の神への絶対依存の関係であるからだ。

この点をもう少し分かりやすく説明すると、例えば生態系を考えればよい。地球上のすべての生き物は、それを包む大きな生態系の中で生きている。生命をつないでいる。冬枯れ葉が落ちると、それが朽ち果てて腐葉土となりそこから微生物が生まれ、それを食べるより大きな生き物ないし虫が現われ、さらにそれを食べるより大きな生物が現われ云々といった具合いに食物連鎖が生まれ、その食物連鎖が、植物その他を含めた生き物全体の大きな生態系を形造る。その中で、それぞれの生き物は生きている。生きることができるのだ。だからこそ、今日いろいろな動物や植物の絶滅危惧が、大きな問題にならざるをえぬのである。生態系が崩れるからだ。人間自身もまた、地球上の大きな生態系の中で生きているのだからである。その生態系をさらに大きく包み込むもの、無生物をも含めて包みこむ大きなかかわりの連鎖、それが今うえでのべたインマヌエルの物質体系、有機物も無機物も含めた物質体系というべきなのだ。

ところで、かかるインマヌエル哲学の世界観は、東洋仏教の世界観の根本思想であるあの縁起の思想に酷似している。この縁起の思想では、この世界のすべてのものは、それ自体で独立にいわねば実体的に存在するものとしてではなく、すべての物事ないし事象が互いにかかわり合って成り立っていると考えられている。それはしかし、近代科学のいわゆる原因—結果という直接の因果関係で結ばれているというよりも、いわば原因・誘因・遠因等のさまざまな原因ないしさまざまな条件とその結果というように、いわば直接的ないし間接的な結びつきというべきである。

しかしながら、既述したごとく仏教ではかかる縁起の法（仏教的真理）をその根本思想として説くけれど、果たしてそれがどうしてそうなのか、つまり縁起の法は結局のところどこからどうして起こってくるのか、といったその根本原因ないし根本理由についてはこれを何も語らない。

事実がそうだからそうというほかはない、というまでである。これに対し、インマヌエル哲学は、この仏教の縁起思想の根本原因ないし理由を先のごとく明らかにせんとするのである。

すなわちこの世界と自己の根柢に神人・神物の原関係・原事実が成り立っており、そこでは人と物とが神と絶対に不可分・不可同・不可逆的に根源的・弁証法的に直接一つに結びついているからこそ、それを自然《じねん》に映してこの世界のすべてのもの・いちいちのものもまたそれなりに不可分・不可同・不可逆的に直接一つとなって、あるときは因となり、あるときは果となって互いに相補的・相関的にかかわるのだと考える。それを仏教的にいいかえるなら、人間ないしこの世界は仏凡・仏物の原関係にあり、かくて、この世のすべてのものはこの原関係に絶対依存している、まさにそれゆえにおのずからその原関係を映してこの世界のすべてのものは互いに相依・相補・相関的にかかわり合いつつ成り立っているのだということになる。

さて、神人の原関係・原事実の絶対に不可分・不可同・不可逆的な根源的・弁証法的関係をこの世界に映し出したものでわれわれにもっとも身近なもの、それこそすでに述べたようにわれわれ自身における心という精神的側面と身体という物質的側面にほかならない。

心と身体とは、神人の原関係・原事実を映しておのずから不可分・不可同・不可逆的に直接一つなのである。

そのさい良心とは、心の一部として心と身体の関係をいわば潤滑油的かつ調和的に調整する働きであり、かかるものとして逆説的超越者なるインマヌエルの神からの声であり、働きかけなのだ。だからそれは、ふつう考えられているようにたんに道徳的な善悪に対してだけ警告を発するばかりではなく、たとえば、その人の健康に対しても、あるときは食べすぎて身体をこわさないように警告を発したりするのである。

それはともかく、人間個人におけるこの心と身体、つまり精神的側面と物質的側面、それが社会や歴史に投影されたもの、それが社会や歴史における一方は宗教・倫理的な精神的側面であり、他方は技術・経済的な物質的側面にほかならない。

あのキリスト教の教祖イエスもいうように、人間はパン、つまり食糧のみでは生きてゆけない。パンだけでは、本当の幸福はえられない。そういう精神的存在として、おのずから自然《じねん》に社会・歴史の場にあっても宗教・倫理・芸術的な精神的側面が成り立ってくる。他方ではしかし、当然のことながら人間はパン、つまり食糧なしでは生きていけない。パンなしでは、生命を維持できない。だから当然人間世界にはその食糧を確保するための技術・経済的側面がおのずから成り立ってくる。

そうしてこの精神的側面と物質的側面を、人間個々人における良心のごとくその精神的側面と物質的側面をいわば潤滑油的かつ調和的に調整する良心のごとき存在として、本来的にはやはり潤滑油的・調和的に調整するものとして、それら両者の間に政治的領域がおのずから成り立ってくる。

ところが、基本的に未だ階級差別のなかった原始共産制社会ではよしそうであったとしても、それが崩れて階級差別の社会に陥るや、その後の歴史にあっては、政治はその本来の良心的役割を離れて、むしろ支配階級のいわば代弁者としてその利害に即した形で、そのかぎりでの調整役を努めることになったのだ。

さて、社会と歴史の二つのポール、つまり宗教・倫理的な側面と技術・経済的な側面のいわば中間に、それらの広義でのいわば調整役として政治的分野が成り立つと同時に、その同じ中間に位置しつつ政治的分野のいわば上に成り立ってくるものとして芸術的分野がある。この点については、図2をここで訂正しておかねばならない。そうしてそれは、あとの図3においてより厳密に図示されることになるだろう。

この芸術的分野も、技術・経済的側面の未発達な原始社会にあっては精神的な宗教・道徳的側面により近いもの、そのすぐ隣に位置するものであったけれども、時代が下り技術・経済的側面が進歩して複雑となった現代に近づくや、物質的な技術・経済的側面により近づいてきているといっていいだろう。そうしてこの四つのこの世界内部の土台のうえに前回もいったように医療・介護・教育・スポーツ・芸術・娯楽といった生活分野が成立すると考えられる。

## (四) インマヌエル哲学史観の厳密な図示とその説明 (一)

さて、図2を改めて正しく図示すると次ページの図3となる。

そこで、図3をさらに詳しく説明するとこうである。

インマヌエルの神は、図の②、③、④、⑤、⑥のいずれにも時々刻々、いつも・どこでも働きかけている。これに対し②では、人は、直接インマヌエルの神に順逆・正負いずかの仕方でかかわることを通してまた順逆・正負いずれかの仕方で他の人や物にかかわりつつ、もってインマヌエルの神に審かれる
かくしてここでは、いわゆる人格（ペルソナ persona、パーソン person、ペルゾーン Person）を媒介として模範者と被模範者の関係が築かれる。

インマヌエルの神に直接かかわるということは、そこで人格が試されるということにほかならない。だからインマヌエルの神に正しくかかわれば、その人は人格者となって他の人にとっての模範者となり、インマヌエルの神に正しくかかわらなければ、その人は非人格者となって他の人にとって模範者とは裏腹の反面教師となる、ということである。要するに、宗教・道徳の分野では指導者と被指導者、つまり指導する者と指導される者という

図３

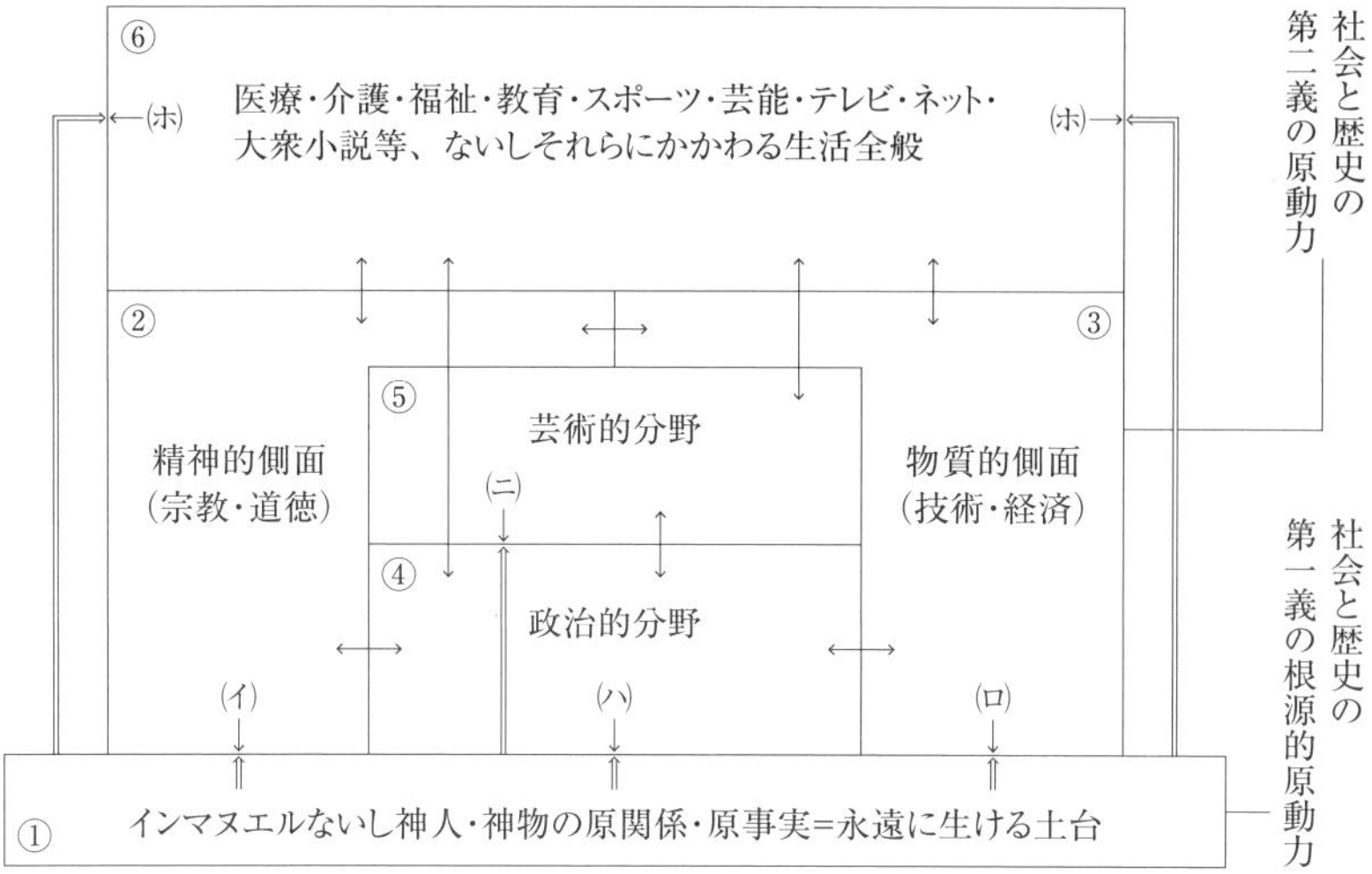


(a)⇒　インマヌエルの神のこの世界へのα呼びかけ、働きかけを示す。

(b)→　インマヌエルの神へのこの世界内部のそれぞれの分野におけるその応答を示す。

(c)　(イ)　インマヌエルの神に直接かかわることを通して人と人とがかかわり、もってインマヌエルの神に審かれる関係を示す。ここには模範者―被模範者の関係が生まれる。

(d)　(ロ)　物（技術・貨幣・商品）を媒介として人と人とがかかわりつつ、もって間接的にインマヌエルの神にかかわりながら、これによって審かれる関係を示す。ここには指導者―被指導者の関係が生まれる。

(e)　(ハ)、(ニ)、(ホ)、それぞれの局面において(イ)のごとく精神的にインマヌエルの神にかかわりつつこれに審かれる場合と、②のごとく物質的にインマヌエルの神にかかわることにより、これに審かれるときがあることを示す。（詳細は本文でこれを明らかにする）。

(f)↔　それなりに不可分・不可同・不可逆的に相依・相補・相関的にかかわる関係を示す。

関係よりも、むしろそうではなくて模範者と被模範者、つまり模範となる者とこれを摸倣し倣う者との関係が成立するというべきである。

これに対し③では、技術や貨幣や商品といった物を媒介として、まず人と人とがかかわり、もってインマヌエルの神に順逆・正負いずれかの仕方でかかわり、これによって審かれる。つまり、物を媒介とした人と人とのかかわりが正しければインマヌエルの神にも正しくかかわることになるけれど、これが誤っているときには、インマヌエルの神にもいわば歪んだ形でかかわることとなり、おのずからその罰をうけることになる。

ちなみに資本主義社会では、物を媒介とした人と人とのかかわりが正しくないゆえにインマヌエルの神へのかかわり方も誤ることとなり、かくていわば罰をうけて、その世界には定期的に不況や恐慌・バブルといったものが発生することとなる。不況とか恐慌とかバブルというのはふつう経済学の分野の言葉だが、しかし、これをインマルエル哲学的に解釈すればそういうことになる。

④は、本来的には⑤や⑥と同じく、そのつどの局面においてある時はインマヌエルの神の働きかけ、呼びかけに対し、精神的側面の②と同じく、つまり、インマヌエルの神に順逆・正負いずれかのかたちで直接かかわることを通して人と人とがかかわり、もってインマヌエルの神に審かれる。だからその場合には、模範者・被模範者の関係が成り立つことになる。

そうしてそのようにして、②や③や⑤や⑥の領域に、いわば個々人の「良心」のごとく潤滑油的かつ調和的に調整する役割を担う。ところが階級社会にあっては、権力を媒介として人と人とがかかわり合い、もってインマヌエルの神にかかわることになり、かくてこれによって審かれる。したがって、ここでは権力を媒介として指導者・被指導者の関係が成立するが、しかしそれはインマヌエルの神の審きをうけていわば下克上の世界、戦国時代のあの下克上、家臣が武力で主君に取ってかわるあの下克上の世界となり、したがってつねに裏切り、疑心暗鬼、嫉妬、羨望、ねたみ、そねみ、不信、あるいは猜疑の渦巻く世界とならざるをえない。

いわゆる民主主義社会といわれる現代でも、その点は基本的に同じである。戦国時代には武力で主君を倒したが、現代では権謀術数、裏切り、裏取引き、根廻しなどで自分より上のものを倒す。例えば、力の弱った首相降ろしがその格好の例である。この例に限らず、こういったことは、どこの国のいつの時代でも、どこのいわゆる民主主義国家でもやられていることである。政治の世界は。だからそういう意味でとても汚ない。しかしそれは、政治の本来の在り方ではなく非本来的なあり方なのだ。本来の「良心」として行なわれずに、権謀術数的に汚い心で行なわれているからだ。したがって、政治が本来汚い、というのではなく、階級社会の政治だから汚ないということなのだ。なぜなら階級社会では、権力がものをいうことになるからである。

さて、⑤と⑥の関係にあっても、インマヌエルの神の働きかけ・呼びかけに対して、それぞれその局面に応じて、④と同じく②のような精神的側面の応答と③のごとき物質的側面の応答とに相分かたれる。⑤にあっては、すでに少し簡単にのべたように、原始社会では、主として②のごとく直接インマヌエルの神にかかわりつつ人と人とがかかわり、もってイマヌエルの神の審きの下にあった。アルタミラの洞窟の壁画——これはネアンデルタール人の壁画だったかもしれない。そうだとすると現生人類ではないが、しかし人類という意味では同じである——に象徴されるがごとく、芸術は、おそらく宗教的営みの一つであったのだ。一般に、原始社会・未開社会では、芸術は宗教と密接に結びついていた。わが日本の縄文時代の土偶や、弥生時代の銅鐸、あるいは古墳時代の埴輪などもその一例といってよいかもしれない。いや洋の東西を問わず、古代や中世世界にあっても、音楽、絵画、建築、彫刻、彫像などはほとんどすべて宗教的なモチーフのものが多かった。その点は、聖書の題材を多く扱ったキリスト教芸術や、仏教の教えを具現した仏教芸術にも明らかだろう。また古代ギリシャの彫刻なども、当時の民族宗教ギリシャ神話に題材をとったものがすこぶる多い。そこでは、模範者—被模範者の関係が基本であろう。つまりここでは、宗教的芸術家は人格的模範者として尊敬の対象となっていたのではあるまいか。

ところが近現代に近づくや、芸術も技術や経済と深く結びつき、現代最先端の技術を駆使する芸術、例えばCGミキサー音楽なども現われ、時には経済的投機、つまりオークションの対象とされ、かくて何十億、何百億という莫大な値段のつく芸術作品も少なからず存在する。いまや芸術も、技術や経済といった物質的側面と結びつかないかぎり、なかなか生き残れないのが実情である。

もとより芸術家といえども、経済的基盤は必要不可欠である。が、しかし、今日では、それがあまりにも過度になりすぎている面がある。経済的・金銭的に価値がなければ、即それは芸術ではないといった観がある。芸術的価値と経済的価値とが、まさしく芸術的分野にあって本末転倒しているきらいがある。かくてここでは、模範者―被模範者というよりも指導者―被指導者の関係が濃厚となっている。つまり、宗教芸術的人格者としてよりも、芸術技巧を指導する師・先生としてあがめられがちである。

さて最後は、⑥の医療・介護・福祉・教育・スポーツ・芸能・娯楽といった生活分野についてである。ここでも、④や⑤と同じくインマヌエルの神に対して②のごとき精神的側面のかかわり方と、③のごとき物質的側面のかかわり方とが相分かたれる。

簡単にいって前者は、②のごとく直接インマヌエルの神に順逆・正負いずれかの仕方でかかわることによって、おのずから自然《じねん》に順逆・正負いずれかの仕方で人と人とのかかわり、つまり模範者―被模範者のかかわりがこれもまた順逆・正負いずれかの仕方で決定されてくる。すなわち、インマヌエルの神に直接正しくかかわっているならば、他の人間に対しても基本的に正しくかかわる関係が成立し、インマヌエルの神に直接間違った形でかかわれば、それはおのずから自然《じねん》と他の人間にも歪んだ形でかかわることになる。他方後者は、医療技術、介護技術、教育技能、スポーツ技術、芸能・娯楽技能によって媒介された人と人との関係、つまり指導者と被指導者の順逆・正負いずれかの関係を通してインマヌエルの神に順逆・正負いずれかの仕方でかかわりつつ、その審きをうけるものといわねばならない。

さて最後に↕の関係について。これはいずれも、それなりに不可分・不可同・不可逆的な相補・相関的な関係を意味する。したがって、これをより詳しくいえばこうである。②の精神的側面と③の物質的側面、さらにこの②と④の政治的分野、さらに⑤の芸術的分野、そうしてまた⑥の医療その他の分野、それらはいずれも相互にそれなりに不可分・不可同・不可逆的な相依・相補的な相関的関係として互いにかかわり合っている。

同様にして③の物質的側面もまた、②と直接それなりに不可分・不可同・不可逆的に相依・相補・相関的にかかわるだけでなく、さらに④の政治的分野、そしてまた⑤の芸術的分野、さらに加えて⑥の医療その他の分野に対しても、いずれもそれなりに不可分・不可同・不可逆的に相依・相補・相関的に互いにかかわり合うといわねばならない。

さて以上の↕の関係、つまりたがいの相依・相補・相関的な関係について、さらに具体的にもっと詳しく説明しよう。

まず、②の宗教・倫理的側面と③の技術・経済的側面の相依・相補的な相関関係についてみてみよう。そこでまず第一にいいうることは、それぞれの時代の宗教・倫理的な姿・形は、そのそれぞれの時代の技術・経済的な姿・形、つまりはその発達段階に大きく影響を受け、これに依存しているということである。

たとえば原始社会ないし未開社会における宗教であるアニミズムやトーテミズムあるいはシャーマニズムは、その時代の未発達な技術・経済と密接にかかわり、これに大きく依存していたということである。

そして時代が下り、技術・経済がより発達してくるに従って、その宗教・倫理形態もより洗練されてゆき、そこに古代ユダヤ教や古代ギリシャの多神教、古代インドのバラモン教、さらに古代中国の道教（タオイズム）など、それらを始めとする種々な民族宗教が勃興し、さらにそこからキリスト教やイスラーム教、あるいは仏教などといったいわゆる世界宗教が芽生えてくるのである。

では逆に、宗教・倫理的側面の技術・経済的側面への影響はどうだろう。この点については、宗教・倫理的な価値観の技術・経済的側面への見過ごすことのできない影響を指摘することができるであろう。

すなわち、技術・経済的側面における諸矛盾から惹き起こされる様々な不公平・不公正・不平等などに対して、宗教・倫理的さらには哲学的な価値体系に源を発する正義・平等・公正・公平・自由・人権・平和等といった価値観がおのずから自然《じねん》に人々の心を動かし、かくて前者に対しこれらを是正するべく、例えばストライキなどの労働争議としてこれに大きく影響を与えるといってよいだろう。そうしてそれは、時には革命となって勃発し、時代のエポックを画するものとなるだろう。

ヨーロッパ近代における市民革命やブルジョア革命、つまりはイギリスの清教徒革命やピューリタン革命、フランス大革命あるいはアメリカ独立革命、そこには長年培われ養われてきたキリスト教的な価値観、つまり正義・公正・公平・自由・平等・平和・人権を旨とする価値観が、よしフランス大革命に大きな影響を与えた啓蒙思想のごとく表向きは反キリスト教的な形をとることがあったにせよ、その底流にそれとは知らず息づいて、それがこれらの市民革命を惹起する起爆剤となった、といってもいいのではあるまいか。

他方しかしそのばあい、科学技術の発達は、宗教に迂闊にも内在したその誤謬性をあますところなく白日の下に照らし出すこともある。その格好の例はいうまでもなく西洋近代の科学（技術）の進歩、とりわけ最初は天文学に代表される自然科学に対し、キリスト教が、その自分たちの誤れる教えに反するからといってこれを弾圧したことがあげられえよう。

より具体的にいうならば、コペルニクスに始まりガリレオらに受けつがれた当時最新の科学的知見である地動説に対し、それが、それまでキリスト教教会が保持してきた天動説に反するからといってこれを弾圧し、あえて力づくで科学的真理をねじ曲げさせようとしたことである。が、しかし、そのような宗教ないしキリスト教の非真理性は、その後の科学的進歩の歩みを抑えることはできず、かえって逆に人々からその権威を疑われ、信頼・信仰の対象からはずされていったのである。しかしながら、真の宗教（者）は、かかるみずからの誤りを素直に認め、かくて科学的真理と矛盾するがごときおのが信条はこれを進んで捨て去ることとなるのである。

もとより科学的真理といえども、それがつねに正しいとはかぎらない。科学的真理とは、ある一定の条件でのみ、それの反証（それが正しくないと証明されること）がなされえぬかぎり、ひとまず真理とみなされているにすぎない。その意味では、科学的真理とは、つねに同時に仮説にほかならない。とはいえ、長年定説となっている科学的真理は、これを十二分に尊重せねばならない。

要するに大切なのは、宗教は、科学ないし科学的真理と矛盾するものであってはならないということである。少なくとも、そのような方向へと、科学技術の進歩は宗教を導いてきたのである。そうしてその極現われたのが、因みにいうならば、わがインマヌエルの宗教、すなわち今から約二〇〇〇年前あの時・あの所（今のパレスチナ）で約三〇年間の生涯を生きかつ活動したあのイエス、キリスト教の教祖とされながら必ずしも正しくその教えを西洋キリスト教に受けつがれることのなかったイエス、そのイエスの思想・宗教を約二〇〇〇年の時をへだてて今日それに直結したインマヌエルの宗教なのだ(4)。

すなわち、インマヌエルの宗教は、かりそめにも科学と対立しない。いやむしろ逆に、科学的知見を積極的にわがものにせんとする。たとえば、今日の物理学でいう素粒子の時々刻々生成消滅する場としての「真空(5)」、それを神とこの世界の根源的結接点、いいかえればこの世界の成り立ちの根源、つまりは原点と考える。かくて、現代物理学が「真空」と呼んで、それをそれ以上おそらく説明できないその一点をこのように積極的に肯定し、これを宗教的に説明せんと試みる。すなわち、神の絶対自己否定即自己肯定の場、神がみずからを絶対的に否定しつつ、と同時に間髪を容れず絶対的に自己を肯定しているその場、かかる意味での神の時々刻々のこの世界創造の場にして原点、根源的一点、それを、それこそを、現代物理学の根本真理の大前提、つまり物質と世界が成り立つ究極の場としての「真空」と考えるのだ。

ところで、キリストは神が世界を創造したという。が、しかし、いろいろな国や地域に世界創造神話は残されている。その一つキリスト教の世界創造物語は、何か一人の人間みたいな神がいて、それがこの世界の最初に、この世界を造ったというようにみなされがちである。が、しかし、じっさいはそうではない。そうではなくて、神によるこの世界の創造とは、この世界の成り立ちの根柢で毎瞬毎瞬生起している根源的出来事というべきなのだ。それをこの世界の内側からみると、クオークないし素粒子の、「真空」という場における時々刻々の生成消滅ということなのだ。こういった話をきくと、ふつういわれている意味での宗教といった感じは、ぜんぜんしないのではあるまいか。でもそれは、もとよりイエスの宗教がそんな科学的表現をされていたということではありえない。イエスの宗教を現代科学と付き合わせるとこう解釈できる、ということにほかならない。

それはともかくこのように、インマヌエルの宗教は、科学的真理に対し、みずからの考えに反するからといっていたずらにこれを拒絶するのではなく、逆に科学的真理と自己のつかんだ真理とを付き合わせ、それを底の底まで徹底的にぎりぎりのところまで考えに考え抜き、かくてそれら両者の豊穣な統合を図らんとする。

が、かといってそれは、インマヌエルの宗教が、いつも必ず科学の前にみずからの主張をねじ曲げこれに追従するということではありえない。そうではなくて、科学的真理をあるがままに受け入れつつ、みずからもそれを徹底的に考え抜いて、自己の立場からいってもそれが真に正しく受け入れられうるものなのか、そういう意味での宗教的真理でもありうるのか、そのようにとことんぎりぎりまで考えに考え抜き、もし運よくそれら両つの真理が両立可能であるとするならば、その科学的真理と宗教的真理という両面をもつ唯一つの真理、それのさらに正しい認識へと一歩は一歩、着実に歩を進めていくということである。

まさにこのようであってこそ、科学と宗教、宗教と科学の関係は、共に正しい意味での相依・相補的に不可分・不可同・不可逆的相関関係として成り立つことができるであろう。

なるほど、先にのべた宗教と科学の関係だけでなく、宗教と経済の関係にあっても、堕落した宗教、つまりはエセ宗教、大ていは時の権力と深く結びついた権威主義的宗教、それもまた、たんに科学的分野ばかりではなく、経済的分野に対しても、これに間違った仕方でかかわることがはなはだ多い。いや、それが歴史の通常であったといってすらよいだろう。すなわち、権力と結びついた堕落した宗教は、たいてい時の権力者に都合のよい経済システムや経済状況を肯定し、これを宗教・倫理的ないし思想・イデオロギー的に支えてきたといってよい。古代から中世にかけての西洋キリスト教、宋の時代に権力と結びついた中国儒教の学説・朱子学、さらにわが日本において鎮護国家として導入された中国・朝鮮伝来の仏教、それらを挙げるだけでもそれは十分だろう。

とはいえ、宗教は、いつもそのように権力者と結びつきその利害にのみかかわってきたとはかぎらない。たとえば、西洋キリスト教でいうならば、弱者救済を唱えて一六世紀前半に乱を起こしたトマス・ミュンツァーや、わが日本でいうならば、鎌倉時代に旧貴族仏教から弾圧されつつも、主に農民・民衆救済に尽力した法然や親鸞、さらに道元や日蓮をも含めたいわゆる鎌倉新仏教がそれとして挙げられえよう。とりわけ親鸞を開祖とする浄土真宗からは、のちの戦国時代に戦国大名にすら反逆してこれを大いにてこずらせた一向宗なども現われている。かれら、とりわけ浄土宗は主に当時の農民や一般民衆の側に立ちつつ、かれらと共に歩み、当時の権力と戦いすらして、かれらの経済状況をあえて守り抜かんとしたのである。

いや、かれらばかりではなく、一種の革命にも近かった明治維新では、それまで二五〇年間余りつづいていた徳川幕府を打倒した尊王攘夷の志士には、もともと中国伝来の宗教・道徳である儒教思想が陰に陽に大きくかかわりこれに強く影響を与えていたといってもいいだろう。

そのさいそのより大規模なもの、より徹底したもの、社会そのものを根柢から覆したもの、それが先述した西洋近代におけるさまざまな市民革命・ブルジョア革命にほかならない。そこには明らかに、その主流は大きく堕落しつつも、しかしその底流として脈々と流れ培われてきたキリスト教の正しい精神性、つまり自由・平等・愛・正義・公正・公平・人権・平和等こそ神の御意とする精神性、それゆえにその神の御意に添いつつそれにかなうように考え・感じ・行動すること、それこそ人間の主要な努めであり、かくて救いに到る道だという精神性が、よしそれと明確に意識はされていなくとも、しかし強く関与していたといってよいのではなかろうか。

そのさいその点は、キリスト教を否定した一八世紀のあの啓蒙思想、フランス大革命に大きく影響を与えた啓蒙思想、それについても同様に妥当することではなかろうか。なるほど、かれら啓蒙思想家たちは合理的精神に目覚め、それゆえにそれに反するキリスト教信仰に反逆し異を唱えた。だがそれは、あえていうなら、キリスト教のたんに表面的なところにすぎない。

よし、キリスト教の神を否定したのだとしてみても、その否定した神は、キリスト教の教祖・イエスの信じた神、イエスが「アッバ」と呼んだ神ではない。イエスの信じた神を、その後つかみそこねたキリスト教のたんに空想され捏造された、ただそのかぎりでの神にすぎない。要するに、真に永遠に生ける神ではない。

だから、そういうエセ神を否定しつつ、キリスト教を拒否したかれらにあっても、にもかかわらず、長年キリスト教を通じてヨーロッパ人の精神性を養い培ってきた積極的なもの、要するにかの自由・平等・愛・正義・公平・公正等を基本とする精神性、いや真実の神から人間にこの世に実現すべく課せられている精神性、それを知らず識らずのうちにわがものとしつつ、まさにそれが、それこそが、逆説のようではあるが、当時の堕落したキリスト教に反逆を企てさせたのであり、と同時に、当時のあまりに腐敗・堕落した抑圧的（政治）経済体制に異を唱える原動力となったといってはあるいはいいすぎだろうか。

まさにそれだからこそ、かれら啓蒙思想家たちの思想は、当時の民衆に喜んで迎え入れられ、かれらに大きく影響を与えたのだといわねばならない。

もとより、当時の市民革命・ブルジョア革命の第一の根本原因は、ほかでもない政治・経済的な諸矛盾にある。だが、しかし、たんにそればかりではなく、西洋の精神史を通じて長く長く西洋人を規定してきた精神性、善き意味でのキリスト教的精神性、それもまた前述の政治・経済的諸矛盾に劣らず、当時の市民革命誘引の大きな原動力となった、といってもあながち不当とはいえないだろう。

さらにそれに似たことは、マルクスを始めとする一九世紀のいわゆる無神論的社会主義者たちにも同様に妥当することではないであろうか。かれらもまた、一八世紀の啓蒙思想家と同じくキリスト教を否定し、その神を否定した。

しかしながら、自由と平等・愛と正義を希求しつつ、それに適う社会をこの世に実現せんとしたかれらの精神性には、かれら自身それとは知らずキリスト教の勝れた面、その真正の精神性が知らず識らずのうちに忍びこんでいた、といってはあるいは穿ちすぎといえるだろうか。

その証左として、たとえばキリスト教の神を否定し、キリスト教に徹底的に反抗したニーチェはほぼこういっている。

「キリスト教にあっては、自分自身が長年培ってきたその誠実さ（Wahrhaftigkeit）そのものが、自分自身の非真実であることを明らかにしたのだ」と。

要するに、ニーチェによれば、キリスト教が長年養ってきた美徳である誠実さがついに自分自身、つまり、キリスト自身を否定することになったのだということである。

そのニーチェの論理を援用するならば、キリスト教はそれ自身が長年培ってきたその正しい精神性、つまり自由・平等・愛・人権・公平・公正・正義等といった精神性が、近代に至るやその矛先が自分たち自身に向けられ、かくてみずからに疑念の眼を差し向けられたり、より積極的に否定されたりしたばかりではなく、そのすぐれて正しい精神性が、当時の腐敗・堕落・矛盾した政治・経済体制に対しても、“Nein!”“Non!”“No!”〝否！〟を突きつけたのだ。

かくしてそれを、一九世紀に輩出したいわゆる無神論的社会主義者たちの精神性のうちにも見てとることは、あるいは牽強付会というべきだろうか。

## ㈤　図3に示されたインマヌエル哲学史観の基本的正当性――マルクス唯物史観と比較しつつ

さてここでもう一度無神論的社会主義者の代表であるマルクスの唯物史観にもどって、その限界を批判しつつ、インマヌエル史観からのその是正ないし修正いやその解体・再構築を敢行したい。

インマヌエル史観にあっては、マルクスの唯物史観と異なって、経済・物質的側面――ちなみに唯物史観では、これは下部構造と呼ばれ歴史を動かす原動力とされる——は宗教・倫理的な精神的側面を含めたいわゆる上部構造をただ一方的に規定するのではなく、すでにのべたごとく逆に後者から前者への相対的規定性をもたしかなものとしてこれを認める。すなわち、インマヌエルないし神人の原関係・原事実を永遠に生ける歴史の原動力としつつ、その上に成り立つ五つの分野のうち、その基本的な二つの分野である物質的側面と精神的側面とは、まさに相依・相補的な双方的相関関係にあると考えるのだ。かくて、唯物史観の歴史的現実における事実上の破綻を正しく修正しこれを是正することができるのである。その点をもっと具体的に説明しよう。

唯物史観では、下部構造としての生産様式、つまり生産力と生産関係、たとえば資本主義社会であればブルジョアジー・資本家とプロレタリアート・労働者の関係、この生産力と生産関係という両つのもの、それらのあいだの力学的・力動的関係が歴史を底から動かす原動力となり、政治・宗教・倫理・芸術、文化その他いわゆる上部構造をただ一方的に規定し支配すると考える。

これをもう少し具体的にいうならば、資本主義の初期にあっては、ブルジョアジーとプロレタリアートとの関係は生産力の発達を促すべくいわば創造的な役割を担っていた。ところが資本主義も中期を過ぎ、後期、末期に近づくや、それに伴いますます発達していく生産力に対し、ブルジョアジーとプロレタリアートという生産関係は、今やこの生産力の発達を阻害する桎梏と化す。かくしてここに、資本主義社会での経済下部構造の矛盾が、おのずから露呈してくることになる。そのさいその経済的矛盾は社会的矛盾ともなって時と共に先鋭化し、もはやいかにしても解決しがたきところにまで突き進む。かくしてそこに、新たな時代の主役となるべくプロレタリアートが主体になって、歴史必然的に革命が勃発する。

これが、マルクスの構想したプロレタリア革命であり、社会主義革命にほかならない。こうして明らかなように、唯物史観では、歴史的必然として起る社会主義革命は、まぎれもなく資本主義先進国においてであり、それを主体的に担うものは、ほかならぬプロレタリアートのはずだったのだ。経済・物質的な下部構造が歴史の唯一の原動力と考えるかぎり、それはさけがたい必然といわねばならない。

ところが、歴史的現実として起こったことは、そうではなかった。二〇世紀に入って最初にマルクス主義的社会主義革命が起こったロシアも、それにつづいて起こった中国その他のマルクス主義的社会主義革命も、唯物史観にもとづいてマルクスが構想した社会主義革命とはまったく相を異にするものだった。

つまりロシアも中国も、その他の国々も、資本主義先進国ではなくその逆の、いまだ生産力も資本主義も十分には発達していない資本主義後進国、ないし資本主義途上国であったのだ。したがって、そこでの革命の主体的担い手は、プロレタリアートないし労働者ではなく主に農民だった。それらの国々は、近代的な資本主義国家というよりも、むしろ今なお主として前近代的・封建的な専制支配の下にある農業国といった方がより正確であったのだ。

ちなみに、ロシア社会主義革命の父・レーニンは、『ロシアにおける資本主義の発達』という大著を著わして、当時、つまり一九世紀終りから二〇世紀初めころすでにロシアにおいて資本主義が着実に発達しつつあることを「実証」せんとし、かくてマルクスの唯物史観の正しさを立証せんと試みたけれど、これはあまりに牽強付会であり、ひいきの引倒しといわざるをえない。当時のロシアは未だ前近代的なツァーつまりは皇帝の支配する専制国家であって、よしそこにすでに資本主義の発達がみられるようなことがあったとしても、それはいまだ芽生えた萌芽にすぎず、少なくともマルクスの考えた先進資本主義国家とはとうていいえはしなかったからである。

その点はしかし、たんにロシアにかぎらず、前述したようにその他の国々、二〇世紀に入ってマルクス主義的社会主義革命を惹起したすべての国々について多かれ少なかれ妥当することといってよいだろう。

いずれにせよ、かかる事実、資本主義先進国におけるプロレタリアート・労働者を主体的担い手とした社会主義革命ではなく、資本主義後進国ないしむしろより正確には農業国における、農民を主体的担い手とした社会主義革命、ないしマルクス主義的社会主義革命、かかる事実は、マルクスの唯物史観ではとうてい解きがたい謎であり、むしろその致命的な限界・欠陥・破綻、それの歴史的事実による実証であるといっても過言ではないだろう。

ところが、われわれのインマヌエル史観からするならば、これは何ら謎でもなく問題でもありえない。それもまた、一種の歴史的必然と呼んでよいのだ。なぜなら、インマヌエル史観では、すでに何度も繰り返したように、唯物史観のごとく経済物質的な下部構造によってただ一方的に上部構造、つまり宗教・倫理・芸術・文化を含めた精神的な上部構造が規定・決定されるのではなく、逆に宗教・倫理的な精神的側面、さらにいうなら哲学・思想・芸術を含めた文化的な精神的側面がインマヌエルないし神人の原関係・原事実を永遠の生ける土台としつつ、同じくその上に立つ技術経済的な物質的側面と対等に位置しながら、これら両者が相依・相補的に不可分・不可同・不可逆的な仕方で双方的相関関係にある、と考えるからである。

すなわち経済・社会、ないし政治的な諸矛盾に対して、インマヌエルないし神人の原関係・原事実に直接かかわりつつこれらの意識的ないし無意識的な応答として、それぞれの社会や国で養われ培われてきた宗教・道徳ないし哲学・思想・芸術を含めた文化的精神性、つまり自由・平等・正義・人権・平和・公平・公正等々を求めつつこれを実践し実現するところにこそ真の幸せがあるとする、おそらくすべての民族・いちいちの民族にみられる気高い精神性、それが、経済・社会・政治的諸矛盾から惹き起こされる激しい苦しみによって刺激され増幅しつつ、それらの宗教・道徳・哲学・思想・芸術的な文化的精神性の実現を目差し希求して、それが革命の原動力となったと考えても何ら怪しむところはないからである。たとえば解放の神学とか民衆の神学といったものが、ここではその例としてあげられえよう。

かくしてそのさい、その革命の主体的担い手がプロレタリアートではなく農民であったこと、それは何ら問題ではないし、それが資本主義先進国でなかったことも何らいぶかしく思う理由はない。

さらにまた、社会主義革命は生産力の高い発達を前提とする、ということも必ずしも必要とはしないであろう。

真に民衆が主権を握る真正の民主主義社会として正しく社会正義を実現する社会主義その意味での社会主義は、必ずしも生産力の高い発達を必要不可欠としてそれを前提する必要はまったくない。民主主義とは、一般民衆が主権を握るということ、そういう政治体制ないし政治イデオロギーにほかならないからである。

それはともかく、いまだ階級差別がこの世に入り来る以前の原始共同体にあっては、よし素朴ではあれ、それはたしかに実現されていたといってよい。

その点、一八世紀のフランスの哲学者ジャン＝ジャック・ルソーが「自然に帰れ！」と叫んだのも、あながち懐古趣味、つまり昔を懐しむあまりの非創造的な趣きとしてこれを斥けるべきではないだろう。そのことばの真意は、たんに野性的でいわゆる「野蛮」な原始の社会にふたたび戻れ、ということではなくて、いわゆる「文明的」な、しかしまったき不平等な現代社会を批判しつつ、不平等がこの人間世界に入り来る以前のまさしく自然な社会、少なくとも核家族を中心とした小さな共同体内部でみるかぎり、みな平等に公平・公正に、自由にかつ思いやりやいたわりをもちつつ愛に生きていた自然な社会、そういう自然な社会へ戻れ、いやいやルソーの真意をさらに穿っていうならば、そういう自然の社会をもう一度取り戻せ、ふたたび新たに成熟した形で創造せよ、ということだろう。

かくしてそういうルソーの哲学思想が、あのフランス大革命はもとより、さらにはそののちの社会主義者たち、マルクスを始めとした無神論的な社会主義者たちにも、あるいは直接にあるいは間接に影響を与えていたといっても必ずしも穿ちすぎとはいえないだろう。

それはともかく、真の民主主義にもとづく社会主義、社会正義を基本とする社会主義、それは、いまだ奴隷制のうえに成り立ちつつ、ともすると衆愚政治、つまりは愚かな民衆による政治へと堕しつつあったとはいうものの、その片鱗は古代ギリシャのアテナイの民主制のうちにもひょっとしてみてとることができるのではあるまいか。

いずれにせよ、このアテナイの民主制は、よしそれがいまだいかに不完全で不十分であったにせよ、近代以降の代議制民主主義、あるいは今なお実現されてはいないとしても、その実現を目差して人々が意識的・無意識的に日夜努力している真に成熟した民主主義、それを基にした真正の社会主義、それらのいわば原型としての模範であることに間違いはない。

しかしながら、二〇世紀型マルクス主義的社会主義が大いなる失敗に帰したその根本原因、これは、それがいまだ生産力の十分に発達していない資本主義後進国ないし農業国において成立したということや、その経済・政治・社会的な制度の不備や欠陥にあったというよりも、むしろ次の点にあったというべきだろう。

すなわち、真の社会主義、つまり真正の民主主義にもとづく社会正義の実現としての社会主義、そういう意味での社会主義の実現のためには、インマヌエルないし神人の原関係・原事実（の主）に直接かかわり、これに正しく応答することを通してしかと愛に目覚め、もってみずからをエゴないし我の主体から愛の主体へと根本的に転換すること、かくして人々が、その倫理性を高めるべく日夜粉骨さいしん努力すること、かくしてすべての人・いちいちの人が実存革命・人間革命を成し就げること、すくなくともできるかぎり多くの人々へとその実存革命の輪を拡げていくこと、それが必要不可欠であり、大前提といわねばならない。

ところが、旧マルクス主義的社会主義にあっては、その、宗教への偏見からくる真正の宗教性への根も葉もない敵対・蔑視や、それと分ちがたく結びついている経済・政治・社会制度改革への過度の囚われから、かかる実存革命実践への取り組みがあまりにもなおざりにされてしまった。

より具体的にいうならば、真正の宗教性へのあまりに早まった拒絶からさけがたく惹き起こされた、人間の核心的本質としての愛、それに宿命的にいわば業（カルマ）のごとくからみついている我ないしエゴ、つまり人間のいわば本来的本質としての第一の本質、いいかえれば本来自然ないわば天使的本質としての愛と、非本来的本質としての第二の本質、いいかえれば本来不自然ないわば悪魔的本質としてのエゴないし我、それら両者が同じ一人の人間にあってどうかかわり合っているのか、その点の致命的な盲目性から、ソ連ボルシェビキや中国共産党を始めとするいわゆる前衛党幹部、いやその党員のほとんどすべて、そうしてまたかれらに率いられる一般民衆もまた、その点の究明を徹底的に突き進めこれを明らかにしつつ不断にみずからの倫理性・道徳性を高めるという努力をあまりに軽視し怠った、その点懶怠にすぎた、まさしくそこに、そこにこそ旧マルクス主義的社会主義の完全な失敗、その根本原因はあったというべきだろう。

それはともかく、つぎに唯物史観の根本的欠陥について、これはマルクス自身生前すでに薄々気づいていたが、しかし自分ではその理由についてこれを遂に明らかにすることができないまま、のちのマルクス主義者たちからは、マルクスの、自分自身の理論に対するこのおぼろげな疑念を含めてまったく無視されてきた、マルクス唯物史観の根本的欠陥について説明し、これをこれまでの唯物史観批判と同様に、インマヌエル史観の立場から根本的に修正・是正したいと思う。

マルクスは、その著『経済学批判』の「序」で、自己の唯物史観のアポリア、つまりは難点ないし難題についてほぼこう疑問を呈示している。そのマルクスの疑問点を、より敷衍して説明するとほぼこうである。

マルクスの唯物史観によるよるならば、上部構造の一つとしての芸術は、下部構造としての生産様式、つまりは経済物質的な構造によって規定されるはずである。とするなら、芸術は、それぞれの生産力の発達に応じて、それにみ合った生産関係とのかかわりで、その時代・時代にその時代固有の芸術が生まれるはずである。そのさいそのつどの時代の芸術は、その時代の人々には深い感動を与えることができたとしても、他の時代の人々にはもはや、あるいはいまだ感動を与えることはできないはずである。これをもっと具体的にいうならば、古代の芸術は古代の人々、もとよりそれも、その下部構造を共有している地域にかぎられたかぎりでの古代の人々にのみ感動を与えることができるのであって、それ以降の人々やその地域以外の人々、つまりは中世や近代、現代の人間あるいは、他の地域の人間にはもはや感動を与えることはできないはずである。心を揺さぶることはできないはずなのだ。さらにいうならば、古代以前の人間がたとい生きていたにしても、しかしかれらに感動を与えることはできなかったはずである。

ところが事実はそうではない。マルクス自身が認めているように、古代ギリシャの彫像、たとえばミロのヴィーナスは、「現代」に生きるマルクス自身にも深い感動を与え心を揺さぶるというのだ。それはいったい何故なのか。

経済物質的下部構造のまったく異なる古代の芸術作品・ミロのヴィーナスが、何故今なおわれわれ現代人、つまりマルクスにも深い感銘を与えることができるのか。マルクスはそう自問しつつ、しかしそれ以上にこの問題を深め追求することなく蚊帳の外においてしまった。そのうえ後のマルクス主義者たちもみな、この問題を無視ないし抹殺した。

じっさいのところ、マルクス自身がみずから正直に疑念を吐露したように、わが日本でも、古代の埴輪やそれ以前の土偶、さらには平安時代の『源氏物語』を代表とする古代から中世・近世に到る文学作品、たとえば『万葉集』や『古今和歌集』『新古今和歌集』『平家物語』、芭蕉の『奥の細道』、近松門左衛門の劇曲、そしてたんに文学作品ばかりではなくさまざまな仏像や彫像、寺院あるいは城閣などの建造物、さらには浮世絵に代表される絵画、それらの多くは、われわれ現代人にも時に深い感銘を与え、また強く興味をそそる。

いや、同じ日本人に対してだけでなく、それらはまた、日本とは気候・風土・生活様式、あるいはまた唯物史観のいわゆる下部構造のまったく異なる海外の人々、西洋人にも東洋人にも、あるいは南米や中東やアフリカの人々に対しても同様に深い感動を与え魅力する。これは、何も日本の作品や物にかぎったことではない。

思いつくままに列挙するなら、西洋古代ギリシャのミロのヴィーナスなどの彫像やパルテノン神殿などの建造物、エジプトのピラミッド、イースター島のモアイの石像群を始め、近世イギリスの戯曲家シェイクスピアの多くの作品、バッハやモーツァルト、ベートーヴェン等に代表されるクラシック音楽、レンブラントやミロなどの絵画、あるいは眼を東洋に転ずれば、いわゆるシルクロードに花開いた様々な仏教芸術、中国・敦煌の石仏、アフガニスタンのバーミヤンやガンダーラ遺跡その他、時代も社会も異なる、それゆえ当然経済物質的な下部構造をまったく異にした芸術作品、それらはいかなる時代・場所の人間にも、それを見る眼「聴く耳をもつもの」（イエス）(6)にはただ一人の例外なしに深い感動を与え魅了し心を揺さぶることができるのである。

芸術のもつその魅力のこの普遍性、時間も空間も超越したその普遍性、その根拠はいったいどこにあるのだろうか。

芸術を含めた上部構造に対する下部構造の、ただ一方的な規定性をその基本とする唯物史観では、かかる問題はまったく解けない、謎のまた謎というほかはない。マルクスは、それを自問しただけでも、それも公の書物のなかでこれを行なっただけでも、それなりに誠実であったといっていいかもしれない。ところが、その元祖マルクス自身が自問しているにもかかわらず、それをまったく無視し、これをいささかも考えようとしなかったのちのマルクス主義者たち、かれらはその点誠実さの一欠片もないといわねばならない。

それはともかく、この問題を、われわれのインマヌエル史観からみるならばどうなるか。それは、何ら謎でもないし問題でもありえない。ましてやアポリア、つまりは難問では毫もない。

その理由は、こうである。私見によれば、芸術とは、インマヌエルの神の不断の絶えざる働きかけに対する直接・無媒介の人間による応答である。これをいいかえるなら、インマヌエルの神の絶対愛をそれぞれの分野でしかもそれぞれの仕方でこの世に映し出し、表現したもの、それが芸術にほかならない。つまり文学なら文学で、詩なら詩で、和歌なら和歌で、説話なら説話で、俳句なら俳句で、音楽なら音楽で、クラシックならクラシックで、ジャズならジャズで、ゴスペルならゴスペルで、ブラック・ミュージックならブラック・ミュージックで、彫像なら彫像で、建築なら建築で、演劇なら演劇で、絵画なら絵画で、写真なら写真で、しかもそれぞれその芸術家の個性に応じて、またその時々の直観で、あるときは瞬間的に、またあるときは長い時間をかけつつ、しかもその時々に直観的閃めきを混えることもありつつ、よし生産力の発達段階に応じた技術・経済的制約を受けつつも、しかし直接にインマヌエルの神の絶対愛をこの世界内部に切り取り・切り出し・表現し・映し出したもの、映現したもの、それが芸術というものなのである。

しがたって、芸術は、唯物史観のごとく、経済・物質的ないわゆる「下部構造」にただ一方的に規定されることなど毫もありえない。その意味では、芸術は、経済・物質的な側面からもまったく独立しているというべきなのだ。それにただ一方的に縛られるということは毫もない。まさにそれだからこそ、先にも詳しくのべたように、そしてまたマルクス自身が自己の独自の理論・唯物史観に反してまでも疑念をいだかざるをえなかったように、芸術は時間も空間も越えてまったく普遍的にその魅力を発揮することができるのである。

なんとなれば、芸術が直接無媒介にこれにかかわるインマヌエルの神、その神によって刻々打ち立てられ成り立たしめられている神人の原関係・原事実、それは人間世界を含めたこの世界全体の永遠に生ける土台であり基盤であり、かくて全人類共通の故郷・古里であるからだ。

したがって、この文字通り絶対に普遍的なインマヌエルの神の美をこの世界に映し出す芸術は、いつ・どこででも、それを見る眼「聴く耳をもつもの」、それに真摯に関心を寄せるもの、そういう人々の心を深く動かさないではいないのである。

まさにそれだからこそ、この機械文明・物質文明の複雑に発達した現代に生きる芸術家が、かえって逆に未だ文明のほとんど発達していない遠い古代、いやそれ以前のすこぶる素朴な「芸術」作品をみて、それにインスピレーションを与えられ、その魅力をふたたび現代に甦らせようと奮闘努力するということも、じっさいにありうることなのだ。西洋のある有名な陶芸家はその晩年、未開社会のすこぶる素朴な「芸術」作品に魅せられて、それをモチーフとした自分の作品を死ぬまでいくつも作ったという。そういうことが、じっさいに起こりうるのだ。とまれ、洗練を極めた現代の芸術家が、その意味ではまったく洗練されていない未開社会の作品に魅了されることがありうるということ、いや、それは何故かということ、これは唯物史観ではとうてい解けない謎のまた謎なのだ。

それはともかく、技術・経済的にいわゆる文明がいかに発達したにはしても、それだけ芸術も発達したとは必ずしもいえはしないのだ。逆に、機械・物質文明の未発達なはるか遠い昔のいわば呪術的な宗教的作品が、その機械・物質文明の、これ以上にもはや進む必要がないと思われるほど進んだ現代のいわゆる洗練された芸術より、それを見る眼「聴く耳をもつもの」にははるかに芸術的であるとしても、それは何ら不思議でもないし、じっさいありえることなのである。

それはさておき、芸術ないし芸術的側面は、何も技術・経済的な物質的側面にただ一方的に縛られ規定されるわけではない、というばかりではなく、逆に前者の方が後者を相対的にではあれ、しかし、たしかな仕方で規定し返すこともまたありうることなのである。

その点については、またインマヌエル史観の厳密な図3にもとづいてその箇所を説明するさいにこれをより詳しく明らかにしたいと思うが、しかし、ここでもごくごくかんたんに触れておくならこうである。

たとえば資本主義下での労働者の苛酷な状況などを描きつつ、資本主義の矛盾を暴き出して労働者を鼓舞鼓吹し、もってかれらを反資本主義へ、時には革命へと駆り立てんとした、そしてある時はじっさいそのように力を発揮したいわゆるプロレタリア文学や民衆文学といわれるもの、たとえば小林多喜二の『蟹工船』やゴーリキーの『どん底』[7]、あるいは反戦・反核的な芸術運動——築地小劇場などかつての小劇場とか自由劇場とかというものにはそういうものが多かった——、これらを挙げれば十分だろう。これらの芸術運動は、第一に技術・経済的な物質的側面への反応としてそれへの相対的規定性をもつばかりではなく、さらにまた政治的側面へのそれをももつものといってよい。

さて以上は、精神的側面の物質的側面への相対的規定性の過程で生じた、マルクス唯物史観へのわがインマヌエル史観からの根本的批判およびその修正・是正にほかならない。そのさいその批判の第一点は、歴史的現実によるその事実上の破綻といわれねばならない。さらに、それを承けて、これを芸術に焦点を合わせて論述した。そのさいこの点は、マルクス自身自分でもうすうす感づいていたことではあるが、しかし、かれ自身も、かれにつづくのちのマルクス主義者も、しかしそれ以上この問題を追求しなかった、とそれを指摘した。

## (六) 東日本大震災と現代人の新たなる使命――インマヌエル哲学の視点から

さて、これまで長々とマルクスの唯物史観についてこれを根本的に批判しつつ、それに対するインマヌエル史観からの根本的修正・是正について語ってきたが、ここでもう一度、この項の最初の精神的側面の物質的側面への相対的規定性の問題へともどることにしたい。

そのさいその例の一つとして、二〇一一年に起こったあの未曽有の大震災・巨大津波・東京電力福島第一原子力発電所事故という、いわばこの三位一体[8]とそれに対する世界の人々、とりわけ日本の人々の反応をあげることができるであろう。

この三位一体の未曽有の天災・人災をきっかけにして今日本で起こった、例えば電力の大量消費に代表される物質的価値観から、いわゆる節電に象徴される精神的価値観への根本的転換の動き・気運、それが、未だほんの兆し・予兆とはいえその典型といっていい。

それはともかく、かかる気運は、超巨大な天災・人災を契機にして日本人が、そしてまた世界の多くの人々が改めて精神的価値観に目覚め、二〇世紀以来、いや資本主義発生の当初からこれまでずっとつづいてきた物質的価値観偏重からの脱却、ごく最近でこそエネルギー・水・食糧の不足や温室効果ガス問題、いわゆる地球温暖化問題・大気汚染・水質汚染、あるいは生物の絶滅危惧種問題などの地球環境問題がクローズアップされるにおよんで、省エネ・省資源の推奨にみられるごとく少しずつ、これまでずっとつづいてきたこの物質的価値観偏重から精神的価値観へと眼が向けられ始めつつあったとはいえ、しかしそれはまだまだ力弱いものであったが、しかしその流れを一気に強めようとした。

かくてこの気運は、いわゆる核エネルギーから、太陽熱・風力・潮力・地熱・バイオマス等といった再生可能な自然エネルギーへと、そのエネルギー政策の根本的転換に向かって日本国民の関心を大きく促している。

いや、日本ばかりではなく、二〇二二年度までに原発全廃を国の方針として決めかつこれを実行したドイツや、国民投票などで脱原発を決めたイタリアや台湾などの国々に代表されるがごとく、これは世界的に大きな流れとなってきている。

ところで、自然エネルギー政策は、非人間的・反自然的な原子力にもとづくエネルギー政策から身を転じ、自然本来の姿に立ち帰り、これに即しつつこれと共に歩む道として、インマヌエルの神へのより正しい応答といってよいだろう。インマヌエルの神とは、とりもなおさず大自然の永遠的かつ根源的な原動力として、これをいわばその根っ子・根柢から動かし在らしめ生かしめているものといってよいからである。しかし、これに対して、原発を全廃すれば電力エネルギーが不足して経済が立ちゆかなくなる、といった反論もある。が、しかし、自然に反した原発・核エネルギーに依存する経済を脱して、逆に自然に即した経済システムを構築すること、それこそ人間本来の道だろう。短期的にはいざ知らず、長期的にみれば、それこそ人間に本当の豊かさをもたらすことになるというべきだろう。

いずれにせよ、こうして今や人々は、未だ十分力強いとはいえないにせよ、この改めて気づかれた精神的価値観から、これまでの物質的価値観偏重を見つめ直さんとしている。これこそまさに、精神的側面からの物質的側面への反作用ないし相対的反規定性といってけっして過言ではないだろう。

そこで今われわれ日本人にとって必要なこと、緊急のこと、いや日本人ばかりではなく、未曽有の深刻なこの普遍的危機、つまりは第一に地球環境・生態系の危機、第二に政治・経済的危機、第三に社会・文化的危機、そして第四に何よりも人間存在そのものの危機、というこの全地球的危機の時代に生きる現代人すべての人にとって何よりも大切なこと、それをここでかんたんにのべておきたい。

もとより、被災者のためにまず何よりもいわば対症療法としてなすべきことは、あの巨大な天災・人災で破壊しつくされ、今なお破壊されつつある社会的インフラや環境汚染の復旧・復興、さらに失職した人々の雇用の問題や子供の教育問題の解決、つまり学校など教育機関の整備等、それらの一日も早い完遂であることは論をまたない。

が、しかし、たんにそれだけでは、おそらくまた元の木阿弥である。なぜなら復旧・復興事業に乗じた政・官・業・財の癒着による公的資金、つまりは国民の血税への浅ましいたかりがまたうごめき始めるだけであるからだ。だから、むしろより根源的に大切なことは、この巨大災害によりせっかく芽生えた精神的価値観への目覚めをより確かなものとし、これをできるかぎり深めつつ次の時代、三・一一以後の時代の幕開けとすることである。

では、その新たに確立されるべき精神的価値観とはいったい何か。私見によれば、それはこうである。かの巨大災害により露呈したことは、とりもなおさず原発に象徴される科学万能主義の完全な破綻であり、さらにまたその原発・核エネルギー政策を中核にしてでき上っていた政・官・業・財、さらにはマスコミをも含めた三位一体ならざる五位一体の癒着に象徴される、物質的価値観偏重のもはや取り返しのつかないほころびであり、と同時にそこに凝縮された日本社会の反民主主義的体質であること、そのことをまず第一に確認し、これを根本的に是正する道をしかと探ってゆくことである。

では、その科学万能主義と物質的価値観への過度の偏重は、いかにしてこれを乗り越えることができるであろうか。それは、とりもなおさず精神的な無力の思想に降り立つことである。すなわち人間は、根本的・根源的に無力だということを徹底的に認識することである。インマヌエルの神からの働きかけなしには、人間は存在することはおろか、指一つ動かすこともできはしないのだ。ただインマヌエルの神の働きかけをうけ、それに応えることによってのみ、いや応えるものとしてのみ生きかつ働くことができるのである。

人間のこの根本的・根源的無力性、インマヌエルの神に対する絶対的被決定性をかたくふまえてこそ、逆に自己決定的な力が人間に恵まれ与えられてくるのである。まさにこれこそが、人間の本来の自然であり本質なのだ。その点を深く心に留め、これにもとづいて生きるべく自分の生き方を改めて見つめ直すこと、それこそ今何よりも人々に課せられ促されている最大・喫緊の課題といわねばならない。

科学万能主義は、これに対しまったく正反対の生き方・考え方といわねばならない。(9) 今日広くみられるＡＩ研究やロボット研究、あるいは再生医療技術、生殖補助医療技術、さらにまた遺伝子技術でもその一端が明らかなごとく、科学万能主義はまるで人間が全智全能でもあるかのごとく思い上って神の座にまで昇りつめ、今やこれに取って代わらんとしている。それはまさに、天にまで届かんとする塔を立てて神の大いなる怒りにふれた、(旧約)聖書のあのバベルの塔の物語にあるいは似ているといってよいかもしれない。

われわれは神のごとく万能の主とならんとするのではなく、どこまでも限られた一個有限かつ極小の自然、精神的にも身体的にも、時間的・空間的にも徹底的に制限された存在であること、その点を肝に銘じ、そこにかたく立ちつつそこから少しでも浮き上ろうとか、逆に沈みこもうとかしないことである。いや、そんなことは、もともとわれわれ人間には毫も不可能なことなのだ。にもかかわらず、それが、つまり上にのべた人間の根源的限界点から浮き上ること、それがまるで可能なことのように妄想し、傲慢にも思い上ってしまったもの、それこそ他ならぬ科学万能主義といわねばならない。

人間に本来不可能なその科学万能主義の傲岸・慢心に対し下された天からの鉄槌、それこそ、今日人類をその絶滅の危機の淵に立たせている地球環境・生態系の危機であり、それと不可分に結びついているエネルギー・水・食糧危機であり、さらにソ連チェルノブイリやアメリカ・スリーマイル島につづく今回の福島第一原発事故といってよい。それはしかし、東京都元知事・石原慎太郎のあの愚かな天罰論とはまったくその意を異にする。慎太郎元都知事のいう地震や津波は天災であり、それゆえ自然現象であって何ら天罰ではありえない。それに対し原発事故は、明らかに神の座を狙った傲慢な人間たちの犯した人災であり、その人間の傲慢さに下された天罰なのだ。科学万能主義に立った人間たちに下された天罰、そのいわば余波を一般の人々もこうむってしまったのである。一般の人々にも、科学万能主義者たちの暴走を喰い止めなかったという責任、それがまったくなかったわけではないからである。

いずれにせよ、今日われわれは、改めて自己の分をしかとわきまえる必要がある。分というとおのずと身分という言葉を連想させ一見封建的なようだが、しかし、人間存在そのものの根源的無力性という意味での分は、人間の究極的本質を言い表わすものとしてすこぶる大切であり、まったく自然な表現なのだ。

とまれ、こうして明らかなように、われわれは今一度、科学万能主義の轍《わだち》・束縛から身をもぎ離し、根源的無力さという自己の分に立ち還り、自然と共に、自然に即しつつ生きる道を採るべきなのである。かくして天の御意のままに自然に即して生きること、それこそが何よりも大切なのだ。一見強大な科学万能主義や物質文明偏重の、その実あまりにもあっけない無力さは、ソ連チェルノブイリや今回の原発事故、あるいはまた今回の事故に遭遇しその処置にてんやわんやの、あの傲岸不遜な原発推進派の支離滅裂さ、そのうちにこれをはっきりとみてとることができるであろう。いずれにせよ核廃棄物は、人間の手ではどうしようもできないという事実からも、科学万能主義の誤りは一点の曇りなく明らかといわねばならない。

## (七)　仏教の無常観とインマヌエル哲学の無常観

仏教が説くごとく、まぎれもなくこの世は無常である。常なるものはない。季節は移り変わり、生あるものはいつか死に、今盛えているものもいつかは衰える。『平家物語』のいうごとく、「栄枯盛衰盛者必衰」まさに「諸行無常」である。が、しかし、だからこの世ははかない、生きるに値しない、つまらない、と仏教は説くのではない。そういう厭世観・諦念が、仏教の本質ではありえない。それは、かつての西洋人のいだいた誤れる仏教観といわざるをえない。いや西洋人でなくとも、東洋人や日本人でも、仏教的無常をたんにそのようにニヒリズム的・虚無主義的に捉えるならば、これはとんだ誤解といわねばならない。そんな退廃的な弱きニヒリズム、受動的虚無主義など、ゆめにも仏教の本質ではありえない。少なくとも、インマヌエル哲学は、仏教をそのようにネガティブな思想、否定的・消極的思想とはみなさない。

他方ではしかし、すべては無常で儚い、移ろいゆく、だから何事にも囚われる必要はない。そのつどそのつどをあるがままに精一杯生きていけばそれでよい、そこに大安心はある、というのでもありえない。そのような仏教理解は、あんがい広くゆき渡っているかもしれない。いや仏教徒でも、仏教をそう理解しているものがあるいは多いのかもしれない。が、しかし、それは本来正しい思想とは思われない。仮にもしそれが仏教の本質だとしたら、仏教は根本的に正しいとはいいがたい。

すべては無常で常なるものはない。これを西洋哲学風にいうならば、形而上学的実体などといったものはない[10]。その意味ですべては空・無我である。だから、そのような実体に囚われる必要はない、とあるいは説く仏教徒もいるかもしれない。けれども、たんにすべてが無常であるとするならば、まさにそれだからこそ人間は、その常ならぬ何か、実体のない自分に囚われ執着してしまうのではなかろうか。

これに対し、無我の我、無常の常、無我とか無常をそのように見てとることこそ大切なのではあるまいか。無我即我、無常即常、つまり無我とは即永遠の我であり、無常の中に永遠に常なるもの・恒常的なるものを看取すること、それこそが肝要なのではあるまいか。少なくともわが師・滝沢の恩師・西田幾多郎やかれの朋友鈴木大拙、それにその愛弟子・秋月龍珉は、仏教をけだしそのように理解していた。

なるほど個々の人間は、無常で儚い。この世界も、無常で儚い。しかしながら、その無常で儚い人間や世界と絶対に分かちがたく不可分に、しかしいかにしても混同できないよう不可同的に、さらにどんなことがあっても上下・先後の順序を翻えすことができないよう絶対不可逆的に直接一体となって永遠なるもの、永遠の無我ないし空が生きて働きつつ、人間や世界を生かしめ在らしめ動かしていているということ、それこそ、まさにそれこそが、真に大いなる根源的事実なのではないのだろうか。そう把捉するとき仏教は、今日大いに力あるもの、意義あるものとなるだろう。少なくともインマヌエル哲学は、そう考える。

絶対不可分・不可同・不可逆的に天即人、天即世界、それこそこの世界の真にありのままなる大いなる根源的事実だといわねばならない。そのさいこの天は、神といってもよいし、仏、如来、空、無我といってもよい。あるいはまた道（タオ）といってもいい。

かくしてわれわれにとって大切なこと、それはたんに儚い無常を反転させて、その無常のなかに常なるもの、恒常的なもの、つまりは如来をしかとみてとり、その御意に従いつつそれに添ってありのままに、無心に、平常心で生きること、自然法爾に生きること、まさしくそれにほかならない。

これをより分かり易くいうならば、すべての人・いちいちの人が自然に即して最善を尽くしつつ働くこと、生きること、つまりは「人事を尽くして天命を待つ」こと、そのような働き方・生き方を身につけることである。すでにのべたごとく、天とは、この地の果ての彼方にこの地と離れて存在するのではなく、この大地・自然の真只中に在りつつ、それをその根柢からいわば「無底の底」なる「絶対無」（西田）として在らしめ動かしている、いわばその根源的なエンジン・原動力にほかならないからである。

まさにそのようなものとして天は、人間を、いや生きとし生けるものを、いやいや大自然のすべてを幸せに向かって時々刻々導き促しつつ、しかしそれが誤った方向つまりは不幸に向かって動いているときは、いわばこれを罰をもって裁きつつ、ふたたび正しい幸せの方向へと舵を切らせんと促し導くのだといわねばならない。

したがって、天罰とはたんに怖いものではない、そうではなくて人間を不幸から幸せへと方向転換させるべく下される大いなる愛であり恵みというべきものなのだ。いわば厳しい姿をとった愛であり、恵みにほかならないのだ。

いずれにせよ、以上を結論的に総括すると、今日何よりも大切なこと、その大いなる一つは、西洋思想ないし西洋精神と東洋思想ないし東洋精神の根柢的綜合・止揚にほかならない。しかし、その点についてより詳しくは、つぎに項を改めてこれをよりいっそう明らかにしてゆきたい。

## ㈧　現代人に課せられた緊急課題――東洋思想と西洋思想の根柢的綜合・止揚

さて、東日本大震災と東京福島第一原発事故で明らかになったこと、それは既述したごとく、第一に、原発推進に象徴されていた科学万能主義、要するに原子力といえども人間が科学の力でこれを制御できるといった科学万能主義と、他方の物質的価値観への過度の偏重、それらはもはや本質的に破綻したということ、そうして第二に、その原子力行政に凝縮されていた、国民の主権をまったく無視した日本社会の反民主主義的体質ということにほかならない。

そのさい、その第一の点について大切なのは、その科学万能主義と物質的価値観偏重に対し、もう一度精神的価値観のそれ相応の重要性を取り戻すことであり、そしてそのさいその精神的価値観とは、ひっきょう無力の思想だということである。

その無力の思想にもとづいて東洋仏教の無常の思想を解釈すること、すなわち無常、つまりは常ならぬもの・儚ないもの、その真只中に常なるもの・恒久不変のもの、つまりは永遠なるものをしかとみてとること、それが何よりも大切だということである。

以上を綜合すると、今日何よりも重要なのは、偏狭な東洋主義に陥ったり、かといって逆に今なお浅はかな西洋べったり主義に甘んじたりするのではなく、西洋精神ないし西洋思想と東洋精神ないし東洋思想を根柢的に綜合・止揚すること、かくして西洋精神と東洋精神のそれぞれについてその強味と弱みをしかと見とどけつつ、強みは強みとしてお互いそこから深く学びみずからのもとに取り入れ摂取しながら、しかし逆にその弱みは弱みとして互いにこれを相互批判・自己批判的に克服・超克していくことである。

では、西洋精神とはそも何だったのか。ここではとくに一七世紀の近代以降に標的をしぼって考察することにする。近代以降の西洋精神の特徴は、何よりもまず第一に個人主義であり、もう一つは合理主義にほかならない。これら両者それじたいは、西洋近代精神がつかみとった基本的に正しいものである。そのさい個人主義とは、それまでともすれば個々の集団ないし共同体の中に埋もれ埋没していた個をそこから正しく掬い取り、その個、つまりは個々人こそまず第一に大切なもの、アルファーにしてオーメガ、最初にして最後とする考え方であり、ここに個々人の人権意識への目覚めも確乎として確立される。

これに対し後者の合理主義とは、ほかでもない理性にもとづく合理的精神のことであり、これは西洋における近代科学の勃興とも深くかかわってくる。この西洋の合理主義は、もとを正せば古代ギリシャ以降のロゴス主義のそれなりに必然的な流れともいいうるかもしれない。ここでロゴスとは、まず第一に言葉という意味であり、その他にも理・道理・理法といった意味があり、理性と深くつながりのあるものだからである。古代ギリシャ思想の影響をうけたといわれる新約聖書のヨハネ福音書では、その冒頭に「初めに言《ことば》があった」という有名な語がでてくる。そのさいその「言」とは、原文では「ロゴス」という語である。その点からも察せられうるように、ロゴスとはまず何よりも言葉という意味なのだ。また俗に、ロゴスと対立させていうさいのカオスとは、混沌・無秩序という意味であり、それゆえ、ロゴスはその混沌・無秩序としてのカオスの反対の意味にほかならない。

だから西洋人は、思うに「言葉の民族」といってもよいほどに言葉に重心をおく。何事も言葉に出して表現しなければ、自分の気持ちは他者に伝わらないし、それが当然とみなされる。最近あの森友学園問題で一躍有名になった「忖度」という日本語は、西洋人にはなかなか理解しずらいことで翻訳がむずかしい、といって話題になったが、このことからもこの点は窺い知れえよう。いずれにせよ、だから西洋では言葉に出して頼めば親切に助けてくれることでも、ただ黙って助けを期待しているだけでは、自分のその気持ちはほとんど相手に伝わらない。だから、助けてももらえない。それは西洋人が不親切だから、というのではなく、自分が困っているというその内面性が、その相手の西洋人には伝わらないからにほかならない。

そこで筆者が若い頃、実際に経験したことを例として一つあげればこうである。

筆者はドイツに留学していたさい学生寮に住んでいた。その寮のある二人部屋にドイツ人の学生と香港の留学生が共同生活していた。あるときその香港の留学生が、とても元気がなくなっていた。かれの名前はタイといった。話をきくと、テストの成績がとても悪かったからという。それは、ドイツ語にかかわるテストであった。だから、同じ部屋に住むドイツ人学生があらかじめアドバイスしてやれば、それほどむずかしい問題でもなかったはずである。ところがそのドイツ人学生は、何のアドバイスもしてやらなかった。けれども、そのドイツ人学生は、けっして不親切な人間というのではなかった。ただその香港の留学生が大人しすぎて――ちなみに東洋人は、西洋人の前に出ると必要以上に縮こまってしまうところがある。その点日本人でも同様である――、その同じ部屋に住んでいるドイツ人学生にテストのことで困っていると相談する勇気をもたなかったのである。そのことをあとで知った筆者は、そのドイツ人学生に、どうして君は同じ部屋に住んでいるその香港の留学生を助けてやらなかったのか、と尋ねた。と、そのドイツ人学生いわく、「え、それは知らなかった。言ってくれれば助けてやったのに！」というのであった。

すなわち、言葉に出して助けを求めないと、ドイツ人ないし西洋人は、相手の困っていることもなかなか気づかない、ということである。これ以外にも、これに似た経験は、ドイツでいろいろ経験した。いずれにせよ、ドイツ人、いやおそらく西洋人は、全般的に言葉に出して表現しなければ、その相手の心を汲みとり、自分から進んでこれを助ける、ということはすこぶる稀なことなのだ。かれらには、言葉というものへの過度の依存がある。

言葉に出し表現して初めて自分の気持ちが相手に伝わる、という暗黙の大前提がある。これを逆にいうならば、言葉に出していわないものは、心の中にもいうべきことは何もないのだということである。たとい黙っていても、しかし心のうちに何か大切なことを抱いている、とは考えないのだ。

要するに、言葉に出して表現しないものは、いうべきことを何ももたない馬鹿なのだ、愚か者なのだ、といった無意識の思い込みがある。だからかれらは、けだし日常会話でも、まるで機関銃のように早口でまくしたてるのだ。いや、学校のゼミなどでも、女子も男子も、教員をものともせず、しゃべりにしゃべりまくるのだ。議論白熱といえば、そうかもしれない。こういったことは、日本では仲々みられない光景である。それは、西洋人のあるいは良い点かもしれない。しかしそこには、あえていうまでもないことまでも口に出していう、そういった面もなきにしもあらずなのである。日本人なら、あえていうほどのことではないよな、と思うことでも、西洋人は口に出していう。何でもいいから、とにかく口に出していわなければ馬鹿とみなされる、という無意識の不安ないし恐怖心が、かれらをしてそうさせているようにも思われる。

その点、東洋人、いや少なくとも日本人とは、はっきり異なる。日本人は、あとでもいうように言葉というものに過度に依存しないからである。仏教に由来する「以心伝心」といった言葉とか、あるいは「目は口ほどに物をいう」といった格言が、それを如実に示しているといってよいだろう。

そのさい「以心伝心」とは、心をもって心を伝えるということ、つまり言葉を出さずに心と心を直接伝え合うということ、要するに悟りの境地は言葉では表現できないということ、だからこれを逆にいうならば、言葉では表現できないものがあるということにほかならない。そういう仏教的精神性の影響もあってか、日本では日常的にも「目は口ほどに物をいう」という。口に出して言葉にしなくても眼をみればお互い心が通じ合えるというところ、たんに恋人同士だけでなく、相手の困窮を察したら、言葉でいわれなくても進んでこれを助けてやるというところ、それが日本人にはある。その点、そういうことは、西洋人には、もとよりまったくないとはいえないが、しかし、少なくとも日本人よりははるかに少ない。ちなみにこの点で、日本人と東洋人とでは、また違うものがあるのかどうか、その点は必ずしも明らかでない。

これも筆者が大学院生の頃経験したことだが、ある日突然ドイツ留学の話が起こり、急きょ筆者は、教養部（一、二年生）のドイツ語会話の授業に出はじめた。ドイツ人の教員に、学生は一〇名ほど、筆者以外の学生は、まだ一、二年生のアジア各地からの留学生ばかりであった。そこで最初から筆者が驚いたのは、かれらまだ年若いアジア各地からの留学生、それもドイツ語などほとんどまだ話せない留学生が、授業でそのドイツ教員ととても楽しそうにはきはきと、とても拙いドイツ語、いや、満足なドイツ語にもなっていないドイツ語で、身ぶり手ぶりを交え盛んに意思疎通していることだった。

日本人だけの授業、初級者のドイツ語会話の授業ではまず考えられないことである。筆者自身、大学一年生のときドイツ語会話の授業に出て、最初にごくごくかんたんに質問されて、しかし応えられず頭が真白になり恥ずかしさのあまりそれで挫折した。ゼミですら、日本人学生の場合はろくにしゃべらない。筆者の教えている大学でも、筆者の学生のころでも、日本の大学のゼミでは、学生はろくにしゃべらない。ごくかぎられた学生だけはしゃべるが、大半の学生は、当てられなければしゃべらない。自分から発言するということはない。ごくかぎられた少数のものをのぞいて、大ていは沈黙を守りつづける。これは、過度に恥ずかしがりな日本人の悪い性癖である。

いずれにせよ、このあまり口に出して言葉をいわないというのは、いったい日本人に特有のものなのか、それとも東洋人全般にあるていどいいうることなのか、その点はいまだ筆者には定かでない。中国人は自己主張が強いともいわれるし、筆者の大学でも、中国人留学生同士はけっこう早口でしゃべっているようにも思われる。自己主張をあまりせずゆっくりおっとりしゃべるのは、東洋の中でもとくに日本人に特有なのか、その点は今ひとつ分らない。

さきに挙げた香港からのドイツ留学生も、その点日本人にとても似ていた。西洋人、ドイツ人に対しては気遅れしていたのか、ほとんど何も話せなかった。いい意味でも悪い意味でも、大人しかった。とくにドイツ人学生の前では、大人しかった。筆者ら東洋人の前ではそうでもなかったが。ちなみにさきの「忖度」についていうならば、中国と韓国の外国人記者は、テレビでその意味は分かる、中国にも韓国にもそれはある、といっていた。ついでながら、西洋人ははっきりいって東洋人などへの差別意識がある。ただ日本人に対しては、微妙である。経済力で、日本に負けつつあるからである。だから日本人には、内心では差別意識をもちつつも、しかし一目おくところがある。だが他の東洋人やアフリカ人には、はっきりと差別意識がある。が、その日本人でも、西洋人の前ではペコペコしている者が大半である。

話がかなり他にそれてしまったが、ここでもう一度西洋人の合理主義にもどるとしよう。

近代西洋精神の合理主義は、おそらく古代以来の西洋人のロゴス主義に由来しており、それゆえそれが西洋人をいわゆる言葉の民族、言葉に過度に依存する民族にしてきた面がある。だから神の言葉ないし意志についても、西洋人は、東洋人のようにこの世界の真只中で直接聴きとる、という発想がない。そういうことが、おそらくできない。西洋人にとっては、けだしそんなことは夢にも不可能なことなのだ。

では西洋人は、神の言葉（＝意志）をどうやって聞きとり理解するのだろうか。もとよりそれは聖書、人間が書いた書物としての聖書、それこそが他ならぬ神の言葉なのである。そこから西洋人、かれらの宗教であるキリスト教の聖書絶対主義、聖書の文字を一言一句絶対化せんとする悪しき思想が生まれ、それが、「イエスはキリストなり」、というキリスト教の根本ドグマと相俟ってキリスト教唯一絶対主義、つまりはキリスト教のみが唯一絶対に正しい宗教だ、という考え方を生み出したのだ。そのさい、それが一九世紀以降西洋列強による植民地主義と結びつき、人類史上おびただしい血を流してきたこと、それは今なお記憶に新しい。

さてここで、以上を一度整理しておこう。主に西洋近代に現われた個人主義および合理主義、それらはそれじたいとしては基本的に正しいものであった。

しかしながら、個人主義は、時と共に生ける永遠の絶対者なる神から切り離された、その意味で抽象的な個人主義に陥り、かくてさけがたく自己中心的なエゴイズムへと堕し、さらに時代が下るに従って、そのエゴイズムはおのが存在基盤をも掘り崩し、こうして頽廃的なニヒリズム・虚無主義への道を開いた。

かかる抽象的個人主義、つまりはエゴイズム、それにもとづくニヒリズム、それは近代の終焉としての現代、いかにしても克服されるべき第一のものというべきだろう。

神の前での応答・責任[11]を堅持した独立不羈なる具体的個人主義、それは個人としてあるべきしなやかな強さを養い、もって西洋人を個としてそれなりに強くした。たしかにそこには、やはり近代に起源をもつ資本主義的競争社会が介在し、これがそれに拍車をかけたといってよいかもしれない。しかしながら、個が何よりも大切だとするそれじたい正しい考えは、おのずから個というものそれ自身を、しなやかに強くする作用をもったこともまた明らかといえるのではなかろうか。

もはや、ただ一方的に個々の集団や共同体に埋没し、これに依存することによってしか自分を律することのできない存在ではなく、いかなる集団や共同体からも独立に、まず自分自身の価値を打ち樹てんとする真正の個人主義、それはそれじしんが強くなければ、とうていこれを維持することなどできはしないからである。

神の前に一人立つ個人、それは、この神からその個に必要なだけの強さを恵まれ、また日夜強くなるべく鍛えられ促されるのだ。個人として本来あるべき強さもなければ、かりそめにも神への責任ある応答もかなうまい。

この世のいかなる試練にも耐えぬいて神に正しく応答し責任を果たしていくためには、それにかなうだけの強さが個人に必要とされるのだ。なぜならその理由はこうである。神への応答の中心、いや中心中の中心は、とりもなおさず愛である。神は、絶対無我無償の愛にほかならないからである。ところが愛は、強靱な強さがなければこれを実践できない。どんな辺鄙なところへでもいって、どんな困難なことでもする、ということ、それが愛の本質ないし愛の究極であるからだ。マザー・テレサがその格好の例である。よしそこまではいかなくても、いかにつらくても相手のために自分を犠牲にすること、それが愛の本質である。だから、なまじっかの強さでは、愛は実践できない。かくて要するに、強くなければ神への応答・責任も果たせないということである。

とはいえ、それは、その個人にとって、その個人に必要なかぎりでの強さにすぎない。その個人に不必要な度を越した強さ、それはそこでは要求されない。またそれは、たとい欲しても本来不可能なものなのだ。神は、それぞれの個人に応じて、それに必要なだけの強さしか求めはしない。それぞれの個々人に応じつつ、無理なこと、無理な強さは要求しない。

ところが、その本来必要ではない不可能な強さ、それを求めんとしてあくせくするもの、それが、それこそが、個人主義の堕落形態、つまりは抽象的個人主義としてのエゴイズムであり、さらにはそれにもとづくニヒリズムにほかならない。

したがって、エゴイズムに基礎をおきつつ近代ニヒリズムの先駆者となったマックス・シュティルナーに始まって、あのロシアの大文豪ドストエフスキーが生みだした数々のニヒリストたち、そして最後にみずからニヒリストと自称しつつニヒリズムをニヒリズムでもって克服せんとし、ついには超人思想にまで昇りつめたあのフリードリヒ・ニーチェ、かれらの思想の根柢にあるものは、あくなき力・強さへの欲求であり、それは人間にはもともと不可能なものなのである。

その証左の一つとして、ドストエフスキーのニヒリストたちは、あるいは自殺へ、あるいは狂気へと没落し、ニーチェもまた、かれ自身狂気の闇の中へと自滅していくのを防げなかった。ニーチェの超人とは、文字通り、超-人、つまり生身の人間を超えた存在であり、それゆえけっきょく人間には不可能なこと、とうてい不能なことなのだ。

ここでまず第一に結論としていいうることは、今日われわれは、近代西洋精神がつかみとった個人主義、真に正しい個人主義、個々人を何よりも大切にし、その基本的人権を含めたさまざまな人権を堅持しつつ、個として必要なかぎりでの本来あるべきしなやかな強さは、これを身につけるべく日夜努力するべきだということである。

そしてそれには、あとでも詳しくのべるように東洋伝来の自然主義、つまりはこのどこまでも無常なる大自然のただなかに時々刻々永遠に生きかつ働いている天ないし仏の働きかけに即しつつ、その御意にあるがままに従いながら無心に、平常心で、自然法爾に生きることである。天・仏に、絶対他力的に生きかつ働くことである。ごくごく身近な言い方をするならば、天・仏から課せられてくる自己のそのつどの具体的責任を、誠心誠意、誠実に果たしていくことである。

よし不安や恐怖や不快がいかばかりであろうとも、それをありのままに耐え忍びつつ、しかし他方で自己の具体的な社会的責任、天・仏に深く根差しつつ自己に課せられ命じられてくる具体的責任、それをどこまでも真心をもって果たしていくことである。

これが、まず第一に今日の東洋人が西洋人から学ぶべきこと、いや今日緊嘍の課題として、東洋伝統の精神性をもう一度正しく把握しつつこれを西洋精神と統合するということである。

そのさいそれは、西洋人もまた今日、東洋伝統の精神から学ぶべきことといっていいだろう。たんに抽象的な個人主義なるエゴイズムから脱して、ふたたび真の個人主義に立ち還るべく、東洋ないし日本伝統の絶対他力の精神性に、いやこの世界から切り離された抽象的なありもしない「神」、機械仕掛けの神、デウス・エクス・マキーナへの「絶対他力」ではなく、また一九世紀初めの神学者シュライエルマッハーのいう「絶対依存の感情」でもなく、この世界、この大自然の真只中に具体的に生きて働く真の神の働きへの、今ここでの絶対他力の精神を学びとりつつ、これに立ち還ることである。

以上をもう一度要約すると、今日まず第一に重要なのは、原発推進運動にみられた科学万能主義と物質的価値観偏重からみずからを解放しつつ精神的価値観の正当な再評価へと移行することである。まだほんの兆しではあるが、しかしたしかに起こっているその気運をさらに推し進めていくことである。

そのさい大切なことは、今日西洋思想ないしその精神と東洋思想ないしその精神の綜合・止揚ということである。

いいかえれば、それぞれの強みは強みとして、これを互いに学び合いつつ摂取しながら、しかしそれぞれの弱みは弱みとして互いにこれを相互批判・自己批判的に克服・超克していくことだ。

再論すると、西洋精神、とりわけ近代以降のそれの特徴は、何よりもまず個人主義と合理主義にほかならない。そのさいそれらは、それじたいとしては基本的に正しいものではあったが、しかし、時と共にそのそれぞれが変質し弊害を引き起こすことになっていく。前者の個人主義は、永遠の生ける神を見失うと共にその存在基盤から浮き上がり、やがて自己中心的なエゴイズムへと堕し、さらに時代が下るに従って、遂にみずから自己自身の存在基盤を掘り崩し、こうして退廃的なニヒリズム・虚無主義へと堕していった。

ここでまず第一に必要な、西洋精神と東洋精神の根柢的綜合・止揚の可能性が打ち開かれる。

それは、つまりこうである。まず近代的精神がつかみとった、個人こそ何よりも大切なものという正しい意味での個人主義を堅持しつつ、それを永遠の生ける基盤なる神・天・仏の上にふたたび堅く打ち樹て直すことである。

西洋精神は、ともすれば神を正しくつかみとってはいなかった。すなわち、この世界から切り離してどこか彼方の宙空にただ漠然と想い描く、という傾向性が濃厚であった。

なるほど真にすぐれた神学者たち、パウロ、アウグスティヌス、トマス・アクィナス、エックハルト、かれらは必ずしもそうではなかった。この世界の真只中に、しかと神の働きかけをみてとっていた。

けれども、通俗的なキリスト教は、必ずしもそうではなかった。それは、先ほどもいったように、神をこの世界から切り離して、それじしん別個の世界を形造っているもの、そうして、この世界から分離したその神自身の世界から何らかの仕方で（irgendwie）この世界に力を及ぼしてくるもの、と考えた。そのさいそこには、パウロのいわゆる十字架の神学が大きく影響を及ぼしていた。

けだしパウロ神学の一面的理解が、かれらにそういった誤った神観をいだかせた。パウロの神学それじしんは、いわゆる十字架の神学に矮少化しえないもっと豊かなものをもっていた。例えば、のちのキリスト教から神秘主義として切り捨てられた思想も併わせもっていた。パウロ自身の言葉でいえば、「もはや生きているのは私ではない、キリストがわたしのうちで生きているのだ」という、キリストを自分自身と直接一体のものとしてつかみとっていた。ところが、そういったパウロの思想・神学は、のちのキリスト教からは、上述したごとく神秘主義として切り捨られた。それが、一見矛盾する十字架の神学と複雑な形で結びついていた。ところが、のちのキリスト教は、パウロのこの十字架の神学のみを抽出して受けついできた。

かくして、西洋近代精神がせっかく正しくつかんだ個人主義的認識も、それをその生ける永遠の土台から切り離してしまう危険性、それがそのそもそもの初めから胚胎していた。そうして、実際そうなった。

そのさいそれが、既述した具体的個人主義、つまりは正しい意味での個人主義から抽象的個人主義、つまりはエゴイズムへの頽落であり、さらにそのエゴイズムにもとづくニヒリズムへの顚落にほかならない。

かくして、そこで必要なのは、近代精神が正しくつかみとった個人主義、個々人を何よりも大切なもの、最初にして最後のもの、といった考えを、その本当の揺ぎない基盤、真に正しい永遠の生ける土台とふたたび結びつけること、いや、後者のもとに前者をふたたび正しくつつみかえすことである。

われわれ人間、いや世界の永遠に生ける根基、全人類共通の故郷、それは西洋精神よりもむしろ東洋精神にこそ正しく受け継がれてきた。少なくとも、この点での西洋精神の弱点を補うものが、東洋精神にはあった。逆にいえば、東洋精神の弱点を補うものが、西洋精神にはあった。一言でいってそれは、正しい個人主義にもとづく個の強さにほかならない。

それはともかく、東洋では、仏や天は、この世界ないし人間から切り離されてどこか彼方のはるか遠くにではなく、まさに今ここに、この世界の真只中に具体的に生きて働いている、だからわれわれ人間は、その（神）仏・天の声を何か聖なる書物とか、その声を正しく聴き分ける誰か特別の人、つまりは預言者とかといったものを介さなくとも、自分で直接それを聴きとることができるのだ、という暗黙の大前提がある。

わが師・滝沢の「生涯の恩師」の一人・西田幾多郎は、「東洋には眼に見えないものを見、耳に聞こえないものを聴くという伝統がある」といっているが、これこそまさに今筆者が上でいったことの西田的表現といってよいだろう。

要するに、東洋には、（神）仏の声や業は、肉の眼や肉の耳では見たり聞いたりできないが、しかしそれをいわば直観的に見たり聴いたりすることはできる、という精神的伝統がある。これを逆にいうならば、こういう伝統が西洋ないし西洋キリスト教の伝統にはない、少なくともその主流にはないということである。

ここではただ、それを見る眼、聴く耳をもてるかどうか、そこにすべてがかかっているといっていい。「目があっても見えないのか。耳があっても聞こえないのか」（マルコ八・一八）、「耳のあるものは聞きなさい」（マタイ一一・一五、一三・九、四三。マルコ四・九、二三。ルカ八・八、一四・三五）とは、じつはイエスが、自分の行なったことや語ったことのあとで最後につけ加えた言葉だが、その意味はけだしこういってよいのではあるまいか。

その意味の第一は、もとよりイエスの言葉や業を通じてそこにイエス自身ではなく、イエスその人を絶対に超えた、が、しかしイエス自身の本当の主体である神、その声・その業、それを「見る眼あるものは見よ、聴く耳あるものは聴け！」というものだろう。

そうして第二に、そのイエス自身の言葉や業からも独立に、否それらからも離れて、この世界の真只中に直接鳴り渡り響き渡っている神の声、その声と共に活き活きと働きかけている神の業、それを「見る眼あるものは見よ、聴く耳ある者は聴け」という意味だろう。

そのかぎり、イエスの神理解は、かれを教祖として仰ぐ西洋のキリスト教の神理解より、むしろ東洋の仏・天理解の方により近いといわねばならない。イエスは、西洋伝統のキリスト教のごとくに自分を神・キリストと無差別に自己同一することなく、そこにはっきりとした区別や順序をしかと認識しつつ、その神・キリストの言葉や業をこの世界の真只中に刻々具体的に活き活きと働き鳴り響いているものとしてしかとつかみとっていたからである。

だからわれわれは、このイエスに倣って、この世界・大自然のただ中に神・仏・天の声を直接聴きとり、その業に目覚めるべく、日夜耳を研ぎ澄ませ、細心の注意をもって眼をこらすべきなのである。

例えば二〇一一年の東日本大震災でも、けっしてそれが天罰ということではないが、しかしそういう大災害、自然現象の中にも神の声ははっきりと鳴り響いているのであって、その声は、この震災を機に日本人、いや全人類は今後どう行動すべきか、その決断を迫っているのだといわねばならない。

筆者の見解では、それはまず第一に、あまりにも傲慢になりすぎた現代人に対しもっと謙虚になれ、大自然の前には、人間など取るに足らないちっぽけな存在であることを再確認して、もっと大自然に畏怖の念をもて、ということである。が、とはいえ、しかし、それは神が直接大災害を引き起こしたというのではもうとうない。それは、古き時代の迷信にすぎない。

ところで、かの大災害を通じて神がわれわれ人間に迫っていること、その第二とは、すでにいったように、科学万能主義や物質的価値観偏重への鋭い警鐘といわねばならない。さらにいうならば、原発推進行政にみられた反民主主義的な日本の政治構造に対し、それでいったいいいのか、とその判断を日本人に、いや全人類に迫っているともいいうるだろう。いいかえるなら、民主主義とはそも何か、と全人類にその反省を促しているともいえるであろう。

それはともかく、今うえで言ったように神の声を直接聴きとるべく日夜努力していれば、必ずわれわれは、神の声や働きを、よし聖典や聖人であれ他人の言葉や業に頼らずとも、直接これを聴きとり、あるいは見てとることができるのだ。とはいえ、しかし、聖典や勝れた先達の言葉や業が、神の声や働きを聴きとり見て取ることに大いに扶けとなりうること、それは何ら否定する必要はないし、またそれらを不必要なものとする必要もない。だから、聖書とかそういったものがまったく必要でない、ということではもうとうない。それらは、神の声を聴きとるのに最善の導きとなることは間違いない。ただしかし、そういうものがなければ神の声は分からない、理解できない、というのは間違いというにすぎない。ところが西洋のキリスト教では、神の言はただ聖書を通じてのみ理解できると考える。とりわけ、ルター以降のプロテスタントの考え方はそうである。

ここで何よりも大切なのは、神の声や業は聖典や聖人などの言葉を介さなくては分からない、という西洋的考え方にまったく根拠がないこと、むしろそれははっきりいって誤りであること、その点をしかと認識するということである。

いずれにせよ、そのように東洋には、神ないし仏の声や業はこれを直接聴きとることができるという大いなる真正の伝統がある。それだからこそ、その永遠の生ける真理、つまりは神ないし仏の声や業は、他人の言葉や業に頼ったりこれを媒介したりしなくとも、直接人から人へと伝えられる、心と心とで直接伝え合うことができるというのであろう。

まさしくそれこそ、禅仏教の根本精神の一つ「以心伝心」の本質にほかなるまい。

また俗に「目は口ほどに物を言う」のごとく、心と心を伝え合うのに必要以上に言葉に頼りすぎないこと、本当に大切なことを伝え合うのには過度に言葉に頼らないこと、言葉に囚われないこと、そういう日本人の伝統的精神性の背後にも、永遠の生ける真理は人の言葉を介さずとも直接大自然の中から聴きとることができる、という大いなる精神的伝統がその背後にあるからといってもいいのではなかろうか。

しかし、このようにいうと、近代化に慣らされその古き良き伝統を失いかけている、あるいはもはやほとんど失ってしまった現代の日本人、あるいは東洋人の多くは、まるで何かはなはだ不可解なことを聞いているようにあるいは思うかもしれない。この機械文明・物質文明にあまりにも慣れ親しんだ現代日本人や東洋人には、それはあまりにも抽象的でむずかしいことのようにあるいは感じられるかもしれない。だが、しかし、それは何もそれほど抽象的なことでも難解なことでもない。

すべての人・いちいちの人が、自分に課せられ命じられた個々の具体的責任・課題・使命を、それが与えられ恵まれてくるその根源から深く悟って誠心誠意、誠実にこれを果たしてゆけ、というただそれだけのことなのだ。母として父として、兄として姉として、妹として弟として、家族の一員として、地域社会の一員として、自分の属する組織、つまりは学校や会社などの一員として、あるいはまた民族・国家の一員として、さらには地球市民・グローバル社会の一員として、そのつど具体的に自分に与えられ課せられ命じられつつある責任・課題・使命を、その由って来たる究極の根源にまで立ち還り、眼を凝らし耳を澄ましてどこまでも誠実に果たしてゆけ、とただそれだけのことなのだ。

ふつう日常的な個々の具体的責任・課題に、それほどの深い根拠があると思われてはいない。ただの一時も休まず流れ去って行く時の間に間に、ただただ偶発的にそのつど沸き起こってくるにすぎない取るに足らないもの――ふつう、日常的な個々の具体的責任はそう思われがちである。

しかし、それは正しくない。そのように一見瑣末な日常性、そこに現われては消え、消えてはまた現われてくる個々の課題や責任、そこには眼には見えなくとも、はるかに深い根源的な意味や根拠が存在するのだ。

たとえば父親や母親が家族のため、子供のために働くとする。働かなければ自分も食べてはいけないし、子供も養っていくことはできない。それは当り前のことである。

では、そもそも何のために働くのか、生きるのか。人間は、いったい何のために生きるのか。簡単にいって、それは幸せになるためである。わざわざ不幸になろうと思って生きる人間など、どこを探してもいないであろう。

では、幸せとは何か。たんに金儲けをして、経済的に豊かになることか。
金持ちになれれば、人間はただそれだけ幸せか。たしかに金、一定の経済力は、人間の幸福に必要だろう。アフリカのように厖大な数の飢えがあるところ、そこに幸せはない。少なくとも、ふつうの意味での幸せはない。むしろ不幸そのものといった方がいいだろう。が、しかし、金さえあれば、経済的に豊かになれれば、ただそれだけで人間は幸せか。人間は、それほど単純な存在か。ちなみにイエスは、「人はパン（経済力・食糧）だけで生きるものではない」（マタイ四・四）といっている。それだけでは幸せにはなれない、とものの見事に見抜いている。いずれにせよ、いくら金があっても心の空虚はこれを満たしえない人間、それはいくらでもいるのではあるまいか。

筆者は、ある修業僧からかつてこんな話をきいたことがある。かれは、若い頃五年ほどニューヨークで禅の道場を開いていたことがあるという。その頃、たまたまそこに、親の遺産で何十億という財産をもった若者が訪れてきた。かれには、この先働かなくても一生食っていけるだけの、いやそれをはるかに凌ぐ財産がある。が、その若者は、自分がもう何をしていいか分からなくなってしまった。働く必要がないと、何をしていいか分からなくなる。で、けっきょく心が空虚になる。働くことに意味を見いだせない。どうにもやるせない。心が空虚で仕方がない。どうしても心の空虚を満たせない。

それで、その心の空虚を満たそうと願いつつ、「東洋の神秘」に何となく憧れ禅道場の門をたたく。かれらは、いったい幸せといえるのか。むしろ逆に、不幸というべきではあるまいか。あり余る金があるにもかかわらず、いやまさにそれだからこそ、かれ（ら）は不幸で不幸で仕様がないのではなかろうか。

それはともかく、その修業僧いわく、「そういう気持ちで座禅などしても、悟りなど開けないよネ」と。

思うに、その僧のこの言葉の意味はこうである。本当に切羽詰って絶望し、ほかにどんな方法もなく、しかしそこから救われたい、あえていうなら絶対確実なもの、永遠に滅びることのないもの、恒久不変の真理、それに目覚めて救われたい、かくてその絶望から解放されたい、といった堅いかたい意志・決意、宗教的にいって求道心、それなしにいくら厳しい修業をつんでも真の救い、悟りは開けない。

ところで道元の「只管打座」、すなわち〝ただ座る〟というのも、このような求道心そのものを否定するということではないだろう。そういう求道心を抱きつつ、しかし「とにかく座る」。座禅することで、永遠の真理に目覚めることができるかどうか分からない。いろいろ迷いは、あるかもしれない。でも、「とにかく」座る。何らの工夫・図らいもなく、いやたんなる根無し草の分別による工夫・図らいを捨て、「とにかく」座る。あるがままに、自然に座る、求道心の赴くままに「とにかく座る」、ということではあるまいか。

いずれにせよ、徹底的に絶望に絶望しきることがまず必要である。ただ何となく「東洋の神秘」に憧れて、自分を苦しめ苛む心の空虚から逃れたい、逃避したい、といった虫がいい根性でいくら修業をつんでも、それはそもその初め・動機からして間違っているといわねばならない。それでは本当に厳しい修業には耐えられない。

いや、そもそもそんな厳しい修業をしなくとも、果てしない心の空虚からの本当の出口は、今そこに、その本人の立っているその足元に、それをじっと見つめさえすればはっきりと見てとれるように明々白々の形で口を開いているのである。他に眼をそらして逃避するのではなく、自分の足元を凝視すること、それこそ何よりも大切なことなのである。

そのさいに何か縁あって禅の修業とか、あるいはまた別の宗教とか、いやとくに宗教の形をとらなくても、何かの形、例えばボランティアとか読書とかに触れ、それを機縁としつつ、自分の生きかつ働いている今・そこで、いつも・どこにでも永遠かつ具体的に働いている眼には見えない業、耳には聞こえない声、それをしかと見てとり、聴きとる努力、不屈の努力、日々たゆまぬ努力、それが何としても重要であり、しかしそれさえあればそれでいいのだ。

以上話が少し長くなったが、この一事からだけでも大よそ見当がつくように、食うために働く、家族を養うために働く、というごくごく日常的な具体的課題・責任一つをとっても、そこにはふつう考えられてもいないはるかに深い意味と根拠が存在するのだ。そのさいその根源には、永遠の生ける真理なる神が厳として働きかけているのである。

要するに、人間は幸せになるために生き、そのために働く。では、幸せとはいったい何か。その点を徹底的に突きつめて考えてこそ、考えに考え抜いてこそ、本当の意味で働くということ、働いて生きるということ、そのことの意味も分かってくるし、またそのときはおのずから自然《じねん》に、ではいかにして働いたらいいのか、自分のためだけでなく家族・子供のためには、どのようにして働いたらいいのか、それも明らかになってくるはずである。それは、たんに教育パパや教育ママになって子供を勉強マシーンとなるべく追いたてることではけっしてないこと、それはすぐに明らかとなるだろう。ではどう働くべきか、どう働くことが自分のため、家族のため、子供のためなのか、――それは、それぞれ各人が自分自身で徹底的に考えに考え抜いて答えを探ってゆく問題だろう。

いずれにせよ、働くというごく日常的な事柄ひとつのなかにも、以上のべてきたような深い問題が厳在するのだ。すなわち、永遠に生ける神が、しかとそこにかかわっているということである。そのさいそれは、それを見る眼・聴く耳をもつものにとっては、何ら難かしいことではさらさらないのである。そういう心眼・心耳をもつべく不断に努力すること、それが何よりも大切なのだ。

最後にもうひとつ身近な事柄として、学生の例をあげておきたい。学生の基本的な義務はもとより勉強することである。たんに単位をとるためではなく、自分自身のために勉強することである。単位や成績、テストなど、本来ならまったく必要ない。そういうものがない学校も、じっさいにある。ドイツ発祥のヴァルドルフ学校が、それである。

では、勉強は何のためにするのか。幸せになるためだ。心を豊かにして幸せになるためだ。自分の世界を豊かにして幸せになるためである。

ところで、人間の幸せには、物質的なものと精神的なものとが関係する。そのさい実学は、物質的なものと深く結びついている。したがって、その面の幸せにおのずから関係してゆく。

人文科学は、その点物質的側面とは結びつきにくい。が、しかし精神的側面に深く結びついている。

かくて要するに、実学は物質的側面の幸せに関係し、人文科学は精神的側面の幸せに関係する。これら両者があいまって、本当の幸せに至ることができるのである。

いや、あえていうなら、そもそもその幸せとはいったい何か、それについて考えるために勉強するのだ。いろいろな分野から、幸せについて考えることを通して幸せへと至る道を探るのである。

だから、勉強ひとつをとっても、それはたんに単位取得のため、就職のためではなく、何よりもまず何のために生きるのか、幸せとはそも何か、などをいろいろ考えるためにするのである。

それだけ深い意味が、ごく日常的な勉強するということのなかにも深くかかわっているのである。

いずれ卒業し就職してからも、その問題をずっと生涯かけて考えていくためのいわば土台を作ること、それが、ほかでもない大学での勉強というものである。

とまれ、勉強するという一見何でもない単純なこと、そこにもこれだけの深い意味があり、その根源は生ける永遠の真理につながって、そこから刻々促され、課せられてきているというべきなのだ。

才能があるとかないとかにかかわりなく、それぞれ自分にできるかぎりで精一杯勉強すること、考えること、考え抜くこと、それが人間の務めであり、とりわけ学生の義務なのである。

この世界の真只中で神の声を聴きとるとは、だから、何かとても抽象的なようで、しかし、じつはそうではない。何でもないごく当り前の日常の課題・義務・責任・使命、その根源を深く見定め凝視しつつそれを誠実に実践していくことなのである。

さて話が一見かなり逸れてしまったが、ここでのテーマをできるだけ分かりやすくするためには、これはこれで十分必要であったのだ。そこで話をもう一度、今日必須の課題とされているあの西洋思想ないし精神と東洋思想ないし精神の根柢的な綜合・止揚の問題そのものにもどるとしよう。

近代西洋精神の特徴は、すでにいったように一つは合理主義であり、もう一つは個人主義である。ここでは、とりわけ後者の西洋的個人主義について、これを東洋精神、とりわけ鎌倉新仏教の浄土真宗の開祖・親鸞の思想によってこれを根柢的に基礎づけてみようと思う。

親鸞の有名な言葉の一つに、「弥陀の五劫思惟の願をよくよく案ずれば、ひとへに親鸞一人がためなりけり」(『歎異鈔』總結)というものがある。要するに、ここで親鸞のいいたいことは、阿弥陀仏が一切衆生を済度・救済せんとして気の遠くなるような長い長い年月考えに考え抜いているのは、ひっきょうこの親鸞一人のためなんだ、ということである。一見するとこれは、これほどエゴイズム的・自己中心的な言葉はないように思われる。なぜといって、阿弥陀仏はただ親鸞一人を救済せんとして何十億年、何百億年とその手だてを考えているのだ、というのだからである。しかし、事実はそうではない。ここで親鸞のいいたいことは、阿弥陀仏の一切衆生を済度せんとする五劫思惟は、たんに抽象的にすべての衆生をまとめて救済せんとしているのではなく、衆生の具体的な一人ひとり、いちいちの衆生をそのいちいちの衆生の個性や人格、能力、才能、性格等その具体的な有り方に即しつつ、しかもそういう仕方ですべての衆生・ありとあらゆる衆生を救わんとするものなのだ、ということだろう。だから、ここではいちいちの具体的な個々人が、とことん大切にされているのである。そしてそのなかの一人として、親鸞もまたそこに含まれている、ということなのだ。これこそまさに、個人主義の東洋的基礎づけであり、その原根拠といってよいだろう。翻って思えばしかし、西洋思想、その主流をなしたキリスト教、その源流のはずであったイエスの思想・神観は、まさしくこの親鸞の阿弥陀理解とまったく同じであったといわねばならない。イエスにとってキリストなる神は、自分自身を含めすべての人・いちいちの人それぞれを具体的に、そのめいめいに即しつつ全力をあげてこれを救わんとしているのだからである。

いずれにせよ、このようなイエスや親鸞の神観・仏観、これこそ他ならぬ個人主義の原根拠とされねばならぬものなのだ。かかる原根拠を見失い、そこから浮き上がってしまったがゆえにこそ、一旦は正しくつかみとられた西洋精神の個人主義は、やがて時と共に抽象化・孤立化し、かくてエゴイズムへ、さらにまたニヒリズムへと堕していくのをまぬがれなかったのである。したがってわれわれは、今やふたたび個人主義をその原根拠のうえに打ち立てるとき、真に強靭でかつ普遍性をもつ、つまり自己中心的エゴイズムに陥いることなく他者のことをも誠心誠意思いやり、いたわり、励ます真に正しい具体的な個人主義として復活させることができるのである。

さて次に、西洋近代精神のもう一つの特徴である合理主義について考えてみよう。西洋近代精神のこの合理主義は、やがて科学の発展に大いに寄与していく。ところがそれは、さらに時が進むと、人間の力によって自然をあわよくばすべて支配せんとする傲慢不遜な科学万能主義となって現われる。その終末論的な結果が、二〇世紀終わりから始まる地球環境・生態系の破壊であり、ソ連チェルノブイリ原発事故や二〇一一年の日本福島第一原発事故といってよいだろう。この最後のものも、ひっきょう科学万能主義にもとづく原発推進政策のさけがたい結果といわねばならない。

したがって、今日われわれの緊急課題は、この人間理性に溺れた傲岸な科学万能主義を根本から改めつつ、真に正しい理性にもとづく合理精神は、これを西洋近代精神に学びつつさらに発展させていくことである。そのさい、この科学万能主義を改めるには、東洋精神から深く学びとることができるであろう。東洋精神は、近代西洋精神とは対称的に集団主義・共同体主義である。そしてその背後には、人間の人間としての分をわきまえた大自然への大いなる畏敬の念がある。かくして、自然や共同体と調和しつつ生きんとするいわば和の精神がある。なるほど、それはしかし、集団・共同体への個の埋没のきらいもあり、さらには、たがいの狎れ合いによる自他の責任回避を助長する面もある。あるいは運命主義的であったり御上主義であったりして、何か強いものには刃向かっても致し方ないといった諦観へと流されやすい面もある。たとえば日本の諺でいうならば、「長いものには巻かれろ」とか「寄らば大樹の陰」、あるいは「出る杭は打たれる」といったものが、上述の運命主義や御上主義を端的に表現しており、不正に対しては断固反対する、といった真の理性にもとづく正しい意味での反逆精神に欠けるところがある。さらに東洋精神の直観主義、西田流にいうならば、「眼には見えないものを見、耳には聞こえないものを聴く」という直観主義は、神・仏・天の声をこの世界の真只中で直接聴きとるという、それ自体としては正しい精神性である反面、ややもすれば正しい意味での合理精神の否定にもつながりかねない。すなわち、正しい意味での科学精神を否定して迷信主義に陥ったり、あるいは先述した運命主義や御上主義の根因ともなりかねない。かくしてそれは、既述したように、狎れ合い主義に陥りやすく、自他の責任追求を見逃すことをよしとする誤れる「和の精神」ともなりやすい。

＊ 例えばビキニ環礁においてアメリカの水爆実験で被爆した生き残りの貴重な証人・大石又七氏によれば、日本人は責任を追求しない、という。たしかに氏のいわれるとおり太平洋戦争のA級戦犯の一人・岸信介がその後首相になっても、日本ではほとんど抗議の声があがらない。

あの未曽有の福島原発事故にさいしても、これまで原発推進を一丸となって強引に推し進めてきた政治家・官僚・経済界・学者・マスコミへの厳しい責任追求はあまりみられない。たんに福島原発の経営母体なる東京電力にのみ、それも中途半端な形で、つまり株主責任や東電への銀行融資責任はこれは不問にしたままで、この未曽有の事故の責任を追しつけて、あとはうやむやに狎れ合い的に誤魔化さんとする始末であり、国民の側からも、それに対して抗議の声が発せられる様子もさほどない。この未曽有の事故に対しては、当然その責任を負うべき原子力安全・保安院や原子力安全委員会、あるいはエネルギー庁ですら、そのトップがその後の一連の不始末も含めてその責任をとり「辞任」するように見せかけつつ、その退職金は厖大な額に上るのだ。それで、いったいどうして責任をとる、ということになるのだろうか。

とまれ、こういうことに対しても、国民の抗議の声がそれほど大きく上らないその背景、そこには、かかる不正な事実を国民にもっと広くよく伝えるべき義務を、マスコミが放棄しているからともいえるであろう。要するに、マスコミも一体となって日本のこの無責任体制の一翼を担っているというべきなのだ。

それはともかく、こういった東洋精神の弱みをしかと見定めたうえでなお今日われわれは、そこに含まれている真に正しい契機、つまり神・天・仏の声をこの世界のただ中に直接聴きとり見てとって、人間の人間としての分をしかとわきまえつつ自然への大いなる畏怖の念を回復し、かくて自然や共同体と真に調和しつつ正しい意味での和の精神をふたたび回復させることができるのであり、かくして初めてわれわれは、今や傲慢となりすぎた近代西洋合理主義と、それに支えられた悪魔的な科学万能主義をその根本から改めることが可能となるのである。

したがって、てわれわれは、近代西洋精神の個人主義や合理主義、それを東洋の自然主義・共同体主義、あるいは直観主義と根柢的に綜合することにより、これら両者を止揚して初めて、現代の普遍的な未曽有の危機克服の道を切り研くことができるのだといわねばならない。三・一一の未曽有の大震災・津波・原発事故は、われわれにこのような方向性に向かうべく促しているとはいえまいか。その意味での天啓とはいえないだろうか。が、しかし結論を急ぐ前に、これらの点についてさらにもう少し考察を深めていきたい。

西洋人は、一般に自己主張が強く積極的である。他方東洋人、なかでも日本人は、とりわけ自己主張が弱く消極的である。この点について少し考えてみたいと思う。

西洋人の自己主張や積極性の強さは、もともと個人主義にもとづく個の強さに由来しており、それじたいとしては好ましいことといってよい。たとえば、西洋人には、かつての日本ではわりとよくみられた子供や家族を道連れにした心中というものはほとんどない。これは、福祉の未熟といった社会的背景はあるものの、他面ではしかし、日本人の個としての弱さの端的な現われでもあるだろう。自分自身が弱いから、子供や家族も弱いものと勝手に決めつけて無理心中してしまうのだ。ここにはまた、子供には子供の人生がある、家族には家族の人生がある、といった正しい意味での人権意識も弱いといってよいかもしれない。いずれにせよ、こういったことは、西洋人にはほとんど考えられないことである。その意味で個が強いこと、それにもとづく自己主張や積極性の強いこと、これは、けだしよいことだろう。しかしながら、西洋人の場合、その個人主義はその後自己中心的なエゴイズムへと堕し、かくてもともとの正しい自己主張や積極性もやがてゴリ押し的で傲慢な我意の主張となっている傾向がある。とにかく自分の我意を押し通さんがための、その自己主張であり積極性なのである。その誤れる自己主張や積極性は、今や西洋人も改める必要があるだろう。

すなわち、我意に囚われた自己主張や傲慢な積極性から首尾よく脱し、たとえばアメリカ訴訟社会に端的にみられるごとくむやみやたらと他者の責任追及に狂奔したり、それゆえにこそ生起する、例えば西洋人の、何か誤ったことをしてもめったに謝らない、といった自己の責任回避への囚われ、そういったことからも脱しつつ、東洋精神に学びながら、自然や他者と調和して生きる術を身につけること、そしてそれと共に、人間の力を過信して、自然をも人間の力で支配できるといった誤れる傲岸な考えを捨て去り、逆に自然と調和して生きる術を身につけること、それこそ今日、西洋精神の東洋精神から学ぶべきことではあるまいか。

西洋人とは反対に、東洋人、とりわけ日本人は、個が弱く、それゆえに消極的で正しい意味での自己主張もほとんどなされない。ちなみにいえば、東洋人の前では言いたい放題いうにもかかわらず、西洋人の前ではろくに何も主張できない日本人が、今なお何とも多いことだろう。かかる個の弱さ、正しい意味での自己主張の弱さや消極性という点では、東洋人は西洋人から大いに学ぶべきだろう。

要するに、近代西洋精神の個人主義を既述したごとく東洋的なその原根拠の上にかたく打ち樹てつつ、みずからを鍛えて個々人が自己自身の個を相対的に強くすることが必要であり、かくていかなる人にでも、たとい権力者にでも、言うべきことはこれをはっきりいう、という正しい意味での積極性と自己主張ができるよう銘銘が自己を鍛えるべきだろう。かくして各人それぞれが、責任をとるべきことは潔くこれを引き受け、他者にもそれが必要なときには厳しくこれを追求すべきなのである。こうして西洋近代の合理主義・科学精神からも正しく学びつつ遂にはその悪しき精神性、つまりは運命主義とか御上主義とかといった諦念・諦観からみずからを解放すべきなのである。

こうして西洋人と東洋人は、たがいにその強みと弱みを否定媒介的に学び合いつつ、それぞれがより一層正しい精神性を身につけるべきときなのだ。

ところで、西洋人における個の強さの背景には、たんに個人主義における個の重視ということばかりではなく、同じく近代に始まる資本主義の発達のなかで、その競争主義によって長年否が応でも揉まれに揉まれてきたという、そういう社会的要因もありえよう。ここでは個が強くなったというばかりではなく、エゴイズム的な我が年々強化されてきたともいいうるだろう。

資本主義とは、ひっきょう人間の我欲に訴えつつ、これを日夜強化することをその宿命としているからである。この点はしかし、東洋人は学ぶべきではない。いやむしろ逆にその渦に巻き込まれることを極力避けるよう不断に警戒すべきであろう。ところが、東洋にあっても、資本主義の発達と共にエゴイズム的我の強化は、よしいまだ西洋人のそれほどではないにしろ、相当に悪化しているというべきである。たとえば日本では、既述したごとく、もうだいぶ以前から、利己主義とかエゴイズムとかといった言葉に代わって「自己中」という言葉が現われ、今やそれが日常言語化している。これが、日本人のエゴイズム化の、その強化のその一端を端的に物語っている。その点は、これも既述したごとくドイツも同じで、これまであったEgoismus（利己主義）に代わって最近ではEgozentrismus（自己中心主義）という言葉がわりとひんぱんに使用されるようになっている。そういう意味では、だから西洋人も東洋人も共に正しい個人主義、その原根拠なる神人の原関係・原事実に立った個人主義にしかと立ち帰ることにより、その誤れる個人主義、つまりはエゴイズムないしさらにその強化された形での「自己中（心主義）」を克服することが大切である。

ところで、話をもとにもどすと、資本主義的競争社会のなかで知らず識らずのうちに強化された個の強さ、いやむしろエゴイズム的我に支えられた個の強さ、という意味でも、その資本主義の歴史の浅さから、東洋人は、西洋人に比べていまだ力弱いものがあるように思われる。たとえば韓国で、しばらく前、短期間のあいだに有名芸能人の自殺が相次いだが、これなども、その背景には、上述した問題が潜んでいるのではあるまいか。なるほどそこには、軍事独裁制から一気に「民主化」が実現し、それまで言論の自由もろくになかったところへ、それも解禁されると時をほぼ同じくしてネットの急激な発達で、国民の多くがネットを介して自分の言いたいことを、他人の中傷や誹謗を含め何でもかんでもいえるようになり、それがとりわけ有名芸能人に向けられいわばスケープゴートにされたからであり、ところが、それを芸能人も無視できないという韓国特有のネット社会といった事情はあるにはしても、しかし有名芸能人のかの相次ぐ自殺の背景には、やはりただそれだけでは説明できないもの、それがたしかにあるように思われる。すなわちそれは、競争社会に入ってまだ何といっても日の浅い韓国では、いまだ西洋人のような熾烈な競争に揉みに揉まれるという経験が少なく、それゆえに西洋人ほどに個、いやむしろより正確にはエゴイズム的我個がそれほど強くない、いやむしろいまだ脆いからではなかろうか。そこで、政府もこれを無視できなくなり規制をかけたが、しかし今やふたたびその兆しが着実に現われてきている。

さて、眼を転じて日本のばあい、その芸能界、競争社会のなかでもとりわけ性格の強いそこでも、各芸能人の（我）個は、もとよりそれぞれの芸能人・タレントによっていろいろ異なる面はあるにはしても、しかしやはりあまり強いとは思われない。たとえば、日本で長年人気絶頂を誇っていた元五人組グループの歌手ですら、そのメンバーの大半は、結婚はおろかそのパートナーの存在すら明確にしていない。あれだけの人気を誇っていても、なお人気失墜の怖れをいつも抱いて、結婚はもとより自分のパートナーの存在すら公表できないのではあるまいか。タレントの結婚や恋愛に関しては、ファンのあいだでも以前に比べわりと寛容になっているというのに、だ。

逆に、かの有名な女性歌手のように「奔放な女性」を「演じ」、スキャンダルを人気浮揚の道具に利用したタレントもいるにはいるが、それはむしろ例外というべきだろう。かの女の場合、いまだ男性社会のなかで抑圧されながら、しかし徐々にそこから解放されつつあった日本女性のあいだで、真の自由ではないにもかかわらず、しかし往々にして自由と勘違いされがちな勝手気ままな奔放が、どこまでも自由に生きる女性の代表として、そのように誤解されつつ称賛を浴びたといってもいいだろう。自由奔放、いやより正確には勝手気ままな奔放の代償は、通常その人間の子供に負わされるのを免れない。その点、かの女の場合も例外ではないかもしれない。かの女とその娘とは、すこぶる不仲だというからである。

いずれにせよ、日本にあってもそのタレントの多くをみるかぎり、その〈我〉個は良きにつけ悪しきにつけ西洋人のそれほどにはいまだ強くないように思われる。いや、西洋の芸能人であっても、たとえばプレスリーであれマイケル・ジャクソンであれ、それぞれその世界では頂点を極めた人物たちも、前者は晩年薬づけの生活で半ば廃人であったといわれるし、後者も周知のごとくあのような悲惨な最期を迎えている。また野球を初めとしたスポーツ界では、薬物汚染とその弊害で廃人同様の選手も少なからず出現している。

競争社会という意味では、西洋のなかでもそれがもっとも熾烈なアメリカにあって、その熾烈な競争に鍛えに鍛え抜かれたはずのかれらですら、その最後はこのようにあまりに悲惨な形で終わってしまうものが少なからずいる。その点を鑑みるとき、いくら〈我〉個が強化されようと、人間の限界を超える極度の競争社会では、人間はそれにとうてい耐えられないということである。人間は、万能の神のように強くなれるわけではないのである。この点からいいうることは、インマヌエルないし神人の原関係・原事実のうえにしかと打ち立てられた個の強化、人間として本来そうあるべき個の強化はたしかにこれが必要だとしても、この原関係・原事実を見失ったエゴイズム的我個、たんに資本主義的競争社会で否応なくたたき上げられる我個の強さは必ずしも必要ないということであり、と同時にそれは、遂にはその競争の激しさに耐えられないということである。いずれにせよそれは、人間的個の本来の強さではなく、本来不自然な我個的強さにほかならず、しかもそれはその外見よりも実ははるかに弱いのであり、それゆえにまた幸せからもほど遠いということである。

けだし、人間本来の自然の強さとは、いわば柳や葦のような強さ、つまりはあるがままに自然を受け入れ自然に従う柔やかな強さというべきなのである。この点西洋人の強さとは、いわば鋼のような強さであって、またこれが希求されるが、しかし、それは一見いかに強いようでも案外もろく、まして万能の神のごとき強さではとうていありえない。人間は、だから人間の人間としての自然なあるがままの強さを求めるのでなくてはならない。そのさいそれには東洋思想、とりわけ仏教思想の核心であるあるがままないし平常心、あるいは無心ないし自然法爾の生き方が何よりも参考になるものと思われる。そういった東洋思想をできるかぎり正しく身につけつつ、西洋人の生き方、つまりは正しい意味での個人主義、個をどこまでも大切にする生き方や考え方、さらには正しい意味での合理的精神、それらにも深く学びつつ、これら両者、すなわち東洋精神と西洋精神を根柢的に綜合つつこれらを止揚すること、それが肝要なのではあるまいか。

それともかく、あの東日本大震災福島原発事故を通してインマヌエルの神が啓示していること、それはまさにこういうこと、つまり我個から脱して真の個人主義に立ち還り、かくて個々人本来の自然の強さを身につけよ、そのように日々鍛えてゆけ、かくて要するに東洋精神と西洋精神と、それら両者の精華を共に綜合・止揚せよ、ということではあるまい。

以上をもう一度繰り返すなら、近代西洋精神のそれ自体としては正しくつかみとった個人主義・合理主義・科学精神と東洋伝来の自然主義・共同体主義・直観主義、それら両者の根柢的綜合・止揚としてインマヌエル哲学がしかとつかみとった神人・神仏の原関係・原事実のうえにしかと立ちつつ、ややもするとその後の西洋精神が陥った傲岸な科学万能主義やエゴイズム的個我の強化、さらにそれにもとづく思い上がった自己主張や積極性、それらを廃して、先述した正しい科学精神と慈愛にみちた柔やかな個の強化、そしてそれにもとづく謙虚な遜下った自己主張や積極性、それらを身につけていくこと、そのようにして西洋精神と東洋精神を根柢的に綜合しつつ止揚すること、それこそ、あの未曽有の東日本大震災や福島原発事故を通じてインマヌエルの神により、たんに日本ばかりではなく全世界の人々に対して促されていること、啓示されていることといってよいのではあるまいか。

しかしながら、そこにはさらにもう一つ重大な啓示が含まれていると思われる。そこで次は、その点について考察してみたいと思う。

すでに述べたように、あの福島原発事故は、本来人間の力では制御できない原子力を、人間の力の一つ科学によって制御できるとする傲慢不遜な科学万能主義の根本的破綻にほかならない。したがって、この科学万能主義にもとづいて強行されてきた国策・原子力発電推進政策にみられる反民主主義的性格、その点を徹底的に暴きつつ真の民主主義の樹立に向けて着実に歩を進めよということである。

この原発推進にさいしては、本来原発の監視役たるべき「原子力安全・保安委員会」が、それとは真向から対立するはずの原発推進派なる経済産業省のなかにおかれ、これと癒着していたことからも明らかなごとく、政治家・官僚・経済界・学者・マスコミが三位一体ならぬ五位一体となり、まさに一丸となって強行されてきたのであり、そのさい「原発安全神話」なるものをマスコミ総動員ででっち上げ、さらには原発に関するシンポジウムへの推進派の大量動員といったやらせまで敢行し、かくて一般国民を完全に欺きながらそちらに向かって巧みに世論を誘導してきたのである。ここにはだから、国民が主権者だ、という民主主義のほんの一欠片もみられない。まぎれもなく、権力者による国民の誑しといわねばならない。国民の主権は、完全に蔑しろにされてきたのである。

しかしながら、日本社会のこの反民主主義性は、けだしこの国策としての原発推進にかぎったことではないだろう。国民にはたんに選挙のさいのただの一票という「主権」が見かけ上与えられているだけで、実際には権力者のやりたい放題というべきなのだ。

その点は、小泉内閣の折、国是ともいうべき自衛隊の海外派兵禁止が、イラク戦争のさい、国民の大半が反対しているにもかかわらず、首相一人の権限でこの国是がいともたやすく打ち破られ、しかもそのイラク戦争のあと、そのイラク戦争がまったくの大義なき戦争であったことが白日のもとに明らかにされたにもかかわらず、その自衛隊派兵についての検証はほとんど何一つなされず、不問に付されたままであること、その点からもこれはまったく明らかだろう。[13]

いずれにせよ、あの原発推進過程では、民主主義の名の下にそのじつ国民に主権はなかった、それがあの福島第一原発事故でまさしく白日の下にさらされたのだ。

原発推進派が、まさに一丸となって癒着しつつ、国策として、あるいは疲弊した地方に経済振興策というアメをばらまき、あるいは圧倒的な情報発信力で「原発安全神話」を日本国中に浸透させ、かくて国民を欺き、もしくは蚊帳の外におきつつ、おのが利害に邁進してきたということ、さらには反原発派の学者・研究者をまるで「非国民」のように扱って半ば言論の自由も奪うべく、そういう雰囲気を半ば力ずくで作為的にでっち上げたということ、それは、これまでの日本がふつうそう思われているほどに真に民主的な国家ではないということ、そのことの何よりの証しというべきなのだ。少なくとも核エネルギーという国策にかぎってみるかぎり、まったく非民主的だった、というよりむしろはるかに悪質な反民主主義だったといわねばならない。もとよりそれは、いわゆる独裁国家のごとくまぎれもない力ずくの強制でなされてきたというわけではない。いやそれだけに、はるかに巧妙に画策され強行されてきたのだといわざるをえない。

いわゆる独裁国家では、権力者がいわば軍服をきて国民を虐げるのだとするならば、この間の日本では、権力者はいわばスーツを着て、一見まったくスマートに、それだけにはるかに巧みに国民を欺き権力者の思うがままに操ってきたのだといわねばならない。なんとなれば、国民も、原発推進のことは何も隠されていたわけではなく、それなりに知らされていたのだからである。とはいえ、しかし、その危険性を正しく知らせるという努力はまったくなされなかった。マスコミを総動員して喧伝されたばかりではなく、先述したごとく原発に関するシンポジウムには推進派のサクラややらせメールを大量に動員し、かくてここに「原発安全神話」が捏造されたのである。この圧倒的な力の前には、一般の国民はまったくの無力というほかはなく、したがって原発の危険性に関しては無知に等しいものとなるのをさけがたかった。反原発の学者・研究者の声も、原発推進派のその罵声の大きさに掻き消されほとんど届かない有り様だったからである。このような状況は、かりそめにも真の民主主義・国民主権とはとうていいいがたい。

かくしてこの核エネルギー政策のなかには、日本社会の非民主性、いやより悪質な反民主性の本質が端的に凝縮されていた、といってもけっして過言ではないだろう。だから、一般国民は、ゆめにも「見えるものを見ないでいた」というのではありえない。断じてそうではない。一般国民にはできるかぎり見えないように、大都会から遠く離れた地方に原発は作られて、一般国民にとっては眼を凝らさなければなかなか見えないように作為的・計略的に作られていったのである。

かくして明らかなごとく、今やわれわれは、かの東京電力福島第一原発事故を通して、インマヌエルの神からこの日本の地に、いな世界全体に、真の民主主義をしかと打ち樹てるべく促されて啓示されたのだといわねばならない。そしてそのさいには、上述したごとく東洋思想と西洋思想の根柢的綜合・止揚、かかるものとしてのインマヌエルの哲学のうえにしかと立つことが必要不可欠なのだ。なんとなれば、真の民主主義とはひっきょう愛の主体として確立された個々人によってのみ可能であって、そのさいそれは、この哲学が強く説く絶対無我無償の愛には神にしかと目覚めることが何としても欠かせないからである。

いずれにせよ、こうして今やわれわれの現代人にとっての緊急課題、あるいは、とりもなおさず東洋思想と西洋思想の根柢的綜合・止揚であること、それはもはや論をまたない。

## (九)　真の民主主義・インマヌエル民主主義の樹立へ向けて

ここでは、真の民主主義とはいったい何か、それを可能にする条件とはそも何か、それについて思いつくままにこう書き連ねていきたい。

まず第一に、政策を誤ったもの、あえて虚偽を国民に伝えたもの、そういった政治家・官僚などには徹底してその責任をとらせることである。

思うに、みずからの犯した過ちに厳正に責任をとらせることをしないから、何事も無責任にやりたい放題してあとは野となれ山となれ、といった野放図な政治家や官僚が跡をたたないのである。かくして自民党の原発推進派は、まだろくに福島原発事故が収拾していないのに、もう新たに原発推進に向けて行動を開始し、じっさいに原発を再稼動させている。こういったことが起こるのは、かの事故にさいし、かれらにそれ相応の責任をとらせなかったかにほかならない。

あの原発事故では、ほぼその当事者の東電にのみ、それも甚だ不十分な仕方で責任をとらせたのみで、[14] これまで原発推進を国策として牽引してきた政治家や官僚、あるいは経済人・学者・マスコミなどにはほとんど何の責任も科そうとしなかった。

これをより具体的にいうならば、原子力安全保安委員会やエネルギー庁のトップが、その責任の一端を担って更迭されたようでいて、しかし、じっさいには六〇〇〇万円以上もの退職金が堂々と支払われたのである。これで、いったいどうして責任をとったことになるのだろうか。マスコミは、そこに良心があるならば、そういう事実をもっと大々的に国民に報道すべきなのではあるまいか。かくて要するに、政策を失敗したり虚偽の情報を流したりなどをして国民に甚大な被害を与えても、ほとんど何ら責任をとる必要がないからこそ、こういった一種の犯罪、国民を裏切るという権力者のいわば公的犯罪が、いつも堂々と行われ、絶えまなく繰り返されることになるのである。

だから、政治家・官僚など、政策にかかわるものにはその責任の所在を明確にし、その政策遂行が誤ったときには厳しく責任をとらせることが何としても必要である。

さて、真の民主主義を樹立するための第二の条件は、徹底的な情報公開であり、第三は、厳格に説明責任を課すことである。これら二つの条件を守らないものに対しては、とことん厳しい審きを下す法律を作成することである。

たとえば、あの南スーダンにおける自衛隊の活動を記録したいわゆる「日報」について、政府はこれを秘匿してほとんど明らかにしようとしなかった。こういう日本政府が真の民主主義政府とは、とうてい思われない。

さらに、昨年から大きな問題となっているいわゆる森友学園問題や加計学園問題でも、政府や官僚はろくにその説明責任を果たそうとはしていない。こうして事実が、しだいに闇に葬り去られようとしている。これで、日本に本当の民主主義があるとはとうてい思われない。国民の主権は、ほぼ完全に踏みにじられているといわねばならない。

かくして明らかなように、徹底した情報公開と説明責任の厳格化、それらは、真の民主主義成立のためにもっとも重要なものの一つといわねばならない。

さてつぎに第四は、政治家・権力者の横暴に対しては、国民の異議申し立てができるだけ速やかにできるようこれを制度化することである。たんにデモや集会の自由だけでは、とうてい十分とはいいがたい。もっと効果的な異議申し立ての方法を、厳格に制度化する必要がある。あの安保関連法案の強行採決でも明らかになったように、いくら国民の多くが反対し、集会やデモをしたところで、これが無視されたら、もう政府の暴走は、これを喰い止めようがないからである。それで、真の民主主義とは、とうていいえない。

ところで、真の民主主義成立のための第五の条件は、政治家・官僚などの権力者に対しては、終始かれらを見張り監視しつつこれを逐一国民に知らせることのできる、いわばボランティア的な監視機関を設けることである。権力者の日頃の行動が明らかでないならば、かれらの口先の嘘に国民は容易にだまされ、かくて選挙のさい、正しい判断のもとで投票することができないからである。それはともかく、この監視機関には、けだし権力は付与しない方がよい。権力は、さけがたく人間を堕落させ腐敗させるからである。

人間の心の内奥にある権力衝動は、一旦権力を手に入れるやどうしてもこれに囚われ拘泥しその魔力のとりことなってしまうからである。だから、この見張り役は、どこまでもボランティア的なものがいい。しかも、それは、NPOやNGOで実績のある真に慈愛にみちた愛の実践者、しかも賢明にして権力者の狡智にしかと打ち勝つことのできるものでなくてはならない。

さて、つぎに、真の民主主義成立のための第六の条件は、政治家や高級官僚から、その特権をできるかぎり剝奪することである。まさに特権があるからこそさけがたく、かれらに特権意識が生まれ、かくて一般国民の庶民感覚からはずれて、逆に、本来奉仕すべき国民の上に立つ何か特権的な存在でもあるかのごとく、かれらを勘違いさせてしまうのだからである。

ところで、真の民主主義成立のための第七の条件、もっとも重要な条件は、ほかでもない国民の教育である。幼少期より、国民各自に、真の民主主義とはいったい何かについて、その思想的背景となる哲学的世界観や人間観、あるいは人生観を含めて、徹底的に教え、導き、鍛えることである。これは、しかし、政府に都合のよいいわゆる「民主」教育などではありえない。政府から真に独立した機関における、本当にすぐれた教師による、民主主義そのものについての教育でなければならない。

さて、それ以外にも、真の民主主義成立のためには、さらにつぎのような諸条件が考えられる。それをつぎに、つづけて列挙しておこう。

そのさい、追加の第一は、いわゆる「一票の格差」の根本的是正にほかならない。議会制民主主義を建て前とするのなら、これは改めていうまでもない自明のことといわねばならない。

その第二は、いわゆる世襲政治家の原則禁止である。今の日本では、周知のごとく、「地盤」即ち選挙区と、「カバン」即ち資金と、「看板」即ち知名度と、これら選挙に圧倒的に有利な三つのものが、まるで遺産のごとく相続されている。これでは、とうてい真の民主主義・国民主権が成立するとはいいがたい。

第三は、企業献金・団体献金の全面禁止といわねばならない。これらを完全撤廃しないかぎり、政治が金で買われることは、何としても防ぎようがない。ところが、金で買われる政治とは、とりもなおさず反民主主義以外の何ものでもない。ちなみにアメリカでは、超大富豪の個人献金や企業献金で政治がほぼ完全に金で買われてしまっている。こういった金による政治の買収は、民主主義とはとうてい相容れないというべきである。

第四は、官僚の天下りを完全に禁止することである。天下りがあるからさけがたく、官僚も、またかれらによる行政も、底なしに腐敗していくのだといわねばならない。

第五は、首相の、自分勝手な衆議院解散権を剝奪することである。もしそれを認めるのなら、国民にはそれに対抗するためのボイコット権を認めることが必要である。たとえば、そのさいの選挙で投票率が五〇％を割ったなら、その責任は首相に負わせる、といったことも一案だろう。

第六は、上でもすでに触れたごとく、行政の責任の明確化と法的罰則の規定を設けることである。たとえばあの東京都での築地市場移転問題で図らずも明らかとなったごとき行政の無責任体質、それを根本的に改めさせるためである。

以上六点のほか、さらに付け加えるならば、国会議員や高級官僚の報酬、それを大幅に引き下げることや、政党助成金はこれを廃止するといったこともあげられえよう。前者は、かれらの特権剝奪のひとつと考えてもよいかもしれない。他方後者については、政党の活動費は、それぞれの政党が独自に行なうようにさせればよい。じっさい日本共産党は、現に今すでに政党助成金を受けとってはいない。それでも、政党としての活動は歴としてできている。公金なしには活動が満足にできないような政党は、政治の舞台から消えていって何ら差し支えない。国民の税金を当てにするから、さけがたく政党は腐るのだ。いや、どこまでも腐りはてていくのだといわねばならない。

以上思いつくままに都合一五の条件を列挙してきたが、少なくともこれくらいの条件整備がされないならば、そこに真の民主主義、真の国民主権があるとはとうていいえない。

いったいい、これだけの条件がそろった民主国家が、今の世界に見当るだろうか。明確に、否というほかはない。ところが、真の民主主義成立のためには、最低でもこれら一五くらいの条件整備は必要不可欠といわねばならない。

あの福島第一原発事故を契機にして、われわれは、かかる真の民主主義社会を目差すべく大きく舵を切るべきときではなかろうか。

インマヌエルの神は、まさしくあの原発事故を通して、こういうこともまたわれわれ人間に語りかけ働きかけているというべきではあるまいか。

## (十) インマヌエル哲学史観の厳密な図示とその説明 (二)

以上のべてきたことから明らかなごとく、東日本大震災と福島第一原発事故は、日本人はもとより全世界の人々に対して、資本主義勃興以来の物質的価値観偏重に対して精神的価値観の新たなる再評価と、その精神的価値観のさらなる探求に向けてわれわれ各人を促し励ます一大契機となったとはいえないだろうか。

したがってここにも、本章の(四)でのべたごときインマヌエル哲学史観における、かの神の働きかけを契機とした精神的側面の、その物質的側面への反作用をみてとることは甚だ容易なこととはいえまいか。

さてつぎにもう一度、精神的側面の物質的側面への反作用のまた別の例を挙げておきたい。数年前、かつて日本の石炭エネルギーを担っていた過酷な炭鉱の実情について、山本作兵衛氏が残した厖大な絵や克明な日記が、世界記憶遺産としてユネスコに登録された。

これは、当時日本のエネルギー政策を主に担った炭鉱での過酷極まりない理不尽な記録を克明に後世に伝えることにより、政治・経済の権力者たちに対する一般労働者の怨嗟や怨念をそのたくましさと共に形にすることにより、絵画や日記といった精神的側面として、その技術・経済（政治）的な物質的側面への反作用の役割を担うことになるとはいえないだろうか。

なんとなれば、石炭から石油へと国のエネルギー政策が移行する過程で勃発した日本労働運動史上最大ともいわれる三井・三池騒動は、政治・経済の権力者たちに対する労働者の、その精神性に端を発する正義・公正を求める激越な運動として、精神的側面の物質的側面への反作用の端的な現われといってよいけれど、そのさい作兵衛氏の絵画や日記は、まさにその三井・三池騒動に象徴される労働運動の根幹を端的に表現しているといってよいからである。

要するに、労働者はいつも、資本・権力者の使い捨てなのである。問題の本質は、まさしくそこにこそあるといってよい。過酷に使い捨てられることに対する、労働者の人間としての当然の反逆精神、すべての人・いちいちの人の生命の芯にあってこれを生かしめ在らしめているインマヌエルの神からの必然的な促しとして惹き起こされる反逆精神、端的にいって正義・公正・公平・自由・平等・平和を希求すべく日夜促され励まされている、まさしくそこに端的に根源をもつ反逆精神、―ほかならぬそれこそが、精神的側面の物質的側面への必然かつ当然な反作用というものなのだ。

さて、それはさておき、宗教・倫理的な精神的側面の技術・経済（政治）的な物質的側面への相対的規定性について、もう一度話を現代に移して説明したい。

その前に、わが日本の幕末維新にあっても、中国伝来の儒学の一つ陽明学が、その精神的背景には頑として横たわっていた点を指摘しておこう。

それはともかく、二〇一〇年に勃発したチュニジアに始まり、リビア・エジプトに飛び火し、さらに北アフリカ・中東諸国の多くに野火のごとく燃え拡がった、いわゆる中東民主化革命、いやそれに先立つ二〇世紀終わりの東欧諸国の民主化革命、そこにも、前者にあってはイスラーム的な宗教・道徳的価値観が、後者にあっては、一見よし無神論的・無宗教的諸国ではあったとしても、またじっさい仮に権力者によって宗教が「アヘン」として抑圧されていたにはしても、しかし、にもかかわらず、無意識のうちに脈々と息づいていたキリスト教的価値観、つまりは正義や公正・公平を求める人々の、人として本来自然な心情・精神性が、技術・経済・（政治的）諸矛盾への義憤となって現われ、これを是正するべくおのずから働いたといって、よいのではなかろうか。

ただしかし、このばあい前掲（八二九頁）図3の②、つまりは宗教・倫理的な精神的側面から③の技術・経済的な物質的側面への影響力、いいかえれば相依・相補的な不可分・不可同・不可逆的な相関関係は、いつも必ずポジティブで正しいものとはかぎらない、いやむしろ、その逆のネガティブで歪曲されたもの、不正であることもある、時間的流れとしてはむしろその方が大きい、その点はしかと留意しておく必要がある。すなわち、真正の宗教とは到底いいがたいエセ宗教、権力と結びついた腐敗宗教、要するにたんに宗教という衣をまとっているだけで、そのうちに鎧を隠し着ている反宗教的宗教、それらは大てい時の権力者の代弁者として、かれらに都合のよい経済システム・経済状況を精神的に支える役目を果たしてきた。よし真正の宗教からすれば反宗教だとしても、それらもまた宗教的側面に位置してきたことはこれを素直に認めざるをえないだろう。宗教・道徳の本質をいわば内側から腐喰してきたものだとはいえ、これらもまた宗教・道徳的側面の一部ないし一面であったこと、いや歴史的事実からすれば、これらの反宗教的宗教こそが宗教・倫理的側面の大部分を占めてきたといっても過言ではないこと、その点はこれを素直に認めざるをえないだろう。

そのかぎり一九世紀中葉にマルクスが、「宗教はアヘンだ!」、民衆を社会的矛盾に目覚めて革命へと日夜駆り立てることから眼を背けさせ遂には眠りにつかせる麻薬だ、といって宗教を厳しく批判したことも、たしかにその面が宗教には大いにあると、これを宗教家はみずから襟を正して認め戒しめねばならないだろう。

いずれにせよ、宗教・道徳的側面と技術・経済的側面とは、いつも必ず正しい形でかかわっているとはかぎらない。時には、いやその多くが間違った形でかかわっているが、それにせよ、しかしたがいに不可分・不可同・不可逆的に、ないし相依・相補的に相関関係に立っていることとそれに変わりはないだろう。

さて次に、あのインマヌエル哲学史観の図3における②と④、つまり宗教・道徳的な精神的側面と政治的な分野、それらの関係についてみてみたい。まず②から④へと及ぼす影響力、すなわち前者のそれなりに不可分・不可同・不可逆的ないし相依・相補的な相関関係についていうならば、それは先にのべた②から③、つまり宗教・道徳的な精神的側面から技術・経済的な物質的側面へのそれと基本的に軌を一にしているといってよいだろう。政治と経済は、よく政治経済と一口にいわれるようにとりわけ密接に結びついているからである。かくてここで②から④への不可分・不可同・不可逆的ないし相依・相補的な影響とは何かといえば、それはこうである。すなわち政治的分野にあっての不条理や不合理、つまり理不尽な不義・不平等、あるいは不公正・不公平、さらにまた不自由・抑圧などがあるばあい、宗教・道徳的価値観の根幹である正義・公正・公平、ないし平等、あるいは自由・平和などを求める情念がおのずから自然《じねん》に人々の心をとらえ、それが先の政治的不条理の現実に対して反撃し、時にはその政治体制を根本から覆えす革命のごときものとなって現われるということである。

が、しかし、この方向性の影響ないし相関関係は、必ずしもつねにポジティブな前向きないし未来志向的なものとして現われるとはかぎらない。むしろその逆に、つぎの④から②への反対方向の影響力ないし相関関係でみるような、西洋中世から一九世紀初頭にかけての神聖ローマ帝国にみられたごとき、悪しき意味での相依・相補的な相関関係、つまりは狎れ合い的関係となることもある。

あるいはまた、マルクスがいみじくも看破したように、堕落した宗教が、その本来の役割りを果たして人々をして政治的腐敗に目覚めさせ、それを是正すべく働きかけるどころか、かえって逆に政治的権力者の側に立ち、その利害におもねって、例えば「あの世での救い」といったエセ宗教的言辞を弄して人々を眠り込ませ、正義や革命の実現へ向わんとする人々の気を削いで、それからかれらの眼を背かせるということもありえよう。

さらにまた、日本同様奈良・平安時代にいわゆる鎮国家のために仏教が政治的に利用された例もある。聖徳太子による仏教推奨も、ひっきょうこの流れに沿ったものといってよいだろう。

同様に、戦前日本の国家神道にみられたごとき政治による宗教の利用も存在する。ここでは、政治により宗教(神道)が歪められ、いわばマイナスの形で政治に影響を及ぼしたのである。すなわち、明治政府による神道国教化政策に加担し、戦争遂行のためにこれが利用されたばかりではなく、宗教(神道)の方もまた積極的にこれにもとづいて「廃仏毀釈」が行なわれ、一八六八年の「神仏分離令」により、奈良時代以来の「神仏習合」、つまりは日本固有の神道の神と仏教の仏・菩薩の混淆が禁示され、仏教は弾圧・抑圧されて、名実共に神道が国教とされ、かくて、太平洋戦争敗戦まで政治的に利用されつつ、みずからも積極的にそれに加担していくこととなったのである。とまれ、その象徴が、あの靖国神社といわねばならない。

また中国では、儒教の系譜をひく朱子学が宗の時代に国教化され、治国平天下を目的とする実践道徳を唱えて政治的な役割りを果たした。この朱子学は、日本でも江戸時代に幕府から官学とされ、その保護をうけることにより、逆にその政治にも少なからずその影響を及ぼしたものといってよい。

西洋に眼を転ずれば、すでにのべたごとく神聖ローマ帝国によるキリスト教の国教化とそれによる本来のキリスト教の歪曲化があり、かくて政治権力の私物化を宗教的に正当化した例があげられえよう。このばあい、キリスト教はキリスト教で、国家権力へのすり寄りにより教権の拡大化を画策したことはいうまでもない。

かくのごとく、政治と宗教・道徳は、人類史上の長きにわたって、良きにつけ悪しきにつけ相依・相補的な相関関係となり、時には悪しき狎れ合い的関係を持続したといわねばならない。

が、たんにそうとばかりはかぎらない。つまり宗教・道徳はたんに一方的に時の政治権力と結びつき癒着しただけではなく、時には、逆にこの腐敗・堕落した政治や宗教・道徳に対し、真に正しい宗教・道徳、さらには政治を打ち樹てるべく、宗教・道徳の根源なるインマヌエルの神の促しに刺激され、正義や公正・公平さらには自由・平等・平和を求めて一般民衆が立ち上がり、その腐敗・堕落した政治権力、宗教・道徳的権威を打倒したこと、それもまた人類史上すくなからず生起したことなのである。

日本にかぎってみるならば、一九六〇年の反安保闘争や一九六七、六八年の全共闘運動――この時には、ドイツやフランス、アメリカやイギリスでも反戦・反体制を求める学生の大反乱があった――にみられたように、反戦・平和や正義や自由あるいは平等・公正を求める、よしそれらの運動の担い手はそれと明確に自覚してはいなかったにせよ、インマヌエルの神の促し・励ましを身に受けた学生・民衆による大反乱が、宗教・道徳的な精神的側面（情念）からの政治的（物質的）側面への反作用として国土を烈火のごとく焼き尽くしたのである。

けだし革命、たんに政治的・経済的革命ではない真の人間そのものの革命、それはまさしく永続的なものであり、たんに一時的な勝敗はほんの取るに足らないものである。

じっさい近代ヨーロッパの市民革命にしろ、二〇世紀のマルクス主義的社会主義革命にしろ、これまでの歴史上、革命が真に成功したと思われるものは何一つとして存在しない。革命の真の目的は、ひっきょう人間そのものの革命であり、それにより確立された真の愛にもとづく全人類共同体の樹立にほかならないからである。歴史上の個々の革命や民衆運動は、その究極目標を目差してのそのつどのその一里塚というべきなのだ。かくしてこの究極目標を視野に入れた途方もなく長い時間帯でみるならば、個々の革命や民衆運動におけるその勝敗はさほど大したものとはいえないだろう。

問題は、この究極目標に向って人類が着実に歩を進めているのかどうか、ということである。そしてその点からみるかぎり、両方向に破滅の深い谷を見下しつつ、山脈の峻線を、その究極目標に向かって、たしかに危うくたどたどしくではあるけれど、しかし着実にその方向性に向かって進んでいるといってはいいすぎだろうか。

いずれにせよ、以上をもう一度繰り返そう。かつて若き太宰治は、「革命は成功しない。けれども永遠につづけなければならないのです」、とほぼこのように記した。じっさい革命は、そう易々と成功するものではない。

欧米、例えばイギリスやフランスの市民革命、あるいはアメリカの独立革命、それらはいずれも真に成功したとは思われない。それらの革命によって確立された資本主義は、のちに帝国主義と化し世界人類を苦しめ苛みつづけた、その一点をあげてもそれは明らかだろう。いや同じ国家内部でも、今日みられるごとく、ほんの一握りの富める者と大多数の貧しい者との激しい対立・分断を惹起して、とうてい真に幸せな国家作りに成功したとは思われない。

かくてまたフランス革命のスローガン「自由・平等・友愛」も、今日とうていみるかげもない有り様である。激しい格差・階級社会の前に平等など完全に色褪せているうえ、自由にしても、ひっきょうそれは勝手気ままな恣意・放縦の別名に成り下り、人間を本当に幸せにする真の自由とは毫もいえない。友愛にしても、今日みられるのは各人のエゴとエゴのぶつかり合いによる対立・分断ばかりであって、どこにも思いやりやいたわりといった愛の精神は見当らない。その点は、今日の欧米で激しく叫ばれる移民・難民排斥をあげれば十分だろう。今や欧米、いや日本も含めて、そこにあるのはただ「友愛」とは名ばかりのフリーセックスによるセックス礼讃的性愛ばかりといわねばならない。

他方、ロシア革命や中国革命を始めとする二〇世紀の社会主義革命も、その後の歴史がこれを明らかに示しているように、ゆめにも真の成功とはいいがたい。二〇一〇年に同時多発的に勃発したあの中東アラブの春も、その後の有り様は惨憺たるものである。

そうみてくると、「革命は成功しない」という太宰の言葉は深い含蓄がある。が、しかし、にもかかわらず、同じく太宰がいうごとく、「革命は永遠につづけなければならないものなのだ」。成功しても失敗しても、真の成功目差し、真に正しい人間的社会・愛と平和の共同体の実現目差して永遠に新たに繰り返し繰り返し試みられねばならないものなのだ。それが、人間に課せられた大いなる神からの不断の問いかけであり促しであるからである。

かくして、われわれのインマヌエル哲学は、宗教革命――各宗教の根本的変革――実存革命――各人におけるエゴの主体から愛の主体への根本的変革――、そしてそのうえでインマヌエル革命ないし愛の世界革命を実現し、かくてそれらによる愛と平和、自由と平等にしかと裏づけられた真に人間的な共同体の実現を目差すのだといわねばならない。要するに、永続的なインマヌエル革命が必要なのだ。

そのさい日本国憲法、とりわけその第九条は、この「理想」社会を目差すためのまぎれもなき灯台といわねばならない。かかるものとしてそれは世界に誇れるものであり、またそれゆえにそれを堅持しつつ、これを日本はもとより世界全体に広めていくこと、それこそ多くの尊い生命と引きかえに日本国民が世界から託された他にかけがえのない使命であり、それゆえ日本独自の国際貢献、その要、要中の要といわねばならない。

それはともかく、以上のべたことから明らかなように、宗教・道徳的な側面と政治的側面とは、前者から後者へ、と共に、逆に後者から前者へのいわば双方向的な相依・相補・相関的な関係に立っているというべきである。

さて次に、先にあげたインマヌエル哲学史観の図3における③と④、つまり技術・経済的な物質的側面と政治的領野との相互関係について考察したい。ここではまず技術・経済的な生産力の発達段階に応じて、その影響を受けつつ原始共産制に始まり奴隷制、農奴制、議会制民主主義へと政治体制が移行してきたものと思われる。

この点をより詳しくみると、第六章の二でも詳述したように、狩猟採集時代には経済的な生産力がいまだすこぶる未熟であったため、人々はたがいに扶け合って生きていくほか術はなく、かくてここには原始的ないし自然的な共産制社会が営まれていたと思われる。そこでは、その日その日の生活の糧を求めての放浪生活が営まれていた。ところが農耕が発見されると技術・経済的な生産力がいちだんと高まって定住生活が可能となり、余剰食糧も少しずつ産まれることとなる。と、そこにこの余剰食糧を巡っての争いが発生し、ここにさけがたく階級対立・階級分裂が生起したものと思われる。余剰食糧のいまだ生じていない原始共産制社会では、共同体の成員がみなその日その日を生きるのに精一杯で、狩猟・採集などによる生産物を巡って互いに争っていたのでは、その共同体そのものが自滅せざるをえなかったからである。かくしてここでは、人間の、本来は不自然な第二の本性ともいうべきエゴイズム、つまりはひっきょう独占欲や権勢欲、あるいは他者に対する優越欲へとどこまでも限りなく強化・肥大していく自己中心的な権力衝動、それは、その過酷で厳しい自然的条件により否が上にも抑えつけられていた。逆にいえばそれだからこそ、よし自然的とはいえ互いに平等な共産制が実現していたともいえるであろう。ところが一旦農耕が始って次第に余剰生産物が生まれるや、この、それまでは抑えつけられえていた人間の本来不自然な第二の本性たるエゴイズム・権力衝動が鎌首をもたげ出し、その余剰生産物を独占ないし、少しでも自分が多く奪取せんとして、ここにさけがたく争いが発生し、その結果・階級分裂が生じたものと思われる。さらにこの階級対立・階級分裂は他の共同体との関係にも影響を及ぼし、他の共同体に戦いを仕掛けつつ、そこの生産物を奪取するばかりではなく、その敗れた共同体の成員をおのが共同体の奴隷にしたとも推測される。これが、これこそが、けだし大規模な戦争と奴隷制の始まりだろう。

さらに時代が下り技術・経済的な生産力が発達すると、大土地所有者としての封建領主がおのが領土内の農民を農奴として酷使し、かれらを絞りとれるだけ絞りとって、その生産力をさらに一段と高め向上させんとした。ところが、その封建社会から次第に資本主義が発達してくるや、ここにブルジョアジーとプロレタリアートといった階級分裂が惹起され、これが新たなる生産関係となる。ここでは農奴をその土地から切り離し、たがいに個々バラバラに分裂させたうえ、かれらと「自由」契約を結んでおのが生産現場に雇い入れ、かくて合法的にかれらを抑圧・搾取しながら、その技術・経済的な生産力をさらにいちだんと向上させんとした。そのさいそのかれらブルジョアジーの思惑を政治制度的に確立させたもの、それが他ならぬ議会制民主主義といわねばならない。

ここでは、各プロレタリアートは政府と「自由」な契約を結びつつ、大人しく社会秩序のなかに組み込まれ、ブルジョアジーとも「自由」な契約を結んで雇用関係に入るのである。したがって、かかる議会制民主主義なるものは、まぎれもなく暴力的な強権によるのではなく、一見合法的かつ自由な契約を建て前とした、いわば詐欺・

瞞着的な政治制度といってよいだろう。これを詐欺・瞞着的というのは、ほかでもないここでは自由や平等、（友）愛や人権、あるいは正義・公平・公正、さらには平和といった人類の普遍的価値が、ただ一方的にブルジョアジーの観点・立場からのみ見られ実現を図られるにすぎないからである。要するに自由であれ、平等であれ、（友）愛であれ、あるいは人権・正義・公平・公正・平和であれ、それは人類全体にとってのそれではなくて、ほかならぬブルジョアジーにとっての、ただそのかぎりでの自由・平等・（友）愛、人権・正義・公正・公平・平和にすぎないのである。

いずれにせよ、これまで長々とのべてきたように、原始共産制に始まり古代の奴隷制、中世封建時代の農奴制、そして近代に始まる議会制民主主義といった、その時代その時代の政治体制は、いずれもいわばその底を流れる生産力、より幅広くいえば技術・経済的な物質的側面によって規定されてきたものといってよい。この点は、マルクスの唯物史観に大きく似通っており、逆にいえば、そのかぎりでは唯物史観も大きな誤りを犯しているとは思われない。

ところが、唯物史観と大きく異なる点は、インマヌエル哲学史観では、技術・経済的な物質的側面の政治的領野への規定性ばかりではなく、その逆の後者から前者への規定性をも認めつつ、これら両者の規定性をたがいに相依・相補的な相関関係と考えるという点である。

かくして次に、技術・経済的な物質的側面から政治的側面への相対的規定性とは逆に、後者から前者への相対的規定性についてみてみたい。

まず第一にいいうることは、既述した原始共産制、奴隷制、農奴制、議会制民主主義といったそれぞれの政治体制は、その時代その時代の技術・経済的な生産力を維持しさらに発展させるべくこれを規定していたといってよいのである。その政治的領野の技術・経済的な物質的側面へのこの相対的規定性について、これをもう少し具体的に例証するとこうである。

まず第一に、二〇世紀型の旧社会主義の例があげられえよう。ここでは、よしそれがいずれも結果的には大失敗に終わったにせよ、ソ連では、ソホーズやコルホーズ、中国では人民公社、あるいは「大躍進」といった経済政策、より一般的にいって国家所有制にもとづく中央集権的な計画経済といった政策により、政治が経済ないし生産力を推し進め発達させせんとした。また、この社会主義的な中央集権的計画経済が失敗に終わるや、中国には、周知のごとく鄧小平が現われ、改革開放政策が採られ始めた。これは、社会主義市場経済という名の、共産党独裁による中国式新自由主義的経済政策といってよいだろう。いずれにせよ、政治主導による経済政策により、未曽有の経済格差や地域格差、情報格差、さらには政治制度と経済制度の不整合等さまざまな経済・政治・社会的諸矛盾を孕みつつ、が、しかし、ひとり経済成長という一点でみるかぎり今や目ざましい発展をとげている。

ちなみに中国の、この共産党一党独裁という政治制度と、他方の資本主義的な経済制度の不整合性というこの二つの両立、それがこの先どうなるかは一応おいて、これまでのところこの不整合が両立しているということは、マルクス唯物史観では説明ができない。というのも、唯物史観では、政治は下部構造としての生産様式によって一方的に規定されるものであり、もしそうならば現在の中国のごとき、社会主義的政治制度と資本主義的経済システムの混淆などといったことはまったく考えられないことであるからだ。

したがって、もし唯物史観が正しいとするならば、今後革命か何かによって共産党一党独裁が打ち破られ、かくてこれがその下部構造である資本主義的な生産様式に見合った政治制度、つまりは複数政党的な議会制民主主義に取って代わられるはずである。が、しかし、その点は誰にも予言できることではない。少なくともいいうることは、ここ何十年かの中国は、唯物史観では説明のできないこの不整合、つまり経済的な下部構造に見合わない上部構造、つまりは政治制度が維持されつづけている、ということである。いや、さらにいうならば、唯物史観では本来下部構造なる生産様式により規定されるべき上部構造、このばあい政治システムが、まったく逆に、後者によって前者の方が規定されつつあるということである。この点は、唯物史観のまったき破綻、その大きな実例の一つとしていくら強調してもしすぎることはないだろう。

他方、資本主義諸国に眼を転ずれば、私的所有や自由競争、さらにはそれらにもとづく普遍的な商品貨幣経済といった資本主義の根本的な諸制度が、よし当初は市民革命等により経済的な下部構造に規定されて成立したとはいえ、その後はこれらの政治によって基礎づけられた諸制度が、生産力ないし経済成長の推進力となっていることは否めない。だからここでも、経済的な下部構造から政治的な上部構造へのたんに一方的な規定性があるのみではなく、明らかに後者から前者への規定性も頑として存在し、これら両つの規定性はたがいに相対的・双方的、さらにいえば相依・相補的な相関的関係にあるといわねばならない。

ここで、政治的な上部構造から経済的な下部構造への反規定性についてさらにみてみると、例えばつぎのようなものが考えられる。高度経済成長期の日本では、政治が高度経済発展にほぼ標的をしぼりつつ、これを国策として推進することにより、その高度な経済成長を推進した。同じように、政治がその政策により経済成長・経済発展を推進している例として、形は必ずしも同じとはいえないにせよ、いわゆる新興国といわれる国々、すなわち中国、インド、ロシア、ブラジル、あるいは韓国、東南アジア諸国、中南米諸国が挙げられえよう。あるいはまた一頃の独裁開発途上国などでも、その独裁的な政治が主導しつつ、その国の経済成長・経済発展を促してきたといってもいいだろう。

さて、ふたたび日本に眼を転ずると、「科学技術立国」日本といった政治による政策で、日本における科学技術の発達、これにもとづく経済発展が試みられたり、また、石炭・石油から次には原発推進へ、といった政治による国策としてのエネルギー政策も、日本の経済成長・経済発展を促さんとするものとして、これもまた、政治的領野から技術・経済的な物質的側面への相対的な反規定性といって何ら間違いないだろう。

とまれ、これまで考察してきたように③、つまり技術・経済的な物質的側面と④、つまり政治的領野とは、これもまた双方向的に相依・相補的な相関関係にあるといわねばならない。

つぎに、インマヌエル哲学史観の図3における④と⑤、つまり政治的領野と芸術的領野の相依・相補的な相関関係についてみてみたい。

まず④の政治的領野から⑤の芸術的領野への規定性をみてみよう。この点がもっともよく現われるのは、一般に戦争のような国家非常時といってよいのではあるまいか。なぜなら、こういった非常時には、わが日本でもみられたように戦争文学や戦争絵画、あるいは軍歌といったいわば芸術的領野を総動員しつつ政治的に利用され、一般民衆に対し戦争遂行が日常的に鼓舞・鼓吹されるからである。また独裁国家や旧社会主義諸国家では、前衛党のボスの銅像や似顔絵が国中のあちこちに建てられ掛けられて、かれら独裁者や国家ボスがまるで何か特別の能力を備えた偉人のごとき念を無意識のうちに一般民衆の心に植えつけ、かくてかれらを崇めさせつつこれを支配せんとして、芸術的領野が政治的に利用されていた。しかし、そういった悪しき面ばかりでなくても、政治的領野は芸術的領野を規定し、これに大きな影響力を与えるといってよい。なぜなら、芸術振興には不可欠とも思われる音楽ホールや劇場、あるいは博物館の建設、それには政治的領野の関与なしにはとうてい十分にはなしえないからである。

他方、⑤から④、つまり芸術的領野から政治的領野への規定性についてはどうであろうか。そこでまず考えられるのは、政治権力の抑圧や戦争遂行、ないしその企てに対する芸術的領野からの反撃、かかるものとしてのいわゆるプロレタリア文学・民衆文学、反戦文学、反戦歌、反戦・反核絵画等々が考えられえよう。これらの芸術運動は、一般民衆の反戦運動・反抑圧運動・反核運動として、権力を中心とする政治的領野への反規定性といって何ら差し支えない。かくして明らかのごとく、④と⑤、つまり政治的領野と芸術的領野とはたがいに相対的・双方向的に相関関係にあるといわねばならない。

次に②と⑥、つまりは宗教・倫理的な精神的側面と医療・介護・教育・スポーツ・芸能・娯楽等の生活全般と、これら両者の相依・相補的な相関関係についてみてみよう。

まず前者から後者への規定性についてみてみるとこうである。第一に医療にしろ看護・介護にしろ教育にしろ、そこに従事する医師、看護師、介護士、あるいは教育者には、その倫理性・道徳性が厳しく問われることはいうまでもないだろう。そのさいその倫理性・道徳性の背後には、よしそれと意識されてはいなくとも、やはり確乎とした宗教心がなければならない。

いわゆる無宗教性の現代では、いやとりわけ日本にあっては、この宗教性ともいわれるものがあまりにも疎かにされ、ただ中空に漂う倫理・道徳のみが問題とされるため、今日とりわけ医療の現場において、臓器移植や不妊治療あるいは尊厳死等に関して時にははなはだしい混乱に陥っているものと思われる。

その点西洋では、日本の仏教同様もはやほとんど死に体にあるとはいえ、長年西洋精神の骨格をなしてきたキリスト教の伝統がからくも生き残っているため、その結果の是非は別として、少なくとも議論の点では、上述の医療問題について日本よりも一歩進んでいるといっていい。

脳死の問題にしろ、不妊治療の問題にしろ、あるいは尊厳死の問題にしろ、いずれも人間の生命そのものに直接かかわる問題であり、それゆえこれらの問題は、宗教、真に正しい意味での宗教抜きには何ら正しい答えは得られないであろうし、よし何らかの答えが得られたとしても、おそらくそれは十分なものとはなりえまい。

これを逆にいうならば、医療技術の目覚ましい進歩によって、それがこれら人間の生命の誕生や死、あるいはその延命に直接かかわってくるようになった今日、改めて宗教の問題がさけがたい必然として現代人の眼の前に立ち現われてきたというべきだろう。かくしてこれが、医療分野の宗教・倫理的側面への反規定性といわねばならない。

いずれにせよ、宗教の問題を今日改めて真摯に根柢的に考えに考え抜かないかぎり、医療技術を含め、現代の最先端科学技術の暴走はこれをもはやとうてい喰いとめることはできないだろう。

話が医療の問題に集中してしまったが、眼を教育に向けるなら、西洋を含めていわゆる先進国における教育分野のもはや眼も当てられないほどの荒廃ぶりは、もとよりそこに政治・経済・社会・文化的な末期的退廃が深く影を落としているとはいえ、それと同時にまた宗教・倫理的な精神的側面のあまりの空洞化、それがその背後にあるといって何ら差し支えないだろう。

たんに教育者が宗教・倫理的に退廃しているというのではなく、主として先進国全体が社会的・文化的に退廃しきっているがため、そしてその背後には政治・経済的な大混乱があるゆえに、さらにまたその根っ子には先進国全体における宗教・倫理的空洞が大きくかつ深く口を開いているために、この宗教・倫理的空洞化に根本的に規定された政治・経済・社会・文化的諸矛盾がほとんどすべて教育分野に集中してしまっているのだ、といってもけっして過言ではないだろう。今日の教育者を大きく悩ませているいわゆるモンスター・ペアレント、ヘリコプター・ペアレントなどといった現象も、大きくこれらの現象全体のなかでこそとらえられるべき問題である。

要は、現代人、いや外して先進国の現代人が、あまりに自己中心主義となりすぎてしまっているのだ。そうしてそれは、どこまでも人間のエゴないし我欲に訴えかけつつこれを不断に助長してきた資本主義、その末期の乱熟期に今や現代は立っているという事実、それとけっして無関係ではないだろう。

いずれにせよ、かかる教育分野のあまりの荒廃は、おのずから宗教・倫理的側面への反規定性として働きその建て直しを求めていくものと思われる。

さて、教育の問題はそれくらいにして、つぎにスポーツ・芸能・娯楽等への宗教・倫理的な精神的側面の規定性についてみてみよう。まずスポーツについてみるならば、一般にスポーツマンシップといわれるように、スポーツにはそれ特有の倫理性が強く問われることはいうまでもない。先頃みられた日本の相撲界における暴力事件やそれ以前の八百長事件は、もし相撲というものがプロレスのごときいわゆる「ショウ」ではなく、生粋のスポーツ、国技としてのスポーツというのなら、当然そこに厳しい倫理性、つまりはスポーツマンシップが問われるはずであり、この点からみるかぎり、いくら非難されても致し方ないだろう。いや、この点をもう少し詳しくみてみよう。相撲はもともとは、五穀豊穣を感謝する宗教的な神事として行なわれていた。だから、とうぜん倫理的にも厳粛であったはずである。その伝統を重んじるのなら、暴力や八百長はとうていあってはならないことといわねばならない。

プロレスをみてみても、一方ではひどい反則ばかりする悪玉役のアメリカ人レスラーがおり、これをまったく反則しない善玉役の日本人レスラーが、なるほど最初は負けてはいるものの、最後の短時間であっけなく勝利するという、よしナショナリズム的ではあるが、それなりに素朴な勧善懲悪的倫理がみてとれた。ちなみに韓国へいけば、日本人レスラーが悪玉役で、韓国人レスラーは善玉役だったという。だから、たんなる興味本位の見せ物的なショーとはいえ、プロレスにもそれなりの倫理性がみてとれないということもなかった。ところが、相撲の暴力事件や八百長事件には、そういった倫理性の影すら感じられないといわねばならない。

一般的にいって倫理の背後には、よし隠れた形にせよ、宗教的なものが潜んでいる。古代ギリシャのスポーツの祭典、オリンピアは、もともと古代ギリシャの宗教の主神ゼウスへの奉納として行なわれ、たとい戦争中であってもその期間は休戦して開催されたのだ。これを逆にいうならば、この宗教性が時と共に失われ、たんに倫理性のみが問題とされるようになったがために、その倫理性はその根っ子を失い、かくて宙空を漂うがごときものとなり、かくて、スポーツマンシップといわれるものも、次第に名ばかりのものとなっていったのではあるまいか。

今やプロのサッカー試合では、反則もテクニックのうちともいわれているが、ここにスポーツマンシップとか倫理性、ましてや宗教性といったものはもはや一欠片も存在しない。かかる有り様では、あの有名な「神技」、マラドーナによる五人抜きシュートといったじつに感動すべき技は、これをもはや眼にすることができないだろう。あれは、たんにマラドーナの技術がとりわけすぐれていたというばかりではなく、その対戦相手イギリスチームの、反則はけっしてしないといった真のスポーツマンシップ、倫理性なくしてはありえないことだったからである。

つぎに、芸能・テレビ・映画・ネット等の娯楽と宗教・倫理的な精神的側面と、これら両者の双方的・相対的規定性についてみてみたい。

一般に観客・視聴者は、芸能やテレビ、映画やネットなどの娯楽を観たり聴いたりして、そこから倫理・道徳的に良い感化を受けることもあれば、逆に悪い影響を受けることもある。反対に、観客・視聴者の態度が、芸能・テレビ・映画・ネットなどの娯楽に対し倫理・道徳性を厳しく要求することもあれば、時にはそれに甘いこともある。要するに、観客・視聴者と、芸能・テレビ・映画・ネット等の娯楽とは、いわば双方的な相関関係にある。

これをより一般的にいうならば、いわゆる民主主義の深化・発展と共に、芸能・映画・テレビ・ネット等の娯楽に対し、観客・視聴者の倫理・道徳的要求はそれだけいっそう強くなっているように思われる。したがって、芸能人やいわゆるタレント・俳優も、昔とは違って倫理・道徳的にはずれたものは、それぞれその所属する世界から時と共に排除されるようになりつつある。そこにはまた、テレビの普及と共に芸能人やタレント・俳優の一般社会に与える影響が、倫理・道徳的なそれを含めて日増しに強くなっていること、それも指摘されえよう。

いずれにせよ、結論的にいうならば、芸能人やタレント・俳優のあり方が観客・視聴者に対し倫理・道徳面でも大きな影響を与える反面、芸能・映画・テレビ・ネット等の娯楽に対しては、観客・視聴者からその倫理性・道徳性が厳しく要求されるということである。そのさいその背後には、テレビやネットの普及と共に、たしかに民主主義の深化・発展があるといってよいだろう。いやその点は、民主主義の発達以前、いやそのずっと先の封建社会、貴族社会にあっても、琵琶語りにしろ、能、歌舞伎、浄瑠璃、文楽、講談、落語、大衆小説、浮世絵・春画等の娯楽において、これを演じる者と観客とのあいだには、よしステレオタイプ的に硬直したそれは別として、真の意味での倫理・道徳性を巡っていわば勝れた意味での緊張関係があったものと思われる。

もとより、娯楽は倫理・道徳の枠をはずれるところに成り立つものだ、といった考え方もありえよう。そして確かに、娯楽にはそういった面もある。その典型は春画であり、現代のポルノグラフィーといってよいかもしれない。しかし、そこにも、倫理・道徳性との緊張関係がまったくない、ということはありえまい。そうしてそれは、民主主義の発展・深化と共にいっそう強まっていくものと思われる。その極端な例が、売買春といってよいかもしれない。かつては法的に認められていた、いや今現在でも西洋では一部法的に認められているところもある売買春、それに対する心ある者、とりわけ女性の反発は時と共に強まっているといってよいのではあるまいか。その理由は、たんに女性を性奴隷にしているというばかりではなく、そういう行為によって男性自身もまたみずから堕落の道へと落ちるのを何をしても防ぎようがないからだろう。その点、ドイツやオランダを始めとする未だ公娼の存在する現代のいくつかの国々は、はるかに遅れているといわねばならない。

それはともかく、これまで述べてきた芸能・映画・テレビ・ネット等の娯楽と宗教・倫理的な精神的側面と、これら両者の相対的相関関係について、日本の芸能界に標的をしぼってもう少し具体的にみてみたい。

昔から日本の芸能界は、ヤクザ・暴力団と深い関係があるといわれてきた。とりわけ浪曲や講談、演歌の世界で、それはよりいっそう強かったともいわれている。しかしながら、すでに述べたごとくテレビの発達・普及と共に、一般社会人への芸能人の影響力が強くなり、また民主主義もより発達・深化してくると共に、芸能人の倫理・道徳性が大きく問題にされるようになり、芸能界の方でもこの問題に敏感となり、倫理・道徳的に問題を起こした芸能人は、テレビないし、ひいては芸能界そのものから排除されるようになってきた。

いずれにせよ、かつては、国民的スター美空ひばりと、山口組組長との家族ぐるみでの深い関係が問題とされたこともある。ちなみに、この山口組組長との家族ぐるみでの関係からか、ひばりはその愛弟がヤクザにはまり辛酸をなめつくす破目に陥った。また、ヤス・キヨ漫才で一世を風靡した、その片割れやすしも、この倫理・道徳面につまずいて、ついには法も犯してしまい自滅した。さらに、あのお笑い界の大スター島田紳介も、暴力団との関係が明るみに出て突然の引退騒ぎとなった。

このように芸能界への倫理・道徳性の要求は、日増しに増大しつつあるといってよい。かつては、「遊びは芸のこやし」ともいわれたが、民主主義ないし倫理・道徳性のより進んだ現代で、それをなお公言することは、たとい有名な芸能人でも、もはや許されなくなっているのではあるまいか。

以上みてきたように、芸能であれ、映画であれ、テレビであれ、ネットであれ、その他何であれ、いわゆる娯楽といわれるものも、民主主義が発達すればするほど倫理・道徳の道を外れるならば、やがては非難の対象とされるのをさけがたい。よし表現の自由を隠れみのとして民主主義の間隙を突こうとしても、民主主義がよりいっそう成熟し深化・発展していくと共に、その間隙もやがて塞がれていくことになるだろう。

要するに、倫理・道徳性は、人間生活全般の根幹をなすものなのである。そのさいその倫理・道徳性の背後には、それと意識されているにせよそうでないにせよ、必ず真の宗教性が潜んでいるというべきなのだ。人間は、意識的・無意識的にかのインマヌエルの神の呼びかけ・働きかけに応答しつつあり、そのことによってその生を維持され支えられているのであって、それは勝れた意味で宗教的事実といってよいのである。そうしてこの宗教的事実から、おのずから自然《じねん》に、倫理・道徳的意識が人間精神に生み出され、かくて人間社会には技術・経済的な物質的側面の対極として、宗教・倫理的な精神的側面が生起してくるというべきなのだ。

それはともかく、つぎに、インマヌエル哲学史観の図3における③と⑥、すなわち技術・経済的な物質的側面と、医療・介護・教育・スポーツ・芸能・映画・テレビ・(大衆)小説・ネット等の娯楽と、それら両者の双方向的・相対的な相関関係について簡単にみてみたい。

まず、前者から後者への影響ないし相対的規定性についてみるとこうである。医療や介護には医療技術・介護技術としてその発展には科学技術の進歩が欠かせない。その点は、教育分野でも同様だろう。今やネット技術が駆使されるのはもとより、小中学校などでは同じ教室内での教育の仕方でも、昔のやり方をそのまま踏襲するとはかぎらず、その教育効果を高めるためにいろいろ工夫がなされている。たとえば一クラスの生徒の人数をだんだん減らしていったり、逆に一クラスの教師の数を増やしたり、さらにまた机の配置を変えたりなどがそれである。これらはいずれも、教育界における、その教育効果を高めるための技術の相対的規定性とみなしてもよいのではあるまいか。

スポーツ界でも、スポーツウェア（例えば水着）やスパイク等の改良やスポーツ選手の筋肉の鍛え方、あるいはそれぞれのスポーツで、それぞれの選手やチームの能力を高めるために、いろいろ科学技術が応用され、これを規定しているといってよい。

芸能・映画・テレビでは、舞台技術がいろいろ工夫されたり、コンピュータを使ったCG映画や3Dの映画、あるいはテレビなど、ここでもそれらは、科学技術によって規定されているといわねばなるまい。

小説の世界でも、ケータイ小説や電子書籍など、科学技術と無縁とはとうていいえないだろう。音楽や将棋などの世界でも、パソコンによって作曲されたり、練習したりする時代である。今や素人でも、その小説や音楽、芝居などをまるでプロのように、ケータイで多くの読者をつかんだり、自分の作曲した音楽をネット上に配信したりすることができる時代なのである。ここにも、これらの世界への科学技術の相対的規定性をみてとることはたやすいのではあるまいか。いや現代にかぎらず、これらの世界への科学技術の相対的規定性は、つねに存在したというべきなのだ。

例えば、映画でいえば無声映画から音声映画へ、さらに白黒映画からカラー映画への変化があり、特撮といった技術が使われたこともある。いや、今やCG映画の時代となっている。またテレビの前にはラジオの時代があり、同じテレビでも白黒からカラーへ、さらに3Dへといろいろ変化があった。デジタル世界における技術の進化は、もはやいうまでもないだろう。もとより、それが人間世界に不可欠の進歩であるのかどうか、それは一応ここでは措いておく。

とまれ、以上述べ来たったことは、娯楽全般、人間生活全般において、科学技術の影響ないし規定性が不可避であることの何よりの証左といわねばならない。

では経済の人間生活全般、つまりは⑥への相対的規定性についてはどうだろう。

まず、医療・介護・教育の世界を見てみたい。もとよりそれらの世界では、国家によるこれらの世界への予算の配分が、その進歩・発展を大きく左右すること、それは論をまたない。そのさい国家予算の配分には、そのつどの経済状況がこれに大きく影響を及ぼすことはいうまでもない。これは、スポーツの世界でも同様だろう。必ずしもプロではないスポーツの場合、国家や民間企業によるその財政支援があるのかどうか、それが、その進展に大きく影響を及ぼすが、その背後には、前述のとおりその時代時代の経済状況がこれを大きく左右することはいうまでもない。

よしプロであっても、経済状況の善し悪しが観客動員数に大きくかかわり、その進歩にも影響することはいうまでもないだろう。そのさいそれ、つまりそのつどの経済状況は、芸能・映画・ラジオ・テレビ・小説・ネット、あるいはそれらとも深くかかわる娯楽全体、そのかぎりでの生活全般にも、たとえば観客の動員数、読者数、それらの機器の販売数、作品の製作費等としてこれに大きく影響を及ぼすことはいうまでもない

では次に後者から前者、つまり⑥の医療・介護・教育・スポーツ・芸能・映画・テレビ・（大衆）小説・ネット等の娯楽全般から③の技術・経済的な物質的側面への相対的規定性についてみてみたい。

医療や介護は、それ自身の進歩・発展のためにおのずから科学技術の進展を促さないではいないであろう。より高い医療・介護のためには、より高い科学技術が不可欠といってよいからである。その点はまた、スポーツの世界でも同様だろう。よりすぐれたスポーツ・プレイを希求するならば、たんにスポーツ選手個々人の技能の向上だけでなく、科学技術に支えられたそれを要求し、それがおのずからスポーツにかかわる科学技術の向上を促すことになるからである。

同様にまた、芸能・映画・テレビ・ネット・（大衆）小説、ないしそれらにかかわる娯楽全般も、それらの世

界でより多くの楽しみを求めれば、それだけいっそうそれぞれその世界での技術・技能の向上を促さないではいないであろう。

ただしかし、ここで一言注意しておかねばならないことは、これまで、それぞれ②、③、④、⑤、⑥のそれぞれの世界の双方向的・相対的規定性について遂一これを考察してきているが、この規定性なるものは、必ずいつもプラスのものとはかぎらず、時にはマイナスのものもありうるということである。

たとえば娯楽の世界で、観客や視聴者がより質の高い娯楽を求めれば、それに応じた質のより高い娯楽へとその技術・技能を促すかしうるが、その逆に、観客や視聴者がより質の低い娯楽を求めれば、それに応じて質のより低い娯楽へとその技術・技能を導くこともありうるということである。

いやたんに観客や視聴者の態度それのみが、それぞれその世界の技術・技能の向上ないし低下に影響を及ぼすというだけではない。

現代先進諸国にみられるように、芸能もあり、音楽もあり、ラジオ・テレビもあり、映画や小説もあり、など娯楽に関することならほとんど何でもありとなってしまえば、これはもう娯楽の世界の飽和状態であり、たとえばそこにデジタルを駆使したCGや3Dといった科学技術がいくら投入されても、それがいったい進歩なのか退化なのか、それはもはや簡単に判断しがたいこととなる。

その点はたんに娯楽の世界にとどまらず、医療（介護）の世界でも、その科学技術のあまりの進歩のゆえに、臓器移植・生殖補助医療・延命措置・クローン技術など、それらが人間の生命に直接かかわるものだけにとてつもない大きな問題を惹き起こしており、それゆえこれらの科学技術がいったい人間にとり幸福につながるものなのか、その反対に不幸につながるものなのか、その点にわかに判断できないという途方もない問題を惹起している。

それはさておき、次に⑥の世界の③の世界への相対的規定性について考えてみよう。まず医療・介護の世界から始めたい。今日いわゆる先進諸国ではその医療・介護技術の進歩が大きな要因の一つとなっていずれも少子高齢化問題を抱えている。この少子高齢化は、少なくとも資本主義経済にとってはマイナス要因というほかはない。なんとなれば、ここでは経済を支える働き手の数が減るばかりではなく、そういう若者層によって支えられる高齢者の数が逆にどんどん増大するという、逆ピラミッド型の社会となってしまうからである。事の良し悪しは別として、医療・介護の進歩がその社会の経済に与える影響ないし相対的規定性は、この点を指摘するだけで十分だろう。この点について一言付け加えておくならば、いわゆる途上国などではこの点がむしろ逆になっており、高齢者層が少なく若者層が多いだけに、経済はよりいっそう活性化しやすい状態となっている。

つぎに、教育についてはどうであろうか。この点については論をまたない。科学技術の発展・進歩は、もとより教育を通じて行なわれるものだからである。だから、いわゆる先進諸国を例にとるまでもなく、科学技術の進歩によってその経済的豊かさを求めんとする国々は、たいていその国の根幹として教育、とりわけ科学・技術教育に力を入れる。

が、しかし、そこで科学・技術教育が偏重され、いわば人文科学的教育が疎かにされるなら、ここにも大きな問題が生じうる。

現代先進諸国がいずれも抱えている、自国民の少なからずのものにみられる「心の闇」的現象、いいかえれば現代先進諸国民の「病める人間」的現象、たんに精神疾患の蔓延というばかりではなく、いわゆる「心の闇」が原因で行なわれるさまざまな犯罪の激増、たとえば快楽殺人、家庭内殺人、無差別殺人等といった暗澹たる犯罪の急増、その背後には、社会そのものの病裡化と同時に、その根幹にこの人文科学的教育の衰退がその陥穽として潜んでいるといって何ら差し支えないだろう。

これは、教育、ないしそれが十分になされていないことの社会に与えるマイナス的影響といわねばならない。そのさいそれは、経済にも何らかの形で影響しこれを相対的に規定しているとはいえまいか。

つぎに、スポーツの経済に与える影響として、まず第一に考えられることは、スポーツの祭典・ワールドカップやオリンピックなどの経済効果といったものがあげられえよう。また、プロスポーツが盛んになれば、それだけ経済に与える影響も大きいだろうし、すでにのべたようにその逆も然りであろう。

いやこの点は、たんにスポーツにのみとどまらず、芸能・映画・テレビ・小説・ネット等それらにかかわる大衆娯楽が盛んになれば、それだけ経済に与える影響もよいし、その逆も然りといえよう。これら両者の関係は、双方的に相依・相補的に相関関係にあるといって間違いない。

さて次に、インマヌエル哲学史観の図3における④と⑥、つまり政治的領野と医療・介護・教育・スポーツ、あるいは芸能・映画・テレビ・小説・ネット等それらにかかわる娯楽全般との双方的な相対的規定性についてみてみたい。

まず、前者から後者への相対的規定性はこうである。医療・介護・教育・スポーツに関していうならば、政府のとるこれらそれぞれの分野における政策がそのそれぞれに与える影響は論をまたない。

より具体的にいうならば、医療機関や介護施設、教育施設の増減もしくは良し悪しあるいはスポーツ振興は、政府による政策に大きく依存する。とりわけ教育にあっては、政府による介入の度合いはとくに大きく、その理念は政府の政治的思惑によって左右されること、それはすでに歴史的事実といわねばならない。

たとえば明治政府による教育勅語の制定、また戦時にあってはそれにもとづく軍国教育、敗戦後は教育基本法の制定によるいわゆる民主教育、さらに近年の安倍政権下での、この教育基本法の改訂・改悪、それらのどの一つをとってもこれは火をみるよりも明らかだろう。

一般に教育は、国民をいったいどういう方向性にもっていくかという点で、政府にとっての一重大事にほかならない。それゆえ、いずれの国家にあっても、とりわけその点に目覚めた近代国家では、教育分野への政府による政治的介入はその基本政策の一つとなるのをさけがたい。

また芸能・映画・テレビ・小説・ネットやそれらにかかわる大衆娯楽にあっても、たとえば公序良俗に反するかどうかといった仕方で、陰に陽に政治がこれに介入すること、それは周知の事実といわねばなるまい。

では、その反対、⑥から④への相対的規定性はどうだろう。この点に関していえば、医療・介護・福祉・教育・スポーツ、あるいは芸能・映画・テレビ・小説・ネット等、もしくはそれらにかかわる大衆娯楽において、それぞれその分野に携わり関係する人々による政府への働きかけ、もしくは政治的行動、それが政府を動かし、その政策を変えさせる力をもつことは、これもまた歴史的事実といってよいだろう。

たとえば教育の分野において、「学問の自由」とか「大学の自治」とかが叫ばれるとき、それはけっして政府・政治の方からではなく、学問に携わる人々の側からの良心によるものといわねばならない。なぜなら、たとえば戦時における軍国教育のごとく、政治が過度に教育に介入するとき、さけがたく真の教育は歪曲されざるをえないからである。政治権力者は、つねに教育を通じて国民を自分たちに都合のよい方向性に導いていかんと企むからだ。

また、ネットやケータイ電話の世界でも、近年の「中東の春」、つまりは中東の一連の民主化革命にみられるごとく、フェイスブックやツイッター等のソーシャルメディアが、それに大きく寄与したことは周知の事実であろう。

また内部告発サイト・ウィキリークスといったものの登場が、現代政治に少なからぬ影響を落としつつあること、それもここに指摘しておいてよいだろう。

いや、たんに近現代以前の封建時代にあっても、大衆芸術ないし娯楽の一つ川柳などを通じて、民衆は時の権力者や政治を鋭く風刺し揶揄したのであって、その影響力が大きくなれば、政治権力者はこれを無視することができなかったのではあるまいか。

さて次に、そして最後に、インマヌエル哲学史観の図3における⑤と⑥、つまりは芸術的領野と医療・介護・

福祉・教育・スポーツ、あるいは芸能・映画・テレビ・小説・ネット等、もしくはそれらにかかわる大衆娯楽との双方的な相対的規定性についてみてみたい。

まず医療・介護・福祉の分野でみてみよう。そこですぐ思い当たるのは、医療の現場で音楽療法とか演劇療法といったものが現に用いられているという事実がある。ちなみに、演劇は一種の解離現象であり、それゆえ解離障害に有効なことがあるようである。

また介護や福祉の現場では、絵画や歌唱といった芸術的要素をとり入れることにより、認痴症予防などに応用されている。一般的にいって心にかかわる障害のばあい、芸術的療法は時に有効であるようだ。

これは、人間存在が精神的な芸術に深く根差していることの何よりの証しであろう。恐らくそれゆえにこそ、教育分野にあって情緒教育なるものが一つの大きな比重を占めるのであり、そのさいこの情緒教育に芸術は必要不可欠である。これは、いうまでもなく芸術分野の教育分野への相対的規定性といってよいだろう。

また、スポーツの世界でも、たとえばフィギュアスケートや新体操などでは必ず音楽が用いられる。ここでは音楽的リズム性、それを通じた表現力が、一つの大きな比重を占める。けだしこの音楽的リズム性というものは、たんにフィギュアスケートや新体操にのみかぎらず、一般的にスポーツ全体に大なり小なり重要な要素となっているのではあるまいか。人間は身体であると同時に精神であり、それゆえ身体性に大きくかかわるスポーツも、人間の精神性の一つである芸術性、これを無視することはとうていできないのではあるまいか。

つぎに、芸能・映画・テレビ・小説・ネット等、もしくはそれらにかかわる大衆娯楽についてみてみたい。

これらの分野では、それぞれその芸術的域に達したものと、娯楽的なものとが分かちがたく結びついており、これら両者を明確には区別できないが、しかし、いずれにせよそこに芸術的分野が大きく影響を与えていることは否めない。

いや、それらの関係は双方的であり、芸術性が娯楽性に影響を与えている面がある反面その逆もまたありうる。

その点は、能、その合い間に行なわれる狂言、大衆娯楽として始まりつつも時と共にその芸術性を高めていった歌舞伎、あるいは俳句・川柳・文楽、また映画やテレビ、小説をとっても、芸術作品としてのそれもあれば娯楽作品としてのそれもある。

またネットの世界でも、これを使った音楽家の作曲もあれば、オンライン・ゲームのごときまったくの娯楽でしかないものもある。

西洋に眼を移しても、クラシック音楽やオペラはもともと貴族の娯楽として始まったものではあるが、しかし、時と共にその芸術性が高まっていく。

ところで、この⑤と⑥の相関関係は、たんに芸術分野とこれら芸能等の分野とのあいだだけでなく、この⑥の分野全体にあてはまるといえるであろう。

医療・介護・福祉の分野でも、その芸術療法が発達していくにつれ芸術そのものの概念をあるいは広げていくかもしれない。

いや、これらの分野でのその技法の発達そのものが、芸術ないし芸術的なもの、それをそれぞれこの分野に取り入れ応用することを要求したのではあるまいか。これは、これらの分野での⑥から⑤への反作用・反規定性といって何ら差し支えないだろう。

また教育の分野では、そこでの情緒教育ないし芸術教育そのものが芸術の発達に大きく関与することは火をみるよりも明らかだろう。これは、いうまでもなく教育分野の芸術分野への相関的な相対的規定性といって間違いあるまい。

またスポーツの世界でも、先述したフィギュアスケートや新体操においてその技法の発達と共に、それがより高度・上質な音楽、芸術の創作へとこれを促していくかもしれない。

要するに⑤と⑥、つまり芸術的分野と医療・介護・福祉・教育・スポーツ、あるいは芸能・映画・テレビ・小説・ネット等、ないしそれらにかかわる大衆娯楽全般とは、たがいに双方的に相依・相補・相関関係にあるといってよいのである。

さて、以上長々とインマヌエル哲学史観の図3に照らしつつ、①、②、③、④、⑤、⑥、つまりはインマヌエルないし神人・神物の原関係・原事実、宗教・倫理的な精神的側面、技術・経済的な物質的側面、さらにそれら二つの側面の中間に位置する政治的側面とその上に成り立つ芸術的側面、そしてそれら①、②、③、④、⑤の諸側面の上に成立する⑥の、医療・介護・福祉・教育・スポーツ・あるいは芸能・映画・テレビ・小説・ネット等、それらにかかわる大衆娯楽全般についての側面、それらについて遂一その相互のかかわり方について概観してきた。

ここでまず指摘しておかねばならないことは、インマヌエル哲学史観の図3について最初に説明したさい触れたように、人間世界はけっしてただそれだけで単独で成り立っているのではないということである。

すなわち、インマヌエルないし神人の原関係、原事実のうえに確乎としてお互いの領域をそれぞれに相分かちつつ、しかし相補的・相依的にかかわりながら、しかもその根源は、いずれもインマヌエルの神に不断にかかわりつつ、いやインマヌエルの神に絶えずかかわっているからこそ、そこから自然《じねん》にこのように相互の相補的・相依的なかかわり、つまりはそれなりに不可分・不可同・不可逆的な相対的規定性が生起してくるのだということである。

なぜなら、この世界のものはすべて有限であり相対的・時間的であるゆえに、自分一人で独立に成り立つことはゆめにも不可能であり、それゆえにこそ否応なしに、いや自然《じねん》におのずから互いに補い合い、補完し合ってそれぞれその力を十全に発揮できるよう促されているのだからである。

そのさい、最後にもっとも大切なことを付け加えるならば、かかる人間社会・歴史の第一義の根源的原動力は、改めていうまでもなくインマヌエルないし神人の原関係・原事実にほかならず、その生ける永遠の土台・基盤のうえに成り立ちつつたがいに相補的・相依的にかかわりあう②、③、④、⑤、⑥の世界、いやそれらの世界のたがいの動力学的なかかわり合い、それこそ社会と歴史を動かす第二義の原動力だということである。

何となれば、②、③、④、⑤、⑥のそれぞれの領野は、いずれも、それらの原土台なる①のインマヌエルないし神人・神物の原関係・原事実によってその是非・善悪・美醜・高低・精粗を不断に問われ審かれつつこれに不断に応答しているからである。これこそ、ほかならぬこれこそが、インマヌエル哲学の歴史観、あえていうならインマヌエルの歴史哲学といわねばならない。

要するに、歴史と社会の根源的な原動力は、あくまでもインマヌエルないし神人の原関係・原事実にほかならず、この根源的原動力に突き動かされつつ、たがいに相補的・相関的にかかわり合う物質的側面と精神的側面、さらにそれらのいわば中間に成り立つ芸術的領域とその上に成り立つ医療その他の領域、そしてそれらすべてを本来ならいわば歴史・社会の「良心」として、階級社会にあってはしかし支配階級の代弁者として調整する政治的領域、それらすべて、とりわけ物質的側面と精神的側面、そしてそれらの中間に位置する政治的領域とがいわば第二の原動力となって歴史と社会を動かしてゆくのだといわねばならない。

その点マルクスの唯物史観は、あまりに単純すぎるといわざるをえない。下部構造によって上部構造がただ一方的に規定・決定される、というのは何としても単純すぎる。マルクス唯物史観の下部構造と上部構造は、むしろ相対的、つまり相補的・相関的というべきである。

それはともかく、インマヌエルないし神人の原関係・原事実の永遠無相の主体なる神は、絶対無我無償の愛にほかならない。だからこの神は、人間にもたえず愛を実践しつつ、この世界に愛の共同体を実現するべく不断に働きかけ促している。この神の、個々人への愛の実践、ないし愛の共同体樹立への絶えざる働きかけ、呼びがけ、促し、これが、これこそが先述した歴史の根源的な原動力であり、まさにそれだからこそ、人間の歴史は、原始共産制から一旦はそのエゴの発露によって階級社会に堕ちはしたものの、しだいにまた時と共に奴隷制から農奴制、資本制へと、より自由、平等、愛、人権、正義に近い社会へとゆっくりではあるが、しかし着実に歩んできたのだというべきなのだ。

かくしてその将来は、さらにいっそう自由で平等、愛と人権、正義に満たされた社会をおのずから目差していくものと考えられる。それは、結果的には本章二の㈡で詳述した、柄谷氏のいうあの「世界共和国」への道かもしれない。

が、しかし、柄谷氏とわれわれとの根本的な相違は、氏は、その「世界共和国」を、いわば「統制的理念」として、つまりわれわれがそれへ向けて進むべきわれわれを統制する理念（Idee）として要請するにすぎないのに対し、よし歴史がそのような方向に向かってこれまで進んできたことが事実であり、氏がそれをいくら詳細・緻密に分析したとしても、それは先にもいったように「世界史の構造」の how 的分析にすぎず、では何故そのように動いてきたのか、の why 的問いに答えるものではもうとうなく、そのかぎりそれを歴史の必然と確信し語ることは毫もできないのに対し、われわれは、そのいわば「世界共和国」をたんに歴史の必然としてだけでなく、インマヌエルないし神人の原関係・原事実にもとづいて超越的かつ神的な必然としてかたく確信し根拠づけることができるのである。

かくして明らかなごとく、われわれのインマヌエル哲学こそ、世界と自己の成り立ちの根柢についてその根本構造を明らかにする真に新たなる形而上学であるばかりではなく、同時に、すぐれた意味での歴史哲学であり、また革命哲学といわねばならない。

ちなみに、柄谷氏のいわゆる「世界共和国」とは、筆者の言葉でいえば、インマヌエルの民主主義的世界連邦にほかならない。つまりインマヌエルないし神人の原事実・原関係に確乎として基礎づけられた社会主義、社会正義を実現した社会、つまりは真正の民主主義、その各国民主主義の連合体としての世界連邦にほかならない。

これをまた別の言い方をするならば、実存革命によりエゴの主体から愛の主体へと根本的に転換し、かくて真に自律した個々人による真正の民主主義社会、かかる真に正しく自律した個々人によって根本的にコントロールされる市場経済、つまりは市民コントロール市場経済を内実とした真に民主的な愛の共同体、かかるものとしてとことん民主化された各国を基本単位として成り立ちつつ、それらによって構成される、これもまた徹頭徹尾民主化された国際機関としての世界連邦といわねばならない。

かくて要するに、宗教革命・実存革命、一言でいってインマヌエル革命のもとに各国が真の徹底した民主主義社会を実現しつつ、それらの国々から構成される、これもまた真に民主的な国際機関、そういう意味でのグローバル民主主義社会こそ、今やわれわれ現代人が、地球市民・地球人として心から待望しつつその実現に向けて全身全霊を傾けるべきものであり、いいかえれば真に正しいグローバリゼーションの方向性というべきだろう。

そしてそれは、一言でいえばインマヌエルないし神人共在的な、つまりは永遠に生ける真なる神にしかと目覚めた人々による、かれらが主導権を握った民主主義社会のグローバリゼーションといってよい。そうしてその実現、それこそが、わがインマヌエル哲学の究極目標といわねばならない。インマヌエルの神は、自己自身絶対無我無償の愛として、人類がみずからその責任においてこの地上に、地球全体に愛の共同体を打ち樹てるべく日夜働きかけ促し要求しているからである。そのインマヌエルの神の要求する愛の共同体、それこそほかならぬ筆者のいうインマヌエルの民主主義社会、インマヌエルのグローバルな民主主義社会・世界連邦といわねばならない。

註

（1）この市民コントロール民主主義社会については、内橋克人氏から着想を得た。その点をここで明らかにしておきたい。

（2）朝日新聞二〇一〇年七月一八日『日本人と参勤交代』書評。

（3）ルカーチや広松渉が、このマルクスの物象化論に着目し、それぞれ独自の見解へと展開した。「物象化」とは、広松渉の訳語。直訳すれば物化・モノ化といってもいいだろう。

（4）インマヌエルの宗教といっても、何も新興宗教をおこそうということではなく、西洋キリスト教が、その教祖イエスの宗教を正しく受けついでこなかったので、あえてキリスト教とはいわず、キリスト教とイエスの宗教を区別したうえで、そのイエスの宗教を現代に甦らせようという意味で、あえてインマヌエルの宗教というにすぎない。

（5）現代物理学によると、この世界ないし物質の究極は六つのクオークという素粒子、物質の素になる粒子から成っているという。そしてその素粒子は毎瞬毎瞬生じては消滅しているという。その素粒子の毎瞬の生成消滅が成り立っている場所、それを、現代物理学は「真空」という。

（6）「耳のある者は聞きなさい」（マタイ一一・一五他）。

（7）ロシア革命の父レーニンは、ゴーリキーを高く評価していた。

（8）三位一体はキリスト教用語だが、しかし世俗的な意味でもこれをもじって使われたりする。ちょうど他力本願がもともと仏教用語だが、それとは関係なしに日常または世俗的な意味で使われたりするのと同様である。

（9）科学万能主義とは、科学技術をどこまでも発達させていけば人類の未来はバラ色だ、という考え方である。かくて要するに科学技術絶対主義のことであり、これも一つの擬似宗教といってよいものである。

（10）形而上学的実体とは、この世界とは別にそれじたいで独立自存する永遠不変のものといった意味である。

（11）西洋語では、責任とは、応答するということである（独 antworten → Verantwortung, 英 response → responsibility）

（12）パウロは、キリスト教ではイエスについで有名な人物である。原始キリスト教を打ち樹てた人物の一人で、その中でも一番重要な人物といってもいい。かれの神学の一部、つまりその十字架の神学が西洋キリスト教の土台を造った。

（13）その点、あのイラク戦争を仕掛けたアメリカとイギリスでは、その検証が一応形としてはなされている。

（14）責任をとるといっても、東電の幹部は巨額な退職金をとり、一般社員のボーナスも半減のみ、それも三年間限り、といった破廉恥ぶりである。本来なら退職金どころかこれまで儲けた分も返還すべきであるし、社員のボーナスなどはもってのほかだである。給料も、半減させて当然だろう。ふつうなら、倒産していてもおかしくはないのだからである。

# 第八章　イエスの宗教とインマヌエルの哲学

## ――新たなる形而上学の樹立に向けて――

### 一　インマヌエル哲学の暫定的意味規定

インマヌエル哲学とは、広義の宗教哲学にほかならない。そのさい宗教哲学とは、キリスト教や仏教など特定の宗教とは直接かかわりなく、しかし広く宗教的なものを根柢にすえつつ展開される哲学のことである。いいかえれば、キリスト教ならキリスト教の教義――たとえば、「イエスはキリスト〈救い主・神〉なり」という根本教義、仏教なら仏教の根本教義、たとえば「一切皆空」（すべてのものはひっきょう空なり）とか縁起の法とかといったもの――それらを前提とするのではなく、それらからも自由に、しかし根本のところでは宗教の根本的な考え方、つまり、神とか仏とか天とかといったもの、この世界を絶対に超えたもの、聖なるもの、永遠なるもの、つまりは空間と時間を絶対に超えたもの、そういったものの存在を肯定しつつ、それとのかかわりで哲学を展開せんとするものである。

いいかえれば、「神とか仏とか天とかといったもの、あるいは絶対者・無限者・永遠者、ないし聖なる者（オットー、das Heilige）は、どこにどうあり、どうわれわれ各人にかかわっているのか」という問いを根本的な問いとして究明するものにほかならない。

ここで、神とか仏とか天とかというのは、すなわち大自然の根源、その不断に生きた原動力、あるいは根源的なエンジンそのもの、そういうものとして大自然そのもの、地球を含め宇宙全体を深くそのうちに包みこみつつ、これと直接一体となりながら、しかもそれでいてそれを絶対に超えたもの、超越したもののことである。

これをより平易にいうならば、人間はひとりでは生きられない。われわれ人間が生きるには、いろいろな食物、つまりは野菜や肉や魚が必要であり、それらを作ったり獲ったりす人たちが不可欠である。さらにまた、それを流通させる人々がいて商品が小売店に並び、それをわれわれは買って生活をする。人間の営みとは、こういったものである。が、それればかりではない。この人間の営みを包み込むものとして生態系がある。さらに、その生態系を大きく包摂する大自然の営みがある。

このように、人間の営みを含めた全体が、ひとつの大きな生態系ないし大自然のなかで営まれている。

これをより具体的にいうならば、人間の衣食住の全体、いや病気になったときの薬などを含めた全体、それは、地球の生態系のなかで生を営んでいるもの、つまり植物や動物、あるいは微生物にいたるまでのとても多くのものの恩恵を受けて成り立っている。

いいかえるなら、食べ物はもとより着る物も住む家も、また薬なども含めて、それらはすべて、地球全体の生態系のなかで生きているいろいろな生物から、それらを加工して人間が作り出しているものであり、それゆえそれらの生き物なしに人間の生活は寸毫も成り立たない。

ところで、今日、人間の森林伐採や乱開発・乱獲などで、動物や植物など多くの生物の絶滅や絶滅危惧が明らかとなり、生態系の維持が危ぶまれている。かくて国連でも生物多様性会議が開かれて、生物の絶滅をできるかぎり防ごう、自然を保護しようという動きがでている。これは、自然や生物を保護しようというたんに甘っちょろい感傷によるものではさらさらない。そうではなくて、多くの生物の絶滅は、即人間そのものの破滅に直結しかねないからである。少なくとも、そういう危険性を大いに孕んでいるからである。

いずれにせよ、このように人間もまた大きな生態系のなかの一つの系として、その生態系を包む自然のなかの

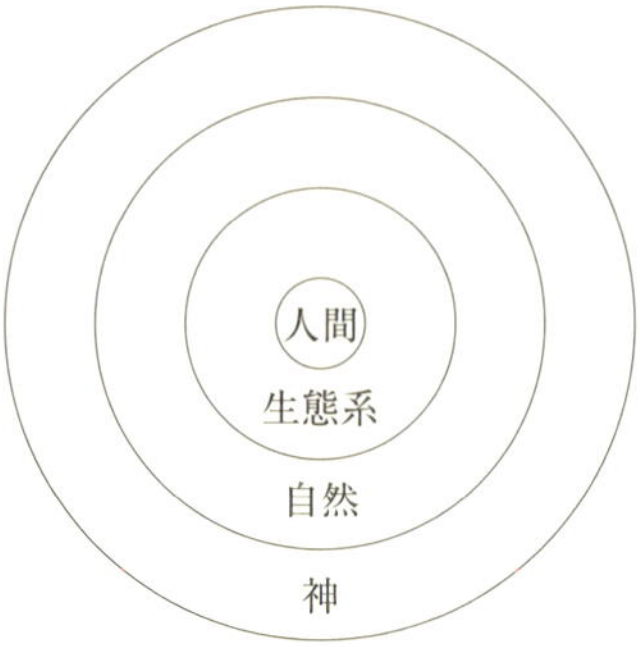


極小の一部にほかならない。すなわち大自然のなかの一小自然として、ただそのようなものとしてのみ、人間は存在することができるのである。

　このように人間を包む生態系そのものがまた、大きな自然の営みのなかに包みこまれている。ところが、この大自然をさらに大きく包み込むものがある。大自然そのもの、地球や宇宙全体をそのうちに包摂する大いなるものがある。かかるものとしてそれら全体の究極の根源には、永遠に生きた原動力、終局の目標が厳在する。それ、まさにそれこそが、わがインマヌエル哲学のいう神であり仏であり天にほかならない。

　かかるものとしてそれはまた、今日の素粒子物理学が「真空」とよぶもの、物質の究極である素粒子が時々刻々そのうえで生成消滅しているという「真空」といってもよい。とはいえ素粒子物理学で「真空」は、必ずしも明確に定義されているわけではない。むしろ、仮説として前提されているものといった方がよい。その素粒子物理学が明瞭に定義できない「真空」、素粒子が刻々そのうえで生成消滅しているその物、それをわれわれは明確に神とよぶのだ。われわれが神とよぶものは、この世界が全体としてそのうえで成り立っている、いや成り立つことのできる究極の場にほかならない。

　かくして以上を約言すると、人間の営みを包みこんで生態系があり、この生態系を包みこむものとして自然があり、この自然を全体としてそのうちに包摂するものとして神がある。かかるものとしてこの神は、人間、生態系、自然をその根源から動かす原動力であり、かつまた終局の目標なのだ。これをごくかんたんに図示すると、右上のごとくなる。

　とまれ、以上を端的にいって、大自然、宇宙・世界そのものの根源にあってこれを日夜動かしつつ、またこれを永遠に超出しながら、しかも同時に大きくこれを包みこんでいるもの、そういうものとしての絶対に聖なるもの、それが、それこそが、われわれインマヌエル哲学の神であり仏であり天というものなのだ。

そういった大いなるものの存在を信じ、これに目覚め、悟り、その存在を肯定しつつ哲学せんとすること、つまりこの世界の根本構造を明らかにせんとすること、それが、わがインマヌエル哲学にほかならない。そのさいインマヌエル哲学とは、筆者が、筆者の生涯の恩師・滝沢克己の哲学に対してつけた名称である。

そのさいインマヌエルとは、ギリシャ語で「神われらと共に在《いま》す」という意味にほかならない。

もともとはキリスト教の教祖イエスに対してつけられた名称だが、これにキリスト教とは別に独自の意味をもたせたものなので、しかもそれが滝沢哲学の根本思想であるゆえに、あえて筆者が、これを「インマヌエル哲学」と名づけたのである。

ところで、宗教哲学というと、たとえば波多野精一の宗教哲学が典型的であるように、いわばこちらの世界（此岸）からあちらの世界（彼岸―神の世界）へ、という思索の方向性をとることが多い。が、その点、滝沢インマヌエル哲学は、その逆で、あちらの世界ないし、あちらの世界とこちらの世界、つまり彼岸と此岸との根源的接点・結合点、そこに含まれる区別・関係・順序・力学、つまりは動力学的構造連関をまず一気に直接つかみとり、そのうえで、そこから逆照射されてくる光に照らしてこちらの世界、そこに含まれるのいろいろな区別や関係あるいは法則をみてとる。だから、一般の宗教哲学とは、同じく宗教的なものを根本に据えるといっても趣きは大きく異なる。

まさにそれだから、宗教哲学というよりも、より正確にはインマヌエル哲学といった方がいいのである。いずれにせよ、生前滝沢自身も、みずからの哲学を宗教哲学とはみなさなかった。

それはともかく、真の宗教哲学としてのインマヌエル哲学は、だから宗教に深くかかわる哲学にほかならない。宗教、勝れた意味での宗教、本当の意味での宗教、具体的にいえば釈迦とかイエス、その他世界の真に偉大な宗教家たちが切り開き始めた宗教、要するに、人間の根源的な苦や悲しみ、あるいは悲惨といったものをじっと見据えつつ、それらの苦や悲しみ、悲惨から人間が根源的に救済・解放されうる道を探った宗教、それに深くかかわる哲学といわねばならない。

そのさい宗教は、神とか仏とかといった永遠なるものをいわば理論的に追求せんとするのではなく、むしろ実践的に行や修業《ぎょう》、ないし祈りや瞑想により、それらに開眼したり帰依することによってその道を開拓せんとするものである。これに対し宗教哲学は、神とか仏とかといった永遠なるもの、あるいはそれらと人間ないしこの世界との根源的関係、それをいわば理論的に、論理的・概念的・客観的に、要するに厳密に追求しつつ、人間の根源的な苦や悲哀・悲惨といったものを、根本的に克服する道を探らんとするものである。

そこが、宗教と宗教哲学との根本的な相違にほかならない。インマヌエル哲学も、そういう意味では宗教哲学の一つといってもよい。が、しかし、先にもいったように、他の一般的な宗教哲学とはその方法論、哲学する方法が根本的に異なる。いや正反対の方向性をとる。

すなわち大方の宗教哲学では、すでに波多野宗教哲学との関連で述べたように、神とか仏、ないし一般に絶対者といわれるもの、その認識、あるいは、それと人間ないしこの世界との根源的関係についての認識、それが、いわばこちらからあちらへ、という方向性をとる。

いいかえれば、この世界の内部のいろいろな関係、たとえば親子の関係、夫婦の関係、肉体と精神の関係などから類推して、その延長線上に絶対者そのもの、ないしそれとこの世界ないし人間との根源的関係をつかみとろうとする。したがって、たとえば、神と人間との関係を、この世界内部の親子の関係のごとくとらえたりする。しかし、そのようないわば内在から超越へという方向性では、絶対者そのもの、ないしそれとこの世界ないし人間との根源的関係は、けっしてこれを精確にはとらえられない。

他方インマヌエル哲学は、これとは正反対に、絶対者そのもの、ないしそれとこの世界ないし人間との根源的関係をいわば直接一気につかみとり、そのうえでその根源的関係から逆照射されてくる光、逆に向こうからこちらへと、超越から内在へと照射されてくる光、その光の下に、その光に照らし出されたままに、この世界内部のいろいろな関係を理解し会得せんとする。

先にあげた神と人間との関係を、親と子の関係になぞらえて捉える一般の宗教哲学とは逆に、インマヌエル哲学では、こう考える。つまり、もともと神と人間との関係がまさに親子の関係のごとくであるから――それをインマヌエル哲学は直接一気につかみとる――、まさにそれゆえにこの世界、人間世界の内部に、いや動物の世界を含めて親と子の関係がおのずから自然《じねん》に生まれてくるのだ、いやきたのだ、とそう考える。そう確信し、その道筋を論理的・概念的・客観的に明らかにせんとする。

したがって、また、たとえば仏教の縁起の法も、仏教ではそれを事実としてただそうだというだけで、その根拠についてはこれを何ら説明しようとないが、しかしわれわれインマヌエル哲学は、それを世界の根源的関係から論証せんとする。(1)

それはともかく、かかるインマヌエル哲学の先駆者として、そこには、一九世紀中葉のデンマークの哲学者キェルケゴールやわが師・滝沢克己の二人の「生涯の恩師」、一方は二〇世紀最大の神学者と目されるカール・バルトと、他方はわが日本の近代で最大といわれる仏教哲学者・西田幾多郎、そしてさらに一九世紀後半のロシアの大文豪ドストエフスキー等がいる。ここにはまた、一見毛色の変わった社会主義の元祖カール・マルクスも含めることができるといえよう。(2)

いずれにせよ、このような意味での実存哲学・宗教哲学、それがほかならぬインマヌエル哲学であり、これこそ、現代においてもっとも重要かつ緊急の新たなる形而上学といわねばならない。

さて、話を少し変えると、わがインマヌエル哲学は、また批判宗教哲学といってもいい。つまりそれは、宗教を批判する宗教哲学、もろもろの誤った宗教を根本的に批判する宗教哲学にほかならない。ここで誤った宗教とは、いわゆる霊感商法などの詐欺を行なうエセ宗教、あるいは病気治しや商売繁盛などのいわゆる世俗的な御利益を約束するごとき、これもまたインチキ宗教、そういったいわば新興宗教や新々宗教とかを意味するだけではない。

いわゆる世界宗教といわれるキリスト教や仏教、あるいはイスラーム教やユダヤ教等でも、それらが誤った点を内包しているかぎり、それもをまた厳しく批判する。たんに些末な点の誤りを事こまかくあげつらい、それらの宗教にいわば難癖をつけるというのではなく、それらの世界宗教といわれるものも、その根本に決定的な誤りを内蔵しているかぎり、それをも根本的に批判する。

たとえば、キリスト教なら、その唯一絶対主義が根本的に間違っている。キリスト教は、ひとりの人間イエスを救い主なる神・キリストと同定し、同一視してしまったがゆえにこそ、そこからさけがたくキリスト教唯一絶対主義に陥ってしまった。なぜなら、このような宗教は、この地球上のどこを探してもキリスト教以外には存在しないからである。

こうしてキリスト教唯一絶対主義に陥ってしまったことから必然的に、キリスト教のみが唯一絶対に正しい宗教だと思いこみ、そこからさけがたく排他的となり、かくして他の宗教はみな邪教だと蔑視して、これらを破壊すること、いや破壊してそれに代えてキリスト教をできるかぎりこの地上に広めること、それが人間、いや全人類の救済・幸せに繋がるのだと妄信し、たとえば一九世紀の植民地主義と結びつくや、全地球上で他の宗教を攻撃し、それらを破壊し、その位置に自分たちを無理矢理暴力（Gewalt, violence）で打ち据えてきた。こうして全地球規模で厖大な血を流してきた。その点は、今や厳しく批判されねばならないだろう。

他方の仏教はといえば、そこでは往々にして仏とこの世界との明確な区別や順序が見逃されがちであったため、仏の優しさの面ばかりが一面的に強調されて、その厳しさの面、いいかえたらキリスト教やユダヤ教、イスラーム教では顕著な審判者、人間の罪・罪悪をどこまでも厳しく審く、というその面が見逃され易かった。たとえば、「仏の顔も三度」といった諺にもそれは現われている。これは、仏様ほど優しい方でも四度目はもう怒る、ということで、仏のとてつもない優しさを前提としたものといってよい。そこにはしかし、仏の厳しさといった面は皆目見受けられない。

　ところで、世界的に著名な仏教学者・中村元は、仏がとことん優しい方だということ、それが仏教のすぐれた面だ、キリスト教など一神教のすこぶる怖い面をも有する神とは違う仏教の強みだ、とそういっている。が、しかし、それは、じつは仏教の強みというよりむしろその弱み、キリスト教などのいわゆる一神教に対する仏教の弱みというべきである。その理由はこうである。ユダヤ教ではその聖典・(旧約)聖書でも明らかなごとく、時にすごく怒る神、その意味でとても恐ろしい怖い神である。キリスト教でも、神は最後の審判の教義でも明らかなように審きの神、人間を天国か地獄かに最終的に振り分ける審判者、愛の神であると同時に審きの神であり、イスラーム教も、その神は愛の神であると同時に審きの神にほかならない。このようにユダヤ教・キリスト教・イスラーム教では、その神は愛の神であると同時に徹底的に厳しく審く神である。その点仏教では、仏の優しさのみがただ一面的に強調されて、その厳しさ、厳しく審くという面がすこぶる薄弱である。ここからさけがたく仏教では、あとで詳論するように、それらのいわゆる一神教的宗教ほどには倫理・道徳が育たなかった、発展しなかったといってよい。したがって、これは、とりもなおさず仏教の弱みだといわねばなるまい。

　いずれにせよ、かくして明らかなようにインマヌエル哲学とは、とりもなおさず真正の批判宗教哲学といわねばならない。

## 二　一神教即多神教としてのイエスの宗教ないしインマヌエルの哲学と仏教

　さて、キリスト教やイスラーム教、あるいはユダヤ教は俗に一神教といわれ、他方仏教や日本の神道は多神教だといわれたりする。しかし、この一神教とか多神教とかというのは、ふつうそう思われがちなように、そんない。

に単純ではありえない。学者を含めたいていは、この一神教と多神教の本当の意味を理解しているとは思われな

じっさい学者レベルでも、たとえば梅原猛や中沢新一などは、仏教は多神教だから平和的だが、キリスト教など一神教はさけがたく排他的となり、かくて野蛮で戦闘的だ、といって仏教を擁護し、キリスト教など一神教を口角沫《あわ》をとばして非難する。が、しかし、事実は必ずしもそうではない。多神教といえども、インドのヒンドゥー教などは、自国内のイスラーム教やキリスト教、あるいは仏教を戦闘的に攻撃したりする。また日本でも、あの戦時中仏教は、皇軍による侵略戦争を「聖戦」としてこれを堅く支持して民衆を煽動した。これらの事実だけからしても、多神教は平和的だ、などとは到底いえない。

それはともかく、結論を先取りしていえば、真の一神教は同時に多神教であり、真の多神教は同時に一神教である。そうでなければ、本当に正しい宗教とはいいがたい。その点を、インマヌエル哲学の立場から説明するとこうである。インマヌエルの神は一にして多、多にして一、一即一切、一切即一の神である。それはどういうことかといえば、インマヌエルの神は本質的にはただ一の方、その意味では絶対の一ではあるが、しかしその事実的なこの世界のなかでの働きについてみるかぎり、無限に多様な形をとって現われる方だということである。つまり、その神は、それぞれの人、それぞれの物にあって、それぞれ別々に働きかけてくる、いやそればかりではなく、同じ一人の人、一つの物についても、その各状況に応じて無限に多様に働きかける。

一人の人、一つの物をとり巻く状況は、もとより無限に多様である。一人の人間を例にあげても、その人間が生まれてから死ぬまでの一生には、その成長過程に応じて無限に多様な状況が生まれるし、同じ年齢であっても、いや同じ一日であってすら、その人間をとりまく各状況はすこぶる多様である。このようにたった一人の人間にかぎってみても、その無限に多様な各状況に応じて無限に多様にかかわってくる、働きかけてくる、それがインマヌエルの神にほかならない。

ましてやすべての人・いちいちの人、すべての物・いちいちの物についていうならば、それらすべてにかかわる状況は、まさに無限としかいいようがない。かくて要するに、無限に多様な各状況に応じて、いちいち無限に多様な仕方で、すべての人・いちいちの人、すべての物・いちいちの物にかかわり働きかけてくる方、それが、ほかならぬインマヌエルの神だといわねばならない。そのかぎりこの神は無限の多、無限に多様な神といわざるをえない。

だが、しかし、本質的にいうならば、その無限に多なるインマヌエルの神は、あくまでも一なのである。絶対の一なのだ。つまり愛の神として絶対の一というべきなのである。

以上をいいかえるなら、インマヌエルの神は愛の神として絶対の一であるにもかかわらず、しかし、その愛の形は無限に多様であるから、その具体的な形に即してみるならば、その神は無限の多だということである。本質的に愛の方として絶対の一であるにもかかわらず、それぞれの人や物に即して、それぞれの各状況に応じて多様な具体的形をとって働きかけ関わってくるから、その面では無限に多の方というべきなのだ。

かくして明らかなごとく、インマヌエルの神は一即多、多即一、一即一切、一切即一なのである。そのさい「一即多」とは「一であると同時に多」「多であると同時に一」という意味である。これは、ふつうの論理では考えられないいわば逆説・パラドクスではあるが、しかし、そういう一見まったく、いや絶対に矛盾したことが、しかし事実として成り立っている方、それが本当の神であり、インマヌエルの神というべきなのだ。

したがって、このインマヌエルの神は、これを別様にいいかえるなら、一神教の神であると同時に多神教の神、多神教の神であると同時に一神教の神といわねばならない。

真の宗教、あえていえばインマヌエルの宗教、その源流としてのイエスの宗教は、それゆえ一神教即多神教、多神教即一神教、いやこれを真に厳密かつ正確にいうならば一神教即多神教である。多神教即一神教ではありえない。なぜなら、一神教であることがまず第一の根本であって、多神教的な面はその次にくるものであるからだ。

いいかえればインマヌエルの神の本質は、すでにいったように一であり、その事実的な働きが多なのであって、そのさいその順序は逆にはできない。一言でいって、絶対不可逆であるからだ。要するに、一即一切・一神教即多神教のその即は、滝沢インマヌエル哲学の用語でいえば、絶対に不可分・不可同・不可逆にほかならないのだ(3)。すなわちこれら両者、つまり一と一切、一神教と多神教とは、絶対に分離することができないように不可分ではあるが、しかしそこには絶対にごちゃまぜにすることができないような明確・判然とした区別があり、しかもそれに加えて前者と後者、つまりは一と一切、一神教と多神教、それら両者のあいだにはその上下・先後の順序を絶対に逆にできないような不可逆的関係が厳在しているのである。

さて、一神教と多神教と、これら両者のこの関係を前提として、もう一度仏教についてみてみよう。

先にもいったように、仏教では、仏の創造者・審判者の面が見逃されがちだった。すなわち仏の一即多としての一の面、つまり愛にして同時に審きの主でもあるというこの一の面の、とりわけ後者の認識がいまだ十分正確に把捉されていなかった。かくして仏教では、前述したごとく道徳や倫理が、キリスト教・イスラーム教・ユダヤ教のごときいわゆる一神教の宗教ほどには発達しなかった。なんとなれば、いわゆる一神教のキリスト教やイスラーム教あるいはユダヤ教では、神は創造者即救済者としてどこまでもやさしい愛の神であると同時に、他方どこまでも厳しく人間を審く厳格な神であったがゆえに、そこには必然的に人間的行為の是非・善悪・正邪・美醜・高低・精粗に深くかかわる倫理や道徳がそれ相応に発達したのに対し、仏教のごとく仏の審判者、つまり人を審く厳しい面が看過され易いと、どうしてもこれら人間世界の是非・善悪・正邪・美醜・高低・精粗を根本的に相分かつ根源的基準があいまいとなってしまうからである。

＊ 以上のべたことと、最近の科学技術の暴走で生じてきた諸問題、たとえば安楽死や尊厳死、あるいは臓器移植や不妊治療、中絶、さらにクローンやiPS細胞等の問題、一般的にいって生命倫理や生殖倫理といった問題、これらに対して、

これまでキリスト教が支配的だった西洋では、わりと早い段階からこれが問題視され、それなりに深く議論されてきた。その点、従来仏教色の強かった日本では、西洋に比べてはるかに遅れている。こういったことも、片やキリスト教諸国、片や仏教国といった違いが、そこに深くかかわっているとはいえまいか。

ちなみに、日本はよく無宗教の国だといわれるが、しかしたんに無宗教の国ではない。日本独自の宗教といったものがある。かつてイザヤ・ベンダサンというペンネームで書かれた『日本人とユダヤ人』なる本がベストセラーになった。その本で著者は、ユダヤ教と比べて日本には日本独自の宗教があるといい、それをかれは「日本教」と名づけた。その「日本教」とは、つまり日本人は何もかも日本化してしまうのが得意であるが、その日本人の精神性のことを意味する。たとえば昔中国から漢字が伝わると、これを日本独自の平がなやカタカナ、あるいはローマ字を編み出した。それだけでなく、日本人は、外国からの輸入品を大てい独自に日本化してしまう。そういう意味では、仏教も日本化している。日本独自の仏教に作り変えている。仏教発祥の地であるインドの仏教とは相当に異質な日本独自の仏教に作り変えている。

それはともかく、日本仏教を含め仏教全般についていえること、それは、すでに本文でも述べたごとく、仏にあってのその厳しさの面がきわめて乏しい点である。そこに、仏教にあっては倫理・道徳がキリスト教などのいわゆる一神教に比べてあまり発達しなかったその主な理由がある。それゆえに、上述したごとき臓器移植の問題などにも、わりと鈍感なのだろう。少なくともキリスト教国の西洋に比べると、その点すこぶる鈍感といわざるをえない。

それはさておき、上にもいったように、日本は一般に無宗教の国といわれているが、必ずしもそうとはいいきれない。日本人独自の宗教観・宗教的感性といったものがある。日本人は、けっして何も信じていないわけではない。その証左のひとつとして、かつて行なわれた日本人に対しての世論調査がある。その世論調査によると、七割以上の日本人が、今の日本人には宗教心が欠けている、もっと宗教心が必要だ、と答えている。

この日本人独自の宗教性を、わが師・滝沢克己は、その著『日本人の精神構造』でとりあげた。そしてそれを、インマヌエル哲学に似た宗教的感性だと論じた。ちなみにこの本は、先述したイザヤ・ベンダサンの本に対して、いわば共感的批判として書かれたものである。けれども、イザヤ・ベンダサンからは、何の返答もえられなかった。

いずれにせよこの日本人独自の宗教性、それを筆者は、本書で古くから日本にある天道思想と同定したのである。

それはともかく、日本人は無宗教だといわれるさいによくいわれることは、日本人は葬式にさいしては仏教でこれを行ない、他方結婚式では大ていキリスト教でこれを遂行し、また正月の初詣には神道の神社にいくといったことがあげられる。が、しかし、これは、日本人が宗教についてまったくいい加減な考えを抱いているからというよりも、むしろそれらの諸宗教の背後にあってこれらを一つに統一しているものとして絶対一なるもの、いやより正確にいうならば一即多、多即一としての絶対に一なるもの、あえていうならインマヌエルの神をそれなりにしかとつかんでいるからといってよいだろう。かくて、わが師・滝沢が、かの『日本人の精神構造』で論じたことは、あながち不当ともいえないのではあるまいか。ただしかし、インマヌエルの神といっても、日本人がそれとはなしにつかみとっているそれは、仏教の仏と同じく厳しい審判者という面がやはり薄弱といわざるをえない。そのかぎりそれは、けだし後述するごとき日本人独自の天道思想におけるその「天道」といった方がより適切だろう。

それはさておき、仏教にも、かつては厳しい戒律、たとえば不殺生や肉食妻帯の禁止といったいわば宗教的掟があるにはあった。だがそれは、主に出家した僧に対して課せられたものであって、在家の一般の人々に直接かかわるものではまったくなかった。

それにまた、仏の審判者という面が薄弱であるゆえに、その戒律の根拠も、今ひとつ十分に明らかとはいいがたかった。たとえば、先述した不殺生は仏教の戒めのなかでも重要な戒めの一つだが、しかし何故殺生が駄目なのか、悪なのか、その根拠はすこぶる薄弱といわざるをえない。

キリスト教・イスラーム教・ユダヤ教のごときいわゆる一神教ならば、生きとし生けるものはすべて愛なる神によりその生を与えられたものであるゆえに、それを無益に殺すことは神の行ないへの反逆であり、それゆえ罪とみなされ、かくて神により厳しく罰せられる、ということになる。したがって人間が生きていくうえでのやむをえない殺生は別にして、無益な殺生は神への冒瀆とみなされ、それゆえ厳格に罰せられることになる。ほぼそのように殺生、すくなくとも無益な殺生は、それへの断罪が根源的に神により根拠づけられうることとなる。

とはいえ、しかし、これらの宗教では、人間が他の生物の上に立ちつつこれを管理するもの、といった考え方もとられたりしたので、その点人間による他の生物の殺生は、時として人間の御都合主義に任される、という面はたしかにあった。が、しかし、真に正しく一神教の神を信じ奉じるものは、むやみやたらと他の生き物を殺すこと、それはやはり神への反逆としてつとにこれを慎しんだのも事実といえよう。

ところが、仏教のごとく仏のこの審判者の面が薄弱ならば、そのような殺生への弾劾も、キリスト教などいわゆる一神教のごとく少なくとも論理的には整然と根拠づけることがむずかしい。いきおい、何とはなしの経験則として不殺生といわれうるのにすぎないのではあるまいか。仏教にあって不殺生は、上述したごとくもっとも厳しい戒律の一つである。にもかかわらず、その根拠が、今ひとつあいまいなのだ。

さて、話をもとにもどして、以上を約言すると、インマヌエル哲学とは宗教を批判する宗教哲学、もろもろの誤った宗教を批判するだけでなく、キリスト教や仏教、イスーラム教などいわゆる世界宗教といわれるものでも、それが誤っているかぎり、それをも厳しく批判する宗教哲学にほかならない。

かくして、インマヌエル哲学とは、誤った宗教や、あるいは、たとい基本的には正しい宗教ではあったとしても、しかしそこに大きな間違いが含まれているならば、そのかぎりそれをも根本的に批判する宗教哲学であり、そういう意味での批判宗教哲学にほかならない。キリスト教についていうならば、既述したごとくその唯一絶対主義ないしその根源にあるキリスト論が根本的な誤りである。さらに仏教の誤りについていうならば、仏教では仏がとことん優しい方というその点ばかりが強調されて、逆にキリスト教やイスラーム教あるいはユダヤ教の神のごとく、一方では徹底的に優しい愛の神であると同時に他方ではすこぶる怖い神、時には人間を滅ぼすこともありうるように恐ろしい神、要するに人間の罪・罪悪を徹底的に厳しく審く審判者、という面が決定的に欠如しているというその点である。

中村元は、これも既述したごとく、仏教のこういう面をキリスト教などのいわゆる一神教に対する仏教の強みだと主張した。が、しかし、筆者の見解はその逆である。仏教における仏の厳しさの欠如の面、審判者としての厳格さの欠如の面、それはむしろ、キリスト教などのいわゆる一神教に対する仏教の弱みといわねばならない。なぜなら、まさにそれが恐らく深く関係して、仏教的世界では、いわゆる一神教の世界ほど倫理・道徳が育まれなかったからである。いやもっと端的にいうならば、仏とは、筆者の見解では、いわゆる一神教の神のごとく本来絶対の大悲・大慈の方であると同時に、他方ではどこまでも徹底的に厳しい審き主でもあるという、そういう一見相矛盾するような二面性をもつ方として把握されるべきであるにもかかわらず、そのように真に正しく仏をとらえていないからにほかならない。この場合の仏とは、あるいは、無我とか空とかといってもいい。

それはともかく、仏とはもともと「目覚めた人」「悟りを開いた人」という意味で、直接には釈迦などを意味していたが、やがて永遠の仏といったものも考えられるようになり、これはけだし、原始仏教でいわれていた無我とか、のちのその解釈である空といわれるものとほぼ同一といってよい。「色即是空、空即是色」、これは般若心経に出てくる有名な言葉だが、その「色即是空、空即是色」の「空」は、もとより同じく仏教といってもいろいろな考え方がありうるが、しかしこれを永遠の仏と解釈しても、それはあながち不当ともいえないのではなかろうか。たとえば、わが師・滝沢の恩師・西田幾多郎はそう解釈していたといってはいいすぎだろうか。そのさい西田は、この「空」をいいかえて「絶対無」とか「場所」とかといった言葉を使ったりしたのではあるまいか。

いずれにせよこの点、仏について上述のごとき大悲・大慈の救済者といった面ばかりが強調されて、そこに審判者という面が欠如している、こういう仏の一面性は、仏教のいわゆる多神教的な面にかかわることではあろうが、しかし、インマヌエル哲学の立場からするならば、これはやはり正しくないといわざるをえない。

ところで、一神教と多神教の関係についてもう一度言及すれば、ふつうこれら両者はまったく異なった宗教のごとくいわれている。が、必ずしもそうではない。筆者の見解では、真の一神教は同時に多神教であり、真の多神教は同時に一神教である。そうでなければ、本当に正しい宗教とはとうていいいえない。

少なくとも、インマヌエル哲学の把持する神とはそういう神であり、筆者の見解ではあのイエスの神、イエスがいつも「アッバ、父さん！」と呼んでいた神はまさにそうだった。

本質的に愛の方としてただ一つの神であると同時に、いつも、到る所に、世界、いや宇宙の果ての隅々にまで、時と処、人や物、その人や物のおかれているそのそれぞれの具体的な各状況に応じて千変万化しつつ、この世界のあらゆるところで、いつも絶えることなく事実的に働きつづけているまぎれもなく無限に多、無限に多様な神なのだ。そういう意味で、一神教的な神であると同時に、他方ではまた多神教的な神でもあるというべきなのだ。

神とは一であると同時に多、多であると同時に一、要するに一即多、多即一などというと、そんな滅茶苦茶な話はない、それはまったく論理に反している、完全に矛盾している、だから現実にはありえない、とふつうの論理では考えられる。

が、その一見まったく矛盾したことが、しかし事実として成り立っている方、それが、それこそが本当の神であり、仏というべきなのである。真の神や仏とは、まさにそのように逆説的・パラドクス的な方なのだ。そうでなければならないのである。

したがって、インマヌエル哲学の考える真の宗教、それは、とりもなおさず一神教即多神教的な宗教といわねばならない。そのさいイエスの宗教も、まさにそうだったというべきである。

それはともかく、最後にもう一度繰り返すなら、仏教の仏には、厳しい審判者の面が欠落している、まさにそれゆえに、そこからさけがたく仏教的世界では、神を愛と同時に厳しい審き主としてとらえる一神教に比べて倫理や道徳がそれほど発達しなかった。

かくして、今日の科学技術の未曽有の発達、ないしあえていうなら暴走によって新たに引き起こされてきた諸問題、たとえば延命治療に対する安楽死とか尊厳死とかといった問題、あるいは臓器移植と共に起こってきた脳死か心臓死かの問題、つまり人間の死は脳の死によるものなのか、あるいは心臓停止によるものなのか、といった問題、さらにまたいわゆるゲノム編集にかかわる問題、こういったいわゆる生命倫理の問題、あるいは生殖補助医療にかかわる生殖倫理の問題、つまり代理母や体外受精は是か非か、といった問題、今日緊急のそれらの諸問題に対して、その結果が正しいか否は一応おいて、とにもかくにもそれらについての議論や法的整備といった点では、キリスト教を伝統としてもつ西洋に対し、仏教を伝統としてもつ日本ないし東洋では、その取り組みが明らかに遅れている。そのさいそれは、けだし上述したごとくいわゆる一神教的なキリスト教世界では、神は優しい愛にして同時に厳しい審き主、いやこの世界の創造主・救済者にしてその審判者でもあるのに対し、仏教的世界では仏はただたんなる大悲・大慈の救済者であるのみで、前者のごとくそれをこの世界の創造主とも審き主ともとらえない、まさにその点と深くかかわっている。要するに、仏の一即多としての一の面の認識がいまだ十分正確とはいえないということである。

## 三　インマヌエル哲学の概念的本質規定

ここでは、インマヌエル哲学についてこれをできるかぎり厳密に明らかにしてゆきたい。

インマヌエル哲学は、神とこの世界ないし人間は絶対不可分に一でありつつ、しかしそれはたんなるのっぺらぼうの一、ごちゃまぜの一ではなくて、そこには明確な区別があると覚知し、かくてそれを不可同と呼ぶ。さらにまたその不可分・不可同だけでなく、それら両者、すなわち神とこの世界ないし人間とのあいだには、上下・先後の順序を絶対に翻すことのできない不可逆的・一方的な関係があると考える。

そのさい、この絶対の不可分性とは、神はたといどんなことがあっても人間をけっして見捨てたりはしない方だということである。永遠の太初《はじめ》から永遠の終末《おわり》に到るまでこの世界の真只中に生きて働いていて、常に到る処で人間を救済すべく一瞬も休むことなく働いている方、それが神だ、ということである。直接不可分に一だとは、まさにそういうことにほかならない。そのさいこの点は、仏教の考え方と深く通じ合うものがある。仏教でも、仏とこの世界ないし衆生とは直接不可分に一と考えられている。したがって、その仏は絶対に大悲・大慈の方にほかならない。その点は、たとえば親鸞の「摂取不捨」(『歎異鈔』第一条)という言葉で明確に表現されている。すなわちそれは、阿弥陀仏は衆生をすべて救い取って見捨てることのけっしてありえない方だ、ということにほかならない。

ところで、こういった親鸞ないし仏教の考え方が、おそらく後述するごとき天道思想にも受け継がれ、かくして「天道人を殺さず」といった諺ともなって現われているのではなかろうか。そのさい「天道人を殺さず」とは、すなわち天はとても慈悲深くて、それゆえ人を見捨てることなどけっしてしない、それほど天の慈悲は広大無辺だということだろう。

神ないし仏あるいは天と、この世界ないし人間を、直接不可分に一と考える点では、インマヌエル哲学は、仏教や天道思想に深く共鳴・共感する。

さて、つぎに、インマヌエル哲学のいわゆる不可同とはそも何かといえば、すなわちそれは、神は神、この世界はこの世界、人は人、この区別は一点の曇りなく明確であり、それら両者がたがいに少しでも混ざり合ったり溶け合ったりすることなどけっしてない、ということである。いいかえるなら、神はこの世界の創造主であり、この世界ないし人間はその被造物であって、その区別は毫も緩むことなくはっきりしている、ということである。

では、不可逆とはどういうことかといえば、すなわちそれは、神はこの世界の創造主であり、この世界はその神により創られたもの、つまりは被造物として、その順序は微塵も揺ぐことなく明晰・判明に厳存している、ということにほかならない。いいかえるなら、創造主として神は、人間ないしこの世界にただ一方的に働きかけるもの・絶対に能動的なものであるのに対し、人間ないしこの世界は神からただ一方的に働きかけられるもの・絶対に受動的なものとして、そういう両者の順序は、よしどんなことがあってもいささかも翻されることはありえないということである。

そのさい神は、人間に絶対不可逆的・一方的に根源的自由を毎瞬毎瞬与えてくる。この根源的自由は、いわば二つのまったく相反する可能性からなっている。一つは、神にどこまでも恭順に従う自由であって、善や正義や愛、ないしは美や真理、あるいはまた平和といったもの、すなわちこの世のいわゆる積極的・肯定的・ポジティブといわれるもの、もしくは全人類共通の普遍的価値ともいいうるもの、それらを実現するべく人間に刻々与えられてくるその可能性としての自由にほかならない。そのさいこの方向においてこそ、人間の救いや幸福はたしかにあるのだといわねばならない。

さてもう一つはその正反対で、神に反逆しうる可能性としての自由であって、これは悪や不義、憎悪や戦争、あるいは醜とか虚偽などといったこの世のいわゆる消極的ないし否定的・ネガティブといわれるもの、もしくは全人類にとっての普遍的な反価値ともいいうるもの、それをもなしうる可能性として人間にやはり刻々与えられてくる自由にほかならない。この方向は、ひっきょう人間にとり破滅ないし不幸に到る道、ないしは何の意味もない苦しみへの道、たんなるネガティブな意味での苦しみへの道にほかならない。ちなみに、苦しみにはポジティブな意味のそれもある。すなわち、愛には必ず伴う苦しみがそれである。これはしかし、必ずしも忌避すべきものではなく、逆にそこには得もいえぬ充実や満足、あるいはたしかな幸せがしかと内包されている。その点については しかし、第五章の二「イエスの根本思想とその生」のところで詳しくのべた。

それはともかく、話を根源的自由の二つの可能性にもどすと、神はこの両者を、人間が自分勝手にどちらでも好きなように選び遂行してもよい、というようにいわばニュートラルに与えてくるのではなく、どこまでも人間がみずからの責任において後者のネガティブな可能性としての自由はこれを拒絶して、逆にみずから進んで前者のポジティブな可能性としての自由を選び決断すべく、そのようなものとしてこれを人間に一瞬一瞬与えてくるのだ、というべきである。なぜなら神は、人間がどこまでも自由な自己の責任において、みずからに従ってくることをこそ何よりも望んでいるからである。しかし、まさしくここに、神の審判者・審き主という性格がおのずから現われてくる。人間がその根源的自由を誤用し、誤ってこれを遂行・行使したときは、容赦なく神はこれを審き、かつ厳しく罰する。ただしかし、それは、神がその性格の一部に無慈悲なところがあるからそうするのではなく、逆にとことん慈悲深い方、慈愛にあふれた方だからそうするのだといわねばならない。

その理由はこうである。神は人間がその根源的自由を誤用して、救いとは反対の不幸や苦しみ、あるいは破滅の道へ突き進んでいるとき、それを心底から憐んで、それゆえそういう誤れる人間を何とかして救わんとする。そのさい用いられる神の救いの手、愛に溢れた方法、愛といってもしかし、このばあいはもとより優しい愛ではなくて、どこまでも厳しい愛、誤解を覚悟であえていうなら真に正しい意味での愛の鞭、それが罰なのだ。愛の鞭というと、最近は虐待パパや虐待ママ、あるいは体罰教師がよく用いる言葉であるゆえ本当は用いたくはないけれど、しかし、たしかに分かりやすい言葉でもあるのであえて用いると、そう、愛の鞭なのだ。真に正しい意味での愛の鞭だといわねばならない。

それはともかく、以上のべたことをもっと分かりやすくごく身近な事でいうならば、たとえば欲ばって食べすぎたりすると胃腸をこわす、これが罰である。だが、その罰をうけて自然とまた反省し、いや反省の心が自然とおこり、かくして何か消化のよいものを食べたり、あるいは食べる量を減らしたりする、あるいはまた、さらに医者へいく。そのようにして神は、人間に対しその過ちを厳しく罰しつつ、これを正しい方向に導き促すのだというべきである。インマヌエルの神とは、そのようにごく身近なところに具体的・現実的にいて働いている神なのであり、いったいどこにいるのやら皆目分からぬようなたんに抽象的な神などではありえない。ただ一つここで付け加えておくならば、この、「自然と起こってくる」というのが重要である。自然と生起してくる心とか、あるいはまた反射的に自然と起こる動作とか、そういうところに案外神の力が働いている。神とは、自然の根源的なエンジンでありエネルギーであるからだ。

かくして以上をまとめると、神は絶対の愛なるゆえにこの世界や人間を創造し、いや日夜創造し保持しつつ、しかもその愛ゆえに人間に根源的自由をも日々授け、しかしその根源的自由を誤用して滅破の道を人間が歩まんとするときは、またこれをも救わんとして、そういう人間にはとことん厳しい罰を下して、その方向性の誤りに気づかせ、それを正さんとするのである。

さてここまでが、インマヌエル哲学の信知する神であり、その神とこの世界ないし人間との関係にほかならない。その点、キリスト教などのいわゆる一神教や、仏教ないしその影響を少なからず受けたと思われる天道思想、そこではそれらがどうなっているのか、その点を次に明らかにしたいと思う。

まず、キリスト教を始めとするいわゆる一神教では、それらの事態はどうなっているのだろうか。ここではしかし、とりわけキリスト教にかぎって考察することにする。

さて、キリスト教では、神とこの世界との絶対の不可同性はすこぶる強い。いいかえるなら、神はこの世界から切り離されたどこか彼方のいわゆる「天上」、つまりは天の彼方のどこかに在し、そこから何らかの仕方でこの世界に力を及ぼしてくる、と考えられている。

＊ もっとはっきりいえば、キリスト教にあっては神はどこにいるのかまったくあいまいである。それで、ふつう西洋人ないしキリスト教徒は、神は教会の中にいる、教会の外にはいない、と考える。たとえば、子供に「神様はどこにいるの？」と聞かれると、たいてい大人は「教会の中だよ！」と答えたりする。要するに、教会の外に、神は存在しないのである。そこで筆者の師・滝沢は、若き頃、「教会の壁の外に救いはありや？」という問いを立て、これを論文にした。要するに、キリスト教にとっては、教会の壁の外に救いは存在しないのである。教会の壁の外に神は存在しないのだから、当然そこには救いも存在しない。これはすなわち、キリスト者以外の異教徒に救いは存在しない、ということでもある。昔は、教会は西洋にしか存在しなかったのだからである。かくして、これが、まさにこれこそが、筆者の師・滝沢の、西洋キリスト教への根本的疑問であり批判であって、かくてそこから滝沢のインマヌエル哲学が展開していった。ちなみに、筆者のドイツの先生、テート教授は、あるとき筆者に、「君はどうしていつも『神はどこにいるのか？』と、そういう問いを立

てるのか」といったことがある。要するに、そういう問いは、キリスト教では、あまりしないということだろう。ちなみに、滝沢の師・西田は、晩年自分の論理を場所的論理といって場所を強調し、この世界や人間が成り立っている究極の場所を徹底的に究明した。そこから滝沢や筆者の、「神はどこにいるのか?」という問いも来ているのだが、西洋人にはそういう発想はない、いや少ない。同じキリスト教徒でも、筆者の大学院生の時の主任教授は、「教会の壁の外に救いはありや?」と筆者が問うても——これは、異教徒としての日本人には切実な問題のはずなんだが——、「異教徒なんだから仕様がない」と平然と答えていた。大ていのキリスト教徒は、そうやって誤魔化して何ら怪しむことすらしない。が、しかし、そのようにして誤魔化しているから本当のことがいつまでたっても分からない。神は、どこにどうあり、どうわれわれ各自にかかわっているのか、それが皆目分からない。

それはともかく、話をもとにもどすと、人間の罪に汚れ切ったこの世界と神とが直接一だ、という考えは、キリスト教の場合、少なくとも通俗のそれではまったく考えられないものである。そんな考え方は、絶対に聖なる神への冒瀆だ、と考える。じっさいK・バルトの息子、神学者マルクス・バルトは、筆者の送った論文を読み、そのように憤慨した返事をかいてきた。

それはともかく、キリスト教にあってはしかし、上述したごとく、神とこの世界とは明確に区別されている、そこから神はこの世界の創造主だという考え方もおのずから生起する。いや、キリスト教の場合はむしろ、始めにすでに神をこの世界の創造主と捉えたから、それだからこそ、神とこの世界とを迂闊にも切り離してしまったのかもしれない。すなわち、そのさい神の創造主としての本質、ないしその神によるこの世界創造という事実のうちに厳として含まれる絶対的真理、それが十分正確に把捉できなかったから、おそらく神とこの世界とを不用意に分離させてしまったものと思われる。かくして、インマヌエル哲学のいわゆる絶対の不可分性や、さらには不可逆性もまたほぼ完全に見失われてしまったのだというべきだろう。

絶対の不可分性が正確に捉えられていないから、なるほど神は絶対の愛だとはいうものの、しかしインマヌエル哲学や仏教のごとく、神はいかなる人間もけっして見捨てることをしない方、そういう方として真に具体的・現実的にこれを把握しているとはいいがたいのだ。

さらにまた、絶対の不可逆性がほとんど理解されていないため、その創造主性もどこか曖昧で、その創造の行為がいつ・どこで行なわれたのか、あるいは今・ここで、いつも・どこでも行なわれているものなのか、といった問いに対して、真に具体的・現実的に、あえていえば論理的・概念的に正しく答えを見つけることができないのだといわねばならない。

要するに、インマヌエル哲学のごとく、ただ一方的かつ不可逆的に、毎瞬毎瞬神の方から今・ここで、いつも・どこでも、創造の行為が行なわれている、しかもそれは、愛なる神の絶対の自己否定即自己肯定として、いわば非連続の連続的に行なわれている、といったようには、その答えをつかみとることができないのである。

ところで、この創造論は、西田幾多郎によるものである。この西田の創造論をきいて、ドイツで筆者と共同ゼミをした神学者ズンダーマイヤーは、筆者に対し、「われわれ（西洋人）には異質な考え方だ」といっていた。要するに、西洋キリスト教では、神の創造をこのように具体的・現実的、ないし論理的・概念的には捉えることができないのである。さらにまた、かの不可逆性がほとんど会得されていないから、人間の自由、すなわち絶対者にして創造者としての神と、その被造物にして有限者としての人間の、それら両者のあいだの自由についても、これを正しく把握することができないのである。だから、キリスト教にあっては、神に対する人間の自由はすこぶるあいまいとなる。要するに、神に反逆する自由、かくして罪に堕ち、堕罪する自由、ないし可能性はこれを始めから人間に認めてはいるものの、その人間の自由はいったいどこからくるのか、それもまた神から授けられたものなのか、もしそうだとしたら、神に反逆する自由を、何故わざわざ神は人間に与えたのか、その自由を使って人間が、みずから罪ないし罪悪を行ない、滅びや不幸、あるいは苦しみに向かって突き進むとしたら、それは神の義・正義とどう両立しうるのか、といった問題、いわゆるキリスト教神学で神義論といわれる問題にうまく答えることができないのである。とはいえ、しかし、にもかかわらず、キリスト教は、人間に神への反逆の自由を暗に想定したから、まさにそれだからこそ、神を、それを厳しく審く審判者として正しく捉えることはできたのだ。が、しかし、人間におけるその神への反逆の自由もたんに想定されたものにすぎず、正確には把捉されていないから、その審判者としての神は、時にはどこまでも厳格なだけの神であり、神の、愛というその本質と、それがどうかかわるものなのか、そこがすこぶるあいまいとなってしまうのである。ちなみに、その点は、キリスト教の源流ユダヤ教においてよりいっそう顕著であるといわねばならない。

いずれにせよ、インマヌエル哲学の根本的認識は、神とこの世界、ないし人間は、絶対に不可分・不可同・不可逆的な根源的・弁証法的な関係において直接一だということである。この「不可分」「不可同」「不可逆」という三つの契機のどの一つを欠いても、神とこの世界ないし人間との関係は、その根本的抽象性を何としても免れえない。その点、キリスト教も仏教も、そしてその後者の影響を少なからず受けたと思われる天道思想も、それぞれその内部に今なお致命的な弱点を内包しているといわねばならない。

## 四　インマヌエル哲学の世界創造論と仏教の「刹那生滅」思想

インマヌエル哲学は、神とこの世界ないし人間は、絶対に不可分・不可同・不可逆的な根源的・弁証法的な関係において直接一だ、と考える。その点、仏教、ないしその影響を強く受けたと思われる天道思想は、インマヌエル哲学のいわゆる不可分はこれをしかとつかみとっている点がその強みとなっている反面、不可同・不可逆はこれをいまだしっかりとはつかんでいない、そこに致命的な弱みがある。いいかえれば、不可分がしかと捉えられていることから必然に、仏ないし天道は、どこまでも広大無辺な慈悲・慈愛の方として正しく把握されてはいるものの、他方ではしかし不可同・不可逆が迂闊にも把捉しきれていないため、仏ないし天道は、この世界の創造者であると同時に人間の冒す罪に対する審き主、という面が欠如ないしすこぶる弱い。

他方いわゆる一神教、とりわけキリスト教に焦点を合わせて考えると、こちらではインマヌエル哲学のいわゆる不可同ははっきりとつかまれており、その点が何よりも強みとなってはいるものの、その反面不可分・不可逆が十分には捉えられていないから、その点が大きな弱みとなっている。いいかえるなら、いわゆる一神教では、キリスト教も含めて神をこの世界の創造主として捉えたからこそ不可同の認識は確かにはっきりしているが、しかし不可分や不可逆の認識が決定的に欠落しているために、神において、その救い主としての愛と、その一見逆の審き主としての厳しさと、それら両者の関係がすこぶるあいまいといわざるをえない。要するに、いわゆる一神教では、人間において自己の創造主なる神への反逆の自由を想定したから、一応正しく神をその人間の罪に対する審判者という性格をつかみとることができはしたものの、それと神の愛との関係が今ひとつはっきりしない。人間の罪は神の義に反するからこれを神は罰するのだといっても、それなら、そもそも何故そのような罪を冒すことのできる自由を神は人間に授けたのか、といった問題で、いわゆる一神教は、これに十分には答えられないままなのだ。

それればかりではない。神の創造主という性格についても、いったいどうして、どうやって、神はこの世界を創造したのか、あるいは現に今創造し保持しつつあるのか、といった点ですこぶるあいまいである。なるほど、神は絶対の愛なるゆえにこの世界を創造したといっても、それなら何故その創造した人間に、神に反逆し破滅に到る自由をも同時に与えたのか、その点がまったくあいまいといわざるをえない。ましてや、どのようにしてこの世界を創造したのか、創造しつつあるのか、といった点については、ただ神話的にこれを想い描いているのにすぎない。旧約聖書の創世記には、神は六日間かけてこの世界を創造し、七日目に休みに入ったという、神によるこの世界創造についての神話が記されている。そのさい、この世界創造神話を、現代の科学の時代にあってどう解釈し理解するのか、科学の洗礼をうけた現代人にも納得できるような説明が十分になされているとはとうていいいがたい。

ところで、インマヌエル哲学は、その点、神によるこの世界の創造を仏教のいわゆる「刹那生滅[4]」思想の中にしかとみてとる。

そのさい刹那生滅とは、あらゆるもの・いちいちのものは毎瞬毎瞬生成と消滅を繰り返しているというものである。これは、けだし仏教の根本思想の一つ「無常」から必然的に生みだされてきたものだろう。いずれにせよ、一見すると、これはまったく訳の分からないことのように思われる。が、しかし、それは、物を、人間の肉眼で見えるものとして考えるからにほかならない。現代物理学の知見をかりていうならば、物の究極は、クオークという肉眼では見えない極小の素粒子から成り立っている。そのさい、その素粒子であるクオークは、不断に生成消滅を繰り返しているのである。物を、そのミクロの世界で見ると、まさにそうなっているのである。

これを生命のレベルで見るならば、こうである。物と同じように生命にあっても、その最小単位である分子は、絶えず生成生滅しながらつねに一定の平衡ないし均衡を保っているのであり、もっと身近な例をあげれば新陳代謝があげられえよう。生命は、不断に古い細胞が滅びゆき、新しい細胞が生まれ来てその生命を維持している。だから、細胞レベルでも絶えざる生成消滅である。不断に生成消滅を繰り返しながら、しかし一個の生命体としてみずからを維持しているのである。それが、生命ないし生命体なるものの自然のあり方にほかならない。それが生命といわれるものなのである。分子生物学者・福岡伸一氏は、これを生命の「動的平衡」だといっている。

したがって、物質も生命も、いや一言でいって物は、すべてその究極の最小単位においてみるならば、各瞬間ごとにつねに生成消滅を繰り返しているということである。物のそのまさに絶えざる生成消滅というところ、そこにインマヌエル哲学は、神の絶えざる創造の業をしかと見てとる。こちらからはたんなる生成消滅に見えるもの、それがあちらからは不断の創造行為というべきなのだ。不断の創造行為によって、その生成消滅が起こっているのだ。それが、まさにそれこそが神による生命、ないしすべてのもの・いちいちのもの、いや世界万物の創造ということにほかならない。

いずれにせよ、物をその究極の最小単位でみると、それは、絶えず生まれてきては死に、滅び去っている。と同時にまたふたたび生まれ来たり、生じ来たる。と同時にまた死に、滅び去り、それを延々とどこまでもかぎりなくつづけているのである。

そのさい、人間の心もまた、同様である。身体を離れて、心が存在するわけではありえない。その身体が、一つのものとして絶えず生成消滅しているのであるから、当然にまた心も不断に生成消滅を繰り返していることになる。とりわけ心と脳細胞は、密接な関係にある。その脳細胞も、不断に生成消滅を繰り返しているのだから、それは当然といわねばなるまい。

このように心を含め、物はすべて不断に生成消滅を繰り返しながら存在しているのである。この点では、仏教思想、とりわけその無常ないし刹那生滅思想と現代物理学や福岡生物学、それらは根本的に一致している。しかしながら、仏教も現代物理学も、あるいはまた福岡生物学も、その刹那生滅が、何故、いかなる根拠で生じているのか、それについてはただ沈黙を守るのみである。

それに対し、インマヌエル哲学は、そこ、まさにそこにこそ、神の創造の業をしかとみてとる。要するに、物の刹那生滅は、ほかならぬ神により、神において、神をその永遠不変の場所として、不断にその上に生起せしめられているのであり、まさにそれこそが、神によるこの世界の創造ということの、その真の意味だといわねばならない。

しかしながら、それは、仏教の刹那生滅思想や現代物理学、あるいは福岡生物学の知見をいわば横取りして、そこにインマヌエル哲学が、みずからの思想、神のこの世界の創造という考え方を持ちこみ、これといわば合体させたというのでは毛頭ない。

そうではなくて、インマヌエル哲学は、みずからの思索により、神自身に導かれつつ、神のこの世界創造の必然性に目覚め、これを明らかにしたところ、それとすこぶる似通った考え方、いやとても似てはいるけれど決定的に今一つ異なるもの、そういうものとして仏教の刹那生滅思想や現代物理学、あるいは福岡生物学の知見に出会い、かくて、これらの考え方に今ひとつ致命的に欠けているもの、すなわちかかる刹那生滅なる現象を不断に引き起こしているその絶対的根拠、それを、神に導かれつつ思い到ったみずからの思索によって補完し修正せんとするということである。

いずれにせよ、神によるこの世界創造という思想について、その論理的・概念的根拠は、既述したように、インマヌエル哲学は、これを何よりも西田の思想に負うている。

＊　西田幾多郎とは、筆者の師・滝沢克己の日本における先生である。京大で教え、多くの弟子が集り育ち、京都学派という一派を形成した。かくて日本の哲学思想界に大きな影響を及ぼし、さらに日本だけでなく、今日西洋からも大いに注目されている哲学者にほかならない。筆者は、そのいわば孫弟子だともいいうるだろう。筆者の先生は、西田の直弟子ではなかったが、しかし愛弟子だった。筆者の先生は、この西田に勧められてキリスト教神学者K・バルトのところで学び、こうして西田の仏教哲学とバルトのキリスト教神学とをいわば綜合・止揚した。だから滝沢インマヌエル哲学は、仏教的かつキリスト教的な哲学・神学といってよい。

いずれにせよ、神は、全智全能にしてまったき愛なる絶対者であるゆえに、まさにそれゆえにこそ、その力の溢れるままに、みずからに対向・対立するものを自分で不断に創造しつつ、同時にこれをみずからに包摂して、どこまでも温かくこれを見守りつづけ、かくてすべてのもの・いちいちのもの、とりわけ人間が、みずから自由にその責任において幸福を実現すべく日夜これを導き促しつづけるのである。この、神による不断の絶対自己否定即自己肯定的な業、それが、まさにそれこそが神のこの世界創造ということであり、そのさいそれは、遠い過去にただ一度かぎり起こったというのではけっしてなくて、いつも到る処で、毎瞬毎瞬、今・ここで、いわば非連続の連続として絶えず生起していることというべきなのだ。そのさい、その神の世界創造は、これをいわばこちら側から、つまりこの世界の内側からみるならば、さきにのべたような仏教のいわゆる刹那生滅であり、現代物理学の素粒子ないしクオーク理論、あるいは福岡生物学の「動的平衡」理論にほかならないのだ。

この点を、もう少し詳しくいうとこうである。神が全能だということは、神はみずから死ぬこともできると同時にまた甦ることもできるということ、みずから死んでみずからに甦ることもできるということ、みずから絶対の生を死んで、同時に間髪を容れず絶対の生に生き返ることもできるということ、そういうことである。そのさい、神の自己自身によるその絶対の死、それが神による自己否定であり、と同時にその自死からの・みずから自身による絶対の甦り、それが神自身による自己肯定であって、その自己否定と自己肯定、つまりは自死と復活がつねに間髪を容れずいわば非連続の連続として、そこには生起しているのだといわねばならない。あえていうなら、そのさいの神の自死の瞬間、そこにこの世界は不断に生み出され、と同時に神がみずから絶対に甦るその瞬間、この世界は絶えず消滅させられているのだといっていい。これこそ、まさにこれこそが、神によるこの世界創造の論理的・概念的実相といわねばならない。ちなみに、現代物理学では、素粒子が不断に生成消滅しているその場としての「真空」、それは必ずしも何も無いということではない、という。とするならそれが、あるいはその「真空」もまたそこから不断に生起してくるいわば「真空の真空」、それが、まさにそれこそが神によりこの世界創造が行なわれているその場所といわねばならない。

さて、インマヌエル哲学の世界創造論が思いもかけず長くなってしまったが、ここで強調したいのは次のことである。すなわち、いわゆる一神教では、神によるこの世界創造といっても、それは既述したごとく、たんに神話的にのみ考えられているだけであって、真に具体的・現実的に、あるいは論理的・概念的に、すなわち現代科学ないし物理学の成果とも何ら矛盾することのない仕方でしかとつかまれていないということである。だからそこでは、インマヌエル哲学のいわゆる不可同の認識はありえても、しかし不可分や不可逆の認識は決定的に欠落せざるをえぬのである。そのさい、その絶対不可逆の認識が完全に欠如しているから、神の義ないし聖と人間の罪ないし汚穢と、それら両者の絶対矛盾の問題、つまり何故神は、人間にみずからに逆らい、不義を犯し、滅びに到る道としての自由、それをも与えたのか、いや日々絶えることなく与えつづけているのか、といった問題にもうまく答えることができないのである。かくしてまた、神の救い主としての絶対の愛なる性格と、人間がこれに背いた場合の審判者としてのその限りなく厳しい性格と、これら両者の関係もまた、おのずからあいまいとならざるをえなくなるのである。

その点、インマヌエル哲学はこう考える。神は絶対の愛にほかならない。だから、愛のたんに優しい面だけでなく、これとどこまでも対立する絶対の厳しさ、それをもそれ自身のうちに包摂し内包する方なのだ。これを一言にしていうならば神が絶対の愛だということは、一方では絶対に優しい方であると同時に、他方では絶対に厳しい方だ、ということである。この絶対の優しさと絶対の厳しさとを同時に兼ね備えている方、それが神なのだ。神が絶対の愛だということは、まさにそういうことでなければならない。その点、いわゆる一神教では、神のこの愛における・優しさと厳しさの関係がすこぶるあいまいといわざるをえない。そこで最後に、その点を少しみてみたい。

ユダヤ教ないし旧約聖書では、神は時にはものすごい怒りの神であり、かくて全人類を滅ぼすことも辞さないほどの怖い存在である。したがって、ここでは、神の絶対愛としての性格と、その怒りの神、つまりは厳罰を下す神との関係がすこぶるあいまいである。

旧約聖書には、神は冥界をも支配する存在として語られている。しかし、そのさい、その冥界をも支配して、いったい人間をどうする方なのか、人間を、冥界でもとことん地獄の苦しみを与える徹頭徹尾厳格な、途方もなく恐ろしい方だということなのか。それとも、その冥界にあっても、人間をふたたび天国へと救い出してもくれる、それこそどこまでも慈愛に溢れた方ということなのか、あるいはその両方なのか、そういった点が、まったくあいまいなのである。

それはともかく、キリスト教やユダヤ教、あるいはイスラーム教などのいわゆる一神教においては、その神の性格が、創造主や救い主、あるいは審判者として、いずれも基本的に正しくつかまれていた。ところが、しかし、それらは、インマヌエル哲学のごとく十分正確に、かつ具体的・現実的にしかととらえられているとはいいがたかった。その理由は、すでにのべたごとく、これらのいわゆる一神教では、神とこの世界ないし人間との絶対の不可同性は、これを正しくつかみとりはしたものの、その不可分性と不可逆性の認識については、これがまったくあいまいだったためといわざるをえない。

それはともかく、以上のべてきたことからすでに明らかなごとくインマヌエル哲学は、仏教の刹那生滅思想に深く共感する。かくて、その刹那生滅思想のさらなる基礎づけ、ないし根拠づけを試みんとする。そうして、それが、とりもなおさずインマヌエル哲学の世界創造論にほかならない。

## 五　インマヌエル哲学と素粒子物理学

さて、インマヌエル哲学が、その世界創造論において深く共感する仏教の刹那生滅思想は、既述したごとく現代の素粒子物理学の知見とも深く共鳴し合っている。その点からも明らかなごとく、インマヌエル哲学の世界創造論は、いわゆる宗教的・神秘的、ないし非合理的なものでは寸毫もなく、逆に現代の科学とも深く通じ合うもの、いやさらにいうならば、それが科学であるかぎり恐らくそこまでは踏み込めない最後の領域、たとえば素粒子理論を例にとってみてみるならば、それはこれをどこまでも正確かつ厳密に探求していくことはできるけれども、しかし、その素粒子理論そのものが成り立つその究極の根拠はこれを説明することは恐らくできないが、その素粒子理論が多分もはや答えられないところ、そこをもさらに究明せんとする。すなわち、不断に生成消滅しているといわれる素粒子ないしクオーク、たとえば電子やニュートリノ、それらはいったいいかなる根拠によってそうなのか。何故（why, Warum）そのような生成消滅が起こるのか、あるいはさらにいうならば、そのクオークなどの素粒子が絶えず生成消滅しているいわばその場としての「真空」、それはそもいったいいかなるものなのか。現代の素粒子物理学では、「真空」といっても、それはけっして何もない状態のものではない、ともいわれる。では、けっして何もないわけではないが、しかし「真空」といわれるその「真空」とは、そもいかなる構造で成り立っているものなのか。そのクオークが絶えず生成消滅を繰り返しつつ存在しているその場としての「真空」、それがたんに何もないわけではないのだとしたら、そこにあるものとはいったい何か。物質の最小単位としてのクオーク以外のいったい何があるというのか。それともクオークとは別の何か違ったもっと大きな何かがあるというのか。しかし、それは、とりもなおさずクオーク理論そのものの自己否定にほかならない。なぜならクオークよりもより大きな粒子があるのだとしたら、それはクオークによって構成されていることになり、クオークがそこにおいてある場、それがすなわち「真空」だという考え方そのものに反することになるからである。いいかえるなら、物質の最小単位としてのクオークより大きな粒子があるところ、そこが「真空」だとしたら、それはそれ自身がクオークによって構成されていることになり、もはやクオークの生成消滅する場とはなりえないからである。他方逆に「真空」には、クオークよりももっと極小のものがあるということもありえない。なぜならクオークこそが物質の最小単位であり、それが存在している場こそ「真空」だというのであるからだ。

こうみてくると、「真空」とは、現代素粒子物理学のいわば一つの仮説とでもいいうるものなのではないのだろうか。物質の最小単位としてのクオークが、不断に衝突し合い反発し合いしながら飛び交い生成消滅しているのだとしたら、必然的にその生成消滅が繰り返えされる場所が前提されざるをえない。しかし、クオーク以下に極小のものはないのだとしたら、そこは端的に無といわざるをえない。が、しかし、たんにまったく何もないということはもはや物理学の専門領域を超え出ていることとなるだろう。物理学は、もとより何か物の存在を前提せざるをえないからである。したがって、何も無い場所、つまりは絶対の無の場所といったものは、物理学ではとうてい考えようがないということである。

要するに、物理学がその字のごとく物の理、つまりは、理法・法則を探求する学問であるかぎり、すでに最初に物の存在をア・プリオリに、つまりは先験的に前提している。物理学というそういう学問そのものの性格からいって、ものが一切ない、つまりは絶対の無、そういったものは、これを物理学では考えようがないのである。それだからこそ、けだし現代素粒子物理学は、物質の最小単位はクオークであり、しかもそれは不断に生成消滅している、ということまではよしこれを突きとめることができたとしても、しかし、ではそのクオークのたえざる生成消滅が繰り返される場所とはそも何か、そこはどうなっているのか、どういう構造をなしているのか、といった問題には、みずからはこれに答えることができず、したがって、とりあえずこれを「真空」と名づけ、しかし、真に空なるもの、つまりは無だといいながら、しかし他方ではそれと矛盾するようなこと、すなわち、真空とはいってもたんに何もないわけではない、といったことをいわざるをえないのではあるまいか。だから、その「真空」とは、現代物理学が、そのクオーク理論、素粒子理論でさけがたく前提せざるをえないいわば仮説といってよいのではなかろうか。その意味では、現代物理学のアキレス腱、つまりは一番の弱点といってもよいのではあるまいか。とはいえ、それは、けだし物理学の専門領域をもはや超え出てるものではあるだろう。

ところで、この現代素粒子物理学のいわゆる「真空」を、インマヌエル哲学は神の座、すなわち神が在す座、神がそこで絶えず創造の業を遂行している場所と考える。(5) ちなみに、われわれインマヌエル哲学の先駆者の一人、西田幾多郎は、神ないし仏を絶対無とも呼ぶ。その絶対無による絶えざる世界創造の場、それこそ、かの現代素粒子物理学のいわゆる「真空」といってよいのではなかろうか。

西田は「絶対無の場所」、そこにおいてすべてのもの・いちいちのもの、西田の用語でいえば「個物」は存在し互いにかかわり合っているという。その絶対無の場所こそ、もう一度繰り返すなら現代素粒子物理学のいわゆる「真空」といってよいのではなかろうか。少なくとも、インマヌエル哲学はそう考える。

そのさい、インマヌエル哲学の考える真空とは、たんに何も無い、というのではない。この世界のなかの物が有るとか無いとかいう意味では絶対に何も無いもの、相対的な意味での有無に対しては絶対に無いものである。が、かといってたんに何も無いのかといえば、必ずしもそうではなくて、相対的な有無、たとえば今この机の上にエンピツがあるとすると、これを机の下に隠せば人の眼からそれは無くなる、あるいは存在するものは必ずいつかは朽ち果て、滅び無くなる、生きとし生けるもの、存在するもので永遠不変のものはない、そういった意味での相対的な有無、それを絶対に超えた有、いかにしても消滅することのありえない永遠不変かつ恒常的なもの、そういう意味での絶対の有、かかるものとして、一方では絶対の無であると同時に、他方ではしかし絶対の有でもあるもの、それが、まさにそれこそが、ほかならぬインマヌエル哲学のいわゆる真空だといわねばならない。

それはともかく、絶対無とは即絶対有というべきなのである。そういう絶対無即絶対有ともいうべきもの、それが、それこそが、ほかならぬインマヌエル哲学のいう神であり仏であって、それが在《いま》すところ、そこが、とりもなおさず現代素粒子物理学のいわゆる「真空」であり、しかもそこで絶えず世界創造の業が繰り広げられているのである。かくしてこれが、これこそが、ほかでもないインマヌエル哲学の世界創造論といわねばならない。

ところで、先述した絶対無即絶対有といわれたさいのその即とは、もとより同時ということにほかならない。だから、それは、絶対無であると同時に絶対有ということである。これはしかし、絶対の逆説である。その絶対の逆説が、しかし、にもかかわらず事実として現に成り立っているもの、それがインマヌエル哲学のいう神であり仏にほかならない。インマヌエル哲学の先駆の一つ西田哲学の絶対無も、その点でまったく同断である。

さて、このようにしてインマヌエル哲学は、現代物理学の素粒子理論、それのいまだ未解決の問題、いやそれが物理学であるかぎり、先にもいったようにその視野にはどうしても入り切れないもの、何か仮説としてしか前提しえないもの、つまりは「真空」を、このように解釈しつつ、現代物理学の素粒子理論を補完しかつ根源的に基礎づけんとするのである。しかもそれは、仏教のかの刹那生滅思想の根源的基礎づけともなりうるものである。少なくとも、インマヌエル哲学は、みずからをそのようなものとして位置づけ自負するものである。

## 六　インマヌエル哲学と仏教、そして天道思想

### (一)　インマヌエル哲学からみた仏教と天道思想

すでにのべたごとく、日本は、よく無宗教の国だといわれるが、しかし、必ずしもそうとはいえない。中国・朝鮮伝来の仏教をも独自に日本化してしまうがごとき宗教的感性、あえていえば、インマヌエル哲学に深く通じるそれがあるからである。いや、少なくとも、かつてはあった。

おそらく縄文時代以来、この自然の世界には、すべてどこにでも聖なるものが宿っており、われわれ人間の生活を豊かにしてくれる、といった宗教的感性がたしかにあった。そして、この宗教的感性は、アイヌの人々のあいだでは今もなお残っているといわれる。

これは、宗教学的にいうならばアニミズムといった原始宗教の一つであり、とりわけ太古の時代においては地球上のいろいろな地域に見られたものである。しかし日本の場合、けだし自然界全体に宿るその聖なるものは、たんに無限の多だというだけでなく、同時に根本的な一だ、という感覚があった。少なくとも、時代が下ると共にそうなっていったように思われる。

かくして、その根本的に一なる面が、たとえばお天道様と呼びならわされてきた。だから日本人には、昔から、

いや少なくともついしばらく前までは、お天道様が見ているから悪いことはできない、たとい他人に隠れてやっても、しかし、お天道様は、必ずどこかでその自分の悪い行ないを見ている、だから悪いことはできないし、してはいけない、とそういった宗教的感性があった。

そのさい、そこには、審き主としてのお天道様といった感覚もないとはいえない。が、しかし、それは稀薄といった方がいい。少なくとも、キリスト教などのいわゆる一神教を信じる人々ほどには鋭くない。かくて、罪の意識もまったくないわけではないが、しかし、むしろもっと強いのは恥の意識というべきだろう。お天道様に対する恥の意識にほかならない。

すると、そこに、おのずからつぎのことが思い出されてくる。かつてアメリカの文化人類学者ルース・ベネディクトは、『菊と刀』で日本文化を西洋の文化と比較してこう論じた。すなわち、西洋の文化は罪の文化であるのに対し、日本の文化は恥の文化だ、と日本文化を特徴づけた、そのことである。実際そういってよい面が、日本文化にはたしかにあるといっていい。

ただ日本人の恥意識には、西洋人の罪意識とは異なる面があるものの、しかしそこにはやはり罪の意識、悪いことをした、ないししているという、罪の意識も含まれているというべきだろう。

上にのべた、お天道様がみているから悪いことはできない、という日本人独自の意識には、まず何よりもお天道様に対する恥の意識、悪いことをして恥ずかしいという意識が第一にはあるが、しかしそこには同時に自分が悪いことをした、それをお天道様に見られた、だから、ひょっとしたら天罰が下るかもしれない、といった罪の意識、要するに、西洋人ほどには鋭くなくても、しかし日本人独自の罪の意識もまた含まれているものと思われる。

ただお天道様は、人間をいつでもどこでも温かく見守っていて下さるお方という面が強く、人間の悪行を厳しく審き、時には天罰を下すという面は、よしあるにはあっても、しかし、いわゆる一神教の神ほどに強くはないから、その罪意識も、お天道様への反逆・裏切りといった面は薄いといわざるをえない。したがって、その点、西洋人の神に対する反逆・裏切りという罪意識とはかなり異なるし、また西洋人ほどにその天罰への不安や恐怖は強くないともいいうるだろう。

＊　人知れずでも何かよくないことをしたときなどに気恥ずかしい、という気持ち、いや自分に恥ずかしい、という気持ち、それが自然と湧いてくることはないであろうか。あれは、けだし超越的な本来の自己、自分以上に自分である完璧な自己、つまりは神から自然にもたらされるものなのだ。超越的な本来の自己つまりは神に対し、恥ずかしいのである。そのさいこの神が、じつはインマヌエルの神にほかならない。そして、それに通じるものは、日本人のお天道様感覚のなかにも、これをしかと見てとることができるのではあるまいか。

それはともかく本文でのべたように、かつてベネディクトは、『菊と刀』で西洋は罪の文化であり日本は恥の文化だと書いたが、しかし、筆者の見解では日本人の恥の意識には同時に罪の意識も含まれるのである。みずからの罪悪に対し恥ずかしいのだ。恥じ入るのである。西洋人の罪の意識には、そういう意味での恥の意識はないのだろうか。それはともかく、日本人の恥の意識には、西洋人ほどの強い罪の意識がないこと、これもまた事実であろう。

いずれにせよ、かかる天道思想をより徹底し厳密化したもの、それがわがインマヌエル哲学といわねばならない。

ところで仏教には、地獄を支配する閻魔の思想もたしかに存在する。しかし、そのさい閻魔の意志は、たとえばキリスト教の神の意志ほどには具体的でないのではあるまいか。すなわち、それが必ずしも正しくはないとはいえ、キリスト教では聖書にかかれている言葉、とりわけ教祖イエスの言葉が即神の意志とみなされるから、それに反することは神への反逆であり罪、それゆえ永遠の罰を下されると考えられるのに対し、仏教の閻魔の思想では、そのような具体性は、けだし乏しいのではあるまいか。じっさい、鎌倉時代のように地獄のイメージに人々が震え戦いた時代もあったにしても、しかし、仏教全体では、それほど地獄のイメージは強烈とはいえないのではなかろうか。かくて地獄の閻魔の恐ろしさよりも、むしろ仏の大悲・大慈の方が、はるかに強く大きく語られるのではあるまいか。

ちなみに鎌倉時代に地獄がとりわけ民衆に恐れられたのは、あの仏教の末法思想、つまり鎌倉時代以降は、もう仏の力も教えも及ばない、かくて救いのない末の時代・世界だと信じられていたこと、それと深くかかわっていたのであろう。かくして、そこに鎌倉新仏教が立ち現われ、民衆救済の新しい考え方を打ち出してくる素地も、またあったといわねばならない。

いずれにせよ、日本人のもつ天罰への不安や恐怖は、いわゆる一神教のそれには遠く及ばないのではあるまいか。少なくとも、その性格は大いに異なるだろう。すなわちそれは、いわゆる一神教世界のごとく、この世界での神の意志に即した正しい行ないへと人を駆りたてるがごとき恐怖や不安ではなくて、ただひたすら仏の慈悲にすがってそれを回避したいと願望せしむるような、そういう意味での恐怖・不安ではなかろうか。

それはともかく、先述した日本人の恥の意識について、ここで改めて視点をかえてみてみよう。

日本人の恥の意識としてまず眼につくのは、ほかでもない武士・侍である。武士の精神には、俗にいう「生き恥を曝さず」というものがあり、そこに切腹思想も堅く結びついている。それが、後には軍人にも、ある意味で受けつがれていったといっていい。それだからこそ日本の軍人は、生きて捕虜となり、「生き恥を曝す」ことを極力怖れた。むしろ、みずから死んで生き恥を曝さないことをこそよしとし、それを誇りとした。そこから、たとえば戦時中における玉砕思想や、その一般民衆への強要、あるいは戦争末期における沖縄民衆への集団自決の強制も起こったのだといっていい。これは、誤った誇りへの囚われからさけがたく惹き起こされた精神性というべきだろう。したがって、そこには、よし恥の意識はあったとしても、しかし罪の意識はまったくないといわねばならない。

それはともかく、この日本人における恥の意識は、たんに武士や軍人だけでなく、先述したように一般民衆にもたしかにあったといってよい。それは、これもすでにのべた一般民衆の、お天道様が見ているから悪いことはできない、たとい他人が思っていなくてもそれはできない、といった精神性のなかにしかと現われている。これは、明らかにお天道様への恥の意識といってよいからである。

ところで、そこにはまた、既述したごときお天道様への罪の意識も含まれている。とはいえ、その罪意識は、いまだ十分に強いものとはいいがたい。朝、太陽に手を合わせお祈りするように、お天道様は、人間をどこまでも温かく見守る方という面がすこぶる強く、よし天罰思想があるにはしても、しかし、人間行為の是非・善悪・正邪を厳しく審き罰を下す方、という面はそれほど強くないからである。とはいえ、しかし、一般民衆の場合には、武士はともかく、近代以降の軍人にみられるごとき、罪意識のまったき欠落はありえない。

いずれにせよ、一般民衆のこのお天道様思想には、けだし仏教の影響が少なからずかかわっている。そしてそれが、それこそが、日本人による仏教の日本化といわねばならない。

しかし、もしそうだとすると、まさにそれだからこそこのお天道様思想には、お天道様の厳しい審きの面、厳格な審判者の面がはなはだ弱く、それゆえに日本人の罪意識を、西洋人のそれほどには強いものとせず、そこにさけがたくこの世界での倫理・道徳の発達を、西洋ほどには促さなかったといってはいいすぎだろうか。

いずれにせよ、日本では、すでにのべたように、現代科学の発達・暴走と深く結びついた今日の深刻かつ重大な諸問題、もう一度繰り返せば、生殖補助医療や臓器移植、あるいはクローン、また尊厳死・安楽死、さらにはiPS細胞やヒトゲノム編集等々の問題に対し、それらへの倫理・道徳的なかかわり方、たとえば真摯でかつ徹底的な議論――その結果の是非は別にして――がなされる西洋に比べて大きく立ち遅れているといわねばならない。

いずれにせよ、仏教では仏の救済者としての大悲・大慈の面ばかりが強調されて、その厳しい審判者の面が稀薄である。だから仏教的世界では、神の、それら両面が同時に捉えられている、いわゆる一神教の世界ほど倫理・道徳が発達しなかったのではあるまいか。たとえばキリスト教倫理という言葉はよく使われるのに反し、仏教道徳とか仏教倫理といった言葉はそれほど馴染がないのもそのせいではなかろうか。

ところで、現代では科学技術の未曽有の発達ないしむしろ暴走により新たにいろいろな問題が惹き起こされ、それゆえ今までになかった生命倫理や生殖倫理、あるいは環境倫理、さらには情報倫理といった新しい倫理が起こってきているが、その点に関しても、仏教が伝統的に根強い日本ないし東洋では、いわゆる一神教の一つキリスト教の根強い西洋よりも、その発達が明らかに遅れているのではなかろうか。

そのさい、その遅れの根拠は、何度も繰り返すように、いわゆる一神教の一つキリスト教では、神が愛の救済者であると同時に、この世界および人間の創造者、そしてさらに人間の罪に対する厳しい審判者でもあるのに対し、仏教の仏は、その優しい救済者の面のみがただ一面的に強調されて、その創造者、および厳しい審判者の面がほとんど完全に欠如している、少なくともこれがすこぶる稀薄である、まさしくそこに、そこにこそあるといわねばならない。

さてここで、話を大きく転じて、日本人のいわゆる無宗教性についてもう一度改めて考察したい。

日本はよく無宗教の国だといわれるが、はたして本当にそういってよいのだろうか。むしろ、日本独自の宗教性といったものがあるのではあるまいか。少なくとも、かつてはあったのではなかろうか。そうしてそれは、われわれの主張するインマヌエル宗教ないし哲学に近いものではなかったか。

いずれにせよ、日本人に深く根づいていた天道思想は、日本人に伝統的な宗教意識といってよいだろう。その日本人の天道思想には、思うに仏教の影響が強くあり、これこそ、日本人による仏教の日本化といってよいだろう。まさにそれだからこそ、天道思想には、その天道の、厳しい審判者の面やこの世界の創造者といった面がはなはだ弱く、あるいは欠如しているのだというべきだろう。

まさしくそれが、それこそが、何度も繰り返すように、日本にあっては、西洋に比べて倫理・道徳の発達がすこぶる遅れた理由であろう。

かくして、西洋人のごとく善悪の区別をはっきりさせず、責任追及の意識も弱く、いわば慣れ合い的に、なーなーで済ますところが、日本人には強くなったのだというべきだろう。これを逆にいうならば、西洋人は、善悪をあまりにはっきり区別し、悪は徹底的に審かれるべきだ、という意識が強すぎるため、自分の過ちは、これを日本人ほどに簡単には認めようとしないのであろう。

その点は、日常言語にもはっきり現われている。日本語では、「ご免なさい!」とか、「済みません」とか、といった自分の罪や過ちを謝る言葉が、同時に「有難とう」という感謝の意を表わすときにもごく日常的に使われたりするが、しかし、西洋語では、例えばドイツ語のEntschuldigung! や英語のexcuse me! といった言葉、つまり私の罪ないし過ちをお赦し下さい、というこれらの言葉は、自分の罪や過ちを詫る言葉であって、それが同時に感謝を表わすことはほとんどない。

それはともかく、たとえば買い物などで、手持ちの金が少し足りないときなどに、誰か友人ないし他人がそれを貸してくれたり、あるいはまた突然雨が降ってきて、誰かが傘に入れてくれたり、またそれを貸してくれたりしたときなどに、日本人は、「ありがとう」という、ふつうの感謝の言葉も使う反面、「済みません」という、一見すると罪を詫びる言葉を使ったりもする。

この日本語の用法は、けだし「御迷惑をおかけして済みません。でも有難とう」といった意味で、おそらくその前半だけで済ませて、後半が省略されるのではないか、と思われるけれども、しかし西洋人の場合、そういったことはまったくありえない。

今上でいった例の場合、英語なら必ず「Thank you.」だろうし、ドイツ語なら「Danke.」であって、より丁寧には「Thank you so much.」や「Danke schön.」であり、これはすべて、「有難とう」ないし「とても有難とう」という意味で、たんに感謝の意を表わす言葉にほかならない。

こういう時に、英語圏やドイツ語圏で、「excuse me.」とか「Entschuldigung.」とかといった、「ご免なさい」

「済みません」、あるいは「お赦し下さい」といった、いわば自分の罪を詫びる言葉が使われることはまったくない。

ちなみに、ドイツ語では、「Entschuldigung.」とは別に、謝る言葉として「Es tut mir leid.」といった言い廻しがある。これは、「悔やまれる」、とか「遺憾だ」、とかといった意味で、約束を破ったときなどによく使われる。軽い謝罪の言葉といっていいかもしれない。

要するに、ドイツ人は、自分の罪や過ちを認め赦しを請うこと、その意味で謝ることは簡単にはしない。ましてやその、自分の罪や過ちを謝る言葉を、同時に感謝の言葉として使うことなどほとんどないか、まったくない。そこには、ドイツ人の宗教意識ないし倫理意識の特徴、あえていうなら、それがあまりにも強すぎるという面が現われているのかもしれない。現代では、もうキリスト教の力は相当に衰えてはいるものの、ドイツ人ないし西洋人のばあい、日本人ないし東洋人における仏教と同じく、その無意識のところで、キリスト教がなお大きく影響をおよぼしているといってもいいのではなかろうか。

こういった日常語におけるその用法をみてみても、西洋では是非・善悪・正邪の区別が明確であるのに対し、日本ではその点がすこぶるあいまいである。それは、西洋人のごとく何事も白黒をはっきり付けないと気がすまない、それが社会秩序を守る要だ、といった、日本人の感覚からすれば過度にぎすぎすした人間関係を避け、事をできるだけ温和ないし穏便に片づけたい、という寛容な精神、いいかえれば、わりと簡単に自分の非を認めて謝り、事を無難に済まそうという和の精神が現われているともいいうるが、他方ではしかし、その日本人的心性は、時としてなーなー的な馴れ合いに堕する危険性もつねに孕んでいるといわねばならない。

日本人が、他人の過ちに対して、西洋人ほど厳しくその責任を追及することが少ないのも、今上でいった日本人的精神性、つまり和を重んじるあまり彼我の責任を曖昧にしやすい馴れ合い的精神性に深くかかわっているのかもしれない。

何か大きな失敗を犯した政治家や官僚たちに対しても、たとえば二〇一一年の福島第一原発事故――防衛庁の原子力関係の研究所に勤めていたことのあるある人の言葉をかりれば、「限定的核戦争」の勃発ともいいうる巨大事故、大勢の人々に途方もない損害や苦しみ、苦難を与え、ただでさえ狭い日本の国土を、もはや人が住めないほどに汚染してしまった巨大事故、――そういうことに対しても、その責任を徹底的に追及する、ということが日本ではほとんどない。こうして、いつもなーなーで済まし、その責任の所在をはっきりさせないゆえに、いつもまた同じことが、延々と繰り返されることとなるのであろう。

その点西洋では、何か過ちがあったときの責任追及は、とうてい日本の比ではない。

たとえば、しばらく前イタリアで火山が噴火した折り、一旦噴火が収まったので、地震学者たちが、避難した人々に対し、避難の解除宣言を出した。ところが、その避難民たちがもとの住居に戻ってしばらくしてまた噴火が起こり、数百人の犠牲者が出た。この事件はその後、最初の噴火のあと避難の解除宣言を出した地震学者たちが刑法で訴えられる、という事態に発展していった。かれらの避難解除宣言が出なければ、数百人の犠牲者はおそらく出ずにすんだからである。

ところで、もしこういうことが日本で起こった場合、いったいイタリアのごときことが日本でもありうるだろうか。あの福島第一原発事故への対応でも明らかなように、あれほどの大人災を引き起こしておいてすら、日本ではその責任追及の声はすこぶる弱いのだ。

政府がその音頭をほとんどとろうとしないこと、それもまたイタリアとは正反対である。もちろん日本の場合、政府が原発推進派だったのだから、責任追及するとしたら、自分たち自身もまたその責任を追及されることにならざるをえぬから、政府がそれをしないのは当然といえば当然である。いずれにせよ、そのように日本では、政治のリーダーを含め、あのような大人災にさいしても、その責任追及はあまりに手ぬるいのが実情なのだ。

そのさいこれは、何よりもまず日本では、西洋に比べて、事の是非・善悪・正邪を明瞭にさせんとする倫理・

道徳の発達が、大いに遅れていることの何よりの証左といわねばならない。

ところで日本人にも、一見すると、罪の意識がすこぶる強いように思われる現象もある。たとえば、家族の一員が犯罪を犯したような時がそれである。とりわけ犯罪を犯した子供の親などが、自分自身は何も罪を犯したわけでもないのに、まるで自分にも責任があるかのごとく、「世間をお騒がせして申し訳ございませんでした」、といってマスコミの前などで平身低頭・平謝りする光景がそれである。

これは、いったい日本人の倫理・道徳的な罪意識の深い現われとみるべきだろうか。思うにそれは、倫理・道徳的な罪の意識の深さとは必ずしも関係がない。むしろ、日本的な和の精神の、家族形態へのその歪んだ現われであり、それに加えて封建時代の連帯責任制の名残りが、今もなお色濃く残っているのだというべきだろう。いずれにせよ、こういったことは、個人主義（Individualismus, individualism）の根強い西洋ではほとんど考えられないことといわねばならない。

それはともかく、以上のべてきたことは、日本人における天道思想ないし仏教的精神性の、その弱みの面の一つの現われといって何ら差し支えないだろう。

そこで、もう一度話を元にもどして仏教とそこでの倫理・道徳の発達の不十分さ、といって語弊があるならば、少なくともいわゆる一神教の一つ西洋や、他のいわゆる一神教の世界に比べてのその遅れないし未発達、それら両者の関係についてよりいっそう詳細に考察したい。

まず禅仏教についてみるならば、そこでは、とにかく悟りを開いて仏法、つまりは仏教的真理に開眼すること、かくて救いに到ること、それが何よりも先決とされている。しかも、そのさい、禅仏教は、自分に向き合うものとしての仏を立てることを極力嫌う。法然の浄土宗やその弟子・親鸞の浄土真宗のごとく、自分に対向するもの・対峙するものとしての仏の存在をむしろ拒否するといってよい。かくして、いわゆる自力で悟りを開いて「あるがまま」ないし「平常心」、さらには「無心」といった境涯を体得すること、それをひたすら目差す。いや、目差すというと、道元禅では、それもまた間違いとされ、仏法を求める菩提心が起こることそれ自体すでに悟りと同等・対等であり、そこにある意味ですでに救いは成り立っていると考えられる。その点については、すでに第五章の三の(二)の(2)の(b)で詳論したが、いずれにせよ、ここでは、世界の創造者にして救済者、さらには人間の罪悪に対するその審判者、いや少なくとも創造者・審判者としての仏の性格はすこぶる薄弱である、したがって、ここには人間の日常生活を律する倫理・道徳の発達する余地はすこぶる弱いといわざるをえない。

もとより道元にも、「諸悪莫作」(『正法眼蔵』)といって、悪を作ること、悪行をなすことを厳しく戒める言葉はある。が、しかし、それは、ひっきょう出家して座禅の修業に打ち込むもの、ないしそういうものの真に悟った境涯での問題というべきだろう。したがって、それは、座禅修業をする暇も力もない、また精神的・身体的・経済的余裕もない、そういう一般民衆にとっての、その日常生活を律する倫理・道徳の発達を促すものとはとうていなりえなかったというべきである。

他方、では親鸞の場合はどうであろうか。親鸞は、みずからを極悪深重の凡夫と称しており、そこには、キリスト教のあのパウロの深い罪意識、「私は罪人の首魁だ」、といった深い罪意識、それにも匹敵する強烈な罪意識がたしかにあったといってよい。

しかし、親鸞にあってはただひたすら阿弥陀仏への信心のみが強調され、その絶対他力の救済にほとんどすべてがかかってしまっている。したがってやはり日々の行ないや生活を律する倫理・道徳の発達は、これをそれほど強く促すことはなかったのではあるまいか。

その点パウロにあっては、キリスト・イエスの十字架と復活を信じることによりみずからも新しく生まれ変わることができ、しかも、そのうえで、それぞれ各自が自分自身の十字架を背負って教祖キリスト・イエスのあとに従うことを強く促す。(6) かくして、ここに、人々の日常生活を律する倫理・道徳もおのずから発達しやすかったと思われる。

この、「自分の十字架を背負って私についてきなさい」というのは、もともとは教祖イエスの言葉とされるものである。そのさい、その教祖イエスは、キリスト教では救い主なる神、つまりは絶対者にほかならない。したがって、その言葉の重みは、仏教では考えられないほどのものがあるといわねばならない。

より一般的にいって、対神愛や隣人愛の戒めを始め、こういったイエスの言葉は、上述したごとく、それが即・救い主なる神、つまり絶対者の言葉と信じられていた。それゆえ、それらのイエスの言葉がキリスト教徒に与えた影響、その日常の行ないや生活を律する言葉としてのその重み、それは、仏教国の人間には想像もつかないほどの大きなものがあったといってよいだろう。

それはともかく、いわゆる一神教の国々では、週に必ず少なくとも一度は教会（キリスト教）ないしモスク（イスラーム教）、あるいはシナゴーグ（ユダヤ教）といった聖処、聖なる場所にいき、そこで神を讃美し、祈り、さらに聖職者の説教をきく。

その聖職者の言葉ないし説教は、たいていそれぞれの宗教の聖典、つまりは聖書（キリスト教）かコーラン（イスラーム教）か（旧約）聖書（ユダヤ教）にもとづいたものであり、その聖典の言葉は、キリスト教ならば救い主なる神・キリストの言葉であり、他のイスラーム教やユダヤ教でも、偉大なる預言者、つまりは、神の言葉を直接受けとり他の一般の人々に伝える者・そういうある意味神の言に匹敵する力と権威をもった預言者の言葉であって、それゆえそれについて語る教会やモスク、あるいはシナゴーグの聖職者の説教も、そういう過去の大いなる権威あるものの権威にしかと裏づけられている。

こうしてそれら聖職者の説教が、いわゆる一神教的世界では、人々の日々の行動や生活を律する規範、つまりは倫理・道徳となっているといってよい。

これをもう一度繰り返すなら、いわゆる一神教的世界では、少なくとも週に一度は必ず聖処へいって神を讃美し、神に祈り、さらに神の言葉のいわば代弁者としての聖職者の説教をきく。かくして、それにもとづいて日常の生活を律すべくこれに努める。このように、こういったことが、古くからいわば制度化されていた。かくしてそれが、これらの世界での倫理・道徳の発達を強く促したものと思われる。

さて以上をもう一度約言すると、仏教の弱みは、その教えの根本である仏について、その、ただ大悲・大慈にみちた救済者の面ばかりが強調されて、他方の、この世界の創造者という面と、また人間の罪に対する審判者の面と、それら両面が決定的に欠落しているということである。まさしくそこから仏教では、それらの点が基本的に正しくつかまれている、いわゆる一神教のキリスト教やイスラーム教、あるいはユダヤ教に対して倫理・道徳面が弱くなったものと考えられる。

かくして、その延長線上で、今日新たに起こってきている喫緊の諸問題——生命倫理や生殖倫理、あるいは環境倫理や情報倫理といったものに深くかかわる諸問題、いやさけがたくかかわらざるをえない諸問題——に対して、その反応が、いわゆる一神教の一つキリスト教の伝統の強い西洋に対し、仏教の伝統の強い日本では、明らかに鈍いのではなかろうか。

それはさておき、日本独自の宗教性しての天道思想には、上述したごとく、けだし仏教の影響もある。もしそうだとしたら、まさにそれゆえにこそ、天道思想にも、その天道の広大無辺の慈悲・慈愛の面ばかりがとりわけ強調されて、その創造者の面や審判者の面は、さけがたく影が薄くなっているのではあるまいか。そうして、まさにそれだからこそ、日本では西洋に比べ、倫理・道徳面が遅れたのではなかろうか。

かくしてその点は、既述したごとく、両者のいわゆる日常語のなかにも現われている。少なくとも、ものごとの是非・善悪・正邪をはっきりさせること、白黒をできるだけ厳格につけようとすること、その面では、西洋の方が日本よりより厳格であること、それは、先述したごとくその日常語の使い方からしても明らかといってよいだろう。

その日常語とは、日本語でいえば、自分の非を詫たり、逆に他人に感謝したりするときに、共に用いられる「済みません」とか「ご免なさい」であり、西洋語、例えば英語では「excuse me.」とか、ドイツ語では「Entschuldigung.」や「Es tut mir leid.」といった言葉で、これはほとんど必ず自分の非を詫びるときとか、あるいは他人に自分の無礼を赦してもらうとき、たとえば他人の前を通るときとかに使われるだけであり、他人に感謝するときに使われることはけっしてない。

ところで、当然のことながら、上述したごときものごとの是非・善悪・正邪をはっきりさせるということは、その社会においては倫理・道徳性が発達していることの何よりの証左といってよい。なぜなら、倫理・道徳とは、いうまでもなく、ものごとの是非・善悪・正邪に深くかかわり、それを明らかにして社会秩序を保たんとするものにほかならないからである。だから、そのように、ものごとの是非・善悪・正邪をはっきりさせる西洋人の方が、その点ともすれば曖昧にしがちな日本人より、倫理・道徳性がより強い、それにより敏感だといって何ら差し支えないだろう。これを逆にいうならば、日本人のともすれば馴れ合い的な心性、たとえば過ちを犯した人の責任をもあいまいにしがちな点、それは、そこに日本人の倫理・道徳性の、西洋人に比べてのいっそうの薄弱さがあるということである。

さて、ここで、話をさらに先に進める前に、もう一度、けだし日本独自の宗教性である天道思想について、それがいったいどこからきたのか、いかにして日本人の精神性となったのか、その点について筆者の見解をのべておきたい。

まず第一に、この天道思想には、すでに奈良時代からあった神仏習合・神仏混淆の考え方が、その基本にあるのではあるまいか。そのさい、神仏習合とは、神道ないし日本固有の神と、仏教の仏・菩薩とを同一視する考え方にほかならない。

ところで、神道の神々の中で中心的なもの、それはほかでもない天照大神である。他方、仏教、そのうち真言宗の場合、すべての仏・菩薩の「本地」、いうなれば中心、それは、とりもなおさず大日如来にほかならない。

これら両者に共通するもの、それは、けだし太陽のイメージといってよいだろう。

天照大神の場合、天を、あるいは天から、すべてのものを照らす神、照らし出す神、ということは、そのイメージとして太陽があることは改めていうまでもないだろう。

同様に、大日如来の場合、それはまさに読んで字のごとく大日の如来、つまりは大日の仏ということで、この大日如来もまた、まさに太陽のイメージといってよいだろう。もしそうだとすれば、これら二つは、共にそのイメージを太陽にもっているという点で、明らかに共通している。要するに、太陽神、太陽への崇拝といって何ら差し支えないだろう。

いや、太陽に象徴されるもの、つまりは、この世界・地上に限りなく豊かな恵みを施してくれるものとしての太陽、植物も動物も何もかも、生きとし生けるものをすべてみなその下で生かしているものとしての太陽、その無限ともいいうる豊かな恵みの主・太陽への崇拝にほかなるまい。

かくして明らかなごとく、天照大神や大日如来・信仰の背後には、いわば太陽信仰、それにつらなる宗教性があるといわねばならない。要するに、太陽崇拝の神道的表現、それが天照大神であり、他方、仏教的ないし真言密教的表現、それが、ほかならぬ大日如来といってよいだろう。

ちなみに、太陽を神として崇む宗教は、地球のいろいろなところにみられるものである。西洋のギリシャ神話でも、その神々の一つアポロンは、のちに太陽と同一視されている。

それはともかく、もしこの太陽崇拝という点で共通していることが正しいとするならば、神道の中心的神である天照大神と奈良仏教のなかの一つ、真言宗の、その中心的仏である大日如来とは、先述したごとく神仏習合し、いわば同一視され同体化されたのだといってよいだろう。

かくして、それが、天道思想となっていったのではあるまいか。なぜなら、天道思想でも、それが民間に広まっていくにつれ「お天道様思想」となり、天道は、太陽とかお日様とかともみなされるようになるからである。

ふつう「お天道様」というとき、それは太陽を暗に意味していることは改めていうまでもない。

いやむしろ、事態はその逆で、初めにすでに素朴な形での天道思想がまずあって、それがやがて神仏習合を促してゆき、かくてこの後者にあって、さらに天道思想がいっそう洗練され広く民間に広がっていったというべきかもしれない。

いずれにせよ、ここにも太陽崇拝、地上に豊かな恵みを与えてくれるものとしての太陽への崇拝、少なくとも、その太陽を象徴・シンボルとした精神性ないし宗教性がみてとれることは間違いない。いつも天上にあってこの地上を見下し、いやただ見下すだけでなく、いつも変わらず豊かな恵みを施してくれるもの、そういう太陽への感謝の心と宗教性と、それら両者が、ここで一つに結びついていると思って何ら差し支えないだろう。

もしこの筆者の推測が正しいとするならば、神道の天照大神と、奈良仏教の一つ真言密教の大日如来とが神仏習合・神仏混淆し、それが民間に広まって民間信仰となり、いわゆる天道思想・お天道様思想となっていったということになる。そのさい、そこには、ひょっとして中国の道教・タオイズムも、あるいは影響を及ぼしていたのかもしれない。

いずれにせよ、では、その天道思想の天道とは、そも何か。とりもなおさず、それは、天地自然の道理であり、かかるものとして天地自然を主宰し支配し司る神、ないしその意志、すなわち天地万般を決定し、人間がとうていそれに逆らうことのできない絶対的な意志、有無を言わさず人間を従わせ、服従させ、屈服させる意志、そういう一方では人間にとって運命的なものである反面、他方ではしかし、かかるものとしてどこまでも広大な慈悲・慈愛の方というべきだろう。そのさい、この後者の面、すなわち天道の広大無辺な慈悲・慈愛の面、そこには、仏教の仏のそれと同じ性格の影響が明らかにみてとれるとはいえまいか。[7]

ところで、この天道思想の天道には、しかし、この世界の創造者とか審判者とかといった面はすこぶる薄弱である。この世のすべてを決定してしまっているという面はあるものの、それに逆らう人間に対する審判の面はなはだ弱い。なるほど天罰という言葉はあるにはあるが、しかし、いわゆる一神教における、神の下す罰というほどのインパクト・衝撃はない。というよりむしろ、天道はこの世のすべて、天地万般を決定してしまっているという面があまりに強すぎて、そもそも人間はそれに逆らうことすらもできない、そういう自由は人間にない、すべて運命として諦めるより仕方がない、といった面が、この天道思想には強いのではあるまいか。

いわゆる一神教の場合、何らかの意味で神に逆らう自由が人間に想定されている――とはいえ、その場合、すべてを絶対的に決定する神と、それに逆らう人間の自由と、それら両者がどうかかわっているのか、その点がすこぶるあいまいである。が、しかし、いずれにせよ、そういう神に逆らう自由が、いわゆる一神教の場合は想定されている――、だから、神に逆らうと、それが神への冒瀆、つまりは罪ということなり、かくて神に審かれる、ということになる。これに対し、そういう意味での天道への反逆の自由は、天道思想のばあい、ほとんど欠落しているのではあるまいか。そこが、いわゆる一神教との決定的な違いではなかろうか。

ところで、この神と人間の自由については、われわれインマヌエル哲学は、これをいわゆる一神教よりもっと正確にとらえている。簡単にいうならば、先述したごとき自由もまた、神の方からただ一方的・不可逆的に決定されて与えられてくる。すなわち、神に逆らう自由もまた、人間には与えられている。が、しかし、それは、逆らってもいい、というようにして与えられているのではなく、その自由はこれを使用しないように、という仕方で与えられているというべきである。要するに、神に従う自由と逆らう自由と、その両方が同時に与えられているのだが、そのばあい人間が自己の責任において後者はこれを断念し、前者の自由をこそみずから進んで行使するようにと、そのように与えられているのである。ともあれ、そういう自由を、筆者は根源的自由と名づけている。

それはともかく、話をもう一度天道思想にもどしたい。上のようにいったからといって、つまりこの世を絶対的に決定してしまっているからといって、しかしこの天道は、けっして無慈悲な方ではなく、どこまでも限りなく慈悲・慈愛に溢れた方である。だから、その運命論は、必ずしもただ一面的に悲観的なものとばかりはいいがたい。

仏教の無常観が、必ずしもたんに否定的・消極的なものとはかぎらず、そこにはもっと明るい積極的な面があるように、けだし無常の世のただ中にしかと永遠をみてとる、といった面があるように、天道の運命論も、必ずしもただ否定的・悲観的・諦観的なものであるとはかぎらず、むしろ、天道は、いつもわれわれ人間、ないし生きとし生けるもの、いやすべてのもの・あらゆるものをどこまでも温かく見守り支えつづけているのであって、だからわれわれの行く末をけっして悪いようにはしない、必ずわれわれを救って下さる、といった積極性・楽観性もまた、そこにはたしかにあるといってよいだろう。

さて、以上のべたところを、また別の視点からもう少し考えてみてみたい。

仏教には、こんな言葉もある。すなわち「尽十方無碍光如来」というのが、それである。すなわち、如来、つまり仏とは、世界全体を四方八方からどこまでも限りなく照らし出し、闇の部分など一切残さない光だ、という意味である。いいかえれば、如来ないし仏の光を遮ぎるもの、遮ぎることのできるもの、そんなものはこの世界のどこにも存在しない、ということである。それくらい如来とは、力強く頼りがいのある方、何ものにもけっして妨げられることのない広大無辺の光、そういう意味での大悲・大慈、恵みに満ち溢れた光だということである。これを太陽のイメージでいうならば、世界の中心に位置しながら、しかも同時に世界全体をそのうちに包みこんでいるような、そんな感じの光にほかならない。先に大日如来の例を挙げたが、その意味ではそこにもまた、この「尽十方無碍光如来」に相通ずるところがあるといってよいだろう。

同じ仏教でも宗派が異なると、百あまりあるといわれる経典のうち、自分たちが重視する経典もそれぞれ異なり、考え方もいろいろ違うが、この無限・無際限の光、そういう意味での大悲・大慈・恵みの光、それが仏だ、という意味ではいずれも共通しているといってよいだろう。

いわゆる一神教の場合、キリスト教でも、イスラーム教でも、ユダヤ教でも、それぞれの聖典は一つだが、仏教の場合、その聖典であるお経・経典は百以上も存在する。したがって、それぞれ宗派によって、その重視する経典もおのずから異なり、したがって考え方も違ってくる。しかし、たくさんある宗派の、そのどれも同じく大てい重視するのが、あの有名な「般若心経」にほかならない。だから、葬式などでは、大ていこの「般若心経」が読経される。いずれにせよ、かくして「般若心経」は、仏教の神髄を表現したものと考えてよい。

したがって、ここでその「般若心経」、とりわけそのなかのとても有名な言葉、つまり「色即是空」「空即是色」について考察したい。ここで、色とはこの世界、空とは筆者の言葉でいえば神、これら両者が一体だということである。だが、その空をどう解釈するか、で仏教はいろいろ考え方が異なってくる。上述したごとく、インマヌエル哲学は、それを絶対者なる神と考える。だから、神とこの世界とは直接一体だ、直接一体だがしかし、たんにのっぺらぼうの一ではない、そこにははっきり神は神、この世界はこの世界、という明確な区別がある、いや、たんにそれだけでなく、神はどこまでもこの世界を支配・決定するもの、他方この世界・人間はそれに支配・決定されるもの、といった絶対に逆にできない順序も厳としてある。要するに、神とこの世界とは、絶対に不可分・不可同・不可逆的に直接一つというべきなのだ。そして、これが、これこそが、わがインマヌエル哲学の根本認識といわねばならない。

これに対し、仏教にあっては、インマヌエル哲学のこの不可分はたしかに強いが、しかし、不可同・不可逆の面がすこぶる弱い、とくに後者が決定的に欠如している。だから、空や仏を、世界創造者や審判者として正しくとらえることができなかったのである。そしてその点が、天道思想にも大きく影響をおよぼしたものと思われる。

他方、いわゆる一神教では、インマヌエル哲学のあの不可分は甚だ弱いが、しかし不可同はすこぶる強い。まさに、それだからこそ、神を世界創造者や審判者として正しくとらえることができたのだ。ところが、不可逆認識は、これがあまりに弱いから、人間の神への叛逆の自由については、これを正確にとらえることができなかったのである。

その点、天道思想は、仏教や神道、その他東洋の諸宗教の影響がとうぜん強い。したがって、それらの弱みも、おのずから受けついでいる。そこで、この仏教や天道思想の強みと弱み、他方キリスト教ないしいわゆる一神教の強みと弱み、それらを詳細に吟味・検討しつつ、その弱みは弱みとしてこれを廃しつつ、強みは強みとしてこれを正しく継承しながら、これら両者を根柢的に綜合・止揚せんとすること、それが、まさにそれこそが、わがインマヌエル哲学の壮大な試みなのだ。端的にいって、神ないし仏、あるいは天道と、他方この世界とは、絶対に不可分・不可同・不可逆的に直接一つに結びついているということにほかならない。

ところで、ここでひとつ天道思想における世界創造思想の欠如は、これをどうみるべきか、その点について少し考えてみたい。天道思想に、けだし少なからぬ影響を与えた神道思想には、たしかに創造神話も含まれているからである。とはいえ、しかし、それは、いわゆる一神教のごとくこの世界全体の創造ではなく、主として日本国土の創造である。かくして、それは、天皇家が、その祖先を神々の時代に遡るものとして、その天皇家ないし天皇制の権威を神話的・宗教的、ないしイデオロギー的に基礎づけんとしたものにほかならない。

いわゆる一神教にあっては、この世界は神によって創造されたものであり、それゆえこれは、人間が絶対に冒してはならない神の聖域であることが強調される。ところが、神道にあっては、聖域はたんに天皇家のみであって、天地創造の主なる神の領域として、この世界全体が絶対に冒してはならない聖域だ、とする考えはない。少なくとも、明治以降の国家神道に、それはない。

かくして神道にあっても、いわゆる一神教の神のごとき、その聖域を冒すものとしての、人間に対する仮借なき厳格な審判者といった考えはない。といっていいすぎならば、その点が、すこぶる弱い。よし神道の神に審判者の面があったとしても、そこではただ天皇家のみが聖域なのであって、それゆえそれを冒すものに対してのみの審き主というにすぎない。したがって、かかる神道の影響を受けたと思われる天道思想にも、その天道の審判者という面はかなり弱いといわざるをえない。いずれにせよ、以上が、思うに天道思想の由来とその本質にほかならない。

これを約言すると、けだし日本独自の宗教性としてのいわゆる天道思想は、神道の主神ともいうべき天照大神と、真言宗の中心的仏である大日如来と、それら両者が神仏習合したものといってよいのではなかろうか。そのさい、その背後には、共に太陽崇拝がしかと横たわってる。かくしてこれが、いわゆる「お天道様」思想として民間に広がっていったものと思われる。少なくとも、インマヌエル哲学はそう考える。

さて、以上をもう一度要約しよう。

すでにのべたように、キリスト教を始めとするいわゆる一神教では、神における創造主や救い主、あるいは審判者といった性格が、基本的にはいずれも正しくつかまれていた。が、しかし、それは、インマヌエル哲学からするかぎりいまだ十分に正確なものとはいいがたかった。なんとなれば、神とこの世界との不可同性は、これを正しくつかみとってはいたものの、しかしただそれだけに終わってしまい、神とこの世界とのあいだに横たわるすこぶる重要なもう二つの契機、すなわち、それら両者の絶対の不可分性と不可逆性については、これをほとんど、ないし少なくとも十分には捉え切れていなかったからである。

その点、仏教ないし、その影響を恐らく強く受けたと思われる天道思想はどうであろうか。けだし仏教や天道思想では、既述したように、仏や天道とこの世界ないし人間との絶対の不可分性の認識はたしかに鋭い。いいかえれば、仏ないし天道は、この世界の真只中に具体的・現実的に刻一刻と生きかつ働いているのである。その点は、それら両者にあっては、仏ないし天道が、前述したごとく共に太陽、すなわちこの地上をいつも温かく見守りつつ限りない恵みを与えつづけてくれる太陽をその象徴としてイメージしている点、そこからも一点の曇りなく明らかといってよいだろう。太陽は、もとよりこの世界の真只中に存在し働いているものであるからだ。

こうして仏教の仏も天道思想の天道も、どこまでもかぎりなく人間を救わんとする慈悲・慈愛に溢れた方として捉えられることとなったのだ。いやむしろ事実はその逆で、仏や天道が広大無辺の慈悲・慈愛の方だから、それだからこそそれらは、この世界の真只中に、真に具体的・現実的に、つまりはこの世界と直接不可分のものとしてつかまれたのだといった方がよい。いずれにせよ、仏や天道が徹頭徹尾慈悲・慈愛の方である点は、先述したごとき親鸞の「摂取不捨」なる思想や、また天道思想の「天道人を殺さず」といった思想において、これは名実共に明らかといわねばならない。

ところが、しかし、仏教や、おそらくその影響を強くうけた天道思想にあっては、インマヌエル哲学のいわゆる不可同・不可逆の思想が決定的に欠如している。要するに、仏ないし天道と、この世界ないし人間との、いかにしてもごちゃまぜにすることの許されない絶対の区別と共に、それら両者のあいだに横たわる、前者こそどこまでも上であり、後者はいかにしても下である、という何としても翻すことのできない絶対の不可逆性の認識がない。

かくして、仏にしても天道にしても、いわゆる一神教の神のごとく、それが世界の創造者だという認識は、そこにどうしてもは欠落することになる。とりわけ天道に絞っていうならば、天道は有無を言わさず人間をこれに屈服・屈従せしめる世界・自然の根本法則、ないしその主、あるいはその主の意志としてとらえられながらも、しかし、ではそれがいかにしてそうなったのか、現にそうなっているのか、ということの認識がない。要するに、天道がこの世界の創造主であるからこそ、まさにそれだからこそ、同時にまたこの世界万般の根本法則としてこれを支配することになったのだ、いや現に支配しているのだ、という洞察がない。かくしてまた天道は、人間にとり反逆の自由の微塵もない絶対の力、ただただこれに従うより致し方のないもの、逆らう余地のまったくないもの、これに逆らうことをただ諦めるより仕方のないもの、かかるものとしての運命的なもの、つまりは否定的・消極的、ないしネガティブな意味での運命的なもの、という性格がおのずからうまれてきてしまうのだ。

が、しかし、にもかかわらず、前述のごとく他方で天道は、この世界に直接不可分のものとしてそのただ中に常に到る処で活き活きと働いてたり、しかも誰一人見捨てることなくこれを救わんとして働きつづけている、そういうものとしてどこまでも慈悲・慈愛に満ち溢れた方としてとらえられている。したがって、天道の運命的性格のなかには、そういった人間にとりどこまでも頼りがいのある真に力強いもの、という性格も確かに含まれている。が、にもかかわらず、他方ではしかし、またどうしても、上述のごとく、それにはいかにしても逆らうことのできない絶対の力、そういう意味での運命的なもの、という性格もまたおのずからうまれてこざるをえぬのである。

それはともかく、すでにのべたごとくインマヌエル哲学は、現代物理学の素粒子論を根源的に基礎づけんとするものである。かくしてそれは、同時にまた、現代物理学の素粒子論ともけだし深く共鳴している仏教の刹那生滅思想、それをも根源的に基礎づけんとする。

かかるインマヌエル哲学の立場に立って改めて天道思想をみてみると、天道思想にあっては、いわゆる一神教とは異なって、インマヌエル哲学のあの三つの根本概念のうちの一つ不可分は、これを正しくつかんではいるものの、他の二つの契機・不可同と不可逆については、これをほとんど、ないし十分にはしかとつかんでいない。それゆえ、天道の広大無辺な慈悲・慈愛という性格は正しく把握されてはいるが、しかし、その創造主や審判者という性格はどうしてもその掌から抜け落ちてしまっている。そこからさけがたく、天道とは、人間がこれに逆らうことの絶対に不可能な運命的なもの、消極的・否定的、ないしネガティブな意味で運命的なものという性格をもたざるをえなくなってくる。

かくして、天道とは、一方ではどこまでも頼りがいのある慈悲・慈愛の方であると同時に、他方では、その前では人間はただ屈服しこれを受け入れるより致し方のないもの、逆らうことを絶対に諦めざるをえないもの、そういう意味での運命的なもの、というわばアンビヴァレントな、つまりは両義的ないし曖昧な性格をもたざるをえなくなっている。

上述したごとく、天道思想には、仏教と同じく、インマヌエル哲学のいわゆる不可逆性の認識が、その不可同性と共に決定的に欠落している。まさにそれだからこそ、次のごとき正しい認識、すなわち、天道とは実はこの世界万般の創造主であり、まさにそれゆえにこそこの世界万般の根本的法則でもある、そしてまさにそれだからこそ、その根本法則のうちには人間がこれに逆らうことも可能な自由、インマヌエル哲学のいわゆる根源的自由も与えられており、しかし人間はこれをみずからの責任において正しく行使することにより、天道への反逆はみずからこれを拒絶しつつ、天道に従順に従いながら、善・美、愛・正義・平和等、全人類にとっての普遍的価値を実現すべく日々促されているのだ、という正しい認識がうまれてこない。

さらにいうならば、まさにそれだからこそ、人間が根源的自由を誤用して天道に逆らうときは、これを容赦なく審く審判者、という天道のこの面もまた決定的に欠如することになる。少なくとも、その面の性格がすこぶる弱くなる。いわゆる一神教の神のごとく、よし曖昧ではあってもそれなりに正しくつかまれた審判者としての性格が決定的に欠落ないし弱まってしまうのである。さらに付け加えていうならば、人間を滅ぼすためにこれを審くのではなく、逆に人間を、すべての人・いちいちの人、あらゆる人を救いへと導かんがために、まさにそのためにこそ、とことん厳しく審くという、インマヌエル哲学のごとく真に正しい意味での審判者の面は完全に抜け落ちてしまうのである。

かくして仏教の仏と同様に、天道には、真の慈愛に満ちた厳しさ、いやまさに慈愛に満ちているがゆえにこその徹底的な厳しさ、その点がさけがたく看過されることとなる。

こうして、既述したごとく天道思想や、それに恐らく大きな影響を及ぼした仏教には、いわゆる一神教ほどには倫理・道徳が発達しないという結果を招くことになったのだろう。なぜなら、審判者の存在しないところでは、是非・善悪・正邪を根源的に区別するその明確な基準がどうしてもあいまいとならざるをえないからである。

それはともかく、これまでのべてきた天道思想の運命論的・諦念的なところ、それは、仏教の根本思想の一つ、あの無常観に相通ずるところがたしかにある。仏教の無常観にも、西洋人が始めこれを誤解したように、諦観的・

諦念的なところがたしかにあるからである。

あとで詳しく論ずるように仏教の無常観は、なるほどそのようにたんに諦観的・諦念的なものではない。この世は所詮はかない、といったたんなる諦観的・消極的なものではない。この世はけっきょくはかない、だから何をしても所詮は無駄で意味がない、何の価値もない、生きる甲斐もない。たとえば今一所懸命働き、何かの目標に向かって精一杯努力し生きる意味をみつけよう、いや一所懸命働いていることそのことがすでに生きる意味なのだ、価値なのだ、目標なのだ、と思っても、その自分の活動は明日にでも、いやこの瞬間のすぐあとにでも途切れてしまうかもしれない。車に轢かれて死ぬかもしれないし、突然癌を宣告されるかもしれない。いや人にかぎらず生きとし生けるものにはすべてに終りがあり、いつかは必ず死ぬ、いや、いや、生き物だけでなく、物はみないつかは滅び朽ち果てる。永遠不変なものなどこの世のどこにも存在しない。けっきょくは、はかない、等々といった、諦観・諦念、それが仏教、いやその無常観の根本思想ではありえない。

＊　二〇一一年の東日本大震災にさいして、仏教学者・山折哲夫はしきりに仏教の無常思想を引合いに出していた。そのさい、かれがどういう意味で、あの時点で無常思想を引き出したのか、それは知らない。しかし、私見によれば、東北の人々は、これまでも何度もあゝいう大きな地震や津波を経験し、そのつどそれを乗りこえてきた。そういう東北の人々と同様に、無常だから諦めるというのではなく、無常だからこそそれにとらわれず、逆に何度もやり直す、という積極性として、仏教の無常思想は捉えられる必要があるだろう。

それはともかく、すべてははかない、というその無常なるものそのものは、しかし永遠である。いや、その無常そのものの只中に、永遠なるものをしかとみてとることが必要なのだ。かくして、この世はたんにはかないものではないし、人間も、またその人生も、たんに無駄なもの、生きるに値しないものではありえない。

要するに、無常に囚われないこと、それが何よりも大切であり、そこに、まさにそこにこそ積極的なものが立ち現われる。かくして真に活き活きとし、潑剌とした生を生きることができるのである。そういう積極的でポジティブなもの、それが、それこそが、仏教ないしその無常観の核心といわねばならない。少なくとも、インマヌエル哲学はそう解釈する。もしそうでないのなら、仏教も、そうなるべくみずからを根本的に見直し、その考え方をその根柢から改めるべきだろう。

いずれにせよ、こういった仏教の無常観における二面性ないし両義性、すなわち消極性と積極性、それがそのまま天道思想にも受け継がれていったのではあるまいか。

## (二) 日本独自の思想としての天道思想——インマヌエル哲学の視点から

ここでは、天道思想が日本独自の宗教性であること、そのことについて具体的な例をあげつつ考察してゆこうと思う。

まず第一に、一昔前の日本人は、日常生活のなかで、「お天道様が見ているから悪いことはできない」とよく口にし、またじっさいにそうやってみずからを律していた。あるいはまた、大人は子供をそうやって躾けたりもした。そのように天道思想は、日本人の日常生活のなかにしかと息づいていた。

そればかりではない。日常生活のいろいろな場面で、天道思想と深い関係があると思われる言葉が使われている。その具体例を、つぎに一つ一つあげていくとこうである。

その一は、天職という言葉にほかならない。これは天から授けられた自分にもっとも合った仕事ないし職業という意味である。そのさい、これに対応するものとして、ドイツ語にBerufというものがある。

Berufとは、もともとはキリスト教プロテスタントに由来する言葉であって、神からの召命により与えられた職業というものである。したがって、これはまさに日本語の天職に相応するものといってよい。というよりむしろ、ドイツ語 Beruf の翻訳語として、天職という日本語が、あるいは生み出されたのかもしれない。もしそうだとしたら、ここで、キリスト教の神と日本人の天とは基本的に同じもの、同じようなものとして、つまり、この世界と人間をはるかに超えた何か大いなるものとして考えられていることになる。かくして、ここには、明らかに天道思想の影響がみてとれるといってよいだろう。

さらにまた、天才とか天賦の才とかといった言葉もある。これは、ほかならぬ天から授けられつつもってうまれた才能・能力という意味である。そのさいこの天とは、上述したごとくこの世界と人間をはるかに超えた何か大いなるものの謂いである。かくして、ここにも、天道思想の影響をしかとみてとることができるのではあるまいか。

さて、つぎは夏目漱石である。漱石は、周知のごとく晩年みずからの思想的立場を「則天去私」と名づけた。そのさいここにも、意識的・無意識的に天道思想の影響がしかとみてとれるとはいえないだろうか。仏教やキリスト教など特定の宗教には与しなかった漱石も、しかし人間や自然を超えた何か絶対的なもの、これらをはるかに超えつつ常にこれらを温かく包み込み、そればかりか、人間を真に正しく導いてくれる何か絶対的なもの、これを天と称してみずからの思想を表現したその意図の底には、けだし日本伝統の天道思想へのしずかなる共感があったといってはいいすぎだろうか。

さらにつづけて、天に関連する言葉をあげれば、こんなものがある。まず、すぐに思いつくのが天国である。これは、「神の国」の代わりとしてキリスト教でも使われる言葉であり、他の宗教でも、その点同じかもしれない。そのさい仏教でも、仏国土とか、浄土とかといった仏の国を指す言葉がある。けだしそれの言い換え、ないし天道思想によるある意味での翻訳語、それが、日本語の天国という言葉といってもいいのではなかろうか。

一般的にいって、古来人間にとって天にある国は、神や仏など聖なる絶対者が住む幸福に満ち溢れたところであり、他方地の底にある国、つまり地獄はその正反対のところとして、悪事を行なった人間が永遠の罰をうける苦しみに満ち満ちたところであった。

いずれにせよ、日本語にも天国という言葉はたしかにあり、これは仏教の仏国土とか浄土とかといった言葉以上に日本人には馴染が深い言葉といってよいのではあるまいか。かくして、そこにも天道思想の影響がたしかにあるとはいえまいか。

それはさておき、さらに先に進もう。たとえば、天地一枚といった言い廻しがある。この場合の天とは、地、つまりはこの大地と直接一体となっている天ということである。そのさい、その天とは、ひっきょう神や仏などいわゆる聖なる絶対者を指すものといってよいだろう。

あるいはまた、天人という言葉もある。これは天と人、天意と人事、これら両者が道を媒介にして一つにつながっているということである。この場合の天という言葉もまた、ひっきょう人間やこの世界を超絶しつつこれを包みこみ、かつ支えつつある聖なる絶対者を指すものといって何ら差し支えないだろう。

さて、思いつくままにいくつか例をあげたが、これらの日本語に使用されている天という言葉、そこには、すでに何度も繰り返したように、人間や自然を超絶しつつこれを大きく包みこみ、さらには人間をいつも・どこででも正しく導いて下さっている絶対に聖なるもの、といったそういう意味がこめられているといってほぼ間違いないだろう。

かくしてここには、明らかに天道思想の影響がたしかにあるといってよい。そうしてそれは、けだし日本独自のものなのだ。もとよりそこには、すでに何度も指摘したように、仏教や中国古代思想の影響もありうるだろう。だが、しかし、日本人はそれを独自に発展させて、みずからの天道思想としてこれを再構築したといってよいだろう。中国の儒教思想には、とりわけ宋代に大きく発展をとげた「天人合一」思想があり、その影響を日本の天道思想も、あるいは受けているのかもしれない。が、しかし、前者と後者とは、まったく同じものとはいえないだろう。かくして、天道思想は、日本で独自に発達したものとみてよいのではあるまいか。

## (三) インマヌエルの哲学――仏教の無常観ならびに天道思想を解釈しつつ

さて、ここでは天道思想を仏教ないしその無常観と関連づけつつ、それらの解釈としてインマヌエル哲学を明らかにしていきたい。

既述したごとく、仏教において仏は、「尽十方無碍光如来」として光のイメージでとらえられていた。この「尽十方無碍光如来」についてもう一度これを説明すると、如来つまり仏とは、四方八方どこにでも、世界の果てまでも隈なく、何ものにも遮られることなく、すべてのもの・いちいちのものを照らし出し救い出す光、何ものもこれを妨げることのできない無限かつ永遠の救いの光、かかるものとしての無量光・無量寿仏ということである。

そのさい、この「尽十方無碍光如来」の光、無量光・無量寿仏の光、それは、すでにのべた刹那生滅が刻々生起しているその根源的な場ないし原点、そこにおいてそこから絶えず世界全体に差してくるものといわねばならない。そのように世界の成り立ちの根柢、世界の万物がすべてそこからそこへと不断に現われては消え去っていくその根源ないし原点、まさしくそこから世界全体に向けて差しこんでくる光であるがゆえにこそ、これを妨げることのできるものは何もない。いや、そんなことなど絶対に不可能だということである。少なくとも、インマヌエル哲学はそう考える(8)。

いずれにせよ、仏教では、そのように仏とは光のイメージでとらえられていた。そのさいこの地上にあって、しかも科学のいまだ十分には発達していない時代にあっては、光とはほかならぬ太陽と同じものをさすといってよかった。朝、太陽が東の空に昇ってくれば、光が現われ昼となる。そうして、夕方太陽が西の空に沈めば、光が消えて夜となる。このように光とは、太陽と同義だったといってもよいだろう。ここに、わが日本において天道思想が、仏教の影響を受けつつ生まれる余地がたしかにあったといってよい。

それはともかく、この光ということに着目すると、形は違うが、これはユダヤ教ないしキリスト教でも似たようなものがある。

ユダヤ教の聖典で、キリスト教により旧約聖書とされたものの最初に、「創世記」といわれる有名な箇所がある。ここでは、神がこの世界を六日間かけて創り、そうして七日目に休息に入ったと記されている。そのさい、その神による世界創造の業の第一日目に、こういうようなことが記されている。初め地は闇であった。水の面には神の霊がただよっていた。神が、「光あれ」というと光があった。そして、神は光と闇を分け、光を昼と、闇を夜と呼ばれた、と（創世記一・一―五）。

要するに、世界創造の最初に神はまず光を生み出した。そして昼と夜とを分けた、と。ここから判明することは、世界創造の初めは光の創造であり、その光とは太陽のイメージだったということである。その光が太陽だから、その光によって昼と夜が分けられた、ということになるからである。

ちなみに、現代宇宙物理学でも、この宇宙の始まりは一三八億万年前のビッグバンという大爆発であり、そこで最初生まれたものは光だったという。

偶然といえば偶然かもしれないけれど、先の創世記の記述と現代宇宙物理学の考え方とは、このように一致している、つまりこの世界・宇宙誕生の最初は光だったということで一致している。その点、興味深いといえば興味深いといってよいだろう。

それはともかく、この創世記のばあい、先にあげた仏教のごとく、如来ないし仏が即光だというように、神そのものが光だというのではなく、神が光を創造したのだという。だが、しかし、その神によって創み出された光は、とりもなおさず神の恵みであり愛の業によるものである。その点、つまり神の愛の象徴、いや神の愛そのものだ、という点では、創世記のかの記述は、仏教と相通ずるところがあるといってよいだろう。要するに光とは、如来ないし仏そのものであれ、神の被造物であれ、いずれにせよ如来や神の大悲・大慈に満ちた恵みである点でたしかに一致しているといわねばならない。

以上を、より一般的にいうとこうである。多くの宗教で、闇は死、絶望、苦しみ、苦難の象徴であり、他方光は、生命、希望、喜び、救いの象徴である。そのさい、その光は、科学のいまだ発達する以前の時代には、直接には太陽ないし太陽の光を意味していた。それだからこそ、さきにあげた創世記でも、神の創造した光は、昼を生みだす太陽を暗に示していた。すなわち、科学が発達して宇宙の仕組がいろいろ分かってくるまでは、人間にとって太陽すなわち恵みであり、かくてそれは、慈悲・慈愛の象徴だったのである。太陽が存在しなければ、この地上のいかなる生きものも、植物も動物も、虫も、微生物も、もとより人間も、生きていくことができないのである。したがって太陽は、生命の根源、ないし生命が湧きいずる泉だったというべきだろう。

もとより水や空気も、太陽と同様に生物が生きていくうえで不可欠なものである。が、しかし、水は、人間のいつも身近かにありそれほど謎めいてはいないし、空気は五感で感ずることがむずかしい。それに対し太陽は、いつも天高くに輝いていて、人間を温かく見守っていてくれる、というイメージがある。そういうところから太陽崇拝的な感覚が、あるいは人間に生まれたのではあるまいか。もしそうだとしたら、こういった人間のいわば自然の感覚がおのずから宗教にも反映し、かくて太陽即光、イコール恵みや慈悲・慈愛の源泉となり、こうして太陽ないし太陽光は、恵みや慈悲・慈愛の象徴とされるに到ったのではなかろうか。そうしてそれが、わが日本の天道思想にも大きく反映しているのではあるまいか。すなわち、神道や仏教、あるいは中国の道教や儒教等を介して、日本独自の天道思想、お天道様思想が生み出されたのではあるまいか。いずれにせよ、少なくともかつては、太陽に向かって手を合わせ拝むといった光景は、日本ではわりと頻繁に見られたものである。

それはともかく、以上ここまでは、天道思想における太陽崇拝を、人類一般に広く見られるそれとのかかわりで、筆者の見解をのべたものである。そこで次に、同じくこの天道思想における既述した運命論的な点について、それを改めてもう一度考察してみたい。

さて、すでに何度ものべたように天道とは、一方では人間がこれに逆らうことのとうてい不可能な絶対の意志であり力である。そういうものとしてそれは、人間にとってどこまでも運命的なものといってよい。だが、しかし、他方でそれは、その前には人間がただ平伏するしか仕方のない絶対的な力ないし意志として、人間はもっぱら諦観的・悲観的とならざるをえないいわば暴君的なものではなくて、むしろ逆に人間にとり、いや生きとし生けるものすべてにとって広大無辺な慈悲・慈愛に溢れた方であり、かくていつも人間ないしすべてのものを、どこまでも温かく見守りつつ、つねに救いへと導いて下さるかぎりなき恵みの主というべきなのである。

ところで、中国人は運命的な考え方が強いといわれるが、それはたんに運命には逆らっても仕様がない、勝ち目がない、といったいわゆる諦観的・諦念的なものなのか、あるいはそうではなくて、日本の天道思想のようにより積極的な意味があるものなのか、その点は、筆者はこれを詳らかに理解はしていない。いずれにせよ、しかし、中国人のこの運命論的な精神性、あえていえば宗教性、それは、ひょっとしたら古代中国の宗教・道教からきているのかもしれない。とまれ、その中国人の運命論的な精神性、ないしその背後にある宗教性、それがあるいは日本人の天道思想、その運命論的な面に影響を与えているのかもしれない。そのさい、東洋の文化の中心であったその中国の宗教性を、日本人は日本独自のものへと変容させたのかもしれない。一言でいって、日本化(japanization, Japanologizierung)したのかもしれない。

いずれにせよ、ここで話を少し変えて、天道思想におけるこの運命的なものを、仏教のいわゆる無常観とかかわらせつつ、インマヌエル哲学の見解をもう一度繰り返したい。運命的といってすぐ思いつくのは、ほかでもないあの仏教の無常観ではあるまいか。かつて西洋人は、東洋の仏教に出会ったとき、それは諦念思想、諦観の宗教だといった。西洋人が、仏教をこのように諦観の宗教だと思ったのは、けだし仏教の中核の一つ、この無常観・無常思想にあるだろう。すなわち、この世に永遠不変のものはない、すべては生成消滅を繰り返すのみ、生あるものは必ず死に、今力あるものもやがては滅ぶ。それが、自然の掟であり、定めであり、摂理である。かかる無常観を、西洋人は諦念・諦観とみたのであろう。

西洋人の信じてきたキリスト教の神は、永遠・絶対・無限であって、その永遠・絶対・無限なる神がこの世界や人間を創造し、今も、いや将来にわたっていつまでも、いやこの世界の終末まで、これを支え保持して下さる、しつづけて下さる。――それが、西洋人の精神性であり、その背後にある宗教性、ないしキリスト教の考え方の基本であった。

その西洋人からみると、一見たしかに仏教ないしその中核思想の一つ・無常観は、人間はその自然の摂理ないし定めの前にはただ諦めてこれを受け入れ、これに屈服するより仕方のない、そういう運命的なもの、かかる消極的な意味での運命的なもの、とその眼に映ったのは、あるいは当然といえば当然かもしれない。だが、しかし、それははたして本当に正しいといってよいのであろうか。その点を次に検証していきたい。

仏教の無常思想を表現したものとしてまず思い出されるのは、とりもなおさず『平家物語』のあの冒頭の一節にほかならない。

それは、こうである。すなわち「祇園精舎の鐘の声、諸行無常の響きあり、驕れる者久しからず…」というものである。

ここで、「諸行無常」とは、すべてのものは無常である、常なるものは何もない、恒常的・永遠的・永久不変なものは何もない、という意味にほかならない。いや、少なくとも一般にはそう解釈されている。

その解釈の当否は一応別にして、この『平家物語』の中心テーマは、けだしつぎのようなものだろう。すなわち、そのようにこの世のすべては無常であって、だから、かつてはあれだけ権勢を誇った平家ですら、それを永久に続けられるわけではない。いつかは必ず衰え滅びる時がある。したがって、今権勢を誇っている者も、いや、より一般的にいって驕り高ぶっている者は、それをしかと自戒し改めねばならない。あえていうなら驕り・高ぶり・傲慢ではなく、その逆の柔和・謙譲・謙遜、そういった心を取り戻すことが必要なのだ、とそういうことだろう。そのようにいわゆる権力者、いや、すべての人・いちいちの人の心に宿る、ともすれば宿りがちなその傲慢・傲岸・慢心を厳しく戒めたものというべきである。そういう中心テーマを、その冒頭の一節で端的に表現したものといわねばならない。

もしそうだとすれば、この『平家物語』で語られている無常観とは、先にも述べたように、たんに諦観的・悲観的な意味での運命思想・運命論ではありえない。そこではより積極的なもの、無常というこの世の掟・摂理の前に人間、とりわけ権力者はその襟を正せ、心を引き締めて事に当たれ、いやもっと直截にいうならば、驕り高ぶりの心を捨てて人の真心なる思いやりいたわり、つまりは仏の大悲・大慈の心に添うた温かい人情を取り戻せ、それをみずからに実現・成就せよ、という考え・思想が語られているのだというべきだろう。かくして、それは、西洋人がともすれば思いがちなたんなる諦めの思想、諦念・諦観を表明したものとは到底いえない。

ところで、『平家物語』の、その物語の中心は、そのタイトルからも明らかなごとく当時、いやその直前までものすごい権勢を誇った平家であり、その斜陽・没落にほかならない。そこで眼を転ずれば、それに類したことは、世界の到る処、あらゆる時代に生起している。

その点は、かつてポール・ケネディの著した『大国の興亡』でも明らかだが、それらの例を思いつくままにここでいくつかあげておきたい。

まず、イギリスについてみてみよう。

イギリスは、日本とさして変わらぬほどの広さの小さな島国である。その、日本と同様に小さな島国・イギリスが、かつては、アメリカ、オーストラリア、それにアジアやアフリカなど世界中に植民地をもち、かくて世界の四分の一を支配する大英帝国としてその繁栄を謳歌した。そのイギリスも、今や没落し、その面影はほとんどない。

いや、イギリスに先立って、すでにポルトガルやスペイン、さらにオランダも、一時期は隆盛を誇り、その一部は、戦国時代の極東の国・日本にまでも現われたこと、それは日本史の常識である。

そのさい、これらの国々も、かつては中南米やアフリカ、アジアにそれぞれ植民地を獲得していた。その点は、フランスやドイツ、イタリアもまた同様である。ちなみにドイツは、今EUのなかでもっとも好調である。が、しかし、EUといわば運命共同体のうちにある。だから、EUが傾き沈めば、それと共にドイツも没落するのをさけがたい。いずれにせよ、それらの国々も、今やかつてほどの勢いはほとんど失っている。

とりわけポルトガルやスペイン、あるいはイタリアは、あとでのべるギリシャと同様に、現在のEU危機、それに端を発する世界同時金融危機、ないし世界同時恐慌の元凶にならんとしている有り様である。

さて、イギリスの没落のあと世界の覇権を握り、ついこの間まで「世界の警察官」とみずから称し、世界中を思うがままに動かし、わが物顔でそこを跋扈していたアメリカも、二〇〇八年のニューヨーク・世界金融の中心地ウォール街でのリーマン・ショック以来、いや、それに約一年ほど先立つプライム・ローン問題[9]で、その徴候をすでに少しずつ見せはじめていた後の、その最後の決定的な一撃としてのリーマン・ショック以来、世界同時金融危機の引き金を引き、その後のアメリカに、もはやそれまでの勢いはほとんど完全に色褪せ、今や確実に落日・斜陽の兆しを見せはじめている。

そのアメリカ発の世界同時金融危機の煽りを受けたもの、その一つがまさにヨーロッパ各国、いわゆるEU（欧州連合）にほかならない。

アメリカ発の世界同時金融危機以降、各国は競って金融緩和と財政出動にひた走り、こうして不況に陥った経済を立て直すべく、いわゆるケインズ主義を採用したが、しかし、たんに一時的に、経済不況のそれ以上の悪化を喰いとめることができたにすぎず、そこからの完全な回復はほとんどみられず、あとに残ったものは、いずれの国も、ほとんどすべて厖大な財政赤字にほかならない[10]。

そのさい、日本もまたその例外ではありえない。もとより日本は、アメリカ発の世界同時恐慌以前の、一九九〇年ごろのバブル崩壊以来すでに大不況に陥ってはいる、が、しかし、アメリカのリーマン・ショック以降の世界大不況は、さらにそれに追いうちをかけるものとなったのである。こうして日本でも、今や国と地方合わせて一一〇〇兆円といわれる財政赤字を抱え、戦戦恐恐としている有り様なのだ[11]。

それはともかく、これらのいわゆる先進国に比べ、中国やインド、ロシアなど、いわゆる新興国といわれる国々は、その財政出動や石油・天然ガスなど自国の資源の強みを生かし一時期はわりと好調にみられはした。が、アメリカの危機の余波を受けたヨーロッパの経済危機の煽りをうけ、これもまた風前の灯といわねばならない。数年前、ＧＤＰ（国内総生産）で日本を抜いたという中国もまた、必ずしもその例外ではありえない。

目下中国は、ＡＩＩＡや一帯一路政策により、一見経済が絶好調のようにも見えはするけれど、しかし、その国内におけるあまりに激しい社会矛盾を鑑みるとき、その先行きは、必ずしも見かけほど明るいともいえないだろう。インドもまた、中国とはまた異なった大きな社会矛盾を抱えているし、ロシアはロシアで、いわゆるクリミア問題で欧米から厳しい経済制裁を受け、かくて、その経済はじり貧といわねばならない。

さて、話を現在のヨーロッパにもどすと、その経済危機の元凶はギリシャだといわれていた。そのさい、ギリシャといえばヨーロッパ精神の源流である。じっさいには、そこですでに中東や北アフリカの影響を深く受けていたのではあるけれど、しかしヨーロッパ人は、ギリシャ、そしてそれにつづくローマを、ずっと自分たちの心のルーツ・根源と考えてきた。その、かつては繁栄を誇り、アレキサンダー大王の治世には、遠くアジアのインド近くにまでその勢力をのばしていたギリシャも、先述のごとくもはやその面影はなく、はっきりと落日のもとにある。

いや、ギリシャの落日は何も今に始まったことではない。すでにずっと以前から、ヨーロッパではその遅れを隠せず、やっと一九世紀（一八二九年）になってオスマントルコから独立し、その後二〇世紀になって（一九二四年）軍事政権を倒して共和国となり、いわゆる民主化の道をたどり始めたのちも、一度は王政を復活し、が、また共和国にもどったものの、しかし、その後他のヨーロッパ大国の思惑に翻弄されつつ、やっとここまでやってきたというのが実情である。

かくして、自国の経済の実力がないままにEUのユーロ圏に入ることにより、そのユーロの強さで、自国の・もともとは弱い経済と通貨が一見強くみられるようになり、ギリシャ人自身を含め、他のヨーロッパ各国もその幻想に酔い痴れて一時の繁栄を謳歌した。ところが、そのツケ、つまりは矛盾が、財政破綻となって一気にどっと表面化し、かくて一度は世界同時恐慌の元凶にならんとした。いや、あえて失礼ないい方を許していただくならば、今なおEUの重いお荷物であることに何ら変わりはない。

ところで、先にあげた中国も、一見とても勢いがよく、今後の世界の覇者の地位を窺い狙うほどであるかにみえはする。しかし、その実際は、必ずしもそうでもあるまい。かつて中国は、長らくアジアの大国であり覇者でもあった。ところが、清王朝がアヘン戦争でイギリスに打ち負かされ、その後辛亥革命で倒されたあと、中国はずっと低迷をつづけていた。その中国が、ふたたびかつての栄光を目差しているというのが今の現実だが、しかし国内にあまりに鬱積した内部矛盾は、けだしそれを許さないだろう。

それはともかく、これまでのべてきた、世界における「大国の興亡」を一瞥するだけでも、この世の諸行無常は火を見るより明らかだろう。したがって、いわゆる大国や権力者、今現在権勢を誇る者、いや人間は誰しも、その点肝に銘じる必要がある。仏教の無常観、少なくとも『平家物語』に表現されているそれは、まさにそういうことを厳しく戒めたものといってよいだろう。かくして、それは、けっしてたんに諦観的・消極的な教えではなく、逆にすこぶる積極的な内容をもつ教えだといわねばならない。

さて、もう一つ仏教の無常観を主題にした有名な本として、鎌倉時代前期（一二一二年）に出された鴨長明の、あの有名な『方丈記』がある。これは、京の都で当時実際に起こったこと、例えば大火、辻風（龍巻、渦巻）、飢饉、疫病、地震などを克明に描きつつ、この世の無常を実例で示したものである。都の京都ですらそうだったのだとしたら、都以外の地方は、なおさらどころか想像をはるかに絶するほどのひどい有り様だったことだろう。疫病、戦乱、大災害で、ものすごい数の人が死に、田畑は荒れ果て、人心は千々に乱れて、この世はまさに生き地獄の様相を呈していたことだろう。そういう時代背景をもとにして、当時旧い貴族仏教に代わって新しい、主として民衆や下級武士のための新仏教、法然の浄土宗やその弟子・親鸞の浄土真宗、日蓮の日蓮宗、それに道元の曹洞宗が起こってくる。それはともかく、かくして明らかなごとく、とりわけ一般民衆にとって、当時は、たとい今日必死に生き抜いても、明日はまたどうなるか皆目分からない、といったまったく何の希望ももてないまさに漆黒のごとき絶望の時代であった。こういう当時の絶望的な有り様を、京の都にかぎって表わしたもの、それが、先にあげた鴨長明の『方丈記』にほかならない。かくして、これこそまさに、人間一般にとっての、とりわけ民衆にとっての無常を端的に表現したものといって何ら差し支えないだろう。

しかしながら、このように無常を、当時の実例を具体的にあげつつ表現した鴨長明も、この無常をたんに消極的にのみにとらえていたわけではさらさらない。長明によれば、このように災い、つまりは天災や人災に曝されて人間はいつどうなるか分からない、その意味でこの世はまさに無常ではかない。が、しかしにもかかわらず、その無常に囚われてしまっては駄目なのだ。囚われないで、無常を無常のままに自然にありのままに受け入れつつ、精一杯生きていかねばならぬのだ。しかし、そうすれば、必ずまたよいこともある、いや、自分でよりよい道を切り開いていくべきなのだ、いや、切り開いていけるのだ。そのように無常に囚われないところ、そこに、まさにそこにこそ、積極的な生き方が切り開かれるのだ、と。それが長明の、けだしいいたかったことだろう。

そのさい、この囚われないこと、これを逆にいうならば、あるがまま、ありのままに生きること、これが、まさにこれこそが、仏教における根本的な考え方の一つであり、かくてそこに、人間の積極的な生き方もまた立ち現われることができるのである。要するに、囚われること、何事につけ囚われること、そこに、人間にとってのすべての災いがある、不幸や苦しみ、あるいは煩悩がある、ということにほかならない。いいかえるなら、物事に囚われてしまうから、そこにさけがたく煩悩が発生し、かくして人間は苦しみや不幸に陥ってしまうのだ。

そのさい、無常も、その例外ではありえない。無常も、それに囚われてしまうから、そこに煩悩が発生し、かくてその無常が、実際よりはるか以上に悲惨なもの、災い、苦しみ、不幸となってしまうのだ。天災や人災、疫病などは、それ自体もちろん人間にとり大きな苦しみであり、悲しみであり、不幸といって何ら間違いはない。だが、しかし、それに一旦囚われてしまうと、その苦しみや悲しみ、不幸は、実際のそれよりはるかに大きく深いものになってしまうのである。だから、そういうそれ自体としての苦しみや悲しみ、あるいは不幸、一言でいって無常にも、それに囚われず、ありのままにそれを受け入れ、その日その日を精一杯努力して生きていくことが大切なのだ。そうすれば、そこに自然とまた新しい道が切り開かれ、喜びや楽しみ、あるいは充実や満足、すなわち幸せもまた、訪れうるのだ。だから、この囚われないこと、それが、まさにそれこそが、人間が大安心をえて幸せになるためにもっとも大切なのものなのだ、と。以上が、仏教の根本思想の一つであることは改めていうまでもない[12]。

ところで、その点について、つまり、ものごとに囚われたらいかに不幸になるか、どんなに良いもの・良い事でも、それに囚われたら、即それが災いとなる、ということを、それを詳しく語ったもの、それに、鎌倉時代後期から南北朝時代に生きたかの歌人・吉田兼好（一二八三年頃―一三五二年以後）の、あの有名な『徒然草』という随筆がある。この書で兼好は、囚われがいかにものごとを駄目にするかについて、これを詳細に語っている。要するに、囚われはすべてを駄目にするというのである。

もう一度繰り返すなら、どんなに良いものでも、それに囚われたら災いとなる。その点は、だから、仏教の聖典である仏典ですらそうである。キリスト教でいうならば、聖書もまたそうである。

一般に宗教的な原理主義といわれるものが、まさしくそれである。たとえば、二〇〇一年九月一一日に、アメリカ・ニューヨークの世界貿易センタービルに対して航空機によるテロを引き起こしたあの国際テロ組織アルカイダに代表される、イスラーム原理主義とか、あるいはまたキリスト教原理主義とかといったものが、そこに含まれる。それら宗教的な原理主義といわれるものは、要するに自分たちの宗教の聖典を絶対化している。いや、それらの聖典を絶対化しているというよりも、それらの聖典に対する自分たちの解釈を絶対化している。いずれにせよそれは、つまりはそれらの聖典に囚われているということにほかならない。それら聖典に囚われるからこそ、それらを絶対化することになる。いや、それらに対する自分たちの解釈をのみ、絶対化することになる。こうして神の名のもとに、殺人やテロ、自爆テロ等が正当化されることになる。あるいはまた、教祖に囚われこれを絶対化してしまうと、例えば松本サリン事件や地下鉄サリン事件、あのような残虐な事件を引き起こしたあのオウム真理教の暴発のごときことが引き起こされる。オウムの場合、教祖・麻原彰晃、ないしその言葉を妄信し、これを絶対化し、これに囚われてしまったからこそ、五〇〇〇人にも及ぶ被害者を出すようなテロ事件まで、しかもそれが、人類救済のためと信じて行なわれてしまったのである。たんに宗教のみならず、そういったことは、すべて何事にでも妥当しうるといわねばならない。

例えば、ふつうなら善いことのうちでも最善のものともいいうる愛の実践ですら、それに囚われたら、それは、仏教でいう愛着・愛執となり、かえって逆に災いとなる。娘に過干渉してかえって娘を苦しめる母親とか、子供の将来の幸せを願って、勉強やスポーツなど習い事に子供を追いたてる、いわゆる教育パパとか教育ママとか、そういった親たちにみらる愛のあり方、それもまた、その愛着・愛執の一形態といっていいだろう。こういった親たちも、少なくとも主観的には、自分の子供を愛しているつもりではいるのだが、しかしそれが間違った仕方での愛し方だということである。子供への、自分の信じる愛し方に囚われ、これに執着しているのだといってもいい。要するに、愛着・愛執にほかならないのだ。

ところで、筆者が若い頃ドイツへ留学したさい、筆者のドイツ語の論文をもとにいろいろ神学の議論の相手をしてくれたある大学院生は、筆者が「聖書でも、それに囚われたら災いになる」といったら、びっくりして「え、どうして？」、と思わず叫んだ。じっさい、西洋人には、けだしこれはとても理解しがたいことなのである。聖書のように自分たちキリスト教徒にとっては最善のものと思われているもの、それが、しかしそんなものでも、それに囚われたら、それが災いになる、ということは、ほとんど考えられないことなのだ。もとより西洋語にも、「とらわれ」とか「とらわれる」に当たる言葉はある、が、しかし、そこに、仏教でいうほどの深くて強い意味、すなわち聖書や仏典をはじめ、いかに善いもの・善きことでも、それに囚われたら、それが災いとなる、というほどに深くて強い意味があるのかどうか、浅学菲才な筆者には不明である。ただ、しかし、少なくとも筆者と議論したあの大学院生、将来牧師になることを目差していたあの大学院生のあの時のあの驚き、「聖書ですら、それに囚われたら災いとなる」と、筆者にいわれたときのあの驚き、あのかれの反応からするかぎり、ドイツ人ないし西洋人、キリスト教を精神的支柱とする文化圏に住むかれらには、このような仏教精神、仏教の考え方は恐らくないのではないかと思われる。

その筆者の推測を裏づける、もう一つの例をあげるとこうである。やはり、筆者がドイツに留学していたさいの経験である。神学部の授業のあるゼミで、筆者がこの仏教思想に触れ、「仏教には〝仏に逢うては仏をも殺せ！〟(『臨済録』)という言葉がある。キリスト教に直していえば、〝イエスに逢うてはイエスをも殺せ！〟という意味になる」といったら、その神学の教授は、とてもびっくりしていた。この、「仏に逢うては仏をも殺せ！」ということは、私見によれば、仏教の教祖である仏陀や祖師たちですら、それに囚われ執着しては駄目だ、それほどの聖なるもの・神聖なものでも、それに囚われ執着したら、それは駄目になる、いや、むしろ災いの根源となる、ということである。まさにそれだからこそ、そういった聖なるものですら、それに囚われ執着することを戒めるため、仏教ではこれを激しく、「仏に逢うては仏をも殺せ！」というように、「殺せ！」という激しい言葉で、これを戒めるのだと思われる。なぜなら、それが善(良)ければ善(良)いほどに、神聖であれば神聖であるほどに、人間はそれに囚われ執着しやすいからである。いや、それが囚われ執着しやすいというだけでなく、そこで起こった囚われや執着は、何か小さなことへの囚われや執着よりも、はるかに甚大な災いを引き起こしうるからである。その点は、先にあげたアメリカ・ニューヨークの九・一一テロや、今現在もイラクやアフガニスタンなどで引き起こされている数多くの無差別テロや自爆テロ、あるいはオウム真理教による無差別テロ、それらを一瞥しただけでも、これは一点の曇りなく明らかだろう。

＊　これまでの人類史の中でいわゆる宗教が引き起こしてきた数々の大きな災い、例えば宗教戦争等も、この視点からその謎を解くことができるであろう。宗教とは、けだし絶対者とか神聖なるものに積極的にかかわらんとする人間の営みである。ところが、その絶対者とか神聖なるものに正しくかかわるのならいいのだが、人間は、ともすればどうしてもそれに囚われ執着し、これを絶対化してしまうのである。絶対者そのものを、絶対者としてとらえるのはいいのだが、その絶対者に対する自分たちの考えや行為、つまりは係わり方に囚われこれを絶対化してしまうのだ。かくて要するに、それら絶対者や神聖なるものに囚われ執着してしまうこと、それが、まさにそれこそが、これまでの人類史で宗教が引き起こしてきた数限りない災い、宗教戦争等の根本原因にほかならない。

いずれにせよ、このように、仏教では、囚われ・執着が一切の災いのもと、根源だと考える。それが、仏教思想の根源にある。

それはともかく、囚われがすべてのものを駄目にする、というその点を深く心に刻むなら、先にのべた鴨長明のあの考え方も、よりいっそう明らかになるだろう。もう一度繰り返すなら、この世は、無常ではかない。さまざまな眼にあまる悲惨、たとえば人災や天災、あるいは疫病や飢饉等に満ちあふれかえっている。それは、もとより不幸といっていい。いや、不幸以外の何ものでもないだろう。だが、しかし、その不幸、いや最大の不幸であってすら、それに囚われ執着してはならぬのだ。それに囚われ執着したら、その最大の不幸や悲惨が、さらにそれを上廻る、それ以上の不幸や悲惨になってしまうからである。だから、こういう不幸や悲惨、そういうものに満ちあふれたこの世の無常、それにも囚われず、あるがままにそれを受け入れ、そのつど精一杯努力して生きていくこと、それが、大切なのだ。それが、何よりも大切なのである。すると、しかし、その悲惨や不幸、あるいは無常がそのままに、逆に喜びや幸福それらへの転換ともなりうるのである。

　じっさいこの世界、人間世界にあって、幸福と不幸とは、糾える一本の縄のごときもの、いつも表裏一体、隣同士といったところがある。いくら幸福であっても、それに囚われ執着しては駄目である。逆に、いかに不幸であっても、それにも囚われ執着しては駄目なのだ。前者の場合、その幸福はただちに不幸に転化しうるし、後者の場合、その不幸はよりいっそう激しいものとなりうるからである。そうではなくて、それに囚われないこと、執着しないこと、それが大切なのだ。幸福にも囚われず、不幸にも囚われないこと、それが肝心なのである。幸福は、その幸福のままに、不幸もまた、その不幸のままに、ありのままに受け入れ、そのつどそのつどを精一杯誠実に、かつ努力して生きていくこと、それが、それこそが、何よりも大切なことなのである。そうすれば、幸福はいつまでも持続して、しかもよりいっそう深いものとなる。いや、たとい幸福の真只中で突然癌などを宣告されたとしても、その、それ自体としては不幸なものを最小限に喰いとめつつ、あるいは逆に、その不幸を幸福へと転換することもまた可能なのである。たとい不幸であっても、それに囚われず、ありのままに受け入れて、自分にできるかぎりの誠意と努力をもって生きていくならば、その不幸を、それ以上大きなものにすることはない。いや、かえって逆に、その不幸を幸福への転換となすことも可能なのである。だから、よし無常であっても、それに囚われ執着しないで、精一杯誠実に、かつ努力して、その日その日を生きていくこと、それが、人間にとっては何よりも大切なのだ。これこそが、本当の幸福、大安心を手に入れる道、それに到る道なのである。――これが、インマヌエル哲学の、仏教的無常観、ないし鴨長明の『方丈記』に示された、あの無常観に対する、その解釈にほかならない。

　このインマヌエル哲学の解釈に大きな誤りがないとするならば、仏教の無常観ないし無常思想は、たんに消極的なものではなく、むしろその根本には、すこぶる積極的なものがしかと含まれているといわねばならない。西洋人が、仏教に出会って初め誤解したように、たんなる諦観・諦念、諦めの思想などではさらさらない。

さて以上を約言すると、この『方丈記』に表白された無常観も、『平家物語』に表現されたそれと同じく、その視点は異なるものの、つまり、後者は「驕れる者」の「無常」であるのに対し、前者は人間一般、とりわけ貧しい民衆における無常という相違はあるものの、いずれも、無常をたんに消極的なものとしてではなく、もっと積極的なものとしてとらえているのだといわねばならない。そのさい、『方丈記』の場合、それは、無常にも囚われない、というところに、その積極性が立ち現われるいわばその転換点がある。

要するに、無常にも囚われないことが大切なのであり、そうすればおのずから、よりよい道が切り拓かれるのである。いいかえれば、無常もまたそのままに受け入れつつ、そのつど自分に与えられてくる具体的な課題や使命、あるいは責任、たとえば親なら親としての、学生なら学生としてのその本分を誠心誠意全力を尽くして生きていくこと、それが何よりも大切なのであり、そこにおのずから安心、安心《じん》の道が打ち開かれてくるのである。この、物事に囚われないこと、それが大安心を得る最善の道である、ということの思想、これは、じつは仏教の根本思想の一つというべきものなのである。だから、長明は、ここで、その仏教の根本思想を表明しているのだといわねばならない。かくしてまた、その、物事に囚われることがいかに人間を不幸にするか、不安にするか、ということは、上述したごとく、吉田兼好の『徒然草』にも表現されることになるのである。

それはともかく、もう一度話を鴨長明の『方丈記』にもどすと、長明の、「無常にも囚われないこと、それが大切だ」、というその主張、そこには、たといいかに耐えがたい不幸であっても、時にはそれを幸福・安心に逆転しうる、その転換点はしかとあること、それがたしかに含意されている。けだし幸福はその幸福のままに、不幸はその不幸のままに、いずれもそれに囚われ・執着せずに、それをありのままに受け入れつつ、自己自身の社会的責任や具体的課題、あるいは使命をどこまでも誠実に果たしていくこと、それが何よりも大切なのだということである。なぜならその理由はこうである。

既述したごとく、幸福も、それに囚われたなら、さけがたく不幸に転化する。例えば、今自分は健康であるとする。もとより健康も、一つの幸福といってよいだろう。だが、その健康に囚われて、さらにもっと健康になろうと欲を出し、ジムでのトレーニングやジョギング、あるいはウォーキングをやりすぎたりすると、かえってそれは健康を害することになり、せっかくあった健康という幸福を取り逃がしてしまうことにもなりかねない。いや、それどころか、かえって逆に、何らかの障害ないし病気をえることになり、不幸に転落することも、往々にしてありうることである。こういう一例としてとりあげては甚だ不謹慎ではあるが、筆者が以前知っていたある人は、体力づくりのためにいつもジョギングをして、数年後に控えた大学の定年以降は自分の研究に専念しようとしていた。ところがある日、ジョギングの途中で突然心臓麻痺をおこし生命を落してしまった。これは、健康に囚われることの例として、はたして相応しいかどうかは不明だが、しかし、当たらずといえども遠からず、といった感じはするのではあるまいか。[13] そうして、そういう例は、必ずしも稀ではないのではなかろうか。

さらに幸福も、これに囚われるとかえって逆に不幸に転化する、という例として、第二のものをあげれば、こうである。仮に、今自分の家庭はうまくいっていて幸せだとする。でもその幸せに囚われて、そのうまくいっている家庭をいつまでも永続させようとしてあまりに欲を出しすぎたりすると、家計の収入をさらにそれ以上に、いや必要以上に多く求めたり、あるいは子供の将来に干渉しすぎたり、また夫婦のあいだでもお互いの欲求が多くなりすぎてかえってぎくしゃくしたり、といった形で、せっかくうまくいっていた家庭を台無しにし、不幸に転落するということもあながちありえないことではないのではあるまいか。

あるいはまた、仕事にしてもそうである。せっかく仕事がうまくいっているのに——ちなみにこれも一つの幸福だろう——、それに囚われ執着すると、さらにもっとうまく、もっとうまくと（我）欲が出て、そればかりか収入に対しても（我）欲が生まれ、もっと沢山、もっと沢山と果てしなく求めるようになり、ついには過労で倒れるか、そうでなくても自分だけが浮き上がり、会社の他の同僚とうまくいかなくなって仕事がやりづらくなる、かくてそれまで満足し、充実していた仕事が、かえって逆にストレスの源泉となる、ということも必ずしもないとはいえまい。

さらにまた、局面をがらりとかえて、たとえばボランティアのことを考えてみてみよう。ボランティアの活動で、愛の実践に精を出し、かくて心が充実・満足し、得もいえぬ幸福感を味わっているとき、そういうときですら、それに囚われ執着すると、あまりにその活動にのめりこみ、かくて身体をこわしたり、そうでなくても自分の思いばかりが先走り、自分がかかわっている肝心要の当の人々のニーズを正しく読みとれなくなってしまうこともありえよう。かくして、その愛の実践は、けっきょく自己満足へと転落し、こうして、それまではたしかにあった妙なる充実・満足もいつしか消え失せ、その逆の底知れない空しさが突き上げてこないともかぎらない。これはもう幸福どころか、その逆の不幸といってよいだろう。

愛の実践は、既述したごとく、自分の思いを先立てず、工夫・図らいを捨て、かくてこれに囚われず、ただありのままに無心に、そのつどの具体的状況のなかに鳴り響き、鳴り渡っている永遠の生ける真理の言葉、物そのものロゴス、つまりは神の声にしかと耳をすませ、それに従って行なうとき、それがもっともうまくいくのだといわねばならない。

さて、話をふたたび囚われの災い性にもどすなら、その点は、不幸についても同様に妥当する。たとえば病弱な体質の人が、その自分の不幸を呪い、それに囚われてしまうと、いつもくよくよして自分の不幸を嘆き悲しむだけで、そこからは何ら積極的なものは生まれてこない。そればかりか、そういう暗い消極的な生き方が、その生まれもった病弱な体質をさらに余計に悪化させ、より一層不幸にしないともかぎらない。

反対に、よしどんなに病弱に生まれついても、それをありのままに受け入れつつ、自己本来の社会的責任や課題、ないし使命をどこまでも誠実に果たしていくと、そこにおのずから新しいより積極的な道が打ち開かれ、かくてそこに幸せな生活が待ち構えるということもありえよう。例えば、あのかつての大ベストセラー『五体不満足』の著者・乙武洋匡氏のすこぶる積極的な生き方や、また、生まれつきの障害や病弱ではないが、大人になってから体育の教師になり、鉄棒から落ちて首の骨を折り、かくて首から下はほぼ全身不随となってしまったあの星野富弘氏の、その大怪我のあとの長い絶望のあとにつかんだ、新しいより積極的な、自分にしかできない仕事、絵筆を口にくわえて絵を画き、詩をそえる、といった仕事、それで多くの人の心を深く深く感動させ、かくて力強い励ましを与えることにより、おそらく得もいえぬ充実や満足を味わっておられる、その生き方があげられよう。(14)

これは、よし不幸であっても、それに囚われないと、そこにかえってより新しい、多分幸せな道が切り開かれうること、そしてまたその逆に、不幸はそれに囚われるとより一層その度合いを深めることにもなりかねないこと、そのことの一例であり、また説明にほかならない。

その、不幸はそれに囚われるとよりいっそうその度合いを増すことについて、もう一つ例をあげればこうである。

家庭がごたごたで息苦しくて仕方のない場合、それはもまた一つの不幸といってよいだろう。子供にとってはもとより、夫婦にとっても不幸以外の何ものでもないだろう。その場合、家庭のごたごたに囚われ、それを何とかせんとしてこれに執着すると、かえってそのごたごたを悪化することにもなりかねない。夫婦の関係はよりいっそうぎすぎすし、その空気をよむ子供もまた、よりいっそう暗くなるからである。

かえって逆に、そのごたごたはごたごたのままにして、その家庭のメンバーが、それぞれに自分の役割りを精一杯果たすべく努めれば、そのごたごたもおのずから軽減し、家族のそれぞれのメンバーも、それぞれそれなりに独立した道を切り開き、そこにより新しい道が開かれないともかぎらない。そうやってその家族のメンバーが、それぞれに適切な距離を維持することができるなら、それはより新しい家族への再生ともなりうるかもしれない。ただしかし、家族の場合、メンバーの一部が、たといそういう囚われない行動に出ることができたとしても、他のメンバーがこれにいつまでも執着していると、その解決は仲々うまくいかないだろう。とはいえ、しかし、たとい一人であったとしても、自分が家庭のそのごたごたに囚われず、ありのままにそれに耐え忍びつつ、が、しかし他方で自分自身の道をありのままに進んでいくことができるなら、かの女／かれは、やがてその自分の家庭を反面教師にして、新たなよりよい家庭を自分で築くことができるかもしれない。

さて、第三の例として、仕事についてはどうであろうか。

仕事がうまくいかずその不幸に囚われているならば、結局いつまでもその自分の不幸を嘆き、社会を恨み、他人を嫉むことにとどまるだろう。そういう生き方をしているかぎり、新しいより幸せな道は、おそらく切り開かれることはないだろう。それどころか、かえってよりいっそう自分の仕事を失敗つづきにさせて、時とともに不幸は深まるばかりというべきだろう。しかし、たとい仕事がうまくいかないで、とても憂鬱な日々がつづいていようとも、とにかく精一杯その日その日のことに全力を尽くしていれば、やがてそこに新しい道が切り開かれないともかぎらない。一所懸命に考え働いているならば、時として突然何かよい閃きが起こってきたり、まったく斬新な着想に思い到ったりして、それが、仕事を思いもかけず好転させるかもしれないからである。

ただ自分の不幸を呪い、社会を恨み、他人の幸せを嫉んでいるだけならば、そういう斬新な閃きや着想がわいてくることはまずないだろう。そういったすぐれた閃きや着想は、ただ一所懸命に精一杯考え活動しているところにしか起こりようがないからである。

さて、不幸に囚われることのより一層の不幸について、もう一つ語ってみよう。

愛とは裏腹の憎しみや恨み、あるいは呪いや嫉み、それらを他人や社会に対しいつも抱きつつ生きていく生き方、それは、もとより不幸以外の何ものでもないだろう。そこには、何らの喜びや満足・充実はなく、あるのはただ空しさや、不平・不満ばかりといってよいからである。

こういう状況でそれに囚われてしまうと、さけがたくそこに起こるのは、けだし、他人の足を引っ張ったり、悪口をいったり、他人を蹴落としてでも自分が成り上がろうとする行為だが、しかし、そういうところに本当の満足や充実は不可能であり、かえって逆に自分の不平・不満や空しさ、そのもととなる嫉みや妬み、あるいは恨みや憎しみ、それらをより一層増し加えるばかりといってよいからである。

だから、よし他人や社会への憎悪や呪い、恨みや妬みがどうしても湧き起こってきたとしても、けっしてそれには囚われず、ただありのままにそれに耐え忍びつつ、そのつどそのつどの自分の具体的な社会的責任や課題、あるいは使命を精一杯誠実にありのままに果たしていく、こなしていくことが何よりも大切なのだ。そうすれば、その抑えがたい憎しみや恨み、嫉みや妬みもいつしか流れ去り、もっと積極的で新しい道が打ち開かれないともかぎらない。

ひょっとして、それまでとは打って変わって、いや正反対に、他人のために尽くそう、他人のために全力を尽くして働こう、そういった思いやりやいたわり、愛にあふれた心、真心が自分でも思いがけなく突然湧き起こってくるかもしれない。

そうして、もしそれが事実となったなら、そしてその新たに生まれた慈愛の心にもこれに囚われず、ありのままに無心に生きていくなら、今度は、これまで経験したことのない底知れない喜びや満足、あるいは充実が心にみなぎってくることもありえぬことではけっしてない。そのさいそれは、いやそれこそが、真の幸せの獲得だろう。

囚われのない無心のありのままなる愛の実践、それこそ、たとえば健康や家庭の安泰、仕事の成功などに代表される平凡な幸せ、それにもまさる、それをもはるかに超える非凡な幸せ、前三者のごとく、ただ一部の人にのみ打ち開かれたものではなくて、誰一人の例外なくすべての人に本来可能なものでありながら、しかしどういうわけか、人間には前三者以上にはるかに遂行・獲得の困難な幸せ、そういう意味で、どこまでも非凡でありつつ、しかし、前三者以上にはるかに深みのある絶妙な幸せ、そういってよいのである。

いずれにせよ、以上を要約すると、こうである。いかに善きものであれ、悪しきものであれ、幸福であれ、不幸であれ、そしてさらにこの世の常としての無常であれ、これに囚われないこと、それが、それこそが、何よりも大切だということである。なぜなら、それこそが、人間に大安心をもたらし、かくてこれを真の幸福へと導く絶対必至の道にほかならないからである。これが、まさしく、これが、仏教の根本思想、いや少なくとも、インマヌエル哲学が解釈するかぎりでの仏教の根本思想といわねばならない。

さて、これまで天道思想と仏教の無常観を比較・検討しながら、インマヌエル哲学の解釈するかぎりでの無常観についてのべてきた。

そこで、これを、もう一度、ここで約言しておきたい。仏教の無常観とは、たんにこの世ははかないといった消極的なものではなく、人間をして真に人間らしく生かしめるための積極的なもの、そういうものなのである。その点は、既述したごとく、たとえば『平家物語』や、鴨長明の『方丈記』にはっきりと示されている。とりわけ後者の場合、無常における消極性から積極性へのいわば転換点となるもの、それは、よしこの世は無常ではあってても、しかし、それにけっして囚われないことだ、とそう教示している。

その点を、さらにインマヌエル哲学からより突っこんでいうならば、この世の無常も無常のままに、ありのままに受け入れ耐え忍びつつ、しかしそれに囚われることなく、そのつど自分に与えられてくる具体的な社会的責任や課題、あるいは使命を誠心誠意全力を尽くして果たしていくこと、それが何よりも大切なことであり、そこにおのずから安心・幸福の道もまたが切り拓かれてくるということである。

そういう基本的立場に立つならば、たんに狭義の無常のみならず、より広くいわゆる幸福や不幸についても、これに囚われないこと、それこそ何よりも大切なことだということである。なぜなら、健康にしろ家庭にしろ仕事にしろ、それがうまくいっていて幸福な場合でも、逆にそれがうまくいかなくて不幸な場合でも、いずれにせよ、それに囚われてしまうと、今幸福でもそれは簡単に不幸に転化しうるし、不幸は不幸で、それに囚われてしまうと、より一層その度合いを強めてしまうからである。

それはともかく、そういった必ずしも誰にでも開かれているわけではない、いわば平凡な幸・不幸とは違って、一見は誰にでも可能であるが、しかし、どういうわけか、人間にはすこぶる困難な愛の実践、そこから得られる、前者の、健康や家庭や仕事にかかわる幸福をはるかに凌ぐすこぶる深みのある絶妙な、いわば非凡な幸福や、その反対の、誰でもが簡単に陥りやすい他人や社会への憎しみや恨み、嫉みや妬みといったもの、そこにさけがたく巣喰っている前者の、健康や家庭や仕事にかかわる不幸以上のより大きな不幸、それらについても、これに囚われると、愛の実践はこれを損なうことになりうるし、憎しみや呪い、恨みや嫉みも、より一層度しがたい深みにまではまっていってしまうことになる。

要するに、幸も不幸も、平凡なそれも非凡なそれも、それに囚われることなく、あるがままに精一杯努力しつつ、自分のなすべきことを誠実に果たしていくこと、それが何よりも大切なのだ。そうすれば、幸福はいつまでも持続しうるし、また新たな別の幸福へと道が切り開かれることもありうるというべきなのだ。逆に不幸は不幸で、それに囚われないで、自分のなすべきことを精一杯努力してやっているならば、いつかその不幸から抜けだすための新たな道が切り開かれうることも大いにありうることなのである。

この、幸と不幸についてこれまでのべてきたこと、それはそのまま無常についてもいいうるといっていい。すなわち、この世は所詮はかないものだと、無常をただ嘆きこれに囚われてしまうと、その無常はけっきょく不幸の源泉ともなりうるが、しかし、逆に無常はこの世の常なのだと覚悟して、とにかくその無常にはこれに囚われず、ありのままにそれを受け入れ耐え忍びつつ、しかし他方で、自分のなすべきことをどこまでも誠実に果たしていけば、そこにおのずから新しい積極的な道も切り開かれうるといってよい。

さて、以上が、仏教の根本思想の一つとしての無常観、少なくともインマヌエル哲学の解釈するかぎりでのそれにほかならない。

これをしかし、もう一歩大きく踏み込んであえていうならば、仏教の無常思想は、いわゆる無常、常ならぬもの、久しからざるもの、まさしくそういうものの中に、しかし逆に永遠不変のもの、常なるもの、それをしかとみてとっているのではなかろうか。そうして、その永遠なるものの御意《みこころ》に添うてありのままに自然《じねん》に、つまりはものごとに囚われず生きていくこと、精一杯努力して生きていくこと、そこに救いがある、本当の解放がある、幸せがあるというのではあるまいか。なぜなら、その永遠なるものとは、ほかならぬ絶対の大悲・大慈の方というべきだからである。

　さて、そこで、このインマヌエル哲学の仏教解釈を、親鸞の最晩年の思想によって裏づけてみたいと思う。

　阿弥陀仏の本願への絶対他力の信心を説いた親鸞は、九〇歳という最晩年になって突如、「自然法爾《じねんほうに》」という思想について語った。この自然法爾とは、けだしみずからの工夫や図らいを捨て、それじしん自然《じねん》なる如来の誓願をかたく信じてその御意のままに自然《じねん》に生きること、それがけっきょく救いの道だ、安心して幸せに生きる最善の方法だ、という意味だろう。

　とはいえ、しかし、思うに、個々のいろいろな不安や悩みが、それですべて雲散霧消するということではありえない。人間が生きているかぎり、個々の不安や悩みは尽きることがない。それは、人間が有限な限りある生き物であり、また理性や知性をもった存在であるかぎりさけがたいことなのだ。なぜなら、動物と違って人間には理性がある。だから、どうしても、将来のことを始めいろいろなことを考える。しかし、人間は全智全能ではないゆえ、そういう自分の考えに、すべて答えがみつかるわけではない。将来のことでも、ずっと先まで見通せるわけでもない。したがって、さけがたくそこにいろいろな不安や悩みが生じてくる。が、しかし、そういった個々の不安や悩みがあったとしても、親鸞のいわゆる自然法爾に生きれば、心の一番底は安定する。あえていえば、いろいろな個々の不安や悩みがあったとしても、「ま、何とかなる」「精一杯努力してやっていけば、ま、何とかなる」、とそういった心の一番底の安定がある、とそういうことだろう。

　そのさい、ここで、「何とかなる」といっても、それは、いわゆる刹那的・投げやり的なそれではなくて、あえていえば、仏様が何とかして下さる、という仏様への厚い信頼、それによって安心・安定があたえられるということである。「明日は明日の風が吹く」というのは、一般的にはニヒリズム的・頽廃的な考え方であり、その意味で消極的・投げやり的な考え方ではあるが、しかし、たとえば言葉のうえでは同じようなことを、イエスもまたいっているのだ。イエスの言葉でいえば、「明日のことまで思い悩むな。明日のことは明日自らが思い悩む。その日の苦労は、その日だけで十分である」（マタイ六・三四）と。要するにその日、その日、そのつど、そのつどを精一杯生きよ、生き抜け、そうすれば自分から不安や悩みを招きよせることもない、とそういうことだろう。

思えば、ここでイエスと親鸞は基本的に、同じことをいっているといってもいい。「御意のまま」、というのはイエスの祈りの中心的なものであるからだ。イエスは神の御意のまま、親鸞は如来・仏の御意のまま、結局同じことなのだ。ひょっとしたら、それを聞きかじった人間が、意味を正反対にして、ニヒリスティックに「明日は明日の風が吹く」、というように使っているのだ。その場合には、「明日は明日の風が吹く」、だから、今がよければそれでいい、と刹那的・享楽的な意味で使われている。しかし、そういう刹那的・享楽的な意味とはまったく違う、根本的に正反対の意味での、「ま、何とかなるだろう」ということ、かくて心の底、底の底でとても気が楽になるということである。

それはともかく、その如来の誓願とは、もとより大悲・大慈にほかならない。だから、上の自然法爾とは、そのつどの如来の誓願をかたく信じて、その御意にありのままに従いつつ、自己の内面からおのずから湧き起こってくる、いや如来御自身の力によって引き起こされてくる慈悲・慈愛の心、つまりは思いやりやいたわり、励まし、そういった真心を大切にして生きよ、そういった真心をみずからの生の基本に据えて日々努力しつつ生きていけ、これが救い、つまりは幸せや大安心を得る最善の道だということである。

親鸞自身の場合、この自然法爾思想にたどりついたのは、上にもいったようにすでに九〇歳になってからである。したがって、如来の誓願を、さらにそれはいっ い何なのか、具体的に何を意味するのか、というところまで、この思想を十分に深め探求する時間的ゆとりはなかったように思われる。とはいえ、如来の誓願の根本が大悲・大慈にほかならないこと、それは仏教の根本思想であってその点は何ら揺ぐことはない。

ただしかし、その如来の大悲・大慈が、この世界に働きかけるさいのその具体的な形、それらと、いわゆる人間世界での是非・善悪・正邪とのかかわり、そういったことが十分明らかにされているとはとうていいいがたい。如来の大悲・大慈がこの世に働きかけるために何か具体的な形をとるとき、そこにはいろいろな形が考えられうる。苦しみや悲しみにあえぎ苦しんでいるものにはどこまでも優しく、しかし、悪業を重ねているものにはとことん厳しく、いや厳しく対処することで、これを正しい道へと復帰させせんとする、そういったことも考えられうる。そうして、それらがあたうかぎり明らかにされてこそ、人間世界の是非・善悪・正邪とはそも何か、その点もおのずから明らかとなってくる。そうして、それができたとき、そこに初めて倫理・道徳もまた、おのずからその具体的な根拠を得て、一歩は一歩しだいに発達していくそのたしかな基盤をえることができるのである。

しかしながら、何度もいうように、当時親鸞はすでに九〇歳という超高齢である。そのような親鸞に、そこまでのさらなる探求・究明の時間は、すでにもう失われていた、といっていいのではなかろうか。もし親鸞にそれが可能であったとするならば、仏教、少なくとも親鸞の開いた浄土真宗は、その倫理・道徳面で現在以上によりすぐれたもの、より具体的なものを獲得し、提示しえていたといってよいかもしれない。

以上をもう一度、かんたんに要約すると、無常もこれに囚われず、あるがままにそれに耐え忍びつつ、しかし自分のなすべきこと、やるべきことを真面目に真剣にやっていくこと、それが何よりも大切なのだ。そうすれば、必ず新しいよりよい道が切り開かれるのである。

その点を確認したうえで、さらにもう一歩踏み込んでいうならば、仏教の無常観は、無常をたんに無常としてのみみるのではなく、そこに永遠なるものをもしかと感じとり、見てとっているのではあるまいか。そのさい、そのインマヌエル哲学の解釈が必ずしも不当ではないこと、その一つの証左として、親鸞のあの自然法爾の思想があげられうるのではなかろうか。自然法爾の思想において、工夫・図らいを捨て、如来の誓願をかたく信じその御意のままに感じ・考え・行動せよというその如来とは、ほかならぬ永遠・無限の生命そのものにほかならないからである。

それはともかく、これまでのべてきた仏教における無常思想、いやインマヌエル哲学の解釈するかぎりでのそれ、すなわち無常のなかに同時に永遠をも見てとるというそれ、かくして、けだし親鸞の自然法爾の思想にも相通じうるそれ、それを次に、われわれ日本人の日常感覚ないし自然感覚、そこに探ってみようと思う。

奈良・平安時代は、日本人には桜より梅の方が愛でられていたという。ところが、いつごろからか、それが桜に変わる。その桜は、日本人にとりまさに無常の象徴とでもいっていいだろう。今、隆盛を誇るかのように満開に咲き乱れる桜を愛でているかと思うと、風が吹き雨でも降れば、ましてや春の嵐が吹くならば、たちまちにしてあっけなく乱れ散り、あっという間に葉桜に変わってしまう。

だが、今年散っても来年はきっとまた咲くし、再来年も、そしてその次の年も、いつもいつも、季節が巡り、四季が巡ってくれば、必ずまた満開に咲き、華やいだ気分をわれわれ人間に与えてくれる。

その自然の営み、自然の循環そのものは、いわば永遠不変といってよいのではあるまいか。いやその背後にも、その自然のいわば永遠の繰り返しの営みを支えつつ、これを成り立たしめているものとして、まぎれもなき永遠そのもの、永遠不変のもの、それを日本人はしかと感じとり、見てとっていたのではあるまいか。そのさい、それを、それをこそ、日本仏教は、インド発祥の仏教、とりわけそのうちでも大乗仏教に因んで、空とか無我、あるいは仏と名づけたのではなかろうか。さらに、ひょっとしてその影響を受け、けだし天道思想は、これを天道としたのではあるまいか。

いずれにせよ、これまでのべたことをもう一度再論するとこうである。桜に代表される無常ということそのことは、どこまでも繰り返し巡り来たるものであり、その意味で永遠ないし永遠不変の感がないともいえない。いいかえるなら、無常とは、その無常のままに、しかしこの世の常なのだ。無常でありながら、しかし、たんにはかない無常ともいい切れず、いつも必ず巡り来るものとして、その循環は常のもの、恒常不変のものなのだ。

いやむしろ、より積極的にこういうべきかもしれない。日本人は、桜に代表される無常なるもののまさにその真只中に、ほかならぬ永遠なるものの力が働いている、と直感したのではあるまいか(15)。

さて、その永遠なるものとは、どこまでも大悲・大慈の方なのだ。

こういう日本人の自然感覚を内包しつつ日本仏教は、けだしつぎのように解釈したのではあるまいか。すなわち、無常の中にいつも変わらず働いている永遠的なもの、それを大悲・大慈の仏とみてとり、かくてその御意に添うてつねに一所懸命、誠実かつ誠意をこめて生きていくこと、それが何よりも大切であり、そうすれば必ず救われる、いや必ず救っていただける、と。要するに、無常の中に永遠をしかとみてとり、それを大悲・大慈の方と同定したのだ。

かくて、その大悲・大慈の方をかたく信じ、その御意に即して誠心誠意努力して生きていくこと、それこそ大安心を得、真の幸せに到る道なのだ。少なくとも、インマヌエル哲学はそう考え、日本仏教、とりわけ親鸞の自然法爾思想に代表される仏教を、そう解釈する。いやあえていうなら、もし仏教がそうでないのなら、そのような方向性へとみずからを省みるべきではなかろうか。

「永遠不変のもの」とか「絶対的真理」など存在しない、などとうそぶく仏教に、いったいどれほどの存在価値があるのだろうか。たとえば、かつての芥川賞作家で禅仏教の僧侶・玄侑宗久は、「絶対的真理などはない」と事もなげにテレビでいっていた。が、そのさいかれは、「絶対的真理」ということで、そも何を意味していたのだろうか。親鸞の阿弥陀仏は、はたして「絶対的真理」ではないのだろうか。禅でいうなら、『臨済録』で有名な臨済の、あの「一無位の真人」は「絶対的真理」とはいえないのだろうか。これはもう、絶対的真理としかいいようがないのではなかろうか。その、位につけることのできない真の人、位を超越した本当の人、その「一無位の真人」が、われわれ人間の身体からしょっちゅう出たり入ったりしているのだと、そんなことを臨済はいっているのだ。もとより臨在は、禅の方でもすこぶる有名な人物である。とするならば、玄侑宗久の説く禅とは、そも何か。真に絶対的な真理のないところ、そこでいかに座禅修業し、あるがままや平常心、無心を説いたところで、いったいそれで、人間は本当に大安心をえることができるだろうか。

わが師・滝沢克己や、その「生涯の恩師」西田幾多郎は、真正の仏教の仏と、真正のキリスト教の神と、それら両者はひっきょう同じものであるとして、それを永遠に生ける絶対的真理と考えるけれど、いったいそういう立場をかれは、それは妄想としてあっけなく片付けてしまうのだろうか。もしそうだとしたら、かれの説く禅仏教で、はたして人間は、本当に大安心を得、幸せを獲得することができるだろうか。

けだしそれは、ひっきょうニヒリズムにほかならない。少なくともインマヌエル哲学の立場からするならば、それは、自分でもそれとは知らずニヒリズムに陥ってしまっているのだといわねばならない。しかも、さらに性《たち》が悪いのは、ニヒリズムというものの、人間にとっての猛毒性を、つゆ知らないということである。玄侑のばあい、「絶対的真理」がいったい何を意味しているのか、それが、おそらくその当人自身十分には分かっていないのではあるまいか。

真の絶対とはそも何か、その点を、かれは底の底まで徹底して考えに考え抜くべきだろう。たとえば西田がそれを徹底的に考え抜いて、そこから、元来の仏教には存在しない、この世界の創造思想をも生み出したようにである。西田によれば、真に力ある絶対者は、ただ一人ぽつねんと存在しているのではない。そうではなくて、みずから自分で、自分に対立し、対向するものを、まさに絶対自己否定的に刻々生み出すのである。そうやって自己に対立・対向・対峙するものをみずから生み出しつつ、しかし、これを一瞬一瞬否定しながら徹底的に自己を肯定するのだ。そうしてそれが、それこそが、絶対者によるこの世界の創造ということだ、と。

これは、一見するとたんなる抽象的な思弁、言葉の玩あそびようにも思われる。が、しかし、現代物理学の成果をよくよく検討すると、その現代物理学の未だ解明されていない肝心要の点、それをこれは鋭く突いているといわねばならない。現代物理学によれば、この世界はクオークといわれる素粒子から成り立っている。その素粒子は、たえず生成消滅している。では、どこで生成消滅しているかといえば、それは「真空」においてである。では、その「真空」とは何か、といえば、それは真の空とは書くが、しかし、実はまったく何もないというわけではない。では、それはいったい何か、と問えば、現代物理学では、これ以上の答えは恐らく出ない。この現代物理学のいう「真空」、それこそ、西田のいう絶対者が、この世界、その究極の素粒子を刻々生み出しつつも間髪を容れずこれを消し去っているその場、つまりは「絶対無の場所」ではないのか。とまれ、この筆者と同じ解釈をする人は、核物理学を専門にする人の中にも実際にいる。

ところで、既述したごとく、こういった西田の考え方は、西洋人にはとても異質な考え方であり、西洋キリスト教の創造思想とは全然違う。もともと世界創造思想は、キリスト教やユダヤ教で有名なのだが、それらの創造思想とはまったく違う。その例証として、筆者自身が直接経験したことをあえていうならば、筆者がドイツで共同ゼミをしたズンダーマイヤーという神学者は、この西田の創造論を知ってとても驚き、筆者に対し、「こういう考えはわれわれ（西洋人）にはとても異質だ。あなたにとってはどうだ?」と問うてきた。筆者がこの問いに対し、「私は最初（西田の弟子の）滝沢に出会ったから何ら異質ではない」と答えたら、とても感慨深そうにしていた。

それはともかく、「絶対的真理」すなわち「キリスト教」、ないしいわゆる「一神教」の神、と早合点するのはあまりにもお粗末である。

キリスト教にしろ、いわゆる一神教にしろ、そこでいわれている絶対者なる神．というものを、一般に流布しているその常識の囚われから脱してこれを払拭し、みずから自身で徹底的に考えに考え抜くべきだろう。そうしてそのときは、いつか時が充ちれば、キリスト教ないしいわゆる一神教の神が、仏教の仏、ないし空や無我と意外と近いこと、それに思い到ることもありえよう。

いや、少なくともキリスト教、ないしいわゆる一神教の神を自分自身で虚心に考え、できればイエスの、「父なる神」にまで立ち還り、それをみずから究明・考究すべきであろう。

そのときは必ず、イエスの「父なる神」は、キリスト教、ないしいわゆる一神教の神とは必ずしも同じではないこと、そればかりか、それはむしろ仏教の空や無我、あるいは仏と根本的に軌を一にするものであること、かくして真の絶対とは本来いかなるものなのか、そういう点が、おのずから明らかとなってくることだろう。さらにまた、西田独自の世界創造論、キリスト教や他の諸宗教の世界創造論とはまったく異なるあの世界創造論、それがいかに標的を得た考え方か、ということにも思い至ることがありえよう。

さて、これまで仏教の無常観についていろいろみてきたが、ここで昨近の日本の状況に照らしつつ、これをもう一度確認してみたい。

そこで、二〇一一年の三月一一日に東北で起こった東日本大震災を例にとって考察したい。すでに一度かんたんに触れたと思うが、東北出身のある仏教系の宗教学者が、あの大震災にさいし、これを「無常」として新聞やテレビでしきりに語り書いていた。かれ自身にあまり興味がなかったのと、それを聞いたり読んだりする時間がなかったので、その人物がいったい何をその「無常」ということでいっていたのか、それは知らない。しかし、たしかにあの東日本大震災は、これを無常の大きな例として挙げることは可能であろう。

仏教の無常とは、私見によれば、すでに何度もいったように、たんに消極的な諦めや諦念ではなく、もっと積極的なもの、いいかえれば、人間をして真に人間らしくし生かしめるもの、そういうポジティブなものである。

さて、既述したごとく、東北は、これまで何度も巨大震災や巨大津波に襲われている。地理的に、そういうところに位置しているということだろう。

だが、しかし、東北の人々は、そういった、それまでの生活や生命をほぼ根こそぎにするほどの、一見度しがたい無慈悲な巨大震災や巨大津波、そういう無常に対し、それに心底絶望し、疲れ果て、とことん諦め切って、ついにはその地から逃げ去ってしまうのではなく、そのつど必死にやり直し、立ち直ってきた。

まさにこれこそ、それと意識されているか否かは別にして、まさしく真の無常観といってよいのではあるまいか。巨大震災や巨大津波、それらをどうしようもない運命と諦め、その無常を、もうとうてい取り返しのつかない絶望としてとらえるのではなく、その一見度しがたく無慈悲な運命ないし無常のなかに、しかし、にもかかわらず、広大無辺の慈愛の力・救いの力を感じとり、それを意識的・無意識的にかたく信じて、その慈愛の主の御意に添うて、そのつど必死にやり直し立ち直ってきたのではあるまいか。

そのさい、直接・間接に、数え切れないほどの大きな犠牲者がいたことだろう。そういう犠牲者の遺族や関係者の数をあげれば、もう途方もない数に上るであろう。人の生命ばかりではない。自分たちが愛してやまない、生活の基盤としての郷土、その、もう取り返しがつかないほどの果てしのない破壊、これは、もはや絶望以外の何ものでもない、まさにそれほどの惨状だろう。だが、しかし、まさしくそういう徹底的な破壊の中から、東北の人たちは、いつもまたやり直し立ち直ってきたのである。そうしていつも、そのつど復旧・復興してきたのである。

そういう東北の人々の、底知れない活動のエネルギー、それは、無常をたんにはかない無常、ないし運命的な諦めとしてとらえてきただけならば、とうてい不可能だったといわねばなるまい。

まさしくその眼もあてられない惨状を引き起こす無常の只中に、しかし、にもかかわらず、そのはかない無常を真に克服する、いや克服しうる大いなる恵み、慈悲・慈愛・救いの力が働いているという、そしてその力に添うて一所懸命誠実に、誠心・誠意をこめて働き生きていくならば必ずまた復旧・復興も可能なのだ、という確信、その大いなるものの慈悲・慈愛の力がいったいどこまで自覚され認識されていたかどうかは別にして、少なくとも生活者の直感として、いわば日本の「辺境」の地にあって常日頃から都会や都市、あるいは都の人間から蔑まれ、踏みつけにされつつも、いやみずから自身も、いつも繰り返される凶作や飢饉、不漁といった数限りない災厄・災難でいわば地べたを這いつくばうようにして生きてきた、生きている東北の人々、そういう東北の人々の、まさに地に足のついた生活者の直感として、それはしかとつかまれていたのであり、まさにそれこそ、東北の人々の、復旧・復興のまぎれもなきエネルギーとなっていたのではあるまいか。

そういう確たるもの、絶対に揺らぐことのありえない永遠不変・恒久的なもの、それへのたしかな信頼なくして、どうしてあれほどの惨状、いやそこまではいかなくても、度重なる災厄や災難を、そのつど克服することができたであろうか。たんなる諦めや絶望だけであったなら、それはとうてい不可能だったというほかはない。

それはともかく、仏教の無常観には、そういった積極面、東北の人々のうちにも、けだし見られる積極面、それがたしかにあるとはいえないだろうか。そのさい、その仏教の無常観が、日本人独自の宗教観である天道思想、とりわけその運命観にも大きく影響を及ぼしているとはいえないだろうか。いずれにせいよ、東北の人々は、あの水俣の人々、「のさる」の思想をもつ水俣の人々と同様に、この天道思想のまぎれもなき体現者といってはいいすぎだろうか。

## 七 インマヌエル哲学——仏教と天道思想、ならびにキリスト教の根柢的綜合・止揚として

さて、ここではインマヌエル哲学を、仏教や天道思想に加え、さらにそこにキリスト教をも視野に入れつつ、これをさらにいっそう厳密に明らかにしたいと思う

インマヌエル哲学は、仏教ないし、その他東洋思想の影響を大きく受けたと思われる天道思想と、いわゆる一神教、とりわけキリスト教とを、そのそれぞれにおける強みは強みとしてこれを真に生かしつつ、弱みは弱みとしてこれを根本的に修正しながら、さらにそれら両者にも決定的に欠落している、いわゆる不可逆思想をもこれ

に導入し、かくてそれら両者を根本的に綜合・止揚せんと試みる。

それを簡潔にまとめると、こうである。神は、絶対無我無償の愛である。いささかも私心のない、しかも見返りを一切要求しない、そういう意味で絶対の愛・アガペー（ἀγάπη）である。かかるものとして神は、この世界をみずからと直接一体不可分のものとして創《う》み出しつつ、その根本法則ともなっている。このようにこの世界の創造主として神は、みずからの創み出したこの世界とは絶対に混同がありえぬように不可同でありつつ、しかもみずからはこの世界を創み出したもの、日々創み出すもの、その意味で絶対に能動的なもの、逆にこの世界は、その神の創造活動により刻々創み出されるもの、働きかけられるもの、つまりは絶対に受動的なもの、そういったこれら両者のあいだに横たわる、いかにしても翻すことの不可能な絶対の不可逆的順序、ただ神からこの世界ないし人間へ、という絶対に一方的な方向性、それら絶対の不可同性と不可逆性を確乎として孕みつつ、この世界と直接一体なのである。それが、それこそが、インマヌエル哲学の神にほかならない。かくしてインマヌエル哲学は、神を真に正しく審判者・審き者としてしかととらえる。

その審き主としての神はかくて、絶対不可逆的・一方的に、人間に刻一刻根源的自由を与えつつ、人間がみずからの自由な責任において、その自由を正しく行使すべく、これを不断に導き促しながら、にもかかわらず、人間がこれを誤って行使したときには、有無をいわさぬ厳しさで、これをとことん審く。が、しかし、それは、神が人間を憎み、それゆえこれを滅ぼさんがためではなく、どこまでもかぎりなく人間を愛するがゆえにこそ、たとい間違った行為をした人間に対しても、その人間がその過ちにみずから気づいてそれを正すべく、そのためにあえて厳しくこれを審き厳罰を下しつつ、救いの方へと促さんとするのである。——これが、これこそが、インマヌエル哲学の根本思想にほかならない。

かの天道思想には、このインマヌエル哲学に相通じるものがたしかにある。が、しかし、その厳しさの稀薄さという点では、これとは根本的に相異なるものといわねばならない。おそらくそれは、仏教の影響がすこぶる強く、そこには、キリスト教などのいわゆる一神教的な創造者即審判者の面が、欠如もしくは少ないことにその根因があるものと思われる。そこで以後、仏教に標的を絞ってわがインマヌエル哲学について、これをさらにいっそう明らかにしてゆきたい。

インマヌエルの神とは、どこまでも優しい愛の方としてこの世界の創造主であり、かくて全人類の救い主であると同時に無限に厳しい審きの主にほかならない。その意味で、それは仏教の仏とキリスト教の神の根本的綜合・止揚にほかならない。いいかえれば、仏教の仏の優しさとキリスト教の神の厳しさと、それら両面を同時に兼ね備えた方である。それを信じ、これに目覚める宗教、それがインマヌエルの哲学なのだ。そうしてそれが、それこそが、ほかならぬあのイエスの宗教であったのである。

その点をさらに詳しく説明するならば、仏教の仏は、どこまでも優しく、この世界の真只中に具体的に生きて働いている。だが、しかし、この世界とどこかごちゃまぜなところがある。つまりこの世界と仏の世界と、それら両者の区別が明確でない。他方、キリスト教に代表されるいわゆる一神教では、神は愛であると同時にとてつもなく厳しい方だが、その神は、この世界から切り離されたどこか彼方に漠然と抽象的に存在し、この世界との具体的なかかわり方がはっきりしない。どこか彼方から何らかの仕方でこの世界に力を及ぼしてくる、といった感じなのである。

これらの点をインマヌエル哲学の用語でいえば、仏教は、この世界と仏の世界と、これら両者の絶対の不可分性の契機は強いが、しかし、逆に、それら両者の不可同性の契機が弱いのである。仏には、この世界の創造主とか審判者といった面が欠如しているからである。他方キリスト教などのいわゆる一神教では、神はこの世界の創造者にして審き主として、神の世界とこの世界との、いかにしてもごちゃまぜにすることのできない絶対の不可同性は明確だけれど、しかし逆に、神の世界とこの世界との、いかにしても切り離すことのできない絶対不可分性の契機がすこぶる弱い、というよりこの契機がまったく欠如している。神は、既述したように、この世界から切り離されたどこか彼方の中空に漠然とそれ自身の世界をもっているもの、そしてそのどこか彼方からこの世界に何らかの仕方で（irgendwie）その力を及ぼしてくるものと想定ないし空想されている。

かくして明らかなごとく、仏教とキリスト教は、神や仏の、この世界とのかかわり方においていわば正反対の性格をもっているものといわねばならない。

インマヌエル哲学の用語でもう一度整理していうならば、仏教は、仏の世界とこの世界との絶対の不可分性はたしかに強いが、しかし、逆にそれら両者の不可同性がすこぶる弱い。逆にキリスト教では、神の世界とこの世界との絶対の不可同性はじっさい強いが、しかし、それら両者の不可分性がきわめて弱い。そのさい、それら両者に共通することは、これらには、インマヌエル哲学の根本概念であるもう一つの契機、すなわち神ないし仏とこの世界との、その順序をいかにしても翻すことのできない絶対の不可逆性の契機がほとんど欠如しているということである。神は神、仏は仏、他方、この世界はこの世界、人間は人間、というこれら両者の明確な区別と同時に、それら両者のあいだに厳然として横たわる、絶対に逆にすることのできない上下・先後の順序、一方はこの世界の創造者にして審判者、他方は被創造者にして被審判者、いいかえるなら、一方は創造者であり審くもの、他方は創られるものでありかつ審かれるもの、といった絶対に翻すことのできない上下・先後の順序が極めてあいまいなのだ。

仏について、それは救い主ではあっても創造主即審判者という考え方は、これがほとんど欠如している仏教で、この点がすこぶる弱いのは当然といえば当然だが、しかし、神について、それが創造主即救い主、しかも同時に審判者でもあると捉えているキリスト教などいわゆる一神教でも、この面の捉え方はすこぶる甘い。その理由はけだし、それらにあっては、先述したように、神がこの世界の真只中に具体的かつ現実的に働くものとして正しく捉えられていないため、ひっきょう神の意志を真に現実的に活き活きとつかみとることができないで、いきおいそれぞれの聖典に書かれている文字、つまりは人間が書いたにすぎない文字を神の意志の体現とみなし、かくてそこへ押し込めて、その人間の文字にすぎない、それゆえかならずしも神の意志とはかぎらない、少なくとも、その時・その処、あるいは今・ここでの神の意志とはかぎらない、そういうものを、強引に神の意志とみなして、それを無理矢理自力で実践せんとするからである。

いいかえれば、今ここで、いつも、どこにでも働いている具体的かつ現実的な神の意志をそれとしてしかとつかみとり認識しつつ、そこにつねに働いている神の働きかけ、促し、励ましに身を任せつつ、いわば他力的にその御意を実践せんとするのではなく、そういう今ここでの具体的・現実的な神の働きかけや御意にまったく盲目のまま、ただ過去のある時点で書かれた自分たちの聖典の文字にしがみつき、今ここで現実に働いている神の力はこれに目覚めず、ただいたずらにおのが自力によってのみ、その人間の文字を神の意志と妄信し、かつ実践せんとするからである。いや、事態はむしろその逆で、神とこの世界との絶対の不可逆的順序をそれとして正しくつかみとれていないから、まさにそれだからこそ、聖典に書かれた人間の文字を、無批判に即神の言葉・意志とみなしてしまうのだ。

まさしくここに、今現在も行われているイスラーム急進派、つまりは国際テロ組織アルカイダやＩＳによる自爆テロの根因もあるといってよいだろう。なぜなら、コーランに書かれていることを、ただ自分たちだけの勝手な、あえていうなら都合のよい解釈で、それこそ神の意志と強弁し、実行してしまうからである。もとより、そうはいっても、自爆テロをじっさいに決行している個々の人間がそうだというよりも、かれらをマインドコントロールして、それを実行させている背後の人間たち、すなわちイスラーム急進派つまりはアルカイダやＩＳの、その幹部たちがそうだということである。

いずれにせよ、いわゆる一神教にあっても、神はこの世界と人間の創造者にして、さらに救済者即審判者であるにもかかわらず、何故そこに、インマヌエル哲学のいわゆる不可逆思想が欠如するのか、少なくとも薄弱なのか、というならば、その点は、すでに一言したように、そこで捉えられている神が、この世界の真只中にこれと絶対不可分に分かちがたく結びついている神としてではなく、逆にこの世界から切り離されて、ただどこか彼方の宙空に漠然と想い描かれているだけの神であるからにほかならない。

かくしてもう一度いうならば、インマヌエル哲学は、仏教などのいわゆる多神教と、キリスト教などのいわゆる一神教と、それら両者の根本的な綜合・止揚というべきなのである。そのさい、その意味は、仏教における・仏の世界とこの世界との絶対の不可分性、他方、いわゆる一神教における・神の世界とこの世界との絶対の不可同性、それら相互の根本的綜合であり、さらにそこに、それら両者にもほとんど欠如している・仏ないし神の世界とこの世界との絶対の不可逆性、それをもそれとして正しく洞察し、かくて仏教ないしいわゆる多神教と、キリスト教ないしいわゆる一神教と、そのそれぞれの強みは強みとしてこれを受けつぎ、弱みは弱みとしてこれを斥けつつ、それらの質を一段と高めてこれを綜合するという、そういう意味で、これら両者の根本的止揚というべきなのである。そのさい、仏教の影響を強くうけたと思われる天道思想もまた、そこに批判的に包摂されることはいうまでもない。

さてそこで、天道思想とインマヌエル哲学との関係について、これを簡単にみてみよう。

じっさい天道思想は、仏教同様に、インマヌエル哲学に一面すこぶる近いといってよい。ただしかし、すでに指摘したように、天道思想には、天と人とのあいだに厳然として横たわる不可同・不可逆的関係の認識が決定的に欠如している。そこからさけがたく生じてくることは、天道に逆らうことすらも可能な根源的自由が人間には与えられつつ、しかし、にもかかわらず、それをみずから自己自身で正しく行使するべく、それが人間の手に委ねられている、というこの精妙な事実の見落としである。

さらに、この不可同・不可逆概念の欠如と密接に結びつくものとして、天道における創造者・審判者の面が決定的に欠落している。かくしてここに、ともすれば起こりがちな人間の傲慢を有無をいわさず打破る、その被造性の自覚がどうしても鈍るばかりではなく、人間の反逆に対する天道の情け容赦のない審きの認識がさけがたく弱化して、かくして天道思想には、仏教と同様に倫理・道徳が今ひとつ十分に発達しにくいこととなる。

そこで、いわゆる一神教の世界では、日本や東洋に対してどうして倫理・道徳がより発達したか、についてもう一度かんたんに見てみたい。

そのさい、それらいわゆる一神教の世界における、いわば制度面の影響についてはすでにこれを指摘した。すなわち、それらの世界では、その聖典の権威ががんらい絶対者なる神に基礎づけられているというのがまず第一である。そうしてさらに、その絶対者なる神の意志を預りこれを語るものとしての、いわゆる聖処における聖職者の説教、制度的に決定された日、つまりは礼拝日における説教、それが、一般の人々にとっての日常生活ないし人生を律する規範となっていた。かくして、これらのことが、いわゆる一神教の世界では、その是非はともかく、少なくとも外見上は倫理・道徳を発達させたといっていい。

では、これらの点について、東洋ないし日本の仏教はどうであったか。

もとより仏教でも、寺の法話、つまり僧による一種の説教はあるにはあった。しかし、それは、いわゆる一神教のそれのように週に必ず一度はいく、といったようにいわば制度化されてはおらず、それゆえその法話の社会へ及ぼす影響は、いわゆる一神教の聖職者たちの説教ほどには大きくはないといっていいだろう。

さらにいうならば、いわゆる一神教の聖職者の説教は、先述したごとく、究極的には絶対者なる神によりしかと権威づけられているのに対し、仏教の僧による法話は、その点それほどの重みはないといっていいだろう。ただ自分たちよりも偉い人、仏法ないし仏教的真理に目覚めた人、そういう人による説教というだけで、そこにはいわゆる一神教のごとく、絶対者なる神の言を、その聖職者の言葉を通して今聞いている、といった重み・インパクトはないだろう。なるほど仏教でも、釈迦は絶対化されている面もある。しかし、仏教の聖典なる経典は一〇〇〇以上もあって、いわゆる一神教の聖典のごとく、それぞれただ一つとなってはいない。だから、その一〇〇〇以上もある経典のすべてが釈迦の言葉、釈迦の言葉をそのまま反映したものとは、必ずしも信じられてはいないであろう。

かくして仏教では、宗派によって自分たちの大切にする経典もそれぞれ異なる。法華経を一番大切にする天台宗や日蓮宗もあれば、大無量寿経をもっとも大切にする浄土宗もある。その他の宗派も、そのもっとも肝要とする経典は、かならずしも同じではない。だから仏教では、よし釈迦が絶対化されていようとも、にもかかわらず、釈迦の権威が、千々に分散してしまっているといっていいのだ。

こうして明らかなごとく、仏教の寺での僧による法話は、いわゆる一神教の聖処における聖職者による説教ほどのインパクトないし大きな影響力はなかったものと思われる。ここに、まさしくここに、東洋仏教国では、西洋などのいわゆる一神教国ほどに、倫理・道徳がそれほど発達しなかったその根因があるといってよいのではあるまいか。

以上を簡単にまとめると、こうである。一神教では、とにかく神を信じてその御意を日々の生活で実践していくこと、それこそが救いの道であったため、おのずから日常生活を律する倫理が発達しやすかったのではあるまいか。もとよりキリスト教のディアコニー（社会奉仕）のごとく、社会奉仕といいつつ、そのじつは、キリスト教の布教の手段とされるといった偽善めいたところもあるにはあったが、しかし、とにかく神の御意に即しつつ社会の中にあって日々の生活を正しく生きること、それが救いの重要な条件とされたので、倫理・道徳が発達しやすかったのではなかろうか。その点イスラーム教でも、その聖典コーランにもとづく法が、イスラームの人々の日常生活をかたく律し、これがその人々の倫理・道徳をしかと支えてきたし、ユダヤ教でも、いわゆるモーセ五書（トーラー）や、その後十数世紀にわたって口伝された習慣律を・ラビたちが集大成したタルムード、それが、その世界の人々の生活規範としてその倫理・道徳をたしかに発達させてきたと思われる。

その点仏教では、阿弥陀仏を信じたり、悟りを開いたりして、とにかく救われること、そこに全重心がかかっていた、かかりすぎていた、といってはいいすぎだろうか。そこに全重心がかかってしまって、日常生活を律する規範は今ひとつ軽くみられたのではなかろうか。

もとより仏教にも、戒律は厳しく定められてはいる。が、しかし、それは出家した僧にのみ課せられたものであって、在家の者には必ずしも適用されない。したがって、倫理・道徳の発達の原動力とはなりえなかったといってよいだろう。

さて、ここで以上を、一神教の一つキリスト教が主流であった西洋と、仏教ないし天道思想の強かった東洋ないし日本と、そういう枠組みで、しかも今日的な視点からみてみることにしたいと思う。要するに、西洋に比べての、東洋ないし日本における倫理・道徳の発達の後れ、それは、今日新たに起こってきたいわゆる生命倫理や生殖倫理、あるいは環境倫理といった面にも現われている、というその点である。

まずドイツ人を例にあげれば、環境への意識では、ドイツ人はすこぶる強い。ドイツに多い森を始めとした環境保護の意識は、とても強い。だから二〇一一年に日本でおきた福島第一原発事故のあとも、さっそくドイツでは、原発全廃の世論がまたたく間に広がり、それまで原発推進を掲げていた政府も、その方針を転換し、原発全廃に政策を切りかえざるをえなくなった。また、政党をみてみても、「Grün Partei　緑の党」といった環境保護を主要政策として掲げる党が、すでに早くから出来て力を伸ばしている。この、ドイツの「緑の党」の影響が、東日本大震災、それに伴う福島第一原発事故を契機にしてヨーロッパ各地に広がり、その波はやっと日本にも及んできて、日本でもそれに似た政党を作ろうという動きが一時期あった。

では、西洋ないし西洋人による環境破壊は、これをどう捉えたらよいのだろうか。けだしそれは、何よりもまず近代西洋に起こった資本主義の発達と、それと共に深まってきたいわゆる無神論・非キリスト教化と深く関係している。西洋が無神論化・非キリスト教化するにつれ、それとともに西洋人の倫理・道徳意識もしだいに薄れ、それに資本主義の発達もからんで、環境意識も薄らいできたといってよい。ところが他方では、今なおキリスト教の影響が、西洋人のなかには、その無意識のところで深く大きな影響を厳として及ぼしている。それゆえに、生命倫理や生殖倫理、環境倫理といった今日的課題に対してそれなりに敏感なのだといっていい。その意味では、今日の西洋人は、キリスト教と非キリスト教と、それら両方向に引き裂かれているといっていいかもしれない。かくて一方では、性道徳等にはっきり現われているごとく倫理・道徳性がすこぶる弱まっている反面、他方ではしかし、新たなる今日的課題、それにかかわる倫理には、それなりに敏感なのだといっていい。とはいえ、しかし、生殖補助医療や遺伝子技術などでは、イギリスやアメリカを始めとして、その倫理・道徳観を投げとばさんかの勢いで、どんどん事が進められているというのもまた疑うことのできない事実といわねばならない。

それはともかく、かといって、ではかつてのキリスト教が正しかった、だからそれをもう一度現代に取り戻せ、というのではもうとうない。すでにのべたように、キリスト教も根本的な誤りを孕んでいた。その点は徹底的に批判しつつ、これを根柢的に克服せねばならない。他方東洋の仏教も、根本的な誤りを一方では内蔵しつつも、他方ではしかし、基本的に正しい面もたしかに含んでいた。だから、これら両者、キリスト教と仏教、ないしその影響下に立つ天道思想、さらにいえば、いわゆる一神教と多神教、それら両者を根本的に綜合・止揚しつつ、真に正しい宗教を打ち立てること、それこそ今日喫緊の課題というべきなのである。かくして、それを試みんとするもの、それが他ならぬ、われわれの主張するインマヌエルの宗教であり哲学なのだ。

ところで、結論をあまりに性急に急ぐ前に、以上をまた別の面から詳しく考察したい。

すでに何度も繰り返したように、キリスト教やイスラーム教、あるいはユダヤ教のいわゆる一神教の神は、いずれもこの世界の創造者にして救済者、そして同時にまた審判者にほかならない。だから、それらにあっては、すでに述べたごとく、人間が絶対にそれを冒してはならない神の聖域といったものがある。これを冒すと、永遠の地獄に堕ちるとされる。それゆえ、神の審きは、これらの宗教を信ずるものにとっては、とてつもない恐怖であり不安である。

まさにそこに、これらの宗教にあっての倫理・道徳の確かな根拠がある。ただしかし、これらの宗教にあっては、神の意志が真に具体的・現実的に正しく捉えられているとは必ずしもいえず、往々にしてむしろ、それは人間の勝手な解釈、つまりは神の意志の体現とみなされる聖典の言葉の弄びといった面もなしとはしない。それだけに、そこで発達した倫理・道徳も、必ずしもいつも正しいものとはかぎらない。

ただしかし、にもかかわらず、少なくともここでいいうることは、これらの宗教にあっては、その宗教にかたく裏づけられた倫理・道徳、いいかえれば社会を律し秩序づける規範といったもの、その根拠が良しにつけ悪しきにつけしっかりとしているということである。

その点、仏教には、この世界の創造者もいなければ審判者もいない。仏は、この世界の創造者でもないし審判者でもない。なかでも、とりわけ阿弥陀仏は、たんに救済者・救い主であるにすぎない。なるほど仏教でも、地獄を支配する審き主としての閻魔というものの存在は、これを認めている。だが、しかし、閻魔はあくまでも脇役であって、仏こそどこまでも主役というべきだろう。だから、いわば脇役としての閻魔は、たといいくら恐ろしい存在であったとしても、しかし、いわば主役としての仏は、どこまでも限りなく優しい方なのである。あえていうなら、閻魔の恐ろしさをもはるかに凌ぐ、途方もなく優しい方といってもいいだろう。したがって、仏教にあっては、いわゆる一神教のごとく、愛の神が同時に厳格な審きの神、だからこれら両者はまぎれもなく同格だ、ということがない。いや、さらに突込んでインマヌエル哲学のごとくいうならば、神は人間をどこまでも深く愛するゆえに、まさに、それゆえにこそ、その罪悪に対してはこれを厳しく審く、かぎりなく厳しく審いて、堕罪した人間をもう一度、いや何度でも救いへと導いてゆく、という思想がない。要するに、仏教の仏には、創造者の面もなければ審き主という面もはなはだ弱いのである。

仏教では、いわゆる一神教のごとく、人間がいかにしても冒してはならない仏ないし神の聖域といった考えがない。ない、といっていいすぎならば、それがすこぶる弱い。少なくとも、いわゆる一神教ほどには強くない。いや、むしろ甘いといった方がいい。なるほど仏教にも、仏国土という思想があるにはある。だが、しかし、仏がこの世界の創造主だという思想がないゆえに、この世とあの世、人間の世界と仏の世界、これら両者の区別や順序がすこぶるあいまいなのである。

かくして、仏教では、人間が何としても冒してはならない仏の聖域というものもおのずから曖昧とならざるをえない。さらにまた、よし仏教独自の生死の思想はあったとしても、しかし、仏によって創られたものとしてのこの世界や生命といった思想がないゆえに、さらにいうならその仏によって審かれるという思想もすこぶる弱いがゆえに、かかる仏教のもとでは、どうしても倫理・道徳が発達しにくかったのだといわねばならない。

とりわけ問題を現代にかぎってみるならば、今いったように人間の生命についても、それが仏によって創られたもの、日々、いや一瞬一瞬創られるもの、創られつつあるもの、という考え方が欠如しているゆえに、いわゆる一神教のごとく、現代医療における臓器移植や生殖医療、あるいは延命技術といった、科学技術によって今日惹き起こされてきた諸問題、それらに対し、それはひょっとして神の聖域を冒すものではないか、といった危惧や懸念、恐れや不安が起こり、そこからおのずから惹起されつつ生起し発達した生命倫理や生殖倫理等、これら今日では喫緊の課題、それへの取り組みが、仏教ないしその影響を強くうけている日本や東洋では、今なお遅々として進んでいないのではあるまいか。いわゆる一神教の発達していた西洋に比べ、仏教の影響の強かった日本や東洋で、これらの現代的課題への取り組みがはるかに遅れているのには、今上でのべたような事情、つまり、いわゆる一神教と仏教との根本的相違が大きく関与しているとはいえないだろうか。

他方ではしかし、日本には仏教以外にも、仏教同様、中国・朝鮮伝来の儒教、ないしその根幹としての儒教道徳というものも存在した。が、しかし、ここでも、仏教と同様に、この世界の創造主や、その創造主の意志に背いたものを厳しく罰する審判者の存在は欠如している。したがって、この人間世界を秩序づけうる道徳はたしかにあるにはあったが、しかし、その道徳を冒したさいの罰の厳しさが、ここではすこぶる鈍いといわねばならない。これらの点では、仏教にしろ儒教にしろ、その寛容さとしての強みはたしかにあったとしても、しかし人間が自分を絶対に超えたもの、人間を創り、この世界を創り、それゆえにこそまた人間の行ないに対しても、それを不断に正しく導きつつ、しかしその正しい道から逸れたときには、これをどこまでも厳しく罰することにより、もう一度正しい道へと復帰させるという、こういう温かい愛に裏づけられた、しかしどこまでも限りなく厳しい方、いいかえればいわゆる一神教の神のごときどこまでも優しくかつかぎりなく厳格な方、というものの存在が決定的に欠落しているとはいえないだろうか。

いや、いわゆる一神教の神にあっても、この優しさと厳しさとの関係が、同じ絶対無我無償の愛の方の両側面として、しかと正しくつかみとられていたのかどうか、そこには大きな問題がある。しかし、少なくとも、インマヌエル哲学のみるかぎり、そのような方としての真正なる愛の絶対主体、すなわち救済者であると同時に、そこに必要不可欠な創造主や審判者という面が、それらの東洋発祥の宗教ないし道徳、つまりは仏教や儒教には致命的に欠落していたといわねばならない。

ここで、まさしくここで、これらの仏教や儒教、ここではとりわけ後者についてだが、その説くところの道徳に対する反逆、つまりは不道徳や反道徳に対し、何ら有効な手段が欠如するのではなかろうか。少なくとも、それら不道徳や反道徳への歯止め、それはすこぶる弱いといってよいのではなかろうか。それゆえに、各人がみずから進んで道徳的秩序を守るというよりも、そこに時々の政治権力が介入し、かくて政治権力が罰を代行するという形になったりするのではなかろうか。いいかえれば、中国でも日本でも、儒教がいわゆる封建道徳として、政治権力に都合のよいように利用されるという、その一因も生まれたのではあるまいか。

なるほどいわゆる一神教の世界でも、人間のアンチ・モラル、つまりは不道徳や反道徳、それへの罰は、じっさいには宗教権力や、それと結びついた政治権力がこれを遂行していた、それも事実であろう。しかしながら、この世界と人間を創造し、今現在もたゆまず創造しつつこれを保持しているという、これらの宗教世界では、よし宗教権力や、これと結びついた政治権力に罰せられることがなかったとしてみても、しかしアンチ・モラリスト、つまりは反道徳者、不道徳者は、それで心が安まるということはなく、それらの宗教的・世俗的権力をも絶対に超えた聖なる審判者、その方のかぎりのない厳しい審き、これを免れることはとうていできず、かくてその仮借のなき厳しさに不断に震えおののいてなければならなかったのである。

要するに、たとい宗教的ないし世俗的権力の眼は誤魔化せたとしても、いつも、到る処で人間を温かく見守りつつ、しかし同時に厳しく監視もしているあの大いなる方、つまり聖なる審判者の眼はいかにしてもこれを誤魔化すことなどできず、その前につねに自分を曝け出さざるをえなかったのである。かくして、ここでは、倫理・道徳は、たんに宗教界ないし宗教的権威からの要請としてだけでなく、人々の自発的な欲求としてもおのずから生まれてきたものといってよいだろう。

他方、東洋の仏教や儒教では、その道徳は、人々のおのずからなる内的欲求として起こってくるもの、起こってきたものというよりも、誰かの宗教的ないし道徳的権威によっていわば外から与えられ、かくて人々はこれを守ろうとしたのであって、それを守ろうとするその根拠は、ひっきょうそれら宗教的ないし道徳的権威者の、その権威にもっぱら置かれていたといってよいのではなかろうか。要するに、仏教的世界のすぐれた僧とか、儒教的世界のすぐれた師、そういった権威ある人々の言葉として、それは守ることが必要とされたのではないのだろうか。だから、ここでは、その権威者の言葉をよし破ったにしても、その罰は、いわゆる一神教のそれほどに厳しくもなければ、それほどにとてつもなく恐ろしく不安に苛まれるものでもなかったのではあるまいか。

なるほど、いわゆる一神教の世界でも、神の言、ないしそこから派生した倫理・道徳は、たいていは教会やシナゴーグ、あるいはモスクといったいわゆる聖処における宗教的権威者により、いわば外から教えられることが多かったといってよいかもしれない。が、しかし、かれら宗教的権威者の拠って立つ聖典は、文盲でなければだれでもこれを読めたし、それゆえ、そこから各自が自分自身で、いわゆる神の言を読みとることもできたであろう。しかもそのさい、それらの聖典、つまり旧約聖書やバイブル、あるいはコーランは、ひっきょう神によって書かれたもの、よし人間の手を介してではあれ、しかし、神がその人間を介してみずからの言を書き記したものと考えられており、それゆえその聖典の権威は絶対ともいいうるものだったのだ。

繰り返すなら、これらのいわゆる一神教的世界では、神の言、この世界と人間の創造主にして救済者、さらに同時に審判者なる神の言を、各人がみずから自由に直接読みとることができたのである。それゆえ、その世界に住むすべての人・あらゆる人が、もしそれを望み、またすることができたなら、直接自分で神の言を読んで、自分で考え、自分で判断し、これを解釈することができたのである。ここに、これらの世界における倫理・道徳の発達の、その普遍的根源性がある。すなわち、少なくとも文盲でないかぎり、すべての人・いちいちの人が、自分で神の言にもとづく倫理・道徳を育み培いわがものとすることができたのである。

もとより、そこには大きな危険性も胚胎し、じっさいその危険性は現実のものともなっている。というのはこうだ。これらの世界では、聖典が即神の言とみなされてしまったがゆえに、そこに含まれている必ずしも神の言ではないもの、神の言を人間、つまりはそれを書いたものが誤って理解し書き留めたもの、それをも神の言と錯覚したり、いや、たといそうではなくても、たしかに神の言の正しい反映とみなしうるものであったとしても、その解釈は人それぞれによって大きく異なるにもかかわらず、自分ないし自分たちの解釈のみが唯一絶対に正しいと一旦みなしてしまうなら、それはとんでもないことになるからである。そこにさけがたく生まれてくるものは、みずからの宗派絶対主義にほかならない。かかる自宗派絶対主義は、宗教的世界には往々にみられることだが、いわゆる一神教の世界では、それはとりわけ強い。絶対者なる神を、みずからの後盾にしてしまうからである。その典型の一つが、あのアメリカ・ニューヨークの世界貿易センタービル、それへの民間航空機による自爆テロ、それを決行したイスラーム急進派・国際テロ組織アルカイダや、その分派としてのＩＳといっていいだろう。

それはともかく、そのような大いなる、いやとてつもなく大きな危険性を孕みつつ、しかし、他方では、以上のべてきたような理由で、いわゆる一神教的世界では、倫理・道徳の発達が、たんに外からの植えつけとしてばかりではなく、そこに属する人々各人の、いわば内側からのおのずからなる欲求としても可能であったのである。そのさい、それを破ったときの怖ろしさがひとしおであったこと、それも、ここには深く関係していたといってよいだろう。

なるほど、仏教や儒教でも、文字さえ読めれば、人々はその仏典や論語をみずから進んで読み、これを解釈することはできるであろう。しかし、何度も繰り返していうように、これらの宗教・道徳世界には、この世界や人間の創造主即審判者の存在が、ほぼ完全に欠落している。したがって、そこで、たといみずからの内的欲求として自分自身の倫理・道徳を築いたとしてみても、その究極の根拠はどうしても薄弱とならざるをえない。せいぜい自分自身の解釈の眼、眼の力を信じるか、はたまたそれを説いてくれる、それらの世界の権威者の権威、それに依存するしか他に道はないのである。

もう一度繰り返すなら、いわゆる一神教の世界では、聖典を説教する権威者は、その権威を、よしそれが必ずしも正しくはないにはしても、にもかかわらず、絶対の神によって裏づけられている。なるほどそこに、それらの宗教の途方もない危うさもまた、たしかに胚胎するといってよい。が、しかし、ただ一面的に権威ということにだけ限ってみるならば、これほどに確固不動の権威は他に存在しない。ところが、仏教や儒教には、こういった絶対ともいいうるような権威はどこにも存在しない。ほかでもない、そこでは、この世界や人間の創造主即審判者、かかるものとしての絶対者に裏づけられるということがないからである。

しかし、そこに、まさにそこにこそ、これらの宗教・道徳の、いわゆる一神教的宗教とは違ったすぐれた強みがあることもまた、たしかな事実といっていい。それは、つまりこういうことである。それらの宗教・道徳、つまり仏教や儒教では、絶対者の存在は必ずしも明確でない。それゆえ、その聖典である経典や論語も、何かの絶対者によって書かれたものとはなされていない。したがって、いたずらにこれを独占して、みずからの権威を絶対者によって裏打ちし、かくてみずから自身を絶対化するということがない。いや、少なくともいわゆる一神教の宗教ほどには強くない、ということである。が、しかし、これを逆にいうならば、これまで何度もいってきたように、これらの世界では、倫理・道徳の究極の根拠が、いわゆる一神教のそれほどには確実でなく、それゆえその発達も、前者ほどには進まなかったということである。さらにまた、これらの世界では、各人がみずからの倫理・道徳をよし育み培った場合でも、その根拠づけが十分に厳格ではないゆえに、ともすれば自分に甘えがちとなったということである。

さて、これまで長々と仏教と儒教について、いわゆる一神教の宗教と比べつつ、そこでの倫理・道徳の発達・進歩の具合、あるいはその根源的絶対性の欠如について論じてきた。そこで、これを結論的にいうならば、すでに何度も繰り返したように、仏教や儒教には、絶対者により刻々審かれつつあるといった思想が根本的に欠落しているということである。すなわち、この世界や人間の、創造主や審判者といった思想がないということだ。この世界や人間は創られたもの、生かされ在らしめられたもの、生かされ在らしめられつつあるもの、したがって、人間が何としても冒してならない絶対者の聖域があるという、そういう認識が、それらにあってはどうしても生まれにくいということである。

まさにそれゆえにこそ、これらの世界、その影響をうけた日本や東洋では、今日の科学技術の未曽有の発展、もしくは時に暴走ともいいうる事態によって惹起されつつあるさまざまな問題、例えば、臓器移植とか生殖補助医療、クローン技術、iPS細胞、安楽死、尊厳死等々といった今日緊急の課題について、その真摯なる議論が起こりにくいのではあるまいか。かくして、これらの世界では、生命倫理や生殖倫理あるいは環境倫理、情報倫理といった今日喫緊の問題も、今なお発展途上という他ないのではなかろうか。

さて、ここでもう一度、いわゆる一神教に対する仏教的世界、そこにおける倫理・道徳の発達の遅れについて、これを簡潔にまとめつつ、さらにそれに加えて、仏教のあの不殺生戒――殺生という最大の悪に対するその戒め

——を、倫理・道徳の最重要な一つの例としてこれをとりあげ、そのうえでそれへの根本的批判と、それに対するインマヌエル哲学の見解について述べ、そのさい、そのインマヌエル哲学がしかと肥持する根源的自由や愛、それらの神秘の深い謎、それらについても、それとの関連でこれを徹底的に明らかにしつつ、インマヌエル哲学への一般の理解をよりいっそう厳密に深めてゆきたい

先にもいったように、仏教では、仏の創造者・審判者の面が欠落しているゆえに、倫理・道徳が、キリスト教やイスラーム教、あるいはユダヤ教のごときいわゆる一神教の宗教ほどには発達しなかった。いわゆる一神教のキリスト教やイスラーム教、あるいはユダヤ教では、神は創造者即救済者としてどこまでも優しい愛の神であると同時に、他方どこまでも厳しく人間を審く厳格な神であったがゆえに、そこには必然的に、人間的行為の是非・善悪・正邪・美醜・高低・精粗に深くかかわる倫理や道徳が、それ相応に発達したのに対し、仏教のごとく、仏の審判者、つまり人を審く厳しい面が看過されると、どうしても、これら人間世界の是非・善悪・正邪・美醜・高低・精粗を根本的に相分かつ、その根源的基準があいまいとなってしまうからである。

＊　あえて繰り返すなら、以上のべたことと、最近の科学技術の暴走で生じてきた諸問題、たとえば安楽死や尊厳死、あるいは臓器移植や妊娠中絶、さらにクローンの問題、一般的にいって生命倫理や生殖倫理といった問題、これらに対して、これまでキリスト教が支配的だった西洋では、わりと早い段階からこれが問題視され、それなりに深く議論されてきたのに対し、その点、従来仏教色の強かった日本では、西洋に比べてはるかに遅れている、こういったことも、片やキリスト教諸国、片や仏教国、といった違いが、そこに深くかかわっているとはいえまいか。

もとより仏教にも、かつては厳しい戒律、たとえば不殺生や肉食妻帯の戒めなど、いわば宗教的掟というものはあるにはあった。だが、それは、主に出家した僧に対して課せられたものであって、在家の一般の人々に直接かかわるものでは必ずしもなかった。それにまた、仏の審判者という面がすこぶる薄弱であるゆえに、その戒律

の根拠も今ひとつ十分に明らかとはいいがたかった。たとえば不殺生は、仏教の戒律なかでもとりわけ重要な一つだが、しかし何故殺生が駄目なのか、悪なのか、その根拠はすこぶる薄弱といわざるをえない。

キリスト教やイスラーム教、あるいはユダヤ教のごときいわゆる一神教ならば、生きとし生けるものはすべて愛なる神によりその生を与えられたものであるゆえに、それを無闇に殺すことは神への反逆であり、それゆえ罪とみなされ、かくて神により厳しく罰せられる。したがって、人間が生きていくうえでのやむをえない殺生は別にして、無益な殺生は神への冒瀆とみなされ、それゆえ厳格に罰せられることになる。ほぼそのように殺生、少なくとも無益な殺生への断罪は、根源的に神により根拠づけることが可能となる。

もとよりそうはいっても、これらの宗教では、人間が他の生物の上に立ちつつこれを管理するもの、といった考え方もとられたので、その点人間による他の生物の殺生は、時として人間の御都合主義に委ねられる面もたしかにあった。が、しかし、真に正しくいわゆる一神教の神を信じ奉じるものは、むやみやたらと他の生き物を殺すこと、それは、やはりこれを神への反逆としてつとに慎んだのも事実といえよう。

これに対し、仏教のごとく、仏のこの審判者の面が薄弱ならば、そのような殺生への弾劾も、キリスト教などいわゆる一神教のごとく、少なくとも論理的に整然とは根拠づけられえないであろう。いきおい何とはなしの経験則、経験に即した法則・規範等にのっとって、不殺生といわれうるにすぎないだろう。もとより仏教にあって不殺生は、上述したごとくもっとも厳しい戒律の一つである。にもかかわらず、その根拠が今ひとつあいまいなのだ。

もとより人間は、何か生命あるものを食べずには生きていけない。いや人間にかぎらず、この世界の生あるものはすべてそうである。それは自然の摂理といってもいい。

では、その人間に、どこまで不殺生を貫き通すことができるであろうか。せいぜいのところ、動物を殺して食べることは、これをさけ、植物で間に合わせよう、動物性タンパク質の代わりに豆腐や味噌、あるいは納豆など、大豆を使った植物性タンパク質で代替しよう、という発想になるのが落ちではなかろうか。

しかしながら、ここには何か偽善的なものが混りこんではないだろうか。いったいどうして植物の生命はこれを殺してもよいのに、動物の生命はこれを殺しては駄目ないのか。動物の生命と植物の生命とのあいだには、いったい上下・先後の順序があるのだろうか。

たしかに進化論的にいうならば、植物が先で動物が後に生まれてきた。その先後では、動物の方が植物よりもより高等である。そのかぎり、進化論的には、動物の方が植物より、より価値が高いといってよいかもしれない。だが、それは、事の本質としての価値といってよいのだろうか。そもそも生命というものに、そういった価値の順序があるのだろうか。少なくとも、今から二五〇〇年前に興った仏教の当時、このような進化論は、未だ人間にも明らかにされてはいなかった。

では仏教は、いったい何を根拠にして動物の生命を植物の生命の上位においたのだろうか。少なくともこういった疑問が、仏教に対しては自然と湧きおこってくるのではあるまいか。

その点、インマヌエル哲学はこう考える。まず第一は、人間も大自然のなかの一つの極小の自然である。その点は、何ら疑う余地はないだろう。あのいわゆる実存哲学のごとく、人間を自然界のなかで何か浮き上がった特別の存在と考えること、その方が、むしろ間違いというべきだろう。少なくとも、インマヌエル哲学はそう考える。

人間もまた一個の自然、大自然の中の一個の極小の自然なのである。そこに、何ら特殊性の入り込む余地はない。自然の生き物として人間もまた、他の自然の生き物、いや自然界そのものと何ら変わるところはないといってよいのだ。

そのかぎり、人間もまた、自然の摂理のなかにおかれているといってよい。とするならば、自然界の生き物はすべて他の生き物を食べて生きている、という自然の摂理、つまりは食物連鎖に従うこと、それは何ら悪とはいえないだろう。自然の摂理そのものが、インマヌエルの神の御意に適っている、神の御意のもとにこの自然界に生起してきた、といってもよいからである。

要するに、他の生物を食べて生きるという自然の摂理、つまりは食物連鎖そのものが、それがまた一つの自然の事柄であり、要するに自然であって、そういう自然を含めたすべての自然、個々の自然の営みをすべて含めた自然の世界全体、それを根源的かつ永遠に動かしている原動力ないしエンジン、それが、それこそが、インマヌエルの神といってよいのであって、それゆえ自然界の営みは、すべて神の御意に適っているといってよいのである。

ただここで注意せねばならないことは、自然界のなかのいったい何が自然であって、何が自然ではないのか、つまりは不自然なのか、という点である。その点を、はっきり見究めることが重要である。先に筆者は、人間はそれじしん自然界のなかの一個の極小の自然だ、といった。が、しかし、ここで留意せねばならぬのは、人間はそれじしんたしかに一個の自然でありながら、その自然に反する行為もまた行なう存在、その意味で自然界で唯一反自然的な面をも持つ存在、そのかぎりでの特殊な存在だということである。

ここでその点に詳しく入るゆとりはないが、ただ一つ簡単にいっておかねばならないことは、こうである。人間は、他の動物のように本能とか習性とかによって完全に縛られているわけではない。いや逆に、本能とか習性とかといわれるものからも自由であること、解放されていること、それが、人間を人間たらしめている根本のものといわねばならない。

たとえば生まれたての赤ん坊は、本能的に母親の乳を吸い、母親や父親の顔を見て本能的に笑い、オムツが濡れたりして不快になると本能的に泣く。これらの事実からも明らかなごとく、人間もまた本能から完全に解放されているわけではない。

いや、たんに赤ん坊だけではない。よし大人であっても、腹がへれば何か食物を食べたくなるし、疲れれば休みたくなる、また眠たくもなる。さらにまた異性が好きになったり、性愛への欲望をもったりもする。そのさい、これらもまた、本能ないし本能的なものと深くかかわっていることは恐らく間違いないだろう。

しかしながら、それらの本能ないし本能的なものに完全には縛られていないこと、いやむしろ成長すればするほどそれらからより自由になっていくこと、さらに、時にはあえてみずからその本能的なものに逆らい、その逆の行為へと走ることもあるということ、そこに、まさしくそこにこそ、人間の実に人間たるゆえんのものがあるといってもよいのだ。

要するに人間は、他の動物や生き物と違って本能からも自由な存在なのである。いや、自由な側面をも持っている存在なのである。しかもその自由は、自分が自覚して行なえば、それだけより一層拡大・拡張することもできるものなのである。この自由、自覚さえすれば本能にすら逆らうことのできるこの自由、たとえば、たとえ飢えていてもあえて断食する自由、異性に魅かれてもあえてこれを拒否する自由、いかに睡魔に襲われようとこれに逆らう自由、そういった自由が、人間にはたしかにあるのだ。この自由はしかし、他面からみると、人間にとって、その是非・善悪・正邪・義不義を選択することのできる、その自由でもあるだろう。インマヌエル哲学は、これを人間の根源的自由と名付ける。

この根源的自由にあっては、人間はみずからの理性に逆らってもあえて悪を行なわんとすることもある。それが悪だと分かっていても、あえてそれをすることもある。その日の食べる物にも事欠いて、家には小さい子供たちが腹を空かして待っている。だから仕方なく、理性的には犯罪と知りつつも、しかし他人の金を盗む、といったことだけではない。こういったことは、人間にとってはむしろそれもまた自然、自然の感情からくる誤った行ないといえなくもない。自分も飢え、子供たちも飢えている。それゆえ、その子供たちへの愛ゆえに、つい他人の物にも手を出す、これはある意味人間にとっての自然であろう。悲しいことだが、これもまた一つの自然といってよいだろう。

愛は人間の心の底から突き上げてくるものであり、理性などよりも時には強烈・強靱といってよいのだ。というのも愛は、絶対無我無償の愛なる神に直接その源を有しているものにほかならないからである。したがって、それは、小賢しいちっぽけな理性の力をはるかに凌駕することもありうるのだといわねばならない。

もとより理性もまた、深く神に根差すものではあるだろう。だが、しかし、そのつどの今・ここで、理性と愛と、そのいずれがより深く神の御意に即しているか、それは、そのつどの状況如何にもっぱらかかわっているというべきである。

問題は、それが度しがたい悪だと百も承知のうえで、いや極悪を極悪とも認めずに、あえてそれを行なうばあいの自由にほかならない。人間世界には、現実にそういういわば反自然的自由ともいいうる自由、それによって惹起される事件が少なからず存在する。たとえば、かつて大久保清という人物による連続強姦殺人事件が発生した。そのさい逮捕された大久保は、自分は自分のしたことを何ら悪だとは思わない、とうそぶいた。こういったことは、しかしひとり大久保清にかぎらず、いわゆる無差別連続殺傷事件やストーカー殺人、あるいは放火殺人等々として、古今東西到る処で惹き起こされている。

いったいこれも、人間の自然と考えてよいのだろうか。ここでインマヌエル哲学は、あえて然りといいたい。人間とは、みずからの自然に反する自然も同時に合わせもっている、そういう特殊な存在なのだ。かつて実存哲学が考えたごとき、他の存在とは何か特別に区別された・どこかエリート的ニュアンスのある特殊な存在、というのとはまったく別の意味で、特殊な存在なのである。実存哲学は、たんに他の存在に対しての・人間のいわば非連続性をのみ強調したのに対し、インマヌエル哲学の考える人間の特殊性とは、他の自然のものといわば非連続的に連続している、ただそのかぎりでの特殊性にほかならない。いずれにせよ、人間にはそういう自由、みずからの自然に反する自然をも成り立たしめうる自由、インマヌエル哲学の言葉でいえば根源的な自由がある。

すなわちそれは、いわば反自然的自然、本来の自然に反する非本来的自然、それをもそのうえで可能ならしめる、そういった自由にほかならない。かかる根源的自由とは、他の生物にはみられない、ただ人間にのみ存在するいわば特殊な自由といわねばならない。悪を拒否しつつみずからの責任において善を選択・決断すること、それこそ神の御意ゆえに、その神の御意、つまりは超越的な根源的自然に完全に反するにもかかわらず、しかしそれを可能ならしめる自由にほかならない。あえていうなら、何の理由もなしに、まさしくそれが悪だから、悪と分かっているから、まさにそれだからこそあえてそれを敢行する自由、そういう自由をも内包した自由といわねばならない。

あるいはまた、ドストエフスキーの『地下生活者』[16]の言葉を借りれば、人間は自分が何の自由もないたんなるピアノの鍵盤ではないことを立証せんがために、ただそのためにだけでも悪を行なうことがあるという、そういう自由といってよい。じっさいそれは、ドストエフスキーの類い稀な人間理解、炯眼といわねばなるまい。

かくして人間は、根源的自由にあってみずからの自然に反して行動すること、これもまたその自分の自然とする、そういう特殊な存在なのである。他の生物としかと連続しているにもかかわらず、まさしくここで、この点で、決定的に非連続しているというべきなのだ。まさしくそれだからこそ、人間以外の他の自然界に善悪の区別はまったく存在しないにもかかわらず、しかし人間界にはそれがおのずから生まれてくる、その深い根拠があるのだといわねばならない。

いずれにせよ、かくて明らかなごとく、人間は、いわば自然と反自然と、それら両者の一つの綜合といわねばならない。いいかえるなら自然と反自然とが、いわば糾える一本の縄のごとくに不即不離の関係にある存在といってよい。

それはともかく、もう一度仏教の不殺生戒と食との問題に立ち還り、われわれインマヌエル哲学の見解をさらにいっそう明らかにしたいと思う。

食物連鎖のごときいわば自然の摂理に関するかぎり、人間の食もあくまでも自然のことであり、そのかぎり他の生き物を食べることは何ら悪とはいえないのかもしれない。が、しかし、にもかかわらず、人間も他の生き物を殺し食べずには生きられないという事実、それに対しては、依然「根源的な疚しさ」（最首悟氏）が残るということもまた明らかだろう。この「根源的疚しさ」を克服するもの、いったいそれはどこにも存在しないというべきだろうか。それに対し、インマヌエル哲学はこう考える。

　ほかならぬ愛の実践こそ、この「根源的な疚しさ」を償い、これを乗り越えるものとはいえないだろうか。他者のために自己を犠牲にする行為としての愛、その愛の実践により人間は、生きていくうえでどうしても避けがたい食という行為、他の生物を殺しこれを食べるというその行為における罪、その贖罪を、たとい無意識にではあれ、行なおうとしているのではあるまいか。

　まさにそれだからこそ、愛の実践は、時として一方ではとうてい耐えがたい重い苦しみが相伴うと同時に、しかし他方では、他にはかえられない大きな喜び・充実・満足が恵まれてくるのではなかろうか。人間に対する神による愛の実践への促しは、本来「神の似姿（imago dei）」としての人間の、しかし他面のこういった面、生きていくうえで避けがたい食という罪行の面、それも深くかかわっているといってはいいすぎだろうか。

　いずれにせよ、こういったインマヌエル哲学の思索とは裏腹に、仏教にあっては、少なくともこの不殺生戒一つをとっても、その根拠がすこぶるあいまいで、そこに徹底した深い思索があるとはとうてい思われない。

　かくして、ここにも、仏教にあっては、倫理・道徳が十分には発達しなかったその一例が垣間見えるとはいえまいか。要するにそれは、仏教にあっては、殺生することのその罪悪性の根拠がまったく薄弱だということである。なぜならそれは、すでに何度も指摘したように仏教には、この世界と人間の創造主即審判者といった存在がほとんど完全に欠落しているからである。

　ところで、インマヌエル哲学が、殺生をすべて悪と考えるのは、自分と同じく主なる神により創られ生かされている他の生き物を、同じく被造物にすぎない自分が殺すこと、抹殺することであるからだ。かくして明らかなごとく、人間はいかにしても悪を逃れられない存在なのだ。少なくとも人間は、食一つをとっても、他の生き物と違って必要以上に殺生する。いや、その傾向が、すこぶる強い。そのうえ人間は、他の生物と異なって、よし人間も何かを食べねば生きていけないとはいえ、しかし自由にいろいろ選り好みをする。少なくともそのきらいが強い。こうして、ここにも人間の罪の深さは現われており、それゆえに先述したごとく、愛による贖罪という促しもまた、おのずから人間に生起してくるその深い根拠があるといわねばならない。

さて、仏教の不殺生戒についての考察が図らず長くなってしまったが、しかし以上をすべて要するに、インマヌエル哲学は、一方では仏教や、その影響下に立つ天道思想、それらに代表されるいわゆる多神教と、他方はキリスト教に代表されるいわゆる一神教と、それら両者を根柢的に綜合・止揚しつつ、かくて今日喫緊の課題としての倫理・道徳もまた、これをふたたびしかとその上に打ち樹てんと試みるのである。

## 八　インマヌエルの宗教的感性の衰退と人間の傲慢化、それと結びついた科学万能主義の台頭による新たなる人間的不幸の発生、およびその克服の道

ここでは、仏教にしろキリスト教にしろ、あるいはまた天道思想にしろ、これをより一般的にいって宗教的感性ないしあえていうならインマヌエルの宗教的感性の衰退が、今日人間をいかに傲慢・不遜にしているか、そうしてそれと共に、それらに裏づけられた科学万能主義の台頭で、今日人間がいかに不幸になりつつあるか、それらの点について力のおよぶかぎり究明してゆこうと思う。

そこでまず田川建三という、生前筆者の師・滝沢と時々激しく論争していた新約聖書学者の例をとってみてみたい。かれは一風変わった人物で、反キリスト者であるにもかかわらず、キリスト教の新約聖書の研究をすると

いう人間である。何故そうするかといえば、キリスト教が人間世界に及ぼす悪影響は測りしれないゆえに、そのキリスト教をとことん潰すためにその研究をするのだという。反キリスト教だから、生前滝沢と激しく論争したのであろう。

滝沢もまた、西洋の伝統的キリスト教の考え方、とりわけその核心中の核心であるキリスト論、つまり「イエスは神の子キリストなり」という根本ドグマ、それには徹底的にこれを批判し否定する立場であった。が、しかし、この世界を日々創造し、保持し、人間を日夜救いへと導いている神はいる、確かにいる、いつも・どこにでも、この世界の到る処に普遍的に存在している、という考えに立っていた。したがって、そういう絶対なる神の存在を否定する田川氏とは、おのずから根本的に対立する関係にあったのだろう。

そういう反キリスト者・無神論者の田川氏ですら、ある本でほぼこんなことをいっているという。つまり、「キリスト教の世界創造論はあるいは必要かもしれない。なぜなら、現代人はあまりにも傲慢になりすぎてしまったからである」と。ここで田川氏がいわんとしていることを、筆者流にいいかえるとこうである。

人間に、自分は創られたものという意識があれば、おのずからそこに、自分には絶対の限界がある、とか、人間ないし自分が絶対に冒してはならない創造者の聖域がある、といった考えがおのずから生まれてくる。が、しかし、そういう自分の被造性の意識がなくなると、さけがたくそこに自分ないし人間にできないことは何もない、いや何をしてもいい、人間にできることなら何をしてもいい、という傲慢・傲りの意識が芽生えるだけでなく、日々それが成長・肥大してくる。そのさい、それが科学と結合すると、科学万能主義となる。要するに、科学をどこまでも発達させていくならば、それは必ず人間にバラ色の未来を約束する。いや、科学にできないことは何もない。科学に不可能はない。そういう科学をどこまでも発達させていくならば、それは必然的に人間の幸せに結びつく。端的にいって、科学が人間を幸せにするのだ、と。

つまりそういった考え方が、科学万能主義にほかならない。これは一九世紀にまず起こったが、その後二〇世紀になって二つの世界大戦を経験し、そこでは人間に幸福を約束するはずだった科学が大量破壊兵器をいろいろ生み出し、それによって厖大な数の人間を殺戮するという大惨事が起こってしまい、そこで一時、それは衰退した。いや、かえって逆に、科学への懐疑心の方が有勢になったといっていいかもしれない。が、しかし、その後、その二つの世界大戦による大惨事への記憶が薄れていくにつれ、ふたたびまたその科学万能主義が台頭してくることになる。

その一例が、原子力崇拝といってもいいだろう。原子力という、人間の力では元来制御できないものでも、いや科学の力でいつか必ずできるようになる、という妄信である。そうしてそれが、旧ソ連のチェルノブイリ原発事故やアメリカ・スリーマイル島原発事故、そしてさらに、すでにそれらの大惨事を経験しているにもかかわらず、性懲りもなくなお原発安全神話を振りまいて、原発推進を強行してきたあげくの果て、ついに引き起こされたあの福島第一原発事故、まさにそれらの元凶、いや元凶中の元凶といっていい。そのさい、これらの原発事故の根本にある科学万能主義、その根っ子にあるものは、いうまでもなく、すでにのべた人間ないし現代人の途方もない傲慢・傲り・高ぶり・慢心といってほぼ間違いはない。

こういった現代の科学万能主義は、しかしただ一つ原子力崇拝のみならず、現代の様々な最先端科学技術のなかにもまた、しかと見てとれることができるといえよう。あるいは視点をかえていうならば、建築の世界における世界一高い建物への人間のあくことなき憧憬、その中にも、見てとれるといってよいかもしれない。すなわちフランス・パリのエッフェル塔に始まり、名古屋のテレビ塔、さらに東京タワー、そしてそのあと浅草に打ち立てられた東京スカイツリーが、それである。さらにまた、あの同時多発テロでアルカイダにより破壊されたアメリカ・ニューヨークの世界貿易センタービルも、その一つといってよいかもしれない。とまれ、それらの建物を建てる際には、あのスカイツリー建設がそうであるように、その時代・その国のいわば最先端の科学技術が総動員されているのである。ここにもまた、人間ないし現代人の、あまりの傲り高ぶりが、しかとみてとれるといってはいいすぎだろうか。

翻って思うと、旧約聖書には、いわゆる「バベルの塔」（創世記一一・一―九）というあの有名な話がのっている。それは、つまりこうである。ある町で、人間がその不遜のゆえに、天にも届かんとする高い塔の建設を始める。と、神が人間のこの行為をみて、これは人間が自分の領域にまで踏み込みこれを冒さんとする行為であり、人間の傲り高ぶりの何よりの証しだとして激しく怒り、かくて、人間をそのように傲慢にしたのはその民の言葉がただ一つだからだとしてこれを大いに混乱させ、こうしてかれらをその地から分散させたというものである。今から三千年以上も昔に、すでにこんな話が作られているのである。いや、じっさいにこの事件はあったのだ。

それはともかく、この話にも象徴されているように、人間はいつも自分の分ないし限界を忘れてどこまでも傲り・高ぶるという傾向をその根深い性癖としてもっている。なぜなら人間は、自分がひっきょう創られたもの、日々創られつつあるもの、という自己存在の根源的事実をいつも忘れやすいからである。そのさいその傾向は、西洋近代以降の科学の発達と共にいよいよ激しくなっていったといってよい。科学の発達と共に人間は、自分は創られたもの、いや刻々創られつつあるもの、というよりも、逆に自分こそ作るもの、物を産み出すものだという自惚れを日増しに激しく抱くようになっていったからである。本来は自分が刻々創られつつあるものであるからこそ、その創造者の力を貸りて自分も物を作り出すことができるのだ、という自己存在の根源的事実を忘れ、ただただ自分一人の力でだけ物を作り産み出すことができるかのごとく人間は妄想し自惚れていってしまったのである。

キリスト教もそう考えるごとく、この人間の傲慢・不遜、それこそが他ならぬ人間の罪であり、かくてあらゆる不幸の根源なのだ。罪とは、自己の創造者・救済者なる神への反逆・敵対であり、それゆえ人間に幸せを日々恵んで下さる方からの逃走にほかならず、そのつど差し出される幸せの拒否といわねばならないからである。そのさい、人間が承知でそれをするというよりも、自分に差し出されるその幸せを人間は誤解し、これを正しく理解できないで、これを我知らず拒否してしまうのだといった方がいい。自分では、その幸せとはまったく正反対の不幸を、それこそが自分にとってのかけがえのない幸せだと思い誤って、その不幸に向かって突き進んでしまうのだ。我欲・我執、そこからさけがたく肥大・膨張してゆく傲岸・慢心・傲り・高ぶり、それらと密接に結びついたあくことなき物欲、その延長線上の名声欲・権勢欲・支配欲・金権欲等、それこそまさに人間の妄信するいわゆる幸せであり、そのじつ底無しの不幸にほかならないのだ。

これに対し、人間にとっての真の幸せとは、これを本質的にいうならば、エピローグでも詳述するごとく、自己の創造者・救済者なる神の御意に添うてこの御意に従順に従うこと、つまりは絶対無我無償の愛なる神の御意なる愛をみずからも誠心誠意をもって実践していくこと、まさにそこにこそある。その愛の実践の過程で恵まれる、一方では、たしかにいろいろ言葉に尽くせぬ苦しみ・苦労が伴いつつも、しかし他方で必ず得られる他にかえがたい得もいえぬ満足や充実感、あるいは安心・安堵・喜び等といったもの、それ、それこそが、人間にとってのもっとも深い、まさに人間らしい・人間の本質にかなった幸せというべきなのだ。

かくして明らかなごとく、人間は、その傲り・高ぶりから自由となって、その逆の謙虚さをこそ身につける必要がある。さもなくば、人間はとうてい幸せとはなりえない。それゆえ、救われることもありえない。

では、どうしたら人間は、そのみずからのいわば第二の本質ともいうべき我ないし我執、そこからさけがたく芽生えてくる傲慢・傲岸、そこから自分を解放することができるのか。それはまさに、自分が何よりもまず創るもの・産み出すもの、というのとは正反対に、まさに自分こそ根源的に日々創られるもの、永遠の太初《はじめ》から永遠の終末《おわり》にわたって時々刻々創られるもの、という自己存在の根源的事実、それへの確たる自覚であり、その自覚にもとづく、その自己の創造者の御意に添うた心底謙虚な振舞いというほかはない。

ところで、世界創造神話は、多くの宗教に見られるものではあるが、しかし、われわれは、そのもっとも深く、しかも哲学的・概念的にこれを明瞭ならしめたものとして、西田哲学のあの世界創造論をかたく心に留めることが大切だろう。

それはともかく、ここで、以上を天道思想とのかかわりでまた明らかにしてみよう。なるほど、すでに何度ものべたように、天道思想に世界創造論はない。だがそれは、人間や自然を絶対に超えつつ、これらを有無を言わさず支配している永遠なるもの・聖なるものへのたしかな自覚があり、これが人間や自然を日夜保持しつつ導いていると考える。

天道思想のこの考えは、おのずから人間を謙虚にする。ところが、こういった天道思想、より一般的にいって宗教的感性、ないしより正確にいうならインマヌエル（「神われらと共に在す」）の宗教的感性が失われると、人間はその本来の謙虚を忘れ去り、代わりにそこに傲慢の芽が発生し、ついにはそれがあまりに肥大・膨張し、いわば傲慢の塊に陥ってしまうのをさけがたい。かくして人間は、不可避的に大いなる悲惨や不幸をみずからに招いてしまうこととなる。人間の歴史と共に古い戦争や、そこで使用される時と共に残虐となっていく精巧・精緻なあらゆる兵器、とりわけ大量破壊・大量殺戮兵器の発明はその第一のものといってよいだろう。

ところで、いわゆる宗教戦争なるものは、真に正しい宗教によるものではさらさらなくて、むしろその仮面をかぶったエセ宗教によるものといわねばならない。人間の傲慢は、エセ宗教においてこそもっとも強化されるといってよいからである。なぜならエセ宗教は、絶対者にかかわりつつその絶対者そのものを絶対化するのではなく、それにかかわるみずからの人間的営みやその事象——たとえば教祖や経典、聖地や聖処、典礼、修業、信仰等——を絶対化し、それを押し通すこと、それこそが、絶対者から課せられ命じられた自分たちの使命と思い誤り、かくてみずからの行為を絶対的に正当化してしまうからである。

これに対し、真正の宗教、すなわちイエスの宗教は、真に絶対なるもの以外この世のいかなるものも絶対化したりはしない。ここに、まさにここにこそ、真正の宗教と、一見宗教の形をとりつつもそれとまったく似て非なる、いやその正反対のエセ宗教と、それら両者の根本的な相違がある。かくして歴史上多発した、いや今なお生起している宗教戦争なるものは、真正の宗教によるものではもうとうなくて、一見宗教の形をとったエセ宗教、真正の宗教とは正反対のもの、人間的傲慢の最悪のもの、その一つの発現というべきである。

それはともかく、もう一度、人間の傲慢とその不幸、それらの関係の具体例に話をもどそう。人間のあまりの傲慢が生み出す多大な悲惨や不幸、それはひとり戦争のみではない。人間にバラ色の未来を約束したはずのあの科学ないし科学技術も、またそうである。

たとえば、旧ソ連のチェルノブイリ原発事故やアメリカ・スリーマイル島の原発事故、そしてわが日本で起こった福島第一原発事故、これらもまた怖れを知らぬ人間のあまりの傲慢が引き起こしたものといって何ら差し支えない。人間の力ではいかにしても制御不能な核融合を人為的に引き起こし、かくて莫大なエネルギーを引き出しつつ、しかしその過程をすべて人間の力でコントロール可能だと妄信する科学万能主義、これこそ、これらの原発事故の根本原因といってよい。そのさい、この科学万能主義の中核に巣喰うもの、それはいうまでもなく人間を絶対に超えつつこれを日夜支配しているかの大いなるもの、それを忘れた、いや忘れているということすら忘れた、忘れに忘れ果てた人間のあまりの傲慢以外の何ものでもないだろう。

さらにまた、人間の傲慢とその不幸ないし悲惨とのさけがたい緊密な関係は、今日、とりわけいわゆる先進国のいたるところで見られる科学技術の暴走のうちにもこれをしかとみてとることができるであろう。

今日の科学技術の暴走は、第一章の六や第二章の二の㈤で詳述したように、一方ではさまざまな難病の薬の開発を促したり、現代人の生活を一面たしかにすこぶる快適で便利にしている反面、他方ではまさにそれゆえの現代世界特有のいろいろな難問、あえていえば今日的不幸を引き起こしている。いや、少なくとも確実に起こしつつある。

たとえば、体外受精や出生前診断に代表される生殖補助医療、iPS細胞などを使った再生医療、ゲノム編集を含む遺伝子技術、あるいはまた臓器移植やクローン技術、さらにはＡＩ（人工知能）やロボット研究等がそれである。なかでも今日すでにほぼ明らかなごとく、九九％の確率で母胎に大きなダメージを与えることなく、胎児がダウン症かどうかを予め検査することのできる出生前診断、これなどは、現代科学技術が新たに生み出した人間的不幸の典型といってよいのではなかろうか。これは「生命の選別」につながりかねないという倫理的問題を大きく孕むだけでなく、あらかじめ胎児がダウン症だと分かったときの夫婦の衝撃は予想だにつかぬものであるからだ。よしいかに、綿密周到なカウンセリングが出生前後に行なわれるとしてもである。

＊　現代における科学技術の暴走と、それによって引き起こされる新たなる今日的不幸については、たとえばこんな事例も存在しうる。

最近中国で体細胞クローンのサルが人工的に作られた。一九九六年にイギリスでクローン羊「ドリー」が作られて以降、哺乳類ではつぎつぎと、マウスや豚、あるいは牛などで、その体細胞を使ったクローンが作られてきた。そして今や、「ドリー」「誕生」以後、約二〇年にして霊長類でも、体細胞クローンが作られたのだ。中国でこれを行なった研究チームの一人は、「原理的には人間にも応用できる」と英紙に語ったという（朝日新聞二〇一八年一月二六日、天声人語）。

ところで、「ドリー」を誕生させた科学者によると、当時、子ども失った親からこんな電話があったという。すなわち「愛する人を再生することは可能でしょうか」と（同上）。

かくて明らかなように、今やクローン人間はもとより、けだしiPS細胞人間も、少なくとも技術的には可能となったのである。いったいこれが、人間の幸福に真につながることといってよいのだろうか。明らかに、否だろう。いやむしろ、人間的不幸の最たるものとはいえないだろうか。

いずれにせよ、かの出生前診断やゲノム編集で、ふたたびあの野蛮な優生思想、それにもとづいてかのドイツ・ナチズムが二五万人にもおよぶ障害者を虐殺した優生思想、それが今やふたたび新たに、より巧妙に装いを凝らして世界を席巻しつつある。これが人間的不幸でなくていったいなんだろう。これは、人間的不幸のなかでも最大の不幸の一つといってもけっして過言ではないだろう。人間から、その精神の正常性をほぼ完全に奪い取ってしまうからである。かくてそこに現われるのは、とりもなおさず崩落人間、つまりは人間としてもはや崩落したとしかいいようのない人間の群れといわざるをえない。エゴと非主体性の極致の人間の登場である。科学という麗わしい衣装をまとった、そのじつ悪魔の出現にほかならない。

それはさておき、科学技術の発達・暴走によりこれまでにない可能性がいろいろ広がるにつれ、それだけいっそうその可能性の前で、これまでは何ら悩む必要のなかった問題に、現代人は深く深く苦悩せざるをえなくなっている。可能性が広がることは、一見人間にとり幸福であるかに見えはする。が、しかし、それが度を超すと、かえって逆に、人間を不幸へと突き落してしまうともいえるのである。

とどまることを知らぬデジタル技術の暴走も、一見現代人にどこまでもかぎりない快適さと便利さを提供しているようでいて、しかし別の視点からみるならば、現代人を底なしの快適依存症・便利依存症に突き落とし、人間がもともともっていたいろいろな能力をどんどんこれから奪い取り、現代人をすこぶるひ弱にしているばかりではなく、人間にとり本質的で不可欠なその主体性、より具体的にいうなら思考能力やコミュニケーション能力といったもの、それすら、現代人からこれをどんどん奪い去り、かくてこれが今日途方もなく大きな問題となりつつあること、それは、第二章で詳しく論じたとおりといってよいだろう。

かくして明らかなごとく、今日われわれは、科学技術の暴走に端的にみてとれる傲慢を深く省み、みずからの限界、いや根源的限界を徹底的に自覚し、これをとことんわきまえる必要がある。さもなくば、人間はいかにしても不幸に陥ることがさけがたい。そのさい、人間がみずからの限界をしかと認めるためには、どうしても自己の被造性、いや少なくとも人間を絶対に超越しつつ、日々これを支え導いていてくれるかの大いなるもの、そういう真に大いなるものへのたしかな目覚めが何としても必要不可欠というべきなのだ。

ここに、まさしくここに、現代人が科学技術の暴走をしかと食いとめ、戦争をこの世から消し去りつつ、真に幸せの道へと立ち向かうことができるかどうか、その根源的な分岐点があるといわねばならない。かくしてここに屹立すもの、それが天道思想をより精密・厳密化したインマヌエル哲学、いや仏教ないし天道思想とキリスト教を根源的に綜合・止揚したインマヌエル哲学、端的にいってあのイエスの宗教をほぼ二〇〇〇年の時をへだてて現代世界に甦らせたわがインマヌエル哲学にほかならない。

# 九　イエスの宗教とインマヌエルの哲学

## (一)　イエスの宗教の現代的継承にして絶対主義的エセ諸宗教の批判的超克としてのインマヌエルの哲学——新たなる形而上学

さて、ここでは、一般に宗教が陥りやすいその絶対主義性についてインマヌエル哲学の見解を明らかにしつつ、かくてこのインマヌエル哲学はひっきょういかなる哲学なのか、それをさらにいっそう厳密に闡明してゆこうと思う。

いわゆる一神教は、よくいわれるごとく絶対主義的傾向がたしかに強い。一般にイスラーム教は、他の宗教に対し寛容だといわれるが、しかし同じイスラーム教の内部での、スンニ派とシーア派の対立はすこぶる激しい。その点は、今現在中東などのイスラーム世界を一瞥すれば一目瞭然である。けだしその対立の根源は、たといそこに政治・経済的要因がからむとしても、しかしひっきょうその根本は、自派をそれともなしに絶対化してしまうからだろう。その点はしかし、ひとりイスラーム教にかぎらず、他のいわゆる一神教、具体的にはキリスト教やユダヤ教でも同様である。キリスト教が長い間キリスト教唯一絶対主義に陥り、西欧列強の植民地主義と結んで他の諸宗教を徹底的に弾圧し、かくて途方もない多くの血を流してきたこと、それは今なお記憶に新しい。中世のあの有名な十字軍も、同じくみずからを絶対化したキリスト教とイスラーム教との、そのそれぞれによりいわば私物化された神の名のもとの、そのじつ実際には真の神の御意に激しく背いた凄惨な戦争の、その象徴といわねばならない。

ユダヤ教については、一九世紀末から起こったあのシオニズム運動、その結果としての、一九四八年のパレスチナにおけるユダヤ人国家・イスラエル共和国の、まさに残虐極まりない暴力的建設と、その後の今日までつづくパレスチナ人への徹底的迫害、そのうちにかの絶対主義性ははっきりとみてとれる。

いいや、この点は、いわゆる一神教ほどではないにはしても、仏教やヒンドゥー教その他のいわゆる多神教の宗教であっても同様である。インドなどでわりと頻繁に起こっているヒンドゥー教とイスラーム教、あるいは前者と仏教との対立・抗争を一瞥しても、これはほぼ明らかである。これらの対立・抗争は、その責任が、いわゆる多神教のヒンドゥー教や仏教ではなく、他方のいわゆる一神教のイスラーム教の方にこそすべてある、とはとうていいいがたい。かくしてこれらも、おのが宗教の絶対主義化のひとつの現われといってほぼ間違いないだろう。

思うに宗教そのものが、ほとんどすべて絶対主義的傾向をもつ。その理由は、けだしこうである。宗教とは大なり小なり絶対者に進んでかかわらんとする人間的営みである。ところが、しかしそれが間違って、そのみずからがかかわらんとする絶対者そのものをではなく、それにかかわらんとする自分自身や自分たちの教祖、あるいは聖典や、自分たちによるその解釈、さらに聖地や聖処等、それらは毫も絶対ではなくまぎれもなく相対であるにもかかわらず、これらを絶対化しやすいからである。まさしくここに、ここにこそ、ほとんどすべての宗教の絶対主義化、絶対主義的宗教化の根因があるといわねばならない。

ところで、この宗教一般にみられる絶対主義性、みずからを絶対化する傾向、それは、たんにひとり宗教にのみ限られたことではなく、人間世界の到る処、たとえば政治党派やおのおのの企業、あるいはまたさまざまな組織や団体についていいうることである。いや、これらの組織や団体ばかりではなく、おのおのの個人にあっても、たとえば学問を含めた自分の親しくかかわる営みや活動、さらには自分の考え、主義・主張においてみられるものである。

　要するに人間は、誰しもが自分を絶対化しやすいものなのである。だからこそまた、自分のかかわる活動や自分の属する組織・団体を絶対化してしまいやすいのだ。そのさいその根因は、ひっきょうするところ人間のエゴないし我《が》にあるといわねばならない。

　エゴとは、ほかでもない自分を絶対化せんとする衝動、みずから絶対者なる神にならんとする衝動といってよい。まさにそれだからこそ、人間世界の到る処にこの絶対化の波が押し寄せるのである。なかでも宗教は、それがとりわけひどい形で現われやすい。上述したごとく宗教は、大ていそれじしんが絶対的なものに進んでかかわらんとする人間的営みであるからだ。

　かくして、宗教を含めたすべての人間的営みの絶対主義性、それを根本的に批判しつつ真に正しい宗教、つまりは永遠に生ける絶対的真理に確乎として基礎づけられた、そのかぎりでのこの世的相対主義、かかるものとしての宗教を、この現代世界に、然りこの無宗教性の濃厚な現代世界にかたく打ち樹てんとするもの、それ、それこそが、ほかならぬインマヌエルの哲学といわねばならない。

　かかるものとしてインマヌエル哲学は、仏教とキリスト教と、それら両者を根柢的に綜合・止揚せんとする哲学、その意味でいわば仏教的・キリスト教的な哲学にほかならない。これをあえてより具体的にいうならば、あのイエスの宗教[17]を、約二〇〇〇年の時を隔てて今日ふたたびこの世界に甦えらさんとする哲学であり、かかるものとしての新たなる形而上学といわねばならない。

　その点をしかと確認したうえで、最後にインマヌエル哲学の来歴についてこれを少し概観してみたい。その先駆者としては、つぎのような人物や思想家が存在する。まず直接的には、一方でわが近代日本最大の哲学者・西田幾多郎ないしその仏教思想があり、他方では二〇世紀最大の神学者の一人・K・バルトないしそのキリスト教思想がある。さらにそれに加えて、かれらにさかのぼる一九世紀の偉大な思想家で、しかもそのいずれも二〇世紀に多大な影響をおよぼしたかのデンマークの憂愁の哲学者・キェルケゴールやロシアの大文豪・ドストエフスキーがいる。翻って思えば、もともと西田やバルトも、かれらから少なからざる影響をうけている。

それはともかく、インマヌエル哲学の先駆者としては、さらに、一九世紀のイギリスにあって資本主義の徹底した分析とその根本的克服を図った、二〇世紀型社会主義の元祖・マルクスも見逃せない。なぜならインマヌエル哲学は、この世界の物質的・経済的な不正や貧困、格差・不平等・不自由を徹底的に正すこと、それがほかならぬ真正の宗教の重要な努めのひとつと考えるからである。

ところで、今日もっとも緊急かつ重要なこと、それは第一章でも明らかにしたごとくいわゆる近代主義の根柢的超克にほかならない。そのさい、その近代主義の三大特徴とは、まず第一に理性主義ないし合理主義、それと深く結びついた科学主義ないし科学万能主義であり、第二は神なき人間中心的個人主義、そこからさけがたく惹き起こされるエゴイズム、さらにその先鋭化としてのニヒリズムにほかならず、第三は、近代になってようやく政治的に確立される資本主義、ないし資本主義的エセ民主主義といわねばならない。

そのさい、この近代主義の三大特徴をいずれもその根柢より超克するには、一方で西田やバルト、キェルケゴールやドストエフスキーと、他方ではさらにマルクスと、これらそれぞれの思想の根柢的綜合・止揚、端的にいって仏教とキリスト教、ないしいわゆる多神教と一神教、さらにそれに加えてマルクスのいわゆる無神論、それらの根柢的綜合・止揚が何としても必要不可欠である。

ここで、一神教と多神教について、インマヌエル哲学の考えを一言しておくと、本章の二でも詳述したごとく、真の一神教の神はただたんなる一ではない。根源的・本質的に絶対の一でありながら、しかしその具体的な働き方では無限の多というべきなのである。そのつどの今・ここで、いつも・到る処で働くものとして、まぎれもなく無限の多なのだといわねばならない。他方多神教の神も、ただたんに多というのではなく、その多の根本は絶対の一でなければならない。この絶対の一の、この世界における具体的な働き方として、無限に多なる姿・形をとるのだというべきである。

かかるものとして真の神とは、一即多、一即一切として、そのかぎりでの絶対的全一者といわれねばならない。かくして、ここに、いわゆる一神教と多神教とは首尾よく綜合・止揚されるのである。

それはともかく、以上述べてきたインマヌエル哲学は、これをもっとも端的にいうならば、あのイエスの宗教の哲学的表現であり、かかるものとしてイエスの宗教の、約二〇〇〇年の時を隔てた今日的継承、かかるものとしての新たなる形而上学にほかならない。

## (二) イエスの宗教とインマヌエルの哲学、そして現代——匿名の宗教および宗教者

カール・ラーナーは、「匿名のキリスト者(Anonyme Christen)」という概念に言及している。要するにキリスト者は、自他共にキリスト者と認めている者だけでなく、キリスト者という名前をもたないキリト者もまた存在するということである。いいかえれば仏教徒やイスラーム教徒、あるいはユダヤ教徒のなかにも、その実質においてキリスト者といっていい人々がいるというのだ。しかし、こういったラーナーの説が成り立つためには、当然のことながら、イスラーム教の信じるアッラーの神やユダヤ教の信じるヤハウェの神、さらにまたこれらのいわゆる兄弟宗教ばかりではなく、一見それらと何ら関係のない仏教の奉ずる仏も、究極すればすべてキリスト教の神と同じだ、という認識がなければならない。いや、これらのいわゆる世界宗教だけでなく、あらゆる宗教の信じる「神」は、それらの宗教が正しいかぎりすべて同一だという洞察がなければならない。その点、ラーナーがどれだけ徹底していたか、正しい認識を確保していたか、浅学菲才な筆者は知らない。ただ上でいったことがもし正しいとするならば、ラーナーのいうごとく、「匿名のキリスト者」がいるということは、これを逆にいうならば、「匿名のユダヤ教徒」も「匿名のイスラーム教徒」も、また「匿名の仏教徒」も存在しうるということである。その点、ラーナーの説は、まぎれもなくキリスト教中心主義といわねばならない。

それはともかく、インマヌエル哲学は、あらゆる宗教の「究極的関心事（the ultimate concern）」（P・ティリッヒ）なる神は、その宗教が正しいかぎりすべて同一だと考える。だから、上述したごときラーナーの言説は、何ら怪しむ必要がない。

いや、そればかりではない。インマヌエル哲学の信じる神、つまりインマヌエルの神は、ただたんにいわゆる宗教者の主であるばかりではなく、「無宗教者の主（Der Herr für Nichtreligiöse）」（ボンヘッファー）でもあるのだ。インマヌエルの神は、ただたんにいわゆる宗教者を正しく導きこれを救わんとしているだけではない。いわゆる宗教とは無縁の人々、いな無神論者を含めてすべての人・あらゆる人・いちいちの人を正しく導き、これを救済すべく日夜働き促しているのだといわねばならない。かかるものとしてインマヌエルの神は、ただたんにいわゆる宗教者にとっての主であるばかりではなく、同時にまた「無宗教者にとっての主」（ボンヘッファー）でもあるのだ。かくしてインマヌエル哲学の結論は、こういうことになる。

すなわちそれは、「匿名のキリスト者」や「匿名のイスラーム教徒」、あるいは「匿名のユダヤ教徒」や「匿名の仏教徒」だけでなく、さらにまた匿名の宗教者というものもしかと存在しうるということである。たとい何か特定の宗教を信じていなくても、その実質において真の宗教者だという人々がたしかに存在しうるということである。その点、神がほとんど見失われ無宗教性の色がすこぶる濃厚な現代世界では、なおさらそうだといわねばならない。

インマヌエル哲学の見解では、真の宗教者とは、みずからを犠牲にし身を粉にして他者のために尽くすもの、つまりはイエスのいわゆる隣人愛を実践するものの謂いである。そこにはおのずから、同じくイエスの神への愛、つまりは神を大切にする心も無意識のうちに表現されていると思うからである。

ここでひとつ、真の宗教者たらんとするものにとってすこぶる重要なつぎのイエスの言葉をあげておきたい。

「わたしを『主よ、主よ』と呼びながら、なぜわたしの言うことを行わないのか。わたしのもとに来て、わたしの言葉を聞き、それを行う人が皆、どんな人に似ているかを示そう。それは、地面を深く掘り下げ、岩の上に土台を置いて家を建てた人に似ている。洪水になって川の水がその家に押し寄せたが、しっかり建ててあったので、揺り動かすことができなかった。しかし、聞いても行わない者は、土台なしで地面に家を建てた人に似ている。川の水が押し寄せると、家はたちまち倒れ、その壊れ方がひどかった」（ルカ六・四六―四九、マタイ七・二四―二七）。

ここでイエスがいっていることは、イエスに対し、いな、より正確にいうならば、イエスの絶対無相の主なる神に対し、これをただ口先だけで「主よ！　主よ！」と叫び拝むだけで、その御意、イエスの言葉をも通して語られている神の御意、つまりは愛を実践しないもの、それはかりそめにもイエスの弟子でもなければ真の宗教者でもない、いいかえれば神の御意にかなった者ではない、ということだろう。ここでは、明らかに見かけだけのいわゆる宗教者が鋭く批判されている。

このイエスの言葉のごとく、真の宗教者とは、たんに口先だけでいわゆる宗教的なことをいい行なう者たちのことではなく、宗教本来の「究極的関心事」なる神の御意を具体的・現実的に実践するものたちのことなのである。

かかる意味での真の宗教者は、いわゆる無宗教性の現代にあっても少なからず存在する。たとえば危険極まりのない苛酷な紛争地などにみずから赴いて、そこであえぎ苦しむ人々のために身を粉にして尽くす国際NGOの人々、あるいは厳しい被災地に進んで赴き、そこで苦しむ被災者の救援活動に持続的・恒常的に携わる人々、あるいはまた最近日本でも増えている、主として貧しい家庭の子供たちのために無料で食事を提供したり、一緒に遊んだり、勉強を教えたりしてかれらを支援する、いわゆる「子ども食堂」といわれる活動に進んで持続的にか

かわる人々がそれである。(18)

＊　この最後の「子ども食堂」活動は、日本ではすでに崩壊した地域コミュニティー再生の試みといってもよい。そこには、たんに貧しい家庭の子供だけでなく、老人もまた少なからず通っているからである。今や日本は、「無縁社会」ともいわれるように若者を含めて多くの人々が、たといどんなに困っても、親身になって相談に乗ってくれたり、また頼ったりすることのできる人、そういう人をもつことができず、ほぼ完全に孤立している。(19) とりわけ老人は、その傾向が強いといってよい。

したがって、この「子ども食堂」活動は、やがて時と共にいわば「地域食堂」的なより普遍的なものへと発展し、かくて地域コミュニティーの核ともなっていく可能性を少なからず孕んでいる。

それはともかく、この「子ども食堂」でも明らかになっているように、貧困は、子供も大人もできるだけ隠そうとする。それは、いったい何故なのか。いうまでもなく、貧困は何か恥ずかしいことだと思い、だから自尊心が傷つけられるからだろう。ここには、明らかに資本主義の暗黙の常識が深くかかわっている。資本主義とは、要するに勝った者勝ち、強い者勝ちの社会にほかならない。したがって競争に勝ったもの、強いもの、それゆえにまた富める者、そういう者こそ正しく称賛に値するものとみなされる。かれらは、それだけの能力もあり、また十分に努力したからこそ勝つことができたのであり、富を得たのだと考えられるからである。他方では、競争に負けたもの、弱い者、したがって貧しい者は、十分な努力が足りないうえに、また能力も不足しており、それゆえひっきょう自分自身の責任だとみなされる。こういった考えがほとんど当り前となり、いわば常識となっている。まさしくここに、ここにこそ、貧困はこれを隠したいという心情がおのずから生まれることとなる。だが、しかし、じっさいは、競争に勝ったもの、強いもの、富めるもの、かれらには本当にそのいわゆる「成功」にふさわしいだけの能力や努力があったのかどうか、それは必ずしも明らかとはいいがたい。偶然が幸いしたり、家庭的に恵まれていた、ということも大いにありうるからである。いや、その方がむしろ事の真実により近いというべきだろう。

かくして、この資本主義の常識、それぞれの我欲と、それにもとづくいわゆる「自由」競争を、その成立要件の大きな一つの柱とする資本主義、それによってさけがたく醸成されたこの常識、それをその根本から覆し打ち破ること、それもまた、このすこぶる生き苦しい非人間的な資本主義社会を少しでも改善し生きやすくするためには必要不可欠だろう。

さて、ここで話をもとにもどすと、今日いわゆる宗教者といわれる人々は、そもどんな人たちだろうか。イエスの言葉を借りれば、「主よ！　主よ！」とただ口先でだけで叫んでいる人々、「主」をただ拝んでそれでよしとし、そこにいわば胡坐をかいている人々といってはいいすぎだろうか。かれらは、その奉じる「主」の御意、つまりは愛をじっさいにどこまで実践しているといえようか。このような「宗教者」は、一見いかに敬虔な装いをこらしていても、ゆめにも真の宗教者とはいいがたい。それは、一見宗教の形をとったほとんどすべての宗教、そら「アッラーの神だ！」、そら「ヤハウェの神だ！」、そら「父なる神だ！」、そら「久遠実成の釈迦牟尼仏だ！」と、ただただ叫ぶばかりで、その「神」や「仏」の肝心要の御意、その御意中の御意、つまりは愛、要するに他人や物のためにとことん尽くしこれを大切にすること、それを実践すること、それを蔑ろにしているほとんどすべての宗教、ましてや殺人や戦争を神の命令だなどといってこれを平然と敢行している宗教、それが真の宗教とはとうていいえないのとまったく同断である。

ここでインマヌエル哲学のいう真の宗教とは、絶対無我無償の愛なる神を信じ、これに目覚め、その御意を現に実践する宗教であり、具体的にはイエスの宗教、釈迦の宗教、あるいは純粋な形での大乗仏教にほかならない。仏教にしても、ただひたすら自分ひとりの救いを求め、ただそのためにのみ修業するものであるかぎり、これは真に正しい宗教とはいいがたい。思うに、そこでは真の救いはえられないからである。上掲のイエスの言葉からも明らかなごとく、真の救いには、何よりもまず他者に対する愛の実践が必要不可欠であるからだ。少なくとも、インマヌエル哲学はそう考える。

この点について、イエスの宗教と仏教との関係でつぎにこれをかんたんに整理し、もってインマヌエル哲学の考えをさらにいっそう明らかにしておきたい。

その前に、最後に一つ強く指摘しておかねばならないことは、「匿名の宗教者」が存在しうるということは、もとよりその前提として「匿名の宗教」もまたしかと存在するということである。イエスの「父なる神」の御意、つまり愛を実践するものは、よしそれが、いわゆる宗教の形をとっていなくとも、しかしそのじつ真の宗教であり、したがって匿名の宗教といわねばならない。その一例として、あの「無神論者」マルクスの思想や、上述した国際NGOなどの、真に正しい意味でのボランティア活動がある。

かくて明らかなるように、インマヌエル哲学は、いわゆる宗教といわれるものの概念をもその根柢からこれを革命せんとするのである。

## (三) イエスの宗教ないしインマヌエルの哲学と仏教——利他と自利

周知のごとく仏教は、いわゆる自利（悟り）と共に利他（慈悲行）をも強調する。だが、しかし、まず何よりも前者にこそより多く比重がかかっているように思われる。浄土（真）宗はともかく、大ていの仏教では、まず第一に修業して本来の自己に目覚めることが何よりも大切だと考えられているからである。ところが、ここでは、どうしても自力に力がかかりすぎているように思われる。なぜなら、たといその修業があくまでも如来からの促しであり、またその修業そのものが如来の威力に乗って行なわれるのだといっても、にもかかわらず、そこではまず第一に悟りという自利が目差される、そうしてついで、その自利にもとづく愛の利他行が推称される。と、この利他行にはどうしても自力の最後の一片が残されると思われるからである。もしかりに、その利他行それじたいもまた、如来の力にもとづいて行なわれるのだとするならば、悟りの自利を求めるに先立って、もともとの最初から利他的愛の実践を目差せばよい。自利と利他は、同時進行でよい。よし無明の迷いのただ中にあったとしても、如来の永遠無限の光は、今・ここで、いつも・到る処で刻々働いているはずであるからだ。したがって、まず迷いから覚めて本来の自己に立ち帰ることこそが大切だ、という必要性は何ら存在しない。ただひとえに、今・

ここで、永遠に到る処で働く如来の働きを自然《じねん》に受けとめ、これをありのままにおのが心身に映し出せばそれでよい。ちょうどあの「善きサマリア人」が、道端に重傷を負って倒れている人をみて、自然と「可哀相！」と思ってこの怪我人を手厚く介抱したように。

以上をまた別の角度から再論したい。仏教は、ことさらまず般若の知恵を求めるが、それはいったい正しいといえるだろうか。あえてそれを求めなくても、ただ如来（神）の御意に即して、ありのままに自然《じねん》に愛を実践すればそれでよいのではあるまいか。そこにおのずから般若の知恵も恵まれてくるのではなかろうか。少なくとも、インマヌエル哲学はそう考える。

が、かといって、いかなる修業も何ら不必要だというのではもうとうない。ただそれは、目覚めや救いにとって、それが絶対不可欠だということはない、というまでである。如来は、すべての人・いちいちの人のそのそれぞれの個性に合わせて、しかもそのつどの具体的状況を通して、その人につねにもっともふさわしい形でかかわり働きかけてくる。だから、修業が必要な人にはそのように促し、とくだんそれを必要としない人には最初から利他行へと働きかけてくるといってよいからである。もっとも仏教もいうとおり、行住坐臥すべてが修業だというのなら、人生や生命のもっとも肝心なことに苦悩することや、深い絶望のただ中にあって懊悩することも含めて、細々とした生活のすべてが修業だということになり、ここでは修業のない生などまったくありえないことになりはする。けれども、行住坐臥すべてが修業だといいつつ、しかし仏教では、暗黙のうちに座禅などの狭義の修業がより中心的なものと前提されているように思われる。もしそうでないならば、作務のみしていてもいいはずである。が、しかし、じっさいには座禅修行などの狭義の修業も、やはり必要不可欠のものとしてその重要性が強調される。それは、いったい正しいといえるだろうか。筆者の見解では、このような狭義の修業は、目覚めや救いにとって必ずしも必要不可欠とはいいがたい。日常生活のただ中でいつも如来は働きかけているのであり、それゆえ日常生活のただ中で、声なき声を聞き、形なき形を見る眼さえ備えていれば、いやそういう耳や眼それじしんを如来から授けられる心構えができていさえするならば、たとい誰であっても、いつ・どこででも、あの「善きサマリア人」のように目覚め救われることができるのだからである。少なくとも、インマヌエル哲学はそう考える。

さて、つぎに、前述した自利と利他の関係について、あのイエスのばあいを見てみたい。

イエスにあっては、まず何よりも絶対無我無償の愛なる神を信じ、これに目覚めつつ、その御意に添うてみずからも愛を実践すること、つまり利他の行為が強く諭され促される。そうすれば、その利他的行為に伴って本来の自己が実現され、かくておのずから自分のためにもなる、つまり救われ自利となるということだ。

かくして、仏教とイエスとでは、自利と利他について一見同じことをいっているようでいて、しかしその力点の置かれ方がいわば逆であるように思われる。

そのさい、筆者の見解では、イエスの方がより正しい。なんとなれば、先述したあの「善きサマリア人」のたとえでも明らかなように、まず自分の内奥から自然《じねん》に起こってくる憐れみの心——それは、けだし絶対無我無償の愛なる神自身から惹き起こされる——に従って愛を実践すること（＝利他行）、それがけっきょくは神の御意に従った結果として、自分の救い（＝自利）もまた、得もいえぬ喜びや充実、あるいは満足・安心としてもたらされるのだからである。

かくして明らかなごとく、イエスにあっては、徹頭徹尾他力に重心がおかれている。最初から最後まで神の威力や御意に身を任せきり、これに信従することですべてが貫徹されているからだ。

その点、阿弥陀仏への絶対他力を強調する親鸞のばあいはどうであろうか。なるほど阿弥陀仏（＝神）への絶対他力という点にのみかぎってみるならば、イエスと親鸞は基本的に同じであるように思われる。しかしながら、親鸞にあっては、阿弥陀仏への絶対他力の信（＝自利）と、その阿弥陀仏の本願ないし御意にもとづく慈悲行（＝利他行）とは、そもいかなる関係にあるのだろうか。思うに、前者にこそより大きな比重がかかっているのではなかろうか。

なるほど、イエスにあっても、人間にとってのもっとも大切なこととして対神愛（＝自利）と隣人愛（＝利他）とがあげられ、前者がまず第一で、後者は第二とされている。が、しかし、前者は後者となって現われなければ真なるものとはとうていいえず、その意味ではこれら両者はいわば不即不離の関係にあり、それゆえ同時に成り立つべきものといわねばならない。あえていうなら、真に正しく後者が成り立つところには、たとい無意識にではあれ前者もまた成り立っているということだ。

他方親鸞にあっては、その点どうであろうか。親鸞のばあい、まず何よりも第一に絶対他力の信こそ重要であり、それにもとづく慈悲行はそのあとのものであって、これら両者のあいだの上下・先後の順序は何としても翻せないように思われる。要するに、利他よりも自利の方が第一にされている。そのかぎり、ここにも、上述したごとき自利的自力の最後の一片が残されているとはいえないだろうか。よし往相も還相も、ともに阿弥陀仏によって回向された絶対の他力によるものだ、といくら強調しても、である。そうしてここに、すなわち自利と利他との関係をどうみるか、これら両者をほぼ同格とみるのか、あるいは前者の方にまず第一の力点を置くのか、という点に、イエスと親鸞との、よし微妙ではあるが、しかし決定的な相違があるように思われる。

その点、法然のばあいはどうであろうか。周知のごとく法然は、専修念仏で救われるとし、これを広く推奨した。そのさい、この専修念仏は、これはこれで、おのが救いのための一つの修業といえなくもない。そのかぎり、法然にあっても、救いのためにはまず自利が先に立つ。したがって、ここでも、いわば自力ないし自利的自力の最後の一片が残されている。

かくて要するに、自利（信ないし悟り）と利他（愛の実践）との関係でいうならば、仏教はいわば自利的利他として自利に第一の力点がおかれている。つまり、まず自利があって、つぎに利他がくる。他方イエスは、むしろ逆に利他的自利として、利他の方にこそまず第一の力点がおかれている、少なくとも利他即自利として、これら両者は同時のものというべきである。こういったすこぶる微妙な相違が、これら両者、つまりイエスと仏教のあいだには存在するように思われる。

その点、インマヌエル哲学は、徹底した他力と、それにもとづく利他行を第一に強調する、少なくとも自利的対神愛と同時にこの利他行を強く主張するイエスの方こそ、よりいっそう正しいと思考する。

## ㈣　イエスの宗教とインマヌエルの哲学、それといわゆる一神教
### ――そのそれぞれにおける「神の御意」

ここでは、いわゆる社会運動、利他行の自発自展としての社会運動とのかかわりにおいて、仏教とキリスト教、さらにイスラーム教、そしてユダヤ教、なかでもとりわけいわゆる一神教の、そのそれぞれについてその特徴をかんたんにみておきたい。かくてそのうえで、それらが「神の御意」をどこでどうみていたか、その点についてこれをイエスの宗教と比較しつつわがインマヌエル哲学の見解をのべることにしたいと思う。

さて、これまでの仏教では、社会的不正義への反逆・義憤、それにもとづく社会運動、そういったものへの関心がおしなべて乏しかったように思われる。たとえば、阿弥陀仏の本願は一切衆生を救済することだといいながら、しかし仏教徒個々人が一つの社会運動として、この阿弥陀仏の本願に参与することはほとんどなかった。たしかに一五世紀以降ほぼ一世紀にもわたって頻発した一向一揆というものはあったけれども、主観的意図はどうあれ、これは教団組織と守護大名との勢力争いといった面が強かった。また、あの昭和戦争にあっては、侵略戦争を賛美するという形で、社会的不正義への反抗とはまったく逆の形でその運動が展開された。

いずれにせよ仏教では、前述したように自利・利他といいながら、そのじつ自利、つまりは自分自身の救済にまず第一の重心がかけられている。まさにそれゆえにこそ、利他といっても、それが大きく社会運動へと展開していくことは少なかったのではなかろうか。

その点、キリスト教はどうであろうか。まずあのドイツ・ナチズム運動に対しては、これに加担する勢力と、バルトやボンヘッファーらに代表されるこれへの抵抗勢力と、相反する二つの勢力が形成された。さらに一九世紀中期には、キリスト教社会主義という、それが真に正しかったかどうかは別にして、とまれ、社会正義をこの世界に実現せんとする政治・社会運動が展開された。また二〇世紀後半に入ると、主に中南米を中心としてマルクス主義の影響を受けたいわゆる解放の神学が起こり、これは革命運動として展開された。それ以外にも、キリスト教ではディアコニー（Diakonie）といった社会奉仕活動も盛んである。もっともこれは、キリスト教の布教と深く結びついており、そのかぎりすこぶる偽善的といえなくもない。

では、イスラーム教は、その点どうであろうか。これは、けだしいまだあまりに非科学的であるゆえに、ジハードの名のもとに、あの世の天国における救済といった神話を信じて戦争や自爆テロなどを正当化する、ＩＳやアルカイダといった一派が世界平和を根柢から揺るがしている。もとよりこれは、真に生ける永遠の神の意志には完全に反するものではあるけれど、しかし主観的にはイスラームの復権、ないしその国家建設を目差すものとして、そのかぎり一個の政治社会運動であることに間違いはない。またかつて二〇世紀には、それがじっさいに成功したかどうかは別にして、とまれ、ホメイニ師率いるイスラーム教にもとづいてイラン革命も惹き起こされた。ＩＳにしろこのイラン革命にしろ、イスラーム国家樹立を目差すという点では、これはまぎれもなき政治社会運動といって何ら差し支えないだろう。

さて、その点、ユダヤ教はどうであろうか。紀元一世紀におけるユダヤ王国の滅亡以降長年にわたるディアスポラ（離散）を経て、さらに二〇世紀にはあのナチスによるホロコースト（ユダヤ人大量虐殺）を経験して、第二次大戦後には中東パレスチナの地にユダヤ人・イスラエル国家を暴力的に建設した。これは、一九世紀終りから起こっていたいわゆるシオニズム運動にもとづくものだが、このシオニズム運動は、まぎれもなき政治社会運動であったといってよい。

こうみてくると、いわゆる一神教といわれるキリスト教やイスラーム教、あるいはユダヤ教では、大なり小なり社会運動とのかかわりが少なからず見られる反面、いわゆる多神教ともいいうる仏教では、その点がかなり薄弱である。その理由はけだし、いわゆる一神教では「唯一」なる神からの命令を遂行すること、それこそ人間の使命であると考えられているのに対し、いわゆる多神教的な仏教では、そういう「唯一」なる「神」からの命令とか、またその遂行こそが救いの道だという考えが、前者に比べ薄弱だからではなかろうか。よし浄土門では、往相と共に還相も強く主張されるにしても、である。その点ではしかし、仏教は他のいわゆる一神教から深く学ぶべきではあるまいか。

とはいえ、しかし、この神の命にもとづくその遂行としての社会運動は、当然のことながら真に正しいものでなければならない。ところが、キリスト教やイスラーム教、あるいはユダヤ教における従来の社会運動は、その大ていが必ずしも正しいものとはいいがたかった。むしろその大半が、誤れるものだったといった方がよい。なんとなれば、神が、今・ここで、いつも・到る処で具体的・現実的に生きている神として真に正しくつかみとられることがなく、もっぱら聖書やコーランといったいわゆる聖典の文字のなかに、その意志が閉じ込められてしまっていたからである。その点はその点として深く顧みつつ、しかし社会運動は、これを正しく、真なる神の御意に添うて実践してゆくことが大切だろう。

が、しかし、何か大規模な社会運動にすべてのものが参加すべきだ、というのではさらさらない。そうではなくて、たといどんなに小さくてもよい。自分にできるところから、自分に合ったことをやっていくのが大切なのだ。神は、すべての人・いちいちの人に対し、それぞれの個人にもっともふさわしい仕方でかかわってくるのであるからだ。だから、たとえば家庭のなかでもよい。家庭もひとつの小さな社会、人間世界のもっとも基本的な単位として、ひとつの社会といってよいからである。さらに家庭でなくても、地域社会や学校・職場、その他自分の属する組織や団体のなかでもよい。とにかく他者とのかかわりのなかで、神の御意、その中心中の中心なる愛を具体的に実践していくこと、それこそ何よりも大切なのである。そのさい重要なのは、神の御意を、あのイエスのごとくそのつどの今・ここで、具体的・現実的にしかとつかみとることである。世にいわゆる一神教のごとく、それを聖典の文字のなかに閉じ込めてしまってはならぬのだ。かくして、それができたもの、それこそ、けだしイエスの真の弟子にほかならず、たといいわゆる宗教を信じていなくても、しかし真の宗教者、つまりは匿名の宗教者といってよいのだ。インマヌエル哲学は、そう考える。

註

（1）この点については、第五章の一の㈣「イエスと釈迦ないし仏教思想の差し当たりの根柢的綜合・止揚の試み」を参照されたい。

（2）インマヌエル哲学の先駆者についてより詳しくは、拙著『新しき世界観――ニヒリズムを超えて』（南窓社）の二三八―二三九頁を参照されたい。

（3）インマヌエル哲学についてより詳しくは、拙著『自己と自由――滝沢インマヌエル哲学研究序説』（南窓社）等を参照されたい。

（4）刹那生滅思想とは、いわゆる刹那主義とはまったく似て非なるものである。そのさいこの刹那主義とは、先のことなど考える必要などまったくない、今が、今のこの瞬間が楽しければそれでいい、というすこぶる退廃的な考え方である。退廃的といってもしかし、将来に何ら希望がもてないからそうならざるをえないのであって、けっして好き好んでそうなっているのではありえない。いずれにせよ、これは現代のとくに若者に多い考え方であり、哲学的にいえば、退廃的ニヒリズム・虚無主義にほかならない。

（5）素粒子物理学を専門とする内藤酬氏は、素粒子物理学のいわゆる「真空」こそ、西田哲学の「絶対無の場所」にほかならないといっている。これは、筆者の見解と基本的に軌を一にしている。

（6）パウロ自身にこういう言葉は、なるほど存在しない。が、しかし、後述するごとく、教祖イエスにその言葉があるかぎり、パウロ自身もそれをみずから実践し、かくて他人にもこれを強く推めたこと、それに容易に察しがつくことである。いずれにせよ、パウロのあの死に物狂いの必死の布教活動は、そのまぎれもなき証左といって何ら差し支えないだろう。

（7）ここで慈悲とは、人間衆生が苦しんでいるのを見て憐れに思うこと、憐憫をもよおすことであり、慈愛とはだからその苦しみから人間を救い出さんと思いこれを実践することにほかならない。

（8）いちいち筆者がこうやって、「インマヌエル哲学はこう考える」と付け加えるのは、筆者は仏教の専門家ではないゆえに、仏教者自身――といっても、そこにもいろいろな考え方がありうるが――は、どう考えているか必ずしも知らない。それで、少なくともインマヌエル哲学の考え方からすれば、仏教のこういった、本書で触れる思想は、本来ならそうあるべきだと思い、したがって、こうやっていちいち「インマヌエル哲学はこう考える」と付け加えるのである。だから、仏教の考え方そのものを、筆者は本書で解説しているわけでは必ずしもない。筆者が知っているかぎりでの仏教思想を、インマヌエル哲学の立場から解釈し直しているということである。それゆえ、仏教者からは反論がくる可能性はある。いや、反論だけでなく、それは間違いだといってくる可能性もある。が、しかし、仏教者の中にも、秋月龍珉氏を始め筆者の師・滝沢克己の考え方に深く共鳴していた人も少なからずいたこと、それもまた事実であることをここで指摘しておきたい。

（9）リーマン・ショックとは、リーマン・ブラザースという巨大企業が倒産し、その余波で世界金融危機が引き起こされた、そのショックの謂いである。それが勃発したのは二〇〇八年だから、今から数えればもう一〇年前のことである。ともあれ、第二章の三で詳論したごとく、その大不況を克服するために世界中が必死になったにもかかわらず、今改めてその危機が形を変えて、つまり新ファシズム運動として再燃している、いや、しつつあるということである。

（10）これをもう少し詳しくいえば、景気刺激策として各国の中央銀行は、いずれも金利を大幅に引き下げてマネーを市場にだぶつかせ、政府は政府で、大型公共事業にいくつも手をつけて、財政赤字をどんどんふくらませたということである。

（11）かつて民主党野田政権は、消費税増税でその財政赤字を立て直すといって消費増税した。が、しかし、思うにただ事態を悪化させたのみである。じっさいには、本当に財政赤字を立て直したいというよりも、歴代の首相がいつも仲々できなかった消費増税をやりとげて、それをやった首相、やれた首相ということで、名を歴史に残したかっただけだろう。一種の名声欲といってよいのではあるまいか。

ところで、戦後二度目に長い景気回復を実現したといわれる目下のアベノミクスでも、国の財政赤字はどんどん増える一方で、その建て直しの目度はまったく立っていないのが現状である。けだし、北朝鮮による危機よりも、この未曽有の財政赤字、その方が、日本にとってははるかに現実的な危機とはいえないだろうか。こんなときに年ごとの大幅な軍事費拡大やオリンピックなど、している余裕がいったいどこにありうるだろうか。

（12）この囚われないこと、というのは頭や理性でいくら分かってもそれでは駄目で、いわば身体で体得せねばものにならない。まさにそれだから、その身体で体得するために、仏教では、禅などの修業が行なわれるのであろう。身体で分かることが何よりも大切なのである。その点をもう少し説明すると、例えば自転車の乗り方を覚えるときがそれである。自転車の乗り方は、いくら理屈であるだこうだと説明されても、それで乗れるようにはけっしてならない。他人の説明ではなく当の本人が、いわば身体でバランス感覚を覚えるより他に仕方がない。そういう身体で覚えること、つまり体得すること、それが、仏教などでは重視されるのである。要するに頭や理性、つまりは理窟でいくら分かっても、それでは駄目だということである。

(13) 筆者自身にも経験があり、それにまた、かつて筆者が知っていた人もいっていたことだが、ジョギングやウォーキングでも、一旦やりはじめると、いつもそれをしていないと何か不安になり、かくて雨が降ったりしていてもやったりするようになる。これなどは、もともとは健康のためにと始めたジョギングやウォーキングが、いつしかそれに囚われて、へたをするとかえって身体をこわすもとになる、というその例としてあげられうるだろう。

さらにもっと身近な例をあげれば、何かおいしいものをたべているとき、それ自身も一種の幸福といってもいいが、それがあまりにおいしくて満腹になってもやめられず、ついつい食べすぎになってしまうと、それで御中《おなか》をこわし、病気になって、かえってその幸せを味わうどころか、逆に病気の苦しみに苛まれ、不幸にみまわれることにもなりかねない。そういうことは、誰しも日常的に経験しうることではあるまいか。食に囚われて、あまりぜいたくなものばかりたべたりしていると、糖尿病や三大疾病といわれるものになったりもする。これが不幸であることは、改めていうまでもないだろう。

(14) もとより、そうかといって、首から下のほぼ全身不随の苦しみがなくなるわけではもうとうない。それがなくなるわけではないが、しかし、にもかかわらず、そういう自分にしかできない仕事によって、何ともいえぬ充実感もまた、恵まれているのではあるまいか。もちろん口に絵筆をくわえて絵を画いたり、詩を書くことに熟達するには、他人にはいえぬとてつもなく苦しい努力がなされたことだろう。乙武氏が、『五体不満足』でも、並の人間よりよほどいろいろできるようになったのもそうではあるが、しかし、そういう並々ならぬ苦しい努力の末につかんだ自分独自の仕事であり、しかもそれが多くの人々に多大な感動を与えるのであるゆえに、けだし何ともいえない幸福感もまたおのずから得られることだろう。

(15) 日本人は直観の民族といわれるが、それに対しドイツ人は論理的な民族である。それは、筆者がドイツに留学したさいにたしかに感じたことである。本文でも少し触れたが、筆者のドイツ語の論文を素材にして、あるドイツ人と議論した時のことである。筆者が、日本語には勘という言葉があり日常的に使われる。たとえば、「お前、それどうして分かった?」といわれたときなどに、「勘で!」と答えたりする。この勘は、別に第六感ともいわれる。以前「sixth sense」という映画がはやったが、それを例にとり、「勘とは sechster Sinn だ!」といったら、その相手のドイツ人が、とても興味深そうにきいていた。いうまでもないことだが、感覚は五つである。嗅覚・視覚・聴覚・味覚・触覚、それに加えて第六の感覚ということだからである。

(16) 『地下生活者の手記』の主人公のこと。

(17) イエスの宗教が、必ずしも西洋伝統のキリスト教ではないこと、その点については第四章および拙著『ただの人・イエスの思想』

（三一書房）を参照されたい。

(18)「子ども食堂」活動については、ＢＳ日テレ、二〇一七年五月二三日「深層ＮＥＷＳ　子ども食堂に何が起きている」を参考にした。

(19)　こういった状況は、今日、たんに日本にのみかぎらず、いわゆる先進国といわれる国々すべてに妥当することではなかろうか。それを裏づけるかのごとく、最近イギリスでは、国民の、もっぱら孤独のケアを専門とする、まさに「孤独担当大臣」が任命された。

# エピローグ　新しき世界・インマヌエルと全人類幸福の実現に向けて

## 一　現代世界の根源的危機としての人間のエゴイズム的・非主体的崩落性とその根柢的超克、およびその先の世界平和実現に向けて

本書のタイトルは、「イエスの革命と現代の危機」となっている。そのさい「現代の危機」とは、すでに明らかなごとく現代人の極度のエゴイズム的非主体性、その意味での崩落性にほかならず、それゆえそれの根本的克服の道が力のかぎり究明されている。そこで本書がとった方法、それは、ほかでもないイエスと釈迦ないし仏教に深く学ぶことである。これらは、いずれも人間のエゴの問題、その根本的超克の道をどこまでも究明し実践しているからである。

そのさい本書のタイトルを「イエスの革命と現代の危機」としたのは、エゴの克服には、まず自己の我執からの解放を説く釈迦や仏教よりも、むしろ端的に愛の実践を説くイエスの方が、より正しいと筆者には思われるからである。エゴの主体から愛の主体への根本的転換、つまりは実存革命にもっとも重要なのは、けだしまず第一に今・ここで、いつも・到る処で、とにかく愛を実践すること、そのつどの具体的状況で時として誰にでもおのずから生起してくる他者へのいたわり、その心をどこまでも大切にしつつ自己の愛を刻々深めながら、これを具体的に実践していくこと、そこに尽きるが、それを何よりも第一のものとして説いたのは、ほかならぬあのイエスだったからである。

もとより釈迦や大乗仏教にあっても、他者への慈悲・慈愛はきわめて大切なこととして説かれてはいる。が、しかし、私見によれば、ここでは、まずそれに先立っておのが我執からの解放こそが第一に重要と考えられている。しかしながら、浅学菲才な筆者の見解からするならば、我執の克服は、厳しい修業を通した末での般若の知恵によるというよりも、むしろ端的にあの「善きサマリア人」のごとく、自己の内から時として自然《じねん》に湧き起こる他者への慈しみ、それを何よりも大切にしつつ、これを日々養い培い温めていくことだからである。なんとなれば、その慈悲心は、とりもなおさず、自己に逆接するかの絶対無我無償の愛なる神から直接そのひとにもたらされるものにほかならないからである。

かくして明らかであるように、本書の最大の重心は、とりもなおさず第四章「イエスと仏教――現代世界における普遍的危機克服の道を目差して」と第五章「イエスと釈迦ないし仏教思想――愛の実践と我執の根本的克服に焦点を合わせて」、とりわけ後者におかれているといわねばならない。その箇所で筆者は、イエスと釈迦に即してかれらの根本思想とその生について力のおよぶかぎり全身全霊を傾けて考察している。それをもう一度、ここであえて一言で要約すれば、我執克服の道とはひっきょう愛の実践に挺身することにほかならない。いやもっと正確にいうならば、かの永遠・無限・絶対なる大いなる方にしかと目覚めつつ、みずからの思いを後にし工夫・図らいを捨て、そのつどの具体的な各状況のなかでかならずそこに働いているその大いなる方の御意《みこころ》に添うて、無心に平常心で感じ、考え、行動していくこと、いいかえるなら小は自己の家族から大は世界全体に到るまで、そこでの社会的な責任や義務・使命、とりわけその中心中の中心としての愛、それを誠心誠意実践していくこと、そこに、まさにそこにこそ初めて我執超克の道、そのまぎれもなき最初の一歩を踏み出すためのたしかな道が切り拓かれるのだ。

じっさいイエスや釈迦は、けだしそれを根本的ないし基本的に成し就《と》げていた。この筆者の推測がかりに正しいとするならば、それがわれわれ他の人間にはとうてい不可能だという理由はどこにもない。かくして大切なこと、それは、われわれもかれらに倣ってできるかぎりその道を進まんと努力することである。そうしてそれが、それこそが、真の幸福と世界平和に通じるたしかな道というべきなのだ。このようにいうと、あくことなく力と暴力が支配し、それが到る処で渦巻いているこの世界にあって、そんなことはたんなる甘い理想主義・絵空事のようにあるいは思われるかもしれない。

しかしながら、「第一章」でも述べたごとく、カントのようにただ国家エゴの利害調整的な「世界連合」を構築するだけでは、世界平和・永久平和が訪れることは夢にもないだろう。その点は、第二次世界大戦後、この戦争のあまりの悲惨さに絶望し、二度とこのような戦争を起こすまいとかたく願って作られた今日の国際連合、いやそれに先立つ第一次世界大戦後の同様にして作られた国際連盟、カントのあの「世界連合」構想をひとつのモデルにして構築されたとも目されるこれらの国際機関、その実態を見てみてもこれは一目瞭然といってよいだろう。

途中で挫折した国際連盟はもとより、今日の国際連合にあっても、その延長線上に世界平和・永久平和がたしかにあるとはとうてい思われない。かりにそれがあったとしても、それは、人類がいまだ存在しているかどうかも分からない遥かかなたの果てしなき未来のことといわねばならない。国家間、とりわけ大国間のたがいのエゴの張り合いは、しばしば国際連合の機能をすこぶる麻痺させて、その利害調整がままならぬこと、それは今日すでに明らかとなっているからである。とするならば、この国際連合を真に有効に機能させるには、何としてもこれをたんなる国家エゴの利害調整の場ではなく、各国のエゴを有効に抑えられうるような場に根本的に変革する必要があるだろう。いや、現在でも、そういった機能がかならずしも皆無だというわけではありえない。だが、しかし、それがあまりにも脆弱にすぎるのである。大国のエゴが、これを抑えこんでしまうからである。

その大国のエゴを抑えうるためには、大国を含めたできるかぎり多くの国が、たんにエゴの主体ではなく、その反対の愛の主体となるべく根本的に転換する必要がある。そうしてそのためには、各国を構成する国民一人ひとりが、そのエゴないし我執の主体からその反対の愛の主体に根本的に転換することが何としても必要不可欠なのだ。少なくとも、そのように日々努力するのでなくてはならない。さもなくば、世界平和・永久平和実現に不可欠の、真の民主主義国家の実現はありえない。たんなるエゴの主体としての国民の集合体は、かりそめにも真の民主主義とはとうていいえず、たんなる愚かな民の烏合民主主義というほかはない。ここでもだからわれわれは、人間各自の真の根本的変革、エゴの主体から愛の主体への根本的変革、一言でいって実存革命、そこに向かって各自が日々たゆまず努力・精進する主体となること、その必要性を主張しないではいられない。かくして、そこに、カントのごときエゴにもとづく「世界連合」とは異なった、愛にもとづく「世界連合」を首尾よく樹立することができるなら、そのときは、まさにそのときにこそ、真の世界平和・永久平和の堅い礎が築かれるのである。

ここで少し話題をかえると、既述したように現代は、あまりに激しく力が渦巻く世界にほかならない。まさにそれだからこそ逆に、その正反対の愛をこそ、何にもまして強く主張せねばならぬのである。

たとえばここに、絶望的なほど憎しみ合い、敵対し合う二つの勢力があるとする。その両者のあいだに真の和解の道が、もしかりにありうるとするならば、それは、その深い憎しみを超えてたがいに相手を赦し合うこと、イエスの言葉でいえば対敵愛、「敵を愛し、自分を迫害する者のために祈りなさい」（マタイ五・四四）というあの対敵愛、それが、それこそが、もっとも現実的なこととはいえないだろうか。

一見空想的で非現実的なこの対敵愛こそ、ここではしかし、真に現実的とはいえまいか。すでに七〇年以上にも及ぶあのパレスチナとイスラエルの激しい対立や、ルワンダ大虐殺後のツチ族とフツ族の途方もない憎悪を考慮に入れるとき、少なくとも筆者は、その感をひとしお強くされるのである。いつまでもたがいに相手を非難していては、ここではとうてい埒が明くことはないだろう。

たといいかに困難だとしても、しかし無条件で相手を赦すこと、それ以外に憎悪や対立がこれほど複雑に絡み合ったところでは、もはやその問題を解決する道は存在しないのではなかろうか。そのさい、これらに似たことは、今日世界の到る処でみられるものといってもいいのではあるまいか。とまれ、無条件に相手を赦すというのはともかく、しかし敵対する相手への憎しみをできるかぎり抑えること、そのうえで可能なかぎり相手との対話を試みること、それが何としても必要なのではなかろうか。それともそれは、たんなる空想家の甘い理想というべきだろうか。現代があまりにも激しく力と力のぶつかり合う世界だからこそ、まさにそれだからこそその反対の、できるかぎり力には頼らない愛に賭けること、いったいそれは、何ら試みる値打ちもないたんなる甘い幻想としてこれを放擲してよいものだろうか。

いずれにせよ、さもなくばこの世界に永久平和が訪れることなどゆめにもありえない。人類がついに滅び去るその日までわれわれは、たがいに憎しみ合い・敵対し合いながら、はてしなく戦争を繰り広げていくべきなのか。いったいそれでいいのだろうか。それでは、あまりにも悲しく淋しいのではあるまいか。いや、いくら悲しく辛くても、それが人間の現実なのだから仕方ない、諦めるより仕方ない、と絶望的な諦念のなかにみずからを沈めこむのがいいのだろうか。否、そこで、まさにそこでこそ、人類の英知が真に問われ試されているとはいえないだろうか。

少なくともわれわれにできるところから、愛にもとづく真の民主主義国家を実現しつつ、それを少しずつでも世界に広めていって、その連合体としての世界連合を樹立すること、そうしてその先に真の永久平和実現の道を探ること、それを目差してとにかくできるかぎりのことを尽くすこと、それこそ真に人類の英知に即した道とはいえないだろうか。しかもその道の端緒は、今現在すでに皆無というわけではさらさらない。あえていうなら、わが日本国憲法の第九条、戦争放棄と戦力の不保持、それを謳った憲法第九条、それをどこまでも堅持しつつ、日本はもとより世界全体にそれを広げ実現していくこと、それが、まさにそれこそが、ほかならぬその道である。そのさい、それは、対アジア・アメリカにあの侵略戦争を仕掛けた日本の、その全人類的・歴史的使命であり、かつまたその戦争で亡くなった、何千万にもおよぶ人々に対する本当の意味での追悼でもあるのだ。あの戦争で犠牲となった人々への追悼を心底からいうのなら、それはまさにそこにこそあるといわねばならない。

ところで、日本国憲法と同じく戦争放棄と戦力不保持を憲法に謳った国は、ただひとり日本のみではない。中米のコスタリカが、それである。あの野蛮極まりないアメリカ、ベトナム・アフガニスタン・イラクはいうにおよばず、パナマやグレナダ等自分の気に入らない国にはすぐに侵略・侵攻し、そうでなくてもチリのアジェンデ民主政権転覆やイラン・モサッデグ政権の転覆、あるいはキューバの元首相カストロに対する何十回にもおよぶ暗殺の試みなど、そこにみられる軍事行動・武力行使を平然とやってのける凶悪極まりのないあのアメリカ、そのすぐ近くにありながら、コスタリカはこうして不戦・非武装をかたく守りつづけている。

そのコスタリカが、かかる不戦・非武装のの平和憲法を何故作ったのか。それは、長年にわたる悲惨極まりない内戦を経験し、国民が心底から戦争に嫌気がさしたからである。

その点、アジアやアメリカとの長年の大戦争で、最後には、この世のあらゆる地獄を集めた戦場ともいわれた沖縄戦や、まったく無差別の大規模・大都市空爆を経て、さらにまたそれに加えて、まさに絶対悪ともいうべき原爆を広島と長崎に二つまでも落され心底戦争に嫌気がさした日本国民が、アメリカから「押しつけられた」今の平和憲法を衷心から歓迎し受け入れたこととまさに酷似しているといってよいだろう。

さて、それはともかく、話をもとにもどすと、現実主義者という名の現状追認主義者は、本論で考察したイエスや釈迦、あるいは大乗仏教の思想など、たんなる夢みる理想主義者のほんの取るに足らない世迷い事、いや現実にはとうていありえない、遠く旧き過去のいまだ啓蒙されていない愚かな人間のたんなる妄想にすぎないとみなして何らはばかることはないだろう。けれども、はたして本当にそういってよいのだろうか。そこにこそ、人類の真にすぐれた英知が、じつは鋭く反映しているとはいえないだろうか。かくしてそれを、現代に生きるわれわれ各自がもう一度真摯に振り返ることが大切なのではあるまいか。

われわれ各人がまず第一におのが我執を深く顧み、これを何としてでも克服する道をさぐること、もって愛の実践に挺身すべく日夜努力精進すること、その延長線上以外に真の世界平和・永久平和の道がありうるだろうか。なんとなれば、あのホッブズやカントも考えたように、小は夫婦間の争いから大は国家間の戦争に到るまで、この世界の争いごとは、ひっきょう人間のエゴないし我執から惹き起こされるといってよいのだからである。その点はたしかに認めつつ、しかしそのエゴの、理性による利害調整といったまやかしで、本当にこの世界に永久平和は訪れるといってよいのだろうか。人間の理性とは、むしろ愛の実践をより効果的ならしめるためにこそ本来使用されるべきものではないのだろうか。

いずれにせよ、今日でも、この力の激しく渦巻く世界でも、たとえば国際ボランティアに従事する人々にみられるごとく、自己の生命を賭して愛を実践している方々は現に少なからず存在しているのである。それは、エゴや力の前にはあまりにひ弱くあるいはみえるかもしれない。だが、しかし、ここに、まさしくここに賭けるしか、世界平和と人類の真の幸せに到る道はないといってよいのではあるまいか。それともそれは、つまりエゴないし我は、人間の何としても消し去ることのできないその本性、少なくともその一つだと諦めてこれを断念した方がよいのだろうか。いったいそれが、現実主義というものだろうか。真の現実そのものの、ただの上辺にすぎないそのつどの現状をたんに追認するだけの、まぎれもなき現状追認主義というべきなのではあるまいか。現実とはそも何か、それを今日改めてわれわれは、底の底まで徹底して考えに考え抜くべきではなかろうか。

この世界の底に、この世界を永遠に超出しつつ、しかしこの世界と絶対不可逆的に直接一つとなって働いている根源的現実、イエスや大乗仏教が「父なる神」とか「永遠の仏」とかといって表現してきたその当体、それが、それこそがじつは本当の現実なのではあるまいか。その根源的現実に即しつつ、この世界に現われてきたそのつどの具体的な現状を、われわれは真に正しく批判的に観察しつつ、その現状にそのつど対応していくべきなのではあるまいか。そのさいその根源的現実とは、改めていうまでもなく愛、絶対無我無償の愛なのだ。とするならば、その大いなる方の御意に即して、われわれもまたみずから進んでその愛を実践していくべきなのではあるまいか。そこに、そこにこそ真の世界平和と全人類の本当の幸福へと到るたしかな道も厳として存在するといってもいいのではあるまいか。

それはともかく、今うえでのべた点、すなわちエゴを人間の本性として動かしがたいものと前提し、そのうえでそれを理性で何とか取繕い、もってそこに世界の永久平和実現の可能性をみるというその点、それが、それこそが、筆者のカントに対する何としても抑えることをできない強い異和感にほかならない。

ところで、カントには、不思議なことにエゴと同じく人間の本性に深く根差す愛への徹底した考察がない。そのカントは、愛を義務と考える傾向がある。が、しかし、これはいったい正しい考えといってよいであろうか。思うに義務としての愛、義務としてなされる愛、それは、かりそめにも真の愛ではありえない。そうではなくて、おのずから自然《じねん》に自発的におこなう愛、それであってこそ、まぎれもなき真の愛というべきなのだ。少なくとも、イエスの考える愛とはそういうものだった。その点は、旅の途中、追いはぎに襲われ半殺しにされて道に倒れている怪我人を見て、自然と「憐れ！」という思いが起こりこれを厚く介抱したという、あの有名な「善きサマリア人のたとえ」（ルカ一〇・三〇―三七）を語り、そのサマリア人のようになりなさい、と諭したあのイエスを鑑みれば、おのずから明らかといってよい。

かくしてここが、つまり愛を内発的な自発性としてではなく、どこか外から課せられる義務のごときものとして考えるその点そこが、ほかならぬカントの決定的な弱点といわねばならない。ちなみに、わがインマヌエル哲学の先駆者・キェルケゴールもまた、その著『愛の業』において、愛を当為（Sollen）、つまりは一種の義務としてとらえている。が、しかし、この点ではかれキェルケゴールもイエスを完全に見誤っており、また正しいとも思われない。

それはともかく、カントがいうように、エゴないし我《が》のみが人間の本質ではありえない。すでに述べたように、愛こそが人間に本来自然な第一の本質であり、エゴとは人間に本来不自然な、いわば偶有的な第二の本質というべきなのだ。

ところで、なぜカントは、愛についてもっとよく徹底的に考え抜こうとはしなかったのか。けだしそれは、かれカントがあまりの理性主義者でありすぎたため、迂濶にも宗教を誤解して、たとえばイエスの宗教のごとき真の宗教をすら見逃したからではなかろうか。そうしてそれが、それこそが、カントの致命的欠陥といってはいいすぎだろうか。

かくしてわれわれは、この点ではカントとはっきり袂を分かってこの問題、つまり世界平和と全人類幸福の問題を、さらにもっとイエスや釈迦にまで遡り、考究してゆくべきだといわねばならない。

それはさておき、エゴないし我執を人間に不可避の本質とみるかぎり、人間に真の幸せは永久に訪れない。その点は、我執こそあらゆる人間苦の根源だと道破したあの釈迦のいったとおりといってよい。かくして明らかなごとく、真の安心《あんじん》を得て本当の幸せを実現するには、何としてもこの我執克服の道を探る必要がある。それが、たといいかに困難で甘い空想のように思えても、しかし、にもかかわらず、われわれは、その道をどこまでも粘り強くたゆまぬ忍耐をもって模索していかねばならぬのだ。

上述したごとく、今のこのエゴの渦まく世界にあってすら、それに反した人間の深い愛に根差す行為は到る処にしかと見てとることができるのである。激しい紛争地や恐るべき感染症が猛威をふるう地で、深く傷つき病み呻吟している多くの人々のために、みずからの生命を賭してこれに尽くしている国際ボランティアの人々、いやそうでなくても、大震災などの天災で苦しみあえいでいる被災地の人々のもとに逸早く馳せ参じるボランティアの人々、それは明らかに純粋な愛にもとづく行為といわねばならない。

愛もまた、エゴや我執と同様にまぎれもなく人間の本質といってよいのだ。これに対し、エゴや我執をのみ人間の本質とみるのは、とうてい正鵠を射ているとはいいがたい。ここであえて筆者の見解を披瀝するならば、既述したごとく愛こそ人間の本来自然な第一の本質であり、他方エゴないし我執とは、何故か人間に巣喰ってしまう本来不自然ないわば第二の本質ともいうべきものなのだ。いや、より正確にいうならば、これもまた人間の一つの本質と見なさざるをえないほどに、それほど人間にどこまでも根深く根強いものではあるが、しかし、にもかかわらず、真の本質とはとうていいえない、人間にたんに偶有的なものというべきなのだ。要するに、人間存在の根柢にかの大いなる方から刻々恵まれてくる果てしなく広い根源的自由のゆえに、その無辺さについ眼がくらみ、かくてさけがたく我《われ》に執着・拘泥しこれに耐え抜かんとする、そういう人間に不可避の性向といわねばならない。こうして明らかなごとく、このいわば第二の本質ともいうべきエゴないし我執を根本的に超克し、かくて第一の本来自然な本質たる愛を自己の生の基本とすること、それはかりそめにもたんなる絵空事・空想的な甘い理想ではありえないのだ。

かの大いなる永遠・無限・絶対なる方にしかと目覚めつつ、その御意に添うてあるがままに・無心に・生きかつ語り行為すること、そうすれば、これはたしかに可能といってよいのである。何よりもあのイエスや釈迦、あるいは意識的であれ無意識であれ、かれらの真にすぐれた弟子たちの少なからずが、これをたしかに証しているといわねばならない。少なくとも、わがインマヌエル哲学はそう考える。こうして明らかなごとく現代は、まさにイエス・ルネサンス、ないし真正の宗教ルネサンスが強く要請されるのである。

ところで、以上を前提としたうえで、つぎに現代資本主義の明らかなその限界と、それの根本的克服による新しき愛の世界インマヌエル、そうしてさらに全人類幸福実現の道について、これらをできるかぎり明らかにしてゆこうと思う。

## 二　現代資本主義の終末的危機と、その根柢的克服による来たるべき新たなる愛の世界インマヌエル、および全人類幸福の実現に向けて

二〇一七年にスイスで開かれたダボス会議では、こんな奇妙な光景がみられたという。すなわち、かつての社会主義の雄、その一つ、それゆえ当然資本主義的自由貿易やグローバリズムに反対すると思われる中国、その国家主席・習近平が、こともあろうに自由貿易とグローバリズムを強く擁護する演説をし、他方、これまで資本主義のトップ・リーダーとして自由貿易とグローバリズムの先導役だったアメリカの新大統領トランプは、逆に自由貿易とグローバリズムを激しく批判し、反対に保護主義を唱えたというのである。この一見とても奇妙なねじれ現象の原因は、そもどこにあるといったらいいのだろうか。

もとよりそれは、一九七〇年代に入ってそれまでの資本主義的経済政策に行き詰まりが顕著に現われ、かくてこれを打開するべく資本主義生き残りの最後の切り札として、とりわけアメリカが主導して行なわれた新自由主義的グローバリズム、それがその主要な一因といわねばならない。すなわち、この新自由主義的グローバリズムは、そのあまりに激しい国際競争ゆえにさけがたく、アメリカを始めとする資本主義先進各国に巨大な格差を生み出し、かくてここに取り残され没落した国民大衆が、この新自由主義的グローバリズムを強く推進した既成政治エリート層に激しく反逆しだしたということである。

こうして明らかなように、今や世界の緊急課題は、この新自由主義的グローバリズムにより生み出された途方もない経済格差をいかにして是正するのか、ということである。

そこで、アメリカの新大統領トランプは、上述したごとく自由貿易とは正反対の保護主義を打ち出した。が、しかし、いったいそれで、今日の、とりわけアメリカの想像すらできない滅茶苦茶な経済格差、それが本当に解

消されうるといえるだろうか。けだし、否だろう。

今日のこのうえなく激しい経済格差、それを根治する道、それは、おそらく誰しもがうすうす感じているようにとてつもなく困難な道なのである。ここには、明らかに資本主義そのもののまがうかたなき限界がしかと横たわっているからである。

なんとなれば、上述したごとく、一九七〇年代に入って起こった資本主義の終焉とも思われる経済低迷、かつてケインズ主義で一旦は乗り切った途方もない経済危機の、その後の相対的安定のあとにふたたび現われた深刻な経済危機、それに対し資本主義が再度生き残りを賭けて採用したいわば最後の切り札、それがとりもなおさず新自由主義的グローバリズムであって、そのさけがたい結末が、今日のあまりに激しい経済格差と、それにもとづく未曽有の社会的危機にほかならないからである。現代資本主義の根柢に巣喰うこの致命傷ともいいうる重い病、それが、たとえば保護主義とか、あるいは移民・難民排斥とかといった小手先で、根本的に癒されるとはとうてい思われない。それどころか、保護主義が行きすぎるなら、多くの経済・政治学者が危惧するように、新たなる経済ないし政治戦争の勃発となり、世界経済はさらに大きく沈滞することになりうるばかりか、あの第一次・第二次世界大戦につぐ三度びの深い奈落の底に世界は突き落とされないともかぎらない。

かくして今日われわれは、まさしく先のまったく見えない漆黒の闇の前に立たされているというべきなのだ。現代資本主義は、明らかにその限界を前にしてそこに立ち竦んでしまっているのである。が、かといって、この資本主義に代わる新しい経済システムは、今なお誰にもはっきり分からない。たしかに社会企業の育成だとか、南米・南欧で起こりつつある、労働者の協同組合による会社経営といったいわゆる連帯経済だとか、さらにはイタリアに発するスローライフだとかといった新しい動き、それらも一部にみられはする。が、しかし、これらもいまだ力はすこぶる弱く、グローバリズムに対抗できるにははるかに遠い。

いずれにせよ、現代世界のこの途方もない経済格差を根本的に是正せんとするのなら、けだし少なくともつぎのような方策が必要不可欠というべきだろう。すなわち、まず第一に富裕層に独占された富はこれを貧困層に再分配すること、ついで第二に、国際金融取引税などの創設により、グローバル金融資本の野放図なやりたい放題に一定の歯止めをかけること、さらには、グローバル企業の、やはりあまりに勝手な活動を厳しく規制する何らかの方策、たとえば適度の保護主義を敢行すること、さらには、グローバル資本に対峙できるその対抗勢力、たとえば労働組合や地域の結束を新たに育成すること、それらが何としても必要だろう。

しかしながら、これらは、いずれも容易に実現されうるようなものではない。とりわけ最後の、グローバル資本に対峙するその対抗勢力は、もともとこれらを弱体化させることによりグローバル資本はその力を獲得してきたのであって、その点を鑑みるなら、そのグローバル資本に新たなる対抗勢力を生み出すこと、それは至難のわざといわねばならない。それにまた、保護主義にしても、「敵対的」(佐伯啓思)、「略奪的」(ミレヤ・ソリス・米ブルッキングス研究所日本部長)な保護主義とは違った「節度ある保護主義」(佐伯啓思)が果たして本当に実現可能なことなのか、それもまったくはっきりしない。ところで、エマニュエル・トッドは、一九世紀後半には、ドイツを始めとした保護主義で世界経済はうまくいっていたという。が、しかし、これも、当時と今とではその経済環境が大きく異なること、それを考慮に入れるなら、この説も必ずしもかんたんにこれを肯うわけにはいかないだろう。さらにまた、多くの識者が指摘するごとく、第二次世界大戦は、一九二九年のアメリカ・ニューヨークのウォール街での株価大暴落に端を発する世界大恐慌、これに対し各国が保護主義的ブロック経済を敷いたこと、それがその根本原因となったという、この歴史的事実もよくよく熟考する必要がある。

いずれにせよ、こうみてくると、改めて今日は、先のまったくみえない漆黒の闇の時代であることが、おのずから明らかとなるだろう。資本主義そのものが、今やどうみてもその最後の限界・部厚い鉄壁に打ち当たってしまっているうえに、それに取って代わる新しい経済システムが、ほとんどどこにも見当らないからである。ところが、もとより、かつての二〇世紀型社会主義はもはや完全に破綻しており、それゆえそこに希望を見いだすことはもうとうできない。

さて、そこで私見をのべれば、今や緊急課題として必要不可欠なのは、とにもかくにも民主主義をあたうかぎり徹底し、かくて国民一人ひとりが真の主権者となり、かくてグローバル資本・グローバル市場を何としてでもコントロールする、そのたしかな方途を探ることである。その意味での真の民主主義革命が、必要不可欠といってよいだろう。そのためにはしかし、国民各自がその主体性を真に確立し、確固として自立する必要がある。たんなる英雄待望、ないし強きリーダー待望、そういった非主体的・他者依存的な精神構造から完全に脱却し、国民みずからが一人ひとり、自己自身、ひいては地域・国家の真のリーダーとなるべくたしかな覚悟が必要不可欠なのである。今日の新ファシズム運動、とりわけ欧米に著しくみられる愚かな大衆の反逆は、たんに新たなる独裁者を生み出すのみだろう。あの悪名高き独裁者ヒトラーも、まさにそのようにして生み出されたのだからである。

とはいえ、しかし、真の主体性確立という人間のいわば実存革命のみならず、民主主義そのものの制度的改革も今や当然必要だろう。今日の民主主義は、真の民主主義とはとうていいえないからである。思うに、民主主義の名を借りたエセ民主主義、より厳密にいうならば、エセ民主主義を支配イデオロギーとして国民をいわば全体主義的に統合せんとするデジタル管理ファシズム国家、それ、まさにそれこそが、現代のいわゆる民主主義国家のまぎれもなきその正体といわねばならない。そのさい、真の民主主義確立のためには、少なくともいかなる条件が必要か、その点については、第七章の二の㈨「真の民主主義・インマヌエル民主主義の樹立へ向けて」で、これを思いつくままに列挙しておいた。

それはともかく、現代世界の完全に閉塞した絶望的状況を根本的に打開するには、けだし、以上のべたことと共にまた現在のいわゆる常識をその根柢から覆すことが必要不可欠といわねばならない。その意味は、こうである。今日世界をあまねく支配しているものは、とりもなおさず、これまでの二五〇年余りにもおよぶ資本主義の歴史の過程でさけがたく生み出されてきた物質的・経済的価値観偏重、すなわち物質的・経済的豊かさへのあまりに片寄った価値観にほかならない。したがって、この物質的・経済的価値観への過度の偏重を根本的に改め、かくて精神的豊かさをもそれ相応に大切にする価値観、それを今や新たに打ち樹てること、それである。より具体的にいうならば、いつもあくせくした競争・効率至上主義からみずからを解き放ち、もっとスローな生き方を身につけること、さらには、今日のごときもっぱら力と強さをのみ求めこれに支配された価値観から、それとは逆の愛や思いやりを基調とした価値観へと、その考え方を根本的に転換することである。

いいかえるなら、これまでのように物質的・経済的豊かさの実現にのみ人生の意味や価値、目標や希望、あるいは生きがいを見いださんとするのではなく、むしろ精神的豊かさ、つまりは愛とか思いやりとかといったものにそれらを見いだしていくということである。これを一言でいうならば、いわゆる経済成長から、もっと人間的な精神の成熟へ、とその目標を根本的に転換することにほかならない。少なくとも、後者に対し、それに見合った正しい評価を下し、その実現に自己の生活・人生を委ねることである。かくして、そういう方向に向かって社会全体を根柢的に転換してゆくことにほかならない。

けだし幸せとは、ひっきょうたんなる物質的・経済的豊かさにのみあるのではない。そこにある幸せは、その豊かさが一定の限度を超えるとさけがたく失われてしまうこと、それはすでに学問的にも明らかにされている。むしろ真の幸せは、ほかでもない精神的な豊かさ、つまりは愛や思いやり、たがいの扶け合い・労り合い、あるいは励まし合い、まさにそういったもののなかにこそ存在するというべきなのである。

かくして、ここに、この方向性にこそ、愛にしかと裏打ちされた真の民主主義社会インマヌエルと全人類幸福の実現へ向けた新たなる道もまた、おのずから打ち開かれてくるものといわねばならない。

## 三　幸福の概念的本質規定――新しき世界インマヌエルと全人類幸福の実現を射程に入れつつ

### (一)　人間を個的存在としてみた場合の幸福

ここでは、幸福についての筆者の見解を、ごくかいつまんで明らかにしておきたい。真に平和で幸せな社会実現を目差すなら、当然それは、必要不可欠と思われるからである。が、しかし、そこに入る前につぎの事実を紹介し、筆者の見解のいわば「まえおき」にしたいと思う。

最近の日本の若者に対する意識調査によると、その約六八％が「幸福」を感じているという。が、しかし、他方では、同じく多くの若者が「不安」をも感じているという。この一見まったく矛盾する解答は、いったい何を意味しているのだろうか。

思うに、一方で「不安」と答えながら、しかし他方で「幸福」だと答える若者は、まず第一に幸福の尺度をみずから下げているのではあるまいか。そこにはけだし、第二に、どうせこれ以上自分のおかれた状況はよくならない、という一種の諦めもあるのではなかろうか。さらに第三に、自分が不幸だとは思いたくない、思われたくない、といった見栄や虚勢もまた、その答えには潜んでいるのではあるまいか。ただでさえＫＹだとかいって他人の視線を必要以上に気にし、それを恐れて汲々としている今の日本の若者にとり、自分をいわば卑下するような「不幸」とはなかなか答えがたいし、また自分自身そうは思いたくないという心性も、おのずから働いているのではなかろうか。自分がいわゆる「負け組」に入っていることはこれを認めたくない、という気持ちが、そこには潜んでいるといってはいいすぎだろうか。

ところで、現代日本の若者の精神性について私見をのべると、かれらは、そのそれぞれに何か深い悩みをいだいている。ところが、自分がいったい何に悩んでいるのか、あるいはなぜ悩んでいるのか、それが自分にはっきり分からない。しかし、身の廻りに物は豊かに存在するから、とりあえず生きてはいける。したがって、深く考えることは、これを拒否する。いや、むしろ深く考えることができないのだといった方がよい。自分が生まれたときからすでに社会に蔓延しているデジタル器機が、かれらから考える習慣を刻々奪ってしまっているからである。ここに、まさしくここに、現代人、とりわけ若者の、それとはなしの「実存的欲求不満」（フランクル）、すなわち自分の（人）生を意味や価値で満たさんとする人間本来の根本的欲求、その不満、それがしかと横たわっている。したがって、何となく漫然と「不安」ではあるのだが、しかしそれなりに生きてはいけるので、しかも生命力はひどく低下してしまっているゆえに、とりあえず現状を肯定し、[1]かくて、「あなたは幸福か」、と問われれば、一応「幸福」だと答える、とそういった面も、うえの意識調査の背後には存在しているといってよいのではあるまいか。

　この筆者の観察がもし正しいとするならば、「幸福」と答えている今日の若者の多くが、そのじつ幸福とは裏腹のはなはだしい不幸に陥っているのだといわねばならない。「実存的欲求不満」こそ、現代人の根本的不幸のその元凶にほかならないからである。したがって、みずからを「不安」だが、しかし「幸福」だと答える現代日本の若者は、そのじつ根本的に不幸なのではあるまいか。

　とまれ、ここで筆者のいいたいことは、今の日本の約六八％の若者が、自分を「幸福」だと答えたというこの意識調査は、これを果たして鵜呑みにしてよいのかどうか、ということである。

　いずれにせよ、「幸福」とか「不幸」、あるいは「不安」とかといったすこぶる繊細な事柄についての意識調査では、それを答えるひとの職業なども同時に具体的に調べる必要があるだろう。たとえば、派遣社員などの非正規労働者で、あくせく働いてもろくに給料がもらえず、しかも将来的にもほとんど希望のもてない「若者」が、かりに自分を「幸福」だと答えも、いったいこれを額面通りに受けとってもよいのかという問題があるからである。

さらにまた、こういった事柄に関しては、「いったい何に対し、どういうときに、自分を『幸福』『不幸』、あるいは『不安』と感じるのか」、といった具合いにできるかぎり具体的に質問する必要がある。さもなくば、かかるすこぶる繊細な事柄についての意識調査とは、とうていなりえないといわねばならない。

とまれ、ワーキング・プアとか無縁社会とか、あるいは孤独死とかといわれるごとく貧しく孤立した人々が蔓延し、いわゆる貧困ビジネスがはびこる今のこの日本社会にあって、本当に幸福を感じている人がいったいどれだけいるといえるだろうか。

その点、上述した意識調査は、このような社会との具体的な関連があまりに杜撰《ずさん》すぎるといわねばならない。要するに、調査方法や結果の分析が、あまりにも甘すぎるということである。私見によれば、幸福は、たんに主観的なものではない。主観性に対し、それにふさわしい客観性も相伴わないならば、それはとうてい真の幸福とはいいがたい。たんなる主観性のなかにだけ幸福があるというのなら、たとえば麻薬の幻覚のなかで感じる幸福も、これも事実一個の幸福だということになる。が、それが本当の幸福だといえるだろうか。そんな「幸福」は、客観的にいってとうてい幸福とはいいがたい。いや、むしろその逆の不幸というべきだろう。それも最大の不幸に近いといわねばなるまい。

以上で明らかであるように、先述した意識調査は、「幸福」や「不幸」についてたんに主観的な答えをのみえて、それで事の真相を明らかにしているかのごときふしがある。いいかえれば、そんな意識調査では、「幸福」や「不幸」についての実態は、とうていこれを明らかならしめることは不可能だ、ということである。

さて、以上を「まえおき」として、いよいよ幸福についての筆者の見解を、ごくかいつまんでだが、しかしこれを明らかにする準備が一応整った。

けだし人間の幸福は、大別して二つに分ける必要がある。その第一は、いわば価値論からみられた幸福であり、第二は、逆に価値論からは自由にみられた幸福である。

そのさい第一のジャンルにおける幸福とは、すなわちこういうものである。

あのV・E・フランクルもいうように、人間的価値には、差し当たり創造価値と体験価値、それに態度価値が存在する。それに加えて筆者は、さらに達成価値や被承認価値もたしかにあると考える。

ここで創造価値とは、何かものを創み出すところにおのずから成り立つ価値にほかならない。また体験価値とは、何か美しい景色や絵画、また音楽、あるいは自分の好きなスポーツを、観たり聴いたり観戦したりしたところに成り立つ価値である。さらに態度価値とは、愛や思いやりをもって他人に接することにより、そこに自然と生み出される価値である。また達成価値とは、何か事を実現・成就したところに成立する価値であり、被承認価値とは、何かで他人から認められたところに成り立つ価値にほかならない。

人間世界には、こういった少なくとも五種類のタイプの価値が存在する。そのさい、このそれぞれの価値に対応してそこに人間の幸福もまた実現・成就する。より具体的にいうならば、人間は、何かものを創造したときえもいえぬ幸福感に包まれる。また何か美しいものや興味深いものを体験したときも、同様である。そうして、それらは、その他の態度価値や達成価値、さらに被承認価値にも同じく妥当する。

これは要するに、そこでは何かの価値が実現されているから、まさにそれだからこそ、幸福もまた感じられるということなのである。

以上が、筆者のいわゆる第一のジャンルにおける幸福、つまりは価値論からみられた幸福にほかならない。

＊ところで、ここで一言注意しておかねばならないことがある。今うえであげた諸価値は、普段、その気になりさえすれば、すぐ誰にでもその実現が可能な諸価値にほかならず、その意味で、これらはいわば日常的な普遍的諸価値といってよい。

これに対し、後述するごとき健康や家庭の安泰、あるいは仕事の成功といったもの、それらは、それはそれでそれぞれ一つの価値といってもよいが、しかし、どこの誰にでもその実現が可能なものとはいえないものである。その意味で、それらは、たとい日常的なものとはいえ、しかしとうてい普遍的なものとはいえず、むしろ限定的な諸価値といわねばならない。

さらにまた、自由・平等・人権などは人類の普遍的価値といってもよいものだが、しかし、これらはそう易々と手に入るものではない。その意味で、非日常的な諸価値といわねばならない。

その点、愛とか善とか正義とかいったもの、それらはその気になりさえすれば今すぐにでも誰にでも実現可能なものである。とはいえ、しかし、それには、その実現がわりと容易ないわば小さなものから、しかし容易にはそれができないいわば大きなものまでいろいろある。その点からすれば、本文でのべた態度価値は、この前者に属するものであり、他方その後者に属するもの、それはあとで詳しくのべる非凡な幸福にかかわるものといわねばならない。

さらにもう一つ付け加えておくならば、いわば経済的諸価値といったものもある。たとえば、よくいわれる付加価値(Mehrwert)がそれである。これは、マルクス経済学の用語でいえば剰余価値（Mehrwert）にほかならない。そのさいマルクスによれば、それは労働者が働いたさいその賃金に見合った労働力を超えたいわば余剰の労働力であって、これが資本家の利益となる。いずれにせよ、これらの付加価値や剰余価値は、商品そのものに付加される価値であって、うえでのべたもろもろの価値のごとく人間に直接かかわる価値ではありえない。その点で、幸福と直接は関係しない。

またマルクス経済学では、交換価値と使用価値いう概念も使用する。前者の交換価値は、ある物（商品）を他のもの（商品・貨幣）と交換することのできる価値という意味であり、やはり人間の幸福とは直接には関係しない。

他方の使用価値とは、何かあるものについて、それを使用するさいそこに生まれる価値のことである。たとえば、ピアノにはそれを貨幣と交換できる価値がある反面、それじしんを使用するところに成り立つ価値もある。この例から明らかなごとく、それは、筆者のいわゆる日常的普遍的価値とのかかわりでいうならば、体験価値とか創造価値などと深く結びついたものといって差し支えないだろう。

かくて要するに、筆者のいう、第一のジャンルの幸福にかかわる価値とは、とりもなおさず日常的な普遍的諸価値の謂いにほかならない。

以上あえて誤解を生まないように、一言注意を促しておきたい。

つぎに、第二のジャンルにおける幸福、つまり価値論からは自由にみられた幸福について説明したい。ここでは、さらに大きく幸福の意味が分けられる。その第一は、いわば平凡な幸福であり、第二は、非凡な幸福にほかならない。

そのさい前者のいわば平凡な幸福とは、たとえば、健康、家庭の安泰、さらに仕事の成功があげられうる。これらは、たいてい誰もが望むものである。だから、これを平凡な幸せという。

ここでは、欲望があまり大きくなりすぎないことが大切である。欲望は、ほどほどに満たされ、ほどほどに満たされていない方がよい。腹八分目という言葉があるが、それと同じく八割ていど満たされているのがもっともよいかもしれない。ここでの欲望は、それがあまりに満たされすぎると、さけがたく飽きが生じ、かくて喜びも消失してしまうからである。

あるいはまた、欲望があまりに満たされすぎると、さけがたく傲りが生じる。傲りは、今度はその欲望への執着をうむ。かくてその欲望は我欲となり、たとえば名声欲、金権欲、権勢欲、支配欲となって果てしなく肥大し限りがなくなる。これらの欲望は、それが満たされれば満たされるほどいよいよ大きく拡大し、それだけいっそうその欲望への囚われも膨張してゆく。かくてそれは、どこまでも果てしなく膨くらんで、いつまでも十全に満たされることはない。いや、満たされれば満たされるほど、かえって逆に飢えに苦しむ破目になる。この欲望の本質は、けだしエゴにほかならない。

この果てしなき欲望の成れの果て、それがたとえばアメリカの大富豪たちである。かれらは、そのいわゆるサクセス・ストーリーの極、巨大な慈善事業に手を染める。が、しかし、それは、けだし限りなき名声欲、金権欲、権勢欲、支配欲の裏返しで、その表看板の裏では、依然その欲望に飽くことなく駆り立てられ、それはいつ果てるとも知れない。思うに、かれらが真摯に慈善を口にするのなら、世界にあまねく広がる未曽有の貧困・格差に対し、それらの根本的解決に向かってそこに力を注ぐべきである。片方の手でこれらの貧困・格差をいよいよ拡大させておきながら、他方の手でいくら「慈善活動」を強調しても、所詮それは偽善の域をいでないというべきである。いったいそのような「慈善活動」で、本当の幸福を味わうことができるであろうか。けだしそこには、見かけほどの幸福はつゆ存在しないというべきである。

過度のサクセス・ストーリー的人生は、だから外見ほど幸せとはいいがたい。物欲は、生活するに必要な八割ていどのものが満たされればそれで十分である。いや、それがいちばんよい。かくてサクセス（成功）も、八割ていど満たされるのがもっともよい。そこでは、傲りもさほど起こらず、他方、渇望に苦しむこともそれほどないからである。

したがって、こと平凡な幸せにかぎっていえば、できるだけ誘惑の少ないところに身をおくことが大切である。ところが、この世界には、誘惑がきわめて多い。小は、何かおいしいものとか、美しいもの、あるいは便利なものとか、快適なもの、それらから、大は富、名声、権力に到るまで、われわれは、ありとあらゆる誘惑でつねに取り囲まれてしまっている。とりわけ現代は、その点過去に類を見ないほどにははだしい。CMを通して日夜、これでもかこれでもかと便利さや快適さが喧伝され、われわれ消費者をあくことなく誘惑してくるからである。これは、資本主義社会に生きるものにとってのいわば宿命といわねばなるまい。資本主義とは、ひっきょう消費者の我欲に訴えかけ、これをいやでも引き出して商品を売りつけ、それで成り立つ経済システムにほかならないからである。いずれにせよ、人間は誘惑にすこぶる弱い。我欲は、人間のいわば第二の本質ともいいうるほどに根強く根深いものであるからだ。そのさい、とりわけ大きな誘惑は、一旦これに負けると、しだいにその囚虜となって、かくて自縄自縛を引き起こし、ほとんど身動きがとれなくなってしまう破目になる。こうして自由は失われ、ついには不幸の淵へと沈みこむこととなる。その意味でも、欲望は、ほどほどに満たされるのがいちばんよい。けだし八割ていど満たされるのが、もっともよいのではあるまいか。

もっとも仏教では、少欲知足という。すなわち欲望はできるだけ小さくして、それで満足することを知ること、それが真に安心できる道だと。だが、それは、これを身につけることがきわめて困難である。仏教徒は、まさにそのために厳しい修業を積むのかもしれない。しかしながら、いくら厳しい修業をどれだけやっても、それは容易には実現できまい。人間の我欲は、果てしなく深く大きいからだ。いずれにせよ、しかし、これはいわば宗教的次元の事柄であり、いま筆者が問題としている平凡な幸せについては、まったく妥当しないというべきである。ここでは、いわば平凡に生きている人間の幸福について考察しているのだからである。

したがって、今うえでのべたこと、欲望はせいぜい八割ていど満たされるのがもっともよい、というのは、ほかでもないこの平凡な幸せにかぎってのことといわねばならない。後述するごとき非凡な幸せについては、ことはまったく異なってくる。非凡な幸せについていうならば、それは、平凡な幸せが小さければ小さいほどかえって逆に実現されやすい、というわば逆説がそこに成り立っている。その点は、第五章二の㈢の「イエスと水俣――幸福という逆説と『近代の闇』」を振り返っていただければ、おのずから明らかだろう。そこで筆者が、そのサブタイトルを「幸福という逆説」としたその意味が、ここで明らかとなるだろう。そこで詳しく論じたように、「貧しき者」「飢えたる者」「泣く者」、あるいは「遊女」や「取税人」、要するにさまざまな困難・苦難にあえぎ苦しむ人々、いいかえれば平凡な幸せからはきわめて遠い人々、そういう人々の方がかえって逆に非凡な幸せ、つまり平凡な幸せとはその質を完全に異にした、人間にとっての本当に深い幸せ、平凡な幸せには代えることのできない真に妙なる幸せ、それにはるかに近いのである。その箇所でも指摘したごとく、それこそ、そういう人々をあえて「幸い」、ないし「神の国（＝幸せ―筆者）に早く入る」といった、あのイエスのほかならぬその真意であろう。したがって、この非凡な幸せにあっては、誘惑もまたおのずから少ないといって何ら差し支えない。

いずれにせよ、この非凡な幸せは、上述の「イエスと水俣」でも詳述したように、いわゆるマイウェイ・マイペースの生き方にこそ宿るものというべきである。そこには、ただ自分本来の自然のみがあり、したがって無理というものが生じてこないからである。そのさい、このマイウェイ・マイペースの生き方は、ただ愛の実践のなかでのみ生まれ存在するといわねばならない。

ところで、いわゆるサクセス・ストーリーは、マイウェイ・マイペースの生き方といってよいのだろうか。それは、自分の好きな道（マイウェイ）をほかならぬ自分のペースで歩んでいるようにも考えられる。けれども、それは、端的にいって、否といわねばならない。そこでは、最後には必ず自分自身が、ほかならぬ自分の競争相手となって立ち現われ、かくて自分のそれまでのペースを狂わせてしまうからである。そのさい人間は、自分自身にはとうてい勝てない。いわゆる自力で自分に勝とうとしても、ゆめにも勝てはしないのだ。アスリートなどが、よく「これからは自分との戦いです」といったりするが、そこにあるのは、ひっきょうエゴの自分とエゴの自分とのその戦いにほかならない。そのかぎり、片方のエゴが、他方のエゴに打ち勝つことはありえよう。が、しかし、たんに内なる愛をもって自力的にエゴに打ち勝つことはとうてい不可能である。その点は、厳しい修業、いや自力修業もまた同じだといわねばならない。いかに厳しく長い修業であっても、それがたんなる自力修業にとどまるかぎり、エゴの自分に打ち勝って永遠の真理に目覚めることなどとうて不可能といわねばならない。

こうして明らかなように、サクセス・ストーリーは、ただそれだけではとうていマイウェイ・マイペースの生き方とはなりえない。よしそれが自分の好きな道（マイウェイ）だとしても、本来の自分のペースは、けだし維持できない。いや、たとい主観的にはそれが自分の好きな道だと思っていても、本当にそれが自分の欲する道なのか、それも必ずしも定かでない。そこでは、本来の自分は、たいてい忘れられているからである。本来の自己探求は、忘却されているのがつねといってよいからである。

ところで、サクセス・ストーリーにあっての、この一見したマイウェイ・マイペースには、そこにいわば自信が相伴っている。まさに、サクセス（成功）の道を歩んでいるのだからである。しかしながら、たんに内なる自分への信頼は、いまだ本当の自信とはいいがたい。なぜなら、そこでは、いわば自分の理想としての自分、すなわち、もっと強い自分・もっとすぐれた自分が、いつも必ず自分の前に、自分の競争相手として立ち現われるからである。かくして、ここでも、人間は、いわゆる自力だけで自分に打ち勝ち、かくて自信をえることはとうてい無理なことなのである。したがって、そこにはいつも不安と焦躁、倦怠が横たわる。いったい自分は、もうひとりの自分に勝てるだろうか、いや勝てないのではあるまいか、といった不安が生じ、それゆえ当然そこには焦躁も惹き起こされるし、またその戦いに倦み疲れ果てることにもなる。よくアスリートなどが、その絶頂期を終えて引退するときなどに、「ホッとしました」とか、「解放されました」とかといったりするが、それは、それまでの現役生活がいかに苦しく辛いものであったか、それを如実に示しているといってよいだろう。にもかかわらず、それに勝る喜びが、長年のその厳しい緊張のなかにはあったのだ、とあるいはいわれるかもしれない。一面それは、たしかにそういっていいだろう。しかしながら、それが本当にその長年の苦しみや辛さに見合ったものだったのか、それは必ずしも明らかとはいえないだろう。あの野球のイチローも、新記録を打ち樹てたとき、もとよりそれは嬉しい、でもその喜びは「一瞬です」と語っている。その一瞬の喜びが、日頃の長く苦しい鍛練に匹敵するものなのか、必ずしもそうともいえないのではあるまいか。イチローはまた、「辛かったときの記憶の方がより鮮明に残っています」ともいっている。じっさい人間は、嬉しいときの記憶より苦しいときの記憶の方が残りやすいものなのだ。にもかかわらず、ではなぜかれらは、その辛い鍛練に耐え栄光を目差すのだろうか。けだしそこには、一種の麻薬的な効果も働いているといってもいいのではなかろうか。名声欲、それは人間にとり一種の麻薬といってもいい効果を発揮するのではあるまいか。その点はしかし、たんに名声欲にかぎらず、いわゆる金権欲や権勢欲、支配欲についても同様にあてはまるといってよいだろう。かくして、そこに、すなわちサクセス・ストーリーには、必ずしも見かけほどの幸せはない。人間の本当の幸せは、もっと別のところにあるのだといわねばならない。

いや、しかし、話をもとの自信の問題にもう一度もどすとしよう。本来的にいうならば、人間は自信などいっこうになくてもかまわないのだ。自分に依り頼もうとすることなど、微塵も必要ないからである。自分に依り頼まんとすること、それはけっきょくエゴの世界にとどまっているということにほかならない。エゴは、自分以外に頼るべきものを何ひとつもたないからである。だから、そこでは、さけがたく自力に頼らんとする。が、それが真の安心と安らぎ、つまりは本当の幸せに通じる道ではないこと、それは、これまでの考察でほぼ明らかだろう。そこにあるのは、ひっきょう不安と焦躁、あるいは倦怠、ないし猜疑心や疑心暗鬼にほかならないからである。

人間は、自力で生きる必要は何らない。したがって、みずからに依り頼まんとする、いわゆる自信も捨ててよい。いや、それを獲得せんとしてあくせく動きまわる必要は微塵もない。そうではなくて、いつも自分をしかと包みこむかの大いなるものに身を任せ、ただその御意に添うて生きていればそれでよいのだ。より具体的にいうならば、そのつどの具体的状況のなかで課せられてくる自己の責任をどこまでも誠実に果たしてゆけばそれでよいのだ。自分に依り頼まんとする必要など毫も存在しないのである。かくして、また、無力でよい、無力のままでよい、あるがままでよい、そのままでよい。だから、あの森田正馬もいう、自信など失ってしまえばそれでおしまいだ。自信などに頼るより、あるがままの方がよい。いや、あるがままでよい、と。したがって、人間は無力なら無力のままでそれよいのだ。いや、むしろ、人間は、もともと無力な存在なのである。自分では何一つできない根源的に無力な存在なのである。ただかの大いなる方の力を得て、ただそのかぎりで感じ・考え・語ること、生きることができるにすぎない。この自己の根源的無力性を徹底的に自覚すればそれでよい。いや、それが、それこそが、人間にとりもっとも大切かつ緊急のことなのである。そのときに、かの大いなる方の威力をおのずから身に受けて、かえって逆に思いもよらぬ力が湧き上がるのである。そうしてそこに、本当の自信も、おのずと身についてくるといってよい。自分からこれを求めるに先立って、すでにあちらの方からそのつど恵まれてくるのだといわねばならない。

かくして明らかであるように、いわゆるサクセス・ストーリーでは、真のマイウェイ・マイペースは実現されえない。したがって、そこに、真の幸福は、いまだ存在しないといわねばならない。

では、真のマイウェイ・マイペースは、そもどこからくるのか。けだしそれは、自分を絶対に超えた本当の自分、つまりは永遠の自己自身、それへのたしかな信頼からといわねばならない。かくて要するに、絶対他力としての御意のまま即あるがまま、それ、まさにそれこそが、真のマイウェイ・マイペースの生き方にほかならない。かの大いなる方こそ、この自分以上に自分自身であるような絶対の自分であって、それゆえその方の指し示す道（御意）こそ真に自分が進むべき道といわねばならないからである。これは、しかし、もはや平凡な幸せの地平をはるかに超えて、あの非凡な幸せの領野へと高く飛翔することにほかならない。

だが、しかし、結論を急ぐ前にもう一度平凡な幸せに話をもどし、これをかんたんに結論づけよう。

たとえば健康にしろ、家庭の安泰にしろ、あるいはまた仕事の成功にしろ、これら平凡な幸せは、誰しも明らかであるようにいとも容易に失われやすい。他方ではまた、わりと容易に手に入れやすい。禍福は糾える縄のごとし、といわれるゆえんである。それだから、それは平凡な幸せなのだ。非凡とは、とうていいいがたいのである。いや、そればかりではない。平凡な幸せは、ひとによって恵まれるものと恵まれないものと、それがさけがたく相分かたれる。すなわちそれは、誰ひとりの例外なしにその前に開かれているものではありえない。そのさい、それに恵まれている人と恵まれてない人とは、外から容易に判別できる。その意味でも、それは、非凡ではない平凡な幸せといわざるをえない。

さて、思いもかけず、平凡な幸せの考察が長くなってしまったが、ここで、つぎに非凡な幸せの省察に入るとしよう。

非凡な幸せとは、大ていひとが望まぬ苦難のなかにあって逆に実現されるものである。だから、それを非凡な幸せと呼ぶ。いや、そればかりではない。それは、どこの誰にでもつねに開かれた幸せであり、容易に奪い取られることのない幸せである。そのさい、誰にでも開かれているといっても、傍からはそれが容易には判別しがたい。その意味でも、それは非凡な幸せといわねばならない。

では、非凡な幸せとはそも何か、という点については、すでにこれまでの叙述でほぼ明らかだろう。かの第五章の二の㈢「イエスと水俣」でも詳述したように、それは苦難や困窮のなかにありながら、しかし、にもかかわらず、いや、むしろ、まさにそれだからこそ逆に、そこに厳として成り立つ幸せにほかならない。なんとなれば、そこでは、幸福への期待値がきわめて低いゆえ、ほんのささいなことにも深く幸せを感じることができるうえ、また先述したマイウェイ・マイペースについては、それしか他に道がないゆえに、おのずからそれが自分の道となるばかりではなく、また自分のペース以上に急ぐこともできない一方、逆にのろのろと怠けることもできないゆえに、自然とそれが自分のペースとなって身についてきて、かくてマイウェイ・マイペースが維持されるからである。

とまれ、この、ほんのささいなこと・平凡なことにも深く幸せを感じることができるということ、それは、かえって逆に、これがほかならぬ非凡な幸せである何よりの証左といってよいだろう。大ていは、平凡なことは当り前のこととして、いたずらに過ぎ去らせてしまいがちであるからだ。

この非凡な幸せを一言でいうなら、それは無心な愛の実践におのずから伴う深い満足・充実、あるいは大いなる喜び・安心といわねばならない。

ところで、あるがままなる愛の実践の途上では、「とにかく精一杯力を尽くし、あとはすべて天命に任せればいい、それでいい」といった思いがおのずから身についてくる。かくして、そこでは、そのつど欠けることなき円満な満足が実現される。

要するに、愛は、エゴと違って自分の身の程を熟知しているのである。エゴのようにどこまでも高く昇って、ついには神にまで到らんとするかぎりなき傲慢が、愛にはまったく存在しないのだ。したがって、エゴのようにあくせく動きまわって右顧左眄することもない。それゆえ愛には、不安や焦躁・倦怠、あるいは猜疑や疑心暗鬼といったものもない。かくて、そのつど十全に満たされることができるのだ。

ところで、この非凡な幸せは、外見的には必ずしも幸せそうにはみえないかもしれない。が、しかし、これこそじつは、本当の幸せというものなのだ。

その点、あの精神科医フランクルが、すこぶる示唆に富むこんな話を、その名著『夜と霧』のなかに残している。すなわち、すぐれて善きひとは、あの収容所から生きては帰ることができなかった。なぜならそういうひとは、自分のパンはこれを他人に与えて、みずからは進んでガス室に入っていったからである、と。いったいこういうひとは、当然不幸だったというべきだろうか。いや、逆に、ここに、まさにここにこそ、真に深い幸せが厳在しているとはいえまいか。究極最高の幸せがあるとはいえないだろうか。ここに、まさにここにこそ、人間の幸せに潜む深い神秘が暗に示されているとはいえまいか。一見このうえなく不幸のように見えながら、そのじつこれが、これこそが人間にとっての最大の幸福とはいえないだろうか。たんなる御仕着せの使命感だけで、それほどの自己犠牲がいったい可能といえるだろうか。そこには、他人にはとうてい推し測ることのできない、深遠な満足・充実があるとはいえまいか。かくしてこれが、筆者のいう非凡な幸せというものなのだ。平凡な思惟ではとうてい思いおよばぬ、まさに逆説であるからである。

けだし、この非凡な幸せにこそ、いやその延長線上にこそ、人間にとっての究極・最高の幸せはある。そうして、それは、いうまでもなく純粋に精神的な幸せ、精神的豊かさとしての幸せにほかならない。

さて、以上考察してきた幸福を、また別の角度から、いわばその発展過程の相のもとにこれをもう一度見直してみてみよう。

猫や犬などの動物や赤子は、いわば天然自然な即自的あるがままで生きている。しかしながら、人間にあっては、成長すると共にこの天然自然かつ即自的なあるがままは破れ去る。かくてこれに代わっていわば対自的な存在、すなわち自己自身に向き合い、これに対しみずから態度を決断する、いやそうせざるをえない存在、つまりは反省的存在が成り立ってくる。そこにこそ、人間が、その死に到るまで天然自然かつ即自的なあるがままとして生きる動物と決定的に異なる点がある。もとより、この対自的・反省的段階にあっても、あるがままはまったく成立不可能というわけではもうとうない。が、しかし、それはたんに偶然的なもの、いわば紛れとしてしか存在しない。

　人間の幸せ、いや真の非凡な幸せは、この天然自然かつ即自的なあるがままが破れ去り、対自的な反省的存在となったあと、さらにこれを止揚・克服し、かくてここにいわば即かつ対自的なあるがままが実現されるとき、そこにはじめて可能とされる。

　この即かつ対自的なあるがままとは、けだし自分の思いを先立てず、工夫・図らいを捨て、神の御意、つまりは物そのもののロゴスないし道理・理法に恭順に従う生き方といわねばならない。そのようにみずから根源的に選択・決断し、獲得・体得されたあるがままにほかならない。なんとなれば、人間にあっては、たんに対自的・反省的な存在にとどまるかぎり、どうしてもおのが我が先立って、事実そのもののロゴスから浮き上がり、かくて反自然的・背神的な行動に出てしまう傾向がすこぶる強いからである。

　ところで、それと意識してにせよそうでないにせよ、自分の思いを先立て工夫・図らって自然に反し、神の御意に背くこと、つまりは物そのもののロゴスないし道理から浮き上がりつつ感じ・考え・行動すること、それは、何としても真の幸福とはいいがたい。いや、逆に、人間を、ひっきょう不幸に落とし入れるものなのだ。

　あのドストエフスキーが、『地下生活者の手記』で、その主人公に「意識は病気だ」といわしめた、その真の理由は、ここに、まさにここにこそあるというべきだろう。物そのもののロゴス、つまりは神の御意から浮き上がり、悪無限的に掘り下げられる人間の反省的思考、それは、「人間的な、あまりに人間的な」（ニーチェ）それであり、まさにそれゆえにこそ、より深い意味においては非人間的なのである。それは、まぎれもなく病的であり、さらにいうなら罪性をすら帯びているといわねばならない。要するに、深く我執に冒されてしまっているのである。

さて、以上を前提にしてさらに考察を進めると、赤子のごとき即自的なあるがまま、それは、いわば即自的な幸せであり、それゆえすこぶる脆くて不安定である。

これに対し、対自的・反省的存在としての人間にあっては、よしそこに幸せがあったとしても、それは、いわば平凡な幸せである。すなわちそれは、健康や家庭の安泰、仕事の成功に象徴されるがごとき幸せであり、かりそめにも真に人間的な深い幸せ、かかるものとしての本当の非凡な幸せとはとうていいいがたい。

非凡な幸せは、このいわば即自的なあるがままと対自的存在としての在り方をさらに止揚・克服し、いわば即かつ対自的なあるがままを実現したところ、まさにそこにこそ実現可能といわねばならない。しかも、そこでこそ、即かつ対自的な真の愛もまた実現可能というべきである。

要するに、同じく愛といっても、いわば即自的な愛と対自的な我即愛、そうしてそれら両者を止揚・克服した即かつ対自的な無心の愛、これら三者が峻別される必要がある。

さて、以上を、さらに詳しく考察していこう。

赤子は、自分でもそれと意識することなく大人を喜ばせ幸せにする。これは、赤子のいわば即自的な愛によるものというべきである。対自的存在となるにおよんで、人間は、我への囚われ、すなわち我執がいちだんと強くなる。かくして、ここに、即自的な愛は、はかなく破れ去る。たといそこでなお愛が存在しうるとしても――それは、じっさい存在しうるが――、つねに我執に脅かされた愛、我執といわば隣り合わせの愛といわねばならない。これも、だからなお危ういもの、赤子の即自的な愛とはまた別の、はなはだ危ういものというべきである。

赤子のそれは、いわば無防備の危うさであるのに対し、これは、つねに我という悪魔に付け狙われた危うさといわねばならない。

これに対し、これら両者が止揚・克服された愛、みずから選択・決断し、獲得・体得された愛、それは、すなわち今なお我に付け狙われてはいるものの、しかし自覚的にこれと対峙し戦いつつ、つねにこれを決然と拒否する自己、そういう本来的自己において確立された愛にほかならない。

したがって、かかる即かつ対自的な愛、それはどこまでも強固である。少なくとも、前二者に比べてはるかに強い。いや、それら両者の脆さをしかと止揚・克服した、そのうえで成り立つ強靱な愛といわねばならない。

愛のかかる三段階に対応しつつ、幸福にもまたつぎの三つの段階があるといってよい。

まずその第一は、赤子の即自的な愛に対応した同じく即自的な幸せである。これはしかし、あの即自的な愛と同様にきわめて脆い。

つぎは、対自的な我即愛に対応したいわば対自的な幸福即不幸にほかならない。これは、我執的な不幸とつねに隣り合わせの幸福といわねばならない。そこでは、たとえば健康や家庭の安泰、あるいは仕事の成功に象徴されるいわば平凡な幸せが成立しうるが、しかし、これは、つねに我執的不幸へと陥る危険性を孕んだ、そのかぎりでの幸福というほかはない。

これらに対し、第三に、即かつ対自的な愛に対応しつつそこに成立する同じく即かつ対自的な幸福、すなわちみずから選択・決断し、獲得・体得される幸福が成り立ちうる。まさしくこれが、非凡な幸福といわねばならない。これは、前二者を止揚・克服したところ、そこに実現される幸福であるだけに、よりいっそう強固であるばかりではなく、さらに深く真に人間的な幸福である。これは、まさに神の御意にしかとかなった幸福である。なぜならそれは、おのが我と不断に戦いつつ自覚的に愛を実践するところ、そこに確乎として成り立つ幸福にほかならないからである。いいかえるなら、神の御意にあるがままに従順に従いつつ、無心に愛を実践するところ、まさしくそこにしかと成り立つ幸福なのだ。これは、だから神の御意という「岩」（マタイ七・二四）のうえにかたく打ち立てられた幸福であるゆえに、真に強固であり、深く充実し、まことに人間的だといわねばならない。

さて、以上述べ来たったことをすべて整理し要約すると、ほぼこういったことになる。

まず第一に、即自的なあるがままには、同じく即自的な愛と、さらに同様に即自的な幸福がそれぞれ対応する。つぎに対自的な存在には、同じく対自的な我即愛（この即は、不可分・不可同・不可逆の即であり、ここでは我に重心がかかっている）と、さらに同様に対自的な不幸即幸福（この即は、不可分・不可同・不可逆の即であり、この幸福は、つねに不幸への傾きが付きまとっているいわば平凡な幸福である）が、それぞれ対応している。

最後に第三に、即かつ対自的なあるがままには、同じく即かつ対自的な愛と、さらに同様に即かつ対自的な幸福が、それぞれ対応する。この最後の幸福は、いぜん不幸へと落ちる危険性はあるものの、しかしその傾きを不断に克服しつつある本来の自己、そこにしかと成り立つ幸福であり、神にかたく守られた幸福である。いや第一や第二の幸福も、もとより神に守られてはいるものの、しかし、神のその守らんとする手をそれらはいまだ十分しっかりと握りしめてはいないのに対し、この第三の幸福は、神のその救いの手をしかと握りしめている。まさにそれゆえに、それだけ確かな幸福といわねばならない。

## (二) 人間を社会的存在としてみた場合の幸福

前項でみたように、幸福には三つの発展段階が、しかと存在する。

ところで、幸福の発展にこの三つの段階があることに対応しつつ、社会の発展にもまた、同じく三つの段階が存在するというべきである。けだしそれは、第六章の二「性差別・階級差別の起源と差別なき自由・平等な愛の共同体インマヌエルの樹立に向けて」でも明らかにしたごとく、まず第一に、いわば即自的な天然自然のあるがままなる、そのかぎりでの幸せな・自由と平等の社会、そして第二に、そこからやがて農耕が始まるや、それと共にこの世界に闖入してきたいわば対自的な不自由・不平等な、そのかぎり不幸な社会、そうして最後に、これを根柢的に止揚・超克したいわば即かつ対自的な真の自由と平等の、その意味で幸福な社会、つまりは新しき愛の社会インマヌエルにほかならない。

そのさい、㈠で述べた非凡な幸福は、よしそれと意識されているかどうかは別にして、この第三の幸福な社会実現へとしかと差し向けられ、それへと開かれた幸福といわねばならない。したがって宮沢賢治が、人類全体が幸せにならないならば、自分の幸せはない、とほぼこのようにいうとき、それは、まさにこのことを、法華経の教えに学びつつ、これを吐露したもの、いやそれをもっともラディカルな仕方で表白したものというべきだろう。要するに、ここでは個人の幸せが、即社会の幸せ・全人類の幸せとかたく結びついているというべきなのだ。

かくして、今やわれわれは、この第三の来たるべき新しき世界・インマヌエルへ向けた行動を、おのが責任ある使命として、誰しも自己に担っているといわねばならない。そうしてこれは、端的にいって、全人類の幸福実現に向けてのたしかな道程にほかならない。これこそまさに、現代世界全体に音もなく鳴り渡るまぎれもなき神の御意というべきである。

## 四　現代資本主義の終末的危機と、その根柢的克服による来たるべき新たなる愛の世界インマヌエル、および全人類幸福の実現へ向けて・再論

さて、幸福についての考察が図らずもとても長くなってしまったが、ここでもう一度話を二にもどして、現代資本主義の根源的危機と新たなる愛の世界インマヌエル、および全人類幸福の実現というテーマについてこれをここで再論し、もって本書の終わりとしたい。

既述したごとく、今日われわれは、物質的にはすでに十分に豊かになった。したがって、もはやそこに固執す

るのではなく、先述したごとき精神的豊かさ、かかるものとしての幸福実現に向けて大きく舵を切るべきときだろう。ここにはしかし、真正の宗教革命と実存革命、それらにもとづく愛の世界革命、つまりはインマヌエル革命が必要不可欠といわねばならない。真正の宗教革命なしに真の実存革命、つまりはエゴの主体から愛の主体への根本的転換は、とうてい起こりえないからである。いや、それどころか、真の宗教革命なしに愛の世界革命、つまりはインマヌエルの民主主義革命もかなわない。かくして、明らかなように、現代世界のこの出口なき根源的危機のなかにあっては、今や何としてもイエス・ルネサンス、ないし真正の宗教ルネサンスが強く要請されるといわねばならない。

そのさい、われわれは、それと意識してにしろ無意識にしろ、そのイエスに倣って日夜愛の活動にいそしんでいる人々、たとえば、アフガニスタンで二〇年以上にもわたって用水路建設に従事し、かくて砂漠を沃野に甦らせたあの国際NGO「ペシャワール会」の代表・中村哲氏やそれにつづく人々、あるいは世界の激しい紛争地にみずから赴いて、そこで苦難にあえぎ苦しむ人々を助けつつ、これらの人々のあまりに悲惨な現状を広く世界に報道しつづけて、最後にはしかし、残念なことに日本政府に事実上見捨てられ、ISにより無残に殺害されたフリー・ジャーナリストの後藤健二さん、同様に世界の紛争地で医療活動に挺身する国際NGO「国境なき医師団」の人々、あるいは、また原爆廃絶を目差して活動し、今回二〇一七年のノーベル平和賞を受賞した国際NGO「ICAN」の人々、古くはインドの貧民街で貧しい人々のためにそのほぼ全生涯を献げつくしたあのマザー・テレサ、そういったまぎれもなき愛の人々、そういう人々をも、かのイエスと共に今や自己の真にすぐれた模範とし、これらの人々のもとにこそ真の非凡な幸せもまたたしかに存在するのだとしかと悟って、この愛にもとづく世界共同体、つまりは真に新しき世界インマヌエルの実現・樹立に向けて全力を注いでいくのでなくてはならない。そうして、それ、それこそが、現代世界の根源的危機を根柢的に脱しつつ全人類の幸福実現へと到りうる、今日われわれに残されたほとんど唯一の道だといわねばならない。そこに、まさしくそこにこそ、約二〇〇〇年の時を隔てて当時イエスがしかと指し示した、人間、いや人類全体の目差すべき真正の道はあるというべきなのだ。かくしてそれを、世界に広く伝えんとすること、それこそ、筆者が本書をあえて執筆し公刊したまさにその根本動機にほかならない。

註

（1）この点については、第二章二の㈡の⑹「国民の意識調査に見られる現代日本人の極度のエゴイズム化」を参照されたい。

●『思想のひろば』第四号、一九九五年一月。
「特集　続・野の花　空の鳥――滝沢克己先生の思い出」所収

# 今も心に残る先生のお言葉二つ

わたしが滝沢先生に初めてお会いしたのは、まだ京都大学の大学院に在籍中の頃である。その頃からか、先生はよく京都にも講演その他で上京されていた。すると、そのたびに、洛東教会の中村悦也牧師のお家に訪問されるのがつねであり、そのさい中村先生がいつもわたしを滝沢先生にひきあわせて下さっていた。

最初先生にお会いし、中村先生の書斎でお話ししていたときに強く心に残ったお言葉が二つある。その一つは、「人間の限界」ということをとても強調されていたことである。それまでわたしは、先生の御著書はかなり読んでいたつもりであったが、この「人間の限界」という言葉には、さほど注意を払っていなかった。それで、あとで先生の御著書を注意深く読み返してみると、なるほどこの言葉がわりとひんぱんに出てくることに気がついた。このとき思ったことは、著者の意図はなかなか読者に伝わらないものだなあ、ということだった。それはともかく、「人間の限界」――それは同時に神の絶対主権の場でもあるのだが――というものを、これほど強調する思想家は、これまでほとんどいなかったのではあるまいか。人間の罪をその限界のごとく主張する西洋の伝統的キリスト教も、人間の罪過にはどこか神に対する人間の独立性を認めたようなふしがあり、人間の限界について先生ほど徹底的に思索されてはいないように思われる。唯物論を唱えるマルクス主義等でも、肝心要の物の定義が曖昧であり、かくてこの物と人間との関係もすこぶる不明瞭なままである。かくして、人間も端的に物であるといい、客体的主体こそ人間だ、という先生の逆説弁証法には、その物理解・人間理解、ひいては「人間の限界」についての認識が、遠くおよばないように思われる。だから、先生の上述の認識は、世界の哲学思想史上でもきわめて稀であり、むしろその最先端をいくものではないかと思うのである。

もう一つ先生のお言葉で心に強く残ったものは、「原事実が分れば気が楽になりますよ」というものである。が、しかし、人間の生活は、まさに気苦労の連続である。だから、わたしには、この言葉がずっと心に残ってきた。なるほど頭では、一応これを理解することはできるであろう。なぜなら、すべてを原事実の主に任せてしまうのだから、これほど気楽なことはないといえばないからである。ところが実際には、上述したごとく人生は気苦労ばかりといってよい。したがって、上の先生のお言葉は、たんに知的理解によるのでは駄目なので、まぎれもなく体得が必要なのだ。たしかに人生は気苦労の連続だが、かの原事実に目覚めれば、それらの気苦労に囚われることはもはやなくなり、根本的に気楽となって、いわば気苦労即気楽の境地に達しうるのではあるまいか。この点からいっても、先生のいわゆる目覚めには、たんに信のみならず覚りの契機もしかと含まれているように思われる。それゆえわたしは、これを信的自覚と名づけている。それはともかく、この点からいっても、先生のいわゆる目覚めは、キリスト教的信仰と仏教的覚りと・それら両者の綜合・止揚といってよいのではなかろうか。

以上が、最初滝沢先生にお会いし、お話しした折から今もなお、わたしの心にずっと残っているお言葉である。この二つのお言葉だけからしても、先生の思想は現代哲学思想史の最先端をいくものと確信されるのである。

●『思想のひろば』第一六号、二〇〇四年六月所収。

# 自著『滝沢克己の世界・インマヌエル』を語る

(一)　拙著『滝沢克己の世界・インマヌエル』について、まずその表題の由来からお話ししたい。これまで私は、『入門・イエスの思想』を除いて、すべて自著には自分でその表題をつけてきた。したがって本書についても、最初自分では『対話の原点・インマヌエル』にでもしようかと思っていた。ところが、この本を出版して下さった春秋社の鈴木龍太郎編集長が、滝沢克己の名を前面に出してはどうかと御提案して下さった。自分でも、一度はそういう表題の本を出してみたい、と常々思っていたので、最終的に前掲のようなものとなった。そのさい鈴木氏は、『滝沢克己の世界』がよいのではないかというお考えのようではあったが、私としては、少し長くはなるが、しかし滝沢哲学の核心をズバリと表現した「インマヌエル」という言葉を是非入れたいと切望し、あえてそうさせていただいた。

本書の内容は、後述するように、三人の方々による滝沢インマヌエル哲学への、そのそれぞれの御批判に対する反論が中心となっている。が、しかし、それらは、たんに反論のための反論ではありえない。そうではなくて、おたがいの相互批判・自己批判を通じて、さらに深い相互理解・自己理解へと前進していくことをこそ、しかと目差している。そうしてそれは、滝沢インマヌエル哲学の根本思想でもあるだろう。とまれ、そこでは、さらにまた、これらの反論を通じて、滝沢インマヌエル哲学の核心がそもそもどこにあるのか、それを明らかにせんとした。それゆえ、あのような表題でも、必ずしも悪くはなかったのではないかと思う。

(二)　この拙著は、わが千葉商科大学の学術図書出版助成金を得て作成されたものである。ところが実は、この出版助成金審査委員会により、最初助成金の交付の対象外と判定された。それで、その非妥当性の根拠を尋ねたうえで、各委員から出されたというクレームについて逐一反論した。それが、ほかでもない本書の序章である。これは同時にまた、いわゆる思想書を読むさいの、読者の留意点をも指摘していると思われるので、あえて本書に収めることにした。とまれ、この異議申し立てにより、その委員会からの要請も受け入れて私も譲歩し、けっきょく出版助成金を得ることができたのである。これが得られていなかったなら、本書の出版はかなりむずかしかったかもしれない。

(三)　本書の構成は、上述した序章と、八木誠一、鈴木亨、それに田川建三の各氏への滝沢インマヌエル哲学批判に対する反論、それに『鈴木亨著作集』第五巻の「解説」、そしてもう一つＫ・バルトの神学的人間学についての小論から成り立っている。

Ｋ・バルトについての小論は、私が三〇歳過ぎでドイツ・エッセン大学にて組織神学を学んでいたとき、その主任教授のバルニコール先生――拙著『神概念の革命』の「あとがき」にも触れておいたが、滝沢先生が生前エッセン大学で客員教授として教鞭をとられていたとき、その終り頃に偶然バルニコール教授が滝沢先生を車で家までお送りすることになり、そこで初めて親しく話をされたところ、滝沢先生のお話にとても興味を抱き、いちいち「その通り！」「その通り！」と相づちを打って、せっかく家の近くまで来たのに同じ処をぐるぐる廻って仲々家の前まで連れていってくれなかったという「とても面白い先生」――のゼミの一つで発表したものである。だから、もともとはドイツ語で書かれたものを帰国後邦訳して公表したものである。

余談になるが、その前私は、同じくバルニコール教授の別のゼミでもう一つドイツ語の論文を書き、それもこのゼミで発表した。それは、滝沢インマヌエル神学とボンヘッファー神学を比較・対話させたもの、すなわちボンヘッファーによって発せられた伝統的キリスト教にとりすこぶる重大な問い――親友ベートゲ宛のいわゆる獄中書簡（『抵抗と信徒』）――に対して、滝沢インマヌエル神学の立場から真摯に応えてみようと私なりに考えて書いたものである。そのさい、渡独前に一度鈴木亨氏と親しくお話した折に鈴木氏が、「滝沢神学を西洋に広めるには西洋思想家の誰かを媒介にする必要があるね」、といわれたお言葉が脳裡の片隅にたしかにあった。

それはともかく、ボンヘッファー研究者であられたバルニコール教授は、この私の拙論に大変な興味を抱いて下さり、この論文を滝沢先生御自身がどう評価されるか、是非それを知りたいといわれた。それで私は、タイプ印刷したその拙論の各頁の裏にさらに鉛筆でかなり沢山書き加え、それを滝沢先生にお送りし、その御評価を仰いだ。そのとき私は、先生がすでに老人性黄斑部変性という難病にかかられてほとんど眼が見えない状態、とくに横書きのものは余計に判読しづらい状態にあられたことを迂闊にもまだ知らないでいた。それにもかかわらず、先生は、その私の拙論を御一読下さり、「ボンヘッファーの思想の方向性としては基本的に正しいでしょう」と、ほぼこのように御評価下さった。

滝沢先生のその御評価をバルニコール先生にお伝えしたところ、私がエッセン大学を離れる間近になって突然、「私と共同研究をしてみないかね」、とのとても有難い御提案をいただいた。それは、「ボンヘッファー神学と滝沢神学との対話」という形での論文を、バルニコール先生はボンヘッファー神学の立場から、私は滝沢インマヌエル神学の立場からそれぞれ書いて、それをまとめて一冊の本にしようというものであった。そうして、そのさいに、バルニコール先生から、「これこれについて書いて欲しい」と依頼され提示された諸項目、それに逐一応えて書いたもの、それが私のドイツ語による第三の論文となった。そのさい、それが、「滝沢克己のインマヌエルの神学――ボンヘッファー神学と比較しつつ」にほかならない。これは、後に邦訳され、拙著『現代の危機を超えて』に収められている。

この共同研究そのものは、しかしバルニコール先生の御都合でけっきょく成功はしなかった。それゆえ私は、この自分の拙論だけを一つの独立した論文にしたのである。

さらに、それからもう一年誰のもとで研究したらよいか親しく滝沢先生にお尋ねしたところ、レーゲンスブルクのカトリック哲学者ウルリッヒ教授が、「今のドイツでは一番面白く実力がある。でも病弱な方だから…」といった内容のお返事をいただいた。そしてその数日後、速達でまた「やはり一番面白く実力があるのはウルリッヒ教授です。できればウルリッヒ教授の下で学ぶのがよいでしょう」とのお葉書きを落手した。そこでウルリッヒ教授に、その下で学びたいというお願いのお手紙を差し上げた。ところがあいにく、その年（一九八〇年）の春学期、ウルリッヒ教授は休暇でレーゲンスブルクを離れるとのお返事だった。それゆえ、それを断念し、そのことを滝沢先生にお知らせした。すると次に先生が御推薦して下さったのが、ハイデルベルクの、ベートゲについで著名なボンヘッファー研究者テート教授だったのである。そのさいの滝沢先生のお手紙は、「テート教授は実力は今ひとつだが対話の相手としてはとても良い方でしょう」とほぼこのようなものだった。この滝沢先生のお手紙の一部を同封しつつ、ボンヘッファーについて論文を一つ書いたといった内容の手紙をテート教授にお送りした。するとそのお返事に、「あなたの御高論にとても興味があるので是非送っていただきたい」と記されていた。したがって、その拙論をお送りしたところ、これをとても気に入って下さり、その下で研究することを快諾して下さった。ところが驚いたことに、私がハイデルベルクに着いたとき最初に聞かされたことは、「テート教授は今癌で入院している」というものだった。そのためその年の春学期、テート教授の授業はすべて休講であった。その代わりテート教授の弟子の一人の大学院生が、私との対話の相手をして下さることになり、テート教授に先にお送りした拙論を本にして、ヨーロッパ神学と滝沢インマヌエル神学と、それら両者の対話を徹底的に激しく行った。

その年の冬学期には、癌はまだ十分に癒されていなかったにもかかわらず、テート教授はあえて授業を行なわれ、さらに何度も私をその立派な御自宅に御招待して下さって、親しく、が、しかし激しく議論の相手をして下さった（その点の詳細については、拙著『神概念の革命』の「あとがき」を参照されたい）。そのテート教授の授業の聴講と議論の過程で、私は滝沢インマヌエル神学の、西洋キリスト教神学に対する相対的正しさを確信したのである。

先述の拙論は、当時ベルリンのベトヒャー牧師——滝沢先生のドイツでの最初のもっとも良き理解者——がドイツで公表することを推めて下さり、滝沢先生もそれを許して下さった。さらにまた、ドイツの七名の神学者や哲学者もまた、それぞれ御推薦状を書いて下さった。が、しかし、残念ながら「肩書き社会」ドイツでは、博士号をまだ取得していなかった私では、「出版のリスクがあまりに大きい」との理由で、この試みは最終的に成功しなかった。

前述の三つの拙論を、帰国後改めて全部滝沢先生にお送りしたところ滝沢先生は、後に邦訳して本書に収められた「カール・バルトにおける神学的人間学」については、これをすでに一度読んだと誤解され、残念ながらその御批評は受けられなかった。また自分でも改めて返信して、「これはまだお読みいただいておりません」と書くのはあまりにも躊躇われたので、これについては、そのまま御批評していただく機会を永久に失った。

ただドイツでの公表を試みた拙論については、「今度の柴田君の論文は射程距離のとても長いもの」と評して下さり、ハイデルベルクの古い友人バルター夫人にも、「大喜び」のお手紙を差し上げていた。この拙論の最後の部分で、軽くだが、仏教にもすでに触れていたからだろうと思う。

(四) 最後になってしまったが、本書のなかで私が読者に一番読んでいただきたいと願ったのは、ほかでもない第一章の、八木誠一氏による長年の滝沢インマヌエル哲学批判への反論である。これは、もともと一九九七年から一九九八年にかけての冬学期、ハイデルベルク大学のズンダーマイヤー教授と共同ゼミをもった折、ズンダーマイヤー教授から、そのつどゼミの前の一五分ほどの歓談と打ち合わせのなかで、「今日はこれこれについて話して欲しい」と依頼されたこと、それをその場ですぐにメモをしてゼミで学生に話したこと、それを基にして後でまとめて一つの論文にしたものである。ただその邦訳にさいしては、その原文のほぼ二倍くらいに訂正・加筆した。

このゼミの参加者はいつもほぼ十数名で、そのうち二人だけが男子学生、あとはすべて女子学生であった。その男子学生のうちの一人はすでに滝沢先生や八木氏の本を読んでおり、八木神学の方により強く共感を抱いていた。いずれにせよ、こういう学生がすでにドイツにいたことは、最初一九七九年／一九八一年に留学した当時と比べるとまさに隔世の感があった。これは、滝沢インマヌエル神学に始まる日本独自の仏教的・キリスト教的神学の、ドイツにおけるその着実な浸透を実感させるものだった。

八木氏への反論は、最初拙著『自己と自由』の本文註でごく簡単にしたことがある。また『聖書入門』第四巻「解説」における八木氏の、滝沢先生への真摯な批判ならざるまったくの根拠なき誹謗中傷、それに対する反論は、以前福岡の「滝沢先生を偲ぶ会」での卓話でお話しさせていただいたほか、さらにわが千葉商大の講義でも軽く扱ったことがある。が、正直いってその頃は、八木氏に対して全面的に反論する器量も度胸も私には備わっていなかった。しかしながら、先述の拙論を書き邦訳する段階で、八木氏の滝沢インマヌエル神学への決定的な誤解、ないし無理解をしかと確信した。そのさいそれは、この拙論に書いたとおり、滝沢インマヌエル神人学のいわゆる不可逆に対する八木氏の致命的無理解にほかならない。

本書刊行のあと八木氏から、本書に収められているこの拙論への反論の書簡をいただいた。それが機縁となって、これまでずっとお互いの往復書簡による議論が交わされている。ただ私の側の私的事情があって、八木氏へのお返事を書く時間が仲々とれず、経過した時間の割りに往復書簡の回数はそれほど多くない。だが、一回分の紙数がお互いかなり多いので、分量としては相当なものといってよいかもしれない。一度八木氏から、「もうこれでお仕舞いにしよう」といった内容のお手紙をいただき、私としてもそれ以上議論しても後はただ平行線となるだけと思われたので、最後の私の側の言い分として、やはり相当に長い時間が経ってから、これが最後のつもりでお返事を差し上げた。ところがこの二月にまた、八木氏からの反論があり、そのお返事を書かねばと思いつつ、まだその時間を見つけずにいる始末である。

この議論のなかで八木氏は、道元の、「仏性は成仏と同参なり」という言葉を執拗に強調され、道元にとって仏性が現実に働き始めるのは成仏（目覚め）以後のこと、とあくまでも主張され、これは「『解釈』の問題ではなく単純に（道元の）テキストの事実」とまで言い切っておられる。けれども、「テキストの事実」とはいったい何なのだろうか。もしそれがあるとするならば、それはただ道元にしか分らないのではあるまいか。八木氏は、駒沢大学や永平寺の資料でもそれはまったく明らかなことといわれるが、道元の自筆以外の資料はすべて、よしそれが駒沢大学や永平寺のものであってすら、それらもまた道元禅学への、そのそれぞれ一つの解釈にすぎないのではあるまいか。道元自身には、前掲八木氏の言葉と同時にあの有名な「一切衆生悉有仏性」という言葉がある。この後者の言葉と、先の八木氏の強調される言葉とは、道元においていったいどう両立しているのだろうか。私見によれば、後者の言葉は仏教のいわゆる本覚に相当し、前者はまさに始覚に対応する。そのさい、これらを滝沢インマヌエル哲学に照らしてみると、滝沢先生御自身が生前いわれていたように、本覚は第一義のインマヌエルに、そして始覚は第二義のインマヌエルに相当する。秋月龍珉氏も、その著『道元入門』において、道元の場合は始覚より本覚の方により一層の重心がかかっている、といわれている。

道元におけるこの二つの言葉の区別・関係・順序こそ、私と八木氏との議論の紛れもなきその焦点であり、また滝沢インマヌエル神学と八木神学の決定的相違点でもあると愚考している。

いずれにせよ、道元におけるこの二つの言葉（＝事柄）の区別と関係について、数人の仏教関係の方々に、折に触れて問いを発してみた。けれども、そのいずれの方々からも、明確な答えはいただけなかった。ところが、ここに、まさしくここに、滝沢インマヌエル神人学の核心中の核心である不可逆概念が、深く深くかかわっているのである。そのさい、それはまた、いわゆる世界宗教を含めて旧い宗教と真に新しい宗教（＝イエスの宗教）と、それら両者の根本的相違点にも鋭く関係しているといわねばならない。

いずれにせよ、八木氏とのこの往復書簡は、私の側としてはいつか機会があれば公表し、読者の前に明らかにしたいと切に願っている。八木氏と私といずれがより正しいか、それは、そのさい読者の皆さまがそれぞれ御判断されるのではないかと思う。

# あとがき

最先端科学技術を中核とした現代文明は、まさに息をつかせぬ勢いで、文字通り加速度的に驀進している。では、それは、いったい何に向かっているのであろうか。その差し当たりの答えは、今現在より以上の便利さと快適さを求めて、ということだろう。だが、しかし、その先にけっきょく何があるのだろうか、どんな世界がわれわれ人間を待ち受けているのだろうか。いったい、それを理解している人間が、今日どれほど存在することだろう。ある者は、現代文明の行きつく先にまるで天国のごときバラ色の未来を想い描く反面、他の者は、これとはまったく逆の、まさに地獄のごとき暗黒の未来を予想する。その点筆者は、いうまでもなく、後者の方に属する人間といわねばならない。

いずれにせよ、少なくともいいうることは、今日の最先端科学技術は、人間の手からほぼ完全に離れて文字通り自律化してしまっているということである。かくて最先端科学技術の暴走は、およそ誰の手をもってしても、もはやこれを押し止めることはとうてい不可能というべきかもしれない。人間は、それを担う科学者を含めて、その暴走のいわば奴隷ないし歯車と化してしまっているからである。

＊　ここで筆者は、現代の最先端科学技術のこの動きを、たんなる「進歩」ではなく、あえて「暴走」という。筆者のみるかぎり、それは、どうみても、人類に人間的な温もりや暖かさ、幸せをもたらすどころか、その逆の、とんでもない漆黒の闇の世界を打ち開くとしか思われないからである。その証左のひとつとして、本文で詳論したように、けだし今日ひ

とは、現代文明のさけがたい必然として、今すでに人間としての崩落の際に立たされている、というその一事をあげれば事足りるのではなかろうか。

いずれにせよ、かかる最先端科学技術の暴走、ないし科学技術万能主義のもとにあって、今日宗教など、すぐれた科学のいわば対極にあるものとして、まぎれもなく愚の骨頂といわねばならない。このような現代文明の否応のない奔流にあえて抗いながら、しかも、そのうえこの「愚かなる」宗教を掲げて、所詮は勝てる見込みのない戦いと観念しつつも、しかし、にもかかわらず、「知性の叛逆」（山本義隆氏）として「たった一人の反乱」（丸谷才一）を、筆者は本書で試みた。そのさい、「地べたから物申す」（柴田錬三郎）といった心境で、これを必死で行なった。地べたを這いずり廻る一寸の虫にも五分の魂の一念で、これを敢行した。

それはともかく、つぎに本書の成立過程について簡潔に記しておきたい。そのためにはしかし、はなはだ恐縮だがわが家の内情についても、これをごく簡単に明らかにするのをさけがたい。

わが家は、典型的なブロークン・ファミリーの一つであった。とりわけ、今から遡ること六、七年くらいまでの約一五年間は、まさに文字通りの修羅場であった。その点について詳しくは書けないが、その状況がどれほどのものであったか、それを示唆するものとして、当時ある医師が発したこんな言葉がある。

約二〇年前わが家族は、筆者の仕事の都合で、ほぼ一年間ドイツとアメリカに滞在した。そして帰国後、刀折れ矢尽きて心身共に消耗しきった筆者が、あまりのストレスゆえに堰を切った奔流のようにしゃべくるのに対し、その話にじっと耳を傾けていた医師が、「家庭がそんな状態で、よくドイツなんかへ行ったネ」と思わずつぶやき、筆者に対し、「何が起こってもおかしくない典型的な意識障害」と診断したのである。けれど、その後も、わが家の修羅はずっとつづいた。いや、そのあとの方が、もっとはるかにひどかった。

しかしながら、筆者ひとりで子供の世話に忙殺されて、本はもとより新聞すら読む暇もなかったわが家の修羅も、その後一五年くらい経ってやっと少しずつ落ちつきを取り戻してきた。そこで筆者も一息つけるようになり、二年ほど前ふと気づいたのが、かつて大学の紀要に発表していた「イエスと仏教」であった。これをたまたま見つけて、いまだ本にしていないことに気がついた。そこで、これを本にして出そうとふと考えた。そのとき見返しても、その間にすでに二〇年近くの歳月が流れ去っているというのに、それをまったく感じさせなかったからである。もとより、それだけ筆者の哲学思想の深化がなかったからともいえようが、しかし、今回新たに書き下した「イエスと釈迦ないし仏教思想」(本書第五章)は、この「イエスと仏教」(本書第四章)のさらなるおのずからの自発自展であるところから、これはこれで今なお十分にその新しさを備えているものと思われる。

それはさておき、そのさい最初は、この「イエスと仏教」と同じような内容の他の既刊本と一緒にして、いわゆる増補版といった形で上梓できないかと考えた。が、それでは、大学の学術図書出版助成金の対象とはなりえないことが判明し、一旦は出版を諦めかけた。ところが、そこでふとまた思いついたのが、すでにある程度ノートがとってあった前述の、「イエスと釈迦ないし仏教思想」であった。これは、かつて夜半に閃いていずれ講義で話そうかと思い、ごく簡単にメモ書きしたものである。そこで思いついたのが、これを全部書き上げて、先の「イエスと仏教」と一緒に一冊の本にして出版しようというものだった。

とまれ、そのさいの筆者の目論見は、この二つの拙論を合わせて『イエスと仏教、そして釈迦』と題して出版しようということだった。ところが、その後、しばらく途絶えていた若い頃からの習慣がふたたび目覚め、夜半睡眠中に突然何度も閃きが起こり始めた。そこで、そのつどこれを書き留めた。それは、本書の第一章とエピローグにほぼ相当する。

かくして、これらをすべてまとめて一冊の本にし、大学に対し、学術図書出版助成金を申請しようと目論んだ。ところが、その申請の締切期日は、もう一カ月と迫っていた。二年後筆者は定年で、申請の機会はその年が最後であった。したがって、この機会を逃がすことは、もうとうありえなかった。ところが、その原稿はといえば、とうてい原稿とはいえぬあまりにもひどい代物だった。すなわち、新しく書いた「イエスと釈迦」は、その前半が、ただ記憶のままにイエスの言葉を思い浮かべつつこれを解釈したものなので、そのイエスの言葉を改めて聖書から正しく引用することが必要だった。いや、そればかりではない。この前半も含めて後半の「釈迦」についても、いろいろあとから何度も書き加えたり、書き改めたり、さらに追加の追加をしたり、そのうえあとで書いたものを前の方に移したり、またその逆だったりと、その順番も滅茶苦茶で、書き足したところは、黒のボールペンに加えて赤や青、紫、緑、あるいはピンクといったいろいろの色のペンを使って、それぞれとても小さな字で書きこんでいたので、その原稿は、書いた本人ですら判読にはなはだ苦労するという代物になってしまった。それ

ちなみに筆者は、よし清書したとしても他人にはなかなか判読できないほどのとてもひどい癖字である。それに加えて上述したごとき有り様なので、それは、とうてい原稿と呼べるがごとき代物ではありえなかった。

ところが、それからが、またとても大変だった。その後さらに、夜半睡眠中に、あとからどんどん閃きが起き、それをそのつどメモすると、その量が思いもよらぬ厖大なものになってしまった。それに加えて、かつて講義ノートとして書いたもの、それも使えることが判明してきた。そうなると欲はどんどん膨んで、これまで長年ためこんでいた講義ノートを、このさいできるかぎりこの本に入れたい、との思いが起こってきた。が、しかし、講義ノートを整理するには、とても時間がかかる。そうこうするうちに、今度は、出版の締切期日が迫ってきた。かくして、それとの格闘で、夜もろくに寝られなくなった。最後の約三カ月は、深夜遅くまで、いや時には明方まで執筆に没頭した。大学受験以来の、長時間にわたる机仕事であった。よくもまあ、こんなにもまだ体力が残っていたものだ、と自分でも驚くほどで、しかし、これほどの喜びは、家族に直接かかわること以外には、他に比べるものがほとんどないことだった。

ところで、今から六、七年前筆者の身体はガタガタで、この先もう本は書けないかも、とほぼ諦めていた。本を書くには、周知のごとく、予想以上の体力が必要だからである。いずれにせよ、身体がよくここまでもってく

れたものである。火事場の馬鹿力、とでもいったところであろうか。

それはともかく、こういったとうてい原稿ともいえないあまりにひどい「原稿」を本にするには、その過程でとても大きな問題が山積した。それらの問題を一つひとつ解決してゆくうちに、またたく間に時間は過ぎ去った。そのうち今度は、上述したごとく出版の締切期日がどんどん迫ってきた。もとより、時間にはとうてい勝てない。かくして、道元の悟りについては、講義ノートが二学期分とってあったが、しかし、残念ながら本書には、その半分の一学期分しか載せることができなくなった。

また二〇一七年のテレビ新春討論会での三浦瑠麗の発言についても、本文第二章の三の㈠の⑵の(g)でごくごく簡単に批判したさい、そのよりいっそう詳しい批判も書き足したいと思ったが、しかしその時間もついに最後まで得られなかった。したがって、その要点だけをここでごくかんたんに記しておくとこうである。氏は、「リベラル」とか「改革」とかといった言葉を何ら正確に規定せず、かくてまったくあいまいのまま論を進めつつ――この点は、ひとり氏にかぎらず田原総一朗や東浩紀を含めこの討論会の参加者すべてに妥当する――、「リベラル」層は「既得権益の守護者」であり、したがって「改革」の「反対者」だ、といってこれを「批判」していたが、上述したごとく、その「批判」の根拠がそもそもの初めから完全に欠落している。だから要するに氏は、ただ自分の頭のなかにだけある勝手な「リベラル」や「改革」といった固定観念で、「リベラル」批判、反「改革」・批判をしている気になっているのにすぎない。まことにお粗末というほかはない。けだし「改革」には左右二通りの意味がある、それを筆者は本文で明らかにした。参考にしていただければ幸いである。ちなみにこの「討論会」は、一見「リベラル」派も半数含めているかのごとき装いをこらしつつ、そのじつ「九条改憲」派の「隠れ保守」をそこに二人も忍ばせた、まるで政府御用達かとも思えるような、巧みな改憲への地ならし的番組であった。今後、こういった番組が、ますます増えていくのかもしれない。よくよく注意する必要があるだろう。

それはともかく、話をもとにもどすと、上述したことから明らかなように、やや大袈裟な言い方を許されるなら、本書の出版は、ほぼ奇跡に近かった、それほど多くの幸いが重なって実現された。ここに、あえて記しておく次第である。

とまれ、以上のべてきたように、本書出版には、最後の最後までとても苦労した。かつて自著の出版で、これほど苦労した経験はほとんどない。いや、たんに筆者の苦労のみではない。本書出版のために採算を度外視して、しかも、自社はもとより関連する諸会社のプロ中のプロを思う存分惜しむことなく活用させて下さった、南窓社岸村正路社長の献身的な尽力なしには、本書はとうてい世に出ることはありえなかった。筆者のように無理難題をぶつけて切りのないわがまま至極の執筆者、その願いをここまで聴いて下さる出版社、それは、恐らく他にはないだろう。

ところで筆者は、正直のところとても傲慢で、日頃あまり他人に感謝の念をもつことがない。しかしながら、そういう自分に、今はただ心から恥じいる思いで一杯である。

思い返せば、若い頃滝沢先生のお力添えでドイツ留学がかなったさい、そのときも書類の作成などで、いろいろな方に大変お世話になった。が、今回は、そのときをはるかに凌ぐものだった。改めて人間は、けっしてひとりで生きているのではない、と痛感した次第である。

それはともかく、現代は、けだし便利すぎるほど便利になって、いわゆるプロフェッショナルといわれる人間もはなはだ少なくなった。人間の能力の劣化が、ここにも垣間見えるとはいえないだろうか。いずれ人間は、機械に完全に支配され操られてしまうことになるのではあるまいか。筆者には、その懸念が何としても拭えない。筆者が、あえて時代の流れに抗うゆえんである。しょせん負ける戦いと百も承知で、しかし、あえてそれでも逆らっているのである。一寸の虫にも五分の魂、といったところだろうか。それとも、ひっきょう時代の流れについていけない憐れな人間の、たんなる負け犬の遠吠えとでもいうべきだろうか。いずれにせよ、今回改めてプロフェッショナルの仕事を久々に感じて、心底から感激し嬉しく思った。

ところで、「まえがき」にも記したが、本書第五章では、仏教徒の方々が教祖として仰ぐ釈迦について、まことに不謹慎なことをずけずけ書いた。が、しかし、これが浅学菲才な筆者の、釈迦に対する目下の素直な疑問にほかならない。読者諸賢の忌憚のない御批判を賜われば幸いである。

それはともかく、今回のような本の書き方は、筆者としてはまったく初めての経験だった。これまでは、大てい誰かすぐれた哲学者や神学者の著名な本を深く読みこみつつ、時にはこれを批判的に解釈することで自分の考えを惹き出し、こうして一書を成すことが多かった。本書の第四章も、じつはこの線上で書かれている。これだけは、既述したごとく約二〇年前に書かれたものであるからだ。これに対し、本書のばあいその大部分は、講義ノートを整理したものを除いて、その他はすべて、すでにメモがとってあったものをもとにして、それを改めて書き直したものや、その過程で思いもかけず閃いたもの、それらをそのつど逐一書き留めて、そのすべてを徐々に全体としてまとめていく、といったまったく予想外の方法で成立した。これは、前述したごとく、筆者としては初めての経験だった。そのためか、進歩なのか退歩なのかは知らないが、とにかくとても新鮮な気分になった。いずれにせよ、こうして本書は、筆者にとっての差し当りの集大成といいうるものとなった。それは、ほぼ間違いない。

それはともかく、思い返せば、南窓社とは、とても縁が深い。最初南窓社と関係ができたのは、こんなことであった。

その頃筆者は、法蔵館から『自己と自由――滝沢インマヌエル哲学研究序説』（これは筆者の処女作であるが、事情があって上梓本としては第二作目であった）を出版する途上にあった。原稿は、すでに韓国の印刷所に廻っていた。ところが、その時点で、法蔵館の社長から、同書に対し強いクレームがついた。じつは、筆者は、その本の一八八頁以下に、本文註として六頁ほど八木（神学）批判を書いていた。ここが社長の眼にとまり、その部分を削除するようにというものだった。その頃八木誠一氏は、哲学思想界でいわば飛ぶ鳥を落とす勢いだった。その八木氏の批判を少しでも含む本を出すことは非常にまずい、今後八木氏の寄稿が得られなくなる、という社長の懸念からであった。

だが、筆者は、それを断固として拒否した。もとよりいまだとても拙く、しかもほんの短い文章だが、しかし、その本のその箇所に入れるには、それなりに十分意味がある、と筆者には思われたからである。

かくて、法蔵館からの出版は、これを断念せざるをえなくなった。そこで筆者は、このいわくつきの拙著を、それでも出してくれる他の出版社を手当り次第に探しまわった。が、その筆者の試みは、ほとんど成功しなかった。ところが、筆者がもうほとんど諦めかけていたその矢先、まったく偶然に南窓社に出会った。そして、南窓社が筆者を救ってくれた。こうして、何とか南窓社からの出版が決った。

南窓社とは、その他の点でも筆者とよく気が合った。それは、その拙著のタイトルに関してであった。先の法蔵館の編集者は、筆者がそのタイトルを『自己と自由』にしたいといったところ、「そんなのは、サルトルか何かがつけるタイトルで、だから、『自己と自由の探求』がいい」といった。しかし、筆者は、それに納得がいかなかった。その編集者の提案するタイトルは、あまりにもダサイと思われたからである。そこで筆者は、「タイトルは、『自己と自由』と『自己と自由の探求』と、そのどちらがいいと思いますか」と岸村社長に尋ねたところ、言下に「『自己と自由』の方がいい」と答えられた。その点でも、筆者は、南窓社がとても気に入った。

こうして筆者の願いは、南窓社によって有難くかなえられた。ところで、これは、ほんの小さなことのようにあるいは思われるかもしれないが、しかし筆者にとっては、とても大きなことだった。もとよりその頃、いやその後もずっと、八木氏に対し本格的な批判を書く勇気は、筆者にはまったくなかった。その器量も、存在しなかった。下手に八木神学批判など書いたものなら、それへの激しい反論に遭い、二度とものが書けなくなる、との不安で、とうていそれを書く自信など存在しなかった。ちょうどそれは、滝沢先生の西洋伝統的キリスト教への厳しい批判に対し、それに激しく反発する人々が沢山いるのに、滝沢からの鋭利な反論を怖れて、ほとんど誰も滝沢批判を書くことができなかったようなものである。じっさい、哲学思想界での批判の応酬は、それほどに激しく厳しいものである。かつて筆者の大学での主任教授は、相手を批判するときは、相手が二度と立ち上がれないほど徹底してこれを行なえ、相手の骨を断つ思いでやれといっていた。また、あの世界的に最高レベルの哲学者・鈴木亨氏も、哲学者同士の論争は、猛獣同士の戦いと同じだ、と筆者に親しく語ったことがある。それほど、哲学者のあいだの論争は、激しく厳しいものなのだ。

しかしながら、そういう筆者も、時と共に八木神学の致命的欠陥に気づき始めた。それは、ひっきょう、滝沢インマヌエル哲学のいわゆる「不可逆」に直接かかわるものだった。八木氏には、この不可逆が、まったく会得されていないこと、それが筆者には明々白々となったのである。そこで、その点をまとめて一本の論文とし、そのタイトルを「滝沢克己のインマヌエルの神学――西田哲学および八木神学と比較しつつ」として、拙著『滝沢克己の世界インマヌエル』（春秋社）に収めた。

この拙著を上梓してまもなく、八木誠一氏から筆者に書簡が届いた。そこから、八木氏と筆者との、私的な書簡での論争が始まった。その論点は、上記拙著で筆者が行なった八木神学批判、つまりは「不可逆」理解を巡るものだった。要するに、人間の目覚め以前の神の働きは、ポテンチア（八木氏）なのか、それともリアルなもの（筆者・滝沢）なのかという、その点にかかわるものだった。この私的な論争は、最終的に平行線で終わった。当時筆者は、家庭にとても大きな問題を抱えており、もはやそれ以上長くつづけられる状況にはなかった。それにまた、その論争は、さらにつづけてもあとは結局同じ、というところまでいっていた。だから、途中で途切れた、という風でもなかった。

ところで、この往復書簡で論争を繰り返している最中か、恐らくその前に、筆者は「イエスと仏教」と題して、やはり八木神学批判をさらに広く展開した。そうして、それを、二〇〇二年の六月から四回つづけて大学の紀要に掲載した。ただ、紀要に載せたのは、たしかにこの時期だったが、しかし、これを書いたのは、いったいいつだったのか、正直のところ、それはまったく記憶にない。その当時、わが家はとりわけてんやわんやで、論文など書いていられる状況ではまったくなかったからである。

いずれにせよ、この「イエスと仏教」こそ、本書の第四章に収められたものにほかならない。筆者の八木神学批判、少なくともその核心は、この拙論でほぼ尽きるといってよい。そういった意味で重要な拙論、それを含む一書を、偶然また南窓社から出すことになったこと、そこにはやはり何か深い縁を感じざるをえない。

それはともかく、よし未熟ではあれ敢行した八木神学批判を断固として削除せず、これを含めた『自己と自由――滝沢インマヌエル哲学研究序説』をあの時点で出版しておいて、今改めて心底よかったとつくづく思う。筆者の八木神学批判が、その時点から本書の第四章まで大きく深まったこと、それを示す何よりの証左といえるものであるからだ。もとよりそれは、他面からすれば、筆者の滝沢インマヌエル哲学理解の深化、否、滝沢インマヌエル哲学がいつもただ一つそれをのみ指し示さんとしているかのインマヌエルないし神人の逆接的原関係・原事実についての筆者の洞察、その深化を明らかに証示するものといってよいからである。

ところで、筆者は、今回本書に、八木氏との先述の往復書簡をも、補遺として収拾したいと願った。そこには、滝沢インマヌエル哲学と八木神学との決定的かつ根本的な相違点が如実に現われていると思われるからである。しかし、残念ながら、時間的かつ事務進行上の都合で、これはあいにく断念せざるをえなくなった。それを期待する方があるいはおられるとしたら、ここに記して御宥恕を希う次第である。

それはさておき、本書にあっては、現代人の精神性を分析・記述するさいとても厳しい言葉をも使用した。そのためこれは、一見すると、まるで自分ひとりだけはるかな高みに立って、現代世界の人間をひどく見下しこれを非難しているかのごとき誤解をあるいは与えるかもしれない。だが、しかし、筆者の真意は、けっしてそこにあるのではない。そうではなくて筆者は、自分もまたその現代人のひとりだと深く深く自覚しつつ、厳しい自戒の意をこめてこれを行なったのである。いずれにせよ、しかし、その誤解から、筆者のこの現代人批判に対しては、あるいは激しい反発も惹起されるかもしれない。にもかかわらず、それをあえて甘受する覚悟で、筆者はこれを書いたのである。それほどに、現代世界、とりわけ人間の危機は、深刻極まりないと思われるからである。いずれにせよそれが、筆者の、目下の嘘偽りのない正直な現状分析にほかならない。ひっきょう自分の信念を書くこと、それがけだし哲学というものだろう。

ところで、拙著を今読み返すと、いろいろ繰り返しも散見される。が、それは本書の成り立ち上の理由もさることながら、しかしとりわけ筆者が強調したいところでもあり、その点御理解いただき、御寛恕をお願いしたい。また、補遺として納めた「今も心に残る滝沢克己先生のお言葉二つ」は、なるほどこれはとても短い文章ではあるが、しかし、滝沢インマヌエル哲学の核心をズバリと言い当てていると思うので、ここにあえて掲載した。

さらに「自著『滝沢克己の世界・インマヌエル』を語る」は、八木誠一氏と筆者の往復書簡についてその経緯や、そこでなされた論争の核心的なところ——けだし、八木神学と滝沢インマヌエル哲学の根本的・決定的相違点——が、簡潔に記されていると思うので、これもあえて掲載させていただいた。

それはさておき、最後にもう一度繰り返すなら、本の出版で今回ほどいろいろな人のお世話になったのは初めてである。それには、いくら感謝してもし切れない。それくらい、みなさんにお世話になった。そこで、最後に、本書出版に携わって下さったすべての方々、とりわけ南窓社の岸村正路社長を始め、筆者のわがままを思う存分聴いて下さった「仕事人」の皆さま、なかでも松本訓子さんを中心とする編集部の方々、それに印刷会社の社長と熟練の印刷職人の方、そういったすべての皆さまに衷心より感謝の意を献げておきたい。これらの皆さまには、正直何とお礼をいってよいか分らない。お礼の言葉が見つからない。じっさい、それほどの苦労をおかけした。ただ頭《こうべ》を下げるのみである。

それはともかく、今は、この拙著がすこぶる難産の末、にもかかわらず何とか出版できて、とにかくとても嬉しい気分で一杯である。それに、久しぶりの拙著出版なので、その意味でも感ひとしおである。後はただ、これができるかぎり多くの読者を得、できれば忌憚のない御批判・御感想を賜わること、それを望むのみである。
なお、本書は二〇一六年度千葉商科大学学術図書出版助成金を得た。ここに記して感謝の意を表したい。

さて、最後に、私事ではなはだ恐縮だが、筆者の手許には、まだ原稿にしうるノート等がかなり沢山残っている。それを思いつくままに列挙しておくと、(1)拙著『自己と自由』の後半部分（大学ノート、本一冊分）、(2)「太宰治とキリスト教」（大学ノート、本一冊分）、(3)「波多野精一（宗教哲学）と滝沢克己（インマヌエル哲学）」（大学ノート、本一冊分）、(4)「幸福の哲学――愛と無心」（メモ、本一冊分）、(5)「新しき世界へ向けて」（拙著『現代の危機を超えて』の続編、大学ノート、本一冊分）、(6)「哲学とは何か」（大学ノート、本一冊分）、(7)「哲学断片集」（「閃きノート」大学ノート等五一冊分）、(8)講義ノートとテープ（倫理学と宗教学、それぞれ二〇学期分ずつ）、(9)ゼミのテープをおこしたもの、本一冊分、(10)講演記録（メモ、本一冊分）、(11)「出会いと回心」（自伝、大学ノート、本二分の一冊分）、(12)「迷言集」（メモ、小本一冊分）等々である。

これらについても、健康と寿命が許すかぎり、これから少しずつ整理し出してゆきたい。欲をいえば、助手を雇いたいのだが、残念ながらそれだけの財力はない。それにまた、たとい書けたとしても、筆者が執筆するような売れない哲学書など、これを扱ってくれる出版社が今後もまた見つかるかどうか分からない。改めて考えれば、まことに心許ないことばかりだが、「風」に吹かれるままにそれに即してやれるところまでやってゆきたい。

二〇一八年　元旦　滝沢克己先生生誕一一〇年を記念し、尾崎芳治先生を偲んで

柴田　秀

## 初出一覧

第四章「イエスと仏教――現代世界における普遍的危機克服の道を目差して」（二〇〇二年六月『千葉商大紀要』第四〇巻第一号、同九月、第四〇巻第二号、同一二月、第四〇巻第三号、同二〇〇三年三月、第四〇巻第四号）。

第五章の二の㈡「イエスの思想と滝沢インマヌエル哲学」の⑴・⑵・⑶・⑷（三島淑臣監修『滝沢克己を語る』春風社、二〇一〇年刊に「『荒野における悪魔の誘惑』物語の一解釈――滝沢インマヌエル神学の視点から」と題して掲載。なお、この箇所を含めて㈡「イエスの思想と滝沢インマヌエル哲学」（千葉商科大学の二〇〇八年度春学期、倫理学の講義ノートの一部である。本書に収録するにあたり大幅に加筆・修正した）。

第五章の三の㈡の⑵「道元における悟りへの道」の(a)「『忘我』としての悟り」（千葉商科大学の二〇一四年度秋学期、宗教学の講義ノートの一部である。本書に収録するにあたり大幅に加筆・修正した）。

第七章一「インマヌエル哲学とマルクスの唯物史観㈠」（千葉商科大学の二〇一一年度春学期、倫理学の講義ノート。なお、本書に収録するにあたり大幅に加筆・修正した）。

第七章二「インマヌエル哲学とマルクスの唯物史観㈡」（千葉商科大学の二〇一一年度秋学期、倫理学の講義ノート。講義では、㈣「インマヌエル歴史観の厳密な図示とその説明」㈠の途中まで話す。なお、本書に収録するにあたり大幅に加筆・修正した）。

第八章「イエスの宗教とインマヌエルの哲学――新たなる形而上学の樹立へ向けて」（九の㈠まで、千葉商科大学の二〇一二年度春学期、宗教学の講義ノート。なお、本書に収録するにあたり大幅に加筆・修正した）。

補遺「今も心に残る滝沢克己先生のお言葉二つ」（『思想のひろば』第四号、一九九五年、滝沢克己協会）。
「自著『滝沢克己の世界・インマヌエル』を語る」（『思想のひろば』第一六号、二〇〇四年、滝沢克己協会）。

なお、第四章と第五章二の㈡の⑴⑵⑶⑷、および補遺以外は、すべて書き下ろしである。

著者略歴

一九四七年　名古屋市に生まれる。
京都大学経済学部・文学部卒業、同大学哲学科倫理学修士課程・同博士課程修了。

一九七九年　ドイツ、エッセン大学（ＤＡＡＤ奨学生）およびハイデルベルク大学（客員研究員）神学部に一九八一年まで留学。

一九八七年　千葉商科大学助教授。
一九九二年　九州大学博士（文学）号取得。
一九九三年　千葉商科大学教授、現在に至る。
一九九七年　五月ベルリン・フンボルト大学にて客員講演。六月フランクフルト大学にて客員講演。八月ルター国際会議出席。
　同年　一〇月　ハイデルベルク大学にて　ズンダーマイヤー教授と共同ゼミ（冬学期）（〜一九九八年二月）。
一九九八年　三月アメリカ・クレアモント神学校所属の「プロセス研究センター」にて訪問講演。

著　作

『哲学の再生――インマヌエル哲学とM・ブーバー』（法蔵館）
『自己と自由――滝沢インマヌエル哲学研究序説』、『新しき世界観――ニヒリズムを超えて』、『神概念の革命』、『現代の危機を超えて――第三の道』（以上、南窓社）
『ただの人・イエスの思想』、『入門・イエスの思想』（以上、三一書房）
『滝沢克己の世界・インマヌエル』（春秋社）
『野の花空の鳥・滝沢克己先生の思い出』（共著、創言社）
『西洋倫理思想の展開』（共著、学術図書出版社）
『現代社会学事典』（共著、弘文堂）
滝沢克己協会終身会員。
Die Immanuel-Theologie Katsumi Takizawas（Zeitschrift für Mission. 1/1999. 25. Jahrgang. Evangelischer Missionsverlag Stuttgart）
The self in the theology of Katsumi Takizawa（Dialog, a journal of Theology, volume 38. summer 1999）
Die Immanuel-Theologie Katsumi Takizawas im Vergleich mit der Theologie Dietrich Bonhoeffers（『千葉商大紀要』）
Bonhoeffer und unsere Zeit—Die Überwindung der Religiosität bei Bonhoeffer（『実践哲学研究』）
Die theologische Anthropologie Karl Barths—anhand des in KD Ⅲ, 2 dargestellten Verhältnisses von Mensch und Mitmensch—
Die Immanuel-Theologie Katsumi Takizawas im Vergleich mit der Philosophie K. Nishidas und der Theologie S. Yagis
（同上）他、邦語論文多数。

**柴田　秀**（しばた しゅう）
現　在　千葉商科大学教授
現住所　〒272-0835　千葉県市川市中国分5-8-14

イエスの革命と現代の危機
―― 反時代的インマヌエル宣言 ――

柴 田　秀 著

2018年2月20日印刷
2018年2月28日発行

発行者　岸村正路
発行所　南 窓 社

〒101-0065　東京都千代田区西神田2-4-6
電話 03-3261-7617　Fax. 03-3261-7623
E-mail nanso@nn.iij4u.or.jp



ISBN978-4-8165-0441-9

柴田　秀著

# 自己と自由

滝沢インマヌエル哲学研究序説

危機の時代といわれる現代における多様な問題をふまえ、自己と自由の根源的本質把握をめざす。日本の哲学的営為に、一つの根を育まんとする果敢な試み。　本体 3700 円

# 現代の危機を超えて

第三の道

現代の危機の諸様相を地球環境的・政治的・経済的・社会的な複合的視点により分析し、かつその根本原因を究明することにより、危機克服への道を提唱する。　本体 3300 円